PROF. DOUTOR INOCÊNCIO GALVÃO TELLES: 90 ANOS

HOMENAGEM DA FACULDADE DE DIREITO DE LISBOA

O Prof. Doutor Inocêncio Galvão Telles, na cerimónia de homenagem realizada na Faculdade de Direito de Lisboa em Dezembro de 2002

PROF. DOUTOR INOCÊNCIO GALVÃO TELLES: 90 ANOS

HOMENAGEM DA FACULDADE DE DIREITO DE LISBOA

2007

PROF. DOUTOR INOCÊNCIO GALVÃO TELLES:
90 ANOS
HOMENAGEM DA FACULDADE DE DIREITO DE LISBOA

COORDENADORES
ANTÓNIO MENEZES CORDEIRO, LUÍS MENEZES LEITÃO
E JANUÁRIO DA COSTA GOMES

EDITOR
EDIÇÕES ALMEDINA, SA
Avenida Fernão de Magalhães, n.º 584, 5.º Andar
3000-174 Coimbra
Tel.: 239 851 904
Fax: 239 851 901
www.almedina.net
editora@almedina.net

PRÉ-IMPRESSÃO • IMPRESSÃO • ACABAMENTO
G.C. – GRÁFICA DE COIMBRA, LDA.
Palheira – Assafarge
3001-453 Coimbra
producao@graficadecoimbra.pt

Maio, 2007

DEPÓSITO LEGAL
258510/07

Os dados e as opiniões inseridos na presente publicação
são da exclusiva responsabilidade do(s) seu(s) autor(es).

Toda a reprodução desta obra, por fotocópia ou outro qualquer processo,
sem prévia autorização escrita do Editor,
é ilícita e passível de procedimento judicial contra o infractor.

Prof. Doutor Inocêncio Galvão Telles: 90 anos (9-Mai.-1917/9-Mai.-2007)

Homenagem da Faculdade de Direito de Lisboa

Noventa anos: uma vida longa e preenchida, dedicada à Família, à Ciência do Direito, à Universidade e ao País. Inocêncio Galvão Telles testemunha o nascer dos impérios anti-liberais do Centro e do Leste europeus; a guerra mundial de 1939-1945; a guerra-fria; a ascensão e o termo do Estado Novo; a génese e o desenvolvimento da III República; a criação de novos Estados de fala portuguesa; a queda do muro de Berlim; a implosão dos regimes soviéticos; a integração europeia; a globalização; os novos terrorismos mundiais; e o início da grave crise climática que irá mobilizar a Humanidade nas próximas gerações.

Inocêncio Galvão Telles toma parte activa na consolidação do Direito português como uma singularidade do Sul: um sistema com raízes multisseculares, que acolheu o Direito romano actual, no estilo germânico. Ficarão como exemplos – entre muitos e incontornáveis – a introdução da ideia de representação, distinta da do mandato, e toda a sua contribuição para o novo Direito dos contratos, presente no Código Civil de 1966.

Inocêncio Galvão Telles defende o seu País denodadamente: o processo de Haia fica na História como uma grande batalha, de nível mundial, que deu a vitória justa às letras portuguesas.

Inocêncio Galvão Telles deixa uma marca indelével em gerações sucessivas de juristas de língua portuguesa, apoiado numa incansável produção jurídico-científica de que todos somos legatários.

A Faculdade de Direito de Lisboa, através do seu Conselho Científico e do melhor meio ao seu alcance – a Ciência do Direito portuguesa

– associa-se a este feliz aniversário: que Deus permita, à Senhora Dra. D. Isabel Maria Galvão Telles, aos filhos, netos e bisnetos do Casal, à Comunidade Universitária de Lisboa e do País e a todos os juristas e interessados, o desfruto, por muitos e bons anos, da vitalidade pessoal e científica do Prof. Doutor Inocêncio Galvão Telles.

A Comissão Organizadora

CONCEITO E REGIME DO TERCEIRO SECTOR.
ALGUNS ASPECTOS

AFONSO D'OLIVEIRA MARTINS*
GUILHERME WALDEMAR D'OLIVEIRA MARTINS**

> *A solidariedade (...) põe os homens de harmonia uns com os outros. (...). Temos aqui um factor fecundo de aproximação dos homens e de tranquilidade social. (...). O Direito (...) procura incentivar o pleno florescimento da solidariedade, que é útil, proporcionando aos homens as necessárias condições de união.*
>
> INOCÊNCIO GALVÃO TELLES
> *Introdução ao Estudo do Direito, I, 11.ª ed., Coimbra, 1999, pp. 318-319*

SUMÁRIO: *1. Conceito e categorias de entidades do Terceiro Sector. 2. Dimensão do Terceiro Sector em Portugal. 3. O Terceiro Sector e a Constituição. 4. Regime de criação, modificação e extinção das entidades do Terceiro Sector (das fundações e associações, em particular). 5. A aquisição do estatuto de pessoas colectivas de utilidade pública. 6. Actividades, organização e funcionamento das entidades do Terceiro Sector. 7. Regime de controlo das entidades do Terceiro Sector. 8. Fundamento económico-financeiro e regime fiscal do Terceiro Sector.*

---

* Doutor em Direito. Professor Catedrático da Faculdade de Direito da Universidade Lusíada.
** Mestre em Direito. Assistente da Faculdade de Direito da Universidade de Lisboa.

1. Conceito e categorias de entidades do Terceiro Sector

a) Em ordenamentos – como o nosso – em que a *solidariedade* é reconhecida como um valor fundamental, tende a ganhar relevo particular um *sector de actividade* que procura dar expressão organizada à *participação* e ao *empenhamento cívicos* dos particulares na resolução de problemas que, transcendendo a esfera dos interesses privados, se considera que afectam a existência, o desenvolvimento ou o aperfeiçoamento da Sociedade que integram ou – em perspectiva atenta à globalização – da própria Humanidade[1]. E trata-se de um *sector orgânico de actividade* que não se confunde nem com a parcela do *mundo-de-vida público* que a *máquina de poder público* domina, nem com o *mundo-de-vida privado* que aceita a lógica do livre encontro dos egoísmos particulares, configurando-se como um *tertium genus*.

Especificamente, tal sector de actividade, a que cada vez mais divulgadamente se dá a designação de *Terceiro Sector*, pode ser entendido, em sentido orgânico, com referência ao *conjunto das pessoas jurídicas colectivas vinculadas a determinado ordenamento jurídico estadual que são livremente instituídas em vista de prosseguirem, de modo predominante e com sentido altruístico, fins de interesse social ou humanitário, fazendo-o com independência face às entidades públicas com as quais colaboram*[2].

---

[1] Sobre este ponto Cfr., entre nós, designadamente: BOAVENTURA DE SOUSA SANTOS, "A Reinvenção Solidária e Participativa do Estado", Oficina do CES, 134, 1999; JOSÉ CASALTA NABAIS, Algumas considerações sobre a solidariedade e a cidadania, in (por último) Por uma Liberdade com Responsabilidade – Estudos sobre Direitos e Deveres Fundamentais, Coimbra, 2007, págs. 131-161. A propósito com referência a perspectivas recentes sobre o Estado Social e responsabilidade social, consultar, entre outros: ADALBERT EVERS, "Part of the welfare Mix: The Third Sector as na Intermediate Area"; GOSTA ESPING-ANDERSEN, *The Three Worlds of Welfare Capitalism, Cambridge*, 1990; MAURIZIO FERRERA, "The 'Southern Model' of Welfare in Social Europe", Journal of European Social Policy, 6 (1), 1996, 17-37; MAURIZIO FERRERA, ANTON HEMERIJCK and MARTIN RHODES, *The future of Social Europe: Recasting Work and Welfare in the New Economy*, Oeiras, 2000; NORMAN JOHNSON, *The Welfare State in Transition: The Theory and Practice of Welfare, Brighton, 1987*; PAUL PIERSON, *Dismantling the Welfare State? Reagan, Tatcher and the politics of Retrenchment*, Cambridge, 1994.

[2] O Terceiro Sector integra-se num conjunto mais amplo de entidades que compõem o sector não-lucrativo. De acordo com a International Classification of Non-Profit Organizations (ICNPO), apresentada por LESTER SALAMON e HELMUTH ANHEIER ("In search of nonprofit sector: The question of definitions", *Voluntas*, 3, n.º 2, 1992, págs. 125-161) a definição de sector não lucrativo passa por dez grupos de intervenção: cultura e recreio

De acordo com este conceito, o *Terceiro Sector* começa por ser referido a entidades que tenham a natureza de *pessoas jurídicas colectivas*, já que só estas – e não também as *pessoas singulares* – são aptas a cumprir uma exigência de especialidade de atribuições que, por definição, as obriga a prosseguirem predominantemente fins de interesse social. As pessoas singulares gozam, certamente, de capacidade para actuarem em vista de tais fins, mas tal nunca poderá representar a nota dominante da sua realidade jurídica que surge necessariamente associada à prossecução de fins, direitos e interesses pessoais, que são em diversos casos irrenunciáveis.

Acresce que essas entidades integradoras deste sector devem gozar de uma personalidade jurídica própria fundada numa efectiva *autonomia*, de tal modo que a sua realidade não se confunda com a de qualquer outro sujeito jurídico e, desde logo, com a de quem determinou a sua criação, evitando-se a confusão da sua posição, quanto a atribuições ou objectivos de actuação, com a de qualquer outra entidade.

Para além disto, sublinha-se que tais entidades, devendo surgir vinculadas a determinado ordenamento jurídico estadual, representam *pessoas jurídicas de direito interno*. E esta é uma característica que não deixa de ser própria de entidades do *Terceiro Sector* que afirmam uma relevância jus-internacional, como é o caso das Organizações Não-Governamentais (ONG's)[3].

Numa outra ordem de considerações refere-se que o *Terceiro Sector* é integrado por *entidades livremente instituídas*, relevando-se deste modo que a sua criação, sendo permitida pelo ordenamento em causa de acordo com um *princípio de liberdade*, não resulta, para quem a promove, imposta pelo Direito[4].

(Grupo 1), instrução e investigação científica (Grupo 2), saúde (Grupo 3), serviços sociais (Grupo 4), ambiente (Grupo 5), protecção da comunidade local, tutela de inquilinos e desenvolvimento do património habitacional (Grupo 6), promoção e tutela de direitos civis (Grupo 7), intermediação filantrópica e promoção do voluntariado (Grupo 8), actividade internacional (Grupo 9) e organizações empreendedoras, profissionais e sindicais (Grupo 10). Para mais desenvolvimentos cfr. ainda JON VAN TIL, *Mapping the third sector: voluntarism in a changing social economy*, New York, 1988; HELMUT ANHEIER, *The Third Sector in Europe*, 2002 e CHRISTOPHER GUNN, *The Third Sector Development: Making up for the market*, 2004.

[3] A propósito cfr. MARGARIDA SALEMA D'OLIVEIRA MARTINS e AFONSO D'OLIVEIRA MARTINS, *Direito das Organizações Internacionais*, vol. I, 2.ª ed., Lisboa, 1996, págs. 62-63.

[4] A propósito, com referência à questão da *autonomia privada*, para além das obras

Por outro lado, destaca-se que tais entidades se caracterizam por desenvolverem uma actuação de sentido *altruístico*, sublinhando-se deste modo que existem para ter uma utilidade para outrem e não para benefício, directo ou indirecto, imediato ou mediato, de quem as cria, as integra ou as serve. O benefício que estes podem retirar da actuação realizada a partir destas entidades apenas poderá ser *epifenoménico*[5] ou, no limite, de carácter moral[6].

Mais especificamente, e de modo decisivo, nota-se que as entidades do *Terceiro Sector* se especializam por prosseguirem *fins de interesse social* ou *humanitário*, entendendo-se como tais os objectivos estatutários que as vinculam a agir em favor de toda ou de parte significativa da Sociedade a que respeitam ou em benefício da Humanidade, mediante a procura de superação de situações de carência humana, a promoção do desenvolvimento humano, a protecção de bens essenciais à existência humana, a salvaguarda da identidade dos povos ou a defesa de valores e direitos fundamentais.

Mas importa referir que tais entidades devem caracterizar-se por prosseguirem *predominantemente* esses fins, existindo fundamentalmente por e para os realizar. Não cabem assim no *Terceiro Sector* as entidades que só marginalmente ou de modo puramente episódico realizem actividades de interesse social ou humanitário. A prossecução dos mencionados fins representa assim para as entidades do *Terceiro Sector* um seu requisito identitário fundamental.

Finalmente, o conceito proposto chama a atenção para que as entidades do *Terceiro Sector* têm de gozar de um estatuto de *independência face às entidades públicas,* para que não se dissolva a sua realidade na do *Sector Público*. Uma relação promíscua entre o *Terceiro Sector* e o *Sector Público* seria fatal para aquele. Neste sentido, entidades que prossigam fins de interesse social ou humanitário, mas que sejam financiadas maioritariamente por entidades públicas ou sujeitas ao seu controlo de gestão ou que tenham um órgão de administração, direcção ou fiscalização cujos

---

gerais de Direito Civil, Cfr., entre nós: JOSÉ MANUEL SÉRVULO CORREIA, *Legalidade e Autonomia Contratual nos Contratos Administrativos*, Coimbra, 1987, págs. 429 e segs.

[5] É o que se passa com entidades que agem em vista de "interesses difusos", como por exemplo a defesa do ambiente, em que a salvaguarda de certos bens redunda em favor de todos e afinal também, inevitavelmente, de quem as cria, as integra ou as serve.

[6] É neste ponto de considerar a satisfação ou a realização pessoal sentida por quem realiza actividades beneficentes.

membros sejam em mais de 50% designados por entidades públicas, não podem ser consideradas – independentemente da forma que revistam – integrantes do *Terceiro Sector*. Trata-se aí de "organismos de direito público" que integram o *Sector Público* e não o *Terceiro Sector*. Tal não impede, todavia, que as entidades do *Terceiro Sector* colaborem com as Administrações Públicas. Pelo contrário, tal é admissível e é mesmo desejável, por essa colaboração ser, de vários pontos de vista, racionalizadora de actuações que deverão ser de sentido convergente, evitando-se a concorrência (hostil) em domínios em que não faz sentido. Deverá, no entanto, tratar-se aí de *colaboração paritária* e *não subordinada*, que respeite a autonomia das entidades do *Terceiro Sector*.

b) Se quisermos identificar o *Terceiro Sector* com referência aproximada a um universo com um carácter jurídico minimamente coerente, diremos que ele é, desde logo, formado em Portugal, embora com excepções, pelas *fundações* e *associações* privadas com o *estatuto de utilidade pública*[7], cabendo estabelecer, neste âmbito, a distinção entre *fundações e associações de mera utilidade pública*, *fundações ou associações de solidariedade social* e *fundações ou associações de utilidade pública administrativa*.

As primeiras – *as fundações e associações de mera utilidade pública* – definem-se por prosseguirem "fins de interesse geral, ou das comunidades nacional ou de qualquer região ou circunscrição, cooperando com a Administração Central ou a administração local, em termos de merecerem da parte desta administração a declaração de *utilidade pública*" (cfr. artigo 1.º do Decreto-Lei n.º 460/77, de 7 de Novembro). O regime a que se sujeitam, sendo especial abrange, no entanto, menos direitos ou obrigações do que aqueles de que beneficiam as outras duas categorias supramencionadas de *fundações e associações de utilidade pública*.

As segundas – *as fundações e associações de solidariedade social*, nas várias formas possíveis apresentadas – são, nos termos da definição legal de *instituições de solidariedade social*, as que são constituídas, sem finalidade lucrativa, por iniciativa dos particulares, com o propósito de dar expressão organizada ao dever moral de solidariedade e de justiça entre os indivíduos e desde que não sejam administradas pelo Estado ou por um

---

[7] Neste sentido, DIOGO FREITAS DO AMARAL (*Curso de Direito Administrativo*, vol. I, 3.ª ed., Coimbra, 2006, págs. 748) refere que as pessoas colectivas de utilidade pública "são o coração e o nervo" do *Terceiro Sector*.

corpo autárquico, para prosseguir, mediante a concessão de bens e prestação de serviços, objectivos como os de apoio a crianças e jovens, à família, à integração social e comunitária e os de protecção de velhice, invalidez e em situações de carência, ou relacionados com a promoção e protecção de saúde, com a educação e formação profissional ou com a resolução de problemas habitacionais (artigo 1.º do estatuto aprovado pelo Decreto-Lei n.º 119/83, de 25 de Fevereiro[8]). E estas *instituições particulares de solidariedade social* podem ser: *Associações de Solidariedade Social* e *Associações Voluntárias de Acção Social, Irmandades de Misericórdia, Associações de Socorros Mútuos* e *Fundações de Solidariedade Social*.

Por fim, as *fundações e associações de utilidade pública administrativa* são definidas como institutos de assistência ou educação e associações humanitárias e beneficentes fundados por particulares que aproveitem em especial aos habitantes de determinada circunscrição e não sejam administrados pelo Estado ou por um corpo autárquico, tomando a seu cargo nomeadamente hospitais, hospícios, asilos, casas pias, creches, lactários, albergues, dispensários, sanatórios ou bibliotecas (artigos 416.º e 444.º do Código Administrativo).

Sublinhe-se, no entanto, por um lado, que nem todas as *fundações e associações de mera utilidade pública, instituições particulares de solidariedade social* e *fundações e associações de utilidade pública administrativa* poderão ser incluídas no *Terceiro Sector*[9].

Por outro lado, refira-se que serão de integrar no *Terceiro Sector* as associações e fundações privadas que, agindo altruisticamente e cumprindo as demais exigências do conceito de *Terceiro Sector*, todavia não gozam de estatuto de *utilidade pública*.

c) A expressão *Terceiro Sector*, não devendo ser relacionada com a distinção constitucionalmente assumida de *sectores de propriedade dos meios de produção*, não se confunde, particularmente, com o *sector cooperativo e social*[10-11].

---

[8] Com as alterações introduzidas pelos Decretos-Leis n.os 89/85, de 1 de Abril, 402/85, de 11 de Outubro, e 29/86, de 19 de Fevereiro.

[9] Sobre as exclusões subjectivas do *Terceiro Sector* Vd. *infra*.

[10] A distinção de sectores económicos tem consagração na Constituição da República Portuguesa e em especial no seu artigo 82.º. Neste preceito constitucional garante-se a coexistência de três sectores de propriedade dos meios de produção, a saber: *o sector público*, o *sector privado* e o *sector cooperativo e social*. O sector cooperativo e social, nos

Integram-se no conceito de *Terceiro Sector*, tal como logo o definimos, apenas algumas entidades que no ordenamento português – constitucionalmente – surgem vinculadas ao *sector económico cooperativo e social*: de entre estas integram-se nele as pessoas colectivas, sem carácter lucrativo, que, seja qual for a sua forma jurídica, tenham como principal objectivo a solidariedade social, excluindo-se desde logo as cooperativas e também as entidades de natureza mutualista, por existirem significativamente em função da esfera de interesses dos seus membros.

Numa outra ordem de considerações, são também, particularmente de excluir do *Terceiro Sector*: as fundações ou associações que se destinem a proporcionar bens e serviços aos seus membros ou a um universo restrito de beneficiários; as fundações que sejam criadas predominantemente por entidades públicas ou que sejam maioritariamente financiadas por entidades públicas ou que os titulares dos seus órgãos de administração, direcção ou fiscalização sejam em mais de 50% designados por entidades públicas. E são ainda de excluir desse Sector entidades como: os sindicatos; as associações de classe ou de representação de categoria profissional; as instituições de fins estritamente religiosos ou particularmente vocacionadas

---

termos do disposto do n.º 4 do artigo 82.º da Constituição Portuguesa, compreende especificamente: a) Os meios de produção possuídos e geridos por cooperativas, em obediência aos princípios cooperativos, sem prejuízo das especificidades estabelecidas na lei para as cooperativas com participação pública, justificadas pela sua especial natureza; b) Os meios de produção comunitários, possuídos e geridos por comunidades locais; c) Os meios de produção objecto de exploração colectiva por trabalhadores; d) Os meios de produção possuídos e geridos por pessoas colectivas, sem carácter lucrativo, que tenham como principal objectivo a solidariedade social, designadamente entidades de natureza mutualista.

11 Sobre o tema da delimitação de sectores económicos no contexto constitucional português cfr., designadamente: A. AVELÃS NUNES, *A garantia das nacionalizações e a delimitação dos sectores público e privado no contexto da Constituição Económica Portuguesa*, in BFDUC, LXI, 1985; ANTÓNIO MENEZES CORDEIRO, *A Constituição patrimonial privada*, in Estudos sobre a Constituição (org. Jorge Miranda), III, Lisboa, 1979; ANTÓNIO SOUSA FRANCO/GUILHERME D'OLIVEIRA MARTINS, *A Constituição Económica Portuguesa. Ensaio Interpretativo*, Lisboa, 1993; MIGUEL CATELA, *A delimitação dos sectores de propriedade na Constituição e na Lei*, Lisboa, 1986; PAULO OTERO, *Vinculação e Liberdade de Conformação Jurídica do Sector Empresarial do Estado*, Coimbra, 1998; PAULO PITTA E CUNHA, *A Controvérsia sobre a Lei de Delimitação dos Sectores*, in Memórias da Academia das Ciências de Lisboa – Classe de Letras, XXI, Lisboa, 1980; SÉRGIO GONÇALVES DO CABO, *A delimitação de sectores na jurisprudência da Comissão e do Tribunal Constitucional*, in RFDUL, XXXIV, 1993.

para a promoção de credos, cultos e práticas confessionais; os partidos políticos, associações e fundações políticas[12].

2. Dimensão do Terceiro Sector em Portugal

Não é possível definir rigorosamente a dimensão do *Terceiro Sector* em Portugal. Apenas podem ser apresentados números aproximados, fazendo-o logo com referência a dados fornecidos pela Presidência do Conselho de Ministros, bem como com referência a dados facultados pelo Ministério do Trabalho e da Solidariedade e pela Direcção-Geral dos Impostos.

Para efeito de determinação da dimensão do *Terceiro Sector* não bastará no entanto considerar estes dados: esses dados dão-nos o número de pessoas colectivas de utilidade pública (pessoas colectivas de utilidade pública, de utilidade pública administrativa e instituições particulares de solidariedade social), mas a ele haverá que abater o número dessas entidades que não respondem às exigências do conceito de *Terceiro Sector e* acrescentar o número correspondente a todas as demais fundações privadas existentes e o número de associações privadas que apesar de não terem sido declaradas de utilidade pública cumprem os requisitos de conceptualização do sector em referência. Este número não é, no entanto, perfeitamente determinável no que respeita às associações privadas não declaradas de utilidade pública mas de fins altruísticos.

Associações privadas sem declaração de utilidade pública	9.392
Associações declaradas de mera utilidade pública e de utilidade pública administrativa	2.233
Associações de solidariedade social	2.699
Fundações privadas sem declaração de utilidade pública	257
Fundações declaradas de utilidade pública	79
Fundações de solidariedade social	174
Institutos de organizações religiosas	229
Centros sociais paroquiais	1.134
Irmandades de Misericórdias	351
Uniões, federações e confederações	23

---

[12] Neste sentido, a propósito do direito brasileiro relativo às designadas Organizações da Sociedade Civil de Interesse Público, Cfr. JOSÉ EDUARDO SABO PAES, *Fundações e Entidades de Interesse Social*, 2.ª ed., Brasília, 2000, pág. 83.

As *associações* ocupam um lugar de destaque de entre todas as pessoas colectivas sem fins lucrativos. Tal deve-se desde logo à maior facilidade de sua constituição.

Do universo total de 16.571[13] associações que existem em Portugal, apenas 2.233[14] são associações de mera utilidade pública e de utilidade pública administrativa. Há dificuldade em apurar, dentro deste grupo, qual é o número das associações de mera utilidade pública e o das de utilidade pública administrativa. Tal deve-se a alguma confusão conceptual gerada com a entrada em vigor do diploma que prevê o regime geral das pessoas colectivas de utilidade pública.

As associações de solidariedade social têm um lugar de destaque, existindo actualmente em número de 2.699[15]. Dentro deste grupo são de adicionar as Misericórdias que ao todo perfazem o total de 351[16-17].

As *fundações* ocupam o quarto lugar no universo total de pessoas colectivas privadas sem fins lucrativos, existindo apenas 510 entidades. E apenas 79[18] fundações foram declaradas de utilidade pública. Já as *fundações ditas de solidariedade social* são em número de 174[19].

Quantos aos *Centros Paroquiais* e aos *Institutos de Organizações Religiosas* a razão da autonomização de uma referência deve-se ao facto de ficar em aberto a questão de saber se estes institutos ou estes centros assumem a natureza de fundações ou associações. Deste modo e por razões de simplificação resolvemos autonomizar estas duas cate-

---

[13] De acordo com pesquisa efectuada junto do cadastro da Direcção-Geral dos Impostos (por referência ao CAE 913 – Outras Actividades Associativas) e objecto de cruzamento com os dados disponíveis junto do Registo Nacional das Pessoas Colectivas. De acordo com o conceito aqui defendido, foram retiradas da pesquisa o conjunto das associações sindicais, profissionais e políticas. Denote-se ainda que, de acordo com a Direcção-Geral dos Impostos, o número de associações cadastradas não coincide com as associações activas, relevando, neste caso, o cumprimento das obrigações acessórias constantes dos vários códigos tributários, mais concretamente, o Código do IRC.

[14] Desde 1977 até 27/02/2007. Fonte: Presidência do Conselho de Ministros.

[15] Fonte: Ministério do Trabalho e da Solidariedade Social.

[16] Estes dados resultam do cruzamento de informações dadas pelo Ministério do Trabalho e da Solidariedade Social e pela União das Misericórdias Portuguesas. Na verdade, e de acordo com informação pública da União das Misericórdias Portuguesas, esta integra e coordena aproximadamente cerca de 400 Santas Casas de Misericórdia, em Portugal, incluindo as Regiões Autónomas da Madeira e dos Açores.

[17] Sobre a inclusão das Misericórdias no grupo das Associações *vide infra*.

[18] Desde 1977 até 27/02/2007. Fonte: Presidência do Conselho de Ministros.

[19] Fonte: Ministério do Trabalho e da Solidariedade Social.

gorias institucionais, que efectivamente prosseguem fins de solidariedade social.

Em princípio parece que o substracto quer dos Centros Paroquiais, quer dos Institutos de Organizações Religiosas é de natureza pessoal. Simplesmente, de acordo com os artigos 41.º e 51.º do Decreto-Lei n.º 119/83, de 25 de Fevereiro, tais entidades estão sujeitas ao regime das *fundações de solidariedade social* (artigos 77.º e seguintes do diploma já assinalado), de substracto patrimonial. Pelo regime, desta forma, não é possível obter uma resposta conclusiva. Como na prática administrativa há autonomização, impõe-se a distinção, fornecendo dados tão fidedignos quanto possível[20].

3. O Terceiro Sector e a Constituição

A Constituição da República Portuguesa apenas, indirectamente, valoriza o Terceiro Sector, fazendo-o incidentalmente ao consagrar o apoio do Estado à actividade e ao funcionamento das *instituições particulares de solidariedade social* e de outras de reconhecido interesse público sem carácter lucrativo que colaborem na prossecução de objectivos de solidariedade social (artigo 63.º, n.º 5 da CRP), ao garantir a existência de meios de produção possuídos e geridos por pessoas colectivas, sem carácter lucrativo, que tenham como principal objectivo a solidariedade social [artigo 82.º, 4, alínea *d*), da CRP] e através de outras referências às *fundações* e as *associações* com intervenção em domínios de relevante interesse geral.

Quanto às fundações, devemos antes de mais observar que a Constituição não contém nenhuma disposição que consagre genericamente e de forma expressa a liberdade de sua criação.

A Constituição reservou às fundações apenas algumas referências expressas avulsas, referindo-se a elas pontualmente, ao considerar, por exemplo, que o Estado colabora com as fundações de fins culturais em matéria de fomento e apoio a organizações juvenis ou de intercâmbio internacional da juventude ou para efeito de promoção da democratização da cultura (artigos 70.º, n.º 3 e 73.º, n.º 3, da Constituição).

---

[20] O próprio Ministério do Trabalho e da Solidariedade Social autonomiza os Centros Paroquiais e Institutos de Organizações Religiosas, em virtude da sua proximidade com as entidades de Direito Canónico.

Em contrapartida, o legislador constituinte privilegiou claramente o tratamento da matéria relativa às associações, ficando tal patente na consagração constitucional genérica e expressa da liberdade de associação (artigo 46.° da Constituição) e na especial valorização constitucional dada a diversas categorias de associações.

Esta valorização constitucional da posição das associações, em confronto com o menor interesse manifestado na Constituição pela realidade das fundações, pode ser compreendido, eventualmente à luz da circunstância de o legislador constituinte ter destacado a necessidade de se promover o aprofundamento da democracia participativa (artigo 2.° da Constituição). As associações – pela sua natureza, estrutura e modo de funcionamento – terão sido porventura consideradas mais aptas para promover a realização prática deste conceito de democracia participativa.

Numa perspectiva de política constituinte, *de jure constituendo*, poderá no entanto argumentar-se que a realidade das fundações não pode ser considerada estranha à realização de democracia participativa e que outros valores constitucionalmente assumidos – e entre estes desde logo o da solidariedade, que tem consagração na norma de abertura da Constituição – pedem uma mais clara protecção constitucional das fundações.

4. **Regime de criação, modificação e extinção das entidades do Terceiro Sector (das fundações e associações, em particular)**

a) Do ponto de vista da sua criação, as *fundações*[21] podem resultar de acto entre vivos ou de disposição testamentária (artigo 185.°, n.° 1, do Código Civil).

A instituição por acto entre vivos deve constar de escritura pública (artigo 185.°, n.° 3, do Código Civil), podendo também resultar de acto legislativo, do qual conste a dispensa de cumprimento de outros formalismos. Nos casos de instituição por disposição testamentária, o respectivo acto deve constar de testamento feito numa das formas legalmente admitidas.

---

[21] Sobre este ponto *vide* AFONSO D'OLIVEIRA MARTINS, *La situación de las fundaciones en Portugal*, in *Las Fundaciones en Iberoamerica – Regimen Juridico*, org. J. L. Piñar Mañas y J. Andrés Garcia, Mcgraw-Hill, Madrid, 1997, pp. 437-458.

Esse acto de instituição, seja qual for a sua forma de revelação, para além de conter inequivocamente a expressão da vontade do instituidor de criar uma nova pessoa jurídica qualificável como fundação, deve ainda, pelo menos, indicar o fim da fundação e especificar os bens que lhe são destinados (artigo 186.°, n.° 1, do Código Civil).

A criação de uma fundação, num primeiro momento, depende não só do acto de instituição, assim concebido, mas também de adopção dos respectivos estatutos. Os estatutos das fundações dão corpo a um acto de regulação da organização e do funcionamento dessas pessoas colectivas, que no rigor jurídico não deve ser confundido com o acto de sua instituição, isto sem prejuízo de, em termos práticos, normalmente esses actos – acto de instituição e acto de adopção de estatutos – serem contemporâneos e sem prejuízo de, no acto de instituição, o instituidor poder providenciar detalhadamente sobre aspectos estatutários.

Sem adopção de estatutos considerados suficientes a fase de instituição de uma fundação não poderá ser considerada completa.

A falta de estatutos lavrados pelo instituidor ou a sua insuficiência poderá ser suprida, em último caso, com intervenção da autoridade administrativa competente para o reconhecimento, ainda que tendo-se em conta, na medida do possível, a vontade real ou presumível do fundador.

A esta fase de instituição, segue-se a do seu registo, que se realiza, regra geral, junto do Registo Nacional das Pessoas Colectivas e nalguns casos especiais (v.g. as fundações de solidariedade social e as fundações na área do ensino e da educação) perante outras autoridades administrativas.

Aquele registo apenas se converte em definitivo após o reconhecimento da fundação por acto do poder público.

O reconhecimento representa o acto administrativo pelo qual cada fundação, individualmente considerada, adquire personalidade jurídica (artigo 157.°, n.° 2, do Código Civil), valendo ainda como acto de aceitação dos bens a ela destinados (artigo 185.°, n.° 1, do Código Civil).

A autoridade administrativa competente para o reconhecimento era, na versão originária do Código Civil de 1966 (artigo 158.°, n.° 2), o Governo ou o seu representante no distrito quando a actividade da fundação se confinasse na área dessa circunscrição territorial. Posteriormente, essa competência foi especialmente atribuída ao Primeiro-Ministro. Agora, em regra (salvo casos especiais, em que se incluem, por exemplo, as fundações de solidariedade social, cuja competência está atribuída ao Ministro da tutela) essa competência pertence ao Ministro da Administração Interna[22].

O reconhecimento, deverá ser negado às fundações cujo fim não for considerado de interesse social e quando os bens a elas afectados se mostrarem insuficientes para a prossecução do fim visado e não haja fundadas expectativas de suprimento da insuficiência.

Esse acto – o reconhecimento – pressupõe, por parte da autoridade administrativa competente para o praticar, uma *margem de livre apreciação* sobre o carácter social do interesse a prosseguir pelas fundações e sobre a suficiência dos bens a elas afectados.

Relativamente ao momento da instituição de fundações é, ainda, de considerar que no ordenamento português se estabelece um princípio de sua irrevogabilidade. A noção de irrevogabilidade da instituição das fundações refere-se no entanto particularmente à liberalidade que consiste em dispor de certos bens em vista de os afectar à realização de interesses sociais.

No que respeita às fundações criadas por actos entre vivos, o acto de instituição (e, por via dele, especialmente o acto de disposição de bens) torna-se irrevogável logo que seja requerido o reconhecimento ou principie o respectivo processo oficioso (artigo 185.°, n.° 3, do Código Civil). Esta determinação de irrevogabilidade não pode no entanto ser entendida como tendo um valor absoluto, já que se houver recusa de reconhecimento e o instituidor for vivo a instituição fica sem efeito, mantendo-se o instituidor na propriedade dos bens de que pretendia dispôr. O instituidor fica então livre de reponderar sobre o destino dos bens a dar a esses bens. Mas, se o instituidor tiver entretanto falecido já não haverá reversão de bens, sendo estes entregues a uma associação ou fundação de fins análogos que a entidade competente designar, salvo disposição do instituidor em contrário (artigo 188.°, n.° 3, do Código Civil).

Por sua vez, no que respeita à instituição de fundações por disposição testamentária, o princípio da sua irrevogabilidade, é acolhido, logicamente, em termos mais rigorosos. Neste caso apenas se admite uma situação de reversão de bens (que aliás se prevê igualmente para os casos de instituição de fundação por acto entre vivos): será a situação de redução de

---

[22] Importa no entanto considerar regimes particulares de reconhecimento. Assim, por exemplo, a propósito do regime de reconhecimento de fundações com sede na Região Autónoma dos Açores Cfr. Decreto Legislativo Regional n.° 51/2006/A (DR, 1.ª s., n.° 237, de 12 de Dezembro de 2006).

liberalidades por inoficiosidade, derivada da aplicação do disposto acerca da sucessão legitimária (artigo 185.º, n.º 4, do Código Civil).

A transformação de uma fundação suscita por seu lado problemas distintos. A transformação das fundações consiste no acto pelo qual a entidade competente para o reconhecimento, uma vez ouvida a respectiva administração e também o fundador, se for vivo, lhe atribui um fim diferente (artigo 190.º do Código Civil). A transformação de uma fundação pode ser determinada numa das seguintes situações: (i) quando tiver sido inteiramente preenchido o fim para que foi instituída ou este se tiver tornado impossível; (ii) quando o fim da instituição deixar de revestir interesse social; (iii) quando o património se tornar insuficiente para a realização do fim previsto (artigo 190.º, n.º 1 do Código Civil). Através da transformação deverá atribuir-se à fundação um novo fim que se aproxime, no que for possível, do fim fixado pelo fundador (artigo 190.º, n.º 2, do Código Civil). Ainda assim, só haverá lugar à transformação se no acto de instituição não estiver previsto que nas situações antes referidas se deve promover a extinção da fundação (artigo 190.º, n.º 3, do Código Civil).

Quanto à extinção das fundações, esta pode resultar: (i) da concretização de uma previsão contida no acto de instituição; (ii) de decisão judicial que declare a sua insolvência e ainda (iii) de decisão da entidade competente para o reconhecimento que verifique que o seu fim se esgotou ou se tornou impossível, que o seu fim real não coincide com o fim expresso no acto de instituição, que o seu fim é sistematicamente prosseguido por meios ilícitos ou imorais ou que a sua existência se tornou contrária à ordem pública (artigo 192.º, n.º 2, do Código Civil).

Uma vez declarada ou determinada a extinção de uma fundação cabe à autoridade administrativa competente – àquela a quem compete o reconhecimento – tomar todas as providências especiais necessárias para o efeito, considerando particularmente o problema do destino dos bens.

Sobre o problema de saber qual será o destino a dar aos bens que integravam o património da fundação uma vez extinta, deve-se distinguir entre as situações dos bens originariamente afectados pelo fundador, dos bens subrogados, dos bens que advieram à fundação directamente em resultado das suas actividades e dos bens recebidos de terceiros a título gratuito.

De um modo geral, todos esses bens podem ter o destino que estiver previsto no acto de instituição ou nos estatutos (artigo 186.º, n.º 2, *in fine*, do Código Civil), desde que – por força do princípio da irrevogabilidade da instituição – não esteja em causa a reversão desses bens para o património do fundador ou para o seu património hereditário e desde que esse destino implique a reafectação dos bens a fins de interesse social.

O destino não será no entanto o estatutariamente previsto no caso dos bens que tenham sido doados ou deixados com qualquer encargo ou na condição de afectação em causa. Nestes casos, o tribunal, a requerimento do Ministério Público, dos liquidatários, de qualquer interessado, ou ainda dos herdeiros do doador ou do autor da deixa testamentária, atribui-los-á, com o mesmo encargo ou afectação, a outra pessoa colectiva (166.°, n.° 1, do Código Civil), prioritariamente a uma associação ou fundação de fins análogos.

b) Relativamente às *associações,* importa ir ao encontro das exigências da liberdade de associação consagrada na Constituição Portuguesa. Os artigos 158.°, n.° 2 e 167.° do Código Civil apenas exigem dois tipos de requisitos de existência: uns formais, outros materiais. Os requisitos formais respeitam à obrigatoriedade de constituição mediante a celebração de escritura pública. Acresce a obrigatoriedade de existência de estatutos, devendo, substantivamente, constar deles a identificação dos bens ou serviços com que os associados entram para o património social, a sua denominação, o seu fim e a sua sede, a forma de seu funcionamento, e a sua duração, salvo se a associação for constituída por tempo indeterminado.

No que respeita à aquisição de personalidade jurídica pelas associações fala-se em reconhecimento normativo explícito. No entanto há que assinalar a verificação por parte do Ministério Público do cumprimento da legalidade dos estatutos pois, nos termos do 168.°, n.° 2, do Código Civil, o notário deve remetê-los a esta entidade.

Quanto à modificação das associações, esta pode consubstanciar-se em actos de alteração estatutária que pressupõem a vontade dos respectivos corpos sociais dessas associações e expressa nos termos legal e estatutariamente definidos, devendo constar de escritura pública.

Por sua vez, quanto a outras vicissitudes que podem afectar as associações, importa considerar a possibilidade de se traduzir em situações de sua cisão ou de fusão com outras associações, mediante as necessárias alterações estatutárias[23]. E é de referir ainda a possibilidade de transfor-

---

[23] A propósito, cfr. A. MENEZES CORDEIRO, *Tratado de Direito Civil, I*, tomo 3, Coimbra, 2004, págs. 693-694.

mação de uma associação numa realidade associativa de tipo ou finalidade diferente, bem como de transformação – conversão de uma associação em fundação.

Quanto à extinção das associações, o Código Civil, no seu artigo 182.º, prevê que ela pode ocorrer, por um lado, nas seguintes situações: a) por deliberação da assembleia geral; b) pelo decurso do prazo, se tiverem sido constituídas temporariamente; c) pela verificação de qualquer outra causa extintiva prevista no acto de constituição ou nos estatutos; d) pelo falecimento ou desaparecimento de todos os associados.

Por outro lado, é de referir que as associações podem ainda ser extintas por decisão judicial em vários casos: (i) quando se declare a sua insolvência, (ii) quando o seu fim se tenha esgotado ou se haja tornado impossível, (iii) quando o seu fim real não coincida com o fim expresso no acto de constituição ou nos estatutos, (iv) quando o seu fim seja sistematicamente prosseguido por meios ilícitos ou imorais e (v) quando a sua existência se torne contrária à ordem pública.

A este propósito, cabe referir o problema importante do destino a dar aos bens das associações, no caso de sua extinção. A isto responde-nos sumariamente o artigo 166.º do Código Civil, que distingue as situações, de acordo com os vários tipos de bens: se os bens foram doados a estas entidades ou se foram deixados com qualquer encargo ou se estão afectos a um determinado fim. Nuns casos será necessária a intervenção do tribunal, a requerimento de determinados sujeitos, para decidir qual o destino a dar aos bens. Noutros casos atenta-se às disposições estatutárias, e na falta delas é que se recorre em última instância ao tribunal.

5. A aquisição do estatuto de pessoas colectivas de utilidade pública

Cuidando particularmente do *Terceiro Sector*, importa considerar o problema da aquisição, pelas fundações e pelas associações, do estatuto de *pessoas colectivas de utilidade pública*.

A propósito é de referir que as fundações e as associações privadas, para beneficiarem do estatuto especial em referência, terão de obter do Governo uma declaração de utilidade pública, necessitando para tanto de cumprir certos requisitos relacionados com a não limitação a estrangeiros dos benefícios a conceder e também com a sua idoneidade para a afirmação prática da sua utilidade pública (artigos 2.º, n.ºs 1 e 3, do Decreto-Lei n.º 460/77, de 7 de Novembro).

Para além disto, cabe sublinhar que, em regra, só poderão beneficiar dessa declaração uma vez cumpridos cinco anos de efectivo e relevante funcionamento. É possível, no entanto, a dispensa deste requisito temporal em razão de circunstâncias excepcionais ou, desde logo, quando se trate de entidades que prossigam algum dos fins previstos no artigo 416.º do Código Administrativo (artigo 4.º do Decreto-Lei n.º 460/77, de 7 de Novembro), sendo neste caso reconhecidas desde logo de utilidade pública (artigo 417.º do Código Administrativo).

A declaração de utilidade pública, para além de caducar com a extinção da pessoa colectiva que dela beneficiar, pode ser revogada quando deixem de se verificar os requisitos que a justificaram (artigo 13.º do Decreto-Lei n.º 460/77, de 7 de Novembro).

No que respeita às *fundações e às associações de solidariedade social*, será de ter presente de modo especial que se encontram sujeitas a um regime especial de registo e que adquirem após esse registo[24], automaticamente, a natureza de pessoas colectivas de utilidade pública (artigo 8.º do Estatuto aprovado pelo Decreto-Lei n.º 119/83, de 25 de Fevereiro).

Finalmente, é de referir o caso de *fundações privadas* – como é o caso da Fundação Calouste Gulbenkian – que adquiriram o estatuto de *pessoas colectivas de utilidade pública administrativa* logo no momento instituidor através de acto legislativo[25].

6. Actividades, organização e funcionamento das entidades do Terceiro Sector

a) As actividades que as associações e fundações podem desenvolver são delimitadas juridicamente em razão da sua capacidade jurídica, sendo de considerar, a propósito, uma regra geral, segundo a qual tal capacidade abrange "todos os direitos e obrigações necessários ou convenientes à prossecução dos seus fins", exceptuando-se todavia "os direitos

---

[24] A entidade competente para o registo está sob a tutela do Ministro da Solidariedade Social, de acordo com a Portaria n.º 139/2007, de 29 de Janeiro.

[25] Serão ainda de considerar especialidades de regimes de declaração de utilidade pública aplicáveis a determinadas entidades, como se verifica, por exemplo, com as *organizações não-governamentais de ambiente* (Lei n.º 35/98, de 18 de Julho) ou com as *organizações não-governamentais de cooperação para o desenvolvimento* (Lei n.º 66/98, de 14 de Outubro), sendo também de mencionar, nomeadamente, o regime especial de declaração de *utilidade pública desportiva* (Lei n.º 5/2007, de 16 de Janeiro).

e obrigações vedados por lei ou que sejam inseparáveis da personalidade singular" (cfr. artigo 160.º do Código Civil).

As *fundações e as associações privadas de utilidade pública* gozam ainda de *capacidade jurídico-pública*, na qual se inclui, logo e em geral, o poder de requerer a expropriação por utilidade pública mesmo urgente, de bens necessários para que possam prosseguir os seus fins estatutários (cfr. artigo 11.º do Decreto-Lei n.º 460/77, de 7 de Novembro). Essa capacidade é (ou pode ser) mais ampla no caso das *fundações de utilidade pública administrativa*, consoante for definido em diploma legal que as crie.

Na capacidade jurídica de direito comum das fundações será de incluir o poder de desenvolverem actividades com fim lucrativo, contanto que a sua existência não se venha a esgotar nessas actividades, desde que estas sejam determinadas pela intenção de obter receitas ou uma valorização do seu património e na condição de as receitas obtidas ou da valorização patrimonial alcançada serem objectivamente em proveito da fundação em causa. Admitir solução diferente implicaria pôr em crise a natureza social que têm as fundações por serem pessoas colectivas de interesse social.

A existência de *fundações com empresa* (ou simplesmente proprietárias de *estabelecimentos económicos* de fim lucrativo) representa um fenómeno que é de considerar juridicamente aceitável no ordenamento português. Do mesmo modo, é aceitável o fenómeno das *fundações de empresa*, isto é de fundações criadas por empresas ou grupos económicos e que se destinam a gerir recursos financeiros que disponibilizam em favor de fins benéficos.

Quanto à actividade das associações, ela pode centrar-se em vários aspectos da vida pública e privada. O desenvolvimento de actividades empresariais por parte das associações é também juridicamente aceitável.

b) Quanto à organização e funcionamento das fundações e associações, a sua regulação deve constar do acto de sua instituição ou dos seus estatutos, existindo nesta matéria alguma liberdade regulatória, que é estabelecida em vista de se permitir a escolha das formas mais adequadas em cada caso para a realização do respectivo fim institucional.

A regra fundamental a reter nesta matéria é a que impõe que entre os seus órgãos deverá haver um órgão colegial de administração e um conselho fiscal, ambos eles constituídos por um número ímpar de titulares, dos quais um será o presidente.

A organização e funcionamento das *fundações e associações privadas de solidariedade social* encontra-se no entanto regulada legalmente de modo mais preciso, sujeitando-se ainda estas instituições a regras especiais de gestão (por exemplo, em matéria de realização de obras, alienação e arrendamento de imóveis, de depósito de capitais e de aceitação de heranças, legados e doações).

7. Regime de controlo das entidades do Terceiro Sector

As *fundações privadas* encontram-se em geral sujeitas a um controlo prévio ou preventivo que – nos termos do que antes já tivemos oportunidade de assinalar – é exercido pela autoridade administrativa competente para o reconhecimento. Existe ainda um forma de controlo prévio, tendente a averiguar-se da legalidade do acto de instituição e dos estatutos das *fundações*, o qual é realizado pelo notário perante o qual são lavradas as correspondentes escrituras, assim como pelo próprio Ministério Público (artigo 168.° do Código Civil, aplicável por força do disposto do artigo 185.°, n.° 5, do Código Civil, ou por analogia).

Para além deste controlo prévio, haverá ainda que fazer referência a um controlo sucessivo aplicável à generalidade das *fundações*, que também é especialmente exercido pela autoridade administrativa com competência para o reconhecimento. Este controlo sucessivo destina-se, particularmente, a verificar de um modo permanente se o fim institucional das *fundações* já está preenchido, se continua a ser possível e a revestir interesse social, se com ele tem correspondência o fim realmente prosseguido, se é realizado por meios lícitos e morais, servindo ainda para averiguar se o seu património se apresenta suficiente para a realização do fim previsto e se não está onerado com encargos cujo cumprimento impossibilite ou dificulte gravemente o preenchimento do fim institucional. Do exercício, pela autoridade administrativa competente, desse poder de controlo sucessivo poderá resultar a determinação de modificações estatutárias, a transformação ou mesmo a extinção e ainda a adopção de medidas de libertação de encargos existentes sobre o património ou da transmissão deste para outra pessoa colectiva, assim como pode derivar a tomada de providências sobre a liquidação do seu património no caso de extinção (artigos 189.° a 193.° do Código Civil).

No que respeita às *associações* não podemos falar em controlo preventivo pela entidade competente para o seu reconhecimento, pois esta não depende do tipo de reconhecimento previsto por lei para as *fundações*. No entanto é de assinalar o exercício pelo Ministério Público de funções de controlo, devendo, nos termos do artigo 168.°, n.° 2, do Código Civil, o notário oficiosamente e a expensas da *associação*, comunicar a constituição das ditas *associações* e dos estatutos, bem como as suas alterações a esta entidade, remetendo também ao jornal oficial um extracto para publicação. É também de assinalar que a declaração de extinção das *associações*, nos termos do n.° 2 do artigo 182.° e do n.° 2 do 183.°, ambos do Código Civil, pode ser requerida pelo Ministério Público.

As *fundações e as associações de utilidade pública*, em termos que supõem um outro tipo de controlo ou de intervenção a exercer pelos poderes públicos, encontram-se sujeitas a especiais deveres relacionados com as exigências de envio anual à Presidência do Conselho de Ministros do relatório e das contas dos exercícios findos, de prestação de informações às entidades administrativas competentes, de colaboração com as entidades públicas na prestação de serviços ao seu alcance e na cedência das suas instalações para a realização de actividades afins (artigo 12.° do Decreto-Lei n.° 460/77, de 7 de Novembro).

No que respeita às *fundações e associações privadas de solidariedade social* haverá, no entanto, que considerar a sujeição a um regime especial de tutela integrativa quanto a certos actos (aquisições de bens imóveis a título oneroso, alienações desses bens a qualquer título, realização de empréstimos), de tutela inspectiva geral e de tutela sancionatória (que admite em último termo a destituição de corpos gerentes, a adopção de providências cautelares de suspensão de corpos gerentes ou o encerramento de estabelecimentos).

Por fim, as *fundações e as associações privadas de utilidade pública administrativa* ainda se encontram sujeitas a um regime de mais intensa intervenção pública administrativa, que se concretiza no plano da tutela integrativa e sancionatória, como contrapartida do tratamento ainda mais privilegiado que lhes é reservado pelo ordenamento. Acresce que, na medida em que possam praticar actos administrativos, estes, com fundamento em ilegalidade, podem ser submetidos ao contencioso administrativo. O regime de controlo sobre estas fundações pode no entanto variar de caso para caso, designadamente em função de regras especiais que se estabeleçam em diploma legal que concretize a sua instituição.

8. Fundamento económico-financeiro e regime fiscal do Terceiro Sector

a) Ao *Terceiro Sector* deve ser associado um fundamento financeiro e económico, sendo de referir a propósito a *teoria do passageiro clandestino* (*free-rider effect theory*). O facto de existir a perspectiva racional de qualquer administrado esperar pela produção de um bem público, para tirar os benefícios sem ter de suportar os custos, origina a chamada falta de incentivo à produção de bens públicos por entidades privadas. E, neste campo, surgem, a título exemplificativo, as actividades de cultura e recreio, a instrução e investigação científica, a saúde, os serviços sociais, o ambiente, a protecção da comunidade local e até mesmo a promoção e tutela de direitos civis, todas próprias do sector em análise.

Ora, a falta de incentivo à produção privada dos bens públicos, como os próprios do *Terceiro Sector*, origina movimentos benignos de desorçamentação[26] estadual, que confluem na concentração de políticas públi-

---

[26] A desorçamentação é uma excepção ao princípio da plenitude orçamental (que encerra a unidade e a universalidade) e representa todo o tipo de situações em que surgem o financiamento público de actividades assumidas por sujeitos exteriores ao sector público administrativo. Podemos distinguir a desorçamentação financeira da desorçamentação económica, por referência aos custos advenientes do mencionado financiamento. Aquela representa todos os fluxos monetários, presentes e futuros, registados contabilisticamente entre o Estado e qualquer outra entidade externa, enquanto que esta visa apurar os custos económicos, presentes e futuros, suportados pelo Estado em resultado da produção e distribuição de bens à comunidade por outros sujeitos. Consultar sobre o assunto, entre outros, Vítor Bento, "A desorçamentação das despesas públicas", in *Revista do Tribunal de Contas*, n.º 34, Julho/Dezembro, 2000, págs. 23-36; Jean-Claude Ducros, "Les changements de contenu du budget de l'État: budgétisation et débudgétisation", in *Revue Francaise de Finances Publiques*, n.º 44, 1993, pág. 101 e segs; Henri Lamotte, Jean-Michel Communier, *Finances publiques. Le budget de l'État*, Paris: PUF, 1997, pág. 31; Michel Bouvier, Marie-Christine Esclassan, Jean-Pierre Lassale, *Finances Publiques*, 5.ª ed., Paris, 2000, págs. 244-246 e Girardot Thierry-Xavier, "Le Conseil constitutionnel censure les débudgétisations", in *Cahiers de la fonction publique*, Fevereiro 1995, pág. 13 (a propósito da decisão n.º 94-351 DC de 29 de Dezembro de 1994 do *Cour Constitutionnel* francês). Será útil salientar que a desorçamentação está associada à antiga prática (actualmente em desuso) da elaboração de orçamentos extraordinários pelos Executivos, para fazer face a despesas pontuais da comunidade (como uma campanha de guerra, como a ajuda humanitária para povos próximos, etc.). Curiosamente, o ordenamento brasileiro permite que determinadas receitas, nomeadamente as associadas ao refinanciamento da dívida pública, constem separadamente na lei orçamentária (como operações extra-orçamentárias) e, eventualmente, nas de crédito adicional (conforme resulta do artigo 5.º, §2.º da Lei Complementar n.º 101, de 4 de Maio de 2000 (Lei da Responsabilidade Fiscal).

cas em entidades privadas, que do ponto de vista financeiro e fiscal são equiparadas a entidades do sector público administrativo. Assim, a gestão da coisa pública deve reflectir possíveis situações de desorçamentação, não só presentes como futuras. E, esta necessidade de intervenção de entidades privadas, em nome da prossecução de *fins de interesse social*, está associada à necessidade de aprovisionamento de bens públicos, semi-públicos[27], bens de clube[28] e bens privados. Assim, torna-se necessário o financiamento das entidades exteriores ao Sector Público Administrativo para a interiorização:

– Da falta de incentivo na produção dos bens públicos e do efeito de boleia adveniente;
– Da sobre-exploração dos recursos comuns[29];
– Dos *spillovers*[30] e das *exportações fiscais*[31] advenientes da distribuição de bens de clube.

Em todo o caso, as políticas de desorçamentação representam direitos de saque de impostos futuros, independentemente da necessidade de registo orçamental das referidas despesas. Em matéria ambiental, cumpre ao Estado questionar-se qual a verdadeira utilidade em confiar a entidades externas a produção e distribuição de bens públicos e bens de clube, na medida em que a abstenção de um determinado tipo de comportamentos pode comprometer os níveis de despesa no longo prazo. E é no *Terceiro*

---

[27] Não esquecendo, porém, que "as sucessivas tendências de parasitismo tendem a desencorajar totalmente o voluntariado, porventura por frustação das motivações de altruísmo e reciprocidade, ou porventura por superação de confusões, excessos de optimismo e ingenuidade iniciais" (FERNANDO ARAÚJO, *Introdução à Economia*, 3.ª edição, Coimbra, 2006, pág. 587).

[28] Um bem de clube é um bem que apresenta, dentro de alguns limites, a característica da indivisibilidade dos bens públicos, mas com possibilidade de exclusão (piscina, campo de ténis, *v.g.*). Sobre o conceito consultar ANTÓNIO PINTO BARBOSA, *Economia Pública*, Lisboa, 1998, pág. 163.

[29] Consultar, sobre todos, FERNANDO ARAÚJO, *Introdução...*, ob. cit., págs. 592-598.

[30] Os *spillovers* representam aquelas situações em que há sujeitos que beneficiam dos *bens de clube* locais sem que paguem qualquer quantia ao município (os turistas, *v.g.*).

[31] Isto é, todas as situações em que se transfere a incidência do tributo para outros agentes económicos. Pense-se naquelas situações em que há um tributo municipal suportado não pelos munícipes mas por sujeitos exteriores ao município (na exploração da água ou minérios, quando aquele que suporta o imposto é a empresa que pratica a actividade no sector).

Sector que encontramos este direito de saque de impostos futuros, pela análise do regime fiscal que faremos mais à frente, como resposta ao efeito de boleia adveniente da exploração de bens públicos cuja exploração é conferida a entidades privadas, que de outro modo, não teriam qualquer tipo de incentivo à prossecução de uma actividade altruísta e não lucrativa.

b) Quanto ao regime fiscal de que podem beneficiar as entidades do *Terceiro Sector*[32] será de considerar especialmente a realidade das *pessoas colectivas de mera utilidade pública*, as *instituições de solidariedade social* e as *pessoas colectivas de utilidade pública administrativa*.

Ora, como o favorecimento fiscal do *Terceiro Sector* resulta da falta de incentivo à produção privada dos bens públicos e é a origem de movimentos benignos de desorçamentação estadual, esta ocupa um espaço relevante no sistema fiscal, porque é através de uma política de reafectação de riqueza que se combate a referida falta de incentivo privado[33]. Mas a desorçamentação invocada só se torna legítima no campo da fiscalidade quando o Estado intervenha e acredite as entidades que participam e substituem a sua intervenção em determinadas áreas, como as próprias do *Terceiro Sector*. Desta forma, o regime fiscal mais favorável, que passamos a identificar, só é aplicável mediante uma prévia acreditação pública de entidades como as três já indicadas, porque estão, de qualquer modo, envolvidos recursos públicos (receitas públicas que são objecto de renúncia, corporizando aquilo que a doutrina chama de despesa fiscal, porque associada aos benefícios fiscais).

Quanto às *pessoas colectivas de utilidade pública*, de acordo com a Lei n.º 151/99, de 14 de Setembro e os respectivos códigos tributários, é de assinalar que gozam dos seguintes benefícios fiscais:

- Isenção total de Imposto sobre o Rendimento das Pessoas Colectivas (IRC), dependente de reconhecimento conferidas às pessoas colectivas de utilidade pública [artigo 10.º, n.º 1, alínea *c*), do Código do IRC], desde que prossigam predominantemente fins

---

[32] Para mais desenvolvimentos, consultar GUILHERME WALDEMAR D'OLIVEIRA MARTINS, *Os benefícios fiscais: sistema e regime*, Coimbra, 2006 e MINISTÉRIO DAS FINANÇAS, *Reavaliação dos Benefícios Fiscais – Relatório do Grupo de Trabalho criado por Despacho de 1 de Maio de 2005 do Ministro de Estado e Finanças*, Lisboa, Cadernos de Ciência e Técnica Fiscal, 2005.

[33] Entramos, assim, no campo do Direito Fiscal Económico, defendido, entre nós, por JOSÉ CASALTA NABAIS (in *Direito Fiscal*, 4.ª ed.., Coimbra, Almedina, 2006).

científicos, culturais, de caridade, assistência, beneficência ou solidariedade social;
- Isenção de Imposto Municipal sobre Imóveis (IMI) em relação aos prédios ou parte de prédios destinados directamente à realização dos seus fins [artigo 40.º/1, alínea *e*), do Estatuto dos Benefícios Fiscais – EBF);
- Isenção total de Imposto Municipal sobre as Transmissões Onerosas de Imóveis (IMT) pela aquisição dos imóveis destinados à realização dos seus fins estatutários, dependente de reconhecimento [artigo 6.º, alínea *d*), do Código do IMT];
- Isenção de imposto do selo [artigo 6.º, alínea *c*), do Código do Imposto do Selo];
- Isenção total, dependente de reconhecimento, do pagamento do imposto automóvel na introdução no consumo de veículos automóveis de sua propriedade (Decreto-Lei n.º 27/93, de 12 de Fevereiro);
- Isenção de Imposto Municipal sobre veículos e imposto de circulação nos casos em que os veículos a adquirir a título oneroso sejam classificados como veículos ligeiros de mercadorias derivados de ligeiros de passageiros, todo-o-terreno e furgões ligeiros de passageiros [artigo 1.º, alínea *f*), da Lei n.º 151/99, de 14 de Setembro);
- Isenção de Imposto sobre o Valor Acrescentado (IVA) quanto a determinadas operações (isenção simples e até condicionadas de acordo com o artigo 9.º, nos números 7, 8, 13, 15, 21, 22, 23 e 38 e artigo 10.º, ambos do Código do IVA, aprovado pelo Decreto-Lei n.º 314-B/84 de 26/9).
- Isenção de custas judiciais [artigo 1.º, alínea *g*), da Lei n.º 151/ /99, de 14 de Setembro).

Quanto às *pessoas colectivas de utilidade pública administrativa*, de acordo com a Lei n.º 151/99, de 14 de Setembro, e os respectivos códigos tributários, é de assinalar, igualmente, que gozam dos seguintes benefícios fiscais:

- Isenção total e automática de IRC [artigo 10.º, n.º 1, alínea *a*), do Código do IRC];
- Isenção de IMI em relação aos prédios ou parte de prédios destinados directamente à realização dos seus fins [artigo 40.º/1, alínea *e*), do EBF];

- Isenção de IMT pela aquisição dos imóveis destinados à realização dos seus fins estatutários [artigo 6.º, alínea *d*), do Código do IMT];
- Isenção de imposto do selo [artigo 6.º, alínea *c*), do Código do Imposto do Selo];
- Isenção total, dependente de reconhecimento, do pagamento do imposto automóvel na introdução no consumo de veículos automóveis de sua propriedade (Decreto-Lei n.º 27/93, de 12 de Fevereiro).
- Isenção de imposto sobre veículos, imposto de circulação e imposto automóvel nos casos em que os veículos a adquirir a título oneroso sejam classificados como veículos ligeiros de mercadorias derivados de ligeiros de passageiros, todo-o-terreno e furgões ligeiros de passageiros [artigo 1.º, alínea *f*), da Lei n.º 151/99, de 14 de Setembro];
- Isenção de IVA quanto a determinadas operações (isenção simples e até condicionadas de acordo com o artigo 9.º, nos números 7, 8, 13, 15, 21, 22, 23 e 38 e artigo 10.º, ambos do Código do IVA, aprovado pelo Decreto-Lei n.º 314-B/84 de 26/9).
- Isenção de custas judiciais [artigo 1.º, alínea *g*), da Lei n.º 151/99, de 14 de Setembro].

Finalmente, constituem as *instituições particulares de solidariedade social* um caso especial de natureza fiscal. Senão vejamos os benefícios conferidos:

- Isenção total e automática de IRC [artigo 10.º, n.º 1, alínea *b*), do Código do IRC];
- Isenção de IMI aplicável em relação aos prédios ou parte de prédios destinados directamente à realização dos seus fins, salvo no que respeita às misericórdias, caso em que o benefício abrange quaisquer imóveis de que sejam proprietárias [artigo 40.º/1, alínea *f*), do EBF];
- Isenção de IMT pela aquisição dos imóveis destinados à realização dos seus fins estatutários [artigo 6.º, alínea *e*), do Código do IMT];
- Isenção de imposto do selo [artigo 6.º, alínea *d*), do Código do Imposto do Selo];
- Isenção total, dependente de reconhecimento, do pagamento do imposto automóvel na introdução no consumo de veículos automóveis de sua propriedade (Decreto-Lei n.º 27/93, de 12 de Fevereiro).

- Isenção de Imposto sobre veículos, imposto de circulação e imposto automóvel nos casos em que os veículos a adquirir a título oneroso sejam classificados como veículos ligeiros de mercadorias derivados de ligeiros de passageiros, todo-o-terreno e furgões ligeiros de passageiros [artigo 1.º, alínea f), da Lei n.º 151/99, de 14 de Setembro);
- Isenção de IVA quanto a determinadas operações (isenção simples e até condicionadas de acordo com o artigo 9.º, nos números 7, 8, 15, 21 do Código do IVA, aprovado pelo Decreto-Lei n.º 314-B/84 de 26/9) e direito à restituição do IVA correspondente às aquisições de imóveis, total ou parcialmente utilizados na prossecução dos seus fins, desde que sejam de valor não inferior a Eur. 997,60 (preço sem IVA);
- Isenção de custas judiciais [artigo 1.º, alínea g), da Lei n.º 151/99, de 14 de Setembro].

Assim, encontramos um conjunto de entidades, como as indicadas, que gozam de isenção total, fundamentalmente em razão das funções que realizam ou também, quando é caso disso, em resultado do exercício da liberdade de associação, previsto no artigo 46.º da CRP, e do direito de participação na vida pública, constante do artigo 48.º da CRP.

Da mesma forma, prevêem-se, nos códigos tributários, isenções totais automáticas conferidas a outras entidades, relevando, quanto ao *Terceiro* Sector a referência, designadamente, às Associações de Consumidores [artigo 18.º/1, alínea p), da Lei n.º 24/96, de 31 de Julho].

E anotem-se ainda as isenções totais, dependentes de reconhecimento, conferidas às sociedades ou associações científicas internacionais (artigo 55.º do EBF), sublinhando que gozam das isenções, dependentes de reconhecimento, conferidas pela lei às pessoas colectivas de utilidade pública, constantes do artigo 1.º, alínea c), da Lei n.º 151/99, de 14 de Setembro, e artigo 10.º do CIRC, a entidades que tendem a integrar o *Terceiro Sector* (embora nalguns casos dubitativamente) tais como as Associações de Família (artigo 6.º da Lei n.º 9/97, de 12 de Maio), as Associações de Mulheres (Lei n.º 10/97, de 12 de Maio), as Associações de Imigrantes [artigo 4.º/1, alínea e), da Lei n.º 115/99, de 3 de Agosto], as Associações de Pessoas Portadoras de Deficiência [artigo 10.º, alínea a), da Lei n.º 127/99, de 20 de Agosto], as Associações Juvenis (Lei n.º 23/2006, de 23 de Junho), bem como a admissibilidade, em sede de mecenato, de custos das importâncias atribuídas pelos associados aos respectivos organismos associativos que pertençam, constante do artigo 56.º-D, n.º 8, do EBF.

Assume ainda especial relevância fiscal o caso específico das fundações. Na verdade, o regime fiscal mais favorável das fundações depende da atribuição da declaração de utilidade pública a essas pessoas colectivas. Essa concessão permite-lhes aceder a inúmeros benefícios fiscais previstos em legislação dispersa, como já se viu *supra*.

Mais concretamente, em sede de IRC, uma fundação estará sujeita a tributação, nos termos do artigo 2.º do CIRC, como pessoa colectiva de direito privado com sede em território português. Porém, nos termos do artigo 10.º, n.º 1, *c*), do CIRC, estão isentas de IRC *"as pessoas colectivas de mera utilidade pública que prossigam, exclusiva ou predominantemente, fins científicos ou culturais, de caridade, assistência, beneficência, solidariedade social ou defesa do meio ambiente"*. Dispõe o n.º 2 dessa norma que *"essa isenção depende de reconhecimento pelo Ministro das Finanças, a requerimento dos interessados, mediante despacho publicado no Diário da República, que define a respectiva amplitude, de harmonia com os fins prosseguidos e as actividades desenvolvidas para a sua realização, pelas entidades em causa e as informações dos serviços competentes da Direcção-Geral dos Impostos e outras julgadas necessárias"*. Deste modo, após a concessão da declaração de utilidade pública, uma fundação ainda terá que obter o reconhecimento à isenção em IRC para afastar a tributação em sede desse imposto.

E concedido esse reconhecimento, este ainda está condicionado à verificação de determinados requisitos previsto no n.º 3 da mesma norma, como sejam: (a) exercício efectivo, a título exclusivo ou predominante, de actividades dirigidas à prossecução dos fins que a justificaram; (b) afectação aos fins referidos na alínea anterior de, pelo menos, 50% do rendimento global líquido sujeito a tributação nos termos gerais, até ao fim do 4.º exercício posterior àquele em que tenha sido obtido, salvo em caso de justo impedimento no cumprimento do prazo de afectação, notificado ao Director-Geral dos Impostos, acompanhado da respectiva fundamentação escrita, até ao último dia útil do 1.º mês subsequente ao termo do referido prazo; (c) inexistência de qualquer interesse directo ou indirecto dos membros dos órgãos estatutários, por si mesmos ou por interposta pessoa, nos resultados da exploração das actividades económicas por elas prosseguidas.

Pelo que, para uma fundação alcançar a isenções fiscais previstas terá que: (1) obter, em primeiro lugar, a declaração de utilidade pública; (2) em segundo, conseguir o reconhecimento à isenção de acordo com o acima explicado; e (3) em terceiro cumprir as condições previstas no artigo 10.º, n.º 3, do CIRC, para o caso concreto da isenção de IRC.

Interessa ainda identificar algumas notas em sede do regime do mecenato, constante dos artigos 56.º-C a 56.º-H, do EBF. A fiscalidade específica do mecenato é reclamada por duas razões cumulativas, a saber[34]:

– a necessidade de se evitarem discriminações negativas relativamente a acções socialmente consideradas como desejáveis, porque o "mecenato de empresa" apenas admite a dedutibilidade dos custos aos proveitos quando exista uma relação directa na contabilização dos mesmos;
– a busca do incentivo à difusão e prática na sociedade de comportamentos altruístas óptimos.

E, exemplificando, a aplicabilidade do mecenato às fundações, o legislador enquadra determinadas dotações como custos, para os efeitos previstos no regime do mecenato. Há que distinguir, assim, as dotações patrimoniais iniciais (efectuadas pela entidade instituidora) das dotações patrimoniais anuais (efectuadas por qualquer entidade).

Quanto às dotações patrimoniais iniciais efectuadas pela entidade instituidora estas só são consideradas como custo nos termos do artigo 56.º-D, n.º 1 do EBF, podendo a dedução atingir 140% do valor total, quando se destinar *exclusivamente* a prosseguir fins de carácter social, ou a 120%, se destinada *exclusivamente* a fins de carácter cultural, ambiental, científico ou tecnológico, desportivo e educacional. Quanto às dotações patrimoniais efectuadas por qualquer entidade durante a vida da instituição são liberalidades feita em atenção aos serviços recebidos pelo doador, que não tenham a natureza de dívida exigível.

Como se referiu *supra,* as liberalidades constituem variações patrimoniais negativas que concorrem para o lucro tributável nas mesmas condições referidas para os custos e perdas no artigo 23.º do CIRC. Desse modo, dificilmente as doações a efectuar anualmente, mesmo que os estatutos estabeleçam um carácter de obrigatoriedade, poderão ser fiscalmente dedutíveis. A solução passará pelo facto de os donativos a realizar serem

---

[34] Seguindo de perto JOSÉ CARLOS GOMES DOS SANTOS, "Incentivos ao mecenato social: objectivos, modalidades e eficácia", in CARLOS PESTANA BARROS e JOSÉ C. GOMES SANTOS (orgs.), *As Instituições Não-Lucrativas e a Acção Social em Portugal,* Lisboa, 1997.

considerados como mecenato social, cultural ou educacional conforme a natureza que for atribuída à Fundação a constituir e de acordo com os pressupostos dispostos no Estatuto do Mecenato.

Se, por exemplo, uma fundação vier a ser classificada como pessoa colectiva de mera utilidade pública que prossiga fins de caridade, assistência, beneficência e/ou solidariedade social, poderão ser esses donativos considerados custos, sem dependência de qualquer reconhecimento administrativo, até ao limite de 8/1000 do volume de vendas ou dos serviços prestados, nos termos do artigo 56.º-D, n.º 3, alínea *a*), do EBF, desde que respeitados os limites constantes do n.º 12 do mesmo artigo. Pelo que, não só as dotações patrimoniais iniciais a serem efectuadas pela entidade instituidora a uma fundação, como também as dotações efectuadas por qualquer entidade a uma fundação, e enquanto esta perdurar só serão fiscalmente dedutíveis (e até beneficiar de majoração) se preenchidos os requisitos previstos nos artigos 56.º-C e 56.º-D, ambos do EBF.

Em suma, trata-se de um regime fiscal que é mais favorável para o *Terceiro Sector*, permitindo colmatar uma evidente falta de incentivo à produção privada de bens públicos já identificada. Mas este favorecimento depende, em regra, de uma acreditação prévia pública, por envolver, em última instância recursos que inicialmente pertencem ao Estado e que são objecto de uma desorçamentação associada à benignidade e solidariedade própria do *Terceiro Sector*.

BIBLIOGRAFIA

A. FERRER CORREIA e ALMENO DE SÁ, *Algumas notas sobre as fundações*, separata R.D.E., Coimbra, 1989
ADALBERT EVERS e JEAN LOUIS LAVILLE, *The Third Sector in Europe*, 2004.
ADALBERT EVERS, "Part of the welfare Mix: The Third Sector as na Intermediate Area", Voluntas, 6 (2), 1995: 159-182.
ADALBERTO MACEDO, *Sobre as Fundações Públicas e Privadas*, Lisboa, 2001.
AFONSO D'OLIVEIRA MARTINS, *La Situacion de las Fundaciones en Portugal*, in *Las Fundaciones en Iberoamerica – Regimen Juridico*, org. J.L. Piñar Mañas e J.A. Garcia, McGraw-Hill, Madrid, 1997, pp. 437 – 458.
AFONSO D'OLIVEIRA MARTINS e GUILHERME WALDEMAR D'OLIVEIRA MARTINS, El Tercer Sector en Portugal, in *El Tercer Sector Ibero-americano – Fundaciones, Asociaciones y ONG's* (J.L.Piñar Mañas – Dir. – e Ricardo Sanchez Rivela – Coord.), Valência, 2001, págs. 906-943.
ALCINA MARIA DE CASTRO MARTINS, *Génese, Emergência e Institucionalização do Serviço Social Português*, Lisboa, 1999.

BOAVENTURA DE SOUSA SANTOS, "A Reinvenção Solidária e Participativa do Estado", *Oficina do CES*, 134, 1999

BOAVENTURA DE SOUSA SANTOS, *O Estado e a Sociedade em Portugal (1974-1998)*, Porto, 1990

CARLOS BLANCO DE MORAIS, *Da Relevância do Direito Público no Regime Jurídico das Fundações Privadas*, in Estudos em Memória do Professor João de Castro Mendes, Lisboa, 1994, pp. 553 a 598.

CARLOS PESTANA BARROS e JOSÉ C. GOMES SANTOS (orgs.), *As Instituições Não-Lucrativas e a Acção Social em Portugal*, Lisboa, 1997.

CHRISTOPHER GUNN, *Third Sector Development: Making up for the market*, 2004.

CIRIEC, *The Enterprises and Organizations of the Third System: A Strategic Challenge for Employment*, Liège, 2000.

DOMINGOS SOARES FARINHO, Para Além do Bem e do Mal: As Fundações Público-Privadas, in *Estudos em Homenagem ao Professor Doutor Marcello Caetano*, I, Coimbra, 2006, págs. 339 e segts.

EUROSTAT, Statistiques en bref (population et conditions sociales), N.º 13: "les transferts sociaux et leurs effets redistributifs dans l'UE", 1999.

FAUSTO DE QUADROS, *Fundação de Direito Público*, in *Polis – Enciclopédia Verbo da Sociedade e do Estado*, Vol. 2, Lisboa, 1984.

FERNANDO ARAUJO, *Introdução à Economia*, 3.ª edição, Coimbra, 2006.

GOSTA ESPING-ANDERSEN, *The Three Worlds of Welfare Capitalism*, Cambridge, 1990.

GUILHERME WALDEMAR D'OLIVEIRA MARTINS, *Os benefícios fiscais: sistema e regime*, Coimbra, 2006

HELMUT ANHEIER, *The Third Sector in Europe*, 2002.

HELMUT ANHEIER, "Themes in International Research on the Nonprofit Sector", in *Nonprofit and Voluntary Sector Quarterly*, 19 (4), 1990, págs. 371-389.

INE, Estatísticas da Protecção Social – 1997, Lisboa, 1998.

INE, Inquérito às Instituições Particulares de Solidariedade Social, Lisboa, 1994.

JACQUES DEFOURNY e JOSÉ L.-MONZÓN CAMPOS (eds.), *Economie Sociale – Entre économie capitaliste et économie publique/ The Third Sector – Cooperative, Mutual and Nonprofit Organizations*, Bruxelas, 1992.

JON VAN TIL, *Mapping the third sector: voluntarism in a changing social economy*, New York, 1988.

JOSÉ EDUARDO SABO PAES, *Fundações e Entidades de Interesse Social – Aspectos jurídicos, administrativos, contábeis, trabalhistas e tributários*, 6.ª ed., Brasília, 2006.

JOSÉ MANUEL SÉRVULO CORREIA/RUI MEDEIROS, Restrições aos poderes do Governo em matéria de reconhecimento e alteração de estatutos das fundações de direito privado, in *Revista da Ordem dos Advogados*, 62, 2002-II

LESTER M. SALAMON et al, *Global Civil Society – Dimensions of the Nonprofit Sector*, Baltimore, 1999.

LUÍS A. CARVALHO FERNANDES, *Pessoa Colectiva*, in Dicionário Jurídico de Administração Pública, Vol. VI, Lisboa, 1994

LUÍS CAPUCHA (coord.), *ONG's de Solidariedade Social: Práticas e Disposições*, Porto, 1995.

MANUEL VILAR DE MACEDO, *As Associações no Direito Civil*, Coimbra, 2007.

MARCELLO CAETANO, *Das Fundações. Subsídios para a interpretação e reforma da legislação portuguesa*, Lisboa, 1962.
MARCELLO CAETANO, *Das Pessoas Colectivas no novo Código Civil Português*, in *O Direito*, ano 99.
MARIA LEONOR BELEZA e MIGUEL TEIXEIRA DE SOUSA, *Direito de Associação e Associações*, in Estudos sobre a Constituição, vol. III, Lisboa, 1979, págs. 121 e segts.
MAURIZIO FERRERA, "The 'Southern Model' of Welfare in Social Europe", in *Journal of European Social Policy*, 6 (1), 1996, 17-37.
MAURIZIO FERRERA, ANTON HEMERIJCK and MARTIN RHODES, *The future of Social Europe: Recasting Work and Welfare in the New Economy*, Oeiras, 2000.
MINISTÉRIO DO TRABALHO E DA SOLIDARIEDADE, *Pacto de Cooperação para a Solidariedade Social*, Lisboa, 1998.
NORMAN JOHNSON, *The Welfare State in Transition: The Theory and Practice of Welfare Pluralism*, Brighton, 1987.
OCDE, OECD Economic Surveys 1998 – *Portugal Organizations and the Future of Welfare*, Londres, 1998.
PAUL PIERSON, *Dismantling the Welfare State? Reagan, Tatcher and the politics of Retrenchment*, Cambridge, 1994.
PEDRO GONÇALVES, *Entidades privadas com poderes públicos*, Coimbra, 2005.
PEDRO HESPANHA et al, *Entre o Estado e o Mercado: As Fragilidades das Instituições de Protecção Social em Portugal*, Coimbra, 2000.
PIERRE GUIBENTIF, "The Transformation of the Portuguese Social Security System", in Rhodes, 1997, págs. 219-239.
RUI MACHETE e SOUSA ANTUNES, *Direito das Fundações – Propostas de Reforma*, Lisboa, 2004.
UNIÃO DAS MISERICÓRDIAS PORTUGUESAS, *O Mutualismo em Portugal – 1994*, Lisboa, 1994.

PRAZO DE IMPUGNAÇÃO JUDICIAL DO DESPEDIMENTO
A PROPÓSITO DO ACÓRDÃO DO SUPREMO TRIBUNAL DE JUSTIÇA, DE 7 DE FEVEREIRO DE 2007

ALBINO MENDES BAPTISTA[*]-[**]

SUMÁRIO: *I. O problema e a sua apreciação pelas diferentes instâncias. II. Síntese do Acórdão do Supremo Tribunal de Justiça, de 7 de Fevereiro de 2007. III. Primeira apreciação do Acórdão do Supremo Tribunal de Justiça, de 7 de Fevereiro de 2007. IV. O texto da lei e a sua interpretação. V. A história dos preceitos legais em confronto. VI. Adequação das regras civilísticas sobre a caducidade ao prazo de impugnação do despedimento individual: 6.1. Os institutos da prescrição e da caducidade; 6.2. Ponderação da matéria no plano da impugnação do despedimento individual. VII. O problema face ao sistema.*

I. O problema e a sua apreciação pelas diferentes instâncias

O trabalhador *X* foi despedido no dia 15 de Setembro de 2004.

A petição inicial da acção de impugnação do despedimento deu entrada no Tribunal do Trabalho de Loures no dia 14 de Setembro de 2005.

---

[*] Mestre em Direito. Assistente da Faculdade de Direito da Universidade Lusíada.

[**] Agradeço à Faculdade de Direito da Universidade Clássica de Lisboa, na pessoa do Prof. Doutor António Menezes Cordeiro, o convite honroso que me dirigiu para me associar a esta homenagem ao Prof. Doutor INOCÊNCIO GALVÃO TELLES. Faço-o com todo o gosto, pois além dos preciosos ensinamentos que colhi, e colho, na sua obra, recebi do Professor GALVÃO TELLES, nos momentos em que privamos, um tratamento cordial e amigo, como é próprio dos grandes Homens.

A empresa Z foi citada no dia 23 de Setembro de 2005.

O Tribunal do Trabalho de Loures, por decisão de 7 de Dezembro de 2005, julgou procedente a excepção peremptória de prescrição de créditos laborais do A., e consequentemente absolveu a R. dos pedidos contra si formulados.

Na sequência de recurso interposto pelo A. do saneador-sentença, o Tribunal da Relação de Lisboa, por acórdão de 17 de Maio de 2006, negou provimento ao recurso e confirmou a sentença do Tribunal do Trabalho de Loures, considerando que a absolvição da R. dos pedidos é a consequência legal do conhecimento da excepção peremptória de prescrição dos créditos laborais invocada pela R. em face dos factos considerados assentes.

O A. recorreu da decisão do Tribunal da Relação de Lisboa para o Supremo Tribunal de Justiça, invocando, em suma:

– o novo artigo 435.° do CT estipula um prazo, próprio e autónomo, de caducidade para as acções de impugnação do despedimento (artigo 298.°, n.° 2, do CC);
– nas partes decisórias do saneador-sentença e do acórdão não há qualquer menção ao artigo 435.° do CT;
– este prazo nada tem a ver com o prazo previsto no artigo 381.°, que constitui uma norma geral face à norma especial contida no artigo 435.°, n.° 2, do CT.

Por decisão do Supremo Tribunal de Justiça, de 7 de Fevereiro de 2007[1], revogou-se a decisão recorrida, por se entender que o artigo 435.°, n.° 2, do Código do Trabalho, ao estabelecer um prazo de caducidade para a acção de impugnação de despedimento, abrange todos os efeitos da ilicitude e exclui, quanto a eles, a aplicação do prazo prescricional do artigo 381.°, n.° 1, do mesmo diploma, que se reporta apenas aos créditos que decorrem da prestação do trabalho ou que passaram a ser imediatamente exigíveis por força da cessação ou violação do contrato.

---

[1] O acórdão, relatado pelo Conselheiro FERNANDES CADILHA, pode ser lido na íntegra em *www.dgsi.pt*.

II. Síntese do Acórdão do Supremo Tribunal de Justiça, de 7 de Fevereiro de 2007

Conhecido o sumário do aresto, vejamos, de forma tópica, o essencial da argumentação nele expendida.

1.º O artigo 381.º, n.º 1, do CT insere-se numa secção do Capítulo VIII atinente ao "incumprimento do contrato" (secção IV), enquanto o artigo 435.º, n.º 2, do CT, se insere no subsequente Capítulo IX relativo à "cessação do contrato".
2.º O CT limitou-se a estabelecer um prazo para a propositura da acção de impugnação do despedimento, sem fazer qualquer alusão à prescrição, o que significa que, por aplicação do artigo 298.º, n.º 2, do Código Civil, o prazo deve ter-se como de caducidade.
3.º Libertou-se deste modo o intérprete para uma leitura do artigo 381.º, n.º 1, do CT, mais consentânea com o contexto verbal do preceito.
4.º O artigo 381.º, n.º 1, tem um amplo campo de aplicação, sendo possível dar um conteúdo útil à expressão "créditos resultantes do contrato e da sua violação ou cessação", no quadro de uma interpretação restritiva desse preceito, excluindo do seu âmbito de aplicação aqueles outros direitos para cujo exercício processual a lei fixou expressamente um prazo de caducidade.
5.º Pode facilmente aceitar-se que o legislador tenha querido preencher uma lacuna do regime legal, fixando um prazo de caducidade para a acção de impugnação do despedimento, por compreensíveis razões de certeza e segurança jurídica.

III. Primeira apreciação do Acórdão do Supremo Tribunal de Justiça, de 7 de Fevereiro de 2007

A meu ver, e antecipando conclusões, o acórdão optou pela aplicação estrita do artigo 298.º, n.º 2, do CC, sem a ponderação da "ratio legis" do artigo 435.º, n.º 2, do CT, e dos restantes elementos de interpretação, com destaque para o elemento sistemático, não procedeu à ponderação da adequação dos institutos da prescrição e da caducidade à matéria em análise, não se dando conta, consequentemente, do absurdo que é a aplicação de prazos de caducidade e de prescrição para realidades similares. Depois, a circunstância de o artigo 381.° "cobrir" expressamente as "sanções abusivas", entre as quais se encontra o despedimento (artigo 375.°, n.° 2), com remissão feita neste preceito legal para o n.° 4 do artigo 439.°, não poderia "passar ao lado" da fundamentação de direito. O STJ ter-se-ia de confrontar directamente com este problema, até porque a circunstância de optar, pela primeira vez, por uma solução que considerou nova, e de o fazer em sentido diferente de jurisprudência proferida (já) ao abrigo da nova legislação, a isso, segundo julgo, o obrigava. Por outras palavras: mesmo sem aludir ao acerto ou desacerto da decisão judicial, num cenário de alegado novo enquadramento legal da matéria, *que nunca foi explicado (e continua sem o ser...)*, cortando com uma jurisprudência absolutamente pacífica, ainda que ditada ao abrigo da anterior legislação, mas que as instâncias, com um novo quadro legal, confirmaram, e não o fizeram por ignorância ou desconhecimento da nova lei (como, aliás, o STJ confirma), o acórdão deveria ser, com o devido respeito, mais "explicativo" (ou se se preferir mais "pedagógico) e "mergulhar mais fundo".

O aresto teve, no entanto, o mérito de resistir à qualificação da norma ínsita no artigo 435.°, n.° 2, do CT, como norma especial relativamente ao artigo 381.°, n.° 1, do CT, só que ficaram por retirar as consequências que eventualmente se imporiam.

Esta temática, por se traduzir, na visão do STJ, numa "ruptura com o passado", justifica conhecimento e estudo. Por um lado, para não "apanhar de surpresa" os operadores judiciários e, por outro, porque se acalenta a esperança de que outros venham a justificar a invocada novidade da solução legal, fora do plano das suas consequências (aplicação do artigo 298.°, n.° 2, do CC). É esta a razão de ser do presente texto.

IV. O texto da lei e a sua interpretação

O artigo 381.° do Código do Trabalho, aprovado pela Lei n.° 99/2003, de 27 de Agosto[2], cuja epígrafe é "Prescrição e regime de provas dos créditos resultantes do contrato de trabalho", determina no seu n.° 1:

> *Todos os créditos resultantes do contrato de trabalho e da sua violação ou cessação, pertencentes ao empregador ou ao trabalhador, extin-*

---

[2] Doravante CT.

guem-se por prescrição, decorrido um ano a partir do dia seguinte àquele em que cessou o contrato de trabalho.

Deste normativo resulta claro que o prazo de prescrição de todos os créditos laborais é de um ano.

Se o legislador quisesse ser restritivo, excluindo deste domínio o prazo para intentar a acção de impugnação do despedimento individual, ser-lhe-ia fácil.

Em 1.º lugar, não utilizaria a formulação "Todos os créditos...".

Esta expressão tem "vocação imperialista" que impede, no seu teor literal, o surgimento de "regras especiais".

Em 2.º lugar, bastar-lhe-ia preceder o preceito da expressão "Sem prejuízo do disposto no artigo 435.º, n.º 2...".

Em 3.º lugar, não se referiria expressa e incondicionadamente à "cessação" do contrato.

Não se ignora que no n.º 2 do artigo 435.º do CT se diz:

A acção de impugnação tem de ser intentada no prazo de um ano a contar da data do despedimento.

Mas, como melhor se verá, com esta norma não se pretendeu romper com uma "communis opinio" jurisprudencial, aliás muito antiga, no sentido de que o prazo de impugnação do despedimento individual é um prazo de prescrição, mas tão só, na ausência de norma legal expressa, esclarecer uma dúvida quanto ao fundamento legal desse prazo – artigo 38.º da LCT[3] ou artigo 287.º do Código Civil[4] (prazo de anulabilidade). Nada mais.

Nada legitima que se diga que na redacção do artigo 381.º, n.º 1, do CT, o legislador foi traído pelas palavras de que se socorreu, pois a utilização da expressão "todos os créditos..." é incompatível com qualquer pretensão de restringir a norma a parte desses créditos, excluindo os resultantes do despedimento. Aliás, o legislador certamente não ignorava que a grande maioria dos créditos laborais são reclamados após da cessação do contrato de trabalho, *maxime* depois de despedimentos promovidos pelo empregador.

A meu ver, o artigo 381.º do CT tem de ser aplicado também aos créditos provenientes de um despedimento ilícito, o que naturalmente tem

---

[3] *Lei do Contrato de Trabalho*, aprovada pelo Decreto-Lei n.º 49408, de 24 de Novembro de 1969.

[4] Doravante CC.

implicações na qualificação do prazo para intentar a respectiva acção de impugnação como de prescrição.

Que o despedimento é pensado como eventualmente gerador de créditos laborais, nos termos e para os efeitos do artigo 381.º do CT, depõe inequivocamente a sua letra, num segundo momento. Vejamos.

Nos termos do n.º 2 do artigo 381.º do CT, *os créditos resultantes da indemnização por falta do gozo de férias,* **pela aplicação de sanções abusivas** *ou pela realização de trabalho suplementar, vencidos há mais de cinco anos, só podem, todavia, ser provados por documento idóneo.*

Estabelece-se, deste modo, um regime probatório especial para certos créditos, não se tratando, por isso, como é opinião unânime, de um outro prazo prescricional[5].

Esta norma alude, como se vê, a *créditos* resultantes da aplicação de sanções abusivas.

Importa ter presente que se diz abusiva a sanção disciplinar "cuja aplicação tenha por motivo determinante o facto de o trabalhador exercer os direitos que lhe assistem. Nestas situações, o empregador utiliza o poder disciplinar para fins diferentes dos que o Direito associa ao seu reconhecimento: a intenção da entidade patronal não é a de punir o trabalhador pela prática de uma infracção disciplinar, mas sim prejudicá-lo pelo facto de este exercer, legitimamente, um direito que lhe assiste. Tal como é usualmente destacado pela doutrina, as sanções abusivas surgem como uma das formas típicas que pode assumir, no âmbito laboral, a figura do abuso do direito ou do exercício inadmissível de posições jurídicas, representando uma clara violação do princípio geral da boa fé"[6].

Ora, o despedimento, como é bom de ver, pode constituir uma sanção abusiva. E dessa actuação patronal ilícita nascem créditos laborais, *expressamente incluídos na letra do artigo 381.º do CT.*

Incluir no âmbito de aplicação da norma o despedimento abusivo (a impugnação da sanção respectiva pressuporá a competente acção que declare o despedimento abusivo), e encontrar um outro fundamento normativo para a acção de impugnação do "restante" despedimento ilícito, não nos parece curial.

---

[5] Entre outros, Mário Pinto, P. Furtado Martins e A. Nunes de Carvalho, *Comentário às Leis do Trabalho*, vol. I, Lisboa, 1994, pp. 187-188.

[6] Mário Pinto, P. Furtado Martins e A. Nunes de Carvalho, *Comentário às Leis do Trabalho*, vol. I, cit., p. 161.

Mas compulsemos, antes de avançarmos, os normativos legais atinentes.

O n.º 2 do artigo 374.º do CT estabelece:

presume-se abusivo o despedimento quando tenha lugar até seis meses após qualquer dos factos mencionados na alínea a), na alínea b) e na alínea d) do n.º 1 do artigo 374.º.

Considera-se abusiva, nos termos das alíneas *a*), *b*) e *d*) do n.º 1 do artigo 374.º do CT, a sanção disciplinar motivada pelo facto de o trabalhador:

a) Haver reclamado legitimamente contra as condições de trabalho;
b) Recusar-se a cumprir ordens a que não devesse obediência, nos termos da alínea d) do n.º 1 e do n.º 2 do artigo 121.º;
d) Em geral, exercer, ter exercido, pretender exercer ou invocar os direitos e garantias que lhe assistem.

Acresce que o n.º 2 do artigo 375.º do CT (preceito cuja epígrafe é "Consequências gerais da aplicação de sanção abusiva") dispõe:

Se a sanção consistir no despedimento, o trabalhador tem o direito de optar entre a reintegração e uma indemnização calculada de modo idêntico ao previsto no n.º 4 do artigo 439.º.

Seria a desconsideração do elemento literal de interpretação, se interpretássemos o artigo 435.º, n.º 2, do CT, como estabelecendo um prazo de caducidade, quando o despedimento foi clara e expressamente incluído no âmbito do artigo 381.º do CT, que alude, já o sabemos, a todos os créditos laborais, que podem nascer, repete-se, de um despedimento abusivo.

Por outras palavras, não faz sentido haver créditos resultantes de um despedimento abusivo (naturalmente ilícito), *que pressuporá a competente acção de impugnação desse despedimento*, sujeitos ao regime da prescrição, e créditos resultantes de um despedimento ilícito (não abusivo) sujeitos ao regime da caducidade. Sublinhe-se, o despedimento abusivo será naturalmente um despedimento ilícito (embora, naturalmente, nem todo o despedimento ilícito seja abusivo), como resulta expressamente da letra do artigo 375.º, n.º 2, do CT.

Mais: do artigo 375.º, n.º 2, do CT, consta mesmo o direito do trabalhador optar entre a reintegração na empresa (equiparada consequentemente a um crédito laboral, equiparação expressamente acolhida no

Código do Trabalho...) e uma indemnização calculada entre 30 e 60 dias de retribuição base e diuturnidades por cada ano completo ou fracção de antiguidade, ou seja uma indemnização agravada (como se sabe, esta indemnização é normalmente fixada entre 15 a 45 dias – artigo 439.°, n.° 1, do CT[7]).

Ou seja, a própria lei aproxima as consequências do despedimento abusivo dos efeitos da ilicitude do despedimento, constantes dos artigos 436.° e ss. do CT. Não se questiona, desde logo, a cumulação das retribuições que o trabalhador deixar de auferir desde a data do despedimento até ao trânsito em julgado da decisão do tribunal (artigo 437.°, n.° 1, do CT), com a indemnização pela aplicação de sanção abusiva[8].

Em suma, referindo-se o n.° 2 do artigo 381.° do CT a sanções abusivas (ainda que referidas a propósito de um especial regime probatório, as sanções abusivas, entre as quais, como se viu, se encontra o despedimento abusivo, estão *sob o chapéu* do artigo 381.° do CT, cuja epígrafe é, não se ignore, "prescrição e regime dos créditos resultantes do contrato de trabalho"), encarando-se, no n.° 2 do artigo 374.°, o despedimento como uma das hipóteses de sanção abusiva, e determinando-se, no n.° 2 do artigo 375.°, os direitos do trabalhador resultante da aplicação de sanção abusiva, o prazo de impugnação do despedimento individual só pode ser de prescrição, sob pena de difícil compreensão de inúmeros preceitos legislativos.

Voltemos ao n.° 1 do artigo 381.° do CT.

Esta norma é convocada para a definição do prazo de que o trabalhador dispõe para intentar a acção judicial tendente a reclamar créditos laborais. A norma em si não está directamente dirigida, como é bom de ver, à fixação do prazo para o exercício da acção judicial, mas, nas palavras de A. MONTEIRO FERNANDES, "encontra aí a sua utilidade"[9].

Se o intérprete for capaz de entender que o artigo 381.°, n.° 1, do CT, não é, em si, uma norma fixadora de um prazo para o exercício da acção, está em condições de enfrentar o problema em equação e de entender que, do ponto de vista prático, do qual deve procurar nunca se afastar, a norma encontra o seu campo de actuação no exercício da competente acção judicial.

---

[7] Sobre os efeitos da ilicitude do despedimento, remete-se para ALBINO MENDES BAPTISTA, *Estudos sobre o Código do Trabalho*, 2.ª ed., Coimbra, 2006, pp. 233 e ss.

[8] Assim, MÁRIO PINTO, P. FURTADO MARTINS e A. NUNES DE CARVALHO, *Comentário às Leis do Trabalho*, vol. I, cit., p. 165.

[9] A. MONTEIRO FERNANDES, *Direito do Trabalho*, 13.ª ed., Coimbra, 2006, p. 482.

Pensando as coisas deste modo, não se descortinam razões, que a letra da lei de resto não permitiria, para afastar da sua aplicação parte dos créditos laborais, justamente os nascidos de uma particular forma de cessação: o despedimento ilícito (já que para os créditos resultantes de outras modalidades de cessação do contrato de trabalho não se questiona a aplicação do artigo 381.° do CT, nem, como se viu, para uma particular forma de despedimento, o despedimento abusivo).

Não se pode também ignorar que o despedimento, constitui, em regra, o campo de eleição do artigo 381.°, n.° 1, do CT.

Nestes termos existe uma ligação incindível entre o prazo do artigo 381.° e o do artigo 435.°.

Na verdade, os mais importantes créditos do trabalhador são, em regra, reclamados na acção de impugnação do despedimento e a propósito da ilicitude deste acto.

Pense-se no pagamento das retribuições devidas desde o despedimento até ao trânsito em julgado da decisão judicial (artigo 437.° do CT), os chamados salários intercalares ou de tramitação.

Pense-se ainda na indemnização de antiguidade, nos casos em que o trabalhador opta pela mesma ou o tribunal considera procedentes os fundamentos inovados pelo empregador de oposição à reintegração (artigos 438.° e 439.° do CT).

Mesmo a reintegração, não sendo tecnicamente um crédito laboral, é equiparada, para efeitos prescricionais do art. 381.° do CT, a um crédito laboral (como, aliás, resulta, nos termos expostos, das disposições combinadas do artigo 381.°, n.° 2, e do artigo 375.°, n.° 2, ambas do CT).

Deve sublinhar-se que a busca do significado da "reintegração" é a raiz de toda a discussão em torno do prazo para intentar a acção de impugnação do despedimento. Mais: foi a questão da "reintegração" que aproximou alguma doutrina do artigo 287.° do CC. Mais ainda: o artigo 435.°, n.° 2, do CT, tem a sua explicação ligada, de forma incindível, a esta mesma problemática.

Para P. FURTADO MARTINS, a reintegração não tem verdadeiramente um conteúdo autónomo. Ela não é mais do que uma declaração judicial de manutenção do contrato. "Assim – escreve –, o empregador que seja condenado a reintegrar não fica investido em qualquer nova obrigação perante o trabalhador. Simplesmente acontece que se mantêm todos os direitos e deveres que integram a situação jurídica laboral de trabalhador subordinado, os quais serão reconduzidos ao contrato de trabalho e não à condenação na reintegração"[10].

Como se disse igualmente no acórdão do Supremo Tribunal de Justiça de 14.1.98.[11], a declaração de ilicitude do despedimento tem como consequência que o contrato de trabalho subsiste na plenitude dos seus efeitos, tal como se não tivesse existido o despedimento[12-13].

Como se vê, mesmo na ausência de norma laboral referente ao prazo para intentar a acção de impugnação do despedimento individual, e perante as dificuldades de reconduzir a reintegração a um crédito, a doutrina e a jurisprudência souberam encontrar soluções adequadas.

Por exemplo, PEDRO DE SOUSA MACEDO, apreendendo correctamente o problema, escreveu:

"a terminologia utilizada em Direito laboral não apresenta o mesmo rigor técnico daquela consagrada já no Direito civil, particularmente no Direito das obrigações clássico.

Crédito é o direito a uma prestação pecuniária, na linguagem generalizada. Mas também pode receber um sentido mais genérico, correspondendo ao de direito pessoal. (...)

Por outro lado, numa interpretação teleológica, a consideração da certeza e segurança jurídica, fundamento da prescrição, apresenta-se com mais vigor relativamente à disponibilidade de um posto de trabalho que em relação a um montante pecuniário.

Estas considerações conduzem ao entendimento de que o prazo prescricional do n.º 1 do artigo 38.º da LCT é aplicável aos direitos emergentes para o trabalhador da declaração de nulidade do despedimento disciplinar, iniciando-se a sua contagem a partir do momento em que cessou de facto a relação laboral."[14]

---

[10] P. FURTADO MARTINS, "Despedimento ilícito e reintegração do trabalhador", RDES, Julho/Dezembro – 1989, p. 490.

[11] AD, 438, 1998, 851.

[12] Pode ler-se ainda na mesma decisão judicial: A declaração de ilicitude do despedimento tem eficácia retroactiva, tudo se passando como se a relação laboral jamais tivesse sido interrompida – artigo 289.º, n.º 1, do CC. Por esse motivo, trabalhador e empregador devem ser colocados na posição em que estariam se não fosse o despedimento, de modo que a situação seja resposta na sua anterior situação. E no mesmo aresto diz-se ainda: "sendo a entidade patronal condenada a reintegrar, tal reintegração constitui a reconstituição do vínculo laboral, constituindo uma declaração judicial de subsistência do contrato de trabalho, que assim mantém a plenitude dos seus efeitos".

[13] No mesmo sentido, STJ, 15.5.96. (CJ, acs. do STJ, 1996, II, 255).

[14] PEDRO DE SOUSA MACEDO, *Poder Disciplinar Patronal*, Coimbra, 1990, pp. 161-162.

Nestes termos, estando em causa a declaração judicial de manutenção do contrato, a reintegração não deixa de ser, em regra (estamos a pensar no artigo 438.°, n.° 2 e n.° 3, do CT), um "direito pessoal" do trabalhador, *que pode inclusivamente ser substituído, a opção sua, por uma indemnização de antiguidade (uma espécie de preço alternativo), que tem clara expressão pecuniária.*

Bem vistas as coisas, a "reintegração" é, por isso, perfeitamente operável com o (agora) artigo 381.° do CT.

Esta opinião é também partilhada por A. Monteiro Fernandes, nos seguintes termos:

"*A regra especial do art. 381/1 acaba por condicionar, sob o ponto de vista temporal, a efectivação dos direitos por via judicial, nomeadamente em caso de despedimento.*

É esta a situação em que, geralmente, emergem créditos importantes do trabalhador. *A própria apreciação da licitude do despedimento pode resultar, directamente, em créditos pecuniários*: o despedimento ilícito implica o pagamento das retribuições correspondentes ao período decorrido entre o despedimento e o trânsito em julgado da decisão judicial e, eventualmente, de uma indemnização de antiguidade (art. 436.° do CT). É a cessação do contrato que oferece, também, a oportunidade para o acerto final de contas entre as partes.

O prazo do art. 381/1 é um prazo a partir do qual ficam extintos esses direitos de crédito, não é um prazo para a propositura da acção judicial destinada a apreciar a licitude do despedimento – *mas a verdade é que se reflecte, em grande parte, na utilidade dessa acção.* Assim, o prazo do art. 381.° liga-se ao do art. 435.°, relativo à propositura da acção de impugnação do despedimento."[15]

*

Depois há um outro aspecto de ordem prática, que não é de somenos importância. O Direito existe para resolver problemas da vida e as incidências práticas das soluções não podem deixar de ser pensadas quando se procede à interpretação de normas jurídicas.

---

[15] A. Monteiro Fernandes, *Direito do Trabalho*, 13.ª ed., cit., pp. 481-482. Sublinhado nosso.

O jurisconsulto "deve ter a realidade sempre diante dos olhos" para usar as palavras de I. GALVÃO TELLES[16], ou, parafraseando FRANCESCO FERRARA, a interpretação "não é pura arte dialéctica, não se desenvolve com método geométrico num círculo de abstracções, mas prescruta as necessidades práticas da vida e a realidade social."[17].

Correntes jurisprudenciais uniformes, sedimentadas, solidificadas, devem ser preservadas, em nome da estabilidade das relações jurídicas e da confiança dos cidadãos[18], com particular destaque para a "estabilidade social", preocupação que não tem correspondência qualitativa no Direito Civil, como se concluiu no acórdão do Tribunal Constitucional, de 6 de Maio de 1987[19].

Nenhuma razão de fundo se descortina para alterar aquilo que é uma clara "communis opinio" jurisprudencial.

Traga-se à colação o acórdão do Tribunal Constitucional, de 6 de Maio de 1987[20], cuja doutrina não só nunca foi posta em causa, como foi sucessivamente reafirmada, e onde se pode ler:

"Na linha de uma corrente jurisprudencial inteiramente uniforme (…)", o artigo 38.° da LCT "tanto se aplica às hipóteses de créditos resultantes do contrato de trabalho e da sua violação ou cessação, ou ainda àquelas situações em que se contemple a própria declaração de nulidade do despedimento."

No acórdão do Tribunal Constitucional de 26 de Janeiro de 1994[21], volta a aludir-se a "jurisprudência uniforme e constante", com menção expressa a prazo de prescrição.

Por isso, como se diz no acórdão do Tribunal da Relação de Lisboa, de 17 de Maio de 2006[22]:

"O artigo 381.°, n.° 1, do CT, ao referir todos os créditos resultantes do contrato de trabalho" inclui todos os eventuais benefícios que venham a

---

[16] I. GALVÃO TELLES, Introdução ao Estudo do Direito, vol. I, 11.ª ed. (reimpressão), cit., p. 248.

[17] FRANCESCO FERRARA, Interpretação e Aplicação das Leis, 4.ª ed., cit., p. 141.

[18] A importância de jurisprudência uniforme foi salientada, há muito, por exemplo, por ALBERTO DOS REIS, Breve Estudo sobre a Reforma do Processo Civil e Comercial, 2.ª ed., Coimbra, 1929, p. 688.

[19] BMJ, 367, 1987, 203. Assim, também, STJ, 24.4.86. (BMJ, 356, 1986, 238).

[20] BMJ, 367, 1987, 203.

[21] BMJ, 433, 1996, 168.

[22] Decisão revogada, como se sabe, pelo acórdão do STJ em análise.

reflectir-se em vantagem patrimonial ou outra resultante do contrato de trabalho – benefícios que podem ou não ter expressão pecuniária – incluindo o direito à reintegração no antigo posto de trabalho."

Trata-se, de resto, como se diz neste mesmo aresto, de um *entendimento "absolutamente consensual entre a jurisprudência"*, que, ainda que consolidado ao abrigo de legislação anterior, *"conserva a sua actualidade, pois a redacção do preceito manteve-se, no que a esta matéria respeita, inalterada"*[23-24].

Por isso, se diz, também com acerto, na decisão do Tribunal do Trabalho de Loures, 7 de Dezembro de 2005[25]:

"É inquestionável que nos presentes autos, o autor pretende que seja declarada a ilicitude do despedimento e em consequência, reclama, por um lado, a indemnização prevista no n.º 1 do artigo 437.º do CT, e outra por danos morais e bem assim, parte do vencimento não liquidado referente ao período de 10 a 15 de Setembro de 2004, no total de 16.716,70, e ainda, de todas as demais prestações retributivas vincendas e, por outro, a sua reintegração na empresa Ré, situações que constituem, sem margem para dúvidas, créditos laborais resultantes do contrato de trabalho e da sua alegada violação e cessação, pelo que integram as situações jurídicas previstas no n.º 1 do referido artigo 381.º do CT."

Nestes termos, nem a sentença do Tribunal do Trabalho de Loures nem o acórdão do Tribunal da Relação de Lisboa, ignoraram o artigo 435.º, n.º 2, do CT. O que ambas as Instâncias entenderam, e bem, é que *a questão dos créditos laborais é unitária e está sujeita a um único regime jurídico.*

---

[23] Sublinhado nosso.

[24] Tragam-se à colação os seguintes acórdãos, entre muitos outros, onde se entendeu ser aplicável à acção de impugnação de despedimento individual o artigo 38.º da LCT (hoje artigo 381.º do CT): STJ, 20.03.81. AD, 234, 796; STJ, 08.04.81. BMJ, 306, 188; RL, 6.2.85., BMJ, 351, 1985, 450 (com alusão à reintegração); STJ, 24.04.86., BMJ, 356, 1986, 238; TC, 06.05.87., BMJ, 367, 1987, 203; RL, 23.07.86., CJ, 1986, IV, 197 (onde se inclui a reintegração entre os créditos laborais); STJ, 15.05.91., AJ, 19.º, 21 (onde se inclui também a reintegração entre os créditos laborais); STJ, 4.11.92. BMJ, 421, 1992, 267; TC, 26.01.94., BMJ, 433, 1994, 168; e STJ, 15.02.95., QL, n.º 4, 62.

Como se vê, a interpretação jurisprudencial era pacífica e estendia-se ao Tribunal Constitucional.

[25] A primeira decisão judicial, como *supra* se disse, tomada no processo em apreciação.

*

P. ROMANO MARTINEZ entende que o Código do Trabalho estabeleceu um novo prazo de caducidade[26]. Em anotação ao artigo 381.º, alude a "novo"[27] prazo de caducidade constante do n.º 2 do artigo 435.º, para mais à frente, em anotação a este preceito legal, deixar cair as aspas ao afirmar que o n.º 2 é novo[28]. Ora a colocação entre aspas da palavra "novo" faz toda a diferença. Ou o preceito é novo ou não é novo. Só na primeira situação, a meu ver, faz sentido aludir a prazo de caducidade.

Para o mesmo autor, o n.º 2 do artigo 435.º

"ao estabelecer um prazo de caducidade para intentar a acção de impugnação do despedimento, é uma norma especial relativamente à regra geral de prescrição dos créditos laborais (artigo 381.º, n.º 1). De facto, no citado n.º 2 do artigo 435.º, mantendo o princípio de que os direitos devem ser exercidos num prazo curto de um ano, adapta-se a solução a uma situação especial – a impugnação do despedimento – determinando um regime especial de contagem do prazo.

Sendo o n.º 2 deste preceito uma norma especial em relação ao disposto no artigo 381.º prevalece no âmbito específico de aplicação. Assim, a norma geral (artigo 381.º) aplica-se às diferentes situações de créditos resultantes do contrato de trabalho e da sua violação ou cessação, excepto quando estes respeitarem à impugnação do despedimento, em que prevalece a norma especial.

(...) Deste modo, no concurso entre os dois citados artigos, dever-se-á proceder a uma interpretação restritiva do artigo 381.º, n.º 1."[29]

---

[26] P. ROMANO MARTINEZ, em P. ROMANO MARTINEZ, L. MIGUEL MONTEIRO, JOANA VASCONCELOS, P. MADEIRA DE BRITO, GUILHERME DRAY e L. GONÇALVES DA SILVA, *Código do Trabalho, Anotado*, 5.ª ed., Coimbra, 2007, pp. 740-742.

[27] P. ROMANO MARTINEZ, em P. ROMANO MARTINEZ, L. MIGUEL MONTEIRO, JOANA VASCONCELOS, P. MADEIRA DE BRITO, GUILHERME DRAY e L. GONÇALVES DA SILVA, *Código do Trabalho, Anotado*, 5.ª ed., cit., p. 668.

[28] P. ROMANO MARTINEZ, em P. ROMANO MARTINEZ, L. MIGUEL MONTEIRO, JOANA VASCONCELOS, P. MADEIRA DE BRITO, GUILHERME DRAY e L. GONÇALVES DA SILVA, *Código do Trabalho, Anotado*, 5.ª ed., cit., p. 740.

[29] P. ROMANO MARTINEZ, em P. ROMANO MARTINEZ, L. MIGUEL MONTEIRO, JOANA VASCONCELOS, P. MADEIRA DE BRITO, GUILHERME DRAY e L. GONÇALVES DA SILVA, *Código do Trabalho, Anotado*, 5.ª ed., cit., p. 742.

A meu ver, todavia, e pelo que se foi dizendo, não há relação de especialidade do artigo 435.º, n.º 2, relativamente ao artigo 381.º, n.º 1.

Como ensina J. OLIVEIRA ASCENSÃO, "Uma regra é especial em relação a outra quando, sem contrariar substancialmente o princípio naquela contido, a adapta a um domínio particular."[30]

Ora, o artigo 435.º, n.º 2, do CT, interpretado como estabelecendo um prazo de caducidade, contrariaria substancialmente o prazo de prescrição do artigo 381.º, n.º 1, do CT.

Entre os artigos em confronto, assim interpretados, *haveria contrariedade fundamental*, ao ponto de se poder dizer que entre ambos não existiria sequer qualquer conexão. No artigo 435.º, n.º 2, do CT, estabelecer-se-ia um prazo (autónomo) de caducidade para intentar a acção de impugnação do despedimento, pensada como tendo *vida independente*, não reconduzível a uma questão de reclamação de créditos laborais, com a qual não se confundiria. Assim configurado o problema não é possível estabelecer qualquer relação de especialidade entre as normas em confronto.

Acresce que sendo o prazo, previsto nos dois preceitos legais, o mesmo, não se vê que "adaptação" é feita "a um domínio particular", *para a qual, de resto, não se avança um único argumento.*

Quando no âmbito do mesmo diploma se consagram em simultâneo regras gerais e especiais, sem que se proceda expressamente a qualquer ligação entre ambas (o legislador, não se esqueça, é o mesmo), tem de haver motivos ponderosos e apreensíveis que o justifiquem. Ora, não se consegue vislumbrar razões para sustentar que o prazo do artigo 435.º, n.º 2, do CT, é especial relativamente a um prazo, o do artigo 381.º, n.º 1, do CT, *que é rigorosamente o mesmo.*

De resto a circunstância de o legislador manter o mesmo prazo de um ano expressa a ideia que não se quis proceder a nenhuma ruptura e nomeadamente a uma requalificação do prazo. Depois teríamos não propriamente uma regra especial quanto ao prazo em si mesmo, mas, o que teria algo de estranho, quanto à sua natureza, sem que seja invocada, repete-se, qualquer explicação para que isso suceda.

À mesma conclusão chegamos se tivermos em conta os ensinamentos de KARL LARENZ. Atente-se nas seguintes palavras do grande jurista alemão:

---

[30] J. OLIVEIRA ASCENSÃO, *O Direito. Introdução e Teoria Geral*, 13.ª ed., cit., p. 528.

"Estão entre si numa relação lógica de especialidade se o âmbito de aplicação da norma especial se insere totalmente no da mais geral, quando, portanto, todos os casos da norma mais especial são também casos da norma mais geral. É o que acontece quando a previsão da norma especial contém todas as notas distintivas da norma mais geral e, além disso, pelo menos, uma nota distintiva adicional."[31]

In casu, a alegada norma especial (artigo 435.º, n.º 2, do CT) não contém "todas as notas distintivas" da invocada norma geral (artigo 381.º, n.º 1, do CT), porque há, desde logo, uma barreira intransponível. Se a primeira das normas contém um prazo de caducidade e a segunda um prazo de prescrição, não é possível estabelecer qualquer relação de especialidade entre ambas, pois numa matéria que é de essência, que se refere à natureza do prazo nelas inserto, temos "notas distintivas" inconciliáveis e, portanto, incompatíveis com uma afirmação de especialidade.

Nestes termos, faltando à norma especial "todas as notas distintivas" da norma geral, não é possível encontrar no artigo 435.º, n.º 2, do CT, qualquer "nota distintiva adicional".

De facto, não faz sentido "adicionar" a um prazo de prescrição um prazo de caducidade.

Mas ainda mais esclarecedora para o debate que estamos a fazer é uma outra passagem de KARL LARENZ, em que este autor, em critica à posição sustentada por DIETZ de que a norma especial afasta sempre a norma geral, escreve:

"Com efeito, sempre que as consequências jurídicas concorrentes são entre si compatíveis, trata-se de saber se as consequências jurídicas da norma especial só complementam, nos termos da intenção reguladora da lei, a norma mais geral, a modificam, ou, ao invés, a devem substituir no seu âmbito de aplicação. Esta é uma questão de interpretação (teleológica e sistemática). Só quando as consequências jurídicas se excluem é que a relação lógica de especialidade conduz necessariamente ao afastamento da norma mais geral, já que no caso contrário a norma especial não teria qualquer âmbito de aplicação."[32]

Pois bem, mesmo que se entendesse que o artigo 435.º, n.º 2, do CT, é uma norma especial, o que já se rejeitou, estaríamos perante um caso

---

[31] KARL LARENZ, *Metodologia da Ciência do Direito*, 2.ª ed., cit., p. 319.
[32] KARL LARENZ, *Metodologia da Ciência do Direito*, 2.ª ed., cit., p. 319.

aceite por Larenz em que uma norma especial não afastaria uma norma geral, uma vez que as consequências jurídicas das duas normas em confronto "são entre si compatíveis", "não se excluem", sendo que a norma especial "complementa" a norma geral, na "intenção reguladora da lei".

Repete-se: o "escopo da lei" não foi criar um prazo diferente e muito menos um prazo com outra natureza.

Nestes termos, não se justifica a interpretação restritiva do artigo 381.°, n.° 1, do CT. Como se sabe, faz-se interpretação restritiva "quando se chega à conclusão de que a lei utilizou uma fórmula demasiado ampla, quando o seu sentido é mais limitado"[33]. *In casu*, não se descortina desconformidade da letra com o espírito. O legislador exprimiu-se correctamente e disse exactamente o que queria dizer.

A invocação do artigo 298.°, n.° 2, do CC, que estabelece a "regra" da caducidade, é, para este efeito, muito pouco, como melhor se explicitará. Por agora apenas se dirá que esse "regime-regra" *é excluído quando a lei "se refira expressamente à prescrição"* (parte final do artigo 298.°, n.° 2, do CC), o que é justamente o caso.

O artigo 381.°, n.° 1, do CT, aplicável, segundo o seu teor literal, a todos os créditos laborais, nomeadamente aos resultantes da cessação do contrato (em que se inclui o despedimento ilícito), refere-se expressamente à prescrição. Assim sendo não há qualquer lugar para a interpretação restritiva daquela norma do Código do Trabalho, uma vez que o legislador disse exactamente o que queria dizer.

Por isso, para nós o artigo 435.°, n.° 2, do CT, não constitui uma norma especial, mas apenas uma "norma clarificadora".

P. Romano Martinez refere-se insistentemente, como veremos, a sanar uma dúvida existente no domínio da anterior legislação, dúvida essa que nada tinha a ver com a natureza do prazo fixado no então artigo 38.° da LCT.

Poderíamos também, na sequência da passagem de Karl Larenz *supra* transcrita, qualificar esta norma de "norma complementadora"[34].

Acresce que nem sempre quando a lei se refere a um prazo o faz para estabelecer um prazo de prescrição ou de caducidade.

Por exemplo, o n.° 8 do artigo 10.° da LCCT, estabelecia que a entidade empregadora dispunha de 30 dias para, concluídas as diligências instrutórias, proferir a decisão disciplinar.

---

[33] J. Oliveira Ascensão, *Direito. Introdução e Teoria Geral*, 13.ª ed., cit., p. 424.
[34] Karl Larenz, *Metodologia da Ciência do Direito*, 2.ª ed., cit., p. 319.

A jurisprudência, proferida ao abrigo desta disposição legal, sustentou de forma unânime que tal prazo não era um prazo de caducidade do direito de punir, mas um prazo "meramente aceleratório"[35], posição a que oportunamente demos a nossa adesão[36]. O artigo 298.º, n.º 2, do CC, nunca inibiu a jurisprudência de se manter fiel àquela posição, que reafirmou sucessivamente. Assim, a inobservância daquele prazo *somente* poderia ser relevante na apreciação da existência de justa causa de despedimento[37].

Foi já com um propósito de ruptura (nada de semelhante se passou com o artigo 435.º, n.º 2...) que o Código do Trabalho vem qualificar o prazo para proferir decisão disciplinar como prazo de caducidade – artigo 415.º, n.º 1, do CT.

Não se ignore, por isso, que o artigo 435.º, n.º 2, do CT, contrariamente, não qualifica o prazo que estabelece, e isso não é certamente casual e irrelevante...

V. A história dos preceitos legais em confronto

Nas palavras de I. GALVÃO TELLES, "a utilização do elemento literal representa apenas o ponto de partida da interpretação, é como que a sua fase embrionária e mais rude. As palavras nem sempre bastam, pode mesmo dizer-se que nunca chegam."[38] E o mesmo autor prossegue: "A interpretação lógica, contraprova da interpretação literal, serve-se, por sua vez, de vários elementos, que é corrente classificar em três: racional, histórico e sistemático."[39]

---

[35] Assim, entre outros, RC, 17.10.91. (CJ, 1991, IV, 153). O acórdão encontra-se igualmente publicado na nossa *Jurisprudência do Trabalho Anotada*, 3.ª ed. (reimpressão), Lisboa, 2000, pp. 771 e ss.

[36] ALBINO MENDES BAPTISTA, *Jurisprudência do Trabalho Anotada*, 3.ª ed. (reimpressão), cit., p. 775.

[37] No mesmo sentido: STJ, 29.11.89. (AD, 340, 1990, 547); RC, 26.5.92. (CJ, 1992, III, 160); RC, 7.7.93. (CJ, 1993, IV, 91); RP, 23.9.96. (CJ, 1996, IV, 264); RP, 27.1.97. (CJ, 1997, I, 273); RL, 18.2.98. (CJ, 1998, I, 175); e STJ, 28.10.98. (PDT, Actualização n.º 56, 23).

[38] I. GALVÃO TELLES, *Introdução ao Estudo do Direito*, vol. I, 11.ª ed. (reimpressão), cit., p. 245.

[39] I. GALVÃO TELLES, *Introdução ao Estudo do Direito*, vol. I, 11.ª ed. (reimpressão), cit., p. 246.

Pois bem, a história dos preceitos também concorre para o afastamento da interpretação restritiva do artigo 381.° do CT.

Para este efeito importa atentar, em primeiro lugar, nos trabalhos preparatórios da LCT, uma vez que o artigo 38.° deste diploma legal é basicamente reproduzido pelo artigo 381.° do CT.

Com efeito, o n.° 1 do artigo 38.° da LCT dispunha:

Todos os créditos resultantes do contrato de trabalho e da sua violação ou cessação, quer pertencentes à entidade patronal, quer pertencentes ao trabalhador, extinguem-se por prescrição, decorrido um ano a partir do dia seguinte àquele em que cessou o contrato de trabalho, sem prejuízo do disposto na lei geral acerca dos créditos pelos serviços prestados no exercício de profissões liberais[40].

Além de pequenas correcções formais, o artigo 381.°, n.° 1, do CT, eliminou o segmento final da norma "sem prejuízo do disposto na lei geral acerca dos créditos pelos serviços prestados no exercício de profissões liberais."[41]

É de notar que a solução constante do artigo 32.° do Projecto PESSOA JORGE[42] apontava para a fixação de um prazo de caducidade para as acções destinadas a exigir os créditos resultantes de contrato de trabalho ou da sua violação.

Mas, na revisão ministerial optou-se pelo regime da prescrição, no seguimento da posição sustentada no artigo 64.° do Projecto GALVÃO TELLES[43-44].

A questão da recondução da matéria à caducidade ou à prescrição, não é, como se vê, nova e foi historicamente pensada pelo legislador.

Refira-se ainda que a Lei n.° 1952, de 10 de Março de 1937[45], que constitui "o primeiro regime jurídico actualizado do contrato individual de

---

[40] O n.° 2 do artigo 38.° da LCT corresponde praticamente ao n.° 2 do artigo 381.° do CT.

[41] Sobre a matéria, entre outros, MÁRIO PINTO, P. FURTADO MARTINS e A. NUNES DE CARVALHO, *Comentário às Leis do Trabalho*, vol. I, cit., pp. 186-187.

[42] *Contrato de Trabalho – Anteprojecto de diploma legal*, separata de *Estudos Sociais e Corporativos*, n.° 13, Lisboa, 1965.

[43] Parecer da Câmara Corporativa n.° 45/VII, de 14 de Novembro de 1961, *Diário das Sessões*, 1961, 5.° suplemento ao n.° 4.

[44] MÁRIO PINTO, P. FURTADO MARTINS e A. NUNES DE CARVALHO, *Comentário às Leis do Trabalho*, vol. I, cit., p. 184.

[45] Diploma que se manteve em vigor durante cerca de 30 anos – até 1966, sendo revogado pelo Decreto-Lei n.° 47 032, de 27 de Maio de 1966, que, por sua vez foi substituído pelo Decreto-Lei n.° 49 408, de 24 de Novembro de 1969, que aprovou a LCT.

trabalho, fora do domínio do Código Civil"[46], aludia também à prescrição nos artigos 23.º a 25.º.

*

Interessa, em segundo lugar, lembrar que no domínio da vigência da LCT e da LCCT[47], a lei não estabelecia qualquer prazo para a propositura da acção de impugnação do despedimento.

Por isso, questionava-se a aplicação do artigo 38.º da LCT ao despedimento ilícito.

A jurisprudência, como tivemos a oportunidade de ver, muito cedo apontou para uma solução de que nunca se afastou: a prescrição afecta todos os direitos emergentes da cessação do contrato de trabalho.

Mas, autores como P. FURTADO MARTINS, entendiam que fazer derivar o prazo de impugnação do despedimento do artigo 38.º da LCT pressuporia a existência de uma lacuna, que não existiria, devendo encontrar-se o fundamento do mesmo prazo de um ano no artigo 287.º, n.º 1, do CC, uma vez que a invalidade do despedimento ilícito configura uma hipótese de anulabilidade[48].

A discussão então travada não tinha reflexo na qualificação do prazo para a impugnação do despedimento individual como de prescrição ou de caducidade, mas tão só no diferente enquadramento dogmático desse prazo.

Ou seja, a vida não gerou nenhum problema para o qual não se tivesse encontrado uma resposta prática relativamente pacífica.

É justamente nestes termos que MÁRIO PINTO, P. FURTADO MARTINS e A. NUNES DE CARVALHO situam a presente temática.

"Questionou-se a aplicação do artigo 38.º da LCT nos casos em que a cessação do contrato fosse inválida, concretamente nos casos de despedimento ilícito; e, por outro, levantou-se a questão de saber se estaria sujeita à prescrição a reintegração do trabalhador ilicitamente despedido.

---

[46] A. MOTTA VEIGA, *Lições de Direito do Trabalho*, 8.ª ed., Lisboa, 2000, p. 72.

[47] Regime jurídico da cessação do contrato de trabalho, aprovado pelo Decreto-Lei n.º 64-A/89, de 27 de Fevereiro, revogada pelo artigo 21.º, n.º 1, da Lei n.º 99/2003, de 27 de Agosto.

[48] P. FURTADO MARTINS, *Despedimento ilícito, reintegração na empresa e dever de ocupação efectiva*, Lisboa, 1992, pp. 97 e ss.

Estes problemas estão hoje resolvidos na prática, muito embora subsistam algumas dúvidas quanto ao enquadramento dogmático das soluções que a este propósito têm sido adiantadas.

Com efeito, existe uma corrente jurisprudencial uniforme no sentido de considerar que o prazo de prescrição de um ano começa a correr com a cessação factual da relação laboral, independentemente de o acto jurídico que lhe deu causa ser lícito ou ilícito, válido ou inválido (…). Tal como é hoje pacífico na jurisprudência que a prescrição afecta todos os direitos emergentes da cessação do contrato de trabalho, inclusivamente o chamado direito à reintegração na empresa."[49]

A questão estava, de facto, na prática resolvida, e apontava para a aplicação do artigo 38.°, n.° 1, da LCT, ao prazo para a impugnação do despedimento individual, com igual consequência no que se refere à natureza do prazo, também, e naturalmente, de prescrição.

A única questão que se encontrava em aberto era de "enquadramento dogmático", e foi esta questão que o Código do Trabalho se propôs clarificar. Nada mais.

Não é por isso por acaso que nas primeiras edições do *Código do Trabalho Anotado* (2003 e 2004), P. ROMANO MARTINEZ, em anotação ao artigo 435.°, tenha escrito:

"O n.° 2 é novo, embora corresponda à ideia contida no artigo 38.° LCT"[50].

Ou seja, estabelece-se uma ligação directa entre o n.° 2 do artigo 435.° e o artigo 38.° da LCT, o que só pode apontar para uma linha de continuidade de regime, como *supra* defendemos.

Na 4.ª ed. daquela mesma obra (2006) diz-se:

"O n.° 2 é novo, embora corresponda à ideia contida no artigo 38.° LCT", (*acrescentando-se*), "segundo a opinião maioritária na jurisprudência."[51]

---

[49] MÁRIO PINTO, P. FURTADO MARTINS e A. NUNES DE CARVALHO, *Comentário às Leis do Trabalho*, vol. I, cit., p. 187. Sublinhado nosso.

[50] P. ROMANO MARTINEZ, em P. ROMANO MARTINEZ, L. MIGUEL MONTEIRO, JOANA VASCONCELOS, P. MADEIRA DE BRITO, GUILHERME DRAY e L. GONÇALVES DA SILVA, *Código do Trabalho, Anotado*, 1.ª ed., Coimbra, 2003, p. 625; 2.ª edição, Coimbra, 2004, p. 631.

[51] P. ROMANO MARTINEZ, em P. ROMANO MARTINEZ, L. MIGUEL MONTEIRO, JOANA VASCONCELOS, P. MADEIRA DE BRITO, GUILHERME DRAY e L. GONÇALVES DA SILVA,

Depois, na 2.ª edição da obra de P. ROMANO MARTINEZ, *Direito do Trabalho* (2005), pode ler-se, *sem mais* (nada se dizendo quanto à natureza do prazo):

"consagrou-se um prazo de um ano a contar da data da cessação do contrato para o trabalhador impugnar o despedimento (artigo 435.°, n.° 2, 1.ª parte, do CT)."[52]

Estabelecida a correspondência entre o artigo 38.° da LCT e o artigo 435.°, n.° 2, do CT, é possível concluir que o que se quis foi esclarecer uma dúvida[53] quanto ao "enquadramento dogmático" do prazo para intentar a referida acção. Não se quis consagrar um novo prazo (o prazo, insiste-se, é o mesmo...) nem se quis alterar a sua natureza como prazo de prescrição (por isso não se avança uma única razão sobre o assunto).

Se se tivesse pretendido alterar a natureza do prazo, face à posição unânime, sedimentada e antiga da jurisprudência quanto à sua qualificação como prazo de prescrição, a *Exposição de Motivos* do Código do Trabalho[54] certamente apresentaria uma justificação, e sobre a matéria nada diz. No entanto, por exemplo, já se faz alusão nessa *Exposição* ao aumento do prazo de impugnação do despedimento colectivo[55], que constitui, em comparação, uma matéria mais neutra, no sentido de menos carente de explicitação.

E até hoje continua sem ser avançada uma justificação para a alegada requalificação do prazo.

A única posição que nos parece coerente é afirmar que (já) no domínio da vigência da LCT o prazo para intentar a acção de impugnação do despedimento era um prazo de caducidade, como sustentavam, reflectindo uma opinião minoritária, J. LEAL AMADO[56] e JORGE LEITE[57]. Por isso,

---

Código do Trabalho, Anotado, 4.ª ed., Coimbra, 2006, p. 699. A mesma afirmação é feita na 5.ª ed. da mesma obra (p. 740).

[52] P. ROMANO MARTINEZ, *Direito do Trabalho*, 2.ª ed., Coimbra, 2005, p. 965.

[53] "Diferentemente do prazo de prescrição estabelecido no artigo 381.° do CT, no preceito em análise (artigo 435.°, n.° 2, do CT), ao não qualificar-se o tipo de prazo, conclui-se que se trata de um prazo de caducidade (artigo 298.°, n.° 2, do CC). Além de o prazo para impugnar o despedimento ser de caducidade, para evitar dúvidas, esclareceu-se que a acção tem de ser intentada no prazo de um ano". (P. ROMANO MARTINEZ, *Direito do Trabalho*, 3.ª ed., Coimbra, 2006, p. 988-989).

[54] Separata n.° 24/IX do Diário da Assembleia da República, de 15 de Novembro de 2002.

[55] Ponto 3.4., XII, alínea *d)*, da Exposição de Motivos do Código do Trabalho.

[56] J. LEAL AMADO, *A Protecção do Salário*, Coimbra, 1993, p. 197 (nota 38).

quando J. Leal Amado entende (hoje) que o prazo do artigo 435.º, n.º 2, do CT, é um prazo de caducidade[58] não está a dizer nada de novo relativamente à posição que sustentava face à lei anterior.

*

Não se pode alegar que a matéria em análise não era conhecida na vida prática.

No acórdão do STJ, de 4.11.92.[59], onde se qualifica como de prescrição o prazo para intentar a acção de impugnação do despedimento, escreve-se:

> "não obstante os prazos para a propositura de acções serem, em regra, prazos sujeitos a caducidade, no caso vertente não está em causa um prazo desta natureza, mas antes um prazo prescricional".

Mas, mais esclarecedora quanto ao que se terá pretendido com o novo artigo 435.º, n.º 2, 1.ª parte, do CT, é a seguinte passagem do livro *Direito do Trabalho* (2006) de P. Romano Martinez:

> "Na falta de norma idêntica, no domínio da LCCT, só se estabelecendo prazo para intentar a acção a propósito do despedimento colectivo, *discutia-se se, nas restantes modalidades de despedimento, devia prevalecer o prazo de um ano fixado no artigo 38.º da LCT, de onde constava o regime regra de prescrição dos créditos emergentes do contrato de trabalho, ou se, pelo contrário, a omissão legal devia ser preenchida com recurso ao prazo de anulabilidade dos negócios jurídicos, estabelecido no artigo 287.º, n.º 1, do CC, que também prescreve o prazo de um ano*. O despedimento ilícito é inválido, podendo concluir-se que se está perante uma hipótese de anulabilidade, pois esta invalidade é sanável pelo decurso do tempo, terá de ser invocada pela pessoa em cujo interesse a lei a estabelece e não pode ser declarada oficiosamente pelo tribunal. Ora, em relação aos actos anuláveis, na falta de disposição concreta no domínio laboral, deve recorrer-se às regras do Código Civil, nomeadamente no que respeita ao prazo para arguir

---

[57] Jorge Leite, *Direito do Trabalho e da Segurança Social*, Lições ao 3.º ano da Faculdade de Direito, Coimbra, 1986-87 (com aditamentos de 89-90), pp. 430-431.

[58] J. Leal Amado, "A prescrição dos créditos laborais (nótula sobre o artigo 381.º do Código do Trabalho)", *PDT*, n.º 71, p. 72, nota 11.

[59] BMJ, 421, 1992, 267.

a anulabilidade. *A dúvida ficou sanada com o disposto no artigo 435.º, n.º 2, 1.ª parte, do CT.*"[60]

Não restam, por isso, incertezas de que se pretendeu sanar uma dúvida e não criar qualquer regime novo com a alteração da natureza do prazo para intentar a acção de impugnação de despedimento individual.

Nestes termos, o elemento histórico "vem em reforço do elemento racional ou em preenchimento da sua deficiência."[61].

Como escreve I. GALVÃO TELLES,

> "O legislador não legisla pelo prazer de legislar, mas em vista de certo fim: a satisfação de determinada necessidade que ele sente como justificativa do preceito e que constitui, pois, a sua razão de ser."[62]

A "ratio legis" do artigo 435.º, n.º 2, do CT, está encontrada.

De resto, nem todas as normas do Código do Trabalho são inovadoras, abundando nele normas sedimentadoras de posicionamentos jurisprudenciais (antigos ou recentes). Pense-se, por exemplo, em matéria de efeitos da ilicitude do despedimento, na ressarcibilidade dos danos não patrimoniais [artigo 436.º, n.º 1, alínea *a*), do CT] ou no pagamento dos salários intercalares até ao trânsito em julgado da decisão do tribunal (artigo 437.º, n.º 1, do CT).

*

No nosso livro *Estudos sobre o Código do Trabalho*, relativamente ao prazo de um ano para a impugnação do despedimento individual, tivemos a oportunidade de escrever:

> "prazo manifestamente exagerado sob qualquer ponto de vista." "É mau para as empresas que têm de fazer uma *gestão provisória* de recursos humanos durante esse lapso de tempo, sendo que nenhum interesse dos

---

[60] P. ROMANO MARTINEZ, *Direito do Trabalho*, 3.ª ed., cit., p. 989, nota 2. Sublinhado nosso.

[61] I. GALVÃO TELLES, *Introdução ao Estudo do Direito*, vol. I, 11.ª ed. (reimpressão), cit., p. 249.

[62] I. GALVÃO TELLES, *Introdução ao Estudo do Direito*, vol. I, 11.ª ed. (reimpressão), cit., p. 247.

trabalhadores digno de tutela jurídica (que deve ser pensada em termos de adequada comparação entre interesses contrapostos) justifica um prazo com tal latitude."[63-64]

Já no acórdão do Tribunal Constitucional de 6.5.87.[65] se aludia a prazo "relativamente dilatado".

Lembremos que na Alemanha o prazo para a propositura da acção de impugnação do despedimento é de *3 semanas*[66], em Espanha de *20 dias* e em Itália de *60 dias*.

Contrariamente, defendendo uma solução diferente de relevantes ordenamentos jurídicos europeus, P. ROMANO MARTINEZ entende: "quando no domínio contratual o prazo regra para o exercício de direitos é de vinte anos (artigo 309.º do CC), um ano não se pode considerar excessivo."[67]

Do mesmo passo, o autor socorre-se de um prazo de prescrição para se referir a uma situação que considera de caducidade, não parecendo levar em linha de conta que os prazos de caducidade são, por natureza, de curta duração (quando comparados com os prazos de prescrição), pelo que o prazo regra de vinte anos (recorde-se que recentemente na Alemanha o prazo ordinário de prescrição de 30 anos foi reduzido para 3 anos[68]), ele próprio "irrealista", "muito longo" e "que retira sentido ao instituto"[69], nunca poderia constituir argumento válido para não considerar excessivo um prazo que se considera de caducidade.

---

[63] ALBINO MENDES BAPTISTA, *Estudos sobre o Código do Trabalho*, 2.ª ed., cit., p. 247.

[64] Vd. MESSIAS DE CARVALHO, "A ilicitude do despedimento e seus efeitos", *RDES*, Julho/Dezembro – 1989, pp. 386-387; P. FURTADO MARTINS, *Despedimento ilícito, reintegração na empresa e dever de ocupação efectiva*, cit., p. 101, n. 225; e ALBINO MENDES BAPTISTA, *Jurisprudência do Trabalho Anotada*, 3.ª ed. (reimpressão), cit., p. 769.

[65] BMJ, 367, 1987, 203.

[66] WOLFGANG DÄUBLER, *Derecho del Trabajo* (tradução castelhana de *Das Arbeitsreecht*), Madrid, 1994, p. 702.

[67] P. ROMANO MARTINEZ, em P. ROMANO MARTINEZ, L. MIGUEL MONTEIRO, JOANA VASCONCELOS, P. MADEIRA DE BRITO, GUILHERME DRAY e L. GONÇALVES DA SILVA, *Código do Trabalho, Anotado*, 5.ª ed., cit., p. 741.

[68] A. MENEZES CORDEIRO, *Tratado de Direito Civil Português*, I, Tomo IV, Coimbra, 2005, p. 144. Acrescente-se que o instituto da prescrição foi objecto, em 2001/2002, de uma profunda reforma do BGB. Sobre esta reforma, A. MENEZES CORDEIRO, *Da Modernização do Direito Civil*, I, Coimbra, 2004, pp. 85 e ss.

[69] As palavras são de A. MENEZES CORDEIRO, *Tratado de Direito Civil Português*, I, Tomo IV, cit., p. 173.

A análise dos preceitos legais em confronto aproximou-nos, nas suas vertentes literal e histórica, do elemento racional. Importa, todavia, neste plano ir um pouco mais longe.

VI. Adequação das regras civilísticas sobre a caducidade ao prazo de impugnação do despedimento individual

6.1. *Os institutos da prescrição e da caducidade*

Como se sabe, a prescrição (artigos 300.° e ss. do CC) e a caducidade (artigos 328.° e ss. do CC) são formas de extinção de direitos quando estes não sejam exercidos durante certo tempo.

Segundo a "doutrina tradicional", sustentada entre outros por MANUEL DE ANDRADE[70], a prescrição aplica-se aos direitos subjectivos propriamente ditos, enquanto a caducidade aos direitos potestativos[71-72].

O Código Civil actual adoptou, todavia, um critério formal, como resulta do artigo 298.°, n.° 2, onde se pode ler:

> *Quando, por força da lei ou por vontade das partes, um direito deva ser exercido dentro de certo prazo, são aplicáveis as regras da caducidade, a menos que a lei se refira expressamente à prescrição.*

Era outra a perspectiva de A. VAZ SERRA, que a expôs deste modo: "Desde que o regime da caducidade é mais apertado que o da prescrição, que ele pode colocar o titular do direito numa situação menos favorável que a que lhe seria assegurada pelo regime da prescrição, parece legítimo concluir que, na dúvida, deve admitir-se que a lei quer estabelecer um prazo de prescrição, e não de caducidade"[73].

Deve, dizer-se, que o artigo 298.°, n.° 2, do CC, se destina a resolver dúvidas qualificativas, que surgem frequentemente e para as quais um critério material se pode revelar insuficiente.

---

[70] Incluem-se ainda na "doutrina tradicional", autores como GUILHERME MOREIRA, CABRAL MONCADA e ALBERTO DOS REIS.

[71] MANUEL DE ANDRADE, *Teoria Geral da Relação Jurídica*, vol. II, Coimbra, 1987, pp. 445 e ss.

[72] Vd. a crítica a esta posição feita por A. VAZ SERRA, "Prescrição extintiva e caducidade", *BMJ*, n.° 107, 1961, p. 195.

[73] A. VAZ SERRA, "Prescrição extintiva e caducidade", *cit.*, pp. 200-201.

Mas, a prescrição e a caducidade são institutos diferentes, só assim se justificando, de resto, as importantes diferenças de regime legal.

Vejamos essas diferenças de regime para em seguida ponderarmos a sua adequação ao prazo de impugnação do despedimento individual.

1.ª O regime da prescrição é inderrogável. Como se afirma no artigo 300.° do CC, são nulos os negócios jurídicos destinados a modificar os prazos legais de prescrição ou a facilitar ou dificultar por outro modo as condições em que a prescrição opera os seus efeitos.

Contrariamente, a lei admite estipulações convencionais sobre a caducidade. São válidos, nos termos do n.° 1 do artigo 330.° do CC, os negócios pelos quais se criem casos especiais de caducidade, se modifique o regime legal desta ou se renuncie a ela, contanto que não se trate de matéria subtraída à disponibilidade das partes ou de fraude às regras legais de prescrição.

2.ª A prescrição não é de conhecimento oficioso pelo tribunal, necessitando, para ser eficaz, de ser invocada, judicial ou extrajudicialmente, por aquele a quem aproveita (artigo 303.° do CC), enquanto a caducidade é apreciada oficiosamente, sem prejuízo da necessidade de invocação caso seja estabelecida em matéria não excluída da disponibilidade das partes (artigo 333.° do CC).

3.ª A prescrição suspende-se (artigos 318.° e ss. do CC) e interrompe-se (artigo 323.° do CC), ao contrário do prazo de caducidade que não se suspende nem se interrompe senão nos casos em que a lei o determine (artigo 328.° do CC).

Registe-se, por exemplo, o disposto no n.° 1 do artigo 321.° do CC segundo o qual a prescrição se suspende durante o tempo em que o seu titular estiver impedido de fazer valer o seu direito, por motivo de força maior, no decurso dos últimos três meses do prazo. O mesmo regime é aplicável caso o titular não exerça o seu direito em consequência de dolo do obrigado (artigo 321.°, n.° 2, do CC)[74].

Tenha-se presente que a suspensão tem o efeito de paralisar a contagem do prazo, que recomeça a contar uma vez terminada a causa de suspensão. Por sua vez, a interrupção inutiliza para a prescrição todo o tempo decorrido anteriormente, começando a correr novo prazo a partir do acto interruptivo (artigo 326.° do CC).

---

[74] Merece ainda destaque a alínea *e)* do artigo 318.° do CC, nos termos da qual a prescrição não começa nem corre entre quem presta o trabalho doméstico e o respectivo patrão, enquanto o contrato durar.

4.ª A prescrição interrompe-se pela citação ou notificação judicial de qualquer acto que exprima, directa ou indirectamente, a intenção de exercer o direito (artigo 323.º, n.º 1, do CC). Se a citação ou notificação se não fizer dentro de cinco dias depois de ter sido requerida, por causa não imputável ao requerente, tem-se a prescrição por interrompida logo que decorram os cinco dias (artigo 323.º, n.º 2, do CC). A prescrição é ainda interrompida pelo reconhecimento do direito, efectuado perante o respectivo titular por aquele contra quem o direito pode ser exercido (artigo 325.º, n.º 1, do CC).

Por sua vez, a caducidade só é impedida pela prática, dentro do prazo, do acto; porém, quando se trate de prazo fixado por disposição legal relativa a direito disponível, impede também a caducidade o reconhecimento do direito por parte daquele contra quem deva ser exercido (artigo 331.º do CC).

É hoje doutrina pacífica que não é nota distintiva da caducidade (relativamente à prescrição) a circunstância de se referir a prazos de propositura de acções. Estes podem ser também prazos de prescrição[75].

Nas palavras de CARLOS DA MOTA PINTO, esta diferença de regimes entre a prescrição e a caducidade fica a dever-se à *diversidade dos fundamentos* que subjazem a um e outro instituto[76].

E o insigne Mestre escreve:

"A prescrição extintiva, possam embora não lhe ser totalmente estranhas razões de justiça, é um instituto endereçado fundamentalmente à realização de objectivos de conveniência e oportunidade. (…).Diversamente da caducidade, a prescrição arranca, também, da ponderação de uma *inércia negligente do titular do direito* em exercitá-lo, o que faz presumir uma renúncia ou, pelo menos, o torna indigno da tutela do Direito (…).

Por isso, embora a prescrição – tal como a caducidade – vise desde logo satisfazer a necessidade social de segurança jurídica e certeza dos direitos, e, assim, proteger o interesse do sujeito passivo, essa protecção é dispensada atendendo também ao desinteresse, à inércia negligente do titular do direito em exercitá-lo. Há, portanto, uma inércia do titular do direito, que se conjuga com o interesse objectivo numa adaptação da situação de direito à situação de facto.

---

[75] A. VAZ SERRA, "Prescrição extintiva e caducidade", *cit.*, p. 189 e pp. 195 e ss. Vd., também, o acórdão do STJ, de 4.11.92 (BMJ, 421, 1992, 267), onde se tecem interessantes considerações históricas sobre a matéria.

[76] CARLOS DA MOTA PINTO, *Teoria Geral do Direito Civil*, 4.ª ed. por ANTÓNIO PINTO MONTEIRO e PAULO DA MOTA PINTO, Coimbra, 2005, p. 375.

Na caducidade, porém, *só o aspecto objectivo* da certeza e segurança é tomado em conta."[77]

6.2. Ponderação da matéria no plano da impugnação do despedimento individual

Compulsadas as diferenças entre os institutos da prescrição e da caducidade é chegado o momento de seleccionar a forma de extinção de direitos que se mostra (mais) adequada ao prazo para intentar a acção de impugnação do despedimento.

Antecipando, desde já, a resposta parece-nos ser inquestionável a maior acomodação a tal prazo do instituto da prescrição.

Atendendo à natureza imperativa do regime da cessação do contrato de trabalho (artigo 383.º do CT), à irrenunciabilidade dos créditos salariais na vigência do contrato (de que o princípio da condenação *extra vel ultra petitum*, consagrada no artigo 74.º do Código de Processo do Trabalho, é uma decorrência natural[78]), o prazo para intentar a acção de impugnação do despedimento individual deve ser de prescrição. É que, como se viu, o regime da prescrição é inderrogável.

Depois, a prescrição não é de conhecimento oficioso pelo tribunal, necessitando, para ser eficaz, de ser invocada por aquele a quem aproveita (normalmente pelo empregador, réu na maioria esmagadora das acções laborais).

Sabido que importantes créditos laborais são reclamados tendo por fundamento a existência de um despedimento ilícito, mostra-se inteiramente correcto que eventuais créditos do trabalhador possam ser paralisados *apenas* se o empregador invocar a respectiva prescrição, parecendo-nos, consequentemente, que o tribunal não deve conhecer desta matéria se a mesma não for invocada. Face a interesses particulares (os do trabalhador despedido) que estão em causa nos despedimentos ilegais, como resulta do artigo 435.º, n.º 1, do CT[79], mostra-se adequada a necessidade

---

[77] CARLOS DA MOTA PINTO, *Teoria Geral do Direito Civil*, 4.ª ed. por ANTÓNIO PINTO MONTEIRO e PAULO DA MOTA PINTO, cit., pp. 375-376. O autor dá como exemplo de situação que pode suspender a prescrição o artigo 320.º, n.º 1, do CC.

[78] Sobre o princípio da condenação ex condenação *extra vel ultra petitum*, vd. ALBINO MENDES BAPTISTA, *Código de Processo do Trabalho Anotado*, 2.ª ed. (reimpressão), Lisboa, 2002, pp. 180 e ss.

[79] O conteúdo do n.º 1 do artigo 435.º do CT é o seguinte:
A ilicitude do despedimento só pode ser declarada por tribunal judicial em acção intentada pelo trabalhador.

de invocação da prescrição. Como escreve ANÍBAL DE CASTRO, "A prescrição, ao contrário do que sucede com a caducidade, na medida referida, é insusceptível de conhecimento oficioso, não só porque é passível da renúncia do prescribente, mas até porque o seu decurso depende da suspensão e da interrupção, cuja apreciação carece de alegação"[80].

Sabe-se ainda que a prescrição, ao contrário da caducidade, se suspende e se interrompe.

Ora, em matéria de prazo para intentar a acção de impugnação de despedimento individual mostra-se apropriado aceitar causas de suspensão e de interrupção do prazo.

Por exemplo, é incontestável a razoabilidade da suspensão da prescrição durante o tempo em que o seu titular estiver impedido de fazer valer o seu direito, por motivo de força maior, no decurso dos últimos três meses do prazo (artigo 321.°, n.° 1, do CC).

O mesmo se diga para o caso de o titular não exercer o seu direito em consequência de dolo do obrigado (artigo 321.°, n.° 2, do CC). Desta forma, o autor do acto ilícito (o empregador) não beneficiará do regime da caducidade que o protegeria imerecidamente, justificando-se que o prazo não corra enquanto esse obstáculo não desaparecer. Nas palavras de ANÍBAL DE CASTRO, "o prazo de prescrição é mais benévolo que o da caducidade"[81], tendo a prescrição "menor rigidez"[82].

É ainda mais conforme com a problemática em estudo a circunstância de a prescrição se interromper pelo reconhecimento do direito, efectuado perante o respectivo titular por aquele contra quem o direito pode ser exercido (a caducidade, em regra, só é impedida pela prática, dentro do prazo, do acto).

Por outro lado, um prazo sujeito a caducidade é pouco compatível com a interrupção, não se conciliando esta "com a rápida definição da situação jurídica, finalidade de tal espécie de prazo"[83] (que é, por isso,

---

[80] ANÍBAL DE CASTRO, *A Caducidade, Na doutrina, na lei e na jurisprudência*, 3.ª ed., Lisboa, 1984, p. 48.

[81] ANÍBAL DE CASTRO, *A Caducidade, Na doutrina, na lei e na jurisprudência*, 3.ª ed., cit., p. 43.

[82] ANÍBAL DE CASTRO, *A Caducidade, Na doutrina, na lei e na jurisprudência*, 3.ª ed., cit., p. 44.

[83] ANÍBAL DE CASTRO, *A Caducidade, Na doutrina, na lei e na jurisprudência*, 3.ª ed., cit., p. 120. Também no acórdão do STJ, de 4.11.92. (BMJ, 421, 1992, 267), se entendeu que na caducidade "a lei pretende é a rápida definição da situação jurídica em questão".

"sempre mais curto que o de prescrição"[84]). Atente-se, *en passant*, no artigo 436.°, n.° 2, do CT[85], que consente na reabertura do procedimento disciplinar, o que se mostra pouco compatível com essa ideia de "rápida definição da situação jurídica".

Mas mais esclarecedor do que os regimes legais em si, quanto à adequação da prescrição ao prazo para intentar a acção de impugnação do despedimento individual, *são os fundamentos da sua diversidade (que naturalmente explicam esses regimes)*.

Vimos já, seguindo os ensinamentos de CARLOS DA MOTA PINTO, que embora a prescrição e a caducidade visem satisfazer a necessidade social de segurança jurídica e certeza dos direitos, na prescrição a protecção do sujeito passivo é dispensada atendendo também *ao desinteresse, à inércia negligente do titular do direito em exercitá-lo*, o que faz presumir uma renúncia ou, pelo menos, o torna indigno da tutela do Direito[86].

Trata-se de uma posição comummente afirmada pela doutrina. Nas palavras de J. OLIVEIRA ASCENSÃO "pela prescrição se penaliza o titular omisso, que não prossegue o seu interesse, consolidando a posição de quem beneficia dessa omissão"[87]. Por sua vez, PEDRO PAIS DE VASCONCELOS escreve: "A *prescrição* é um efeito jurídico da inércia prolongada do titular do direito no seu exercício", "resulta da desvalorização da inércia do titular no exercício do direito"[88].

Na caducidade, porém, *só o aspecto objectivo* da certeza e segurança é tomado em conta[89]. "O que explica – considera ainda CARLOS DA MOTA

---

[84] ANÍBAL DE CASTRO, *A Caducidade, Na doutrina, na lei e na jurisprudência*, 3.ª ed., cit., p. 44.

[85] Remete-se, a propósito, para ALBINO MENDES BAPTISTA, "A reabertura do procedimento disciplinar", *Revista do Ministério Público*, n.° 108, 2006, pp. 197 e ss.

[86] CARLOS DA MOTA PINTO, *Teoria Geral do Direito Civil*, 4.ª ed. por ANTÓNIO PINTO MONTEIRO e PAULO DA MOTA PINTO, cit., pp. 375-376. ANÍBAL DE CASTRO refere-se, a propósito do fundamento da prescrição, em várias passagens, a "negligência do titular" (*Caducidade, Na doutrina, na lei e na jurisprudência*, 3.ª ed., cit., nomeadamente, p. 29, p. 30, p. 42, p. 47, p. 88, p. 120 e p. 123).

[87] J. OLIVEIRA ASCENSÃO, *Direito Civil. Teoria Geral*, vol. III, Coimbra, 2002, p. 342.

[88] PEDRO PAIS DE VASCONCELOS, *Teoria Geral do Direito Civil*, 3.ª ed., Coimbra, 2005, p. 756.

[89] Também A. VAZ SERRA escreve: "na prescrição, atende-se à negligência, real ou suposta, do titular; na caducidade, ao facto objectivo do não exercício." ("Prescrição extintiva e caducidade", *cit.*, p. 165. No mesmo sentido, ANÍBAL DE CASTRO, *A Caducidade, Na doutrina, na lei e na jurisprudência*, 3.ª ed., cit., p. 47.

PINTO – por exemplo, que a caducidade seja apreciada oficiosamente pelo tribunal – ao contrário da prescrição, que tem de ser invocada –, bem como o facto de influírem sobre o prazo de prescrição, e não sobre o de caducidade, situações e acontecimentos que excluem a possibilidade de a falta de exercício do direito ser atribuída a inércia do titular – situações e acontecimentos que podem suspender ou interromper a prescrição, mas não a caducidade"[90-91].

O que sobreleva no prazo para intentar a acção de impugnação do despedimento individual não é apenas o *"aspecto objectivo* da certeza e segurança", mas antes se atende primordialmente ao desinteresse, à inércia negligente do titular do direito em exercitá-lo[92].

Efectivamente, só tendo por base uma ideia sancionatória da inacção se compreende o disposto no n.º 4 do artigo 437.º do CT, que se passa a reproduzir:

Da importância calculada nos termos da segunda parte do n.º 1 é deduzido o montante das retribuições respeitantes ao período decorrido desde a data do despedimento até 30 dias antes da data da propositura da acção, se esta não for proposta nos 30 dias subsequentes ao despedimento.

Com esta norma procura-se estimular a celeridade na propositura da acção judicial punindo a inércia do trabalhador. Por outro lado, serve como *mecanismo corrector* do prazo de impugnação do despedimento individual, que já se reputou de excessivo[93].

Ora, se o legislador quis expressa e inequivocamente punir a inércia do trabalhador na propositura da acção de impugnação do despedimento individual é porque sempre se situou num plano da ponderação do desin-

---

[90] CARLOS DA MOTA PINTO, *Teoria Geral do Direito Civil*, 4.ª ed. por ANTÓNIO PINTO MONTEIRO e PAULO DA MOTA PINTO, cit., p. 376.

[91] Assim, também, A. VAZ SERRA, "Prescrição extintiva e caducidade", *cit.*, pp. 191-192.

[92] O Tribunal do Trabalho de Loures, que decidiu em 1.ª Instância o litígio *sub judice*, apreendeu, muito bem, estes problemas ao considerar: "Todavia, e como traço distintivo da caducidade – em que só razões de certeza e segurança jurídicas avultam – na prescrição surgem tais razões temperadas por uma ideia sancionatória da negligência, do atraso do titular do direito no seu exercício, e ainda pela disponibilidade da outra parte quanto a valer-se de tal figura jurídica."

[93] Vd. JOANA VASCONCELOS, "Despedimento ilícito, salários intercalares e deduções (artigo 13.º, n.º 2 do DL n.º 64-A/89)", *RDES*, Janeiro/Dezembro – 1990, p. 186; e ALBINO MENDES BAPTISTA, *Estudos sobre o Código do Trabalho*, 2.ª ed., cit., p. 247.

teresse, da inércia negligente do titular do direito em exercitá-lo, e não apenas do "*aspecto objectivo* da certeza e segurança".

Como ensina A. VAZ SERRA, na caducidade prescinde-se de "qualquer consideração de negligência"[94] do titular do direito, por isso os respectivos prazos "correm ainda que a este não seja imputável negligência alguma e, portanto, não lhes são aplicáveis as regras sobre suspensão da prescrição, excepto se a lei o determinar."[95]

Nenhuma destas considerações é prejudicada pelo disposto no artigo *298.º, n.º 2, do CC*. É preciso não ignorar que o direito não é apenas forma, e prova disso é a lei ter criado diversidade de regimes por se entender que os institutos têm fundamentos diferentes. Aquele preceito destina-se a resolver casos de dúvida, por se reconhecer que existem pontos de aproximação entre os institutos em estudo.

Ora, o que no caso **sub judice** *se entende é que essa dúvida não existe. Mesmo no plano formal.* É que o n.º 2 do artigo 298.º do CC manda aplicar o regime da caducidade, transcreve-se, "*a menos que a lei se refira expressamente à prescrição*".

Este é justamente um dos casos em que a lei (artigo 381.º, n.º 1, do CT) se refere expressamente à prescrição, nos termos já analisados, o que afasta a aplicação do regime da caducidade.

Só assim ao critério formal, adoptado pelo legislador, que terá naturalmente de ser observado (sem prejuízo do que se disse sobre as particulares preocupações de estabilidade social do Direito do Trabalho), não se apensa um segundo patamar de reflexão formal (desta feita constituído pelo artigo 435.º, n.º 2, do CT), que nos conduziria a uma *overdose* de formalismo.

VII. O problema face ao sistema

Também a *interpretação sistemática* contraria a *tese da caducidade*.
Na verdade, o preceito a interpretar "não é uma ilha isolada, não vive por si, enquadra-se num conjunto"[96].

---

[94] A. VAZ SERRA, "Prescrição extintiva e caducidade", *cit.*, pp. 167 e 177.
[95] A. VAZ SERRA, "Prescrição extintiva e caducidade", *cit*, pp. 177-178.
[96] I. GALVÃO TELLES, *Introdução ao Estudo do Direito*, vol. I, 11.ª ed. (reimpressão), cit., p. 250.

O sistema impõe que situações idênticas tenham a mesma valoração, sob pena de se entrar no domínio da incongruência e da falta de fio condutor, o que a ordem jurídica não toleraria.

Comecemos por chamar à atenção para a circunstância do artigo 381.º do CT promover a concentração de todos os créditos laborais (do trabalhador e do empregador), sob o ponto de vista da prescrição, num mesmo momento – o da cessação do contrato. "Isto pode ter vantagens de certeza, e facilitar o mecanismo da compensação de créditos"[97].

Na opinião de P. ROMANO MARTINEZ, a sujeição a prazos distintos dos créditos do trabalhador e do empregador (artigo 381.º do CT) "seria inadequado", pois "obstaria à aplicação do regime da compensação."[98]

As vantagens, assentes, decorrentes deste mecanismo da compensação de créditos seriam comprometidas se os créditos dos trabalhadores e os dos empregadores estivessem sujeitos a regimes diferentes (de prescrição nuns casos e de caducidade noutros).

Por outro lado, e como se sabe, o prazo especial para a prescrição de créditos resultantes do contrato de trabalho, da sua violação ou cessação estabelecido naquele preceito legal justifica-se por se considerar que o trabalhador só a partir da cessação do contrato adquire plena liberdade psicológica para reclamar o que lhe é devido, sem constrangimentos ou receio de eventuais represálias por parte do seu empregador. Só a partir desse momento cessa a "inferioridade prática", decorrente do estado de subordinação jurídica inerente ao contrato de trabalho, que inibe o trabalhador de fazer valer os seus direitos na constância da relação de trabalho[99]. Por isso, a prescrição dos créditos laborais não corre enquanto o contrato de trabalho estiver em vigor.

Esta justificação, todavia, vale apenas para os créditos do trabalhador, pelo que a sua extensão aos créditos patronais é determinada por uma *lógica de simetria de posições entre as partes*[100].

Ora, esta simetria ficaria desfeita se, por exemplo, o empregador que quisesse reclamar créditos devidos por falta de cumprimento do prazo de

---

[97] A. MONTEIRO FERNANDES, *Direito do Trabalho*, 13.ª ed., cit., p. 481.

[98] P. ROMANO MARTINEZ, *Direito do Trabalho*, 3.ª ed., cit., p. 789.

[99] Entre outros, MÁRIO PINTO, P. FURTADO MARTINS e A. NUNES DE CARVALHO, *Comentário às Leis do Trabalho*, vol. I, cit., p. 185.

[100] Aludem a simetria de posições entre as partes, A. MONTEIRO FERNANDES, *Direito do Trabalho*, 13.ª ed., cit., p. 480, A. MENEZES CORDEIRO, *Manual de Direito do Trabalho*, Coimbra, 1991, p. 735, e MÁRIO PINTO, P. FURTADO MARTINS e A. NUNES DE CARVALHO, *Comentário às Leis do Trabalho*, vol. I, cit., p. 185.

aviso prévio, exigir indemnização pela sua inobservância, ou ainda pela violação do pacto de permanência (artigo 448.° do CT), estivesse sujeito ao prazo de prescrição do artigo 381.° do CT, e se o trabalhador que pretendesse exigir indemnização por despedimento ilícito (artigo 436.° do CT), fosse abrangido por um prazo de caducidade (artigo 435.°, n.° 2, do CT).

Créditos laborais nos dois casos, resultantes ambos de situações de incumprimento, estariam sujeitos a prazos de natureza desiguais, com aplicação de normativos específicos e diferentes, sem justificação material (bastante), destruindo-se a tal ideia de simetria que tem sido unanimemente invocada pela doutrina para a fixação de um prazo de prescrição aplicável quer aos créditos do trabalhador quer aos do empregador.

Por outro lado, criar-se-iam, injustificadamente, regimes diversificados para diferentes modalidades de cessação do contrato de trabalho, contrariando-se a ideia de sistema. Atente-se que do despedimento, se lícito, podem nascer para o empregador créditos que este pretenda reclamar do trabalhador. A sujeição dessa acção ao prazo do artigo 381.° do CT não sofre contestação.

Outra situação.

Os créditos do trabalhador derivados da cessação do contrato por mútuo acordo (artigos 393.° e 394.° do CT), por caducidade (artigos 387.° e ss. do CT), por resolução (artigo 443.° do CT) ou por denúncia (artigo 447.° e ss. do CT), estariam todos sujeitos a prescrição, mas os créditos resultantes de uma outra forma de cessação, o despedimento ilícito, seria um prazo de caducidade. Seria, de novo, a negação da ideia de sistema.

Mas há mais.

Tem algum fundamento valorativo sujeitar a um prazo de caducidade (afinal tratar-se-ia de invocar de igual modo o artigo 298.°, n.° 2, do CC) a acção, intentada pelo empregador, de impugnação da resolução por iniciativa do trabalhador (artigo 444.°, n.° 2, do CT) e sujeitar a um prazo de prescrição a indemnização devida ao trabalhador por essa mesma resolução (artigo 443.° do CT)?

Seria, uma vez mais, a negação do princípio da unidade interior do Direito.

Pergunta-se ainda: se o empregador quiser exigir ao trabalhador a indemnização a que refere o artigo 448.° do CT (falta de cumprimento do prazo de aviso prévio), já invocado, encontraria o fundamento da acção respectiva no artigo 381.° do CT (prazo de prescrição), mas para exigir ao trabalhador a indemnização resultante da resolução ilícita (artigo 446.° do

CT, que, aliás remete expressamente para o artigo 448.°) fundaria a acção no artigo 444.°, n.° 2, do CT (prazo de caducidade).

Continuemos.

Para P. ROMANO MARTINEZ, "o artigo 381.°, n.° 1, mantém a sua aplicação em casos de créditos resultantes da cessação do contrato de trabalho (...). Nestes casos, como em outras situações similares, ainda que haja impugnação judicial do despedimento, os créditos resultam da cessação do contrato de trabalho e prescrevem nos termos estabelecidos no artigo 381.°, n.° 1"[101].

Seria desadequado, no meu modo de ver, que certos créditos laborais resultantes da cessação do contrato estivessem sujeitos ao regime da prescrição, como, por exemplo, os relativos às férias e ao subsídio de férias (artigo 221.° do CT), e os respeitantes ao subsídio do Natal [artigo 254.°, n.° 2, alínea b), do CT], e estivessem sujeitos ao regime da caducidade, por exemplo, os "salários intercalares" (artigo 437.° do CT).

Isto para já não aludir à incongruência a que, no plano prático, que nunca é demais convocar, conduziria a sujeição a dois prazos diferentes de créditos resultantes da mesma modalidade de cessação do contrato de trabalho e nascidos no mesmo momento temporal.

Seria ainda muito criticável que créditos emergentes do contrato de trabalho e da sua violação ou cessação (a certas formas de cessação, dir- -se-ia, na tese da caducidade) estivessem sujeitos a um regime, em geral, mais favorável ao titular do direito (alguns dos quais podem resultar da falta culposa de pagamento pontual da retribuição), e as retribuições que o trabalhador deixou de auferir desde a data do despedimento até ao trânsito em julgado da decisão do tribunal (assente igualmente no incumprimento contratual) estivessem sujeitas a um prazo de caducidade, em geral, menos favorável ao titular do direito.

Não se encontra uma explicação lógica para que, face à mesma situação de incumprimento contratual, se consagrem regimes jurídicos diferenciados.

Essa solução não seria adequada e contrariaria a ideia de sistema.

Vejamos uma outra situação.

O Supremo Tribunal de Justiça, em aresto tomado em 13.5.98.[102], entendeu que a *acção de impugnação de sanção disciplinar que não seja*

---

[101] P. ROMANO MARTINEZ, em P. ROMANO MARTINEZ, L. MIGUEL MONTEIRO, JOANA VASCONCELOS, P. MADEIRA DE BRITO, GUILHERME DRAY e L. GONÇALVES DA SILVA, *Código do Trabalho, Anotado*, 5.ª ed., cit., p. 742.

[102] CJ, acs. do STJ, 1998, II, 278.

o despedimento deve ser proposta no prazo de um ano a contar da comunicação da aplicação da sanção, nos termos do artigo 38.° da LCT. Segundo o tribunal a expressão crédito referida neste artigo tem de ser entendida com um critério mais genérico, correspondente ao direito pessoal aí se incluindo o direito de impugnação de decisão disciplinar, pois o que está em causa é o accionamento tempestivo de um direito[103].

Aderimos a esta posição na nossa *Jurisprudência do Trabalho Anotada*[104].

Reiteramos que o prazo para intentar acção de impugnação de sanção disciplinar, que não o despedimento, é de um ano. O fundamento não pode ser o artigo 435.°, n.° 2, do CT, que se refere a acção de impugnação do despedimento.

Em nossa opinião, se o legislador quisesse destacar a questão da prescrição dos créditos laborais da acção de impugnação do despedimento não se teria esquecido da acção de impugnação das outras sanções disciplinares que podem igualmente não se reconduzir directamente a uma questão de reclamação de créditos laborais. Daqui decorre que o sistema é incompatível com prazos diferentes, *quanto à natureza*, para intentar a acção de impugnação do despedimento e para intentar a acção de impugnação de outra sanção disciplinar, pois não se vê razão plausível para a diferenciação[105].

Em conclusão, se a *tese da caducidade* fosse correcta estaríamos longe da importante advertência de C.-WILHELM CANARIS, segundo a qual as "características do conceito geral de sistema são a ordem e a unidade. Eles encontram a sua correspondência jurídica nas ideias da adequação valorativa e da unidade interior do Direito"[106].

Fevereiro de 2007

---

[103] Assim, também, PEDRO DE SOUSA MACEDO, *Poder Disciplinar Patronal*, cit., pp. 161-162.

[104] ALBINO MENDES BAPTISTA, *Jurisprudência do Trabalho Anotada*, 3.ª ed. (reimpressão), cit., pp. 268-269.

[105] O legislador aqui não aproveitou a possibilidade que o Código do Trabalho lhe deu de "enquadrar dogmaticamente" o problema do prazo para impugnar outras sanções disciplinares. Este problema não o preocupou, ainda que houvesse boas razões para o esclarecimento de uma dúvida.

[106] C.-WILHELM CANARIS, *Pensamento Sistemático e Conceito de Sistema na Ciência do Direito*, Lisboa, 1989, p. 279 (vd.,também, pp. 14 e ss., 66 e ss. e 172 e ss).

A GLOBALIZAÇÃO DO DIREITO PENAL
– DA PIRÂMIDE À REDE OU ENTRE A UNIFICAÇÃO E A HARMONIZAÇÃO

ANABELA MIRANDA RODRIGUES*

1. Assiste-se hoje ao fenómeno da globalização do direito, designadamente penal, de vocação diversa: mundial, no âmbito internacional, e regional, desde logo com a emergência de um "direito penal" ao nível da União Europeia.

O movimento surge de uma dinâmica bipolarizada de globalização, alimentada por forças desiguais e assimétricas, dos direitos humanos e económicas. A exigência de garantia daqueles direitos e a necessidade de abertura das fronteiras dos mercados potenciaram este movimento, atravessado pelas tensões contraditórias de uma ética universalista, anunciada pela Declaração Universal dos Direitos do Homem, e de uma ética de mercado, alimentada pelo desenvolvimento vertiginoso das tecnologias da informação e da comunicação.

A globalização do direito penal vai acompanhada da alteração do seu modelo normativo.

O modelo tradicional[1] valia para um espaço homogéneo, centrado nas instituições estaduais, era uma ordem normativa unificada, sistemática

---

* Professora Catedrática da Faculdade de Direito da Universidade de Coimbra. Directora do Centro de Estudos Judiciários.

[1] No que se segue, A. BAILLEUX, *La compétence universelle au carrefour de la pyramide et du reseau. De l'expérience belge à l'exigence d'une justice pénale transnationale*. Bruylant, 2005, p. 3 s. Cfr., também, MICHEL VAN DE KERCHOVE, «Eclatement et recomposition du droit pénal», *La place du droit pénal dans la societé contemporaine*, Dalloz, 2000, p. 5 s. e STEFANO MANACORDA, «Le droit pénal et l'Union européenne. Esquisse d'un système», *La place du droit pénal*, cit., p. 95 s.

e hierarquizada. Afirmava-se então que um sistema jurídico "não é um complexo de normas em vigor ao lado umas das outras, mas uma pirâmide ou hierarquia de normas subordinadas umas às outras, superiores ou inferiores" (KELSEN). A linearidade "monológica" do direito estava patente na sua produção-aplicação fechada e piramidal.

Este modelo não desapareceu, mas reconhece-se que é hoje "parasitado" por uma série de fenómenos que perturbam a pureza das linhas da pirâmide e que auguram uma autêntica mudança de paradigma, no sentido em que KUHN se referia à incapacidade de um modelo explicativo para assimilar uma anomalia ou um fenómeno novo.

Assiste-se, com efeito, no nosso tempo, ao nascimento de um direito penal que já não é só estadual, antes se conforma como um sistema jurídico complexo e diversificado, marcado pelo fenómeno da interlegalidade[2] e caracterizado por alguns como "uma rede"[3], que hesita/oscila entre unificação e harmonização.

A influência modificadora de múltiplas e novas circunstâncias ajuda-nos a compreender esta alteração do modelo (globalizado) do direito penal – da pirâmide à rede, entre a unificação e a harmonização.

2. Desde logo, a defesa jurídica internacional dos direitos humanos, que identificou o século XX.

---

[2] De "interpenetração de normas" que pode conduzir a um "espaço policêntrico", a propósito da pluralidade dos processos de internacionalização do direito, destacando três domínios estreitamente articulados (o internacional, da relação entre os Estados; o transnacional, das redes; e o supranacional, das normas directamente oponíveis aos Estados e aos indivíduos), fala MIREILLE DELMAS-MARTY, "Les processus de mondialisation du droit", *Le droit saisi par la mondialisation* (sous la direction de Charles-Albert MORAND), Bruylant, 2001, p. 66 s. A este propósito, refere o risco de uma "catástrofe normativa" ("no sentido dos modelos"), isto é, de uma verdadeira "ruptura" marcada por interligações cada vez mais complexas e interactivas resultantes da "pluralidade de actores" e da"dinâmica bipolarizada" (do mercado e dos direitos humanos) na mundialização do direito (p. 63 s.) e discute a *racionalidade* de um "modelo de direito mundial", que oscilaria entre unificação e harmonização, de acordo com uma lógica, respectivamente, de "conformidade" e de "compatibilidade". Esta última revelaria "instabilidade" dos seus níveis" – o que é valorado como positivo, na medida em que é expressão de que "a procura de um direito comum se faz de forma pluralista" (p. 71 s.). Cfr., ainda, da autora, *Trois défis pour un droit mondial*, Seuil, 1998, p. 75 s.

[3] A este propósito, a expressão está já hoje vulgarizada. Cfr., entre outros, FRANÇOIS OST/MICHEL VAN DE KERCHOVE, *De la pyramide au reseau? Pour une théorie dialectique du droit*, Bruxelles, Publications des Facultés Universitaires Saint-Louis, 2002 (o título desta obra inspirou, de resto, o título deste artigo).

É a "humanidade" do indivíduo – o axioma da pertença do indivíduo ao género humano – que confere carácter universal aos direitos humanos[4]. O indivíduo foi despojado da sua carapaça de sujeito exclusivamente estadual e promovido o seu estatuto de sujeito universal[5]. Foi o choque da II Guerra Mundial, com as suas violações massivas dos direitos humanos, que tornou intolerável a desprotecção internacional do indivíduo em si mesmo, tornando claro que a mera protecção enquanto cidadão de um Estado não era suficiente. Com a Declaração Universal dos Direitos do Homem, a questão dos direitos humanos não releva mais do domínio interno, mas do domínio internacional – é este o ponto de vista expresso pelos primeiros comentadores da Carta das Nações Unidas, logo em 1948.

A definição de "humanidade", "esboçada através do conceito de direitos humanos", concretiza-se com a "proibição fundadora do crime "contra a humanidade""[6].

O conteúdo do crime contra a humanidade, como escreveu MIREILLE-DELMAS MARTY[7], "não parou de evoluir, numa espécie de interacção espantosa entre a regra de direito, em toda a sua frieza, e os acontecimentos, em todo o seu horror". Desde Nuremberga que a noção não deixou de ser alargada e aprofundada, mas "o que faz o crime contra a humanidade", como sublinhou o Tribunal de Haia nas suas primeiras decisões, "é a identidade da vítima, a Humanidade"[8].

O direito penal ganhou uma dimensão internacional e unificou-se em torno da protecção da "Humanidade".

Os Estados perceberam que não se tratava de negar a soberania, mas de assumir o princípio de que a comunidade internacional devia garantir o respeito pelos direitos humanos.

Contornou-se a soberania pela universalidade (RENÉ CASSIN)[9]. Ao mesmo tempo, emergiu a ideia de "cidadania global", que «abandona o vínculo entre a pessoa e o território de um Estado, supera a contraposição

---

[4] No que se segue, cfr., ANABELA MIRANDA RODRIGUES, "Princípio da jurisdição penal universal e Tribunal Penal Internacional. Exclusão ou complementaridade?", *Direito Penal Internacional. Para a protecção dos Direitos Humanos*, Fim de Século Edições, 2003, p. 57 s. e bibliografia aí citada.

[5] MARIO BETTATI, *Le droit d'ingérence. Mutation de l'ordre international*, Ed. Odile Jacob, 1996, p. 37.

[6] Assim, MIREILLE DELMAS-MARTY, *Trois défis pour un droit mondial*, cit., p. 187

[7] Op. cit., loc. cit.

[8] Apud MIREILLE-DELMAS MARTY, op. cit., p.190.

[9] Apud MARIO BETTATI, op. cit., p. 38.

entre cidadãos e estrangeiros. Esta nova cidadania não se perde atravessando uma fronteira...»[10].

O processo de protecção da humanidade é um "processo inacabado", " um projecto em realização".

Desde os romanos que o direito penal repousava sobre o princípio da territorialidade da punição e os Estados também referiam o princípio da soberania para objectar contra a jurisdição nacional universal ou para rejeitar a criação de um tribunal penal internacional permanente.

O que sabemos hoje, todavia, é que certos crimes não se podem "localizar". Ofensas como as que constituem os crimes contra a humanidade são "um assunto internacional", que extravasa o âmbito da soberania estadual e que se acomodam mal ao princípio da territorialidade. Se os Estados querem dispensar-lhes protecção jurídica internacional reforçada, devem desenvolver sistemas eficazes para perseguir internacionalmente esses crimes.

É sabido que depois do surgimento do Estado moderno a abertura/ /submissão da soberania ao direito internacional foi amplamente teorizada. A passagem paulatina da competência territorial para a competência universal, que legitima um Estado a perseguir tais crimes, assinala a mudança: com esta competência (seja qual for o seu âmbito), o espaço de aplicação do direito penal já não é o território do Estado. No final do século XX[11], os juízes ganham o estatuto de guardiães dos valores universais. Nem se pode dizer que, no nosso tempo, o princípio da universalidade é de menosprezar, quando o Tribunal Penal Internacional, entretanto criado, se mostra de uma "universalidade ineficaz". Esta jurisdição é obrigatória apenas para os Estados-parte, e, no caso de nacionais de países terceiros que cometam os crimes no território de Estado-parte, só são abrangidos pela jurisdição do Tribunal em certas condições: o sistema, na formulação de MIREILLE DELMAS-MARTY, consiste em obter primeiro o acordo do carrasco antes de o poder julgar.

O fenómeno da competência (nacional) universal – como uma manifestação da interlegalidade que caracteriza os sistemas jurídico-penais nacionais contemporâneos – participa da construção necessária de uma ordem jurídica penal internacional em rede. O modelo normativo estadual, assente

---

[10] Assim, STEFANO RODOTÀ, palestra proferida no Congresso "Direito e Globalização", Rio de Janeiro, 11 de Março de 2003 (gentilmente cedida pelo Autor).

[11] Cfr., MIREILLE DELMAS-MARTY, "O direito penal como ética da mundialização", *Revista Portuguesa de Ciência Criminal*, 3 (2004), p. 287 s.

na soberania e no território, transforma-se, abrindo-se à realidade de uma sociedade alimentada por uma ética universalista dos direitos humanos.

Conjuntamente com a criação dos tribunais penais internacionais *ad hoc* para a ex-Jugoslávia e para o Ruanda e do Tribunal Penal Internacional permanente, tribunais nacionais com competências tradicionais e tribunais nacionais com competência universal formam um sistema penal internacional em rede, que, mediante um adequado sistema de cooperação, se pode dizer que lança os fundamentos de uma ordem de protecção universal da humanidade[12]. Como quer que se construa esse direito de protecção da humanidade, mais ou menos unificado em torno do núcleo duro de crimes contra a humanidade, é um direito penal de referência eminentemente estadual que sai enfraquecido, quando se trata de o fazer aplicar a um crime que releva de uma ordem jurídica "não territorial", como é o caso, quando entram em funcionamento os tribunais penais internacionais *ad hoc* ou o Tribunal Penal Internacional, ou quando as jurisdições nacionais se fundam no princípio de competência universal para punirem aqueles crimes.

O que se pode dizer, em última análise, é que esta combinação de competências de jurisdições é um sistema adequado e realizável nas presentes circunstâncias internacionais, com uma ordem jurídica de soberanias estaduais altamente descentralizada, que "querem" e "devem" garantir um mínimo de valores comuns/universais. Afirmada a partir daquela combinação, esta ordem jurídica internacional penal maximiza os níveis de eficácia da luta contra o crime com o *instrumentarium* existente/disponível, ao mesmo tempo que lhe aponta os limites inultrapassáveis, porque ultrapassá-los seria destruir a própria ideia de Humanidade. Esses limites estão já traçados no "crime contra a Humanidade".

3. Por sua vez, a força criadora do direito internacional que é a globalização[13] – uma nova "desordem mundial" ou uma "ordem caótica que caracteriza a nova organização planetária" – dá azo a um espaço normativo policêntrico, sem fronteiras e de uma pluralidade de actores, em que o direito penal também por aqui é marcado pela interlegalidade.

Agora é a influência modificadora de circunstâncias que se prendem com uma sociedade e uma realidade criminológica em transformação que

---

[12] Cfr., ANTOINE BAILLEUX, op. cit., *passim*.
[13] No que se segue, cfr. ANABELA MIRANDA RODRIGUES, "Política criminal – novos desafios, velhos rumos", *Liber Discipulorum para Jorge de Figueiredo Dias,* Coimbra, Coimbra Editora, 2003, p. 207 s.; id., "Globalização, democracia e crime", *II Congresso de Processor Penal*, Almedina – Coimbra, p. 17 s.

colocam novos desafios ao direito penal, na sua função de assegurar a liberdade e a segurança das pessoas.

A nova criminalidade é expressão de um novo modelo organizacional para que tendem as sociedades contemporâneas. A mobilidade das pessoas e a circulação dos bens e dos capitais põem em causa a lógica territorial em que elas repousam. Perante o recuo do Estado, as redes são a contrapartida da globalização. As transformações geo-políticas e as crises que daqui resultam, o acentuar dos desequilíbrios Norte-Sul e os movimentos migratórios que provocam, a desmaterialização das trocas comerciais e financeiras e a internacionalização dos meios de comunicação desencadearam movimentos humanos, materiais e financeiros que provocaram o desenvolvimento de redes ilegais transfronteiriças.

Se tradicionalmente as organizações criminosas desenvolviam a sua actividade a nível de um só Estado, a "expansão" e o "florescimento" deste tipo de criminalidade operou-se por via da sua *internacionalização*. Esta nova criminalidade utiliza as lógicas e potencialidades da globalização para a organização do crime, permitindo que os grupos criminosos homogéneos "aproveitem as vantagens que oferece o novo espaço mundial, com a criação de zonas de comércio livre em algumas regiões do mundo, nas quais se produz uma permeabilização económica das fronteiras e se reduzem os controles"[14]. O delinquente pode considerar o mundo inteiro como um terreno de operação.

Mas a sociedade global e de fluxos instantâneos não se limita a facilitar a criminalidade organizada internacional. Também produz criminalidade de massa. Agora, são os movimentos migratórios e a conformação das sociedades ocidentais como crescentemente multiculturais e onde crescem bolsas de marginalidade que justificam o seu aparecimento. Além disso, por força da imigração de pessoas procedentes de outros âmbitos sócio-culturais, a Europa do bem-estar converte-se numa sociedade pluriétnica e plural. Se, por um lado, tende à integração supranacional e à homogeneização, por outro lado sofre um processo de atomização e diversificação ou multiculturização no seu interior. E a tensão integração-atomização, homogeneização-diversidade é criminógena.

---

[14] Assim, I. BLANCO CORDERO e I. S. DE PAZ, "Principales instrumentos internacionales (de naciones Unidas e la Union Europea) relativos al crimen organizado: la definicion de la participación en una organización criminal y los problemas de aplicación de la ley penal en el espacio europeo", *Revista Penal*, Universidad de Castilla-La Mancha, n.º 6, p. 4.

Finalmente, ao passivo da globalização junta-se ainda o terrorismo. O terrorismo globalizou-se. O que significa que ele não é só anti-estadual ou só estadual. Há um terrorismo da globalização que, não por acaso, tomou conta da cidade-mundo: é autónomo, nómada e em rede.

No novo mundo aberto e complexo, o fenómeno criminal tornou evidente que os sistemas penais, individualmente considerados, são inoperantes para responder ao desafio de o combater e que é inevitável libertar o direito penal das suas referências estaduais. O direito penal está em processo de "desnacionalização" ou "desestadualização". No tempo actual, tende a tornar-se "comum".

O que aconteceu foi que os Estados ganharam consciência de que estavam cada vez menos em condições de afirmar a sua soberania ao nível penal: no tempo das redes e dos fluxos, não conseguem assegurar aos cidadãos um nível suficiente de segurança face à amplitude e sofisticação tecnológica e financeira que mostram as organizações criminosas. Uma partilha das competências soberanas dos Estados permite-lhes recuperar alguma da "soberania perdida". "A soberania da lei – começa a admitir-se, também para a lei penal – não pode ser restaurada senão a um nível superior ao dos Estados"[15].

Há um processo de "regionalização" do direito penal em curso. Entre a estrutura mundial das Nações Unidas e a multiplicidade das relações bilaterais, a região europeia é possível identificar-se como uma estrutura proteiforme: sem esquecer o Benelux e a União Nórdica, desenha-se o Conselho da Europa, a "Grande Europa", por contraposição à Europa mais restrita que agrupa os Estados-Membros da União Europeia.

O que se vem reconhecendo é que, da mesma forma que o espaço penal internacional, de inspiração humanitária, também o espaço penal europeu, originário na fonte globalizadora, se caracteriza por uma paulatina superação dos princípios clássicos da territorialidade e da soberania.

Ao nível da União Europeia, a criação de um espaço policial e judiciário europeu ilustra uma forma evidente de ultrapassagem do território nacional[16]. Independentemente de se ser mais ou menos optimista quanto à possibilidade e necessidade de um direito penal europeu, a União Europeia tem vindo a dar passos com vista à construção de um "espaço" judi-

---

[15] Assim, RENÉ RÉMOND, *Regard sur le siècle*, Presses de Sciences PO, 2000, p. 35.
[16] Sobre isto, cfr. ANNE WEYEMBERGH, "L'espace penal européen entre coopération judiciaire et territoire pénal européen», *La Grande Europe*, Paul Magnette ed., Institut d'Etudes Européennes, Université de Bruxelles, 2004, p. 247 s.

ciário penal comum, a que corresponde, pelo menos, um processo de "europeização" do direito penal. Tendo começado por desenvolver mecanismos e instrumentos de cooperação penal judiciária num quadro intergovernamental tributário da "Grande Europa", em que sobressaem os conceitos de soberania e de território estaduais, os Estados-Membros afastaram-se progressivamente da cooperação assim cunhada: foi com Amesterdão que as iniciativas de construção europeia surgiram menos marcadas pelo princípio da territorialidade. Os "entorses" a este princípio multiplicaram-se, na base da noção de "espaço". Que, sem implicar a abolição dos territórios nacionais, é um *plus* que os enriquece, evidenciando a pertença a um espaço "geográfico" comum, em que as fronteiras penais, tradicionalmente estanques, se tornam cada vez mais porosas.

Realçaria que uma nova fase da construção europeia em relação àquela presidida pelo princípio da cooperação avulta com o modelo diferente que se estabelece na União Europeia, no âmbito penal, de organização das relações baseado no princípio da coordenação. Agora ao nível institucional, é mais um sinal da superação da estadualidade a criação de um órgão judiciário europeu com competências no espaço penal, o Eurojust, em que se subordina a sua acção judiciária em matéria penal (também) ao princípio da coordenação e se lhe atribui competência para promover a resolução dos conflitos de jurisdição oriundos de uma delimitação cada vez mais ambiciosa, de vocação universal, da competência territorial nacional.

O enfraquecimento do cariz estadual do direito penal, ao nível do direito da União Europeia, manifesta-se ainda em outras frentes[17].

Desde logo, ao nível das fontes normativas, e, portanto, do poder legislativo. No espaço penal europeu, o Conselho da União Europeia tem competência para adoptar instrumentos legislativos com vista à harmonização das legislações penais nacionais e para determinar o âmbito de aplicação territorial dos tipos de crime harmonizados. Depois, ao nível da permeabilidade das decisões e da interlegalidade das normas: enquanto o princípio do reconhecimento mútuo, de clara inspiração federalista, implica a eficácia directa de uma decisão judiciária em qualquer lugar do espaço europeu, a assunção de um princípio como o do *forum regit actum* permite que no território de um Estado-Membro se realizem actos de acordo com normas jurídicas de um Estado terceiro.

---

[17] Cfr. A. NIETO MARTIN, "Fundamentos constitucionales del sistema europeo de derecho penal", *El fenómeno de la delincuencia económica*,Consejo General del Poder Judicial, Estudios de Derecho Judicial, Separata, 6, 2004, p. 15 s.

Para além disso, os efeitos do direito da União Europeia no direito penal nacional produzem-se através de uma série de instrumentos jurídicos e de princípios, muitos deles originários do direito comunitário: o princípio da lealdade comunitária, com o seu derivado da assimilação; ou o princípio do primado do direito comunitário – o vértice da pirâmide com que representamos a ordem jurídica comunitária –, com a consequente inaplicabilidade de toda a norma penal que seja contrária a uma norma comunitária dotada de efeito directo (o conhecido efeito de "neutralização" do direito comunitário) e a obrigação, válida também no âmbito penal, de interpretação do direito nacional (penal) em conformidade com o direito da União Europeia[18].

Os desenvolvimentos verificados a este nível (da União Europeia) constituem uma boa ilustração da complexidade das relações susceptíveis de se desenvolverem entre direito penal europeu e direito interno, com este a ser afectado por aquele, em que a linearidade aparente das relações é desmentida pela diversidade de instrumentos normativos a que a União Europeia recorre e seus efeitos a nível interno – desde as convenções às decisões-quadro, mas abrindo a possibilidade de utilização de directivas – e pela variedade de modalidades da sua transposição para o direito nacional. E, se a isto acrescentarmos que o quadro jurídico europeu é, ele próprio, complexo, desenvolvendo-se entre a integração e um modelo de relações de tipo hierarquizado, na Comunidade Europeia, e a cooperação e um modelo de relações intergovernamental, na União Europeia, por sua vez, de relações entre si discutíveis – pense-se na afirmação do primado do direito comunitário em relação ao direito da União Europeia[19] –, e perceber-se-á como a imagem tradicional do direito penal, hierarquizada, fechada e estadual se reconverte à luz de um modelo de complexidade e diversidade crescentes, de fontes múltiplas de criação normativa e de relações problemáticas/inovadoras entre vários conjuntos normativos, inspiradas, umas, no direito internacional clássico (princípio da lealdade) e outras que se aproximam mais de modelos federais (como o princípio do primado ou da interpretação conforme o direito comunitário).

Mas, é preciso reconhecê-lo, o momento de viragem do direito penal tradicional é assinalado com a harmonização, a principal via (ou que como tal deveria ser entendida) de criação de um direito penal europeu.

---

[18] O que veio a ser consagrado no Acórdão do Tribunal de Justiça das Comunidades Europeias, de 16 de Junho de 205, Pupino, C – 105/ 03.

[19] Princípio cujo sentido foi objecto de análise no Acórdão do Tribunal de Justiça das Comunidades Europeias, de 13 de Setembro de 2005, Comissão v. Conselho.

Este processo com arrimo no princípio da harmonização reflecte a busca de uma identidade comum. Fala-se, a este propósito, de uma "socialização da Europa" através do direito penal[20] e refere-se o seu "potencial identificador", a favorecer a (desejada) "resistência" à americanização do direito penal europeu.

O relevo crescente deste direito faz avultar a importância da ciência penal[21], reclamando-se o seu labor para a edificação de uma "gramática científica e dogmática comum" e a atenção da política criminal para o valor argumentativo de princípios directores político-criminais que se têm de fomentar. Neste sentido, a dogmática penal e a política criminal europeias devem empenhar-se em actuar, negativamente, como filtro por onde devem passar os impulsos procedentes da interlegalidade, antes de serem acolhidos pelas instâncias europeias; e positivamente, contribuindo para a criação de uma identidade penal europeia, que deve procurar-se no direito penal em vigor e na sua história.

Só desta forma, devidamente escorada na "ciência penal", a tendência harmonizadora que preside à criação do direito penal europeu não é apenas mais uma ilustração do funcionalismo, mas uma finalidade em si mesmo, logrando a autonomia que a liberta da perspectiva instrumental de compensação das debilidades da cooperação no combate ao crime transnacional[22]. Esta perspectiva deve contrariar, de facto, uma feição eminentemente securitária que por vezes se surpreende na harmonização. De um lado, observa-se que a criminalização ao nível europeu parte da criminalização nacional, traduzindo-se numa "sobre-criminalização secundária", que leva à expansão do direito penal, de acordo com o "máximo denomi-

---

[20] CARLOS SOTIS, "estado actual y perspectivas de futuro en la armonización del derecho penal material", Universidade de Milão "Statale" (gentilmente cedido pelo Autor), parafraseando Wanda Cappeller, "Criminalité du risque et harmonisation pénale, un regard sociologique", *L'harmonisation des sanctions pénales en Europe*, Societé de Legislation Comparé, Paris, 2003, p.489 s., especialmente, p. 529, que fala de «socializar o direito europeu».

[21] Sobre isto, cfr. ANABELA MIRANDA RODRIGUES, "Globalização, crime e ciência penal «europeia»", em curso de publicação.

[22] Sobre a harmonização cfr., ANABELA MIRANDA RODRIGUES, "O mandado de detenção europeu – na via da construção de um sistema penal europeu: um passo ou um salto?", *Revista Portuguesa de Ciência Criminal*, 13, 2003, p. 275. (p. 44 s.); id., "Um sistema sancionatório penal para a União Europeia. Entre a unidade e a diversidade ou os caminhos da harmonização", *Studi in onore di Giorgio Marinucci, II – Teoria della pena. Teoria del reato*. Giuffrè editore, 2006, p. 1213. (p. 1223 s.). Cfr., também, CARLO SOTIS, op. cit.

nador comum", e à consequente perda do carácter fragmentário do direito penal; de outro lado, como também já foi notado, o legislador penal europeu funciona por "acumulação progressiva de competências", parecendo incapaz de em algum momento pôr em causa as suas opções incriminadoras (direito penal de sentido único e em expansão contínua). Nem sequer se pense que existe uma "harmonização natural", que justificaria o avanço do princípio do reconhecimento mútuo como motor da construção do direito penal europeu. Em bom rigor, o caminho só se faz por aqui, porque não se ultrapassam as dificuldades e deficiências da harmonização. O funcionamento do princípio do reconhecimento mútuo leva, assim, a um direito também de máximo denominador comum dos direitos penais nacionais, que não se interroga quanto aos fundamentos e modo de ser[23].

4. A globalização do direito faz-se sob o impacto de forças contrárias. Centrípetas e centrífugas, no sentido, umas, da unificação e, outras, dos particularismos, empobrecem e complexificam a sua dinâmica. A universalização dos direitos humanos confrontada com o "fact of pluralism" (RAWLS), a "atomização", o multiculturalismo ou a "fragmentação simbólica" da globalização conspiram contra a unificação e a integração. A força de exclusão destas tensões é mais uma das contradições da força unificadora dos direitos humanos, que deve ser sensível à diferença e salvaguardar o múltiplo, reconstruindo os espaços colectivos onde devem poder encontrar lugar os que são diferentes.

Ao nível da União Europeia isto é muito claro, representando um desafio o projecto de criar "uma Europa unida na diversidade".

Se se quiser responder aos imperativos da unidade e da diversidade, evitando derivas securitárias, é o apelo aos direitos nacionais e ao estudo comparado que, ao mesmo tempo que salvaguarda o múltiplo, permite a "síntese" da "melhor opção a partir de soluções diversas"[24].

---

[23] Sobre as dificuldades e os perigos do princípio do reconhecimento mútuo, cfr., *Revista Portuguesa de Ciência Criminal*, cit., nota anterior, p. 38 s. As críticas mais contundentes provêm da doutrina alemã e culminaram na aprovação de um "manifesto", assinado por 94 professores de direito penal, recusando o princípio do reconhecimento mútuo e a sua concretização no mandado de detenção europeu. A propósito de um "projecto alternativo de um sistema penal europeu", cfr. *ZStW* 116 (2004), Heft 2. Na doutrina espanhola, igualmente critico, SILVA SANCHEZ, "Critica a los principios inspiradores del pretendido "derecho penal europeo", *La politica criminal en Europa*, Atelier, Barcelona, 2004, p. 1215.

[24] A este propósito, sobre a importância da "margem nacional de apreciação" como motor principal da evolução do direito europeu "plural" num espaço de interlega-

A harmonização em vista é uma harmonização pluralista, que faz avultar o direito comparado[25]. Só a ciência comparatística permite extrair dos institutos jurídicos isolados um tecto comum ou, para o dizer com Saleilles, "pelo menos, pontos de aproximação susceptíveis de fazer surgir, sobre a diversidade aparente das formas, a unidade intrínseca da vida jurídica universal".

A Convenção Europeia dos Direitos do Homem foi uma sábia elaboração desse "tecto comum" de princípios europeus, que devem vivificar os diversos direitos penais nacionais. Mas não basta deduzir desse acervo principial um direito penal comum. A União Europeia repousa, sem dúvida, em uma comunidade de valores e a Convenção Europeia dos Direitos do Homem e a jurisprudência dos seus órgãos desencadearam um processo decisivo de aproximação dos diversos ordenamentos penais dos diferentes Estados-Membros da União Europeia[26]. Mas, um "direito penal comum", se quiser respeitar o signo da diversidade dos direitos penais nacionais e ser pluralista, tem de enraizar na comparação dos diversos sistemas jurídicos nacionais[27], para assinalar os aspectos comuns, as aproximações em curso e as diferenças irredutíveis. Assim se encontrará a "ordem" que poderá dar corpo ao direito penal "comum".

Este direito penal comum impõe uma verdadeira ruptura epistemológica em relação ao pensamento jurídico tradicional dominante, estadual, hierárquico, sistemático e fechado, em suma, unificado. Que, hoje, sem desaparecer, tem todavia cada vez menos sentido, quando a globalização do direito penal nos confronta com um direito penal em rede, marcado pela interlegalidade, quer a nível mundial, quer a nível regional, designadamente da União Europeia.

---

lidade, cfr., MIREILLE DELMAS-MARTY, M. L. IZORCHE, "Marge nationale d'appréciation et internacionalization du droit. Réflexions sur la valité formelle d'un droit commun en gestation", AAVV, *Variations autour d'un droit commun. Travaux préparatoires*, Paris, 2001, p. 73 s.

[25] Nesta via, desde sempre, MIREILLE DELMAS-MARTY. Cfr., da Autora, "Les processus de mondialisation du droit", *Le droit saisi par la mondialisation*, cit., p. 63 s.; *Les forces imaginantes du droit (II). Le pluralisme ordonné*, ed. du Seuil, 2006, *passim*. A propósito de um «processo penal comum», cfr., *Procédures pénales d'Europe*, sous la direction de Mireille Delmas-Marty, PUF, 1995, "Introduction", p. 27 s.

[26] A este propósito, vide, entre outros, MIREILLE DELMAS-MARTY, *Pour un droit commun*, Seuil, Paris, 1994, p. 187 s.

[27] Sobre a nova função do direito comparado, que se está a transformar em uma "condição de legitimação democrática da legislação europeia", MASSIMO DONINI, "Escenarios del Derecho Penal en Europa a principios del siglo XXI", *La politica criminal en Europa*, Atelier penal, 2004, p. 47.

Por isso, o desenvolvimento de uma ciência penal é tão importante. Só ela, numa atitude de abertura metodológica[28], pode ser responsável pela criação de um direito penal "internacionalizado" ou "europeizado", que evite (saldar-se por) uma legislação "unificada", "unitária", que nunca poderia ter em conta as "especificidades" e as "autonomias culturais" nacionais – em suma, que nunca poderia ter em conta a diversidade – e, em vez disso, fomenta uma cada vez maior "aproximação" entre os diversos sistemas de justiça penais. Neste sentido, que implica "compatibilização", mas não obrigação de "conformidade"[29] (unificação).

A procura de um direito comum implica uma atitude metodológica aberta e supõe que o direito comparado tenha um papel essencial nesse esforço de criação/inovação, para evitar o risco de uma "internacionalização hegemónica". Apelando a Derrida[30], reconhecem-se hoje "dois imperativos contraditórios": vigiar para que a "hegemonia centralizadora" não se reconstitua e "evitar a multiplicação das fronteiras". A nossa responsabilidade consiste em não abandonar qualquer deles e, assim, "inventar gestos, discursos, práticas político-criminais institucionais que inscrevam a aliança entre estes dois imperativos, estas duas promessas, estes dois contratos".

E assim – dir-se-á – em evitar uma internacionalização do direito que seja marcada por estratégias de poder, subordinada ao *diktat* dos mais fortes. Vale por dizer, escapar à monarquia universal de que KANT dizia, na sua "paz perpétua entre as nações", que podia conduzir "ao despotismo mais horroroso".

---

[28] Sobre isto, ANABELA MIRANDA RODRIGUES, "Globalização, crime e ciência penal «europeia»", cit.

[29] Sobre estas noções, MIREILLE DELMAS-MARTY, *Le droit saisit par la mondialisation*, cit., p. 73.

Se quisermos exemplificar, a propósito do direito penal da União Europeia: ele nem deve ser direito penal continental nem *common law*, mas o resultado de uma abertura cada vez maior de um sistema ao outro. Ao nível dogmático, isto significa a elaboração de princípios dogmáticos relativamente autónomos, que mais não representarão, em muitos casos, senão o progresso e o aprofundamento e, noutros, a superação de deficiências que as dogmáticas nacionais ainda não lograram.

[30] J. DERRIDA, *L'autre cap.*, Paris, Les Editions de Minuit, 1991, p. 45 e 46.

DO GOVERNO DAS SOCIEDADES:
A FLEXIBILIZAÇÃO DA DOGMÁTICA CONTINENTAL

António Menezes Cordeiro*

Sumário: *I. Origem e evolução da* corporate governance*: 1. Terminologia; 2. Conteúdo; 3. Origem e evolução; 4. Expansão mundial. II. O governo das sociedades em Portugal: 5. As vias de penetração; 6. A projecção na reforma de 2006; 7. Balanço e perspectivas.*

I. Origem e evolução da *corporate governance*

1. *Terminologia*

I. À letra, *corporate governance* traduzir-se-ia por governo societário. Em português do Brasil, usa-se o termo governança corporativa[1]. "Governança" equivale, de resto, a uma expressão que nos surgia já nos nossos clássicos medievais. Os puristas franceses recorrem a *governement d'entreprise* ou *governement des sociétés*, explicando tratar-se de *corporate governance*[2]. Esta última expressão, no anglo-americano de origem, é utilizada, sem problemas, pelos comercialistas alemães[3]. *Corporate*

---

* Professor Catedrático da Faculdade de Direito de Lisboa.
[1] Cf. Herbert Steinberg e outros, *A dimensão humana da governança corporativa* (2003), 225 pp., onde podem ser confrontadas outras obras com títulos similares. Entre nós, introduziu-se "governo das sociedades"; cf. Paulo Câmara, *O governo das sociedades em Portugal: uma introdução*, CadMVM 12 (2001), 45-55.
[2] Philippe Merle, *Droit commercial/Sociétés commerciales*, 9.ª ed. (2003), 274-275.
[3] Kuno Rechkemmer, *Corporate Governance* (2003), 175 pp. e a obra maciça de Peter Hommelhoff/Kraus J. Hopt/Axel von Weder, *Handbuch Corporate Governance* (2003), 950 pp., com múltiplas indicações.

governance não tem um equivalente claro, no Direito português das sociedades. Ficamo-nos, por isso, pela locução governo das sociedades, habitualmente usada[4].

II. O governo das sociedades corresponde a um conceito anglo-americano. Postula quadros jurídicos e conceituais diferentes dos continentais e, ainda, uma Ciência Jurídica estruturalmente diversa. Deste modo, ele não comporta uma perfeita equivalência, perante a instrumentação luso-germânica. A utilização de "governo das sociedades" deve ser acompanhada pelas necessárias precisões, sob pena de promover confusões conceituais.

2. Conteúdo

I. Feitas estas precisões, verifica-se que *corporate governance* pode abranger duas diferentes realidades:

– a organização da sociedade;
– as regras aplicáveis ao funcionamento da sociedade.

Na primeira vertente, a *corporate governance* reportar-se-ia ao que chamamos a administração e a fiscalização das sociedades. Ela abrangeria:

– a orgânica societária, susceptível de integrar diversos modelos; no caso das sociedades anónimas, teríamos, à escolha (278.º/1): o modelo monista[5] latino, com administração e conselho fiscal, o modelo monista anglo-saxónica, com administração compreendendo uma comissão de auditoria e o revisor oficial de contas e o modelo dualista ou germânico, com conselho de administração executivo, conselho geral e de supervisão e revisor oficial de contas;
– a ordenação interna do conselho de administração;
– a articulação com a assembleia geral;
– o modo de designação e de substituição dos administradores.

---

[4] COUTINHO DE ABREU, *Direito comercial / Governação das sociedades* (2005), 5, usa "governação", embora admita "governo".

[5] "Monismo" e "dualismo" reportam-se ao número de órgãos com funções (também) de administração: não, como é óbvio, ao número total de órgãos da sociedade.

II. Na segunda vertente, a *corporate governance* abarca:

– os direitos e os deveres dos administradores;
– as regras de gestão e de representação;
– as regras de fiscalização;
– os deveres atinentes às relações públicas.

III. A primeira – e, porventura, fundamental – subtileza do governo das sociedades reside na não-separação entre essas duas vertentes. Os estudiosos norte-americanos dão-nos noções em que ambos os aspectos estão miscenizados[6]: não logram referir uma orgânica sem, de mistura, falarem das funções e das regras envolvidas[7], tudo isso entremeado por considerações de ordem política algo *naïf*[8].

IV. Podemos reter algumas definições ilustrativas. Assim, o governo das sociedades seria[9]:

– o sistema pela qual as sociedades são administradas e controladas (relatório CARBURY, 1992);
– as estruturas, o processo, as culturas e os sistemas que dêem azo à organização e ao funcionamento com sucesso (KEASEY e WRIGHT, 1993);
– o processo de supervisão e de controlo destinado a assegurar que a administração da sociedade age de acordo com os interesses dos accionistas (PARKINSON, 1994);
– a soma das actividades que afeiçoam a regulação interna do negócio em consonância com as obrigações derivadas da legislação, da propriedade e do controlo (CANNON, 1994).

A técnica subjacente não é precisa, pelos cânones continentais: falha na formulação de conceitos e na dimensão analítica. Todavia, ela permitirá entender melhor a realidade.

---

[6] P. ex.: JOHN L. COLLEY JR./JACQUELINE L. DOYLE/GEORGE W. LOGAN/WALLACE STETTINIUS, *What Is Corporate Governance* (2005), 2-3.

[7] Veja-se a introdução a AAVV, *The Handbook of International Corporate Governance / a definitive guide* (2005), 1-6.

[8] P. ex.: PETER A. GOUREVITCH/JAMES SHINN, *Political Power & Corporate Control / The new global politics of corporate governance* (2005), 3 e *passim*.

[9] *Apud* JILL SOLOMON/ARIS SOLOMON, *Corporate Governance and Accountability* (2004), 13.

3. Origem e evolução

I. A *corporate governance* tem origem norte-americana. Ela remonta a 1932, altura em que BERLE e MEANS expuseram o tema da separação, nas grandes empresas, entre a propriedade (formal) e o controlo[10]. Como assegurar que os gestores, que detêm o controlo, agem no interesse dos proprietários? Seria o problema da representação (*agency problem*): haveria que prever um jogo de incentivos e de monitorização para assegurar esse desiderato[11].

Grosso modo, o sistema era arbitrado pelo mercado: a empresa mal gerida via cair as suas cotações, acabando por ser vítima de um *take over*. Os novos titulares do capital poderiam optar entre desmantelar a empresa ou proceder a reajustamentos na sua gestão.

II. A partir dos anos 90 do século XX, a política económica e a prevenção vieram a assumir o lugar dos *take overs*[12]. Estes implicavam custos sociais elevados, instilando uma insegurança junto dos investidores. Devemos ainda ter presente que, nos Estados Unidos, as empresas financiam-se junto do mercado de capitais e não na banca[13]. Torna-se importante, por isso, uma difusão de informações aprazíveis e um instrumento de segurança na gestão das empresas.

III. A *corporate governance*, agora com um sentido funcional e normativo mais vincado, ganha um uso e uma intensidade sem precedentes[14]. Novos métodos de análise permitiram estabelecer o papel de um governo societário forte sobre os resultados da sociedade[15]. Este foi incrementado. Mas teve um subproduto infeliz: uma sucessão de escândalos, com relevo

---

[10] ADOLF BERLE/GARDINER MEANS, *The Modern Corporation and Private Property* (1932), apud KENNETH A. KIM/JOHN R. NOFSINGER, *Corporate Governance*, 2.ª ed. (2007), 10. Cf. JEAN TIROLE, *The Theory of Corporate Finance* (2006), 15 ss..

[11] KIM/NOFSINGER, *Corporate Governance*, 2.ª ed. cit., 3-4.

[12] JOHN POUND, *Beyond Takeovers / Politics Comes to Corporate Control* (1992), em *Harvard Business Review on Corporate Governance* (2000), 157-186 (158-159). Cf. PAUL W. MACAVOY/IRA M. MILLSTEIN, *The Recurrent Crisis in Corporate Governance* (2004), 1 ss. e 10 ss..

[13] KEVIN KEASEY/STEVE THOMPSON/MIKE WRIGHT, *Corporate Governance / Accountability, Enterprise and International Comparisons* (2005), 1.

[14] *Idem*, 7 ss..

[15] MACAVOY/MILLSTEIN, *The Recurrent Crisis* cit., 49 ss..

para os casos mediáticos da Enron, da WorldCom e da Global Crossing[16]. Sete das doze maiores falências da História norte-americana ocorreram em 2002[17].

IV. O governo das sociedades tinha de assumir um papel mais moralizador e fiscalizador. Foram publicadas leis, com relevo para o norte-americano Sarbanes-Owley Act (2002)[18]. Foram ainda estabelecidas incompatibilidades, garantias de independência, práticas moralizadoras e incrementos de responsabilidade.

A matéria tem conhecido um crescimento exponencial[19].

4. Expansão mundial

I. A *corporate governance* alargou-se, nos últimos anos, à Aldeia Global que é, hoje, o nosso Planeta. Primeiro, ela surge no Reino Unido, mercê das facilidades linguísticas e jurídico-culturais[20]. Elaborou-se, sob o cuidado do *Committee on the Financial Aspects of Corporate Governance*, presidido por Sir ADRIAN CADBURY, um primeiro "código de boas práticas de governo das sociedades" (1992), conhecido como Relatório Cadbury[21]. Seguiram-se outras iniciativas[22].

II. A ideia de *corporate governance* alargou-se, depois, aos diversos países[23]. O fascínio pelos sucessos norte-americanos, que asseguram as

---

[16] *Idem*, 86 ss..
[17] ROBERT A. G. MONKS/NELL MINOW, *Corporate Governance*, 3.ª ed. (2004), 1; a obra contém um CD sobre o processo Enron podendo, a pp. 343 ss., confrontar-se diversos *case studies* sobre crises célebres. *Vide*, ainda, GOUREVITCH/SHINN, *Political Power & Corporate Control* cit., 219-220.
[18] *Idem*, 248-249, com uma súmula.
[19] Nos Estados Unidos, encontramos mais de 10.000 títulos disponíveis sobre temas da *corporate governance*.
[20] KEASEY/SHORT/WRIGHT, *The Development of Corporate Governance Codes in the UK*, em, desses Autores, *Corporate Governance* (2005), 21-44, com indicações.
[21] *United Kingdom*, em Instituto of Directors, *The Handbook of International Corporate Governance* (2005), 153-178 (165).
[22] *Vide* JONATHAN P. CHARKHAM, *Keeping Better Company / Corporate Governance Ten Years On*, 2.ª ed. (2005), 5 ss..
[23] CHRISTOPH TEICHMANN, *Corporate Governance in Europa*, ZGR 2001, 645-679 (646).

mais elevadas taxas de crescimento, apesar das políticas externas erráticas, em conjunto com a pressão da cultura anglo-saxónica, explicará parte do fenómeno.

De todo o modo, a doutrina sublinha que os efeitos do governo das sociedades são já suficientemente marcantes para se poder concluir: não estamos perante um mero efeito de moda mas, antes, em face de um movimento de fundo, com consequências duradouras na panorâmica societária[24].

III. A *corporate governance* tem vindo a ser acolhida nos diversos países, dando corpo a regras adoptadas por instituições empresariais representativas ou a recomendações de entidades públicas ou de supervisão[25]. Impõe-se, já hoje, um trabalho comparativo[26], com referências europeias[27]. Surgem estudos de *Corporate Governance* por sectores, com relevo para o campo mobiliário[28]. Ocorrem novos problemas[29].

---

[24] KATERINE LE JOLY/BERTRAND MOINGEON, *Corporate Governance ou Governements d'Entreprise*, em *Gouvernement d'entreprise: débats théoriques et pratiques* (2001), 14-33 (14).

[25] Retenham-se os *princípios* aprovados pela OCDE em 1988; cf. ULRICH SEIBERT, *OECD Principles of Corporate Governance – Grundsätze der Unternehmensführung und Kontrolle für die Welt*, AG 1999, 337-350 (340 ss.), com uma ideia sobre o seu conteúdo.

[26] Cf. GIOVANNI FIORI, *Corporate Governance e qualità dell'informazione esterna d'impresa* (2003), 77 ss., confrontando os mecanismos dos EEUU, do Reino Unido, da França e da Alemanha.

[27] STEFAN GRUNDMANN/PETER O. MÜLBERT, *Corporate Governance/Europäische Perspektiven*, ZGR 2000, 215-223, KLAUS J. HOPT, *Gemeinsame Grundsätze der Corporate Governance in Europa?*, ZGR 2000, 779-818, que referindo uma certa aproximação entre o *Common Law* e o *Civil Law*, acaba por responder mais pela positiva à questão que coloca (ob. cit., 780 e 818) e MARCUS LUTTER, *Das Europäische Unternehmensrecht im 21. Jahrhundert*, ZGR 2000, 1-18 (17).

[28] HANNO MERKT, *Zum Verhältnis von Kapitalmarktrecht und Gesellschaftsrecht in der Diskussion um die Corporate Governance*, AG 2003, 126-136, referenciando diferenças com os EEUU. Cf. SIEGFRIED UTZIG, *Corporate Governance, Shareholder Value und Aktienoptionen – die Lehre aus Enron, WorldCom und Co*, Die Bank 2002, 594--597 e, entre nós, CARLOS ALVES/VICTOR MENDES, *As recomendações da CMVM relativas ao Corporate Governance e a Performance das sociedades*, CMVM 12 (2001), 57-88.

[29] P. ex.: GERALD SPINDLER, *Internet und Corporate Governance – ein neuer virtueller (T) Raum? Zum Entwurf des NaStraG*, ZGR 2000, 420-455.

IV. A publicação, na Alemanha, do *Deutsche Corporate Governance Kodex*, de 26-Fev.-2002[30] deu um alento especial à matéria, multiplicando-se as publicações especializadas[31]. As disposições do *Kodex* não são, por si, Direito vigente, embora por vezes retomem (ou fiquem aquém) de normas jurídicas. Os escândalos norte-americanos, seguidos por alguns problemas na Europa[32], provocaram um novo surto na matéria[33]. Perguntam os Autores se estaremos perante uma permanente reforma do Direito das sociedades, particularmente das anónimas[34].

V. A *corporate governance* dá ainda lugar a uma literatura comparatística envolvente, onde são descritos, lado a lado, as diversas experiências de governo das sociedades[35].

A leitura destes escritos não satisfaz as exigências da dogmática continental. Confirma a impressão inicial de uma acentuada falta de análise e de precisão conceitual, em textos que misturam casuísticas, descrições fluidas e considerações políticas diversas. Todavia, é inegável que eles permitem uma aproximação societária por ângulos funcionais: porventura

---

[30] Publicado pelo *Kodex-Kommission*; o texto pode ser visto em AG 2002, 236-239. Uma especial referência: HENRIK-MICHAEL RINGLEB/THOMAS KREMER/MARCUS LUTTER/AXEL VON WERDER, *Kommentar zum Deutschen Corporate Governance Kodex* (2003), 308 pp..

[31] MARTIN PELTZER, *Deutsche Corporate Governance/Ein Leitfaden* (2003), 143 pp., rec. THOMAS KREMER, AG 2003, 280, HANS FRIEDRICH GELHAUSEN/HENNING HÖNSCH, *Deutscher Corporate Governance Kodex*, AG 2002, 529-535, OLAF EHRHARDT/ERIC NOWAK, *Die Durchsetzung von Corporate Governance*, AG 2002, 336-345, CHRISTOPH H. SEIBT, *Deutscher Corporate Governance Kodex und Entsprechens-Erklärung (§ 161 AktG-E)*, AG 2002, 249-259.

[32] A Enron era um conglomerado norte-americano que, subitamente, declarou bancarrota; verificou-se que os números haviam sido manipulados, por forma a disfarçar somas astronómicas de prejuízos; rebentaram, ainda, outros escândalos: WorldCom, Global Crossing, Adelphia e Tyco, como exemplos.

[33] MAXIMILIEN SCHIESSL, *Deutsche Corporate Governance post Enron*, AG 2002, 593-604.

[34] ULRICH SEIBERT, *Aktienrechtsreform in Permanenz?*, AG 2002, 417-420 (419-420).

[35] Temos em mente: RANDALL K. MORCK (ed.), *A History of Corporate Governance Around the World* (2005), 687 pp., JONATHAN P. CHARKHAM (ed.), *Keeping Better Company / Corporate Governance Ten Years On* (2005), 436 pp. e KEVIN KEASEY/STEVE THOMPSON/MIKE WRIGHT, *Corporate Governance / Accountability, Enterprise and International Comparisons* (2005), 464 pp., onde podem ser confrontados escritos de distintos autores, sobre a situação em dezenas de países.

mais realistas do que a tradicional dogmática continental. Estamos, assim, perante um filão que cumpre aproveitar.

Em nome desta nova frente problemática têm sido estudadas e adoptadas reformas nos diversos países[36].

II. O governo das sociedades em Portugal

5. *As vias de penetração*

I. O governo das sociedades tem penetrado, na realidade do Direito português das sociedades, por seis vias:

– através de práticos do Direito, com especial capacidade na área das relações internacionais;
– mercê dos estudiosos que exercem funções no âmbito da CMVM;
– por via dos especialistas em técnicas de gestão; hoje: de "governo das sociedades";
– pela pressão do Direito europeu;
– pelo ensino universitário;
– mediante reformas legislativas.

O papel dos práticos do Direito foi pioneiro. Em especial contacto com a realidade dos outros países, particularmente anglo-saxónicos, eles tiveram acesso imediato às novas orientações vindas de além-Atlântico e de além-Mancha. Por vezes, tiveram à possibilidade de transmitir conhecimentos assim adquiridos, publicando-os[37].

II. Os estudiosos que actuam no âmbito da CMVM têm uma apetência de princípio pelos temas do governo das sociedades[38]. Cabe-lhes, em

---

[36] Quanto à experiência suíça, referimos ainda PETER BÖCKLI/CLAIRE HUGUENIN//FRANÇOIS DESSEMONTET, *Le gouvernement d'entreprise / Rapport du groupe de travail en vue de la révision partielle du droit de la société anonyme* (2004).

[37] Temos em mente: JOÃO SOARES DA SILVA, *Responsabilidade civil dos administradores de sociedades: os deveres gerais e os princípios da* corporate governance, ROA 1997, 605-628: um escrito pioneiro, entre nós.

[38] Em especial, o já citado PAULO CÂMARA, *O governo das sociedades em Portugal: uma introdução*, CadMVM 12 (2001), 45-55.

especial, preparar os regulamentos e as recomendações que irão enquadrar o mercado mobiliário. A sua sensibilidade à doutrina de língua inglesa reforçou a natural ligação com os mercados mundiais, em breve trecho dominados pela linguagem e pelos princípios de gestão norte-americanos.

Num plano próximo podemos colocar os especialistas em técnicas de gestão, muitas vezes de formação anglo-saxónica. Organizados no IPCG – Instituto Português de Corporate Governance, eles são responsáveis pela penetração do pensamento subjacente nas grandes empresas nacionais[39].

III. No plano europeu, temos desde logo presente a Comunicação da Comissão ao Conselho e ao Parlamento Europeu: *Modernizar o direito das sociedades e reforçar o governo das sociedades na União Europeia – Uma estratégia para o futuro*[40]. Retemos o troço seguinte:

> A UE deve definir uma abordagem própria em matéria de *governo das sociedades*, adaptada às suas tradições culturais e empresariais. Com efeito, trata-se de uma oportunidade no sentido de a União reforçar a sua influência à escala mundial através de regras de *governo das sociedades* sólidas e sensatas. O *governo das sociedades* constitui efectivamente uma área em que as normas têm vindo cada vez mais a ser estabelecidas a nível internacional, conforme evidenciado pela recente evolução registada nos Estados Unidos. A Lei *Sarbanes-Oxley*, adoptada em 30 de Julho de 2002, após uma série de escândalos, representou uma resposta rápida neste contexto. Infelizmente, suscitou uma série de problemas, devido aos seus efeitos extraterritoriais a nível das empresas e dos revisores oficiais de contas na Europa, tendo a Comissão empreendido um intenso diálogo com as autoridades norte-americanas (nomeadamente a *Securities and Exchange Commission*) no domínio da regulamentação com vista a negociar soluções aceitáveis. Em muitas áreas, a UE partilha objectivos e princípios gerais idênticos aos enunciados na Lei Sarbanes-Oxley e, nalguns casos, vigora já uma regulamentação sólida e equivalente na UE. Nalgumas outras áreas, contudo, são necessárias novas iniciativas. Assegurar o direito de serem reconhecidas como regras menos "equivalentes" a outras regras nacionais e internacionais constitui, só por si, um objectivo legítimo e profícuo.

---

[39] Deve-se-lhes, em especial, a publicação do livro branco: ARTUR SANTOS SILVA/ /ANTÓNIO VITORINO/CARLOS FRANCISCO ALVES/JORGE ARRIAGA DA CUNHA/MANUEL ALVES MONTEIRO, *Livro branco sobre* corporate governance *em Portugal* (2006), 192 pp..

[40] COM (2003) 284 final. *Vide* o nosso *Direito europeu das sociedades* (2005), 94 ss..

Fica, naturalmente, a grande questão: as várias medidas preconizadas, no tocante à fiscalização, à responsabilidade dos administradores, aos figurinos de organização e à evolução do próprio Direito das sociedades, não estariam ao alcance da linguagem continental clássica? A resposta seria, teoricamente, positiva. Todavia, o influxo anglo-saxónico foi um motor poderoso neste domínio. A linguagem adoptada é, ainda, a da *corporate governance*: ora a moderna Ciência do Direito assenta no relevo substantivo da linguagem. Não podemos ainda falar numa legislação directa europeia sobre governo das sociedades. Mas a pressão existe e é efectiva.

IV. O ensino universitário debate-se com a estreiteza dos planos de estudos. O âmbito lato do Direito comercial tem dificuldades em acolher mais esta província. De todo o modo, são feitas, há anos, referências básicas em obras gerais[41] surgindo, mais recentemente, planos de estudos relativos a disciplinas especializadas de processo das sociedades, nos cursos de mestrado[42]. Pelas características do nosso País: a matéria terá de ser aprofundada a esse nível.

V. Finalmente, o governo das sociedades tem-se projectado em reformas legislativas, com especial relevo para a de 2006. Vamos ver.

6. *A projecção na reforma de 2006*

I. Na preparação da reforma levada a cabo, no Código das Sociedades Comerciais, pelo Decreto-Lei n.º 76-A/2006, de 29 de Março, houve uma efectiva projecção de certos vectores da denominada *corporate governance*. De acordo com o estudo preparatório elaborado pela CMVM[43], a "... reformulação global e coerente do regime das sociedades anónimas em Portugal ..." implica os objectivos seguintes:

    a. Promover a competitividade das empresas portuguesas, permitindo o seu alinhamento com modelos organizativos avançados;

---

[41] Assim, o nosso *Manual de Direito das sociedades*, 1.º vol., 1.ª ed. (2004), 691 ss.; a pré-edição remonta a 2001.

[42] COUTINHO DE ABREU, no já citado *Direito comercial / Governação das sociedades* (2005), 208 pp., onde são usadas a administração e a fiscalização da sociedade.

[43] *Governo das sociedades anónimas: propostas de alteração ao Código das Sociedades Comerciais*, 2006, disponível na Net.

b. Ampliação da autonomia societária, designadamente através da abertura do leque de opções quanto a soluções de governação;
c. Eliminar distorções injustificadas entre modelos de governação;
d. Aproveitar os textos comunitários concluídos com relevo directo sobre a questão dos modelos de governação e direcção de sociedades anónimas;
e. Atender às especificidades das pequenas sociedades anónimas;
f. Aproveitar as novas tecnologias da sociedade da informação em benefício do funcionamento dos órgãos sociais e dos mecanismos de comunicação entre os sócios e as sociedades.

II. Há algum desenvolvimento vocabular. Todavia, a reforma aprovada deu corpo, em especial, aos pontos *b* e *f*, acima referidos. Quanto a modelos: houve um reforço efectivo da fiscalização, com múltiplos reflexos na prestação de contas[44].

III. No tocante à administração, como temos referido, deram-se dois passos, em nome do governo das sociedades:

– alterou-se o artigo 64.º, de modo a justapor-lhe categorias anglo-saxónicas de deveres;
– introduziu-se o *business judgement rule*.

Trata-se de aspectos que irão sendo clarificados, nos próximos anos.

7. Balanço e perspectivas

I. A projecção da *corporate governance*, enquanto "ideologia"[45], tem sido intensa, nas grandes empresas. Para além da introdução de uma terminologia anglo-saxónica, essa fórmula legitima, no plano das ideias, reformulações nos esquemas de retribuição dos administradores[46] e na arrumação dos conselhos de administração e – com menor efectividade – na reorganização das fiscalizações. O sector bancário parece, justamente,

---

[44] *Vide* BERNARD GROSSFELD, *Wandel der Unternehmensverfassung*, NZG 2005, 1-5 (2/II).
[45] Presente, a obra de YVON PESQUEUX, *Le governement de l'entreprise comme ideologie* (2000), 268 pp..
[46] *Vide* JEAN TIROLE, *The Theory of Corporate Finance* cit., 20 ss., quanto aos incentivos à gestão, cujas técnicas são conhecidas entre nós.

ser dos mais sensíveis. Além disso, a matéria comunica-se, rapidamente, ao sector público[47].

II. No plano legislativo, o governo das sociedades serviu, essencialmente, como força impulsionadora da reforma de 2006, junto do legislador. A configuração concreta da reforma não dependeu dos "novos" princípios: estava ao alcance da técnica continental.

Estamos ainda longe de qualquer concretização jurisprudencial. Nesse domínio, impor-se-á toda uma divulgação jurídico-científica da matéria, junto dos agentes jurídicos: consultores, advogados e administradores. Estamos no Direito privado: os tribunais só decidem quando devidamente solicitados pelas partes.

III. O especial fascínio do governo das sociedades advém da integração entre regras jurídicas, princípios de gestão e normas éticas. A *corporate governance* não é definível em termos jurídicos: abrange um conjunto de máximas válidas para uma gestão de empresas responsável e criadora de riqueza a longo prazo, para um controlo de empresas e para a transparência[48]. Podemos dizer que ficam abrangidas:

– verdadeiras regras jurídicas societárias, como sucede com o artigo 64.º e com os preceitos relativos à prestação de contas;
– regras gerais de ordem civil e deveres acessórios, também de base jurídica;
– princípios e normas de gestão, de tipo económico e para as quais, eventualmente, poderão remeter normas jurídicas;
– postulados morais e de bom senso, sempre susceptíveis de interferir na concretização de conceitos indeterminados.

IV. A grande vantagem do governo das sociedades é a sua natureza não legalista ou, mais concretamente: a flexibilização da dogmática continental, que ele acarreta. Lidamos com regras flexíveis, de densidade variável, adaptáveis a situações profundamente distintas e que não vemos como inserir num Código de Sociedades Comerciais. De resto: não temos conhe-

---

[47] JOACHIM PREUSSNER, *Corporate Governance in öffentlichen Unternehmen*, NZG 2005, 575-578.
[48] KARSTEN SCHMIDT, *Gesellschaftsrecht*, 4.ª ed. (2002), 767. Veja-se o preâmbulo do *Deutscher Kodex*, AG 2002, 236, bem como a pré-notação de AXEL VON WEDER, no *Kodex-Kommentar* de HENRIK-MICHAEL RINGLEB e outros (2003), 11 ss..

cimento de, em qualquer País, se ter seguido tal via. De todo o modo, o governo das sociedades é um tema do nosso tempo[49]. Fortemente impressivo, pela nota norte-americana de modernidade que comporta, o governo das sociedades não podia deixar de ser arvorado, pelo legislador, em bandeira de reforma. O seu papel acabou, todavia, por ser modesto: quedou-se pela reforma do artigo 64.º, com todos os óbices e desafios que temos vindo a assinalar em diversas ocasiões[50].

V. Fora do estrito campo legal, o tema do governo das sociedades tem um papel acrescido. A CMVM produz regulamentos e recomendações de nível elevado e que têm como bússola importantes princípios de governo das sociedades. Além disso, ela tem uma actuação informal junto das grandes empresas, que permite pôr no terreno vectores importantes na área da boa gestão, da transparência e da informação ao mercado[51].

Em suma: filtra uma cultura de modernidade, importante na Aldeia Global.

O desafio que enfrentamos é outro: velar para que o acolhimento dos princípios do governo das sociedades não provoque um abaixamento técnico-jurídico, nem se traduza em mais uma desmesurada fonte de complexidade societária.

---

[49] Cf. o importante *Livro Branco sobre Corporate Governance em Portugal* (2006), acima citado.

[50] *Vide*, em especial, os nossos escritos *Os deveres fundamentais dos administradores das sociedades*, ROA 66 (2006), 443-488 e *A lealdade no Direito das sociedades*, ROA 66 (2006), 1033-1065.

[51] Cf. GIOVANNI FIORI, *Corporate governance e qualità dell'informazione esterna d'impresa* cit., 73 ss., com diversos elementos.

A "AUTONOMIA" DA CLÁUSULA COMPROMISSÓRIA E A COMPETÊNCIA DA COMPETÊNCIA DO TRIBUNAL ARBITRAL

António Sampaio Caramelo[*]

Sumário: *A) A "autonomia" da cláusula compromissória. B) A competência da competência do tribunal arbitral.*

A) A "autonomia" da cláusula compromissória

1. A asserção de que a convenção de arbitragem que constitua cláusula de um contrato principal tem "autonomia" (é "autónoma") em relação a este – asserção que aparece frequentemente sob a veste de um *princípio* que se afirma ser reconhecido pela maioria das legislações nacionais e pela quase totalidade das convenções internacionais em vigor sobre arbitragem comercial (ou, mais genericamente, sobre arbitragem voluntária de direito privado) – é uma das ideias mais comummente sublinhadas na vasta literatura portuguesa e estrangeira dedicada a este meio de resolução de litígios[1].

Com esta qualificação dada à cláusula compromissória[2] pretende-se, na maioria das vezes, afirmar que a validade, eficácia e a existência jurí-

---
[*] Advogado.

[1] Basta para tanto citar, entre muitos outros possíveis exemplos, duas obras de referência sobre arbitragem internacional: uma, em língua portuguesa, do Professor Luís de Lima Pinheiro, *"Arbitragem Internacional – a determinação do estatuto da arbitragem"*, Almedina, Coimbra, 2005, pp. 119-122; outra, em língua inglesa, de Fouchard, Gaillard e Goldman, *"On International Commercial Arbitration"*, Kluwer Law International, The Hague, 1999, pp. 195 e segs.

[2] Veremos adiante que as questões que neste estudo serão versadas principalmente a propósito de cláusula compromissória, têm também pertinência relativamente ao compromisso arbitral.

dica da cláusula de um contrato que determine que sejam dirimidos por árbitros os litígios que relativamente àquele possam futuramente suscitar-se, não dependem da (não são postas em causa pela) eventual invalidade, ineficácia ou inexistência jurídica do contrato em que tal cláusula se insira, de tal modo que não será por uma das suas partes ter arguido a existência de vícios ou a falta de eficácia jurídica daquele, que os árbitros deverão considerar-se impedidos de, com base na competência[3] que lhe é conferida pela cláusula arbitral, se pronunciarem sobre todos os litígios que se situem dentro do perímetro traçado pela cláusula arbitral (que, em regra, compreende todos os litígios respeitantes ao contrato principal).

É certo que podem existir vícios comuns ao contrato e à cláusula compromissória que determinem a invalidade ou a ineficácia de ambos. Será o caso, para citar apenas os exemplos mais frequentemente referidos na doutrina da especialidade, da falta de poderes de quem assinou o contrato para representar a pessoa, singular ou colectiva, que deveria tornar-se parte do mesmo. Se o pretenso representado não conferiu ao signatário poderes suficientes para celebração do contrato, essa falta de poderes atinge também a cláusula compromissória. Outro daqueles exemplos é o da ocorrência de alguns (não de todos) vícios da vontade que tornam necessariamente inválidas todas as cláusulas do contrato, incluindo a cláusula compromissória, como é o caso da coacção física ou moral exercida sobre quem assinou tal contrato[4].

Mas a expressão "autonomia de convenção de arbitragem" é, por vezes, usada com outro significado. Nessa outra acepção, que se encontra principalmente na doutrina e na jurisprudência francesas, tal expressão designa a alegada independência da convenção de arbitragem em relação todas as "leis ou direitos nacionais", o que remete para um problema inteiramente distinto do anteriormente mencionado – o da determinação das normas jurídicas com base nas quais deve ser apreciada a

---

[3] Ou " jurisdição" ou "poder jurisdicional"; adiante tentaremos introduzir alguma precisão no uso destes termos frequentemente usados em sinonímia.

[4] Pelo contrário, no caso de erro essencial sobre qualidades da coisa que é o objecto do contrato, a invalidade do contrato com fundamento nesse vício não atinge a cláusula compromissória que deve ser considerada como válida independentemente da sorte das outras cláusulas, a fim de que esta possa ser decidida mediante arbitragem, em conformidade com a vontade das partes. V., neste sentido, PIERRE MAYER, "Les Limites de la Séparabilité de la Clause Compromissoire", Revue de L'Arbitrage, 1998, n.º 2, pp. 360-361.

existência, validade e eficácia da convenção de arbitragem[5]. Neste estudo não cuidaremos, porém, deste segundo possível significado da autonomia da convenção de arbitragem, limitando a nossa atenção ao referido em primeiro lugar.

2. Vejamos o que sobre este tópico escreveu o Prof. Lima Pinheiro:
"Quando a convenção de arbitragem constitui cláusula de um contrato principal coloca-se a questão de saber se a validade e eficácia da cláusula depende da validade e eficácia do contrato em que se integra.

Esta questão tem muita importância prática uma vez que a competência do tribunal arbitral depende da validade da convenção de arbitragem. Se a validade da cláusula compromissória dependesse da validade do contrato, bastaria que uma das partes invocasse a invalidade do contrato para justificar a intervenção do tribunal estadual. Neste caso, o tribunal arbitral só seria competente se o tribunal estadual concluísse pela validade do contrato.

A fim de evitar este bloqueamento do processo arbitral os principais sistemas jurídicos consagram a regra da autonomia da convenção de arbitragem."[6]

Mas será realmente a cláusula compromissória "autónoma" em relação ao contrato em que está inserida? Colocando a questão de modo ligeiramente diferente, será o conceito de "autonomia" o mais adequado para designar a separação que importa estabelecer entre os vícios que possam afectar a existência jurídica, validade ou eficácia do contrato principal e a existência jurídica, validade ou eficácia da cláusula arbitral que dele faça parte?

Antecipando o que procuraremos demonstrar adiante, parece muito mais correcto falar de "separação" ou "separabilidade" da cláusula compromissória, acolhendo a terminologia mais frequentemente usada nas obras dos autores anglo-saxónicos, a grande maioria dos quais, sem deixarem completamente de se referir à expressão "autonomy of the arbitration clause"[7], preferem tratar esta problemática sob o epígrafe da "se-

---

[5] Sobre essa outra acepção da "autonomia da convenção de arbitragem", cfr. FOUCHARD, GAILLARD, GOLDMAN, *ob. cit.*, pp. 197 e 218 e segs.

[6] V. autor e obra citada, p. 119.

[7] CRAIG, PARK and PAULSSON, *International Chamber of Commerce Arbitration*, Oceana Publications, New York, 3.ª ed., 2000, pp. 48 a 52.

parability" ou "severability" da cláusula arbitral (ou da "doctrine of separability")[8].

Esta ideia de separação entre o contrato principal e a cláusula arbitral nele inserida é levada ao extremo por alguns autores, como, por exemplo, o Juiz Stephen Schwebel, num célebre artigo[9] em que defendeu que *"when the parties to an agreement containing an arbitration clause enter into that agreement, they conclude not one but two agreements, the arbitral twin of which survives any birth defect or acquired disability of the principal agreement"*. Isto, a despeito de ambos os contratos estarem vertidos no mesmo documento[10].

Com esta concepção assente na ideia de que a cláusula compromissória constitui um contrato separado, paralelo ao contrato principal, procuraram este e os demais autores[11] que aderiram tal concepção conferir uma justificação teórica à referida doutrina da separabilidade.

No entanto, como salientam ALAN REDFERN e MARTIN HUNTER, é manifesto que esta doutrina é, sob diversas formas, uma "conveniente e

---

[8] Assim, ALAN REDFERN and MARTIN HUNTER with NIGEL BLACKABY and CONSTANTINE PARTASIDES, *"Law and Pratice of International Commercial Arbitration"*, Thompson, Sweet & Maxwell, 4.ª ed., London, 2004, pp. 251-252.

[9] "The Severability of the Arbitration Agreement", *International Arbitration: Three Salient* Problems, Cambridge, 1987, pp. 1-60, em especial, p. 5.

[10] Com decorre do transcrição acima feita do seu estudo sobre este tema, para o Juiz Schwebel, a justificação teórica do princípio da separação da cláusula arbitral residiria na presumida intenção das partes que, dessa maneira, teriam querido atribuir a árbitros o julgamento de quaisquer litígios que entre elas viessem a suscitar-se e se relacionassem com o contrato, incluindo os respeitantes à sua validade. Mas a esta justificação pode retorquir-se, como observaram CRAIG, PARK and PAULSSON (in *ob. cit.*, pp. 49-50), que, em vez da presunção defendida por Schwebel, será mais plausível presumir que o que as partes quiseram foi criar um contrato válido, pelo que, se não for esse o caso, desaparece a base para se presumir seja o que for a respeito do que teria sido a vontade das partes, na hipótese de assim não ser. Assim, para estes autores, o excerto acima transcrito do Juiz Schwebel não é de facto uma boa justificação teórica para o princípio da separabilidade ou da autonomia da cláusula arbitral, mas simplesmente uma maneira de descrever o resultado que se quer atingir, o que equivale a dizer que a verdadeira justificação para o "princípio da autonomia" é de carácter prático e não teórico. Neste ponto, a visão destes autores coincide com a que hoje prevalece na doutrina da especialidade, como se refere adiante neste estudo.

[11] V. a indicação dos autores que aderiram este entendimento, no estudo de PIERRE MAYER, "L'autonomie de l'arbitre international dans l'appréciation de sa propre compétence", in *Recueil des Cours de l'Académie de Droit International*, The Hague, T. 217 (1989), p. 431, nota 157.

pragmática ficção". Com efeito, tal doutrina possibilita não só que a validade da cláusula arbitral não dependa da validade do contrato como um todo, mas também que a cláusula arbitral, sobrevivendo à cessação do contrato principal, constitua o necessário acordo das partes para que os diferendos entre elas sejam dirimidos por arbitragem, fornecendo, por essa via, a base legal para a constituição do tribunal arbitral. Mas, se o tribunal arbitral decidir que tal cláusula não é uma válida convenção de arbitragem, a base da autoridade ou competência daquele desaparece. Em boa verdade, se essa cláusula não constitui uma convenção de arbitragem válida e eficaz, aquela competência nunca existiu. Contudo, por causa das suas óbvias vantagens práticas, esta doutrina é generalizadamente aceite pelos regulamentos de arbitragem e pelas leis nacionais sobre esta matéria[12].

Não é, com efeito, necessário, ir ao extremo de afirmar ou postular a dualidade dos acordos, conforme o preconizado por SCHWEBEL e pelos autores que partilham o seu modo de justificar a "separabilidade" da cláusula arbitral relativamente ao contrato em que se inclua, para se defender que o conceito (ou princípio) da "separabilidade" ("separability" ou "severability") da cláusula arbitral relativamente ao contrato principal é muito mais adequado do que o de "autonomia" para exprimir a ideia resumida no excerto da obra do Prof. LIMA PINHEIRO acima transcrito.

É que nos propomos demonstrar a seguir.

3. O conceito de "autonomia", na maioria dos sentidos em que frequentemente usado, não se ajusta à relação que se estabelece entre a cláusula arbitral e o contrato em que se insere.

Num daqueles sentidos, a cláusula compromissória que seja inserida num contrato não pode qualificar-se como *autónoma* relativamente este, melhor lhe convindo a qualificação de *acessório*[13] do contrato que alguns

---

[12] V. A. REDFERN and M. HUNTER, *ob. cit.*, pp. 251.
[13] Refere a doutrina civilista que os "acessórios" a que se refere o artigo 582.º, n.º 1, do C.C., determinando que se transmitem com o crédito cedido, "devem ser entendidos em termos amplos, de forma a compreender várias situações jurídicas que, de uma forma ou de outra, se encontram em conexão com o direito de crédito" (LUÍS DE MENEZES LEITÃO, *Cessão de Créditos*, Almedina, Coimbra, 2005, pp. 325). Segundo ANTUNES VARELA, "os acessórios seguem, em princípio, o destino da coisa principal (*acessorium sequitur principale*), imprimem-lhe carácter, robustecendo muitas vezes a sua consistência jurídica, e tal modo que sem eles, o crédito não seria, em regra, o mesmo, perderia identidade" (*Das Obrigações em Geral*, Almedina, Coimbra, Vol. II, 7.ª ed., 1997, p. 323).

autores lhe dão, visto que se transmite com aquele em caso de cessão do mesmo contrato bem como em caso de cessão de todos ou de alguns (ou de sub-rogação nos) créditos dele emergentes.

A cláusula arbitral[14] pode, na verdade, ser considerada como um dos "acessórios" do crédito (v. artigo 582.°, n.° 1, do Código Civil) ou de toda a relação contratual cedida, uma vez que de tal cláusula se pode prevalecer (e por ela fica vinculado) o cessionário de crédito ou da posição contratual cedida[15]. Cedido o crédito, se surgir um litígio entre o cessionário e o cedido, que caiba no âmbito das matérias delimitadas na cláusula compromissória constante do contrato de que aquele crédito fazia parte, nenhuma dúvida haverá que esse litígio terá de ser dirimido por arbitragem e o mesmo se pode dizer em caso de cessão de posição contratual. Logo, pelo menos neste sentido, a cláusula compromissória não é autónoma, antes é um "acessório" do contrato em que ela se integra ou um "acessório" do(s) crédito(s) que desse contrato emerge(m).

Mas também noutra acepção do termo "autonomia" repugnará atribuir tal qualificativo à cláusula compromissória[16].

Diz-se, com efeito, que dois contratos ou acordos são "autónomos" quando, mesmo que constem de um único instrumento, são independentes entre si, o que implica que a respectiva duração possa sem inconveniente diferir, que a inexecução de um não influa sobre a eficácia do outro, que a nulidade de um não afecte a validade do outro e, sobretudo, quando cada um constitua um todo auto-suficiente.

Ora, não é possível ver na convenção de arbitragem um contrato "autónomo", neste sentido do termo. A cláusula compromissória seria inconcebível na ausência do resto do contrato, tal como o seria o compromisso arbitral na falta do litígio (tenha este ou não fonte contratual) a que diga respeito, visto que não se pode prever o recurso à arbitragem *in vacuo*. A arbitragem prevista pela cláusula compromissória tem por objecto os litígios (por vezes, certos litígios) a que podem dar origem as outras cláusulas do contrato de que aquela faz parte, o que equivale a dizer que o

---

[14] O que se diz no texto vale igualmente para o compromisso arbitral, como melhor explicará adiante.

[15] Cfr. ANTUNES VARELA, *ob. cit.*, p. 325, que qualifica expressamente o compromisso arbitral com um "acessório" de crédito cedido, sendo que nenhuma razão há para se pensar que este autor não aceitasse estender tal qualificação à cláusula compromissória. V. também, sobre a transmissão dos "acessórios" em caso de cessão da posição contratual o que consta da p. 405 da mesma obra deste autor.

[16] Como salientam, entre outros, os autores citados na nota 18 *infra*.

objeto da cláusula compromissória é constituído pelo resto do contrato[17]. Logo, também neste sentido, a cláusula compromissória não é "autónoma", mas antes acessória[18].

Em terceiro lugar, como salienta PIERRE MAYER[19], a cláusula compromissória não é "autónoma", porque ela constitui um elemento do regime contratual querido pelas partes, tendo por função fazer face a uma eventual inexecução ou dificuldade de interpretação da relação contratual que aquelas entre si estabelecem, entrando assim a fazer parte do contrato, a título que não difere do qualquer outra estipulação que o integra. Ela é uma cláusula, entre outras, de um contrato único, tendo no seio deste ainda menos "autonomia" do que a maioria das restantes cláusulas desse contrato.

Sob este aspecto, essa cláusula pode ser comparada à cláusula atributiva de jurisdição[20] e à cláusula de escolha da lei aplicável ao contrato (a *professio juris* prevista no artigo 41.°, n.° 1, do Código Civil), que também não têm "autonomia", pois só adquirem sentido enquanto elementos do regime contratual querido pelas partes, em caso algum podendo tais cláusulas existir por e para si próprias. Tal como não teria sentido uma cláusula de escolha de lei na ausência de um contrato a que tal lei fosse aplicável, mais sentido não faria uma cláusula compromissória a que faltasse a relação contratual principal cujo regime ela contribui para precisar (tal como as duas outras cláusulas "não autónomas" supra-referidas).

Pelas razões que se deixam expostas, não pode surpreender que, em estudo recente[21], PIERRE MAYER tenha afirmado que a "a autonomia da cláusula compromissória deve ser banida do debate".

---

[17] Do mesmo modo que o objecto do compromisso arbitral é o litígio (de fonte contratual ou não) a que aquele respeita.

[18] Cfr. PIERRE MAYER, "Les Limites de la Séparabilité de la Clause Compromissoire", Revue de L'Arbitrage, 1998, n.° 2, pp.360-361; SYLVAIN BOLLÉE, "La Clause Compromissoire et le Droit Commun des Conventions", Revue de l'Arbitrage, 2005, n.° 4, p. 925. Observa este último autor, citando o *Dictionnaire Larousse*, que "é acessório o que se acrescenta, o que acompanha uma coisa principal, à qual se subordina ou é inferior".

[19] No estudo citado na nota anterior.

[20] Do mesmo modo que o compromisso arbitral pode ser assimilado ao pacto atributivo de jurisdição (v. a 1.ª parte do n.° 1 do artigo 99.° do C.P.C.).

[21] "La «circulation» de conventions d'arbitrage", Journal de Droit International, 2005, n.° 2, p. 254.

4. Se o conceito de "autonomia" não é adequado para caracterizar a relação que se estabelece entre a cláusula arbitral e o contrato de que faz parte, o de "acessoriedade" também não se lhe ajusta perfeitamente.

A convenção de arbitragem não é "acessória" em relação ao contrato a que se diz respeito, no sentido em que a lei afirma a "acessoriedade" da obrigação do fiador em relação à obrigação do fiador principal (artigo 627.º do Código Civil), sendo sabido que uma das manifestações dessa acessoriedade é a que se traduz no facto de a fiança não ser válida, se não o for a obrigação principal (artigo 632.º, n.º 1, do Código Civil).

Ora, já acima salientámos que é princípio consagrado na esmagadora maioria das legislações nacionais e convenções internacionais sobre arbitragem voluntária, o de a invalidade do contrato principal não acarretar a nulidade da cláusula arbitral nele inserida (artigo 21.º, n.º 2, da Lei de Arbitragem Voluntária, adiante designada por "LAV"). Foi este princípio que acima designamos por "separabilidade" da cláusula compromissória relativamente ao contrato principal.

Para evitar confusões com as várias acepções em que o termo "acessoriedade" é usado nos vários direitos, nomeadamente no português, propomos apelidar de "instrumentalidade" as várias facetas da subordinação funcional da cláusula arbitral relativamente ao contrato de que faz parte (que foram evidenciadas no número anterior), termo esse que visa traduzir a ideia de que a cláusula compromissória *serve para* dar à relação contratual uma determinada configuração no plano dos seus eventuais desenvolvimentos contenciosos, isto é, na vertente do direito de acção que é inerente a todo o direito material (artigo 2.º, n.º 2, do C.P.C.).

"Separabilidade" e "instrumentalidade" são, pois, os conceitos a que preferimos recorrer para caracterizar o específico modo de relacionamento que se estabelece entre a cláusula arbitral e o contrato principal em que se integra e entre ela e os vários direitos (nomeadamente, direitos de crédito) que desse contrato emergem.

É esse específico modo de relacionamento que importa agora analisar com maior profundidade, seguindo de perto a construção proposta por PIERRE MAYER[22].

5. Vejamos o que se passa quando é transmitido – por cessão, por sub-rogação ou por qualquer outro meio – o crédito emergente de um contrato em que haja sido estipulada uma cláusula compromissória.

---

[22] No estudo citado na nota anterior.

Sustenta-se correntemente, quer na doutrina portuguesa quer na estrangeira, que a cláusula compromissória se transmite juntamente com o crédito transmitido, quando essa transmissão se opera por cessão de créditos ou por sub-rogação, porque a cláusula compromissória constitui um "acessório" do crédito que é cedido ou é objecto de sub-rogação (no âmbito do direito português, por força do disposto nos artigos 582.º, n.º 1, e 594.º do Código Civil)[23].

Mas, se bem se atentar, esta explicação não pode satisfazer. Se a cláusula compromissória se transmite ao cessionário do crédito por ser um "acessório" deste, isso pode justificar que ela seja oponível por aquele ao devedor cedido ou por este àquele. Mas fica por justificar o facto de a cláusula compromissória continuar a aproveitar a (e a vincular o) cedente, no que toca às relações daquele com o cedido que porventura sobrevivam à cessão. Se se transmite como um "acessório" de crédito cedido, como se compreende que continue a integrar a esfera jurídica do cedente, em tudo o que diga respeito às relações que ele ainda mantenha com o cedido? De igual modo se passam as coisas em caso de cessão de posição contratual: a cláusula compromissória transmite-se ao cessionário desta posição, mas continua a aproveitar ao (e a vincular o) cedente nas relações que ainda mantenha com o cedido, após a cessão.

A explicação que PIERRE MAYER[24] propõe para este fenómeno jurídico, parece-nos muito convincente.

Como acentua este autor, a cessão do crédito que as parte acordam entre si tem por objecto apenas este e não a cláusula compromissória[25]. Aconteceu, porém, que, com a inclusão de uma cláusula arbitral no contrato de onde emergiu o crédito, tal inclusão produziu um efeito sobre esse crédito: ela *configurou-o* ou, mais exactamente, configurou o direito de

---

[23] V., além de ANTUNES VARELA, citado na nota 14 *supra*, RAÚL VENTURA, "Convenção de Arbitragem", Revista da Ordem dos Advogados, 1986, II, pp. 396-398; L. LIMA PINHEIRO, ob. cit., p.121.
No mesmo sentido, na doutrina estrangeira, v. VICENT CHULIÀ, *Introduction al Derecho Mercantil*, Tirant Lo Blanch, Valencia, 2004, p.189; FOUCHARD, GAILLARD, GOLDMAN, *ob. cit.*, pp. 420-422 e 424-430 e segs.; J. F. POUDRET et S. BESSON, *Droit Comparé de l'Arbitrage International*, Bruylant, L.G.D.J., Shulltess, Bruxelles, Paris, Zurich, 2002, pp. 258-267; LAURENT AYNÉS, Anotation de Jurisprudence, Revue de L'Arbitrage, 2004, n.º 3, pp. 626-630, entre muitos outros autores que poderia citar-se a este respeito.
[24] No estudo citado na nota 21 *supra*.
[25] Como RAÚL VENTURA já fizera notar (v. *ob. cit.*, p. 397).

acção que é inerente ao crédito (como, de resto, a qualquer outro direito subjectivo material – *cfr.* o artigo 2.º, n.º 1, do C.P.C.).

Na verdade, toda a relação jurídica comporta uma dimensão substantiva e uma dimensão processual, que normalmente não são separáveis, sendo concebidas como um todo pelas partes. É a dimensão processual do direito ou da relação em que este se integra que é *configurada* pela cláusula arbitral, de modo que o direito de acção passe a só poder exercido por via de arbitragem.

Daí resulta que cessionário e cedido ficam obrigados a submeter a arbitragem os litígios atinentes aos direitos materiais transmitidos, não porque ambos tenham sido partes na anterior convenção de arbitragem (considerada como um acto jurídico bilateral), mas porque são partes na relação jurídica *configurada* por tal convenção, relação jurídica essa que constitui o objecto da cessão[26].

Esta construção explica igualmente que, no caso de cessão da posição contratual, a cláusula compromissória aproveite ao (e vincule o) cessionário nas suas relações com o cedido, ao mesmo tempo que continua a aproveitar ao cedente nas relações que porventura continue a manter com o cedido, após a cessão do contrato. Também aqui a chave da explicação do fenómeno está na inserção de uma cláusula compromissória no contrato, tendo como efeito *configurar* a dimensão processual dos direitos que integram aquele, isto é, configurar o direito de acção que é inerente a esses direitos, passando tal direito de acção a ter de ser exercido por via de arbitragem, em vez de o ser perante os tribunais estaduais, como aconteceria se tal cláusula arbitral não tivesse sido estipulada. O objecto dessa cláusula é, como acentuou Pierre Mayer no estudo anteriormente citado (v. n.º 3 *supra*), o de precisar o regime processual dos direitos substantivos emergentes do contrato.

Por conseguinte, quer no caso de cessão de crédito (e de sub-rogação) quer no caso de cessão de posição contratual, a cláusula compromissória aproveita e é oponível aos novos titulares da relação cedida, ao mesmo tempo que continua a aproveitar e a vincular as partes originais de tal relação, na medida em que os direitos substantivos que tal cláusula configurara na sua dimensão processual não tenham deixado de existir entre essas partes.

---

[26] Explicação idêntica põe ser dada ao caso de transmissão do crédito por sub-rogação.

6. Esta construção permite também explicar de um modo plenamente satisfatório que, no caso de ter sido celebrado um compromisso arbitral a respeito de um determinado litígio, se uma das posições na relação jurídica litigiosa contemplada nesse compromisso for cedida a outra pessoa, o mesmo passe a aproveitar e a ser oponível aos actuais titulares da relação jurídica litigiosa, não obstante um deles não ter sido parte no dito compromisso.

Seria incorrecto conceber tal factualidade com uma cessão de posição contratual (de natureza processual[27]) no compromisso arbitral, um vez que nenhum acordo terá normalmente existido entre o cedente e o cessionário da referida relação litigiosa, tendo por objecto a cessão da posição no compromisso arbitral, cessão essa que, de resto, para ser eficaz, requereria o consentimento da parte cedida (artigo 424.°, n.° 1, do Código Civil). Normalmente, o acordo das partes terá tido por objecto apenas a cessão da relação litigiosa, mas uma vez que os direitos litigiosos integrantes de tal relação haviam sido *configurados* (na sua dimensão processual) pelo compromisso arbitral celebrado entre as partes iniciais da mesma, foi assim que eles foram transmitidos.

Com efeito, também neste caso se pode afirmar, com todo o rigor, que a celebração do compromisso arbitral *configurou* o direito de acção que constitui um acessório dos direitos substantivos integrantes da relação litigiosa supramencionada, de tal modo que esse direito de acção passou a só poder ser exercido mediante o recurso à arbitragem[28].

7. Contra a construção proposta por PIERRE MAYER, não valerá invocar o alegado *intuitus personae* da convenção de arbitragem, que impediria que a mesma pudesse ser oposta àquela parte que não deu o seu expresso consentimento à mudança de titular do outro pólo da relação a que a convenção respeita.

Importa começar por observar que o problema, a existir, só se poderá pôr em relação à parte que for cedida na relação material objecto da cessão. O cessionário, como é evidente, nenhuma objecção poderá mover ao

---

[27] Pois a convenção de arbitragem é um negócio jurídico processual; é esse o entendimento largamente maioritário da doutrina. V., nesse sentido, entre muitos outros, JOSÉ LEBRE DE FREITAS, "Algumas implicações da natureza da convenção de arbitragem", *Estudos em Homenagem à Professora Doutora Isabel Magalhães Colaço*, II Vol., Almedina, 2002, pp. 625-641, em especial, pp. 627-628; PIERRE MAYER, *ob.cit.*, p.254
[28] Cfr. PIERRE MAYER, *ob. cit.*, p. 255.

facto de o direito por ele adquirido, *configurado* como veio (na sua dimensão processual) pela cláusula arbitral inserida no contrato de onde aquele emergiu, o obrigar a fazer dirimir por arbitragem os litígios que no âmbito das matérias definidas pela dita cláusula se suscitam entre ele e o cedido, pois que, quanto a ele, poderá sempre responder-se como fez o Supremo Tribunal da Suécia, no Acórdão *Emja,* de 1997: *"Se o adquirente não concorda com a cláusula de arbitragem, ele pode sempre recusar adquirir os direitos do cedente"*[29].

Quanto ao cedido, à eventual objecção provinda deste, de que não dera o seu consentimento à transmissão da posição na convenção de arbitragem para o cessionário e de que fora devido à sua particular relação pessoal com o cedente (*intuitus personae*) que ele aceitara o recurso à arbitragem como meio de resolução de litígios eventualmente decorrentes do contrato celebrado, caberá responder que este pretenso *intuitus personae* não tem qualquer suporte na normal realidade de tráfico jurídico.

Como nota Pierre Mayer, uma instância arbitral não é uma situação que requeira um maior confiança mútua do que a situação jurídica substantiva que ela acompanha, constituída por obrigações de fazer, de entregar ou de construir, etc. Além disso, o entendimento ora em apreciação implicaria um agravamento desrazoável da posição do cessionário do direito substantivo, pois que assim ele, apesar de ter aceite tal cessão com todas as suas implicações, nunca saberia de antemão se a configuração da dimensão processual desse direito pela cláusula arbitral seria ou não aplicável, pelo facto de o cedido poder vir alegar que, quando celebrara o contrato de onde emergiu o direito cedido, tivera exclusivamente em mente a hipótese de, caso tivesse de se recorrer à arbitragem, esta vir a desenrolar--se entre ele (cedido) e o cedente.

Não parece razoável subscrever um tal entendimento, agravando assim, sem justificação válida, a posição do cessionário. A posição que melhor corresponde a uma justa ponderação dos interesses em presença é, pelo contrário, a de impor à parte de um contrato em que se preveja o recurso à arbitragem para a resolução de futuros litígios dele emergentes, que nele faça consignar que a aceitação do recurso à arbitragem só valerá para as relações entre as partes originárias do contrato, caso ela entenda que é em atenção à sua particular relação pessoal com a contraparte originária que aceita tal modo de resolução de litígios, deixando aberto o

---

[29] Citado em Pierre Mayer, *ob. cit.*, pág. 236.

recurso aos tribunais estaduais para os litígios que suscitem com quaisquer transmissários dos direitos emergentes desse contrato. Admitindo-se, como deve admitir-se, a possibilidade de uma tal estipulação, temos de convir que a sua verificação será muito improvável[30].

8. Face a entendimento proposto por PIERRE MAYER, a que aderimos, evidente se torna que, se não houver transmissão de um direito ou conjunto de direitos subjectivos materiais (de fonte contratual ou outra), mas sim novação de uma relação jurídica, o direito de acção configurado mediante a inserção da cláusula compromissória no contrato de onde emergiram esse ou esses direitos também não se transfere.

Essa novação pode ser subjectiva ou objectiva, isto é, envolver a constituição entre novos sujeitos de uma relação obrigacional idêntica à primeira, extinguindo-se do mesmo passo a primeira obrigação, ou envolver a extinção de uma obrigação e criação de uma nova relação obrigacional entre os mesmos sujeitos. Em ambos os casos, extinguem-se os direitos que anteriormente haviam sido "configurados" através da inserção de uma cláusula arbitral no respectivo contrato, surgindo no lugar deles novos direitos, já sem tal configuração.

Nenhum fundamento haverá, portanto, para que eventualmente se pretenda opor então a anterior cláusula arbitral aos sujeitos da relação obrigacional criada *ex novo*[31].

B) **A competência da competência do tribunal arbitral**

9. Estreitamente relacionado com o princípio ou doutrina da "autonomia" (que pelas razões atrás expostas, preferimos designar por "separabilidade") da cláusula arbitral, encontra-se o princípio da "competência da competência do tribunal arbitral" (também designado por "*kompetenz-kompetenz*"[32] ou "*competence-competence*" ou "*compétence-compétence*").

---

[30] PIERRE MAYER, *ob. cit.*, pp. 256-257.
[31] Cfr. PIERRE MAYER, *ob. cit.*, p. 257; SYLVAIN BOLLÉE, *ob. cit.*, p. 923.
[32] FOUCHARD, GAILLARD, GOLDMAN (*ob. cit.*, pp. 396-397) chamam a atenção para a inadequação da expressão *kompetenz-kompetenz*, não obstante o seu uso muito difundido, para designar a competência da competência do tribunal arbitral, no sentido que ela assume na generalidade das leis nacionais e convenções internacionais sobre arbitragem comercial. Isto, porque tal expressão, na doutrina alemã, tem o significado de atribuir aos árbitros o

9.1. A doutrina costuma distinguir na análise deste princípio um *efeito positivo* e um *efeito negativo*. O *efeito positivo* do princípio da competência da competência do tribunal arbitral consiste em habilitar este a decidir sobre a sua própria competência; neste sentido, o princípio é acolhido pela generalidade das leis nacionais e convenções internacionais sobre arbitragem comercial. O *efeito negativo* do sobredito princípio traduz-se em permitir aos árbitros serem, não os únicos juízes (o que não é aceite em lado nenhum), mas os primeiros juízes da sua competência; por outras palavras, de acordo com este efeito do princípio em análise, o tribunal estadual só pode apreciar a competência do tribunal arbitral depois de este se ter sobre ela pronunciado, podendo fazê-lo por via de impugnação da decisão interlocutória sobre a competência ou da decisão sobre o fundo da causa ou em sede de oposição à execução desta sentença. Este último efeito do princípio da competência da competência do tribunal arbitral, tanto quanto sabemos, só foi consagrado no direito francês, na Convenção de Europeia sobre Arbitragem Comercial Internacional, assinada em Genebra, em 26 de Abril de 1961 (de que Portugal não é parte), e no direito português (LAV, artigos 21.°, n.° 4, e 27.°, n.° 3)[33].

9.2. Embora os princípios da "autonomia" da cláusula arbitral e da "competência da competência do tribunal arbitral estejam estreitamente interrelacionados, eles devem ser rigorosamente distinguidos, pois não é idêntico o seu conteúdo.

Enquanto o princípio da autonomia ou separabilidade da cláusula arbitral é um princípio de direito substantivo, o princípio da competência da competência do tribunal arbitral tem essencialmente uma dimensão processual[34].

Como observam POUDRET et BESSON (citando PIETER SANDERS)[35], se as sortes do contrato e da cláusula arbitral não fossem distintas, o árbitro,

---

poder de proferirem uma decisão final sobre a sua competência, sem haver lugar à subsequente revisão da mesma por um qualquer tribunal estadual. Ora, entendido deste modo, tal princípio é rejeitado na Alemanha, tal como em qualquer outro país, sendo raríssimos os autores que defenderam a adopção dessa solução *de jure constituendo*. Daí que FOUCHARD, GAILLARD, GOLDMAN – seguidos, neste ponto, por JEAN-FRANÇOIS POUDRET et SÉBASTIEN BESSON, *ob. cit.*, p.407 – recomendem o abandono de tal expressão, propondo que, em vez dela, se use a expressão inglesa *competence-competence*".

[33] Cfr. FOUCHARD, GAILLARD, GOLDMAN, *ob. cit.*, p. 401; POUDRET et BESSON, *ob. cit.*, pp. 406-415; e L. LIMA PINHEIRO, *ob. cit.*, pp. 134-135.

[34] CRAIG, PARK, PAULSSON, *ob. cit.*, pp. 48-49.

[35] POUDRET et BESSON, *ob. cit.*, pp. 135-136.

ao admitir a nulidade do contrato principal deveria, do mesmo passo, negar a sua própria competência, de tal modo que não poderia decidir sobre o fundo da causa e declarar a nulidade assim constatada. Chegar-se--ia assim a um impasse que só poderia ser resolvido mediante a instauração um novo processo perante o juiz estadual. Por outras palavras, a autonomia (ou separabilidade) significa que, se o árbitro constatar que o contrato principal é inválido, ele não perde por esse facto a sua competência. A competência da competência do árbitro pode ser considerada como o instrumento processual do princípio de autonomia (ou separabilidade) da cláusula arbitral, que o habilita a decidir, ele próprio, sobre a nulidade do contracto principal.

Para CRAIG, PARK, PAULSSON[36], a doutrina da separabilidade permite aos árbitros invalidar o contrato principal (por exemplo, por ser ilegal ou por ter havido fraude na sua celebração), sem o risco de que a sua decisão ponha em questão a validade da cláusula arbitral da qual deriva a sua competência. Por outras palavras, a doutrina da separabilidade dá aos árbitros o instrumento com o qual exercerão a sua função, examinando a totalidade do acordo das partes. Além disso, a separabilidade requer que os tribunais estaduais, quando tiverem de decidir sobre se a arbitragem deve ou não prosseguir, examinem apenas a validade da convenção de arbitragem. A separabilidade, contudo, nada diz sobre a validade da própria cláusula arbitral ou por quem ela deve ser determinada. O facto de uma cláusula arbitral *poder* ser válida, não obstante os vícios existentes noutras estipulações do contrato, não significa que ela seja necessariamente válida nem que uma decisão errada dos árbitros sobre a validade da cláusula arbitral escape ao escrutínio judicial.

Por seu turno, o princípio da *"competence-competence"* permite aos árbitros examinar a causa da arguida invalidade ou ineficácia não só do contrato principal mas da própria cláusula arbitral (embora se sujeitem porventura a uma subsequente impugnação judicial). No entanto, só por força do princípio *"competence-competence"*, sem a "doutrina-irmã" da separabilidade, os árbitros não poderiam declarar o contrato principal inválido por ilegalidade, sem com isso fazerem ruir a sua jurisdição para o fazer[37].

---

[36] V. *ob. cit.*, p. 515-516.
[37] Noutro passo da sua citada obra, (*ob. cit.*, p. 49), CRAIG, PARK, PAULSSON anotam que, "num sistema jurídico que não aceitasse o princípio da "competence-competence", mas aceitasse o princípio da autonomia da cláusula arbitral, a arguição da nulidade de todo

Salientam os mesmos autores[38] que "separabilidade" e *"competence--competence"* apenas se intersectam no sentido de que os árbitros que decidem sobre a sua jurisdição olham só para a cláusula arbitral e não para a totalidade do contrato.

Também FOUCHARD, GAILLARD, GOLDMAN[39] chamam a atenção para o facto de os princípios da autonomia da cláusula arbitral e da *"competence-competence"*, apesar de estarem estreitamente ligados e de terem um objectivo comum, só parcialmente se sobreporem.

Em alguns aspectos, o alcance do princípio da autonomia estende-se para além do da regra da "competence-competence". Esta permite aos árbitros examinarem a sua própria jurisdição. Se acharem que o contrato principal é ineficaz, só com o princípio da "competence-competence" não teriam outra opção senão declinar a jurisdição. Contudo, o princípio da autonomia habilita os árbitros a declararem o contrato principal ineficaz, sem concluírem necessariamente que a cláusula arbitral é igualmente ineficaz e, consequentemente, declinarem a jurisdição. Dito de outro modo, a decisão dos árbitros de reterem a jurisdição e declararem depois inválido ou ineficaz o contrato litigioso deve ser fundada no princípio da autonomia e não apenas na regra da *"competence-competence"*.

Noutros aspectos, salientam os mesmos autores[40], a regra da "competence-competence" vai muito mais longe que o princípio da autonomia. O princípio da autonomia não pode servir para basear a jurisdição dos árbitros perante um ataque directamente dirigido à (validade ou eficácia da) cláusula arbitral e não ao contrato principal. Numa tal situação é que se tornam claras as vantagens da regra da "competence-competence".

Como referem CRAIG, PARK, PAULSSON, a organização interna de algumas leis de arbitragem põe a "separabilidade" e "competence-competence" no mesmo artigo, enquanto que outras leis estão organizadas de forma a separar as duas doutrinas. É este o caso da nossa LAV que, no

---

o contrato não poderia ser apreciado em arbitragem, porque, sendo todo o contrato nulo, aquela questão teria de ser decidida pelo juiz, mas este último enviaria o assunto para a arbitragem, caso se mostrasse que a cláusula arbitral autónoma não fora, ela própria, afectada pela invalidade do contrato. Pela mesma ordem de ideias, os árbitros que aplicassem o usual princípio da *"competence-competence"* teriam de se declarar eles próprios sem jurisdição, se achassem que o contrato principal era nulo e se a lei aplicável, ao contrário do que usualmente acontece, não reconhecesse o princípio da autonomia.

[38] V. *ob. cit.*, p. 516.
[39] V. *ob. cit.*, p. 214-215.
[40] V. *ob. cit.*, p. 214.

n.º 1 do seu artigo 21.º, estabelece o princípio da competência da competência do tribunal arbitral, enquanto a separabilidade da cláusula arbitral vem consagrada no n.º 2 do mesmo artigo.

10. Explicada como ficou a estreita ligação entre o princípio de separabilidade da cláusula arbitral e o da competência da competência do tribunal arbitral, procuraremos agora examinar, mais de perto, o significado e alcance do segundo destes princípios, após o que tentaremos identificar o seu fundamento.

Todos os tribunais[41] têm competência para apreciar a sua competência[42] para decidirem sobre o fundo das causas que lhe hajam sido submetidas.

Os tribunais arbitrais também têm competência para decidirem sobre a sua própria competência, mas a sua "competência da competência" não pode ter o mesmo fundamento que aquela que assiste aos tribunais estaduais, assim como a decisão que sobre essa questão prévia o tribunal arbi-

---

[41] Tal como, em geral, todos os órgãos de soberania. Sobre as origens de expressão "competência da competência" e sobre o seu entendimento deste conceito, no início da sua adopção, como elemento definidor do conceito de soberania, v. MIGUEL GALVÃO TELES – "Legitimidade e Legitimação da Justiça Constitucional" – *Actas do Colóquio no 10.º Aniversário do Tribunal Constitucional – Lisboa, 28 e 29 de Maio de 1993*, Coimbra Editora, 1995, pp. 105-107.

[42] Ou melhor, "jurisdição", se se seguir o ensinamento da doutrina do processo civil. Segundo o Professor ANTUNES VARELA (*Manual de Processo Civil*, 2.ª ed., Coimbra, 1985, p. 196), "na linguagem técnico-jurídica, distingue-se para determinados efeitos, entre a *competência* e a *jurisdição*. Em bom rigor, a *jurisdição* designa o poder (de julgar) genericamente atribuído, dentro da organização do Estado, ao conjunto dos tribunais, (artigo 202.º da Constituição da República)", ou seja, "o poder (de julgar) globalmente reconhecido aos tribunais em confronto com os demais órgãos do Estado". Para este autor, "a *competência* refere, por seu turno, o poder resultante do fraccionamento do poder jurisdicional entre os diferentes tribunais". Distinção conceptual substancialmente idêntica foi adoptada pelo Professor JOÃO DE CASTRO MENDES, para quem "a *jurisdição* é a função do Estado, desempenhada pelos tribunais – ou o correspondente poder destes – de compor os litígios, impondo a aceitação da hierarquização dos respectivos interesses e vencendo para isso toda a resistência", enquanto que a "*competência* é a medida da jurisdição atribuída a cada tribunal" – *Direito Processual Civil*, Lições 1986-1987, AAFDL, vol. I, pp. 116-123 e 344-348.

No presente texto, seguindo a orientação generalizadamente adoptada na literatura sobre a arbitragem comercial internacional, usaremos os termos *jurisdição* e *competência* em sinonímia. Cfr., entre muitos outros autores, FOUCHARD, GAILLARD, GOLDMAN – *ob. cit.*, pp. 394-397, e REDFERN and HUNTER, *ob. cit.*, pp. 248-255.

tral profira não tem o mesmo significado, autoridade e força vinculativa que têm as decisões emitidas pelos tribunais estaduais sobre a sua própria competência.

10.1. Como realçou PIERRE MAYER, no curso que proferiu, em 1989, na Academia de Direito Internacional[43], nas arbitragens de direito privado, internas ou internacionais[44], nem o poder de julgar do árbitro (competência para decidir sobre o fundo da causa) nem poder de ele decidir se tem ou não competência para tanto (competência da competência) podem ser consideradas como um aspecto da soberania, ao contrário do que acontece com os correspondentes poderes dos tribunais estaduais que (estes sim, não aquele) são órgãos de soberania.

O fenómeno da arbitragem revela, aliás, que o poder de julgar (poder jurisdicional) não é necessariamente um aspecto de soberania. O que é reservado ao Estado (*rectius*, aos seus tribunais) é o poder de proferir julgamentos que tenham, de modo incontrolado (por outras entidades), força executória. Se se entender que o "poder jurisdicional" consiste, pura e simplesmente, no facto de se estar habilitado a pronunciar uma decisão que põe termo a um litígio, pode-se afirmar que o árbitro tem tal poder.

Mas a decisões proferidas pelo árbitro só adquirem carácter obrigatório (autoridade de caso julgado e exequibilidade), na medida em que isso lhes seja reconhecido pela(s) ordem(s) jurídica(s) do Estado(s) que tenha(m) uma ligação significativa com a arbitragem em que tais decisões hajam sido proferidas.

Com efeito, mesmo os autores que defendem, relativamente às arbitragens internacionais, a tese da (relativa) "autonomia" (perante as directrizes dos ordenamentos jurídicos estaduais) do poder de julgar dos árbitros, aceitam que "a competência jurisdicional destes assenta principalmente no reconhecimento estadual: depende das ordens jurídicas estaduais a relevância da convenção de arbitragem perante os tribunais estaduais (designadamente como excepção processual); a efectivação de decisões processuais por meios coercivos, o efeito do caso julgado da decisão arbitral perante os tribunais estaduais e a execução forçada de decisão judicial"[45].

---

[43] V. a obra citada na nota 11 *supra*.

[44] Sobre o modo como esta questão se poderá equacionar nas arbitragens de direito internacional público, v. o estudo de MIGUEL GALVÃO TELES, citado na nota 41, pp. 104-110.

[45] Cfr., L. LIMA PINHEIRO, *ob. cit.*, p. 465.

É porque estão sujeitos ao controlo (que, mesmo que não seja efectivamente exercido, se mantém como possibilidade e como tal desempenha um papel eficaz) dos tribunais do Estado no âmbito de cuja ordem jurídica foram proferidas (no caso das arbitragens domésticas) ou dos Estados com os quais a arbitragem a que respeitam tenha uma ligação significativa (nas arbitragens internacionais)[46], que as decisões dos árbitros têm carácter obrigatório e susceptibilidade de execução por meios coercivos, que lhes são generalizadamente reconhecidos pelos ordenamentos jurídicos da grande maioria dos Estados (nomeadamente dos mais de 130 Estados que ratificaram ou aderiram à Convenção de Nova Iorque de 1958, sobre o Reconhecimento e a Execução de Sentenças Arbitrais Estrangeiras).

10.2. Por outro lado, é inegável que a competência da competência dos árbitros tem um significado e obedece a pressupostos diferentes da dos tribunais estaduais.

Como sublinhou PIERRE MAYER[47], ao contrário dos juízes dos tribunais estaduais que gozam de uma investidura "subjectiva" e permanente (poder de decidir sobre a sua competência em relação a qualquer litígio que lhe seja submetido), a competência da competência do árbitro depende de três condições: *(i)* em primeiro lugar, é preciso que uma convenção celebrada entre as partes tenha validamente previsto a arbitragem para esse preciso litígio ou para uma categoria de litígios à qual ele pertence; *(ii)* é necessário, depois, que uma das partes (ou ambas conjuntamente) requeira ao árbitro a instauração de um processo arbitral, segundo as formas e nos prazos previstos pela lei e pela convenção; *(iii)* e é preciso, por último, que a designação do árbitro (ou a constituição do tribunal) tenha sido feita regularmente.

Daí que, antes de um árbitro ter sido designado e de, mais ou menos ao mesmo tempo, ter sido perante ele deduzido um pedido, só se possa falar de competência[48] do árbitro para exprimir o facto de um litígio *entrar*

---

[46] Estados esses que são não só aquele em que se situe a "sede" de arbitragem mas também aquele(s) em que se virá a requerer o reconhecimento e/ou execução da sentença arbitral.

[47] V. o estudo referido na nota 11 *supra*, pp. 329-331, citando MOTULSKY.

[48] Como recorda PIERRE MAYER, poderá usar-se a noção da "competência" a propósito dos árbitros, se se atender a que a "ideia-chave" que essa noção encerra é a de repartição: a função das regras de competência é a de repartir poderes entre várias pessoas, pelo que perguntar se um árbitro é competente equivale a perguntar se é à justiça arbitral *ou* à justiça estadual que um determinado litígio deve ser submetido.

na categoria daqueles que as partes validamente convencionaram que seriam submetidos à arbitragem; ou seja, para traduzir a *virtualidade* de que um tal árbitro conheça de um pedido cuja declaração se encare, mas que ainda não se formalizou.

Feitas estas clarificações preliminares, aderimos à tese sustentada por Pierre Mayer, de que a "competência da competência do árbitro" não é afinal mais do que o poder – que lhe é reconhecido pela generalidade das legislações nacionais ou convenções internacionais sobre a arbitragem comercial (ou arbitragem voluntária) – de declarar infundada a contestação que haja sido deduzida à sua competência, para daí tirar a consequência de que pode e deve proferir uma sentença sobre o fundo da causa[49].

Por outras palavras, a chamada "competência da competência de árbitro" traduz simplesmente a ausência da obrigação para o árbitro suspender (ou o poder de não suspender)[50] a decisão sobre o fundo da causa, quando uma das partes alegue que ele não é competente, ficando assim a verificação dessa competência remetida para uma eventual instância perante a jurisdição estadual. Trata-se aqui, note-se, não de um poder conferido ao árbitro pelas partes, mas de uma permissão legal de não suspensão da instância arbitral.

10.3. Esta permissão consignada nas legislações nacionais ou convenções internacionais sobre a arbitragem comercial baseia-se, como PIERRE MAYER bem realçou, principalmente em razões de carácter pragmático, dispensando o recurso a justificações de natureza teórica ou concepções impregnadas de ideologia (como as que, visando acentuar a autonomia da posição do árbitro internacional, maximizando a importância do seu papel em relação ao juiz estadual, faz daquele o juiz *normal* da sua competência)[51].

Tais razões de carácter pragmático radicam, em primeiro lugar, no propósito de impedir ou desencorajar actuações dilatórias das partes que tivessem interesse em suster o desenrolar do processo arbitral, o que, sendo por demais evidente, dispensa mais explicações.

---

[49] V. *ob.cit.*, pp. 342-345 e 405-406.
[50] Até que o tribunal estadual confirmasse ou infirmasse a suposta competência do árbitro.
[51] V. *ob. cit.*, pp. 346-351.

Em segundo lugar, o preceituar-se que o tribunal estadual só poderá verificar a competência do árbitro depois de este se ter pronunciado sobre esta questão[52], tem por efeito que a intervenção do juiz estadual, chamado a controlar essa decisão do árbitro, possa mesmo ser dispensada (se esta decisão, fundamentada de forma convincente, for acatada pelas partes, como acontece com grande número de decisões arbitrais) e que, caso tal controlo venha a ter lugar, uma vez que é efectuado com referência a uma decisão anteriormente tomada, o seu exercício seja mais simples e eficaz. O princípio do duplo grau de jurisdição assenta, aliás, nesta ideia.

Na verdade, o exame sucessivo é uma garantia de boa administração da justiça, pois que o juiz poderá inspirar-se na motivação adoptada pelo árbitro ou, pelo contrário, encontrar nela a falha que justifique a anulação. Por outro lado, a prévia discussão da questão da competência do árbitro perante este, fará com que o juiz, quando for chamado a controlar a decisão do árbitro, beneficie das particularidades do processo arbitral, nomeadamente de uma instrução mais completa e da troca de peças escritas com argumentação mais desenvolvida do que possivelmente aconteceria, se a questão fosse logo submetida ao tribunal estadual.

11. Conceber a "competência da competência do árbitro" do modo como ficou sugerido no número anterior, permite, a nosso ver, fazê-la escapar à crítica de ser um conceito "autoreferente", reparo que é habitualmente feita à competência da competência dos tribunais estaduais[53].

---

[52] De acordo com o chamado *efeito negativo* do princípio da competência da competência do tribunal arbitral que, como se referiu atrás (v. 9.1. *supra*), foi acolhido pelo Convenção de Europeia sobre Arbitragem Comercial Internacional de 1961, pelo direito francês e pelo direito português, mas não pela generalidade dos outros ordenamento jurídicos.

[53] Sobre esta crítica, v. MIGUEL GALVÃO TELES, *ob. cit.*, pp. 120-123. Como observa este autor, as proposições autoreferentes conduzem a uma *regressio ad infinitum*. Assim, "a norma segundo a qual o tribunal A tem competência para julgar se é competente para julgar os casos que lhe sejam submetidos significará, na totalidade da sua extensão, relativamente, por exemplo a um caso X, que o tribunal A é competente para julgar se é competente para julgar o caso X; que o tribunal é competente para julgar se é competente para julgar se é competente para julgar o caso X; e assim sucessivamente" (*ob. cit.*, p. 121).

É que o princípio de competência da competência do árbitro, entendido como ficou explicado, não implica que se aceite, também aqui, que o "fundamentado decida sobre o próprio fundamento", como acontece em relação à competência da competência dos tribunais estaduais[54].

A decisão de um tribunal estadual (ou do conjunto da hierarquia de tribunais estaduais a que pertence o tribunal em questão) sobre a sua própria competência é definitiva, não estando sujeito ao controlo ou verificação da outra entidade. Por isso se diz que ela implica ou um círculo vicioso ou uma auto-afirmação[55].

Ao invés, a competência da competência do árbitro traduz-se apenas no poder, que as leis nacionais ou as convenções internacionais aplicáveis lhe conferem, de proferir uma decisão sobre o fundo da causa, apesar de ter havido uma denegação da sua competência (por uma das partes) que o árbitro considere infundada, ou seja, o *poder* (atribuído por lei) *de não suspender*, em tais circunstâncias, a prolação da decisão sobre o fundo da causa, não esperando que o tribunal estadual viesse a confirmar ou denegar a sua competência para o fazer.

Continuando a acompanhar a tese de PIERRE MAYER, a que, na parte que aqui interessa, aderimos, entendemos que o árbitro, ao declarar-se competente não está, em bom rigor, a arrogar-se essa competência – o que o faria incorrer, sob o ponto de vista lógico, no reparo acima referido. O árbitro, ao declarar-se competente para julgar sobre esta questão prévia, apenas profere uma decisão preliminar provisória (tendo, nesse momento, apenas eficácia intraprocessual) que fica sujeita, tal como a sua decisão sobre o fundo da causa, ao controlo e verificação dos tribunais estaduais competentes do ordenamento(s) jurídico(s) com o(s) qual(is) a arbitragem tem uma ligação significativa. E é esse controlo (ou a mera possibilidade da sua efectivação, que é compatível com a hipótese de as partes acatarem as decisões do árbitro, prescindindo de fazer actuar o controlo dos tribunais estaduais) que vem a legitimar, lógica e juridicamente, a "decisão" (melhor se diria, a *opinião*) que o árbitro emitiu sobre a sua competência, a fim de que o processo arbitral pudesse prosseguir e ele pudese julgar sobre o fundo da causa.

12. Para terminar estas breves reflexões sobre a competência da competência do árbitro, seja-nos permitido ainda observar que o reco-

---

[54] V. MIGUEL GALVÃO TELES, *ob. cit.*, p.122.
[55] V. MIGUEL GALVÃO TELES, *ob. cit.*, p. 122.

nhecimento da competência dos tribunais estaduais para decidirem sobre a sua própria competência também costuma ser fundamentado em considerações de natureza essencialmente pragmática, revelando indiferença pela crítica que lhes possa ser movida no plano puramente lógico-jurídico.

Com efeito, os especialistas de processo civil fundamentam a competência da competência do tribunal estadual naquilo que uns designam por *princípio de auto-suficiência do processo*[56] e outros por *princípio de tutela provisória de aparência*[57] e que se traduz na seguinte proposição: "em matéria processual, a aparência vale como realidade para o efeito de se determinar se essa aparência corresponde ou não a qualquer realidade. É este princípio que justifica que, por exemplo, o tribunal incompetente tenha competência para apreciar a sua própria competência ou que a parte ilegítima tenha legitimidade para alegar a sua ilegitimidade, pois que a aparência de competência do tribunal ou de legitimidade da parte é suficiente para permitir a discussão e a apreciação dessa competência ou legitimidade. Assim, as questões suscitadas no processo pendente são resolvidas nesse próprio processo: o processo é quanto a elas, auto-suficiente"[58].

Como se vê, é uma preocupação de economia processual (o resultado processual deve ser obtido com a maior economia de meios) que justifica a competência da competência do tribunal estadual, prevalecendo sobre a crítica que, no plano puramente lógico, lhe pode ser dirigida.

13. As diferentes modalidades que pode assumir a aplicação o princípio de competência de competência do tribunal arbitral, sob o ponto de vista das formas e tempos em que pode ter lugar o controlo, pelos tribunais estaduais, da decisão que os árbitros profiram sobre a sua competência originam um leque bastante diversificado de soluções legais que se podem encontrar consagradas numa análise de direito comparado, assim como suscita um bom número questões técnico-jurídicas de diversa índole, a que as legislações nacionais e as convenções internacionais aplicáveis neste domínio não dão resposta inteiramente satisfató-

---

[56] V. MIGUEL TEIXEIRA DE SOUSA, *Introdução ao Processo Civil*, Lex, Lisboa, 2000, pp. 51-52; e do mesmo autor, *A Competência Declarativa dos Tribunais Comuns*, Lex, Lisboa, 1993, p. 37.
[57] V. JOÃO DE CASTRO MENDES, *ob. cit.*, vol. I, p. 205.
[58] V. MIGUEL TEIXEIRA DE SOUSA, *Introdução* cit., pp. 51-52.

ria. Mas a análise dessas diversas soluções legais e das questões técnico-jurídicas que permanecem sem resposta completa encontra-se suficientemente feita nas obras gerais sobre arbitragem comercial *(maxime*, nas que tratam da arbitragem comercial internacional)[59], pelo que não valerá a pena retomá-las aqui.

---

[59] Ver, entre muito outros autores que poderia citar-se, sobre as diferentes soluções que, neste domínio, se encontram consagradas nas legislações nacionais e nas convenções internacionais e sobre as questões que permanecem em aberto, no âmbito da aplicação desses textos normativos, L. LIMA PINHEIRO, *ob. cit.*, pp. 131-142, e POUDRET et BESSON, *ob. cit.*, pp. 465-481.

A CONVENÇÃO DAS NAÇÕES UNIDAS SOBRE O DIREITO DO MAR (1982) E OS OBJECTOS ARQUEOLÓGICOS E HISTÓRICOS ACHADOS NO MAR

ARMANDO MARQUES GUEDES[*]

SUMÁRIO: *Introdução. I. O artigo 303.°. II. O artigo 149.°*.

1. A Convenção das Nações Unidas sobre o Direito do Mar presentemente em vigor (daqui em diante abreviadamente referida pelo acrónimo CNUDM) foi aberta à assinatura dos Estados que tomaram parte na III Conferência das Nações Unidas sobre o Direito do Mar na reunião realizada a 10 de Dezembro de 1982 em Montego Bay, na Jamaica, e entrou internacionalmente em vigor (por motivos que impediram a observância de uma das suas disposições finais)[1] a 16 de Novembro de 1994.

A Assembleia da República aprovou-a para ratificação, juntamente com o acordo de Nova York de 28 de Julho de 1994, relativo à aplicação da sua Parte XI, a 3 de Abril de 1997[2].

O Presidente da República ratificou a seguir os dois textos a 4 de Setembro[3].

---

[*] Professor Catedrático Jubilado da Faculdade de Direito da Universidade de Lisboa.

[1] Artigo 308.° – vd. sobre os motivos que não consentiram o cumprimento do nesse artigo estabelecido, cfr. o meu *Direito do Mar* – Coimbra (2.ª ed. – 1998), pp. 76 – sgs.

[2] Resol. 60-B/97, de 3 de Abril, public. no DR – I série A (Supl.) de 14 de Outubro.

[3] Decr. Presidencial 67-A/97, de 14 de Outubro, public. no DR – I série A (Supl.) da mesma data.

Na sequência do que, por força do consignado no n.° 2 do artigo 8.° da Constituição, a CNUDM passou a vigorar no ordenamento jurídico português – assistindo-lhe valor supralegal por as suas normas, como normas convencionais, só poderem ser preventivamente declaradas constitucionalmente inválidas pelo Tribunal Constitucional[4], e com isso impedida a ratificação do texto de que fizerem parte[5]; e, após publicação, a sua vigência estar assegurada enquanto esse mesmo texto vincular o Estado Português[6] – não lhe podendo ser oposta inconstitucionalidade orgânica ou formal de que seja invocado padecer se for aplicável no ordenamento interno da outra parte, ressalvados no entanto sempre os casos em que isso conduzir a violação de disposição tida como fundamental[7].

2. Vem isto a propósito de dois passos do extenso articulado da CNUDM que versam sobre "objectos arqueológicos e históricos": os artigos 149.° e 303.°.

A desmentir a aparente clareza de uma e outra destas disposições, são diversas e não fáceis de compatibilizar as dificuldades e as dúvidas que suscitam, sobretudo para efeito da sua aplicação prática.

A ambas vou por isso em separado referir-me, invertendo no entanto a ordem que da sua notação numérica decorre, não apenas por o artigo 303.° pertencer a Parte (a XVI) dedicada à enunciação de disposições gerais enquanto que o artigo 149.°, diferentemente, figura como peça de particular relevo na arquitectura do regime a que se subordina espaço marítimo inovadoramente criado pela CNUDM (a Área) e que, na economia geral do seu articulado, constitui o objecto de Parte anterior (a XI); mas, e sobretudo, porque em relação aos objectos de natureza arqueológica e histórica o artigo 149.° não é senão o duplicado (ou talvez melhor: o homólogo) do artigo 303.° não já em relação aos Estados em geral mas à Autoridade Internacional do Leito do Mar, à qual em exclusivo[8] cabe a gestão dos recursos existentes na Área e no seu subsolo[9]. O que quere dizer: dos que se encontrarem na vastidão dos fundos marinhos e, sob eles, para lá dos que permanecem sujeitos à soberania e jurisdição dos Estados[10].

---

[4] Const., artigo 278.°.
[5] Id., artigo 279.° – n.° 4.
[6] Id., cit. n.° 2 do artigo 8.°.
[7] Id., n.° 2 do artigo 277.°.
[8] CNUDM, artigo 137.°.
[9] Id., artigo 133.°.
[10] Id., alínea (*l*) do n.° 1 do artigo 1.°.

É de harmonia com a sequência assim fixada que serão abordadas as dificuldades e as dúvidas que a interpretação e a aplicação dos artigos 303.º e 149.º enfrentam – com manifestos reflexos no modo de os entender e aplicar, seja no âmbito do ordenamento jurídico internacional seja no da ordem jurídica interna ou nacional.

3. O texto utilizado será o da versão em inglês da CNUDM por, das traduções correspondentes às línguas europeias enumeradas (na linha da orientação traçada pela Carta das Nações Unidas)[11] pela CNUDM como constituindo textos autênticos, ser o mais preciso – incluída a tradução comum em língua portuguesa publicada em 1985 pelo Ministério dos Negócios Estrangeiros[12], que vale como "texto único" (não obstante uma ou outra variante para uso interno no Brasil) assente por mútuo acordo entre os Países que à data adoptavam já o português como língua oficial e que, nas suas recíprocas relações, se destina por isso a fazer fé. Mas apenas em princípio: em caso algum poderá prevalecer sobre a versão que figura em anexo a Resolução de aprovação da Assembleia da República[13], que não é senão a tradução para português de um dos textos autênticos da CNUDM: o redigido em inglês[14].

I. O artigo 303.º

4. Com a epígrafe "Objectos arqueológicos e históricos achados no mar" a encabeçar o seu texto, o artigo 303.º compreende quatro parágrafos:

1. Os Estados têm o dever de proteger os objectos de natureza arqueológica e histórica e de cooperar para este fim.

2. Com o objectivo de controlar o tráfico de tais objectos, o Estado costeiro pode presumir, ao aplicar o artigo 303.º, que a sua remoção do leito do mar[15], na zona a que esse artigo se refere, sem a sua apro-

---

[11] CNUDM, artigo 320.º.
[12] *Convenção das Nações Unidas sobre o Direito do Mar* – Biblioteca Diplomática – Série C – Lisboa.
[13] Cit. Resolução n.º 60-B/97, artigo 1.º.
[14] CNUDM, ref. artigo 320.º.
[15] No texto único em português: "... dos fundos marinhos ...", e não "do leito do mar" como no texto autêntico em inglês.

vação[16] *constitui infracção cometida em terra firme ou no mar territorial das leis e regulamentos nesse artigo mencionados.*

3. *Nada neste artigo afecta os direitos de proprietários identificáveis, as normas relativas a salvamentos ou outras regras de direito marítimo, ou normas e práticas respeitantes a intercâmbios culturais.*

4. *Este artigo não prejudica a aplicabilidade de outros acordos e regras de direito internacional que visem a protecção de objectos de natureza arqueológica e histórica.*

A abrir o inventário, uma primeira dúvida nasce de tanto na epígrafe como na parte dispositiva ser feita alusão a "objectos" e não também a "monumentos", "conjuntos" ou "sítios" com o significado com que estas palavras circulam no vocabulário próprio da Arqueologia[17], certo como é serem arqueológica e historicamente relevantes quer artefactos, desperdícios de laboração, restos e até escórias, quer (com importância e relevo não apenas complementares mas muitas vezes decisivos) os lugares em que forem encontrados ou os meios em que jazerem – além de esses mesmos lugares e meios de per si possuírem valia arqueológica, histórica, ou a uma e outra em simultâneo[18]. A exclusiva referência a "objectos" é empobrecedora e pode impelir a crer (ou a com parcialidade sustentar) que o dever de protecção cometido no n.° 1 aos Estados tão só se reporta a artefactos, desperdícios líticos, cerâmicos ou metálicos, restos, ou mesmo simples escórias – e não também (por identidade de natureza e consequente identidade de razão) aos monumentos submersos de que esses objectos fizerem parte ou de que tiverem sido destacados, aos conjuntos, aos sítios, e (numa visão mais ampla e mais abrangente) aos lugares e aos meios, mais restritos, em que houverem sido descobertos. No que toca aos bens que integram o património cultural subaquático em águas marítimas (por efeito da gravidade no caso de alijamento, propositado ou acidental, por afundimento da terra firme devido a causas tectónicas, ou no seguimento de fenómenos de regressão e de transgressão dessas águas, concomitantes à instalação e à cessação de períodos glaciares) tudo

---

[16] No texto único, de modo mais restritivo: "sem a sua autorização".

[17] Cfr., p.ex., as definições contidas no artigo 8.° da Lei n.° 13/85, de 6 de Jul. – revog. em bloco pela Lei n.° 107/2001, de 8 de Set. (artigo 114.° – n.° 1), que a estes faz referência nos termos em que tais categorias se encontram definidas no direito internacional" (artigo 15.° – n.° 1).

[18] Assim os "contextos" que a Lei n.° 107/2001 de forma expressa traz à colação (artigo 2.° – n.° 6).

isso para lá do seu valor intrínseco, se reveste de crucial importância. Pelo que se não compreende que seja esquecido, ou mesmo só deixado na sombra.

Uma segunda ordem de dúvidas, e também de dificuldades, provém de na epígrafe do artigo (e de maneira sistemática na sua parte dispositiva) se recorrer ao emprego da copulativa *e* em vez de (ou em ligação com) a disjuntiva *ou*, entre os adjectivos "arqueológicos" e "históricos". Por motivos homólogos dos relativos às dúvidas e dificuldades precedentes, é a escolha assim feita susceptível de induzir a que se pense (ou se possa argumentar) que uma e outra dessas qualidades (o significado arqueológico e o relevo histórico) terão necessariamente de andar associadas para que um qualquer objecto encontrado no mar seja merecedor da protecção a dispensar pelos Estados – ressalvadas sempre as limitações, restrições e sanções que sobre elas, por força do preceituado nos n.ºs 3 e 4, possam recair. Esta obrigatória combinação é, contudo, infundadamente redutora e milita em sentido contrário ao pretendido com a instauração dos deveres de protecção e cooperação. Com razão a prática internacional se tem por isso orientado no sentido, diverso, do respeito pela distinção entre aquilo que para a Arqueologia é pertinente e o que (v.g. por ser recente) não mais possui do que interesse histórico. O uso isolado da copulativa *e*, exibido na epígrafe e na parte dispositiva (e que, como na altura própria se verá, o artigo 149.º reproduz) não deve em consequência ser tomado senão como expressão do propósito de identificar de modo expedito certa categoria de objectos, independentemente de ser uma ou outra a sua natureza ou de, uma e outra, nele se casarem.

Em terceiro lugar, e de novo na epígrafe e na parte dispositiva, é condição tratar-se de objectos "achados" no mar. Excluídos da protecção dos Estados ficam por esta forma aqueles cuja recuperação ou encontro se não deva a circunstâncias fortuitas (como por definição é próprio de quanto é "achado") mas antes seja o fruto de deliberada procura ou, mesmo, de aturados trabalhos de pesquisa e exploração. Exclusão que de forma singular enfraquece a cooperação imposta aos Estados – de fora deixando, como deixa, as formas mais graves, predadoras do património cultural marinho, que se têm revelado a mais frutuosa fonte do tráfico que se pretende, precisamente, combater.

Mais uma vez na epígrafe e na parte dispositiva, uma quarta dúvida brota da utilização da palavra "mar" como indicativa do domínio em que terá de ter ocorrido a descoberta. Se em causa estiverem espaços do mar como as Águas Interiores, o Mar Territorial, ou as Águas Arquipelágicas, a alusão sem mais ao "mar" tem de entender-se que abarca, além da superfície (onde, presos a despojos de naufrágio ou encerrados em contentores, podem flutuar objectos de carácter arqueológico e histórico) e da espessura da massa líquida que constitui tais espaços (na qual, em paridade de condições, podem à deriva vogar entre duas águas), também o leito e o subsolo sobre que repousam[19]. Mas não se for caso da Zona Contígua, da Zona Económica Exclusiva, ou do Alto Mar: nenhum destes outros espaços compreende os fundos marinhos que se situam por debaixo deles. A Zona Contígua, que confina com o Mar Territorial e se lhe segue, principia na vertical da orla exterior dele e assenta sobre a parte inicial da Plataforma Continental, cujo limite interior é constituído por essa mesma vertical[20]. O mesmo sucede com a Zona Económica Exclusiva, adjacente ao Mar Territorial, que se alonga até às 200 milhas náuticas contadas da linha de base do mesmo Mar e que, em toda a sua extensão, tem por sob si a Plataforma Continental[21]. O Alto Mar, por outro lado, é constituído (na definição por exclusão de partes adoptada pela CNUDM) por todas as águas não incluídas nas Águas Interiores, no Mar Territorial, na Zona Económica Exclusiva, ou nas Águas Arquipelágicas[22]. Por debaixo dele, até às 200 milhas náuticas ou, desde que determinadas condições geológicas se reunirem, até às 350, medidas da linha de base do Mar Territorial ou as 100 a partir da isobatimétrica dos 2 500 metros, à opção do Estado costeiro, encontra-se a Plataforma Continental[23]; e desde estes limites (por exclusão de partes) a Área[24].

5. Porque a nenhuma dúvida o n.° 1 do artigo 303.° dá em particular origem, atenho-me agora àquilo que no seu n.° 2 se lê; e atardo-me na análise crítica do que aí estatui.

A parte descritiva deste segundo parágrafo é dominada pelo tropo "ao aplicar o art. 33.°" que constitui a condição de que depende a licitude do recurso à presunção *iuris et de iure* posta à disposição do Estado ribeirinho. Remeter para a aplicação do artigo 33.° significa, literalmente, facul-

---

[19] Quanto às Águas Interiores e ao Mar Territorial, espaços intimamente ligados (n.° 1 do artigo 2.° e artigo 8.°): n.° 2 do artigo 2.°. Quanto às Águas Arquipelágicas, n.° 2 do artigo 49.°.
[20] N.° 1 do artigo 33.° e n.° 1 do artigo 76.°.
[21] Artigo 57.° e artigo 76.°.° – n.° 1. Cfr. n.° 3 do artigo 56.°.
[22] Artigo 86.°.
[23] Artigo 76.° – n.os 1 a 6.
[24] Alínea (*i*) do n.° 1 do artigo 1.°.

tar o exercício dos poderes de polícia que enumera. O que, à luz do pretendido controlo do tráfico dos objectos de carácter arqueológico, histórico, ou que participem de uma e outra natureza, é um absurdo. Os poderes de polícia a que o artigo 33.º de maneira específica enuncia versam questões aduaneiras, fiscais, de imigração, ou sanitárias: nada que a esse controlo directamente diga respeito. Além de que a alusão ao "leito do mar, na zona a que esse artigo [o artigo 33.º] se refere", (de que a seguir no seu texto se lança mão, como expediente para precisar o *locus delicti*) é para a Plataforma Continental, e não para a Zona Contígua, que aponta – já que a Plataforma se inicia na vertical da orla exterior do Mar Territorial[25] e prossegue muito para além da coluna de água que, até ao máximo das 24 milhas marítimas, à Zona Contígua corresponde[26]. Não faz consequentemente sentido a referência ao artigo 33.º, ao mesmo tempo que é manifesto o desfasamento em relação à economia interna da Convenção no que concerne à distribuição de regimes jurídicos diferenciados, por cada um dos espaços marítimos a ter em conta. De útil apenas fica a intenção de reforço, mediante a presunção *iuris et de iure* que menciona, ao dever de protecção e de cooperação a que declara obrigados os Estados – nada por outro lado justificando que o benefício desse reforço se circunscreva à parte da Plataforma Continental sob a Zona Contígua, e não a toda a sua extensão: as recuperações a grande profundidade não são hoje impossíveis, como o provam as efectuadas em relação ao *Titanic* ou ao *Andrea Doria*. Mas não mais do que isso – nomeadamente quando se pretenda, como logo a seguir à assinatura da Convenção sucedeu, que neste artigo 303.º se contém o embrião de um novo espaço marítimo: o das Zonas Arqueológicas[27]. Pelo menos na versão limitada que o restringe às mesmas dimensões que tiver a Zona Contígua, como em virtude do disposto no n.º 2 deste artigo 303.º presentemente acontece, porque desse modo ficaria vedado ao exercício do dever de protecção e de cooperação, bem como ao controlo sobre o tráfico para que concorre, toda a restante extensão da Plataforma Continental – transformando-a em "terra de ninguém" e paraíso para os caçadores de tesouros, libertos, por um lado, da intervenção do Estado costeiro e, pelo outro, pela da Autoridade Internacional

---

[25] Cit. artigo 76.º – n.º 1.
[26] Artigo 33.º – n.º 2.
[27] T. TREVES, *La Convenzione delle Nazione Unite sul Diritto del Mare del 10 Dicembre 1982* – Milão (1982), p. 21. Cfr. o meu cit. *Direito do Mar* – Coimbra (2.ª ed. – 1998), p. 141.

do Leito do Mar[28], na parte correspondente à Área. Ou seja: no fundo do mar e no seu subsolo, para lá do limite exterior da jurisdição dos Estados[29]. E, isto, não apenas quanto a objectos de natureza arqueológica e, ou histórica, mas também aos encontrados (nas condições já antes referidas) à superfície, ou entre duas águas, no Alto Mar que a essa extensa parte da Plataforma Continental, a seguir à orla exterior da Zona Contígua, se sobrepõe.

Entre os dois espaços marítimos, o subordinado à soberania e jurisdição dos Estados e o sujeito à Autoridade Internacional do Leito do Mar, os princípios que se materializam nos deveres de protecção e de cooperação continuam, de harmonia com a própria lógica interna da repartição de poderes entre os Estados e a Autoridade Internacional, a impor aos primeiros o cumprimento desses deveres tanto em relação aos objectos de natureza arqueológica e, ou histórica encontrados no leito e subsolo das suas plataformas continentais, como quanto àqueles cujo achamento se verifique em águas internacionais.

6. Não oferecem, em contraste, quaisquer dificuldades os n.ºs 3 e 4 do artigo 303.º, que além da prioridade a respeitar quanto aos direitos dos proprietários identificáveis dos objectos encontrados impõe a de outras normas, consuetudinárias ou convencionais, ao caso aplicáveis.

O caminho fica assim aberto ao exame e apreciação crítica do artigo 149.º, que vai seguir-se.

II. O artigo 149.º

7. Sob epígrafe que apenas na omissão da frase "achados no mar" difere da do artigo 303.º, prescreve o artigo 149.º:

> Todos os objectos de natureza arqueológica ou histórica encontrados na Área serão conservados ou deles se disporá em benefício da Humanidade como um todo, devendo merecer particular atenção os direitos do Estado ou país de origem, do Estado de origem cultural, ou do Estado de origem histórica e arqueológica.

---

[28] No "texto único" em português denominada, ambiguamente, "Autoridade Internacional dos Fundos Marinhos".

[29] Id., na já referida definição da alínea (*l*) do n.º 1 do artigo 1.º.

Tal como no artigo 303.°, também neste texto não são evidentes as razões que na epígrafe e no início e final da parte dispositiva terão recomendado o emprego da copulativa *e* no lugar da disjuntiva *ou* quanto a objectos qualificados como históricos (a ordem é agora a inversa, observar-se-á, da utilizada na epígrafe e no artigo 303.°) ou classificados como arqueológicos. Sejam quais elas forem, o uso isolado da copulativa pode (da mesma forma que em relação ao artigo 303.°) ser invocado (ou aproveitado) como sinal de necessidade de uma e outra qualidade se cumularem para que seja aplicável o determinado a seguir. Não se pronuncia o artigo sobre o órgão, na estrutura da Autoridade Internacional do Leito do Mar, a que pertence o dever de assegurar a conservação e o exercício da faculdade de disposição; e não pode, por outro lado, deixar de ser tido em conta que não actuam como operacionais apenas órgãos próprios da Autoridade (incluindo a Empresa)[30] mas também entidades concessionárias da prospecção e, ou da exploração[31] e ainda (em conformidade com o regulado na Parte XIII da Convenção) as que se dediquem à investigação científica do meio marinho[32]. É de igual modo possível nem sempre as duas qualidades (o carácter arqueológico e a relevância histórica) se conjugarem: há objectos de valia histórica, como em relação ao artigo 303.° foi relembrado, que só em sentido metafórico (por serem recentes) podem ser etiquetados de arqueológicos; e peças ou objectos arqueológicos que pela sua abundância não valem senão como testemunhos, e em alguns casos não mais do que como simples indícios de limitado peso. É em atenção a distinções como estas, de maneira marcadamente difusa mas com reiterada insistência, que o direito comparado regista regimes diferenciados destinados a bens de uma e outra destas duas espécies, ou de ambas ao mesmo tempo. Tomar o emprego da copulativa como sinal da necessidade de uma e outra se mostrarem adicionadas arrasta, consigo, o afastamento do dever de protecção nos casos em que de modo singular só uma delas se verificar ou for relevante. O que lesaria a universalidade do dever, que por intermédio deste (artigo 149.°) e do artigo 303.° a Convenção claramente impõe. Não se deixará de acrescentar que o emprego isolado da disjuntiva envolveria inconve-

---

[30] Artigo 170.°.
[31] Artigo 153.° – alínea (*b*) do n.° 2 e último período do n.° 3; e Anexo III à Convenção, artigo 9.° – segundo período do n.° 2, e artigo 11.°.
[32] Artigo 143.°.

nientes homólogos, abandonando à sua sorte os objectos em que uma e outra qualidade coexistam.

Para lá de tudo isto o artigo 149.° não acolhe, também ele, a distinção entre achamento fortuito e aquele que é fruto de trabalhos de prospecção e investigação. Os mesmos motivos que a consagram nos direitos internos mostram-se hoje, em crescente número de casos, admitidos em textos internacionais – *inter alia* nas Convenções que se devem à UNESCO. Entre outras motivações, para prevenir e de modo adequado enfrentar o rendoso negócio que as elevadas cotações alcançadas nos mercados nacionais e internacionais estimulam, mesmo quando se trata de valia dominantemente emocional como a reservada aos talheres e à louça de mesa recuperados do *Titanic*, afundados no Mar do Norte em 1912.

8. Ninho de dúvidas e de dificuldades é a referência, feita na segunda parte deste artigo 149.°, aos direitos (que rotula de "preferenciais" e a que determina seja prestada particular atenção) enumerados como não podendo deixar de ser reconhecidos ao Estado ou país de origem, ao Estado de origem cultural, ou ao Estado de origem histórica e arqueológica.

Há pouco mais de uma dezena de anos um arqueólogo de renome internacional comentava ser totalmente destituída de sentido qualquer alusão à "origem cultural"[33]. Um juízo como este é em si mesmo, no entanto, excessivo já que em certos casos o apelo à "origem cultural" como critério para fundamentar a atribuição de um direito de preferência não ao Estado ou país em que tiver sido produzido o objecto se for caso, mas àquele de cuja produção própria mostrar ter sido copiado ou na qual visivelmente buscaram inspiração aquele ou aqueles que o produziram. É por exemplo hoje geralmente reconhecido que os artífices fenícios reproduziam estatuetas, amuletos, peças de cerâmica e motivos decorativos egípcios e gregos por serem os mais apreciados e procurados.

O apelo deixará porém de se justificar se se prender unicamente, sem qualquer qualificação, à "origem" porque a focagem que sobre ela concentre sofrerá de ambiguidade – tanto apontando para o Estado ou pais de produção como para o Estado ou país de que procediam o navio ou embarcação, naufragados, que transportavam os objectos encontrados.

Esta ambiguidade será no entanto ilusória se a referência se reportar ao Estado "de origem histórica ou arqueológica" que, a encerrar, o artigo

---

[33] G. F. BASS, *The Vulnerability of Wrecks in International Waters* – (1994), p. 15.

149.º contempla – porque terá então sido eliminada a dualidade em que se apoiava. Mas uma tal conclusão não é isenta de dúvidas. Eu próprio lhe não dei crédito em anterior escrito, no qual depois de sublinhar a relevância entre as três hipóteses acolhidas no artigo 149.º, quando olhada à luz da questão por vezes altamente embaraçosa de determinar a que Estado ou país (tantos dos quais já hoje inexistentes) a quem atribuir a propriedade, apenas ponderei que o "facto irremovível" para que no passo citado (a segunda parte do artigo 149.º) a Convenção aponta é a ocorrência de direitos de diferente natureza e contextura que, em simultâneo ou em alternativa, assistem ao país ou ao povo a que se deve a construção ou a produção dos bens ou objectos achados, ao país ou ao povo no estilo e nos gostos característicos de cuja cultura tais bens e objectos se filiam, e ao país e ao povo no território do qual se encontram ou do qual arqueológica ou historicamente procedem[34].

Como se acaba de ver, o íntimo entrelaçamento de múltiplas hipóteses invocáveis torna a segunda parte deste artigo 149.º terra movediça.

Independentemente do juízo de conjunto que dela se formular, não é por outro lado facilmente compreensível por que motivo apenas quanto à primeira das três hipóteses figuradas seja usada a distinção entre "Estado" e "país". A diferenciação é, sem embargo, inteiramente justificada por isso que nem todos os "países", sendo embora áreas territoriais autónomas ou autonomizáveis, são necessariamente Estados; e, vistas as coisas de diverso ângulo, só em raros casos os territórios dos Estados actuais coincidem, mesmo que, de modo geral e aproximado, com aqueles em que há séculos ou milénios (então povoadas por gentes distintas das que presentemente aí vivem) o objecto ou objectos achados foram produzidos. O que é fonte de insanáveis conflitos no que contende com a identificação do Estado ou do povo que deva ser tido como sucessor e legítimo titular do direito "preferencial" para que o artigo 149.º acena e que coloca em concorrência (numa base de pressuposta paridade nem sempre susceptível de ser provada) com os demais que, com idêntica qualificação, convoca.

A contrastar com isto, afigura-se bem fundada a escolha da expressão "origem cultural" como critério de base válida para identificar não o Estado ou pais que produziu o objecto achado, mas aquele de cuja produção foi copiado ou imitado. Não obsta, apesar disso, a que seja um quebra-

---

[34] *Património Cultural Subaquático* – em *Direito do Património Cultural* – Lisboa (INA – 1996), p. 443.

-cabeças a ordenação a respeitar na seriação daqueles que deverão ser reconhecidos (para o dizer em linguagem de hoje) como Estados ou povos detentores de direito de propriedade artística e aqueles que apenas reproduziram o que por outrem foi imaginado e concretizado.

O estado "de origem histórica ou arqueológica", por que fecha a lista dos direitos "preferenciais", é caracterização que não levanta particulares dificuldades. É verdade que não é líquido que se trate do Estado de produção, ou daquele a que pertencia a embarcação ou o navio ou (hoje) a aeronave em que era transportado o objecto que deliberadamente, ou por acidente, foi alijado e se perdeu no mar – onde acabou por ser achado. A quaisquer destas hipóteses a maneira de dizer convém, e nela sem dificuldade se enquadram. Por si, é uma caracterização dúbia que só investigações complementares poderão porventura esclarecer – se não forem já do domínio geral as circunstâncias em que a perda se deu.

9. Todas estas dúvidas e dificuldades, em futura revisão da Convenção, serão por certo lembradas.

Como sem dúvida o será a dificuldade de determinar, mesmo que apenas em termos de mínima razoabilidade, o sentido a dar ao "benefício da Humanidade como um todo" para que este artigo 149.º apela como condição e objectivo legitimador do dever de conservação e da faculdade de disposição que sobre o achador (e de modo indirecto sobre a Autoridade Internacional do Leito do Mar que genericamente declara actuar em nome e no lugar da Humanidade[35] faz impender quanto aos objectos de carácter arqueológico e, ou histórico encontrados na Área.

Se assim não for, o artigo 149.º permanecerá como vão exercício de retórica.

---

[35] N.º 2 do artigo 137.º.

CONCORRÊNCIA DESLEAL E PROTECÇÃO DO CONSUMIDOR:
A PROPÓSITO DA DIRECTIVA 2005/29/CE

ASSUNÇÃO CRISTAS*-**

SUMÁRIO: *1. Introdução. 2. Protecção do consumidor e protecção do mercado interno: a directiva das práticas comerciais desleais. 3. Prática comercial desleal: o regime da directiva. 4. O impacte da directiva na legislação portuguesa: i. Código da Publicidade; ii. Decreto-Lei n.º 143/2001, de 26 de Abril; iii. Código da Propriedade Industrial. 5. Hierarquização de valores e princípios e reorganização do direito privado português.*

1. Introdução

Habituámo-nos a olhar para o direito comercial e para o direito do consumo como ramos do direito que poucas relações têm. Geneticamente estão ligados a tempos e geografias distintas. O primeiro, mais antigo, com raízes que remontarão, no mínimo, ao desenvolvimento das cidades italianas do século XIII[1]. O segundo, comparativamente bastante recente, com primeiros sinais de vida reportados aos Estados Unidos dos anos 60[2]. Os

---

* Professora Auxiliar da Faculdade de Direito da Universidade Nova de Lisboa.
** O presente texto baseia-se em grande medida no texto do Parecer elaborado por mim e pelo Professor Carlos Ferreira de Almeida, em Março de 2006, a pedido do Instituto do Consumidor, a respeito de um anteprojecto de diploma sobre práticas comerciais desleais das empresas nas relações com os consumidores.
[1] Entre outros, A. MENEZES CORDEIRO, *Manual de Direito Comercial*, I Vol., 2.ª edição, Coimbra, 2007, pp. 18 e ss; J. M. COUTINHO DE ABREU, *Curso de Direito Comercial*, Vol. I, 6.ª ed., Coimbra, 2006, pp. 1 e ss..
[2] O marco histórico será a mensagem dirigida pelo presidente J.F. Kennedy ao Con-

princípios e valores estruturantes de um e de outro também serão diversos, embora nascidos e desenvolvidos em torno de um objectivo paralelo: a protecção de alguém, de um certo conjunto diferenciado e caracterizado de pessoas.

Enquanto o direito comercial está originariamente ligado à protecção do comerciante (cujo expoente máximo era a existência de um foro separado), o direito do consumo nasceu para proteger o consumidor.

O andar dos tempos levou a alguns encontros destas duas áreas do direito privado. Nalguns países mais do que noutros. Uma dessas áreas é a da concorrência desleal e o que me leva a relembrar esta ligação é a Directiva 2005/29/CE, do Parlamento Europeu e do Conselho, de 11 de Março de 2005, relativa às práticas comerciais das empresas face aos consumidores no mercado interno[3], que, neste momento, aguarda transposição para o direito português[4].

2. Protecção do consumidor e protecção do mercado interno: a directiva das práticas comerciais desleais

I. A defesa dos consumidores é assumida no Tratado que institui a Comunidade Europeia como princípio estruturante da mesma e corresponde a um política consagrada autonomamente[5]. O direito do consumo é, pois, uma área privilegiada da produção legislativa comunitária[6]. Não é muito claro se este acarinhar expresso da defesa dos consumidores constitui um objectivo em si mesmo ou se está, de alguma maneira, instrumen-

---

gresso dos Estados Unidos, a 15 de Março de 1962. Cfr. C. FERREIRA DE ALMEIDA. *Direito do Consumo*, Coimbra, 2005, p.16.

[3] Doravante será designada como directiva das práticas comerciais desleais. Quando me referir simplesmente a directiva reporto-me a esta.

[4] De acordo com o artigo 17.° da directiva, os Estados-Membros devem aprovar e publicar até 12 de Junho de 2007 as disposições internas necessárias à correcta transposição da directiva. Estas disposições deverão entrar em vigor até 12 de Dezembro de 2007.

[5] Veja-se os artigos 3.°/t) e 153.° do Tratado na versão de Amesterdão de 1997.

[6] Veja-se a indicação de mais de duas centenas de directivas relativas especificamente a certos bens de consumo em J. CALAIS-AULOY e F. STEINMETZ, *Droit de la consommation*, 5.ª ed., Paris, 2000, p. 38. C. FERREIRA DE ALMEIDA, *Direito do Consumo*, Coimbra, 2005, pp. 66 e 67, indica as directivas de âmbito genérico de aplicação, *v.g.* publicidade enganosa, venda de bens de consumo e garantias, comércio electrónico.

talizado à construção do mercado único⁷. Já na directiva das práticas comerciais desleais esta última perspectiva aparece com alguma clareza.

O objectivo declarado da directiva é criar um nível de regulação das práticas comerciais desleais que seja uniforme e compreensível, numa óptica de protecção e de desenvolvimento do mercado interno. A um mesmo tempo, a directiva visa alcançar duas finalidades: fortalecer a confiança dos consumidores nas transacções transfronteiriças e eliminar as diferenças nas leis nacionais que possam desencorajar o aproveitamento de todo o potencial oferecido pelo mercado único⁸.

Embora adoptada no seguimento do *Green Paper on Consumer Protection* elaborado pela Comissão Europeia em 2001, a protecção do consumidor não é nesta directiva uma finalidade em si, mas uma finalidade convergente com o fortalecimento do mercado único⁹. Protege-se o consumidor, porquanto se está a proteger o mercado e ao proteger-se o mercado percebe-se que é uma boa maneira de proteger o consumidor. Protecção da concorrência e protecção do consumidor são objectivos convergentes na prossecução do objectivo último de desenvolvimento do mercado interno. Se noutros diplomas comunitários esta ligação pode ser mais subtil, neste caso ela é evidente.

Se é verdade que no contexto europeu a directiva das práticas comerciais desleais representa um primeiro passo seguro na ligação entre concorrência desleal e protecção do consumidor com vista à protecção do mercado, esta ligação não é inédita. É conhecido o sistema germânico da concorrência desleal que porventura terá influenciado esta directiva.

O direito português filia-se, no entanto, numa outra tradição, que aparta a protecção do consumidor dos objectivos do instituto da concorrência desleal¹⁰. A distinção entre os dois institutos – concorrência desleal

---

⁷ Note-se que, como repara C. FERREIRA DE ALMEIDA, *Direito do Consumo*, cit., p. 65, nota 264, a defesa dos consumidores não figura nos objectivos da União Europeia no Tratado que institui uma Constituição para a Europa.

⁸ H. COLLINS, *The Unfair Commercial Practices Directive*, European Review of Contract Law, vol.1 (2005), p. 418, refere-se a "twin objectives".

⁹ Como bem notam G. HOWELLS e T. WILHELMSSON, *EC Consumer Law*, Aldeshot, 1997, pp. 6 e ss. e 299 e ss., a legislação comunitária na área da protecção do consumidor nasceu e desenvolveu-se alicerçada e justificada na necessidade de desenvolver e fortalecer o mercado interno.

¹⁰ Sobre este ponto, com orientações diferentes, J. OLIVEIRA ASCENSÃO, *Concorrência Desleal*, Coimbra, 2002; A. MENEZES LEITÃO, *Estudo de Direito Privado sobre a Cláusula Geral de Concorrência Desleal*, Coimbra, 2000; J. PATRÍCIO PAUL, *Concorrência*

e proibição de práticas desleais nas relações com os consumidores – não é todavia tão nítida como a tradição legal e doutrinária portuguesa pode fazer crer. Por um lado, a clientela, que alguns colocam no centro do regime da concorrência desleal, não se separa claramente do conjunto dos consumidores, embora a clientela seja encarada como um bem afecto aos comerciantes e os consumidores sejam erigidos em titulares de direitos. Por outro lado, parece actualmente claro que ambos os institutos, tal como a protecção dos consumidores em geral, se dirigem à concretização de políticas de defesa do mercado. A assunção desta perspectiva pelo legislador comunitário deverá ter, seguramente, implicações sérias ao nível do direito português, sob pena de uma lamentável desarmonia sistémica.

II. A directiva não avançou no sentido de acolher o princípio do país de origem (ou princípio do mútuo reconhecimento), segundo o qual bastaria o cumprimento das disposições do país onde o profissional tivesse o seu estabelecimento principal para poder actuar no mercado. Optou, antes, por uma harmonização máxima e transversal[11]. Assim, por um lado, elevou, genericamente, o nível de protecção do consumidor, mas, por outro lado, tal pode representar, em relação a certos Estados-Membros, uma diminuição da protecção de que o consumidor já goza, se esta significar proibir práticas que obstaculizem o comércio interno. O artigo 4.º da directiva proíbe expressamente que os Estados-Membros restrinjam a livre prestação de serviços ou a livre circulação de mercadorias por razões ligadas ao domínio que é objecto de aproximação por força da directiva. Os Estados-Membros não podem, pois, criar legislação mais exigente de protecção do consumidor na área das práticas comerciais desleais[12].

O alcance desta disposição só não é tão grande quanto poderia ser, porque a própria directiva ressalva algumas áreas importantes, excluindo a sua aplicação nesses domínios. É o caso do direito contratual, em especial das normas relativas à validade, à formação ou aos efeitos dos contratos (n.º 3 do artigo 3.º). Ora esta é por excelência uma área da protecção do consumidor. Estão também excluídos regimes importantes, aplicáveis ao sector financeiro ou aos imóveis, relativamente aos quais os Estados-

---

Desleal e Direito do Consumidor, ROA, ano 65, 2005, p. 89 e ss., e também M. KULHMANN, *Der unlautere wettbewerb im portugiesischen Recht*, Tübingen, 1988.

[11] Para H. COLLINS, cit., p. 430, tal resulta quase numa lei uniforme.
[12] Veja-se H. COLLINS, cit., p. 430.

-Membros continuam a poder prever medidas mais impositivas (n.° 9 do artigo 3.°).

Note-se que a Directiva 2005/29/CE pretende ser um diploma central, uma directiva quadro, que organiza o acervo legislativo comunitário nesta área. É esse o sentido dos artigos 14.°, 15.° e 16.°, que introduzem alterações às Directivas 84/450/CE, 97/7/CE, 2002/65/CE, 98/27/CE e ao Regulamento (CE) n.° 2006/2004.

As alterações mais relevantes são feitas na directiva 84/450/CE, relativa à publicidade enganosa. Se, por um lado, se acrescenta o âmbito da publicidade enganosa por referência à nova directiva, por outro lado, retiram-se as referências ao consumidor, numa clara intenção de separar o domínio de aplicação dos dois instrumentos. A directiva aparta o consumidor e reforça a protecção do concorrente e dos profissionais face à publicidade enganosa. Com estas alterações, este diploma acaba por ir além do que se poderia inicialmente pensar, extravasando o domínio da estrita protecção do consumidor e permitindo confirmar a centralidade da protecção do mercado único.

A opção por uma harmonização máxima implica para os Estados- -Membros um esforço na transposição da directiva no sentido de identificarem toda a legislação que, nesta área, possa introduzir limitações não previstas na presente directiva, de maneira a procederem à respectiva compatibilização.

De modo a aligeirar esta exigência, o n.° 5 do artigo 3.° permite aos Estados-Membros a manutenção, até 2013, de disposições mais restritivas, desde que contidas em instrumentos normativos que transponham directivas de harmonização mínima. Exige-se ainda que tais disposições sejam fundamentais para garantir uma adequada protecção do consumidor contra práticas comerciais desleais e que sejam proporcionais ao objectivo visado.

3. Prática comercial desleal: o regime da directiva

I. O aspecto central da directiva é a proibição das práticas comerciais consideradas desleais. Por serem desleais, entende-se que essas práticas afectam directamente os interesses económicos dos consumidores e consequentemente prejudicam os interesses económicos de concorrentes legítimos. A directiva não abrange nem afecta legislações nacionais relativas às práticas comerciais desleais que apenas prejudiquem os interesses económicos dos concorrentes ou que digam respeito a uma transacção entre profissionais[13].

Centrada na prática comercial desleal, a directiva procura traçar uma noção bastante ampla e suficientemente flexível para permitir uma constante adaptação às necessidades do tráfego jurídico. Depois, faz um esforço de densificação do conceito, quer através da concretização de duas modalidades típicas de prática comercial desleal – as práticas enganosas e as práticas agressivas – quer através da previsão de uma lista de práticas consideradas desleais em qualquer circunstância.

Como se tem tornado técnica legislativa nos instrumentos comunitários, também esta directiva contém um catálogo inicial de definições[14]. Da conjugação dessas diversas definições, conseguimos apurar o campo de aplicação da proibição das práticas comerciais.

Em primeiro lugar importa esclarecer que uma prática comercial da empresa nas relações com os consumidores abrange qualquer acção ou omissão de um profissional, incluindo a publicidade e a promoção comercial[15], em relação directa com a promoção, a venda ou o fornecimento de um bem ou serviço ao consumidor. Esta prática comercial é relevante independentemente de ter sido praticada antes, durante ou após a operação comercial relativa ao bem ou serviço.

A prática comercial é proibida se for considerada desleal.

A directiva contempla três níveis de densificação da noção de prática comercial desleal.

O primeiro nível corresponde à prática comercial desleal em geral.

O segundo nível diz respeito às práticas comerciais desleais em especial. Neste grupo integram-se as práticas enganosas e as práticas agressivas na sua formulação genérica e ainda, a meu ver, as práticas dirigidas a grupos particularmente vulneráveis de pessoas.

O terceiro nível corresponde às práticas comerciais consideradas enganosas e agressivas em qualquer circunstância e que constam de uma listagem anexa à directiva (o anexo I).

---

[13] Veja-se o considerando (6).

[14] Esta técnica é perfeitamente justificada ao nível da legislação comunitária e porventura dificilmente dispensável, porquanto fundamental para a uniformização terminológica e conceptual. Já ao nível do direito interno, não há razão para não se seguir a tradição portuguesa de legística formal, pouco favorável a estes catálogos de definições.

[15] "Promoção comercial" é, a meu ver, a melhor tradução para português da palavra *marketing* que aparece na directiva, mesmo na sua versão portuguesa [veja-se a alínea *d*) do artigo 2.º].

Todos estes níveis têm um elemento comum: a condução ou susceptibilidade de condução do consumidor a tomar uma decisão negocial que este não teria tomado de outro modo. Ou seja, a prática comercial só é considerada desleal, e por isso proibida, se for potencialmente essencial para a decisão do consumidor relativamente à celebração e ao conteúdo de um contrato ou ao exercício de um direito contratual, independentemente de o consumidor decidir ou não agir ("decisão negocial").

Esta essencialidade é o segundo requisito da definição genérica de prática comercial desleal[16] e é repetido nos artigos que contemplam a proibição, em especial, das práticas comerciais enganosas e agressivas. Em qualquer caso, se a prática não for, no mínimo, susceptível de determinar o comportamento do consumidor, ou seja, se não for potencialmente essencial na tomada de decisão do consumidor, ela não tem relevância.

Apenas se prescinde deste requisito fundamental na listagem que é feita de práticas enganosas e agressivas: nestes casos as práticas são sempre consideradas desleais. Não será contudo errado afirmar que este requisito está contido implicitamente em qualquer uma dessas práticas incluídas na lista de prática enganosa ou agressiva em qualquer circunstância. Em qualquer dos casos enunciado como proibido em qualquer circunstância considera-se, com facilidade, que tal prática é susceptível de afectar a decisão negocial do consumidor[17].

a) A prática comercial é desleal em geral se preencher o "requisito da essencialidade" e for desconforme à diligência profissional. Assim, é desleal qualquer prática comercial desconforme à diligência profissional que distorça ou seja susceptível de distorcer de maneira substancial o comportamento económico do consumidor destinatário de certo bem ou serviço ou afectado por esse bem ou serviço.

Entende-se por diligência profissional o padrão de competência especializada e de cuidado que se pode razoavelmente esperar de um profis-

---

[16] A directiva, no seu artigo 5.º/1/*b*) determina que a prática comercial é desleal se "distorcer ou for susceptível de distorcer de maneira substancial o comportamento económico, em relação a um produto, do consumidor médio a que se destina ou afecta...". Ora, a alínea *e*) do artigo 2.º define "distorcer substancialmente o comportamento económico dos consumidores" como: "utilização de uma prática que prejudique sensivelmente a aptidão do consumidor para tomar uma decisão esclarecida, conduzindo-o, por conseguinte, a tomar uma decisão de transacção que não teria tomado de outro modo".

[17] Implicitamente, a directiva contempla, nestes casos, uma presunção inilidível da existência da potencial essencialidade da prática na tomada de decisão do consumidor.

sional nas suas relações com os consumidores, avaliado de acordo com a prática honesta de mercado ou com o princípio geral da boa fé no âmbito da actividade profissional [alínea *h*) do artigo 2.º da directiva].

Embora seja visível o esforço de concretização legal do que seja prática comercial desleal, essa concretização é feita com recurso a conceitos indeterminados "prática honesta de mercado", princípio geral da boa fé[18] "no âmbito da actividade profissional", que não dispensam uma observação cuidadosa dos usos sociais e uma construção jurisprudencial e doutrinária assente em casos concretos. O tempo trará os elementos da prática necessários para a concretização destes conceitos.

b) As práticas comerciais dirigidas a um grupo particularmente vulnerável de pessoas são qualificadas como desleais obedecendo a requisitos menos estritos. A directiva prescinde do requisito da desconformidade à diligência profissional, determinando a sua proibição se o profissional puder razoavelmente prever que a sua conduta é susceptível de provocar uma distorção substancial no comportamento económico desse grupo de pessoas.

A redacção da directiva não é particularmente feliz neste ponto. Só um esforço considerável de interpretação, com recurso nomeadamente à *occasio legis* referida nos considerados, permite concluir que se deve interpretar como proposto, sob pena de o regime ser mais gravoso do que o geral.

O n.º 3 do artigo 5.º da Directiva dispõe: "As práticas comerciais desleais que são susceptíveis de distorcer substancialmente o comportamento económico de um único grupo, claramente identificável, de consumidores particularmente vulneráveis à prática ou ao bem ou serviço subjacente, em razão da sua doença mental ou física, idade ou credulidade, de uma forma que se considera que o profissional poderia razoavelmente ter previsto, devem ser avaliadas do ponto de vista do membro médio desse grupo. Esta disposição não prejudica a prática publicitária comum e legítima que consiste em fazer afirmações exageradas ou afirmações que não são destinadas a ser interpretadas literalmente."

A alínea *b*) do n.º 2 do mesmo artigo 5.º determina, em geral, que se tenha em conta "o membro médio de um grupo quando a prática comercial for destinada a um determinado grupo de consumidores".

---

[18] Já considerado como "o coração da directiva". Cfr. H.COLLINS, cit., p. 420.

Não se compreende, numa primeira leitura, em que é que a estatuição da norma contida no n.º 3 do artigo 5.º – "devem ser avaliadas do ponto de vista do membro médio desse grupo" – difere do disposto na alínea b) do n.º 2, que manda, precisamente, atender ao "membro médio do grupo", quando a prática comercial for destinada a um grupo de consumidores.

Ou este n.º 3 nada acrescenta ao n.º 2 e então não se compreende a razão de existir ou é necessário procurar um conteúdo útil, imperfeitamente expresso na letra, mas contido no espírito do preceito.

Importa fazer esse esforço de procura de um conteúdo útil. Até porque, embora os considerandos (18) e (19) sejam bastante vagos, percebe-se que há a intenção de proteger de uma maneira reforçada estes consumidores particularmente vulneráveis, fruto em boa parte da intervenção do Parlamento Europeu no processo legislativo comunitário.

Analisando os n.ºs 2 e 3 do artigo 5.º detectam-se três diferenças. O n.º 3: refere "de uma forma que o profissional poderia razoavelmente ter previsto"; reporta-se a "vulnerabilidade à prática ou ao produto subjacente" e acrescenta, na parte final, "[e]sta disposição não prejudica a prática publicitária comum e legítima que consiste em fazer afirmações exageradas ou afirmações que não são destinadas a ser interpretadas literalmente."

Se considerarmos estes aspectos e atendermos ao facto de se tratar de dois números diferentes, provavelmente conclui-se que a incompreensão no n.º 3 se refere à estatuição da norma. A estatuição correspondente à letra da lei nada acrescenta à estatuição da alínea b) do n.º 2. Aquilo em que o n.º 3 difere substancialmente do n.º 2 não tem a ver fundamentalmente com a alínea b) do n.º 2, mas com a alínea a). Enquanto que a alínea a) do n.º 2 exige, para a prática ser considerada desleal, que seja "contrária às exigências relativas à diligência profissional", o n.º 3 apenas exige que o profissional "pudesse ter razoavelmente previsto" que aquela prática comercial era susceptível de distorcer substancialmente o comportamento económico de certo grupo particularmente vulnerável em relação quer à prática quer ao produto (bem ou serviço) subjacente. O que falta neste n.º 3 é explicar que essas práticas comerciais são desleais, ou seja, falta o corresponde ao corpo do n.º 2. O n.º 3, tal como está, seria compreensível se fosse mais uma alínea do n.º 2. Não sendo, faltou deixar expresso que o que se pretende é, nos casos descritos, estabelecer requisitos mais exigentes para os profissionais. Ou seja, nestes casos é mais fácil existir uma prática comercial desleal, logo proibida. O n.º 3 corresponde a casos especiais de práticas comerciais desleais. A sua aplicação é independente dos requisitos do n.º 2.

Exige-se, assim, ao profissional um grau de diligência acrescida quando estejam em causa práticas comerciais particularmente dirigidas a grupos de consumidores vulneráveis. Porventura por essa razão, o n.º 3 do artigo 5.º ressalva, na parte final, o chamado *dolus bonus*[19]. Essa disposição serve para aligeirar, para equilibrar, a posição do profissional.

No entanto, tal regra deve ser estendida aos demais casos. De acordo com a conhecida norma da interpretação enunciativa segundo a qual "quem pode o mais pode o menos", é de entender que está ressalvado o *dolus bonus*, nos termos previstos na directiva, para os restantes casos e não apenas para os que envolvem consumidores particularmente vulneráveis.

c) São desleais em particular as práticas comerciais enganosas e as práticas comerciais agressivas desde que, como referido, conduzam ou sejam susceptíveis de conduzir o consumidor a tomar uma decisão negocial que ele não teria tomado de outro modo.

É enganosa a prática comercial que contenha informações falsas ou que mesmo que sejam verdadeiras, por qualquer razão, nomeadamente a sua apresentação geral, induza ou seja susceptível de induzir em erro o consumidor em relação a um ou mais dos elementos referidos na directiva. Exemplificativamente, esses elementos são: a existência ou a natureza do bem ou serviço, as características principais do bem ou serviço (tal como a disponibilidade, as vantagens, os acessórios ou a assistência pós-venda), o conteúdo e a extensão dos compromissos assumidos pelo profissional, o preço.

A directiva especifica ainda algumas práticas comerciais enganosas que só serão qualificadas enquanto tal tendo em conta todas as características e circunstâncias do caso concreto. É o caso, por exemplo, de qualquer actividade de promoção comercial relativa a um bem ou serviço, incluindo a publicidade comparativa, que crie confusão com quaisquer bens ou serviços, marcas, designações comerciais e outros sinais distintivos de um concorrente. Apela-se, pois, nestes casos, a uma análise casuística.

---

[19] Em contornos que não serão totalmente coincidentes com o previsto no nosso n.º 2 do artigo 253.º do Código Civil. Veja-se, sobre este preceito, exemplificativamente, GALVÃO TELLES, *Manual dos Contratos em Geral*, 4.ª edição, Coimbra, 2002, pp. 112 e 113.

As práticas comerciais podem ser enganosas por omissão. O artigo 7.° da directiva manda atender, nessa qualificação, a todas as características e circunstâncias e às limitações do meio de comunicação[20]. Será enganosa, nestes termos, por exemplo, a prática comercial que omita uma informação com requisitos substanciais para uma decisão negocial esclarecida do consumidor ou aquela em que o profissional apresente essa informação de modo pouco claro ou tardio. Note-se que são considerados substanciais os requisitos de informação exigidos para as comunicações comerciais na legislação dos Estados-Membros decorrente de regras comunitárias. A própria directiva enumera, exemplificativamente, no seu anexo II, os instrumentos legislativos comunitários fonte dessa legislação[21].

É qualificada como prática comercial agressiva a prática que devido a assédio, coação ou influência indevida, limite ou seja susceptível de limitar significativamente a liberdade de escolha ou o comportamento do consumidor em relação a um bem ou serviço. Entende-se que há influência indevida quando, mesmo sem recurso ou ameaça de recurso à força física, o profissional utiliza uma posição de poder para pressionar o consumidor, limitando significativamente a capacidade de o consumidor tomar uma decisão esclarecida. Mais uma vez, a directiva manda atender, nesta análise, a todas as características e circunstâncias do caso concreto, considerando uma série de elementos, tais como o momento, local, natureza e persistência da prática, o recurso a linguagem e comportamento ameaçadores ou abusivos.

d) O anexo I da directiva contém uma lista das práticas comerciais que são consideradas desleais em qualquer circunstância, distribuí-

---

[20] De acordo com o n.° 3 de artigo 7.°, quando o meio de comunicação utilizado para a prática comercial impuser limitações de espaço ou de tempo, essas limitações e quaisquer medidas tomadas pelo profissional para disponibilizar a informação aos consumidores por outros meios serão tomadas em conta para decidir se foi omitida informação.

[21] No caso português estarão em causa os diplomas relativos a vendas à distância, viagens organizadas, contratos de aquisição de direito real de habitação periódica e de direito de habitação turística, afixação de preços dos bens ou serviços, medicamentos para uso humano, comércio electrónico, crédito ao consumo, comercialização à distância dos serviços financeiros prestados ao consumidor, seguros de vida e não-vida, mediação de seguros, sociedades de gestão e prospectos simplificados no âmbito de investimento colectivo em valores mobiliários, mercados de instrumentos financeiros, publicação e admissão à negociação do prospecto de oferta pública de valores mobiliários.

das por duas categorias: práticas comerciais enganosas e práticas comerciais agressivas.

Estão nesta lista práticas enganosas tão diversas como afirmar ser signatário de um código de conduta quando tal não corresponda à verdade, declarar falsamente que o bem ou serviço está disponível em condições especiais por um período muito limitado de forma a pressionar o consumidor, apresentar direitos do consumidor previstos na lei como uma característica distintiva da oferta profissional ou alegar que o bem ou serviço pode aumentar as possibilidades de ganhar nos jogos de fortuna ou azar.

Na lista de práticas agressivas em qualquer circunstância estão, por exemplo: criar a impressão de que o consumidor não poderá deixar o estabelecimento sem que antes tenha sido celebrado um contrato, fazer solicitações persistentes e não solicitadas, por telefone, fax, e-mail ou qualquer outro meio de comunicação à distância (excepto em circunstância e na medida em que tal se justifique para o cumprimento de obrigação contratual), informar explicitamente o consumidor de que a sua recusa em comprar o bem ou contratar a prestação de serviço põe em perigo o emprego ou a subsistência do profissional.

É de todo aconselhável que o diploma que acolha no direito português estas disposições não siga a técnica legislativa da directiva, mas antes preveja os diferentes casos no âmbito do articulado[22].

II. Para além de proibir as práticas comerciais desleais, o papel dos Estados-Membros é criar os meios adequados e eficazes para combater essas práticas (n.º 2 do artigo 11.º). Na óptica da directiva, tal passa por permitir o recurso de qualquer interessado aos tribunais e eventualmente a entidades administrativas imparciais que possam ordenar a supressão de uma prática comercial desleal. Permite-se ainda que os titulares de códigos de condutas possam exercer um controlo sobre as práticas comerciais desleais. Outras vias de reacção, porventura até mais eficazes, relativas à validade dos contratos celebrados sob a influência de uma prática desleal, não são tratadas, embora também não sejam excluídas.

III. A proibição de práticas comerciais desleais no interesse do consumidor e a possível previsão de um ilícito contra-ordenacional têm reper-

---

[22] Neste aspecto, o Anteprojecto de Código de Consumidor é particularmente feliz, dedicando os seus artigos 135.º a 150.º às práticas comerciais enganosas e os artigos 154.º a 164.º às práticas comerciais agressivas.

cussões ao nível da aplicação da 2.ª parte do n.º 1 do artigo 483.º do Código Civil. Passará a existir no ordenamento interno uma nova "disposição legal destinada a proteger interesses alheios", em cuja esfera de protecção se colocam os interesses dos consumidores. As normas contra-ordenacionais constituem, precisamente, grande parte dos casos que tipicamente se enquadram na previsão da violação das normas de protecção referidas neste preceito[23].

No caso de prática comercial desleal por omissão dá-se a criação de novos tipos delituais específicos omissivos. Lembre-se que à luz do artigo 486.º do Código Civil as omissões só dão lugar a responsabilidade civil quando decorra da lei (será este o caso) ou de negócio jurídico o dever específico de praticar o acto omitido.

O consumidor passa a ter dois meios adicionais de reacção: caso sofra danos, pode propor acção de responsabilidade civil com base na disposição da 2.ª parte do n.º 2 do artigo 483.º e pode, em qualquer caso, através de uma denúncia à autoridade competente, desencadear um processo contra-ordenacional com vista à aplicação de uma coima.

Outras vias, como a da *culpa in contrahendo*, permanecem intocadas e serão naturalmente passíveis de utilização caso os respectivos pressupostos se verifiquem.

IV. Para além da reacção individual do consumidor lesado pela prática desleal, é possível (e desejável) uma reacção colectiva. A directiva prevê expressamente, no seu artigo 11.º, que qualquer interessado, nele incluído o concorrente e as associações de consumidores, possa reagir contra uma prática comercial desleal.

Uma vez que a alínea *c*) do n.º 1 do artigo 10.º da lei de defesa dos consumidores já se refere, genericamente, a "práticas comerciais expressamente proibidas por lei", a proibição das práticas comerciais desleais conferirá, por si mesma, um direito de acção inibitória aos consumidores e às associações de consumidores (cfr. artigo 13.º da lei de defesa dos consumidores). A alínea *a*) do n.º 1 do artigo 11.º da directiva, no que respeita aos consumidores, não carecerá, pois, de transposição.

Já no que respeita aos concorrentes, é necessário que a legislação interna seja modificada no sentido de permitir expressamente que os concorrentes tenham legitimidade activa para combater as práticas comerciais

---

[23] Por exemplo, ANTUNES VARELA, *Das Obrigações em Geral*, vol. I, 10.ª edição, Coimbra, 2000, p. 538.

desleais (nomeadamente para propor uma acção inibitória), dando assim cumprimento ao disposto no n.º 1 do artigo 11.º da directiva.

V. A directiva nada dispõe relativamente à validade, à formação e aos efeitos dos contratos celebrados na sequência de uma prática comercial desleal, pelo que neste domínio o legislador nacional tem total liberdade. Pode nada acrescentar e permitir a aplicação das diversas soluções consagradas no ordenamento interno, *maxime* os regimes do erro e da coacção previstos no Código Civil, ou pode decidir avançar nesta área.

Numa óptica de efectiva protecção do consumidor, afigura-se justificado e desejável estabelecer um regime próprio de invalidade. Uma vez que estão em causa, primordialmente, interesses privados, não será adequado o recorrer à figura da nulidade, mas antes ao regime da anulabilidade[24]. Análogo aos regimes gerais do erro, da coacção e da usura, a previsão da anulabilidade permitirá que o lesado avalie, caso a caso, se lhe convém invalidar, modificar ou manter o acto celebrado na sequência de uma prática desleal.

4. O impacte da directiva na legislação portuguesa

Embora haja diversos diplomas que não são afectados pela directiva das práticas comerciais desleais[25], alguns diplomas importantes do ordenamento português são afectados. É o caso, desde logo, do Código da Pro-

---

[24] Veja-se, por exemplo, A. MENEZES CORDEIRO, *Tratado de Direito Civil Português* I, Tomo I, Parte Geral, 2.ª edição, Coimbra, 2000, pp. 644 e ss., sobre as razões que motivam a lei a escolher entre nulidade, anulabilidade e invalidades mistas.

[25] Assim, a matéria abordada no Decreto-Lei n.º 291/2001, de 20 de Novembro, relativa à venda com brindes, relaciona-se com a saúde e a segurança dos produtos, áreas ressalvadas pela directiva. Os aspectos ligados às vendas com redução de preços e vendas com prejuízo, tratados no Decreto-Lei n.º 253/86, de 25 de Agosto, têm uma abordagem fundamentalmente prescritiva e não proibitiva. A lei impõe, sobretudo, requisitos de informação ao consumidor para que essas vendas sejam possíveis. Ora esta matéria também é ressalvada pela directiva, estando prevista a sua regulação no regulamento comunitário sobre promoção de vendas, em preparação. Outros diplomas como os relativos à afixação de preços (Decreto-Lei n.º 168/99, de 13 de Maio) e à rotulagem (Decreto-Lei n.º 183//2002, de 20 de Agosto) também não são afectados pela directiva, porque a zona de possível coincidência com as disposições da directiva tem fundamentalmente a ver com requisitos de informação ou com aspectos ligados à protecção da saúde e à segurança dos produtos.

priedade Industrial, mas é também o caso do Código da Publicidade e do Decreto-Lei n.° 143/2001, de 26 de Abril, em virtude de a directiva alterar, como referido, algumas directivas anteriores.

A admitir-se que, entretanto, o anteprojecto existente de Código de Consumidor é aprovado como diploma legislativo, no qual serão integradas as disposições quer o Código da Publicidade quer do Decreto-Lei n.° 143/2001, então será necessário fazer as adaptações dentro do Código do Consumidor. Importa passar em revista os aspectos relevantes da articulação com estes diplomas. Começo por estes dois e referirei, depois, o Código da Propriedade Industrial.

i. *Código da Publicidade*

O actual regime da publicidade enganosa, gizado pela Directiva 84/450/CE e transposto no artigo 11.° do Código da Publicidade, continua a ter o seu campo de aplicação: define a generalidade dos casos em que a publicidade enganosa é proibida. No entanto, para efeitos de proibição de publicidade comparativa, a configuração da publicidade enganosa é mais lata: vale não só o disposto na Directiva 84/450/CE, ou seja, o que consta do artigo 11.° do Código da Publicidade, mas ainda o disposto na Directiva 2005/29/CE.

Para se transpor correctamente esta disposição da Directiva 2005//29/CE, será necessário, pois, alterar a alínea *a*) do n.° 2 do artigo 16.° do Código da Publicidade. A alteração pode ser feita num de dois sentidos: ou acolher no Código da Publicidade a noção ampla de publicidade enganosa ou introduzi-la essa noção no diploma que transponha a directiva e estabelecer no Código da Publicidade uma remissão para a noção deste diploma. No caso de ambas as matérias serem reguladas no Código do Consumidor, então será necessário apenas decidir o local do código onde contemplar a noção ampla de publicidade enganosa[26].

A melhor solução parece ser a de adoptar como regulação central a relativa às práticas desleais, não só porque o conceito de publicidade é mais restrito do que o de prática comercial, mas também porque o diploma central em matéria de práticas comerciais enganosas e agressivas

---

[26] O Anteprojecto do Código do Consumidor faz uma boa opção: refere-se à publicidade enganosa no artigo 95.°, remetendo a noção para a de prática comercial enganosa prevista nos artigos 132.° e ss..

(publicidade incluída) deverá ser o diploma de transposição da Directiva 2005/29/CE, particularmente vocacionado para proteger o consumidor, e não o Código da Publicidade, diploma que internamente transpõe a Directiva 84/450/CE, cujas disposições se destinam aos profissionais e aos concorrentes[27].

Outro ponto relevante onde a directiva interfere com o Código da Publicidade diz respeito ao ponto 29 do anexo I: "Incluir num anúncio publicitário uma exortação directa às crianças no sentido de estas comprarem ou convencerem os pais ou outros adultos a comprar-lhes os produtos anunciados.[...]", que corresponde às alíneas *a)* e *b)* do n.º 1 do artigo 14.º do Código da Publicidade.

Não parecendo aconselhável revogar as disposições do Código da Publicidade, a manutenção das duas disposições pode traduzir-se em duas condenações em processos contra-ordenacionais, o que violaria o princípio do *ne bis in idem*. A alínea *c)* do n.º 1 do referido artigo 14.º não levantará problemas, porque se alicerça em razões de segurança. Já a alínea *d)* do mesmo artigo poderá ter enquadramento no contorno genérico de prática comercial desleal, mas não está prevista na lista de práticas proibidas em qualquer circunstância. Revogar estas disposições do Código da Publicidade, ainda que genericamente acolhidas no novo diploma, pode traduzir-se, na prática, numa efectiva desprotecção destes consumidores particularmente vulneráveis. Num contexto de aprovação do Código do Consumidor, a matéria deverá ser uniformemente regulada nessa rede.

ii. *Decreto-Lei n.º 143/2001, de 26 de Abril*

Há certamente algumas zonas de sobreposição entre o disposto na directiva e o actual direito interno: o artigo 27.º ("vendas em cadeia, em pirâmide ou em bola de neve") face ao n.º 14 do Anexo I da Directiva; os

---

[27] A maneira de obstar à existência de duas configurações de publicidade enganosa no Código da Publicidade é fazer uma remissão do artigo 11.º deste código para o diploma de transposição da directiva e deixar inalterado o artigo 16.º do Código da Publicidade. Tal opção não contraria a directiva, uma vez que esta não veda regimes mais restritivos nas práticas entre profissionais, porquanto é matéria fora do seu âmbito. Esta alternativa, apesar de esvaziar o Código da Publicidade, é porventura a que melhor garante uma harmonia na legislação. No contexto do Código do Consumidor, e dentro da mesma lógica, o conceito lato de publicidade enganosa poderá aparecer no local relativo às práticas comerciais desleais.

números 2 e 3 do artigo 28.º ("vendas forçadas") em confronto com o n. 3 do artigo 5.º da directiva, com a interpretação que acima se propôs; e o n.º 1 do artigo 29.º (bens e serviços não encomendados) face aos n.ºs 21 e 29 do Anexo I da Directiva), que, no essencial, consomem também o regime do n.º 1 do artigo 28.º do Decreto-Lei n.º 143/2001.

Parte do regime do artigo 29.º não está previsto na directiva. Contudo, face ao n.º 2 do artigo 3.º da mesma, tal não se afigura problemático, porque diz respeito à validade e aos efeitos do contrato. Além disso, é de toda a conveniência manter o efeito da conservação a título gratuito[28], segundo antiga tradição do direito português, recebida do direito inglês.

Já o artigo 26.º é muito duvidoso que contrarie a directiva. Na verdade, parece difícil de sustentar que o âmbito da deslealdade configurado na directiva abranja a venda de bens de consumo por "entidade cuja actividade principal seja distinta da comercial". Se deslealdade existe neste comportamento, não se trata porém de deslealdade em relação aos consumidores, que podem ter até vantagem na ampliação da oferta dos bens de consumo, desde que a protecção da saúde e da qualidade dos bens esteja, como está, salvaguardada por outros preceitos imperativos.

No entanto, o seu conteúdo consagra uma medida de protecção dos comerciantes que se afigura inconveniente e possivelmente também inconstitucional. Está porventura em causa o princípio da livre iniciativa económica, sem que se compreenda qual seja o interesse substancialmente superior a proteger[29]. Se a revogação for considerada excessiva, a alternativa poderia consistir em retirar o preceito do diploma onde actualmente se insere (por ser um diploma de protecção dos consumidores), transferindo-o para o regime das práticas individuais restritivas do comércio (Decreto-Lei n.º 370/93, de 29 de Outubro), mais apropriado para acolher medidas de protecção do comércio.

Dúvidas podem também surgir a propósito da subsistência do artigo 30.º que proíbe as "vendas ligadas". Neste caso, poderá admitir-se que a prática é desleal em relação aos consumidores. Não parece porém que esta prática, sendo limitativa da liberdade da decisão de contratar, se inclua no âmbito das práticas agressivas tal como definidas no artigo 8.º da direc-

---

[28] Com redacção mais condensada que a da actual lei, mantém-se prevista no artigo 126.º do Anteprojecto de Código do Consumidor.

[29] Parece, pois, criticável a manutenção de tal proibição no artigo 124.º do Anteprojecto de Código do Consumidor.

tiva[30]. Na verdade, esta inclui no conceito de prática agressiva apenas aquela que utilize o assédio, a coacção ou influência indevida como meios de influenciar a decisão, enquanto a prática de venda ligada limita a escolha por restrição do próprio objecto contratual[31].

iii. *Código da Propriedade Industrial*

Os artigos 317.° e 318.° do Código da Propriedade Industrial, aprovado pelo Decreto-Lei n.° 36/2003, de 5 de Março, estabelecem a enumeração não taxativa de actos considerados de concorrência desleal. Algumas das práticas comerciais proibidas, em especial práticas enganosas, coincidem em parte com alguns desses actos de concorrência desleal, por exemplo: as práticas previstas no artigo 6.°, n.° 1, alínea *b*), da directiva coincidem, no essencial com os actos previstos na alínea *e*) do artigo 317.° do Código da Propriedade Industrial; as práticas previstas no artigo 6.°, n.° 2, alínea *a*), da directiva correspondem, em parte, aos actos previstos na alínea *a*) do mesmo artigo 317.°; as práticas descritas nos números 2 e 4 do anexo I da directiva integram-se na previsão mais geral das alíneas *c*) e *d*) do artigo 317.° do Código da Propriedade Industrial.

Importa então perguntar se estas disposições se podem manter intocadas não obstante o disposto nos números 1 e 4 do artigo 1.° e no artigo 4.° da Directiva 2005/59/ CE, que fazem desta directiva uma directiva de harmonização máxima.

Enquanto que o Código da Propriedade Industrial tem como escopo proteger a propriedade industrial e assim garantir a lealdade da concorrência (cfr. artigo 1.°), não tendo como preocupação a protecção do consumidor enquanto tal, a Directiva 2005/59 CE proíbe práticas comerciais desleais com vista a desenvolver o mercado interno e a proteger o consumidor. Assim se compreende que alguns actos de concorrência desleal (em especial, a violação de segredo e certos actos de descrédito ou de aproveitamento da reputação alheia) não tenham perfeita correspondência nas práticas desleais proibidas pela directiva e que algumas destas (em espe-

---

[30] Será interessante observar, a este propósito, a orientação do direito francês, onde a proibição das *ventes couplées* tem tradição enraizada.

[31] Por isso equiparada a recusa de venda pelo já citado Decreto-Lei n.° 370/93, de 29 de Outubro, que contém o regime das práticas individuais restritivas do comércio. Mas, no âmbito deste diploma, apenas se aplica nas relações entre agentes económicos, o que, no contexto, exclui as relações de comerciantes com consumidores.

cial as práticas agressivas) não estejam previstas como actos de concorrência desleal. Ou seja, embora os dois textos proíbam práticas comerciais desleais, o recorte dessas práticas só em parte coincide. Como a directiva funcionaliza a proibição das práticas comerciais desleais à protecção do consumidor, o catálogo de práticas proibidas implica, em primeira linha, a posição do consumidor enquanto destinatário dessas práticas.

Por esta razão, não se pode considerar que a manutenção do regime do Código da Propriedade Industrial viole o disposto no artigo 4.º da directiva. Na verdade, o domínio que é objecto de aproximação pela directiva não é o das práticas comerciais desleais em geral, mas o das práticas comerciais desleais face aos consumidores.

Pode todavia acontecer que uma mesma prática comercial desleal preencha as duas previsões, em concurso de normas. Assim, pode ser proibida à luz da lei relativa à protecção do consumidor, e sofrer as consequências a esse nível, ao mesmo tempo que é proibida pelo artigo 317.º do Código da Propriedade Industrial. Tal situação dará origem a dois ilícitos contra-ordenacionais distintos, com processos distintos e consequências porventura diversas. Repare-se que no quadro do Código da Propriedade Industrial, além da eventual responsabilidade civil, há lugar à aplicação de coimas, não sendo seguro que, neste âmbito, se possam aplicar as medidas expeditas de supressão imediata da prática exigidas pela directiva.

Parece pois chegado o tempo de harmonizar plenamente no direito português estes diferentes vectores. Para tanto, será necessário alterar profundamente o texto do artigo 317.º do Código da Propriedade Industrial, a partir de uma concepção global que assuma com lucidez o que deve ser igual e o que se admite ser diferente em comparação com o regime das práticas desleais nas relações com os consumidores.

5. Hierarquização de valores e princípios e reorganização do direito privado português

I. Até agora era muito claro que a produção comunitária na área da defesa do consumidor se inseria numa lógica de protecção mínima, permitindo, e até encorajando, os Estados Membros a avançarem para patamares mais ambiciosos de protecção. Com esta directiva, contudo, o paradigma alterou-se. Ter-se-á, porventura verificado, que a existência de níveis diferentes de protecção constituía um factor de retracção dos agentes económicos: na incerteza quanto ao nível dos deveres a que ficariam adstritos ao operarem noutro Estado, preferiam, muitas vezes, não arriscar. O prejuízo consequente para a promoção do mercado interno terá levado a esta mudança. Por enquanto é apenas um sinal numa área circunscrita e não é crível que se estenda a outras áreas, não deixa contudo de mostrar que para a Europa é mais importante o fortalecimento e o crescimento do um mercado interno do que a protecção do consumidor, que esta será sustentada enquanto for um bom suporte àquele objectivo e secundarizada se se tornar um entrave.

Haverá, pois, neste momento, um paradoxo no acervo legislativo comunitário de protecção do consumidor: se necessário, desproteger o consumidor para proteger o mercado. Esta abordagem, se não é nova no acervo comunitário, aparece nesta directiva, pela primeira vez, com clareza. Os desenvolvimentos que, no futuro, poderá conhecer na produção normativa comunitária e o impacte que terá na legislação interna do Estados Membros serão medidos a médio prazo.

No imediato, não parece subsistirem dúvidas de que esta directiva atinge o centro do direito privado e que deve suscitar uma profunda reflexão sobre as relações entre áreas do direito e a hierarquização de valores e princípios.

Um ponto de partida válido para esta reflexão deverá ser a própria Constituição da República Portuguesa. Se protecção do consumidor e protecção da livre concorrência estão ambas contempladas entre as incumbências prioritárias do Estado [alíneas *i*) e *f*) do artigo 82.º da CRP], a posição hierarquicamente superior da protecção do consumidor resulta com clareza da consideração do consumidor enquanto titular de direitos fundamentais (artigo 60.º CRP). Direitos estes inseridos no campo dos direitos económicos, sociais e culturais, embora o direito à reparação dos danos seja mesmo considerado como um direito análogo aos direitos, liberdades e garantias[32].

---

[32] J.J. Gomes Canotilho e Vital Moreira, *Constituição da República Portuguesa Anotada*, 3.ª edição, Coimbra Editora, Coimbra, 1993, p. 323; J. Carlos Vieira de Andrade, *Os Direitos dos Consumidores como Direitos Fundamentais na Constituição Portuguesa de 1976*, Boletim da Faculdade de Direito, vol.LXXVIII, 2002, pp. 52 e 53. O Tribunal Constitucional, no entanto, não se tem comprometido quanto a esta qualificação. Veja-se o seu Acórdão n.º 650/04, de 16 de Novembro, onde analisou a responsabilidade dos caminhos-de-ferro por atrasos, perda de ligações ou supressão de comboios e uma disposição legal por que se limitava a responsabilidade dos correios pelo extravio da correspondência.

II. A directiva das práticas comerciais desleais coloca, assim, ao direito português dois desafios interligados. O primeiro diz respeito à introdução de uma concepção, diversa da tradição portuguesa, de ligação estreita entre concorrência desleal e protecção do consumidor com vista à protecção do mercado. O segundo, naturalmente intimamente ligado com o primeiro, prende-se com a maneira como, do ponto de vista sistemático, a transposição da directiva deve ser feita.

Provavelmente, a opção passará pela aprovação do Código do Consumidor. O Anteprojecto publicamente conhecido e discutido opta por uma centralização neste diploma de toda a matéria relacionada com o consumidor. Por isso, por exemplo, abarca matérias actualmente integradas no Código da Publicidade ou na Lei das Cláusulas Contratuais Gerais. Não é este o palco para discutir a bondade desta concepção. Na nota de abertura ao Anteprojecto do Código do Consumidor, o Presidente da Comissão, António Pinto Monteiro, embora considere que uma opção pelo Código Civil também fosse possível, reputa a opção por um Código do Consumidor como o passo mais adequado e correcto, apelidando o texto apresentado de pós-moderno[33].

No caso da transposição desta directiva, a questão não se coloca, no entanto, ao nível da relação entre direito civil e direito de consumo, mas ao nível da relação entre o direito de consumo e o direito comercial. A proibição das práticas comerciais desleais integra-se em ambos os ramos. Através de um instrumento comum – proibição de práticas comerciais desleais – são protegidos concorrentes e consumidores. À protecção do consumidor nos moldes previstos na directiva, Portugal está obrigado, restará, portanto – e isto não caberá na alçada do Código do Consumidor – decidir o que manter no Código da Propriedade Industrial, sendo certo

---

[33] *Apresentação do Anteprojecto de Código do Consumidor*, Código do Consumidor – Anteprojecto, Ministério da Economia e da Inovação, Secretaria de Estado do Comércio, Serviços e Defesa do Consumidor, Lisboa, 2006, pp. 18 e 11, respectivamente. Se no contexto internacional a autonomização legislativa do direito do consumo é caminho trilhado por poucos países e a doutrina debate a autonomização científica e o futuro do direito do consumo, questões análogas colocam-se entre nós, duvidando-se da perenidade do direito do consumo enquanto ramo autónomo de direito. Veja-se C. FERREIRA DE ALMEIDA, *Direito do Consumo*...cit.. pp. 195 e ss., em especial, pp. 209 e ss., e L. MENEZES LEITÃO, *O direito do consumo: autonomização e configuração dogmática*, Estudos do Instituto do Direito do Consumo, vol. I, Coimbra, 2002, p. 28.

que o concorrente acabará por ficar protegido por ambas as disposições. Esta protecção no entanto só deverá entendida como uma protecção de facto, pois os interesses dos concorrentes não estarão juridicamente abrangidos pela esfera de protecção das normas constantes no Código do Consumidor.

PROCEDIMENTOS LABORAIS NA EMPRESA E DIREITO COMUNITÁRIO

BERNARDO XAVIER[*-**]

SUMÁRIO: § 1.º *Questões gerais.* § 2.º *O procedimento no Direito do trabalho da União europeia.*

§ 1.º Questões gerais

1. Temos já dito[1] que, na nossa legislação do trabalho, muitos dos poderes e direitos do empregador[2], nomeadamente quando susceptíveis de

---

[*] Professor Associado da Faculdade de Direito da Universidade Católica.
[**] Gostaríamos de salientar nesta homenagem ao Prof. Doutor INOCÊNCIO GALVÃO TELLES a importância do Mestre para o Direito do trabalho, faceta porventura menos conhecida de um perfil de jurista que encheu a segunda metade do século passado e afortunadamente continua neste século com obra tão notável. Na realidade, no plano da ciência juslaboral, são capitais os estudos do Prof. Galvão Telles sobre os contratos civis e depois sobre o contrato de trabalho (este último publicado no *BMJ*, n.º 83) e, sobretudo, o notabilíssimo parecer da Câmara Corporativa de que foi relator sobre uma proposta de lei relativa ao contrato de trabalho (1961), parecer que conclui com um projecto de diploma da sua autoria, que dá aos trabalhos legislativos sobre a regulamentação do trabalho uma nota de perfeição técnica que só voltariam a assumir com o projecto de que resultou o Decreto-Lei n.º 47 032.
[1] Referimo-nos ao estudo em publicação "Procedimentos na empresa (para uma visão procedimental do Direito do trabalho)", em publicação em Coimbra, no livro de homenagem a mestres de Direito comercial (FERRER CORREIA, ORLANDO DE CARVALHO, VASCO XAVIER).
[2] Como escrevemos no referido estudo, ao empregador estão deferidos importantes poderes que têm a ver com a própria gestão do contrato de trabalho e ainda com a posição dominante ("autoridade" – artigo 10.º do CT) que deve assumir relativamente à organização de pessoas e bens em que se analisa a empresa. É o empregador quem, dentro dos parâ-

atingir ou afectar a esfera de um ou vários trabalhadores, devem exercer--se por imperativo legal em procedimento próprio na empresa, transparentemente, *i.e.*, com informação, fundadamente, abrindo oportunidade de interlocução com o atingido (ainda que sejam posições activas de carácter unilateral), ou com um terceiro (entidade oficial, estrutura representativa dos trabalhadores), utilizando tramitação ajustada ao efeito, na qual se estabelecem prazos e formalidades. Olhando para os poderes do empregador na empresa é patente o carácter procedimental do poder *regulamentar* (artigos 95.° e 153.° do CT), do poder *disciplinar* (arts. 365.° e ss do CT) e do poder *directivo* (em sentido muito amplo[3], o de organizar a empresa, os contratos e as prestações do trabalho). No que se refere ao poder directivo, encontraremos duas vertentes: a *colectiva* e organizacional, ligada a actos gerais de gestão com incidência no pessoal (*v.g.*, suspensão da laboração ou *lay of*) ou mesmo directamente relativos ao pessoal nos seus conjuntos (*v.g.*, horários de trabalho, adaptação da duração do trabalho, planos de férias), e a *individual*, ligada a cada contrato de trabalho (admissão,

---

metros legais e com eventuais controlos (estaduais e, progressivamente, de órgãos representativos dos trabalhadores), define a estrutura da empresa, o seu organograma e quadro de pessoal, os horários de trabalho, os objectivos, modalidades e cadências de produção, determina as admissões e reduções de pessoal (e, portanto, a constituição e a cessação dos contratos de trabalho), como todo o regime de movimentação dos trabalhadores na empresa. Tal é, aliás, suposto pelo princípio constitucional de liberdade de empresa. A posição do empregador define-se pelos poderes em que classicamente se considera investido: poderes directivo, disciplinar e regulamentar. Há uma competência genérica do empregador, a exercer frente ao conjunto de trabalhadores, que tem fonte na própria estruturação normativa do contrato individual de trabalho e da indispensabilidade da sua gestão conjunta na empresa. A necessidade de coordenação e a própria natureza do contrato de trabalho, exposto e aberto ao futuro, em que é indispensável assegurar, mais do que uma modificação de conteúdos, uma *competência* de definição de conteúdos, explica suficientemente este tipo de poderes. Muito embora os poderes que referimos se reflictam na posição individual de cada contrato de trabalho (o *como*, o *quando*, o *onde* do dever da prestação do trabalho de cada trabalhador), correspondem muitas vezes a actuações de incidência colectiva, que se destinam à gestão comum dos contratos em face do "pessoal" ou fracções do pessoal da empresa. Retomaremos estas ideias na sequência.

[3] Normalmente, a nossa doutrina refere o poder directivo apenas à especificação e controlo da prestação do trabalho (atribuição de posto de trabalho, conformação e controlo da execução da prestação). Mas encontramos também na doutrina a reportação a esse poder de outras faculdades do empregador (gestão do tempo e local do trabalho) e, em sentido mais amplo, tudo o que caracteriza a proeminência do empregador na relação de trabalho e, portanto, as faculdades relativas à suspensão por interesse do empregador ou até à cessação unilateral.

promoção e despedimento do trabalhador e orientação e controlo da sua prestação). Nessas duas vertentes, muitos dos actos de expressão de poder do empregador demandam normalmente um procedimento, com audição prévia do(s) trabalhador(es) interessado(s), das suas entidades representativas, segundo certos trâmites. Aliás, o procedimento não deixa de estar ligado a relações de autoridade e a um método que tem sido propugnado para actuação de entidades que exercem poderes, de direito ou de facto (a empresa, mesmo privada, é considerada uma entidade de poder, o que tem consequências jurídicas, desde logo relativamente a direitos fundamentais[4]).

Teremos assim que o empregador dirige a prestação de cada um dos contraentes empregados, gerindo conjuntamente a força de trabalho da empresa titulada por contratos de trabalho, os quais estão marcados pela sua supremacia e por uma correlativa subordinação dos trabalhadores. E, do mesmo modo, organiza a empresa, determinando o seu volume de emprego, a cadeia hierárquica e os modos de divisão de trabalho, a localização de efectivos e distribuição dos tempos, as regras de funcionamento e de instalação, sendo que todos esses actos se reflectem determinantemente na esfera jurídica dos trabalhadores. Esses poderes são exercidos *em procedimento*, com interlocução de instâncias representativas dos trabalhadores[5]. Tal, simultaneamente, limita e afina esses mesmos poderes. Ainda que em muitos casos siga exemplos de Ordenamentos que nos são próximos e tenha como vamos ver um profundo enraizamento no Direito comunitário, a exigência do método de procedimento possui uma base normativa extremamente acentuada no nosso Código do Trabalho, muito mais nítida que em qualquer legislação que tenhamos visto[6].

---

[4] Com diversas posições, mas aceitando fundamentalmente esta ideia, JORGE MIRANDA, *Manual* vol. IV, (1993), 289; VIEIRA DE ANDRADE, (2001), 254 ss; J. J. ABRANTES, (1990), 103; (2000), 120 ss; e BENEDITA MAC CRORIE, (2005), 57 ss. V., também, J. CAUPERS, (1985), 171 ss.

[5] Essa interlocução, nas suas diversas formas, é feita por estrutura formal e permanente (associação sindical, comissão sindical ou intersindical, comissão de trabalhadores) ou por estrutura informal (comissões *ad hoc*, como as relativas à greve – artigo 593.º do CT – ou as relativas ao despedimento colectivo – artigo 419.º, 4, do CT).

[6] Convém dizer que em certos países, como na Alemanha, o procedimento, que é de regra nos casos em que existe representação dos trabalhadores na empresa (pelas próprias necessidades de interlocução e até de consenso com essa representação), como que é oculto pela própria dogmática de exposição do funcionamento do *Betriebsrat* e das suas competências.

2. Estamos a falar, portanto, de exercício concreto do poder ou do direito patronal através de decisão no final de um *due process*, constituído pela série de actos conducentes a emitir essa decisão em termos adequados (basicamente pela transparência, informação/consulta e fundamentação).

Teremos desde logo aqui um *limite* dos poderes e direitos e é neste plano restritivo que muitas vezes se refere o procedimento, mas – como já dissemos com desenvolvimento em outro lugar[7] – destacam-se como "mais valias" para a técnica ou método de procedimento na decisão do empregador, no caso da relação de trabalho, os seguintes aspectos:

   a) *Justiça aberta e informada*, através da transparência de um procedimento fundamentado em dados comprováveis e que conte com toda a informação e pondere alternativas.
   b) *Objectivação e racionalização, como condições da padronização*, para que a decisão assuma um sentido objectivado *em face do conjunto* dos trabalhadores interessados. Tal permite um melhor apuro da decisão, na expressão da sua *fundamentação/ racionalização e uma espécie de validação geral*, para funcionamento do princípio de igualdade.
   c) *Eficiência da decisão pela participação, convencimento e aceitação* (*busca de consensos*). O procedimento assegura a interlocução (várias formas de participação/envolvimento – informação, consulta/audiência, parecer, negociação, "consensualização", *rectius*, não discordância) do trabalhador, do conjunto dos trabalhadores ou das suas estruturas representativas. Quanto à "consensualização", em certos casos consegue-se mesmo uma "contratualização" (com a estrutura organizativa dos trabalhadores ou com um conjunto de trabalhadores). Através do procedimento potencia-se a efectividade da decisão pela adesão ou conformidade do trabalhador interessado.
   d) *Partilha de responsabilidades* e, em certo sentido, uma ideia de *inserção* e de *democratização* na instituição de referência (empresa), pela consideração da complexidade dos interesses em presença e integração funcional dos interesses do(s) trabalhador(es) afectado(s).

3. Encontraremos assim *procedimento* como sequência de actos estabelecidos nas normas de trabalho e por estas normas regulados com

---

[7] V. texto indicado na nota 1, que imediatamente a seguir resumimos e re-sistematizamos.

vista à realização de um acto final, no procedimento também compreendido. Na realidade, pela análise dos "termos e condições" da sequência de actos com vista à decisão, teremos que aquelas posições empresariais já referidas, que costumamos designar de poderes[8], devem ser exercidas de modo procedimental. E desses mesmos termos e condições decorre que se encontra muitas vezes atenuada a exclusiva subjectividade da gestão do pessoal que responsabiliza o empregador[9].

O procedimento é, antes de mais, tido como uma limitação ao que antes se entendia como direitos indiscutíveis do empregador (*managerial rights*), indispensáveis à gestão da empresa: estes passam a ser exercidos e tramitados com formalismos que restringem a capacidade e a velocidade de gestão. Mais: não será errado dizer-se que esta procedimentalização redefine a própria substância e fundamento desses direitos, na medida em que o empregador deva considerar no seu exercício os interesses do trabalhador.

Ora estamos em face de direitos privados. Sendo certo que o procedimento não é exclusivo de estruturas publicísticas e existe também muitas vezes no exercício dos direitos privados, já não se poderá afirmar que pertence ao modelo de exercício desses direitos (subjectivos) privados uma motivação que seja informada pelos princípios de legalidade, de igualdade e de valorização dos interesses da contraparte, a não ser nos limites da boa fé ou quando haja de detectar o abuso de direito. Quanto ao último aspecto, num modelo privatístico – a não ser nesses mesmos limites de correcção (boa fé) contratual – aquele que exerce um direito (que se opõe ao outro sujeito do contrato) não está obrigado a tomar em especial consideração os interesses do sujeito passivo desse mesmo direito.

Assim, no plano laboral, parece tornar-se necessária uma tentativa de reconstrução das posições jurídicas activas do empregador, já que os respectivos direitos subjectivos, poderes e faculdade passam a ter como referente também os interesses do trabalhador sujeito passivo, contando por vezes com a relevância das conveniências de outros interessados.

---

[8] Não procuramos para já especial rigor conceitual ao reportar-nos a posições subjectivas de carácter activo.

[9] Notar-se-á também que muitos dos actos empresariais referidos têm um carácter, se não plurisubjectivo, pelo menos não estritamente individual relativamente aos destinatários. Teremos, pois, uma ponderação dos interesses dos sujeitos passivos da relação jurídica numa extensão até há pouco insuspeitada e uma fragmentação do bilateralismo da mesma relação, cada vez mais se estruturando as situações laborais de modo poligonal, pela diversidade dos actores.

4. Temos pois um difícil ponto: o de explicar a *limitação* ao poder empresarial e aos direitos em que este se analisa, determinada não só pelo procedimento com interlocução, mas sobretudo porque se encontra ligada a estes tópicos uma obrigação de tomar em conta e considerar devidamente os interesses dos trabalhadores.

Poderia dizer-se, de entrada, que aqui nos encontramos diante de uma tendência contemporânea de limitação de poderes das entidades, públicas ou privadas, constituídas em autoridade. E, também, que se verifica em geral um enfraquecimento da própria ideia de Direito, e reflexamente dos direitos subjectivos, debilitados pela extensão de cláusulas gerais que afectam o exercício discricionário de posições jurídicas. A verdade é que vivemos num mundo cada vez mais propício ao relativismo na concepção dos direitos e a uma ideia matizada do seu uso, em que se prefere falar de flexibilidade e compromisso e não de plenitude quanto ao modo como são exercitados.

Mas não é apenas isto.

Desde há décadas a todos tem parecido perfeitamente aceitável e até natural que o empregador tenha de tomar em especial consideração os *interesses* dos trabalhadores relativamente aos quais exerce os seus poderes e direitos. E isto à partida, para além de outras boas razões (entre as quais, como havemos de ver[10], uma ideia de gestão societária nos termos do artigo 64.º do CSC), porque se evidencia a existência de uma comunidade de pessoal fundada em contratos de índole associativa e profundamente assimétricos, em que não é inteiramente válido o figurino da relação de troca e de contraponto sinalagmático de prestações perfeitamente identificadas.

Por outro lado, a própria lei – sobretudo quando institui certos poderes extraordinários do empregador – condiciona o respectivo exercício a "exigências" ou "interesses" da empresa, mais ou menos qualificados, em termos de aparente funcionalização dos direitos empresariais. E, mesmo em muitos outros casos, o exercício de posições activas empresariais está dependente da existência de um quadro fundamentador controlável (o exemplo mais saliente é talvez o do despedimento colectivo), sendo certo que a este propósito se tem falado em poderes limitados pelo seu próprio fim.

De qualquer modo, esta restrição dos poderes e aquela eventualmente decorrente funcionalização dos direitos do empregador ou do empresário

---

[10] *Infra*, n.º 8.

levantam problemas que não devem ser escamoteados. De facto, todo o mecanismo do direito subjectivo está no reconhecimento da vontade como valor (estamos no âmbito do Direito privado e assim no âmbito do "direito da decisão livre"[11], que "tem uma manifestação essencial na falta de controlo das motivações das partes"[12]) e no domínio da autonomia privada para obtenção de fins de livre escolha dos sujeitos, havendo assim irrelevância do escopo[13]. Pode dizer-se que "a lei, ao reconhecer um poder jurídico a uma pessoa para o prosseguimento de um determinado interesse, não a vincula necessariamente para exercer o poder conferido apenas na estrita medida deste mesmo interesse"[14]. No direito privado a actuação corresponde à autonomia no sentido de liberdade e não é expressão da legalidade. Exactamente a propósito das relações de trabalho, MENEZES CORDEIRO referenciou, e bem, a propósito da trilogia que funda a idade contemporânea, "o vector da liberdade"[15].

Mas, há muitas excepções no Direito do trabalho, em que a lei defere ao empregador certos poderes, definindo e marcando os interesses, em termos de exigir determinada fundamentação comprovável, e em que o método procedimental desempenha um papel importante no controlo[16], para defesa do trabalhador ou trabalhadores afectados, cujas conveniências haverão de ser ponderados. Ora isto demanda explicação porque, mesmo quando se exige a presença de um quadro fundamentador legalmente descrito ou uma justificação para um acto de gestão de empresa[17], não pertence necessariamente a esse quadro, salvo casos excepcionais, a consideração de modo sistemático dos interesses da contraparte[18]. De facto, esta consideração, que representa um aspecto dogmaticamente surpreendente no exercício de posições empresariais, não fica suficiente-

---

[11] Na fórmula de MEDICUS, cit. por OLIVEIRA ASCENSÃO, *Direito civil, Teoria geral* (Coimbra, 1997), ed. Coimbra Editora, 13.
[12] ASCENSÃO, ob. e loc. cit.
[13] SÉRVULO CORREIA, 433 ss.
[14] HÖRSTER, 228.
[15] "Liberdade, igualdade e fraternidade – velhas máximas e novas perspectivas do Direito do trabalho", em *IV Congresso Nacional de Direito do trabalho – Memória*, Almedina (Coimbra, 2002), 30.
[16] Nosso, *Despedimento colectivo*, 590-600, 608-634, 650.
[17] Nossa ob. cit., 650 ss. Necessário se tornará uma averiguação da razoabilidade, rectidão e inteireza da decisão empresarial (668).
[18] Ponderação que é necessária, por exemplo, nos casos de despedimento colectivo (nossa ob.cit., 668, 677-8, 686) e em geral em todas as formas de despedimento.

mente explicada pela funcionalização ao interesse da empresa (a não ser que se considere que nesta estão coenvolvidos os interesses dos trabalhadores[19]). Os direitos não têm em princípio de ser exercidos com abertura às conveniências do respectivo sujeito passivo, pelo que há de fazer aqui alguma sumária averiguação, a benefício de estudo mais elaborado. Na realidade, se estamos em face de direitos e poderes empresariais no seu entendimento clássico, não se vê razão para procurar apoios na consideração dos interesses do sujeito passivo. O direito de um sujeito existe em adversativa (contra) outro ou outros sujeitos e também é em regra irrelevante o escopo do seu titular.

5. Não pretendendo deixar o problema resolvido, gostaríamos de lembrar – como primeira explicação (ainda que não bastante) – que os poderes patronais actuam no quadro de uma relação obrigacional complexa e daí resulta à partida compreensível um certo entendimento funcional, limitador, sensível à posição da contraparte das posições jurídicas em causa. Jogaríamos assim com o entendimento da relação contratual complexa, em que, para além de deveres principais de prestação, há deveres laterais. De facto, o conteúdo da relação de trabalho não se analisa apenas nas obrigações fundamentais das partes: prestação do trabalho e prestação da retribuição. A lei especifica (artigos 120.º a 122.º do CT) muitos direitos e deveres, alguns deles instrumentais e conexos relativamente às prestações principais (*v.g.*, o dever de obediência, o dever de pontualidade do trabalhador). No caso dos deveres de prestação do trabalho, encontramos deveres secundários (como os de diligência, de assiduidade, de lealdade) e outros deveres laterais[20] que "já não interessam directamente ao cumprimento da prestação", mas "antes ao exacto processamento da relação obrigacional, ou, dizendo de outra maneira, à exacta satisfação dos interesses globais envolvidos na relação obrigacional complexa"[21]. E, do mesmo modo, as teorizações sobre os deveres de protecção, em que desde MOTA PINTO se tem empenhado a nossa civilística.

Ora a existência de poderes e direitos do credor nestas situações (e estamos a referir-nos apenas ao credor-empregador) e correlativos deve-

---

[19] Porventura num quadro institucionalístico tal será defensável quanto aos interesses colectivos dos trabalhadores, mas não será fácil aí incluir os interesses individuais.

[20] Notar-se-á que a qualificação dos direitos como secundários ou laterais não envolve atribuir-lhes carácter menos essencial para a execução do programa obrigacional. Como, aliás, num caso paralelo, o cumprimento defeituoso pode envolver danos muito mais consideráveis que o incumprimento da prestação.

res do trabalhador tem a ver com uma finalidade, *i e.*, uma função própria da protecção do crédito à prestação principal ou então outros interesses ligados ao fim do contrato ou à evitação de danos pelo "contacto social"[22] emergente. Isto significa que muitos dos referidos direitos e poderes característicos da posição proeminente do empregador não são autónomos da prestação principal, pois a ela estão colimados, ou – pelo menos – estão fundados no desenvolvimento saudável do programa contratual. Assim, esses poderes e direitos, mesmo quando assumidos e especificados pelas leis, têm em si explicita ou implicitamente uma finalidade de defesa de uma posição jurídica fundamental: daí o seu carácter instrumental, do que decorrem limitações específicas. Muitos dos direitos do empregador, como os de organização, direcção e controlo, estão ligados ao desenvolvimento da prestação principal do trabalho e têm um carácter instrumental, *rectius*, não são autónomos, estando portanto circunscritos ao interesse na prestação principal e a ela funcionalizados, o que explica limitação, proporcionalidade e termos de exercício em moldes de evitar excessiva oneração para o obrigado, cujos interesses são assim contemplados. O mesmo se pode dizer dos diversos direitos do empregador a que correspondem deveres de protecção dos trabalhadores, relativos à exigência de conduta no sentido de evitar danos à esfera empresarial.

6. O ponto merece maior averiguação[23]. Mas, mesmo prescindindo da análise da multiplicidade e necessária limitação funcional dos direitos correspondentes a obrigações acessórias, parece-nos a chave do problema tem a ver com a posição proeminente do empregador determinada pelas

---

[21] ALMEIDA COSTA, 77.

[22] Referimos em 1965 (nosso, *Da justa causa*, 20-1) este aspecto de "contacto social", ligado ao alargamento das situações de responsabilidade pelo cumprimento e ao carácter fiduciário do contrato de trabalho, por influência de MANCINI, que supomos que se situava na esteira de LARENZ, que lançara a ideia à época.

[23] Na verdade, a classificação dos vários tipos de deveres de protecção na obrigação complexa e o acolhimento dos respectivos quadros no Direito português é matéria de grande complexidade. V. o importante e desenvolvido estudo de NUNO PINTO DE OLIVEIRA (2005), 23-84. Por outro lado, a consideração dos interesses da contraparte assumiu expressão muito relevante nos últimos desenvolvimentos da legislação alemã, que tem sido estudados pela doutrina (desde logo no § 241, 2, do BGB – texto de 2001 – a que se refere NUNO OLIVEIRA, ob. cit. a pág. 30). Veja-se também, num plano mais preso às obrigações laborais, os §§ 315, 3, e 606, 1, do BGB, bem como a recente (2002) redacção do § 106 do GwO, que faz apelo a um certo tipo de razoabilidade, *i.e.*, prudente – ou equitativa – discricionariedade – *nach billigem Ermessen*).

características específicas do contrato de trabalho. Na verdade, este é um *contrato duradouro, incompleto e aberto ao futuro*, porque só o futuro permite concretizar a prestação do trabalhador e o seu correspectivo. Por outro lado, o contrato de trabalho, vivendo no plano empresarial, tem de se reportar a uma organização, e, dentro da organização, todos os contratos aparentemente autónomos são afinal *contratos intimamente conexos e interactivos*, na lógica própria organizacional[24]. Assim, poderemos dizer que o exercício dos direitos e poderes que definem a posição proeminente do empregador no contrato de trabalho está ligado à necessidade de gestão conjunta a até de uma padronização, sendo, portanto, atribuídas competências ao empregador (REUTER) para assegurar o aproveitamento das prestações, o que nessa medida supõe uma funcionalização dos poderes que concretizam essas competências e o controlo do respectivo exercício.

Na verdade, a natureza das coisas reclama um predomínio patronal no preenchimento de lacunas e de definição de futuras vivências e desempenhos contratuais dentro de padrões comuns a uma massa de contratos, predomínio apenas parcialmente balanceado por intervenções sindicais (contratação colectiva) ou por estruturas representativas dos trabalhadores. De facto, para além destes contrapesos, resta uma larga zona de influência patronal na gestão conjunta dos contratos, imune à técnica de consensos individualizados[25]. Ora, esta actuação da gestão proeminente do empregador, apesar de limitada, supõe especiais técnicas de contraponto, ainda procedimentais, como requisito de um mínimo de controlo.

Por essa razão, quer no direito comunitário quer no nacional, se exige especial procedimentalização para decisões excepcionais do empregador

---

[24] Os trabalhadores laboram em grupo, tendo em vista o trabalho dos outros. Como a prestação do trabalho demanda uma organização, é desenvolvida coligadamente, com desempenhos em que a actividade de cada qual carece de ser considerada e conjugada no tempo, no espaço e nas modalidades de execução, as tarefas de todos e cada um dos trabalhadores têm de se ajustar (numa cadeia de produção não podem ficar tarefas por fazer nem podem ocorrer tarefas redundantes, nem cada qual pode trabalhar para o seu lado e em qualquer lado e às horas que lhe aprouver e, também, o que cada um não faz terá de ser feito por outro). A interactividade é fortíssima em certas situações: candidaturas a uma promoção para a qual há vários contraentes/trabalhadores da empresa interessados; selecção para identificação do trabalhador a despedir num procedimento de despedimento colectivo, etc. A coordenação das prestações individuais pertence ao empregador empresário, como sempre ocorreu, mesmo quando a lei tal não estabelecia. V., a este propósito, o nosso *Curso de Direito do trabalho*, 348 ss, 363 ss.

[25] Não se podem "contratualizar" completa e rigidamente, em regra, tempos, locais e funções.

ou, do mesmo modo, para aquelas que têm especiais reflexos no conjunto dos trabalhadores e que apresentam assim um acentuado perfil colectivo (estamos a pensar nas decisões patronais relativas à transmissão do estabelecimento e ao despedimento colectivo). Nestas e em outras que afectam um conjunto de contratos de trabalho, o Ordenamento pode exigir um especial controlo de motivações e, daí o necessário escrutínio da fundamentação dos direitos invocados. Aí, as posições activas patronais são matizadas pela necessidade de especialíssima ponderação dos interesses dos trabalhadores, num quadro de apreciação que nos lembrou já o da jurisdição voluntária[26].

7. Existem poderes de autoridade privados: no Direito civil o fenómeno da autoridade está no "poder de impor juridicamente a outro as próprias decisões"[27], ainda que limitadamente, mesmo que a autoridade tenha fonte contratual. No exercício da sua autonomia negocial, o sujeito pode conferir poderes modificativos a outro, no interesse desse, desde que se verifique "suficiente justificação causal"[28].

O visionamento das relações de trabalho como relações de poder vulgarizou-se desde KAHN-FREUND, seguramente um dos maiores e mais lúcidos juslaboristas que o nosso mundo conheceu[29]. Este grande autor concebe justamente o Direito do trabalho no quadro de uma estratégia de limitações de poder. Tal ocorre pela própria natureza das coisas, e, por isso, é possível partir de uma certa ideia do poder do empregador como empresário, titular da estratégia da empresa, cúpula de hierarquia resultante de contratos de trabalho, organizados e interactivos, dotados de estabilidade plena[30] e, por isso também, redobradamente incompletos e expostos ao futuro. Esse poder, enquanto se exerce numa massa de contratos, tem de ser central e não sujeito a debate individualizado com os contraen-

---

[26] Nosso, *O despedimento colectivo*, 668 ss.
[27] BIANCA (1977), 20.
[28] *Idem*, 50-1.
[29] *Sir* OTTO KAHN-FREUND, de naturalidade alemã, emigrou para a Inglaterra e aí se naturalizou, sendo a sua obra principal – *Labour and the Law* – um dos mais conhecidos livros de referência de Direito do trabalho. Temos utilizado a tradução em italiano (*Il lavoro e la legge*, trad. por ZANGARI, ed. Giuffrè, Milão, 1974), mas em algumas das nossas bibliotecas universitárias existe a versão inglesa.
[30] Lembramos que os contratos de trabalho adquiriram uma completa estabilidade pelo princípio constitucional de estabilidade de emprego e que a outra face desse princípio é necessariamente uma grande abertura desses contratos à mudança.

tes; contudo terá de ultrapassar a discricionariedade (tornando-se aberto ao colectivo e a formas embrionárias de consenso, e também a técnicas de controlo).

Assim, o artigo 10.º do CT estabelece a "autoridade" do empregador que deve estar sujeita a vários graus de controlo (pelas ERCT's, pelos trabalhadores interessados e em certo grau pelo contraente atingido ou afectado), tendo em conta o equilíbrio do contrato e a pessoa dos trabalhadores envolvidos e o grupo interessado. Uma das formas de controlo é o seu exercício de forma procedimental, com várias interlocuções e com abertura a interesses não meramente próprios do titular (da empresa), mas ainda dos trabalhadores afectados.

De facto, os poderes do empregador são limitados, pelos termos da própria lei, com condições de fundo e de procedimento, pela intervenção das ERCT's, e – de certo modo – pelos interesses em atenção aos quais são conferidos. Neste domínio, considerando-se embora que nos encontramos em face de faculdades de organização para as quais se torna necessária a competência decisória patronal, referida a um interesse da empresa, nem por isso se pode abstrair da intervenção de estruturas representativas, necessariamente sensíveis aos interesses dos trabalhadores afectados. O envolvimento dos trabalhadores como grupo, a possibilidade de compartilhar competências de gestão a necessidade de integração de interesses torna convenientes os esquemas *procedimentais* de exercício de poderes, que actuem com respeito ao próprio princípio do *due process*: transparência, fundamentação discutida e avaliada com presença de todos os interessados, possibilidade de controlo.

8. Mas talvez seja muito mais do que uma *limitação*: pensamos que se pode falar actualmente de uma intervenção dos trabalhadores na decisão, no sentido agora moderno de *envolvimento*. E vem a propósito acentuar que, nos casos relevantes, nos encontraremos em face de pessoa colectiva[31], como titular dos poderes patronais. A posição patronal com os poderes respectivos e a titularidade fundamental da empresa com as suas prerrogativas pertencem normalmente a uma pessoa colectiva, na imensa maioria dos casos com forma de sociedade comercial, que toma as respectivas decisões, através de um sistema de governação com consequências a ela imputadas, sistema esse, aliás, cada vez mais difícil de descrever.

---

[31] Pensamos que os problemas procedimentais e este tipo de problemática exigem uma certa dimensão e, portanto, um tipo de empresa pouco conforme com a titularidade de pessoa singular.

A assunção e gestão de posições contratuais de que seja titular uma pessoa colectiva, nos seus momentos de definição orgânica e da relativa identificação da vontade da mesma pessoa colectiva com a vontade de pessoas singulares que suportam fisicamente os seus órgãos, envolvem consideráveis desafios dogmáticos ainda não suficientemente levantados. A decisão e a declaração de vontade apresentam dificuldades consideráveis de análise que não vamos aqui encarecer: de qualquer modo, os processos formativos (mormente nos órgãos colegiais) e a própria gestação da decisão na pessoa colectiva (que supõe uma informação – ligada a uma estrutura orgânica e hierárquica muitas vezes complexa – obviamente sem paralelo nas situações que relevam da esfera jurídica individual) estão ligados ainda a uma análise procedimental que não se pode considerar irrelevante ou apenas digna de menor atenção. Por outro lado, como referiremos, aos próprios suportes humanos da vontade das pessoas colectivas é sugerido um quadro de factores de decisão em que não é irrelevante o interesse dos trabalhadores (o decantado artigo 64.° do CSC).

A verdade é que tem feito alguma carreira um estudo de decisões empresariais em que o *management* descobriu a centralidade dos recursos humanos[32]. E, ainda que esteja muito na ordem do dia o sistema institucional e de governo (a célebre "governança") da sociedade anónima e da empresa[33] e não a dogmática da vontade da pessoa colectiva em termos jurídicos, todos os aspectos já apontados relevam, sobretudo, num quadro económico vasto suposto pela crescente globalização. Mas traz também dificuldades dogmáticas crescentes inserir no governo das sociedades (para o Direito as pessoas jurídicas – sujeitos titulares dos contratos de trabalho) os trabalhadores contrapartes desses mesmos contratos de trabalho e exactamente a esse mesmo título...

§ 2.° O procedimento no Direito do trabalho[34] da União europeia

9. Valerá a pena centrar agora o nosso estudo no Direito e práticas da UE, que desde há umas décadas se vem preocupando com o diálogo social.

---

[32] BAGLIONI, 223.
[33] *Infra* n.ᵒˢ 10 a 12.
[34] È relativamente recente a utilização do conceito de "Direito do trabalho" nas instâncias da UE, tendo-se muitas vezes preferido falar de "Direito social", ou convocar conceitos não jurídicos como os ligados às "relações de emprego" e "às relações industriais". Essa tendência muda decisivamente depois do célebre relatório SUPIOT. Recentemente foi

Ora quem diz "diálogo" diz "procedimento" no plano da preparação e execução de decisões, sendo que – num contexto europeu de valorização do mercado e da empresarialidade – as decisões económico-sociais surgem predominantemente como assumidas pelas empresas. E a intervenção nos domínios do Direito do trabalho da UE, ainda que muito preocupada agora com a segmentação do mercado de emprego entre *insiders* e *outsiders*, vem, sobretudo, no sentido do incremento da procedimentalização.

Recordaremos que a dimensão social do espaço comunitário só se torna nítida em meados dos anos setenta e haveria que esperar pela década seguinte para o lançamento da ideia de "diálogo social" em Val Duchesse[35]. Mas este já se encontrava presente e tinha raízes (ainda que porventura com outro espírito) pela especificação em várias Directivas comunitárias a partir de 1975, que tornaram obrigatório a consulta às ERCT's, relativamente a certas situações particularmente delicadas. Na realidade, logo que surgiram no início do último quartel do século passado os primeiros sintomas do reflexo negativo no plano social que poderiam ser provocados por um grande mercado (transferências de empresas, despedimentos colectivos, insolvências), a intervenção comunitária desencadeou-se. Estabeleceram-se alguns remédios substantivos, mas celebrou-se sobretudo um acto de fé nas virtualidades construtivas da intervenção das estruturas representativas dos trabalhadores, o que postula necessariamente métodos procedimentais. O obstáculo a decisões empresariais abruptas e de facto consumado, a necessidade de "meter tempo entre", a virtualidade da tentativa de consensos para medidas alternativas ou menos duras para os trabalhadores, tudo isto traçou um caminho que viria a ser mais largamente institucionalizado.

Hoje, a ideia não fácil de concretizar de um "modelo social europeu" tem como pilar fundamental a ideia de concertação, de "coesão económica e social" e "diálogo social", como objectivo de entendimentos consistentes entre empregadores e trabalhadores e suas estruturas representativas a todos os níveis[36]. Como diz DÄUBLER, "consulta é a palavra mágica"[37]:

---

publicado o livro verde sobre o Direito do trabalho na UE, na esteira de publicações que analisam o Direito do trabalho dos Estados-membros (ultimamente relatório SCIARRA).

[35] Para uma resenha da evolução, v. nosso *Curso*, 470 ss, SANTOS, 90 ss; e MONEREO, 48 s.

[36] De facto, não há muito tempo que se regista a atenção crescente para a dimensão colectiva das relações de trabalho – ROCELLA (2005), 875.

[37] DÄUBLER, "O futuro do Direito do trabalho europeu – abordagem preliminar", em *Themis*, n.º 12 (2006), 108.

na verdade, muito embora o Direito europeu não seja nem possa ser muito substantivo, a existência de direitos procedimentais – em si insusceptíveis de reparo – possibilita a eficácia da protecção aos trabalhadores[38]. E, de facto, teremos aqui algo de mais que a simples influência postulada pela consulta.

É, desde logo, de considerar que este apelo à concertação no plano comunitário envolve uma tramitação e, assim, um método procedimental (não há concertação sem procedimento) na definição de políticas (*v.g.*, as políticas relativas ao emprego) e na emissão de normas, tendo-se também em conta outros procedimentos nacionais assim suscitados (basicamente a concertação social a nível dos Estados-membros) e num plano estritamente jurídico-comunitário a própria possibilidade de transposição de directivas por convenção colectiva[39]. Deve ainda referir-se o mecanismo dos acordo quadro dos parceiros sociais, que alicerçam Directivas com grande alcance laboral[40]. Por outro lado, estão previstas CCT's como fonte de Direito comunitário (139.°)[41].

DÄUBLER chama a atenção para a importância do recurso privilegiado a Directivas. Na realidade, o rasgo da Europa não dispensa prudência e, sobretudo, uma respeitosa observância do pluralismo dos seus hábitos, tradições, métodos nacionais no que tem sido chamado de "relações industriais". Isto não só fez eleger a Directiva como método de regulação normativa, como *soft law* (mais programa que norma)[42], mas

---

[38] DÄUBLER, 110.
[39] 137.°, 4, do Tratado. GALANTINO (2006), 78
[40] BLANPAIN/COLUCCI, 117 ss.
[41] BLANPAIN/COLUCCI, 485 ss; e GALANTINO, (2006), 71 ss.
[42] Estamos bem consciente que tal não é inteiramente real, pois Bruxelas tem uma considerável apetência normativa. Olhando a evolução da UE, encontraremos que, depois de se deixar de alicerçar a competência em matéria social na necessidade de aproximação das legislações para funcionamento do mercado interno, foram galgadas as dificuldades do consenso unânime para as questões sociais com um aparentemente modesto âmbito de intervenção na anterior fórmula do Tratado, que já permitiu uma maioria simples, ao abrigo da qual foram emitido directivas de mais alargado conteúdo. E, também, sob o justo pretexto de fazer respeitar as Directivas, se fez sustentar que estas são imediatamente aplicáveis na ordem interna (ao menos pelas entidades publicas) e com algum "efeito horizontal" quanto às disposições "incondicionais e suficientemente precisas" (como se não fosse uma contradição nos termos supor a presença de disposições incondicionadas e precisas em instrumentos como as Directivas, que devem conter objectivos e não um aparelho normativo, ou – mais que uma contradição – mesmo uma violação ao próprio artigo 249.° do Tratado – que dispôs que "a directiva vincula o Estado-Membro

até a possibilidade de a sua transposição ser confiada aos parceiros sociais por CCT's[43].

Pelo menos desde a Carta comunitária dos direitos sociais fundamentais de 1989 se estabelece o princípio da informação, consulta e participação dos trabalhadores[44]. A subsequente Carta dos direitos fundamentais dos cidadãos da UE de 2000 (embora seja apenas uma declaração solene com eficácia jurídica débil) corresponde a uma "necessidade de recuperar a centralidade dos direitos sociais no sistema jurídico comunitário, depois de uma larga vassalagem em confronto dos valores económicos"[45]. Ora esta declaração reconhece expressamente no artigo 27.° o direito dos trabalhadores à informação e consulta no âmbito da empresa. O artigo 137.° do Tratado refere o apoio e completamento da acção dos Estados membros quanto à "informação e consulta dos trabalhadores" [al. e)]. Tal acção pode envolver a aprovação de Directivas, por maioria qualificada (artigo 137.°, 2, e 251.° do Tratado)[46].

Importa sistematizar.

Primeiro, num plano institucional, o modelo social europeu, após longos ensaios: a) procurou uma intervenção consistente nas grandes empresas, estabelecendo, em multinacionais de grande dimensão, conselhos de empresa europeus; b) reformou, a nível da estruturação jurídica e governo, as próprias pessoas jurídicas que detêm as empresas (reforma

---

destinatário quanto ao resultado a alcançar, deixando, no entanto, à instâncias nacionais a competência quanto à forma e aos meios").

[43] Não será aqui o lugar para uma discussão para os problemas da transposição. Diremos apenas o seguinte. Como se sabe, as directivas – diferentemente dos regulamentos comunitários – não constituem Direito comunitário uniforme e, portanto, a transposição destas para o Direito nacional poderá ser feita trilhando vários caminhos. Têm uma força menor que a dos regulamentos, que se aplicam geral, imediata e directamente no plano das relações empregador/trabalhador. Como dissemos na nota antecedente, a "directiva vincula o Estado membro destinatário quanto aos resultados a alcançar, deixando, no entanto, às instâncias nacionais a competência quanto à forma e aos meios". As directivas exigem, portanto, sempre uma leitura apropriada do próprio Direito interno para onde devem ser transportadas. Sobre a matéria, sustentando uma ampla aplicação das directivas na ordem interna, CRUZ VILAÇA (2001) e, também, SOFIA PAIS (2000).

[44] A Carta comunitária dos direitos sociais fundamentais está referenciada no artigo 136.° do Tratado.

[45] GALANTINO (2006), 81

[46] Contudo, a regra da unanimidade continua a operar quanto à representação colectiva dos trabalhadores e empregadores, compreendendo-se aqui a co-gestão.

do direito das sociedades anónimas com abertura à representação dos trabalhadores); c) assegurou a tomada em conta dos interesses dos trabalhadores nas decisões, no domínio das próprias empresas ou estabelecimentos ou unidades de produção relevantes (patrocinando o envolvimento das instituições de representação).

Depois, num plano mais avulso relativo a determinadas áreas, garantiu uma intervenção activa dos representantes dos trabalhadores em certos aspectos mais críticos do exercício de poderes dos empregadores.

Não se pretendeu operar com medidas rígidas, mas com uma regulamentação suficientemente flexível (directivas), que sobretudo tivesse em conta as especificidades e sistemas instalados. Tem sido posto em destaque que para isso tudo se adoptou um método procedimental.

Convém examinar as várias vertentes indicadas.

10. *Envolvimento e participação nas sociedades*

Desde logo, há a considerar a inserção dos trabalhadores na sociedade comercial que é titular da empresa onde estão integrados os trabalhadores.

Comecemos por observar que isto é algo de duplamente atípico na teorização societária e dos contratos. Quanto ao plano contratual, envolve, como vimos, no governo das sociedades, para o Direito as pessoas jurídicas – sujeitos titulares dos contratos de trabalho, as contrapartes desses mesmos contratos de trabalho e exactamente a esse mesmo título! Quanto ao plano societário, habilita à intervenção no governo da sociedade quem não é sócio e que tem com a sociedade um relacionamento conflitual, durante as últimas décadas considerado até, pela doutrina dominante, como radicalmente adversativo...

Nos vários Ordenamentos, tal tinha consagração há muitos anos apenas na Alemanha, quer na participação dos trabalhadores no órgão de gestão quer no órgão de controlo das sociedades[47]. Possuía alguma expressão, em termos mais mitigados, em ordenamentos como o inglês e o nosso, até à revisão do CSC, em moldes de pelo menos se considerar o interesse dos

---

[47] Como descrevemos no nosso *O despedimento colectivo no dimensionamento da empresa*, 157.

trabalhadores como uma referência para a gestão da sociedade[48-49]. Mas, obviamente que essa e outras referências como paradigma de gestão não possuíam o significado da institucionalização de um órgão representativo dos trabalhadores na gestão da sociedade[50]. Posteriormente, esta antinomia – a de os trabalhadores se integrarem na sociedade no plano do Direito comercial de que são contraparte na relação contratual à luz do Direito do trabalho – estendeu-se a outros titulares das posições contratuais quando se reclama a presença como interessados dos *stakeholders* (que incluem os clientes e fornecedores)[51].

À luz do Direito comunitário esta inserção ocorre desde logo nas sociedades europeias e nas regras quanto ao estatuto da sociedade anónima europeia.

O estatuto da sociedade anónima europeia[52], constante do Regulamento n.º 2157/01, do Conselho, de 8 de Outubro[53], foi publicado pelo Decreto-Lei n.º 2/05, de 4 de Janeiro. A sociedade anónima europeia é uma sociedade criada por entidades que pertençam a mais de um Estado membro da UE, devendo a sede estatutária localizar-se num Estado membro e a sociedade estar registada também no mesmo Estado membro[54]. A existência de regime de envolvimento dos trabalhadores na estrutura das sociedades, podendo assim influir nas decisões, é condição de registo (artigo 12.º). A Directiva n.º 2001/86/CE, do Conselho, de 8 de Outubro, transposta para o nosso Ordenamento pelo Decreto-Lei n.º 215/05, de 13 de Dezembro, vem completar o estatuto da sociedade europeia no que se refere ao envolvimento dos trabalhadores. Estabelece-se uma estrutura de representação dos trabalhadores para funcionar na sociedade anónima

---

[48] No plano societário, num debate entre nós colocado a propósito do artigo 64.º do CSC, v: VASCO XAVIER, *Relatório sobre o programa, os conteúdos e os métodos de ensino de uma disciplina de direito comercial (curso complementar)*, Coimbra, 1986, 29; RAUL VENTURA, *Sociedades por quotas*, III (Coimbra, 1991), 151; COUTINHO DE ABREU, 228 ss; MENEZES CORDEIRO, *Manual de Direito comercial*, 226 ss, e já anteriormente *Da responsabilidade civil dos administradores*, 516. V., actualmente, depois da revisão do CSC, OLAVO CUNHA, (2006), 70; e MENEZES CORDEIRO (2006), 443 ss.

[49] O sentido da revisão foi por nós criticado no texto referenciado na nota 1, com reservas quanto à constitucionalidade.

[50] As nossas comissões de trabalhadores são órgãos representativos dos trabalhadores na empresa, mas não órgãos da sociedade.

[51] É, aliás, esta a lição do actual artigo 64.º do CSC.

[52] Para os antecedentes, v. TOSI, 1313; e entre nós BRITO CORREIA (1984), 194-233.

[53] BLANPAIN/COLUCCI, 501.

[54] OLAVO CUNHA, cit., 38.

europeia, com objectivos de informação e consulta, bem como a participação por acordo em órgãos de administração ou fiscalização[55].

Trata-se de um processo prático de conciliação do capital e do trabalho e de inserção deste dentro do próprio sistema capitalista de mercado numa das suas realidades mais típicas (a sociedade anónima), em termos mais expressivos que as antigos receituários da participação nos lucros e do accionarato operário. O esquema comunitário foi determinado, quanto a este aspecto, pela influência do ordenamento alemão, em que há profunda inserção da representação dos trabalhadores na estrutura societária: o problema está em saber se é exportável a *Standort* germânica que deu tão bons resultados. Apesar do interesse do tema a nível comunitário, não vamos estudá-lo porque serão seguramente muito escassas as sociedades anónimas europeias com sede entre nós. Ainda assim o tema tem importância, porque os trabalhadores das sociedades portuguesas participantes numa sociedade europeia são representados num grupo especial de negociação, mas a verdade é que há uma grande fluidez nas previsões comunitárias e carecemos de suficiente notícia sobre tal matéria.

O que nos parece, para já, de pôr em foco é – como vimos – o aparente insólito, no plano estrito da lógica dos conceitos, da situação de

---

[55] Quanto ao ponto, os serviços da própria UE prestam as seguintes informações via internet: "Vários modelos de participação são possíveis: em primeiro lugar, o modelo que integra os trabalhadores no órgão de fiscalização ou no órgão de administração, em segundo lugar, o modelo do órgão distinto que represente os trabalhadores da sociedade europeia e, por último, os outros modelos a estabelecer por meio de acordo a celebrar entre os órgãos de direcção ou de administração das sociedades fundadoras e os trabalhadores da sociedade, sem prejuízo do nível de informação e de consulta previsto para o modelo do órgão distinto. A constituição de uma SE pela assembleia geral é apenas possível após a selecção de um modelo de participação descrito pela directiva. A fim de lhes permitir o exercício das suas funções, devem ser colocados à disposição dos representantes dos trabalhadores instalações, meios materiais e financeiros, bem como outras facilidades. Se não se chegar a um acordo satisfatório entre ambas as partes, aplicar-se-á então um conjunto de normas supletivas enunciadas num anexo da directiva. No caso de uma sociedade europeia resultante de fusão, serão aplicadas as normas supletivas relativas à participação dos trabalhadores no caso de, antes da fusão, pelo menos 25% dos trabalhadores já beneficiarem do direito de participação nas decisões. Foi quanto a este ponto que acordo político se revelou impossível até à cimeira Nice de Dezembro de 2000. O compromisso adoptado pelos chefes de Estado e de Governo permite a um Estado-Membro não aplicar a directiva às SE constituídas no âmbito de uma fusão: neste caso, a SE não poderá ser registada no Estado--Membro em questão, a não ser que seja possível alcançar-se um acordo entre a direcção e os trabalhadores ou se nenhum trabalhador beneficiava do direito de participação antes da criação da SE".

inserção dos trabalhadores na estruturação jurídica da pessoa colectiva que lhes é contraposta. Em termos de política de Direito trata-se de um rude golpe nas teses de negação das ideias institucional e comunitária da empresa e nas teorizações que, à direita e à esquerda, quase mofavam de tudo o que não fosse um credo na radical dualidade e no confronto de interesses entre os trabalhadores e a entidade empregadora. Na verdade, a concertação, no que traduz paz social e conciliação de interesses, "e pure se muove".

11. *Envolvimento nas empresas (e grupos) de dimensão europeia*

A perspectivação sobre a sociedade europeia de que falámos tinha antecedentes no plano das concepções sobre a "empresa europeia". Há que referir a Directiva 94/45 do Conselho, de 22 de Setembro de 1994, que contém disposições relativas aos conselhos de empresa europeus que devem existir nas empresas de dimensão comunitária[56].

A empresa comunitária ou o grupo de empresas de dimensão comunitária define-se pelo número total de trabalhadores (mil) e pela presença em pelo menos dois Estados-membros de uma força de trabalho com uma certa expressão (150 trabalhadores). Necessariamente que tem de haver alguma sobreposição entre as sociedades europeias e as empresas de dimensão comunitária, não nos parecendo fácil articular os sistemas quanto à representação dos trabalhadores. De qualquer modo, o Regulamento relativo às sociedades europeias atrás mencionado é expresso no sentido de ressalvar as disposições relativas às empresas de dimensão europeia. Nas empresas de dimensão comunitária, através do que se chamou um grupo especial de negociação, deverá preparar-se um acordo com espírito de colaboração para estabelecer um conselho de empresa europeu e as respectivas regras para execução dos princípios comunitários em matéria de informação e de consulta dos trabalhadores. De qualquer modo, supõe-se uma descentralização, para que a interlocução possa actuar nos vários países em que a empresa europeia tem estabelecimentos, com proximidade às decisões locais.

Aos conselhos de empresa europeus se referem os artigos 471.º a 474.º do CT e os artigos 365.º a 395.º da RCT.

---

[56] BLANPAIN/COLUCCI, 509 ss. V., também, os desenvolvimentos de MARGINSON/ /SISSON, 228 ss. Sobre a matéria, v., entre nós, JORGE LEITE, LEAL AMADO, LIBERAL FERNANDES, JOÃO REIS, *Conselhos de empresa europeus* (1996).

No que para o nosso caso interessa, deve referir-se que se estabelece quanto aos conselhos de empresa europeus um método procedimental de actuação dos poderes empresariais quando afectem consideravelmente os interesses dos trabalhadores. Nessas hipóteses, nomeadamente em caso de transferência do local de trabalho, de encerramentos ou de despedimentos colectivos, as estruturas representativas das empresas de dimensão europeia têm o direito a ser informadas (tal, aliás, já acontecia com a emanação em 1975-6 de Directivas sobre estas matérias). E, subsequentemente, tais estruturas terão o direito a reunir a seu pedido com a instância representativa do empregador, a fim de serem informadas e consultadas sobre as medidas que afectem consideravelmente os interesses dos trabalhadores. Está previsto também que essas reuniões sejam feitas com base em relatório elaborados pelo empregador sobre o qual poderá ser emitido parecer pelas instâncias representativas dos trabalhadores.

12. *Envolvimento dos trabalhadores nas empresas e estabelecimentos*

É algo que desde logo está programado no ponto 17 da Carta Comunitária dos Direitos Sociais Fundamentais dos Trabalhadores, ao prever a informação, consulta e participação dos trabalhadores.

A Directiva n.º 2002/14/CE do Parlamento e do Conselho[57] corresponde a uma tentativa de encontrar instrumentos jurídico-práticos que permitam o exercício do direito à informação e consulta dos trabalhadores, privilegiando a acção antecipada dos métodos de envolvimento, num quadro de direitos e obrigações recíprocos ao nível da empresa e do estabelecimento de dimensões médias e grandes (pelo menos 50 trabalhadores – empresas – e 20 – estabelecimentos). Os considerandos da Directiva (ainda que deploravelmente assistemáticos e prolixos) são extremamente interessantes, avultando os seguintes aspectos:

- Desde logo, procura ultrapassar-se a insuficiência dos quadros jurídicos existentes, pois estes nem sempre impedem que sejam tomadas e tornadas públicas decisões graves que afectam os trabalhadores, sem procedimentos prévios e adequados de informação e consulta.

---

[57] BLANPAIN/COLUCCI, 536, sobre os antecedentes da Directiva.

- Dá-se importância ao reforço do diálogo social e das relações de confiança, para promover a antecipação de riscos, a flexibilidade da organização do trabalho, e um conjunto vasto de acções junto aos trabalhadores (sensibilização às necessidades de adaptação, disponibilidade para a formação, melhoria de competências e empregabilidade).
- Promove-se o envolvimento dos trabalhadores no futuro da empresa.
- Tende-se à melhoria da competitividade da empresa, sendo que "a informação e consulta em tempo útil constituem uma condição prévia para o êxito dos processos de reestruturação e adaptação das empresas às novas condições resultantes da globalização da economia, nomeadamente através do desenvolvimento de novas formas de organização do trabalho".

Há aspectos conceituais de grande importância na medida em que se definem os níveis de intensidade deste envolvimento[58]. Assim:

a) Teremos, desde logo, *informação*, como "a transmissão de dados por parte do empregador aos representantes dos trabalhadores a fim de que estes possam ter conhecimento do assunto tratado e analisá-lo" [artigo 2.º, *f*)]. "A informação é prestada em momento, de forma e com conteúdo susceptíveis de permitir, nomeadamente, que os representantes dos trabalhadores procedam a um exame apropriado e preparem, se for caso disso, as consultas" (artigo 4.º, 3).

b) Teremos, depois, a *consulta*, entendida "como troca de opiniões e o estabelecimento de um diálogo entre os representantes dos trabalhadores e do empregador" [artigo 2.º, *g*)][59]. A consulta realiza-se, em momento, ao nível, em forma e conteúdo apropriados [artigo 4.º, 4, *b*) e *c*)], com base nas informações, "de modo a permitir que os representantes dos trabalhadores se reúnam com o empregador e obtenham uma resposta fundamentada ao parecer que tenham formulado" [artigo 4.º, 4, *d*)].

c) Finalmente, ainda que não definida, pode haver uma fase de *negociação* com vista a acordo, decorrente de um processo superior de consulta, mesmo em matérias da competência do empregador.

---

[58] Sobre os conceitos, antes, v. TOSI (1995), 1308 ss. Lembre-se que no artigo 2.º, 1, *f*) da Directiva sobre conselhos de empresa europeus se dá um conteúdo igual ao conceito de "consulta".

[59] V. nota anterior.

Encontramos, pois, o reforço do método procedimental, por um faseamento, tramitado em informação, parecer, resposta motivada, reunião e eventualmente negociação com vista a acordo.

Os conteúdos deste envolvimento têm em vista as várias bandas descritas. A informação é relativa à "evolução recente e provável das actividades da empresa ou do estabelecimento e sua situação económica" [artigo 4.°, 2, *a*)]: A informação e consulta referem-se "à situação, a estrutura e a evolução provável do emprego na empresa ou no estabelecimento e sobre as eventuais medidas de antecipação previstas, nomeadamente em caso de ameaça para o emprego" [artigo 4.°, 2, *b*)]. A negociação com vista a um acordo [artigo 4.°, 4, *e*)], antecedida de informação e consulta, ocorrerá "sobre as decisões susceptíveis de desencadear mudanças substanciais a nível da organização do trabalho ou dos contratos de trabalho, incluindo as abrangidas pelas disposições comunitárias" [artigo 4.°, 2, *c*)], que são as já referidas relativas à transmissão, insolvência e despedimento colectivo, bem como as relativas à sociedade e à empresa europeias[60].

Há, sobretudo, a confirmação e reforço do novo espírito, já que se consigna que "o empregador e os representantes dos trabalhadores devem actuar num espírito de cooperação e no respeito pelos seus direitos e obrigações recíprocos, tendo em conta os interesses da empresa ou do estabelecimento e os dos trabalhadores" (artigo 1.°, 3, da Directiva)[61]. A participação já não é uma limitação ou um controlo: é caracteristicamente um *envolvimento*.

13. Num plano mais específico, relativamente a políticas e a relações de trabalho em aspecto pontuais, há muito a relacionar. Referindo-nos às políticas, consideraremos:

a) *Políticas de emprego*

Com particular relevo na "estratégia de Lisboa" para o crescimento e emprego, a política de emprego da UE está centrada nas ideias de "antecipação", "prevenção" e "empregabilidade", que se devem reflectir a nível das empresas, "através da intensificação do diálogo social com vista a facilitar uma mudança consentânea com a preservação do objectivo prioritário

---

[60] Nos termos do artigo 9.° da Directiva.
[61] Tal já resultava da Directiva sobre os conselhos de empresa europeus em que se referia o "espírito de colaboração".

do emprego"[62]. Já antes se tinha dito que convinha "promover e reforçar a consulta sobre a situação e evolução provável do emprego na empresa" e "caso a avaliação feita pelo empregador aponte para uma possível ameaça ao emprego na empresa, as eventuais medidas de antecipação previstas"[63].

As questões relativas ao emprego são determinantes (tit. VIII do Tratado) e omnipresentes na actividade da UE, com particular ênfase num diálogo social que supõe os aspectos procedimentais que referimos.

Neste domínio mais específico, ainda que útil no plano do Direito do trabalho e do aperfeiçoamento do mercado de emprego, não pensamos importar tanto a reflexão sobre o quadro normativo da liberdade de circulação ou sobre o "destacamento"[64], em face do seu escasso relevo procedimental.

b) *Políticas de formação*

O que se disse quanto ao emprego se dirá quanto à formação, ela própria impregnada das políticas de emprego e do conceito de "empregabilidade". A Comunidade actuará uma política de formação profissional nos termos do artigo 150.°, 1, do Tratado. Os aspectos procedimentais e de diálogo social resultam do método propugnado, nos mesmos termos do que se referiu[65].

c) *Políticas de saúde, higiene e segurança*

Os aspectos relativos à higiene e segurança são um excelente exemplo da consagração dos métodos de diálogo social. Referida expressamente no artigo 137.°, 1, *a*), do Tratado, "a melhoria principalmente do ambiente do trabalho a fim de proteger a segurança e saúde dos trabalhadores", a UE tem emitido várias directivas a propósito[66].

---

[62] Transcreve-se um considerando da Directiva n.° 2002/14/CE.
[63] *Idem*.
[64] Com muitas indicações sobre a jurisprudência comunitária na matéria, MOURA RAMOS (2005).
[65] V., sobretudo artigos 123.° a 126.° do CT e artigos 160.° a 170.° da RCT.
[66] As directivas são aprovadas por maioria qualificada, ouvido o Comité Económico e Social e seguem o procedimento prescrito no artigo 251.° do Tratado. A comissão elabora propostas de Directiva depois de ter consultado um comité consultivo para a segurança, higiene e saúde, composto por representantes dos Governos, dos trabalhadores e dos empregadores. Uma indicação das várias directivas específicas relativas a prevenção de riscos (cerca de uma vintena) poderá ser vista em GALANTINO, 173-4.

A Directiva quadro n.° 89/391, de 12 de Junho de 1989, menciona as medidas para melhorar a segurança e saúde no trabalho e compreende procedimentos para evitar acidentes com princípios gerais sobre prevenção e eliminação de factores de risco e, sobretudo, no plano que nos interessa, para informação e consulta de trabalhadores e seus representantes nesta matéria.

GALANTINO fala exactamente na "procedimentalização" da obrigação de prevenção de riscos[67]. As avaliações de riscos e os dispositivos dos programas de medidas preventivas devem constar de documento que se encontra sempre disponível, com efeitos relevantes para responsabilização do empregador, reexaminadas pelo menos anualmente por este, pelo representante do serviço de prevenção, pelo representante dos trabalhadores para a segurança e pelo médico do trabalho. As medidas devem ser actualizadas constantemente, de acordo com a evolução da técnica e da natureza da actividade da empresa. Os trabalhadores deverão ser informados não só sobre os riscos específicos (v. *infra*), mas também sobre os riscos comuns da empresa e receber formação suficiente, adequada e actualizada.

É neste domínio importantíssimo o esquema procedimental pelo constante acompanhamento de estruturas representativas dos trabalhadores: o representante de segurança designado pelos trabalhadores tem acesso aos locais de trabalho, tem direito à informação e consulta em matéria de prevenção, participa em reuniões periódicas em matérias de saúde, e tem possibilidade de recorrer às autoridades quando considere que as medidas adoptadas pelo empregador não são idóneas para salvaguardar a saúde dos trabalhadores. Daí uma influência considerável na tomada de decisões finais pelo empregador.

Note-se que o CT transpõe esta Directiva, basicamente nos artigos 272.° a 280.°, com desenvolvimento nos arts 211.° a 266.° da RCT, em que se criam serviços com participação dos trabalhadores e com actividades de prevenção, de formação e de informação, e de exames e de vigilância, seguindo técnicas procedimentais e de constante interlocução, com informação e consulta dos trabalhadores (artigos 253.° a 255.° do RCT). V., também, os artigos 41.° a 65.° da RCT.

d) *Políticas de igualdade e não discriminação em função do sexo e da nacionalidade e de outras circunstâncias*

O princípio da igualdade homens/mulheres, importantíssimo tanto no Direito nacional como comunitário, tem expressão, desde logo, nos artigo

---

[67] A. e ob. cit., 177.

13.º, 39.º e 141.º do Tratado e é desenvolvido numa série de Directivas[68]. Igualmente relevantes são as regras relativas ao princípio de igualdade constantes de vários dispositivos específicos. Procura ter-se em conta não só a igualdade na retribuição (entendida em sentido amplo), como também no acesso ao emprego, à formação profissional e às condições de trabalho, com especial atenção a discriminações indirectas. As questões emergentes relativas ao assédio moral e sexual têm ganho especial acuidade.

Sendo estes dispositivos de carácter substantivo, nem por isso a boa execução de princípios de igualdade de tratamento e de oportunidades deixa de possuir também relevo procedimental. É expressivo o sistema de distribuição de ónus da prova (Directiva n.º 97/80, de 15 de Dezembro), que impõe ao empregador a demonstração da razoabilidade dos critérios adoptados quando se verifiquem tratamentos diferentes. Muito embora o ónus da prova tenha basicamente relevo processual, a verdade é que não deixará seguramente de importar no plano procedimental pelo próprio apelo à transparência referido na Directiva.

A Directiva n.º 2000/43, de 29 de Junho, e a Directiva n.º 2000/78, de 27 de Novembro, estabelecem proibições de discriminação relativas à raça, origem étnica, religião, convicções pessoais, idade e orientação sexual.

São também contempladas as proibições de discriminação relativamente a trabalhadores com capacidade de trabalho reduzida. Este último caso tem uma nítida vertente procedimental, ao prever-se a possibilidade de estabelecer uma tramitação adequada (ainda que sem encargos financeiros desproporcionados) para que os trabalhadores com capacidade reduzida consigam aceder ao trabalho ou a uma promoção, ou para que possam receber formação. Deve ter-se em conta que o sistema de ónus da prova é o indicado no penúltimo parágrafo.

O artigo 13.º da última Directiva referenciada, sob a epígrafe "Diálogo social", estimula as práticas adequadas para que os Estados-membros, através do diálogo social e pela monitorização de práticas no local de trabalho, de códigos de conduta, e boas práticas, promovam a igualdade de tratamento.

Todas estas normas nos parecem adequadamente transpostas no nosso Direito (artigos 22.º a 32.º do CT e artigos 30.º a 40.º da RCT).

Invocando ainda o princípio da não discriminação, o Direito comunitário procura estabelecer regras no sentido da igualização de certas formas

---

[68] GALANTINO, 198.

de trabalho precário (tempo parcial, trabalho a termo, teletrabalho, trabalho temporário). V. *infra*.

14. Envolvimento em decisões específicas

Está também programada uma série de situações que postulam, directa ou indirectamente, o envolvimento, nas suas formas de informação, consulta e negociação em outros aspectos relativos à gestão individual ou conjunta do contrato de trabalho. De qualquer modo, todas essas hipóteses exigem uma tramitação. Assim:

a) *Informação geral*

A Directiva n.º 91/533, de 14 de Outubro[69], estabelece regras para informar o trabalhador das condições de trabalho, relativamente às condições essenciais do contrato. Esta obrigação pode ser cumprida até 2 meses depois do ingresso do trabalhador, tornando-se novamente necessária depois de terem ocorrido modificações contratuais relevantes. Não se trata propriamente de forma contratual nem sequer de documentação comprovativa, valendo assim como interlocução informativa de carácter acessório.

b) *Protecção familiar (maternidade, paternidade, licenças, «part time»)*

A Directiva n.º 92/85, de 19 de Outubro, estabelece algumas regras de protecção à mulher trabalhadora no caso de maternidade (basicamente o direito a 14 semanas de licença e a proibição de despedimento). Inseridos estes dispositivos na ideia geral de promoção da melhoria da segurança e saúde no trabalho da mulher grávida, puérpera ou no período de aleitação, os princípios procedimentais inerentes estão com que pressupostos, aplicando-se ainda os esquemas de avaliação de riscos, de consultas e de formação dos trabalhadores da Directiva quadro já equacionada. Notar-se-ão os dispositivos relativos às funções e tempo de trabalho, em termos de salvaguardar a saúde da mulher.

No que se refere às licenças parentais, aliás no âmbito de igualdade de oportunidades homem/mulher, depois de se ter encontrado um acordo

---

[69] A transposição para o Direito português continua feita no CT (arts 97.º a 101.º do CT).

quadro pelos parceiros sociais, inserido no Tratado, estabelece-se um conjunto de medidas para conciliar as obrigações familiares e profissionais (Directiva n.º 96/34, de 3 de Junho). Para além de licença parental, estabelece-se uma panóplia de possibilidades para tal conciliação, dispondo-se esquemas de *part-time* e ainda mecanismos para proteger os trabalhadores contra o risco de desqualificação e despedimento. São ainda de referir as possibilidades de ausências em situação de força maior. Tal, forçosamente, envolve uma gestão tramitada e interactiva das relações de trabalho em moldes procedimentais.

Relativamente a estes vários aspectos, no direito interno, que transpõe as directivas assinaladas, v. artigos 33.º e ss do CT e 66.º e ss da RCT.

c) *Segurança e saúde de cada trabalhador*

O assunto tem, sobretudo, uma vertente colectiva [cfr. *supra* n.º 13, c)]. Contudo, sem prejuízo do que se disse em geral sobre a segurança e saúde do conjunto dos trabalhadores, a Directiva quadro 89/391 toma especial atenção às condições subjectivas de cada um, devendo – para além de vigilância periódica das situações de risco genérico – o trabalhador ser afastado de exposição a riscos por motivos sanitários inerentes à sua própria pessoa.

Importante referir que outras directivas se preocupam com a situação neste ponto de vista dos chamados trabalhadores atípicos[70].

d) *Tempo (organização, descansos e férias)*

Como é sabido, rege na matéria uma importante directiva[71] (codificada pala Directiva n.º 2003/88/CE, de 4 de Novembro[72]). Muito embora os temas tratados sejam por excelência de carácter procedimental na sua aplicação dentro das empresas, pela vertente organizativa que postulam, a Directiva é bastante substantiva e estabelece prescrições mínimas quanto ao repouso (em cada dia – intervalo na jornada e descanso diário –, descanso semanal, férias anuais) e regras quanto ao tempo de trabalho (período de trabalho semanal, trabalho nocturno e por turnos). Apesar de estar

---

[70] Directiva n.º 91/383, relativa aos trabalhadores das empresas de trabalho temporário e ainda aos trabalhadores nos contratos a termo.

[71] A transposição para o Direito português está feita no CT, nas secções respectivas.

[72] Codifica a Directiva n.º 93/104, de 23 de Novembro, modificada pela Directiva n.º 2000/34, de 22 de Junho.

aqui muitas vezes ausente a referência a uma intervenção dos representantes dos trabalhadores, ela não deixa de ser um implícito[73]. Por outro lado, há menções expressas quanto à fixação dos períodos nocturnos e obrigatoriamente nas precauções especiais, que têm obviamente um desenvolvimento procedimental, pela especial atenção aos interesses sanitários dos trabalhadores envolvidos no trabalho nocturno e de turnos.

O princípio da adequação do trabalho ao homem contido nas normas comunitárias torna nítida esta regra de exercício de direitos com particular atenção à posição da contraparte, que se tornou agora apanágio do exercício de posições patronais.

Finalmente, prevêem-se aspectos de flexibilização da própria Directiva com intervenção dos parceiros sociais, ou consultas tendo em vista conseguir acordos.

e) *Despedimentos colectivos*

Neste capítulo descobre-se a linha marcadamente procedimental do Direito comunitário desde 1975 (Directiva 75/129/CEE, revista em 1992), tendo sido depois aprovada a Directiva n.° 98/59/CE do Conselho, que republica as directivas anteriores sobre despedimentos colectivos sem alterações. O objectivo da Directiva foi, primeiro, a regulação do mercado (finalidade económica) e, depois, a melhoria das condições dos trabalhadores (finalidade social). Em 1992 ganhou maior projecção a finalidade social[74], não tendo encontrado quaisquer mudanças no texto de 1998, adequadamente transposto no CT (artigos 397.°, 419.° ss, e 431.°).

A Directiva aplica-se aos despedimentos por um ou mais motivos não inerentes à pessoa do trabalhador, quando atinja uma considerável expressão quantitativa dentro de determinado arco temporal, relativamente a uma dada dimensão empresarial (a Directiva não tem de se aplicar a micro empresas ou a muito pequenas empresas). A noção de despedimento colectivo assenta num critério simultaneamente negativo (despedimentos

---

[73] Sobre o tema, SUPIOT, 144 ss.

[74] A Directiva teve nas suas origens não só num caso concreto de distorção de concorrência (empresa multinacional que pretendeu encerrar no país em que os custos de despedimento fossem mais baixos) mas também na consideração de que a constituição do espaço europeu proporcionaria mudanças estruturais e conjunturais das quais resultariam fenómenos de despedimento de massa. Tratava-se de proteger os trabalhadores do funcionamento do mercado comum, entendendo-se que estes não deveriam pagar o preço da instituição de um mercado mais alargado.

por motivos não inerentes à pessoa do trabalhador) e quantitativo (número de cessações de contratos de trabalho em determinado espaço de tempo em empresas de certas dimensões). O alcance da Directiva é, como se disse, principalmente de carácter procedimental, no sentido de estabelecer um sistema organizado de consultas com os representantes dos trabalhadores e uma eficaz intervenção da autoridade pública. Nos termos da Directiva as consultas incidirão, pelo menos, sobre as possibilidades de evitar ou reduzir os despedimentos, bem como sobre os meios de atenuar as suas consequências.

Para viabilizar uma intervenção construtiva dos representantes dos trabalhadores, o empregador deve fornecer-lhes todas as informações úteis (nomeadamente – através de informação escrita – os motivos do despedimento, o número de trabalhadores a despedir, o número de trabalhadores habitualmente empregados e o período no decurso do qual se pretende efectuar os despedimentos e – depois de 1992 – a indicação das categorias, os critérios de selecção dos trabalhadores a despedir e o método para o cálculo de indemnizações). A partir de 1992 passou-se a prever expressamente que os trabalhadores possam recorrer a peritos.

Muito embora a Directiva tenha sido considerado um texto vazio (certamente porque, aludindo às indemnizações não as torna obrigatórias, e porque, referindo os critérios de selecção, não contém qualquer limite consistente à discricionariedade patronal), o facto é que pela norma comunitária ganhou peso a ideia de fortalecer as garantias dos trabalhadores em face de dificuldades específicas, podendo dizer-se que as alterações feitas em 1992 foram uma resposta ao incremento da concentração da indústria europeia.

Como temos dito, a Directiva generalizou as linhas de força das intervenções legislativas correntes nos países europeus na matéria de despedimento colectivo. Assim, particularmente, na *procedimentalização*, seguindo-se os princípios de intervenção formal das entidades públicas e dos interessados, especialmente os representantes dos trabalhadores, com um esforço de transparência das situações e de proporcionalidade das medidas. Nesse mesmo aspecto, procura enfatizar-se a busca de meios alternativos aos despedimentos e a maneira de os minimizar. A transparência é conseguida pela ventilação dos problemas e pela necessidade de indicação dos motivos dos despedimentos e dos critérios de selecção dos trabalhadores a despedir e das indemnizações a satisfazer, e por uma discussão com os interessados. Nesses planos, assume relevo a intervenção informada dos representantes dos trabalhadores, com o objectivo de se encontrar soluções construtivas e até um acordo. Procura dar-se importância determinante aos serviços oficiais, que deverão ser notificados das intenções e projectos de despedimento colectivo, com possibilidade de intervenção para dilatar prazos e com a missão, ao menos implícita, de encontrar soluções para tutela dos trabalhadores[75].

f) *Transmissão de empresa ou de estabelecimento*

A Directiva n.° 2001/23, de 12 de Março, consolidou anteriores textos[76], que estabelecem o princípio da manutenção dos direitos dos trabalhadores em caso de transmissão da empresa, de estabelecimento ou de parte de empresa ou de estabelecimento, desde que essas fracções sejam uma unidade económica. A transmissão não pode ser considerada uma causa de despedimento e os trabalhadores gozam dos mesmos direitos e condições de trabalho que tinham relativamente ao empregador cedente, mantendo-se ainda em vigor as condições previstas na contratação colectiva.

O método procedimental tem aqui novamente especial relevo. O cedente e o cessionário são obrigados a um procedimento de informação e consulta relativamente aos trabalhadores. Estão vinculados a comunicar aos representantes dos trabalhadores em tempo útil antes da transmissão informações relevantes (data e motivo da transmissão, consequências jurídicas e económicas e sociais da transmissão para os trabalhadores, medidas previstas). A necessidade de um faseamento neste plano torna-se assim muito evidente, como resulta também das normas nacionais que realizam a transposição (artigos 318.° a 321.° e artigo 555.° do CT).

g) *Insolvência*

A Directiva n.° 80/987, do Conselho, de 20 de Outubro, modificada pela Directiva n.° 2002/94[77], relativa à harmonização dos Estados membros quanto à tutela dos trabalhadores subordinados em caso de insolvên-

---

[75] Quanto a esse último aspecto merece especial referência a Directiva 94/45/CE, do Conselho que relativamente ao despedimento colectivo estabelece quanto aos conselhos de empresa europeus (ou do seu comité restrito) a possibilidade de intervenção.

[76] Referimo-nos às Directivas n.° 77/187, de 14 de Fevereiro, e n.° 98/50, de 29 de Junho.

[77] A transposição para o Direito português é feita no CT (artigos 380.° e 391.°) e na RCT (artigos 316.° e ss).

cia, estabelece mecanismos de garantia através de fundos apropriados. Os aspectos procedimentais são aqui menos nítidos.

h) *Contrato a termo e outras formas precárias*

A Directiva n.º 99/70 estabelece várias regras relativas a eliminar os abusos que podem ocorrer nos contratos a termo, consignando várias obrigações de informação aos trabalhadores e suas representações, que envolvem naturalmente uma tramitação, *i.e.*, um carácter procedimental. O nosso sistema interno (artigos 127.º e ss e artigos 387.º e s. do CT) cumpre adequadamente a Directiva.

Deve ainda referir-se, para além das já focadas disposições relativas ao contrato a termo, as Directivas sobre trabalho a tempo parcial e teletrabalho. Desenvolvem-se esforços para estabelecer uma directiva sobre o trabalho temporário.

15. Gostaríamos de destacar um ponto importante que a cada passo se encontra neste tipo de dispositivos, que é o da busca do consenso, mesmo em tópicos que pertencem à decisão do empregador. Notar-se até que, ainda antes da fórmula larguíssima da Directiva sobre o envolvimento, já se incluía na Directiva sobre o despedimento colectivo esta nota comunitária do objectivo do acordo, num domínio que tem a ver com a gestão participada da mudança ou da reestruturação empresarial[78].

Falta, contudo, tanto no Direito comunitário como no nosso Direito interno, uma noção clara do valor jurídico dos acordos e do conteúdo dos mesmos. De facto, não se trata de acordo contratual clássico no sentido de fusão de vontades, nem mesmo naquela fórmula menos nítida da transacção, ainda de contorno tipicamente contratual[79]. Na realidade, encontramos aqui um novo género mais informal, que releva mais da aceitação de decisões unilaterais, tal como se encontra nos actos administrativos[80], ou em situações de consenso, mais político que jurídico, e que têm a ver com conceitos como os de "governação consensual", "disciplina consentida" ou "obediência concertada" como técnica de decisão, sabido que interessa re-legitimar certas ordens e assegurar pela persuasão uma execução mais fiável. Parecer-nos-ia promissor aproximar estas realidades

---

[78] Para este tópico, MONEREO, 39 ss, 48 ss, 77 ss. V., sobretudo, 105 ss.
[79] Artigo 1248.º do C. Civ.
[80] V., nosso *O despedimento colectivo*, 476 ss.

de certos compromissos juridicamente relevantes, mesmo sem a vinculatividade jurídico-negocial[81]. Por outro lado, trata-se da difícil ou impossível[82] síntese entre a posição participativa e contratual das ERT.

16. Em conclusão

Parece evidente que o Direito da UE compreendeu desde logo na sua emissão e preparação uma necessidade de consenso entre os parceiros sociais. Não estará talvez perfeitamente nítida a distinção entre as vertentes da relação de trabalho e a área da gestão empresarial nos assuntos atinentes ao trabalho, tanto mais que uma demarcação talvez seja incompatível com a própria exequibilidade dos vários normativos relativamente a práticas nacionais muito diversificadas. Nem talvez esteja ainda perfeitamente esclarecido o tipo de intervenções nas decisões relativas aos trabalhadores, parecendo-nos, contudo, evidente, que se salta de uma participação – quase antagonística – de *competição* (tendente a contrapor um poder patronal a um poder dos trabalhadores, em termos de limitar a autoridade empresarial) para uma participação de *reforma* (no sentido do melhoramento das posições dos trabalhadores dentro da balança dos poderes do sistema) e se atinge até uma participação *integrativa* ou melhor *colaborativa* ("espírito de colaboração", no sentido de envolver e interessar os trabalhadores no funcionamento da empresa[83]).

A procedimentalização para execução das principais limitações aos poderes do empregador consolida-se como método, com as novas orientações relativamente ao governo das sociedades anónimas e, sobretudo, com a sistematização das intervenções dos trabalhadores a nível das questões mais relevantes na decisão dos empregadores. Parece também desenhar-se uma orientação interessante sobre a própria ideia de empresa, cada vez mais aberta ao influxo dos seus trabalhadores[84]. De aqui resulta seguramente a consagração do procedimento como mé-

---

[81] Aspectos estudados entre nós por JÚLIO GOMES/FRADA DE SOUSA, "Acordos de honra, prestações de cortesia e contratos", em *Estudos dedicados ao Prof. Doutor Almeida Costa* (Porto, 2002).
[82] TOSI, 1312.
[83] Há outros quadros conceituais: v., por exemplo, BAGLIONE, 224-5. Perspectiva e sistematizações importantes podem ser vistas também em MONEREO, cit., *passim*.
[84] Estamos a preparar um texto sobre este tópico.

todo e a institucionalização de representações permanentes dos trabalhadores na empresa[85].

Os meios para compelir a procedimentalização é que não se encontram a nível europeu suficientemente afinados. Mas tal tem a ver com uma técnica sábia de deixar ao tempo a persuasão e as boas práticas, no que se tem mais sucesso que com injunções das autoridades comunitárias e até do Tribunal de Justiça.

A política de emprego já não passa pela segurança, mas pela empregabilidade[86]. Gostaríamos de salientar, ao descrever o paradigma social europeu, a consolidação da ideia de "parceiros sociais", de trabalhadores envolvidos numa empresa competitiva, de "diálogo social", de "confiança", de "reciprocidade", e em que as decisões dos empregadores têm no seu processo formativo momentos de interlocução, em que se antecipam os riscos para os trabalhadores. É um jogo de dar e receber: os trabalhadores devem estar sensíveis à mudança, disponíveis para flexibilização; ser-lhes-á garantido não um emprego mas a empregabilidade, o acesso à formação e a novas competências.

Virou-se assim uma página em que estavam inscritos o irreprimível conflito de classes dos marxistas e a irredutível divergência de interesses capital/trabalho dos neo-liberais. Teremos pois, agora, colaboração, diálogo, confiança, harmonização e conciliação de interesses à volta da empresa, que alguns considerados minoritários iam pertinazmente pregando. Mas são difíceis os equilíbrios: como temos dito muitas vezes, os velhos antagonismos apenas esperam a sua hora para tentar dominar abertamente a cena.

---

[85] Parece-me apropriado transcrever o artigo 8.º, 2, da proposta contida no parecer de GALVÃO TELLES, em 1961: "As normas complementares da presente lei poderão tornar obrigatória a constituição, em determinadas categorias de empresas, de órgãos de colaboração destinados a apreciar as questões directamente relacionadas com os interesses dos prestadores de trabalho".

[86] Empregabilidade é um conceito que se exprime com um aceitável neologismo, sobretudo confrontando-se com o horrível vocábulo "flexisegurança", presente no recente livro verde sobre Direito do trabalho na UE e em todo o discurso oficial. A entrar na senda dos barbarismos, seria mais aceitável que se seguisse o exemplo das versões do francês "flexécurité" ou do inglês "flexcurity", aproveitando, como estes idiomas, as valências do "x", o que se traduziria por "flexgurança" (igualmente inestético, mas assumindo a crase e, portanto, as vantagens das fórmulas abreviadas).

BIBLIOGRAFIA

ABRANTES (J.J.), *A vinculação das entidades privadas aos direitos fundamentais* (Lisboa, 1990)
– *Contrat de travail et droits fondamentaux* (Frankfurt, 2000)
ALMEIDA COSTA, *Direito das obrigações*, 10.ª ed. (Coimbra, 2007)
ASCENSÃO (José Oliveira), *Direito civil, Teoria geral* (Coimbra, 1997), ed. Coimbra Editora
BAGLIONI (Guido), "La participazione dei lavoratori alli decisione dell'impresa", in *Giornale di Diritto del lavoro e di relazioni industriali*, 1997, n.° 2
BERNARDO XAVIER, *Da justa causa de despedimento no contrato de trabalho* (Coimbra, 1965)
– *O despedimento colectivo no dimensionamento da empresa*, ed. Verbo (Lisboa, 2000)
– *Curso de Direito do Trabalho*, ed. Verbo, I, 3.ª ed. (Lisboa, 2004)
BIANCA (C. Massimo), *Le autorità private*, Ed. Dott. Eugenio Jovene (Nápoles, 1977)
BLANPAIN (Roger)/COLUCCI (Michele), *Il Diritto comunitário del lavoro*, ed. Cedam (Pádua, 2000)
BRITO CORREIA, *Direito do trabalho*, III, *Participação nas decisões* (policop.) (Lisboa, 1984)
CAUPERS (J.), *Os direitos fundamentais dos trabalhadores e a Constituição*, Almedina (Coimbra, 1985)
COUTINHO DE ABREU, *Da empresarialidade*, Almedina (Coimbra, 1996)
CRUZ VILAÇA, "A propósito dos efeitos das directivas na ordem jurídica dos Estados-membros", *Justiça Administrativa*, n.° 30 (2001)
DÄUBLER (Wolfgang), "O Futuro do Direito do trabalho europeu – abordagem preliminar", em *Themis*, n.° 12, 2006
GALANTINO (Luísa), *Diritto Comunitario del Lavoro*, 6.ª edição, Giappichelli Ed. (Turim, 2006)
– "Il Diritto del Lavoro nell' Unione Europea", em *Scritti in onore di Suppiej*, Cedam (Pádua, 2005)
HÖRSTER (Heinrich Ewald), *A parte geral do Código Civil português – Teoria geral do Direito civil*), Almedina (Coimbra, 1992)
JORGE LEITE, LEAL AMADO, LIBERAL FERNANDES, JOÃO REIS, *Conselhos de empresa europeus*, Cosmos (Lisboa, 1996)
JORGE MIRANDA, *Manual de Direito Constitucional*, vol. IV, Coimbra Editora (1993)
JÚLIO GOMES/FRADA DE SOUSA, "Acordos de honra, prestações de cortesia e contratos", em *Estudos dedicados ao Prof. Doutor Almeida Costa* (Porto, 2002)
MAC CRORIE (Benedita), *A vinculação dos particulares aos direitos fundamentais*, Almedina (Coimbra, 2005)
MARGINSON (Paul)/SISSON (Keith), *European integration and industrial relations*, Macmillan (2004)
MENEZES CORDEIRO, *Da responsabilidade civil dos administradores das sociedades comerciais*, Lex (Lisboa, 1997)
– *Manual de Direito comercial* (Lisboa, 2001)

- "Liberdade, igualdade e fraternidade – velhas máximas e novas perspectivas do Direito do trabalho", em *IV Congresso Nacional de Direito do trabalho – Memória*, Almedina (Coimbra, 2002)
- "Os deveres fundamentais dos administradores das sociedades", *Revista da Ordem dos Advogados*, 2006, Setembro

MONEREO PÉREZ (José Luís), "Les Relaciones Laborales en la Reestructuración y el Saneamiento de las Empresas", em *Las Relaciones Laborales en la Reestructuración y el Saneamiento de Empresas* (Madrid, 2006)

MOURA RAMOS (Rui Manuel Gens de), "A erosão do poder normativo do Estado em matéria laboral", em *O Direito do trabalho nos grandes espaços – entre a codificação e a flexibilidade* (Lisboa, 2005), coord. B. XAVIER/JOANA VASCONCELOS
- *Tratado da União Europeia e Tratado da Comunidade Europeia*, 3.ª ed., Coimbra Editora (Coimbra, 2006)

OLAVO CUNHA, *Direito das Sociedades comerciais* (Coimbra, 2006)

OLIVEIRA (Nuno Pinto de), *Direito das obrigações*, I, Almedina (Coimbra, 2005)

RAUL VENTURA, *Sociedades por quotas*, III (Coimbra, 1991)

ROCCELLA (Massimo), "L'evolluzione dei diritti sociali dai Trattati alla Carta di Nizza", em *Scritti in onore di Suppiej*, Cedam (Pádua, 2005)

SANTOS (Sabina Pereira dos), *Direito do trabalho e política social na UE*, Principia (Cascais, 1999)

SÉRVULO CORREIA, *Legalidade e autonomia contratual nos contratos administrativos* ed. Almedina (Coimbra, 1987)

SOFIA PAIS, "Incumprimento das Directivas comunitárias", em *Dois temas de Direito comunitário do trabalho* (SOFIA PAIS/FÁTIMA RIBEIRO, public. Universidade Católica, Porto, 2000)

SUPIOT, *Transformações do Direito e futuro do Direito do trabalho na Europa*, ed. Almedina (Coimbra, 2003)

TOSI (Paolo), "Informazione, consultazione e partecipazione dei lavoratori nelle imprese e nei gruppi di imprese della CEE", em *Scritti in onore di Mengoni*, II vol., Giuffrè (Milão, 1995)

UE, *The evolution of labour law (1992-2003)*, coord. SCIARRA (2005)
- *Livro Verde – modernizar o direito do trabalho para enfrentar os desafios do século XXI* (Bruxelas, 2006)
- *Relatório geral sobre a actividade da UE* (2006)

VIEIRA DE ANDRADE, *Os direitos fundamentais na Constituição portuguesa de 1976*, Almedina (Coimbra, 2001)

CONTRATOS DE TROCA PARA A TRANSMISSÃO DE DIREITOS

CARLOS FERREIRA DE ALMEIDA[*]

*Homenagem a Inocêncio Galvão Telles,
um modelo de jurista e de professor*

SUMÁRIO: *1. Contratos de troca. Caracterização. Subfunções e tipologia dos contratos de troca. Os contratos de troca para a transmissão de direitos, em especial. 2. Contratos de troca sem preço. Contrato de permuta. Swap. 3. Contratos de troca com preço. Compra e venda. Contrato estimatório. Contrato de fornecimento. Renda perpétua. 4. Contratos de troca para a transmissão de direitos de crédito e de direitos inscritos em títulos de crédito.* Factoring. *Titularização. Desconto. 5. Contratos de troca para a transmissão de valores mobiliários. Regras comuns. Contratos de bolsa. Contratos de bolsa a prazo. 6. Contratos de troca de dinheiro por dinheiro. Mútuo. Mútuo bancário. "Depósito" bancário a prazo. Empréstimo obrigacionista. Suprimento. Abertura de crédito. Câmbio.*

1. Contratos de troca

Caracterização. A troca, enquanto classe da função económico--social comum a um conjunto muito amplo de contratos[1], caracteriza-se

---

[*] Professor Catedrático da Faculdade de Direito da Universidade Nova de Lisboa.

[1] Cfr. o meu artigo *A função económico-social na estrutura do contrato*, Estudos em Memória do Professor Doutor José Dias Marques, Coimbra, 2007, p. 57 ss. Sem ser banal, a separação de uma categoria de contratos (com finalidade) de troca (*Austauschzweck, Austauschverträge*) é relativamente frequente na doutrina alemã; em obras recentes, ver LARENZ & WOLF, *Allgemeiner Teil des deutschen Bürgerlichen Rechts*, 9.ª ed., München,

pela intersecção de dois factores: a bilateralidade de custos e de benefícios (isto é, de sacrifícios e de vantagens) para as partes e a divergência das finalidades típicas de cada uma delas.

A bilateralidade de custos e de benefícios implica a dualidade de pessoas e de objectos, mas nos contratos de troca circular, de realização pouco frequente, o número de pessoas e de objectos é superior a dois.

Nos contratos de troca, a relação entre custos e benefícios é recíproca, ou seja, os custos para uma das partes aproveitam à outra e os benefícios para uma das partes obtêm-se à custa do sacrifício da outra (*detriment*, na doutrina da *consideration*). Mas reciprocidade não significa equivalência objectiva e perfeita, porque, nos direitos vigentes em economias de mercado, a validade dos contratos de troca não exige mais do que o consenso não viciado e não abusivo.

A bilateralidade da relação custo/benefício não é suficiente para especificar a função de troca, que, sem mais, não se distinguiria da função de cooperação. É necessário conjugá-la e intersectá-la com uma outra relação, que compara as finalidades típicas de cada uma das partes e destas com a finalidade global do contrato. Sob este aspecto, verifica-se na troca divergência de objectivos, porquanto a cada uma das partes só interessa a sua própria vantagem, aceitando o correlativo sacrifício (que é por sua vez a vantagem da outra) apenas como meio para obter o benefício. Por exemplo, na compra e venda, o comprador tem como única finalidade adquirir o direito (e só por isso paga o preço), enquanto o vendedor tem como única finalidade receber o preço (e só por isso dispõe do direito). Esta oposição hedonística de interesses resolve-se precisamente pela troca, instrumento de composição e de equilíbrio de interesses divergentes entre si e diferentes da função global do contrato, que assim os harmoniza sem os confundir.

Duas precisões adicionais.

O conceito de troca que se propõe diz respeito apenas a uma classe de contratos, que de outras classes se diferencia pela particular configuração de um dos seus elementos (a função económico-social). Não recebe – nem tem de rejeitar – ideias amplíssimas de troca apresentadas por

---

2004, p. 433; H. EHMANN, *Zur Causa-Lehre*, Juristenzeitung, 14/2003, p. 702 ss (p. 703, 712). Também alguns autores italianos se referem a *contratti di scambio* (G. B. FERRI, *Causa e tipo nella teoria del negozio giuridico*, Milano, 1968, reimp., p. 386 ss) ou ao *scambio* como causa de contratos (F. GALGANO, *Causalità e astrazione processuale dalla causa nel sistema itatiano*, Atlante di diritto privato comparato, Bologna, 1996, reimp., p. 94).

sociólogos, antropólogos, economistas ou juristas que se apresentam como explicativas de todos os contratos e a eles inerentes: troca social, troca de valores, troca de consensos. Mas alerta para o risco de generalizações que, na teoria do contrato e no desenho do seu conceito, tomam a resolução de interesses contrapostos como modelo do contrato, quando não passa afinal da mais frequente das suas funções.

Contratos de troca e contratos sinalagmáticos são duas classes distintas. Dizem-se sinalagmáticos os contratos com efeitos obrigacionais recíprocos. Os contratos sinalagmáticos delimitam-se pois pela aplicação conjugada de dois critérios funcionais: pela função jurídica, inserem-se na classe dos contratos obrigacionais; pela função económico-social, constituem uma parte dos contratos de troca. Mas estes compreendem também contratos obrigacionais não-sinalagmáticos (por exemplo, o contrato real de mútuo oneroso) e contratos sem efeitos obrigacionais (por exemplo, a troca de opções).

Subfunções e tipologia dos contratos de troca. A sub-categorização dos contratos (com função económico-social) de troca tem como precedente a divisão quadripartida, originária do direito justinianeu, que os agrupa e os distingue consoante a contribuição de cada uma das partes consista num acto de dar ou de fazer: *do ut des, do ut facies, facio ut des, facio ut facias.*

Apesar de manter utilidade como fonte de inspiração, os resultados a que conduz esta classificação não são hoje muito interessantes. O principal factor de desactualização reside na superveniente monetarização da economia e dos contratos, que não está devidamente reflectida na amplíssima categoria *do ut des* e que relegou para um papel residual a categoria *facio ut facias*. Acresce a irrelevância da distinção entre os contratos correspondentes aos dois outros membros da classificação (*do ut facies* e *facio ut des*).

Numa taxinomia moderna, o primeiro critério distintivo deve incidir sobre a presença ou ausência de (pelo menos) um objecto monetário, através da qual os contratos com função de troca se distribuem em dois grupos assimétricos: os contratos em que um dos objectos (pelo menos) é dinheiro, cuja predominância é esmagadora, e os contratos de troca directa, sem mediação monetária, em que nenhum dos objectos tem a natureza de preço.

O critério distintivo seguinte subdivide os contratos consoante as variações do objecto (e do benefício) não monetário, isto é, consoante a natureza da contrapartida do preço (o que, nos contratos obrigacionais, equivale à sua prestação característica): transmissão de um direito, produção de uma obra, prestação de um serviço, uso de uma coisa ou de um direito, atribuição originária de um direito.

Como facilmente se vê, esta classificação tem, na sua base, factores de conveniência e de harmonia, não correspondendo a qualquer imposição social externa, que apenas surge no elenco dos tipos contratuais. A algumas destas subfunções corresponde um tipo contratual dominante, de grande extensão, unificado por designação e regime comuns: por exemplo, a empreitada, em relação aos contratos de produção de uma obra mediante um preço; a locação, em relação aos contratos de uso remunerado de uma coisa corpórea.

Outras porém compreendem diversos tipos de larga difusão: por exemplo, o mandato oneroso e o trabalho, como tipos da prestação de serviço. Em qualquer caso, a maioria dos tipos contratuais admite subtipificação, num ou mais graus. A configuração distintiva de cada um dos tipos e subtipos dos contratos de troca deriva da especificação dos respectivos objectos, por vezes conjugada com elementos circunstanciais (de tempo, de espaço, de fim).

Os contratos de troca para a transmissão de direitos, em especial. Nestes contratos, de que trata o presente artigo, o objecto não pecuniário do contrato é o direito, não a coisa sobre que tal direito incide, porque, em rigor, se transmitem direitos, não as coisas, corpóreas ou incorpóreas, sobre as quais incidem os direitos. Transmissíveis são apenas os direitos patrimoniais, porque os direitos de personalidade podem ser objecto de uso temporário por outrem mas não podem ser alienados (cfr. artigo 81.° do Código Civil) e porque a alienação onerosa de órgãos do corpo humano é proibida (artigo 5.° da Lei n.° 12/93, de 22 de Abril).

Atribuir a estes contratos a função de transmissão de direitos não significa que tal efeito resulte sempre directa e imediatamente do contrato, embora seja esse o modelo literalmente configurado pelo Código Civil português para a compra e venda (artigos 874.° e 879.°). Uma noção ampla e compreensiva dos contratos transmissivos (*Veräusserungsverträge*) terá de incluir também contratos com efeitos meramente obrigacionais, em que a transmissão se efectua por efeito do cumprimento da obrigação de transmitir que recai sobre o alienante.

É esta a regra que vigora tanto nos sistemas jurídicos, ditos de separação (por exemplo, o direito alemão), em que a transmissão do direito se efectua através de outro negócio, geralmente abstracto, como nos sistemas que assentam na conjunção de um título causal com um modo de transmissão (por exemplo, o direito espanhol). Mas o modelo não é ignorado pelos sistemas, ditos de consensualidade (por exemplo, o direito português), que, enunciando como regra a transmissão por mero efeito de um contrato, exigem, em situações que nem sequer se podem dizer excepcionais, a verificação posterior de um facto transmissivo, que pode ser um acto devido do alienante (v. g. se o direito constar de títulos de crédito em papel ou de valor mobiliário escritural)[2].

Os contratos de troca que visam a transmissão de direitos compõem uma categoria muito ampla e variada, propícia a subdivisões. Na análise subsequente de cada um dos tipos contratuais e de alguns subtipos, civis e comerciais, separar-se-ão, primeiro, aqueles em que está omisso um elemento com a natureza de preço (n.º 2), particularizando, depois, de entre aqueles em que há preço (n.º 3), os contratos que têm por finalidade a transmissão de créditos e de títulos de crédito (n.º 4), de valores mobiliários (n.º 5) e de dinheiro (n.º 6).

2. Contratos de troca sem preço

Contrato de permuta. O contrato de troca, de permuta ou de escambo era um contrato legalmente típico, regulado pela generalidade dos códigos civis oitocentistas. No código civil francês, por exemplo, está definido no artigo 1702 pelo seguinte modo: "contrato pelo qual as partes se dão reciprocamente uma coisa por outra coisa". Comparando com as definições do contrato de compra e venda, desenhou-se uma orientação no sentido de o contrato de permuta se caracterizar por não ser dinheiro nenhuma das coisas permutadas.

Mas este traço distintivo parece perturbado pela definição adoptada pelo artigo 1592.º do Código Civil português de 1867: "Escambo ou troca é o contrato, por que se dá uma coisa por outra, ou uma espécie de moeda por outra espécie dela". A doutrina esclareceu porém que "a conversão de

---

[2] Para mais desenvolvimentos, ver o meu artigo *Transmissão contratual da propriedade – entre o mito da consensualidade e a realidade de múltiplos regimes*, Themis, n.º 11, 2005, p. 5 ss. Para confronto com a tese clássica inversa, ver RAÚL VENTURA, *Contrato de compra e venda no Código Civil. Efeitos essenciais: a transmissão da propriedade da coisa ou da titularidade do direito; a obrigação de entregar a coisa*, Revista da Ordem dos Advogados, 1983, III, p. 587 ss.

uma moeda por outra espécie dela nem sempre é uma troca. Há moedas com ágio e o ágio é preço". Só há troca "entre moedas correntes do mesmo país". Por exemplo, os contratos para a aquisição de moedas antigas e de moeda estrangeira não são contratos de escambo, são contratos de compra e venda[3].

Seguindo esta linha, o elemento característico do contrato de permuta consiste na ausência de qualquer objecto monetário que no contrato desempenhe a função de meio de pagamento[4], isto é, na ausência de qualquer objecto que se possa qualificar como preço, como, explícita ou implicitamente, se reconhece em textos legais[5] e doutrinários[6]. Assim se distingue este tipo contratual da compra e venda e de outros contratos com função de troca, desde que o preço seja entendido em sentido amplo que abrange também o juro, a comissão, a tarifa, a renda, o aluguer, o salário e os honorários. Se a contrapartida for mista (dinheiro e bens diferentes de dinheiro), misto é o contrato. Se a componente monetária for menor em valor, o contrato toma o nome de permuta com tornas[7].

Mas o dinheiro pode estar presente como duplo objecto do contrato de permuta, se nenhum dos objectos servir como pagamento do outro (troca de uma só nota de banco ou moeda por uma pluralidade de notas ou moedas com o mesmo valor total, pertencentes ao mesmo sistema monetário[8]) e, designadamente, se ambos os objectos forem dinheiro tomado como mercadoria (por exemplo, troca de moedas entre coleccionadores ou troca de moedas estrangeiras para ambas as partes).

O contrato de escambo ou troca não foi seleccionado para o elenco dos contratos especialmente regulados no Código Civil português de 1966

---

[3] L. Cunha Gonçalves, *Tratado de Direito Civil em comentário ao Código Civil português*, vol. VIII, Coimbra, 1934, p. 627 s.

[4] O. Fehrenbacher, *Der Tausch*, Zeitschrift für vergleichende Rechtswissenschaft, 101, 2002, p. 88 ss (p. 99).

[5] Assim, no Código Civil italiano, por comparação entre as definições do contrato de permuta "de coisas ou de outros direitos" (artigo 1552) e do contrato de venda (artigo 1470, no qual se refere o preço como contrapartida da transferência da coisa ou do direito). O Código Civil do Quebeque (de 1991) define o contrato de troca em função da transferência da propriedade de bens diferentes de dinheiro (artigo 1795).

[6] R. C. Lorenzetti, *Tratado de los contratos*, tomo I, Buenos Aires, 1999, p. 464.

[7] Dutilleul & Delebecque, *Contrats civils et commerciaux*, 7.ª ed., Paris, 2004, p. 438.

[8] M. Albaladejo, *Derecho Civil*, II, *Derecho de Obligaciones*, 2.°, *Los contratos en particular y las obligaciones no contractuales*, 10.ª ed., Barcelona, 1997, p. 95; Fehrenbacher, loc. cit.

(embora o seu homólogo mercantil se mantenha como tipo legal referido pelo artigo 480.º do Código Comercial). A exclusão não mereceu sequer explicação expressa nos trabalhos preparatórios. É de presumir que se tenha diagnosticado o seu anacronismo e prognosticado a sua decadência perante o desenvolvimento da economia capitalista. O juízo foi precipitado e não foi seguido em códigos mais recentes (por exemplo, Quebeque, 1991, Brasil, 2002).

Na verdade, a tipicidade social do contrato de permuta, com ou sem transmissão de direitos, resistiu à monetarização, não sendo invulgares, por exemplo, os contratos de troca de imóveis rústicos ou de troca de área de terreno edificável por uma parte de edifício a construir nesse terreno. Ressurgiu até em novos subtipos criados por necessidades quotidianas modernas, como sejam a troca de imóveis para a habitação e a troca de direitos do uso de apartamentos durante períodos de férias.

Mais: reapareceu em operações financeiras sofisticadas, como sejam o *swap*, a oferta pública de troca (Código dos Valores Mobiliários, artigos 177.º, n.ᵒˢ 1 e 3, e 178.º) e a troca de direitos de opção sobre valores mobiliários.

Nas transacções internacionais, as trocas sem mediação monetária (por exemplo, petróleo ou outras matérias primas contra máquinas ou transferência de tecnologia) têm presença significativa, em especial desde os anos setenta do século XX que marcam a intensificação do comércio internacional com países do leste da Europa e com países em vias de desenvolvimento, desprovidos de moeda convertível (*non market economies*). O comércio de compensação (*countertrade*)[9] compreende muitas variantes contratuais que vão desde a permuta simples e directa (*barter*) até à celebração de contratos-quadro inter-governamentais, no âmbito dos quais se cruzam contratos de compra e venda ou de prestação de serviço cuja coligação pode justificar ainda a qualificação substancial e global como contrato de permuta.

---

[9] A. Costa Neves, *Dos contratos de contrapartidas no comércio internacional (countertrade)*, Coimbra, 2003; L. Valle, Il *countertrade*, I contratti del commercio, dell'industria e del mercato finanziario (org. F. Galgano), Torino, 1995 (reimp. 1999), vol. 2, p. 1215 ss; *SCHMITTOFF's Export Trade. The Law & Practice of International Trade*, 9.ª ed., London, 1990, p. 154 ss; Folsom & Gordon, *International Business Transactions*, St. Paul, Minn., 1995, p. 28 ss.

Swap[10]. À letra, *swap* significa troca de uma coisa por outra. No campo dos contratos, o *swap* surgiu como meio de aproveitamento recíproco da acessibilidade ou das vantagens de duas empresas actuando em mercados financeiros diferentes. *Swap* designava então (apenas) o contrato pelo qual as partes se obrigam reciprocamente a pagar, em datas futuras, o montante das obrigações devidas pela outra parte perante terceiro, por efeito de contratos de mútuo (ou de outros contratos financeiros) expressos em divisas diferentes (*currency swap*) ou com diferentes modalidades de cálculo da taxa de juro, v. g. taxa de juro fixa e taxa de juro variável (*interest rate swap*)[11].

Os *swaps* evoluíram porém de modo a abranger, além da finalidade originária (satisfação de necessidades complementares), também outras finalidades (cobertura de risco e especulação) e, além da referência originária (passivos financeiros das partes), também outros objectos, designadamente activos financeiros e mercadorias[12].

A ampliação foi mesmo ao ponto de admitir objectos de referência meramente nocional, isto é, construídos exclusivamente para a delimitação das obrigações contratuais das partes, sem referência concreta a obrigações ou a créditos perante terceiros. Em consequência, nalgumas modalidades de *swap*, as obrigações recíprocas foram substituídas por uma só obrigação de pagamento pela parte em desfavor da qual se verifique a diferença entre os valores que, no vencimento, tenham as obrigações recíprocas.

Os *swaps* formam assim actualmente uma verdadeira constelação de contratos, que dificulta uma definição comum. Eis um ensaio: *swap* é o

---

[10] MARIA CLARA CALHEIROS, *O contrato de* swap, Coimbra, 2000; B. INZITARI, *Il contratto di swap*, I contratti del commercio..., cit., vol. 3, p. 2441 ss; J. M. SANTOS QUELHAS, *Sobre a evolução recente do sistema financeiro (novos "produtos financeiros")*, Coimbra, 1996, p. 93 ss; J.-P. MATTOUT, *Droit bancaire international*, 2.ª ed., Paris, 1996, p. 333 ss; F. C. NASSETTI, *Profili civilistici dei contratti "derivati" finanziari*, Milano, 1997, p. 5 ss; J. I. SANZ CABALLERO, *Derivados financieros*, Madrid, 2000, p. 461 ss; M. E. MORÁN GARCÍA, *Derecho de los mercados financieros internacionales*, Valencia, 2002, p. 136 ss.

[11] Note-se que, no cumprimento de tais obrigações, as prestações se efectuam directamente à outra parte, com autonomia em relação aos contratos com terceiros. Não há pois no *swap* assunção de dívida nem obrigação de cumprimento a terceiro (S. KÜMPEL, *Bank- und Kapitalmarktrecht*, Köln, 1995, p. 1120 s).

[12] Cfr. Directiva 2004/39/CE do Parlamento Europeu e do Conselho, de 21 de Abril de 2004, relativa aos mercados de instrumentos financeiros (DMIF), anexo I, secção C, n.os 4, 7 e 10.

contrato pelo qual as partes se obrigam reciprocamente a pagar, em datas futuras, o montante das obrigações da outra parte ou o produto da cobrança dos seus próprios créditos, tomando como referência passivos ou activos, reais ou nocionais, assim como o contrato pelo qual uma das partes se obriga a pagar à outra a diferença em seu desfavor apurada pelo cálculo dos valores daquelas obrigações.

A natureza jurídica do contrato de *swap* é controversa, girando em torno da sua qualificação como contrato aleatório ou comutativo, como contrato de permuta (financeira) ou de compra e venda ou como contrato atípico (*sui generis*).

A qualificação como contrato atípico só se compreende na lógica de uma concepção estreita de tipo contratual coincidente com o tipo legal. Sendo contrato típico, resta saber se se reconduz a alguma classe contratual clássica ou a algum outro tipo contratual. Não seria todavia correcto dar uma resposta unitária.

Num lado, perfilam-se os contratos de *swap* com obrigações recíprocas, efectivamente exigíveis durante a sua vigência. Parece claro que a função económico-social destes se integra na categoria dos contratos com função de troca, porquanto neles se verifica bilateralidade da relação custo-benefício, verificável pela dualidade das prestações e intersectada pela divergência entre as finalidades típicas dos contraentes. A especificação subsequente depende da natureza das prestações. Como todas são prestações em dinheiro, mas em nenhuma delas se reconhece uma função de meio de pagamento, de preço, ter-se-á de concluir a favor da sua qualificação como contratos de permuta (de troca *stricto sensu*).

Noutro lado, posicionam-se os contratos de *swap* cujo cumprimento se resolve com uma só prestação pela parte em desfavor da qual se apure uma diferença. A divergência entre as finalidades típicas dos contraentes cruza-se então com unilateralidade da relação custo-benefício. São portanto contratos (diferenciais) com função de risco.

3. Contratos de troca com preço

Compra e venda. Nesta subclasse sobressai o contrato de compra e venda, porventura o mais exemplar e frequente dos tipos contratuais com função de troca (cfr. Código Civil, artigo 939.°), que, por isso, se desdobra em diferentes categorias e subtipos, provenientes da aplicação de vários critérios.

Segundo um primeiro critério, que influencia transversalmente o respectivo regime, o contrato de compra e venda regulado pelo direito português pode ser qualificado como civil (Código Civil, artigos 874.° e seguintes)[13], comercial (Código Comercial, artigos 463.° e seguintes)[14] ou para consumo (Decreto-Lei n.° 67/2003, de 8 de Abril)[15]. A venda internacional de mercadorias dispõe também do regime próprio constante da Convenção de Viena de 1980, à qual Portugal não aderiu mas que é aplicável pelos tribunais portugueses quando a norma de conflitos designe como competente o direito de um Estado aderente[16]. A generalidade dos contratos internacionais de venda de mercadorias remete também para os *incoterms*, conjunto de cláusulas aprovadas pela Câmara de Comércio Internacional[17].

---

[13] I. GALVÃO TELLES, *Contratos civis (Projecto completo de um título do futuro Código Civil Português e respectiva Exposição de Motivos)*, Revista da Faculdade de Direito da Universidade de Lisboa, vol. IX-X, 1953-54, separata, p. 8 ss, 83 ss; RAÚL VENTURA, *Contrato de compra e venda no Código Civil*, Revista da Ordem dos Advogados, 1980, III, p. 605 ss, 1983, II, p. 261 ss, 1983, III, p. 587 ss; PEDRO DE ALBUQUERQUE & CARNEIRO DA FRADA, *Contrato de compra e venda*, Direito das obrigações, 3.° vol., Contratos em especial (org. Menezes Cordeiro), Lisboa, 1991, p. 9 ss; P. ROMANO MARTINEZ, *Direito das obrigações (Parte especial). Contratos*, 2.ª ed., Coimbra, 2001, p. 15 ss; L. MENEZES LEITÃO, *Direito das obrigações*, vol. III, *Contratos em especial*, 4.ª ed., Coimbra, 2006, p. 11 ss. Em relação a outros direitos, por todos, R. BADENES GASSET, *El contrato de compraventa*, 3.ª ed., Barcelona, 1995; C. M. BIANCA, *La vendita e la permuta*, 2.ª ed., vol. II, Torino, 1993; REINICKE & TIEDKE, *Kaufrecht*, 6.ª ed., Neuwied, Kriftel, Berlin, 1997; *Systematischer Kommentar zum Kaufrecht* (org. Hoeren & Martinek), Recklinghausen, 2002; ATIYAH & ADAMS, *The Sale of Goods*, 9.ª ed., London, 1995; M. BRIDGE, *The Sale of Goods*, Oxford, 1997.

[14] L. CUNHA GONÇALVES, *Da compra e venda no direito comercial português*, 2.ª ed., Coimbra, 1925.

[15] P. MOTA PINTO, *Cumprimento defeituoso do contrato de compra e venda. Anteprojecto de diploma de transposição da Directiva 1999/44/CE para o direito português. Exposição de motivos e articulado*, Lisboa, 2002; J. CALVÃO DA SILVA, *Venda de bens de consumo. Comentário. Decreto-Lei n.°. 67/2003 de 8 de Abril. Directiva n.° 1999/44/CE*, Coimbra, 2003; *Verbraucherkauf in Europa. Altes Gewährleistungsrecht und die Umsetzung der Richtlinie 1999/44/EG* (org. Martin Schermaier), München, 2003.

[16] BENTO SOARES & MOURA RAMOS, *Contratos internacionais. Compra e venda. Cláusulas penais. Arbitragem*, Coimbra, 1986, reimp. 1995, p. 1 ss, com tradução para português nas p. 443 ss; A. C. FRADA DE SOUSA, *A autonomia privada e a Convenção de Viena de 1980 sobre o contrato de compra e venda internacional*, em Juris et de jure, Porto, 1998, p. 249 ss; D. MOURA VICENTE, *A Convenção de Viena sobre a compra e venda internacional de mercadorias: Características, gerais e âmbito de aplicação*, Estudos de Direito Comercial Internacional (org. Lima Pinheiro), I, Coimbra, 2004, p. 271 ss.

[17] *Incoterms 2000*, ICC, Paris, 1999; L. LIMA PINHEIRO, *Incoterms – Introdução e traços fundamentais*, Revista da Ordem dos Advogados, 2005, II, p. 387 ss.

Um segundo e relevante critério determinante para a distinção entre diferentes modalidades ou subtipos de compra e venda assenta na natureza do objecto a que respeita o direito a transmitir. O contrato de compra e venda pode ter por objecto a generalidade dos direitos, a saber:

- direito de propriedade e outros direitos reais de gozo, de garantia e de aquisição;
- direitos imobiliários e direitos mobiliários, direitos sobre coisas corpóreas e incorpóreas, incluindo nestes direitos da propriedade industrial[18] e direitos de autor[19];
- direitos de crédito e direitos inscritos em títulos de crédito (cfr. *infra* n.os 4 e 5);
- direito a uma licença administrativa, como o direito de construção[20] e o direito de emissão de gases com efeito de estufa[21].

Pode ter também por objecto situações jurídicas complexas, nas quais se inclua um direito subjectivo, tais como:
- o direito sobre um estabelecimento, objecto do tipo contratual que se designa por trespasse (cfr. artigo 1112.° do Código Civil)[22];

---

[18] Código da Propriedade Industrial, artigos 31.°, 262.°, 263.°, 279.°, 297.°; cfr. L. COUTO GONÇALVES, *Manual de Direito Industrial*, Coimbra, 2005, p. 119, 287 ss; C. FERNÁNDEZ-NOVOA, *Tratado sobre derecho de marcas*, Madrid, 2001, p. 423 ss.

[19] Código do Direito de Autor e dos Direitos Conexos, artigos 40.° e seguintes; cfr. A. MACEDO VITORINO, *A eficácia dos contratos de direitos de autor*, Coimbra, 1995 (embora o A., de entre os "contratos de comercialização", privilegie a análise do contrato de edição, que tem natureza jurídica diferente do contrato de compra e venda de direitos de autor).

[20] Cfr. M. LIBERTINI, *I "trasferimenti di cubatura"*, I contratti del commercio..., cit., vol. 3, p. 2253 ss, onde se discute se, e em que termos, são admissíveis contratos com este objecto.

[21] Decreto-Lei n.° 233/2004, de 14 de Dezembro (com alterações), que transpôs a Directiva 2003/87/CE, de 25 de Outubro (também alterada); cfr. TIAGO ANTUNES, *O comércio de emissões poluentes à luz da Constituição da República Portuguesa*, Lisboa, 2006; C. COSTA PINA, *Mercado de direitos de emissão de CO_2*, Estudos jurídicos e económicos em homenagem ao Prof. Doutor António de Sousa Franco, vol. I, Coimbra, 2006, p. 467 ss.

[22] O trespasse não é, em rigor, um subtipo da compra e venda, mas o tipo contratual que tem por objecto a transmissão onerosa entre vivos da propriedade sobre um estabelecimento (cfr. ORLANDO DE CARVALHO, *Critério e estrutura do estabelecimento comercial*, I, *O problema da empresa como objecto de negócios*, Coimbra, 1967, p. 590 ss; E. SANTOS JÚNIOR, *Sobre o trespasse e a cessão de exploração de estabelecimento comercial*, As ope-

– posições contratuais, incluindo posições contratuais em contratos preliminares[23] e conjuntos de posições contratuais com um contraente comum, por exemplo, carteiras de créditos bancários ou de seguros[24],
– participações sociais, v.g. quotas[25] e acções[26], incluindo os casos em que o contrato tem como efeito o controlo da sociedade pelo comprador, designado por alguns como "compra e venda de empresa"[27].

A natureza e o regime destes objectos repercutem-se, em maior ou menor grau, em especialidades do regime contratual. Tal sucede em relação à compra e venda de imóveis, cujo conteúdo (positivo ou negativo) é conformado por normas imperativas ditadas pelo urbanismo e por outras políticas de ordenamento do território (cfr., por exemplo, artigos 410.°, n.° 3, e 1382.°, do Código Civil)[28], e à compra e venda de certas categorias de bens móveis, que, por razões de saúde pública (alimentos, medicamentos, animais, plantas), de protecção do património cultural, do ambiente ou da concorrência, estão sujeitas a requisitos especiais atinentes ao objecto contratual ou à sua comercialização.

---

rações comerciais, Coimbra, 1988, p. 397 ss; J. COUTINHO DE ABREU, *Curso de direito comercial*, I, 6.ª ed., Coimbra, 2006, p. 280 ss; F. GRAVATO MORAIS, *Alienação e oneração de estabelecimento comercial*, Coimbra, 2005, p. 77 ss.

[23] Cfr. M. BERNARDINI, *La circolazione del contratto preliminare*, I contratti del commercio..., cit., vol. 1, p. 132 ss.

[24] Cfr. artigos 142.° e seguintes do Decreto-Lei n.° 94-B/98, de 17 de Abril, alterado e republicado pelo Decreto-Lei n.° 251/2003, de 14 de Outubro, e G. SCALFI, *Il trasferimento del portafoglio di una impresa di assecurazione*, I contratti del commercio..., cit., vol. 3, p. 2677 ss.

[25] PEDRO MAIA, *Cessão de quotas*, Colóquio "Os quinze anos de vigência do Código das Sociedades Comerciais", Coimbra, 2003, p. 125 ss.

[26] A. SOVERAL MARTINS, *Cláusulas do contrato de sociedade que limitam a transferência de acções*, Coimbra, 2006, p. 195 ss.

[27] Cfr. FERRER CORREIA & ALMENO DE SÁ, *Oferta pública de acções e compra e venda de empresa*, Colectânea de Jurisprudência, 1993, IV, p. 16 ss; J. M. COUTINHO DE ABREU, *Da empresarialidade. As empresas no direito*, Coimbra, 1999, p. 342 ss.

[28] Sobre o *jus aedificandi*, cfr. R. PINTO DUARTE, *Curso de Direitos Reais*, 2.ª ed., S. João do Estoril, 2007, p. 72 ss, e J. REIS NOVAIS, *Ainda sobre o* jus aedificandi *(...mas agora como problema de direitos fundamentais*, Estudos jurídicos e económicos em homenagem ao Prof. Doutor António de Sousa Franco, vol. II, Coimbra, 2006, p. 493 ss, assim como a bibliografia aí citada.

Outros critérios de subtipificação da compra e venda respeitam a circunstâncias de lugar (por exemplo, venda de coisa em viagem, Código Civil, artigo 938.°, ou em feira, Código Comercial, artigo 475.°), de tempo (por exemplo, venda a prestações, artigo 934.°) ou de modo de representação do objecto mediato (por exemplo, venda sobre documentos, artigo 937.°, ou venda sobre amostra, artigo 919.°)[29]. A venda a retro caracteriza-se pela faculdade de resolução conferida ao vendedor em prazo predeterminado (artigos 927.° e 929.°, todos do Código Civil)[30].

O contrato de compra e venda não esgota os tipos contratuais de troca para a transmissão de direitos. O Código Civil italiano regula dois outros contratos – o contrato estimatório (artigos 1556 e seguintes) e o contrato de fornecimento (artigos 1559 e seguintes) – que, embora correspondam a práticas contratuais típicas, estão omissos na generalidade das legislações civis. Para tal omissão não será certamente indiferente a sua discutível autonomia em relação ao contrato de compra e venda.

O *contrato estimatório* (ou contrato de consignação) caracteriza-se pela entrega de coisas móveis mediante a obrigação de pagamento ou de restituição, à escolha de quem as recebe. Pode ser visto como um contrato de compra e venda (à consignação) sob condição suspensiva (da revenda) ou sob condição resolutiva (da devolução). Nesta hipótese, surgirá como subtipo simétrico da compra e venda a retro. Mas pode também ser construído, mesmo nos direitos em que não tem tipificação legal, como um tipo diferente da compra e venda, em consequência de a obrigação de preço não ser um efeito necessário mas apenas alternativo da obrigação de devolução[31]. A qualificação, no direito português, depende da interpretação de cada contrato. Em qualquer caso, não estará excluída a aplicação, directa ou analógica, do regime da compra e venda. A maior dificuldade reside na determinação do acto com eficácia transmissiva da propriedade: o contrato, salvo resolução, ou a posterior revenda dos bens.

---

[29] Além de outros critérios que respeitam à formação e não ao conteúdo, por exemplo, venda a contento ou à distância.

[30] RAÚL VENTURA, *Contrato de compra e venda no Código Civil*, cit., 1980, III, p. 643 ss.

[31] Cfr. P. TERCIER, *Les contrats spéciaux*, 2.ª ed., Zurich, 1995, p. 714 ss; LORENZETTI, *Tratado de los contratos*, cit., I, p. 490 ss.

O *contrato de fornecimento* caracteriza-se pelo carácter periódico ou contínuo da prestação não monetária (mercadorias, publicações, água, electricidade, gás, telefone[32]). Embora omisso na legislação civil portuguesa, é mencionado no artigo 230.º, n.º 2, do Código Comercial, como critério da natureza comercial das empresas, e reconhecido em direito administrativo[33], onde pode abranger também prestações de serviço. É frequente a qualificação doutrinária do contrato de fornecimento como subtipo da compra e venda[34]. Mais adequada parece ser porém, se a interpretação do contrato a tal não se opuser, a qualificação como contrato-quadro[35], no âmbito do qual se celebram múltiplos contratos de compra e venda (ou de prestação de serviço).

O Código Civil português omitiu os tipos contratuais antes referidos, mas manteve a regulação da *renda perpétua* (artigos 1231.º e seguintes)[36], contrato pelo qual "uma pessoa aliena em favor de outra certa soma em dinheiro ou qualquer outra coisa móvel ou imóvel" em contrapartida do pagamento, sem limite de tempo, de uma renda, em dinheiro ou outra coisa fungível. O direito à renda é transmissível quer *inter vivos* quer *mortis causa*, não cessando, como na renda vitalícia, pela morte do alienante ou de terceiro (cfr. artigo 1238.º)[37]. Embora expurgado dos efeitos reais, que o aproximavam da enfiteuse, entretanto extinta, o contrato de renda perpétua terá perdido tipicidade social, seja porque a perpetuidade da obrigação de renda repugna à sensibilidade actual seja por-

---

[32] Se o objecto incidir sobre algum dos quatro últimos bens, aplica-se a Lei n.º 23/96, de 26 de Julho, que regula os serviços públicos essenciais. Acerca desta lei, cfr. o meu artigo *Serviços públicos, contratos privados*, Estudos em homenagem à Professora Doutora Isabel de Magalhães Collaço, Coimbra, 2002, vol. II, p. 117 ss.

[33] Código do Procedimento Administrativo, artigo 178.º, n.º 2, alínea *g*) (fornecimento contínuo) e, por exemplo, Decreto-Lei n.º 223/2001, de 9 de Agosto, sobre "contratação de empreitadas, fornecimentos e prestações de serviços nos sectores da água, da energia, dos transportes e das telecomunicações". Na doutrina, ver, por todos, D. FREITAS DO AMARAL, *Curso de Direito Administrativo*, II, Coimbra, 2001, p. 550.

[34] CUNHA GONÇALVES, *Da compra e venda no direito comercial português*, cit., p. 537 ss.

[35] H. P. WESTERMANN, *vor § 433*, Münchener Kommentar zum BGB, vol. 3, München, 2004, an. 38.

[36] Cfr. PIRES DE LIMA & ANTUNES VARELA, *Código Civil anotado*, vol. II, 3.ª ed., Coimbra, 1986, p. 835 ss; MENEZES LEITÃO, *Direito das obrigações*, vol. III, *Contratos em especial*, cit., p. 569 ss.

[37] Não se inclui neste elenco o contrato de renda vitalícia, por se entender que é de risco, e não de troca, a sua função económico-social dominante.

que os contratos de seguro se mostram mais adequados a satisfazer os interesses subjacentes.

4. Em especial, contratos de troca para a transmissão de direitos de crédito e de direitos inscritos em títulos de crédito

Factoring. A expressão "cessão de créditos"[38] não designa um tipo contratual, mas o conjunto dos contratos que têm como efeito comum a transmissão de créditos. Dentro deste conjunto, alguns contratos de cessão onerosa de créditos adquiriram tipicidade, legal ou social.

O contrato de *factoring* (ou contrato de cessão financeira)[39] está previsto nos artigos 4.°, n.° 1, alínea *b*), e 8.°, n.° 2, do Regime Geral das Instituições de Crédito, e parcialmente regulado nos artigos 7.° e 8.° do Decreto-Lei n.° 171/95, de 18 de Julho. No plano internacional, foi objecto da Convenção do Unidroit, assinada, em Otava, em 1988 e em vigor desde 1995, que Portugal não ratificou[40].

A lei portuguesa pressupõe que o contrato opera a transmissão de créditos mediante pagamento pelo cessionário (factor). A convenção apresenta uma configuração mais flexível e mais próxima da prática negocial, admitindo que a cessão de créditos se destine à satisfação de apenas duas das seguintes quatro funções: financiamento, cobrança, gestão e garantia.

A qualificação jurídica rigorosa do *factoring* depende pois da interpretação de cada contrato, que poderá conduzir à inserção nalguma das seguintes categorias:

– por um lado, em função da sua natureza preliminar ou definitiva: contrato-quadro, celebrado como referência para múltiplos contratos singulares, ou contrato definitivo e único;

---

[38] L. MENEZES LEITÃO, *Cessão de créditos*, Coimbra, 2005 (com referência ao *factoring* a p. 506 ss); M. ASSUNÇÃO CRISTAS, *Transmissão contratual do direito de crédito. Do carácter real do direito de crédito*, Coimbra, 2005 (com referência ao *factoring* a p. 313 ss).

[39] Bibliografia portuguesa: R. PINTO DUARTE, *Notas sobre o contrato de factoring* (1986), Escritos sobre *Leasing* e *Factoring*, Lisboa, 2000, p. 95 ss; A. MENEZES CORDEIRO, *Da cessão financeira (factoring)*, Lisboa, 1994; ID., *Manual de Direito Bancário*, 2.ª ed., Coimbra, 2001, p. 610 ss; PINTO MONTEIRO & CAROLINA CUNHA, *Sobre o contrato de cessão financeira ou de "factoring"*, Boletim da Faculdade de Direito, vol. comemorativo, Coimbra, 2002, separata.

[40] MARIA HELENA BRITO, *O "factoring" internacional e a convenção do Unidroit*, Lisboa, 1998; M. A. SÁNCHEZ JIMÉNEZ, *El contrato de factoring*, Contratos internacionales (org. Calvo Caravaca, Fernández de la Gándara & Blanco-Morales Limones), Madrid, 1997, p. 978 ss.

– por outro lado, em função dos tipos contratuais tradicionais: contrato de compra e venda de créditos, com ou sem risco de cobrança assumido pelo cessionário (*factoring* próprio ou impróprio), ou contrato de prestação de serviços de gestão e de cobrança ou ainda contrato misto de compra e venda e de prestação de serviço.

Titularização. Outro instrumento financeiro que, na fórmula reconhecida e regulada pela lei portuguesa (Decreto-Lei n.º 453/99, de 5 de Novembro), se baseia na transmissão de créditos é a titularização[41], que, em geral, consiste, na emissão de valores mobiliários em contrapartida ou como garantia de um activo subjacente específico. Embora seja uma operação financeira complexa, composta por uma sequência de actos jurídicos, o primeiro deles consiste na celebração de um contrato (contrato de titularização ou, melhor, contrato para a titularização), através do qual se efectua a cessão de um conjunto de créditos que servem de garantia de valores mobiliários a emitir e a colocar por uma entidade especialmente vocacionada para o efeito (o *special purpose vehicle*, que, na lei portuguesa, pode ser um fundo ou uma sociedade de titularização).

Diz-se por vezes que a titularização consiste na conversão (ou substituição) de créditos em valores mobiliários. Mas este é apenas o resultado final e indirecto da operação de intermediação. Em termos contratuais, nas relações entre cedente e cessionário, a contrapartida da cessão é dinheiro, não são os títulos de crédito a emitir. Não se trata pois de um contrato de permuta de créditos por valores mobiliários, mas de um contrato de compra e venda de créditos, sem prejuízo de eventuais cláusulas que admitam uma contrapartida parcial em títulos e a repercussão no contrato (redução quantitativa) da insuficiente subscrição dos valores mobiliários emitidos.

Desconto. A transmissão contratual de créditos pode também efectuar-se, sem o regime estrito da cessão de créditos, através do endosso do título de crédito (à ordem) que documenta o direito. Se o título documentar um crédito pecuniário não vencido e o transmissário for um banco, que adianta ao transmitente uma quantia em dinheiro igual ao valor do crédito deduzido do juro, o contrato toma a designação de desconto (ou de redes-

---

[41] Bibliografia portuguesa: *Titularização de créditos*, Instituto de Direito Bancário, Lisboa, 2000; LEITE DE CAMPOS & MANUEL MONTEIRO, *Titularização de créditos. Anotações ao Decreto-Lei n.º 453/99, de 5 de Novembro*, Coimbra, 2001; A. MACEDO VITORINO, *A titularização de créditos em Portugal*, Direito dos Valores Mobiliários, III, 2001, p. 161 ss; J. CALVÃO DA SILVA, *Titul[ariz]ação de créditos. Securitization*, 2.ª ed., Coimbra, 2005; MENEZES LEITÃO, *Cessão de créditos*, cit., p. 540 ss.

conto, se o transmitente for também um banco). A liquidação realiza-se geralmente através da cobrança do crédito junto do devedor, mas, se esta se frustrar, tem o descontante direito de regresso contra o descontatário.

Estes contratos, referidos em leis portuguesas sem regulação pormenorizada[42], serviram em tempos como meios privilegiados de financiamento e de refinanciamento bancário, mas estão actualmente em acelerada perda de importância a favor de outras operações de concessão de crédito (*factoring*, mútuo, abertura de crédito).

Na qualificação do contrato de desconto, a doutrina oscila entre várias possibilidades: contrato *sui generis*; compra e venda do crédito titulado; contrato de mútuo garantido pelo crédito cedido; contrato misto de mútuo e de *datio pro solvendo*, com claro predomínio desta última tese na doutrina portuguesa[43].

A estrutura mais próxima é da compra e venda (do crédito titulado)[44], mas a assimilação esbarra na natureza pecuniária da eventual obrigação do descontatário (que seria o vendedor) em caso de não cumprimento pelo devedor do crédito transmitido. A qualificação como mútuo confronta-se com o obstáculo simétrico: a natureza não monetária nem fungível do objecto entregue pelo descontatário. Para superar esta dificuldade torna-se necessário converter a função do direito inscrito que, em vez de objecto do contrato de desconto, haveria de ser considerado como objecto de um outro contrato (coligado) de garantia. Mas a construção é artificial, porque o acordo primário se reporta directamente ao título (que se desconta) enquanto meio normal (não eventual) de satisfação do direito do descontante.

---

[42] Código Comercial, artigo 362.°; Lei Orgânica do Banco de Portugal, artigo 35.°, n.° 1, alínea *a*); Decreto-Lei n.° 344/78, 17 de Novembro de 1978, artigos 3.°, n.° 2, e 5.°, n.° 1). Em qualquer destes dois últimos diplomas, se faz referência a letras, livranças, extractos de factura, *warrants* e títulos de crédito de natureza análoga. No direito português, não se justifica pois ampliar o âmbito do contrato de desconto, incluindo no seu objecto quaisquer créditos, ainda que não documentados por títulos de crédito transmissíveis por endosso.

[43] FERNANDO OLAVO, *Desconto bancário*, Lisboa, 1955, p. 238 ss; MENEZES CORDEIRO, *Manual de Direito Bancário*, cit., p. 591 ss; CARLOS OLAVO, *O contrato de desconto bancário*, Estudos em homenagem ao Professor Doutor Inocêncio Galvão Telles, vol. II, Coimbra, 2002, p. 427 ss (p. 469 ss); MENEZES LEITÃO, *Cessão de créditos*, cit., p. 491 ss (p. 502 ss).

[44] Compra do crédito e do documento (R. KOHLS, *Bankrecht*, 2.ª ed., München, 1997, p. 108); subtipo da compra e venda, mas mais próximo do empréstimo pela sua função creditícia (J. GARRIGUES, *Contratos bancarios*, 2.ª ed., Madrid, 1975, p. 254 s).

Nenhuma regra ou princípio impõe que se reconduza o contrato de desconto a qualquer outro tipo contratual. Para tanto, melhor candidato do que um destes tipos legais (compra e mútuo) seria o *factoring* impróprio, sem prestação adicional de serviços, em relação ao qual o desconto apresenta porém caracteres próprios e mais definidos, entre os quais a incidência sobre título de crédito endossável, que dispensa a notificação do devedor como requisito de oponibilidade.

O contrato de desconto bancário apresenta-se pois como tipo contratual autónomo que se recorta no conjunto dos contratos para a transmissão de direitos em troca de dinheiro, entre os quais figuram também, mas não só, a compra e venda e o mútuo. A especificidade do contrato de desconto consiste na cumulação de quatro traços distintivos: a qualidade de instituição de crédito de um dos contraentes, pelo menos; a natureza do objecto não pecuniário – um direito de crédito pecuniário não vencido e inscrito em título de crédito à ordem; a dedução do juro na quantia antecipada; a inserção de uma cláusula de boa cobrança do direito transmitido.

Se faltar esta última cláusula, o tipo contratual será outro – o *forfaiting* ou desconto à *forfait*[45], mais usado em operações de crédito à exportação. Como dispensa a representação cartular do direito de crédito e a transmissão do direito de crédito se efectua sem garantia de cobrança e sem prestação de serviços associada, este contrato pode ser considerado como subtipo do *factoring*[46] (próprio) e também como subtipo da compra e venda (de créditos).

5. Em especial, contratos de troca para a transmissão de valores mobiliários

Os títulos de crédito que se vêm referindo como objecto contratual (letras, livranças, etc.) dispõem de duas características cumulativas: são individuais e são representativos de direitos pecuniários. Mas o conceito de título de crédito abrange também os títulos de crédito de massa, que actualmente se designam por valores mobiliários: acções, obrigações, partes de fundos de investimentos e outros direitos homogéneos (e por isso

---

[45] L. PESTANA DE VASCONCELOS, *O contrato de* forfaiting *(ou de forfaitização)*, Estudos em Memória do Professor Doutor José Dias Marques, Coimbra, 2007, p. 537 ss.

[46] KOHLS, *Bankrecht*, cit., p. 175.

fungíveis) susceptíveis de negociação nos mercados de capitais, seja qual for o seu suporte documental (em papel ou meramente escritural)[47].

Regras comuns. Os contratos que têm por objecto valores mobiliários[48] – no duplo sentido de documentos e de direitos inscritos nos documentos – e outros instrumentos financeiros[49] são alvo de algumas regras legais comuns (a maior partes das quais constam, no direito português, do Código dos Valores Mobiliários) sobre requisitos objectivos e subjectivos, regime de transmissão e outros aspectos com incidência contratual. A máxima densidade normativa verifica-se em relação aos contratos de intermediação (artigos 304.° e seguintes deste Código), num sentido muito amplo que abrange todos os contratos sobre valores mobiliários em que um dos contraentes seja um intermediário financeiro. Mas nem por isso compõem um tipo autónomo, porque compreendem um conjunto demasiado amplo e diversificado que atravessa todas as funções contratuais, com relevo para as funções de troca, de cooperação e de risco.

Mesmo que se considere apenas o âmbito dos contratos de troca, os contratos sobre valores mobiliários distribuem-se ainda por mais do que

---

[47] Cfr. Código dos Valores Mobiliários, artigos 1.°, 46.° e seguintes, 61.° e seguintes, 95.° e seguintes. Sobre a qualificação dos valores mobiliários como títulos de crédito de massa, ver o meu artigo *Registo de valores mobiliários*, Estudos em memória do Professor Doutor António Marques dos Santos, Coimbra, 2005, vol. I, p. 873 ss (p. 905, 930 ss).

[48] *Effektengeschäfte*, na terminologia alemã (ver, por todos, KÜMPEL, *Bank- und Kapitalmarktrecht*, cit., p. 724 ss; M. LENENBACH, *Kapitalmarkt- und Börsenrecht*, Köln, 2002, p. 151 ss). Outras obras com objecto equivalente: R. R. PENINGTON, *The Law of Investment Market*, Oxford, London, Edinburgh, Boston, Melbourne, 1990; T. L. HAZEN, *The Law of Securities Regulation*, 3.ª ed., St. Paul, Minn., 1996; VAUPLANE & BORNET, *Droit des marchés financiers*, Paris, 1998; F. ZUNZUNEGUI, *Derecho del mercado financiero*, Madrid, Barcelona, 2000.

[49] Instrumentos financeiros são documentos e contratos financeiros *lato sensu*, isto é, destinados ao financiamento, a qualquer prazo, ou relacionados com o financiamento a qualquer prazo. Valores mobiliários são os instrumentos financeiros representados por títulos de crédito negociáveis em mercados organizados. Mas nem todos os instrumentos financeiros são valores mobiliários – cfr. Código dos Valores Mobiliários, artigo 2.°, e Directiva 2004/39/CE, do Parlamento Europeu e do Conselho, de 21 de Abril de 2004, relativa aos mercados de instrumentos financeiros (DMIF), anexo I, secção C – uma vez que a categoria inclui também derivados (por exemplo, futuros, opções, *swaps*) e outros instrumentos (por exemplo, certificados de aforro) que, geralmente, só são mobilizáveis perante a entidade emitente ou por transmissão de acordo com o regime da cessão da posição contratual ou da cessão de créditos.

uma subfunção económico-social: de permuta, de transmissão de direitos e de prestação de serviço. No presente contexto, só importa considerar aqueles que visam a transmissão de direitos inscritos em valores mobiliários com contrapartida monetária[50].

Contratos de bolsa. Dentro destes, pode estabelecer-se, para o efeito de tipificação, uma subdivisão baseada na qualidade das pessoas que intervêm na negociação: contratos sem intervenção de intermediários financeiros (actualmente pouco comuns), contratos de intermediação fora de bolsa, ditos de balcão (OTC = *over the counter*) e contratos de bolsa[51].

Os contratos de bolsa (entenda-se bolsa de valores)[52] caracterizam-se pela padronização do conteúdo e pela centralização do sistema de negociação que precede a celebração e, por vezes, também do respectivo sistema de liquidação (isto é, de cumprimento das obrigações de transmissão e de pagamento dos valores). A concentração num só lugar (a bolsa) vem sendo substituída pela unidade do sistema normativo e informático que interliga uma rede de terminais de computador. Daí a tendência para substituir também a designação do mercado (mercado regulamentado em vez de mercado de bolsa)[53].

A tipificação dos contratos de bolsa resulta não só de regras legais comuns (cfr. Código dos Valores Mobiliários, artigos 220.° e seguintes)

---

[50] Cfr. P. COSTA E SILVA, *Compra, venda e troca de valores mobiliários*, Direito dos Valores Mobiliários, Lisboa, 1997, p. 243 ss.

[51] Contra a natureza contratual dos "negócios de bolsa", J. OLIVEIRA ASCENSÃO, *A celebração de negócios em bolsa*, Direito dos Valores Mobiliários, I, 1999, p. 177 ss.

[52] Sobre os contratos de bolsa e as bolsas em geral, podem ver-se, entre muitas outras e além das citadas na nota 48, as seguintes obras: L. M. MARTIN, *Banque et bourse*, 3.ª ed., Paris, 1991; K. SCHANZ, *Börseneinfürung. Recht und Praxis des Börsengangs*, München, 2000; U. FLORIAN, *Rechtsfragen des Wertpapierhandels im Internet*, München, 2001; e ainda a interessante obra de DAVID JUSTINO, *História da Bolsa de Lisboa*, Lisboa, 1994.

[53] Cfr. as alterações aos artigos 199.°, 214.° e seguintes do Código dos Valores Mobiliários, introduzidas pelo Decreto-Lei n.° 52/2006, de 15 de Março, que, além disso, substituiu todas as epígrafes com a menção a bolsa e revogou o artigo 213.°, no qual se definia bolsa do seguinte modo: mercado regulamentado "em que a emissão das ofertas e a conclusão das operações são centralizadas num só espaço ou sistema de negociação". A terminologia adoptada pelo diploma português corresponde àquela que é empregue nas directivas comunitárias por ele transpostas, talvez com excesso de zelo. Ver, a propósito, perspectivando a extinção do conceito de bolsa, PAULO CÂMARA, *O governo das bolsas*, Direito dos Valores Mobiliários, VI, 2006, p. 187 ss (p. 211).

como de regras adoptadas por cada uma das entidades gestoras de bolsa (cfr. artigo 201.° do mesmo Código), acerca das quais a doutrina oscila quanto à qualificação (normas corporativas, regulamentos, cláusulas contratuais gerais ou natureza híbrida[54]).

Os contratos de bolsa subdividem-se tradicionalmente em dois grandes grupos: à vista e a prazo[55]. Nos contratos de bolsa à vista (ou a contado, cfr. Código dos Valores Mobiliários, artigos 224.° e seguintes), o cumprimento das prestações (em valores mobiliários e em dinheiro) é exigível imediatamente ou em prazo muito curto, que geralmente não ultrapassa três dias[56].

Entre os contratos de bolsa à vista destaca-se, como subtipo, o conjunto dos contratos formados na sequência de ofertas públicas, que, embora demarcado a partir do modo de formação, apresenta características próprias de conteúdo (v. g., descrição dos valores mobiliários, preço, prazo; cfr. artigos 108.° e seguintes do mesmo Código), nalguns aspectos ainda mais exigentes se a oferta (de aquisição) for obrigatória (mesmo Código, artigos 187.° e seguintes)[57].

Os *contratos de bolsa a prazo* têm em comum a circunstância de o tempo para o cumprimento de uma das obrigações (pelo menos) ou para o exercício de um direito ser diferido em relação à data da celebração do contrato, com dilação superior à dos contratos à vista.

---

[54] Cfr. o meu artigo *O Código dos Valores Mobiliários e o Sistema Jurídico*, Cadernos do Mercado de Valores Mobiliários, n.° 7, 2000, p. 19 ss (p. 31 ss) e bibliografia aí citada.

[55] RUY ULRICH, *Da bolsa e suas operações*, Coimbra, 1906, p. 426, 433 ss, 449 ss.

[56] São raros os textos doutrinários sobre contratos de bolsa à vista. Uma excepção na literatura portuguesa é, apesar de desactualizado nas referências legislativas, o artigo de ANTÓNIO SOARES, *Negociação, liquidação e compensação de operações sobre valores mobiliários,* Direito dos Valores Mobiliários, Lisboa, 1997, p. 311 ss.

[57] Bibliografia sobre o regime vigente: A. LUCENA E VALE, *Estudo sobre o regime das ofertas públicas de distribuição consagrado no novo Código dos Valores Mobiliários*, Revista da Banca, n.° 46, 1998, p. 19 ss; PAULO CÂMARA, *O dever de lançamento de oferta pública de aquisição no novo Código dos Valores Mobiliários*, Direito dos Valores Mobiliários, II, 2000, p. 203 ss; J. M. MENEZES FALCÃO, *OPA obrigatória*, Direito dos Valores Mobiliários, III, 2001, p. 179 ss. Obras estrangeiras de referência: G. STEDMAN, *Takeovers*, London, 1993; *Régimen jurídico de las ofertas públicas de adquisición (OPAS). Comentario sistemático del Real Decreto 1.197/1991* (org. F. Sánchez Calero), 2 vols., Madrid, 1993; BONNEAU & FAUGÉROLAS, *Les offres publiques. OPA, OPE, garantie de cours, retrait,...*, Paris, 1999; GEIBEL & SÜSSMANN, *WpÜG. Wertpapiererwerbs- und Übernahmegesetz. Kommentar*, München, 2002.

A negociação em bolsa determina a padronização dos elementos componentes do conteúdo contratual, incluindo o objecto (cfr. Código dos Valores Mobiliários, artigos 257.º e 258.º), e permite a cotação das operações. O diferimento dos efeitos justifica a exigência de especiais garantias de cumprimento assim como o ajuste periódico de ganhos e de perdas [artigos 260.º e 261.º, n.º 1, alínea c), do mesmo Código].

Os contratos de bolsa a prazo têm por finalidade específica a cobertura ou a transferência do risco de outras operações.

Por exemplo: F. é devedor ou credor de uma situação jurídica a prazo susceptível de flutuação de valor (em função da taxa de juro, da taxa de câmbio ou da cotação). Para evitar o risco de valorização ou de desvalorização, F. assume em bolsa uma posição a prazo do mesmo montante, com a mesma taxa ou cotação. Se, sendo devedor, a taxa ou a cotação subirem, ganha na operação de bolsa o mesmo que perderia no contrato fora de bolsa; se a taxa ou a cotação descerem, perde na operação de bolsa o mesmo que ganharia no contrato fora de bolsa. Resultados simétricos se verificam se F. for credor. As operações sobre índices justificam-se, nesta lógica, apenas para cobrir riscos de entidades com carteiras compósitas (por exemplo, fundos de investimentos mobiliários).

O propósito dos intervenientes pode também ser apenas especulativo. A especulação tende a assegurar a liquidez necessária para alimentar o mercado e a realização das referidas funções de cobertura de risco.

A lei portuguesa em vigor regula quatro conjuntos de contratos de bolsa a prazo: futuros, opções, reportes e empréstimos, mas é também possível celebrar contratos correspondentes fora de bolsa, em especial reportes e empréstimos, assim como contratos financeiros a prazo de outra natureza (por exemplo, contratos de *swap* – cfr. *supra* n.º 2) e contratos a prazo relativos a mercadorias ou serviços[58].

O *empréstimo de valores mobiliários* é um subtipo do contrato de mútuo oneroso que tem por objecto valores mobiliários fungíveis. Para negociação em bolsa a lei estabelece algumas restrições: proíbe o empréstimo a descoberto, exige a entrega à vista (ou em prazo muito curto) e a devolução através da bolsa[59]. A transmissão da titularidade não é efeito

---

[58] Cfr. Código dos Valores Mobiliários, artigos 265.º e 258.º, n.º 2, RGIC, artigo 4.º, n.º 1, alínea e).

[59] Código dos Valores Mobiliários, artigo 256.º; cfr. também artigos 280.º, n.º 3, alínea a), e 291.º, alínea b). Outras restrições podem ser impostas por Regulamento da CMVM (artigo 351.º, n.º 4). Cfr. S. NASCIMENTO RODRIGUES, *Os contratos de reporte e de*

necessário do contrato (artigo 350.°, n.° 1, do Código dos Valores Mobiliários, que se afasta assim do artigo 1144.° do Código Civil).

O contrato de *reporte*[60] está regulado nos artigos 477.° e seguintes do Código Comercial com constrangimentos de que o artigo 255.° do Código dos Valores Mobiliários prescindiu. O reporte de bolsa pode assim definir-se como o contrato pelo qual uma pessoa (o reportador) compra a outra (o reportado) valores mobiliários fungíveis, à vista ou a prazo, que em simultâneo revende ao reportado, a prazo posterior ao da compra.

Mais complexos e sofisticados são os *contratos de futuros e de opções*[61], susceptíveis de uma larga gama de modalidades, que têm de ser consideradas nas respectivas definições.

Um primeiro factor de variação respeita à composição do respectivo objecto, na gíria designado como activo subjacente, que tanto pode ser real, coincidindo com valores mobiliários e outros instrumentos financeiros negociados em mercado organizado ou com direitos a eles relativos, como ser meramente nocional, ou seja, formado por um activo financeiro, teórico ou fictício, para o efeito construído por referência a taxas de câmbio, a divisas ou a índices indicativos da variação ponderada de cotações.

Por exemplo, a referência a uma taxa de juro indica, em teoria, um depósito bancário ou empréstimo com essa taxa de juro; mas, na realidade, pode não existir qualquer contrato em que o montante e as restantes circunstâncias correspondam exactamente ao contrato construído apenas para o efeito de negociação em bolsa. Em consequência, nos contratos de futuros e de opções realizados em bolsa uma das partes é geralmente a própria entidade gestora da bolsa onde o contrato se negoceia (cfr. Código dos Valores Mobiliários, artigo 259.°).

---

empréstimo no Código dos Valores Mobiliários, Cadernos do Mercado de Valores Mobiliários, n.° 7, 2000, p. 289 ss.

[60] Cfr., além da ob. cit. na nota anterior, CUNHA GONÇALVES, *Da compra e venda ...,* cit., p. 518 ss; A. MENEZES CORDEIRO, *Do reporte: subsídios para o regime jurídico do mercado de capitais e da concessão de crédito,* O Direito, 121, III, 1989, p. 452 ss; S. NASCIMENTO RODRIGUES, *A operação de reporte,* policop., Lisboa, 1998.

[61] AMADEU FERREIRA, *Operações de futuros e opções,* Direito dos Valores Mobiliários, Lisboa, 1997, p. 121 ss; A. MADRID PARRA, *Contratos e mercados de futuros y opciones,* Madrid, 1994; E. GALLEGO SÁNCHEZ, *Mercados y contratos de futuros y opciones,* Contratos internacionales (org. Calvo Caravaca, Fernández de la Gándara & Blanco-Morales Limones), cit., p. 1108 ss.

Em qualquer caso, estes objectos contratuais autonomizam-se enquanto instrumentos financeiros derivados[62] (de outros instrumentos financeiros), que podem, por sua vez, servir como objecto de contratos a prazo[63].

Um segundo factor de variação decorre do modo de liquidação da operação, consoante esta inclua a chamada liquidação física, isto é, a transmissão efectiva dos instrumentos financeiros (em troca do respectivo preço) ou se processe através do pagamento em dinheiro por um dos contraentes da diferença entre um valor inicial de referência e o valor de mercado na data da liquidação.

Assim, *futuros*[64] são os contratos de que resulta um dos seguintes efeitos para o respectivo titular:

- a obrigação de adquirir ou de alienar numa data futura, por preço pré-determinado, valores mobiliários ou direitos relativos a valores mobiliários; ou
- a obrigação de pagar ou o direito a receber numa data futura a diferença entre um valor inicial de referência e o valor de mercado nessa data de activos financeiros, reais ou nocionais.

Na primeira modalidade, os futuros têm a natureza de contratos de compra e venda, a prazo, porque deles resulta a obrigação de transmitir um direito mediante um preço. A natureza meramente obrigacional não exclui

---

[62] J. OLIVEIRA ASCENSÃO, *Derivados*, Direito dos Valores Mobiliários, IV, 2003, p. 41 ss; SANTOS QUELHAS, *Sobre a evolução recente do sistema financeiro*, cit.; NASSETTI, *Profili civilistici dei contratti "derivati" finanziari*, cit.; SANZ CABALLERO, *Derivados financieros*, cit.

[63] Mas contratos de bolsa a prazo e derivados não se confundem. Desde logo, pela diferença de natureza: os contratos são actos e os derivados são objectos. Depois, porque nem todos os derivados são objecto de contratos de bolsa a prazo, podendo derivar de contratos fora de bolsa, sejam do mesmo tipo destes (v. g. futuros, opções, *swaps*) sejam de tipo diferente (v.g. certificados, derivados de crédito e derivados de seguros; cfr. CRISTINA S. DIAS, *Certificados, valores mobiliários convertíveis e valores mobiliários condicionados por eventos de crédito: algumas notas comparativas*, LEITE BORGES & TORRES MAGALHÃES, *Derivados de crédito. Algumas notas sobre o regime dos valores mobiliários condicionados por eventos de crédito*, ambos em Cadernos dos Valores Mobiliários, n.° 15, 2002, p. 97 ss e 115 ss, respectivamente).

[64] MIGUEL CUNHA, *Os futuros de bolsa: características contratuais e de mercado*, Direito dos Valores Mobiliários, I, 1999, p. 63 ss; L. VALLE, *Il contratto* future, I contratti del commercio..., vol. 4, 1997, p. 393 ss.

tal qualificação (cfr. *supra* n.° 1). Na segunda modalidade, os futuros têm a natureza de contratos diferenciais, porque deles resulta uma obrigação para apenas uma das partes, a determinar em função de um evento futuro e incerto.

Designam-se como *opções* os contratos que, mediante o pagamento de um prémio:

– atribuem o direito potestativo de adquirir (*call option*) ou alienar (*put option*), por preço pré-determinado, em data futura (opção "europeia") ou até uma data futura (opção "americana"), valores mobiliários ou direitos relativos a valores mobiliários; ou
– atribuem o direito a receber, em data futura ou até uma data futura, a diferença entre o valor de referência para o exercício desse direito e o valor de mercado nessa data de activos financeiros, reais ou nocionais; ou
– transmitem algum dos direitos antes mencionados.

A diferença entre futuros e opções consiste em que, nestas, está apenas em causa o exercício de um direito, não assumindo o seu titular qualquer obrigação. Como o titular do direito só o exercerá se o preço de mercado lhe for favorável (diz-se, neste caso, que a opção está *in the money*), a sua perda (se a opção estiver *out of the money*) está limitada pelo montante do prémio de exercício.

Na primeira modalidade, as opções têm a natureza que o nome indica (contratos de opção), porque atribuem o direito potestativo à formação de um outro contrato (o contrato optativo), em relação ao qual desempenham uma função preliminar[65]. Na segunda modalidade, em que em caso algum se celebra efectivamente um contrato optativo, têm a natureza de contratos diferenciais. Só na terceira modalidade têm como efeito a transmissão de um direito, ou melhor, de uma posição contratual, sendo então assimiláveis a contratos de compra e venda[66].

Verifica-se assim que nem todos os contratos de bolsa a prazo desempenham uma subfunção de transmissão de um direito em troca de dinheiro: uns, porque, sendo contratos com função de troca, têm como objecto não

---

[65] Cfr. o meu livro *Contratos*, I, *Conceito. Fontes. Formação*, 3.ª ed., Coimbra, 2005, p. 144 ss.

[66] Acerca da discutida natureza jurídica dos contratos de futuros e de opções, ver, por todos, AMADEU FERREIRA, *Operações de futuros e opções*, cit., p. 151 ss, 165 ss; LENENBACH, *Kapitalmarkt- und Börsenrecht*, cit., p. 265 ss.

monetário um direito potestativo atribuído pelo próprio contrato (contratos de opção) ou um direito de uso (empréstimo sem transferência da titularidade); outros (os contratos diferenciais), por desempenharem uma função de risco, distinta da função de troca.

6. Em especial, contratos de troca de dinheiro por dinheiro

Nestes contratos, a relação de troca recai sobre dois objectos monetários (dinheiro por dinheiro), embora entre si distintos por alguma especificação destes ou de outros elementos estruturais.

Tal como noutros contratos de troca, a troca de dinheiro por dinheiro pode ser a prazo ou à vista. A troca de dinheiro à vista só tem justificação económica relevante nos contratos de câmbio entre quantias referidas a sistemas monetários diferentes.

Na troca de dinheiro a prazo, o contrato insere-se na categoria dos contratos de crédito, mais ampla porém porque abrange todos os contratos em que a contrapartida, monetária ou não, é diferida[67]. O preço do dinheiro é o juro, justificado pelos riscos (de incumprimento, de inflação, de desvalorização cambiária), pelos custos de gestão e pelo lucro[68]. A troca de dinheiro a prazo realiza-se através de dois tipos contratuais básicos: o mútuo oneroso e a abertura de crédito.

Mútuo. O Código Civil delimita o contrato de mútuo[69] em termos que, sob certos aspectos, excedem o âmbito do contrato de mútuo oneroso de dinheiro, quer porque admite como objecto "outra coisa fungível" (artigo 1142.°) quer porque engloba, além do mútuo oneroso (usura, no Código de Seabra, artigo 1636.°), também o mútuo gratuito, embora presuma a onerosidade (artigo 1145.°; cfr. artigo 395.° do Código Comercial).

Mas o tipo contratual regulado no Código Civil apresenta-se, sob outros aspectos, em termos mais restritos do que o tipo social correspondente. Em primeiro lugar, porque apenas contempla a modalidade de contrato real *quoad constitutionem*, quando hoje já não se contesta a admissi-

---

[67] J. SIMÕES PATRÍCIO, *Direito do crédito. Introdução*, Lisboa, 1994, p. 15 ss.

[68] Cfr. LORENZETTI, *Tratado de los contratos*, cit., III, p. 382 s.

[69] JOÃO REDINHA, *Mútuo*, Direito das obrigações, 3.° vol., Contratos em especial (org. Menezes Cordeiro), Lisboa, 1991, p. 185 ss; MENEZES LEITÃO, *Direito das obrigações*, vol. III, *Contratos em especial*, cit., p. 383 ss.

bilidade de uma modalidade consensual alternativa[70], em que o mutuante se obriga a entregar o capital numa só prestação ou mais, em prazo ou prazos estipulados. Em segundo lugar, porque apenas considera a hipótese de a obrigação do mutuário se resolver pela restituição, igual em quantidade, da quantia recebida do mutuante, parecendo excluir (ou esquecer?) a possibilidade de desconto inicial dos juros. Ora, neste caso, a obrigação do mutuário supera o valor do montante efectivamente recebido, sem que se vislumbre qualquer fundamento razoável de ilicitude. A (chamada) restituição consiste pois, afinal, no pagamento integral do capital mutuado.

Tendo em conta estes dados, pode definir-se o mútuo oneroso de dinheiro como o contrato pelo qual o mutuante entrega, ou se obriga a entregar, ao mutuário uma determinada quantia em dinheiro, obrigando-se o mutuário a pagar o capital e os juros (que não tenham sido deduzidos no capital).

Além dos efeitos obrigacionais, o contrato de mútuo desencadeia, com a entrega, a transmissão do direito sobre a coisa mutuada (artigo 1144.º, do qual se infere pois a conclusão, muito relevante para a teoria das situações jurídicas, de que o dinheiro é objecto idóneo do direito de propriedade).

O *mútuo bancário* é o mais frequente subtipo do mútuo oneroso de dinheiro. A natureza do mutuante (uma instituição de crédito), actuando no mercado monetário, em ambiente concorrencial e sob supervisão pública, justifica a liberdade das taxas de juro[71] e a admissibilidade do anatocismo[72].

O mútuo bancário conhece múltiplas modalidades (que podem ser replicadas noutros contratos de mútuo), em função, designadamente, da entrega e do pagamento do capital (por uma só vez ou em prestações), do cálculo da taxa de juro (fixa ou variável, por referência a um índice, que pode resultar do mercado, por exemplo, o índice Euribor), do modo de pagamento dos juros (por desconto no capital, em prestações periódi-

---

[70] Cfr. o meu livro *Contratos*, I, cit., p. 135 s (embora com posição restritiva quanto à forma exigível).

[71] Aviso do Banco de Portugal n.º 3/93, de 20 de Maio, e Decreto-Lei n.º 220/94, de 23 de Agosto.

[72] Isto é, a contagem de juros sobre juros capitalizados, admitida sem restrições pelo artigo 560.º, n.º 3, quando exista "uso particular do comércio" (cfr. MENEZES CORDEIRO, *Manual de Direito Bancário*, cit., p. 583, com indicação de jurisprudência nesse sentido, e SIMÕES PATRÍCIO, *Direito do crédito*, cit., p. 68 s). Orientação mais restritiva segue o artigo 17:101 dos Princípios Europeus de Direito dos Contratos.

cas ou a final), da existência ou inexistência de garantia especial e de componente cambial.

O mútuo bancário é geralmente mútuo de escopo[73], isto é, afecto a uma determinada finalidade do mutuário indicada no contrato e eventualmente regulada por lei. Nos últimos decénios generalizou-se o mútuo para consumo, sujeito a regime especial aplicável a este e a outros tipos contratuais de crédito ao consumo[74].

"Depósito" bancário a prazo. O mútuo bancário conta-se entre as operações bancárias activas, assim denominadas em atenção à posição activa do banco na relação de crédito. Ora, os bancos, que são por natureza instituições de mediação do crédito, recorrem por sua vez ao financiamento. No caso dos bancos comerciais ou de retalho, as mais frequentes operações bancárias passivas consistem na captação de fundos junto do público através dos chamados depósitos bancários (a prazo, com pré-aviso ou à ordem, consoante o reembolso se efectue em prazo certo, com prazo certo após interpelação ou a todo o tempo).

A natureza jurídica dos contratos de "depósito" bancário é muito controversa, distribuindo-se as opiniões no direito português por várias orientações[75], umas monistas (depósito irregular – opinião dominante na jurisprudência –, mútuo, contrato *sui generis*), outras dualistas (depósito irregular, para os depósitos à ordem e com pré-aviso; mútuo, para os contrato de depósito a prazo).

Algumas destas formulações fazem (a meu ver, bem) uma distinção preliminar: por um lado, a conta (que a prática designa por conta de depósito à ordem), onde se registam os movimentos gerados por um contrato-quadro

---

[73] R. PERCHINUNNO, *Il mutuo di scopo*, I contratti del commercio..., cit., vol. 1, p. 659 ss.

[74] Decreto-Lei n.º 359/91, de 21 de Setembro, com referência específica ao mútuo no artigo 2.º, n.º 1, alínea *a*), e no anexo II, n.º 2; cfr. F. GRAVATO MORAIS, *Do regime jurídico do crédito ao consumo*, Scientia Ivridica, n.ºs 286/288, 2000, p. 375 ss; ID., *União de contratos de crédito e de venda para consumo. Efeitos para o financiador do incumprimento pelo vendedor*, Coimbra, 2004; PAULO DUARTE, *A sensibilidade do mútuo às excepções do contrato de aquisição na compra financiada, no quadro do regime jurídico do crédito ao consumidor*, Sub Judice, n.º 24, 2003, p. 39 ss.

[75] Cfr., além das obras citadas na nota seguinte, J. G. PINTO COELHO, *Operações de banco*, I, *Depósito bancário*, Coimbra, 1949; PAULA P. CAMANHO, *Do contrato de depósito bancário*, Coimbra, 1998; C. LACERDA BARATA, *Contrato de depósito bancário*, Estudos em Homenagem ao Professor Doutor Inocêncio Galvão Telles, II, Direito Bancário, Coimbra, 2002, p. 7 ss.

entre o banco e o seu cliente; por outro lado, cada um dos actos que justificam tais movimentos, entre os quais se incluem, geralmente, um contrato de "depósito" à ordem e, frequentemente, outros contratos, tais como, contratos de "depósito" a prazo ou com pré-aviso, de prestação de serviço de caixa, de gestão de valores mobiliários e de crédito (concedido ao cliente)[76].

Na verdade, a palavra "depósito" nas expressões "contrato de depósito" e "conta de depósito à ordem" apenas se explica como resquício do tempo em que os bancos recebiam dos seus clientes para depósito bens valiosos, fungíveis ou infungíveis. Ora o tipo legal do contrato de depósito não prescinde em qualquer modalidade de um elemento de guarda, que só é compatível com as coisas corpóreas. Este requisito não deixa de ser necessário no depósito irregular que foi concebido para coisas fungíveis, mas corpóreas, como cereais e barras de ouro (cfr. artigos 1185.º e 1189.º do Código Civil). Os únicos contratos de depósito bancário que subsistem são pois os depósitos administrados e os depósitos em cofre forte. Os "depósitos" em dinheiro (meramente escritural) em conta bancária não satisfazem o requisito da obrigação de guarda, razão pela qual não podem ser qualificados como contratos de depósito.

Na prática actual, os contratos de "depósito" bancário preenchem, sim, todos os elementos do tipo contratual do mútuo (real *quoad constitutionem*), porquanto, em todas as suas modalidades, o mutuante (cliente) entrega ao mutuário (banco) uma determinada quantia em dinheiro que este se obriga a reembolsar. O contrato de "depósito" a prazo e com pré-aviso, que sempre vence juros, merece a qualificação de contrato de mútuo oneroso. O contrato de "depósito" à ordem tem a natureza de contrato de mútuo, oneroso ou gratuito, ou de contrato misto de mútuo e de prestação de serviço, se, como é frequente, lhe estiver intrinsecamente associada a prestação de um serviço de caixa.

O *empréstimo obrigacionista* é outro subtipo do mútuo oneroso de dinheiro[77], com as seguintes particularidades:

---

[76] Assim ou com posição próxima, J. SIMÕES PATRÍCIO, *A operação bancária de depósito*, Porto, 1994; ID., *Direito Bancário Privado*, Lisboa, 2004, p. 237 ss; MENEZES CORDEIRO, *Manual de Direito Bancário*, cit., p. 489 ss, 513 ss (p. 524); F. CONCEIÇÃO NUNES, *Depósito e conta*, Estudos em Homenagem ao Professor Doutor Inocêncio Galvão Telles, II, Direito Bancário, Coimbra, 2002, p. 67 ss; A. P. AZEVEDO FERREIRA, *A relação negocial bancária. Conceito e estrutura*, Lisboa, 2005. Contra, C.-W. CANARIS, *Bankvertragsrecht*, I, 3.ª ed., Berlin, New York, 1988, p. 3 ss.

[77] P. PAIS DE VASCONCELOS, *As obrigações no financiamento da empresa*, Problemas do Direito das Sociedades, Coimbra, 2002, p. 321 ss; J. OLIVEIRA ASCENSÃO, *Direito*

- pluralidade de mutuantes com posições jurídicas iguais;
- especial natureza jurídica do mutuário (sociedade comercial ou entidade pública);
- representação do direito do mutuante em valores mobiliários (= títulos de crédito de massa) com a designação de obrigações.

O empréstimo obrigacionista é portanto o contrato subjacente à subscrição de obrigações, acto pelo qual o mutuante (obrigacionista) entrega, ou se obriga a entregar, uma quantia em dinheiro, recebendo em troca (salvo rateio) um documento (a obrigação) que representa os seus direitos (ao juro e ao reembolso) em conformidade com as obrigações assumidas pelo emitente no acto de emissão[78].

As obrigações são instrumentos privilegiados do hetero-financiamento das empresas e do Estado[79], potenciado pela comercialização em mercado financeiro ou monetário. No âmbito daquele quadro comum de características, conhecem múltiplas variantes, com regimes específicos de direito privado e de direito público, por vezes, com designações próprias (por exemplo, obrigações hipotecárias, obrigações de caixa, papel comercial, bilhetes do tesouro). No regime jurídico do Código das Sociedades Comerciais (artigos 348.° e seguintes), a mais evidente especialidade em comparação com o regime geral do contrato de mútuo consiste na institucionalização da assembleia de accionistas (artigos 355.° e seguintes).

O juro é elemento comum a todas as obrigações, mas nalgumas, o juro (variável) é, no todo ou parte, dependente dos lucros do emitente; outras conferem o direito de conversão em acções[80]. O mútuo já não é, nestas hipó-

---

comercial, IV, *Sociedades comerciais. Parte geral*, Lisboa, 2000, p. 550 ss; A. PEREIRA DE ALMEIDA, *Sociedades comerciais*, 4.ª ed., Coimbra, 2006, p. 635 ss; URÍA, MENÉNDEZ & GARCÍA DE ENTERRÍA, *La sociedad anónima: las obligaciones*, Curso de Derecho Mercantil (org. Uría & Menéndez), I, Madrid, 1999, p. 981 ss (p. 983); COZIAN, VIANDIER & DEBOYSSY, *Droit des sociétés*, 13.ª ed., Paris, 2000, p. 361 ss; LENENBACH, *Kapitalmarkt- und Börsenrecht*, cit., p. 56 ss. Contra a qualificação como mútuo, impressionada pela "massa vasta e anónima" dos obrigacionistas, FLORBELA PIRES, *Emissão de valores mobiliários*, Lisboa, 1999, p. 42 ss; ID., *Direitos e organização dos accionistas em obrigações internacionais (obrigações Caravela e Eurobonds)*, Lisboa, 2001, p. 48 ss.

[78] Cfr. C. OSÓRIO DE CASTRO, *Valores mobiliários. Conceito e espécies*, Porto, 1996, p. 127 s.

[79] E. PAZ FERREIRA, *Da dívida pública e das garantias dos credores do Estado*, Coimbra, 1995, esp. p. 261 ss.

[80] FÁTIMA GOMES, *Obrigações convertíveis em acções*, Lisboa, 1999.

teses, qualificação suficiente para o contrato subjacente, uma vez que este desempenha então uma função mista de troca e de cooperação.

Enquanto o empréstimo obrigacionista é um instrumento típico de financiamento pelo público, o contrato de *suprimento* (Código das Sociedades Comerciais, artigos 243.° a 245.°)[81] é o instrumento específico de financiamento pelos sócios às sociedades comerciais por quotas e anónimas.

Tendo como elemento comum o "carácter de permanência" da concessão de crédito à sociedade, o contrato de suprimento conhece duas modalidades legais, que entre si se distinguem pelo objecto do crédito concedido: empréstimo de dinheiro (ou outra coisa fungível) e "diferimento do vencimento de créditos". Na primeira modalidade, tem a natureza de mútuo[82], geralmente oneroso; na segunda, desempenha uma função de reestruturação. Se se considerarem em conjunto ambas as modalidades, não é possível reconduzir o contrato de suprimento a nenhum outro tipo contratual.

Abertura de crédito. A prática bancária gerou há muito um outro tipo contratual com estrutura e função próximas do mútuo, mas mais flexível – a abertura de crédito[83] – que já constava do elenco das operações de banco enumeradas pelo artigo 362.° do Código Comercial português de 1888 como operação diversa do empréstimo e do desconto. Tem regulação legal em Itália, nos artigos 1842 e seguintes do Código Civil.

Atenta a *praxis* actual, pode definir-se a abertura de crédito como o contrato pelo qual uma instituição de crédito se obriga a pôr dinheiro à disposição de um cliente, que este, mediante o pagamento do capital, de juros e de comissões, pode utilizar, à medida da sua conveniência, até um certo limite e em determinadas circunstâncias[84].

---

[81] RAÚL VENTURA, *Sociedades por quotas*, II, Coimbra, 1989, p. 67 ss; J. AVEIRO PEREIRA, *O contrato de suprimento*, Coimbra, 1997; R. PINTO DUARTE, *Suprimentos, prestações acessórias e prestações suplementares – notas e questões*, Problemas do Direito das Sociedades, Coimbra, 2002, p. 257 ss; A. MOTA PINTO, *Do contrato de suprimento. O financiamento da sociedade entre capital próprio e capital alheio*, Coimbra, 2002.

[82] Contra, J. COUTINHO DE ABREU, *Suprimentos*, Estudos em homenagem ao Prof. Doutor Raúl Ventura, Lisboa, Coimbra, 2003, p. 71 ss (= *Curso de direito comercial*, II, Coimbra, 2002, p. 328 ss).

[83] R. BENOLIEL CARVALHO, *Notas sobre a abertura de crédito bancário*, Revista Bancária, n.° 29, 1972, p. 25 ss; S. GOUVEIA PEREIRA, *O contrato de abertura de crédito bancário*, Estoril, 2000.

[84] Como modalidade do contrato de abertura de crédito apresenta-se por vezes a chamada abertura de crédito documentário (acórdão do STJ, de 03.04.03, embora, noutro

A lei italiana admite a abertura de crédito por tempo indeterminado, mas é muito mais frequente a fixação de um período determinado, susceptível de renovação. A remuneração compreende geralmente, além dos juros (com variantes similares às do mútuo), também o pagamento de comissões (de abertura, sobre o limite do crédito, de imobilização) que servem de contrapartida à disponibilidade da linha de crédito.

Em comparação com o mútuo, a abertura de crédito, além de nunca incluir a entrega como elemento de formação do contrato, caracteriza-se pela faculdade de o devedor dispor do crédito consoante as suas necessidades, sem submissão a um calendário contratual rígido.

Na fórmula mais flexível da abertura de crédito em conta corrente, estipula-se também a faculdade de reutilização e uma relativa liberdade temporal dos pagamentos de capital (*revolving credit*). Nesta modalidade, a movimentação contabilística pode processar-se através de descoberto em conta, acordado entre o banco e o cliente.

Acerca da natureza jurídica da abertura de crédito, defrontam-se várias teses em torno das seguintes alternativas: subtipo do mútuo ou tipo autónomo; contrato preliminar (contrato-promessa ou contrato-quadro[85]) ou contrato definitivo. Do que antecede parece poder concluir-se, com a orientação hoje dominante, que a abertura de crédito se perfila como tipo contratual autónomo (no âmbito dos contratos de troca onerosa de dinheiro[86]) e como contrato definitivo e único.

---

passo, afirme que o contrato tem "características aparentadas às do mandato sem representação"; MENEZES CORDEIRO, *Manual de Direito Bancário*, cit., p. 594 s). Trata-se porém de confusão gerada por homonímia (cfr. SPINELLI & GENTILE, *Diritto bancario*, 2.ª ed., Padova, 1991, p. 362). A abertura de crédito documentário é uma operação complexa, cujo núcleo consiste no mandato para pagamento, mas que se desdobra numa pluralidade de outros actos jurídicos, nenhum dos quais tem a natureza de contrato de abertura de crédito. Este poderá ser, quando muito, o negócio subjacente à ordem que desencadeia o processo. Para isso é necessário porém que o ordenador tenha à sua disposição uma linha de crédito para ser usada, à medida da sua conveniência e até um certo limite, exclusivamente através da emissão de créditos documentários ou também através da emissão de créditos documentários. Ora tal situação é eventual e até atípica, por ser mais frequente o acordo caso a caso.

[85] Tese preferida pela doutrina alemã (ver, por todos, G. SANDKÜHLER, *Bankrecht*, 2.ª ed., Köln, Berlin, Bonn, München, 1993, p. 77; C. P. CLAUSSEN, *Bank- und Börsenrecht*, München, 1996, p. 170 ss; SCHWINTOWSKY & SCHÄFER, *Bankrecht*, Köln, Berlin, Bonn, München, 1997, p. 542).

[86] Sem excluir que envolva, como função acessória, a prestação de serviço de caixa (cfr. GARRIGUES, *Contratos bancarios*, cit., p. 179).

Como subtipo da abertura de crédito em conta corrente desenvolveu-se o contrato de emissão (ou de utilização) de *cartão de crédito*[87], que, em relação ao tipo mais geral, apresenta geralmente as seguintes particularidades: o escopo do crédito está geralmente restrito ao cumprimento de contratos de consumo[88] celebrados com aderentes ao sistema (através de outros contratos ditos de associação), embora certos cartões disponham também da virtualidade de levantamento a crédito de numerário; a remuneração fixa do emitente deriva de uma comissão periódica, sendo apenas devidos juros se o utilizador não reembolsar integralmente o emitente num prazo curto que não excede um mês.

Acresce que o mesmo cartão, enquanto documento de legitimação, pode desempenhar cumulativamente uma função de pagamento (sem crédito) englobada num contrato de conteúdo complexo ou associada a outro contrato (de prestação de serviço de caixa).

Câmbio. Segundo o Decreto-Lei n.º 295/2003, de 21 de Novembro, são operações cambiais: a) a compra e venda de moeda estrangeira; b) as transferências de ou para o exterior expressas em moeda estrangeira para liquidação de operações económicas e financeiras com o exterior. O mesmo diploma atribui a qualificação de moeda estrangeira às notas, às moedas metálicas e à moeda electrónica com curso legal em países não participantes na zona do euro.

Sintetizando e generalizando, poder-se-ão definir como operações cambiais[89] os actos que envolvem pagamento em moeda estran-

---

[87] A favor da qualificação como contrato de abertura de crédito: JOANA VASCONCELOS, *Cartões de crédito*, Revista de Direito e Estudos Sociais, XXXIV, 1992, 305 ss, XXXV, 1993, p. 71 ss (p. 149 ss); F. GRAVATO MORAIS, *Dos cartões de crédito e do seu enquadramento nas operações de crédito ao consumo*, policop., Coimbra, 1995, p. 86 ss; GOUVEIA PEREIRA, *O contrato de abertura de crédito bancário*, cit., p. 23 s. Outras obras sobre estes contratos: C. F. GONÇALVES PEREIRA, *Cartões de crédito*, Revista da Ordem dos Advogados, 52, 1992, p. 355 ss; JOANA VASCONCELOS, *O contrato de emissão de cartões de crédito*, Estudos dedicados ao Prof. Doutor Mário Júlio de Almeida Costa, Lisboa, 2002, p. 723 ss.

[88] Cfr. Decreto-Lei n.º 359/91, de 21 de Setembro, com referência específica a cartões de crédito nos artigos 2.º, n.º 1, alínea *a*), e 6.º, n.º 4, e Decreto-Lei n.º 166/95, de 15 de Julho.

[89] MENEZES CORDEIRO, *Manual de Direito Bancário*, cit., p. 548 ss; RIVES-LANGE & CONTAMINE-RAYNAUD, *Droit bancaire*, 5.ª ed., Paris, 1990, p. 470 ss; MARTIN, *Banque et bourse*, cit., p. 617 ss; MATTOUT, *Droit bancaire international*, cit., p. 280 ss, 322 ss.

geira[90], considerando-se como tal o dinheiro de sistema diferente do dinheiro com curso legal (cfr. Código Civil, artigo 550.º) no lugar da residência ou do estabelecimento de algum dos intervenientes no acto.

Nem a expressão do preço em moeda estrangeira (moeda de conta) nem a entrega ou a obrigação de pagamento em moeda estrangeira (moeda de pagamento, cfr. Código Civil, artigo 558.º)[91] constituem geralmente elemento determinante para a qualificação dos contratos. Mas, em contratos singulares, a moeda estrangeira pode figurar, a vários títulos, como qualificativo do objecto pecuniário (v.g., em libras, em dólares): do preço (por exemplo, na compra e venda, na empreitada ou no mandato), de outra contrapartida monetária (por exemplo, do juro, no empréstimo obrigacionista; do salário, no contrato de trabalho; do prémio, no contrato de seguro) ou da quantia entregue ou a entregar (por exemplo, no mútuo, na doação, na sociedade ou nos contratos diferenciais).

A moeda estrangeira só é elemento necessário do tipo contratual nos contratos de câmbio (*stricto sensu*), cujo conteúdo consiste na troca de uma quantia em dinheiro, referida a um dado sistema monetário, por outra quantia em dinheiro, referida a outro sistema monetário, mediante conversão calculada pela taxa (de câmbio). A taxa de câmbio (ou de paridade), tal como resulta de cotação em mercado ou do valor em concreto adoptado no contrato, é, por sua vez, a razão entre os valores unitários de sistemas monetários diferentes.

Os contratos de câmbio podem ser à vista ou a prazo (segundo critério semelhante ao adoptado para os contratos de bolsa). Consoante o modo de representação das moedas, os contratos de câmbio à vista subdividem-se ainda em manuais (troca de notas e de moedas metálicas), titulados (por cheque, vale postal ou letra à vista) ou escriturais (registos em conta bancária). Os contratos de câmbio a prazo podem assumir fórmulas e finalidades de cobertura de risco homólogas das usadas em contratos a prazo com valores mobiliários (v. g., futuros e *swaps*)[92].

---

[90] Ou "divisa", mas esta palavra também é empregue com significado mais restrito, que exclui notas e moedas metálicas.

[91] Sobre esta distinção, ver, por exemplo, GALGANO & MARRELLA, *Diritto del commercio internazionale*, Padova, 2004, p. 355 ss, e comentários aos artigos 6.1.9 dos Princípios UNIDROIT e 7:108 dos Princípios Europeus de Direito dos Contratos.

[92] Cfr. R. C. BORGIA, *Le operazioni su rischio di cambio*, I contratti del commercio..., cit., vol. 3, p. 2395 ss; KLOTEN & VON STEIN, *Geld-, Bank- und Börsenwesen*, 39.ª ed., Sttutgart, 1993, p. 694 ss.

Os contratos de câmbio à vista e os contratos de câmbio a prazo com liquidação física têm a natureza de contratos de compra e venda, nos quais a moeda estrangeira toma o lugar da coisa comprada ou vendida, mediante o pagamento (do preço) em moeda nacional do lugar onde se efectue a transacção[93]. Mas, se os objectos do contrato de câmbio forem ambos expressos em moeda estrangeira, o contrato será de permuta, por não ser possível discernir qual das moedas funciona como preço, desempenhando a função de meio de pagamento (cfr. *supra* n.º 2)[94].

Os contratos a prazo sobre divisas que dêem direito ao pagamento de uma só prestação têm a natureza de contratos diferenciais. São operação cambiais, mas não são contratos de câmbio *stricto sensu*.

---

[93] "Moeda nacional" é uma expressão que se tornou imprecisa com a adopção do euro como unidade monetária comum a vários Estados (ver, por todos, J. SIMÕES PATRÍCIO, *Do euro ao Código Civil? Aspectos da convergência legislativa*, Coimbra, 2001). Com rigor, enquanto não se encontra melhor expressão, deverá dizer-se "moeda que não seja estrangeira" ou "moeda com curso legal no Estado".

[94] Assim, mas para todos os contratos de câmbio, MATTOUT, *Droit bancaire international*, cit., p. 329.

FREI SERAFIM DE FREITAS:
UM PRECURSOR DO TERRITORIALISMO
DOS ESPAÇOS MARÍTIMOS
EM TORNO DE *DO JUSTO IMPÉRIO ASIÁTICO DOS PORTUGUESES*

Carlos Oliveira Coelho[*]-[**]

> porque até então o que se conhecia como nome de mar (...) depois que se descobriu o Mundo Novo, logo se conheceu também que não era aquele o mar, senão um braço dele, e o mesmo nome que injustamente tinha usurpado, se passou sem controvérsia ao Oceano que é só o que por sua imensa grandeza absolutamente, e sem outro sobrenome se chama mar.
>
> Padre António Vieira
> Sermão da Epifania, 1662

---

[*] Advogado.

[**] Abreviaturas: BFC, Boletim da Faculdade de Direito de Coimbra; CCH, Conferência da Codificação de Haia de 1930, CNUDM, Convenção das Nações Unidas do Direito do Mar; FDUNL, Faculdade de Direito da Universidade Nova de Lisboa; IPC, De Iure Praedae Commentarius; JIL, *Do Justo Império Asiático dos Portugueses*, Frei Serafim de Freitas, edição bilingue, latim-português, publicada sob os auspícios do Comissariado para a XVII Exposição Europeia de Arte Ciência e Cultura, Lisboa, 1983, latim-português, prefácio de Marcello Caetano e tradução de Miguel Pinto de Meneses, Volume I (reimpressão), Instituto de Nacional de Investigação Cientifica, 2 volumes, Lisboa, 1983; ML, Mare Liberum, Utilizaremos a tradução de Ralph Van Deman Magoffin, constante da edição de James Brown Scott, Oxford University Press, Oxford, 1916, edição on-line, on-line, http://oll.liberty/fund.org/; RC, Recueil des Cours, Académie de Droit International; SDN, Sociedade das Nações; TIJ; Tribunal Internacional de Justiça; UNCLOS, United Conference of the Law of the Sea.

SUMÁRIO: *I – 1. Introdução. 2. A territorialização do direito do mar; aparecimento de um paradigma. 3. Grotius e a publicação do* Mare Liberum. *4. Frei Serafim de Freitas e o aparecimento do Justo Império Asiático dos Portugueses. 5. Territorialização do direito do mar e o pensamento de Frei Serafim de Freitas. II – 6. As zonas marítimas e o pensamento de Frei Serafim de Freitas. 7. Zonas marítimas e o pensamento de Frei Serafim de Freitas; continuação. III – 8. Fundamentos intelectuais da teorização de Frei Serafim de Freitas. 9. Frei Serafim de Freitas, Hugo Grotius e o Direito natural. 10. Fundamentos intelectuais da actual codificação do Direito do Mar. 11. Desaparecimento do paradigma de Grotius e o Direito do Mar. IV – 12. Notas conclusivas.*

I

1 – A lista dos estudos jurídicos do Doutor Inocêncio Galvão Telles impressiona. Com efeito, poucas são as áreas do direito privado que escaparam à sua curiosidade ou não mereceram seu interesse e que, em suma, não beneficiaram do seu contributo. Não obstante, nem sempre é destacado o seu papel enquanto advogado principal de Portugal no caso conhecido na jurisprudência internacional como *Direito de Passagem por Território Indiano*, resolvido pelo Acórdão do Tribunal Internacional de Justiça, de 12 de Abril de 1960[1]. Na condução da defesa da posição portuguesa o ilustre jurista agora homenageado, foi levado a debruçar-se sobre aspectos respeitantes, em parte substancial, à temática das relações políticas, diplomáticas e jurídicas entre países asiáticos e países europeus, designadamente Portugal, no decurso dos séculos XVII e XVIII[2].

Na ocasião da celebração dos seus noventa anos, justifica-se ser evocado outro episódio, igualmente sobre o mesmo tipo de assunto, que, também ele, documenta a presença portuguesa na Ásia. Refiro-me à controvérsia[3] que, ao longo dos primeiros decénios do século XVII, se desenrolou em torno do estatuto dos mares na Ásia e que, para a história, ficaria conhecida como a polémica da liberdade dos mares – polémica forense

---

[1] Revista da FDUNL, 2004, Edição Especial.
[2] Cfr, agora o importante comentário ao acórdão referido, na Revista da FDUNL, 2006, Edição Especial, págs. 297 segts.
[3] Na literatura mais recente cfr. agora em MANUEL JANUÁRIO DA COSTA GOMES, *O Ensino do Direito Marítimo*, Coimbra, 2005, as importantes e desenvolvidas considerações observações que em sede deste assunto faz, cfr. págs. 32 e segts., passim.

surgida na sequência da captura em 25 de Fevereiro de 1603, no estreito de Singapura, da nau portuguesa Santa Catarina[4]. Debate forense antes de mais mas que, posteriormente, acabou por vir a converter-se, num segundo momento, em debate doutrinário. Ora, nesta segunda fase, decorrente da publicação do ML, por GROTIUS veio Frei SERAFIM DE FREITAS a tomar posição. Penso que a evocação desse, ao mesmo tempo, longínquo e próximo debate, tal como o mesmo resulta da obra de Frei SERAFIM DE FREITAS, *Do Justo Império Asiático dos Portugueses*, será forma – mais uma – de mostrar que, debates que parecem datados e que opiniões, ao primeiro relance, como que destinadas à lista das opiniões que o tempo apagará, afinal de contas são perenes. Maneira, ao mesmo tempo, de homenagear o Mestre e o Advogado que em Haia, no patrocínio forense de interesses que lhe haviam sido confiados, tanto se distinguiu.

2 – *Quindecim annos grande mortalis aevi spatium*, dizia TÁCITO. Sendo, sem dúvida assim, ainda o é mais se evocarmos o período de quatrocentos anos, lapso temporal que, vai, aproximadamente, desde a publicação em 1609 por HUGO GROTIUS do seu *Mare Liberum* e os nossos dias. Nesse larguíssimo decurso de séculos, muitos paradigmas jurídicos mudaram. Mas outros, aparentemente definitivamente banidos, acabaram por regressar para ficar, como que assinalando uma como que espécie de *vingança* ou, se assim se preferir, de *desforra* dos pensadores que os defenderam, contra ideias e tendências carregadas de um porvir – ao menos aparentemente – que os rumos do futuro, contudo, acabaram por não confirmar. Entre vários exemplos que poderiam recordar-se, penso que o que sucedeu com a polémica da liberdade do mar, qualquer que seja a vertente em que a mesma se desdobra – liberdade de navegação e comércio ou liberdade de pesca – é um dos mais eloquentes que, a este respeito, pode ser citado. Não é difícil compreender que assim seja. De facto, como já foi referido, «A história do moderno direito internacional do mar pode talvez ser compreendida melhor, pela sua percepção como um contínuo conflito entre os dois princípios, opostos embora complementares, da soberania territorial e da liberdade do alto mar»[5]. HUGO GROTIUS desta-

---

[4] Para uma descrição pormenorizada dos factos que rodearam a captura do navio *Santa Catarina*, cfr., MARCELLO CAETANO, *Portugal e a Internacionalização dos Problemas Africanos*, Lisboa, 3.ª edição, Lisboa, 1965, págs. 1, 2 e 18-24, passim.

[5] E. D. BROWN, *Law of the Sea*, in: R. Bernhardt (ed.), *Encyclopedia of Public International Law*, Volume III (1997), pág. 169; No mesmo sentido, cfr. TULLIO SCOVAZZI, *Evolution of International Law of the Sea*, Recueil des Cours, Vol. 286, pág. 54.

cou-se na defesa do princípio da liberdade do mar (*mare liberum*)[6]. Frei SERAFIM DE FREITAS, o seu adversário português[7], ao contrário, celebrizou--se enquanto apologista do oposto princípio, isto é a possibilidade de apropriação pelos Estados do mar (*mare clausum*)[8], embora nas condições que haverá que esclarecer e tendo em conta os títulos invocados e exibidos.

---

[6] Rigorosamente, GROTIUS defendeu a legalidade da captura, em águas internacionais de um navio comercial. Por isso, de forma algo sardónica, um autor observa que, «A famosa brochura Mare Liberum foi o seu parecer na defesa de uma pilhagem», OSCAR SCHACHTER, *International Law in Theory in Practice (General Course of International Law)*, Recueil des Cours, Vol. 178, página 267. Em sentido não muito afastado nota BARCIA TRELLES que a tese de GROTIUS é o que poderia denominar-se de «...uma tese de tribunal destinada a pacificar a consciência, pouco tranquila, dos accionistas da Companhia das Índias, ao proceder-se à captura de uma caravela portuguesa no Estreito de Malaca», CAMILO BRACIA TRELLES, *Fray Serafim de Freitas y el problema de la libertad oceanica*, BFC, Vol. XXII, 1946, págs. 73 e 74.

[7] De facto, SERAFIM DE FREITAS não foi o único contraditor de GROTIUS. A este respeito cabe mencionar a obra de SELDEN «Mare Clausum», concluída em 1618 e impressa em 1635. Cfr., a este respeito PAULO MERÊA, *Os jurisconsultos portugueses e a doutrina do «Mare Clausum»*, págs., 19 e segts., e, para este aspecto, págs, 38/9, nota 60.

[8] Esclareça-se, em todo o caso, o seguinte. A tese de GROTIUS sobre a liberdade dos mares é de 1604. Ora, logo em 1604, WELWOOD, defende a posição aposta. Assim, a controvérsia desenvolve-se entre GROTIUS e, num primeiro momento WELWOOD. Na verdade, só em 1632, é publicada a obra de Frei SERAFIM DE FREITAS e, em 1635, o trabalho de SELDEN. Para além de, na fase inicial do debate, não ter havido qualquer participação de FREITAS, a verdade é que, logo a partir de 1624, o próprio GROTIUS, introduz na sua formulação original, elementos que lhe retiram a sua primitiva rigidez da primitiva formulação. Assim, não pode aceitar-se sem reservas o juízo de BRACIA TRELLES que sustenta ter a polémica em causa ter sido travada entre GROTIUS e SELDEN e que as datas decisivas são as de 1604 e 1635 (*Fray Serafim de Freitas*..., cit., pág. 73). De facto, como se verá adiante (cfr. pág., nota n.º 105), em 1635, para além das tomadas de posição de WELWOOD e de FREITAS, já a opinião de GROTIUS se aproximara da que, apareceria no JIL mas que fora formulada – mesmo que não publicada devido à intervenção da censura real em 1617 – por FREITAS. Fruto, sem dúvida, de uma evolução jurídica essa reformulação tem, igualmente, a ver com a sua própria evolução intelectual. Nota PAUL HAZARD (*A crise da Consciência Europeia*, 1680-1735, Lisboa, 1948, pág. 211, [versão portuguesa de *La Crise de La Conscience Européenne*, Paris, 1934]) que, na fase final da sua vida, GROTIUS reconciliara o direito natural humano com o divino. Dados a alteração dos seus pressupostos intelectuais, a que não é alheia uma certa indefinição do seu pensamento a respeito da sua concepção de direito natural (neste sentido, cfr. HANS WELZEL, *Naturrecht und Materiale Gerechtigkeit*, Göttingen, 1962, citado a partir da edição espanhola, *Introduccion a la Filosofia del Derecho*, Madrid, 1977, pág. 130) era, desta forma, possível ao jurista holandês, levar em linha de conta, aspectos de natureza intelectual que, inicialmente – no tempo em que escreve «*Mare liberum*» – haviam sido desconsiderados.

Note-se, em todo o caso, que seria simplificar o que sucedeu e que estava em jogo, dizer tratar-se uma disputa entre, por um lado, adeptos de soluções internacionais e, por outro lado, seguidores de soluções nacionais ou, pelo menos, de sinal nacionalizante. Na verdade, para os holandeses, que, aparentemente, pugnavam pela liberdade os mares, o que realmente era importante era a possibilidade de assegurar o seu comércio no Extremo Oriente[9]. Não pode deixar de notar-se que o acontecimento que desencadeou a intervenção de GROTIUS, com a concomitante defesa do princípio do *mare liberum*, foi o imperativo de sustentar, nas condições que adiante relataremos, a legalidade[10-11] da apreensão no mar alto da nau Santa Catarina, um navio mercante português que regressava da China. Como, semelhantemente, a política de defesa do *mare clausum*, igualmente obedecia a preocupações e a imperativos de política interna inglesa[12]. No caso de Frei

---

[9] Que a última coisa que preocupava os holandeses era a liberdade dos mares resulta do facto de, tendo obtido supremacia no comércio no Oriente, terem oposto essa supremacia aos ingleses quando, por sua vez, estes últimos pretenderam comerciar com as potências asiáticas do tempo. Segundo afirmavam a sua posição era diferente da dos portugueses pois estes baseavam a sua posição em bulas pontifícias e em usucapião; quanto a eles alicerçavam a sua primazia em tratados celebrados com os reinos e senhores da Ásia. Os ingleses, a justo título, de resto, viam nesta posição com que não concordavam uma violação da liberdade de comércio. Nesta controvérsia, sobre prevalência de vários títulos de Direito Internacional, viu-se já «...pela primeira vez a questão da ordem de preferência das fontes do direito das gentes», GUNDOLF FAHL, *Der Grundsatz der Freiheit der Meere in der Staaten praxis von 1493 bis 1648*, Consultado e citado a partir da edição espanhola, *El princípio de la libertad de los mares, practica de los Estados de 1493 a 1648*, Madrid, 1974, pág. 317

[10] E. D. BROWN nota que GROTIUS ao defender «...a liberdade dos mares, estava essencialmente a servir os interesses do seu cliente, a Companhia Holandesa das Índias Orientais...» (ob. cit., pág. 170).

[11] Trata-se, assim, de uma peça forense. Forense porquanto a defesa do princípio da liberdade dos mares surgiu no parecer que GROTIUS deu a propósito da sentença de 9 de Setembro de 1604, pelo *Conselho do Almirantado* holandês no qual sustentava a legalidade do ataque, captura e subsequente apresamento da Nau St.ª Catarina e respectiva carga transportada. *Mare Liberum*», inicialmente, constituía um capítulo próprio da obra, de alcance mais vasto, «De Jure Praedae». Foi autonomizado desse trabalho de GROTIUS e publicado, sem nome de autor, autonomamente, em 1608. Mas esse mesmo aspecto de peça processual em defesa da posição de dada posição, no plano doutrinário e científico, diminui-a. Neste sentido, cfr., BROWN ..., cit., pág 170.

[12] Como, também para este caso, observa ainda o mesmo autor, que a «...defesa doutrinária de uma política de *mare clausum* pode ser vista como reflectindo uma mudança marcada entre a política da Rainha Isabel de Inglaterra e o seu sucessor o Rei Jaime», ob. cit., pág. 170.

SERAFIM DE FREITAS, sem embargo da prossecução do objectivo de defesa de dada posição da Coroa portuguesa, algo mais, contudo, ficou para o futuro. Pretendo referir o facto do autor português ter sugerido e mostrado a necessidade de ter em consideração, na estruturação do direito internacional do mar, preocupações de natureza territorial. Neste aspecto, Frei SERAFIM DE FREITAS, antecipa aspectos jurídicos profundamente actuais tanto da doutrina, como da legislação como, enfim, da prática internacionais. Não me parece, no entanto, ao contrário do que já foi sustentado[13], que nessa teorização Frei SERAFIM DE FREITAS, se tomado tanto na sua personalidade intelectual, como no contexto cultural do seu tempo possa ser considerado apenas como um homem e um jurisconsulto que, olhando sobretudo para o passado, não repara no presente e, muito especialmente se desinteressa do futuro, como igualmente, não penso poder ser considerada a sua obra como uma espécie de manifestação de medo relativamente ao futuro das posições políticas e comerciais portuguesas na Ásia[14]. De facto, e no decurso deste estudo esse aspecto melhor sobressairá, as ideias do mencionado autor integram-se em correntes culturais especificamente portuguesas que este autor reafirma[15].

3 – Foi igualmente a defesa dos interesses portugueses, ao fim e ao cabo, o mesmo o que Frei SERAFIM DE FREITAS, cerca de trezentos e cinquenta anos antes, fizera, embora fora do recinto do tribunal. Na verdade, fora nos tribunais holandeses, mesmo que à revelia de uma participação portuguesa, e ainda antes do aparecimento da defesa da posição portuguesa nesta matéria, que o assunto já tinha sido apreciado[16].

E, justamente por ser assim, evocados mais acima os factos e as circunstâncias que os rodearam, relativas à ao apresamento do «*Santa*

---

[13] Para JOSÉ LUÍS CARDOSO, citando uma passagem do «De Ivsto Imperio Lusitanorum Asiático», a obra de Frei SERAFIM DE FREITAS, embora seja «uma justificação bem urdida», «…é um testemunho bem revelador da dificuldade de Portugal em se adaptar às novas condições concorrenciais do comércio internacional», in Portugal como problema, Volume V, Lisboa, 2006, pág. 23.

[14] Neste sentido, cfr. DONALD LACH, EDWIN VAN KLEY que afirmam que a intervenção de Frei SERAFIM DE FREITAS, «…demonstra, ao mesmo tempo, um grande orgulho nos feitos passados de Portugal e um terrível medo de perdas eminentes», *Asia in the Making of Europe*, Volume III: *A Century of Advance*, Chicago, 1993, pág., 340/341.

[15] Cfr. *infra* nota 20.

[16] Sentença do Conselho do Almirantado de Amesterdão, de 9 de Setembro de 1604.

Catarina»[17], é agora o momento de passar a descrever as peripécias jurídicas do caso, tal como o mesmo se colocou, primeiro no plano judiciário e, em seguida, no plano societário da Companhia Holandesa das Índias Orientais. Capturada a nave portuguesa e levada para a Holanda surgiu um duplo problema jurídico[18]. De facto, antes de mais, a Companhia devia defender a legalidade da posse do navio e da carga apresadas, face a outros eventuais interessados. Não é seguro se GROTIUS interveio nesta primeira fase[19]. Como quer que seja, uma vez encerrada, por sentença de 1 de Setembro de 1604, esta fase, pela mesma foram adjudicados à Companhia e demais interessados (capitão, tripulação, etc.), os objectos apresados à *Santa Catarina*. Ora, uma segunda dificuldade, de certa forma inesperada, surgiu então. Alguns accionistas sentiram escrúpulos de ordem religiosa – dada a sua pertença à crença menonita – em receber a sua parte, efectuada a venda dos bens. E, deliberaram então não apenas recusar a sua parte no espólio, mas, igualmente, vender as suas acções na Companhia. Isto, a acontecer, significaria uma tão profunda alteração na estrutura accionista da Companhia que poderia mesmo por em risco a sua própria existência. Solicitado pela Companhia para redigir um documento justificativo e, como tal, apaziguador dos escrúpulos desse grupo de accionistas, GROTIUS, redige então o seu *De Iure Praedae Commentarius*, nunca publicado em vida de GROTIUS. Escrito entre o Inverno de 1604 e a primavera de 1605, o IPC, «...ao mesmo tempo, parecer de direito e dissertação jurídica, aliando estreitamente a demonstração do caso e o estudo dos princípios gerais»[20], ficou inédito durante mais de dois séculos, até 1864, data em que, fortuitamente, veio a ser descoberto. Entretanto, a partir da primavera de 1607, entre Espanha e os Países Baixos, desenrolam-se negociações que, irão, posteriormente, conduzir às tréguas dos doze anos, em 9 de Abril de 1609[21]. Ora, é no contexto das mencionadas negociações entre os Países Baixos e a Espanha que GROTIUS retirará do *IPC* o

---

[17] Cfr. *supra* nota 4.
[18] Sobre todas estas vicissitudes cfr. PETER HAGGENMACHER, *Grotius et la Doctrine de la Guerre Juste*, Paris, 1983, págs. 53 e segts., passim, que segui de muito perto.
[19] A este respeito, cfr. PETER HAGGENMACHER, *Grotius et la Doctrine de La Guerre Juste*, cit. e, em particular, a nota n.º 7, pág. 53.
[20] PETER HAGGENMACHER, *Grotius et la Doctrine de La Guerre Juste*, cit., pág. 54.
[21] Cfr. MARCELLO CAETANO, *Portugal e a Internacionalização dos Problemas Africanos*, cit., pág. 27 e, em particular a nota 39.

respectivo capítulo XII que, com alterações menores e publicado, em seguida, autonomamente, virá a ser a obra hoje conhecida por *Mare Liberum*[22].

4 – Aludimos, mais acima, à controvérsia entre GROTIUS e Frei SERAFIM DE FREITAS. Neste ponto destas reflexões justifica-se uma paragem. De facto, é algo difícil dizer ter havido uma polémica entre GROTIUS e FREITAS, tendo o primeiro publicado o *ML* em 1609 e tendo as reflexões do frade português sido publicadas apenas em 1625, isto é dezasseis anos mais tarde. Tanto esta longa demora é causa de admiração que a crítica contemporânea tem procurado encontrar uma explicação para a mesma. Aliás, a questão merece ser tanto mais colocada quanto SERAFIM DE FREITAS teria concluído o JIL por volta de 1617. Ou seja, não se está tanto perante uma obra tardia, no sentido de, nessa ocasião, perante a polémica em curso, ter perdido actualidade – SELDEN, v.g., só em 1635 irá tornar publica a sua resposta – quanto em face de uma sua tardia publicação. A questão, merece assim, ser considerada.

CAMILO BRACIA TRELLES[23] faz radicar a tardia publicação do JIL, no facto de o pensamento oficial do governo espanhol, relativamente a este assunto, aceitar as opiniões dos juristas espanhóis desse tempo, designadamente FERNANDO VASQUEZ DE MENCHACA, que perfilhavam ideias favoráveis à liberdade dos mares. Diferentes são as razões que a este respeito nos dá MARCELLO CAETANO. Para o Ilustre Administrativista a explicação deve procurar-se, antes, em diferente ordem de considerações. Com efeito, segundo este autor, FREITAS, teria já pronta em 1617 – ou mesmo 1616 – a sua resposta ao trabalho de GROTIUS. Porém, por determinação de Filipe III o mesmo não foi publicado. Assim, só após a sua morte e subida ao trono de Filipe IV, foi possível proceder-se à respectiva publicação[24]. Esta hipótese não nos convence. Na verdade, não havia razões para Filipe IV abandonar a prudência relativamente à situação holandesa, tão grave no seu tempo como no do seu antecessor. Por isso tendemos a pensar terem

---

[22] Em sentido diferente GILBERT GIDEL, *Le Droit International Public de la Mer* (reimpressão da edição de 1934), Vaduz, Paris, 1981, T I, cit. págs. 154 e segts., sustenta antes que o *ML* surgiu no quadro das negociações com Inglaterra em sede de negociação de direitos de pesca nas águas britânicas, conhecidas que eram as posições restritivas a este respeito de Jaime I.

[23] BFC, cit., páginas 77 a 79.

[24] Marcello Caetano, prefácio a JIL, págs. 33 (nota 47) e 40 e 41. Em sentido semelhante, cfr. LUÍS REIS TORGAL, *Ideologia Política e Teoria do Estado na Restauração*, Coimbra, 1981, pág. 299.

sido motivações de ordem política que subjazem às delongas na publicação do estudo de Frei SERAFIM DE FREITAS. Com efeito, o JIL pode ler-se como uma justificação do imperialismo português na Ásia – aspecto que a própria denominação do livro de FREITAS denota – assunto que, no período da Restauração, se tornou de superlativa relevância para os novos governantes. Porventura, por temer que esse imperialismo adquirisse uma dimensão nacional própria, para além da que, no âmbito da orientação imperial espanhola lhe era atribuída, os governantes espanhóis preferiram não se envolver no assunto, impedindo assim uma mais cedo publicação da obra de Freitas. Que o assunto era susceptível de ser perspectivado desta forma, mostram-no os trabalhos de DOMINGOS ANTUNES PORTUGAL[25]. De facto, este autor, um pouco mais novo do que Frei SERAFIM DE FREITAS, na sua obra de 1673, «*Tractatus de Donationibus...*», mostra a proximidade da doutrina de MENCHACA da de GROTIUS. Aliás, nesta ordem de ideias, ANTUNES PORTUGAL mostra que os seus predecessores sempre haviam defendido o monopólio oceânico. E, sempre nesta via, afirma a autora já mais acima referida, seria ANTUNES «...ao recolher com minúcia a historiografia portuguesa desse momento e ao assinalar a unidade de critério existente nela, que marcaria as pautas necessárias para *defesa de uma orientação portuguesa independente da espanhola*»[26] (sublinhados meus).

Mas, em 1625, com a polémica de GROTIUS com WELWOOD já pública, e dada a existência dos trabalhos de SELDEN[27], mesmo que a dimensão política do assunto permanecesse, perdia saliência, fazendo, realçar, consequentemente, de forma mais visível, a plena dimensão jurídica que a temática em causa, reveste.

De facto, deve notar-se em todo o caso, a perspectiva jurídica da questão da liberdade dos mares não surge tão só com o aparecimento do *ML* de GROTIUS. Já anteriormente uma das tarefas mais importantes que ocupa os governantes portugueses, muito especialmente no arco temporal que se alarga entre meados do século XVI e os primeiros anos do século

---

[25] Sobre este jurista português do século XVII, cfr., MAGDALENA RODRIGUES GIL, «Domingos Antunes Gil, Un jurista barroco», Cuadernos de Historia del Derecho, 2004, Vol. Extraordinário, 279-292.

[26] MAGDALENA RODRIGUES GIL, «Domingos Antunes Gil, Un jurista barroco», Cuadernos de Historia del Derecho, cit., pág. 291.

[27] De referir que, numa clara demonstração das fortes conotações políticas deste assunto, que o próprio JOHN SELDEN, ao que tudo indica, escreveu a sua obra entre 1617--1618, só a tendo publicado em 1635, após retomá-la por autorização de Carlos I.

XVII, é a negociação e a aplicação de tratados internacionais que regulem o acesso dos nacionais de outros Estados Europeus, designadamente ingleses, franceses ou holandeses, a territórios cujo acesso, pela via marítima, fora descoberto por Portugal, tanto no Oriente – onde, sem dúvida, as rivalidades e os conflitos de interesses se haviam tornado mais ásperos – como, até mesmo, em África.

Dando um exemplo, pode referir-se que, já em Outubro de 1576, no Tratado de Reading, – os monarcas inglês e português – respectivamente Isabel I e D. Sebastião – procuravam chegar a acordo e este respeito, considerando as pretensões portuguesas, a esse respeito, que substancialmente não eram diversas das que SERAFIM DE FREITAS mais tarde sustentará. Será, muito mais tarde – em 1635 – JOHN SELDEN, que virá a distinguir-se na defesa do chamado Mare Clausum, a dizer, relativamente a esse tratado, que no mesmo, "... não se tratou de saber se [Portugal], podia ser senhor da navegação e do comércio" [Qua tamen non est disputatum utrum dominium ejusmodi legitime acquisivisset][28], palavras que significam que, já na ocasião do Tratado de Reading, o conflito que culminaria no apresamento da nau St.ª Catarina, estava latente.

5 – Quando em 1925 se reuniu a comissão de peritos que iria redigir o projecto de convenção a apresentar à 1.ª Conferência de Codificação de Haia de 1930, o mar territorial tinha a largura de três milhas e mal se falava da zona contígua. Esta, nessa ocasião, não obteve o reconhecimento internacional na vertente jurídico-internacional, não a tendo senão – mesmo assim, é duvidoso, se pleno – no que concerne a dimensão doutrinária. Mas os germens da evolução que culminaria na CNUDM estavam já aí lançados. Pois não se dizia na acta final dessa reunião que «O território do Estado compreende uma zona de mar designada (...) por mar territorial»?

O fenómeno, a bem dizer, acompanhou todo o século XX, desde o início, praticamente. Começou por revelar-se na Conferência de Codificação de Haia de 1930 e, mal terminada a segunda guerra mundial, com a Declaração Truman sobre a Plataforma Continental e as criações, por decisão unilateral de áreas de pesca, a tendência manteve-se, tendo sido grande protagonista nas Unclos I e II. A partir de 1980, contudo, esse movimento intensificou-se. Não falando já de convenções que, embora se ocupem de

---

[28] Sobre os motivos próximos que levaram às negociações anglo-lusas e, em geral, sobre o teor do tratado, cfr. GUNDOLP FAHL, *El Principio de la Libertad*..., cit., págs. 272 e segts., *passim*, e, em particular, nota, 631, pág. 276.

aspectos parcelares (caso, e.g. da poluição por hidrocarbonetos) não deixam de ter repercussões no campo do direito do mar legitimando o exercício no alto mar de medidas de natureza coerciva, contra quaisquer embarcações com excepção de navios de guerra[29], neste quarto de século, assistiu-se a uma intensificação dos trabalhos codificadores do direito do mar e à sua concretização no plano normativo. Estes acabaram por traduzir-se na assinatura a 10 de Dezembro de 1982, em Montego-Bay da, então recém concluída, convenção do direito do mar de 1982[30]. Por último, em 1984, iniciaram-se os trabalhos preliminares de instalação dos órgãos encarregados de pôr em funcionamento os mecanismos jurídicos que se encontram previstos na mencionada convenção.

Actualmente, para além do mar territorial se estender hoje até uma largura de doze milhas marítimas e a zona contígua actualmente alcançar a extensão de outras doze marítimas os Estados têm ainda direitos sobre a chamada zona económica exclusiva e sobre a plataforma continental. Com as novas normas sobre as linhas base, baías históricas, espaços arquipélágicos ou zonas de pesca logrou-se a ampliação e a incorporação de áreas marítimas a que haverá de conceder o estatuto de território nacional. E, já nem se refere que, com a expansão das zonas acima mencionadas, certos mares quase não têm zonas internacionais. A este respeito, atente-se, nos casos v.g., do Mar Mediterrâneo ou do Mar Negro. Não é, pois, difícil, reconhecer que, nos mais de oitenta anos que decorrem entre 1925 e 2007, houve uma modificação radical no estatuto jurídico dos espaços oceânicos.

Duma, restritíssima possibilidade de os ocupar e de, sobre eles, exercer direitos de soberania, passou-se a um panorama quase inverso. Note-se, que as preocupações marítimas territoriais estão profundamente ligadas ao espírito dos nossos dias. De facto, à apreciação das mais importantes controvérsias jurídicas levadas à apreciação dos tribunais internacionais, invariavelmente subjaz o propósito de obter ou ampliar espaços marítimos nos quais seja possível exercer direitos de soberania. Do mesmo modo, foi sempre em torno das novas zonas marítimas, no que concerne a dupla dimensão e delimitação, que as mesmas se concentraram. O que precede pode, em síntese, considerar-se como o que se designaria como o fenómeno da *terri-*

---

[29] Convenção internacional sobre intervenção em alto mar em caso de acidente causado ou podendo vir a causar poluição por hidrocarbonetos, de 29 de Novembro de 1969; Aprovada para ratificação, pelo Decreto n.º 88/79, de 21 de Agosto; texto em MANUEL JANUÁRIO DA COSTA GOMES, *Leis Marítimas*, Coimbra, 2004, págs. 935 e segts.

[30] Ratificada por Portugal pelo Decreto do Presidente da República n.º 67-A/97, de 14 de Outubro, in Diário da República n.º 23/97, I – A, de 14 de Outubro.

torialização do mar. Defino este processo como o estabelecimento de diversas zonas marítimas que, partindo das linhas de base, contém gradações de direitos de soberania nacional desde a plena – no mar territorial – até à sua total ausência – no alto mar – passando por zonas em que o Estado, embora sem competências soberanas, detém, em todo o caso, têm natureza poderes de natureza funcional. A progressiva territorialização dos espaços marítimos não é recente. Resulta tanto duma dada evolução doutrinária, como de uma prática legislativa que a observação do que tem sucedido nos últimos oitenta anos regista. Na verdade, já na ocasião dos trabalhos legislativos sobre o direito internacional do mar, levados a efeito sob os auspícios da Sociedade das Nações era a mesma detectável. Mesmo limitando a nossa observação ao ocorrido no quadro do trabalhos de codificação da ONU relativa ao direito internacional do mar essa seria a conclusão a que se chegaria. A 2.ª UNCLOS, que terminou os seus trabalhos em Genève em 1962 fora convocada para resolver os aspectos que tinham ficado em aberto, após a conclusão da 1.ª UNCLOS, da largura do mar territorial, e dos direitos a exercer sobre a plataforma continental. No entanto, quando a conferência encerrou os seus trabalhos não fora possível chegar a acordo sobre esses dois assuntos. De facto, já então a referida territorialização era manifesta.

A 1.ª UNCLOS, em todo o caso, permitira concluir e assinar uma série de convenções nas quais a dimensão territorial estava presente. O mar territorial fora regulamentado de forma mais completa, a zona contígua, pela primeira vez, aparecia no direito positivo e, enfim, uma terceira convenção, ocupava-se da plataforma continental. Ter-se-á uma noção dos progressos realizados se se tiver presente que a CCH, realizada sob os auspícios da SDN não conseguira chegar acordo sobre o texto de qualquer convenção internacional a submeter à assinatura das várias nações membros ao contrário de que, em Genebra, sucedera. De resto, nessa ocasião, a existência da zona contígua era altamente duvidosa – como adiante se verá com atenção – e, no que respeitava ao mar territorial, o único ponto em que não existiam dúvidas eram o direito de o estabelecer e de lhe atribuir a largura de três milhas marítimas. Tudo o mais era objecto de vivos debates. Mas esses progressos são também sinal de avanço do processo de territorialização dos espaços oceânicos, isto é a progressiva manifestação de apropriação, por banda dos Estados nacionais ou põe Entidades internacionais, de extensões marinhas até então integradas nos espaços marítimos internacionais. Ora, essa tendência, já presente na época da SDN, cada vez mais visível nos anos que se seguem à conclusão da 2.ª guerra mundial, surge pujante, mesmo vitoriosa, na ocasião da conclusão e abertura à assinatura da CNUDM. De facto, para além dos múltiplos significados que possam ser atribuídos a esta convenção, não pode desconhecer-se que os textos respectivos consagram soluções que, a meu ver, representam a plena consagração e público triunfo do processo de territorialização[31].

Ao evocar qualquer dos precedentes factos, torna-se difícil não recordar, também, o nome de Frei SERAFIM DE FREITAS. De facto, para além da sua intervenção no acima relembrado debate com HUGO GROTIUS, a regulamentação hoje contida na CNUDM, em vários aspectos, recorda singularmente, temas e matérias contidas na obra de Frei SERAFIM DE FREITAS. Justamente por tal razão, afigura-se-nos, será interessante proceder à averiguação do que, na obra desse autor – na ocasião em que a codificação do direito do mar concluída em Montego Bay, já em vigor e com vários dos órgãos na mesma previstos em pleno funcionamento – porventura, mantém interesse. Na verdade, na polémica com GROTIUS, SERAFIM DE FREITAS foi levado a conceptualizar realidades que o conduziram a antecipar alguns das mais relevantes dimensões normativas das importantes obras codificadoras que foram a I e a II UNCLOS e, enfim, muito em espacial, soluções só muito mais tarde objecto de codificação na CNUDM. A tentativa que, com o presente estudo procuro levar a efeito, situa-se em dois momentos, nos quais, a contraposição das soluções constantes da CNUDM com as contidas na obra de Frei SERAFIM DE FREITAS, permite ver a modernidade das concepções jurídicas contidas na obra deste último.

Modernidade, em primeiro lugar, no que tem a ver com as preocupações de índole territorial a que Frei SERAFIM DE FREITAS procura dar fundamento e a necessária tradução jurídica. Modernidade, em segundo lugar, manifestada na metodologia por ele adoptada, segundo a qual são considerações oriundas do direito natural clássico em detrimento de quaisquer outro tipo de considerações – trate-se da defesa de posições políticas de sinal nacionalistas ou sequer nacionalizante ou da sua intervenção como advogado na defesa de posições de clientes, decididamente, afastadas – então preponderantes neste domínio, que conduzem às soluções preconizadas por Frei SERAFIM DE FREITAS na sua obra.

---

[31] Não são apenas considerações de ordem económica – como sucede na CNUDM – que se encontram na base da criação de zonas marítimas. Aí o está a mostrar o chamado «mar presencial» do direito chileno. A este respeito cfr. B. LABAT, *Le concept chilien de "mer presentielle" e ses conséquences sur le regime de la pêche dans la partie de la haute mer adjacente à la limite de 200 milles maritimes*, Annuaire du Droit de la Mer, Monaco, 1997, págs. 29 e segts.

II

6 – Pode, porventura, dizer-se que a característica, hoje integradora do direito internacional do mar, da territorialização do direito do mar, manifesta-se e dá os seus primeiros passos nos séculos XVI e XVII e que, nesse processo Frei SERAFIM DE FREITAS não pode ser esquecido. De facto, encontramos manifestações da tendência dos nossos dias para a criação de zonas marítimas susceptíveis de ocupação[32], no *JIL* de 1625[33].

Note-se, no que concerne a ideia da criação de zonas marítimas, que Frei SERAFIM DE FREITAS não está isolado. Sobre VATEL, e.g., escreveram-se já estas palavras: «Uma referência ao direito do Estado costeiro na Índia, à pesca de pérolas, muito para além das águas territoriais pode ser encontrada no *Droit des Gents* de Vattel (I, XXIII, 287). Isto é, uma antecipação do direito relativo à plataforma continental"[34-35]. E, igualmente, afirmou-se: «Assim, Vattel no seu "Droit des Gens"chama a nossa atenção para as pescas de pérolas do Ceilão e do Bahrein nas quais os governantes locais tinha adquirido direitos de exploração com um alcance muito para além dos limites das águas territoriais»[36]. O tempo, estava, pois, maduro para aceitar a realidade do exercício por parte dos Estados de direitos de soberania no mar, adjacente às costas dos litorais. Não obstante, encontrar-se conotado com a ideia de defesa da possibilidade de ocupar o mar alto e aí serem exercidos direitos de soberania, o ponto de partida de Frei SERAFIM DE FREITAS, muito pelo contrário, é o da liberdade dos mares. Na verdade, veja-se o que o nosso autor, a este respeito, afirma: «Por consequência, o elemento mar é comum a todos, porque é tão extenso que não

---

[32] Nota MOSES BENSABAT AMAZALAK, a respeito do Capítulo X que «Aqui Feitas começa a construir a sua teoria dos mares territoriais ainda hoje seguida pelos jurisconsultos mais modernos do direito internacional», *Trois précurseurs portugais*, Librairie du Recuel Dalloz, Paris, s/d, pág. 82.

[33] Frei SERAFIM DE FREITAS, *Do justo império asiático dos portugueses*, cfr., supra nota 1.

[34] CHARLES HENRY ALEXANDROWICZ, *The Afro-Asian World and the Law of Nations (Historical Aspects)*, RC, Volume, 123, págs 117 e segts.; para a passagem supra no texto, cfr., pág. 162.

[35] A respeito desta passagem, em sentido diferente, cfr., *Le Droit International Public de la Mer*, reimpressão anastática da edição Chateauroux, de 1934, Topos Verlag, 1981, Tomo I, pág., 496 e segts., passim.

[36] CHARLES HENRY ALEXANDROWICZ, *Treaty and Diplomatic Relations between European and South Asian Powers in the Seventeenth and Eighteenth Centuries*, RC, Volume 100, págs. 203 e segts.; para a passagem supra no texto, cfr., pág. 242.

pode ser possuído, e porque serve às necessidades de quantos o procuram para navegar ou pescar»[37]. Mas isto não significa a impossibilidade de ocupar zonas marítimas. Isso mesmo já GROTIUS o afirmara notando que nunca os portugueses se haviam oposto à existência de zonas de pesca junto das respectivas costas[38]. Aliás, um autor observa que, a ser assim, era lógico que Frei SERAFIM DE FREITAS reivindicasse o mesmo direito para os portugueses[39]. Por estes motivos, ao nosso autor coloca-se, antes de mais, a necessidade de identificar e de delimitar as várias zonas marítimas em presença.

Frei SERAFIM DE FREITAS começa por ocupar-se da zona que hoje denominamos de *mar territorial*, a qual aditada de algumas das competências da que hoje, seria designada de zona contígua. Eis as palavras de Frei SERAFIM DE FREITAS a respeito dessa realidade: «E, por opinião de todos, incluso o próprio Incógnito, a parte do mar adjacente a uma terra pertence ao domínio do senhor dessa terra embora não exista unanimidade entre as opiniões no que respeita à extensão deste domínio, como observámos acima desde o n. 33»[40]. A passagem que acaba de transcrever-se, se lida isoladamente, pode dar a ideia de que apenas está em causa o mar junto à linha de costa. A leitura, porém, do fragmento que se encontra mais adiante permite verificar que, na verdade, é diferente a realidade desenhada. Eis, com efeito, o que, na continuação, Frei SERAFIM DE FREITAS, escreveu: «...há que notar de modo especial que a jurisdição do mar para além da *porção de mar adjacente à terra a que está sujeito* (...) de tal modo que os que têm jurisdição em terra, a possuem também no mar até certos limites»[41] (itálicos meus). Ou seja, é afirmada a existência de uma jurisdição sobre o mar que se segue ao mar, directamente, adjacente às costas marítimas e que precede o que se designaria, na actual terminologia, águas internacionais. Assim, não se trata de um mero alargamento do que, em linguagem dos nossos dias, seria denominado de mar territorial. Consequentemente, Frei SERAFIM DE FREITAS antecipa a ideia, hoje pací-

---

[37] Frei SERAFIM DE FREITAS; *JIL*, ed. cit, volume I, pág. 249.
[38] HUGO GROTIUS, *Mare Liberum*, Cap. VII, onde se diz: «Além disso as fronteiras das costas de África e Ásia todas elas foram ocupadas por pesca e navegação nap arte do mar peto delas e nunca proibidas pelos portugueses, ed. cit., pág. 50.
[39] Como, de forma lapidar, nota CHARLES HENRY ALEXANDROWICZ, *Treaty and Diplomatic Relations between European and South Asian Powers...*, RC cit., pág. 243: «So much for maritime zones, as known in Asian State practice».
[40] Frei SERAFIM DE FREITAS; *JIL*, ed. cit., volume I, pág. 259.
[41] Frei SERAFIM DE FREITAS; *JIL*, ed. cit., volume I, pág. 259.

fica, de que, entre as águas interiores e o alto mar se estendem várias zonas de jurisdição marítimas de diversa intensidade e dotadas de diferentes regimes jurídicos. Trata-se de aspecto relativamente ao qual, há muito, a doutrina do direito internacional reconheceu o papel de precursor que, a este respeito, Frei SERAFIM DE FREITAS ocupa. Assim, já há quase quarenta anos, em 1968, CHARLES HENRY ALEXANDROWICZ, prestava justiça ao autor português, escrevendo: «Freitas propôs o conceito de quase posse em zonas marítimas do Oceano Índico (uma antecipação dos presentes direitos dos Estados ribeirinhos nas zonas para além das águas territoriais)»[42]. Aliás, alguns anos antes – em 1959 – do seu curso na Academia de Direito Internacional, o mesmo autor já observara que FREITAS, após ter notado a semelhança entre a situação do ar e do mar, «...sublinha a existência de zonas marítimas aos territórios adjacentes em que o Estado pode estender a sua soberania»[43-44].

Neste ponto da nossa exposição, suscitam-se duas questões. A primeira é a de saber qual o limite de tal zona de ocupação, já que, escreve Frei SERAFIM DE FREITAS «...nem todo o espaço do Oceano pode ser ocupado, devido à nossa evidente impotência»[45]. Perante esta situação, como ponto de partida, considera dever ser acolhido o critério da ocupação efectiva, preocupação, sem dúvida, bem moderna[46]. A partir daqui o pensamento do nosso autor torna-se algo complexo. De facto, apesar de, inicialmente, ter sido, em torno dos interesses da cobrança de impostos e da repressão da pirataria que foi construído a conceito do que, denominamos de 2.ª zona marítima, a verdade é que os interesses da pesca acabam por surgir. Na verdade, ao procurar um critério objectivo, começa por utilizar padrões de índole positivista. Na verdade, nota, «...essa porção de mar não

---

[42] CHARLES HENRY ALEXANDROWICZ, *The Afro-Asian World and the Law of Nations*, cit., Recueil des Cours, cit. e, para a passagem supra no texto, cfr., pág. 204, nota n.º 10.

[43] CHARLES HENRY ALEXANDROWICZ, *Freitas versus Grotius*, The British Yearbook of International Law, 1959, págs. 162 e segts; para a citação supra no texto, cfr., pág. 173.

[44] Curiosa a prefiguração de zonas aéreas feita por Frei SERAFIM DE FREITAS. Escreve este último: «Assim também, no ar, todo o céu que está acima das nossas coisas, pode tornar-se nosso, em virtude de uma quase ocupação...», JIL, ed. cit., volume I, pág. 260.

[45] Frei SERAFIM DE FREITAS; JIL, ed. cit., volume I, pág. 258.

[46] CHARLES HENRY ALEXANDROWICZ, *Freitas versus Grotius*, a este respeito nota «...tratar-se de uma proposta não alheia às tentativas actuais de políticas de certas potências marítimas» *Freitas versus Grotius*, The British Yearbook of International Law, cit., pág. 173.

é definida pelo direito natural»[47]. E, por ser assim, logo observa que é «...lógico dizer que pode aumentar ou diminuir de império e jurisdição consoante a potência do senhor...»[48]. Contudo, ao aceitar, em passagem posterior[49], que a ocupação do mar também pode ter – como aliás, também GROTIUS concede – como parâmetro definidor a possibilidade de exercício da pesca e da navegação, indirectamente mostra haver um critério definidor da largura da dita área, como que retirado da natureza das coisas, fixando-lhe assim a largura de cem milhas marítimas. O resultado final é que, nesta segunda área, acabam por reunir-se preocupações ligadas, por um lado, à cobrança de impostos e à repressão da pirataria e, por outro lado, considerações que partem da necessidade de contemplar os interesses da pesca. A ideia de construir a zona contígua também para acautelar os interesses da pesca terá na doutrina portuguesa continuidade, como adiante haverá ocasião de ver[50].

Depois, trata-se da segunda interrogação a esclarecer, é necessário determinar que entidades podem exercer direitos nessa zonas marítimas. A essa questão, Frei SERAFIM DE FREITAS responde que «...os que têm jurisdição em terra também a possuem no mar até certos limites mas, a partir desse ponto a jurisdição não pertence senão ao imperador e protector». Em cada uma dessas zonas, há, como se vê, uma específica jurisdição, a ser exercida, respectivamente, pelos senhores que a têm em terra, na área a que a zona marítima está adjacente, pelo imperador, para além da zona adjacente. É, pois, contraposta a jurisdição do senhor á do imperador o que, em grande simplificação, corresponde, respectivamente, à autoridade nacional e internacional. Qual, contudo, o significado jurídico de cada uma destas duas áreas, bem como o respectivo conteúdo normativo, é, enfim, a terceira dúvida a carecer de exame. Observe-se, desde já, que não se suscitam especiais dificuldades na identificação do titular da primeira zona marítima (zona de mar litoral) a contar da linha de costa. Na verdade, a identificação do titular dos respectivos direitos de jurisdição na primeira zona é feita pela indicação de que, consoante Frei SERAFIM DE FREITAS escreve é, quem tem jurisdição em terra «...também a têm no mar

---

[47] Ao referir-se aqui ao *direito natural*, SERAFIM DE FREITAS está a pensar no direito natural clássico, único que aceita, procurando deste modo reduzir o papel do direito natural moderno, implicitamente invocado por GROTIUS.
[48] Frei SERAFIM DE FREITAS, *JIL*, ed. cit., pag. 259.
[49] Frei SERAFIM DE FREITAS, *JIL*, ed. cit., pág. 350.
[50] Cfr., *infra* notas 54 e 55.

até certos limites...»⁵¹. Assim, desta indicação, com facilidade, conclui-se que esta zona integra o que hoje, denominaríamos de mar territorial. Posto isto, ter-se-á de notar, o facto da leitura do texto de Frei SERAFIM DE FREITAS permitir colher a ideia da existência de duas zonas marítimas coloca uma questão. Na verdade, ter-se-á de determinar qual a zona a que corresponde, na linguagem jurídica de hoje, a segunda zona marítima do texto de Frei SERAFIM DE FREITAS.

O articulado de CNUDM, tal como proposto à assinatura dos Estados, a partir de 12 de Dezembro de 1982, consagra três zonas marítimas, a saber: o mar territorial, a zona contígua e a zona económica exclusiva. Não há qualquer dificuldade em ver na primeira zona identificada por Frei SERAFIM DE FREITAS, a equivalente ao actual «mar territorial», pois os direitos reconhecidos aos Estados costeiros pelo direito actual, são os que lhes são reconhecidos na primeira zona do escritor português. Mas, a partir daí, as realidades em presença tornam-se menos claras. De facto, deixa de ser seguro se a segunda zona marítima do texto do JIL corresponde à zona contígua ou, se antes, integra a chamada zona económica exclusiva. Antes de prosseguir, devem fazer-se duas observações. A primeira é que será sempre necessário ter presente que, tratando-se de conceitos cuja identificação só foi feita nos nossos dias a realidade a que FREITAS pretende aludir não é desenhada com clareza tal que permita um enquadramento mais ou menos fácil numa dessa figuras. A segunda consiste no facto de que a contraposição, entre, por um lado, o mar territorial e, por outro lado, a zona contígua e a zona económica exclusiva, é feita em função da presença de um traço comum a qualquer destas duas últimas figuras. De facto, ambas comungam do facto de, no seu interior, inexistirem, na sua plenitude competências de soberania. Em 1934, ainda antes de tentar proceder à destrinça entre mar territorial e zona contígua GIDEL notava o seguinte: «O mar territorial é a zona da integralidade das competências do Estado ribeirinho. A zona contígua é a zona das competências fragmentárias e especializadas do Estado ribeirinho»⁵². Esta observação, que, posteriormente, GIDEL, no seu curso sobre o «Mar territorial e a zona contígua», na Academia de Direito Internacional, repetiria e que, é extensível no que respeita à zona económica exclusiva, nos seus termos gerais ainda hoje pode ser aceite. Na verdade, tanto a ZEE, como a zona contígua, são zonas de «...competências fragmentárias e especializadas do Estado ribei-

---

⁵¹ Frei SERAFIM DE FREITAS, *JIL*, ed. cit., pág. 259.
⁵² *Le Droit International Public de la Mer*, cit., Tomo III, fascículo II, pág. 364.

rinho»[53]. Acompanhando a descrição legal, descrever-se-á, a traços muito grossos, as duas figuras dizendo que a zona contígua tem a ver com «...as infracções às leis e regulamentos aduaneiros, fiscais, de imigração ou sanitários...» (artigo 33/1 da CNUDM) e que a zona económica exclusiva, conexiona-se, muito em especial, com a «...exploração e aproveitamento, conservação e gestão dos recursos naturais, vivos ou não vivos, das águas sobrejacentes ao leito do mar e seu subsolo e no que se refere a outras actividades com vista à exploração e aproveitamento da zona para fins económicos, como a produção de energia a partir da água, das correntes e dos ventos» (artigo 56/1, alínea *a*) da CNUDM).

Viu-se, mais acima que esta segunda zona, num primeiro momento, destina-se proteger interesses ligados à cobrança de impostos e à repressão da pirataria. Isso identifica-a com a zona contígua. Num segundo momento, a esse tipo de interesses, faz-se acrescer os da pesca. Nem por isso, no plano dos princípios, nada impede que os interesses piscícolas seja tidos em atenção na zona contígua, sobretudo se considerada a questão no quadro histórico do direito português. Na verdade, no decurso dos trabalhos da conferência da Haia de 1930, o delegado português, BARBOSA DE MAGALHÃES, propôs – sessão de 5 de Abril de 1930[54] – que fosse instituída uma zona contígua para a protecção dos interesses da pesca[55]. Embora aceite por algumas delegações, a proposta foi rejeitada. Mas, a ter sido aceite, não se estaria longe da ideia de Frei SERAFIM DE FREITAS de, na mesma zona, prosseguir-se a tutela dos interesse fiscais/aduaneiros e, bem assim, dos interesses ligados às preocupações com a pesca. De resto, viu-se acima[56], foi à realidade das pescas, que FREITAS recorreu para sugerir, como adequada à natureza das coisas, a largura de cem milhas para esta zona. Bem vistas as coisas, no fundo não se estaria longe das ideias a este respeito de BARBOSA DE MAGA-

---

[53] GILBERT GIDEL, *La mer territorial et la zone contiguë*, RC, Volume 48, pág. 242.

[54] Informação em GILBERT GIDEL, *Le Droit International Public de la Mer*, Tomo cit. pág. 470, nota 1.

[55] Na zona marítima que BARBOSA DE MAGALHÃES propôs não era apenas a preocupação com as pescas o que aflorava. De facto, BARBOSA DE MAGALHÃES tinha ainda em vista a preocupação de ter em atenção as necessidades de proteger o meio ambiente. Nos nossos dias, esta atenção para as preocupações ecológicas foi já considerada profética, O´CONNELL, *The International Law of the Sea*, Oxford, 1982, volume I, pág. 159 que, a este respeito, nota «As imaginativas propostas de MAGALHÃES vinham antes do seu tempo, mas eram proféticas».

[56] Cfr., *supra*, nota 49.

LHÃES, tal como expressas na sua intervenção na sessão dos trabalhos da conferência de codificação de 17 de Março de 1930[57]. Embora, a este respeito a intuição de Frei SERAFIM DE FREITAS não tivesse sido seguida, nem por isso a mesma deixa de ser, admiravelmente moderna, a ponto de, mais de trezentos anos mais, tarde ter sido retomada. É certo inexistirem elementos que possam, mesmo que vagamente, sustentar que BARBOSA DE MAGALHÃES tinha a consciência que, afinal de contas, não fazia senão retomar ideias já anteriormente apresentadas e, acresce, por um autor português. Mas isso, obviamente, assim o creio, não elimina o interesse, bem como a actualidade da sugestão do seu, temporalmente já distante, antecessor. A verdade é que, por essa altura, os tempos não se encontravam maduros para uma plena aceitação do facto das zonas marítimas confundida que estava uma eventual admissão dessa realidade com a concordância com uma não menor eventual aceitação da validade da ocupação, pelos Estados, do Alto Mar. Assim sendo, reveste-se de escasso interesse prático saber qual o critério em que deve alicerçar-se essa realidade. De facto, não pode esquecer-se que, na sequência da Conferência de Haia de 1930, não obstante não ter havido resultados práticos, no sentido da assinatura de qualquer tratado ou da elaboração de alguma declaração conjunta, foi realçado que «A condição destas águas não se compreende completamente se não tiver presente no espírito a distinção fundamental entre a cintura marítima reivindicada pelo Estado como uma porção do seu território e os direitos limitados de controlo ou der jurisdição reivindicados no alto mar»[58]. Ao que creio, contudo, uma distinção de sentido normativo semelhante, está já presente na obra de Frei SERAFIM DE FREITAS ao menos *in nuce*. Também aqui, em suma, a sua reflexão é pioneira.

7 – Do que precede decorre ter o pensamento de Frei SERAFIM DE FREITAS, tal como expresso no JIL, antecipado, nos termos acima expostos, a visão territorialista que, actualmente, prevalece no direito internacional do mar, designadamente na CNUDM. Contudo, mesmo já anteriormente, tinha influenciado o direito internacional do mar, ao menos no plano das relações diplomáticas luso-hispano-americanas. Deter-nos-emos

---

[57] Informação em GILBERT GIDEL, in *Le Droit International Public de la Mer*, Tomo cit. pág. 484, nota 2.
[58] JESSE REEVES, citado por GIDEL in *Le Droit International Public de la Mer*..., cit., tomo cit. pág. 488, nota 1.

por alguns momentos neste assunto, antes de nos ocuparmos da presente visão territorialista do direito do mar[59].

No seguimento da conferência consultiva dos ministros dos negócios estrangeiros do hemisfério ocidental, reunida no Panamá entre 23 de Setembro de 1939 e 3 de Outubro de 1939 na sequência da Conferência Inter americana de Consolidação da Paz, foi emitida a chamada "Declaração de Panamá". Ora, neste documento, os direitos de soberania sobre as águas territoriais dos Estados americanos abrangidos pela dita declaração, são ampliados para 300 milhas marítimas, desde o ponto até onde alcança o Domínio do Canadá até ao Pacífico até à altura do Estreito de Juan de Fuca[60]. Esta zona marítima é denominada como de "águas continentais". Desta forma, como observa BARCIA TRELLES, «...substitui-se a anterior concepção de águas territoriais e litorais ou jurisdicionais, pela de «*águas continentais* ou *americanas*», recolhendo deste modo a tradição hispano – portuguesa e, em parte, as considerações que serviram a Freitas para replicar a Grotius...» (itálicos de BARCIA TRELLES)[61]. Assim, conclui o internacionalista de Salamanca, a posição de SERAFIM DE FREITAS nada tem de anacrónico, porquanto, como pondera, «...desde FREITAS à Conferência de Panamá observa-se um nexo que é suficientemente revelador para que se exija de mim qualquer forma de reiteração hermenêutica»[62]. Esta declaração, contudo, tem antecedentes. De facto, como BARCIA TRELLES, igualmente relembra[63], já no Tratado de Madrid de 1750, os negociadores portugueses e espanhóis haviam sujeito as águas americanas a um regime próprio e diferente do então vigente. Com efeito, o artigo 21 do dito tratado após preceituar que em caso de guerra entre os dois reinos os vassalos de ambos deveriam manter-se em paz[64]. E, no dito

---

[59] As observações seguintes são largamente tributárias das ideias de CAMILO BARCIA TRELLES, *Fray Serafim de Freitas y el problema de la libertad oceanica*, BFC, cit. págs. 85 e segts., que largamente acompanhei de muito perto.

[60] CAMILO BARCIA TRELLES, *Fray Serafim de Freitas y el problema de la libertad oceanica*, BFC cit. pág. 86.

[61] CAMILO BARCIA TRELLES, *Fray Serafim de Freitas y el problema de la libertad oceanica*, BFC, cit. pág. 87.

[62] CAMILO BARCIA TRELLES, *Fray Serafim de Freitas y el problema de la libertad oceanica*, BFC, cit. págs. 85 e 86.

[63] CAMILO BARCIA TRELLES, Fray Serafim de Freitas y el problema de la libertad oceanica, BFC, cit. págs. 84 e segts, passim.

[64] Todo o articulado do Tratado de Madrid encontra-se transcrito em JAIME CORTESÃO, *Alexandre de Gusmão e o Tratado de Madrid*, Lisboa, 1984, IV Volume, págs. 911 e segts., passim; Para um comentário ao referido artigo 21.° e motivações que levaram à sua

artigo acrescentava-se «A dita continuação da perpétua paz, e boa vizinhança, não terá só lugar nas Terras, e Ilhas da América Meridional, entre os súbditos confinantes das duas Monarquias, senão também nos Rios, Portos e Costas, e no Mar Oceano...». A expressão, *Mar Oceano*, constante do preceito, num contexto de equiparação a terras, rios, portos e costas, acaba, assim por ter uma conotação de territorialidade, deste modo representando uma primeira expressão da ideia de águas adjacentes, cuja criação e, em seguida, fixação do respectivo regime jurídico, obedece a propósitos territoriais[65].

III

8 – Resumindo, rapidamente, o que para cima fica, direi que haverá que, muito em especial, reter as três seguintes ideias: (a) Frei SERAFIM DE FREITAS, por um lado, não desconheceu a ideia da liberdade dos mares que aceitou e com ela se conformou, (b) por outro lado, a essa ideia, fez juntar a da possibilidade dos Estados fazerem acrescer às respectivas águas litorais zonas marítimas e, (c), enfim, à mesma acresce, ainda, a da licitude jurídica do exercício de direitos de soberania, por parte desses Estados, nessas zonas. Assim, em síntese, poderá aceitar-se – o que os nossos dias não terão dificuldade em admitir – o pensamento de Frei SERAFIM DE FREITAS, segundo o qual a liberdade dos mares e a possibilidade de apropriação de zonas no mar, com exercício nas mesmas de direitos de soberania, não são realidades, entre si, necessariamente, inconciliáveis[66]. De facto, o processo de territorialização deu-se no quadro do direito natural clássico como a leitura do JIL bem mostra. Assim, no início do processo de criação e de definição de zonas marítimas, pelo menos no plano doutrinário,

---

redacção – por parte dos negociadores espanhóis – e à sua aceitação – por parte dos negociadores portugueses cfr., respectivamente, págs. 932 e 934.

[65] Neste sentido CAMILO BARCIA TRELLES, *Fray Serafim de Freitas y el problema de la libertad oceanica*, BFC, cit. págs. 84 e 85.

[66] Aliás, mesmo que num contexto muito particular – o da poluição marítima por hidrocarbonetos – os Estados ribeirinhos podem exercer poderes de soberania, mesmo a bordo de navios estrangeiros, que atravessem a ZEE e, bem assim o mar alto, adjacente às suas costas. Cfr. convenção sobre intervenção no alto mar de 29 de Novembro de 1969; Aprovada para ratificação pelo Decreto n.° 88/79, de 21 de Agosto; Texto em MANUEL JANUÁRIO DA COSTA GOMES, *Leis Marítimas*, Coimbra, 2004, págs. 935 e segts., numa patente demonstração, ainda antes da vigência da CNUDM, da possibilidade de conciliar os dois tipos de interesses.

deve ter-se em conta que essas pretensões deveriam estar inscritas em dado quadro normativo que lhes desse estatuto definido, aspecto este, de resto, não esquecido no pensamento de SERAFIM DE FREITAS visto que, para as mesmas, procurou o devido enquadramento jurídico. Pode, pois sustentar-se que o início do processo de territorialização dos oceanos, presente na actual normativa jurídica internacional, é antecipado na obra do frade mercedário português.

Não obstante, em todo caso algo deverá, ainda, ser acrescentado, no plano do presente estudo. De facto, a análise do pleno alcance dos dois processos de territorialização – o que decorre do pensamento de Frei SERAFIM DE FREITAS e o que se encontra consagrado nas disposições a CNUDM – ao que penso, não prescinde da evocação do contexto das ideias em que, cada um deles, respectivamente, nasceu. De facto, a teorização de Frei SERAFIM DE FREITAS, por um lado, e a que deu lugar à CNUDM, por outro, provêm de diferentes fundamentos intelectuais. No caso de Frei SERAFIM DE FREITAS, o mesmo procurava afirmar os seus pontos de vista, alicerçando-os em princípios de direito natural clássico, completados com o forte apelo ao direito romano, adequado à situação em causa, tal como vista por ele, a isto acrescendo a validade da aceitação dos efeitos da jurisdição pontifícia. Aos mesmos opunham-se as pretensões do direito natural moderno que então começava a manifestar-se ou, numa expressão, porventura, mais exacta, o início do processo de secularização do direito natural em que GROTIUS, igualmente, interveio. Quanto à mediação pontifícia – também invocada no caso em exame – publicitada nas bulas papais, não era aceite e, note-se, não apenas como consequência da fractura da cristandade, mas igualmente como consequência da mencionada secularização[67]. A base doutrinária das soluções que, na CNUDM, consagraram a territorialização da constante, a justificação intelectual das tendências normativas subjacentes à criação de novos espaços marítimos e às pretensões de direitos de soberania, relativas às respectivas ocupações, terão, no entanto, de ser encontradas em quadros de ideias próprios. Ver-se-á, contudo, se diferentes ou equivalente dos que serviram de base a Frei SERAFIM DE FREITAS, guardadas as diferenças em que se exprimem. Descobrir quais, para, seguidamente, os contrapor ao seguido no século XVII – século da polémica da Liberdade

---

[67] ANTÓNIO MANUEL HESPANHA e MARIA CATARINA SANTOS, colocam este argumento "num plano menos fundamental", *História de Portugal*, dirigida por José Mattoso, Lisboa, 1993, IV Volume, pág. 397.

dos Mares – é assim a tarefa que, nesta terceira parte do presente estudo, haverá de ser prosseguida.

9 – Não há muito, EDUARDO LOURENÇO teve oportunidade de observar, a propósito do Padre ANTÓNIO VIEIRA, não ser o tempo barroco «...como temos tendência a imaginar, fechado em si mesmo, quase atemporal, ancorado na confiança de Deus»[68]. E, após, logo a seguir afirmar que «...esse tempo de aparência tão una é um tempo intimamente dividido, inquieto, que é preciso saber reconduzir à sua fonte», conclui, dizendo «Mas o seu segredo está bem guardado. A Fé, a nova Fé, repousa sobre a vontade»[69-70]. A obra de HUGO GROTIUS, calvinista, pensador e jurista, comprova e ilustra, mesmo que apenas à sua maneira e contido no respectivo universo cultural, o juízo contido nas palavras de EDUARDO LOURENÇO. De resto, a respeito de SERAFIM DE FREITAS, católico, académico e canonista, o mesmo pode dizer-se.

Quando afirmamos a ligação do pensamento de GROTIUS a uma posição que coloca em primeiro lugar o que EDUARDO LOURENÇO designa por *confiança em Deus*, ou uma *Fé* que *repousa sobre a vontade*, tenho presente que, ao menos o GROTIUS da juventude, em especial, o do *De jure praede* e logo, igualmente, o do *Mare Liberum*[71] exprime um voluntarismo bem perto de uma concepção do direito natural moderno em que a vontade de Deus é preponderante[72]. O nominalismo que havia conduzido FERNANDO VASQUEZ DE MENCHACA, já em 1563 – portanto, mais de quarenta anos antes do jurista holandês – a proclamar a liberdade oceânica – surge, neste ponto da reflexão de GROTIUS, com toda a sua nitidez. Ou seja, é à fé, à vontade de Deus que se recorre – não ao

---

[68] *Vieira ou o Tempo Barroco*, in *A Morte de Colombo*, Lisboa, 2004, pág. 68.
[69] *Vieira ou o Tempo Barroco*, cit., in *A Morte de Colombo*, cit., 68.
[70] Em sentido semelhante nota ANA MARIA PEREIRA FERREIRA: «Dificilmente se encontrará uma época, neste ponto os historiadores concordam, onde viva maior tensão entre o passado e o presente, no caso o passado longo (o antigo) e o passado próximo (o medieval), Mare Clausum, Mare Liberum», Dimensão doutrinal de um foco de tensões políticas, CULTURA, *História e filosofia*, Lisboa, 1984, Volume III, pág. 339.
[71] PETER HAGGENMACHER, *Grotius et la Doctrine de la Guerre Juste*, Paris, 1983, pág. 509.
[72] No *De jure belli ac pacis*, GROTIO definiu o direito natural como «...um imperativo da recta razão que chama a atenção para que uma acção, consoante não está ou está de acordo com a natureza racional ou social tem nele uma qualidade de baixeza ou de necessidade moral; e que, por consequência um tal acto é ou proibido ou ordenado pelo autor da natureza: Deus».

intelectualismo tomista – o que significa a ligação dos autores que, nesta controvérsia, se pronunciaram a favor do chamado princípio da liberdade do mar (*Mare Liberum*), à tradição do direito natural moderno, no qual o elemento voluntarista, sinal do acesso directo a Deus, assume o principal papel. Em suma, quase poderia dizer-se que o que se intitula o debate sobre a questão da liberdade dos mares é – no que toca à intervenção de Freitas – sobretudo[73], um debate entre as concepções de direito natural de Frei SERAFIM DE FREITAS e de GROTIUS. A posição, a este respeito de Frei SERAFIM DE FREITAS, frade da Ordem dos Mercedários, mesmo que erguida a partir de outro prisma, não é substancialmente diversa. O seu direito natural clássico, tributário da herança tomista, mesmo não postulando, como sucede com o direito natural racional, uma obsessiva presença de Deus, de forma alguma o ignora. Tão somente, do seu pensamento, o voluntarismo que domina o pensamento de GROTIUS, ou, porventura com mais exactidão, do GROTIUS que escreveu o *ML* ou o *De Jure Praedae Commentarius*, está ausente. Ao contrário, o racionalismo do direito natural clássico, inscrito na tradição tomista a que pertence o monge português, proporciona ferramentas intelectuais para o Homem e a sua razão se manifestarem.

Não há no *JIL* uma exposição sistemática sobre direito natural. De facto, FREITAS, ocupa-se da questão do direito natural no contexto de uma apreciação, de natureza crítica da posição de GROTIUS a este respeito. Assim, começar-se-á a subsequente reflexão pela apresentação das ideias de GROTIUS este respeito. Logo no prólogo do *ML* que é dirigido «Aos Príncipes e aos Estados Livres do mundo cristão»[74], GROTIUS observa que ninguém pode ignorar que há coisas que o homem tem em comum com outros homens e que há coisas que a natureza trouxe para uso dos homens e que devem ficar em comum e outras conseguidas através do labor e indústria de cada um que devem ser próprias»[75]. Feita esta afirmação GROTIUS deixa a interrogação «Se ninguém pode desconhecer estas coisas,

---

[73] Ao escrever «sobretudo», porque na controvérsia tanto GROTIUS como FREITAS discorrem sobre a legitimidade pontifícia para atribuir títulos de soberania territorial. Em todo o caso, não pensamos ser esse o cerne do debate, razão pela qual não consideraremos essa faceta.

[74] Ao dirigir a sua obra «Aos Príncipes (...) do mundo cristão», Grotius, de certa forma, igualmente polemiza contra o Papado, já que, ainda no prólogo, critica o facto da existência de leis de um povo que os outros ignoram. Ora, as leis portuguesas surgem, no contexto do contencioso ibérico, na sequência das bulas pontifícias.

[75] *Mare Liberum*, cit. pág. 4.

a não ser que deixe de ser um homem, se as nações cegas para todas as verdades, a não ser as que recebem da luz da natureza, vêm isto, Reis Cristãos e Nações então o que devemos pensar e o que devemos fazer?»[76].

E, a este respeito, enfim, já na parte final do dito prólogo, GROTIUS acrescenta ainda, «Mas que aquilo que aqui propomos nada tem de comum com isto, não necessita da procura curiosa de ninguém; não depende da exposição da Bíblia (da qual muitos não compreendem muita coisa), nem dos decretos de um povo, sendo que os restantes, muito justamente, podem ignorar»[77].

Concluído o prólogo, GROTIUS, logo no início do Capítulo I do *ML*, que tem o título de «Pela lei das Nações a navegação é livre para quem quer que seja», afirma «Basearei a minha argumentação no seguinte e mais específico e indiscutível axioma do direito das nações, designado primeira regra ou primeiro princípio[78], o espírito da qual é, por si, evidente e imutável, para começar: Qualquer nação é livre para viajar para qualquer outra nação e para comerciar com ela»[79]. E, justificando a razão de ser desta afirmação, o jurista de Delft proclama «O próprio Deus fala pela voz da natureza; e na medida em que é Sua vontade que a natureza proporcione a todos os lugares com tudo o que a vida do homem necessita, Ele determina que algumas nações se sobreponham a outras numa arte e outras numa outra. Porque é que é esta a Sua vontade, a não ser porque deseja que a amizade seja gerada por mútuas necessidades e recursos, de forma a evitar que todas as pessoas se pensem suficientes para si mesmas, tornando-os, pois, insociáveis»[80].

A directa proclamação aos homens através da respectiva consciência, erigida em seu juiz inescapável, a sua universalidade e, enfim, a afirmação solene da vontade soberana de Deus, de resto, evocada em termos solenes, até mesmo, algo apocalípticos[81], eis os traços caracterizadores do direito natural, tal como GROTIUS o manifesta no contexto do *ML*.

---

[76] *Mare Liberum*, cit. pág. 4.
[77] *Mare Liberum*, cit. pág. 7.
[78] GROTIUS pretende referir-se à distinção entre direito das gentes primário e direito das gentes secundário o que ressalta com clareza do texto em latim que diz «Fundamentum struemus hanc iuris gentium, quod primarium vocant...».
[79] *Mare Liberum*, cit. pág. 7.
[80] *Mare Liberum*, cit. pág. 7.
[81] «Embora Ele reserve para si mesmo a punição final...», *Mare Liberum*, cit. pág. 5.

Ao responder ao que precede, FREITAS, no início do *JIL*, começa por rejeitar a distinção de GROTIUS, bem característica do seu pensamento, entre direito das gentes primário e direito das gentes secundário[82]. Como FREITAS afirma, «...a divisão do direito das gentes em primário e secundário foi desconhecida e contrária às sentenças dos jurisconsultos, os quais ensinaram que esse direito era um só, conforme consta do Digesto...»[83]. Com efeito, como mais adiante, sublinha, «Sendo, pois, um só o autor do direito das gentes, isto é a razão natural...»[84]. Assim, no pensamento de Frei SERAFIM DE FREITAS, afirmada a unidade do direito das gentes, este é separado do direito natural. Quanto a este, é entendido como resultado do uso de uma recta razão. Um exemplo, no contexto do presente estudo, é o que resulta da afirmação de acordo com a qual «...a parte do mar adjacente a uma terra pertence ao domínio do senhor dessa terra...»[85], observando em seguida que «...essa porção de mar não é definida pelo direito natural...»[86], concluindo que, por ser assim, é «...lógico dizer que pode aumentar ou diminuir de império e jurisdição consoante a potência do senhor...»[87].

Embora ambos os autores invoquem como ponto de partida o direito natural, é manifesto que têm em vista realidades diferentes. Para GROTIUS o direito natural, tal como sustentado no *ML*[88], resulta do imediato acesso a Deus. De facto, tal como escreve, «... Deus fala pela voz da natureza...», isto é, não carece de qualquer intermediário. Aliás, na mesma ordem de considerações, já no prólogo, fora escrito que não se estava em

---

[82] Logo no início do capítulo I, do ML, GROTIUS invoca esta distinção considerando que a regra do direito das nações que chamam de primário pode ser reconduzida à vontade de Deus. A versão do texto em latim diz: «Fundamentum struemus *hanc iuris gentium, quod primarium vocant* regulam certissimam...».

[83] Frei SERAFIM DE FREITAS, *JIL*, cit., pág. 106.
[84] Frei SERAFIM DE FREITAS, *JIL*, cit., pág. 106.
[85] Frei SERAFIM DE FREITAS, *JIL*, cit., pág. 259.
[86] Frei SERAFIM DE FREITAS, *JIL*, cit., pág. 259.
[87] Frei SERAFIM DE FREITAS, *JIL*, cit., pág. 259.
[88] E, neste mesmo sentido no «De Jure Belli ac Pacis», as coisas não se passam de forma necessariamente muito diferente. De facto, aí, também se afirma que o Direito Natural é um preceito da recta razão que nos diz que uma acção, por sua conveniência ou não conveniência com a mesma razão natural é má moralmente ou possui uma necessidade moral e que, por isso, Deus, como autor da criação a proibiu ou ordenou» (Jus naturale est dictamen rectae rationis indicans actui alicui ex ejus convenientia aut disconvenientia cum ipsa natura rationali, inesse mortale turpitudinem aut necessitatis moralem, ac consequenter ab auctore naturae Deo talem actum aut vetari aut praecipi».

face de realidade que dependesse «...da exposição da Bíblia (da qual muitos não compreendem muita coisa...». Para FREITAS, no entanto, a questão coloca-se de forma diferente. De facto, para ele o direito natural encontra-se no uso da razão humana, entendida como r*ecta ratio*, pela qual passa qualquer manifestação do direito natural. E este tem a ver com a ideia de que o homem é um ser destinado a viver em sociedade. Mas, a ser assim, o direito natural apenas tem que assegurar os princípios fundamentais que garantem a vida em sociedade. Apenas esse será o conteúdo do direito natural. O resto cai fora do direito natural. E, justamente por isso, FREITAS recusa a distinção de Grotius entre direito da gentes primário e direito das gentes secundário. Tão somente, admite a partir da distinção entre «...estado de natureza íntegra estado de natureza corrupta...» à primeira pertencendo «...as coisas que, de sua natureza, são ordenadas por ditame da razão natural para o bem da natureza humana...». Ora, nestas compreendem-se, «...o culto de Deus, a obediência os pais, a repulsa da violência (...) o matrimónio, a educação dos filhos e quejandas...»[89]. Ora, sendo assim, questões como a da liberdade dos mares não pertencem ao estado de natureza integra, nesta medida, sendo-lhe retirada a sua qualificação como realidade a entender enquanto pertencendo ao direito natural, de resto explicitamente afastado dele[90].

Está fora dos nossos propósitos tomar posição neste debate. A verdade é que, não obstante, a oposição das posições resumidas, algo as aproxima. Com efeito, no que respeita a questão central no pensamento de cada um destes autores, de certo modo, pode dizer-se que, bem vistas as coisas, as divergências entre os dois autores têm muito de uma querela de família enquanto tributários do direito natural – ainda que pensado a partir de ângulos de visão diferentes – ao qual vão aurir o seu pensamento relativamente a essa temática. Não obstante, a verdade é que, é difícil encontrar no pensamento de GROTIUS uma reflexão sobre a questão das zonas marítimas. A nosso ver, isso decorre do voluntarismo de GROTIUS, na primeira fase, a que pertence o *ML*, do seu pensamento ao atribuir ao direito natural e logo aos institutos que aí insere – caso da liberdade dos mares – um estatuto quase transcendente e, logo, de difícil mutabilidade. É certo que o voluntarismo do *ML* e a concepção de direito natural aí contida, de forma alguma, constitui a última palavra do humanista holandês. De facto, na sua

---

[89] Frei SERAFIM DE FREITAS, *JIL*, cit., pág. 107.

[90] Como SERAFIM DE FREITAS afirma «...a navegação antes respeita ao segundo que ao primeiro capítulo do direito das gentes...», *JIL*, pág 107.

ultima magna opera – o *Jus belli ac pac*i – GROTIUS, atenuando o seu voluntarismo inicial, de que o *De Iure praedae Commentarius* é bom testemunho, encara toda esta problemática, de forma diferente da inicial chegando, porventura por esse motivo, a conclusões não muito afastadas das de Frei SERAFIM DE FREITAS.

A mudança de paradigma do direito natural, enquanto fonte última do direito internacional, não teve de aguardar os nossos dias. Na verdade, ainda antes outros modelos normativos surgiram[91] que, como resultado, levaram à sua substituição. É o caso, designadamente, do Kantismo que põe o assento tónico, não no direito natural, como quer que o mesmo seja entendido, antes na constelação de direitos e de deveres que recaem sobre o sujeito de direitos que, no caso das relações internacionais, o Estado configura. Assim, doravante, será na base na soberania dos Estados que passarão a assentar as novas construções jurídicas e políticas, logo também a do direito internacional. De facto, como foi observado, «Kant concorda com Grotius que a natureza humana é profundamente depravada e considera que o comportamento das nações e dos seus dirigentes políticos é maldosa»[92]. Por isso, KANT não confia nos critérios de GROTIUS, PUFENDORF ou VATTEL[93].

Seria interessante saber se, porventura, confiaria nos de Frei SERAFIM DE FREITAS. Ainda que assim não fosse, pelo menos, sempre partilharia o pessimismo antropológico de Frei SERAFIM DE FREITAS. De facto, também este, recusando embora a existência de distinções no direito das gentes, aceitava a existência de «…um estado de natureza corrupta…»[94], única situação em que resignaria a aceitar distinções dentro do *ius gentium*.

Por isso, nunca poderia basear-se o fundamento normativo para uma nova ordenação, nos nossos dias, dos espaços marítimos, nomeadamente daqueles de que Frei SERAFIM DE FREITAS se ocupou, a critérios de natureza puramente voluntarista. A observação do que se passou no decurso dos trabalhos da 3.ª UNCLOS, que culminou com a CNUDM, é disso a

---

[91] A este respeito um autor nota que «Para o fim do século XVIII a chama apagara-se e, juntamente com Grotius, a escola do Ius Naturale, subitamente, perdeu a sua influência», HARTMUT SCHIEDERMAIR, *The Influence of Grotius Thought on the* Ius Naturale *School*, RC, Vol. 182, pág. 410.

[92] HARTMUT SCHIEDERMAIR, *The Influence of Grotius Thought on the* Ius Naturale *School*, RC, Vol. 182, pág. 410.

[93] HARTMUT SCHIEDERMAIR, *The Influence of Grotius Thought on the* Ius Naturale *School*, RC, Vol. 182, pág. 410.

[94] Frei SERAFIM DE FREITAS, *JIL*, cit., pág. 107.

melhor prova. È desse aspecto que, anunciado mais acima, nos deveremos agora passar a ocupar.

10 – Num curso regido na Academia de Direito Internacional em Haia, um ilustre jurista, que teve um importante papel nos trabalhos que levaram à elaboração da CNUDM, aponta duas razões a serem apontadas como estando na base da decisão de codificar o direito do mar. Segundo afirma, em primeiro lugar, a «...Convenção é provavelmente o mais importante e a mais concreta realização na justificável luta do mundo em desenvolvimento em direcção a uma nova Ordem Económica Internacional»[95]. E, um pouco adiante, acrescenta, «Mas, ao mesmo tempo, estas doutrinas e liberdades tradicionais reflectiam um estado de desenvolvimento económico, tecnológico e político que se tornou, crescentemente, obsoleto na viragem do século. Depois da revolução tecnológica e da completa alteração da ordem internacional existente, na sequência da segunda guerra mundial o sistema estava irremediavelmente condenado»[96] ou seja estava-se perante a necessidade de partilha de recursos naturais marinhos que pudesse ter em conta o aparecimento de novos Estados que viam esses recursos como meios para o seu desenvolvimento económico e social. Assim, a pressão da necessidade, com primazia relativa a quaisquer outras, do crescimento económico e a constatação dos progressos das tecnologias no aproveitamento dos recursos marítimos, criaram a dupla justificação, para o esforço codificador. Em todo caso, há algo de desarmónico no mesmo. De facto, por um lado, defende-se o direito de ocupar porções de zonas oceânicas cada vez mais largas e criam-se zonas oceânicas até aqui inexistentes mas, por outro lado, pugna-se pela internacionalização de áreas onde a dita territorialização não é, ao menos por ora possível, tanto por razões de índole científica como de natureza económica. Por outro lado ainda, de forma inovadora, cria-se a categoria dos "Estados geograficamente desfavorecidos"[97].

---

[95] JENS EVENSEN, *Working Methods and Procedures in the Third Conference of the Law of the Sea*, RC, Vol. 199, pág. 430.

[96] JENS EVENSEN, *Working Methods and Procedures in the Third Conference of the Law of the Sea*, cit., pág. 431.

[97] Trata-se de categoria mencionada no artigo 70.º da CNUDM. Sobre a mesma cfr. LUCIUS CAFLISH, *Land-Locked and Geographically Disadvantaged States*, in R. Bernhardt (ed.), *Encyclopedia of Public International Law*, Volume I (1992), p. 125; J. SYMONIDES, *Geographically Disadvantaged States under the 1982 Convention of the law of the Sea*, Recueil des Cours, Vol. 208, págs. 283 e segts.

Embora as razões pela quais as preocupações territoriais estão presentes na UNCDM, ao fim e ao cabo, possam quase sempre ser susceptíveis de ser reconduzidas a preocupações económicas o certo é que, na mesma, se multiplicaram as categorias jurídicas a este respeito permitindo a tomada em consideração de muitas situações a merecerem tutela e que de outra forma não a receberiam. Desta forma, no horizonte da UNCDM, verifica-se que, abandonado o método de referência a princípios eternos e transcendentes, dos quais, tanto GROTIUS como Frei SERAFIM DE FREITAS, tudo faziam derivar, surgia a questão de saber que novo paradigma é este e quais as suas características. O autor que acima evoquei – JENS EVENSEN – teve oportunidade de enunciar os métodos de trabalho seguidos no decurso dos trabalhos da CNUDM. O autor em causa observa: "As três principais pedras angulares no processo de decisão da Conferência do Direito do Mar foram o princípio do consenso, o Package Deal approach[98] e, enfim, o sistema do Gentleman Agreement[99] (itálicos meus). Do que acaba de ser exposto decorrem duas questões, a saber (a) que enquadramento dar a esta forma de actuação, (b) qual a validade das soluções, obtidas desta maneira. Note-se que não é difícil ver que a forma como se procedeu na 3.ª UNCLOS nada tem a ver com um procedimento como o seguido por GROTIUS ou FREITAS no qual, uma vez identificados os princípios rectores a adoptar, a partir deles, deduziam-se as soluções a consagrar em termos normativos. E, no entanto, evocá-los no quadro deste estudo tem cabimento pois, em qualquer dos casos, se trata de critérios racionais que, embora entre si diferentes, chegaram a resultados equivalentes.

Ao evocar o processo de formação da vontade de uma sociedade, nas sociedades democráticas contemporâneas JÜRGEN HABERMAS observa que «...é emitindo razões que se decide do nível ao qual se propõe prosseguir

---

[98] JENS EVENSEN, *Working Methods and Procedures in the Third Conference of the Law of the Sea*, cit, a este respeito, nota que o «...Package Approach constituíu uma parte integral do mandato da Conferência do Direito do Mar», acrescentando que, através dos trabalhos da conferência, este Package Approach se converteu num flexível e valioso Package Approach Deal no qual um razoável «dá e recebe» entre grupos e partes interessadas cimentou a coesão e transformou o consensus approach num valioso instrumento para inumeráveis e altamente sofisticados "Package Deals", pág. 442.

[99] JENS EVENSEN, in *Working Methods and Procedures in the Third Conference of the Law of the Sea*, cit., alude aos três alicerces processuais da conferência: o princípio do consenso, *the package deal approach* e o sistema do gentleman agreement, RC, cit., págs. 483 e segts.

a controvérsia»[100]. E, após evocar as discussões e éticas e as discussões morais, prossegue dizendo que, para além esses dois métodos, «...resta a opção da negociação que requer, bem vistas as coisas, a vontade de cooperação das pessoas que actuam em função do seu próprio sucesso»[101]. Pode assim dizer-se que neste modelo de tomada de decisão – modelo processual – «...a formação racional da vontade apresenta-se com um tecido de discussões e de negociações que são susceptíveis de serem ligadas entre elas, por numerosas vias»[102]. Enfim, sempre será necessário assegurar a, na expressão do dito autor, homogeneidade do direito. Essa tarefa entrega-a HABERMAS, no plano interno, à jurisdição constitucional. No plano do CNUDM foi esse papel confiado ao Tribunal do Mar[103]. Afigura-se desta forma, que a descrição feita por JENS EVENSEN da maneira como decorreram os trabalhos de elaboração da convenção mostra ter sido este programa metodológico, o adoptado durante as negociações que terminaram com a elaboração da CNUDM.

Sendo o que precede o quadro das motivações de ordem intelectual que presidiram à feitura da actual lei do mar, é forçoso constatar que, de uma forma geral estão bem longe das dos autores, que examinámos, do século XVII, designadamente, no que particularmente nos interessa, FREITAS. Contudo, as coisas mudam de figura se se tiver em conta, tão só, o que tem a ver com as zonas marítimas. No que a este aspecto respeita, em todo o caso, recordemos que, como já foi defendido, «A perspectiva que recolheu Antunes, quanto à directriz de pensamento seguida pela historiografia jurídica de Portugal sobre o domínio do Mar, tornou manifesto que a tese portuguesa de que o nosso autor foi porta voz destacado pode considerar-se como a origem do que hoje chamamos e contextualizamos como «águas jurisdicionais»[104]. Nisto, sem dúvida é o canonista português percursor.

---

[100] JÜRGEN HABERMAS, *Faktizität und Geltung. Beiträge zur Diskurstheorie des Rechts und des Demoktratisch Rechsstaats*, Frankfurt, citado a partir da versão francesa, *Droit et Démocratie, entre Faits et Normes*, Paris, 1992, pág. 184.

[101] *Droit et Démocratie Entre Faits et Normes*, Paris, 1992, pág. 185.

[102] *Droit et Démocratie, Entre Faits et Normes*, Paris, 1992, pág. 187.

[103] PAULO CANELAS DE CASTRO, depois de suscitar a questão – de tonalidade algo Habermassiana – de saber se haverá quem esteja preparado para julgar dos conflitos que «*este mais aberto espaço público propicia*», responde à mesma dizendo que o novo direito do mar criou um Tribunal do mar, vocacionado para estes aspectos, *Do Mare Liberum ao Mare Commune? – As viçosas mutações do Direito Internacional do Mar*, Revista Jurídica, n.º 24, Abril 2001, pag. 19.

[104] MAGDALENA RODRIGUES GIL, «Domingos Antunes Gil, Un jurista barroco», cit., pág. 292.

11 – Não se ignora no que precede, a proximidade do pensamento de GROTIUS e de Frei SERAFIM DE FREITAS. Mas, a verdade é que é no plano do direito natural, designadamente no que tem a ver com a temática do Direito do Mar, a proximidade dois juristas – em tantos aspectos, ambos típicos filhos do século XVII – é menor. De facto, justamente, é no *ML*, afinal de contas, inicialmente, um capítulo do *De jure prade*, que o voluntarismo de GROTIUS é mais acentuado e, portanto, mais afastado do direito natural clássico, tão característico do ideário e da obra de SERAFIM DE FREITAS. É possível que, em boa parte, o trabalho de GROTIUS, mais um trabalho de jurista empenhado na defesa da tese que lhe importa e nos interesses particulares dos seus clientes, do que um trabalho de pura erudição ou uma dissertação meramente teórica, tenha potenciado, porventura mesmo acentuado, uma tal dimensão.

Justamente um dos problemas que a obra de GROTIUS, considerada na sua globalidade, cria aos seus leitores é a de saber se o direito natural racional, a que o seu nome está associado, afasta completamente o intelectualismo do direito natural clássico, dimensão que, como mais acima se viu, tem decisiva influência na problemática aqui em apreciação, dadas as manifestações que, não poucas vezes, surgem de voluntarismo.

Mas, quem aceita o afastamento do que pode considerar-se o paradigma grotiano ou, utilizando a expressão de um ilustre internacionalista holandês[105], se assim se preferir, do que já foi designado como «o *exagero de 1604*», terá de aceitar que esse declínio decorre tanto de razões de índole metodológica como da própria evolução da sociedade internacional[106]. No que se refere ao primeiro aspecto refira-se que GROTIUS desenvolveu o seu sistema, à maneira cartesiana[107], a partir de um dado axioma – uma determinada e algo pessoal concepção do direito natural – do qual, em seguida, tudo se faz decorrer. Logo, entrando em crise esse postulado,

---

[105] WILLEM RIPHAGEN, *Grotius and the Law of the Sea*, RC, Volume 182, pág. 419.

[106] Poderia, porventura, referir-se razões decorrentes do facto da actividade profissional e política de GROTIUS o levarem sustentar posições, que se encontravam em contradição com outras que, anteriormente, sustentara. Foi o que se passou nas negociações de Londres, em 1613, nas quais viu ser lhe oposta a argumentação que sustentara no «*Mare liberum*», quando a delegação holandesa procurava considerar legal a exclusão dos comerciantes ingleses do comércio de especiarias no Oriente. Ora, para justificar essa contradição, a delegação holandesa procurou introduzir a distinção entre liberdade de navegação e liberdade de comerciar, só a primeira sendo abrangida pela doutrina de GROTIUS «Mare liberum». Cfr., a este respeito, supra nota 8.

[107] Como afirma WELZEL, ob. cit., «...o método analítico e sintético de Galileu e Descartes converte-se no modelo para a nova teoria do Direito Natural», pág. 114.

todo o sistema sofreria inerentes repercussões. No que tem a ver com a segunda ordem de razões acima sugeridas a mesma, se bem vejo o assunto, ilustra, por excelência, as consequências de um método de natureza apriorística. Na verdade, no que concerne as suas ideias em 1604, tal como WILLEM RIPHAGEN as explica, as mesmas partem do facto da ideia de uma "administração internacional" ou de "partilha de recursos «...não poder entrar na seu espírito, na medida em que partia da assunção *factual* de que, relativamente aos mares havia bastante para todos em qualquer ocasião»[108].

Que não era assim, de resto, resulta da própria evolução doutrinária de HUGO GROTIUS. Na verdade, em 1625, no seu tratado «*De Jure belli ac pacis, libri tres*», já GROTIUS concedia que aos Estados costeiros era possível ocupar extensões territoriais de mar ou seja, o que já era, de resto, ensinamento de FREITAS[109]. Mas a verdade é que, por essa ocasião, já as linhas de força intelectuais de GROTIUS se haviam modificado relativamente às anteriores e ampliado e, em boa parte, partilhado a herança intelectual que permitira a SERAFIM DE FREITAS o seu papel de antecipação da existência de áreas de jurisdição no mar[110]. Nesta medida, bem se compreende que revisitar o pensamento do frade mercedário lusitano não seja apenas um exercício de recordação de um jurista do século XVII. Na verdade, homem de fé nem por isso, qualquer tipo de considerações desse tipo, não obstante o mundo mental a que pertencia e em que vivia, que não fossem as puramente normativas, levou à alteração da sua visão relativa à dogmática do direito.

IV

12 – Resta concluir. E, fazendo-o diremos que, apesar do que antecede, não pode esquecer-se ser Frei SERAFIM DE FREITAS um autor muito

---

[108] WILLEM RIPHAGEN, *Grotius and the Law of the Sea*, RC, cit., pág. 421.

[109] Neste sentido, cfr., TÚLIO SCOVAZZI, *The evolution of International Law of the Sea; New issues, new challenges*, RC, Volume 286, pág. 65.

[110] Nota FRANZ WIEACKER, *História do Direito Privado Moderno*, Lisboa, edição da Fundação Calouste Gulbenkian, Lisboa, 1980, pág. 326, a propósito das influências intelectuais de Grotius no tratado de «De juri belli ac pacis libri três», escreve: «Mas também a tradição da teologia moral da Igreja Católica – da qual, como arminista, Grócio se aproximava mais do que do estrito calvinismo – exerceu sobre ele uma influência directa».

longínquo no tempo histórico, muito erudito para os nossos dias, muito clássico para os gostos actuais e, enfim, utilizando uma escrita muito carregada de citações que a tornam de leitura difícil no século XXI, mesmo para juristas[111]. É fácil, consequentemente, concluir-se estar-se perante o pensamento de um clérigo e jurista português perdido na erudição barroca e enredado nas inquietações do seu tempo histórico. Ora, não é este, por certo, o género de espírito que mais fosse susceptível de interessar quem se encontrava empenhado no entusiasmo e no calor do trabalho de elaboração legislativa[112], tentando colaborar numa tarefa que tanto pretendia – como foi! – ser portadora de porvir.

Assim, não será difícil imaginar, com alto grau de probabilidade de não nos enganarmos, que as ideias de Frei SERAFIM DE FREITAS, relativas aos espaços marítimos e respectivos estatutos jurídicos, não obstante o tempo ter mostrado o que as mesmas tinham de actual só dificilmente, poderiam ter estado presentes no espírito da esmagadora maioria dos participantes e dos intervenientes – e tantos eles foram! – nos trabalhos de codificação da CNUDM, não obstante as convergências que, como ao longo deste estudo, procurámos mostrar, as mesmas revelavam com as que a actual prática internacional dos Estados revela. No entanto, se, porventura, assim não sucedeu, seria tão fácil, quanto justo, reconhecer que, bem vistas as coisas, a esse respeito, o pensamento de Frei SERAFIM DE FREITAS, jurista e mercedário, comungava de não poucas das ideias e concepções do fim do século XX, relativamente ao assunto aqui apresentado.

Não deve causar qualquer admiração um tal paralelismo e uma tão visível abertura ao futuro. De facto, bem vistas as coisas, mesmo que, disso, porventura, não se tivesse qualquer forma de consciência, era o seu exemplo que estava a ser seguido por quem, olhando para tempos vindouros, esperava – tal como o Ilustre *Scholar* aqui homenageado – construir algo que melhor se ajustasse a justas e mais generosas relações humanas e que, enfim, tal como séculos antes, o visionário de *Patmos*, igualmente, procurava *um novo Céu* e *uma nova Terra*.

Lisboa, Fevereiro de 2007

---

[111] Trata-se, muito provavelmente de característica da escrita jurídica do século XVII. A propósito de GROTIUS já se falou da «...barroca luxuriância de citações...» e «...o maneirismo das citações permanece uma infracção permanente ao nosso gosto literário...», PETER HAGGENMACHER, *Grotius et la doctrine de la Guerre Juste*, cit., pág. 4.

[112] E já não se fala na influência que o Kantismo tivera no desenvolvimento do direito internacional público e do afastamento, consequência das ideias de KANT, da tradição do direito natural de que, também Frei Serafim de Freitas, era tributário.

A RELEVÂNCIA DA ESTRUTURA INSTITUCIONAL NAS REFORMAS DO ESTADO

CLAUDIA DIAS SOARES*

SUMÁRIO: *Considerações introdutórias. 1. O mercado enquanto instituição destinada a organizar a cooperação. 2. A relevância das instituições no comportamento dos agentes económicos. 3. A gestão da complexidade e da incerteza. 4. O impacto dos custos de transacção na vida das instituições. 5. O surgimento de uma procura de políticas públicas. Considerações finais.*

Considerações introdutórias

Este texto insere-se no longo debate sobre a intervenção que o Estado deve assumir num sistema económico de mercado. É incontroverso que uma economia de mercado não pode funcionar eficientemente sem a intervenção reguladora e correctiva do Estado. Mas a interferência estatal também enfrenta limites a partir dos quais se torna contraproducente. Não obstante o significativo progresso teórico e empírico feito na área da *economia do crescimento* ao longo das últimas décadas, o equilíbrio óptimo entre mercado e Estado continua essencialmente indeterminado.

Não se pretende, no entanto, entrar aqui no tratamento pormenorizado e substancial da evidência empírica disponível nesta área, que suporta a tese de que um certo montante de despesa pública concentrada num conjunto restrito de actividades económicas traduz-se num efeito líquido positivo sobre o desempenho do sistema económico, através da

---

* Assistente da Faculdade de Direito da Universidade Católica Portuguesa e Co-coordenadora dos Programas em Direito e Economia da Regulação e da Concorrência da Universidade Católica Portuguesa (Lisboa).

estimulação da acumulação de capital físico e humano, elevação da taxa de progresso técnico e promoção de sinergias com o sector privado, mas também de que existe o perigo de a expansão da despesa pública para além desse conjunto restrito de actividades tolher iniciativas privadas mais produtivas e assim deprimir o crescimento económico.

As observações realizadas neste trabalho constituem uma referência selectiva e não exaustiva a alguns dos aspectos que carecem de ser pensados quando se analisa a questão da intervenção do Estado numa economia de mercado. Estão aqui em causa, em particular, a relevância das estruturas institucionais pré-existentes, as questões que se colocam em sede de gestão da complexidade e da incerteza e os incentivos à inércia que emergem dos custos de transacção, mas também o posicionamento de forças que geram uma procura de políticas públicas.

Os parágrafos que se seguem procuram oferecer alguns pontos de reflexão sobre estas questões, em especial quando se foque a análise na questão da protecção do ambiente, tentando-se compreender melhor o fenómeno de interacção entre mercado e Estado nesta área específica. As considerações aqui realizadas são, no entanto, transponíveis, com as devidas adaptações, para os demais domínios de actuação do Estado.

1. O mercado enquanto instituição destinada a organizar a cooperação

O mercado é uma instituição destinada a organizar a cooperação entre os sujeitos, incluindo a redistribuição dos recursos, através de uma participação voluntária. Na prossecução dos seus objectivos, os sujeitos obtêm informação e incentivos através do sistema de preços, que deste modo guia a afectação dos direitos. O bom funcionamento do mercado é determinado pela completa apropriação dos recursos e pela existência de direitos de propriedade privados e voluntariamente transferíveis. Condições estas que afectam e são afectadas pelos custos de transacção[1]. Definindo-se estes como os encargos em que se incorre para adquirir e processar informação e negociar e redigir os contratos bem como fiscalizar o seu cumprimento[2].

Uma economia enfrenta, assim, as restrições técnicas à produção identificadas pela economia neoclássica e restrições estruturais à produção, as quais são determinadas pela estrutura prevalente de direitos de pro-

---
[1] DE ALESSI, 2001: 33.
[2] DE ALESSI, 2001: 39.

priedade, a qual, por sua vez, determina o conjunto de soluções organizativas possíveis. As regras informais desempenham um papel crucial na protecção dos direitos de propriedade e na prevenção do livre acesso (*open access*)[3].

Quando se analisa a questão ambiental o conceito de exterioridade é aqui relevante na medida em que indica a presença de um custo de transacção, sendo este resultante da transacção ou manutenção dos direitos[4]. E é este custo que impede o mercado de proceder à eficiente afectação dos recursos sem intervenções do Estado. Pelo que num mundo de custos de transacção nulos as exterioridades seriam irrelevantes, sendo o mercado susceptível de interiorizar todos os custos independentemente da titularidade inicial dos direitos de propriedade.

O conceito de exterioridade é, assim, central à crítica neoclássica da organização do mercado[5]. Mas Dahlman considera este conceito vazio de qualquer conteúdo positivo, sendo antes um mero juízo normativo sobre o papel do Estado e a capacidade do mercado para estabelecer transacções mutuamente benéficas. Uma vez que não se pode provar através de uma pura análise conceptual a incapacidade do mercado para lidar com as exterioridades, porquanto tal requer que se aceite a premissa de que o Estado pode fazer melhor, o que é analiticamente indemonstrável[6].

Segundo o critério de Pareto, a relevância de uma exterioridade depende de a actividade em causa poder ser modificada de modo a que a parte afectada pela exterioridade possa ter a sua posição melhorada sem que se piore a da parte geradora dessa mesma exterioridade[7]. O equilíbrio de Pareto pode existir mesmo quando uma parte está a impor exterioridades negativas à outra. Sem informação adicional, a observação dos custos externos é insuficiente para se afirmar a desejabilidade da mudança. Porquanto, os benefícios internos de desenvolver a actividade produtora de exterioridades, líquidos de custos, podem ser superiores ao dano externo

---

[3] EGGERTSSON, 1990: 454.

[4] Ver, para maiores desenvolvimentos, MARSHALL, (1890) 1969: 221, PIGOU, 1929: 136-137 e 176, MEADE, 1952: 56-66, SCITOVSKY, 1954: 144-145, OTERO DIAZ, 1978: 257--274, BAUMOL e OATES, 1982: 15-64, MELI, 1989: 228-229, CAPANO, 1994: 478, BAPTISTA LOBO, 1994: 25-26, EGGERTSSON, 1995: 14, BALDOCK, 1996: 135, SOUSA FRANCO, 1997: Vol. I, 28-30, SOUSA ARAGÃO, 1997: 37, WEBER, 1998: 73-77, KRUTILLA, 1999: 249, VERHOEF, 1999: 199-205, e DIAS SOARES, 2001: 78-81.

[5] BUCHANAN e STUBBLEBINE, 1962: 371.

[6] DAHLMAN, 1979: 142-143.

[7] BUCHANAN e STUBBLEBINE, 1962: 374.

causado à outra parte[8]. Assim, não se justifica a interiorização de toda a exterioridade (negativa)[9].

Graças à contribuição dada pela escola da Escolha Pública (*Public Choice*), o papel do Estado passou a carecer de uma justificação acrescida à que tradicionalmente se baseia na existência de exterioridades. A utilidade individual pode ser acrescida através da acção colectiva por duas vias. Primeiro, a acção colectiva pode eliminar alguns dos custos externos associados às acções privadas. Segundo, a acção colectiva pode ser necessária para assegurar benefícios externos (exterioridades positivas) suplementares que o comportamento privado não é susceptível de gerar.

A colectivização de uma actividade depende de a mesma constituir uma opção que maximiza a utilidade em relação à via individual[10]. Esta ponderação depende dos custos de interdependência, os quais têm uma dupla componente: os custos externos e os custos de tomada de decisão. Os custos de organizar soluções contratuais voluntárias adequadas à remoção ou contenção das exterioridades podem ser superiores ou inferiores aos de organizar a acção colectiva dirigida ao mesmo fim[11]. Assim, em determinados casos a grandeza da exterioridade negativa (*v.g.*, poluição atmosférica substancial) pode tornar desejável a acção colectiva, mas nem sempre será esse o caso. A desejabilidade da intervenção pública quando seja motivada por razões de eficiência carece da prévia ponderação dos referidos custos e benefícios.

O problema das exterioridades é frequentemente sobrevalorizado não só por aqueles que o usam para promover os seus interesses particulares (frequentemente, os impostos e subsídios cuja utilização é explicada pela necessidade de corrigir as falhas do mercado na realidade funcionam como

---

[8] BUCHANAN e STUBBLEBINE, 1962: 381.

[9] DE ALESSI, 2001: 45-46. Usam-se os conceitos de 'interiorização' e 'exterioridade' no seguimento dos ensinamentos de SOUSA FRANCO, 1997: Vol. I, 28-30.

[10] Para maiores desenvolvimentos sobre os argumentos que orientam o processo de escolha entre o mercado e o voto enquanto meios de tomada de decisão, veja-se ELLIS e FELLNER, 1943: 508-509 e 511, e BUCHANAN, 1954a: 121-122, 1954b: 341-342, onde se considera a liberdade individual, a motivação do indivíduo na escolha e a estrutura de poder pré-existente à escolha. Para uma abordagem mais recente, tomando como referência a sociedade de risco, DOUGLAS e WILDAVSKY, 1983: 178-180.

[11] BUCHANAN e TULLOCK, 1962: 14-15. Note-se que alguns destes argumentos são igualmente válidos, depois de devidamente adaptados, no âmbito do debate sobre a escolha entre instrumentos de natureza administrativa e fiscal em sede de política ambiental. Para um resumo, veja-se HELFAND, 1999: 231-232.

meros mecanismos de redistribuição de riqueza[12]), mas também por aqueles que não entendem o funcionamento do mercado. Além de que muitas situações às quais se aponta a produção de exterioridades não têm esse efeito[13].

Por outro lado, estudos empíricos baseados na teoria da escolha pública (*Public Choice*) conduziram à conclusão de que nem sempre a via da acção colectiva é a mais eficiente, podendo esta em alguns casos não contribuir para a redução das exterioridades mas para o seu aumento. Por exemplo, a classificação dos problemas ambientais exclusivamente como casos típicos de falhas do mercado, própria da teoria económica neoclássica, foi assim ultrapassada[14]. O que requer uma análise cuidada da intervenção estatal quer quanto ao 'se' quer ao 'como' de modo a racionalizá-la, maximizando a sua eficiência e eficácia em termos de realizações dos objectivos políticos publicamente definidos.

2. A relevância das instituições no comportamento dos agentes económicos

Entre os diversos aspectos sobre os quais a reflexão é necessária quando se afere o papel que o Estado deve assumir numa economia de mercado encontra-se a relevância da estrutura institucional para o comportamento dos agentes económicos, já reconhecida por autores da estrita tradição neoclássica[15]. Mas o seu desenvolvimento teórico deve-se ao que inicialmente, no princípio dos anos sessenta, foi apenas um desenvolvimento técnico da teoria neoclássica e que depois evoluiu para uma corrente de pensamento autónoma[16], a 'Nova Economia Institucional' (*New Institutional Economics*).

A Nova Economia Institucional insere-se na discussão mais geral identificada pelo termo 'moderna economia institucional' (*modern institutional economics*), a qual abarca o tratamento de uma multiplicidade de problemas segundo métodos diversos, com uma grande chamada de aten-

---

[12] DE ALESSI, 2001: 52.
[13] BOUDREAUX, 1996: 95-105.
[14] Leia-se, *v.g.*, ANDERSEN, 1994: em especial 10-16, PAULUS, 1995: 1-2, e ECKERSLEY, 1996: em especial 12-20.
[15] *V.g.*, MARSHALL, 1920: 200.
[16] FURUBOTN e RICHTER, 2000: 1-2.

ção para a relevância das instituições bem como dos custos de transacção sobre o referido comportamento, tomando aquelas como variáveis endógenas que têm que ser explicadas no âmbito do modelo económico dominante e deixando de considerar o agente económico como um ente dotado de uma racionalidade 'perfeita' ou 'completa'. O indivíduo tenta maximizar o seu comportamento relativamente a uma ordem de preferências estável e consistente, mas está limitado por restrições cognitivas, por uma informação incompleta, e pela dificuldade em assegurar o cumprimento dos contratos.

O estudo das instituições surge como uma reacção contra a 'revolução comportamental' que em meados do século passado contribuiu para uma interpretação do comportamento económico e político colectivo como a consequência agregada das escolhas individuais. Esta perspectiva tomava as instituições como uma mera soma de características afirmadas ao nível individual, negligenciando o contexto social e a durabilidade das instituições económicas[17]. O que poderia implicar custos muito relevantes num mundo onde as instituições sociais, políticas e económicas tinham adquirido uma importância significativa, bem como ganho uma complexidade, capacidade e, consequentemente, importância social acrescidas[18].

O interesse pelas instituições já tinha surgido em trabalhos de economia política que analisaram os mecanismos através dos quais a acção social e económica ocorria, como os de Veblen e Commons, e nos estudos dos funcionalistas que buscavam as conexões duradouras entre a comunidade política (*polity*), a economia e a sociedade, como Parsons e Selznick. Mas as respostas então dadas foram pouco relevantes pela sua reduzida utilidade em termos de previsibilidade, devido ao seu carácter demasiado descritivo ou à sua limitação a um determinado contexto histórico, ou pela sua falta de capacidade explicativa, devido a uma excessiva abstracção.

A Nova Economia Institucional tentou preencher o espaço que ainda não tinha sido ocupado no tratamento de questões antigas sobre o modo como as escolhas sociais são moldadas, mediadas e conduzidas pelos arranjos institucionais[19]. Assumem especial relevância nesta nova abordagem teórica três espécies de análise, nomeadamente, a que é realizada pela economia dos custos de transacção, a que emerge do estudo dos direitos de propriedade e a que resulta da teoria do contrato, sendo a assimetria

---

[17] POWELL e DIMAGGIO, 1991: 2.
[18] MARCH e OLSEN, 1984: 734.
[19] POWELL e DIMAGGIO, 1991: 2.

de informação entre os sujeitos e o sistema de incentivos existente objecto de particular cuidado.

A 'Nova Teoria da Organização' (*New Theory of Organization*), outro nome pelo qual é conhecida a 'Nova Economia Institucional', afirma que os custos de transacção existem e atingem valores significativos, influenciando necessariamente a estrutura das instituições e as escolhas económicas específicas que os sujeitos fazem. A distribuição dos direitos de propriedade condiciona os resultados económicos obtidos pela sociedade e os custos de transacção são parcialmente responsáveis pelo modo concreto como esses direitos são distribuídos e garantidos. O desenvolvimento deste tema, que tinha sido praticamente ignorado tanto pela economia clássica e neoclássica como pelos seus críticos, como, *v.g.*, a Escola Keynesiana, só ganhou verdadeiramente importância em 1960 com o trabalho de Coase.

Enquanto a Nova Economia Institucional reflecte sobre os mecanismos sociais formais e informais que condicionam o comportamento humano[20], a Escola da Escolha Pública (*Public Choice*) estuda a forma como a sociedade escolhe as regras para fazer as normas segundo as quais o sistema funciona, escolhendo entre condicionamentos comportamentais alternativos. Ao focar a atenção na escolha institucional, esta escola posiciona-se no âmbito da economia constitucional (*constitutional economics*), tentando explicar as características funcionais de conjuntos alternativos de normas legais-constitucionais-institucionais que condicionam a escolha dos sujeitos no âmbito económico e político. A teoria da escolha pública (*Public Choice*) faz, no entanto, uma afirmação especialmente veemente no sentido de que as instituições relevam[21]. O entendimento de um qualquer fenómeno social será incompleto quando se abstraia de alguma das dimensões em causa, *i.e.*, as condicionantes do comportamento social e a forma como estas condicionantes são escolhidas, limitando-se o estudo a uma delas.

---

[20] A Nova Economia Institucional e a literatura da 'economia do Direito' (*economics-of-law*), que alguns (*v.g.*, EGGERTSSON, 1990: 455) consideram parte da primeira, têm em comum a afirmação das normas para a criação de riqueza na sociedade moderna, sendo estas especialmente necessárias no caso de actividades que envolvem elevados custos de transacção, para permitir que o uso dos recursos se faça no seu máximo valor.

[21] CRAIN, 2001: 194.

3. A gestão da complexidade e da incerteza

Por instituição entende-se um conjunto de regras formais e informais, que impõem, proíbem ou permitem determinado comportamento, incluindo aquelas normas que servem para assegurar o cumprimento das demais, e cuja finalidade é dirigir o comportamento humano em determinada direcção, contribuindo para reduzir a incerteza. São "as regras do jogo que afectam o comportamento da economia e da sociedade"[22] e existem para reduzir a incerteza causada pela complexidade dos problemas e a limitação dos meios disponíveis para os resolver. Complexidade essa que resulta da informação incompleta que cada agente tem em relação ao comportamento dos demais e da sua limitada capacidade para processar a informação que possui[23].

A medida em que as instituições conseguem reduzir a incerteza depende do suporte que forneçam para a actividade diária dos agentes, definindo quem pode decidir em cada matéria específica, quais são as acções permitidas e as proibidas e os procedimentos seguidos, qual a informação que deve e que não deve ser fornecida, bem como qual o resultado a atribuir ao sujeito por cada comportamento concreto que este adopte[24].

As instituições definem, deste modo, a estrutura de incentivos para a sociedade, e em especial para a economia[25], constituindo "acção colectiva a controlar acção individual"[26]. Os estudos institucionais da inovação tecnológica provam o papel crucial desempenhado pelas diferentes formas organizacionais e culturas dentro das empresas e pelo ambiente financeiro e de política pública no qual estas operam[27]. Pela sua importância na configuração dos comportamentos e pela sua permeabilidade às influências externas, as instituições não são 'fortalezas' e carecem de ser cuidadosamente concebidas e manipuladas[28].

---

[22] Nas palavras de NORTH, 1990: 3, as instituições são "as restrições concebidas pelos humanos para moldar a interacção humana", realizando a sua finalidade mediante o condicionamento dos incentivos económicos e políticos, das possibilidades de contratação e da distribuição dos recursos e do poder político (ACEMOGLU, 2003: 10).
[23] NORTH, 1990: 25.
[24] NORTH, 1986: 231, e 1990: 239, e FURUBOTN e RICHTER, 2000: 6.
[25] NORTH, 1994: 4.
[26] COMMONS, 1934: 69, e *idem*, 34.
[27] JACOBS, 1997: 377.
[28] *Idem*, 7.

As instituições, cujos exemplos básicos são o Estado, a Empresa e o Mercado, distinguem-se das organizações, por estas últimas serem o conjunto composto pelas instituições e as pessoas que delas fazem uso, estando os indivíduos participantes na organização ligados entre si por contratos e condicionados na sua interacção por práticas e procedimentos institucionalizados na sociedade, os quais são parte integrante da organização[29].

As instituições caracterizam-se por serem o conjunto de regras formais, convenções informais e códigos de conduta, socialmente organizado e suportado, que evolui lentamente em relação às actividades que regulam e restringem, que prescreve proibições e permissões condicionais e que fornece o quadro regulador para a cooperação e concorrência entre os sujeitos e que, por isso, ajusta as exigências conflituantes de diferentes indivíduos e grupos por recursos escassos, fornecendo papéis *pro forma* a indivíduos interactuantes. Traduzindo-se, assim, num conjunto de relações legais correlativas entre indivíduos numa mesma sociedade.

Indivíduos estes que ao interagirem segundo tais regras pré-estabelecidas formam as organizações. As organizações que definem os direitos de propriedade representam um subconjunto de instituições de especial importância no domínio económico, que regulam o comportamento e as interacções sociais relativamente a objectos de valor, que por serem escassos carecem de ser objecto de um acesso discriminado. Discriminação esta que é realizada de uma forma consistente, previsível e socialmente aceitável pelas restrições e permissões que os direitos de propriedade integram[30].

As instituições formais e informais desenvolvem-se tanto espontaneamente como em consequência de intervenções especificamente dirigidas a esse fim. Mas seja qual for a sua origem, a sua função é identificar um conjunto de comportamentos admissíveis, estabelecendo como é que os sujeitos podem beneficiar e lesar os seus próprios interesses e os dos outros[31]. As instituições formais realizam esta função definindo os direitos dos sujeitos ao uso dos recursos, bem como as condições de transferência desses direitos[32].

---

[29] MEYER e ROWAN, 1991: 41.
[30] CHALLEN, 2000: 13-15.
[31] ALCHIAN, (1965) 1977: 130, define o sistema de direitos de propriedade como um método que serve para atribuir a indivíduos concretos a 'autoridade' de seleccionar para bens específicos qualquer espécie de uso que não seja proibida.
[32] DE ALESSI, 2001: 36.

Instituições são 'regras do jogo' que constituem uma importante determinante do resultado económico da comunidade a que pertencem, explicando as diferenças de desenvolvimento entre países. Os direitos de propriedade imbuídos em instituições diferentes confrontam os decisores com recompensas e custos diversos. Por oferecerem diferentes oportunidades de ganho, essas instituições afectam as escolhas dos sujeitos de uma forma sistemática e previsível. Pelo que, para efeitos do resultado social observado, não é indiferente qual seja o arranjo institucional em vigor[33].

4. O impacto dos custos de transacção na vida das instituições

Alguns cálculos recentes fixam em 50 a 60 por cento do produto interno líquido os custos de transacção nas modernas economias de mercado. Estes são valores elevados que já por si justificam a necessidade de a ciência política e a ciência jurídica serem activamente informadas por análises económicas e sociológicas. No entanto, nos valores referidos ainda se abstrai dos encargos com a implementação de novas instituições e organizações[34].

A literatura contemporânea que conduziu ao desenvolvimento de algumas concepções sobre como as instituições emergem, as razões pelas quais as mesmas têm ou não poder de permanência e os motivos porque entram em declínio e desaparecem, reaparecendo por vezes sob outras formas e em novos contextos, tem sido obra de economistas e cientistas políticos, principalmente dos que integram o grupo dos 'neo-institucionalistas'[35] (a não confundir com os 'novos institucionalistas' denominados

---

[33] FURUBOTN e PEJOVICH, 1972: 1139, EGGERTSSON, 1990a: 348, RUTHERFORD, 1994: 77-80, e FURUBOTN e RICHTER, 2000: 72. Os direitos de propriedade definem num sistema económico a posição dos indivíduos relativamente à utilização dos recursos. A distribuição destes direitos influencia o comportamento humano segundo padrões previsíveis mediante um sistema de incentivos. Este tema é especialmente relevante no domínio ambiental. Mas a dicotomia propriedade privada/propriedade pública ou propriedade/livre acesso não permite explicar o problema ambiental, tal como não o consegue resolver. CHALLEN, 2000: 15-27.

[34] FURUBOTN e RICHTER, 2000: 49-53.

[35] Embora o neo-institucionalismo económico alargue o âmbito da economia neoclássica, o mesmo não constitui um novo paradigma porque o núcleo do programa de investigação neoclássico, em especial o modelo da escolha racional, não é colocado em causa. EGGERTSSON, 1990: 450.

neo-velbenianos[36], como MAGNUSSON, 1993, e RUTHERFORD, 1994). Entre os 'neo-institucionalistas' estão autores como OLSON (1965, 1982), NORTH e THOMAS (1973), NORTH (1981, 1990), EKELUND e TOLLISON (1981, 1984, 1997)[37].

Segundo POWELL e DIMAGGIO, as instituições surgem e persistem enquanto conferem benefícios que ultrapassam os custos de transacção em que se incorre para as criar e manter[38]. Existem todavia divergências quanto à transposição deste resultado esperado para a realidade. Enquanto WILLIAMSON (1985)[39] afirma que a concorrência entre as instituições permite eliminar aquelas que se tornaram ineficientes, AKERLOF (1976)[40] e ZUCKER (1986) defendem que uma vez estabelecida uma instituição pode persistir mesmo depois de se ter tornado subóptima numa perspectiva colectiva. Isso poderá acontecer por os ganhos esperados da alteração se apresentarem inferiores aos encargos de proceder à mudança ou ser uma característica de extensos períodos de ajustamento[41].

A inércia representa assim uma força importante a favor da estabilidade institucional (MATTHEWS, 1986[42]). A importância dos custos de transacção no comportamento económico foi tratada nomeadamente na história económica (*v.g.*, NORTH, 1981, 1990) e no estudo da organização industrial (*v.g.*, ARMEN ALCHIAN, 1965, e OLIVER WILLIAMSON, 1975[43], 1985[44]). Estes custos, onde se incluem os custos de negociação, de obtenção de informação, de tomada de decisão, de implementação das decisões tomadas (*policing* e *enforcement*), surgem associados ao processo de troca e a sua magnitude afecta o modo como a actividade económica é organizada e desenvolvida[45]. É legítimo afirmar que estes são os encargos de funcionamento de um sistema económico[46], mas também os custos de

---

[36] Não se devem também confundir com os neo-veblianos FURUBOTN e RICHTER, 2000, que, apesar de classificarem o seu trabalho como 'nova economia institucional' (*v.g.*, Prefácio), não seguem a tradição vebliana.
[37] EKELUND, JR e DAVIDSON, 2001: 513.
[38] POWELL e DIMAGGIO, 1991: 3-4.
[39] WILLIAMSON, 1985: 236.
[40] AKERLOF, 1976: 599-617.
[41] NORTH, 1981: 9.
[42] MATTHEWS, 1986: 913-915.
[43] WILLIAMSON, 1975: 2 e 10-19.
[44] WILLIAMSON, 1985: 2.
[45] FURUBOTN e RICHTER, 2000: 31.
[46] *Idem*, 40.

estabelecer, manter ou alterar a estrutura institucional de base⁴⁷. Os custos de transacção políticos consistem nos encargos de adquirir informação sobre as fontes de receita, o comportamento dos representados e dos agentes, bem como os custos de assegurar o cumprimento das decisões políticas tomadas (*policy*)⁴⁸.

A teoria de OLSON é um exemplo da relevância dos custos de transacção. Segundo este autor, a criação e gestão de organizações políticas e grupos de interesse envolve custos e benefícios. Enquanto os primeiros se apresentam como uma função crescente relativamente ao número de indivíduos que constitui o grupo sem que o seu valor *per capita* aumente ou aumente significativamente; os benefícios têm uma evolução oposta, diminuindo à medida que se reduz a dimensão do grupo. Assim sendo, quanto maior a dimensão do grupo mais aquém do óptimo ficará o seu fornecimento de um bem colectivo⁴⁹.

Olson corrigiu assim a teoria tradicional (*v.g.*, BENTLEY, 1949, e GALBRAITH, 1952) segundo a qual se um grupo tivesse alguma razão ou incentivo a se organizar para prosseguir os seus interesses, os indivíduos racionais que o compunham também teriam uma razão ou incentivo a suportar uma organização que funcionaria no seu próprio e mútuo interesse. Com base na teoria dos custos de transacção, o referido autor classificou esta lógica como falaciosa pelo menos para os grupos de dimensão elevada que prosseguem interesses económicos⁵⁰.

Os anos oitenta e noventa foram marcados, na maior parte dos países, por reformas maciças das instituições económicas, no intuito de reduzir os constrangimentos à actividade económica que não satisfaçam critérios de interesse público geral e de melhorar o aproveitamento dos mercados concorrenciais na afectação dos recursos produtivos e dos bens e serviços de consumo.

No caso do uso dos recursos naturais, em especial da água⁵¹ e dos

---

⁴⁷ *Idem*, 43.
⁴⁸ LEVI, 1988: 27.
⁴⁹ OLSON, 1965: 46-48.
⁵⁰ *Idem*, 127.
⁵¹ A agricultura é o sector mais subsidiado nos países da OCDE, recebendo metade dos recursos assim dispendidos, recebendo os sectores da indústria e energia, especialmente o sector dos transportes, também um montante significativo de ajudas. Nos países não-membros da OCDE, é o consumo de água (especialmente para rega) o principal receptor de auxílios, com o sector rodoviário a beneficiar de uma percentagem crescente de recursos. BEERS e MOOR, 2001: 31-32.

recursos piscatórios[52], a emergência da escassez de recursos e o consequente aumento da competição pelos direitos de acesso e de exploração relativamente aos mesmos também constituiu uma motivação para a mudança institucional, enfatizando-se a importância dos direitos de propriedade sobre os recursos e dos mecanismos de mercado na distribuição destes direitos entre os potenciais utilizadores.

Tendencialmente, as instituições não são escolhidas em função do bem da sociedade mas impostas por grupos com poder político que as escolhem pelas suas consequências económicas e distributivas, *i.e.*, pelas rendas económicas que criam para os grupos politicamente mais poderosos. A estrutura institucional existente é o resultado das escolhas e poder negocial dos indivíduos e dos grupos no passado. Cada arranjo institucional cria um específico conjunto de beneficiados e um de perdedores. A forma como as instituições são moldadas depende do interesse que aqueles que detêm poder negocial têm na concepção de novas regras.

As instituições eficientes requerem que ou os perdedores sejam compensados pelos beneficiados ou que estes imponham a sua escolha. Na prática, a primeira condição não se verifica após a mudança institucional e os perdedores frequentemente têm poder suficiente para bloquear a mudança, mesmo quando ela é geradora de ganhos sociais líquidos[53]. A força do poder negocial é determinada pelo nível de rendimento, montante de capital ou número de votos.

A evolução histórica da mudança institucional expressa, assim, um desenvolvimento dos direitos de propriedade em benefício do titular do factor produtivo mais valioso[54]. A sua reforma tem que lidar com as causas políticas do seu surgimento e manutenção, porque se apenas se atende aos sintomas observados nas próprias instituições pode não se conseguir gerar a mudança ou podem-se obter efeitos mais perversos do que a manutenção do *status quo*[55].

---

[52] O Japão é o maior subsidiador mundial da exploração piscatória. Mas a Europa apresenta também níveis bastante elevados de ajuda – BEERS e MOOR, 2001: 43-44. Na UE, o sector das pescas recebe fortes subsídios (predominantemente, implícitos) dos Estados-membros que complementam em média 70 por cento dos que são atribuídos no âmbito da política comum de pescas.
[53] ACEMOGLU, 2003: 48.
[54] BARDHAN, 2000: 261.
[55] ACEMOGLU, 2003: 1.

As instituições geram os seus próprios mecanismos de auto-protecção, os quais contribuem para o aumento da rigidez do *status quo*[56]. Por um lado, existem custos de transição, isto é, os custos fixos de uma estrutura institucional são elevados. Uma vez criado um determinado arranjo institucional, será dispendioso alterá-lo. A estabilidade institucional é obtida nas democracias através da 'compra' de votos pelos agentes políticos e nos regimes não democráticos através da subsidiação da economia e da sociedade[57].

Por outro lado, no substrato institucional existem oportunidades de coordenação através da realização de contratos. As normas formais definidas pelo arranjo institucional são alteradas pelos constrangimentos informais (normas sociais) que ligam fortemente as normas formais a situações específicas[58]. Refira-se a este propósito que nas sociedades com níveis mais elevados de regulação do mercado, como, *v.g.*, a França e a Alemanha, é de esperar que os subsídios sejam considerados pelas normas sociais uma prática corrente. Já nas economias de mercado mais livre, como, *v.g.*, os EUA, será de esperar que as normas sociais classifiquem a atribuição de subsídios como um fenómeno aceitável mas temporário. Assim, é previsível uma menor resistências à reforma de uma política de subsídios no segundo grupo de países do que no primeiro.

As dependências de percurso (*path dependency*) explicam a estrutura institucional tal como ela existe no presente[59]. Uma escolha feita no passado torna rígidas as opções a realizar no futuro, independentemente de essa ter sido a melhor escolha no passado e/ou de ser a melhor opção no presente. A mudança da solução que se adoptou no passado, ainda que já não seja suportada pelas razões que a justificaram originalmente, envolve custos. O *status quo* é, pois, dotado de mecanismos de auto-protecção.

Entre as barreiras institucionais à mudança pode, ainda, mencionar-se o sentimento de ameaça que a burocracia possa ter relativamente à sua utilidade/poder no cenário pós-mudança. Por exemplo, as entidades que administram subsídios vão em princípio opor-se à sua reforma. A falta de competências para proceder à reforma da política existente é outro aspecto a atender. Se um governo não souber, *v.g.*, quanto custa à sociedade a política de despesa pública que aplica, como implementar uma reforma das

---

[56] FEREJOHN, 1986: 252.
[57] BEERS e MOOR, 2001: 71.
[58] NORTH, 1990: 36.
[59] *V.g.*, EKELUND, JR, e TOLLISON, 1997: 19-22.

finanças públicas, nomeadamente, como gerir a resistência dos grupos de interesse que se opõem a essa reforma, e quanto pode ser o benefício social de uma nova afectação dos recursos, dificilmente estará disponível para proceder a tal reforma. Este perigo é tanto maior, quanto menor for a capacidade da Administração para gerir a mudança[60]. São, por isso, de esperar maiores barreiras institucionais à reforma da política de despesa pública num Estado com uma máquina administrativa ineficiente, com um baixo nível de sofisticação técnica e de formação de recursos humanos e dotada de procedimentos com um elevado grau de rigidez.

5. O surgimento de uma procura de políticas públicas

A maior probabilidade de formação de uns grupos de interesse relativamente a outros conduz à criação de uma tendência na procura de políticas públicas. Segundo a abordagem desde uma perspectiva dos grupos de interesses, essa procura orientada por uma política que serve o interesse do próprio grupo traduz-se afinal num resultado político. A teoria da busca de rendimento (*rent seeking behaviour*) vai no mesmo sentido e explica como os recursos são utilizados para influenciar a potencial distribuição dos recursos[61].

Todavia, nem a teoria da busca de rendimento nem a da escolha pública consegue criar um modelo com valor de previsão no caso de vários grupos de interesse competirem entre si ou um modelo explicativo para as frequentes mudanças descontínuas observadas nas políticas públicas. A análise das instituições visa complementar a abordagem da escolha política na perspectiva dos grupos de interesse e da busca de rendimento.

Afirma-se a relevância das instituições políticas para explicar três aspectos fundamentais: primeiro, quando uma coligação de interesses tem maior probabilidade de ser bem sucedida na obtenção do resultado político desejado; segundo, como os grupos conseguem manter os seus benefícios ao longo do tempo, moldando as instituições de forma a condicionarem as escolhas futuras; e, terceiro, a razão pela qual as mudanças políticas ocorrem em determinadas alturas e não noutras[62].

---

[60] OPSCHOOR e VOS, 1989: 18-20, e HUPPES, VOET, NAALD, VONKEMAN e MAXSON, 1992: 17-18.
[61] BENSON, 2000: 129-150.
[62] MOSER, 2000: 3.

Considerações finais

Neste breve texto procedeu-se a um tratamento assumidamente teórico e selectivo de alguns aspectos que julgamos deverem estar presentes sempre que se debate o *modus operandi* de um Estado ambientalmente sustentável, que assume as suas obrigações de promotor do bem comum num contexto de economia de mercado. As observações que realizámos não ambicionam a constituir uma análise exaustiva nem mesmo relativamente aos aspectos abordados. Pretendemos apenas salientar alguns dos perigos e oportunidades que enquadram a interacção entre o Estado e o Mercado e que o regulador público não deve ignorar.

Como parte integrante de um debate mais vasto sobre a intervenção que o Estado deve assumir num sistema económico de mercado, este texto apontou algumas áreas onde se jogam os limites a partir dos quais se torna contraproducente a intervenção reguladora e correctiva do Estado. Como reflexão sobre o *modus operandi* do Estado, mais do que sobre o seu papel e consequentemente a sua dimensão, aspectos que representam momentos mais a montante do referido debate, este texto absteve-se de incidir sobre o equilíbrio óptimo entre mercado e Estado. Aspecto que consideramos ser incontornável na questão do desenvolvimento sustentável mas que continua essencialmente indeterminado.

BIBLIOGRAFIA

ACEMOGLU, DARON, 2003, *Understanding Institutions*, Lionel Robbins Lectures, London School of Economics, 23-25.02.2003.

AKERLOF, GEORGE, 1976, *The Economics of Caste and of the Rat Race and Other Woeful Tales*, The Quartely Journal of Economics, Vol. 90, pp. 599 e ss.

ALCHIAN, ARMEN A., 1965, *Some economics of property rights*, IP, Vol. 30, pp. 816 e ss., republicado em 1977, *Economic forces at work*, Indianapolis, pp. 127 e ss.

ALESSI, LOUIS DE, 2001, "Property rights: private and political institutions", in W. F. Shughart II e L. Razzolini (eds.), The Elgar Companion to Public Choice, Cheltenham, UK, pp. 33 e ss.

ANDERSEN, MIKAEL SKOU, 1994, *Governance by Green Taxes. Making Pollution Prevention Pay*, Manchester.

ARAGÃO, ALEXANDRA SOUSA, 1997, *O Princípio do Poluidor Pagador. Pedra Angular da Política Comunitária do Ambiente*, Coimbra.

BALDOCK, DAVID, 1996, "Environmental Impacts of Agri-environmental Measures", in OCDE, *Subsidies and Environment: Exploring the Linkages*, Paris, pp. 123 e ss.

BARDHAN, P., 2000, "The nature of institutional impediments to economic development", in M. Olson e S. Kähkönen (eds.), *A Not-So-Dismal-Science. A Broader View of Economies and Societies*, Oxford, pp. 245 e ss.

BAUMOL, WILLIAM J.; WALLACE E. OATES, 1982, *La Teoría de la Política Económica del Medio Ambiente*, Barcelona.

BEERS, CEES VAN; ANDRÉ DE MOOR, 2001, *Public Subsidies and Policy Failures*, Cheltenham, UK.

BENSON, B. L., 2000, "Rent Seeking on the Legal Frontier", in R. Stroup e R. Meiners (eds.), *Cutting Green Tape, Toxic Pollutants, Environmental Regulation and Law*, New Brunswick, USA, pp. 129 e ss.

BOUDREAUX, D. J., 1996, *The Coase theorem and strategic bargaining*, Advances in Austrian Economics, Vol. 3, pp. 95 e ss.

BUCHANAN, JAMES M., 1954a, *Social Choice, Democracy, and Free Markets*, The Journal of Political Economy, Vol. 62, Vol. 2, Abril, pp. 114 e ss.

— 1954b, *Individual Choice in Voting and the Market*, The Journal of Political Economy, Vol. 62, N. 4, Agosto, pp. 334 e ss.

BUCHANAN, JAMES M.; W. C. STUBBLEBINE, 1962, *Externality*, Economica, Vol. 29, pp. 371 e ss.

BUCHANAN, JAMES M.; GORDON TULLOCK, 1962, *The Calculus of Consent: logical foundations of constitutioned democracy*, Ann Arbor, disponível no URL mhttp://www.econlib.org/library/Buchanan/buchCv3Contents.html, em 28.01.2003.

CAPANO, RAFFAELE PERRONE, 1994, "L'Imposizione e l'Ambiente", in Andrea Amatucci (direc.), *Trattato di Diritto Tributario*, Padova, Vol. I, Tomo I, pp. 449 e ss.

CHALLEN, RAY, 2000, *Institutions, Transaction Costs and Environmental Policy. Institutional Reform for Water Resources*, New Horizons in Environmental Economics. Cheltenham, UK.

COMMONS, JOHN R., 1934, *Institutional Economics: Its Place in Political Economy*, New York.

CRAIN, W. M., 2001, "Institutions, durability, and the value of political transactions", in W. F. Shughart II e L. Razzolini (eds.), The Elgar Companion to Public Choice, Cheltenham, UK, pp. 183 e ss.

DAHLMAN, CARL J., 1979, *The Problem of Externality*, The Journal of Law and Economics, Vol. XXII, Vol. 1, Abril, pp. 141 e ss.

DOUGLAS, M.; A. WILDAVSKY, 1983, *Risk and Culture*, Berkeley.

ECKERSLEY, ROBYN, 1996, "Markets, the State and the Environment: An Overview", in Robyn Eckersley (ed.), *Markets, the State and the Environment: Towards Integration*, London.

EGGERTSSON, T. A., 1990, *The Role of Transaction Costs and Property Rights in Economic Analysis*, European Economic Review, Vol. 34, pp. 450 e ss.

— 1995, *Economic Behavior and Institutions*, Cambridge, UK.

EKELUND, JR, R. B.; A. B. DAVIDSON, 2001, "The public choice approach to economic history", in W. F. Shughart II e L. Razzolini (eds.), The Elgar Companion to Public Choice, Cheltenham, UK, pp. 512 e ss.

ELLIS, HOWARD S.; WILLIAM FELLNER, 1943, *External Economies and Diseconomies*, The American Economic Review, Vol. 38, N. 3, Setembro, pp. 493 e ss.

FEREJOHN, J., 1986, "Logrolling in an Institutional Context: A Case Study of Food Stamp Legislation", in G. Wright, L. Rieselbach e L. Dodd (eds.), *Congress and Policy Change*, New York, pp. 223 e ss.

FRANCO, ANTÓNIO L. SOUSA, 1997, *Finanças Públicas e Direito Financeiro*, 4.ª Ed., 5.ª Reimp., Vols. I e II, Coimbra.

FURUBOTN, E. G.; S. PEJOVICH, 1972, *Property Rights and Economic Theory: a Survey of Recent Literature*, Journal of Economic Literature, V. 10, N. 4, pp. 1137 e ss.

FURUBOTN, E. G.; R. RICHTER, 2000, *Institutions and Economic Theory: The Contribution of the New Institutional Economics*, Belford, UK.

HELFAND, G., 1999, "Standards versus taxes in pollution control", in Jeroen C. J. M. van den Bergh, *Handbook of Environmental and Resource Economics*, Cheltenham, UK, pp. 223 e ss.

HUPPES, G.; E. VAN DER VOET; W. G. H. VAN DER NAALD; G. H. VONKEMAN; P. MAXSON, 1992, *New Market-Oriented Instruments for Environmental Policies*, London, pp. 17 e ss.

JACOBS, MICHAEL, 1997, *Sustainability and Markets*, New Political Economy, Vol. 2, N. 3, Novembro, pp. 365 e ss.

KRUTILLA, K., 1999, "Environmental policy and transactions costs", in Jeroen C. J. M. van den Bergh, *Handbook of Environmental and Resource Economics*, Cheltenham, UK, pp. 249 e ss.

LEVI, MARGARET, 1988, *Of Rule and Revenue*, Berkeley.

LOBO, CARLOS BAPTISTA, 1994, *Imposto Ambiental. Análise Jurídico-financeira*, Revista Jurídica do Urbanismo e do Ambiente, N. 2, Dezembro, pp. 11 e ss.

MARSHALL, ALFRED, 1920, *Principles of Economics*, London, 8.ª Ed. (obra publicada pela primeira vez em 1890).

– 1969, *Principles of Economics*, 8.ª Ed., London, reimpressão da obra de 1890.

MARCH, J. G.; J. P. OLSEN, 1984, *The New Institutionalism: Organizational Factors in Political Life*, American Political Science Review, Vol. 78, pp. 734 e ss.

MATTHEWS, R. C. O., 1986, *The Economics of Institutions and the Sources of Growth*, The Economic Journal, Vol. 96, N. 384, pp. 903 e ss.

MEADE, J. E., 1952, *External Economies and Diseconomies in a Competitive Situation*, The Economic Journal, Vol. 62, pp. 54 e ss.

MELI, MARISA, 1989, *Le Origini del Principio "Chi Inquina Paga" e Il Suo Accoglimento da Parte Della Comunità Europea*, Rivista Giuridica dell'Ambiente, Vol. 2, Anno IV, pp. 217 e ss.

MEYER, J.; B. ROWAN, 1991, "Institutionalized Organizations: Formal Structure as Myth and Ceremony", in W. W. Powell e P. J. DiMaggio (eds.), *The New Institutionalism in Organizational Analysis*, Chicago, pp. 41 e ss.

MOSER, PETER, 2000, *The Political Economy of Democratic Institutions*, Cheltenham, UK.

NORTH, D. C., 1981, *Structure and Change in Economic History*, New York.

– 1990, *Institutions, Institutional Change and Economic Performance*, New York.

OLSON, MANCUR, JR, 1965, *The Logic of Collective Action: Public Goods and the Theory of Groups*, Cambridge, MA.

OPSCHOOR, J. B.; B. V. VOS, 1989, *The Application of Economic Instruments for Environmental Protection in OECD Member Countries*, Paris.

OTERO DIAZ, CARLOS G., 1978, "Vision Tradicional del Concepto de Economias y Deseconomias Externas", in *Estudos em Homenagem ao Prof. Doutor J. J. Teixeira Ribeiro*, Número especial do Boletim da Faculdade de Direito da Universidade de Coimbra, Vol. I, pp. 255 e ss.

PAULUS, AGGIE, 1995, *The Feasibility of Ecological Taxation*, Antwerpen.

PIGOU, A. C., 1929, *The Economic of Welfare*, 3.ª Ed., London.

POWELL, W. W.; P. J. DIMAGGIO (eds.), 1991, *The New Institutionalism in Organizational Analysis*, Chicago.

RUTHERFORD, M., 1994, *Institutions in Economics: The Old and the New Institutionalism*, Cambridge.

SCITOVSKY, TIBOR, 1954, *Two Concepts of External Economies*, The Journal of Political Economy, Vol. 62, Fevereiro-Dezembro, pp. 143 e ss.

SOARES, CLAUDIA DIAS, 2001, *O imposto ecológico – contributo para o estudo dos instrumentos económicos de defesa do ambiente*, Coimbra.

VERHOEF, ERIK T., 1999, "Externalities", in Jeroen C. J. M. van den Bergh, *Handbook of Environmental and Resource Economics*, Cheltenham, UK, pp. 197 e ss.

WEBER, E., 1998, *Pluralism by the rules*, Washington.

WILLIAMSON, OLIVER, 1975, *Markets and Hierarchies: analysis and antitrust implications. A study in the economics of internal organization*, New York.

– 1985, *The Economic Institutions of Capitalism: firms, markets, relational contracting*, New York.

A PROTECÇÃO CONSTITUCIONAL DA RECOLHA E TRATAMENTO DE DADOS PESSOAIS AUTOMATIZADOS

Cristina Queiroz*

> "A system of limitless individual choices, with respect to communications, is not necessarily in the interest of citizenship and self-government".
>
> Cass R. Sunstein, *Republic.com*, Princeton: Princeton University Press, 2001, p. 123.

Sumário: *A) O direito à auto-determinação informacional e o tratamento automatizado de dados de natureza pessoal. B) Tipos de dados. C) Princípios fundamentais do tratamento automatizado. D) A titularidade dos ficheiros. E) Direitos e garantias individuais do titular dos dados. F) Cessão de dados e interconexão de ficheiros de titularidade pública e privada. G) Consentimento do titular. H) Lei geral e regulamentação sectorial. I) Regime sancionatório.*

A) O direito à auto-determinação informacional e o tratamento automatizado de dados de natureza pessoal

No artigo 35.º da Constituição, no que concerne à "utilização da informática", reconhece-se um "direito geral à auto-determinação informacional", isto é, garante-se e salvaguarda-se um conjunto de direitos fun-

---

* Professora Associada da Faculdade de Direito da Universidade do Porto.

damentais em matéria de defesa dos cidadãos face ao tratamento informático de dados de natureza *essencialmente pessoal*.

Esse direito geral à auto-determinação informacional, que marca os limites entre a esfera privada e o domínio do exercício dos poderes de autoridade, analisa-se num feixe ou conjunto de direitos e liberdades fundamentais que compreende:

(a) o "direito de acesso" das pessoas aos registos informáticos para conhecimento dos dados pessoais deles constantes e a finalidade a que se destinam (n.º 1);

(b) o "direito de rectificação", "actualização" e "cancelamento" dos dados de natureza pessoal constantes desses registos informáticos (n.º 1);

(c) o "direito ao sigilo" em relação aos responsáveis de ficheiros automatizados e a terceiros de dados pessoais informatizados e do direito à sua não interconexão, designadamente através de entidade administrativa independente (n.º 2);

(d) o direito ao não tratamento informático de certo tipo de dados de natureza pessoal, salvo mediante consentimento expresso do titular, autorização prevista por lei com garantias de não discriminação ou para processamento de dados estatísticos não individualmente identificáveis (n.º 3);

(e) o direito de acesso às redes informáticas de uso público (n.º 6);

(f) a que acresce a proibição do número nacional único (n.º 5).

O direito geral à auto-determinação informacional deve ser compreendido como uma especificação do disposto no artigo 1.º da Constituição ao postular a *dignidade da pessoa humana* como "valor fundamental" e ainda do disposto no artigo 2.º relativo à protecção e garantia do "respeito" e "efectivação" dos "direitos e liberdades fundamentais". Este, por sua vez, desdobra-se num conjunto de direitos correlacionados. Particularmente, o "direito ao desenvolvimento da personalidade" e o "direito à reserva da intimidade da vida privada e familiar" do n.º 1 do artigo 26.º da Constituição.

Ainda assim, o direito geral à auto-determinação informacional não é absoluto, mas relativo. Os cidadãos não gozam de uma protecção sem limites, de um domínio ilimitado, sobre dados informáticos de natureza pessoal que lhe digam respeito. A esfera da privacidade, compreendida no direito geral à auto-determinação informacional, não impede a ordenação de canais de comunicação com a comunidade em geral.

Nesta ordem de considerações, e tendo por pano de fundo a "Convenção para a Protecção das Pessoas relativamente ao Tratamento Automatizado de Dados de Carácter Pessoal" do Conselho da Europa, aprovada em Estrasburgo, em Janeiro de 1981, e ratificada pelo Estado português, em 9 de Julho de 1993[1], bem como todo um conjunto de resoluções e recomendações do Conselho da Europa, e a Directiva n.° 95/46/CE do Parlamento Europeu e do Conselho, de 24 de Outubro de 1995, a Assembleia da República aprovou, em 26 de Outubro de 1998, uma nova lei sobre a protecção de dados pessoais, a Lei n.° 67/98, que não apenas transpôs a Directiva n.° 95/46/CE para a ordem interna portuguesa como ainda substituiu a legislação anteriormente em vigor sobre a matéria[2], acusada por muitos de falta de "densidade suficiente"[3].

Deste modo, objecto e fim da legislação sobre protecção de dados de carácter pessoal informatizados, quer no plano internacional, comunitário ou nacional, é o da salvaguarda dos direitos de *autonomia, personalidade* e *reserva de intimidade da vida privada e familiar* do cidadão, sem esquecer a garantia da "segurança do Estado" e a manutenção de uma "prática informática correcta" no que concerne ao tratamento automatizado de dados de natureza pessoal.

Essa legislação não se aplica ao tratamento de dados de natureza pessoal geridos por pessoas singulares que, pela sua natureza, se destinem a uso privado, familiar ou doméstico, desde que conservem essa finalidade, ao tratamento referente exclusivamente a dados de carácter pessoal objecto de publicidade em virtude de disposição legal ou ao tratamento relativo a dados de carácter pessoal cujo titular assegure ou faça assegurar a respectiva publicidade, observado o fim de publicidade para que foram criados. A Lei n.° 67/98, todavia, aplica-se aos dados pessoais constantes de ficheiros manuais, nos termos do disposto no seu artigo 4.°, e artigo 35.°/7 da Constituição.

---

[1] Cfr. Decreto do Presidente da República n.° 21/93, de 9 de Julho.

[2] Cfr. Lei n.° 10/91, de 29 de Abril, alterada posteriormente pela Lei n.° 28/94, de 29 de Agosto.

[3] Cfr. J. J. GOMES CANOTILHO/VITAL MOREIRA, *Constituição da República Portuguesa. Anotada*, 3.ª ed., Coimbra, 1993, p. 218, em comentário à anterior lei sobre a protecção de dados, Lei n.° 10/91, e 4.ª ed., I, Coimbra 2007, p. 553, em comentário à actual lei sobre a protecção de dados, Lei n.° 67/98, de 26 de Outubro – "continua a ser pouco densa a disciplina legislativa".

B) **Tipos de dados**

Por "dados pessoais" deve entender-se qualquer informação, de qualquer natureza e independentemente do respectivo suporte, incluindo som e imagem, relativa a uma pessoa identificada ou identificável, doravante qualificada de "titular dos dados"[4].

Aqui haverá fundamentalmente que distinguir dois tipos de dados: os *dados pessoais* e os *dados estatísticos*. É que se em relação aos dados estatísticos não se oferecem vinculações constitucionais especiais o mesmo não poderá dizer-se no que concerne aos dados de carácter *essencialmente pessoal*.

No que diz respeito aos dados de carácter pessoal, é a própria Convenção para a Protecção das Pessoas relativamente ao Tratamento Automatizado de Dados de Carácter Pessoal do Conselho da Europa que, nos termos do disposto no seu artigo 6.°, aponta para uma distinção relevante, precisamente a de *dados sensíveis* (os referentes à origem racial, opiniões políticas, convicções religiosas ou outras, estado de saúde, vida sexual e condenações em processo penal) e *dados pessoais não sensíveis* (ou "geralmente acessíveis"). No caso dos chamados "dados estatísticos" o seu tratamento e utilização automatizados não se encontram vinculados a um fim determinado, específico e concreto, o que já não ocorre em relação aos "dados de natureza pessoal".

Deste modo, no que diz respeito aos "dados pessoais", e face às disposições constitucionais e legais em vigor, haverá que distinguir entre:

(a) "dados pessoais sensíveis" – os discriminados no n.° 3 do artigo 35.° da Constituição (convicções filosóficas ou políticas, filiação partidária ou sindical, fé religiosa, vida privada ou origem étnica) para os quais vigora a proibição constitucional do seu tratamento automatizado, salvo mediante consentimento expresso do titular ou autorização prevista por lei "com garantias de não discriminação";

(b) "dados pessoais sensíveis não previstos no n.° 3 do artigo 35.° da Constituição" – essencialmente os dados relativos a condenações em processo criminal, suspeitas de actividades ilícitas, estado de saúde, vida sexual, incluindo os dados genéticos, e situação financeira e patrimonial. Neste caso aplica-se o disposto no artigo 7.°/4 da Lei n.° 67/98.

---

[4] Cfr. artigo 3.°/*a* da Lei n.° 67/98.

(c) "dados pessoais não sensíveis" (ou "geralmente acessíveis"), livremente recolhidos, e para os quais não se exige consentimento expresso do titular.

Em relação aos "dados pessoais sensíveis", previstos no n.° 4 do artigo 7.° da Lei n.° 67/98, é de exigir sempre o consentimento do titular dos dados, bem como a determinação do fim específico da sua recolha, tratamento e utilização. O mesmo deverá ser requerido em relação a toda a forma de comunicação, interconexão ou difusão de dados de carácter pessoal, incompatível com o fim legítimo pré-determinado. Nisto consiste o *princípio da finalidade* ou *unicidade* da recolha e tratamento automatizados de dados de natureza pessoal.

Por outro lado, os dados de carácter pessoal só podem ser recolhidos para tratamento automatizado desde que se mostrem *adequados, pertinentes* e *não excessivos* face à finalidade determinante da sua recolha, tratamento e utilização ulterior[5].

Os organismos, públicos e não públicos, que, por função ou contrato, recolham, tratem ou utilizem dados de carácter pessoal, devem adoptar as medidas técnicas e organizativas necessárias à garantia e cumprimento da legislação em vigor, devendo esta assegurar um nível de protecção adequado, tendo em consideração, de um lado, o estado da técnica sobre a matéria e os custos que comporta a aplicação dessas medidas e, do outro, a natureza dos dados a proteger e dos seus riscos potenciais. Em todo o caso, é proibida a recolha e tratamento de dados por meios fraudulentos, desleais ou ilícitos[6].

Uma outra questão que importa referenciar tem a ver com o conceito de "dados públicos". Antes de mais, a expressão mostra-se incorrecta, na estrita medida em que não existem "dados públicos" *tout court*. O que existe é o conceito de dados de carácter "pessoal" e "estatístico". E dentro dos dados de carácter pessoal podemos distinguir ainda, de forma breve, entre "dados pessoais sensíveis" e "dados pessoais não sensíveis" (ou "geralmente acessíveis").

Em segundo lugar, os dados pessoais tornados "públicos" por via oficial ou que constem do assento de nascimento, bem como a profissão e a morada, não são "dados públicos", *mas do sujeito titular dos mesmos*.

---

[5] Cfr. artigo 5.°/1/*c* da Lei n.° 67/98.
[6] Cfr. artigo 5.°/1/*a* da Lei n.° 67/98: os dados pessoais devem ser "[t]ratados de forma lícita e com respeito pelo princípio de boa fé".

O cidadão não é despojado dos seus elementos pessoais de identificação, nem mesmo quando estes constem de documento oficial público. A terminologia é, pois, incorrecta e passível de deturpações e interpretações redutoras, limitativas do direito de natureza pessoal e subjectivo em causa.

C) Princípios fundamentais do tratamento automatizado

A fórmula "tratamento" abrange não apenas qualquer operação ou conjunto de operações sobre dados pessoais, efectuados com ou sem meios automatizados, que se traduza na individualização, fixação e recolha de dados, mas ainda a sua utilização, interconexão, transmissão, utilização e publicação[7]. Os princípios fundamentais que presidem a essa recolha e tratamento de dados de carácter pessoal, que operam como verdadeiras "limitações" ou "vínculos negativos" à concretização do legislador, são os seguintes:

(a) *princípio da finalidade* ou *unicidade* da recolha e tratamento automatizados de dados de carácter pessoal;
(b) *princípio da legalidade* (ou "licitude") da recolha e tratamento automatizados de dados de carácter pessoal, e que se traduz na proibição da recolha e tratamento automatizados de dados de carácter pessoal por meios fraudulentos, desleais ou ilícitos;
(c) *princípio do consentimento* do titular dos dados;
(d) *princípio da veracidade* na recolha, tratamento, conservação e comunicação de dados de carácter pessoal – dados "exactos", "precisos" e "actualizados" de forma a que estes correspondam, com veracidade, à situação real do titular;
(e) *princípio da utilização limitada*, que se traduz na "necessidade" e "proporcionalidade" na recolha, tratamento, utilização e conservação automatizados de dados de natureza pessoal;
(f) *princípio da caducidade*, que aponta para a "prescrição" da conservação de dados de carácter pessoal automatizados de modo a não permitir a identificação do titular por um período superior ao estritamente necessário ao cumprimento do fim legítimo determinante da sua recolha, equivalendo o "cancelamento" de dados à sua "destruição" e "eliminação";

---

[7] Cfr. artigo 3.º/*b* da Lei n.º 67/98.

(g) *princípio da segurança*, que se traduz numa "obrigação de tutela" ou "protecção diligente" com o objectivo de reduzir ao mínimo, mediante a adopção de medidas adequadas de protecção, os riscos de destruição ou perda, inclusive acidental, ou de acesso não autorizado ou consentido, de um tratamento automatizado de dados de carácter pessoal; e,

(h) *princípio do sigilo* e *confidencialidade*, que impõe uma obrigação ou "dever geral de sigilo" e "confidencialidade" a todos os intervenientes, públicos e privados, na recolha, tratamento, utilização e conservação de dados de carácter pessoal.

Por esta via, não é somente quanto a estes "princípios fundamentais", estruturadores da recolha e tratamento automatizados de dados de carácter pessoal, que se levantam dúvidas, e particularmente face à Lei n.° 67/98. Existem ainda um sem número de questões por esclarecer, para as quais, diga-se em abono da verdade, a dogmática especializada não encontrou ainda uma resposta cabal.

Enumeremos, de forma esquemática, as principais questões:

(a) A existência de ficheiros de titularidade pública e de titularidade privada. Qual o regime jurídico a aplicar? Parificação ou separação? E se se tratar de dados pessoais referentes a uma relação de trabalho (objecto de legislação específica nos casos da Alemanha e da Itália), fará sentido uma separação de regime jurídico?

(b) Qual o regime adoptado quanto à cessão de dados e interconexão entre ficheiros de titularidade pública e titularidade privada? Os "dados sensíveis" podem ser cedidos por entidades públicas a organismos privados? E se se tratar de uma entidade hospitalar e essa cessão for requerida para o tratamento, urgente ou não, do titular dos dados?

(c) Qual a posição a adoptar quanto à reutilização de dados e informações contidos em ficheiros de titularidade pública? Autoriza-se a simples "comunicação" das informações ou autoriza-se ainda a sua "comercialização", uma prática que tende, dia a dia, a expandir-se? E se esses dados tiverem sido obtidos não por via contratual ou voluntária, mas em virtude da utilização de prerrogativas de autoridade?

(d) O que fazer com as inúmeras excepções – o chamado "ius singulare" – que, no caso do exercício de prerrogativas de autoridade, e no confronto com o direito subjectivo do titular dos dados –

o chamado direito geral à auto-determinação informacional –, se vê degradado, dia a dia, a um mero "interesse legítimo" ou a um "direito reflexo"?

(e) Mas se existe um direito geral à auto-determinação informacional, isto é, uma plena disponibilidade dos dados de carácter pessoal em favor do seu titular, o que fazer nas hipóteses em que se levantam "interesses prevalentes da comunidade" ou um "interesse público de excepcional relevo", como parece ser o caso do "segredo de justiça", "segredo de Estado" e "segurança pública"?

(f) Até que ponto a regra do consentimento expresso do titular dos dados, requerida sempre que a recolha e utilização dos dados colida com a esfera da vida privada, poderá ser objecto de excepções em número tal que invalide esse mesmo consentimento ou autorização? E se a recusa do titular em prestar esse consentimento for acompanhada de consequências perniciosas ou danosas de forma tal que este se veja conscientemente despojado desse direito?

(g) Qual a posição a adoptar relativamente à questão de saber se a circulação de dados de carácter pessoal no interior de uma organização ou grupo, público ou privado, integra ou não a noção de "comunicação", "difusão" e "interconexão" de dados, requerendo assim o consentimento expresso do titular dos dados? Ou bastará apenas que se respeitem os padrões de correcção, exactidão, veracidade e completude para que essa comunicação, difusão e interconexão seja considerada lícita?

D) A titularidade dos ficheiros

Existem ficheiros, bases ou bancos de dados de titularidade pública e ficheiros, bases ou bancos de dados de titularidade privada. A criação, modificação ou supressão de ficheiros, bases e bancos de dados de natureza pessoal pertencentes a organismos públicos é feita por lei ou disposição equiparável.

As disposições de criação ou de modificação dos ficheiros, bases e bancos de dados devem indicar:

(a) a finalidade do ficheiro e a utilização prevista para o mesmo;
(b) a pessoa singular ou colectiva a quem é pedido o fornecimento de dados e a menção do carácter obrigatório ou facultativo do fornecimento dos mesmos;

(c) o processo de recolha de dados de carácter pessoal;
(d) a estrutura básica do ficheiro, base ou banco de dados e a descrição do tipo de dados de carácter pessoal incluídos no mesmo;
(e) a cessão de dados de carácter pessoal que, no caso concreto, esteja prevista;
(f) o responsável do ficheiro, base ou banco de dados e o respectivo endereço;
(g) os serviços ou unidades perante os quais se exercem os direitos de acesso, informação, rectificação e cancelamento de dados.

No caso da supressão de ficheiros, bases ou bancos de dados, deverá ser estabelecido o destino dos mesmos ou, sendo esse o caso, as disposições adoptadas para a sua destruição.

No que concerne à cessão de dados entre organismos públicos, os dados de carácter pessoal não podem ser cedidos a outros organismos públicos para o exercício de competências diferentes, ou que versem matérias distintas, salvo se a cessão tiver sido prevista pelas disposições de criação do ficheiro, base ou banco de dados ou por disposição posterior, superior ou de igual força jurídica, que regule a respectiva utilização.

Tratando-se, porém, de dados obtidos de fontes acessíveis ao público, a cessão de dados de ficheiros, bases ou bancos de dados pertencentes a organismos não públicos deve processar-se mediante *consentimento expresso do titular*, salvo se lei especial dispuser de modo diferente. O organismo cedente responde pela licitude ou ilicitude da cessão.

É assim que a recolha e tratamento automatizados para "fins policiais" de dados de natureza pessoal pelas *Forças* e *Corpos de Segurança*, sem consentimento do titular, devem ser limitados aos casos e categorias de dados que se mostrem necessários à prevenção de um perigo real para a segurança pública ou para a repressão de infracções criminais, devendo ser conservados em ficheiros específicos criados para o efeito, classificados por categorias, em função do seu grau de fiabilidade. Os dados pessoais registados com fins policiais serão obrigatoriamente cancelados quando não sejam mais necessários para as investigações que motivaram a sua conservação.

No que concerne aos ficheiros, bases e bancos de dados automatizados pertencentes a organismos não públicos, que contenham dados de carácter pessoal, é lícita a sua criação, quando tal se mostre necessário ao cumprimento das respectivas actividades, desde que se observem as garantias estabelecidas na lei. Determina-se ainda a obrigação de notificação à

Comissão Nacional de Protecção de Dados, antes da realização do tratamento ou conjunto de tratamentos, total ou parcialmente automatizados, destinados à prossecução de uma ou mais finalidades interligadas[8].

A obrigação de "notificação" e "inscrição registral" deve ser acompanhada da seguinte informação[9]:

(a) a denominação ou razão social do organismo;
(b) o titular, direcção, administrador ou outros dirigentes, designados em virtude de imposição legal ou da organização interna da empresa;
(c) o responsável pelo tratamento dos dados;
(d) os fins institucionais do organismo e do tratamento de dados;
(e) a descrição geral da natureza dos dados pessoais objecto de registo e conservação.

A criação de cada ficheiro, base ou banco de dados em particular deve ser distinguida consoante se trate de ficheiro, base ou banco de dados de titularidade pública ou de titularidade privada.

No que concerne aos ficheiros automatizados de titularidade pública, isto é, pertencentes a organismos públicos[10], haverá que distinguir os seguintes casos:

(a) ficheiros constituídos em virtude de lei ou disposições legais específicas; e
(b) ficheiros constituídos em função do cumprimento de atribuições legais ou regulamentares.

Sob o ponto de vista da protecção dos dados pessoais informatizados, estes dois tipos de ficheiros devem ser objecto de análises distintas.

Assim, no que respeita aos ficheiros, bases ou bancos de dados constituídos em função do cumprimento de atribuições legais ou regulamentares, a primeira regra a reter é a da determinação da sua *finalidade*

---

[8] Cfr. artigos 27.° e 28.° da Lei n.° 67/98.
[9] Cfr. artigo 30.° da Lei n.° 67/98.
[10] Por "organismos públicos" entende-se as autoridades administrativas, os órgãos de jurisdição e outras instituições, estabelecimentos, associações e fundações organizadas segundo o Direito Público, qualquer que seja a sua forma jurídica. Se um "organismo não público" exerce funções de poder público, considera-se, na medida em que exerce tais funções, e para os efeitos da presente lei sobre protecção de dados, um "organismo público".

exacta (: "princípio da finalidade" ou "unicidade" da recolha, tratamento e utilização de dados).

Deste modo, quando da criação de um ficheiro, base ou banco de dados de titularidade pública, constituído em função do cumprimento de atribuições legais ou regulamentares, os responsáveis legal ou regulamentarmente determinados deverão ter especialmente em consideração:

(a) Se foi prestada ao titular dos dados informação da finalidade em razão da qual se procedeu à recolha e tratamento automatizados de dados de carácter pessoal tanto na origem como na cessão de dados.

(b) Se o titular se encontra ou não obrigado, em virtude de disposição legal ou regulamentar, a fornecer esses dados, ou se só o poderá fazer mediante outorga de consentimento.

(c) Se o titular foi informado previamente da natureza facultativa ou obrigatória da prestação da informação para a recolha e tratamento automatizados de dados ou se pode ainda opor-se à sua publicação, difusão ou comunicação a terceiros.

(d) Se o titular pode, e em que termos, exercer o seu *direito de controle* – essencialmente direitos de "acesso", "informação", "rectificação e "cancelamento", de dados de natureza pessoal, e sua comunicação e difusão a terceiros.

A questão radica em saber, no que concerne aos ficheiros, bases e bancos de dados detidos por organismos públicos e organismos não públicos, se se lhes deverá ser aplicável um regime jurídico de "parificação" ou simplesmente de "separação".

No que diz respeito à constituição de ficheiros, bases ou bancos de dados de titularidade pública, a sua criação deverá quedar dependente de *lei* ou *disposição legal equiparável*. No que concerne aos ficheiros de titularidade privada, deverá exigir-se, de igual modo, disposição legal prévia, mas acompanhada de *notificação*, igualmente prévia, dirigida à autoridade de controle, entre nós a Comissão Nacional de Protecção de Dados. Esta "obrigação de notificação" funciona, na prática, como uma variante da "autorização" a que se reporta os artigos 27.º e seguintes da Lei n.º 67/98.

Em síntese, existem ficheiros sob responsabilidade de entidades públicas, contendo "dados pessoais sensíveis", designadamente os relativos a condenações em processo criminal, estado de saúde e situação patrimonial e financeira, cujas informações não podem ser disponibilizadas, comunicadas ou cedidas a entidades privadas, ou que só muito dificilmente o poderão ser. Tratando-se de dados referentes a condenações em processo criminal e suspeitas de actividades ilícitas, a sua investigação, perseguição e condenação continua a ser um dos atributos do Estado, por intermédio do poder judicial e autoridades de investigação criminal, que não entra, obviamente, no comércio e esfera jurídica privados.

O mesmo se diga em relação aos dados de carácter pessoal disponibilizados na Direcção Geral de Contribuições e Impostos, afecta ao Ministério das Finanças. Não nos parece que este tipo de dados possam ser recolhidos e tratados informaticamente, sem mais, por entidades privadas. Nem tão pouco se nos afigura lícito que possam ser comunicados ou "comercializados" – por via de *marketing* directo" ou outra – a entidades privadas.

Esta situação já não se verificará na hipótese dos "dados de saúde" ou de dados pessoais relativos à "situação patrimonial e financeira". Este tipo de dados podem constar de ficheiros, bases ou bancos de dados sob responsabilidade de entidades privadas, quer mediante consentimento expresso do titular dos dados quer por via contratual. Pense-se, por exemplo, no conjunto de ficheiros, total ou parcialmente automatizados, detidos por companhias seguradoras, instituições bancárias, unidades hospitalares privadas, etc.

Seja como for, poderá argumentar-se ainda que a recolha e tratamento automatizados de dados de carácter pessoal efectuados por entidades públicas se mostra, na prática, mais gravosa para o titular do que o seu tratamento e utilização automatizados por organismos privados. Em relação a estes últimos, pelo menos nos termos da legislação actualmente em vigor, o titular ou terá dado previamente o seu consentimento ou tê-lo-á feito numa base voluntária ou ainda por via de disposição contratual.

Daí a questão pertinente da "parificação" ou "separação" de regime jurídico previsto para a constituição e manutenção de ficheiros, bases e bancos de dados de titularidade pública ou de titularidade privada. Uma ideia a reter poderá ser a da mediação de uma entidade pública independente – a "autoridade de controle" – que funcionaria como garante da protecção da recolha, tratamento e utilização de dados. A sua função seria a de assegurar aos titulares de dados o controle do tratamento automatizado com o objectivo de evitar a invasão por parte dos utilizadores da esfera de reserva da vida privada e familiar ou do direito geral à auto-determinação informacional.

O mecanismo proposto seria, assim, *trilateral*. A entidade, pública ou privada, que proceda à recolha e tratamento automatizados de dados de carácter pessoal seria obrigada a comunicar, mediante notificação, à "autoridade de controle", o início da recolha e tratamento de dados pessoais informatizados. A "autoridade de controle", por sua vez, manteria um *registo* actualizado de dados e comunicações. O titular dos dados veria garantido o seu direito de acesso e informação através desse "registo", tutelado por uma entidade independente – a "autoridade de controle" dos dados pessoais informatizados.

Se a opção não for por esse mecanismo trilateral, permanecerá, em substância, uma relação *bilateral* entre a "autoridade de controle", que funcionaria como uma espécie de "comissão fiscalizadora" (é esse, entre nós, basicamente, o sistema actualmente vigente[11]) e a entidade, pública ou privada, responsável do ficheiro, base ou banco de dados. Neste último caso, parece-nos, salvo melhor opinião, que não quedariam devidamente fortalecidos (e salvaguardados) os direitos de "acesso", "informação", "rectificação" e "cancelamento" do titular dos dados pessoais como momento qualificador do direito geral à auto-determinação informacional.

Essa ordenação caso a caso, perante as múltiplas entidades e organismos, públicos e privados, do direito de acesso, informação, rectificação e cancelamento do titular dos dados, parece-nos mais penosa e de difícil concretização do que a efectivação desses direitos junto da "autoridade de controle", um terceiro independente, que melhor poderia garantir e salvaguardar, técnica e organizativamente, a plena realização desses direitos integrantes do direito mais geral à auto-determinação informacional.

E) Direitos e garantias individuais do titular dos dados

Ao titular dos dados assiste-lhe o direito de "informação" e "acesso" e o direito de "rectificação", "cancelamento" e "destruição" de dados. Esses direitos são considerados *irrenunciáveis*.

Assim, a pessoa a quem se solicite o fornecimento de dados de carácter pessoal deve previamente ser informada, de modo expresso, preciso e inequívoco[12]:

---

[11] Cfr. artigos 27.º e seguintes da Lei n.º 67/98, e Lei n.º 43/2004, de 18 de Agosto (Lei sobre a organização e funcionamento da Comissão Nacional de Protecção de Dados).

[12] Cfr. artigos 10.º, 11.º e 12.º da Lei n.º 67/98.

(a) da existência de um ficheiro, base ou banco de dados de carácter pessoal automatizados, da finalidade da recolha e dos destinatários da informação;
(b) da natureza obrigatória ou facultativa da resposta às perguntas que lhe forem colocadas;
(c) das consequências do fornecimento dos dados ou da recusa em fornecê-los;
(d) da possibilidade de exercitar os seus direitos de "acesso", "informação", "rectificação", "cancelamento" e "destruição" de dados;
(e) da identidade e direcção do responsável do ficheiro.

É dispensada a informação se o conteúdo desta puder ser deduzido com clareza da natureza dos dados solicitados ou das circunstâncias que presidem à sua recolha.

Em todo o caso, quando se utilizem questionários ou outros impressos para a recolha de dados de natureza pessoal, devem nestes figurar, de forma claramente legível, as advertências acima discriminadas.

Perante este quadro, o responsável do ficheiro tem o dever de actuar com diligência, designadamente rectificando ou ordenando a rectificação de dados pessoais considerados incorrectos ou que tenham sido recolhidos ou processados em violação do disposto na Constituição e na lei. A rectificação ou destruição dos dados deve ser levada a cabo ou iniciada oficiosamente, a pedido fundamentado do titular dos dados, em execução de decisão ou deliberação de autoridade competente para ordenar a recolha de dados, em execução de deliberação da Comissão Nacional de Protecção de Dados, ou em execução de decisões dos tribunais.

Esses direitos são *irrenunciáveis*. Isto significa que não é admitida a renúncia ou limitação por via de negócio jurídico dos direitos dos titulares relativos à obtenção de informação sobre dados de natureza pessoal, bem como dos direitos de acesso, rectificação, interconexão e cancelamento dos mesmos.

Se os dados relativos ao titular se encontram conservados em ficheiro, base ou banco de dados no qual vários organismos se encontram habilitados à sua recolha e tratamento, e o titular dos mesmos não puder determinar o organismo responsável pela sua conservação, este deverá poder dirigir-se a cada um desses organismos. Estes serão obrigados a transferir a pretensão do titular ao organismo responsável pela sua conservação. O titular, todavia, deve ser informado dessa transferência e da identidade do organismo responsável pela conservação dos mesmos.

A derrogação a estes princípios só deverá ser permitida se estiver prevista em lei, e na estrita medida em que se mostre necessária à protecção da segurança do Estado, à segurança pública ou à repressão de infracções criminais ou à protecção do titular dos dados ou dos direitos e liberdades fundamentais de terceiros.

As actuações contrárias ao disposto na lei sobre protecção de dados são objecto de reclamação, queixa ou petição do titular junto da Comissão Nacional de Protecção de Dados[13].

Ao titular dos dados assiste o direito a ser indemnizado quando em consequência do incumprimento do disposto na lei ou na Constituição sofram dano ou lesão nos seus direitos. Contudo, tratando-se de ficheiros, bases ou bancos de dados pertencentes a organismos públicos, o exercício dessa responsabilidade é exigido ao abrigo do regime geral de responsabilidade das entidades públicas. No que se refere aos ficheiros, bases ou bancos de dados de titularidade privada, a responsabilidade é exercida perante os órgãos de justiça comum[14].

Não obstante, por meio de acordos sectoriais ou decisões de empresa, os responsáveis de ficheiros, bases ou bancos de dados, de natureza não pública, podem formular *códigos de conduta*, que definam as condições de organização, regime de funcionamento, procedimentos aplicáveis, normas de segurança do entorno, programas ou equipamento, obrigações dos implicados no tratamento e utilização da informação pessoal, bem como o estabelecimento de garantias que no seu âmbito se afigurem necessárias ao exercício dos direitos constitucionais e legais implicados que assistem ao titular dos dados.

Esses códigos de conduta possuem a natureza de "códigos deontológicos", devendo ser depositados ou inscritos junto da Comissão Nacional de Protecção de Dados, que poderá recusar a respectiva inscrição, sempre que considere que os códigos não se ajustam às disposições constitucionais, legais e regulamentares em vigor, devendo, em tal caso, o seu presidente ordenar as correcções que se mostrem necessárias ao cumprimento do seu fim legítimo[15].

---

[13] Cfr. artigos 21.º e seguintes da Lei n.º 67/98, e Lei n.º 43/2004, de 18 de Agosto (Lei sobre a organização e funcionamento da Comissão Nacional de Protecção de Dados).
[14] Cfr. artigo 34.º da Lei n.º 67/98.
[15] Cfr., em termos menos densos, artigo 32.º da Lei n.º 67/98.

F) Cessão de dados e interconexão de ficheiros de titularidade pública e privada

Toda a pessoa, instituição ou organismo que, por conta de terceiros, preste serviços de tratamento automatizado de dados de carácter pessoal, não pode aplicar ou utilizar esses dados para fins distintos do contrato de serviço, nem cedê-los, mesmo para conservação, a outras pessoas, instituições e organismos. Este é o princípio geral que rege em matéria de cessão de dados e interconexão de ficheiros de titularidade pública ou privada, isto é, a proibição da comunicação e interconexão ou qualquer outra forma de relacionamento de dados de carácter pessoal susceptíveis de tratamento automatizado, ressalvadas as excepções previstas em lei[16].

O responsável do ficheiro, base ou banco de dados no momento em que efectue a primeira cessão, deverá dela dar conhecimento ao titular dos dados, indicando a finalidade do ficheiro, base ou banco de dados, a natureza dos dados cedidos e a identidade e direcção do cessionário.

Mas tratando-se de dados pessoais e, designadamente, de "dados pessoais sensíveis", a Comissão Nacional de Protecção de Dados tem vindo a estabelecer um conjunto de princípios destinados a garantir e a salvaguardar a reserva de intimidade da vida privada e familiar e os direitos e liberdades fundamentais dos cidadãos, especialmente nos casos de comunicação e difusão de dados.

Deste modo, a Comissão Nacional de Protecção de Dados tem vindo a considerar legítima a comunicação de dados pessoais (inclusive "sensíveis") desde que se verifiquem, *cumulativamente*, os seguintes requisitos:

(a) a comunicação seja conhecida do titular dos dados no momento da recolha e este tenha dado o consentimento escrito para a sua utilização;
(b) a utilização não seja incompatível com as finalidades determinantes da recolha;
(c) esse procedimento seja consentido pela Comissão Nacional de Protecção de Dados no âmbito do pedido de autorização, nos termos do disposto nos artigos 9.° e 27.° e seguintes da Lei n.° 67/98.

---

[16] Cfr. artigo 9.° da Lei n.° 67/98. Sem esquecer a proibição, nos termos do disposto no n.° 5 do artigo 35.° da CRP, da atribuição de um número nacional único aos cidadãos.

Por outro lado, no que diz respeito ao fluxo de dados transfronteiras, é igualmente proibida a realização de transferências, temporárias ou definitivas, de dados de carácter pessoal, objecto de tratamento automatizado, ou que hajam sido recolhidos para esse fim, com destino a países que não proporcionem um nível de protecção idêntico ou equiparável. Essa transferência pode, todavia, ser autorizada, desde que se observe o disposto na lei sobre protecção de dados, mediante parecer prévio da Comissão Nacional de Protecção de Dados, e desde que se obtenham garantias idóneas de protecção da vida privada e familiar e dos direitos e liberdades fundamentais do cidadão. Essas garantias podem resultar de cláusulas contratuais[17].

A transferência de dados de natureza pessoal pode ocorrer como resultado da aplicação de tratados ou convenções internacionais de que Portugal seja parte, designadamente no âmbito da União Europeia (Acordo de Schengen, Europol), e mesmo fora desse âmbito desde que tenha por fim a prestação ou solicitação de auxílio judicial internacional, ou que tenha por objecto o intercâmbio de dados de natureza médica e assim o exija o tratamento do respectivo titular[18].

No que concerne aos dados de carácter pessoal protegidos pelo *segredo profissional* ou por *segredo oficial*, que tenham sido cedidos pelo organismo vinculado ao segredo, no exercício do seu dever profissional ou oficial, estes só podem ser tratados ou utilizados pelo organismo cessionário para o cumprimento exclusivo do fim em razão do qual foi realizada a cessão. Tratando-se de cessão de dados de carácter pessoal a um organismo não público, a entidade obrigada ao segredo deverá prestar o seu consentimento. Exceptua-se desta disposição os casos em que a modificação ou alteração do fim é admitida por lei especial[19].

Tratando-se, todavia, de dados de natureza pessoal detidos por organismos não públicos numa base contratual, terminada a prestação contratual, os mesmos devem ser destruídos, salvo autorização expressa em contrário daquele por conta de quem se prestaram os serviços. Admite-se, contudo, a possibilidade dos dados de carácter pessoal poderem ser conservados, para além da prestação contratual, observadas as condições de segurança adequadas.

Deste modo, é lícita a utilização de listas tratadas automaticamente de nomes e endereços e outros dados de carácter pessoal, por pessoas,

---

[17] Cfr. artigos 19.º e 20.º da Lei n.º 67/98.
[18] Cfr. artigos 18.º, 19.º e 20.º da Lei n.º 67/98.
[19] Cfr., em termos menos densos, o disposto no artigo 17.º da Lei n.º 67/98.

organismos e instituições, que se dediquem à recompilação de direcções, repartição de documentos, publicidade ou venda directa e outras actividades análogas, desde que essas listas figurem em documentos acessíveis ao público, ou quando tenham sido cedidos pelo próprio titular ou obtidos com o seu consentimento. Ao titular assiste-lhe o direito a conhecer a origem dos dados de carácter pessoal que lhe digam respeito, bem como o direito ao seu cancelamento e destruição, de modo a que não seja mais possível a sua reconstituição[20].

No que diz respeito aos serviços de telecomunicações, os números de telefone e outros serviços de telecomunicações, conjuntamente com outros dados complementares, podem figurar em listas de assinantes de acesso público, mas ao titular assiste-lhe o direito de exigir a sua exclusão sem encargos adicionais[21].

Os ficheiros relativos a inquéritos, sondagens de opinião, trabalhos de prospecção de mercados ou investigação científica ou médica e actividades análogas só podem ser utilizados de forma automatizada se o titular, prévia e livremente, tiver prestado o seu consentimento. Os dados de carácter pessoal tratados automaticamente, no exercício dessas actividades, não podem ser utilizados com finalidade distinta, nem cedidos de modo a que possam relacionar-se com uma pessoa concreta, identificando-a.

É lícita, todavia, a cessão de dados de carácter pessoal a cessionários que não sejam organismos públicos, para os fins de investigação científica, desde que estes se obriguem a não tratar ou utilizar os dados para fins distintos dos da investigação científica. Mas essa cessão não isenta o cessionário da obrigação de "despersonalizar", tão rápido quanto possível, os dados de carácter pessoal em função do fim e objecto da investigação. De igual modo, os organismos de investigação científica só podem publicar os dados de carácter pessoal com o consentimento do titular ou se a publicação se mostrar imprescindível aos resultados e desenvolvimento da investigação de acontecimentos da história contemporânea[22].

---

[20] Cfr. Lei n.º 6/99, de 27 de Janeiro (Lei sobre a publicidade domiciliária indesejada), Lei n.º 5/2004, de 10 de Fevereiro (Lei das comunicações electrónicas), e Lei n.º 41/2004, de 18 de Agosto, que transpõe para a ordem interna portuguesa a Directiva n.º 2002/58/CE, do Parlamento Europeu e do Conselho, de 12 de Julho, relativa ao tratamento de dados pessoais e à protecção da privacidade no sector das comunicações electrónicas.

[21] Cfr. artigo 13.º da Lei n.º 41/2004.

[22] Cfr. artigo 10.º/5 da Lei n.º 67/98.

O mesmo princípio rege no que concerne ao tratamento de dados efectuado para fins exclusivamente jornalísticos ou de expressão artística ou literária. Neste caso resulta atenuado, a favor dessas actividades, o rigor das normas de garantia que, em termos gerais, presidem à recolha e tratamento automatizados de dados de carácter pessoal, desde que essa recolha e tratamento obedeça exclusivamente a finalidades profissionais, respeitando o direito de reserva da vida privada e familiar e a natureza essencial da informação sobre factos de interesse público[23].

G) Consentimento do titular

O consentimento do titular dos dados passa a ser requerido no que diz respeito à recolha e tratamento de "dados pessoais sensíveis"[24] e ainda no que concerne à recolha e tratamento de "dados pessoais", efectuados por entidades não públicas, em que é exigido o consentimento do titular, bem como o conhecimento do destino e utilização dos mesmos[25].

Por consentimento entende-se "qualquer manifestação de vontade, livre, específica e informada, nos termos da qual o titular aceita que os seus dados pessoais sejam objecto de tratamento" [26].

Assim, os dados de carácter pessoal objecto de tratamento automatizado só podem ser cedidos para o cumprimento de fins directamente relacionados com a actividade determinante da sua recolha e, sendo caso disso, mediante consentimento expresso do respectivo titular. O consentimento exigido poderá ser dispensado, ressalvados os casos de dados de natureza pessoal relativos à vida privada e familiar[27]:

(a) Quando a lei disponha de modo diferente.
(b) Quando se trate de dados recolhidos a partir de fontes acessíveis ao público.
(c) Quando a criação do ficheiro, base ou banco de dados automatizados responda à livre e legítima aceitação de uma relação jurídica cujo desenvolvimento, cumprimento e controle implique a comunicação ou conexão desse ficheiro, base ou banco de

---

[23] Cfr. artigo 10.º/6 da Lei n.º 67/98.
[24] Cfr. artigo 35.º/3 da CRP e artigo 7.º da Lei n.º 67/98.
[25] Cfr. artigo7.º/3/*b* da Lei n.º 67/98.
[26] Cfr. artigo 3.º/*h* da Lei n.º 67/98.
[27] Cfr. artigo 7.º da Lei n.º 67/98.

dados com ficheiros, bases ou bancos de dados de terceiros. Neste caso a cessão só será considerada lícita desde que se limite exclusivamente a essa necessidade.

(d) Quando a cessão que deva efectuar-se tenha por destinatários o poder judicial e as autoridades de investigação criminal no exercício legítimo das suas competências.

(e) Quando a cessão se produza entre organismos públicos.

(f) Quando a cessão de dados pessoais relativos ao estado de saúde se mostre necessária à solução de casos urgentes clínicos ou de saúde que impliquem o acesso a um ficheiro automatizado.

É considerado nulo o consentimento que recaia sobre cessionário indeterminado ou indeterminável ou que não seja possível determinar com clareza a finalidade da cessão a que se destina. O consentimento para a cessão de dados de carácter pessoal é revogável.

A Lei n.° 67/98 atribui à Comissão Nacional de Protecção de Dados a competência para a autorização da utilização de dados pessoais para finalidades não determinantes da recolha[28]. Uma disposição que nos parece excessiva e pouco compatível com os princípios fundamentais da *finalidade* e *unicidade* da recolha e tratamento automatizados de dados de natureza pessoal, princípio da *utilização limitada* e princípio do *consentimento* do titular dos dados.

O consentimento requer forma escrita, salvo se circunstâncias especiais, que deverão ser especificadas, impuserem uma outra forma.

Contudo, sempre que se verifique o consentimento por escrito, conjuntamente com outras declarações, este deverá figurar claramente destacado das restantes declarações do titular dos dados.

H) Lei geral e regulamentação sectorial

A Lei n.° 67/98 remete para *lei específica* (e não "especial") a *autorização* do tratamento automatizado de dados de carácter pessoal referentes a condenações em processo criminal, suspeitas de actividades ilícitas, estado de saúde e situação patrimonial e financeira.

O tratamento automatizado deste tipo de dados pode figurar perfeitamente no articulado de uma lei geral de protecção de dados. A autorização

---

[28] Cfr. artigos 9.° e 27.°/2 e 3 da Lei n.° 67/98.

em concreto para a constituição de um ficheiro em particular é que já se nos afigura não poder ser contida no quadro de uma lei geral.

A questão ordena-se do seguinte modo: deve existir uma lei geral para a protecção de dados pessoais face à informática, mas como essa lei não pode descer ao pormenor, terá de ser criado *sectorialmente* um conjunto de leis *particulares* e *específicas* para cada sector determinado[29].

Esses sectores particulares, determinados e específicos, devem ser:

(a) o das condenações em processo criminal;
(b) suspeitas de actividades ilícitas;
(c) estado de saúde (logo, "dados de saúde"); e
(d) situação patrimonial e financeira.

A ideia rectora é a da criação de uma lei "densificadora" da protecção de dados pessoais face à informática, sendo *parcelar* e *sectorialmente* autorizadas, caso a caso, a constituição, manutenção ou supressão dos correspondentes ficheiros, bases e bancos de dados automatizados, em particular.

A Constituição, com as alterações provenientes da IV Revisão Constitucional (1997), e depois a lei de protecção de dados[30], optaram por uma diferente solução. O *tratamento automatizado* (e não a "constituição de ficheiros automatizados") pode ser efectuado por serviços públicos, com garantias de não discriminação, e com observância das medidas de segurança discriminadas no artigo 15.º, nos termos previstos em lei sectorial ou mediante autorização da Comissão Nacional de Protecção de Dados[31].

Ou seja: enquanto anteriormente se dispunha que a constituição dos ficheiros automatizados de bases e bancos de dados contendo dados pessoais seria regulada por "lei especial", passa a dispor-se agora que será o "tratamento automatizado" em globo, e não a constituição de um ficheiro automatizado em particular, que será autorizada por "legislação específica".

Esses ficheiros dizem respeito aos chamados (impropriamente) "dados de polícia", contendo dados de natureza pessoal (inclusive os chamados "dados sensíveis") existentes na Polícia Judiciária, no quadro do Sistema Integrado de Informação Aduaneira Anti-Fraude (SIIAF/DGA),

---

[29] Cfr. artigo 4.º/7 da Lei n.º 67/98.
[30] Cfr. Lei n.º 67/98, de 26 de Outubro.
[31] Cfr. artigos 7.º/2, 27.º e 28.º da Lei n.º 67/98.

Guarda Nacional Republicana, Serviço de Estrangeiros e Fronteiras, Polícia de Segurança Pública e Registo de Pessoas Colectivas e Entidades Equiparadas.

Uma redacção não totalmente clara e não muito feliz, mas que abriu a via para a autorização da manutenção de ficheiros, bases e bancos de dados automatizados, inclusive os chamados "dados sensíveis", sob a forma de "decreto-regulamentar"[32].

Daqui decorre, pelo menos, uma primeira conclusão: a autorização em concreto da constituição "ex novo" de um ficheiro, base ou banco de dados automatizados, contendo dados pessoais, deve ser feita por *lei da Assembleia da República* ou *decreto-lei autorizado*, por se tratar de matéria referente a direitos, liberdades e garantias[33], mas a autorização da manutenção, em concreto, de ficheiros, bases ou bancos de dados automatizados existentes, contendo dados pessoais, inclusive "sensíveis", foi feita por *decreto regulamentar*.

Não obstante, nada justifica esta discriminação de regime jurídico, tanto mais que, num caso como no outro, o que está em causa são direitos e liberdades fundamentais do cidadão[34].

Na Alemanha, por exemplo, e no que concerne aos chamados (impropriamente) "dados de polícia" ou "dados com fins policiais", a *Bundeszentralregistergesetz* regula especificamente o "tempo de conservação dos dados pessoais" relativos a condenações em processo criminal e suspeitas de actividades ilícitas contidos em ficheiros de titularidade pública[35].

---

[32] Cfr. Decreto Regulamentar n.º 27/95, de 31 de Outubro (: Polícia Judiciária), Decreto Regulamentar n.º 22/95, de 23 de Agosto (: SIIAF/DGA), Decreto Regulamentar n.º 2/95, de 25 de Janeiro (: GNR), Decreto Regulamentar n.º 5/95, de 31 de Janeiro (PSP) e Decreto Regulamentar n.º 27/93, de 3 de Setembro (: Pessoas Colectivas e Entidades Equiparadas). A situação foi posteriormente rectificada através da regulamentação por *lei*, designadamente: Decreto-Lei n.º 62/99, de 2 de Março (: Regime jurídico dos ficheiros informáticos em matéria de identificação criminal e de contumazes da Direcção Geral dos Serviços Judiciários) e Decreto-Lei n.º 352/99, de 3 de Setembro (: Regime jurídico dos ficheiros informáticos da Polícia Judiciária).

[33] Cfr. artigo 165.º/1/b da CRP.

[34] Cfr., por último, Ac TC n.ºs 458/93 (: segredo de Estado), 355/97 (: protecção de dados pessoais do foro oncológico), 241/02 (: telecomunicações), 255/02, (: equipamento electrónico e de vigilância), 368/02 (: exames médicos, higiene, segurança e saúde no trabalho) e 207/03 (: vigilância nas salas de jogo).

[35] Cfr., entre nós, Decreto-Lei n.º 62/99, de 2 de Março (: Regime jurídico dos ficheiros informáticos em matéria de identificação criminal e de contumazes da Direcção Geral dos Serviços Judiciários), Decreto-Lei n.º 352/99, de 3 de Setembro (: Regime jurí-

É certo que as autoridades de investigação criminal, que lidam com "dados pessoais sensíveis", cobertos pelo direito geral à auto-determinação informacional, direito à personalidade e reserva da vida privada e familiar, têm primordialmente por função, na sua actividade de direcção, fiscalização e controle, a busca de provas.

Entre nós, por ordem do juiz de instrução criminal, que é a autoridade constitucional e legal competente quanto ao controle da investigação, podem ser interceptadas telecomunicações. Mas mesmo nessa hipótese, a gravação em concreto da telecomunicação pode constituir um perigo e risco acrescidos no tocante à captação de dados pessoais não apenas do suspeito (o que seria legítimo), mas também de terceiros, o que já ocorreu em processos mediáticos que são do conhecimento público.

Perante este quadro, a solução a adoptar seria a de sujeitar as autoridades de investigação criminal a uma efectiva obrigação ou *dever de sigilo, eliminação e destruição de dados pessoais relativos a terceiros* e que não se reportem ou que nada tenham a ver com as actividades do suspeito objecto de investigação[36].

A questão que pode legitimamente colocar-se é a de saber se essa comunicação viola, e em que medida, o *princípio da finalidade* ou *utilização limitada* de dados automatizados de natureza pessoal.

Com efeito, os dados automatizados de carácter pessoal só podem ser utilizados para o cumprimento de um fim legítimo, definido previamente à sua recolha, tratamento e utilização, e face ao qual o titular dos dados deverá ter manifestado o seu consentimento.

Dificuldades acrescidas podem ocorrer quando as autoridades de investigação criminal têm competência para ordenar a comunicação de dados de carácter pessoal, constantes de ficheiro, base ou banco de dados,

---

dico dos ficheiros informáticos da Polícia Judiciária). Cfr., por último, Lei n.° 1/2005, de 10 de Janeiro (: Regula a utilização de câmaras de vídeo pelas forças e serviços de segurança em locais públicos de utilização comum), alterada pela Lei n.° 39-A/2005, de 29 de Julho, e Decreto-Lei n.° 207/2005, de 29 de Novembro.

[36] Sobre o tema, para maior desenvolvimento, ANDRÉ LAMAS LEITE, *As escutas telefónicas. Algumas reflexões em redor do seu regime e das consequências processuais derivadas da respectiva violação*, in: "Revista da Faculdade de Direito da Universidade do Porto", I (2004), pp. 9 ss., FRANCISCO AGUILAR, *Dos conhecimentos fortuitos obtidos através de escutas telefónicas*, Coimbra, 2004, MANUEL M. GUEDES VALENTE, *Escutas telefónicas. Da excepcionalidade à vulgaridade*, Coimbra, 2004, e ARMANDO VEIGA/BENJAMIM SILVA RODRIGUES, *Escutas telefónicas. Rumo à monitorização dos fluxos informacionais e comunicacionais digitais*, Coimbra, 2006.

sob responsabilidade de uma entidade privada. Aqui duas soluções, na prática correlacionadas, são possíveis:

(a) a determinação de um "dever geral de colaboração" na transmissão do processamento de dados[37];
(b) mas evitando a possibilidade de quebra de confiança no caso da existência de relações e deveres específicos (v. g., o "sigilo bancário") entre o responsável do ficheiro, base ou banco de dados automatizados e o titular dos mesmos.

Seja como for, a autoridade judicial terá de especificar com *densidade* e *precisão suficientes* quais os dados e informações de carácter pessoal que necessita, e que constituem o objecto do pedido, e o fim a que se destinam. Também aqui não existe comunicação voluntária ou interconexão de dados, posto que esta violaria obrigações contratuais específicas. É essa a razão pela qual determinados códigos de processo penal prevêem a ordenação de excepções para certos grupos profissionais, designadamente, médicos e advogados.

A esta luz, poderá não ser bem compreendida a distinção ou separação de regimes jurídicos entre a autorização da manutenção de ficheiros automatizados de dados de carácter pessoal existentes e a autorização da constituição "ex novo" de um ficheiro automatizado contendo dados dessa mesma natureza.

Em ambos os casos trata-se de matéria atinente a direitos, liberdades e garantias pelo que reentra, *de pleno*, na reserva relativa de competência legislativa da Assembleia da República[38].

I) **Regime sancionatório**

Por último, duas outras questões merecem uma menção especial. Primeiro, a necessidade de graduação das sanções em função do delito ou infracção cometidos. Neste particular, a regra básica é a da graduação das sanções em função do delito ou infracção verificados.

Deste modo, por violações consideradas graves, a generalidade dos países europeus ordena um conjunto de *sanções penais*[39]. Mas tratando-se

---

[37] Cfr. artigo 24.º da Lei n.º 67/98.
[38] Cfr. artigo 165.º/1/*b* da CRP.
[39] Cfr., entre nós, artigos 43.º e seguintes da Lei n.º 67/98.

de violações menores a previsão é tão só a de *sanções administrativas* ou *pecuniárias*, consoante se trate de infracção cometida por um responsável de um ficheiro, base ou banco de dados de natureza pública ou de natureza privada[40].

No plano civilístico ou das relações interprivados tem vindo a ser adoptado o princípio da "inversão do ónus da prova", particularmente no que concerne ao exercício de actividades consideradas perigosas. Quem cause dano a outrem em consequência do tratamento automatizado de dados de carácter pessoal é obrigado a ressarcir o dano se não provar, em concreto, que adoptou as medidas consideradas necessárias e adequadas à sua prevenção.

A segunda questão diz respeito à existência de um "dever geral de indemnização", independentemente de culpa ou negligência (: a chamada "responsabilidade objectiva") por parte dos responsáveis de ficheiros, bases ou bancos de dados pertencentes a organismos públicos. Esta é a solução consagrada em múltiplas legislações, designadamente na Lei alemã de Protecção de Dados (*Datenschutz*). A Lei espanhola, por sua vez, qualifica as infracções de "muito graves", "graves" ou "leves", ordenando a "personalização" da culpa administrativa no responsável do ficheiro, base ou banco de dados em causa[41].

---

[40] Cfr., entre nós, artigos 35.º e seguintes da Lei n.º 67/98.
[41] Cfr., entre nós, artigo 34.º da Lei n.º 67/98.

UNIDADE E DIVERSIDADE NOS ACTUAIS SISTEMAS JURÍDICOS AFRICANOS

DÁRIO MOURA VICENTE*

SUMÁRIO: *1. Posição do problema. 2. Factores de unidade entre os sistemas jurídicos africanos: a) A relativização do papel do Direito na disciplina das relações sociais; b) O relevo da conciliação como meio de resolução de litígios; c) O papel do costume como fonte do Direito tradicional; d) A comunhão de valores e instituições. 3. A diversidade dos sistemas jurídicos africanos e as suas causas: a) A fragmentação étnica e política do continente africano; b) A diversidade das influências externas; c) A diversidade das fontes; d) A diversidade dos problemas sociais que o Direito enfrenta; e) A diversidade dos sistemas de formação dos juristas; f) O binómio Direito estadual – Direito tradicional. 4. Conclusão.*

1. Posição do problema

Berço da humanidade, a África conheceu, muito antes da ocupação árabe e da colonização europeia, sistemas jurídicos autóctones, de fonte essencialmente consuetudinária e tradição oral, que subsistiram em larga medida até aos nossos dias[1]. As regras que os integram são uma componente relevante dos actuais Direitos africanos, no seio dos quais coexistem com outras ordens normativas. Distinguem-se não só pela fonte costumeira (que assume neles uma relevância sem igual em quaisquer outros sistemas jurídicos contemporâneos) e pela ausência de redução a escrito, mas também pela estreita ligação à mundividência própria dos povos afri-

---

* Professor Associado da Faculdade de Direito de Lisboa.
[1] Cfr. P. F. GONIDEC, *Les droits africains*, 2.ª ed., Paris, 1976, pp. 5 ss.; JACQUES VANDERLINDEN, *Les systèmes juridiques africains*, Paris, 1983, pp. 5 ss.

canos, esta por seu turno fortemente impregnada de sentimento religioso. Caracterizam-se ainda pelo singular comunitarismo que lhes subjaz, pela valorização por elas feita da hierarquia e da autoridade no seio da família e da comunidade política e pelo sentido altamente diferenciador (em razão do sexo, da idade, da casta, etc.), de muitas das soluções que consagram.

Não obstante isso, nas obras em que se ensaia uma classificação dos sistemas jurídicos contemporâneos os Direitos africanos não são, por via de regra, autonomizados como uma *família jurídica* distinta das demais[2]. Ao facto não será estranha a diversidade desses Direitos, que não tem paralelo com a dos Direitos dos demais continentes e dificulta muito significativamente a sua agregação numa única família jurídica. A verdade, porém, é que existem relevantes factores de unidade entre esses sistemas, que resultam não apenas de os Direitos tradicionais africanos se acharem impregnados de certos valores comuns, mas também de iniciativas recentes tendo em vista a harmonização e mesmo a unificação das regras de fonte estadual, com destaque para as que têm sido promovidas pela Organização Para a Harmonização do Direito dos Negócios em África (OHADA) em matéria comercial e processual[3].

---

[2] Vejam-se, a título de exemplo, MICHAEL BOGDAN, *Comparative Law*, s.l., 1994, pp. 82 ss.; KONRAD ZWEIGERT/HEIN KÖTZ, *Einführung in die Rechtsvergleichung*, 3.ª ed., Tubinga, 1996, pp. 62 ss.; RENÉ DAVID/CAMILLE JAUFFRET-SPINOSI, *Les grands systèmes de droit contemporains*, 11.ª ed., Paris, 2002, pp. 15 ss.; H. PATRICK GLENN, *Legal Traditions of the World. Sustainable Diversity in Law*, 2.ª ed., Oxford, 2004, *passim*; RAYMOND LEGEAIS, *Grands systèmes de droit contemporains. Approche comparative*, Paris, 2004, pp. 81 ss. Na literatura jurídica nacional, cfr. CARLOS FERREIRA DE ALMEIDA, *Introdução ao Direito Comparado*, 2.ª ed., Coimbra, 1998, pp. 31 ss.; INOCÊNCIO GALVÃO TELLES, *Introdução ao Estudo do Direito*, vol. II, 10.ª ed., Coimbra, 2000, pp. 230 ss.; MARCELO REBELO DE SOUSA/SOFIA GALVÃO, *Introdução ao Estudo do Direito*, 5.ª ed., Lisboa, 2000, pp. 302 ss.; e JOSÉ DE OLIVEIRA ASCENSÃO, *O Direito. Introdução e teoria geral*, 13.ª ed., Coimbra, 2005, pp. 151 ss.

[3] A OHADA foi instituída pelo Tratado celebrado em Port-Louis (Maurícias), em 17 de Outubro de 1993, de que se encontra disponível uma tradução em língua portuguesa em http://www.ohada.com. Dele são partes, além da Guiné-Bissau (único Estado lusófono que até hoje aderiu ao referido Tratado, o qual entrou aí em vigor em 1996), a República do Benim, o Burkina Faso, a República dos Camarões, a República Centro-Africana, a República Islâmica das Comores, a República do Congo, a República da Costa do Marfim, a República do Gabão, a República da Guiné, a República da Guiné Equatorial, a República do Mali, a República do Níger, a República do Senegal, a República do Chade e a República do Togo. Cfr. TIAGO SOARES DA FONSECA, *O Tratado da OHADA*, Lisboa, 2002; AAVV, *A integração regional e a uniformização do Direito dos Negócios em África*, no *Boletim da Faculdade de Direito de Bissau*, n.º 6 (Junho 2004) e suplemento (Dezembro 2004).

Tem por isso interesse averiguar se estes factores de unidade exprimem um *conceito de Direito* específico – podendo, por conseguinte, erigir-se os sistemas em apreço numa família jurídica autónoma[4] – ou se, ao invés, a diversidade entre eles é de tal monta que, ao menos por ora, se deva ter por excluída a existência de uma verdadeira família jurídica africana[5]. Tais as questões sobre as quais nos iremos debruçar neste estudo.

2. Factores de unidade entre os sistemas jurídicos africanos

a) *A relativização do papel do Direito na disciplina das relações sociais*

Todas as sociedades conhecem formas de controlo social que podem ser qualificadas como jurídicas; mas nem todas lhes reconhecem a mesma importância. Justamente em África o recurso ao Direito na disciplina das relações sociais é tradicionalmente encarado com relutância e é por vezes até tido como indesejável. O ideal ocidental da *luta pelo direito subjectivo*, proclamado por JHERING no século XIX, não tem correspondência neste continente. Há, em caso de conflito, uma *harmonia* que tem de ser restabelecida, não sendo muitas vezes a via jurídica a mais apropriada para o efeito. Trata-se, aliás, de uma característica estreitamente relacionada com a circunstância de entre as fontes de Direito tradicional africano sobressair, como se verá a seguir, o costume: onde assim sucede, o Direito, tomado como *corpus* de regras gerais e abstractas, tende a assumir muito

---

[4] Como sustenta, por exemplo, KÉBA M'BAYE, «The African Conception of Law», in *International Encyclopedia of Comparative Law*, vol. II, cap. 1, pp. 138 ss. Mais reservados mostram-se, a este respeito, ANTONY ALLOT, *Essays in African Law with special reference to the law of Ghana*, Londres, 1960, pp. 55 ss.; idem, «African Law», in J. DUNCAN M. DERRETT, *An Introduction to Legal Systems*, reimpressão, Nova Deli, 1999, pp. 131 ss.; e GONIDEC, ob. cit., pp. 6 ss.

[5] Cfr. HENRI LÉVY-BRUHL, «Introduction à l'étude du droit coutumier africain», *Revue Internationale de Droit Comparé*, 1956, pp. 67 ss. (p. 68); RODOLFO SACCO, *Il diritto africano*, Turim, 1995, *passim*; O. B. OLAOBA, *An Introduction to African Legal Culture*, Ibadan (Nigéria), 2002, pp. 23 ss.; ANTÓNIO GAMBARO/RODOLFO SACCO, *Sistemi giuridici comparati*, 2.ª ed., Turim, 2004, p. 555; e WERNER MENSKI, *Comparative Law in Global Context. The Legal Systems of Asia and Africa*, 2.ª ed., Cambridge, 2006, pp. 380 ss. Entre nós, vejam-se ARMANDO MARQUES GUEDES, *O Estudo dos Sistemas Jurídicos Africanos. Estado, Sociedade, Direito e Poder*, Coimbra, 2004, pp. 16 s., nota 2, e *passim*; e JOSÉ DE OLIVEIRA ASCENSÃO, *O Direito. Introdução e teoria geral*, cit., pp. 160 ss.

menor relevo na regulação da vida em sociedade do que os processos informais de resolução de litígios[6].

Por outro lado, os deveres de cada um perante a comunidade são antepostos aos direitos individuais. Mais do que realizar a justiça, dando a cada um o que é seu, procura-se assegurar a coesão do grupo social, restaurando a paz e a concórdia entre os seus membros em caso de conflito. Aos próprios membros do grupo interessa conformarem as suas condutas com o que é prescrito pela tradição nele observada, uma vez que é no seio dele que cada um encontrará protecção e socorro contra as ameaças exteriores. A ideia de liberdade individual é por isso desconhecida: quando muito, goza de liberdade (e apenas de forma mitigada) o patriarca.

b) *O relevo da conciliação como meio de resolução de litígios*

Do que se acaba de dizer resulta já a importância da conciliação como meio de resolução dos litígios nos sistemas tradicionais africanos. Só ela permite, na verdade, pôr termo aos conflitos através de uma solução aceite pelas partes desavindas, e não imposta a estas. Através dela restaura-se a harmonia no corpo social, sem vencidos nem vencedores; o que é especialmente importante em meios pequenos, onde todos se conhecem e têm de partilhar bens e tarefas em ordem a sobreviver. Já o julgamento pelo tribunal – estadual ou tradicional – gera, não raro, hostilidade e ressentimento entre as partes, pelo que não tem aquela virtualidade. Por isso se diz que vigora em África, pelo menos em matéria familiar, um *princípio de conciliação*, cuja violação, *maxime* através da instauração de uma acção judicial sem uma tentativa prévia de composição extrajudicial, constitui em algumas comunidades injúria grave[7].

c) *O papel do costume como fonte do Direito tradicional*

I – Outro importante traço de união entre os sistemas jurídicos africanos, a que já se aludiu, é a relevância que neles assume o costume como

---

[6] Nesta linha de orientação, *vide* THOMAS W. BENETT, «Comparative Law and African Customary Law», *in* MATHIAS REIMANN/REINHARD ZIMMERMANN (organizadores), *The Oxford Handbook of Comparative Law*, Oxford, 2006, pp. 641 ss. (p. 672).

[7] Cfr. CHARLES NTAMPAKA, *Introduction aux systèmes juridiques africains*, Namur, 2004, p. 10.

fonte do Direito tradicional[8]. O que se liga com o espírito essencialmente conservador dos povos africanos, que, pelo menos nos meios rurais, tendem a valorar mais a continuidade da ordem social existente do que qualquer ideal abstracto de progresso.

As regras de conduta a que é devida observância correspondem, pois, essencialmente àquilo que os antigos já faziam. Por serem fruto da sua vontade, adquiriram carácter sagrado. Reflecte-se aqui o facto de, para muitos destes povos, a vida ser um todo homogéneo, em que o religioso não se distingue do profano.

As regras consuetudinárias são transmitidas oralmente, de geração em geração, cabendo aos mais velhos preservar a respectiva memória. O que, reforçando a proximidade entre as regras jurídicas e os seus destinatários, aumenta também a sua diversidade dentro do mesmo espaço territorial. Daí igualmente a sua simplicidade e concisão, assim como as dificuldades da sua prova[9].

Não raro, acham-se essas regras contidas em provérbios, razão por que se fala de um *Direito proverbial*, que rege certas etnias. É o que sucede, por exemplo, em Angola, entre os Ovimbundos[10], e na República do Congo, entre os Bacongos[11].

No período colonial, várias potências europeias (mesmo aquelas que se orientaram por um ideal de assimilação das populações autóctones, como foi o caso de Portugal e da França[12]) reconheceram esta realidade,

---

[8] Ver, sobre o tema, T. OLAWALE ELIAS, *The Nature of African Customary Law*, Manchester, 1956; MICHEL ALLIOT, «Les résistances traditionelles au droit moderne dans les états d'Afrique francophones et à Madagascar», *in* JEAN POIRIER (director), *Études de droit africain et de droit malgache*, s.l., 1965, pp. 235 ss.; ANTONY ALLOT, «La place des coutumes juridiques africaines dans les systèmes juridiques africains modernes», *in ibidem*, pp. 257 ss.; AKINTUNDE EMIOLA, *The Principles of African Customary Law*, Ogbomoso (Nigéria), 1997.

[9] Sobre o ponto, *vide* GORDON R. WOODMAN, «Some Realism About Customary Law – The West African Experience», *in* GORDON R. WOODMAN /A.O. OBILADE (orgs.), *African Law and Legal Theory*, Aldershot/Singapura/Sidney, 1995, pp. 145 ss.

[10] Cfr. JOSÉ FRANCISCO VALENTE, *Selecção de provérbios e adivinhas em Umbundu*, s.l., Instituto de Investigação Científica de Angola, 1964; e MOISÉS MBAMBI, «O Direito proverbial entre os Ovimbundu», *Jornal de Angola*, 14 de Janeiro de 1990.

[11] Cfr. ANDRÉ RYCKMANS/C. MWELANZAMBI BAKWA, *Droit Coutumier Africain. Proverbes judiciaires Kongo (Zaire)*, Paris/Mbandaka, 1992.

[12] Ver, sobre o ponto, ERIC AGOSTINI, *Droit comparé*, Paris, 1988, pp. 247 ss.; RODOLFO SACCO, *Il diritto africano*, cit., pp. 119 ss.; e ARMANDO MARQUES GUEDES, ob. cit., pp. 52 ss.

acolhendo em consequência disso um princípio de *pluralidade de estatutos* de Direito Privado (ainda que, como nota JACQUES VANDERLINDEN[13], de uma *pluralidade hierarquizada* se tratasse). Assim, por exemplo, a lei portuguesa *contemporizou*, primeiro[14], e *reconheceu*, depois[15] (aceitando, portanto, a sua validade, ainda que dentro de certos limites[16]), os usos e costumes locais das províncias ultramarinas, que mandou compilar. Sob este prisma, a orientação fixada na lei portuguesa não era, pois, substancialmente diversa da que foi observada na África britânica, no quadro da política dita de *governo indirecto* («indirect rule») nela posta em prática[17].

II – Outra foi a orientação seguida pelos novos Estados africanos saídos das independências ocorridas na segunda metade do século XX.

---

[13] Cfr. *Les systèmes juridiques africains*, cit., p. 94.

[14] Veja-se o art. 22.º do *Acto Colonial*, que dispunha: «Nas colónias atender-se-á ao estado de evolução dos povos nativos, havendo estatutos especiais dos indígenas que estabeleçam para estes, sob a influência do direito público e privado português, regimes jurídicos de contemporização com os seus usos e costumes individuais, domésticos e sociais, que não sejam incompatíveis com a moral e os ditames da humanidade». O *Estatuto dos Indígenas Portugueses das Províncias da Guiné, Angola e Moçambique*, promulgado, na sua última versão, pelo Decreto-Lei n.º 39.666, de 20 de Maio de 1954, previu que, salvo quando a lei dispusesse de outra maneira, os «indígenas» daquelas províncias se regeriam pelos «usos e costumes próprios das respectivas sociedades»; mas determinou que a contemporização com estes seria limitada «pela moral, pelos ditames da humanidade e pelos interesses superiores do livre exercício da soberania portuguesa» (art. 3.º). Para uma crítica desse diploma, que foi revogado, sendo Ministro do Ultramar Adriano Moreira, pelo Decreto-Lei n.º 43.893, de 6 de Setembro de 1961, vejam-se ANDRÉ GONÇALVES PEREIRA, *Administração e Direito Ultramarino*, Lisboa, 1971, pp. 371 ss., e ELISABETH VERA CRUZ, *O estatuto do indigenato – Angola – A legalização da discriminação na colonização portuguesa*, s.l., 2005.

[15] Cfr. o art. 1.º do Decreto n.º 43.897, de 6 de Setembro de 1961, no qual se dispunha: «São reconhecidos os usos e costumes locais, reguladores de relações privadas, quer os já compilados, quer os não compilados e vigentes nas regedorias».

[16] Cfr. o art. 2.º do mesmo diploma, segundo o qual: «Os usos e costumes de direito privado constituem um estatuto pessoal que deve ser respeitado em qualquer parte do território nacional e cuja aplicação será limitada apenas pelos princípios morais e pelas regras fundamentais e básicas do sistema jurídico português»

[17] Observe-se que a aplicação do Direito costumeiro pelos tribunais instituídos pela administração britânica se achava subordinada à denominada *repugnancy clause*, nos termos da qual as regras consuetudinárias não podiam ser aplicadas se fossem contrárias à *natural justice*, à *equity* e à *good conscience*: cfr. W. C. EKOW DANIELS, «The Interaction of English Law with Customary Law in West Africa», *The International and Comparative Law Quarterly*, 1964, pp. 574 ss.

A necessidade de assegurar a unidade nacional e a autoridade do Estado, não raro no contexto de guerras civis, bem como o propósito de consumar certas reformas sociais tidas como indispensáveis pelos novos poderes constituídos, levou-os a reservar ao costume um lugar subalterno relativamente ao Direito oficial. Assim se explica que nenhuma das constituições dos países africanos de língua oficial portuguesa fizesse originariamente qualquer referência ao Direito consuetudinário, embora todas regulassem, por exemplo, o exercício do poder legislativo e a eficácia do Direito Internacional na ordem interna[18].

Alguns sistemas jurídicos africanos permitem, é certo, o reconhecimento de efeitos jurídicos a situações constituídas à sombra do Direito costumeiro. É o que sucede, nomeadamente, pelo que respeita ao uso da terra. Assim, em Angola, a *Lei de Terras*[19] reconhece às famílias que integram as comunidades rurais «a ocupação, posse e os direitos de uso e fruição dos terrenos rurais comunitários por ela ocupados e aproveitados de forma útil e efectiva segundo o costume», situações que são integradas no denominado «domínio útil consuetudinário»[20]. Na Guiné-Bissau, a *Lei da Terra*[21] prevê também, no artigo 16.°, n.° 1, que «[p]oderão ser objecto de atribuição de direitos de uso privativo, por uso consuetudinário, os terrenos rurais ou urbanos livres de ocupação, incluídos nas áreas reservadas para as Comunidades Locais»[22]. Analogamente, em Moçambique a *Lei de Terras*[23], estabelece, no artigo 12, alínea *a*), que o direito de uso e aproveitamento da terra[24] é adquirido por «ocupação por pessoas singulares

---

[18] A situação alterou-se entretanto em Moçambique, como se verá a seguir.

[19] Lei n.° 9/04, de 9 de Novembro.

[20] Em Angola, a terra constitui, segundo o art. 5.° da citada Lei n.° 9/04, «propriedade originária do Estado, integrada no seu domínio privado ou no seu domínio público». O art. 6.° desse diploma prevê, no entanto, que «o Estado pode transmitir ou onerar a propriedade dos terrenos integrados no seu domínio privado». Entre os direitos fundiários que o Estado pode constituir sobre os terrenos integrados no seu domínio privado em benefício de terceiros inclui-se, além do direito de propriedade, o mencionado domínio útil consuetudinário (art. 34.°, n.° 1, da mesma lei).

[21] Lei n.° 5/98, de 28 de Abril.

[22] Note-se que, segundo o art. 2.°, n.° 1, do mesmo diploma, «[n]a República da Guiné-Bissau a terra é propriedade do Estado e património comum de todo o povo». O n.° 3 do mesmo preceito acrescenta, todavia, que «[o]s direitos constituídos sobre a terra e sobre os recursos naturais importam em igual protecção quer resultem do costume, quer da lei».

[23] Lei n.° 19/97, de 1 de Outubro.

[24] A qual é, naquele país, propriedade do Estado: arts. 109.° da Constituição e 3 da citada Lei. Sobre o referido direito, veja-se MARIA DA CONCEIÇÃO FARIA/NELSON JEQUE (coordenadores), *Direito de uso e aproveitamento da terra*, Maputo, 2006.

e pelas comunidades locais, segundo as normas e práticas costumeiras no que não contrariem a Constituição».

Algo de semelhante se passa em matéria de casamento, dada a existência em África, sobretudo nos meios rurais, de formas tradicionais de celebração que não correspondem às previstas na lei. Por isso estabelece em Angola o artigo 73.°, alínea d), do *Código da Família*[25] que se considera sanada a anulabilidade, e é tido como válido o casamento, desde o momento da respectiva celebração, se a falta de observância dos requisitos formais a que a lei o subordina for devida a «circunstâncias atendíveis», como tais reconhecidas pelo Ministro da Justiça, desde que não haja dúvida sobre a celebração do acto. Por seu turno, na Guiné-Bissau o artigo 1.°, n.° 2, da Lei n.° 3/76, de 3 de Maio, dispõe que «[o] casamento não formalizado produzirá todos os efeitos próprios do casamento formalizado, quando reconhecido judicialmente»[26]. E em Moçambique a *Lei da Família*[27] prevê, no artigo 16, n.° 2, que «[a]o casamento monogâmico, religioso e tradicional é reconhecido valor e eficácia igual à do casamento civil, quando tenham sido observados os requisitos que a lei estabelece para o casamento civil».

A verdade, porém, é que a maior parte dos sistemas jurídicos africanos resolveu o conflito entre o Direito legislado e o costume pela supremacia do primeiro sobre o segundo – o que equivale a reconhecer eficácia apenas ao costume *secundum* ou *praeter legem*. Foi, por exemplo, o que sucedeu em Angola, onde, por força do artigo 38.°, alínea d), da Lei n.° 18/88, de 31 de Dezembro, que instituiu o Sistema Unificado de Justiça, se admite que os Tribunais Populares Municipais decidam as causas que lhes são submetidas por apelo ao Direito consuetudinário, desde que as partes nisso convenham e as respectivas normas não contrariem os princípios fixados na lei. Na mesma linha fundamental de orientação, dispôs o artigo 66 da Constituição da Namíbia, adoptada em 1990: «(1) Tanto o Direito costumeiro como o *Common Law* da Namíbia em vigor à data da Independência permanecerão válidos, na medida em que não conflituem com a presente Constituição e a lei ordinária. (2) Nos termos da presente

---

[25] Aprovada pela Lei n.° 1/88, de 20 de Fevereiro. Cfr., a respeito desta lei, MARIA DO CARMO MEDINA, *Direito da Família*, Luanda, 2001.

[26] Ver, sobre o ponto, FODÉ ABULAI MANÉ, «A mulher e a criança no sistema jurídico guineense», – *Soronda. Revista de estudos guineenses*, Nova Série, n.° 8, Julho de 2004, pp. 29 ss. (especialmente pp. 40 ss.).

[27] Reformada pela Lei n.° 10/2004, de 25 de Agosto. Sobre este diploma, ver JOSÉ IBRAÍMO ABUDO, *Direito da Família*, Maputo, 2005.

Constituição, pode qualquer parte do referido *Common Law* ou do Direito costumeiro ser revogada ou modificada ou confinada a sua aplicação a certas partes da Namíbia ou a certos períodos»[28]. Outra não é, no essencial, a orientação acolhida na Constituição sul-africana de 1996, cujo artigo 211, n.º 3, dispõe: «Os tribunais devem aplicar o Direito consuetudinário quando este for aplicável, sem prejuízo do disposto na Constituição e em qualquer legislação especificamente respeitante ao Direito consuetudinário»[29].

Muito mais longe na subalternização do costume fora a Etiópia, em 1960, ao adoptar um Código Civil (de cuja preparação havia sido encarregado o comparatista francês RENÉ DAVID) abertamente animado pelo propósito de modernizar a sociedade por via legislativa, que revogou expressamente os costumes até então vigentes no país nas matérias por ele disciplinadas[30].

III – O exposto não tem, todavia, impedido o costume de prevalecer sobre a lei, nomeadamente em matéria familiar e sucessória.

Demonstra-o a subsistência, sobretudo nos meios rurais (mas não só), de práticas como a *união poligâmica* (com vastíssima incidência em todo o continente, mesmo em países onde a influência islâmica não se fez sentir de modo assinalável, como é o caso de Angola[31]), o *alembamento* e o *lobolo* (i. é, os bens e quantias entregues, respectivamente em Angola e em

---

[28] Tradução da nossa responsabilidade. É o seguinte o texto original: «(1) Both the customary law and the common law of Namibia in force on the date of Independence shall remain valid to the extent to which such customary or common law does not conflict with this Constitution or any other statutory law. (2) Subject to the terms of this Constitution, any part of such common law or customary law may be repealed or modified by Act of Parliament, and the application thereof may be confined to particular parts of Namibia or to particular periods».

[29] «The courts must apply customary law when that law is applicable, subject to the Constitution and any legislation that specifically deals with customary law».

[30] Haja vista ao art. 3347, n.º 1, desse diploma, que estabelece: «Salvo disposição expressa em contrário, todas as regras escritas ou consuetudinárias anteriormente em vigor respeitantes às matérias reguladas neste Código serão por este substituídas e ficam deste modo revogadas» («Unless otherwise expressly provided, all rules whether written or customary previously in force concerning matters provided for in this Code shall be replaced by this Code and are hereby repealed»). Sobre os pressupostos da codificação etíope, veja-se RENÉ DAVID, «Rapport à S.M.I. Hailé Selassié I sur la codification des lois civiles», *in Le Droit Comparé. Droits d'hier, Droits de demain*, Paris, 1982, pp. 258 ss.

[31] Essa prática assume todavia cambiantes diversos consoante a religião dominante na comunidade em que é observada: só na África islâmica, por exemplo, as mulheres do polígamo convivem entre si.

Moçambique, pelo noivo ou sua família à família da noiva, aquando da celebração da promessa de casamento, que a segunda se obriga a devolver ao primeiro caso não se verifique a consumação do casamento ou se este for dissolvido por divórcio de que seja culpada a mulher[32]) e a *sucessão matrilinear* (em que os irmãos maternos e os filhos das irmãs do *de cujus* encabeçam a lista dos sucessíveis, por forma a garantir a pureza do sangue), praticada designadamente pelos Papéis e Manjacos da Guiné-Bissau[33] e pelos Axânti do Gana[34].

Em contrapartida, certas leis, como o Código Civil da Etiópia, terão permanecido em larga medida letra morta[35].

Compreende-se assim que não falte hoje em África quem veja no reconhecimento pelo Estado do *pluralismo jurídico – hoc sensu*, a coexistência na mesma sociedade de diferentes sistemas normativos e de resolução de conflitos, criados por diferentes grupos sociais[36] – uma premente necessidade social[37].

O que, por seu turno, é susceptível de gerar novos problemas, uma vez que desse modo os juízes poderão ver-se colocados perante o dilema de, ao atenderem aos costumes (que, em princípio, correspondem melhor ao sentimento de justiça das populações), violarem a lei ou a Constituição.

---

[32] Ver JOÃO VICENTE MARTINS, *Os Tutchokwe do Nordeste de Angola*, Lisboa, 2001, p. 248; PAULO GRANJO, *Lobolo em Maputo*, Porto, 2005, *passim*.

[33] Cfr. LEONARDO CARDOSO, «Sistemas de herança entre os Papéis, Manjacos e Mancanhas», *Soronda. Revista de estudos guineenses*, Nova Série, n.º 6, Julho de 2003, pp. 147 ss.

[34] Ver AKINTUNDE EMIOLA, *The Principles of African Customary Law*, cit., pp. 2 s.

[35] Neste sentido, JACQUES VANDERLINDEN, *Les systèmes juridiques africains*, cit., p. 115; RODOLFO SACCO, *Il diritto africano*, cit., p. 197.

[36] Sobre a noção e os pressupostos do pluralismo jurídico, *vide* JACQUES VANDERLINDEN, «Le pluralisme juridique. Essai de synthèse», *in* JOHN GILISSEN (org.), *Le pluralisme juridique*, Bruxelas, 1971, pp. 19 ss.; M. B. HOOKER, *Legal Pluralism. An Introduction to Colonial and Neo-colonial Laws*, Oxford, 1975; JOHN GRIFFITHS, «What is Legal Pluralism?», *Journal of Legal Pluralism*, 1986, pp. 1 ss.; MASAJI CHIBA, *Legal Pluralism: Toward a General Theory through Japanese Legal Culture*, Tóquio, 1989; NORBERT ROULAND, «Pluralisme juridique», *in* ANDRÉ-JEAN ARNAUD (director), *Dictionnaire encyclopédique de théorie et de sociologie du droit*, 2.ª ed., Paris, 1993, pp. 449 s. Acerca do pluralismo jurídico em África, vejam-se: I. OLUWOLE AGBEDE, *Legal Pluralism*, Ibadan (Nigéria), 1991; AMSATOU SOW SIDIBÉ, *Le pluralisme juridique en Afrique (L'exemple du droit successoral sénégalais)*, Paris, 1991; O. B. OLAOBA, *An Introduction to African Legal Culture*, cit., pp. 23 ss; e DIETRICH NELLE, «Rechtspluralismus in Afrika – Entwicklung, System und Perspektiven des internen und internationalen Kollisionsrechts», *Recht in Afrika*, 2006, pp. 69 ss.

[37] Assim, por exemplo, CHARLES NTAMPAKA, ob. cit., p. 170.

É o que sucede, por exemplo, no caso dos costumes que consagram a *excisão feminina* (amplamente divulgada sobretudo nos países da África Ocidental e Central[38]) e o *infanticídio ritual* de crianças portadoras de certas deficiências congénitas (praticado, *v.g.*, pelos membros de certas etnias da Guiné-Bissau[39]).

IV – Terá sido este o problema que o legislador moçambicano procurou resolver, ao dispor, no artigo 4.° da Constituição (revista por último em 2004), sob a epígrafe «pluralismo jurídico»:

> «O Estado reconhece os vários sistemas normativos e de resolução de conflitos que coexistem na sociedade moçambicana, na medida em que não contrariem os valores e princípios fundamentais da Constituição.»[40]

O reconhecimento do pluralismo jurídico, ainda que dentro de certos limites, como os que estabelece o Direito moçambicano, parece realmente inelutável. Por três ordens de razões.

Por um lado, porque, na medida em que o sistema jurídico visa disciplinar a vida em sociedade segundo certa ordem de valores, importa que as suas regras se adequem ao sentimento de justiça dos respectivos destinatários, sob pena de serem por estes rejeitadas – o que em última análise conduzirá à sua ineficácia, como frequentemente sucedeu em África com o Direito legislado, quer no período colonial, quer após a proclamação das independências nacionais. A admissão do costume como fonte de Direito pode, assim, dizer-se conforme a um *princípio de adequação*[41], o qual constitui por seu turno um corolário da finalidade precípua desempenhada por toda a regra jurídica.

---

[38] Sobre esta prática (que atingirá actualmente entre 85 e 115 milhões de mulheres) e as suas consequências penais perante os Direitos português e guineense, *vide* AUGUSTO SILVA DIAS, «Faz sentido punir o ritual do *fanado*? Reflexões sobre a punibilidade da excisão clitoridiana», *Revista Portuguesa de Ciência Criminal*, 2006, pp. 1 ss.

[39] Cfr. AUGUSTO SILVA DIAS, «Problemas do Direito Penal numa sociedade multicultural: o chamado infanticídio ritual na Guiné-Bissau», *Revista Portuguesa de Ciência Criminal*, 1996, pp. 209 ss.; MAMADU JAO, «Código Penal, infanticídio e rejeição: a prova do rio», *Soronda. Revista de estudos guineenses*, Nova Série, n.° 7, Dezembro de 2003, pp. 45 ss.

[40] Sobre o fenómeno do pluralismo jurídico em Moçambique, *vide*, numa perspectiva sociológica, BOAVENTURA SOUSA SANTOS/JOÃO CARLOS TRINDADE (orgs.), *Conflito e transformação social: uma paisagem das justiças em Moçambique*, 2 vols., Porto, 2003.

[41] Ver, sobre este, JOSÉ HERMANO SARAIVA, *Lições de Introdução ao Direito*, Lisboa, 1962/63, p. 409.

Por outro lado, porque esse reconhecimento pode ser reclamado pela própria justiça, como o revelam os casos, submetidos nos anos 60 aos tribunais sul-africanos, em que o cônjuge sobrevivo, que casara na forma prevista pelo Direito tradicional e reclamava em juízo uma indemnização pelo dano sofrido em consequência do homicídio culposo do cônjuge por um terceiro, via negada a sua pretensão com fundamento em que a união em causa não era tida como um casamento válido pela lei sul-africana[42].

Finalmente, porque o reconhecimento pelo Estado do pluralismo jurídico pode constituir um modo eficaz de reduzir as tensões sociais.

d) *A comunhão de valores e instituições*

I – Entre os povos Bantos, é possível detectar, além da sua pertença à mesma família linguística, uma certa comunhão de valores, que constitui outro relevante factor de unidade entre os sistemas jurídicos em apreço.

Essa comunhão traduz-se, antes de mais, num certo *comunitarismo*, que tem como corolário o primado do grupo sobre os indivíduos que o compõem[43]. O grupo (seja ele a etnia, a tribo, o clã ou a família) é, na verdade, a célula-base da sociedade africana e assume mesmo, por vezes, a condição de sujeito de direitos: não raro, o indivíduo apenas exerce direitos colectivos (como sucede, por exemplo, em matéria de direitos sobre a terra, cuja utilização, *v.g.* para efeitos de pastagem, é frequentemente atribuída à colectividade e não aos indivíduos que a compõem[44]). Do mesmo modo, o casamento, mais do que um contrato entre os esposos, é tido como uma aliança entre as respectivas famílias, que o negoceiam e celebram entre si, assumindo a responsabilidade pelo pagamento do alembamento ou lobolo devido à família da noiva e resolvendo os litígios que entre os futuros cônjuges porventura venham a suscitar-se. Em certas etnias, a sucessão *mortis causa* opera-se mantendo-se indiviso o património do defunto e sendo os bens que o integram administrados pelo filho mais velho em benefício de toda a família, a fim de preservar os vínculos familiares[45]. As indemnizações dos danos causados por actos ilícitos são de igual modo

---

[42] Ver ZIMMERMANN/VISSER, ob. cit., p. 13.

[43] Bem patente no provérbio zulu «*umuntu ngumuntu ngabantu*» («sou o que sou graças ao que todos nós somos»).

[44] Ver, por exemplo, JOÃO VICENTE MARTINS, *Os Tutchokwe do Nordeste de Angola,* cit., p. 388.

[45] Cfr. ANTONY ALLOT, «African Law», cit., p. 155.

devidas pela família ou clã a que pertence o infractor: há nesta medida, segundo alguns, uma *responsabilidade colectiva* pelos ilícitos praticados pelos membros do grupo (ou, pelo menos, uma satisfação da indemnização devida à vítima através de bens administrados colectivamente)[46].

Pode, pelo exposto, dizer-se que a ideia de direito subjectivo é basicamente estranha aos Direitos tradicionais da África subsariana; o que está em sintonia com a circunstância de estes não se acharem impregnados do individualismo característico dos ordenamentos jurídicos europeus e norte-americanos, em que esse conceito prosperou. Os Direitos tradicionais africanos baseiam-se antes na ideia de *status* – isto é, na atribuição ao indivíduo de certa posição no grupo social a que pertence, a qual determina a sua condição jurídica.

Esta concepção do Direito encontra-se estreitamente ligada à filosofia de vida própria dos povos Bantos. Entre os traços fundamentais desta sobressai a crença, profundamente enraizada nesses povos, numa ligação fundamental entre todos os seres vivos e mortos, assente na ideia de que a *força vital* de uns condiciona a dos outros. Como a força vital dos vivos é determinada pela dos seus antepassados (assim como a dos ramos de uma árvore lhes advém do tronco comum), os direitos e obrigações dos primeiros dependem necessariamente da sua relação com os segundos e da sua posição no grupo formado a partir deles[47].

II – Isto nos conduz a outro aspecto, aliás conexo com o anterior. A sociedade africana é fortemente *estratificada e hierarquizada*. Não há nela um ideal de igualdade entre os respectivos membros. Assim, o chefe (patriarca, soba ou régulo), cuja legitimidade se funda na vontade divina e é por isso inquestionável, concentra em si todos os poderes (incluindo os de árbitro e juiz) e goza de um estatuto especial[48].

A mulher encontra-se numa posição subordinada ao homem, podendo o pai dar a filha em casamento, sem o seu acordo, se for menor.

---

[46] Ver, sobre o ponto, T. OLAWALE ELIAS, *The Nature of African Customary Law*, cit., pp. 87 ss.; O. B. OLAOBA, *An Introduction to African Legal Culture*, cit., pp. 13 ss.

[47] Por isso escreve R. P. PLACIDE TEMPELS em *La philosophie bantoue*, Paris, 1949 (traduzida do holandês por A. Rubbens), p. 82: «Todo o direito costumeiro digno desse nome (e que seja direito e não uma tolerância do abuso) é inspirado, animado e justificado do ponto de vista banto pela sua filosofia da força vital».

[48] O que explicará a tendência para a concentração de poderes no Chefe de Estado, que caracteriza o moderno constitucionalismo africano: cfr. RODOLFO SACCO, *Il diritto africano*, cit., pp. 179 ss.

O marido pode, por seu turno, tomar para si várias mulheres, sem que qualquer delas a isso se possa opor[49]. Mesmo em sistemas matrilineares, as mulheres têm menos direitos sucessórios do que os homens (quando os têm). Não raro, a viúva daquele que faleceu prematuramente deve acolher-se à protecção de um irmão do defunto marido, casando com ele: é o *levirato*, sancionado pelo costume em Moçambique e na Guiné-Bissau, nomeadamente entre os povos Fula e Mandinga[50].

Nalguns países africanos, como o Burundi e o Ruanda, vigorou até recentemente um sistema de castas, que distinguia os Tutsis (minoritários, mas socialmente dominantes, dedicando-se essencialmente à criação de gado) dos Hutus (maioritários, mas socialmente subordinados aos primeiros, sendo na sua maioria agricultores)[51]. Outro exemplo de um sistema de castas é dado pela diferenciação, que persiste na Mauritânia, entre Mouros brancos (Bidan) e Mouros negros (Haratin), a respeito dos quais existem relatos de práticas de escravatura, não obstante a sua abolição naquele país em 1980[52]. Outro exemplo ainda resulta da divisão do povo Fula – que habita vastos territórios da África Ocidental, do Senegal à Nigéria (incluindo a Guiné-Bissau) – nas castas dos Lambé (régulos), Horebê (chefes políticos, conselheiros, etc.), Dodabé (a qual compreeende a plebe no seu conjunto, esta por seu turno dividida em várias castas) e Matchubê (cativos que a guerra ou a compra reduziram à condição servil)[53].

III – Uma última característica por vezes apontada aos Direitos tradicionais africanos, na qual se manifestam também o espírito essencialmente

---

[49] Ver, sobre o ponto, MARIA DO CARMO MEDINA, «Direitos humanos e Direito da Família», *Revista da Faculdade de Direito da Universidade Agostinho Neto*, n.º 4, Dezembro de 2004, pp. 117 ss. (pp. 132 ss.).

[50] Cfr. ARTUR AUGUSTO SILVA, *Usos e costumes jurídicos dos Fulas da Guiné Portuguesa*, Bissau, 1958, pp. 52 s.; *idem, Usos e costumes jurídicos dos Mandingas. Ensaio*, Bissau, 1969, pp. 65 s.

[51] A hostilidade entre os dois grupos degenerou em 1994, como se sabe, no genocídio dos primeiros por milícias dos segundos. A fim de julgar os suspeitos de perpetrarem os crimes então cometidos foi criado pelo Conselho de Segurança da Organização das Nações Unidas o *Tribunal Penal Internacional para o Ruanda*, sedeado em Arusha, na Tanzânia.

[52] Ver A. DIAS FARINHA, «Mauritânia», *Enciclopédia Verbo Luso-Brasileira de Cultura. Edição século XXI*, vol. 19, cols. 331 ss.

[53] Cfr. ARTUR AUGUSTO SILVA, *Usos e costumes jurídicos dos Fulas da Guiné Portuguesa*, cit., pp. 38 s.

conservador dos africanos e a sua preocupação com a defesa do *statu quo*, é a escassa relevância que o decurso do tempo neles assume. Tal a razão por que a prescrição e a força obrigatória do caso julgado são desconhecidas em vários desses Direitos. Assim, em alguns povos a propriedade imobiliária não pode ser adquirida por prescrição – até porque, pertencendo à família, tendencialmente eterna, não pode ser perdida por esta[54]. Por outro lado, um processo pode ser reaberto sempre que as partes não hajam dado o seu acordo quanto à solução que nele prevaleceu[55].

3. A diversidade dos sistemas jurídicos africanos e as suas causas

Agora pergunta-se: serão os traços de união entre os sistemas jurídicos africanos que acabamos de identificar por si sós bastantes a fim de se autonomizar uma família jurídica africana?

Supomos que não é para já possível responder afirmativamente, visto que, não obstante esses traços comuns, subsistem profundas diferenças entre os sistemas jurídicos africanos. Um jurista angolano, guineense ou moçambicano, por exemplo, terá muito mais facilidade em entender-se, no exercício da sua profissão, com um português ou um brasileiro do que com um nigeriano ou um queniano: enquanto que os primeiros procurarão a regra aplicável ao caso singular preferentemente nos códigos e nas leis que os complementam, os segundos extraí-la-ão em princípio de decisões judiciais; ao passo que aqueles aferirão a susceptibilidade de revisão judicial de um contrato, em caso de alteração de circunstâncias, à luz dos ditames da boa fé, os segundos tê-la-ão por excluída à luz do princípio da *sanctity of contracts*; e assim por diante.

Não há, em suma, um *conceito de Direito unitário* em África.

a) *A fragmentação étnica e política do continente africano*

Ora, a que se deve essa diversidade dos sistemas jurídicos africanos?

Entre as causas do fenómeno em apreço sobressai, em primeiro lugar, a fragmentação étnica e política deste continente. Pese embora a rele-

---

[54] Assim sucedia, por exemplo, entre os Felupes da actual Guiné-Bissau: ver ARTUR AUGUSTO SILVA, *Usos e costumes jurídicos dos Felupes da Guiné*, Bissau, 1960, p. 39.

[55] Neste sentido, KÉBA M'BAYE, «The African Conception of Law», *in IECL*, vol. II, cap. 1, pp. 138 ss. (pp. 147 e 149).

vância dos impérios que na antiguidade e na idade média se constituíram e floresceram em África – como os do Egipto, da Etiópia, do Gana, do Mali e de Monomotapa –, o continente africano nunca conheceu uma civilização nativa de extensão, duração e homogeneidade análogas às que existiram na Ásia e na Europa: a África caracterizou-se sempre por uma diversidade de etnias, religiões, línguas e culturas muito superior à de qualquer daqueles continentes.

A retirada das potências coloniais acentuou a fragmentação política do continente africano, tendo as fronteiras dos novos Estados então constituídos sido definidas, não raro, segundo critérios completamente alheios à distribuição geográfica das populações. Assim é que a África, onde em 1945 apenas existiam três países plenamente independentes (o Egipto, a Etiópia e a Libéria), se encontra hoje dividida em mais de cinquenta Estados.

Não faltaram, por certo, tentativas de unificação política do continente após a ascensão desses Estados à independência, as quais culminaram, em 1963, na constituição da Organização de Unidade Africana, à qual sucedeu, em 2002, a União Africana. Até hoje, porém, estas organizações tiveram escasso êxito na consecução de semelhante propósito.

Diversos conflitos entretanto sobrevindos, tendo na sua origem pretensões de secessão de territórios integrados em Estados já constituídos, como os que eclodiram no Katanga (que foi independente do Congo entre 1960 e 1963), no Biafra (independente da Nigéria entre 1967 e 1970), na Namíbia (que se separou da África do Sul em 1990), na Eritreia (que se autonomizou da Etiópia em 1993), em Casamansa, em Darfur e no Sara Ocidental (estes últimos ainda não resolvidos), agravaram ainda mais a tendência para a fragmentação política do continente.

Ao exposto não é estranha a circunstância de o Estado, com a suas fronteiras mais ou menos arbitrárias, ser muitas vezes tido em África como um ente artificial, com o qual as populações escassamente se identificam: ao menos nos meios rurais, é ainda hoje a etnia, com os seus usos e costumes próprios, a principal referência na vida quotidiana de muitos africanos.

b) *A diversidade das influências externas*

O referido fenómeno resulta, por outro lado, da pluralidade de influências externas que se fizeram sentir nos sistemas jurídicos africanos.

Assim, nos países do Magrebe (Marrocos, Argélia e Tunísia), na Líbia, no Egipto e em alguns países da África Ocidental (como, por exemplo, o Senegal e a Nigéria) e Oriental (*v.g.* a Somália e o Quénia), vigora Direito muçulmano, que reflecte a islamização das populações locais operada após as invasões árabes dos séculos VII e VIII. Sendo que a interpretação do Direito muçulmano levada a cabo em cada um desses países não é a mesma: enquanto que no Magrebe é dominante a *escola maliquita*, na África Oriental é antes a *xafiita* que prevalece; o que se reflecte, designadamente, na diversidade de pontos de vista quanto à atendibilidade de certas fontes complementares do Corão[56].

Na África do Sul, encontra-se em uso um sistema jurídico híbrido[57], fruto da conjugação do Direito romano-germânico holandês com o *Common Law* inglês; e também os Camarões e a Ilha Maurícia acolhem sistemas híbridos, nos quais confluem regras de *Common Law* e de Direito francês.

Nos restantes países africanos, existem hoje sistemas jurídicos fortemente marcados pelos Direitos europeus neles materialmente recebidos aquando das respectivas independências. Entre estes sobressaem o Direito francês, que está na base dos sistemas jurídicos dos países que emergiram da antiga África Ocidental Francesa (Senegal, Mauritânia, Mali, Níger, etc.), bem como dos sistemas dos Estados que resultaram da África Equatorial Francesa (Chade, República Centro-Africana, Gabão e República do Congo) e ainda dos de Madagáscar, das Ilhas Comores e das Seychelles; o Direito inglês, que é parte substancial dos actuais sistemas jurídicos da Nigéria, dos Estados a que deu lugar a África Oriental Britânica (Quénia e Uganda) e dos que sucederam à antiga Rodésia (Zâmbia e Zimbabwe); e o Direito português, que constitui a matriz dos sistemas jurídicos oficiais de Angola, Cabo-Verde, Guiné-Bissau, Moçambique e São Tomé e Príncipe.

c) *A diversidade das fontes*

A mencionada diversidade decorre ainda da variedade das fontes de Direito em África[58]. Estas compreendem: uma base consuetudinária, ante-

---

[56] Ver N. J. COULSON, *A History of Islamic Law*, Edimburgo, reimpressão, 2004, pp. 86 ss.
[57] Sobre este, *vide*, por muitos, REINHARD ZIMMERMANN/DANIEL VISSER (orgs.), *Southern Cross. Civil Law and Common Law in South Africa*, reimpressão, Oxford, 2005.
[58] Cfr., sobre o ponto, KÉBA M'BAYE, «Sources et évolution du droit africain», in *Mélanges offerts à P.-F. Gonidec*, Paris, 1985, pp. 341 ss.

rior à colonização, vigente nas comunidades tradicionais; Direito religioso, adoptado pelas populações islamizadas, as quais ocupam uma extensa área, de Marrocos a Moçambique, e pelas comunidades hindus da África Oriental; Direito legislado, em parte recebido das potências coloniais e noutra de fonte autónoma, adoptado sobretudo após as independências; precedentes judiciais, que vinculam, por força do princípio *stare decisis*, os tribunais dos sistemas jurídicos de matriz inglesa, assim como os de certos sistemas jurídicos híbridos, como o sul-africano; e Direito uniforme ou harmonizado, emanado de organizações supranacionais como a referida OHADA.

d) *A diversidade dos problemas sociais que o Direito enfrenta*

Releva igualmente neste contexto a diversidade dos problemas sociais que o Direito hoje enfrenta em África. Não parece, com efeito, legítimo dizer (como já foi dito[59]) que estes são basicamente os mesmos em toda a parte: basta, a fim de concluir que assim não é, ter presente a extrema diversidade do meio ecológico, que varia entre o deserto e floresta tropical, daí resultando necessariamente diferentes exigências quanto à organização da vida em sociedade; a profunda desigualdade de estádios de desenvolvimento económico e social, inclusive entre países geograficamente muito próximos, como a África do Sul e Moçambique; os diferentes graus de realização do Estado de Direito, mesmo em países estreitamente interligados do ponto de vista histórico e cultural, como Cabo Verde e a Guiné-Bissau; e a variedade de posicionamentos do Estado perante a religião, até em países de maioria muçulmana como, por exemplo, a Tunísia e Marrocos.

e) *A diversidade dos sistemas de formação dos juristas*

À diversidade das fontes de Direito e dos problemas sociais que estas visam disciplinar acresce a dos sistemas de formação dos juristas[60].

O Direito oficial aprende-se hoje, na maioria dos países africanos, em Universidades públicas e privadas, organizadas em larga medida segundo o modelo das que existem na Europa. É o que sucede, por exemplo, em

---

[59] Ver KONRAD ZWEIGERT/HEIN KÖTZ, *Einführung in die Rechtsvergleichung*, cit., p. 66.

[60] Ver, sobre o tema, os estudos recolhidos em MICHEL PÉDAMON (org.), *Legal Education in Africa South of the Sahara. La formation juridique en Afrique noire*, Bruxelas, 1979.

Angola, na Guiné-Bissau e em Moçambique, cujas Faculdades de Direito públicas oferecem cursos de graduação e pós-graduação dotados de planos de estudos que convergem em boa parte com os que são ministrados em Portugal. Razão pela qual, aliás, se forjou entre os juristas portugueses e os destes países uma *comunhão de quadros mentais,* que os torna aptos a fim de exercerem a respectiva profissão no território de qualquer desses países. Não é fundamentalmente diferente desta a situação nos países da África francófona e anglófona, onde existem também instituições de ensino jurídico de matriz europeia.

Daqui resultou que (com ressalva da escola de magistrados criada pelos Estados membros da OHADA no Benim) os Estados africanos organizaram a formação dos respectivos juristas com grande autonomia uns relativamente aos outros. E se é certo que entre os países africanos lusófonos e francófonos não há diferenças de tomo nesta matéria, visto que todos relevam da mesma tradição jurídica, já no tocante aos anglófonos a situação é outra, dada, nomeadamente, a ênfase por estes posta, na esteira dos demais países de *Common Law,* na formação extra-universitária dos juristas.

f) *O binómio Direito estadual – Direito tradicional*

A diversidade dos sistemas jurídicos africanos é fruto, por último, de uma dualidade fundamental que caracteriza o Direito vigente em muitos países deste continente, no qual coexistem Direito estadual, de expressão escrita, aplicado fundamentalmente às comunidades urbanas, e Direito tradicional, de expressão oral, aplicado às comunidades rurais.

Nesta dualidade reflecte-se a própria diversidade cultural das sociedades africanas, fruto da clivagem entre os meios rurais e os urbanos, da pluralidade de etnias (que se estimam em mais de quatrocentas só entre os povos Bantos, que habitam a área compreendida entre a Nigéria e a África do Sul) e dos diferentes estádios de desenvolvimento económico e social nelas atingidos.

Ela tem muitas vezes como corolário a existência, a par da justiça estadual, de *autoridades para-estaduais,* que desempenham um papel preponderante na aplicação do Direito tradicional. Entre essas autoridades incluem-se, em Angola, os denominados *tribunais da embala* (*scl.*, a residência oficial do soba ou capital do reino)[61] e nos países com comunida-

---

[61] Ver, a este respeito, RAÚL DAVID, *Da justiça tradicional nos Umbundos*, Luanda, 1997.

des muçulmanas, como a Nigéria, a Somália e o Quénia, os tribunais da *Xaria*. No plano administrativo, é igualmente possível encontrar em África comunidades locais pré- e extra-estaduais, que são entes produtores de normas jurídicas de fonte não estadual[62].

Não raro, era (e é ainda em alguns países) conferida aos interessados a possibilidade de optarem entre aqueles dois subsistemas normativos pelo que respeita às matérias compreendidas no seu estatuto pessoal[63].

O problema fundamental que a existência de autoridades tradicionais suscitam é, porém, o da eficácia das respectivas decisões perante os órgãos administrativos e judiciais do Estado.

Nalguns países africanos tem-se procurado integrar essas autoridades no sistema administrativo e judiciário oficial, regulando a sua composição e atribuições, bem como os efeitos das respectivas decisões. Foi o que sucedeu, por exemplo, no Quénia, onde o *Kadhis' Courts Act, 1967,* instituiu diversos *tribunais do cádi,* que aplicam Direito muçulmano às questões do estatuto pessoal; em Moçambique, onde a Lei n.° 4/92, de 6 de Maio, criou os *tribunais comunitários,* aos quais se cometeu a resolução de pequenos diferendos, por aplicação dos usos e costumes locais, tendo subsequentemente o Decreto n.° 15/2000, de 20 de Junho, regulado o exercício pelas autoridades tradicionais de certas funções jurisdicionais e administrativas; na África do Sul, cuja Constituição, de 1996, expressamente reconheceu «a instituição, o estatuto

---

[62] Sobre o ponto, *vide*, quanto ao Direito angolano, Carlos Feijó/Cremildo Paca, *Direito Administrativo*, vol. I, *Introdução e Organização Administrativa*, Benguela//Cabinda/Luanda, 2005, p. 51.

[63] Neste sentido, dispôs entre nós o Decreto n.° 43.897, de 6 de Setembro de 1961: «Os usos e costumes de direito privado constituem um estatuto pessoal, que deve ser respeitado em qualquer parte do território nacional e cuja aplicação será limitada apenas pelos princípios morais e pelas regras fundamentais e básicas do sistema jurídico português» (art. 2.°); «A qualquer indivíduo é lícito submeter-se totalmente à lei escrita de direito privado, mediante simples declaração irrevogável, a fazer perante os serviços do registo civil e identificação, e sem prejuízo dos direitos e obrigações anteriormente assumidos. Os seus descendentes, incluindo os menores existentes à data da opção, ficam sujeitos à mesma lei» (art. 3.°). Na mesma linha de orientação, estabelecia em França o art. 82 da Constituição de 1946: «Les citoyens qui n'ont pas le statut civil français conservent leur statut personnel tant qu'ils n'y ont pas renoncé». No Senegal, o art. 571 do *Código da Família* de 1972 consagrou, em matéria sucessória, a possibilidade de opção pelas regras de Direito muçulmano («Les dispositions du présent titre s'appliquent aux successions des personnes qui, de leur vivant, ont expréssement ou par leur comportement, indiscutablement manifesté leur volonté de voir leur héritage dévolu selon les règles du droit musulman»).

e o papel» das autoridades tradicionais segundo o Direito consuetudinário, tendo-as todavia subordinado às regras constitucionais e legais aplicáveis; na Nigéria, onde a Constituição de 1999 prevê a existência, na capital federal e nos estados federados, de *Sharia Courts of Appeal* e de *Customary Courts of Appeal*; e na Namíbia, cujos *Traditional Authorities Act, 2000,* e *Communities Courts Act, 2003*, reconhecem às autoridades tradicionais o poder de criarem, determinarem e aplicarem regras consuetudinárias. Mas esta integração está longe de se ter estendido a todos os países africanos.

4. Conclusão

Os sistemas jurídicos africanos, apesar de possuírem características próprias, de indubitável originalidade, que exprimem mundividências ou «modos de pensar»[64] específicos, revelam uma diversidade tal que se torna impossível reconduzi-los a uma única família jurídica. Tais sistemas integram-se, por ora, nas famílias jurídicas romano-germânica, de *Common Law* ou islâmica, consoante os elementos que neles forem predominantes. Quando conjuguem traços distintivos de duas ou mais destas famílias jurídicas, são de caracterizar como sistemas jurídicos híbridos.

Trará o futuro a unificação dos Direitos africanos? Também aqui uma resposta positiva suscita muitas dúvidas.

A evolução económica e social dos países africanos não é favorável à preservação dos Direitos tradicionais, nos quais, como vimos, radicam os principais factores de união entre os sistemas jurídicos africanos: a economia monetária, a urbanização, a criação de um mercado de trabalho, a melhoria das comunicações, a democratização, a pulverização da família tradicional e os movimentos de emancipação feminina – tudo isso são fenómenos que, a prazo, jogam contra a subsistência desses Direitos, pois os problemas por eles suscitados, assim como as soluções que reclamam, são muito diversos daqueles a que tais Direitos dão resposta.

O aprofundamento da unidade política e económica entre os países africanos pode, é certo, levar a uma maior aproximação entre estes no

---

[64] Sobre este conceito da antropologia, *vide* WOLFGANG FIKENTSCHER, *Modes of Thought. A Study in the Anthropology of Law and Religion*, Tubinga, 1995, especialmente pp. 17 ss.

plano jurídico. Mas, tal como na Europa a unificação económica e política não conduziu até hoje (nem é provável que conduza no futuro próximo[65]) à supressão da diversidade dos Direitos nacionais – não tendo sequer posto termo à repartição destes por diferentes famílias jurídicas, pois não há, ao menos por enquanto, uma «família jurídica europeia» –, também em África não é de esperar que isso aconteça.

---

[65] Ver o nosso estudo «Um Código Civil para a Europa? Algumas reflexões», in ANTÓNIO MENEZES CORDEIRO/LUÍS MENEZES LEITÃO/JANUÁRIO COSTA GOMES (organizadores), *Estudos em homenagem ao Professor Doutor Inocêncio Galvão Telles*, vol. I, Coimbra, Almedina, 2002, pp. 47 ss. (reproduzido in *Direito Internacional Privado. Ensaios*, vol. I, Coimbra, 2002, pp. 7 ss.).

CADUCIDADE E PRESCRIÇÃO EM DIREITO TRIBUTÁRIO – OS ABUSOS DO ESTADO LEGISLADOR/CREDOR

Diogo Leite de Campos*

> Sumário: *I. Introdução: 1. O Estado absoluto – legislador e credor. II. Prescrição e caducidade: 2. Prescrição e caducidade em geral; 3. Cont. – A) A prescrição; 4. Cont. – B) Caducidade; 5. Prescrição e caducidade no Direito Tributário; 6. Suspensão da prescrição e da caducidade; 7. Caducidade do direito à liquidação do tributo. III. Os abusos do Estado legislador (juiz/credor) em matéria de prescrição e de caducidade: 8. Caducidade do direito de liquidar impostos; 9. Eliminação das garantias dos contribuintes; 10. O fim da prescrição; 11. Consequências que são especialmente gravosas.*

I. Introdução

1. *O Estado absoluto – legislador e credor*

O Estado fiscal é simultaneamente legislador e credor: a mesma pessoa, ou o mesmo grupo de pessoas, acumula em si mesma as situações jurídicas de legislador e de credor. Define os elementos da relação jurídica de imposto, como mais lhe interessa; regula o seu cumprimento nos termos que mais lhe convêm. Chega ao ponto de alterar as regras durante a vigência da relação. E, dada a repetição das relações jurídicas de imposto,

---

* Professor Catedrático da Faculdade de Direito de Coimbra

ano após ano, vai transformando-as, enquanto legislador, na medida dos seus interesses como credor.

Ainda mais.

Suponha-se que dizemos, a essa pessoa ou a esse grupo de pessoas cujas faces surgem por baixo da etiqueta "Estado", que as normas que modelam a relação jurídica têm de ser criadas e alteradas de acordo com a justiça – igualdade, generalidade, proporcionalidade, capacidade contributiva, personalização, isenção do necessário a uma existência em condições económicas dignas, etc. Responder-nos-ão, tranquilamente, que tais conceitos têm o conteúdo que eles lhes quiserem atribuir, pelo que justiça é o que eles disserem que é justiça. E veremos, talvez sem surpresa, que muitos dos defensores da justiça (juízes, professores, advogados) estão de acordo, mais ou menos resignadamente.

E, em última análise, dir-nos-ão que a sanção da injustiça é só política, na altura das eleições – mais tarde, porventura muito mais tarde – e que sendo essa injustiça sentida difusamente na sociedade, disfarçada pelo "poder" através de discursos culpabilizantes dos cidadãos, da invocação do bem público, das necessidades dos mais desfavorecidos, e do financiamento de serviços públicos essenciais, a sanção será sempre reduzida e incerta.

Em último recurso, sempre fica o "poder", a simples força desvinculada, que manda pagar primeiro e discutir depois (se o lesado souber e puder...). Poder sobre a pessoa do cidadão obrigado a produzir, durante a maior parte da sua vida, para um "senhor" estranho e com fins estranhos aos seus. Voltando-se ao despotismo iluminado, em que o Senhor de "ciência certa e poder absoluto" dispunha dos seus súbditos – "naturalmente" com justiça e ao serviço do bem público...

Os impostos são ilha de autoritarismo num Estado e numa sociedade que se querem – e se crêem – cada vez mais justos e mais livres. Em que deve ser cada pessoa a criar ou a aceitar os vínculos que limitam mas também engrandecem; em que o Estado, ao criar normas, deve actuar como um terceiro, independente, ao serviço da justiça.

Tenho vindo a defender a democratização dos impostos, pela efectiva participação dos cidadãos na criação dos impostos através de uma real autotributação, e não da autotributação meramente formal limitada ao princípio de legalidade dos impostos; e de uma também efectiva participação de cada cidadão na declaração e aplicação da relação jurídica de que seja sujeito. Tudo seguido de uma assunção pela sociedade civil do dirimir dos conflitos, através de arbitragem.

Já começo a admitir a necessidade de uma entidade reguladora independente em matéria das relações credor/devedor de imposto. Visando assegurar a justiça, o devido procedimento, a igualdade das partes. Mas não é desta proposta de remédio que agora se trata; antes, dos abusos do Estado legislador em matéria de regulamentação da prescrição e da caducidade.

II. Prescrição e caducidade

2. *Prescrição e caducidade em geral*

A prescrição e a caducidade são dois institutos comuns ao Direito que se situam no âmbito da influência do tempo nas relações jurídicas[1]. Cada relação jurídica tem o "seu tempo", convém que não perdure quando o seu tempo já passou. Depõem neste sentido (para além da própria natureza das coisas) razões de certeza jurídica. Não devem manter-se relações jurídicas constituídas para um certo período histórico, já esquecidas ou desprovidas de sentido social. O Direito é constituído pelas relações jurídicas actuais; que estão presentes aos interessados; que estes não abandonaram. "Não é possível parar o tempo"[2] havendo necessidade de uma "estabilização jurídica" decorrente da "penalização da inércia"[3], através da perda do direito. Ou, mais simplesmente, através da perda do direito pelo mero decurso do tempo, sem haver referência, pelo menos directa, à inércia do titular, operando mesmo na ausência desta inércia.

Situando-se, neste âmbito, a *prescrição* e a *caducidade*.

3. Cont. – A) *A prescrição*

A *prescrição* abrange todos os direitos que não sejam indisponíveis ou que não estejam excluídos por determinação legal ou pela sua própria

---

[1] Sobre estes institutos vd. ANTÓNIO MENEZES CORDEIRO, *Tratado de Direito Civil Português*, I, IV, 2005, Coimbra, Almedina, págs. 133 e segs., e 207 e segs.

[2] PEDRO PAIS DE VASCONCELOS, *Teoria Geral do Direito Civil*, Coimbra, Almedina, 3.ª ed., 2005, p. 754.

[3] Aut. *ob. loc. cits.*

natureza. Aplicando-se sobretudo a direitos de crédito, tendo como objecto, mais em geral, os direitos subjectivos[4].

Decorre da lei e assenta na intenção de punir a inércia do titular do direito que não o exerceu durante um certo período quando podia fazê-lo, deixando de se justificar socialmente (e perante o respectivo titular) esse direito. Visando, quanto aos fundamentos atinentes ao devedor, relevá-lo de prova[5], prosseguindo fins gerais de paz jurídica e segurança. Está "ontologicamente ligada ao decurso de prazos que, por definição, são impessoais; ignoram, de modo absoluto, quaisquer particularidades do caso concreto[6].

Decorrido o prazo de prescrição, o devedor pode recusar-se a cumprir a sua obrigação, invocando a prescrição. Trata-se, pois, de um meio de defesa do devedor, podendo ser invocada por excepção ou activamente antes de o devedor ser interpelado para cumprir[7].

A prescrição pode ser vista como um instituto imperativo, dado que é proibida a renúncia antecipada à prescrição (artigo 302.º, 1 do Código Civil).

4. *Cont. – B) Caducidade*

A caducidade aplica-se a todos os direitos que devem ser exercidos durante um certo período de tempo. É um termo para o exercício do direito. Em sentido estrito, é uma forma de repercussão do tempo nas situações jurídicas que por lei ou contrato devem ser exercidas num certo tempo[8].

Assenta em razões de certeza e segurança jurídicas[9], decorrendo do modo-de-ser de alguns direitos que estão ligados intimamente ao seu ele-

---

[4] Vd. Aut. *ob. cits.*, p. 755 e MÁRIO JÚLIO DE ALMEIDA COSTA, *Direito das Obrigações*, Coimbra, Almedina, 8.ª edição, 2000, p. 1037; JOSÉ DE OLIVEIRA ASCENSÃO, *Direito Civil, Teoria Geral*, III, *Relações e situações jurídicas*, Coimbra, Coimbra Editora, 2002 p. 341 e ss.

[5] ANTÓNIO MENEZES CORDEIRO, *ob. cit.*, pág. 160. Para uma análise crítica, vd. p. 162.

[6] Aut. *ob. cit.*, pág. 187.

[7] PEDRO PAIS DE VASCONCELOS, *ob. cit.*, p. 756.

[8] ANTÓNIO MENEZES CORDEIRO, *ob. cit.*, pág. 207.

[9] Vd. MANUEL DE ANDRADE, *Teoria Geral da Relação Jurídica*, II Vol., Coimbra, Almedina, 1972, p. 464.

mento temporal, em termos de o direito "ser" um conteúdo e um tempo. Decorrendo de estipulação legal ou das partes (artigo 330.° do Código Civil).

O prazo da caducidade tem início, em regra, logo que o direito puder ser exercido (o que coincide, muitas vezes, com o momento da constituição do direito), embora a lei ou as partes possam estabelecer norma diversa (artigos 329.°/30.° do Código Civil).

Uma vez iniciada a contagem, o prazo de caducidade não se pode suspender nem interromper. Contudo, a lei ou as partes podem dispor desta norma (artigos 328.° e 330.°).

5. Prescrição e caducidade no Direito Tributário

A *prescrição* tem como âmbito a extinção da obrigação tributária, o procedimento contra-ordenacional, a coima, o procedimento criminal fiscal e a pena criminal[10].

Por sua vez, a *caducidade* verifica-se quanto ao direito do sujeito activo da relação jurídica tributária (Estado ou outro ente público) de liquidar o tributo, ou em relação ao direito do sujeito passivo de exercer os seus direitos ou obter tutela para os seus interesses protegidos (direitos: de impugnação judicial, de recurso contencioso, de acção de reconhecimento de um direito ou interesse legalmente protegido em matéria tributária, de embargar de terceiro, de recurso judicial contra a decisão administrativa de aplicação de coimas, de reclamar para o juiz no procedimento de execução, etc.)[11].

6. Suspensão da prescrição e da caducidade

Também quanto ao regime da suspensão se distingue a caducidade da prescrição.

A *prescrição suspende-se* sempre que o titular do direito não está (porque não está ainda ou deixou de estar) em condições de exercer o seu direito.

---

[10] Cfr. BENJAMIM RODRIGUES, *A prescrição no Direito Tributário português*, in *Problemas Fundamentais do Direito Tributário*, Lisboa, Vislis, 1999, p. 261 e ss., referindo (nota 3) que, segundo a jurisprudência, o prazo do exercício do direito de impugnação judicial tem natureza substantiva e de caducidade.

[11] Cfr. BENJAMIM RODRIGUES, *ob. cit.*, p. 262.

A *caducidade não se suspende* (não se deve suspender ...) porque, tendo carácter objectivo, não releva que o titular esteja ou não em condições de exercer o seu direito[12].

7. Caducidade do direito à liquidação do tributo

Nos termos do artigo 45.º da Lei Geral Tributária (LGT) o direito à liquidação do tributo caduca se aquela não for notificada validamente ao contribuinte dentro de um certo prazo (quatro ou três anos).

III. Os abusos do Estado legislador (juiz/credor) em matéria de prescrição e de caducidade

8. Caducidade do direito de liquidar impostos

O prazo de caducidade, já o referimos, é de quatro ou de três anos (artigo 45.º da LGT).

Este prazo parece exagerado, servindo, não o interesse de certeza da ordem jurídica, mas tão só o da arrecadação de receitas.

Os impostos são autorizados pelo O.E. para um certo ano, visando, em princípio, satisfazer as necessidades financeiras desse ano e só desse ano. Portanto, o alargamento do prazo de caducidade a quatro anos vem contra o fim do próprio imposto, o seu carácter anual. Sendo o imposto liquidado no ano em que se verifica o facto tributário ou no ano seguinte, o prazo de caducidade não deveria ser superior a um ano, dois o máximo. O credor tem ao seu serviço milhares de funcionários. Compete-lhe organizar a administração dos impostos de modo a torná-la o mais eficiente possível. E não lançar sobre os contribuintes as incertezas e os custos da insuficiente administração, fazendo prolongar no tempo a incerteza sobre o "se" e o "quanto" dos impostos.

O prazo de caducidade não se suspende, ou não deve suspender-se. Visa a certeza das relações jurídicas, o que só se assegura pelo seu carácter automático, certo. A "causa impeditiva da caducidade" só deverá

---

[12] Vd. JOAQUIM GONÇALVES, *A caducidade face ao Direito Tributário*, "Problemas Fundamentais...", cit. p. 229.

"coincidir, na prática, com a efectivação do próprio acto sujeito à caducidade[13].

Ora, a lei fiscal portuguesa introduziu causas de suspensão que pouco ou nada têm a ver com a efectivação do acto de liquidação dos impostos. Visando só um objectivo de arrecadação e fazendo sofrer a segurança e certeza das relações jurídicas pela inércia do Estado.

O prazo de caducidade suspende-se com a notificação ao contribuinte do início de acção de inspecção externa. Cessando esse efeito, contando-se o prazo desde o início, caso a duração da inspecção externa tenha ultrapassado o prazo de seis meses após a notificação (n.º 1 do artigo 46.º da Lei Geral Tributária). Deste modo, a Administração tem a possibilidade de alargar indefinidamente o prazo de caducidade, fazendo suceder ininterruptamente acções inspectivas de seis meses cada. O prazo de caducidade desapareceu na prática, por ter ficado nas mãos da Administração. Isto contra os valores essenciais ao Estado-de-Direito, entendido como um Estado de ordem certa e segura.

É uma medida chocante da justiça-certeza, por a existência de um prazo de caducidade alargado do direito de liquidar os impostos só se justificar (ou justificar-se sobretudo) pela eventual necessidade de inspecções, nomeadamente externas, a desencadearem liquidações adicionais.

Se não fosse por essa necessidade de inspecções, então o prazo de caducidade seria extremamente mais reduzido.

O prazo de quatro anos pressupõe inspecções externas; o prazo de três anos pressupõe inspecções internas ou inspecções desencadeadas pela própria declaração do contribuinte. Assim, uma inspecção externa já cabe no prazo de quatro anos, não podendo alargá-lo. Então para que serve o prazo de caducidade?

9. *Eliminação das garantias dos contribuintes*

O Orçamento do Estado para 2007 tenta promover o acréscimo das receitas fiscais, fazendo suportar pelos contribuintes as delongas da Administração Fiscal. E dos tribunais. As garantias e meios de defesa dos contribuintes portugueses não são superiores, antes frequentemente inferiores, aos previstos nas leis de outros Estados europeus. Mas, mesmo assim diminuem-se, para promover a *invasão* pelo Estado *dos direitos dos contribuintes*.

---

[13] ANTÓNIO MENEZES CORDEIRO, *ob. cit.*, p. 224.

10. O fim da prescrição

A prescrição das dívidas fiscais é de oito anos – prazo considerável em termos europeus.

A impugnação ou reclamação graciosa (etc.), interrompem o prazo de prescrição. No caso de o processo estar parado por mais de um ano, retomava-se a contagem do prazo de prescrição (artigo 49.°, 2). Eliminou-se, no O.E. para 2007, esta última disposição. Assim, o exercício dos direitos de defesa do contribuinte (impugnação, recurso, etc.) ou a mera citação deste, interrompe para sempre o prazo de prescrição. Ou seja: esta acabou, na prática.

O Estado é simultaneamente legislador, credor e juiz. Não querendo sofrer como credor as consequências da sua inércia como juiz (administrador da justiça), lançou, enquanto legislador, os encargos desta inércia sobre o devedor.

11. Consequências que são especialmente gravosas

Até 2006, o contribuinte para suspender a execução fiscal, e enquanto discutia o imposto, tinha de prestar garantia por um prazo máximo de três anos. Se, dentro deste prazo, os tribunais ou a A.F. não decidissem o caso, levantava-se a garantia. O contribuinte não tinha de suportar as demoras do Estado mais do que três anos. E se mantivesse a garantia para além deste prazo, era indemnizado pelos custos inerentes (artigo 53.° da LGT).

A partir de 2007, tais disposições são revogadas pelo O.E. A garantia mantém-se indefinidamente e não há indemnização. O que é tanto mais grave por o processo poder estar pendente dezenas de anos sempre com a garantia pendente. Até o contribuinte não ter outro remédio senão pagar o imposto não devido. Que é o que se pretende.

O prolongamento indefinido do prazo de prestação das garantias leva a que estas se tornem impossíveis para a generalidade dos particulares. Que assim verão penhorados e vendidos bens por impostos que não devem. E as empresas terão indefinidamente o encargo financeiro de garantia que diminuirá a sua capacidade de endividamento e limitará o seu crescimento.

Tais medidas, além de injustas, vêm prejudicar o investimento, a criação de riqueza e do emprego.

O Estado parece julgar que, como credor de impostos, tem interesses opostos aos dos devedores. Quando não tem: é credor porque aplica as leis de impostos; e não cria e aplica as leis de impostos para ser credor. Há só um pequeno matiz entre as duas perspectivas, mas que as torna totalmente opostas.

Já seria bastante mau que o Estado legislador criasse impostos só para satisfazer os interesses dos grupos que o dominam. Mas pior ainda é quando abusa da sua situação de legislador para criar privilégios injustificados.

O princípio da legalidade dos impostos (sua criação e regulamentação por lei formal, nos seus elementos essenciais) tem uma intenção de justiça/certeza e segurança que perpassa por todo o Estado-de-Direito e o justifica.

As medidas referidas violam frontalmente o núcleo essencial dessa intenção constitucional.

Na falta de um controlo político suficiente, dada a fraqueza da sociedade civil portuguesa; perante um controlo de constitucionalidade demorado e pouco suficiente; há que inventar novos "contrapesos" e "controlos" para limitar o Estado legislador/juiz/credor fiscal. O princípio da legalidade dos impostos, por pressupor um, hoje inexistente, controlo democrático, é insuficiente.

"MITIGATION OF DAMAGES", REDUÇÃO DE DANOS PELA PARTE LESADA E "CULPA DO LESADO"

E. Santos Júnior*

Sumário: *I. "Mitigation of damages" no Direito Comercial Internacional. II. "Mitigation of damages" no Direito anglo-saxónico. III. O fundamento jurídico-dogmático, no nosso Direito, da redução de danos pela parte lesada. IV. A redução de danos pela parte lesada constitui um ónus, um encargo ou um mero factor de ressarcimento dos danos?*

I. "Mitigation of damages" no Direito Comercial Internacional

1. O artigo 77.º da Convenção das Nações Unidas sobre a Venda Internacional de Mercadorias[1] – inserido no cap. V (disposições comuns às obrigações do vendedor e do comprador), secção II (perdas e danos) – prescreve:

> *A parte que invoca a violação do contrato deve tomar as medidas razoáveis, face às circunstâncias, para limitar a perda, aí compreendido o lucro cessante, resultante da violação contratual. Se não o fizer, a parte faltosa pode pedir uma redução da indemnização por perdas e danos, no montante da perda que deveria ter sido evitada*[2].

---

* Professor Auxiliar da Faculdade de Direito de Lisboa.
[1] Aprovada em Viena, em 11 de Abril de 1980, pela Conferência das Nações Unidas sobre os contratos de compra e venda internacional de mercadorias.
[2] Seguimos a tradução portuguesa de Maria Ângela Bento Soares/Rui Manuel Moura Ramos, in *Contratos Internacionais. Compra e Venda. Cláusulas Penais. Arbitra-*

O artigo 7.4.8 dos Princípios dos Contratos Comerciais Internacionais, do UNIDROIT[3], estabelece, sob a epígrafe "Mitigation of harm"[4]:

(1) A parte que falte ao cumprimento do contrato não é responsável pelo dano sofrido pela parte lesada, na medida em que esse dano pudesse ter sido reduzido por esta tomando para o efeito medidas razoáveis.

(2) A parte lesada tem o direito de reaver o montante de quaisquer despesas em que razoavelmente haja incorrido na tentativa de reduzir o dano.

O artigo 9.505 dos Princípios de Direito Europeu dos Contratos[5] dispõe, sob a epígrafe "Reduction of loss"[6]:

(1) A parte que falte ao cumprimento do contrato não é responsável pela perda sofrida pela parte lesada na medida em que esta pudesse ter reduzido a perda tomando medidas razoáveis.

(2) A parte lesada tem direito de reaver o montante de quaisquer despesas em que razoavelmente haja incorrido na tentativa de reduzir a perda.

2. Na verdade, nos contratos comerciais internacionais, é cada vez mais frequente a inserção de uma cláusula dita de redução ou mitigação da indemnização (*mitigation of damages*[7]) ou de redução ou mitigação das

---

gem, Coimbra, 1986. No original, em inglês: «A party who relies on a breach of contract must take such measures as are reasonable in the circumstances to mitigate the loss, including loss of profit, resulting from the breach. If he fails to take such measures, the party in breach may claim a reduction in the damages in the amount by which the loss should have been mitigated».

[3] A primeira edição dos Princípios é de 1994. A edição a que nos reportamos é a segunda, de 2004.

[4] Tradução nossa. Na versão em inglês: «(1) The non-performing party is not liable for harm suffered by the aggrieved party to the extent that the harm could have been reduced by the latter party's taking reasonable steps. (2) The aggrieved party is entitled to recover any expenses reasonably incurred in attempting to reduce the harm».

[5] Numeração resultante da edição de 1999. Na anterior edição (1995), a disposição continha-se no artigo 4.504.

[6] Tradução nossa. Na versão em inglês: «(1) The non-performing party is not liable for loss suffered by the aggrieved party to the extent that the aggrieved party could have reduced the loss by taking reasonable steps. (2) The aggrieved party is entitled to recover any expenses reasonably incurred in attempting to reduce the lost».

[7] Na linguagem jurídica continental é correcto falar de mitigação do dano ou de redução da perda contratual, como o equivalente da expressão anglo-saxónica "mitigation of losses"; por sua vez, a expressão "mitigation of damages" ou "mitigation of compensatory damages" corresponde a redução do montante indemnizatório. Importante é que se tenha

perdas (*mitigation of losses*)⁸. Depois, a redução da indemnização de danos ou perdas evitáveis pelo lesado, enquanto princípio do Direito contratual, está há muito sedimentado nas ordens jurídicas de *Common Law*, sendo manifesta a influência anglo-saxónica nos contratos comerciais internacionais e, assim, necessariamente, nas fontes internacionais que os regulem ou nos instrumentos que se ofereçam como modelos de regulação. Enfim, o conteúdo típico de uma cláusula de mitigação das perdas contratuais ou de redução da indemnização – que consubstancia, pelo menos, uma regra de equilíbrio e de bom senso – não pode deixar de valer perante o princípio da liberdade contratual, estruturante das ordens jurídicas continentais, como das de *Common Law*. E mais: ainda que, em regra, o princípio não seja formulado expressa ou autonomamente nas ordens jurídicas de *Civil Law*⁹, a sua aplicação (ou das soluções que o consubstanciam) bem pode fundar-se, nestas ordens jurídicas – e disso nos ocuparemos nestas breves linhas – em princípios, regras ou cláusulas gerais aí vigentes.

Compreende-se assim que a Convenção de Viena, que regula o mais frequente dos contratos comerciais internacionais, e aqueles conhecidos modelos de regulação dos contratos comerciais internacionais, que pretendem, todos, a maior abrangência possível, não se tenham dispensado de prever uma regra de mitigação ou redução da perda contratual¹⁰. Como

---

presente que o termo "damages" significa uma quantia devida ao lesado pelo responsável pelo dano. Já o termo "damage" significa dano.

⁸ Neste sentido, da frequente estipulação de tal cláusula em contratos comerciais internacionais, *v.g.*, PHILIPPE LE TOURNEAU (*L'ingénierie, les transferts de technologie et de maîtrise industrielle*, Paris, 2003, p. 113), que cita (*idem*, p. 114), corroborativamente, uma sentença da CCI, pronunciada, em 1989, no caso n.° 5865. Nesta sentença (cf. JDI, n.° 4, 1998, 1008-1014, com anotação D.H., 1015-1016), o tribunal arbitral, entre outras questões suscitadas em relação a um contrato de compra e venda de petróleo bruto, teve de se ocupar do pedido de indemnização solicitado pela demandante, considerando, a este respeito, «le principe qui veut que le créancier soi tenu de minimiser son dommage (…), très généralement admis dans le droit du commerce international» (*idem*, 1013).

⁹ Contudo, no Código Civil italiano, o artigo 1227.° (inserido num capítulo sobre o cumprimento das obrigações), ainda que sob a epígrafe "concurso de facto culposo do devedor", contém uma previsão (comma 2) do tipo do enunciado da "mitigation of damages".

¹⁰ De igual modo, o Acto Uniforme da OHADA relativo ao Direito Comercial Geral, adoptado em 17 de Abril de 1997, estabelece, no Livro V – relativo à compra e venda –, uma regra de redução da perda contratual (artigo 266.°): «A parte que invocar uma violação fundamental do contrato deve tomar todas as medidas razoáveis, em face das cir-

se compreende a convergência desses dispositivos nos instrumentos em causa: já na previsão, já na estatuição.

II. "Mitigation of damages" no Direito anglo-saxónico

3. Retomemos o princípio, tal como afirmado no Direito anglo--saxónico.

Perante o incumprimento de um contrato, a parte lesada não terá o direito de ser ressarcida das perdas que razoavelmente poderia evitar[11].

Desta regra ou princípio ou, como por vezes se diz, deste "dever" de a parte lesada mitigar as perdas ou danos[12], decorre ainda que as des-

---

cunstâncias, para limitar a sua perda, aí compreendido o lucro cessante, em razão daquela violação. Se o não fizer, a parte em falta pode pedir uma redução da indemnização igual ao montante da perda que pudesse ter sido evitada». Cremos que também aqui se manifesta, no Acto Uniforme em causa, a influência quer da Convenção de Viena, quer dos Princípios UNIDROIT, considerando a razoabilidade de uma regra amplamente aplicada na compra e venda e em outros contratos (internacionais ou internos).

[11] Cf., v.g., MICHAEL G. BRIDGE, *Mitigation of damages in contract and the meaning of avoidable loss*, *The Law Quaterly Review*, 1989, vol. 105, p. 398; E. ALLAN FARNSWORTH, *Farnsworth on Contracts*, III, New York, 2.ª ed, 1998, p. 226 (Existe um suplemento aos vol. I e III desta edição – *Farnsworth on Contracts, 2003 Cumulative Supplement*, 2.ª ed., New York, 2003, com aditamentos, destinados a ser inseridos naquela 2.ª edição da obra, a qual, assim, será a que citaremos sempre –, sobretudo de decisões jurisprudenciais ocorridas entre 1998 e 2003; cf., quanto ao tema, os aditamentos referenciados nas p. 319 e ss do referido suplemento); JILL POOLE, *Textbook on Contract law*, 8.ª ed., New York, 2006, p. 372; G. H. TREITEL, *The Law of Contract*, 11.ª ed., London, 2003, p. 976; MICHAEL FURMSTON, *Cheschire, Fifoot & Furmston's Law of contract*, 5.ª ed., Oxford, 2007, p. 779; LINDA MULCAHY/JOHN TILLOTSON, *Contract Law in Perspective*, 4.ªed., London-Sydney--Portland, Oregon, 2005, p. 223; INDIRA CARR, *International Trade Law*, 3.ª ed., London--Sydney-Portland, Oregon, 2005, p. 91, com referência ao artigo 77.º da Convenção de Viena; *Restatement of the Law, second, Contracts, 2d*, § 350 (1) – cf. *infra* nota 16. No caso de o lesado haver adoptado as medidas razoáveis para minimizar as perdas e não lograr, apesar disso, reduzi-las, terá direito a ser plenamente indemnizado das perdas sofridas – Cf. *Restatement of the Law, second, Contracts, 2d*, § 350 (2): «The injured party is not precluded from recovery by the rule stated in subsection (1) to the extent that he has made reasonable but unsuccessful efforts to void the loss».

[12] Num excerto muito citado na doutrina anglo-saxónica, a expressão – «duty to mitigate» – foi empregue pelo juiz Viscount Haldane LC, ao referir-se ao conteúdo do prin-

pesas em que ela haja incorrido para mitigar devem ser suportadas pela parte faltosa[13].

No que respeita ao ónus da prova, competirá à parte faltosa provar que a mitigação deveria ocorrer: o que significa demonstrar que estava ao alcance do lesado mitigar as perdas e que deveria razoavelmente fazê-lo[14].

4. O que seja uma "conduta razoável" ou quais sejam as medidas que "razoavelmente" o lesado "deve" adoptar para o efeito de mitigar as perdas contratuais é algo que caberá ajuizar em cada caso concreto, estando, como estamos, perante uma cláusula geral ou um conceito indeterminado, a concretizar nos casos da vida. Como critério aponta-se que da parte lesada apenas se espera que assuma as medidas que uma pessoa razoável e prudente assumiria no curso dos seus negócios; já não as que uma tal pessoa não assumiria. Não há qualquer razão para mitigar, quando as perdas apenas pudessem ser reduzidas perante uma conduta extraordinária, onerosa, arriscada[15] ou humilhante[16]. Certamente, o padrão de uma pessoa

---

cípio da "mitigation of damages", no julgamento do caso *British Westinghouse Electric and Manufacturing Co. Ltd. v. Underground Electric Railways Co. of London Ltd* (1912) AC 673 – cf., *v.g.*, MICHAEL G. BRIDGE, *ob. cit.*, p. 400; JILL POOLE, *ob. cit.*, p. 372; *Id.*, *Casebook on Contract Law*, 8.ª ed., New York, 2006, p. 390. Sobre a reconhecida impropriedade da expressão "duty to mitigate" – *vide*, *infra*, nota 25.

[13] MICHAEL G. BRIDGE, *ob. cit.*, p. 398. Também deverão ser suportadas pelo lesante as despesas em que o lesado haja incorrido razoavelmente para minimizar as perdas, mesmo que não consiga minimizá-las. As despesas incorridas em razão de uma conduta inapropriada para mitigar não serão ressarcíveis.

[14] MICHAEL G. BRIDGE, *ob. cit.*, p. 399; E. ALLAN FARNSWORTH, *ob. e vol. cit.*, p. 228; MICHAEL FURMSTON, *ob. cit.*, p. 779.

[15] Como se decidiu no caso *Pilkington v. Wood* (1953) Ch. 770 – Cf. JILL POOLE, *Textbook...*, cit., p. 372; *id.*, *Casebook...*, cit., p. 391; *Vide* E. ALLAN FARNSWORTH, *ob. e vol.* cit., p. 229 (No caso, o autor mandatara o réu para, em nome dele (autor), proceder à aquisição de um imóvel. Negligentemente, o réu informou o autor de que o vendedor tinha um título legítimo para a venda, quando, na verdade, o vendedor detinha a propriedade como "trustee". O réu invocou que o autor devia ter mitigado a sua perda, mediante a instauração de uma acção contra o vendedor, por este haver actuado com base num título inadequado. O tribunal entendeu que não havia o "dever" da parte do autor (lesado) de embarcar numa complicado e difícil processo judicial para proteger o réu das consequências da sua própria negligência).

[16] *Restatement of the Law, second, Contracts, 2d,* § 350 (1): «Except as stated in Subsection (2) damages are not recoverable for loss that the injured party could have avoided without undue risk, burden, or humiliation». Cf. E. ALLAN FARNSWORTH, *ob. e vol.* cit., p. 229.

razoável deve jogar com as circunstâncias do caso: objectivas, mas ponderando-se também as circunstâncias subjectivas atinentes à parte não faltosa.

Consideremos apenas, a título ilustrativo, algumas conhecidas aplicações jurisprudenciais.

Um grupo de casos diz respeito à fórmula do preço do mercado (*market price formula*): sempre que a prestação incumprida tenha um preço corrente no mercado e aí possa ser obtida, a medida de danos corresponde à diferença entre o preço contratado e o preço da transacção de substituição[17]. Contudo, o adquirente não deve atrasar a realização da compra de substituição: a transacção de substituição deverá ser feita imediatamente – como se decidiu no caso *Gainsford v. Carroll* (1824)[18] – ou dentro de um prazo razoável[19]. Quando não, como também quando o lesado nem proceda à transacção de substituição, a medida de danos afere-se pela diferença entre o preço contratado e o preço de mercado à data do incumprimento ou à data em que, razoavelmente, seria suposto que o lesado realizasse a transacção de substituição.

Contudo, no caso *Wroth v. Tyler* (1974)[20], o lesado não procedeu à mitigação das perdas por falta de recursos financeiros para fazer uma com-

---

[17] A "market price formula" tem um domínio privilegiado na compra e venda de mercadorias, onde primeiro se aplicou, mas compreensivelmente não se limita a ela – cf. E. ALLAN FARNSWORTH, *ob. e vol.* cit, p. 235-237. Segundo o regime da Convenção de Viena (cf. *supra*, nota 1), a medida de danos estabelece-se pela diferença entre o preço contratado e o preço corrente do mercado, sendo este definido, no artigo 76.°, n.° 2, como o preço prevalecente no lugar em que as mercadorias deveriam ter sido entregues, ou, se não houver um preço corrente nesse lugar, o preço em outro lugar que possa servir como substituto razoável, tomando em devida conta as diferenças que possam resultar do custo de transporte das mercadorias. O *Uniform Commercial Code* dos Estados Unidos da América prevê (2-713) que «the measure of damages for non-delivery or repudiation by the seller is the difference between the market price at the time the buyer learned of the breach and the contract price».

[18] (1824) 2 B & C 624 – Cf. LINDA MULCAHY/JOHN TILLOTSON, *Contract Law in Perspective*, cit., p. 234; cf. ainda, p. ex., www.lectlaw.com/files/lws49.htm, p. web 69 (o tribunal de recurso entendeu que, numa venda de mercadorias típica – tratava-se, no caso, de uma venda de "bacon", em que o vendedor não realizou a entrega na data devida –, o comprador dispõe do dinheiro para proceder ao pagamento da mercadoria que lhe deveria ser entregue, pelo que tem também a disponibilidade para procurar imediatamente no mercado uma compra de substituição).

[19] Cf. E. ALLAN FARNSWORTH, *ob. e vol.* cit, p. 233-235; G. H.TREITEL, *ob. cit.*, p. 977.

[20] 1974 Ch 30 – cf. JILL POOLE, *Textbook* cit., p. 373; http://www.duhaime.org/contract/ca-con8.aspx (p. web 9); *Note on mitigation in* www.law.uvic.ca/jrk/108/documents/SummaryofMitigation Principles.doc (p. 4).

pra de substituição – a "impecuniosity" constitui outro dos grupos de casos distinguíveis na jurisprudência anglo-saxónica: em face das circunstâncias do lesado, considerou-se que a sua conduta não era "unreasonable"[21]; dito de outro modo: considerou-se não ser razoável exigir-lhe a mitigação.

No caso *Payzu Ltd. v. Saunders* (1919)[22] – que se insere num outro grupo de casos da jurisprudência sobre mitigação, o da aceitação, quando a razoabilidade o imponha, de novas condições contratuais propostas pelo faltoso –, entendeu-se que o lesado deveria ter aceitado as novas condições contratuais avançadas pelo faltoso, o qual, não tendo recebido atempadamente um cheque relativo ao pagamento da primeiro fornecimento, recusara fazer outros fornecimentos a não ser contra o pagamento em dinheiro de cada ordem de encomenda, apesar de, inicialmente, haver sido contratado o pagamento de cada remessa a crédito de 30 dias e de a recusa de fornecimento nos termos contratados ter sido entendida como uma violação do contrato original[23].

---

[21] Trata-se, como referido, de questão recorrente no domínio em causa: a questão de saber se o lesado deve mitigar quando não tem recursos financeiros para o fazer. Aparentemente, não havendo uma regra geral, haverá lugar à presunção de que o lesante não será responsável por danos não evitados pela falta de recursos financeiros do lesado. Mas em certos casos, mormente em transacções com consumidores, a falta de recursos financeiros do lesado preclude o dever de mitigar. No caso referido, houve uma acção pela quebra de contrato de venda de uma casa. O lesado queria obter a execução específica da prestação do vendedor (o que se tornou inviável pois a mulher de Tyler não consentira na venda) ou, em alternativa, indemnização. Na altura em que se deu a quebra do contrato e durante o julgamento mesmo, o preço das casas subiu muito. O preço contratado era de 6000 libras. A exigência de mitigação ditaria que o lesado deveria comprar uma casa de substituição por 7500 libras, podendo pedir indemnização por 1500 libras. Mas o comprador lesado não podia fazer isso, por falta de recursos financeiros. Na altura do julgamento o preço do mercado já se elevara a 11500 libras. O tribunal entendeu que havia uma efectiva e legitima causa para o lesado não mitigar. E ordenou ao lesante que pagasse uma indemnização de 5500 libras (cf. *Summary of Mitigation Principles.doc*, cit., p. 4).

[22] (1919) 2 K. B. 581 (C. A.) – cf. MICHAEL G. BRIDGE, *ob. cit.*, p. 412 e ss (o autor critica a decisão do caso, considerando ter havido um errado entendimento da finalidade do "dever" de mitigar); JILL POOLE, *Casebook...*, cit., p. 390-391, Id., *Textbook...*, p. 373; MICHAEL FURMSTON, *ob. cit.*, p. 779-780; DAVID KELLY *et alii*, *ob. cit.*, p. 184.

[23] No contrato em causa – um contrato para a venda de seda – estava estabelecido que, relativamente ao pagamento, o vendedor concederia um mês de crédito. O tribunal entendeu que, se, em certos casos, não é de esperar como razoável que uma parte acorde em novos termos contratuais com a parte que violou o contrato original (por exemplo, no caso de um contrato de prestação de serviços pessoais), em circunstâncias comerciais, é razoável aceitar uma oferta da parte em falta (como modo de mitigar os danos). Neste caso,

No caso *Banco de Portugal v. Waterlow and Sons Ltd* (1932)[24], o incumprimento do réu levou a que um largo número de notas falsas entrasse em circulação em Portugal. O Banco de Portugal, contudo, assumiu honrar o valor facial de todas as notas, ainda que a falsidade fosse detectável. Tal facto aumentou o dano ou a perda resultante da violação do contrato pelo réu, mas foi considerado que a actuação do Banco era razoável pois, a não o fazer, tal teria causado uma grave crise de confiança no papel-moeda.

5. Enfim, no enunciado, nos seus postulados, na formulação do critério mediante da ideia de "dever" razoavelmente exigível (independentemente de em cada caso se poder discutir da sua correcta ou incorrecta aplicação pelo tribunal) e na regra de repartição do ónus da prova, parece que na doutrina e na jurisprudência anglo-saxónicas, há, fundamentalmente, consenso. A partir daqui, divergências há-as, certamente, em particular quanto ao fundamento do princípio[25]. Disso, sobretudo, mas mudando-nos para uma perspectiva continental, curamos a seguir.

---

inseria-se uma questão também muitas vezes colocada a propósito do princípio da redução das perdas contratuais – a da "antecipatory breach" ou "breach by antecipatory repudiation": é o que ocorre quando uma parte, antecipadamente em relação à data de cumprimento, declara que não cumprirá (ou de algum modo, do seu comportamento, resulta que ela não tenciona cumprir). Tem-se entendido, no Direito inglês, que, em face dessa "repudiation", a contraparte tem o direito de optar entre aceitar a quebra do contrato anunciada ("discharge by breach"; "acceptance of repudiation"), não tendo que realizar a correspondente prestação que lhe competisse, ou esperar pela data de cumprimento. No caso, a compradora (*Payzu, Ltd*) – autora na acção – acabaria por vir a aceitar a "repudiation" efectuada por *Saunders* (assim se havendo entendido a recusa deste de, contra o acordado, apenas fornecer a mercadoria contra o pagamento em dinheiro). No Direito dos Estados Unidos, a opção de aceitar a "breach by antecipatory repudiation" ou de esperar pela data de cumprimento era a regra até ao *Uniform Commercial Code*, mas, a partir deste, parece que predomina o entendimento de que, em vez, perante aquela declaração de incumprimento antecipada, o lesado deverá dar o contrato por incumprido, agindo logo, em tanto que razoável, no sentido da redução da inerente perda contratual – cf. E. ALLAN FARNSWORTH, *ob. e vol. cit.*, p. 233-234.

[24] (1932) A.C. 452 – *vide* JILL POOLE, *Casebook...*, cit., 391-392; *id.*, *Textbook...*, cit., p. 373; G. H. TREITEL, *ob. cit.*, p. 978-979; MICHAEL G. BRIDGE, *ob. cit.*, p. 410, nota 69. A decisão da "House of Lords" é consultável em http:/law.ato.gov.au/atolaw/print.htm?DocNum.

[25] Mas há uma opinião generalizada na doutrina de que o dito "dever" de mitigar não é na verdade um dever, não dando, como não dá, origem a que o lesado seja responsável ("liable") perante a outra parte. A expressão é utilizada por comodidade expositiva, mas

III. O fundamento jurídico-dogmático, no nosso Direito, da redução de danos pela parte lesada

6. Neste ponto, atravessemos de lá para aquém-mar: sem deixarmos de ter em mente explicações aduzidas no Direito anglo-saxónico, vamos começar por incidir a nossa atenção na questão do fundamento do princípio. Sobretudo nesta perspectiva: não sendo usualmente afirmado expressamente ou como tal no Direito dos contratos das ordens jurídicas de "Civil Law", poderá o princípio ou uma solução idêntica derivar, nestes Direitos, de algum instituto, de outro princípio fundante ou de alguma cláusula geral?

7. Uma explicação sobretudo referenciada nas ordens de "Common Law"[26], mas, por vezes – ainda que sem carácter decisivo –, também nas de "Civil Law"[27]: um princípio de economia, a que o Direito não pode ser indiferente, impõe evitar o desperdício. Dito de outro modo: o princípio da mitigação dos danos promove a eficiência económica[28]. Tenha-se presente um exemplo com o qual um renomado representante da análise económica do Direito[29] ilustra que, em muitos casos, será não económico induzir ao cumprimento de um contrato depois dele ter sido 'quebrado', notando que, em casos destes, a lei está atenta através da doutrina da mitigação da indemnização:

> – A encomenda a B 100 000 peças que são componente de uma máquina que A produz. Depois de B entregar a A 10 000 peças, o mercado das máquinas de A entra em colapso. A notifica prontamente B no sentido de não fabricar mais peças (as restantes 90 000), que B ainda não

---

trata-se simplesmente de estabelecer que o lesado não pode obter indemnização de danos que razoavelmente pudesse evitar (daí que tenhamos ressalvado com aspas, a impropriedade do termo). Cf., *v.g.*, MICHAEL G. BRIDGE, *ob. cit.*, p. 399; E. ALLAN FARNSWORTH, *ob. e vol.* cit., p. 228; G. H. TREITEL, *ob. cit.*, p. 978-979; MICHAEL FURMSTON, *ob. cit.*, p. 779, nota 130.

[26] Cf. MICHAEL G. BRIDGE, *ob. cit.*, p. 404-405; E. ALLAN FARNSWORTH, *ob. e vol. cit.*, p. 226-227.

[27] Cf. VAZ SERRA, *Conculpabilidade do Prejudicado, in O Dever de Indemnizar e o Interesse de Terceiro. Conculpabilidade do Prejudicado, BMJ*, n.º 86, p. 34.

[28] *Note on mitigation, cit.*, p. 4.

[29] RICHARD POSNER, *Economic Analysis of Law*, 1992, Boston, Toronto, London, p. 118.

começara a produzir. Mas B notifica A de que tenciona produzi-las e facturá-lo pelo seu preço. Tais peças não têm outra utilidade operacional senão como componentes das máquinas que A fabricava, sendo de valor negligenciável fora desse processo de fabrico.

Se fosse concedido ao fornecedor dos componentes o direito de indemnização relativamente mesmo aos que fabricasse após a notificação feita por A, tal induzi-lo-ia a continuar a fabricá-los, após a quebra do contrato, e acarretaria um desperdício de recursos. Mas o «Direito está alertado para este perigo e, sob a doutrina da redução da indemnização, não permite que o fornecedor receba qualquer quantia indemnizatória pelos custos em que incorresse por continuar a produção após a notificação»[30].

Parece-nos fora de qualquer dúvida que o Direito – que se quer "in actu" – não pode deixar de tomar em consideração as condicionantes económicas das situações por si reguladas, como não pode alhear-se dos resultados económicos das soluções normativas que estabeleça. Muito se poderá ganhar, pois, com os ensinamentos da análise económica do Direito. Mas o facto de uma solução jurídica ser conforme à eficiência económica, não faz desta a justificação daquela, senão quando muito o seu objectivo ou um dos seus objectivos: o Direito encontra nos seus próprios quadros, como ciência que é, a própria justificação dogmática.

8. Outra explicação, por vezes avançada: o Direito não pode permitir a especulação por parte do lesado à custa do lesante[31]. Uma ideia que pareceria presidir à exigência de que a parte lesada, num mercado concorrencial, deve procurar, prontamente ou dentro de um prazo razoável, obter uma transacção de substituição, não esperando por uma subida do preço do bem ou serviço, pois tal traduzir-se-ia numa especulação à custa da parte que faltosa. Mas parece evidente que o argumento de evitar especulação à custa da parte faltosa não só não é jurídico como é apenas o resultado da doutrina da redução das perdas – a necessidade de adoptar uma conduta razoável para minimizar as perdas significa que o comprador não pode estar à espera de uma subida de mercado, que só as aumenta – e não a sua fundamentação.

---

[30] *Ibidem*. Na nossa doutrina, analisando a eficiência económica do princípio da "mitigation of damages", vide FERNANDO ARAÚJO, *Teoria Económica do Contrato*, 2007, p. 835-840.

[31] MICHAEL G. BRIDGE, *ob. cit.*, p. 408.

9. Também já se disse – à guisa de justificação – que a função da indemnização é compensar por danos e não punir a parte que falte ao cumprimento do contrato (seria demasiado duro obrigar esta à indemnização da totalidade dos danos, quando alguns deles pudessem ter sido diminuídos pela parte lesada)[32]. Parece evidente que este argumento não serve também para justificar a doutrina da redução das perdas. Na verdade, o problema nunca se desloca da questão da compensação e do "quantum" da compensação, nunca entra no campo propriamente da punição[33]: o que pode dizer-se é que fere a sensibilidade jurídica obrigar a indemnizar danos que o lesado, razoavelmente, poderia evitar ou que não sofreria se agisse razoavelmente. Mas a sensibilidade jurídica ou o senso da justiça, que é importante, na busca de encontrar a boa solução ou de aplicá-la, não é um fundamento científico: há que encontrar o fundamento dogmático-jurídico. A sensibilidade jurídica é como que o pressentimento do jurista para reagir a uma má solução ou encontrar uma boa solução: mas não é a explicação jurídica-científica, que os quadros do Direito devem proporcionar.

10. Outra explicação[34], no que respeita às perdas contratuais evitáveis razoavelmente pelo lesado, é a que invoca, no Direito anglo-saxónico a sua recondução à "contributory negligence", ou, como se vai convolando

---

[32] *Idem*, p. 409.

[33] Nas ordens de "Common Law", admite-se, é certo, a figura dos "punitive damages" (ou "exemplary damages"), uma quantia devida pelo lesante, que, em acréscimo aos "compensatory damages", manifesta a reacção punitiva do Direito perante uma conduta ultrajante, já pelos motivos maliciosos que lhe presidiram, já pelo desprezo revelado pelos direitos dos outros – cf. *Restatement of The Law, second, Torts*, 2d § 908. Manifestamente, porém, a afirmação de que a indemnização de danos que o lesado poderia razoavelmente evitar traduzir-se-ia numa punição do lesante significa que não seria justo ou seria excessivo que tal acontecesse: feriria a sensibilidade jurídica, como se diz no texto.

[34] Neste domínio, também já se apelou, na doutrina anglo-saxónica, à teoria chamada da *"remoteness of damage"*: o dano consequente à falha de mitigar estaria fora da razoável contemplação das partes à data do contrato, não podendo assim imputar-se responsabilidade ao lesante – cf., *v.g.*, JILL POOLE, *Textbook...*, cit., p. 7-8, e 366 e ss; MICHAEL FURMSTON, *ob. cit.*, p. 751 e ss. A teoria da "remoteness of damage" tem um cunho próprio no Direito contratual anglo-saxónico. O problema aí tratado enquadrar-se-ia nos Direitos de "Civil Law" em sede de determinação do nexo de causalidade entre o acto do lesante e o dano, sabendo-se que, entre nós, a este respeito, prevalece a teoria da causalidade adequada.

terminologicamente, à "comparative negligence"[35], tradicionalmente referenciada em sede de "tort". A ideia desta é a de que, se um facto do próprio lesado – a ele imputável por ter assumido uma conduta aquém do que razoavelmente seria de esperar para sua própria protecção – contribuiu para causar ou para agravar os danos por si mesmos sofridos, a indemnização devida pelo lesante, quando não excluída, será reduzida. Este enunciado acorda, no nosso Direito, a referência à chamada "culpa lesado", actualmente regulada no artigo 570.° do CC. Será de facto a mitigação ou redução da perda contratual reconduzível à "culpa do lesado"?

10.1. A resposta à questão passa por apurar qual o fundamento da "culpa do lesado" e se esse fundamento é comum à mitigação da perda contratual.

Na verdade, a doutrina tem avançado diferentes posições sobre o fundamento da dita culpa do lesado. Alguns autores vêem nela um problema de causalidade e de delimitação da imputação de danos ao agente (PESSOA JORGE[36] e MENEZES CORDEIRO[37]). Outros, reconhecendo a necessidade do requisito da causalidade, acrescentam a este um outro requisito, de cariz subjectivo – uma exigência de conduta "culposa" do lesado, ainda que a referência a culpa seja utilizada em sentido impróprio, figurado ou trans-

---

[35] Segundo o *Restatement of the law, second, Torts, 2d*, «contributory negligence is the conduct of the part of the plaintiff which falls below the standard to which he should conform for his own protection, and which is a legally contributing cause co-operating with the negligence of the defendant...". A questão, debatida nas ordens de "Common Law", tem sido a de saber se a "contributory negligence" obvia a qualquer indemnização do lesado ou se admitiria, em certos casos, que ele recebesse alguma indemnização, ainda que reduzida. Por isso mesmo, pela consideração de que a "contributory negligence" era vista como um "all or nothing", o *Restatement of the Law, Third, Torts, 3d*, aliás, ainda não inteiramente publicado, substituiu "contributory negligence" por "comparative negligence", esta permitindo claramente uma consideração da proporção das condutas do lesante e do lesado na verificação do dano, permitindo uma solução distributiva. De acordo com a secção 7 do novo *Restatement*: «Plaintiff's negligence (or the negligence of another person for whose the plaintiff is responsible) that is a legal cause of an indivisible injury to the plaintiff reduces the plaintiff's recovery in proportion to the share of responsibility the factfinder assigns to the plaintiff (or other person for whose negligence the plaintiff is responsible)».

[36] *Ensaio sobre os pressupostos da responsabilidade civil*, CCTF, Lisboa, 1972 (reedição), p. 360; *id.*: *Lições de Direito das Obrigações*, ed. polic., Lisboa, 1975/76, p. 574.

[37] *Direito das Obrigações*, II, Lisboa, 1986 (reimpressão), 1.ª ed., 1980, p. 409, e *Da boa fé no Direito Civil*, II, Coimbra, 1984, p. 768 e nota 457.

lato. Seja essa conduta "culposa" «a omissão da diligência exigível com a qual o lesado poderia ter evitado o dano» (VAZ SERRA[38]), ou a conduta em termos tais que, se «fosse ilícita, haveria que considerá-la culposa» (INOCÊNCIO GALVÃO TELLES[39]) ou uma conduta ou um comportamento censurável (ANTUNES VARELA[40] ALMEIDA COSTA[41], LUÍS MENEZES LEITÃO[42])[43]. Há, também, quem veja o fundamento da culpa do lesado na boa fé (JOÃO CALVÃO DA SILVA)[44]: o lesado que poderia diminuir os danos causados pelo lesante e não o faz, não pode pretender uma indemnização pela totalidade dos danos, pois tal exigência seria um *venire contra factum proprium*, contrariaria a boa fé[45]. Enfim, há quem, em vez, funde a culpa do

---

[38] *Conculpabilidade do lesado*, cit, p. 38. Note-se que, o ilustre autor menciona a concausalidade e a culpabilidade do lesado como dois requisitos autónomos. Quanto a esta última, refere que a "culpa" que se tem em vista não é «propriamente» uma culpa, pois, para tanto, «seria preciso que se transgredisse um dever jurídico de se acautelar contra os danos que alguém pode causar a si mesmo»: «quer-se dizer que o facto do prejudicado só contribui para a redução quando este tenha omitido a diligência exigível com a qual poderia ter evitado o dano».

[39] *Direito das Obrigações*, 7.ª ed., Coimbra, 1997, nota 2 da p. 357.

[40] *Das Obrigações em Geral*, I, 10.ª ed., Coimbra, 2000, p. 918, nota 3 (iniciada na p. 917).

[41] *Direito das Obrigações*, 9.ª ed., Coimbra, 2001, p. 726.

[42] *Direito das Obrigações*, I, 5.ª ed., 2006, p. 328.

[43] Na nossa jurisprudência, invocando a censurabilidade do lesado, cf. Acórdão da Relação do Porto de 20 de Março de 1984, *CJ*, IX, II – 1984, 222, e Acórdãos do STJ de 15 de Junho de 1988, *BMJ*, n.º 378, 1988, 681, de 15 de Junho de 1989, *BMJ*, n.º 388, 1989, 500, e de 15 de Fevereiro de 2007 (acidente de viação), www.dgsi.pt – Acórdãos do Supremo Tribunal de Justiça (2007).

[44] *Responsabilidade civil do produtor*, Coimbra, 1990, p. 733-734.

[45] Neste sentido, na doutrina alemã, cf., *v.g.*, HORST – EBERHARD HENKE, *Mitverursachung und Mitverschulden – Wer den Schaden herausfordert, muss den Schädiger schonen*, *JuS*, 1988, fasc. 10, p. 753 e ss (segundo o autor, o princípio da "Treu und Glauben" perpassa toda a teoria da "concorrência de culpas" – *idem*, p. 758); cf. ainda KARL LARENZ, *Lehrbuch des Schuldrechts*, vol. I, 14.ª ed., 1987, p. 540-541, que dá conta desta posição (que não segue, reportando-se antes a um princípio de "responsabilidade" por acto próprio – *idem*, p. 541) e do seu acolhimento em alguns acórdãos do BGH (cf. BGH 14-Mar.-1961, *BGHZ* 34, 355, BGH 12-Set.-1981, *NJW* 1982, 168) e em alguma doutrina alemã; referindo-se, também criticamente, a essa posição adoptada pelo BGH, morment no referido acórdão de 12 de Setembro de 1981 (o caso da mordedura de cão), cf. REINHARD GREGER, *Mitverschulden und Schadensminderungspflicht – Treu und Glauben im Haftungsrecht?*, *NJW* 1985, fasc. 20, p. 1130 e ss. Para PHILIPPE LE TOURNEAU (*L'ingénierie, ...*, cit, p. 113), o conteúdo de uma cláusula de redução de danos seria «inhérente à l'obligation de bonne foi et de loyauté», que deve reger as relações contratuais, tanto no direito interno como na "lex mercatoria"».

lesado num princípio valorativo de auto-responsabilidade (JOÃO CARLOS BRANDÃO PROENÇA)[46].

10.2. Vejamos. Mesmo os autores que exigem como requisito autónomo para a redução da indemnização a "culpa" do lesado, nos termos do artigo 570.º do CC, reconhecem que o termo "culpa" é empregue num sentido impróprio, fictício, figurado ou translato. Na verdade, uma culpa fictícia ou figurada não é culpa alguma. Em Direito (que não se confunde com a moral), não há culpa, nem ilicitude, perante nós próprios: o Direito postula o outro, a alteridade. Ora, se nenhuma responsabilidade há, quando os danos sejam causados exclusivamente pelo próprio lesado (*casum sentit dominus*), compreende-se que, por maioria de razão – lógica e equilibradamente –, a lei determine que seja atenuada a responsabilidade do lesante quando um facto do agente concorra para a produção do próprio dano deste ou o seu agravamento. A dita "culpa" do lesado mais não é do que o critério para a consideração do facto do lesado como concausa do dano ou causa dos maiores danos por ele sofridos; com o que origina uma delimitação da imputação de danos ao lesante e a inerente suportação dos demais pelo lesado. Isto, concebendo-se a causalidade, em Direito, como deve ser concebida: não como objecto de um mero juízo de facto, mas como objecto de um juízo jurídico-valorativo[47]. Nem valerá argumentar com a ideia de que para alguém responder por todos os danos causados basta que o seu acto danoso seja concausal: sucede que, no caso do artigo 570.º do CC, está em causa a hipótese particular de uma concausa ser um facto *do próprio lesado* (e não um facto de terceiro ou mesmo um facto não humano). A "culpa do lesado", que não é culpa nenhuma, é, pois, o critério valorativo que determina a inserção ou não da conduta do agente no próprio processo causal: a conduta do agente é considerada concausa de danos ou causa de maiores danos quando o mesmo não tenha assumido uma conduta razoável, em face das circunstâncias para evitar danos; não o é, não é concausa ou causa de maiores danos, então totalmente imputáveis

---

[46] A *conduta do lesado como pressuposto e critério da imputação do dano extracontratual*, Coimbra, 1997, p. 414 e ss. Uma «ideia de 'auto-responsabilidade' ou 'ónus' do titular do interesse lesado» era referida por J. BAPTISTA MACHADO (*A Cláusula do Razoável, in Obra Dispersa*, I, Braga, 1991, p. 581-582).

[47] Ou seja, a valoração legislativa – e de razoabilidade jurídica – é a de considerar que a conduta do lesante não causou todos os danos, na medida em que, sem a conduta do próprio lesado, os mesmos não se teriam produzido ou seriam menores.

ao lesante, se não fosse de contar, razoavelmente, que pudesse assumir outra conduta, em face das circunstâncias[48]. A "culpa" do agente, insere-se no processo causal; não está fora dele, não se lhe acrescenta. E determina a delimitação da imputação dos danos ao lesante.

Nem parece que a boa fé houvesse aqui de operar: desde logo, manifestamente, não há como reconhecer uma situação de confiança nem um investimento na confiança por parte do lesante[49]. Ao lesante não lhe assiste direito algum de exigir ao lesado a redução dos danos e a este não lhe resulta qualquer correspondente dever.

---

[48] Deste modo, concordamos com PESSOA JORGE e MENEZES CORDEIRO quando fundamentam a "culpa do lesado" numa questão de causalidade e de delimitação da imputação de danos ao lesante. Contudo, para nós, a conduta não razoável do lesado determina a consideração dela como concausa ou causa de maiores danos; a conduta razoável afasta a sua inserção no processo causal conducente aos danos. Assim, se B é ferido por A e se este, apesar de estar próximo de um hospital, onde a ferida poderia ser facilmente tratada, não vai cuidar da ferida – como razoavelmente seria de esperar – e esta vem mais tarde a infectar, acabando B por morrer, parece que não deve deixar-se de considerar que, em condições normais, naquele tempo e lugar, a conduta de A não causaria a morte de B ou, pelo menos, não a causaria sem a conduta omissiva de B; diferentemente, se B é ferido por A em local ermo e remoto, sem B poder aceder, senão tardiamente, a assistência médica, e a ferida, infectando, vem a originar a sua morte, parece que a conduta de A é a única causa da morte de B.

[49] Sobre a tutela da confiança e os seus pressupostos, cf. MENEZES CORDEIRO, *Da boa fé no Direito Civil*, I, cit., 443 e ss, II, p. e 742 e ss e 1243 e ss; *id.*: *Tratado de Direito Civil Português*, I – *Parte Geral*, t. I, 3.ª ed., Coimbra, 2005, p. 409 e ss, especialmente, p. 411; J. BAPTISTA MACHADO, *Tutela da Confiança e "Venire Contra Factum Proprium"*, in *Obra Dispersa*, I, p. 345 e ss. Referindo criticamente a tese da boa fé enquanto fundamento da regra ou princípio da redução da indemnização por "culpa do lesado" e notando que a conduta do lesado não tem virtualidades que criem no lesante a expectativa ou confiança de que não haverá pedido de indemnização, JOÃO CARLOS BRANDÃO PROENÇA, *ob. cit.*, p. 411. Refira-se que, em obra dedicada também extensamente à tutela da confiança, MANUEL CARNEIRO DA FRADA (*Tutela da Confiança e Responsabilidade Civil*, Coimbra, 2004) defende uma autonomização da tutela da confiança em relação à boa fé e entende que os deveres acessórios de conduta não têm aquela por fundamento (cf. p. 381 e ss e 431 e ss): discordando do ilustre autor – a alteridade essencial do Direito implica uma valoração relacional, não podendo conceder protecção (através da contraponto da imposição de um dever de conduta a outro) a quem dela não seja merecedor –, pensamos, de resto, que a questão da "culpa do lesado", tratada no artigo 570.º do CC (que o mesmo autor, dentro da sua concepção própria, parece referenciar à boa fé, cf. p. 392, nota 398), depõe contra esse entendimento – um dever acessório de conduta não pode dispensar-se, quanto a nós, do correspondente reflexo no direito do outro, o que, no caso (esse "direito" seria do próprio lesante), parece inconsistente.

E se a responsabilidade civil pressupõe, em Direito, alteridade quanto à esfera jurídica em que se situa o dano e, quando subjectiva (que só esta caberia ser aqui considerada), uma ideia de ilicitude-culpa, que, por si só, postula a diferenciação das esferas de titularidade do dever (dever *stricto sensu*) e do correspondente direito, então uma ideia de "auto-responsabilidade" (que só poderia ser "auto-responsabilidade civil") parece assumir--se mais como uma explicação filosófico-jurídica ou sociológico-jurídica – que pode, até, ser considerada no apuramento complexivo da "ratio legis" (ao legislador não compete a realização de construções juscientíficas) – do que como fundamento ou explicação dogmática-jurídica da "culpa do lesado".

Ora, é reconhecido que a culpa do lesado também se aplica à responsabilidade contratual. De resto, no CC, a figura sistematicamente vem prevista a propósito das modalidades de obrigações, num capítulo reconhecidamente comum à responsabilidade contratual e à responsabilidade extracontratual[50]. No domínio da responsabilidade contratual tal significa que os danos que o lesado poderia evitar adoptando uma conduta razoável não são considerados causados pelo incumprimento da parte faltosa. De novo, o problema é de causalidade e de delimitação da imputação de danos ao lesante. E, de novo, não pode ser um problema de boa fé: apesar da projecção intensa que esta tem no domínio contratual, fruto do "contacto" entre as partes proporcionado pelo próprio contrato, apesar de este ser como o que uma "coisa" comum a elas, apesar disso, na responsabilidade contratual, como na responsabilidade extracontratual, não é possível falar de qualquer investimento na confiança por parte do lesante na mitigação da perda contratual pelo lesado. Aliás, isso enfraqueceria a vinculatividade dos contratos. Seria um contra-senso pretender que, estando em causa, apenas e só, os danos de uma parte decorrentes do incumprimento da outra, ainda competisse à parte não faltosa e lesada um dever de os diminuir – gerador de ilicitude, se não acatado – e à parte faltosa o correspondente direito[51].

---

[50] Lembremos também a colocação sistemática do artigo 1227.º do Código Civil italiano – cf. supra, nota 8; veja-se também a inserção sistemática do § 254 ("Concorrência de culpas") do BGB, inserido num título sobre o dever de prestar.

[51] Neste sentido, no Direito norte-americano, E. ALLAN FARNSWORTH (*ob. e vol.* cit., p. 228, nota 6): «Failure to mitigate damages is not (…) a breach of the more general duty of "good faith"». De resto, o autor aponta, de algum modo, para a recondução do fundamento jurídico da "mitigation of damages" a uma questão de causalidade (*idem*, p. 228).

O fundamento dogmático de princípio da mitigação ou redução dos danos ou perdas contratuais, enunciado, no Direito contratual anglo-saxónico, autonomamente em relação à "contributory negligence" ou "comparative negligence" – de resto, ao que parece, por razões meramente históricas[52] –, reside, pois, quanto a nós, num problema de causalidade e de delimitação da imputação de danos à parte inadimplente. É, assim, reconduzível, no nosso Direito[53], à chamada "culpa do lesado"[54], que tem aquele mesmo fundamento dogmático e é aplicável tanto à responsabilidade extracontratual como à responsabilidade contratual.

IV. A redução de danos pela parte lesada constitui um ónus, um encargo ou um mero factor de ressarcimento dos danos?

11. Como se justificou anteriormente, a situação do lesado, perante o problema da redução da perda contratual, não pode ser qualificada de adstrição a qualquer dever em sentido próprio, perante o qual se perfilasse, noutra esfera jurídica, um correspondente direito.

Excluído, assim, um dever (*stricto sensu*) de conduta do lesado, cabe, porém, perguntar: – Será a assunção da conduta razoável para evitar os danos ou os maiores danos um ónus do lesado?[55] Será correcto falar-se de encargo? Ou será, simplesmente, um factor de imputação de todos os danos ao lesante?

---

[52] Segundo A. M. HONORÉ, *Causation and remoteness of damage*, International Encyclopedia of Comparative Law, XI, Torts, Part I, 1983, Chapter 7, p 103, ainda que as ordens de "Common Law", além da regra da "contributory negligence", tenham uma regra distinta para a "mitigation of damages", (*idem*, p. 96), tal distinção teria apenas uma razão histórica – aquela nasceu no domínio do "tort" e esta no domínio contratual –, não se justificando tal separação.

[53] Como, no Direito anglo-saxónico, à "contributory negligence", vista como um problema de causalidade, o que constitui uma das posições defendidas na doutrina. Vide MICHAEL G. BRIDGE, *ob. cit.*, p. 403-404.

[54] Reportando-se ao artigo 77.º da Convenção de Viena, acima mencionada, LUÍS DE LIMA PINHEIRO, (*Direito Comercial Internacional*, Coimbra, 2005, p. 300), refere que, em face do artigo 570.º do CC, «a nossa lei parece apontar em sentido convergente». Cf., no mesmo sentido, MARIA ÂNGELA BENTO SOARES/RUI MANUEL MOURA RAMOS, *ob. cit.*, p. 209.

[55] No sentido de tratar-se de um ónus jurídico, J. BAPTISTA MACHADO, *A Cláusula do Razoável*, in Obra Dispersa, I, cit., p. 582; LUÍZ MENEZES LEITÃO (*ob. e vol.* cit., p. 329) e JOSÉ CARLOS BRANDÃO PROENÇA (*ob. cit.*, p. 512 e ss).

A admitir-se o abandono da noção tradicional de ónus, para a remeter ao domínio processual, como, entre nós, é defendido por MENEZES CORDEIRO[56], a questão que fica é a de saber se o conceito de encargo (ou ónus material) do lesado é compatível com a ideia de que, sob o ponto de vista dogmático, o problema da dita "culpa do lesado" é, como aqui defendemos, apenas um problema de causalidade.

Pois bem, supomos que também aqui importa termos presentes campos diferenciados: – Um é o campo da solução legislativa: o legislador pauta-se pela busca da solução justa ou recta, num quadro, tantas vezes complexo, de considerações de segurança, de oportunidade, de eficiência económica, de exequibilidade ou outras, mas não propriamente pela preocupação de fazer ciência, ainda que esta deva ser previamente "ouvida". No caso da "culpa do lesado", estabelecida no artigo 570.º do CC, a que, como defendemos, se reconduz o princípio da redução da perda contratual, certamente que à solução legislativa presidiu, como deve sempre presidir, uma ideia de justiça, não lhe tendo sido alheias considerações de ordem económica (a redução de danos evita o desperdício); – Outro, é o campo da fundamentação dogmática ou explicação científica das soluções legislativas estabelecidas, particularmente perante aquelas que suscitam o apelo a conceitos estruturantes do sistema; – Outro, ainda, é o da qualificação jurídica da posição dos interessados, perante a solução jurídica estabelecida.

Ora, não se tratando agora da fundamentação jurídica da solução da "culpa do lesado", mas do último dos aspectos referidos – a qualificação jurídica da posição do lesado perante o normativo legal –, não vemos por que não se possa qualificá-la como um encargo ou ónus material: ao lesante não cabe direito algum de exigir ao lesado que actue no sentido de evitar danos razoavelmente evitáveis; mas, na medida em que a não adopção pelo lesado dessa conduta razoável implica a inserção desta no processo causal e uma delimitação da imputação de danos ao lesante, o lesado "deverá" adoptar essa conduta, ou sofrerá a desvantagem resultante.

Ainda assim cabe uma nota final. Se bem se atentar, a solução legislativa da redução da indemnização nos casos de dita "culpa" do lesado tanto pode ser praticamente neutra, em termos de incentivo à redução dos danos, como não o ser. No domínio extracontratual – em que não preexiste ao dano qualquer vínculo específico entre o lesante e o lesado –, porven-

---

[56] MENEZES CORDEIRO, *Da boa fé no Direito Civil*, II, cit., p. 766-767 e nota 448; *id*: *Tratado de Direito Civil Português*, I – *Parte Geral*; t. I, cit., p. 359.

tura as mais das vezes, será neutra: ninguém pensará – nem pautará por isso a sua conduta – que haverá redução da indemnização do dano da (sua) morte no caso de ser imprudente numa situação que o conduza à morte! Já no domínio contratual, a solução legislativa tende a incentivar a adopção pelo lesado de uma conduta minimizadora dos danos. Por isso que os danos contratuais pressupõem uma relação prévia entre a parte faltosa e a parte não faltosa: essa relação é, justamente, o contrato. A solução jurídica (redução da indemnização) pode aí, tendencialmente mais do que na responsabilidade extracontratual, influir sobre o "agere" do lesado, o que interessa à parte faltosa, sem lhe conceder direito algum.

DÍVIDA PÚBLICA
E UNIÃO ECONÓMICA E MONETÁRIA

EDUARDO PAZ FERREIRA[*]

SUMÁRIO: *1. Introdução. 2. A Lei n.º 7/98: 2.1. Questões de ordem geral; 2.2. O processo de emissão dos empréstimos; 2.3. As modalidades de dívida. 3. Os órgãos de gestão da dívida: 3.1. Da Junta do Crédito Público ao Instituto de Gestão do Crédito Público. 4. Da gestão da dívida pública. 5. As novas atribuições do Instituto e desafios futuros.*

1. Introdução

A disciplina jurídica da dívida pública tem merecido escassa atenção aos cultores das finanças públicas que tendem a considerar ser este um domínio onde são fundamentais os estudos económicos. Essa situação agravou-se por força da crescente desregulação dos mercados integrados e da homogeneização entre a dívida pública e privada, levando à prevalência de uma perspectiva gestionária, um tanto alheada do mundo do direito.

Afigura-se, no entanto, tratar-se de uma área onde se impõe uma especial atenção dos estudos jurídicos e a adopção de legislação apta à tutela dos vários interesses em presença e, designadamente, os do Estado e dos seus credores. Naturalmente que não está em causa repor a antiga Lei n.º 1933, de 13 de Fevereiro de 1936, que regulava todos os aspectos relacionados não só com a emissão dos empréstimos com grande minúcia, mas de conseguir as respostas mais adequadas às transformações entretanto ocorridas.

---

[*] Professor Catedrático da Faculdade de Direito de Lisboa.

São, de facto, de excluir soluções legislativas assentes no pressuposto da total autonomia da dívida pública em relação à divida privada, que levava a submetê-la a regras de direito público, em que avultavam os poderes exorbitantes do contratante Estado em relação aos contratantes privados. Tais soluções encontram a sua raiz nas revoluções liberais dos séculos XVIII e XIX e na preocupação de garantir que a dívida pública se não confundisse com as dívidas privadas dos monarcas, antes representando uma obrigação do Estado, como ficou logo expresso na Constituição norte americana, que atribui ao Congresso poderes para " borrow money on the credit of the United States", expressão que foi retomada nas obrigações gerais da dívida pública portuguesa, nas quais a Nação se afirmava devedora.

O relacionamento entre o Estado e os seus credores constitui uma questão clássica do direito financeiro sendo, curiosamente, a necessidade de assegurar a estes melhor protecção a determinar o aparecimento da disciplina de direito público em torno do endividamento do Estado. Também por isso, os poderes de decisão em matéria de dívida pública eram concentrados nos parlamentos, permitindo que os representantes dos cidadãos definissem os montantes a obter pela via dos empréstimos e os respectivos encargos.

A circunstância de, em tempos de sufrágio censitário, se poder dizer que os representantes populares eram, na realidade, representantes dos proprietários, levou, aliás, alguns autores a falar de "commercial constitutionalism", através do qual as classes mais favorecidas asseguravam que a contracção dos empréstimos visasse a defesa dos próprios interesses.

De todo o modo, mesmo que se aceite a prevalência de interesses privados na exigência de aprovação parlamentar, não se pode esquecer que esta é coerente com as opções feitas em torno do Orçamento do Estado e da criação de impostos, dando origem à importância do princípio da legalidade na actividade financeira. A concentração de poderes no parlamento tornou-se, de resto, tão forte que se manteve mesmo numa constituição, como a de 1933, marcada por profunda aversão às instituições parlamentares.

Apesar de toda a oposição que, por vezes, suscita a concentração dos poderes financeiros na instituição parlamentar[1], não parece que se deva

---

[1] Na doutrina financeira portuguesa, a referência necessária é a obra de ARMINDO MONTEIRO, em especial *Do Orçamento Português*, I volume, 1921, II volume, 1922. Modernamente, TIAGO DUARTE, *A Lei por Detrás do Orçamento. A Questão Constitucional da Lei do Orçamento*, dissertação de doutoramento na Faculdade de Direito da Universidade Nova de Lisboa, inédita, Lisboa, 2004.

alterar fundamentalmente as regras do jogo, surgindo a autorização parlamentar dos principais instrumentos financeiros como uma característica fundamental da democracia representativa. Trata-se, isso sim, de redefinir o sentido e o âmbito do princípio da legalidade, de forma a evitar que se traduza em significativos custos de ineficiência.

A evolução da dívida pública portuguesa na última década é sintomática do percurso que vêm trilhando as finanças públicas no caminho de uma maior aproximação às regras de funcionamento das entidades privadas visando, simultaneamente, maior eficiência na gestão dos dinheiros públicos e menor interferência nos mecanismos económicos. Tal evolução reflecte, em larga medida, as novas concepções dominantes na ciência económica e a ultrapassagem do activismo estatal[2].

O esforço de racionalização da emissão e gestão da dívida pública correspondeu, por outro lado, à necessidade de encontrar resposta para o alargamento de mercados e a crescente competição dos títulos públicos portugueses com títulos de outros países, igualmente pertencentes à zona euro.

Formulada – ainda antes do processo de integração económica – a decisão de alterar o modo de financiamento dos défices públicos, passando da colocação forçada para o recurso aos mercados de capitais, onde actuam os investidores privados, tornou-se necessário encontrar as vias para assegurar o sucesso das emissões públicas.

De tudo isso resultou a exigência de um regime jurídico flexível, que permitisse uma actuação dinâmica dos agentes financeiros públicos, com vista a diminuir os custos, quer através de técnicas de emissão e colocação da dívida, quer de uma política de gestão activa. Foi tal exigência, todavia, confrontada, pelo menos desde as revoluções liberais, com a necessidade de manter mecanismos de controlo político, associados ao regime jurídico do endividamento público.

Dois diplomas vieram a revelar-se fundamentais nessa evolução e na consequente procura de novos equilíbrios. Foram eles a Lei n.° 7/98, de 3 de Fevereiro e o Decreto-Lei n.° 160/96, de 4 de Setembro. Importa, pois, revisitar a disciplina da dívida pública, averiguando em que medida se revelou adequada aos problemas que procuraram resolver.

Deverá, todavia, salientar-se que estamos em presença de diplomas legais apenas aplicáveis à divida do Estado e que não regulam directa-

---

[2] Para uma primeira aproximação a esta problemática, vd. EDUARDO PAZ FERREIRA, *Ensinar Finanças Públicas numa Faculdade de Direito*. Almedina, Coimbra, 2004.

mente a dívida de outras entidades públicas (segurança social, regiões autónomas, autarquias locais), cujo processo de endividamento se tem vindo a aproximar progressivamente do regime jurídico dos empréstimos estaduais. Também de um ponto de vista económico, a consolidação orçamental, imposta pela Comissão Europeia, tem levado à definição no Orçamento do Estado de uma manobra financeira comum, expressa na fixação de limites ao endividamento das entidades infra-estaduais.

2. A Lei n.º 7/98

2.1. *Questões de ordem geral*

Pode-se caracterizar o regime jurídico da dívida pública, fixado no essencial em finais dos anos 90, pela simplificação dos mecanismos anteriores e pela viabilização de novas técnicas de emissão e gestão mais adaptadas a maximizar os benefícios do Estado.

Entre as disposições de carácter geral da Lei n.º 7/98 sobressai a fixação de princípios rectores da emissão e gestão da dívida pública colmatando, de algum modo, o facto de na Constituição de 1976 – em contraste com o anterior texto constitucional – se não fixarem limites ao endividamento. Os últimos anos foram, no entanto, caracterizados pela crescente importância do debate em torno das potenciais vantagens da inclusão de limites constitucionais ao recurso à dívida pública, dentro de um movimento mais geral que visa substituir a liberdade da acção política pela obediência a regras rígidas inscritas na Constituição[3].

Quaisquer que sejam as dúvidas sobre a superioridade das regras fixas, não pode o legislador passar totalmente à margem das importantes reflexões sobre os efeitos económicos, sociais e éticos da dívida pública – que enriqueceram a ciência financeira nos últimos anos – e, muito em especial, da problemática da equidade intergeracional que dele parece exigir resposta[4].

---

[3] Tal debate, que não tem tido consequências significativas no plano da revisão das constituições, teve reflexo na consagração dos critérios de convergência do Tratado de Maastricht e na drástica redução da margem de manobra orçamental dos Estados--Membros.

[4] Vd. EDUARDO PAZ FERRREIRA, *Da Dívida Pública e da Garantia dos Credores do Estado*, Almedina, Coimbra, 1995, págs. 69 e segs.

Nesse sentido parece de saudar a disposição do número 1 do artigo 2.º da Lei n.º 7/98, que liga a contracção de empréstimos à execução das tarefas prioritárias do Estado considerando, aparentemente, que a execução dessas tarefas permitirá a transmissão às gerações futuras de um património susceptível de as compensar pelos eventuais encargos da dívida. Ao mesmo tempo, reafirma-se um objectivo tendencial de equilíbrio das contas públicas em conformidade com as modernas tendências e com as preocupações quanto à solvabilidade das finanças públicas.

Deverá, em qualquer caso, ser sublinhado que se está em presença de uma disposição que corresponde a uma orientação para o legislador ordinário e não de uma norma imperativa que permita sindicar as opções concretas feitas em seu desenvolvimento.

É, ainda, no domínio das meras orientações que se devem situar os objectivos de gestão da dívida definidos no n.º 2 do artigo 2.º: minimização dos custos numa perspectiva de longo prazo; distribuição equilibrada dos custos pelos vários orçamentos; prevenção da excessiva concentração temporal das amortizações; não exposição a riscos excessivos e promoção de um equilibrado funcionamento dos mercados financeiros.

Não se deverá, todavia, ignorar que o legislador parece ter pretendido, com a disposição anteriormente referida, sublinhar a importância e a dignidade das tarefas de gestão da dívida pública e a necessidade de, também elas, serem balizadas por um conjunto de princípios orientadores. As directrizes aqui traçadas pelo legislador constituem, por outro lado, uma trave mestra para o estabelecimento de *benchmarkings* da dívida pública.

Diferentemente, o artigo 3.º, sob a epígrafe definições, inclui algumas medidas inovadoras relevantes para a definição do regime legal da dívida pública. A dívida pública flutuante deixa de ser considerada como aquela que é contraída por um prazo inferior a um ano, para passar a integrar apenas os empréstimos que deverão estar totalmente amortizados até ao termo do período orçamental em que foram contraídos, enquanto que a distinção entre "dívida pública em moeda nacional" e "dívida pública em moeda estrangeira" substitui a tradicional dicotomia entre dívida pública interna e dívida pública externa, com vantagens claras do ponto de vista da compreensão dos encargos cambiais que a dívida pública pode envolver.

2.2. O processo de emissão dos empréstimos

Essencial na análise da problemática do endividamento público é a apreciação do processo de emissão dos empréstimos, entendido aqui em sentido amplo, abrangendo não só a intervenção dos órgãos políticos mas, também, a dos órgãos técnicos. Tal processo levanta problemas de natureza jurídica – relacionados com a repartição de competências entre os órgãos chamados a intervir –, problemas de natureza técnica – ligados às modalidades de empréstimo – e problemas financeiros – que se reportam às condições em que o Estado vai obter os fundos.

O novo regime da dívida pública contempla com especial cuidado a matéria de emissão dos empréstimos, revogando a minuciosa legislação sobre dívida, saída da reorganização financeira do Estado Novo, na década de trinta do século passado que, inexplicavelmente, se mantivera em vigor[5], apesar de terem sido substituídos ou alterados alguns artigos, ainda que as circunstâncias políticas e económica se tivessem, entretanto, alterado substancialmente.

A aprovação da nova legislação sobre dívida pública visou os objectivos antes referenciados, ainda que se não possa ignorar a pressão exercida pelo Tribunal de Contas, ao exigir o cumprimento das disposições da Lei n.º 1933, durante alguns anos negligenciada pelo próprio Tribunal.

Estava, designadamente, em causa a delimitação do âmbito da autorização política, expressa na autorização parlamentar das condições gerais a qual devia, nos termos do artigo 19.º, da lei n.º 1933, cobrir " a espécie de dívida e seu montante; o valor de cada obrigação; o encargo máximo de cada empréstimo; a forma e prazo de amortização; a faculdade de conversão ou remissão; as garantias de pagamento dos respectivos encargos e quaisquer outras atribuídas às obrigações dos empréstimos e o modo de realização destes".

A mudança de regime legal não poderia, todavia, levar à supressão das condições gerais em benefício de uma mera autorização genérica pelo que, mantendo embora a figura – exigida pelo próprio texto constitucional [artigo 161.º, alínea *h*)] –, o legislador delimitou o seu âmbito em termos consideravelmente mais aligeirados, ao mesmo tempo que redesenhava o processo de emissão do empréstimo, no qual passaram

---

[5] Nesse sentido, cfr. Parecer da Comissão de Assuntos Constitucionais da Assembleia da República de 10 de Março de 1977, in *Pareceres da Comissão de Assuntos Constitucionais da Assembleia da Repúblic*, vol. I, Lisboa, 1978.

a integrar-se as condições genéricas – definidas pelo Governo – e as condições concretas – a cargo da entidade responsável pela gestão da dívida –, após o que se pode considerar encerrado o processo de formação da vontade pública.

Dando sequência a um movimento iniciado com a Lei n.° 12/90, de 7 de Abril, a Lei n.° 7/98 veio permitir (artigo 4.°, n.° 1) que das condições gerais do empréstimo apenas constasse o montante máximo do acréscimo de endividamento líquido anual e o prazo máximo dos empréstimos a emitir, aspectos que poderão ser completados pela definição de montantes máximos por tipo de dívida.

O processo de emissão de dívida passou a conhecer três momentos essenciais, exigindo a conjugação de vontades da Assembleia da República, do Governo e do Instituto de Gestão do Crédito Público. O mero enunciado desse *iter* permite verificar a dimensão do redimensionamento da autorização política da Assembleia da República, ainda que haja que reconhecer que o Parlamento já antes se norteava por uma interpretação aligeirada das exigências constitucionais em matéria de dívida pública[6].

Existiu, por parte do legislador a preocupação de conjugar a liberdade técnica com o controlo político, distinguindo claramente duas fases: uma primeira, correspondente ao processo de formação de vontade do Estado, que se manteve condicionada por regras de direito público, e uma segunda em que a disciplina jurídica aplicável é de direito privado.

Trata-se de uma opção que veio clarificar a anterior polémica sobre a natureza do contrato de empréstimo público ainda que, como tive ocasião de demonstrar[7], já anteriormente fossem de afastar as concepções que viam no contrato de empréstimo um contrato de direito público, sem cuidar de analisar o regime jurídico a que ficava sujeito, uma vez celebrado, e no qual se não projectava a sombra do processo de autorização.

Se o anterior regime legal se prolongara na Lei n.° 7/98, através da manutenção da figura da obrigação legal e da sua sujeição a visto do Tribunal de Contas, mesmo que sob a forma de uma única obrigação para o conjunto do endividamento anual (artigo 7.°), tal exigência desapareceria rapidamente, uma vez que a Lei do Orçamento para 1999, recorrendo

---

[6] Patente na própria circunstância de as autorizações serem concedidas na Lei do Orçamento e não em leis autónomas, solução criticada, por exemplo, por SOUSA FRANCO, *Finanças Públicas e Direito Financeiro*, II volume, págs. 100 e segs.

[7] *Da Dívida Pública...*, cit.

à criticável prática de inclusão de "cavaleiros orçamentais", veio revogar o artigo 7.º da Lei – aprovada uns meses antes – por se ter concluído que essa exigência legal não era compatível com o desejado dinamismo em matéria de endividamento público.

Do mesmo modo, a Lei de Organização e Processo do Tribunal de Contas, veio excluir os contratos de empréstimo da fiscalização prévia, remetendo-os para o domínio exclusivo da fiscalização sucessiva, num movimento coerente com a diminuição da importância daquela modalidade de controlo. De resto, o Tribunal de Contas já tinha manifestado o seu acordo quanto a uma solução deste tipo em diversos acórdãos como, por exemplo, o n.º 23/95/1.3 1.ª Secção), onde se pode ler que "...esta é uma matéria, tal como outras anteriormente apreciadas que deverá remeter-se, pois, para melhor apreciação em sede de fiscalização sucessiva, certo como é que existe uma diferença profunda entre o âmbito destas duas formas de fiscalização, e o grau de rigor a seguir na fiscalização prévia não pode ser tão apurado sob pena de paralisar a administração, como o grau de rigor seguido na fiscalização sucessiva".

O reforço dos mecanismos de controlo sucessivo aparece como contrapartida à menor intensidade da fiscalização prévia. Nesse sentido é de destacar a possibilidade do Presidente do Instituto de Gestão do Crédito Público ser chamado à Assembleia da República para prestar informações sobre os empréstimos e as operações financeiras de gestão da dívida pública (artigo 15.º, n.º 2), mecanismo que pode assegurar um maior controlo parlamentar e, ao mesmo tempo, reforçar a credibilidade e visibilidade do Presidente do Instituto – objectivo consensual em todos os estudos sobre a gestão da dívida.

2.3. *As modalidades de dívida*

A simplificação do regime jurídico da dívida pública fez-se, também, sentir em relação às próprias modalidades de empréstimo, passando-se de uma enumeração taxativa – a constante da Lei n.º 1933 – para uma meramente exemplificativa – a da Lei n.º 7/97 –, solução que se revela bastante mais flexível para a adequação dos empréstimos às condições do mercado.

Optou, no entanto, o legislador por elencar um conjunto de modalidades de empréstimo, apontando para a concentração num número reduzido de instrumentos de endividamento, entre os quais sobressaem os destinados a investidores institucionais – bilhetes de tesouro e obrigações de tesouro – e os vocacionados para aplicação de pequenas poupanças – certificados de aforro.

As Obrigações de Tesouro – forma por excelência do endividamento estatal – são valores escriturais representativos de empréstimos a médio e longo prazo da República Portuguesa, denominados em moeda com curso legal em Portugal, com prazos de vida entre 1 e 50 anos; com ou sem cupão (cupão zero); taxa de juro fixa e amortizáveis no vencimento pelo seu valor nominal.

Os Bilhetes de Tesouro são valores mobiliários de curto prazo, com um valor unitário de um euro, podendo ser emitidos com duração inferior a um ano, colocados a desconto através de leilão ou subscrição limitada e reembolsáveis no vencimento pelo seu valor nominal.

Os Certificados de Aforro destinam-se à captação das pequenas poupanças, correspondendo a uma modalidade de empréstimo que só pode ser amortizada por iniciativa do credor, que beneficia de um prémio de fidelidade a partir do primeiro trimestre. Os juros são objecto de capitalização.

A conjugação destes três instrumentos permite cobrir praticamente todos os sectores do mercado, correspondendo à variedade dos agentes financeiros e ao diferente perfil da procura, opção que assegura a presença da dívida pública em todos os segmentos do mercado.

Nem por isso se deverá deixar de assinalar que a actual solução de concentração das modalidades de empréstimo rompe com a anterior prática, na qual poderemos destacar três diferentes fases: uma primeira, que corresponde à reforma financeira do Estado Novo, e se caracteriza pela existência de um número significativo de empréstimos destinados sobretudo a pequenas poupanças, uma segunda, que se situa nos anos que seguiram ao 25 de Abril de 1974, e durante a qual se recorreu fundamentalmente a formas compulsórias de endividamento, e um terceira, que se inicia no começo da década de 90 e se estende até à promulgação da Lei n.º 7/98, apresentando como aspecto mais significativo o recurso a formas variadas de empréstimos (CLIPS, FIPS, OPAS, Tesouro Familiar, empréstimos do bicentenário do Ministério das Finanças) de forma a conseguir uma transição para um modelo de financiamento junto do mercado.

A evolução assinalada corresponde a opções de fundo relacionadas com as próprias concepções sobre as finanças públicas e com as relações entre a despesa pública e a privada e, também, às condições especificas dos mercados financeiros, só actualmente sendo possível recorrer às possibilidades abertas por mercados financeiros dinâmicos.

A passagem para um modelo de financiamento deste tipo correspondeu à verificação dos inconvenientes derivados da prática anterior – pelos seus efeitos inflacionistas e pelas distorções que poderia induzir no mercado –, às dificuldades resultantes da privatização das instituições financeiras, bem como às regras impostas em matéria de dívida pública pelo Tratado de Maastricht, que veio inviabilizar quer a colocação de empréstimos junto do Banco Central, quer a utilização de regras prudenciais, destinadas a garantir a colocação junto das instituições financeiras.

A transição para o modelo de financiamento concorrencial junto do mercado financeiro concretizou-se num processo cuidadoso, largamente assente no recurso a títulos de curto prazo – bilhetes de tesouro – susceptíveis de um melhor acolhimento por parte de investidores que não estavam habituados a aplicações em dívida pública, no lançamento de emissões tomadas firmes por consórcios bancários, no recurso a Operadores Especiais de Valores do Tesouro e na dinamização do mercado secundário de dívida pública.

Os Bilhetes do Tesouro – criados em 1985 – conheceram um grande êxito no período que decorreu até à entrada na terceira fase da União Económica e Monetária, sendo simultaneamente usados como instrumento de política monetária, antes de se consumar o "divórcio" entre a gestão da dívida e os objectivos monetários, exigido pelas novas regras comunitárias.

O recurso aos sindicatos bancários, representando embora um acréscimo dos custos da dívida pública, apresentou-se como a única solução para garantir a continuidade do financiamento do Estado, colocando-a a salvo de qualquer imprevisto, bem como de impedir que o insucesso na emissão de títulos pusesse em causa a imagem de solvibilidade do Estado Português.

Foi ainda a esse tipo de preocupações que se procurou responder com a criação dos Operadores Especiais de Valores do Tesouro – figura importada do direito financeiro francês e, mais tarde, erigida em paradigma de gestão da dívida por parte da OCDE –, visando assegurar o interesse de grandes operadores de mercado nos títulos de dívida pública. Mais tarde, prolongar-se-ia essa opção através da criação dos Operadores de Mercado Primário, destinada a instituições financeiras sem condições para actuar como OEVTS mas, ainda assim, protagonistas significativos da subscrição de títulos de dívida.

A dinamização do mercado secundário resultou não só recurso aos Operadores Especiais de Dívida Pública, como também da criação de um quadro geral adequado que potenciou as possibilidades abertas pela nova legislação bolsista e, muito em especial, pelo Código de Valores Monetários[8].

Revelou-se, fundamental neste processo, a criação do MEDIP – Mercado Especial da Dívida Pública –, mercado regulamentado, nos termos do Código dos Valores Mobiliários, destinado à negociação electrónica por grosso de títulos da dívida do Tesouro Português (Obrigações do Tesouro e Bilhetes do Tesouro) que, enquanto mercado regulamentado, está sujeito a regras, nomeadamente, quanto à admissão dos participantes, à admissão dos títulos à negociação, ao funcionamento do mercado e quanto à divulgação de informação relativa às transacções realizadas.

As opções relativas à diversificação das modalidades de empréstimos – dominantes num primeiro momento – obedeceram às orientações seguidas internacionalmente e recomendadas pelas instituições financeiras internacionais, nomeadamente, a OCDE. Foi, também, essa preocupação com o alinhamento internacional que justificou, num segundo momento, a redução dos instrumentos de dívida pública seguindo-se, uma vez mais, as orientações da OCDE.

A concentração da parcela mais significativa da dívida pública portuguesa em obrigações de tesouro e bilhetes de tesouro representou, com efeito, a obediência a um paradigma internacional, que se traduziu na homogeneização dos títulos de dívida da generalidade dos países da zona euro. Essa opção aparece com tanto mais justificada quanto os potenciais investidores em dívida pública se vão encontrar em presença de um único mercado com vários títulos competindo entre si, o que implica que a opção de colocação fica inteiramente dependente da apreciação de factores como o maior ou menor risco – função da sustentabilidade financeira dos diferentes países – e a taxa de juro.

O alargamento dos mercados e a substancial redução da dívida externa dele decorrente constitui, aliás, um dos aspectos mais positivos da integração europeia, ainda que um país com as características de Portugal seja confrontado com a oferta de títulos no mesmo mercado por parte de outros Estados com uma muito maior atractividade e uma procura de financiamento superior.

---

[8] Vd. EDUARDO PAZ FERREIRA, "Títulos de Dívida Pública e Valores Mobiliários", *Revista da Banca*, n.º 43, 1997, págs. 27 e segs.

Em termos sumários, pode-se dizer que a simplificação e homogeneização dos títulos de dívida corresponderam a uma alteração radical da dívida pública marcada, igualmente, pela preocupação de assegurar a igualdade de tratamento dos títulos públicos e privados, expressa, por exemplo, na abolição de quaisquer privilégios fiscais e na garantia dos contribuintes, que passou a residir unicamente na capacidade do Estado soberano para impor a tributação necessária ao pagamento da dívida pública[9].

Colocado o Parlamento na sombra, através do redimensionamento dos seus poderes seria, na lógica tradicional do direito financeiro, sobre o Governo que recairiam as luzes da ribalta, mas o predomínio da perspectiva económica sobra a política vai conduzir à criação de uma estrutura técnica especializada que, crescentemente, assume o papel central na emissão e gestão da dívida. Vai-se, então, assistir a uma nova forma de regularização do conflito entre interesse geral e interesse individual, através de um recurso maximizado às potencialidades do mercado, ainda que sempre no respeito pela disciplina legal. Ganha, por isso, uma nova atenção a matéria de gestão da dívida, atribuindo-se, no artigo 13.º, da Lei n.º 7/98, significativos poderes ao Ministro das Finanças.

Alheios a esta evolução, ainda que sofrendo os seus reflexos, ficaram os certificados de aforro – instrumentos de apelo às pequenas poupanças – que, apesar do desagrado com que são olhados pelos gestores da dívida pública e dos seus efeitos potenciais sobre o nível de endividamento, por força do mecanismo de capitalização de juros, sobreviveram ainda que sujeitos a algumas alterações de regime jurídico.

Se os restantes tipos de dívida pública apresentam assinaláveis características de modernidade e asseguram uma flexibilidade de gestão muito superior, nem por isso se pode deixar de encarar os certificados de aforro como um instrumento que contribui para a coesão social e garante ao Estado um mercado de reserva. em caso de menor apetência dos mercados financeiros por títulos de dívida.

Outro aspecto inovador da Lei n.º 7/98 é a possibilidade de emissão de novos instrumentos de dívida pública em caso de atraso na aprovação do orçamento, matéria que anteriormente não era objecto de qualquer regulamentação, ainda que o Tribunal de Contas tivesse admitido, dentro de uma interpretação que me parece extremamente discutível, que a manu-

---

[9] Sobre as anteriores garantias dos credores, vd. EDUARDO PAZ FERREIRA, *Da Dívida Pública...*, cit., págs. 393 e segs.

tenção em vigor do orçamento do ano anterior permitia a emissão de novos empréstimos até ao montante de endividamento constante deste último orçamento[10].

No artigo 8.° consagrou-se uma solução directamente inspirada na Constituição Alemã e que procura conjugar o interesse na manutenção das emissões regulares da dívida pública com a necessidade da assegurar um adequado controlo parlamentar sobre o endividamento, admitindo-se, consequentemente, a possibilidade de novos empréstimos, mas apenas até um valor correspondente a 25% do autorizado no ano anterior.

Sendo a autorização parlamentar para a emissão de empréstimos independente do orçamento e do princípio da anualidade orçamental, explicitou-se, no artigo 9.°, que poderá o decreto-lei de execução orçamental estabelecer um período complementar para utilização da autorização constante do orçamento, para além do termo da sua vigência, o que poderá igualmente contribuir para atenuar as dificuldades resultantes de atrasos na aprovação do Orçamento.

3. Os órgãos de gestão da dívida

3.1. *Da Junta do Crédito Público ao Instituto de Gestão do Crédito Público*

Ficou já assinalada a importância atribuída na Lei n. 7/98 à componente técnica de gestão da dívida pública, aspecto especialmente relevante nos estudos sobre gestão da dívida, que consideram fundamental a criação de estruturas independentes, fortemente personalizadas e actuando em modo semelhante às instituições financeiras privadas, ainda que respaldadas no mandato que lhes é conferido pelos órgãos políticos, objectivo a que o Decreto-Lei n.° 160/96 veio a responder.

A ideia de independência dos órgãos de gestão da dívida pública está longe de ser inovadora no direito português, podendo mesmo dizer-se que foi a solução aceite desde a formação da moderna dívida até à reforma financeira do Estado Novo. Visava-se, no entanto, através da autonomia

---

[10] EDUARDO PAZ FERREIRA, "Regime Jurídico da Emissão de Empréstimos Públicos", *Revista da Banca*, n.° 19, 1991.

conferida ao organismo encarregue da gestão, a prossecução de outros valores e, designadamente, a regularidade dos pagamentos e a garantia dos credores.

É essa a lógica que presidiu à criação da Junta do Crédito Público – um dos mais antigos e prestigiados serviços da administração pública – cuja história se confunde, em muitos momentos, com a própria história das finanças públicas portuguesas, e cuja extinção, em 1998, representou o fim de um ciclo da vida financeira portuguesa. É certo, todavia, que essa extinção se vinha anunciando há alguns anos e foi antecipado por diversas medidas de ordem prática que raras vezes tiveram tradução legislativa.

A criação da Junta remonta a um alvará de 13 de Março de 1797, assente na centralização dos vários *sinking funds* entretanto criados, tendo sido objecto de uma profunda reformulação, aquando da reorganização da Fazenda Pública de Mouzinho da Silveira (Decreto n.° 22, de 16 de Maio de 1832), e conhecido diversas vicissitudes ao longo do constitucionalismo monárquico e da Primeira República.

No centro das alterações que se foram sucedendo na legislação reguladora da Junta esteve quase sempre a questão da extensão da independência em relação ao Governo e da melhor forma de a garantir. Deverá, contudo, ser assinalado que, durante todo esse período e apesar das diferentes sensibilidades existentes, se registou sempre um amplo consenso quanto à necessidade de preservar a independência da Junta, entendida como uma forma de garantia dos credores do Estado e de defesa da própria confiança no crédito público[11].

Sintomática da importância da independência da Junta na perspectiva dos credores é a circunstância da sua manutenção ter sido exigida ao Governo Português, que se comprometeu a não fazer qualquer alteração na gestão da dívida por todo o tempo de vida da dívida objecto da conversão de 1902, obviando a outras alternativas mais humilhantes como seria a da administração da dívida portuguesa por entidades estrangeiras.

---

[11] HINTZE RIBEIRO, *O Regímen Jurídico da Dívida Pública Portuguesa*, Imprensa Nacional, Lisboa, 1898, pág. 107, espelhou, de forma clara, esse consenso, ao escrever: "pudéram as ideias mais ou menos liberaes ou auctoritárias das situações que se succederam, influir na organização do seu pessoal superior; dar ali maior ou menor representação ao parlamento, ao governo, ou aos portadores de títulos. Mas sempre, por todos os partidos, ainda os mais radicalmente adversos, foi defendida e sustentada ajunta do Crédito Público, como sendo uma instituição conveniente ao regimen da nossa dívida, uma garantia séria a oferecer aos nossos credores".

Nos termos do Regulamento aprovado por Decreto de 8 de Outubro de 1900, a Junta é concebida como uma entidade independente, sendo a independência assegurada pela representação tripartida: parlamento, governo e credores do Estado e pela expressa afirmação de que é função da Junta "exercer directamente e independentemente de qualquer repartição ou autoridade a administração geral da dívida pública interna e externa".

Daqui resultava avultarem as funções da Junta que se prendiam com o controlo da legalidade das emissões e da regularidade da sua gestão, bem como as que correspondiam ao exercício de uma função arbitral no relacionamento entre o Estado e os seus credores.

A reforma financeira do Estado Novo viria aproveitar, de um ponto de vista formal, uma parte significativa desse património, mas inserindo-o num contexto totalmente diverso, em que naturalmente não existiam veleidades de independência e em que a Junta se tornou num mero executante de uma política financeira ortodoxa[12].

Pode-se, de alguma forma, encontrar na legislação de 1936 uma mudança de perspectiva, passando a Junta a ser essencialmente um órgão destinado assegurar uma disciplina jurídica muito apertada em torno da emissão dos empréstimos públicos, sujeitos a controlo de legalidade, traduzido na necessidade de voto de conformidade por parte da Junta, para além do visto do Tribunal de Contas.

Iniciava-se, assim, um percurso de integração da Junta do Crédito Público no seio da administração directa do Estado, que se viria a acentuar após o 25 de Abril de 1974 e, muito especialmente, com a publicação do Decreto-Lei n.º 76/83, de 8 de Fevereiro, que definia a Junta como "o organismo do Ministério das Finanças e do Plano, dotado de autonomia administrativa, destinado a exercer a administração da dívida pública titulada interna e externa".

O peso da tradição histórica levava, contudo, a que o mesmo diploma optasse por uma estrutura bicéfala, distinguindo dois órgãos: a Junta. (que

---

[12] É certo que o artigo 1.º da Lei n.º 1933, de 13 de Fevereiro de 1936, que reformou os serviços da dívida pública, continuava a definir a Junta como "a instituição destinada a exercer, com independência de qualquer repartição ou autoridade a administração geral da dívida pública fundada, interna e externa, superintendendo em todos os serviços à mesma inerentes". Tal afirmação não encontrava, no entanto, qualquer apoio no restante diploma, resultando claramente de várias disposições que se tratava de um organismo subordinado ao Governo, situação que era, de resto, reforçada pela circunstância de o presidente vitalício e um dos dois vogais serem nomeados pelo Executivo.

apesar do diferente processo de designação) se aproximava da antiga Junta do Crédito Público e a Direcção Geral, definida como "o órgão técnico do Ministério das Finanças e do Plano que executa todas as operações relacionadas com a dívida pública titulada interna ou externa".

As alterações pontualmente introduzidas na Junta do Crédito Público revelaram-se, no entanto, manifestamente inadequadas, traduzindo--se num quadro jurídico de gestão da dívida desactualizado e arcaico, bem evidente na manutenção da função de tribunal arbitral nas relações entre o Estado e os seus credores, que levantava óbvios problemas de constitucionalidade.

Após o 25 de Abril de 1974 e num ambiente de desinteresse pelo condicionalismo jurídico da emissão e gestão de dívida, a Junta entraria numa fase de letargia e apagamento do qual só sairia, no início dos 90, quando se empenhou na transformação dos processos de emissão e gestão da dívida, o que não impediria, todavia, a sua substituição pelo Instituto de Gestão do Crédito Público.

Seria, o Instituto de Gestão do Crédito Público, cujos estatutos foram aprovados pelo Decreto-Lei n.° 190/96, de 4 de Setembro, a dispor da competência e condições necessárias para uma adequada gestão da dívida pública, num quadro de financiamento público competitivo em mercados dinâmicos.

A inspiração subjacente à criação do Instituto foi profundamente diversa daquela que presidira à da Junta do Crédito Público ainda que, em homenagem à tradição financeira portuguesa, se mantivesse a referência a crédito público, em vez de dívida pública como pareceria mais adequado. Onde na institucionalização da Junta se procuraram instrumentos de garantia da legalidade e de defesa dos credores, buscou-se agora um quadro de racionalidade económica, que assegurasse ganhos de eficiência.

Ficava em aberto qual a roupagem jurídica de que se deveria revestir essa alteração. Entre as possibilidades extremas – constituição de uma empresa pública ou entrega da gestão da dívida a um serviço integrado do Ministério das Finanças – optou-se pela opção intermédia, criando um instituto dotado da autonomia administrativa e financeira e de património próprio. A apreciação dos estatutos inculca, aliás, a conclusão que, de entre os tipos de instituto, foi escolhida a figura do instituto empresarial, dotado de uma grande agilidade em matérias como a política de pessoal ou a gestão financeira em geral.

Um primeiro aspecto em que se vai reflectir essa diferença de perspectivas é na questão essencial da independência do Instituto. De facto, não se tratou já de a garantir através de um processo de designação da direcção, que assegurasse a representação dos credores do Estado, nem de proibir as ordens do Governo ao Instituto, consagrando-se, expressamente, no artigo 1.º dos estatutos, que "O Instituto de Gestão do Crédito Público (IGCP) é uma pessoa colectiva de direito público dotada de autonomia administrativa e financeira e património próprio, sujeita á tutela e superintendência do Ministério das Finanças", enquanto que o n.º 1 do artigo 4.º precisa que "o IGCP tem por objecto a gestão da dívida pública directa e do financiamento do Estado, bem como a coordenação do financiamento dos serviços e fundos dotados de autonomia administrativa e financeira em obediência às orientações definidas pelo Governo através do Ministro das Finanças".

A solução consagrada é totalmente coerente com a reserva para o Governo da condução da política financeira e tem a sua contrapartida na ampla autonomia técnica do ICGP que, na prática, e ainda que sob o controlo do poder político, define e executa a política de dívida pública.

Salvaguardados os poderes de tutela e superintendência governamentais, o legislador orientou-se no sentido do aprofundamento da autonomia de gestão do IGCP, resultante quer da atribuição da natureza de instituto público, quer da sua concepção como um instituto de tipo empresarial. A flexibilidade do regime jurídico do IGCP, sobretudo quando confrontada com a rigidez do regime da Junta, apresenta-se como um factor da maior importância, permitindo-lhe concorrer com as instituições financeiras, designadamente no recrutamento de técnicos fortemente especializados.

São, por outro lado, radicalmente acrescidas as atribuições e competências do órgão de gestão da dívida pública, que passa a dispor de uma posição central em matéria de endividamento quer através da preparação do plano anual de financiamento do Estado, quer da sua concretização, depois de obtidas as necessárias autorizações políticas, quer da capacidade para negociar os empréstimos em nome do Estado Português, quer ainda de amplos poderes no domínio da gestão da dívida[13].

---

[13] Contrariamente ao que sucedia com a Junta que se cingia à gestão da dívida pública directa do Estado, o IGCP aparece como uma entidade tendencialmente vocacionada para a gestão e apoio técnico ao endividamento da generalidade do sector público (artigos 4.º, n.º 1 e 5.º, n.ºs 2 e 3), o que constitui um passo inteiramente lógico em face da crescente integração da gestão financeira da globalidade do sector público determinada pelo Tratado de Maastricht.

A evolução legislativa foi facilitada, como é, de resto, expressamente admitido no preâmbulo do Decreto-Lei n.º 160/96, pela existência de um forte movimento internacional, expresso de resto, em orientações da OCDE – que, entretanto, assumira um papel central nessa matéria – no sentido de que a administração da dívida fosse entregue em todos os países a instituições independentes[14].

A criação de organismos especializados, reclamada pela OCDE nos seus livros verdes sobre a gestão da dívida de 1983, 93 e 2002, aparece antes do mais como uma consequência da necessidade que os Estados tiveram a partir das crises dos anos 70 de conseguir maiores níveis de funcionamento. A essa necessidade iria acrescer o fenómeno de integração dos mercados financeiros, acelerado com o processo de criação da união económica e monetária, da sua desregulamentação e do crescente recurso a complexos sistemas informáticos, tudo apontando para uma crescente profissionalização dos gestores da dívida pública[15].

Só depois de 1995 é que, no entanto, se acelerou a criação desse tipo de organismo, particularmente nos países da OCDE. A preocupação com a sua independência e a criação de condições favoráveis para a sua articulação com os mercados financeiros levou até a que alguns governos instalassem as sedes dessas entidades em cidades diferentes daquelas onde o governo está sedeado como sucedeu, por exemplo, com a Alemanha – Frankfurt – ou a Holanda – Amesterdão.

A necessidade de criação deste tipo de organismo tinha-se acentuado a partir do divórcio entre o banco central e a tesouraria do Estado, que ocorreu, mais ou menos generalizadamente, nos finais dos anos 80, consubstanciando um estatuto de independência dos bancos centrais e afastando-os da gestão da divida pública, movimento que iria ser acentuado na Europa com a União Económica e Monetária.

Trata-se, por outro lado, de uma evolução que acompanha um movimento de ordem mais geral de transformação no seio da administração

---

[14] Uma análise das estruturas de gestão da divida em diversos Estados mostra que se tem acentuado a tendência para a atribuir a organismos independentes, ainda que o último estudo da OCDE de 2002, assinalando embora os importantes passos dados neste domínio, não deixe de mostrar a diversidade de soluções institucionais nos diversos países.

[15] Importa, todavia, notar que, aquando da elaboração do primeiro livro verde da OCDE, só na Suécia existia um organismo autónomo de gestão da dívida, tendo em 1988 a Nova Zelândia caminhado nesse sentido e a Irlanda criado, em 1990, o National Treasury Management Agency.

pública, criando entidades basicamente regidas pelo direito privado e dispondo, em consequência, de uma muito maior agilidade de gestão.

Em defesa da criação deste tipo de organismo, a OCDE apresenta diversas razões fundamentais, como sejam a necessidade de autonomia da esfera técnica e da esfera política, o reforço da transparência, a clarificação da cadeia de responsabilidade entre os diferentes intervenientes, a melhoria da eficiência e das técnicas de gestão e a maior possibilidade de recurso a especialistas financeiros[16].

Não se furtou também aquela organização internacional a definir as condições de que, em sua opinião, se deve revestir a actuação desses organismos, fazendo-o nos seguintes termos: responsabilidade perante os órgãos políticos, atribuição ao responsável pelo organismo do estatuto de gestor da dívida, concessão de um mínimo de autonomia operacional, possibilidade de actuação no mercado primário e secundário.

Ao colocar o Instituto na órbita do Governo, garantindo, aliás, a sua sujeição a poderes de tutela e superintendência, o legislador talvez não tenha avançado suficientemente na consagração da independência, opção que poderá encontrar os seus fundamentos na consideração de que uma matéria com tão profundas implicações políticas não deveria ser deixada apenas a técnicos não legitimados eleitoralmente.

Ainda assim, teria sido possível caminhar no sentido de uma maior independência, atribuindo ao Parlamento a escolha dos membros do conselho directivo ou, pelo menos, de parte deles. Outra solução adequada seria a nomeação do presidente pelo Presidente da República e pelo Governo, garantindo a independência e importância do cargo, em consonância, aliás, com a orientação da OCDE no sentido de ser autonomizada e reforçada a figura do gestor da divida pública.

É certo que o Instituto comunga com outras entidades do mesmo tipo uma situação de ambiguidade no seu estatuto, que pode ser desenvolvido num sentido de cariz mais privatistico ou mais publicista, parecendo que as últimas evoluções em matéria de institutos públicos e, designadamente, as resultantes da lei quadro dos institutos públicos, se orientam no primeiro sentido, o que se afigura dever ser temperado pela manutenção e aprofundamento de alguns aspectos que foram decisivos para a afirmação do instituto junto dos mercados financeiros, com todos os benefícios que sai decorreram para o Estado português.

---

[16] *Debt Management and Government Security Markets in the 21st Century.*

Pode-se, em qualquer caso, concluir que, em tempos de padronização pelas instâncias internacionais e de competição dos vários Estados nos mesmos mercados financeiros, se trata de uma solução correspondente às orientações da OCDE e o FMI e até mais avançada do que a existente em diversos outros estados membros da OCDE.

4. Da gestão da dívida pública

A evolução da dívida pública veio reforçar a importância das tarefas de gestão, destinadas a assegurar um mais adequado perfil das posições devedoras do Estado, potenciando uma diminuição dos custos e dos riscos associados aos financiamentos estatais. Por isso mesmo, o legislador entendeu fixar orientações genéricas de enquadramento dessas tarefas no artigo 2.º, n.º 2, da Lei n.º 7/98, as quais representam um pano de fundo que Governo e Instituto de Gestão do Crédito Público devem ter em consideração. O carácter necessariamente genérico daquela disposição implica a sua concretização através de orientações emitidas pelo Ministro das Finanças (artigo 5.º, n.º 2) tendo, logo em 1998, sido fixadas orientações para a gestão da dívida, revistas em 2006, que são acompanhadas anualmente por orientações específicas quanto à estratégia de financiamento envolvendo a escolha dos instrumentos e sua calendarização e formas de colocação e relacionamento com os intermediários financeiros.

Entre as Orientações Gerais reveste-se de uma especial importância a adopção de uma carteira de referência – *benchmarking* – que define uma composição ideal da carteira, reflectindo o enquadramento legal e permite a avaliação custo/*performance* da carteira real. Trata-se de uma opção que não só permite uma melhor racionalidade na gestão como viabiliza, também, uma melhor responsabilização (*accountability*) da actividade do Instituto. Preocupações de responsabilização determinam, igualmente, a exigência de transparência em torno de toda a actividade do IGCP e a obrigação de elaborar um relatório trimestral a enviar ao Ministro das Finanças, bem como a sujeição a fiscalização pelo Tribunal de Contas.

No acompanhamento das tarefas de gestão da dívida, assumem um papel importante as instituições financeiras escolhidas para Operadores Especiais de Valores de Tesouro, Especialistas do Mercado Primário e Especialistas de Bilhetes de Tesouro, com obrigações se reportam quer ao mercado primário quer ao secundário e com direitos atribuídos pelo IGCP. A atribuição dos estatutos de OEVT e OMP é feita com base na avaliação da capacidade das instituições financeiras para colocarem e negociarem, de uma forma consistente, os valores representativos de dívida pública portuguesa em mercados de dimensão internacional, europeia ou nacional, assegurando o acesso a uma base regular de investidores e contribuindo para a liquidez dos respectivos instrumentos em mercado secundário.

5. As novas atribuições do Instituto e desafios futuros

Do ponto de vista do ambiente em que o Instituto vai desempenhar as suas funções não são de prever inovações significativas, mantendo-se e acelerando-se o processo de globalização de mercados e da sua desregulamentação, enquanto que o progresso tecnológico continuará a determinar uma crescente complexidade da sua actuação.

Uma inovação significativa será, no entanto, a redução significativa e largamente condicionada pela União Europeia e pelo pensamento económico dominante, de redução da procura de financiamentos pelos Estados, num movimento que poderá ser compensado pelos mercados emergentes. Tal redução da procura de financiamento público determinará uma maior disponibilidade de fundos interessados na colocação em dívida pública, ou uma alteração significativa do perfil da oferta nos mercados financeiros, orientando-se no sentido de aplicações em títulos privados. Num caso como no outro, o Instituto será confrontado com a necessidade de uma acrescida capacidade de gestão para potenciar os ganhos ou para diminuir a dificuldade em colocar títulos da República Portuguesa.

O IGCP será, por outro lado, confrontado com o alargamento das suas competências à gestão das disponibilidades do Estado, previsto na nova lei orgânica do Ministério das Finanças e que irá determinar uma alteração dos estatutos já em curso.

Trata-se de uma opção positiva do ponto de vista dos ganhos para o Estado português, que vinha sendo reivindicada pelo Instituto e que corresponde ao modelo de outros países, designadamente da Inglaterra. Tal avaliação não pode, todavia, levar a que se continue a trilhar o caminho do alargamento de competências, uma vez que se corre o risco de dissolução da competência específica do Instituto, com custos a nível da qualidade de gestão da dívida.

A PARTICIPAÇÃO DE INOCÊNCIO GALVÃO TELLES NO CASO DO *DIREITO DE PASSAGEM POR TERRITÓRIO INDIANO*

FAUSTO DE QUADROS[*]

SUMÁRIO: *1. Introdução. 2. Os factos, o início do processo e os seus fundamentos. 3. O primeiro Acórdão: as excepções preliminares. 4. O segundo Acórdão: a questão de mérito. 5. As vitórias de Portugal no processo. 6. O desfecho real do processo. As relações entre o Direito e a força em Direito Internacional. 7. Ganhar e ser nobre. 8. Epílogo deste caso. 9. Conclusão.*

1. Introdução

Não fomos Aluno nem Assistente de Inocêncio Galvão Telles. Mas conhecemo-lo muito antes de, sequer, se ter colocado o problema de saber o que iríamos estudar na Universidade. De facto, Inocêncio Galvão Telles e sua Mulher, Isabel Maria Galvão Telles, e o nosso Pai, já falecido, foram condiscípulos na Faculdade de Direito da Universidade de Lisboa, no Curso Jurídico de 1934-39. A Faculdade estava então instalada no Campo de Santana. Desse Curso Jurídico, conserva-se, no actual edifício da Faculdade, na Cidade Universitária, a saudade, traduzida numa lápide de 1989, que, logo à entrada do edifício, assinala a visita à Faculdade dos muitos que, à data, ainda sobreviviam desse Curso, no 50.° ano da sua Licenciatura.

---

[*] Professor Catedrático da Faculdade de Direito da Universidade de Lisboa. Membro do Institut International des Droits de l'Homme (Réné Cassin).

O casal Galvão Telles e os nossos Pais cultivaram uma ligação profundamente afectiva, que perdurou para sempre. Isso fez com que, muito novo, nós começássemos a respeitar e admirar Inocêncio Galvão Telles, ao mesmo tempo que nos dávamos com os seus Filhos e éramos acolhidos com extrema simpatia em sua casa. Nessa altura, ainda adolescente, já víamos em Galvão Telles uma pessoa com um nobre espírito de família, muito recto nos seus princípios e valores, com uma grande afabilidade, com um refinado sentido de humor, e, sobretudo, acompanhando permanentemente o mundo que o rodeava. Queremos dizer com isto que, para além da sua dedicação ao Direito, Inocêncio Galvão Telles sempre teve outros focos culturais de atracção.

Como Universitário e Académico, Galvão Telles pertenceu, sem dúvida, ao rol dos mais brilhantes jusprivatistas portugueses do século XX – aliás, um século que teve uma grande plêiade de cultores de elevado nível do Direito Privado, especialmente no Direito Civil, e tanto na Escola de Lisboa como na Escola de Coimbra. As suas obras, tanto as monografias como os manuais, distinguem-se, simultaneamente, pela profundidade da doutrina e pela excepcional clareza da sua exposição. Como juspublicista, tanto no nosso ensino como na nossa actividade de jurisconsulto e de advogado, temo-nos socorrido frequentemente, e sempre com muito proveito, particularmente dos seus manuais sobre Direito das Obrigações e sobre Contratos. Serão sempre duas obras de referência na nossa doutrina jurídica.

Mas, neste livro, resolvemos homenagear Inocêncio Galvão Telles de uma forma diferente. Queremos preencher uma lacuna que persiste em Portugal em relação à actividade jurídica de Inocêncio Galvão Telles. Decidimos descrever o que foi um dos pontos mais altos da sua carreira como Jurista: a sua participação no processo que opôs Portugal à então União Indiana, hoje, Índia, e que ficou conhecido como o caso do *direito de passagem por território indiano*.

Não foi fácil a nossa pesquisa, ainda por cima tendo em conta o curto espaço de tempo em que este livro foi organizado. Gostávamos de ter consultado mais documentação histórica e de ter colhido mais testemunhos de individualidades que, de algum modo, tiveram ligação com o processo. Não quisemos incomodar o próprio. Dos documentos oficiais a que pudemos ter acesso, das informações que nos foi possível obter, no País e no estrangeiro, junto de especialistas que estudaram o processo ou nele intervieram, e dos elementos que já havíamos recolhido quando, por duas vezes (como se verá pela bibliografia indicada no fim deste artigo), tivemos que escrever sobre o processo em causa (numa delas, numa enciclopédia estrangeira), foi-nos possível elaborar, com o rigor que sempre perseguimos, este estudo. Para tanto, acabou por ser decisivo o comentário que o próprio Professor Inocêncio Galvão Telles escreveu recentemente sobre o caso em apreço, e que também consta do referido rol de bibliografia. Com tudo isso, julgamos ter evitado erros e omissões.

Não deixaremos, contudo, de exprimir o nosso profundo lamento pelo facto de não haver ainda, cincoenta anos volvidos sobre o desfecho daquele caso, qualquer tradução oficial portuguesa dos dois Acórdãos em questão, do Tribunal Internacional de Justiça (TIJ). Até há pouco tempo, nem sequer havia ao dispor dos portugueses qualquer publicação do Acórdão que não fosse a contida na colectânea oficial de Acórdãos do próprio TIJ. Essa lacuna foi recentemente suprida pela Faculdade de Direito da Universidade Nova de Lisboa, ao publicar, em número monográfico da sua revista[1], a versão oficial bilingue, em francês e inglês, do Acórdão principal, sobre o mérito, naquele caso, com o referido comentário de Inocêncio Galvão Telles. Isso traduz uma imperdoável negligência do Estado Português, sobretudo não se esquecendo – e cremos que isto é pacífico – que foi a maior vitória de Portugal num tribunal internacional, ao longo da História, e que neste caso estavam envolvidos aspectos importantes da soberania de Portugal, como aquele Tribunal reconheceu.

2. Os factos, o início do processo e os seus fundamentos

Logo a seguir à independência da, então, União Indiana, obtida em 1947 em relação à antiga potência colonial, o Reino Unido, a Índia começou a pôr em causa a presença de Portugal no subcontinente indiano. Portugal exercia aí a sua soberania sobre territórios que compunham, desde o século XVII, aquilo que o Direito Constitucional português reconhecia como sendo o Estado Português da Índia. Esses territórios eram os distritos costeiros de Goa, Damão e Diu e os enclaves (incluídos no distrito de Damão) de Dadrá e Nagar-Aveli.

Em 1953 a Índia restringiu o direito de passagem entre os territórios de Dadrá e Nagar-Aveli e o território costeiro de Damão. Em Julho de 1954, activistas indianos, ajudados por forças militares indianas, ocuparam aqueles enclaves, mataram ou aprisionaram os poucos militares por-

---

[1] *Themis*, edição especial de 2004.

tugueses (na maior parte, de origem local) que compunham a sua guarnição militar, e colocaram ambos esses territórios sob soberania indiana. Em consequência disso, a Índia recusou, dias depois, autorização a Portugal para deixar passar, por território indiano, para Dadrá e Nagar-Aveli, funcionários civis e um contingente militar que pretendiam repor a soberania portuguesa sobre aqueles territórios.

Portugal foi admitido como membro das Nações Unidas em 1955. Em 19 de Dezembro do mesmo ano aceitou a jurisdição do TIJ de harmonia com o artigo 36.°, n.° 2, do Estatuto do TIJ e, três dias depois, isto é, em 22 de Dezembro, entregou no TIJ uma queixa (*requête*) onde lhe requeria que reconhecesse o direito de passagem de Portugal por território indiano de forma a poder chegar aos enclaves ocupados, e que ordenasse à Índia que respeitasse esse direito.

A ideia de entregar o litígio à jurisdição do TIJ foi do então Ministro dos Negócios Estrangeiros, o Professor Paulo Cunha. Este convidou para Agente do Estado, Advogado e Jurisconsulto (assim rezam os Acórdãos do TIJ), Inocêncio Galvão Telles, que ensinava na Faculdade de Direito da Universidade de Lisboa.

No arranque do processo, Galvão Telles contou com o apoio logístico dos diplomatas Vaz Pinto, Franco Nogueira, Henrique Martins de Carvalho e António Costa Lobo, no Ministério dos Negócios Estrangeiros, e do Embaixador Ferreira da Fonseca, que chefiava a nossa representação diplomática junto dos Países Baixos, em Haia.

Logo no modo e no tempo em que a petição foi apresentada, Inocêncio Galvão Telles pôs uma grande perspicácia. De facto, ao ter entregue a petição logo três dias após a declaração feita por Portugal da aceitação da jurisdição do TIJ, Portugal impediu que a Índia revogasse a sua declaração idêntica, que oportunamente produzira, o que teria permitido à Índia não ser parte no processo e, dessa forma, inviabilizá-lo.

3. O primeiro Acórdão: as excepções preliminares

A Índia suscitou logo seis excepções à petição de Portugal, todas elas relativas à competência, ou jurisdição, do TIJ para o processo. Elas eram as seguintes:

1.ª – a aceitação por Portugal da jurisdição do TIJ era ilegal porque, entendia a Índia, Portugal reservara o direito de decidir o prazo e o âmbito material dessa declaração;

2.ª – a queixa de Portugal fora entregue antes que a declaração, da sua parte, de aceitação da jurisdição do TIJ tivesse sido comunicada às outras partes no Estatuto do TIJ, o que infringia, nomeadamente, dizia a Índia, os princípios da igualdade e da reciprocidade;

3.ª – a queixa não fora precedida de negociações prévias para a resolução do litígio;

4.ª – o período de apenas três dias entre a aceitação da jurisdição e a entrega da petição tinha sido demasiado curto para permitir à Índia pronunciar-se sobre a declaração de aceitação da jurisdição por parte de Portugal;

5.ª – segundo o Direito Internacional, o litígio era do domínio reservado da Índia;

6.ª – a declaração de aceitação da jurisdição do TIJ por parte da Índia englobava apenas litígios originados depois de 5 de Fevereiro de 1930, enquanto que este litígio nascera antes dessa data.

O TIJ, no seu Acórdão de 26 de Novembro de 1957[2], especificamente sobre essas excepções, rejeitou as quatro primeiras excepções e remeteu as outras duas para a questão de mérito, ou seja, para o processo de fundo.

Foi a primeira grande vitória das razões de Portugal.

4. O segundo Acórdão: a questão de mérito

Quanto à questão de fundo, é preciso começar por se dizer que a posição de Portugal foi muito bem preparada. Para o efeito, Galvão Telles contou com o apoio, entre outros, não só dos diplomatas acima referidos, mas também de académicos de elevadíssimo nível. Entre estes, contavam-se o Professor Guilherme Braga da Cruz, da Faculdade de Direito de Coimbra (e, seguramente, na História de Portugal, um dos mais eminentes cultores da História do Direito), cujo contributo para a demonstração da História dos direitos de Portugal envolvidos neste litígio foi determinante; o Professor Silva Cunha; os então jovens, mas já muito promissores, Assistentes da Faculdade de Direito de Lisboa, João de Castro Mendes e José de Oliveira Ascensão. Foi junto a esta delegação, em questões concretas, o Dr. Panduronga Pissurlencar, um eminente historiador goês.

---

[2] ICJ Reports 1957, pgs. 125 e segs.

A Índia cedo evitou o debate jurídico da queixa de Portugal e dos seus fundamentos. Por isso, logo no início das suas alegações, tanto escritas, como, sobretudo, orais, optou por uma exuberante e demagógica apologia, puramente política, do anticolonialismo. Foi nesse quadro que quis que se desenrolasse a apreciação das pretensões de Portugal. Para a Índia, a sua actuação, que era questionada por Portugal, bem como a expulsão, com que ameaçava, de Portugal de todos os territórios que detinha no subcontinente indiano, tinham de ser encaradas no âmbito da luta contra o colonialismo.

Estranhamente, o Tribunal e, designadamente, o seu Presidente, o norueguês Klaestad, deixou que a delegação indiana desse larga primazia, nas suas alegações, a este estilo demagógico, populista e puramente político.

Quando Inocêncio Galvão Telles começou as suas alegações orais, procurou, para começar, rebater essa argumentação exclusivamente política da Índia, tanto na forma, como na substância, e contrária ao Direito Internacional. Também aqui estranhamente, o mesmo Presidente do Tribunal não o deixou ir por aí, o que, para muitos observadores que assistiam ao julgamento, e estranhos às delegações dos dois Estados em litígio, foi considerado um comportamento menos isento da parte do Tribunal.

Mas Galvão Telles conseguiu depressa, e de forma brilhante, passar para a discussão puramente jurídica do litígio, que era, aliás, a que mais convinha às razões que assistiam a Portugal e, portanto, aquela para a qual ele melhor se preparara. E fê-lo, com os seus colegas de delegação, com brilho e poder de persuasão notáveis, que deixaram óptima impressão naqueles que de perto acompanhavam o julgamento. Fortíssimo aliado de Galvão Telles na afirmação e na defesa da posição portuguesa foi o Professor suíço Maurice Bourquin, que era coadjuvado por um outro grande nome da doutrina suíça de Direito Internacional, Pierre Lalive d'Épinay. Bourquin tinha excepcionais qualidades de orador, possuía um estilo extremamente persuasivo e, quando necessário, era contundente, e ajudou Galvão Telles a fazer desmoronar toda a construção da tese da Índia. Nesta, destacavam-se dois grandes nomes da doutrina de Direito Internacional, o Professor suíço Paul Guggenheim e o Professor Waldock, de Oxford.

O TJ proferiu o seu Acórdão sobre a questão de fundo (a questão de mérito) em 12 de Abril de 1960[3]. Ele decidiu resumir o fundo do litígio à

---
[3] ICJ Reports 1960, pgs. 6 e segs.

questão de saber se Portugal, quando dos referidos acontecimentos de 1954, era titular do direito de passagem, por território indiano, para Dadrá e Nagar-Aveli. Era, aliás, o que Portugal pretendia.

O Tribunal começou por entender que essa questão era de Direito Internacional e não do domínio reservado da Índia, afastando, desse modo, uma das excepções que a Índia deduzira contra a competência do TIJ e que fora por este relegada para o julgamento de fundo. Também entendeu o Tribunal que a situação litigiosa, no seu todo, nascera depois de 1930, rejeitando, assim, a última excepção preliminar suscitada pela Índia, e que também ficara para a decisão de fundo. A Índia, por conseguinte, via caírem por terra todas as excepções preliminares que tinha suscitado.

Portugal fundava os seus direitos históricos no Tratado Luso-Marata, de Poona, de 1779, e em dois Decretos (*sanads*), de 1783 e 1785, com base nos quais concluía haver adquirido a *soberania* sobre aqueles enclaves. O TIJ rejeitou esta interpretação histórica mas chegou ao mesmo resultado por uma outra via: ele concluiu que o Reino Unido e, depois da independência, a União Indiana, haviam reconhecido, implicitamente e *de facto*, a *soberania* de Portugal sobre aqueles enclaves, o que incluía uma prática de passagem de e para os enclaves em causa, dado que essa prática não havia sido posta em causa nem pelo Reino Unido, nem pela União Indiana, durante mais de 125 anos. Por detrás desta conclusão, encontrava-se a construção, pelo TIJ, de que uma prática longa e continuada entre dois Estados criava Direito Internacional. Dito doutra forma, o TIJ aceitou que se formara entre o Reino Unido, primeiro, e a União Indiana, depois, por um lado, e Portugal, por outro lado, um costume bilateral em torno do direito de passagem de Portugal por território indiano de e para os enclaves de Dadrá e Nagar-Aveli.

5. As vitórias de Portugal no processo

Daqui se pode concluir que foram duas as grandes conclusões jurídicas do TIJ neste processo.

A primeira, a de que Portugal exercia *soberania* sobre os enclaves ocupados pela União Indiana. O TIJ não se pronunciou sobre o direito de todos os territórios portugueses que compunham o Estado Português da Índia (e não apenas dos enclaves de Dadrá e Nagar Aveli) à autodeterminação. Nem tinha que se pronunciar. E era óbvio que os povos daqueles territórios tinham esse direito, à luz do Direito Internacional e, concretamente, em face do Direito das Nações Unidas. Mas o conhecimento pelo TIJ de que os povos desses territórios tinham o direito à autodeterminação (ao qual o TIJ não se referiu expressamente) não impediu o TIJ de reconhecer que, entretanto, Portugal exercia *direitos soberanos* sobre os territórios coloniais.

A segunda conclusão é a de que, como defendia Portugal, se pode formar costume internacional bilateral como fonte do Direito Internacional. Foi esta a grande inovação que este caso trouxe ao Direito Internacional, dado que nunca a jurisprudência internacional se referira a esse facto e a doutrina internacionalista hesitava na matéria. O caso do *direito de passagem* entrou para as obras básicas de Direito Internacional, desde logo, porque foi nele que, pela primeira vez, a jurisprudência internacional reconheceu que pode haver costume internacional bilateral, e não apenas multilateral[4]. Fora por força desse costume internacional bilateral que Portugal adquirira o direito de passar por território indiano de e para os enclaves de Dadrá e Nagar Aveli.

Adiante-se, já agora, e para se concluir por inteiro a análise do Acórdão de 12 de Abril de 1960, que o TIJ, por 11 votos contra 4, reconheceu que, no caso concreto, Portugal tinha o direito de passagem para entidades civis. Todavia, por sete votos contra seis (incluindo o voto de qualidade do Presidente), decidiu que esse direito não se estendia à passagem militar, isto é, de forças policiais, forças armadas, armas e munições, porque entendeu que a passagem militar fora respeitada, ao longo dos tempos, apenas na base da reciprocidade e com a autorização prévia e expressa das autoridades do Reino Unido e, depois, da União Indiana. Por isso, não se formara qualquer costume em torno de uma passagem militar de Portugal para os enclaves, e vice-versa, sem restrições e sem a colaboração do Estado que rodeava os enclaves, neste caso, a União Indiana.

Indo à questão, ainda mais concreta, de saber se, no caso específico em apreço, Portugal estava em condições de voltar a exercer, na prática, e de imediato, o direito de passagem para os enclaves, direito esse que o TIJ reconhecera existir, o TIJ entendeu que não. Segundo o TIJ, a ocupação dos enclaves criara tensões no território indiano circundante. Por isso, considerando que o direito de passagem ficou sujeito à soberania da Índia sobre o território que circundava os enclaves, o Tribunal decidiu, por 9 votos contra 6, que a recusa da Índia de permitir a passagem de autorida-

---

[4] V. ANDRÉ GONÇALVES PEREIRA e FAUSTO DE QUADROS, *Manual de Direito Internacional Público*, 3.ª ed., Coimbra, 1993, reimp. de 2002, pg. 164.

des portuguesas, mesmo civis, se integrava, *"nestas circunstâncias especiais"*, no poder que a Índia tinha de regulamentar e controlar o direito de passagem. Sublinhe-se, porém, que seria errado entender-se que neste ponto Portugal perdeu no processo. De facto, e como bem nota Inocêncio Galvão Telles no seu Comentário citado[5], Portugal sempre admitira que o seu direito de passagem por território indiano se encontrava, obviamente, dependente do poder da Índia de, no exercício da sua soberania sobre o seu território, *regulamentar* o exercício do direito de passagem de Portugal. Ou seja, Portugal sempre aceitou que o seu direito de passagem não era absoluto e estava condicionado pela soberania indiana sobre o território que circundava os referidos enclaves.

6. O desfecho real do processo. As relações entre o Direito e a força em Direito Internacional

Esta última decisão não punha em causa o reconhecimento, antes feito pelo TIJ no mesmo Acórdão, como se viu, de que Portugal era titular do direito de passagem para e dos enclaves, por força de Direito consuetudinário formado nesse sentido. Acontecera, porém, que desde 1955, quando o processo se iniciara, até 1960, quando o Acórdão foi proferido, as relações entre a Índia e Portugal se haviam deteriorado substancialmente no subcontinente indiano. A Índia reclamava, ainda mais intensamente, a saída de Portugal dos territórios de Goa, Damão e Diu, beneficiando, para tanto, do aumento da pressão internacional nesse sentido, dentro e fora das Nações Unidas, sobretudo por influência do bloco afro-asiático, apoiado pela União Soviética. Aumentavam as invasões daqueles territórios por pacifistas (*satyagraha*) indianos bem como os atentados por grupos armados, vindos do território da Índia, a civis e a militares portugueses, inclusive a alvos militares, com mortos e feridos. Não havia condições, pois, para Portugal exercer, na prática, o direito de passagem que o TIJ lhe reconhecera. Foi só isso o que o TIJ constatou na última decisão do seu Acórdão. Portanto, e como nota toda a bibliografia que indicamos adiante e, de modo ainda mais expressivo, Inocêncio Galvão Telles no seu Comentário citado[6], o TIJ *"deu plena razão a Portugal"* no processo.

---

[5] *Op. cit.*, pg. 299, ponto 11.
[6] *Op. cit.*, pg. 299, sobretudo, ponto 12.

Mas o tempo viria a confirmar as piores perspectivas e as verdadeiras intenções da Índia. Em 18 de Dezembro de 1961, forças armadas de terra, mar e ar da Índia iniciaram a ocupação militar de Goa, Damão e Diu. Reunido de emergência para condenar a operação e aprovar o imediato cessar-fogo, o Conselho de Segurança viu-se paralisado pelo veto da União Soviética. O delegado da Índia declarara, minutos antes da votação, que "com a Carta ou sem a Carta das Nações Unidas" a Índia ocuparia pela força aqueles territórios. Depois da votação, o delegado dos Estados Unidos, Adlai Stevenson, reconhecia que "Hoje, as Nações Unidas acabaram".

Ou seja: o primado do Direito Internacional sobre a força, afirmado pelo TIJ no seu Acórdão de 1960, fora afastado pelo triunfo da força sobre o Direito, primeiro pelo reconhecimento pelo próprio TIJ da sua incapacidade de fazer executar a sua sentença; depois, pela ocupação militar levada a cabo pela Índia. Nas felizes palavras de Inocêncio Galvão Telles no seu citado Comentário, "*sete anos volvidos* (de ocupação dos enclaves), em 1961, a pacífica Índia destruiu *fisicamente* o direito de passagem, pois absorveu, pelo *uso brutal da força*, todos os territórios entre os quais o direito de passagem que tradicionalmente se exerce de modo pacífico"[7].

Ainda pior do que isso foi Portugal ter reconhecido, por Tratado celebrado com a Índia em 31 de Dezembro de 1974, a soberania da Índia sobre todos os territórios ocupados, que compunham o Estado Português da Índia. Isso ocorreu, por ironia do destino, quando, na própria Índia, alguns meios políticos moderados vinham defendendo que a Índia reconhecesse aos povos daqueles territórios o direito à autodeterminação, com o fundamento de que os actos de ocupação de 1954 e 1961 haviam atentado contra o ideal pacifista de Gandhi. Por outro lado, o Tratado de 1974 foi assinado na Índia, do lado português, pelo Ministro dos Negócios Estrangeiros de um Governo provisório, portanto, um governo que não fora investido por um Parlamento eleito, ou seja, não tinha qualquer base na vontade popular. Daí resultou que um tratado tão importante como aquele que reconhecia a soberania estrangeira sobre um território português ocupado militarmente por uma potência estrangeira, ainda por cima com violação dos fundamentos jurídicos reconhecidos por um Acórdão do TIJ, não foi sufragado de nenhum modo, e em qualquer momento, pelo povo português. Um regime ditatorial não seria capaz de fazer melhor. Para além disso, a Doutrina Stimson e o Pacto Briand-Kellog, de 1928, haviam consagrado

---

[7] *Op. cit.*, pg. 302, ponto 25.

a regra de que o uso de força não confere quaisquer direitos em Direito Internacional. Essa regra passou para a Carta das Nações Unidas (artigo 2.º, n.º 4) e constitui, desde então, uma norma do *ius cogens*, ou seja, uma norma imperativa de Direito Internacional. Por conseguinte, o Tratado de 1974 é um tratado *nulo*, por infringir aquele Direito Internacional imperativo[8]. Ou seja, Portugal, com Inocêncio Galvão Telles, ganhou em 1960 no TIJ um processo, cujo conteúdo foi renegado, pelo próprio Estado Português, em 1974. E foi renegado, não pelo exercício do princípio da autodeterminação dos povos (que, no caso concreto, não foi respeitado por Portugal, ao contrário do que fez, em situação idêntica, em Timor-Leste), mas pela pura rendição perante o uso da força.

7. Ganhar e ser nobre

De qualquer modo, a defesa da posição portuguesa no processo de Haia perante o TIJ não podia ser levada a cabo melhor por Inocêncio Galvão Telles. Foi uma obra gigante um pequeno Estado como Portugal ganhar um processo destes contra a Índia, num ambiente em que a opinião pública internacional clamava todos os dias pela descolonização e, no caso concreto, pela recusa de quaisquer direitos de Portugal sobre os territórios portugueses no subcontinente indiano. Portugal deveu-o à iniciativa de Paulo Cunha mas, sobretudo, ao trabalho de elevado rigor e grande capacidade levado a cabo durante cinco anos por Inocêncio Galvão Telles e pelos seus Colaboradores.

E quando todo o processo estava concluído, e os manuais de Direito Internacional começavam a referir as vitórias jurídicas que Portugal nele obtivera, o Governo Português, através do Presidente do Conselho de Ministros, Professor Oliveira Salazar, pediu a Inocêncio Galvão Telles que lhe apresentasse a sua nota de honorários. O que fez Galvão Telles? Depois de ter passado cinco anos totalmente envolvido na preparação e na condução do processo em Haia, e de, por conseguinte, ter abandonado o seu escritório de advogado e jurisconsulto, declinou ser pago pelos serviços prestados neste processo com o argumento de que ele é que era credor da honra que Portugal lhe proporcionara em ter ganho um processo tão

---

[8] Assim, ANDRÉ GONÇALVES PEREIRA e FAUSTO DE QUADROS, *op. cit.*, pgs. 515-516, e FAUSTO DE QUADROS, *Decolonization: Portuguese Territories*, pg. 96, cit. adiante no rol de bibliografia, e demais bibliografia aí citada no mesmo sentido.

importante para a soberania do País. Este facto é pouco conhecido da opinião pública e mesmo da Comunidade Jurídica. Aliás, Galvão Telles guardou sempre total discreção quanto a essa sua atitude. Não estamos, porém, a cometer qualquer inconfidência. Aliás, não foi pelo próprio que tivemos conhecimento do facto. Hoje, dadas as circunstâncias da vida que todos temos, a atitude de Inocêncio Galvão Telles seria, quase com certeza, impossível. Mas mesmo na altura em que foi tomada seria muito raro alguém mais, na sua situação, revelar, simultaneamente, um tão grande apego ao interesse nacional e um tão grande desprendimento pelos resultados excelentes do seu trabalho profissional. Inocêncio Galvão Telles demonstrou, com essa sua atitude, um grande carácter, um enorme sentido de Estado e uma insuperável concepção de serviço público. Seria bom que as gerações de hoje, particularmente os mais jovens, reflectissem sobre a grandeza e a nobreza de um tal gesto.

8. Epílogo deste caso

Como se disse, o processo contra a Índia foi, a duplo título, honroso para Portugal: porque ele ganhou o processo e porque, por iniciativa de Portugal, o TIJ reconheceu a existência de novo costume internacional.

Foi esta, aliás, a lição unânime que a doutrina mundial (inclusivamente, alguma da própria Índia) extraiu daquele Acórdão. Magoa-nos, por isso, como jurista e como cidadão português, verificar que, quer aquele processo, quer os responsáveis portugueses pela vitória nele, não sejam hoje recordados por esse facto na cultura portuguesa, inclusive na Ciência Jurídica. E não se compreende que, dada a riqueza do conteúdo do caso e, concretamente, dos dois Acórdãos proferidos, este processo nunca tenha inspirado qualquer projecto científico ou de investigação, de índole universitária, em Portugal, ao contrário, curiosamente, do que já sucedeu no estrangeiro. O processo em si, o grande significado que ele teve para Portugal, e o contributo que ele deu para se inovar em Direito Internacional, justificavam-no plenamente[9].

---

[9] Veja-se o conjunto global da bibliografia indicada adiante e, muito especialmente, os estudos de Levy e Cot.

9. Conclusão

Como dissemos logo no início destas linhas, Inocêncio Galvão Telles ficará na História de Portugal do século XX como um dos mais eminentes Académicos e um dos mais brilhantes Universitários. A ele, o Direito e, particularmente, o Direito Civil, devem muitíssimo.

Mas, para além disso, Inocêncio Galvão Telles notabilizou-se também como Advogado, como Jurisconsulto, como Homem de Estado e como Cidadão. A sua participação no processo sobre o *direito de passagem* constitui um exemplo altamente ilustrativo do que acabámos de dizer.

Possamos todos contar por muitos mais anos com o saber, com o exemplo e com a amizade de Inocêncio Galvão Telles. São esses os nossos votos muito sinceros.

BIBLIOGRAFIA ESPECIAL, ALÉM DA CITADA AO LONGO DO ARTIGO:

D. Lévy – *Affaire du droit de passage sur territoire indien (Exceptions préliminaires)*, AFDI 1957, pgs. 173 e segs.

E. Lauterpacht – *International Court of Justice, Case concerning Right of Passage over Indian Territory*, ICLQ 1958, pgs. 593 e segs.

T. O. Thomas, *The Right of Passage over Indian Territory*, 2.ª ed., 1959.

C. J. Chacko – *The World Court's Judgment on Portugal's Request for Access to Dadra and Nagar-Aveli*, Indian JIL 1960/61, pgs. 293 e segs.

J. P. Cot – *Affaire du droit de passage sur territoire indien*, AFDI 1960, pgs. 315 e segs.

C. de Visscher – *L'affaire du droit de passage sur territoire indien devant la Cour internationale de Justice*, RGDIP 1960, pgs. 693 e segs.

F. E. Krenz – *International Enclaves and Rights of Passage*, 1961.

S. Bains – *India's International Disputes*, 1962, pgs. 165 e segs.

A. Bleckmann – *Decolonization*, R. Bernhardt (ed.), Encyclopedia of Public International Law, Amesterdão, t. 10, 1987, pgs. 75 e segs.

Fausto de Quadros – *Decolonization: Portuguese Territories*, ibidem, t. 10, pgs. 93 e segs.

L. Weber – *Right of passage over Indian Territory Case*, ibidem, t. 2, 1981, pgs. 244 e segs.

Joaquim Silva Cunha – *A anexação do Estado Português da Índia pela União Indiana face ao Direito Internacional*, Estudos de Direito, ed. pelo Autor, t. I, polic. (Universidade Livre do Porto), 1986, pgs. 5 e segs.

André Gonçalves Pereira e Fausto de Quadros – *Manual de Direito Internacional Público*, 3.ª ed., Coimbra, 1993, reimp. de 2002, pgs. 164 e 545-546.

Lisboa, Março de 2007

A EVOLUÇÃO FUTURA DA COOPERAÇÃO TRANSFRONTEIRIÇA NOS DOMÍNIOS DO AMBIENTE E DO ORDENAMENTO DO TERRITÓRIO NAS ZONAS COSTEIRAS E NO ESPAÇO MARÍTIMO

FERNANDO LOUREIRO BASTOS[*][**]

SUMÁRIO: *I. Introdução: i) A relativa pouca importância dada pelo Direito do Ambiente e pelo Direito do Ordenamento do Território às zonas costeiras e ao espaço marítimo; ii) O Livro Verde da Futura Política Marítima Europeia; iii) A Estratégia Nacional do Mar; iv) A necessidade de serem compatibilizadas as actuações dos Estados costeiros e dos terceiros Estados no espaço marítimo. II. A cooperação transfronteiriça nas zonas costeiras e no espaço marítimo: a) A experiência da cooperação transfronteiriça na Europa; b) A imprecisão dos conceitos "zonas costeiras" e "espaço marítimo". III. Algumas considerações sobre uma possível evolução futura da cooperação transfronteiriça no domínio do Direito do Ambiente relacionado com as zonas costeiras e o espaço marítimo: a) Considerações gerais sobre recentes evoluções do Direito do Ambiente da Comunidade Europeia aplicável às zonas costeiras e ao espaço marítimo; b) Perspectivas de uma possível evolução futura da cooperação transfronteiriça no domínio do Direito do Ambiente relacionado com as zonas costeiras e o espaço marítimo. IV. Algumas considerações sobre uma possível evolução futura do Direito do Ordenamento do Território relacionado com as zonas costeiras e o espaço marítimo: a) Considerações gerais sobre o*

---

[*] Professor Auxiliar da Faculdade de Direito da Universidade de Lisboa.

[**] O presente estudo destinado aos *Estudos em Homenagem ao Professor Doutor Inocêncio Galvão Telles por ocasião dos seus noventa anos de idade*, tem na sua origem o texto elaborado para a intervenção oral feita, em 2 de Dezembro de 2006, em Sevilha, no âmbito do Congreso Hispano-Luso de Derecho Administrativo, subordinado ao tema *Medio Ambiente y Ordenacion del Territorio en las Zonas Transfronterizas*, que teve lugar nos dias 1 e 2 de Dezembro de 2006.

surgimento de uma relevância comunitária nas opções nacionais de ordenamento do território; b) Perspectivas de uma possível evolução futura da cooperação transfronteiriça no domínio do Direito do Ordenamento do Território relacionado com as zonas costeiras e o espaço marítimo. V. Conclusões.

I. Introdução

O Professor Doutor Inocêncio Galvão Telles é actualmente o decano dos Professores da Faculdade de Direito da Universidade de Lisboa. Aos noventa anos, quase tantos como a Faculdade onde se licenciou, doutorou e desenvolveu a sua longa carreira, a notável e fecunda obra como jusprivatista é por todos reconhecida e lembrada como exemplar e modelo de juristas, jurisconsultos e professores universitários.

Menos recordada é a sua actuação ao nível do Direito Internacional, no âmbito do *Caso do Direito de Passagem pelo Território da Índia (Right of Passage over Indian Territory – Portugal v. Índia)*, que decorreu no Tribunal Internacional de Justiça, entre 1955 e 1960, com Acórdão de 12 de Abril desse ano.

A intervenção do Professor Doutor Inocêncio Galvão Telles neste caso foi descrita, pelo próprio[1], em *Algumas notas sobre a Acção da Haia* e *O caso de Goa: perspectivas jurídicas*, em termos que não permitem circunscrever a nossa admiração apenas ao cultor do Direito Privado[2].

---

[1] O Direito, Ano 92, 1960, p. 252, e separata com o título *Algumas notas sobre a acção da Haia*, Coimbra Editora, 1960 (21 pp.); e *O caso de Goa: perspectivas jurídicas*, 2001, separata de *O caso de Goa: 40 anos depois (1961-2001), recordando a história: análise política, jurídica e militar: actas da Conferência "O caso de Goa: 40 anos depois (1961-2001), recordando a história"*, Lisboa, 2001, p. 65.

[2] Nesse sentido é fundamental transcrever o seguinte passo de *O caso de Goa: perspectivas jurídicas*, p. 71, "[p]oderá perguntar-se quais as maiores dificuldades com que deparei. As dificuldades foram muitas e em elevado grau. O litígio assumiu proporções desmesuradas, quer no que respeita à documentação exibida por ambas as partes, quer no que toca às complexíssimas questões de direito encarniçadamente suscitadas pela União Indiana através dos seus múltiplos advogados, entre os quais figuravam algumas das maiores estrelas do foro internacional da época, como os ingleses Sir Frank Soskice e Waldock, o suíço Prof. Guggenheim e o belga Prof. Rolin. O litígio prolongou-se por cerca de cinco anos (de 1955 a 1960), durante os quais praticamente só me consagrei a ele e às minhas tarefas universitárias. Para além de múltiplas e extensas peças escritas, houve dois julga-

Com essa actuação, o Professor Doutor Inocêncio Galvão Telles demonstra que uma das características fundamentais do jurista é a capacidade de analisar e resolver questões jurídicas, qualquer que seja a origem e a natureza dos institutos jurídicos em apreciação.

Nestes termos, não será excessivo afirmar que a actual homenagem ao Professor Doutor Inocência Galvão Telles, mais do que uma restrita prestação de respeito ao decano dos civilistas portugueses, é uma justíssima manifestação da muita admiração que todos os juristas e professores universitários de Direito nutrem pelo decano dos juristas portugueses.

Em conformidade com o carácter multifacetado do homenageado, o presente estudo pretende fazer um cruzamento entre Direito Português, Direito Comunitário e Direito Internacional, na medida em que, no Portugal actual, não é possível ignorar que a ordem jurídica portuguesa vigente é o resultado da confluência de um conjunto diversificado de fontes de Direito.

Nestes termos, vão ser avançadas algumas ideias sobre uma possível evolução futura da cooperação transfronteiriça nos domínios do Ambiente e do Ordenamento do Território, com base no Direito Português, no Direito Comunitário e no Direito Internacional, limitadas a um espaço territorial específico: as zonas costeiras e o espaço marítimo.

São quatro as razões que o justificam:

i) em primeiro lugar, por se tratar de um espaço do território dos Estados a que não tem sido dada a devida relevância em termos de investigação jurídica e de regulamentação jurídica, tanto no que se refere ao Direito do Ambiente, como no que respeita ao Direito do Ordenamento do Território;

ii) em segundo lugar, por ser uma matéria em relação à qual se pode prever uma muito significativa evolução futura em termos da legislação comunitária, em razão do denominado *Livro Verde da Futura Política Marítima Europeia*, apresentado pela Comissão Europeia, em 7 de Junho de 2006, actualmente em discussão pública;

iii) em terceiro lugar, pela aprovação em Portugal, em 16 de Novembro de 2006, *da Estratégia Nacional do Mar*, que pretende estar

---

mentos orais que ocuparam meses, com sessões diárias, um sobre questões prévias, em número de seis, suscitadas pela Índia em ordem a convencer o Tribunal que não possuía competência para julgar o pleito (barreiras estas que conseguimos levar todas de vencida), e o outro julgamento sobre a questão de fundo".

na base da adopção de "uma política integrada e abrangente na governação de todos os assuntos do mar, alicerçada numa estratégia transversal e multidisciplinar";
iv) e, finalmente, em quarto lugar, pelas particularidades da cooperação transfronteiriça que tem lugar no espaço marítimo, onde é necessário acomodar os poderes dos Estados costeiros ao exercício da liberdade de navegação dos navios que transitam com bandeira de terceiros Estados.

i) *A relativa pouca importância dada pelo Direito do Ambiente e pelo Direito do Ordenamento do Território às zonas costeiras e ao espaço marítimo*

A, até agora, relativa pouca importância dada pelo Direito do Ambiente e pelo Direito do Ordenamento do Território às zonas costeiras e ao espaço marítimo pode ser encontrada, nomeadamente:

– no facto de se tratar de um espaço em relação ao qual ainda continua a prevalecer a "imagem" de um acesso livre de todos os Estados, modelada na errónea ideia de uma extensão incompatível com a degradação[3];
– nas utilizações tradicionais mais importantes[4] – a navegação e a pesca – serem caracterizadas pela transitoriedade da utilização e da ocupação do espaço marítimo, dado que se está a lidar com navios em circulação;
– a protecção do ambiente marinho não ser concebida em termos integrados, mas pretender dar primacialmente resposta a duas questões específicas: a poluição decorrente da navegação e a

---

[3] Sobre a questão, o nosso *A internacionalização dos recursos naturais marinhos. Contributo para a compreensão do regime jurídico-internacional do aproveitamento conjunto de petróleo e de gás natural nas plataformas continentais, do potencial aproveitamento de recursos minerais na Área, da pesca no alto mar e os efeitos da regulamentação convencional respectiva em relação a terceiros Estados*, Lisboa, 2005, pp. 63 a 66, 205 a 209 e 597 a 608.

[4] Sobre as principais actividades desenvolvidas nos espaços marítimos, Duarte LYNCE DE FARIA, *A jurisdição e a delimitação dos espaços marítimos em Portugal. Do Rio Minho às Ilhas Selvagens, na golada do Guadiana e no Mar de Timor*, Lisboa, 2002, pp. 176 a 229.

necessidade de preservar a reprodução das espécies com relevância económica com o objectivo da sua pesca posterior;
- a relativa novidade da extensão e dos limites do espaço marítimo actualmente passível de ser sujeito à soberania e à jurisdição dos Estados costeiros[5], tendo em consideração que a Convenção da Nações Unidas sobre o Direito do Mar (CNUDM), de 1982, só entrou em vigor em 1994;
- na relativa incerteza sobre a real extensão do espaço marítimo que pertence a cada um dos Estados costeiros, seja pela existência de conflitos derivados de zonas de sobreposição que impedem a sua delimitação, seja por este ainda não ter sido sequer reivindicado pelo Estado em questão.

Assim, numa afirmação que é necessariamente simplificada, as questões de Direito do Ambiente e de Direito do Ordenamento do Território relacionadas com as zonas costeiras e o espaço marítimo, só se têm tornado evidentes em razão de desastres efectivos, dado que as ameaças potenciais não são correntemente entendidas como relevantes.

---

[5] A distinção entre "soberania" e "jurisdição", para efeitos da compreensão dos poderes dos Estados costeiros em relação aos espaços marítimos adjacentes ao seu território terrestre, deve ser feita tendo em consideração os direitos que são reconhecidos aos terceiros Estados ao abrigo do Direito Internacional, nomeadamente no que se relaciona com a navegação de navios com a bandeira de terceiros Estados. No direito português, o Decreto-Lei n.º 43/2002, de 2 de Março (Define a organização e atribuições do sistema da autoridade marítima e cria a autoridade marítima nacional) procurou, nos seus artigos 4 e 5, clarificar essa distinção, prevendo: i) "[p]ara efeitos do disposto no presente diploma, consideram-se «espaços marítimos sob soberania nacional», as águas interiores, o mar territorial e a plataforma continental" (n.º 1 do artigo 4); ii) a "Zona Económica Exclusiva (ZEE) é considerada espaço marítimo sob jurisdição nacional, onde se exercem os poderes do Estado no quadro da Convenção das Nações Unidas sobre o Direito do Mar" (n.º 2 do artigo 4); e iii) o "SAM exerce na zona contígua os poderes fixados na Convenção das Nações Unidas sobre o Direito do Mar, em conformidade com a legislação aplicável àquele espaço marítimo sob jurisdição nacional". A compreensão das disposições citadas só pode ser adequadamente alcançada, no entanto, se não se pretender equiparar a "soberania" no espaço marítimo à soberania no espaço terrestre, dado que só nas águas interiores é que são reconhecidos aos Estados costeiros poderes equiparáveis àqueles que podem ser exercidos relativamente ao território terrestre. Na Lei n.º 34/2006, de 28 de Julho, o legislador foi menos ambicioso e limitou-se a prever, no artigo 2, que "[s]ão zonas marítimas sob soberania ou jurisdição nacional as águas interiores, o mar territorial, a zona económica exclusiva e a plataforma continental".

Basta referir o caso do naufrágio do *Prestige*, para ilustrar as consequências desastrosas das situações efectivamente ocorridas. Da mesma forma que a previsível subida do nível do mar pode ser um excelente exemplo de uma situação potencialmente danosa ainda pouco consciencializada pelos decisores políticos e pela opinião pública. Neste caso, em razão, nomeadamente, da possibilidade de gerar um novo tipo de refugiados: aqueles que vão passar a necessitar de acolhimento num terceiro Estado, na sequência da inundação das zonas costeiras e das pequenas ilhas dos Estados insulares onde habitavam[6-7].

ii) *O Livro Verde da Futura Política Marítima Europeia*

O *Livro Verde da Futura Política Marítima Europeia* pode contribuir para uma significativa mudança deste panorama ao nível dos Estados membros da União Europeia. Com a designação completa de *Livro Verde para uma futura política marítima: uma visão europeia para os oceanos e os mares*[8], foi apresentado pela Comissão Europeia, em 7 de Junho de

---

[6] Sobre a questão, o *Special Report do German Advisory Council on Global Change*, publicado em 2006, em Berlim, com o sugestivo título *The Future Oceans – Warming up, Rising High, Turning Sour* (os autores do relatório são: R. SCHUBERT, H.-J. SCHELLNHUBER, N. BUCHMANN, A. EPINEY, R. GRIESSHAMMER, M. KULESSA, D. MESSNER, S. RAHMSTORF, e J. SCHMID). No relatório em referência é expressivamente afirmado, no âmbito do "summary for policy-makers", pp. 2 e 3, que "[s]ea-level rise will lead to the inundation of coasts and small islands states and thus to migration of "sea-level refugees". Under international law as it stands at present, there is no obligation to receive refugees from coastal areas, nor is the question about the costs resolved. In the long term, however, the international community will not be able to ignore the problem of refugees from coastal areas and will therefore need to develop appropriate instruments to ensure that affected people are received in suitable areas, ideally areas corresponding to their preferences".

[7] São exemplos particularmente preocupantes: as Maldivas, as Ilhas Marshall, o Kiribati, e o Tuvalu. Sobre a questão, o *Special Report do German Advisory Council on Global Change*, cit., pp. 45 a 48 e 60 a 62, onde se refere (p.47) que a Nova Zelândia já criou legislação sobre a matéria do acolhimento de potenciais refugiados em relação ao Tuvalu, às Fidji, ao Kiribati e ao Tonga. Em *Um contributo açoriano para a futura política marítima europeia,* Julho de 2006, p. 14 é afirmado que [a]s implicações das subidas do nível do mar são imensas e afectam todos os sectores. No caso dos Açores, poderão implicar investimentos avultadíssimos".

[8] O *Livro Verde da Futura Política Marítima Europeia* integra: i) *Comunicação da Comissão ao Conselho, ao Parlamento Europeu, ao Comité Económico e Social Europeu e ao Comité das Regiões. Para uma futura política marítima da União: uma visão euro-*

2006. Estará em discussão pública até 30 de Junho de 2007, após o que dará lugar a uma Comunicação da Comissão Europeia ao Conselho e ao Parlamento Europeu, até ao final de 2007.

O *Livro Verde da Futura Política Marítima Europeia* parte da ideia de que é necessário fazer uma abordagem integrada das matérias relacionadas com mar, nomeadamente, entre as políticas de transporte marítimo, a indústria, as regiões costeiras, as energias *offshore*, as pescas, o ambiente marinho e a coesão socioeconómica. A "abordagem holística para os oceanos e os mares" proposta pela Comissão Europeia é delineada a partir de "uma gestão baseada nos ecossistemas", respeitadora do princípio da subsidiariedade, na medida em que visa reflectir o princípio de que a "acção da UE é necessária apenas quando constitua valor acrescentado à acção nacional e local"[9].

iii) *A Estratégia Nacional do Mar*

Temporalmente coincidente com o *Livro Verde da Futura Política Marítima Europeia* é a discussão e a aprovação em Portugal da *Estratégia Nacional do Mar*. Divulgada no mês de Outubro de 2006, para discussão

---

peia para os oceanos e os mares, COM (2006) 275 final – volume I; ii) *Livro Verde para uma futura política marítima da União: uma visão europeia para os oceanos e os mares*, COM (2006) 275 final – volume II – anexo; e iii) *Commission staff working document. Annexes to the GREEN PAPER towards a future Maritime Policy for the Union: a European vision for the oceans and the seas*, SEC (2006) 689. O *Commission staff working document* integra os seguintes anexos: i) Annex. Background paper n.º 1 on the Competitiveness of the European Maritime Industries; ii) Annex. Background paper n.º 2 on Employment, social and training aspects of maritime and fishing industries and related sectors; iii) Annex. Background paper n.º 3 on exclusive economic zones, underwater resources (including fisheries resources, continental shelves, law of the sea); iv) Annex. Background paper n.º 4a on The European marine observation and data network; v) Annex. Background paper n.º 4b on improving European integration in maritime reporting, monitoring and surveillance; vi) Annex. Background paper n.º 5 on "regional issues (including RUPs), infrastructures and tourism"; vii) Annex. Background paper n.º 6 on maritime safety and security; viii) Annex. Background paper n.º 7 on Climate change; ix) Annex. Background paper n.º 8 on Marine related research and the future European maritime policy; x) Annex. Background paper n.º 9 multilateral and EC instruments related with the seas and the oceans; xi) Annex. Background paper n.º 10 on Marine biotechnology; e xii) Annex. Background paper n.º 11 on National approaches to maritime affairs, member state expert group on maritime policy.
[9] COM (2006) 275 – volume I, p. 3.

pública, pela Estrutura de Missão para os Assuntos do Mar[10], foi aprovada em Conselho de Ministros, no dia de 16 de Novembro, data comemorativa do "dia do mar" em Portugal[11].

A *Estratégia Nacional para o Mar* assenta em três pilares estratégicos: "o conhecimento, o planeamento e ordenamento espacial e a promoção e defesa activa dos interesses nacionais"[12]. Tendo em consideração a sua "natureza marcadamente horizontal"[13], são previstas oito acções estratégicas que podem contribuir para "criar condições favoráveis para o melhor aproveitamento do mar de forma sustentável"[14]: "a sensibilização e mobilização da sociedade para a importância do mar; a promoção do ensino e divulgação nas escolas de actividades ligadas ao mar; a promoção de Portugal como um centro de excelência de investigação das ciências do mar da Europa; o planeamento e ordenamento espacial das actividades; a protecção e recuperação dos ecossistemas marinhos; o fomento da economia do mar; a aposta nas novas tecnologias aplicadas às actividades marítimas e a defesa nacional, a segurança, a vigilância e a protecção dos espaços marítimos sob soberania ou jurisdição nacional"[15].

iv) *A necessidade de serem compatibilizadas as actuações dos Estados costeiros e dos terceiros Estados no espaço marítimo*

A futura aplicação da *Estratégia Nacional para o Mar*, em consonância com uma futura Política Marítima Europeia, não pode ignorar as especificidades da actuação dos Estados costeiros e dos terceiros Estados no espaço marítimo. Com efeito, ao invés do território terrestre, onde os

---

[10] A Estrutura de Missão para os Assuntos do Mar foi criada pela Resolução do Conselho de Ministros n.º 128/2005, de 10 de Agosto, com a missão de "preparar uma proposta que estabeleça as medidas que devem ser implementadas para o desenvolvimento de uma política integrada do Governo para os assuntos do mar e para uma acção articulada de todas as entidades com competência nas áreas ligadas ao mar".

[11] Aprovada pela Resolução do Conselho de Ministros n.º 163/2006, de 12 de Dezembro (Diário da República, I.ª Série, n.º 237, pp. 8316 a 8327), que inclui em Anexo a *Estratégia Nacional para o Mar* (pp. 8317 a 8327).

[12] Resolução do Conselho de Ministros n.º 163/2006, de 12 de Dezembro, p. 8316.

[13] Resolução do Conselho de Ministros n.º 163/2006, de 12 de Dezembro, p. 8317.

[14] Resolução do Conselho de Ministros n.º 163/2006, de 12 de Dezembro, p. 8317.

[15] Resolução do Conselho de Ministros n.º 163/2006, de 12 de Dezembro, p. 8317.

poderes do Estado sobre o espaço são exclusivos e excludentes[16], as actuações dos Estados costeiros em relação ao espaço marítimo têm de ser compatibilizadas com os poderes que são reconhecidos aos terceiros Estados, em particular ao nível da navegação[17]. Nestes termos, com a excepção das águas interiores[18], e numa menor medida, das águas arquipelágicas, os Estados costeiros não podem impedir a circulação de navios que tenham a bandeira de terceiros Estados pelas suas águas, a não ser em situações excepcionais. O seu exemplo mais significativo é o direito de passagem inofensiva[19] pelo mar territorial, que é uma zona de águas adjacentes ao território terrestre que não pode exceder as 12 milhas marítimas[20] (ou milhas náuticas)[21], o que corresponde a cerca de 22 km[22].

---

[16] Sobre a jurisdição territorial, na doutrina portuguesa, Eduardo CORREIA BAPTISTA, *Direito internacional público,* Volume II, *Sujeitos e responsabilidade,* 2004, pp. 208 a 215.

[17] Sobre a questão, José Luís GABALDÓN GARCÍA e José Maria RUIZ SOROA, *Manual de derecho de la navegación marítima,* 2.ª edição, Marcial Pons, 2002, pp. 62 a 87.

[18] Em conformidade com o n.º 1 do artigo 2 da Convenção das Nações Unidas sobre o Direito do Mar, "a soberania do Estado costeiro estende-se além do seu território e das suas águas interiores (...) a uma zona do mar adjacente designada pelo nome de mar territorial".

[19] A questão está regulada na secção III (Passagem inofensiva pelo mar territorial) da parte II (Mar territorial e zona contígua) da Convenção das Nações Unidas sobre o Direito do Mar (artigos 17 a 32). Nos termos do n.º 1 do artigo 18, passagem "significa a navegação pelo mar territorial com o fim de: a) atravessar esse mar sem penetrar nas águas interiores nem fazer escala num ancoradouro ou instalação portuária fora das águas interiores; b) dirigir-se para as águas interiores ou delas sair ou fazer escala num desses ancoradouros ou instalações portuárias". Em conformidade com o número 2 do mesmo artigo, a "passagem deverá ser contínua e rápida. No entanto, a passagem compreende o parar e o fundear, mas apenas na medida em que os mesmos constituam incidentes comuns de navegação ou sejam impostos por motivos de força maior ou por dificuldade grave ou tenham por fim prestar auxílio a pessoas, navios ou aeronaves em perigo ou em dificuldade grave". Sobre a questão, Tullio TREVES, «La navigation», in René-Jean DUPUY e Daniel VIGNES (Editores), *Traité du nouveau droit de la mer,* Económica/Bruylant, 1985, pp. 750 a 776; Donald R. ROTHWELL, «Innocent passage in the territorial sea: the UNCLOS regime and Ásia Pacific state practice», in Donald R. ROTHWELL e Sam BATEMAN (Editores), *Navegational rights and freedoms and the new law of the sea,* Martinus Nijhoff Publishers, The Hague/London/Boston, 2000, pp. 74 a 93; e Lindy S. JOHNSON, *Coastal state regulation of international shipping,* Oceana Publications, 2004, pp. 62 a 89.

[20] Nesse sentido, o artigo 3 da Convenção das Nações Unidas sobre o Direito do Mar, estabelece que "[t]odo o Estado tem o direito de fixar a largura do seu mar territorial até um limite que não ultrapasse as 12 milhas marítimas, medidas a partir de linhas de base determinadas de conformidade com a presente Convenção".

[21] A expressão milhas marítimas é equivalente a milhas náuticas, mas a segunda é relativamente recente em actos legislativos de direito interno português, como a Lei

Daqui resulta, em conformidade, que o espaço marítimo é particularmente adequado à existência de relações entre Estados. É um espaço onde a regulamentação de enquadramento é primacialmente internacional, não obstante a sua necessária coexistência com legislação da produção interna de cada um dos Estados costeiros.

Nestes termos, não é indiferente, numa perspectiva jurídico-internacional, o limite marítimo exterior que seja fixado para as zonas costeiras, em razão dos direitos que os terceiros Estados podem gozar ao abrigo das liberdades do alto mar. Nestes termos, se as águas interiores são equiparadas ao território terrestre em termos de exercício da soberania territorial do Estado costeiro, já no que respeita aos restantes espaços é necessário proceder a uma delicada compatibilização entre as actuações dos terceiros Estados e os poderes dos Estados costeiros, conforme estes resultam do Direito Internacional vigente, seja convencional ou consuetudinário na sua origem[23].

Neste âmbito, é particularmente significativo o caso do direito de colocação de cabos e de ductos submarinos. Nos termos da alínea c) do n.º 1 do artigo 87 CNUDM, constitui uma liberdade do alto mar a "liberdade de colocar cabos e ductos submarinos nos termos da Parte VI". A Parte VI em questão é a parte da Convenção das Nações Unidas sobre o Direito do Mar dedicada à plataforma continental, onde os Estados costeiros têm "direitos de soberania (...) para efeitos de exploração e aproveitamento dos seus recursos naturais"[24], mas onde o "exercício dos direitos do Estado costeiro sobre a plataforma continental não deve afectar a navegação ou outros direitos e liberdades dos demais Estados previstos na presente Convenção, nem ter como resultado uma ingerência injustificada neles"[25]. Em conformidade, o artigo 79 CNUDM prevê que "[t]odos os Estados têm o direito de colocar cabos e ductos submarinos na plataforma

---

n.º 58/2005, de 29 de Dezembro (Aprova a Lei da Água, transpondo para a ordem jurídica nacional a Directiva n.º 2000/60/CE, do Parlamento Europeu e do Conselho, de 23 de Outubro, e estabelecendo as bases e o quadro institucional para a gestão sustentável das águas) e a Lei n.º 34/2006, de 28 de Julho (Determina a extensão das zonas marítimas sob soberania ou jurisdição nacional e os poderes que o Estado Português neles exerce, bem como os poderes exercidos no alto mar).

[22] Utilizando a alínea e) do artigo 4.º da Lei n.º 34/2006, de 29 de Julho, entende-se por "«milha náutica» a distância correspondente a 1852 m".

[23] Sobre a questão, TREVES, «La navigation», cit., pp. 716 a 739.

[24] N.º 1 do artigo 77 CNUDM.

[25] N.º 2 do artigo 78 CNUDM.

continental" dos restantes Estados, não podendo o Estado costeiro impedir a sua colocação ou manutenção, salvo o seu "direito de tomar medidas razoáveis para a exploração da plataforma continental, o aproveitamento dos seus recursos naturais e a prevenção, redução e controle da poluição causada por ductos". Daqui resulta que: i) na plataforma continental, o traçado da linha para a sua colocação apenas está sujeito ao "consentimento do Estado costeiro"[26]; enquanto ii) no mar territorial, o Estado costeiro apenas pode "estabelecer condições", mesmo quando os cabos ou ductos em questão "penetrem no seu território"[27].

Daqui resulta em conformidade que, ao contrário do que sucede no âmbito do território terrestre, a autonomia de actuação de cada um dos Estados, em particular na produção dessa legislação interna, está necessariamente limitada pelo Direito Internacional[28]. Essa limitação é particularmente relevante quando se está em presença de costumes de aplicação universal, dado que o seu cumprimento e respeito podem ser exigidos à totalidade dos Estados existentes.

Assim, algumas das regras fundamentais aplicáveis ao espaço marítimo, como a liberdade de navegação, ou a exclusiva ligação do navio ao Estado de bandeira[29], são costumes internacionais que transcendem a vontade dos Estados considerados isoladamente.

Isso significa que a actuação simultânea de diversos Estados num mesmo espaço marítimo, em particular quando se trata de um espaço submetido à soberania ou jurisdição de um Estado costeiro, pode propiciar a sua colaboração através de mecanismos de cooperação internacional e, em especial, a cooperação transfronteiriça.

---

[26] N.º 3 do artigo 79 CNUDM.

[27] N.º 4 do artigo 79 CDUDM. Em conformidade, a alínea c) do n.º 1 do artigo 21 CNUDM (Leis e regulamentos do Estado costeiro relativos à passagem inofensiva), limita-se a prever que o "Estado costeiro pode adoptar leis e regulamentos (...) relativos à passagem inofensiva pelo mar territorial" com o objectivo de proteger os cabos e ductos que tenham sido colocados no seu mar territorial.

[28] Nesse sentido, o n.º 1 do artigo 21 da Convenção das Nações Unidas sobre o Direito do Mar prevê que o "Estado costeiro pode adoptar leis e regulamentos, de conformidade com as disposições da presente Convenção e demais normas de direito internacional, relativos à passagem inofensiva pelo mar territorial".

[29] Sobre a questão, R. R. CHURCHILL e A. V. LOWE, *The law of the sea*, 3.ª ed., Manchester University Press, 1999, pp. 257 a 263; Manuel Januário da COSTA GOMES, *O ensino do Direito Marítimo. O soltar de amarras do direito da navegação marítima. Relatório sobre o programa, conteúdos e métodos de ensino*, 2005, pp. 157 a 167; e o nosso *A internacionalização dos recursos naturais marinhos*, cit., pp. 609 a 615.

II. A cooperação transfronteiriça nas zonas costeiras e no espaço marítimo

a) *A experiência da cooperação transfronteiriça na Europa*

No âmbito da União Europeia[30], a cooperação relacionada com as zonas costeiras e o espaço marítimo tem vindo a ser primacialmente prosseguida através dos Programas de Iniciativa Comunitária INTERREG[31], financiados pelo Fundo Europeu de Desenvolvimento Regional (FEDER).

No programa INTERREG III, em vigor até ao final de 2006, o estímulo à cooperação entre os Estados membros da União Europeia está repartido em três vertentes:

---

[30] Sobre a cooperação transfronteiriça na União Europeia, tendo por referência o Tratado que estabelece uma Constituição para a Europa, Miguel Enrique ARENAS MEZA, «A cooperação transfronteiriça no âmbito da União Europeia após a adopção do Tratado pelo qual se Estabelece uma Constituição para a Europa», in Enrique MARTÍNEZ PÉREZ (coordenador), *A adaptação dos organismos de cooperação transfronteiriça pelas Comunidades Autónomas,* Gabinete de Iniciativas Transfronterizas, Valladolid, [2006] (versão em castelhano no mesmo volume com o título *La adaptación de los organismos de cooperación transfronteriza por las comunidades autónomas*), que defende a existência de um tratamento "indirecto ou implícito", na medida em que é mantida a situação actual em que (p.177) "o quadro jurídico da cooperação transfronteiriça não figura previsto expressamente em nenhum texto comunitário".

[31] Os programas INTERREG (INTERREG I (1990-1993), INTERREG II (1994-1999) e INTERREG III (2000-2006)), criados no final da década de oitenta, têm sido particularmente relevantes no âmbito da cooperação transfronteiriça entre Espanha e Portugal. Sobre a questão, Tatiana MOURA e José Manuel PUREZA, *Desenvolvimento e cooperação internacional. Novas institucionalidades e modelos de governação transfronteiriça*, pp. 3 a 7 (documento disponível no sítio da Internet do Centro de Estudos Ibéricos, http://www.cei.pt/biblioteca digital.asp). Relativamente ao INTERREG I, Alberto HERRERO DE LA FUENTE, «A evolução do quadro jurídico da cooperação transfronteiriça na Europa», in Enrique MARTÍNEZ PÉREZ (coordenador), *A adaptação dos organismos de cooperação transfronteiriça pelas Comunidades Autónomas,* Gabinete de Iniciativas Transfronterizas, Valladolid, [2006] (versão em castelhano no mesmo volume com o título *La adaptación de los organismos de cooperación transfronteriza por las comunidades autónomas*), p. 17, refere criticamente que "[a]pesar de a Comissão ter anunciado que concedia prioridade às petições apresentadas conjuntamente pelas autoridades de ambos os lados da fronteira, todos os subprogramas foram realizados menos um: o relativo a acções conjuntas de cooperação transfronteiriça. Isso significou que a ajuda comunitária co-financiou acções de desenvolvimento das zonas fronteiriças propostas e desenvolvidas separadamente a ambos os lados da fronteira".

- vertente A: cooperação transfronteiriça, entre territórios contíguos, nos quais se integram as fronteiras externas e certas zonas marítimas, com o objectivo de levar a cabo estratégias comuns de desenvolvimento;
- vertente B: cooperação transnacional, entre autoridades nacionais, regionais e locais, relativamente a grandes espaços geográficos definidos pelos Estados membros em colaboração com a Comissão Europeia (foram previstos treze espaços, nos quais se inclui o Espaço Atlântico);
- vertente C: cooperação interregional, entre entidades pertencentes a regiões não contíguas da União Europeia, sem limites de ordem geográfica, de modo a permitir a inclusão de terceiros Estados candidatos à adesão[32].

O Espaço Atlântico, criado no âmbito da vertente B, enquanto uma área de cooperação transnacional, cobre uma superfície de 856 420 Km2. Definido com base no Oceano Atlântico, é constituído por regiões europeias que pertencem a cinco Estados membros da União Europeia: Espanha[33], França[34], Irlanda[35], Portugal[36] e Reino Unido[37-38]. A sua conti-

---

[32] Sobre a questão, na perspectiva da política de vizinhança, Sérgio SALINAS ALCEGA, «As relações da União Europeia com a sua periferia. A política de vizinhança, com atenção especial ao papel da cooperação transfronteiriça», in Enrique MARTÍNEZ PÉREZ (coordenador), *A adaptação dos organismos de cooperação transfronteiriça pelas Comunidades Autónomas*, Gabinete de Iniciativas Transfronterizas, Valladolid, [2006] (versão em castelhano no mesmo volume com o título *La adaptación de los organismos de cooperación transfronteriza por las comunidades autónomas*).

[33] Em Espanha abarca as seguintes regiões: Galiza, Astúrias, Cantábria, Navarra, País Basco, La Rioja, Castilla y Léon, Andaluzia e Canárias.

[34] Em França abarca as seguintes regiões: Aquitânia, Poitou-Charentes, Pays de la Loire, Bretanha, Baixa-Normandia, Alta-Normandia, Limousin, Centro e Midi-Pyrénées.

[35] Na Irlanda abarca a totalidade do território.

[36] Em Portugal abarca a totalidade do território.

[37] No Reino Unido abarca as seguintes regiões: Cumbria, Lancashire, Grande Manchester, Cheshire, Merseyside, Worcestershire e Warwickshire, Avon, Gloucestershire e Wiltshire, Dorset e Somerset, Cornwall e Devon, Staffordshire, Herefordshire, Shropshire, West Midlands, as 22 Autoridades Unitárias de Gales, Irlanda do Norte, Highlands e Islands e South Western Scotland.

[38] Dados disponíveis em http://www.interreg-atlantique.org/iiib/pl/presentation/presentation.html. Neste sítio da Internet podem ser encontrados dados relativos aos objectivos e às prioridades e medidas do Programa Interreg III aplicável ao Espaço Atlântico.

nuidade como área de cooperação entre os Estados referenciados está garantida através de um novo Programa Operacional, a produzir efeitos no período compreendido entre 2007 e 2013[39].

A cooperação europeia entre regiões situadas nas zonas costeiras também tem sido prosseguida por entidades não governamentais, como a Conferência das Regiões Periféricas Marítimas ou a Conferência das Cidades do Arco Atlântico[40]. A primeira, criada em 1973, representando 154 regiões, de 26 Estados, visa assegurar que as instituições nacionais e comunitárias tenham em conta os seus interesses comuns, no que respeita à redução da situação periférica, à promoção da dimensão marítima e ao aproveitamento dos benefícios respeitantes da sua proximidade dos cidadãos comunitários[41].

Na base nas diversas experiências de cooperação transfronteiriça entre os Estados europeus, tem estado a Convenção-Quadro Europeia sobre a Cooperação Transfronteira entre as Comunidades ou Autoridades

---

[39] Sobre o âmbito de aplicação geográfico, distinto do previsto no Programa INTERREG III, http://www.atlantique-2007-2013.org/index.php?id=14&L=2. Esta alteração decorre das orientações da Comissão Europeia, constantes da *Comunicação da Comissão. Uma política de coesão para apoiar o crescimento e o emprego: orientações estratégicas comunitárias, 2007-2013,* COM (2005) 299, de 5 de Julho de 2005, p. 36, ao ser referido que "[o] mapa das actuais zonas de cooperação transnacional deve ser reexaminado. A demarcação das futuras macrorregiões deverá garantir a criação das condições para a execução das acções estruturais de base. Para o efeito, devem, por conseguinte, ser tidos em conta a coerência territorial e os critérios funcionais de natureza geográfica, nomeadamente a partilha da mesma bacia fluvial ou zona costeira, a localização da mesma zona montanhosa ou o facto de serem atravessadas por um importante corredor de transporte".

[40] Sobre a Conferência das Cidades do Arco Atlântico, que integra as cidades espanholas de Burgos, Dos Hermanas, Donostia-San Sebastián, Gijón, Jerez de la Frontera, La Coruña, Las Palmas de Gran Canaria, Léon, Santiago de Compostela, Sevilha e Vigo, e as cidades portuguesas de Faro, Figueira da Foz, Funchal, Lisboa, Porto e Viseu, http://www.arcat.org.

[41] Sobre a Conferência das Regiões Periféricas Marítimas (CRPM ou CPMR), http://crpm.org. Em conformidade com a informação disponibilizada no sítio da Internet citado, a Conferência das Regiões Periféricas Marítimas compreende seis comissões geográficas: i) Comissão das Ilhas (Islands Commission), criada em 1979; ii) Comissão do Arco Atlântico (Arc Atlantic Commission), Comissão do Mar do Norte (North Sea Commission), e Comissão Intermediterrânica (Intermediterranean Commission), criadas em 1989; iii) Comissão do Mar Báltico (Baltic Sea Commission), criada em 1996; e iv) Comissão das Balcãs e do Mar Negro (Black Sea and Balkans Commission), criada em 2004, da fusão da comissões criadas, em 2002 e 2003, para cada uma das zonas.

Territoriais, de 21 de Maio de 1980[42-43], concluída no seio do Conselho da Europa[44-45-46].

---

[42] Vigora em Portugal desde 4 de Novembro de 1989. O texto da Convenção-Quadro, nas versões em português e em francês, foi publicado no Diário da República, I.ª Série, n.º 185, de 13 de Agosto de 1987, pp. 3126 a 3146. Em Fevereiro de 2007, a Convenção-Quadro tinha sido ratificada por 34 dos 46 Estados membros do Conselho da Europa.

[43] Em 9 de Novembro de 1995, foi aberto à assinatura dos Estados signatários da Convenção-Quadro, o Additional Protocol to the European Outline Convention on Transfrontier Co-operation between Territorial Communities or Authorities, que tinha 17 Estados ratificantes, em Fevereiro de 2007 (Portugal assinou em 9 de Maio de 1997, sem que tenha posteriormente procedido à sua ratificação). Em 5 de Maio de 1998, foi aberto à assinatura dos Estados signatários da Convenção-Quadro, o Protocol n.º 2 to the European Outline Convention on Transfrontier Co-operation between Territorial Communities or Authorities concerning interterritorial co-operation, que tinha 15 Estados ratificantes, em Fevereiro de 2007 (Portugal assinou em 5 de Maio de 1998, sem que tenha posteriormente procedido à sua ratificação). Sobre a negociação de um futuro Protocolo n.º 3, aplicável aos "Agrupamentos de Cooperação Euro-Regional", Rosário HUESA VINAIXA, «A «Euro-região»: quadro jurídico e projecção de futuro (especial referência aos trabalhos em curso no Conselho da Europa)», in Enrique MARTÍNEZ PÉREZ (coordenador), *A adaptação dos organismos de cooperação transfronteiriça pelas Comunidades Autónomas*, Gabinete de Iniciativas Transfronterizas, Valladolid, [2006] (versão em castelhano no mesmo volume com o título *La adaptación de los organismos de cooperación transfronteriza por las comunidades autónomas*), pp. 134 a 139.

[44] A importância dada pelos Estados membros do Conselho da Europa às entidades infraestaduais é exemplarmente demonstrada pela existência de um Congresso dos Poderes Locais e Regionais, composto por uma Câmara dos Poderes Locais e por uma Câmara das Regiões, entre os seus órgãos principais.

[45] Sobre o modo de concretizar projectos de cooperação transfronteiriça, o Conselho da Europa divulgou, em Julho de 2006, um guia prático de cooperação transfronteiriça (*Pratical Guide to Transfrontier Co-operation*, na versão inglesa), da responsabilidade da Mission Opérationnelle Transfrontalière, disponível em http://www.espaces-transfrontaliers.eu.

[46] Sobre a questão, na doutrina portuguesa, Wladimir de BRITO, *A Convenção-Quadro europeia sobre a cooperação transfronteiriça entre as colectividades ou autoridades territoriais*, Coimbra Editora, 2000; e Margarida Salema d'OLIVEIRA MARTINS, «O regime jurídico-internacional da cooperação transfronteiriça entre Portugal e Espanha», in *Estudos em homenagem ao Professor Doutor Marcello Caetano. No centenário do seu nascimento*, vol. II, 2006, pp. 192 a 199. Identicamente relevantes, embora mais antigos, são os estudos de Luigi CONDORELLI e Francesco SALERNO, «Le relazioni transfrontaliere tra comunità locali in Europa nel diritto internazionale ed europeo», Rivista Trimestrale di Diritto Pubblico, 1986, pp. 381 a 423; de Emmanuel DECAUX, «La convention-cadre européenne sur la coopération transfrontalière des autorités locales», Revue Générale de Droit International Public, 1984, pp. 557 a 620; e de Bernard DOLEZ, «Le Protocole additionnel à la Convention-cadre européenne sur la coopération transfrontalière des collectivités ou autorités territoriales», Revue Générale de Droit International Public, 1996, pp. 1005 a 1022.

Nos termos do n.º 1 do artigo 2.º da Convenção-Quadro, cooperação transfronteiriça (ou transfronteira) deve ser entendida como "qualquer tipo de concertação visando o reforço e o desenvolvimento das relações de vizinhança entre as comunidades ou autoridades territoriais sob a jurisdição de duas ou mais Partes contratantes, bem como a celebração de acordos e de concertações que se mostrem úteis à consecução desse fim". Em conformidade com a disposição citada a "cooperação transfronteira exercer-se-á no âmbito das competências das comunidades ou autoridades territoriais, tal como estão definidas pelo direito interno"[47].

Daqui resulta que o artigo 6.º do "Modelo de Acordo Interestatal para a concertação regional transfronteira", que integra o Anexo da Convenção-Quadro, faça referência, nomeadamente, às seguintes matérias como sendo passíveis de serem objecto de cooperação transfronteiriça: i) "Transportes e comunicações (transportes públicos, estradas e auto-estradas, aeroportos comuns, vias fluviais, portos marítimos, etc.)"; ii) "Energia (centrais para a produção de energia e abastecimento de gás, electricidade e água, etc.)"; iii) "Protecção da natureza (locais a requererem protecção, áreas de recreio, parques naturais, etc.)"; iv) "Protecção das águas (luta contra a poluição, construção de estações de tratamento de águas, etc.)"; e v) "Assistência mútua em caso de catástrofe (incêndios, inundações, epidemias, acidentes aéreos, tremores de terra, acidentes de montanha, etc.)".

O brevíssimo panorama apresentado permite perceber que a cooperação transfronteiriça relativa às zonas costeiras e ao espaço marítimo não é desconhecida na Europa, embora seja relativamente secundária nos projectos de cooperação territorial que podem ser apreciados, tanto ao nível da União Europeia, como em resultado da aplicação da Convenção-Quadro do Conselho da Europa[48].

---

[47] Apreciando a Convenção-Quadro, HERRERO DE LA PUENTE, «A evolução do quadro...», cit., p. 14, defende em termos críticos que "[o] compromisso fundamental que assumem os Estados que o ratificam consiste em facilitar a cooperação transfronteiriça, esforçando-se por promover a conclusão de aqueles acordos que forem necessários. Se tivermos em conta a imprecisão dos termos «facilitar» e «promover», a força de obrigar das disposições do Convénio fica muito fraca se observarmos a frequência com que expressões como «se esforçassem», «considerassem a conveniência» ou «na medida em que for possível» convertem em discricionário aquilo que, de outra forma, teria sido vinculador para os Estados".

[48] Nesse sentido, é significativa a inexistência de qualquer referência específica à cooperação nas zonas costeiras e no espaço marítimo em Bruno DUPEYRON, «La coopération transfrontalière multinivelée en Europe. L'invention de nouveaux espaces publics transfrontaliers?», in Marie-Thérèse BITSCH (direcção), Le fait régional et la construction européenne, Bruxelles, Établissements Émile Bruylant, 2003, pp. 323 a 340.

A exactidão da utilização da terminologia "cooperação transfronteiriça" pode ser aliás questionada, dado que esta é adequada aos projectos relacionados com as zonas costeiras, mas surge normalmente como insuficiente no que respeita ao espaço marítimo. Essa é, no entanto, uma questão relativamente menor perante o complexo problema de saber o que se deve entender por "zonas costeiras" e por "espaço marítimo".

b) *A imprecisão dos conceitos "zonas costeiras" e "espaço marítimo"*

Numa primeira observação os conceitos "zonas costeiras" e "espaço marítimo" revelam-se como evidentes. A "zona costeira" corresponde ao litoral dos denominados Estados costeiros, isto é, ao espaço onde termina o território terrestre e começa o mar. O "espaço marítimo", por seu turno, é composto pelos mares e oceanos, sendo um imenso espaço de águas salgadas adjacentes ao território terrestre dos Estados.

Esta aproximação é, no entanto, enganadora, se estiver baseada em ideias actualmente desactualizadas, como serem as "zonas costeiras" apenas o termo do território terrestre, e o "espaço marítimo" uma vasta zona de águas salgadas que, ao ser usada por todos, não pertence a ninguém.

A ocupação do espaço marítimo, para além de uma pequena faixa adjacente ao território terrestre, começou há mais de sessenta anos, com a Proclamação Truman, de 28 de Setembro de 1945, quando este reivindicou o exercício de poderes pelo Estado costeiro em relação à plataforma continental[49].

A configuração actual dos espaços passíveis de serem submetidos à soberania ou à jurisdição do Estado costeiro é, no entanto, mais recente. Tem o seu referente na Convenção das Nações Unidas sobre o Direito do Mar, que entrou em vigor em 16 de Novembro de 1994. Com este instrumento convencional, por muitos chamado de "Constituição dos Oceanos", foram fixadas, de modo consensual, as distâncias das zonas em que os Estados costeiros podem exercer poderes e, em termos reversos, o modo como esses espaços podem ser identicamente utilizados por terceiros Estados.

Algumas dessas zonas já tinham consagração anterior, ao nível do direito consuetudinário e das Convenções de Genebra de 1958, como as

---

[49] Sobre a questão, o nosso *A internacionalização dos recursos naturais marinhos*, cit., pp. 286 a 304.

águas interiores⁵⁰, o mar territorial, a zona contígua⁵¹, ou a plataforma continental⁵². Outras surgiram durante o decurso das longas negociações da Convenção de Montego Bay, designação correspondente ao local da sua assinatura em 10 de Dezembro de 1982, como as águas arquipelágicas ou a zona económica exclusiva. Da mesma forma que uma vasta porção do fundo do mar, definida por exclusão do espaço das plataformas continentais submetidas à jurisdição dos Estados costeiros, passou a ter um regime jurídico-internacional específico, enquanto Área⁵³.

Passados quase vinte e cinco anos após a assinatura da Convenção das Nações Unidas sobre o Direito do Mar, e mais de dez anos após a sua entrada em vigor, o problema é que muitos Estados costeiros ainda não conseguiram fixar com clareza quais é que são os espaços físicos que integram o seu território. Nuns casos, por existirem conflitos territoriais com Estados vizinhos, ou a reivindicação e/ou a delimitação dos espaços em questão poder ser geradora desses conflitos⁵⁴. Noutros casos, por a questão ser mais difícil do que seria de esperar numa primeira análise⁵⁵, tendo em consideração a diversidade das situações geográficas.

---

⁵⁰ Número 1 do artigo 1 e n.º 1 do artigo 5 da Convenção sobre o Mar Territorial e a Zona Contígua, assinada em Genebra em 29 de Abril de 1958. Entrou em vigor em 10 de Outubro de 1965, após o depósito do 22.º instrumento de ratificação ou de adesão. Portugal assinou a Convenção em 28 de Outubro de 1958, tendo ratificado em 8 de Janeiro de 1963.

⁵¹ Artigo 24 da Convenção sobre o Mar Territorial e a Zona Contígua, assinada em Genebra em 29 de Abril de 1958.

⁵² Convenção sobre o Plataforma Continental, assinada em Genebra em 29 de Abril de 1958. Entrou em vigor em 10 de Junho de 1964, após o depósito do 22.º instrumento de ratificação ou de adesão. Portugal assinou a Convenção em 28 de Outubro de 1958, tendo ratificado em 8 de Janeiro de 1963.

⁵³ Parte XI da Convenção das Nações Unidas sobre o Direito do Mar, artigos 133 a 191. O regime jurídico-internacional da Área deve ser apreciado tendo em consideração o Acordo relativo à execução da Parte XI da Convenção das Nações Unidas sobre o Direito do Mar de 10 de Dezembro de 1982. Sobre a conciliação entre os dois regimes, o nosso *A internacionalização dos recursos naturais marinhos,* cit., pp. 506 a 516 e 792 a 818.

⁵⁴ Sobre a questão, Miguel GALVÃO TELES, «Espaços marítimos, delimitação e colisão de direitos», in *Estudos em homenagem ao Prof. Doutor Armando M. Marques Guedes,* 2004, pp. 617 a 647.

⁵⁵ Sobre a questão, o nosso *A internacionalização dos recursos naturais marinhos,* cit., pp. 314 a 343.

Assim, nestas áreas, em contraponto ao que sucede com o território terrestre, a afirmação da soberania territorial do Estado aparece como algo de relativamente fluido. Se a incerteza pode ser propiciadora de insegurança na relação entre os Estados, a verdade é que também estar na base de inesperadas situações de cooperação.

O exemplo mais notável que pode ser actualmente dado neste domínio é o da apresentação conjunta[56] feita pela Espanha, a França, a Irlanda e o Reino Unido, em 16 de Maio de 2006, à Comissão de Limites da Plataforma Continental, nos termos do n.º 8 do artigo 76 da Convenção das Nações Unidas sobre o Direito do Mar, da pretensão de extensão, por estes quatro Estados, das suas plataformas continentais além das 200 milhas marítimas (ou milhas náuticas), no Mar Céltico e no Golfo da Biscaia.

Esta apresentação conjunta é merecedora de particular atenção dado que: i) implicou um prévio esforço de conciliação de posições por parte dos Estados envolvidos[57]; ii) a figura da apresentação conjunta não tinha sido prevista pela Convenção das Nações Unidas sobre o Direito do Mar; e iii) é acompanhada de uma declaração em que os Estados costeiros interessados afirmam que à delimitação não subjaz qualquer tipo de controvérsia, seja com os Estados envolvidos, seja com qualquer terceiro Estado[58].

---

[56] Presentación conjunta a la Comisión de Limites de la Plataforma Continental de conformidad con el Artículo 76, párrafo 8 de la Convención de Naciones Unidas sobre el Derecho del Mar 1982 con respecto al área del Mar Céltico y el Golfo de Vizcaya. As versões espanhola, francesa e inglesa podem ser encontradas em http://www.un.org/Depts/los/clcs.

[57] Em conformidade, é afirmado no ponto 1 da Declaração Conjunta que "[e]sta presentación a la Comisión há sido realizada por España, Francia, Irlanda y Reino Unido de Gran Bretaña e Irlanda del Norte (...) de conformidad con el Artículo 76, párrafo 8, de la Convención para apoyar el establecimiento, por parte de estos cuatro Estados ribereños, de los limites exteriores de su plataforma continental en el área del Mar Céltico y Golfo de Vizcaya que se encontra más allá de las 200 millas marinas contadas desde las líneas de base de cada Estado a partir de las cuales se mide la anchura de sus respectivos mares territoriales. Esta presentación es, por tanto, de natureza conjunta, y está constituída por un documento único preparado colectivamente y en colaboración entre los quatro Estados ribereños interesados".

[58] Nos termos do ponto 5, onde se afirma que "los cuatro Estados ribereños desean informar a la Comisión que, el área de la plataforma continental objeto de esta presentación parcial conjunta no está sujeta a ninguna contoversia entre ellos ni con otro(s) Estado(s)".

A imprecisão do conceito "zona costeira" pode ser apreciado em algumas definições utilizadas em legislação portuguesa nos anos de 2005 e 2006:

– no n.º 1 do artigo 11 da Lei n.º 54/2005, de 15 de Dezembro[59], "[e]ntende-se por margem uma faixa de terreno contígua ou sobranceira à linha que limita o leito das águas", sendo que, em conformidade com o n.º 2 da disposição em causa, a "margem das águas do mar (...) tem a largura de 50 m";

– na alínea *jj*) do artigo 4.º da Lei n.º 58/2005, de 29 de Dezembro[60], "margem" é definida como "a faixa de terreno contígua ou sobranceira à linha que limita o leito das águas com largura legalmente estabelecida", enquanto a alínea hhh) do mesmo artigo estabelece que é «zona adjacente» a zona contígua à margem que como tal seja classificada por um acto regulamentar por se encontrar ameaçada pelo mar ou pelas cheias";

– no artigo 21 da Lei n.º 58/2005, de 29 de Dezembro, é previsto que "[o]s Planos de ordenamento da orla costeira têm por objecto as águas marítimas costeiras e interiores e os respectivos leitos e margens, assim como as faixas de protecção marítima e terrestre, definidas em legislação específica ou no âmbito de cada plano"[61-62];

---

[59] Estabelece a titularidade dos recursos hídricos.

[60] Aprova a Lei da Água, transpondo para a ordem jurídica nacional a Directiva n.º 2000/60/CE, do Parlamento Europeu e do Conselho, de 23 de Outubro, e estabelecendo as bases e o quadro institucional para a gestão sustentável das águas.

[61] Em conformidade com o artigo 3.º do regime jurídico dos planos de ordenamento da orla costeira – POOC (Decreto-Lei n.º 309/93, de 2 de Setembro, com as alterações introduzidas pelos Decretos-Leis n.ºs 218/94, de 20 de Agosto, 151/95, de 24 de Julho, e 113/97, de 10 de Maio), os "POOC têm por objecto as águas marítimas costeiras e interiores e respectivos leitos e margens", sendo que as "faixas de protecção denominam-se «zona terrestre de protecção», cuja largura máxima não excede 500 m contados da linha que limita a margem das águas do mar e «faixa marítima de protecção», que tem como limite máximo a batimétrica – 30". Sobre o regime jurídico em questão, Fernando ALVES CORREIA, *Manual de Direito do Urbanismo*, vol. I, 2.ª edição, 2004, pp. 243 a 245.

[62] Anteriormente já o Decreto-Lei n.º 302/90, de 26 de Setembro, ainda em vigor, ao pretender regular os "princípios a que deve obedecer a ocupação, uso e transformação da faixa costeira" (n.º 1 do artigo 1), tinha definido "faixa costeira" como "a banda ao longo da costa marítima, cuja largura é limitada pela linha de máxima praia-mar de águas vivas equinociais e pela linha situada a 2 km daquela para o interior" (n.º 2 do artigo 1). Sobre o regime jurídico em questão, ALVES CORREIA, *Manual de Direito do Urbanismo*, cit., pp. 241 a 243.

- na alínea *a*) do artigo 4.° da Lei n.° 34/2006, de 28 de Julho[63], "costa" é definida como "a margem terrestre imediatamente adjacente ao mar, incluindo todas as formações insulares de reduzida dimensão, designadamente baixios a descoberto, e instalações portuárias permanentes";
- no n.° 2 do artigo 2.° da Lei n.° 49/2006, de 29 de Agosto, "linha da costa" é entendida como a "linha de máxima preia-mar de águas vivas equinociais ou, não sendo possível determinar esta, a crista da arriba", enquanto que, nos termos do n.° 3 do mesmo artigo, "[n]o caso dos estuários e lagunas costeiras, entende-se por «linha da costa» a linha recta que une os dois lados da zona de comunicação com o mar de forma a dar continuidade à linha de costa resultante do número anterior";
- na revisão do regime jurídico da Reserva Ecológica Nacional (Decreto-Lei n.° 93/90, de 19 de Março, com a redacção dada pelos Decretos-Leis n.° 316/90, de 13 de Outubro, 213/92, de 12 de Outubro, 79/95, de 20 de Abril, e 203/2002, de 1 de Outubro), efectuada pelo Decreto-Lei n.° 180/2006, de 6 de Setembro, foram mantidas as "[á]reas a considerar para efeitos de integração na REN, nos termos do artigo 3.°", entre as quais se inclui, nos termos das alíneas *d*) e *e*) do n.° 1 do Anexo I, respectivamente, "[q]uando não existirem dunas nem arribas, uma faixa que assegure uma protecção eficaz da zona litoral de acordo com os valores referidos no preâmbulo", e uma "faixa ao longo de toda a costa marítima cuja largura é limitada pela linha da máxima preia-mar de águas vivas equinociais e a batimétrica dos 30 m".

O problema das definições citadas é continuarem a tratar a zona costeira como um mero ponto de intersecção entre a terra e o mar. Ora as zonas costeiras são muito mais do que isso, e implicam um tratamento integrado, na medida em que são um espaço com autonomia na ligação entre a terra e os oceanos.

---

[63] Determina a extensão das zonas marítimas sob soberania ou jurisdição nacional e os poderes que o Estado Português nelas exerce, bem como os poderes exercidos no alto mar. Sobre a legislação portuguesa anterior, Armando M. MARQUES GUEDES, *Direito do Mar*, 2.ª ed., 1998, pp. 98 e 99, 122 a 130, 142 a 149, 170 a 178, 193 a 201, e 210 a 214; e «Legislação portuguesa sobre o direito do mar», in *Estudos em homenagem ao Prof. Doutor Joaquim Moreira da Silva Cunha*, 2005 pp. 151 a 158; e FAUSTO DE QUADROS, Paulo OTERO e Jorge BACELAR GOUVEIA, *Portugal e o Direito do mar*, Lisboa, 2004, pp. 38 a 44, 95 a 106.

Nestes termos, não existindo um conceito físico indiscutível, nem um conceito jurídico unívoco[64], o Grupo de Trabalho que elaborou as *Bases para a Estratégia de Gestão Integrada da Zona Costeira Nacional* optou pelos seguintes conceitos e limites:

- litoral – abrangendo uma zona terrestre até centenas de km para o interior e uma zona marítima até às 200 milhas marítimas, correspondente ao espaço da zona económica exclusiva – como um "termo geral que descreve porções do território que são influenciadas directa e indirectamente pela proximidade do mar"[65];
- zona costeira – abrangendo uma zona terrestre até alguns km para o interior e uma zona marítima até à batimétrica dos 200 metros de profundidade, correspondente ao conceito de plataforma continental que consta da Convenção de Genebra sobre a Plataforma Continental de 1958[66] – sendo a "uma porção de território influenciada directa e indirectamente em termos biofísicos pelo mar (ondas, marés, ventos, biota ou salinidade) e que pode ter para o lado de terra largura tipicamente de ordem quilométrica e se estende, do lado do mar, até limite da plataforma continental"[67];
- orla costeira – abrangendo uma zona terrestre até centenas de metros para o interior e uma zona marítima até à batimétrica dos 30 metros de profundidade – como uma "porção do território onde o mar exerce directamente a sua acção, coadjuvado pela acção eólica, e que tipicamente se estende para o lado de terra por cente-

---

[64] Em razão dessas dificuldades, no *European Code of Conduct for Coastal Zones*, de 2000, foram adoptadas as seguintes definições: i) "Coastline: the boundary between land and sea"; ii) "Coastal Zone: an area including both land and sea, of indeterminate width, sometimes including river catchment areas, depending upon a wide variety of definitions currently in use. An area of a few kilometres can be assumed for general purposes"; iii) "Coastal strip: a narrow strip of land bordering the coastline, extending a few hundred metres inland"; e iv) "Coastal area or region: a general term describing places that are influenced by their proximity to the sea".

[65] *Bases para a Estratégia de Gestão Integrada da Zona Costeira Nacional. Projecto de Relatório do Grupo de Trabalho*, documentado apresentado em 23 de Janeiro de 2006, para discussão pública, pp. 9 e 10.

[66] Deve ser salientado que o conceito de plataforma continental utilizado está desactualizado, tendo em consideração o artigo 76 da Convenção das Nações Unidas sobre o Direito do Mar e o artigo 9 da Lei n.º 34/2006, de 28 de Julho.

[67] *Bases para a Estratégia de Gestão Integrada da Zona Costeira Nacional,* cit., pp. 9 e 10.

nas metros e se estende, do lado do mar, até à batimétrica dos 30 metros (englobando a profundidade de fecho)"[68];
– linha de costa – "linha de costa entre a terra e o mar; materializada pela intercepção com a zona terrestre".

Em contraponto à dificuldade posta pela legislação nacional, a imprecisão do conceito "espaço marítimo", como este pode ser utilizado pelos Estados europeus, não decorre da disparidade da extensão das zonas marítimas que podem ser reivindicadas pelos Estados costeiros, em conformidade com o Direito Internacional, mas antes do facto de que, em alguns casos, essas reivindicações não foram feitas. O caso paradigmático é a praticamente total ausência de reivindicações de zonas económicas exclusivas no Mar Mediterrâneo, com o objectivo de evitar os complexos problemas que seriam desencadeados pela sua posterior delimitação[69].

III. **Algumas considerações sobre uma possível evolução futura da cooperação transfronteiriça no domínio do Direito do Ambiente relacionado com as zonas costeiras e o espaço marítimo**

a) *Considerações gerais sobre recentes evoluções do Direito do Ambiente da Comunidade Europeia aplicável às zonas costeiras e ao espaço marítimo*

A evolução do Direito do Ambiente relacionado com as zonas costeiras e o espaço marítimo, tanto ao nível internacional, como ao nível

---

[68] *Bases para a Estratégia de Gestão Integrada da Zona Costeira Nacional*, cit., p. 10.

[69] Nesse sentido é afirmado no Background paper n.º 3 on Exclusive Economic Zones, Underwater Resources (including Fisheries Resources, Continental Shelves, Law of the Sea), anteriormente citado, p. 14, que "[t]he Mediterranean is a region where standing territorial disputes has prevented the normal establishment of Exclusive Economic Zones till today. At present, the situation as regards declarations of EEZs or Fisheries Protection Zones (FPZs) in the Mediterranean is very inconsistent. The first State to have issued a claim in this respect is Tunisia, through national legislation adopted in June 2005. A number of Coastal States have in the past declared fisheries protection zones (Spain, Malta and, very recently, Libya), environmental protection zones (France) or a combination of both (Croatia)".

interno, tem sido o resultado da reacção dos Estados relativamente a acidentes de navios que provocaram situações de poluição muito significativas e foram objecto de intensa divulgação por parte da comunicação social. São exemplos mais significativos: o *Torrey Canyon*, em Land's End, Reino Unido, em 1967; o *Amoco Cadiz*, em Brittany, França, em 1978; e o *Exxon Valdez*, no Prince William Sound, no Alasca, em 1989.

É semelhante o ponto de partida da evolução recente do direito da União Europeia nesta matéria. Tem como seu ponto de partida os acidentes do *Erika*, de 12 de Dezembro de 1999[70], e do *Prestige,* de 13 de Novembro de 2002.

No caso do *Erika,* as consequências ambientais e económicas foram de tal forma graves que a legislação comunitária que tem vindo a ser apresentada neste domínio, deste então, passou a ser designada por referência a este acidente. No entanto, apenas a sua anterioridade justifica essa escolha, dado que os danos provocados pelo naufrágio do *Prestige* foram particularmente graves na zona da Galiza, tiveram reflexos em Portugal[71] e em França, e ascenderam a mais de 700 milhões de euros[72].

O desenvolvimento recente da legislação da Comunidade Europeia nas matérias da poluição marinha e da segurança marítima, entre 2000 e 2005, tem sido promovido através da apresentação dos denominados "pacotes" ERIKA I, ERIKA II e ERIKA III[73].

---

[70] Sobre a questão, Sabrina ROBERT, *L'Érika: responsabilités pour un desastre écologique,* Editions Pedone, Paris, 2003.

[71] Relativamente a Portugal, os dados citados em João Joanaz de MELO e Pedro SANTANA, *A vigilância marítima em Portugal: deficiências e propostas para a sua resolução,* in Actas da 6.ª Conferência Nacional da Qualidade do Ambiente, APEA, Lisboa, 11 a 13 de Novembro de 1999, p. 3, que referem que "[e]m Portugal aconteceram desde 1974 mais de 90 incidentes de poluição marítima; 20 originaram contaminação do litoral e 4 foram grandes acidentes/derrames" (disponível em http://dasa.dcea.fct.unl.pt/infozee/2.4.htm).

[72] Sobre a questão, Ignacio ARROYO, «Problemas jurídicos relativos a la seguridad de la navegación marítima (referencia especial al *Prestige*), in José Luís MEILÁN GIL, Juan José PERNAS GARCÍA, e Rafael GARCÍA PÉREZ (Editores), *Estudios sobre el Régimen Jurídico de los vertidos de Buques en el Medio Marino,* Thomson. Aranzadi, 2006, pp. 58 a 68; e Carlos Alberto AMOEDO SOUTO, «La gestión administrativa de las situaciones catastróficas a través de medios propios de la admininistración: la experiencia del *Prestige*», in José Luís MEILÁN GIL, Juan José PERNAS GARCÍA, e Rafael GARCÍA PÉREZ (Editores), *Estudios sobre el Régimen Jurídico de los vertidos de Buques en el Medio Marino,* Thomson. Aranzadi, 2006, pp. 137 a 153.

[73] Sobre a questão, José Manuel SOBRINO HEREDIA, «L'affaire du Prestige: cadre juridique communautaire», in Rafael CASADO RAIGÓN (direcção), *L´Europe et la mer*

O Pacote ERIKA-I, apresentado em 21 de Março de 2000[74], cerca de três meses após o acidente do navio com o mesmo nome, incluiu: i) alterações à directiva sobre as sociedades de classificação; ii) alterações substanciais à directiva sobre os controlos a serem efectuados pelo Estado do porto; e iii) uma nova proposta de regulamento destinado a impedir a navegação de petroleiros de casco simples nas águas dos Estados membros da União Europeia[75].

O Pacote ERIKA-II, apresentado em 6 de Dezembro de 2000[76], integrou três novas medidas: i) a criação de uma Agência Europeia de Segurança Marítima[77]; ii) uma proposta de regulamento sobre a criação de um fundo de compensação pelos prejuízos causados pela poluição por hidrocarbonetos nas águas dos Estados membros da União Europeia; e iii) uma proposta de directiva sobre a criação de um novo sistema comunitário de acompanhamento, controlo e informação sobre o tráfego marítimo nas águas costeiras dos Estados membros da União Europeia[78].

O Pacote ERIKA-III, apresentado em 23 de Novembro de 2005[79], por seu turno, visa reforçar a legislação existente, em particular no domínio das sociedades de classificação, das inspecções pelo Estado do porto, do controlo do tráfego marítimo, da responsabilidade dos Estados de bandeira, da investigação dos acidentes marítimos e da responsabilidade dos proprietários de navios.

É possível apreciar esta legislação comunitária com base em duas perspectivas distintas. Por um lado, tem procurado incentivar um mais

---

(pêche, navigation et environnement marin)/Europe and the sea (fisheries, navigation and marine environment), Editions Bruylant/Editions de l'Université de Bruxelles, 2005, pp. 227 a 248; e Valentín BOU FRANCH, «Freedom of navigation versus pollution by oil», in Rafael CASADO RAIGÓN (direcção), *L´Europe et la mer (pêche, navigation et environnement marin)/Europe and the sea (fisheries, navigation and marine environment)*, Editions Bruylant/Editions de l'Université de Bruxelles, 2005, pp. 273 a 283.

[74] COM (2000) 142.

[75] Sobre a questão, enquanto propostas apresentadas pela Comissão Europeia, Henrik RINGBOM, «The Erika accident and its effects on UN maritime regulation», in M.H. NORDQUIST e J.N. MOORE (editors), *Current Marine Environmental Issues and the International Tribunal for the Law of the Sea*, 2001, pp. 268 a 273.

[76] COM (2000) 802.

[77] Regulamento (CE) n.º 1406/2002 do Parlamento Europeu e do Conselho, de 27 de Junho de 2002, que institui a Agência Europeia de Segurança Marítima.

[78] Sobre a questão, enquanto propostas apresentadas pela Comissão Europeia, RINGBOM, «The Erika accident...», cit., pp. 273 a 280.

[79] COM (2005) 585.

adequado cumprimento dos compromissos internacionais assumidos pelos Estados membros[80], em particular no âmbito da Organização Marítima Internacional[81]. Por outro lado, tem visado criar um regime jurídico suplementar quando a regulamentação internacional se revele insuficiente, em especial ao nível da compensação dos danos provocados pela poluição marítima.

Ao anunciar o terceiro pacote de medidas legislativas em prol da segurança marítima na União Europeia, a Comissão Europeia manifestou a sua intenção de apreciar o cumprimento da legislação comunitária existente de uma forma muito exigente, com a consequente abertura da fase pré-contenciosa de acções de incumprimento em todos os casos em que seja detectada a violação das obrigações assumidas pelos Estados membros da União Europeia[82].

Pela sua natureza, a legislação relativa à segurança marítima é exemplar da necessidade sentida pelos Estados costeiros em conciliar as respectivas posições, mesmo que não impliquem a criação de mecanismos institucionalizados de cooperação transfronteiriça.

b) *Perspectivas de uma possível evolução futura da cooperação transfronteiriça no domínio do Direito do Ambiente relacionado com as zonas costeiras e o espaço marítimo*

Tendo em consideração o espaço geográfico em apreciação e a brevíssima referência ao renovado interesse pelas questões ambientais rela-

---

[80] As dificuldades em garantir a aplicação dos compromissos internacionais assumidos pelos Estados membros da União Europeia em matéria ambiental são postos em destaque por Ludwig KRÄMER, *E. C. Environmental Law*, Sweet & Maxwell, 2000, p. 200.

[81] Nesse sentido, o n.º 1 do artigo 6.º da Directiva 2005/35/CE do Parlamento Europeu e do Conselho de 7 de Setembro de 2005 relativa à poluição por navios e à introdução de sanções em caso de infracções, no qual se prevê que "[e]m caso de irregularidades ou informações que criem a suspeita de que um navio que se encontra voluntariamente num porto de um Estado-Membro ou num seu terminal ao largo da costa efectuou ou se prepara para efectuar uma descarga de substâncias poluentes em qualquer das zonas referidas no n.º 1 do artigo 3.º, esse Estado-Membro deverá assegurar a realização de uma inspecção adequada, nos termos do seu direito interno, tendo em conta as orientações pertinentes aprovadas pela Organização Marítima Internacional (OMI)".

[82] Em 30 de Setembro de 2005, em conformidade com os dados da Comissão Europeia, existiam "68 processos "segurança marítima" em fase de instrução, incluindo os casos de não-comunicação e as denúncias" (COM (2005) 585, p. 6).

cionadas com o espaço marítimo no âmbito da União Europeia, as considerações que possam ser produzidas sobre uma possível evolução futura da cooperação transfronteiriça no domínio do Direito do Ambiente relacionado com as zonas costeiras e o espaço marítimo estão necessariamente condicionadas pela forma como venha a evoluir a legislação comunitária.

A evolução da legislação comunitário é, importa sublinhá-lo, o resultado dos consensos que os Estados membros da União Europeia vão conseguindo alcançar na discussão e na aprovação de cada um dos actos concretos apresentados pela Comissão Europeia. Não é uma legislação que se imponha à sua vontade, independentemente da sua participação ou da possibilidade de defesa dos seus interesses individuais.

A evolução futura da protecção do ambiente relacionado com as zonas costeiras e o espaço marítimo no âmbito dos Estados membros da União Europeia será também, importa não o esquecer, o resultado da sua participação na negociação e na aprovação de Direito Internacional sobre as matérias em apreciação, onde sejam concertadas as posições dos Estados costeiros europeus e dos terceiros Estados relevantes. As liberdades do alto mar, que se aplicam genericamente aos espaços sobre jurisdição dos Estados europeus costeiros, e o direito de passagem inofensiva, relativamente aos mares territoriais, a isso obrigam, dado que os espaços marítimos adjacentes aos territórios dos Estados não são sua pertença exclusiva, em termos distintos do que sucede com o território terrestre[83].

Nestes termos, a evolução futura da cooperação transfronteiriça no domínio do Direito do Ambiente relativo às zonas costeiras parece estar sintetizado na denominada *Estratégia para o Meio Marinho*, constante da "Comunicação da Comissão ao Conselho e ao Parlamento Europeu. Estratégia temática para a protecção e conservação do meio marinho, de 24 de Outubro de 2005"[84], e na "Proposta de Directiva do Parlamento Europeu e do Conselho que estabelece um quadro de acção comunitária no domínio da política para o meio marinho (Directiva "estratégia para o meio

---

[83] Sobre a questão, a síntese de Laurent LUCCHINI, «Les contradictions potentielles entre certaines mesures de protection de l'environnement et la liberte de navigation», in Rafael CASADO RAIGÓN (direcção), *L´Europe et la mer (pêche, navigation et environnement marin)/Europe and the sea (fisheries, navigation and marine environment)*, Editions Bruylant/Editions de l'Université de Bruxelles, 2005, pp. 205 a 214.
[84] COM (2005) 504.

marinho")", da mesma data[85]. Com efeito, a proposta de Directiva, ao procurar alcançar um "bom estado ecológico do meio marinho na Europa até 2021"[86], visa regular "situações e áreas específicas em que seria impossível a um Estado-Membro atingir o nível de ambição dos objectivos ambientais estabelecidos para ter em conta os contextos particulares de certas regiões marinhas"[87-88-89].

---

[85] COM (2005) 505 2005/0211 (COD). Nos termos dos dados disponíveis na base PRELEX – Acompanhamento dos procedimentos institucionais, da União Europeia, consultada em Fevereiro de 2007, a apreciação da proposta de Directiva já conduziu a produção de dois pareceres; (i) do Conselho Económico e Social Europeu, em 20 de Abril de 2006; ii) do Comité das Regiões, em 16 de Maio de 2006; e foi objecto de aprovação com alterações, em primeira leitura, pelo Parlamento Europeu em 14 de Novembro de 2006, tendo por base o relatório da Deputada Marie-Nöelle Lienemann, de 24 de Outubro de 2006 (A6/2006/373).

[86] COM (2005) 504, p. 6.

[87] COM (2005) 504, p. 7. No mesmo sentido, a exposição de motivos da proposta de directiva, ao justificar o respeito pelo princípio da subsidiariedade, afirma (p. 6) que "[o] meio marinho não coincide com as fronteiras geopolíticas existentes, sendo, por natureza, transfronteiriço, donde resulta a necessidade de cooperação e princípios comuns. Nestes condições, a aplicação de uma abordagem puramente nacional ao meio marinho estaria votada ao fracasso", na medida em que (p.7) [e]mbora vários Estados tenham estabelecido medidas nacionais para proteger o meio marinho e tenham cooperado activamente em acordos internacionais pertinentes, o progresso foi entravado pelo facto de as medidas nacionais não influenciarem as actividades dos outros países que partilham uma dada zona marinha".

[88] Sobre a questão, o parecer do Comité da Regiões, cit., sublinha, no ponto 6.5., que "embora **reconheça** que as metas e os objectivos devem ser definidos ao nível supranacional, **congratula-se** com a intenção – de acordo com o princípio da subsidiariedade – de fazer com que a planificação actual e aplicação das medidas continue a ser da responsabilidade das regiões marinhas, tendo em assim em conta as suas condições, problemas e necessidades específicos" (negrito no original).

[89] A complexidade do problema pode ser ainda agravada quando se deva conciliar com a distribuição de poderes entre o Estado e os poderes infraestaduais das autonomias regionais, como no caso de Espanha. Sobre a questão, Germán VALENCIA MARTÍN, «?De quién es el mar?: La distribuición de competências entre el estado y las comunidades autónomas en matéria de protección del medio marino», in Francisco SOSA WAGNER (Coordinador), *El derecho administrativo en el umbral del siglo XXI. Homenage al Profesor Dr. D. Ramón Martín Mateo,* Tomo III, Tirant Lo Blanch, Valência, 2000, que defende, p. 3615, que "[a]unque ni la circunstancia de que el mar sea únicamente «territorio» estatal ni la titularidad del dominio público permitem ignorar las reglas constitucionales y estatutárias de distribución competencial, en el mar resulta sin duda más fácil, a mi juicio, partiendo de estas proprias reglas, recomponer una imagen coherente de titularidad, al corresponder al Estado las principales funciones públicas previstas por el Derecho del Mar";

A Comunicação de apresentação da *Estratégia para o Meio Marinho* tem na sua base os seguintes pressupostos:

- a existência de um quadro institucional inadequado para a gestão dos mares:
    - dado que ao "nível da UE e a nível nacional, existe um determinado número de medidas destinadas a contribuir, em certa medida, para a protecção do meio marinho, mas a maior parte delas são de natureza sectorial e não foram especificamente concebidas para esse fim"[90];
    - na medida em que "[n]umerosos mares regionais europeus são objecto de convenções internacionais, das quais algumas contribuíram de forma notável para a protecção do meio marinho", mas "essas convenções instituem reduzidos poderes executórios, o que compromete a sua eficácia em termos do prosseguimento dos objectivos acordados"[91];
    - dado que "[a] nível global, a articulação entre os múltiplos acordos, estratégias e convenções é praticamente inexistente", "[n]umerosos acordos internacionais relativos ao meio marinho registam sérias dificuldades quanto à sua aplicação e ao controlo da mesma" e a "natureza planetária de determinadas actividades marítimas (a navegação, por exemplo), (implica que) tal situação não pode deixar de ser problemática"[92];
- uma base de conhecimentos insuficiente, dado que "os programas de vigilância e avaliação existentes nem estão integrados nem são exaustivos", ao que acresce que o "conhecimento por eles gerados apresentam numerosas lacunas quanto ao estado do meio marinho na Europa, à eficácia das medidas existentes e às diversas ameaças resultantes das actividades humanas"[93].

---

e a síntese da distribuição da competência de Angel MENENDEZ REXACH, «Protagonismo del derecho administrativo en la prevención y tutela del medio ambiente», in Jornadas jurídicas luso-espanholas "Tutela jurídica do meio ambiente", *A tutela jurídica do meio ambiente: presente e futura,* Coimbra, 2005, pp. 65 e 66.

[90] COM (2005) 504, p. 3.
[91] COM (2005) 504, p. 3.
[92] COM (2005) 504, p. 4.
[93] COM (2005) 504, p. 4.

Daqui resulta que a concepção da *Estratégia para o Meio Ambiente* parta[94]:

- de "[u]ma abordagem com duas vertentes, comunitária e regional, que organize ao nível da UE uma cooperação e uma abordagem comuns para os Estados-Membros e os países terceiros que partilhem mares e oceanos com a UE, mas que mantenha a planificação e a execução das medidas ao nível regional, a fim de ter em conta a diversidade das circunstâncias, problemas e necessidades das regiões marítimas que necessitam da aplicação de soluções à medida";
- "de "[u]ma abordagem baseada em conhecimentos, que permita orientar a acção política";
- "de "[u]ma abordagem baseada nos ecossistemas, através da qual as actividades humanas que afectam o meio marinho sejam geridas de uma forma integrada que favoreça a conservação e a utilização sustentável e equitativa dos mares e oceanos";
- e de "[u]ma abordagem baseada na cooperação, que proporcione a participação maciça de todas as partes interessadas e intensifique a cooperação a título das convenções relativas aos mares regionais".

Em conformidade, a proposta de Directiva:

- visa estabelecer um "quadro para a elaboração de estratégias para o meio marinho destinadas a alcançar um bom estado ecológico do meio marinho [até 2021], bem como a assegurar a protecção e a conservação constantes desse meio e a prevenção da sua deterioração", nos termos do artigo 1.º[95];

---

[94] COM (2005) 504, p. 5.

[95] O Parlamento Europeu propôs, em primeira leitura, as seguintes alterações à redacção do artigo 1.º: "[a] presente directiva estabelece um quadro *no âmbito do qual os Estados-Membros devem* alcançar um bom estado ecológico do meio marinho até *2017, e adoptar medidas que: a) protegem e preservam o meio marinho ou permitem a sua recuperação ou, quando praticável, restauram a função, processos e estrutura da biodiversidade marinha e dos ecossistemas marinhos; b) previnem e eliminam progressivamente a poluição no meio marinho para assegurar que não há impactos ou riscos significativos para a biodiversidade marinha, os ecossistemas marinhos, a saúde humana ou as utilizações legítimas do mar; c) mantêm as actividades no meio marinho a níveis que são sustentáveis e que não comprometem as utilizações e actividades das gerações futuras nem a capacidade dos ecossistemas marinhos de responder a mudanças naturais e induzidas pelo homem"* (alterações em itálico).

– o âmbito de aplicação, designado como "águas marinhas europeias", abrange "todas as águas europeias situadas para além da linha de base a partir da qual são medidas as águas territoriais até ao limite exterior da zona sob soberania ou jurisdição dos Estados--membros, incluindo o conjunto dos fundos marinhos correspondentes e respectivo subsolo", nos termos do artigo 2.°[96];
– prevê a existência de três regiões marinhas (Mar Báltico, Atlântico Nordeste e Mar Mediterrâneo)[97], nos termos do n.° 1 do artigo 3.°, e de um conjunto de sub-regiões marinhas (em número de oito, sendo quatro no Atlântico Nordeste[98], e outras quatro no Mar Mediterrâneo), em conformidade com o n.° 2 do mesmo artigo;
– estabelece que "[c]ada Estado-Membro elaborará, para cada região marinha em causa, uma estratégia para o meio marinho aplicável às suas águas marinhas europeias", nos termos do artigo 4.°[99];

---

[96] O Parlamento Europeu propôs, em primeira leitura, as seguintes alterações e aditamentos à redacção do artigo 2.°: i) "[a] presente directiva é aplicável a todas as águas marinhas europeias *e tem em consideração a necessidade de assegurar a qualidade do meio marinho dos Estados associados e candidatos*"; ii) aditamento do artigo 2 bis (*Obrigações, compromissos e iniciativas existentes*), com a seguinte redacção: "*A presente directiva não prejudica: a) as obrigações e compromissos existentes dos Estados-Membros ou da Comunidade, a nível comunitário ou internacional, relativos à protecção do ambiente nas águas marinhas europeias; e b) a competência dos Estados-Membros em estruturas institucionais internacionais existentes*"; iii) aditamento do artigo 2 ter, onde é apresentada a seguinte definição: "*(1) entende-se por "águas marinhas europeias": – todas as águas europeias situadas para além da linha de base a partir da qual são medidas as águas territoriais até ao limite exterior da zona sob soberania ou jurisdição dos Estados-Membros, incluindo o conjunto dos fundos marinhos correspondentes e respectivo subsolo; e – todas as águas europeias submetidas a marés, quer se situem nos Estados-Membros ou lhes sejam adjacentes, a partir das quais são medidas as águas territoriais, incluindo as terras ou fundos marinhos cobertos de forma intermitente ou contínua pelas águas*" (alterações em itálico).
[97] O Parlamento Europeu propôs, em primeira leitura, a inclusão do Mar Negro com região marinha, tendo em consideração que o "Conselho Internacional para a Exploração dos Mares já delineou claramente as fronteiras utilizadas, nomeadamente, para a fixação dos totais autorizados de capturas no sector da pesca" (A6/2006/373, p. 20).
[98] Em conformidade com as subalíneas iii) e iv) da alínea a) do n.° 2 do artigo 3.° da proposta de Directiva, Portugal será inserido em duas dessas sub-regiões marinhas, na medida em que estas integram: "iii) No golfo da Biscaia e ao largo da costa ibérica, as águas marinhas sob soberania ou jurisdição da França, Portugal e Espanha" e "iv) No oceano Atlântico, as águas marinhas sob soberania ou jurisdição de Portugal em torno dos Açores e da Madeira e sob jurisdição da Espanha em torno das ilhas Canárias".
[99] O Parlamento Europeu propôs, em primeira leitura, a seguinte alteração ao corpo do artigo 4: "[o]s Estados-Membros que partilham uma região marinha assegurar-se-ão de

– determina, relativamente à coordenação e cooperação, que "os Estados-Membros com águas marinhas na mesma região ou sub-região marinha coordenarão as suas acções", e que "os Estados-Membros, no interior de cada região ou sub-região marinha, farão todos os esforços para coordenar as suas acções com os países terceiros que exerçam soberania ou jurisdição em águas situadas na mesma região ou sub-região", nos termos, respectivamente, dos números 1 e 2 do artigo 5.°;
– prevê a criação de "zonas especiais", sempre que haja, designadamente, "acção ou ausência de acção por parte de outro Estado-Membro ou de um país terceiro", nos termos do artigo 13.°[100];
– estabelece que "[s]empre que um Estado-Membro identifique um problema que tenha impacto no estado ecológico das suas águas marinhas europeias e não possa ser resolvido através de medidas adoptadas a nível nacional, informará do facto a Comissão e fornecerá as provas necessárias para justificar a sua posição", nos termos do artigo 14.°[101].

Importa sublinhar que a proposta de directiva visa implantar uma visão integrada do espaço marítimo e do território terrestre costeiro dos Estados, na medida em que exige, nos termos do n.° 2 do artigo 7.°, que a avaliação do estado ecológico das suas águas marinhas tenha "em conta elementos relativos às águas costeiras, de transição e territoriais abrangidas pelas disposições pertinentes da Directiva 2000/60/CE, a fim de produzir uma avaliação global do estado do meio marinho"[102].

---

que seja produzida uma só estratégia marinha comum por região ou sub-região para as águas sob a sua soberania ou jurisdição. Cada Estado-Membro elaborará, para cada região marinha em causa, uma estratégia para o meio marinho aplicável às suas águas marinhas europeias em conformidade com o seguinte plano de acção".

[100] Sobre a questão, as críticas formuladas no Parecer do Comité Económico e Social Europeu, em especial no ponto 5.7, onde se entende que a "redacção é tão ambígua que pode dar azo a uma aplicação abusiva".

[101] O Parecer do Comité das Regiões, cit., afirma no ponto 8.10, que **considera essencial** que a Comissão Europeia continue a desempenhar um papel auxiliar na supervisão deste processo de aplicação e que, caso necessário, intervenha para coordenar e facilitar uma aplicação conjunta pelos vários estados e operadores de uma determinada região marinha" (negrito no original).

[102] Essa perspectiva é reforçada nas alterações propostas pelo Parlamento Europeu, aquando da primeira leitura, ao ser aditado um número 2 bis ao artigo 7, em conformidade com o qual: *"Para cada região marinha, os Estados-Membros, ao prepararem a avalia-*

A existência e o sucesso desta visão integrada do espaço costeiro está, no entanto, dependente da evolução que se venha a registar no Direito do Ordenamento do Território relacionado com as zonas costeiras e o espaço marítimo, na medida em que as duas aproximações estão manifestamente interligadas[103].

IV. Algumas considerações sobre uma possível evolução futura do Direito do Ordenamento do Território relacionado com as zonas costeiras e o espaço marítimo

a) *Considerações gerais sobre o surgimento de uma relevância comunitária nas opções nacionais de ordenamento do território*

As particularidades do regime jurídico-internacional dos oceanos não permitem, como referido anteriormente, uma abordagem estritamente nacional à gestão dos espaços marítimos. A necessidade de compatibilizar os poderes dos Estados costeiros e os direitos de actuação dos navios de terceiros Estados, demonstra, sem margem para dúvida, a impossibilidade de pretender reduzir as zonas costeiras, concebidas em termos amplos, a apenas mais uma parte do território dos Estados, equiparável ao seu território terrestre.

___

ção visada no n.º 1, esforçar-se-ão, mediante a coordenação estabelecida em virtude do n.º 1 bis do artigo 4.º, por se assegurar de que: a) os seus métodos de avaliação sejam coerentes entre Estados-Membros pertencentes à mesma região marinha; b) os impactos transfronteiras e as características transfronteiras sejam tidos em consideração; c) os pontos de vista dos Estados-Membros pertencentes à mesma região marinha sejam tidos em consideração".

[103] Nesse sentido, em termos manifestamente críticos, o Parecer do Comité Económico e Social Europeu, cit., refere no ponto 1.2., que "a proposta de directiva é necessária mas não é suficiente", dado que "realiza uma intervenção parcial sobre o estado do meio marinho", ao que acrescenta, no ponto 1.4.1., que "é preciso clarificar a reforçar a função de coordenação e controlo da Comissão em relação com as autoridades regionais que devem avaliar e programar os objectivos e as medidas aplicáveis aos meios marinhos da respectiva competência, para harmonizar e equilibrar as intervenções em todas as regiões ribeirinhas", dado que "o carácter transfronteiriço dos nossos mares e oceanos, e uma coordenação centralizada permitiria inclusivamente a realização de acções nos países terceiros em que é possível uma intervenção comunitária, muito especialmente nos países aos quais estamos vinculados por acordos internacionais".

A concertação da actuação dos diversos Estados, sejam ou não costeiros, não está na actualidade exclusivamente circunscrita às questões relacionadas com a navegação. Com efeito, a conciliação entre os diversos usos do mar deve ter em consideração:

- a criação e a instalação de mecanismos ou de parques de energias renováveis *offshore*, em razão da alínea *a*) e da subalínea *i*) da alínea *b*) do n.º 1 do artigo 56 da Convenção das Nações Unidas sobre o Direito do Mar, nas quais são reconhecidos ao Estado costeiro, respectivamente, "direitos de soberania (...) com vista à exploração e aproveitamento para fins económicos, como a produção de energia a partir da água, das correntes e dos ventos", e "jurisdição (...) no que se refere a: i) colocação e utilização de ilhas artificiais, instalações e estruturas"[104];
- a instalação de plataformas para a exploração *offshore* de petróleo e de gás natural nas plataformas continentais, em razão dos números 1 e 4 do artigo 77, e dos artigos 80 (que remete para o artigo 60) e 81 da Convenção das Nações Unidas sobre o Direito do Mar, dado que o "Estado costeiro tem jurisdição exclusiva sobre (...) ilhas artificiais, instalações e estruturas", pode criar "zonas de segurança de largura razoável" que todos os navios devem respeitar, desde que não "interfiram na utilização das rotas marítimas reconhecidas essenciais para a navegação internacional";
- a colocação de oleodutos e de gasodutos nas plataformas continentais de terceiros Estados, em conformidade com a alínea c) do n.º 1 do artigo 87 e do artigo 79 da Convenção das Nações Unidas sobre o Direito do Mar, na medida em que "[s]ob reserva do seu direito de tomar medidas razoáveis para a exploração da plataforma continental, o aproveitamento dos seus recursos naturais e a prevenção, redução e controle da poluição causada por ductos, o Estado costeiro não pode impedir a colocação ou a manutenção dos referidos cabos ou ductos";
- a produção de espécies através de aquacultura *offshore*, em razão da alínea b) do n.º 1 do artigo 60 da Convenção das Nações Uni-

---

[104] Nesse sentido o *Livro Verde da Futura Política Marítima Europeia*, p. 17, onde é afirmado que "[o]utras tecnologias estão a emergir, como os dispositivos que utilizam a energia das ondas e as turbinas movidas pelas correntes da maré, que podem ser instalados no litoral ou ao largo. Em todos estes casos, poderá haver concorrência com outros utilizadores das águas costeiras, como os sectores do transporte marítimo ou das pescas".

das sobre o Direito dos Tratados, dado que na sua zona económica exclusiva o "Estado costeiro tem o direito exclusivo de construir e de autorizar e regulamentar a construção, operação e utilização" de "instalações e estruturas para os fins previstos no artigo 56 e para outras finalidades económicas".

As zonas costeiras e o espaço marítimo são, assim, um local onde a cooperação entre os Estados não surge apenas como mais uma opção, mas antes como um imperativo de actuação imposto pelas circunstâncias.

A consciencialização deste imperativo de governação sustentável dos espaços sujeitos à soberania e jurisdição dos Estados costeiros europeus é relativamente recente, em consonância com a intocada manutenção do princípio jusinternacional da soberania exclusiva e excludente do Estado sobre o seu território.

A evolução que tem tido lugar nesta matéria deve-se, uma vez mais, à participação dos Estados europeus na integração europeia e à necessidade de serem compatibilizados os seus comportamentos em relação às matérias que fazem parte das atribuições da União Europeia.

A manifesta interdependência entre as questões ecológicas e a cada vez mais abrangente política ambiental comunitária, e as matérias relacionadas com o ordenamento do espaço físico, têm progressivamente conduzido ao surgimento de uma relevância comunitária nas opções nacionais de ordenamento do território.

A influência comunitária é manifesta nas opções relativas às redes transeuropeias de transportes, comunicações e energia, em conformidade com os artigos 154 a 156 do Tratado da Comunidade Europeia[105], desde as alterações introduzidas ao Tratado de Roma pelo Tratado de Maastricht, no início da década de noventa do século passado.

Em consonância com as alterações introduzidas no direito originário, no sentido de conferirem à Comunidade Europeia poderes para proceder

---

[105] Em conformidade com o n.º 1 do artigo 154 do Tratado da Comunidade Europeia, a actuação da Comunidade como o objectivo de contribuir para "a criação e o desenvolvimento de redes transeuropeias nos sectores dos transportes, das telecomunicações e da energia", tem por objectivo contribuir para a criação de um mercado interno (que será um espaço onde está assegurada a "livre circulação das mercadorias, das pessoas, dos serviços e dos capitais", nos termos do artigo 14 TCE), a coesão económica e social e "permitir que os cidadãos da União, os operadores económicos e as colectividades regionais e locais beneficiem plenamente das vantagens decorrentes da criação de um espaço sem fronteiras internas".

ao "incentivo à criação e ao desenvolvimento de redes transeuropeias"[106], os Estados têm igualmente manifestado o seu empenhamento na produção de documentos de análise e prospectivação das opções globais de ordenamento territorial do espaço pertencente ao território dos Estados membros da União Europeia.

A aprovação em Maio de 1999, em Potsdam, no âmbito de um Conselho informal de Ministros responsáveis pelo Ordenamento do Território, do *EDEC – Esquema de Desenvolvimento do Espaço Comunitário. Para um desenvolvimento espacial equilibrado do território da União Europeia*[107], é um exemplo significativo desse interesse.

Trata-se de um documento não vinculativo, cujo objectivo é representar um quadro de orientação política no que respeita à coordenação das políticas sectoriais comunitárias com impacto relevante ao nível do território. Relativamente às zonas costeiras e ao espaço marítimo, o EDEC apresenta duas orientações fundamentais: i) a necessidade de ser feita uma gestão concertada da água, seja esta de superfície, subterrânea ou marítima, e ii) a introdução de um ordenamento integrado das zonas costeiras, que tenham em consideração a vertente ambiental.

b) *Perspectivas de uma possível evolução futura da cooperação transfronteiriça no domínio do Direito do Ordenamento do Território relacionado com as zonas costeiras e o espaço marítimo*

A apreciação da evolução futura do Direito do Ordenamento do Território relacionado com as zonas costeiras e o espaço marítimo deve fazer uma distinção entre as opções que venham a ser feitas individualmente por cada Estado e a forma como o surgimento de uma relevância comunitária nas opções nacionais de ordenamento do território se possa vir a concretizar futuramente em Direito Comunitário.

Em qualquer dos casos, as perspectivas de evolução futura da cooperação transfronteiriça parecem conduzir a uma progressiva utilização

---

[106] Alínea o) do n.º 1 do artigo 3.º do Tratado da Comunidade Europeia.

[107] A versão em inglês do EDEC, como o título *ESDP – European Spatial Development Perspective. Towards Balanced and Sustainable development of the Territory of the European Union*, com a menção "Agreed at the informal Council of Ministers responsible for Spacial planning in Potsdam, May 1999, Published by the European Commission", pode ser encontrado em http://ec.europa.eu//regional_policy/sources/docoffic/official/reports/pdf/sum_en.pdf.

da gestão integrada das zonas costeiras[108] e à criação de áreas marinhas protegidas.

Em Portugal, as *Bases para a Estratégia de Gestão Integrada da Zona Costeira Nacional* defendem a necessidade de ser assumida "uma visão de zona costeira como um território contínuo e estratégico no desenvolvimento nacional", alicerçada em oito objectivos fundamentais: "1. A cooperação internacional e integração comunitária"; "2. O reforço e a promoção da articulação institucional"[109]; "3. A conservação de recursos e do património natural e paisagístico"; "4. A qualificação da zona costeira e o desenvolvimento sustentável de actividades e usos específicos"; "5. A minimização de situações de risco e de impactos ambientais, sociais e económicos"; "6. A concepção de políticas operacionais integradas, com base na previsão a médio/longo prazo"; "7. A promoção do conhecimento e da participação pública", e "8. A avaliação integrada de políticas e de instrumentos de gestão da zona costeira"[110].

Em conformidade com as conclusões do relatório, a forma de atingir esta mudança de perspectiva passa primacialmente pela alteração dos regimes jurídicos aplicáveis nesta matéria[111]. Nesse sentido, as *Bases para a Estratégia de Gestão Integrada da Zona Costeira Nacional* afirmam explicitamente a "necessidade de alterar o enquadramento jurídico, institucional e administrativo vigente atendendo a que a Gestão Integrada da Zona Costeira (...) se alicerça num novo modelo de gestão, bem como da

---

[108] Sobre as dificuldades em avançar com uma definição de gestão integrada das zonas costeiras (Integrated coastal zone management – ICZM), a síntese de Evan WILLIAMS, Derek J. McGLASHAN e John R. FIRN, «Assessing socioeconomic costs and benefits of ICZM in the European Union», Coastal Management, vol. 34, 2006, pp. 67 e 68. Sobre a gestão integrada em Direito do Mar, Nuno MARQUES ANTUNES, ««Governação internacional do oceano» no quadro da CDUDM: realismo e cooperação num processo multipolar», in *Estudos em homenagem ao Prof. Doutor Armando M. Marques Guedes,* 2004, pp. 514 a 517.

[109] Nesse sentido, é afirmada a necessidade de "[r]eformular o quadro jurídico integrando-o numa "Lei de Bases da Zona Costeira" que garanta a integração e a articulação dos diversos diplomas existentes, suprimindo as lacunas e explicitando competências e mecanismos de intervenção".

[110] A sua importância é também posta em destaque na *Estratégia Nacional para o Mar,* pp. 8322, 8325 e 8326.

[111] Numa perspectiva diversa, o *Relatório do Programa Nacional da Política de Ordenamento do Território,* de Fevereiro de 2006, p. 92, considera que um dos vinte e quatro problema do ordenamento do território em Portugal é a "[i]nsuficiente consideração dos riscos nas acções de ocupação e transformação do território, com particular ênfase para os sismos, os incêndios florestais, as cheias e inundações e a erosão das zonas costeiras".

acepção de um novo conceito territorial de zona costeira"[112]. Entre essas modificações, devem ser destacadas a inclusão no sistema de gestão territorial integrado das zonas sob administração portuária[113] e militar[114], e a revisão dos planos de ordenamento da orla costeira actualmente em vigor.

Em sentido idêntico, o Relatório do *Programa Nacional da Política de Ordenamento do Território*, apreciado na generalidade, em Fevereiro de 2007, pela Assembleia da República, aponta como estratégia e modelo territorial português no horizonte de 2025, no que respeita às áreas da zona costeira, a necessidade de ser assegurada "uma gestão integrada, englobando as componentes terrestre e oceânica, adequada ao valor ambiental, paisagístico, económico e social que representa para o País" onde o "papel regulador e interveniente do Estado é (...) fundamental na defesa de formas sustentáveis de uso, ocupação e transformação do solo"[115].

O *Livro Verde da Futura Política Marítima Europeia*, por seu turno, pretende promover a gestão integrada das zonas costeiras, tendo por base a actuação nacional nesta matéria[116-117]. Na sua base está a *Recomenda-*

---

[112] *Bases para a Estratégia de Gestão Integrada da Zona Costeira Nacional*, cit., p. 17, ao que acresce que "[d]as vinte opções estratégicas identificadas como prioritárias, a concretizar a curto prazo, salienta-se a sua significativa dependência de medidas jurídicas, institucionais e administrativas, considerando-se, no entanto, que há um conjunto de medidas operativas e financeiras, bem como de afectação e reorganização de recursos humanos que deverão ser concretizadas a curto prazo".

[113] A sua exclusão dos planos de ordenamento da orla costeira é criticada por F. VELOSO-GOMES e F. TAVEIRA PINTO, «Portuguese coastal zones and the new coastal management plans», Journal of Coastal Conservation, vol. 9, 2003, p. 28.

[114] *Bases para a Estratégia de Gestão Integrada da Zona Costeira Nacional*, cit., pp. 13 e 18.

[115] Relatório do *Programa Nacional da Política de Ordenamento do Território*, p. 139.

[116] Adoptando uma perspectiva distinta, no sentido de uma maior integração entre os Estados membros, em particular ao nível das entidades infraestaduais, o relatório *Europe of the Sea*, volume II, da Conférence des Régions Périphériques Maritimes d'Europe/Conference of Peripheral Maritime Regions of Europe, *The European Maritime Policy. Guidelines and Recommendations. The peripheral maritime regions vision*, de Setembro de 2006, pp. 18 e 19, onde é defendido que "[t]he national strategies proposed by Member States must be adequate to allow for the formulation of regional guidelines with the specific aim of ensuring consistency between local and interregional plans for coastal management. A European ICZM strategy should explicitly provide for the introduction, by maritime regions, of regional guideline plans that reflect national strategies while taking account of regional characteristics and remaining aligned with the other such plans. This ensure that coastal management became a tool for European integration".

[117] Em 2003, John GIBSON, «Integrated coastal zone management law in the European Union», Coastal Management, vol. 31, 2003, p. 128, sintetizava o panorama das legis-

ção 2002/413/CE do Parlamento Europeu e do Conselho, de 30 de Maio de 2002, relativa à execução integrada da zona costeira na Europa[118-119]. Nos termos do capítulo I, os Estados membros devem adoptar uma "abordagem estratégica para a gestão das suas zonas costeiras", que tenha na sua base, nomeadamente: i) a "protecção do ambiente costeiro, assente numa abordagem do ecossistema que preserve a sua integridade e funcionamento, e na gestão sustentável dos recursos naturais das suas componentes quer marinhas quer terrestres da zona costeira"; ii) o "reconhecimento da ameaça às zonas costeiras causada pelas alterações climáticas e dos perigos provocados pela subida do nível do mar e pelo aumento da frequência e intensidade das tempestades", e iii) "em medidas de protecção costeira adequadas e ecologicamente responsáveis, nomeadamente a protecção das aglomerações costeiras e do respectivo património cultural".

A matéria também tem merecido uma particular atenção ao nível do Conselho da Europa, onde durante a década de noventa do século passado foram elaborados um European Code of Conduct for Coastal Zones[120], e uma Model Law on Sustainable Management of Coastal Zones, objecto de divulgação em 2000[121].

A criação de novas áreas marinhas protegidas é expressamente avançada no *Livro Verde da Futura Política Marítima Europeia* como uma questão com relevância comunitária. O alcance das atribuições comunitá-

---

lações nacionais dos Estados membros da União Europeia da seguinte forma: "[n]o EU member state has yet produced specific legislation for ICZM, and there is a persistent dichotomy between laws that apply to the land and those that govern the sea. Planing systems generally concentrate on land use, and although they may be able to control the impact of terrestrial developments on the sea, they fail to deal correspondingly with the effect of marine activities upon the land".

118 Jornal Oficial da União Europeia, L 148, de 6 de Junho de 2002.

119 Sobre a gestão integrada das zonas costeiras ao nível da União Europeia, John GIBSON, «Integrated coastal...», pp. 129 a 131 e 132 a 134.

120 Disponível em www.coastalguide.org, na base do documento do Committee for the the activities of the Council of Europe in the field of biological and landscape diversity, aprovado em Genebra, em 19 de Abril de 1999. Os documentos em questão foram elaborados com a cooperação da European Union for Coastal Convention (EUCC) e o UNEP/PNUA – Programa das Nações Unidas para o Ambiente.

121 Sobre a questão, em termos críticos, John GIBSON, «Integrated coastal...», cit, p. 132, refere que "the Model Law is intended as a form of guidance that could be followed by coastal states wishing to introduce their own national legislation for ICZM. However, its provisions are largely descriptive of actions that government should take in order to implement ICZM, and it would be difficult to incorporate them directly into national legislation".

rias na matéria, não obstante o alargamento do âmbito de aplicação espacial[122] das Directivas 79/409/CEE (Directiva Aves)[123] e 92/43/CEE (Directiva Habitats)[124-125], que estão na base da rede NATURA 2000, suscita, no entanto, algumas dificuldades[126], na medida em que a actuação no espaço marítimo, considerado enquanto tal, continua a ser uma atribuição dos Estados membros da União Europeia.

Em conformidade, a Comunidade Europeia tem limitado a sua actuação à regulamentação das matérias relacionadas com a rede NATURA, tendo em consideração que a alínea b) do artigo 1 da Directiva 92/43/CEE prevê a sua aplicação a "habitats naturais", isto é, a "zonas terrestres ou

---

[122] Nesse sentido, Marta Chantal RIBEIRO, «O regime jurídico das áreas marinhas protegidas e a plataforma continental», in EMEPC – FDUP – CIMAR, *Aspectos jurídicos e científicos da extensão da plataforma continental*, Lisboa, EMEPC, 2006, p. 85, ao referir que "[s]e alguma reserva persistia acerca da extensão da Rede Natura 2000 às zonas *offshore,* ela ficou definitivamente resolvida no acórdão *Comissão/Reino Unido,* de 20 de Outubro de 2005, onde o Tribunal de Justiça das Comunidades Europeias expressamente acolheu a pretensão da Comissão de querer que o Reino Unido desse aplicação à Directiva *Habitats* na ZEE".

[123] Directiva do Conselho de 2 de Abril de 1979, relativa à conservação das aves selvagens, publicada no Jornal Oficial das Comunidades Europeias, Série L, n.° 103, de 25 de Abril de 1979 (com as alterações introduzidas pela Directiva 81/854/CEE do Conselho de 19 de Outubro de 1981, pela Directiva 85/411/CEE da Comissão de 25 de Junho de 1985, pela Directiva 86/122/CEE do Conselho de 8 de Abril de 1986, pela Directiva 91/244/CEE da Comissão de 6 de Março de 1991, pela Directiva 94/24/CE de Conselho de 8 de Junho de 1994, pela Directiva 97/49/CE da Comissão de 29 de Julho de 1997, e pelo Regulamento (CE) n. 807/2003 do Conselho de 14 de Abril de 2003). Pode ser encontrado um texto consolidado, de 5 de Junho de 2003, antes da adesão da Bulgária e da Roménia, em http://eur-lex.europa.eu/LexUriServ/site/pt/consleg/1979/L/01979L0409-20030605-pt.pdf.

[124] Directiva 92/43/CEE do Conselho, de 21 de Maio de 1992, relativa à preservação dos habitats naturais e da fauna e da flora selvagens, Jornal Oficial da Comunidade Europeia, Série L, n.° 206, de 22 de Julho de 1992.

[125] A transposição para a ordem jurídica portuguesa da Directiva Aves e da Directiva Habitats foi feita pelo Decreto-Lei n.° 140/99, de 24 de Abril, com as alterações introduzidas pelo Decreto-Lei n.° 49/2005, de 24 de Fevereiro.

[126] Nesse sentido, o Background paper n.° 3 on exclusive economic zones, underwater resources (including fisheries resources, continental shelves, law of the sea), p. 13, onde é afirmado que "[t]here is no case, in legal terms, for a Community assumption of powers over the EEZ. The extent of Community powers is determined by its competences with regard to the various policies, and these obviously differ. But the issues at stake are determinant for the success of various Community measures, and this pleads in favour of a common approach to maritime space. For a start, it might be worth noting that there is no agreed map presenting, as a whole, the waters under the jurisdiction of EU Member States which could supply precise information of the special scope of the various EU applicable in coastal waters and EEZs" (sublinhado no original).

aquáticas que se distinguem por características geográficas abióticas e bióticas, quer sejam inteiramente naturais ou seminaturais", sem outra especificação. Simultaneamente, têm vindo a ser financiados dois projectos de investigação científica sobre as áreas marinhas protegidas: o PROTECT – Marine protected areas as a tool for ecosystem conservation and fisheries management[127], e o EMPAFISH – Marine protected areas as tools for fisheries management and conservation[128].

Nestes termos, será aos Estados, e no caso concreto ao Estado português[129], que caberá criar novas áreas marinhas protegidas[130], individualmente ou cooperação com outros Estados[131], nomeadamente para actuar em conformidade com compromissos assumidos internacionalmente.

---

[127] http://www.mpa-eu.net.
[128] http://www.um.es.empafish
[129] Sobre as intenções de actuação do Estado português nesta matéria, a Opção n.º 3 – Promover a valorização das áreas protegidas e assegurar a conservação do seu património natural, cultural e social, da *Estratégia Nacional de Conservação da Natureza e da Biodiversidade* (Resolução do Conselho de Ministros, n.º 152/2001, de 11 de Outubro), onde se prevê, na alínea o), "[a]perfeiçoar o planeamento e a gestão integrada das reservas e parques marinhos, reforçando os seus mecanismos de salvaguarda e fiscalização, em articulação com a política de pescas e com as autoridades marítimas", e o ponto 26, dedicado à "política para o litoral e para os ecossistemas marinhos", onde a questão não merece um tratamento autónomo, não obstante ser afirmado que "[i]ndissociável da gestão do território terrestre na orla costeira é a gestão dos ecossistemas marinhos".
[130] Sobre as áreas marinhas protegidas, as sínteses que podem ser encontradas em Tullio Scovazzi, «Marine specially protected areas and present international law of the sea», in J.-P. Beurier, A. Kiss e S. Mahmoudi (Editores), *New technologies and law of the marine environment*, Kluwer Law International; London, 1999, pp. 180 a 191; e no *Special Report do German Advisory Council on Global Change*, cit., pp. 24 a 30.
[131] Um relevante exemplo de cooperação internacional nesta matéria é a proposta feita conjuntamente pela Bélgica, França, Reino Unido, Irlanda, Espanha e Portugal, com o apoio da União Europeia, após o acidente do Prestige, no Comité de Protecção do Meio Marinho da Organização Marítima Internacional (IMO), no sentido de ser criada uma "zona marítima particularmente sensível" nas águas do Oceano Atlântico adjacentes às costas dos Estados proponentes. A proposta foi aprovada na 52.ª reunião do Comité de Protecção do Meio Marinho, que teve lugar entre 11 e 15 de Outubro de 2004, mas consiste apenas numa obrigação dos navios notificarem, com 48 horas de antecedência, a sua passagem nas águas em questão. Sobre a questão, Valentín Bou Franch, «Freedom of navigation versus pollution by oil», in Rafael Casado Raigón (direcção), *L´Europe et la mer (pêche, navigation et environnement marin)/Europe and the sea (fisheries, navigation and marine environment)*, Editions Bruylant/Editions de l'Université de Bruxelles, 2005, pp. 283 a 287; e Jorge Pueyo Losa, Isabel Lirola Delgado e Julio Jorge Urbina, «Protección y preservación del medio marino. Hacia una revisión del régimen de libertad de

Antes de mais, para dar execução às disposições da Parte XII da Convenção das Nações Unidas sobre o Direito do Mar, dedicadas à Protecção e preservação do meio marinho. Por um lado, em conformidade com o n.º 6 do artigo 194 que prevê a possibilidade genérica de serem tomadas as medidas necessárias para "proteger e preservar os ecossistemas raros ou frágeis, bem como o habitat de espécies e outras formas de vida marinha em vias de extinção, ameaçadas ou em perigo", qualquer que seja o espaço marítimo em questão[132]. Por outro lado, nos termos da alínea a) do n.º 6 do artigo 211, que prevê a possibilidade de ser estabelecida pelo Estado costeiro uma "área particular" na sua zona económica exclusiva, quando este tenha "motivos razoáveis para acreditar" que são requeridas "medidas obrigatórias especiais para prevenir a poluição proveniente de embarcações, por reconhecidas razões técnicas relacionadas com as suas condições oceanográficas e ecológicas, bem como pela sua utilização ou protecção dos seus recursos e o carácter particular do seu tráfego"[133].

No âmbito da Convenção sobre a Diversidade Biológica[134], independentemente das dúvidas que o articulado suscita quanto ao âmbito de aplicação espacial, para dar cumprimento às decisões que foram aprovadas sobre a matéria pela Conferência dos Estados Partes. Por um lado, à Decisão VII/5 (Marine and coastal biological diversity), aprovada em Kuala Lumpur, na Malásia, em Fevereiro de 2004, no âmbito da sétima conferência, em que se preconiza a criação, até 2012, de uma rede mundial de sistemas nacionais e regionais de áreas marinhas protegidas, cuja gestão seja efectiva e eficaz, de modo a permitir a preservação das espécies e dos ecossistemas marinhos mais representativos. Por outro lado, à Deci-

---

navegación en la zona económica exclusiva», in José Luís MEILÁN GIL, Juan José PERNAS GARCÍA, e Rafael GARCÍA PÉREZ (Editores), *Estudios sobre el Régimen Jurídico de los vertidos de Buques en el Medio Marino,* Thomson. Aranzadi, 2006, pp. 176 e 177.

[132] Nesse sentido, em termos que podem suscitar dúvidas no que respeita aos espaços fora da jurisdição nacional, SCOVAZZI, «Marine specially...», cit., p. 188, ao defender que o "[a]rticle 194 has a general character and is related to any measure to prevent, reduce and control pollution of the marine environment (…). The ecosystems and habitats mentioned in Article 194 (5) can be located everywhere in the sea, be it the maritime internal waters, the territorial sea, the exclusive economic zone, or the high seas". Sobre a questão, as pertinentes considerações de Marta Chantal RIBEIRO, «O regime jurídico...», cit., pp. 74 a 79.

[133] Sobre a questão, PUEYO LOSA, LIROLA DELGADO e URBINA, «Protecção y preservación...», cit., pp. 175 a 183.

[134] Portugal é parte da Convenção sobre a Diversidade Biológica, com ratificação em 21 de Dezembro de 1993.

são VIII/22 (Marine and coastal biological diversity: enhancing the implementation of integrated marine and coastal area management), aprovada em Curitiba, no Brasil, em Março de 2006, no âmbito da oitava conferência, com o objectivo de incentivar os Estados a tornarem efectivos os objectivos traçados anteriormente.

Finalmente, actuar em conformidade com os compromissos assumidos ao abrigo da Convenção para a Protecção do Meio Marinho do Atlântico Nordeste (OSPAR)[135], de 1992[136], com destaque particular para o Anexo V, de 1998, Relativo à Protecção e Conservação dos Ecossistemas e da Diversidade Biológica das Zonas Marítimas, que só entrou em vigor em Portugal em 25 de Março de 2005. Nos termos do artigo 2.° do Anexo V, os Estados partes comprometeram-se a: "a) [a]doptar as medidas necessárias para proteger e conservar os ecossistemas e a diversidade biológica da zona marítima e para restaurar, onde seja possível, as zonas marinhas que tenham sido adversamente afectadas", e a "b) [c]ooperar na adopção de programas e medidas para esses fins com vista a controlar as actividades humanas identificadas através da aplicação dos critérios estabelecidos no apêndice n.° 3". Daqui resulta que, em consonância com a Estratégia da OSPAR para a diversidade biológica e os ecossistemas de 2003 (OSPAR Biological Diversity and Ecosystems Strategy) e a Recomendação 3/2003, os Estados partes pretendem criar, até 2010, um coerente e eficazmente gerido sistema de áreas marinhas protegidas no âmbito de aplicação espacial da Convenção OSPAR.

V. Conclusões

Tendo em consideração o panorama que foi apresentado, podem ser apresentadas as seguintes conclusões:

– no domínio do **Direito do Ambiente** relacionado com as zonas costeiras e o espaço marítimo, uma possível evolução futura da cooperação transfronteiriça está necessariamente condicionada pela forma como *venha a evoluir a legislação comunitária*, com parti-

---

[135] Sobre a questão, Marta Chantal RIBEIRO, «O regime jurídico...», cit., pp. 81 a 83.
[136] A Convenção OSPAR entrou em vigor em 25 de Março de 1998, tendo Portugal depositado o seu instrumento de ratificação em 23 de Fevereiro de 1998 (na sequência do Decreto n.° 59/97, de 31 de Outubro de 1997).

cular destaque para *Estratégia para o Meio Marinho*, constante da "Comunicação da Comissão ao Conselho e ao Parlamento Europeu. Estratégia temática para a protecção e conservação do meio marinho, de 24 de Outubro de 2005", e na "Proposta de Directiva do Parlamento Europeu e do Conselho que estabelece um quadro de acção comunitária no domínio da política para o meio marinho (*Directiva "estratégia para o meio marinho"*)", da mesma data;

– em conformidade:
  – no caso da *Estratégia para o Meio Marinho*, tendo em consideração o espaço geográfico em apreciação e o renovado interesse pelas questões ambientais relacionadas com o espaço marítimo no âmbito da União Europeia, a proposta de Directiva, ao procurar alcançar um "bom estado ecológico do meio marinho na Europa até 2021", visa regular "situações e áreas específicas em que seria impossível a um Estado-Membro atingir o nível de ambição dos objectivos ambientais estabelecidos para ter em conta os contextos particulares de certas regiões marinhas";
  – a concepção da *Estratégia para o Meio Ambiente* parte de "[u]ma abordagem com duas vertentes, comunitária e regional, que organize ao nível da UE uma cooperação e uma abordagem comuns para os Estados-Membros e os países terceiros que partilhem mares e oceanos com a UE, mas que mantenha a planificação e a execução das medidas ao nível regional, a fim de ter em conta a diversidade das circunstâncias, problemas e necessidades das regiões marítimas que necessitam da aplicação de soluções à medida";
  – no domínio do **Direito do Ordenamento do Território** relacionado com as zonas costeiras e o espaço marítimo uma possível evolução futura da cooperação transfronteiriça está necessariamente condicionada pelas *opções que venham a ser feitas individualmente por cada Estado* e a *forma como o surgimento de uma relevância comunitária nas opções nacionais de ordenamento do território se possa vir a concretizar futuramente em Direito Comunitário*, em particular ao nível de uma progressiva utilização da *gestão integrada das zonas costeiras* e da *criação de áreas marinhas protegidas*;

– em conformidade:

- em Portugal, as *Bases para a Estratégia de Gestão Integrada da Zona Costeira Nacional* defendem a necessidade de ser assumida "uma visão de zona costeira como um território contínuo e estratégico no desenvolvimento nacional", que passa primacialmente pela alteração dos regimes jurídicos aplicáveis nesta matéria;
- em sentido idêntico, o Relatório do *Programa Nacional da Política de Ordenamento do Território*, apreciado na generalidade, em Fevereiro de 2007, pela Assembleia da República, aponta como estratégia e modelo territorial português no horizonte de 2025, no que respeita às áreas da zona costeira, a necessidade de ser assegurada "uma gestão integrada, englobando as componentes terrestre e oceânica, adequada ao valor ambiental, paisagístico, económico e social que representa para o País", onde o "papel regulador e interveniente do Estado é (…) fundamental na defesa de formas sustentáveis de uso, ocupação e transformação do solo";
- o *Livro Verde da Futura Política Marítima Europeia* pretende promover a gestão integrada das zonas costeiras, tendo por base a actuação nacional nesta matéria, em conformidade com a *Recomendação 2002/413/CE do Parlamento Europeu e do Conselho, de 30 de Maio de 2002, relativa à execução integrada da zona costeira na Europa;*
- mas se a criação de novas áreas marinhas protegidas é expressamente avançada no *Livro Verde da Futura Política Marítima Europeia* como uma questão com relevância comunitária, o alcance das atribuições comunitárias na matéria, não obstante o alargamento do âmbito de aplicação espacial das Directivas 79/409/CEE (Directiva Aves) e 92/43/CEE (Directiva Habitats), que estão na base da rede NATURA 2000, suscita algumas dificuldades, na medida em que a actuação no espaço marítimo, considerado enquanto tal, continua a ser uma atribuição dos Estados membros da União Europeia;
- do que resulta que é aos Estados, e no caso concreto ao Estado português, que caberá criar novas áreas marinhas protegidas, individualmente ou cooperação com outros Estados, nomeadamente para actuar em conformidade com os compromissos assu-

midos internacionalmente, ao nível das disposições da Parte XII da Convenção das Nações Unidas sobre o Direito do Mar, dedicadas à Protecção e preservação do meio marinho (n.º 6 do artigo 194 e n.º 6 do artigo 211), das decisões aprovadas pela Conferência dos Estados Partes da Convenção sobre a Diversidade Biológica, e da Convenção para a Protecção do Meio Marinho do Atlântico Nordeste (OSPAR), de 1992, com destaque particular para o Anexo V, de 1998, Relativo à Protecção e Conservação dos Ecossistemas e da Diversidade Biológica das Zonas Marítimas.

Faculdade de Direito da Universidade de Lisboa, Fevereiro de 2007

NOTAS SOBRE BRANQUEAMENTO DE CAPITAIS EM ESPECIAL DAS VANTAGENS PROVENIENTES DA FRAUDE FISCAL

GERMANO MARQUES DA SILVA[*]

> SUMÁRIO: *Introdução; 1. O bem jurídico protegido pela incriminação. 2. Os agentes do crime de branqueamento. 3. Os crimes designados ou subjacentes. 4. (Cont.) A fraude fiscal: 4.1. Conceito de fraude fiscal no artigo 368.°-A do Código Penal; 4.2. O conceito de vantagem na fraude fiscal; 4.3. Pode existir fraude fiscal sem branqueamento? 5. Exigência de dupla punibilidade dos crimes subjacentes. 6. A punição. Concurso com outros crimes: 6.1. Punição do crime de branqueamento; 6.2. Concurso com a receptação e o favorecimento pessoal. 7. Os deveres de comunicação impostos pela Lei n.° 11/2004. Conclusão.*

Introdução

O crime de branqueamento das vantagens provenientes da prática de facto ilícito criminal, previsto e punível pelo artigo 368.°-A do Código Penal, está no centro das controvérsias, quer no que respeita à sua própria consagração legal, que alguns entendem supérflua, quer na interpretação da norma, que tem suscitado dificuldades. Temos tão-só a pretensão de dar alguma achega para ajudar à interpretação da norma incriminadora do branqueamento, o que é de suma importância não só para os tribunais, a quem cumpre aplicar o Direito, mas também para todos a quem a Lei

---

[*] Professor Associado da Universidade Católica Portuguesa.

n.º 11/2004, de 27 de Março, impõe deveres de cooperação com as autoridades em ordem à prevenção e repressão do branqueamento.

É que se não se assentar rapidamente numa interpretação consensual da lei, corre-se o risco de criar por parte das entidades sujeitas ao dever de comunicação uma perturbadora atitude de generalizada denúncia, por cautela, para evitar serem elas próprias suspeitas de colaboração no branqueamento ou incorrerem na prática de contra-ordenação. O sigilo relativamente aos negócios acabou a partir do momento em que a "fraude fiscal" foi abrangida pelos crimes designados na incriminação do branqueamento e daí não vem prejuízo, se a denúncia das suspeitas for exercida com prudência, mas importa que cada um saiba o que pode ou não fazer porque a tutela dos bens jurídicos passa essencialmente pela prevenção e isso supõe a clareza das leis incriminadoras como, aliás, o princípio da legalidade impõe.

1. O bem jurídico protegido pela incriminação

I. Na lei portuguesa o bem jurídico tutelado pelo crime de branqueamento é a realização da justiça. A conclusão não resulta apenas da inserção sistemática do artigo 368.º-A no Capítulo III, do Título V, do Livro II do Código Penal, embora o argumento sistemático tenha muita importância, mas também da análise dos próprios termos da incriminação. Mediatamente há outros bens jurídicos tutelados, desde logo os mesmos bens protegidos pelas incriminações designadas na norma incriminadora do branqueamento, que constituem co-fundamento da punição, mas o cerne da tutela do branqueamento é a *realização da justiça*.

Em geral, apontam-se como bens jurídicos protegidos pela incriminação do branqueamento os mesmos bens tutelados pelos crimes designados na incriminação, os chamados crimes antecedentes, a ordem económico-financeira e a realização da justiça[1]. Neste domínio é preciso ter redobrada cautela com o recurso ao direito comparado e à doutrina estrangeira porque a construção da incriminação varia de país para país em elementos essenciais. Não vamos analisar as incriminações e a doutrina alheia, dados os limites para este artigo, mas percorrer brevemente a história da incriminação em Portugal.

---

[1] Mas também a manutenção da credibilidade e confiança nas instituições, designadamente comerciais e financeiras, e não só.

II. A história começa com o Decreto-Lei n.° 15/93, de 22 de Janeiro, que previa, no respectivo artigo 23.°, a incriminação da actividade de branqueamento dos capitais obtidos com o tráfico de drogas, na senda da Convenção das Nações Unidas contra o Tráfico Ilícito de Estupefacientes e de Substâncias Psicotrópicas de 1988[2]. É interessante e importante o teor deste artigo 23.° do Decreto-Lei n.° 15/93 porque é relevante na interpretação do artigo 368.°-A do Código Penal, como no desenvolvimento se perceberá.

Segue-se-lhe o Decreto-Lei n.° 325/95, de 2 de Dezembro, que, na sequência da Convenção do Conselho da Europa sobre o Branqueamento, Detecção, Apreensão e Perda dos Produtos do Crime, alargou o crime de branqueamento de capitais provenientes não apenas do tráfico de droga e precursores a outras formas de criminalidade, tais como o crime de terrorismo, tráfico de armas, extorsão, rapto, corrupção, etc.[3-4]

---

[2] O artigo 23.° do Decreto-Lei n.° 15/93, tinha a seguinte redacção: «1. Quem, sabendo que os bens ou produtos são provenientes da prática, sob qualquer forma de comparticipação, de infracção prevista nos artigos 21.°, 22, 24.° e 25.°: *a)* Converter, transferir, auxiliar ou facilitar alguma operação de conversão ou transferência desses bens ou produtos, no todo ou em parte directa ou indirectamente, com o fim de ocultar ou dissimular a sua origem ilícita ou de auxiliar uma pessoa implicada na prática de qualquer dessas infracções a eximir-se às consequências jurídicas dos seus actos é punido com pena de prisão de 4 a 12 anos; *b)* Ocultar ou dissimular a verdadeira natureza, origem, localização, disposição, movimentação, propriedade desses bens ou produtos ou de direitos a eles relativos é punido com pena de prisão de 2 a 10 anos; *c)* Os adquirir ou receber a qualquer título, utilizar, deter ou conservar é punido com pena de prisão de um a cinco anos. 2. A punição pelos crimes previstos no número anterior não excederá a aplicável às correspondentes infracções dos artigos 21.°, 22.°, 24.° e 25.°. 3. A punição pelos crimes previstos no n.° 1 tem lugar ainda que os factos referidos nos artigos 21.°, 22.°, 24.° e 25.° hajam sido praticados fora do território nacional.»

[3] Os crimes designados no artigo 2.° do Decreto-Lei n.° 325/95 eram os seguintes: terrorismo, tráfico de armas, extorsão de fundos, rapto, lenocínio, corrupção e demais infracções referidas no n.° 1 do artigo 1.° da Lei n.° 36/94, de 29 de Setembro (peculato e participação económica em negócio, administração danosa, fraude na obtenção ou desvio de subsídio, subvenção ou crédito, infracções económico-financeiras cometidas de forma organizada com recurso à tecnologia informática, infracções económico-financeiras de dimensão internacional ou transnacional).

[4] É interessante registar que o artigo 2.° da Resolução da Assembleia da República n.° 71/97, de 16 de Dezembro, que aprovou para ratificação a Convenção Relativa ao Branqueamento, Detecção, Apreensão e Perda dos Produtos do Crime, do Conselho da Europa, formulou a seguinte reserva: «Para os feitos do artigo 6.° [crimes subjacentes ao branqueamento] da Convenção, o âmbito da punição da infracção de branqueamento é restrita aos casos de prática dos crimes de tráfico de droga e outras actividades ilícitas relacionadas, terrorismo, tráfico de armas, extorsão de fundos, rapto, lenocínio, corrupção, peculato

A Lei n.º 65/98, de 2 de Setembro, alterou o artigo 2.º do Decreto-Lei n.º 325/95, acrescentando aos crimes designados como elemento do crime de branqueamento, o lenocínio, o tráfico de menores e o tráfico de pessoas.

O alargamento dos crimes designados no crime de branqueamento é feito novamente com a Lei n.º 10/2002, de 11 de Fevereiro. Incluem-se agora o tráfico de produtos nucleares, o tráfico de órgãos ou tecidos humanos, pornografia envolvendo menores, o tráfico de espécies protegidas, a fraude fiscal e demais crimes punidos por lei com pena de prisão cujo limite máximo seja superior a 5 anos.

A Lei n.º 11/2004, de 27 de Março, introduziu no Código Penal o artigo 368.º-A, procedendo a novo alargamento dos crimes designados, e dele resulta que em Portugal o bem jurídico tutelado pela incriminação é indubitavelmente a realização da justiça, interpretação que, aliás, os trabalhos preparatórios abonam[5], sem prejuízo, como acima referimos, de mediatamente outros bens jurídicos constituírem co-fundamento da incriminação.

Outro fora o bem jurídico tutelado e a solução quanto aos agentes do crime de branqueamento deveria ser diversa, sobretudo se se entendesse que o bem tutelado pelo crime de branqueamento era ainda o mesmo bem tutelado pelo crime subjacente, caso em que se poderia entender que a incriminação do facto subjacente consumia o facto posterior do branqueamento[6].

---

e participação económica em negócio, administração danosa em unidade económica do sector público, fraude na obtenção ou desvio de subsídio, subvenção ou crédito, infracções económico-financeiras cometidas de forma organizada com recurso à tecnologia informática e infracções económico financeiras de dimensão internacional, quando cometidas sob qualquer forma de comparticipação, tal como definidas na sua legislação».

[5] Cf. Exposição de Motivos da Proposta de Lei n.º 73/IX, DAR, II série-A, de 5 de Junho de 2003, e Relatório, Conclusões e Parecer da Comissão de Assuntos Constitucionais, Direitos, Liberdades e Garantias, DAR, II série-A, de 4 de Outubro de 2003.

[6] O texto oficial em língua francesa da Convenção relativa ao Branqueamento, Apreensão e Perda dos Produtos do Crime, do Conselho da Europa, dispõe no artigo 6.º, n.º 2, al. b): «2. Aux fins de la mise en oeuvre ou de l'application du paragraphe 1 du présent article: b) Il peut être prévu que les infractions énoncées par ce paragraphe ne s'appliquent pas aux auteurs de l'infraction principale». O texto português anexo à Resolução da Assembleia da República n.º 71/97, de 16 de Dezembro, que aprovou para ratificação a Convenção, traduz aquela alínea do seguinte modo: «2. Para fins de execução ou de aplicação do n.º 1 do presente artigo: b) Pode ser previsto que as infracções enumeradas no presente número apenas se aplicam aos autores da infracção principal»!

III. Como interpretar as normas dos n.ºs 5 a 10 do artigo 368.º-A? No que respeita ao n.º 5 – crime dependente de queixa que não tenha sido tempestivamente apresentada – deverá considerar-se que não tendo havido queixa o crime subjacente é penalmente irrelevante e por isso que também a realização da justiça criminal não é posta em causa. Se o procedimento criminal pelo crime designado ou subjacente está dependente da vontade do ofendido a manifestar através da queixa e esta não é tempestivamente apresentada, deve entender-se que o ofendido, por quaisquer razões, não pretende que o crime seja perseguido e, por isso, não há qualquer frustração da realização da justiça, dado não haver interesse a tutelar. Deve ter-se em conta que o branqueamento visa o aproveitamento do produto do crime subjacente.

Quanto aos n.ºs 7 e 8 constituem especificação das atenuantes previstas nos artigos 72.º, n.ºs 1 e 2, al. c) e 71.º, n.ºs 1 e 2, al. e). É conveniente esta especificação porque, em razão do bem jurídico tutelado pelo crime de branqueamento, poder-se-ia eventualmente considerar que a reparação do dano causado ao ofendido pelo facto típico de cuja prática provêm as vantagens é irrelevante por não haver ofendido particular no crime de branqueamento. Já referimos que não obstante o bem jurídico tutelado pela incriminação do branqueamento ser a realização da justiça ele não deixa de tutelar também, ainda que mediatamente, os bens tutelados pelos crimes designados naquela incriminação.

O n.º 9 constitui um prémio pela colaboração com a justiça, auxiliando a perseguição dos responsáveis pela prática dos factos ilícitos típicos de onde provêm as vantagens branqueadas. É medida que se insere na linha de uma política pragmática de combate a certo tipo de criminalidade, hoje frequente em crimes de difícil investigação (cf. artigo 372.º, n.º 3)[7].

O n.º 10.º, à semelhança do que sucede com o n.º 3 do artigo 367.º, resulta do entendimento de que pelo facto posterior ao crime base não deve ser aplicada pena superior ao próprio crime primariamente tutelado. É que o crime de branqueamento tem ainda por função a protecção do bem jurídico do crime subjacente e a lei considera que o facto que vise evitar a sua perseguição criminal base não é mais grave do que este mesmo crime.

---

[7] Não obstante a generalização destas práticas, devem ser sempre excepcionais, pelo perigo que representam para a realização da Justiça, sendo frequente causa de erros judiciários. Cf., GERMANO MARQUES DA SILVA, «Bufos, infiltrados, provocadores e arrependidos», *Direito e Justiça*, Vol. VIII, t. 2, 1994.

Todas estas normas são conciliáveis com o entendimento de que o bem jurídico tutelado pelo artigo 368.°-A é a realização da justiça.

IV. É claro que o crime de branqueamento acompanha o crime designado, dificultando a actuação da justiça, quer na sua descoberta e punição, quer na perda das vantagens do crime que é consequência da condenação (artigo 111.° do CP). Mas o branqueamento não consiste simplesmente no aproveitamento das vantagens adquiridas com a prática do crime, é mais do que isso, é um facto praticado com o fim de dissimular a origem ilícita das vantagens ou de evitar que os agentes sejam perseguidos ou submetidos a uma reacção criminal, é, enfim, um facto praticado com o fim específico de dificultar a acção da justiça.

O simples aproveitamento das vantagens do crime não constitui ainda branqueamento, só o sendo quando os factos típicos são praticados com aquela intenção específica. Por isso que pode existir concurso real de crimes entre o crime designado e o crime de branqueamento, quando praticados pelo mesmo agente, porque são diversos os factos e diversos são os bens jurídicos protegidos pelas incriminações.

Nem sempre foi assim na ordem jurídica portuguesa. No domínio da Lei n.° 15/93, a jurisprudência hesitou sobre a natureza do bem jurídico protegido e por isso que, enquanto considerou ser o mesmo o bem jurídico tutelado pela crime designado e pelo crime de branqueamento, entendia que o agente do crime subjacente não deveria ser punível pelo branqueamento[8-9]. A orientação jurisprudencial mais recente é firme no sentido de considerar que se trata de bens jurídicos autónomos, ainda que seja hesitante quanto à natureza do bem tutelado pela incriminação do artigo 368.°--A, pelo menos antes da inclusão deste artigo no Código Penal[10].

---

[8] Cf. Ac. do STJ de 23.03.2000 no proc. 972/99.

[9] A recomendação 1 do GAFI admite que «os países podem determinar que o crime de branqueamento de capitais não seja aplicável a quem cometeu a infracção subjacente, quando tal seja exigível pelos princípios fundamentais da sua ordem jurídica», o que, aliás, está em consonância com o artigo 6.°, n.° 2, alínea b) da Convenção relativa ao Branqueamento, Detenção, Apreensão e Perda dos Produtos do Crime, do Conselho da Europa.

[10] Cf. Ac. do STJ de 20.06.2002, proc. n.° 472/02: "I – O autor do crime de tráfico pode cometer, em concurso efectivo com o crime base, o crime de branqueamento de capitais. Na realidade, os bens jurídicos tutelados por ambos os ilícitos em referência são efectivamente distintos. II – Assim, a criminalização do tráfico de estupefacientes visa, em primeiro lugar, tutelar a saúde pública da comunidade e, reflexamente ou, melhor dizendo, em paralelo, a saúde (física e psíquica) de todos e de cada um dos membros da comunidade. III – Por seu turno, o crime de branqueamento de capitais visa, para além do mais, tutelar

2. Os agentes do crime de branqueamento

I. A lei portuguesa é clara: os agentes do crime de branqueamento podem ser os próprios agentes do crime subjacente. O n.º 2 do artigo 368.º-A é expresso ao referir-se às condutas branqueadoras das vantagens, *obtidas por si ou por terceiro, directa ou indirectamente*.

Esta opção do legislador revela desde logo que o branqueamento não é na perspectiva legal o mero aproveitamento do crime base e por isso por ele consumido, constituindo uma infracção autónoma violadora de um bem jurídico diverso do crime base. É a dupla violação de bens jurídicos que justifica que o agente seja também punível pelo aproveitamento das vantagens produzidas pelo crime subjacente por ele próprio perpetrado; trata-se de lesão de um outro bem jurídico – a realização da justiça – e não apenas do aproveitamento das vantagens do crime subjacente.

Nas primeiras normas incriminadoras do branqueamento o próprio agente do crime base não era punível pelo branqueamento, segundo a jurisprudência do Supremo Tribunal de Justiça, mas então por se entender que o bem jurídico tutelado pelo crime de branqueamento e pelo crime subjacente eram um só e o mesmo.

II. O crime de branqueamento admite as várias formas de autoria do crime, mas já se discute se também admite a cumplicidade. Com efeito, o n.º 2, descrevendo os modos de execução do crime, refere o auxílio ou facilitação de alguma operação de conversão ou transferência, sendo que o auxílio, material ou moral, é a forma de actuação do cúmplice (artigo 27.º). Cremos, porém, que há que distinguir o auxílio ou facilitação causais do auxílio ou facilitação não causais, sendo naqueles casos uma forma de autoria e nestes de cumplicidade.

No projecto de Eduardo Correia a cumplicidade era equiparada à autoria (artigo 27.º do projecto), considerando-se, porém, que a cumplicidade como a autoria seriam sempre causais[11]. Não foi essa a opção final

---

a "saúde do sistema financeiro, económico e jurídico dessa mesma comunidade, assim o visando resguardar de «contaminações» derivadas do afluxo, à respectiva corrente, de bens de origem criminosa que aí procuram a sua legitimação. Tais bens tenderiam a ser posteriormente reinvestidos, gerando novos meios de fortuna que fortaleceriam as entidades criminosas de que provêm os bens branqueados, e são, em simultâneo, susceptíveis de colocar em risco o próprio princípio da livre concorrência".

[11] Cf. Actas das Sessões da Comissão Revisora do Código Penal, Parte Geral, I Volume, Lisboa, 1965, pp.194 ss. Cf. também Eduardo Correia, *Direito Criminal*, II, Coimbra, 1971, p. 245 ss.

do legislador do Código de 1982, que optou por um conceito restritivo de autoria, autonomizando o auxílio à execução não causal na forma de cumplicidade.

Por isso que, aliás em coerência com o sistema do Código, o artigo 368.°-A enuncie apenas formas de autoria e que o *auxílio* ou *facilitação* da conversão ou transferência das vantagens dos crimes subjacentes, referidos no n.° 2 do artigo 368.°-A, sejam necessariamente causais, ou seja, sejam actos de execução do crime (auxílio ou facilitação materiais) ou de instigação (auxílio ou facilitação morais). Quando os actos de auxílio ou facilitação não são causais da conversão ou transferência estaremos então em face da cumplicidade, conforme dispõe o artigo 27.° do Código Penal. Dito de outro modo: o auxílio ou facilitação referidos no n.° 2 do artigo 368.°-A são actos de execução da conversão ou transferência das vantagens provenientes dos factos ilícitos designados no tipo do branqueamento.

Uma nota mais sobre a expressão usado no n.° 2 do artigo 368.°-A – converter, transferir, auxiliar, ou facilitar alguma operação de conversão ou transferência. Esta forma de expressão vem já do artigo 23.° do Decreto-Lei n.° 15/93, de 22 de Janeiro, que, por sua vez, segue de perto a redacção da Convenção das Nações Unidas contra o Tráfico Ilícito de Estupefacientes e de Substâncias Psicotrópicas de 1988[12]. Também a Convenção do Conselho da Europa sobre o Branqueamento, Detecção, Apreensão e Perda dos Produtos do Crime utiliza a mesma fórmula[13], distinguindo a autoria da participação, como nos parece dever ser também interpretada a nossa lei no que respeita às formas de autoria e de cumplicidade[14].

---

[12] Artigo 3.°, n.° 1, al. *i*): «A conversão ou a transferência de bens, com o conhecimento de que os mesmos provêm de qualquer das infracções estabelecidas (...), ou da participação nessa ou nessas infracções, com o objectivo de ocultar ou dissimular a origem ilícita desses bens ou de auxiliar a pessoa implicada na prática dessa ou dessas infracções a eximir-se às consequências jurídicas dos seus actos».

[13] Artigo 6.°: 1. Chaque Partie adopte les mesures législatives et autres qui se révèlent nécessaires pour conférer le caractère d'infraction pénale conformément à son droit interne lorsque l'acte a été commis intentionnellement à: a) La conversion ou au transfert de biens dont celui qui s'y livre sait que ces biens constituent des produits, dans le but de dissimuler ou de déguiser l'origine illicite desdits biens ou d'aider toute personne qui est impliquée dans la commission de l'infraction principale à échapper aux conséquences juridiques de ses actes; d) La participation à l'une des infractions établies conformément au présent article ou à toute association, entente, tentative ou complicité par fourniture d'une assistance, d'une aide ou de conseils en vue de sa commission».

[14] É interessante observar como a redacção do artigo 368.°-A do CP reflecte as suas fontes internacionais, pois não é comum na legislação portuguesa distinguir a *autoria* da *participação*, como o faz o n.° 2 do artigo 368.°-A.

3. Os crimes designados ou subjacentes

O crime de branqueamento é um crime contra a realização da justiça, na medida em que através da sua prática o agente persegue o fim de dissimular a origem ilícita dos bens a branquear ou «evitar que o autor ou participante dessas infracções seja criminalmente perseguido ou submetido a uma reacção criminal», sendo que dissimular a origem ilícita dos bens é uma forma de evitar a perseguição criminal.

O crime de branqueamento é praticado para ocultar ou garantir o proveito do crime antecedente, havendo entre eles uma conexão material de tal modo que o crime subjacente compõe a própria estrutura do branqueamento; no plano ontológico o crime de branqueamento é mais um elo na cadeia do crime subjacente e, por isso, que alguns entendem que ambos têm a mesma natureza[15].

Não vamos considerar nestas notas os vários crimes designados ou subjacentes ao branqueamento, mas tão-só considerar a fraude fiscal porque a designação no artigo 368.°-A do facto ilícito típico de *fraude fiscal* suscita especiais dificuldades de interpretação, como de seguida se verá.

Uma nota ainda sobre os crimes designados ou subjacentes. Como vimos, os crimes designados no crime de branqueamento têm vindo progressivamente a ser alargados e de tal modo que a partir da entrada em vigor da Lei n.° 11/2004, de 27 de Março, é também designado qualquer facto ilícito típico punível com pena de prisão de duração mínima superior a 6 meses ou de duração máxima superior a 5 anos (artigo 368.°-A, n.° 1), sem que a lei estabeleça quaisquer diferenças entre eles. Esta nota é importante porque para efeitos de branqueamento vale tanto, enquanto elemento constitutivo do crime de branqueamento, o facto ilícito típico de tráfico de estupefacientes, de armas, de órgãos ou tecidos humanos ou de espécies protegidas como o facto ilícito típico de fraude fiscal. O que acabámos de dizer é tão evidente que só merece ser anotado a jeito de alerta porque em regra há maior predisposição para desculpar a fraude fiscal do que a maior parte dos outros crimes designados[16], mas a lei trata a todos de modo igual.

---

[15] VICENTE GRECO FILHO, «Tipicidade, Bem Jurídico e Lavagem de Valores», AA.VV., Coordenação de JOSÉ DE FARIA COSTA/MARCO ANTÓNIO MARQUES DA SILVA, *Direito Penal Especial, Processo Penal e Direitos Fundamentais,* Editora Quartier Latin do Brasil, São Paulo, 2006, p.162.

[16] Predisposição que consciente ou inconscientemente acaba por se reflectir na interpretação das normas pertinentes.

4. (Cont.). A fraude fiscal

4.1. *Conceito de fraude fiscal no artigo 368.°-A do Código Penal*

I. A lei portuguesa refere-se à fraude fiscal como um dos crimes subjacentes ao branqueamento, o que significa que também as vantagens provenientes de fraude fiscal são susceptíveis de branqueamento em termos legais, caso em que o agente branqueador comete o crime de branqueamento, p.p. pelo artigo 368.°-A do Código Penal.

O conceito de fraude usado no artigo 368.°-A não coincide com o tipo legal de fraude fiscal que o artigo 103.° do Regime Geral das Infracções Tributárias tipifica. O conceito é mais amplo. O elemento histórico aponta claramente neste sentido. O artigo 368.°-A do Código Penal é o resultado da transposição pela Lei n.° 11/2004, de 27 de Março, da Directiva n.° 2001/97/CE, do Parlamento e do Conselho, de 4 de Dezembro de 2001. Para a sua interpretação, importa, por isso, ter presente a referida Directiva.

Logo no artigo 1.° da Directiva se esclarece que, no que respeita à actividade ilícita subjacente ao crime de branqueamento, o conceito de "fraude" deve ser entendido «segundo a definição do n.° 1 do artigo 1.° e artigo 2.° da "Convenção relativa à protecção dos interesses financeiros das Comunidades Europeias"[17], pelo menos nos casos graves»[18]. Temos, pois, que a referência à "fraude fiscal" que consta do n.° 1 do artigo 368.°--A do Código Penal não tem necessariamente o conteúdo dos tipos da

---

[17] Aprovada para ratificação pela Resolução da Assembleia da República n.° 86/2000, de 15 de Dezembro.

[18] Para efeitos da Convenção, constitui fraude: 1. Em matéria de despesas, qualquer acto ou omissão intencionais relativos: (a) à utilização ou apresentação de declarações ou de documentos falsos, inexactos ou incompletos, que tenha por efeito o recebimento ou a retenção indevidos de fundos provenientes do Orçamento Geral das Comunidades Europeias ou dos orçamentos geridos pelas Comunidades Europeias ou por sua conta; (b) à não comunicação de uma informação em violação de uma obrigação específica, que produza o mesmo efeito; (c) ao desvio desses fundos para fins diferentes daqueles para que foram inicialmente concedidos. 2. Em matéria de receitas, qualquer acto ou omissão intencionais relativos: (a) à utilização ou apresentação de declarações ou de documentos falsos, inexactos ou incompletos, que tenha por efeito a diminuição ilegal de recursos do Orçamento Geral das Comunidades Europeias ou dos orçamentos geridos pelas Comunidades Europeias ou por sua conta; (b) à não comunicação de uma informação em violação de uma obrigação específica, que produza o mesmo efeito; (c) ao desvio de um benefício legalmente obtido, que produza o mesmo efeito.

fraude fiscal como são definidos pelos artigos 103.° e 104.° do Regime Geral das Infracções Tributárias (RGIT), mas um conteúdo mais amplo que se há-de delimitar por referência à definição constante da já referida Convenção, de 26 de Julho de 1995.

Avançando e abreviando, o conceito de *fraude fiscal* como facto típico penal subjacente ao crime de branqueamento de capitais, p.p. pelo artigo 368.°-A do Código Penal português, abrange não só os factos tipificados nos artigos 103.°e 104.° do RGIT, mas também a generalidade dos crimes tributários, quer comuns (burla tributária – artigo 87.°), quer aduaneiros (contrabando – artigo 92.°, fraude no transporte de mercadorias em regime suspensivo – artigo 95.°, introdução fraudulenta no consumo – artigos 96.° e 97.°, quer dos crimes fiscais e contra a segurança social (fraude – artigos 103.°, 104.° e 106.° – e abuso de confiança – artigo 105.° e 107.°).

Anotemos à guisa de justificação da interpretação extensiva do n.° 1 do artigo 368.°-A do Código Penal que, em razão do carácter fragmentário e das finalidades próprias que apresenta o Direito Penal, se torna necessária a interpretação teleológica (ou político-criminal) de cada conceito, só sendo legítima a trasladação de conceitos extrapenais para o Direito Penal ou de ramos do direito penal secundário para o âmbito do direito penal comum nos casos em que o conceito homólogo tenha a mesma finalidade em todos os âmbitos do Direito, o que não acontece no artigo 368.°-A do Código Penal e na Lei sobre prevenção e repressão do branqueamento.

Acrescentemos ainda que outros factos típicos penais tributários, constantes de legislação avulsa, o que sucede nomeadamente com bens sujeitos a impostos especiais, podem constituir também infracções subjacentes ao crime de branqueamento, desde que puníveis com pena de prisão com o limite mínimo superior a 6 meses ou o limite máximo superior a 5 anos.

II. Parece-nos conveniente proceder à comparação do conceito de fraude tal como resulta da definição do n.° 1 do artigo 1.° e artigo 2.° da "Convenção relativa à protecção dos interesses financeiros das Comunidades Europeias e as normas incriminadoras do RGIT.

E assim é que logo no n.° 1 do artigo 1.° da Convenção se considera constituir fraude «em matéria de despesas, qualquer acto ou omissão intencionais relativos: (a) à utilização ou apresentação de declarações ou de documentos falsos, inexactos ou incompletos, que tenha por efeito o recebimento ou a retenção indevidos de fundos provenientes do Orçamento Geral das Comunidades Europeias ou dos orçamentos geridos pelas Comunidades Europeias ou por sua conta; (b) à não comunicação de uma informação em violação de uma obrigação específica, que produza o mesmo efeito». Este conceito corresponde ao crime de *burla tributária*, p.p. pelo artigo 87.º do RGIT: «Quem, por meio de falsas declarações, falsificação ou viciação de documento fiscalmente relevante ou outros meios fraudulentos, determinar a administração tributária ou a administração da segurança social a efectuar atribuições patrimoniais das quais resulte enriquecimento do agente ou de terceiro».

«Em matéria de receitas, qualquer acto ou omissão intencionais relativos: (a) à utilização ou apresentação de declarações ou de documentos falsos, inexactos ou incompletos, que tenha por efeito a diminuição ilegal de recursos do Orçamento Geral das Comunidades Europeias ou dos orçamentos geridos pelas Comunidades Europeias ou por sua conta; (b) à não comunicação de uma informação em violação de uma obrigação específica, que produza o mesmo efeito». Este conceito corresponde aos crimes de contrabando (contrabando – artigo 92.º, fraude no transporte de mercadorias em regime suspensivo – artigo 95.º, introdução fraudulenta no consumo – artigos 96.º e 97.º) e aos de fraude fiscal e fraude contra a segurança social (fraude fiscal – artigos 103.º e 104.º – e fraude contra a segurança social – artigo 106.º) e ainda aos de crimes de abuso de confiança – artigo 105.º – e de abuso de confiança contra a segurança social.

Temos dúvidas sobre se o crime de frustração de créditos, p.p. pelo artigo 88.º do RGIT, cabe ainda no conceito de fraude fiscal, tal como é concebido na Convenção, mas inclinamo-nos também para o incluir por não encontrarmos razão material para a sua exclusão.

O crime de associação criminosa dirigida à prática de crimes tributários não cabe no conceito de fraude da Convenção, mas é abrangido pelo artigo 368.º-A do Código Penal em razão da pena que lhe é aplicável: mínimo superior a 6 meses.

Notemos ainda que no que respeita aos crimes de contrabando, eles são expressamente previstos nas Recomendações do GAFI.

III. Em reforço da interpretação extensiva do conceito de fraude utilizado no artigo 368.º-A do Código Penal, que preconizamos, por entendermos ser a que corresponde ao conceito que emana da Convenção relativa à protecção dos interesses financeiros das Comunidades Europeias, devemos recordar que o conceito de fraude fiscal usado no diploma que precedeu o RGIT, o Regime Jurídico das Infracções Fiscais não Aduaneiras[19] era mais amplo do que os actuais artigos 103.° e 104.°, abrangendo também a burla tributária. Foi o RGIT que desdobrou a fraude fiscal anterior nos crimes de burla tributária e de fraude fiscal.

Não faria qualquer sentido que a lei considerasse crime subjacente a fraude fiscal e excluísse a burla tributária, sendo certo que a burla tributária é mais gravemente punível quando for de valor elevado (n.° 2 do artigo 87.° do RGIT), mas não o bastante para ser incluída como infracção subjacente em razão simplesmente da pena aplicável (prisão até 5 anos ou multa até 600 dias).

Também o *Corpus Iuris* utiliza um conceito muito amplo de fraude ao orçamento comunitário[20] e prevê como crime de branqueamento a conversão ou transferência de bens provenientes da fraude tomada naquele sentido amplo (artigo 7.° do *Corpus Iuris*).

Acrescente-se como elemento adjuvante da interpretação extensiva que preconizamos que também o direito comparado, especialmente o dos países que nos são mais próximos, utilizam o conceito de fraude fiscal em termos muito amplos, correspondente à generalidade dos crimes fiscais[21].

---

[19] RJIFNA, artigo 23.°: 1. Constituem fraude fiscal as condutas ilegítimas tipificadas no presente artigo que visem a não liquidação, entrega ou pagamento do imposto ou a obtenção indevida de benefícios fiscais, reembolsos ou outras vantagens patrimoniais susceptíveis de causarem diminuição das receitas tributárias. 2. A fraude fiscal pode ter lugar por: a) Ocultação ou alteração de factos ou valores que devam constar das declarações apresentadas ou prestadas a fim de que a administração fiscal especificamente fiscalize, determine, avalie ou controle a matéria colectável; b) Ocultação de factos ou valores não declarados e que devam ser revelados à administração fiscal: c) Celebração de negócio simulado, quer quanto ao valor, quer quanto à natureza, quer por interposição, omissão ou substituição de pessoas».

[20] O artigo 1.° do *Corpus Juris* define a a fraude ao orçamento comunitário como sendo a fraude que afecta o orçamento das Comunidades europeias, em matéria de despesas e de receitas, quando um das condutas seguintes é perpetrada intencionalmente ou por negligência grave: a) apresentar perante a autoridade competente declarações incompletas, inexactas ou baseadas sobre falsos documentos, relativos a factos importantes (para a concessão de um subsídio ou para a liquidação de uma dívida fiscal) podendo causar prejuízo ao orçamento comunitário; b) omitir informações sobre os mesmos factos às autoridades competentes com violação do dever de informar; c) desviar fundos comunitários relativos a uma subvenção ou ajuda regularmente obtidos».

[21] Em Espanha, o crime de fraude fiscal é descrito no Código Penal em termos muito amplos, abrangendo todo o comportamento que iluda o pagamento de impostos ou permita usufruir indevidamente de benefícios fiscais. Em França, o artigo 1741.° do Côde General des Impôts considera um delito geral de fraude fiscal cometido através de qualquer dos seguintes comportamentos: não entrega voluntária da declaração de rendimentos nos prazos legais; dissimulação voluntária de rendimentos sujeitos a imposto, quer pela orga-

4.2. O conceito de vantagem na fraude fiscal

I. Questão importante na fraude fiscal, na perspectiva do crime de branqueamento, é o de saber se a vantagem proporcionada pelo crime respeita apenas ao tributo que deixou de ser pago ou todo o valor que serve de base de incidência do imposto, ou seja, a matéria colectável. Entendemos que importa distinguir.

Casos há em que da fraude fiscal resulta uma vantagem determinada, correspondente ao benefício patrimonial que o agente retira do crime, como é o caso em que são acrescidas fraudulentamente as despesas dedutíveis na matéria colectável, diminuindo desse modo o imposto a pagar; a vantagem obtida com a fraude é, neste caso, o valor correspondente ao imposto não pago. Do mesmo modo, quando a vantagem consista num benefício a obter do Estado em que a vantagem corresponde ao benefício recebido.

Noutros casos, porém, parece-nos que a vantagem obtida com o ilícito é o *produto da fraude*, os bens que constituem a contrapartida do acto ilícito, o seu produto. Assim, por exemplo, uma venda sem factura, quando obrigatória, não podendo consequentemente ser contabilizada como receita, é toda a receita, ou seja, o produto da venda que constitui vantagem do facto ilícito. Também no caso de facturas falsas em que o respectivo valor é não só contabilizado como despesa mas efectivamente levantado em benefício de terceiro, é todo esse valor que constitui a vantagem e não apenas o imposto que quem paga a factura vai pagar a menos e o imposto daquele que recebe o valor da factura e deixa de pagar o imposto correspondente ao benefício sem causa. Ainda como exemplos, os crimes de contrabando e de introdução fraudulenta no consumo (artigos 92.° e 96.° do RGIT, respectivamente), em que não nos parece seja possível distinguir para considerar como vantagem apenas o "lucro" resultante da fuga ao imposto.

---

nização da insolvabilidade do contribuinte ou colocação de obstáculos fraudulentos à cobrança do imposto, quer por qualquer outro meio fraudulento. Na Alemanha, o crime fiscal, nos termos do § 370.° do Código Tributário, aparece referenciado a uma cláusula geral de evasão fiscal: a) fornecer à Administração Fiscal indicações inexactas ou incompletas sobre factos com relevância fiscal; b) contra os seus deveres deixar a Administração Fiscal no desconhecimento de factos com relevância fiscal; c) contra os seus deveres, omitir a aplicação de sinais ou selos fiscais, e assim reduzir os impostos ou conseguir para si ou para terceiro outras vantagens fiscais indevidas.

Entendemos que o que fica sujo é todo o benefício, os bens que resultam do acto ilícito. Ora, o branqueamento consiste em trazer ao tráfico lícito bens de procedência ilícita[22] e são bens de procedência ilícita todos os que não foram declarados para efeito de tributação. O imposto em falta não é o produto do crime, o produto do crime é o resultado da operação subtraída ao controlo tributário.

O n.º 1 do artigo 368.º-A do Código Penal considera "vantagens" os bens *provenientes da prática* dos factos ilícitos típicos de fraude fiscal bem como de outros crimes, não distinguindo o que resulta em benefício patrimonial para o agente no caso da fraude (que seria o imposto não pago) dos demais crimes, como, *v.g.*, os diversos tráficos, em que também o benefício patrimonial do agente (o seu lucro) não equivale a todos os bens que recebe. E onde a lei não distingue, não deve o intérprete distinguir.

Acontece, porém, que o artigo 103.º do RGIT, e vários dos demais crimes tributários, se refere expressamente no seu n.º 2 à «*vantagem patrimonial ilegítima*» o que nos poderia induzir a considerar que seria essa também a vantagem proveniente da fraude para efeitos do crime de branqueamento. Entendemos, porém, que assim não é. Pela mesma razão já acima exposta quanto ao conceito de fraude fiscal para efeito do artigo 368.º-A, também agora entendemos que não se pode transpor sem mais o conceito de vantagem patrimonial ilegítima do n.º 2 do artigo 103.º do RGIT para o artigo 368.º-A do Código Penal porque os conceitos não têm a mesma finalidade nos dois lugares do sistema e por isso que a transposição se não possa fazer simplesmente. No artigo 103.º do RGIT o conceito de vantagem patrimonial ilegítima é um elemento negativo do tipo, serve apenas para delimitar o âmbito da incriminação pois que, por razões de política criminal, o legislador entendeu não valer a pena incriminar bagatelas, enquanto no artigo 368.º-A do Código Penal o conceito tem que ver com o aproveitamento do ilícito, com o benefício do agente resultante da prática do crime.

Os elementos do crime de fraude fiscal[23] são *condutas de ocultação de factos ou valores que visem a não liquidação, entrega ou pagamento da*

---

[22] Por branqueamento já se designaram todas "as tentativas dos criminosos de dissimular a origem ilícita do produto das suas actividades", conforme se refere na Proposta da Directiva do Parlamento Europeu e do Conselho relativa à prevenção da utilização do sistema financeiro para efeitos de branqueamento de capitais, incluindo o financiamento do terrorismo. Cf. o documento (com2004_0448pt01.pdf) no site da União Europeia *www.europa.eu.int.*

[23] A análise vale para todos os crimes abrangidos pelo conceito amplo usado no Código Penal e não apenas para o crime *p.p.* pelos artigos 103.º e 104.º do RGIT.

prestação tributária ou a obtenção indevida de benefícios fiscais, reembolsos ou outras vantagens patrimoniais susceptíveis de causarem diminuição das receitas tributárias. São essas condutas que são ilícitas e o resultado delas é que constitui as "vantagens" ilícitas a que se refere o artigo 368.°-A. Os bens ilícitos, "sujos", provenientes da prática do crime de fraude são pois todos os que sejam provenientes da prática do facto ilícito e não apenas os correspondentes ao imposto que deixou de ser pago[24].

Para melhor determinação do que seja a vantagem do crime, devemos atentar no disposto no artigo 111.° do Código Penal, que dispõe sobre a perda a favor do Estado das vantagens que *através do facto ilícito tiverem sido directamente adquiridas*[25-26]. Este efeito, a perda de vantagens, é também consequência da prática do crime de branqueamento[27], embora

---

[24] Assim, *v.g.*, no caso de venda de um imóvel por preço superior ao declarado na escritura pública de compra e venda, a vantagem, para efeitos do artigo 368.°-A, é o preço recebido pelo vendedor e não declarado na escritura; é esse valor, essa quantia, que fica "suja" e precisa de ser "lavada". Temos dúvidas é se não deverá ser todo o valor, incluindo o declarado, que deve ser considerado vantagem ilícita, atendendo a que o acto donde provém é ilícito, constitui fraude fiscal, não sendo possível distinguir uma parte lícita e outra ilícita. Na lógica do nosso pensamento se mesmo relativamente à parte declarada houver prejuízo fiscal (v.g., menor tributação) então é todo o produto do acto que deve ser considerado de proveniência ilícita.

[25] Artigo 111.°, n.° 2, do CP: «São também perdidos a favor do Estado, sem prejuízo dos direitos do ofendido ou de terceiros de boa fé, as coisas, direitos ou vantagens que, através do facto ilícito típico, tiverem sido directamente adquiridos, para si ou para outrem, pelos agentes e representem uma vantagem patrimonial de qualquer espécie». Também a Lei n.° 5/2002, de 11 de Janeiro (Lei de combate à criminalidade organizada e económico-financeira), que para efeitos de perda de bens a favor do Estado abrange também o branqueamento de capitais, presume «constituir vantagem de actividade criminosa a diferença entre o valor do património do arguido e aquele que seja congruente com o seu rendimento lícito».

[26] Como ensina JORGE DE FIGUEIREDO DIAS, *Direito Penal Português/As Consequências Jurídicas do Crime*, Lisboa, 1993, p. 632: «Nas vantagens, diversamente [em relação ao artigo Anterior, actual 110.° do CP], o que está em causa primariamente é um propósito de prevenção da criminalidade em globo, ligado à ideia – antiga, mas nem por isso menos prezável – de que «o crime não compensa». Ideia que se deseja reafirmar tanto sobre o concreto agente do ilícito-típico (prevenção especial ou individual), como nos seus reflexos sobre a sociedade no seu todo (prevenção geral), mas sem que neste último aspecto deixe de caber o reflexo *da* providência ao nível do reforço da vigência da norma *(prevenção geral positiva ou de integração)*».

[27] MANUEL LOPES MAIA GONÇALVES, *Código Penal Português*, 17ª ed., 2005, p.404: «Relacionado com os dispositivos deste artigo [artigo 111.° do CP], *maxime* dos seus n.os 2, 3 e 4, está a problemática do branqueamento ou lavagem de capitais. Desapossar os

não o seja pela simples prática do crime de fraude fiscal, como parece resultar das disposições dos artigos 17.° a 20.° do RGIT, que estabelecem regime especial para os crimes tributários[28].

A problemática do ilícito subjacente ou prévio de natureza fiscal e do concurso dos crimes fiscais com o de branqueamento é complexa, mas há-de resolver-se em função dos distintos bens jurídicos tutelados, e sendo diversos os bens jurídicos tutelados pela fraude fiscal e pelo crime de branqueamento estaremos, como regra, face a crimes distintos e, por isso, em situação de concurso real de crimes e não simplesmente de concurso aparente de normas. A consumpção só opera relativamente ao mesmo bem jurídico protegido, sendo apenas de ressalvar as situações de subsidiariedade expressa ou implícita, se tal se verificar nalguma situação concreta, o que não divisamos na nossa lei.

II. Pode suceder, e sucede com frequência, que a proveniência dos bens é lícita, mas que relativamente a eles é praticada *a posteriori* uma fraude fiscal, nomeadamente pela não declaração tributária devida para efeito de tributação.

Consideremos como exemplo o recebimento de salários ou honorários não declarados à administração tributária. Pode suceder que a vantagem seja contrapartida de acto lícito e só posteriormente, pela omissão da declaração tributária, seja cometida infracção tributária, mas pode suceder também que as vantagens sejam *ab initio* provenientes de acto ilícito tributário, caso em que são todos os valores recebidos ilicitamente que são sujos, constituem vantagem da fraude. Os bens que são recebidos legitimamente, que constituem vantagens de um negócio lícito, não são "sujos" e por isso não precisam ser "lavados", ou seja, branqueados. A ilicitude não opera retroactivamente em termos de sujar o que era limpo, mas pode ter relevância a partir do momento da sua prática se, além do ilícito tributário, forem praticados actos posteriores de conversão ou transferência com o fim de ocultar as vantagens ilícitas decorrentes da fraude tributária.

---

criminosos dos bens e produtos provenientes, directa ou indirectamente, da sua actividade ilícita é uma tarefa premente que, por todo o lado, está a ser objecto de especial atenção. Entre nós, e em moldes gerais, este artigo veio dar uma primeira resposta».

[28] Daqui resulta, aliás, a relevância de se considerar que os bens jurídicos tutelados pela fraude fiscal e pelo branqueamento são diversos, o que implica o concurso real de crimes e diversas consequências quanto à perda de bens. Pelo crime de fraude fiscal o agente indemnizará o Estado, pagando o imposto, enquanto pelo crime de branqueamento perderá a favor do Estado os bens branqueados.

De qualquer modo, ainda que posteriormente seja praticado um ilícito tributário não pode considerar-se que é perpetrado o crime de branqueamento na falta do elemento subjectivo específico.

4.3. *Pode existir fraude fiscal sem branqueamento?*

Significa o que acabámos de dizer que nem toda a fraude fiscal implica branqueamento quando os benefícios da fraude são aproveitados pelo agente. Na grande maioria dos casos, ao que julgamos, não chega a haver branqueamento subsequente à fraude, porque o branqueamento implica uma conduta típica com um fim específico: a conversão ou transferência das vantagens proporcionadas pelo ilícito ou a ocultação dessas vantagens com o fim de dissimular a sua origem ilícita. É esta actividade e propósito posterior à prática do crime subjacente que caracteriza o crime de branqueamento.

Uma questão interessante se suscita a propósito. O simples depósito bancário das vantagens provenientes do ilícito fiscal constitui desde logo o crime de branqueamento? Pensamos que não. Não obstante o depósito bancário das vantagens do ilícito tributário constituir uma conversão dessas vantagens, é ainda elemento necessário do crime de branqueamento que o agente actue *com o fim de dissimular a sua origem ilícita ou de evitar que o autor ou participante da infracção seja criminalmente perseguido ou submetido a uma reacção criminal*. Não basta, pois, a mera conversão das vantagens, é ainda necessário que o agente prossiga aquele fim específico.

5. Exigência de dupla punibilidade dos crimes subjacentes

I. Questão muito interessante e difícil face ao teor literal do artigo 368.º-A é a da exigência ou não da dupla punibilidade, ou seja, da exigência de que os crimes designados o sejam também perante a ordem jurídica aplicável. Assim, se o crime designado for a fraude fiscal e o facto for praticada no estrangeiro, importa saber se a nossa lei exige que esse facto seja também crime face à lei aplicável ao facto subjacente[29].

---

[29] Assim, por exemplo, o facto ser considerado fraude fiscal, nos termos do artigo 103.º do RGIT, em Portugal, e de infracção administrativa no território onde foi praticado.

O n.º 4 do artigo 368.º-A dispõe que a punição do branqueamento tem lugar ainda que os factos que integram a infracção subjacente tenham sido praticados fora do território nacional, ou ainda que se ignore o local da prática do facto ou a identidade dos seus autores. Pretenderá a lei abranger todos os factos subjacentes desde que sejam puníveis pela ordem jurídica portuguesa, independentemente da punibilidade do facto em consideração do lugar em que foi praticado? Não o cremos; pensamos que a norma do n.º 4 do artigo 368.º-A tem de ter uma interpretação restritiva.

Tenha-se em conta que o branqueamento exige como fim específico a dissimulação da origem ilícita de natureza criminal e por isso que se na origem o facto subjacente não constitui ilícito criminal é o próprio propósito que falece desde logo.

II. Parece-nos que o n.º 4 tem de ser interpretado no sentido de ser necessário que o facto ilícito subjacente seja um facto ilícito criminal, independentemente do lugar onde for praticado, em razão da lei que lhe for aplicável. Não sendo aplicável a lei penal portuguesa, por não se verificarem os pressupostos da sua aplicação (artigos 4.º e 5.º do CP), o facto tem de ser qualificado como ilícito criminal pela lei do lugar da prática do facto.

Mas não só. O facto ilícito designado no crime de branqueamento, tem de ser qualificado como ilícito pela lei que lhe for aplicável em razão do lugar da prática do facto, mas também pela lei portuguesa se lhe fosse aplicável a lei penal portuguesa. Verifica-se, pois, a exigência de uma dupla punibilidade.

Não obstante o bem jurídico protegido pela incriminação do branqueamento ser a realização da justiça, mas também por isso mesmo, é elemento essencial do crime de branqueamento que o agente vise com a prática dos actos de branqueamento *dissimular a sua origem ilícita*[30] *ou evitar que o autor ou participante das infracções designadas seja criminalmente perseguido ou submetido a uma reacção criminal*. Se o facto, ainda que punível em abstracto pela lei portuguesa, não for punível pela lei que lhe é aplicável, o fim é de realização impossível. Do mesmo modo, se o facto for punível por lei estrangeira mas não for punível pela lei por-

---

[30] Da conjugação do n.º 2 com o n.º 1 do artigo 368.º-A resulta que o n.º 2 se refere à ilicitude de natureza criminal. O texto da Convenção do Conselho da Europa relativa ao branqueamento define "produit" como sendo «tout avantage économique tiré d'infractions pénales».

tuguesa, também aquele fim que é elemento essencial do branqueamento não se realiza face à ordem jurídica portuguesa.

III. Alguns autores espanhóis[31] exigem para a punição do branqueamento o caso julgado anterior relativamente ao facto ilícito subjacente. Não o exige a nossa lei. Tanto é assim que o n.° 4 do artigo 368.°-A considera os factos subjacentes como elemento constitutivo do branqueamento «ainda que se ignore o local da prática do facto ou a identidade dos seus autores». Ora, ignorando-se a identidade dos autores e bem assim o local da prática do facto não poderá haver caso julgado sobre esses factos.

É claro que é necessário que no processamento do crime de branqueamento se decida que o facto subjacente constitui um facto ilícito criminal, sem o que não pode existir branqueamento, mas essa decisão é proferida no próprio processo porque se trata da verificação de um elemento constitutivo do crime de branqueamento.

IV. A questão anterior suscita uma outra que consiste em saber se há ainda branqueamento quando o ilícito subjacente estiver prescrito ou por qualquer outro modo extinta a responsabilidade criminal.

Parece-nos que a prescrição ou qualquer outra forma de extinção da responsabilidade criminal relativamente ao crime subjacente não tem relevância para efeitos do branqueamento. Com efeito, ainda que extinta a responsabilidade criminal pelo crime subjacente, as vantagens que o agente do branqueamento pretende reciclar não deixam de ter uma origem criminalmente ilícita e isso parece bastar como elemento constitutivo do crime. O n.° 2 do artigo 368.°-A exige como elemento constitutivo do branqueamento o fim de dissimular a origem ilícita das vantagens ou de evitar que o autor ou participante dessas infracções seja criminalmente perseguido ou submetido a uma reacção criminal; basta um dos fins.

6. A punição. Concurso com outros crimes

6.1. *Punição do crime de branqueamento*

I. A pena aplicável ao crime de branqueamento é a pena de prisão de 2 a 12 anos (n.° 2 do artigo 368.°-A), mas a pena aplicada não pode ser

---

[31] MANUEL COBO DEL ROSAL/CARLOS ZABALA LÓPEZ-GÓMEZ, *Blanqueo de Capitales,* Madrid, 2005, p. 82.

superior ao limite máximo da pena mais elevada de entre as previstas para os factos ilícitos típicos de onde provêm as vantagens (n.° 10 do artigo 368.°-A).

Como referimos já, o n.° 10 do artigo 368.°-A revela a natureza do crime de branqueamento, a sua autonomia relativamente ao crime subjacente, ainda que dele dependente. Com efeito, ainda que a pena aplicada ao branqueamento tenha como referência a aplicável aos crimes subjacentes ela é autónoma e mostra que a incriminação do branqueamento não consome o crime subjacente.

Podem ser vários os crimes subjacentes, praticados em concurso real, a um crime de branqueamento. Para que a incriminação pelo branqueamento consumisse as dos crimes subjacentes, seria logicamente necessário que a pena aplicada ao branqueamento fosse pelo menos igual à aplicável no concurso dos crimes subjacentes, mas não é isso que a nossa lei dispõe.

O que o n.° 10 do artigo 368.°-A estabelece é que a pena aplicada ao branqueamento não pode ser superior ao máximo da pena aplicável de entre os crimes subjacentes, o que é muito diferente.

Anote-se que o limite da pena aplicada ao crime de branqueamento é a mesma quer o seu agente seja ou não o mesmo do crime subjacente. A pena aplicável ao crime subjacente, melhor a mais elevada entre as previstas para os factos ilícitos típicos subjacentes, constitui o limite máximo da pena aplicada ao agente do branqueamento, seja quem for o seu autor.

Pode, pois, ocorrer um concurso real de crimes perpetrados pelo mesmo agente do crime de branqueamento e do crime ou crimes subjacentes. Aplicam-se as regras do concurso (artigo 77.° CP).

A tentativa e a cumplicidade são puníveis nos termos gerais.

6.2. *Concurso com a receptação e o favorecimento pessoal*

I. Pode ocorrer concurso aparente de normas entre o crime de branqueamento e os crimes de receptação (artigos 231.° a 233.°)[32]. Não obstante o crime de receptação exigir como seu elemento constitutivo o ânimo de lucro (intenção de obter vantagem patrimonial), esse fim é consubstancial também ao crime de branqueamento. Um crime de branqueamento pressupõe, como o encobrimento, o desejo de obter o enriquecimento ilí-

---

[32] No Código Penal espanhol o branqueamento (artigo 301.°) insere-se no Capítulo "Receptación y otras conductas afines».

cito. Cremos estar perante um concurso aparente de normas em relação de interferência, sendo de aplicar a norma que no caso concreto estabeleça punição mais grave.

Anote-se que o crime de branqueamento é sempre doloso, enquanto a receptação é punível também quando praticado com negligência. Registe-se também que o ilícito subjacente à receptação é sempre um ilícito criminal contra o património e no branqueamento pode ser qualquer dos crimes designados e não só contra o património.

II. O mesmo sucede com o crime de favorecimento pessoal. Agora o fim pode ser o mesmo e o âmbito dos crimes pressupostos é ainda mais amplo no crime de favorecimento do que no branqueamento. As condutas e os fins podem ser coincidentes pelo que o mesmo facto pode ser qualificado como favorecimento e branqueamento. Cremos que quando isso sucede se verifica concurso aparente de normas, sendo aplicável a que no caso concreto estabeleça punição mais grave.

7. Os deveres de comunicação impostos pela Lei n.º 11/2004

A propósito também mais uma nota interessante relativa aos deveres de comunicação das instituições de crédito.

O artigo 18.º da Lei n.º 11/2004 impõe às entidades financeiras o dever de informar o Procurador-Geral da República logo que tomem conhecimento ou suspeitem que quaisquer somas inscritas nos seus livros são provenientes da prática de facto ilícito típico ou se apercebam de quaisquer factos que possam constituir indícios da prática do crime de branqueamento.

Esta norma suscita uma questão interessante: o dever de comunicação existe independentemente da verificação de indícios da prática do crime de branqueamento? É que o artigo 18.º refere-se a duas realidades: (a) conhecimento ou suspeita de que quaisquer somas inscritas nos livros são provenientes da prática de facto ilícito típico, e (b) percepção de quaisquer factos que possam constituir indícios da prática do crime de branqueamento. A dúvida incide sobre a primeira parte, ou seja, devem as instituições de crédito comunicar ao Procurador-Geral da República o simples conhecimento ou suspeita de fraude fiscal, independentemente da percepção de indícios de branqueamento? Aparentemente é o que resulta da letra da lei, mas não nos parece que a letra corresponda ao seu espírito.

Não nos parece que o legislador tenha querido transformar as instituições de crédito em mais um fiscal tributário. É certo que o segredo bancário está em crise e sobretudo no domínio tributário, mas não cremos que o legislador tenha querido ir tão longe.

Mas, se entendemos que a simples suspeita de fraude fiscal não importa o dever de comunicação, também a lei não parece exigir que a instituição de crédito adquira a percepção ou recolha indícios da prática do branqueamento; parece bastar-se com os indícios da prática de algum acto de execução do branqueamento, independentemente dos indícios da intenção específica. É que a comunicação tem natureza simplesmente cautelar, preventiva do branqueamento, e por isso que desde que adquirida a suspeita da proveniência ilícita dos bens movimentados pela instituição de crédito pareça haver já o dever de comunicação.

Assim, do mesmo modo que se a Instituição de Crédito obtiver a suspeita de que os bens movimentados pelo banco são provenientes do ilícito pressuposto, nomeadamente a conversão em depósito bancário das vantagens provenientes do crime de tráfico, não precisa de obter também a suspeita de que o agente pretende branquear essas vantagens. A lei não distingue em função da natureza dos crimes subjacentes e por isso que o dever de comunicação se verifique independentemente da natureza do crime subjacente ao branqueamento.

Conclusão

Vamos concluir.

Quando convidado a escrever um artigo para o livro de homenagem ao Senhor Professor Doutor Inocêncio Galvão Telles, meu querido professor e amigo, com quem tive a honra de servir como assistente na disciplina de Contratos, pensei num primeiro momento que deveria escrever sobre essa matéria ou então sobre as questões tradicionalmente objecto da disciplina de Introdução ao Estudo do Direito que tenho leccionado nos dois últimos anos lectivos e que o nosso homenageado tem cultivado com a superior mestria que põe em tudo o que faz. Recordei-me, porém, de um cartão que em tempos recebi do Senhor Doutor Inocêncio Galvão Telles a agradecer-me um pequeno livro sobre ética policial em que me felicitava pela sua oportunidade no contexto de mudança que se pretendia operar nas forças policiais, sublinhando que esse é também o dever do professor e do jurista.

O branqueamento de capitais é um tema actual de extraordinária relevância teórica e prática e, por isso, entendi dedicar-lhe este artigo na esperança da sua oportunidade como contributo para a interpretação da lei, por uma parte, também como oportuno aviso aos incautos, desde logo aos incautos tributários, e assim contribuir para a prevenção, função primeira do Direito Penal. Mas também porque o tema me pareceu adequado, mantendo-me na área que me é própria, para fazer plena aplicação dos ensinamentos do Professor que homenageamos: *o jurista tem de começar por conhecer bem os textos legais, não se dispensando de um primeiro esforço de exegese. Tem, depois, de relacioná-los, para alcançar deles uma visão de conjunto e apossar-se do espírito que o domina e com isso faz* dogmática. *Tem depois de descer à terra e olhar para os concretos interesses vitais e nessa medida recorre à* jurisprudência dos interesses[33].

Bem-haja, Senhor Professor Doutor Inocêncio Galvão Teles, por tanto que nos ensinou e pelo modo como sempre o fez.

Loures, 10 de Fevereiro de 2007.

---

[33] INOCÊNCIO GALVÃO TELLES, *Introdução ao Estudo do Direito,* vol. II, 1ª ed., Coimbra, 2000, pp. 257-258.

A DIRECTIVA RELATIVA À IMPLEMENTAÇÃO DOS DIREITOS DA PROPRIEDADE INTELECTUAL E O SEU IMPACTO NO REINO UNIDO
AS PEÇAS TEATRAIS

GLÓRIA TEIXEIRA*/SARA KIJJOA**

SUMÁRIO: *1. Introdução. 2. A Directiva: objectivos principais. 3. Propriedade intelectual no Reino Unido: "Background". 4. As implicações da implementação da Directiva. 5. Conclusão.*

1. Introdução

Neste trabalho as autoras analisam o impacto da Directiva 2004/48/ /CE do Parlamento Europeu e do Conselho Europeu de 29 de Abril de 2004 na implementação dos direitos da propriedade intelectual ("a Directiva") no Reino Unido. Este estudo da Directiva será conduzido de modo a identificar as providências chave a implementar em todos os Estados Membros de forma a harmonizar a área dos direitos da propriedade intelectual na União Europeia. Embora a situação geral dos direitos da propriedade intelectual no Reino Unido seja aqui considerada, na medida em que este campo é muito vasto, será dado um relevo particular no que se refere a peças teatrais, quais as medidas que a Directiva introduziu para proteger os direitos de autor de tais obras e, particularmente, como foram implementadas no Reino Unido.

---

* Professora Associada, Faculdade de Direito da Universidade do Porto; Coordenadora do CIJE.
** Advogada, Investigadora do CIJE (Centro de Investigação Jurídico-Económica), Faculdade de Direito da Universidade do Porto.

2. A Directiva: objectivos principais

Em geral, a Directiva harmoniza medidas civis e procedimentos disponíveis para a implementação dos direitos da propriedade intelectual em toda a União Europeia.

Ao criarem esta Directiva, o Parlamento Europeu e o Conselho Europeu não deixaram de ter em conta um dos valores cruciais da União, ou seja, a existência de uma comunidade económica, na medida em que o documento reconhece a protecção da propriedade intelectual como um elemento essencial para o sucesso do mercado interno.

Contudo, quando se perspectiva a Directiva num sentido futuro, poder-se-á considerar que ela coloca a propriedade intelectual como um agente promotor da inovação, da criatividade e da melhoria da competitividade; para além disso contempla a protecção de dados e da livre circulação em relação à Internet.

A necessidade de harmonização resulta das consultas lideradas pela Comissão Europeia, as quais revelaram que existem ainda disparidades marcantes na implementação dos direitos da propriedade intelectual entre os Estados Membros[1].

A União Europeia claramente reconheceu a necessidade de aproximar os diferentes sistemas legislativos através desta Directiva, assegurando assim um nível de protecção homogénea entre os Estados Membros[2]. Contudo, reconhecendo as diferenças na legislação dos Estados Membros, esta Directiva não tem como objectivo estabelecer um conjunto de regras totalmente harmonizadas para a protecção dos direitos de propriedade intelectual, considerando assim que, na prática, seria uma tarefa demasiado ambiciosa para ser bem sucedida.

3. Propriedade intelectual no Reino Unido: "Background"

Porque a propriedade intelectual abrange várias áreas, a Directiva claramente escolheu não criar uma definição detalhada de direitos de propriedade intelectual.

Como o principal objectivo deste estudo concerne peças teatrais, as autoras escolheram analisar o *background* da lei de *copyright* no Reino

---

[1] Corrigendum to Directive 2004/48/EC (Official Journal of the European Union, L 157, 2004).

[2] *Ibid.*

Unido. Uma breve análise das origens desta área do direito e da sua evolução até a actualidade contribuem para o entendimento da demonstração da influência da Directiva neste Estado Membro, assim como o que foi feito na lei nacional para implementar as respectivas medidas.

As peças teatrais estão incluídas no âmbito dos trabalhos literários os quais, definidos num sentido lato, incluem o trabalho escrito, falado ou cantado[3].

A protecção para este tipo de trabalho deriva do *Copyright* Act 1911 o qual protege o autor cinquenta anos *post mortem auctoris*.

Contudo a legislação no Reino Unido, através do século vinte e grandemente influenciada pela Convenção de Berna, gerou um debate que permanece ainda actualmente – o equilíbrio entre os interesses do autor e o interesse público.

O relatório do Whitford Committee enfatiza a importância da legislação na área do *copyright* tendo em consideração a "relação entre os direitos de propriedade intelectual nacional e o princípio legal da CE da livre circulação de bens e serviços"[4].

O *"Copyright* Designs and Patents Act 1998", ("CDPA"), constitui na opinião de Davies uma reforma substancial[5] que não só tomou em conta desenvolvimentos tecnológicos recentes, mas também estabeleceu a lei numa base mais lógica e consistente.

Embora tenha sido emendada a partir daí para incluir a lei Europeia, o documento original estava claramente à frente no seu tempo no que se refere a cópia privada não controlada.

De facto, muitos autores acreditam que esta peça legislativa liderou internacionalmente o campo dos direitos e sanções na área da propriedade intelectual[6].

Com esta legislação, o debate do interesse público *versus* direitos de autor é apresentado como favorável ao primeiro, pois é claro da sua redacção que o interesse público é o factor orientador determinante do termo pelo qual a protecção da cópia é acordado e ao nível das defesas e isenções permitidas pela lei.

Daqui é possível concluir que embora o Reino Unido tenha acreditado que era importante proteger o autor de uma peça de uma cópia ilícita

---

[3] Section 3, *Copyright* Designs and Patents Act 1998.
[4] G. DAVIES, "Modern Legal Studies – Copyright and the Public Interest", 2002, p. 43.
[5] *Ibid.* p. 39.
[6] *Ibid.* p.40.

do seu trabalho, havia um sentimento mais forte de que quanto maior fosse, em termos de público, o âmbito atingido pelo trabalho do autor, melhor seria. Assim, aparentemente, o autor deveria "de boa vontade" tornar o trabalho produzido disponível a todos. MACAULAY certamente substancia este conceito quando designou *copyright* "como uma taxa sobre o público ... [a qual deveria] ... durar nem mais um dia do que o necessário para o propósito de assegurar o bem" [7].

Apesar da influência da lei Europeia e do seu grau de permanência no Reino Unido, este Estado Membro tem uma visão distinta do sistema de *copyright*, considerando valores que são partilhados pelos Estados Unidos da América. Esta visão enfatiza o lado económico da propriedade intelectual, onde o autor é visto como uma entidade legal, em contraste com os sistemas de lei civil de outros Estados Membros, tais como a França. Aqui, o autor é visto muito mais como um criador[8] do que como um 'elemento comercial'. De facto, Estados Membros com sistemas de justiça civil conferem muito mais protecção ao autor.

Tais posições díspares resultam de duas formas diversas pelas quais a protecção do trabalho de autor pode ser encarada:

   a) *Direitos económicos*: Esta aproximação concentra-se nos direitos que controlam a cópia, a publicação, o desempenho, a divulgação e a adaptação;
   b) *Direitos morais*: Estes ressaltam a importância de se ser identificado como autor e colocam fortes objecções ao tratamento derrogatório de um trabalho.

4. As implicações da implementação da Directiva

A Directiva foi implementada no Reino Unido pela "Intellectual Property (Enforcement, etc.) Regulations 2006", a qual veio a ser reforçada em 29 de Abril desse ano. A principal alteração à legislação anterior foi que estas regras estabelecem as bases pelas quais deve ser punido o indivíduo que, deliberadamente, infrinja os direitos de propriedade intelectual[9].

---

[7] *Ibid.* p. 54.
[8] S. STOKES, "Art and Copyright", 2002, p. 3.
[9] L. BERCZECS, 'The Directive 2004/48/EC of April 29 2004 – Is it an effective weapon or are there any alternative solutions for right holders', European Communities Trade Mark Association, 25th Annual Meeting, www.ecta.org/warsaw/docs/Berczes_text.pdf

De uma forma mais significativa esta peça legislativa estabelece que, "havendo conhecimento ou suspeitas de que o indivíduo está ligado a actividade ilícita, a indemnização deverá ser apropriada ao real prejuízo sofrido pelo queixoso"[10]. É ainda acrescentado que, quando atribuídas estas indemnizações, devem ser consideradas não só as consequências económicas negativas sofridas pelo autor como resultado da violação da lei, mas também os danos morais causados ao autor pela referida violação. Tal significa um afastamento da visão economicista que tem sido usada até agora no Reino Unido ao legislar na área do *copyright*. Claramente, esta inclusão dos direitos morais na avaliação da indemnização é devida à influência da União Europeia e dos sistemas de lei civil existentes em vários dos seus Estados Membros.

As *Regulations* vão criar um novo tipo de ordem judicial na Escócia de modo a implementar o Artigo 8 da Directiva, para revelar informação acerca da infracção de bens e serviços. De acordo com o Artigo 4 das *Regulations*, o tribunal pode somente ordenar a revelação da informação quando considerar que seja "justo e proporcional tendo em conta os direitos e privilégios"[11] do queixoso. Isto permite que uma larga quantidade de informação seja revelada, desde nomes e endereços dos produtores, fabricantes e fornecedores dos bens infringidos[12], a quantidade de bens infringidos e ainda o preço pago por esses bens[13]. Por ordem da Câmara dos Lordes, decisão *Norwich Pharmacal v. Customs and Excise Commissioners* [1974] AC 133, nenhuma disposição para implementar esta obrigação na Inglaterra e País de Gales é necessária.

Assim, a Escócia parece ser a mais beneficiada pelo Artigo 5 das *Regulations*, pois este aplica-se inteiramente a esta região. Este artigo permite a implementação do Artigo 15 da Directiva, criando outro tipo de ordem judicial para a disseminação e publicação do julgamento – em casos aonde exista uma infracção aos direitos da propriedade intelectual – despesas que serão suportadas pelo infractor. Esta é uma medida altamente recomendável, na medida em que os queixosos não serão dissuadidos de proceder legalmente contra a infracção dos seus direitos de propriedade intelectual, devido ao custo da publicação do julgamento. Novamente, esta

---

[10] Section 3(1) The Intellectual Property (Enforcement, etc.) Regulations 2006.
[11] Section 4(3), *Ibid*.
[12] Section 4(5)(a)(i), *Ibid*.
[13] Section 4(5)(b), *Ibid*.

situação estava contemplada em Inglaterra e País de Gales por mudanças anteriores feitas no *Civil Procedure Rules*.

5. Conclusão

Contudo, qual foi o impacto real da Directiva para os autores? A resposta a esta pergunta é que no Reino Unido as mudanças não foram significativas. De facto, a Directiva harmoniza medidas civis e procedimentos disponíveis para a implementação dos direitos de propriedade intelectual na União Europeia. Apesar disso, é notório que muito do conteúdo da Directiva é baseado em práticas já existentes, seja através do CDPA ou de "case law" (jurisprudência).

Uma análise da orientação dada para o público em geral sobre os efeitos da Directiva, mostra como a lei da propriedade intelectual no Reino Unido é largamente entendida como reguladora de uma actividade económica e não como um mecanismo de protecção individual dos direitos de autor. O Governo estava empenhado em tranquilizar o sector comercial, assegurando assim que não seria necessário que este se preparasse para a implementação da Directiva.

As diferentes regras dos tribunais, procedimentos civis e direito comum significam que o impacto da Directiva varia mesmo dentro do Reino Unido. Em Inglaterra e País de Gales, as regras e normas para os tribunais são governadas pelas "Civil Procedure Rules". Nestas normas, a única referência à Directiva tem sido a emenda que refere que os julgamentos interinos e pagamentos interinos devem obedecer à Directiva. Seguindo a leitura do Artigo 9 na Directiva, os queixosos no Reino Unido podem solicitar uma ordem interlocutória de modo a impedir a infracção iminente de um direito de propriedade intelectual ou proibir, através de pagamentos de penalidade, a infracção recorrente daquele direito. Deste modo, o autor de uma peça que veja o seu trabalho utilizado ilegalmente à escala pública, ou seja, uma reprodução ou representação ilegal desse trabalho, pode utilizar este recurso imediato. Adicionalmente, o autor terá liberdade de solicitar, segundo a legislação vigente, que o seu trabalho seja protegido durante todo o tempo de pendência processual.

BIBLIOGRAFIA

BAINBRIDGE, D., *Intellectual Property*, sixth edition, Glasgow, Bell & Bain Ltd, 2007.
BENTLEY, L. & SHERMAN, B., *Intellectual Property Law*, second edition, Oxford, Oxford University Press, 2001.
BÉRCZES, L., *The Directive 2004/48/EC of April 29, 2004 – Is it an effective weapon or are there any alternative solutions for right holders?*, 25th Annual Meeting in Warsaw, http://www.ecta.org/warsaw/docs/Berczes_text.pdf
BROWN, A. & WAELDE, C., *Response to Consultation on the UK implementation of the Directive on the enforcement of intellectual property rights (2004/48/EC)*, AHRC Research Centre for Studies in Intellectual Property and Technology Law, http://www.law.ed.ac.uk/ahrb/publications/online/patentofficeconsultoct05.pdf
DAVIES, G., *Modern Legal Studies – Copyright and the Public Interest*, London, Sweet & Maxwell, 2002.
FLINT, M., FITZPATRICK, N. & THORNE, C., *User's Guide to Copyright*, sixth edition, Wiltshire, Tottell Publishing, 2006.
Guidance for business for the Directive on the enforcement of intellectual property rights (2004/48/EC) http://www.slainte.org.uk/Files/pdf/SLIC/copyright/copyrightdirective.pdf
JONES, H. & BENSON, C., *Publishing Law*, third edition, Abingdon, 2006.
MARETT, P., *Intellectual Property Law*, London, Sweet & Maxwell, 1996.
STERLING, J. A. L., *World Copyright Law Protection of Author's Works*, second edition, Sweet & Maxwell, 2003.
STOKES, S., *Art and Copyright*, Oxford, Hart Publishing, 2003.

A CONSTITUIÇÃO DE UMA BASE DE DADOS GENÉTICOS PARA FINS DE INVESTIGAÇÃO CRIMINAL EM PORTUGAL

HELENA PEREIRA DE MELO[*]

> SUMÁRIO: *Introdução. 1. Tipo de informação genética a tratar. 2. Os dados genéticos como "dados pessoais sensíveis". 3. O material biológico analisado. 4. Os titulares dos dados a tratar. 5. A finalidade da constituição da base de dados. 6. A "culpa reside nos genes". 7. O tratamento de dados genéticos de inimputáveis. 8. Considerações finais.*

Introdução

O recurso à técnica de identificação genética por perfis de DNA (ácido desoxirribonucleico), o *DNA profiling*, tem vindo a assumir na última década uma importância crescente na investigação criminal feita no nosso país, em particular no que concerne aos crimes contra a vida e a integridade física e aos crimes contra a liberdade e a autodeterminação sexual. Reflexo do papel primordial assumido por este tipo de perícias de criminalística genética, que incidem sobre vestígios biológicos (manchas de sangue, de sémen, gotas de saliva, cabelos...) colhidos do corpo da vítima ou do suspeito da prática do crime, ou encontrados no lugar em que o crime foi praticado, é o aparecimento no âmbito da Medicina Legal de um novo ramo: a Genética Forense[1].

---

[*] Coordenadora da Unidade de Biodireito do Serviço de Bioética e Ética Médica da Faculdade de Medicina do Porto. Professora Auxiliar Convidada da Faculdade de Direito da Universidade Nova de Lisboa.

[1] *Vid.*, sobre este ponto, PINHEIRO, M. Fátima (1998), "Actualidades sobre Biologia Forense", *Revista do Ministério Público*, n.º 76, Outubro-Dezembro de 1998, Lisboa, pp. 89 e ss.

Atenta a inegável utilidade do resultado destas perícias para uma rápida e precisa identificação dos autores de crimes, a sua realização pode contribuir para uma melhor e mais eficaz realização da justiça penal. Contribuiria também para este objectivo, segundo parte da Doutrina[2], a criação de bases de dados contendo os perfis genéticos dos indivíduos condenados pela prática de determinados crimes, bem como a constituição de biobancos contendo as amostras biológicas das quais foi colhido o DNA para a realização da análise genética. A criação destas bases e bancos não é, no entanto, inócua no que respeita à possibilidade de serem, através do acesso à informação neles armazenada, ofendidos direitos fundamentais dos cidadãos, nomeadamente os seus direitos à liberdade, à privacidade e à autodeterminação informativa.

Não existe, em Portugal, legislação interna específica na matéria, ao contrário do que sucede noutros países[3]. Neste trabalho pretendemos ana-

---

[2] A necessidade da adopção de um diploma que regulasse a criação e funcionamento de uma base de dados genéticos para fins de identificação civil e investigação criminal esteve na origem do Despacho n.° 2584/2006, de 19 de Janeiro do Ministro da Justiça (publicado no Diário da República, II Série, de 2 de Fevereiro de 2006, pp. 1518-1519), que cria uma comissão para o efeito. A comissão apresentou em 18 de Dezembro de 2006, no Ministério da Justiça, em Lisboa, um documento intitulado "Regime Jurídico da Base de Dados de Perfis de A.D.N.". Esta necessidade é, nomeadamente, defendida por DIAS, António (2004), "Métodos e Técnicas de Investigação nos Crimes de Abuso Sexual", *Polícia e Justiça*, 2004, III Série, Número Especial Temático subordinado ao tema Família, Violência e Crime, Coimbra, p. 206. De igual modo o Conselho da União Europeia, na Resolução de 9 de Junho de 1997, relativa ao Intercâmbio de Resultados de Análises de ADN, convida "os Estados-membros a considerarem a possibilidade de criar bases nacionais de dados de ADN".

[3] Por exemplo, na Argentina, a Lei 23511, de 10 de Julho de 1987, criou um Banco Nacional de Dados Genéticos para fins de identificação civil. Esta lei foi regulamentada pelo Decreto Nacional 700/89, de 4 de Julho. Em Espanha, o artigo 363.°, § 2 da *Ley de Enjuiciamento Criminal* determina poder o Juiz de Instrução determinar "(...) a obtenção de amostras biológicas do suspeito que sejam indispensáveis para a determinação do seu perfil de ADN". De igual modo pode determinar, de acordo com o disposto no § 3.° do artigo 326.° do mesmo diploma o exame de vestígios biológicos cuja análise possa "contribuir para o esclarecimento do facto investigado". Na Suiça foram adoptadas, na matéria em análise, a *Ordonnance du 3 décembre 2004 sur l'Utilisation de profils d'ADN dans les Procédures Pénales et sur l'Identification de Personnes Inconnues ou Disparues* e a *Ordonnance du Département Fédéral de Justice et Police sur les Exigences de Prestations et de Qualité Requises pour les Laboratoires Forensiques d'Analyse d'*ADN. Cf. no que concerne ao Direito Espanhol vigente, PASTOR, José Martín (2006), "Sobre los Registros, las Inspecciones y las Intervenciones Corporales, en la Jurisprudencia Constitucional y en

lisar a bondade da adopção de um texto legal que regulamente apenas a constituição de bases de dados genéticos para fins de investigação criminal. Tentaremos, pois, analisar nas suas linhas gerais, as diferentes questões jurídicas que se colocam na matéria.

1. Tipo de informação genética a tratar

A primeira questão que se suscita é a de saber que tipo de informação genética é lícito utilizar como meio de prova no âmbito da investigação criminal e ulteriormente armazenar numa base de dados.

O DNA, como refere FERNANDO REGATEIRO, é o "suporte informacional da vida mais comummente encontrado", sendo "formado por duas cadeias helicoidais constituídas por nucleótidos que se enrolam à volta de um eixo comum". Ao longo destas cadeias distribuem-se "as sequências de bases correspondentes aos cerca de 30.000 a 40.000 genes codificadores da informação hereditária que se calcula que sejam utilizados pela espécie humana durante a ontogénese de cada indivíduo". Deste modo, no organismo humano, o genoma "diz respeito ao total de sequências nucleotídicas presentes numa das células nucleadas do organismo", possuindo cada uma destas células "a totalidade do genoma humano".

É possível estabelecer várias distinções no que concerne ao genoma humano – por exemplo entre genoma mitocondrial, que tem origem apenas materna e se encontra nas mitocôndrias do ovo, e genoma nuclear, que tem origem materna e paterna e se encontra "nos 23 pares de cromossomas presentes no ovo ou no zigoto". Pode também distinguir-se entre DNA expressivo ou codificante e DNA não expressivo ou não codificante. O primeiro encontra-se contido nos genes, que constituem "uma sequência da cadeia nucleotídica de DNA portadora de informação biológica, com capacidade para ser expressa sob a forma de uma molécula de RNA e/ou proteína"[4]. É o DNA responsável pela produção de proteínas que originam os

---

Nuestra Legislación Procesal Penal" in *La Salud: Intimidad y Libertades Informativas* (coord.: Carmen Tomás-Valiente Lanuza), Valencia: Tirant lo Blanch, pp. 101 e ss.

[4] REGATEIRO, Fernando J. (2003), *Manual de Genética Médica*, Coimbra: Imprensa da Universidade, pp. 9, 14, 19 a 21. *Vid.* igualmente na matéria, CARRACEDO, A., LAREU, M.V., PESTONI, C., SALAS, A., BARRAL, S., e BRIÓN, M. (1998), "Valor y Limites del ADN en Genética Forense" *in Temas de Medicina Legal* (coord: Duarte Nuno Vieira, Ascensão Rebelo e Francisco Corte-Real), Coimbra: Centro de Estudos de Pós-Graduação em Medicina Legal, pp. 397 e ss.

traços fenotípicos dos indivíduos e apresenta escassa variabilidade de um indivíduo para outro, dentro de uma população considerada. Pelo contrário, o DNA não codificante apresenta um elevado grau de polimorfismo, e logo uma grande variabilidade entre os indivíduos da mesma população. O estudo destas sequências não codificantes de DNA permite, como sublinha Luís ARCHER obter "uma impressão digital, não de superficialidade dérmica mas de profundidade genómica"[5].

As perícias de criminalística genética tendem pois a estudar apenas este DNA repetitivo e não codificante, não apenas porque oferece maior probabilidade de identificação do autor de um crime, como também porque atenta a natureza da informação através delas obtida, que juridicamente se enquadra na categoria dos "dados pessoais sensíveis", é menor o risco de violação do direito à privacidade do sujeito a que se refere[6]. É aliás esta a solução sugerida pelo Parlamento Europeu na Resolução sobre os Problemas Éticos e Jurídicos da Manipulação Genética, de 16 de Março de 1989[7].

---

[5] ARCHER, Luís (2006), *Da Genética à Bioética*, Porto: Associação Portuguesa de Bioética e Serviço de Bioética e Ética Médica da Faculdade de Medicina do Porto, p. 171. De igual modo MARIA DE FÁTIMA PINHEIRO, refere permitir esse estudo "obter para cada indivíduo um conjunto de bandas a que se dá o nome de impressão digital genética (*DNA fingerprint*), possuindo uma probabilidade de identificação entre os indivíduos não relacionados de 5.4×10^{-21}, excepto no caso dos gémeos monozigóticos em que o número de bandas e a sua localização são iguais". A expressão "*DNA fingerprinting*" foi substituída pela "*DNA profiling*" de forma a abranger as várias técnicas utilizadas para obter o perfil genético de um indivíduo. Cf. GARGANI, Alberto (1994), "The Risks and Possibilities of the Application of DNA-Analysis in the Legal Process" *in Genome Analysis, Legal Rules – Practical Application*, Coimbra: Centro de Direito Biomédico da Faculdade de Direito da Universidade de Coimbra, p. 125; NISHIMI, Robyn Y., O'CONNOR, Kevin W., GWIN, Holly L., e ANDERSON, Margaret A. (1991), "Genetic Witness: Forensic Uses of DNA Tests", *International Journal of Bioethics*, vol. 2, n.º 1, January-March 1991, Lyon, pp. 29 e ss., e PINHEIRO, Maria de Fátima (1996), "Aplicação do Estudo do DNA na Investigação Biológica da Filiação", *Revista do Ministério Público*, ano 17, n.º 66, Abril-Junho de 1996, Lisboa, p. 134.

[6] *Vid.*, neste sentido, MURCH, Randall S., e BUDOWLE, Bruce (1997), "Are Developments in Forensic Applications of DNA Technology Consistent with Privacy Protections?" *in Genetic Secrets: Protecting Privacy and Confidentiality in the Genetic Era* (coord.: Mark A. Rothstein), New Haven: Yale University Press, pp. 214 e ss.

[7] Cf. o ponto 21.º desta Resolução.

2. Os dados genéticos como "dados pessoais sensíveis"

Na nossa ordem jurídica a matriz fundamental de referência em matéria de protecção de dados pessoais perante a utilização da informática é o artigo 35.° da Constituição da República Portuguesa de 1976. Porém, apesar de ter sido conferida a esta matéria dignidade constitucional, a Constituição não define o conceito de "dados genéticos" nem, sequer, o de "dados pessoais", remetendo a sua definição para o legislador ordinário[8]. A Lei da Protecção de Dados Pessoais, a Lei n.° 67/98, de 26 de Outubro, que se aplica ao tratamento de dados pessoais por meios total ou parcialmente automatizados, bem como ao tratamento de dados pessoais contidos em ficheiros manuais, também não define o que se deva entender por "dados genéticos"[9], mas refere-se expressamente a eles e qualifica-os como "dados sensíveis".

Os dados genéticos são dados "pessoais" na medida em que constituem uma informação relativa "a uma pessoa singular identificada ou

---

[8] Cf. o artigo 35.°, n.° 2, da Constituição da República Portuguesa de 2 de Abril de 1976, adiante designada por "CRP".

[9] Encontramos, por exemplo, uma definição de "dados genéticos" na Recomendação n.° R (97) 5 do Conselho da Europa sobre a Protecção de Dados Médicos, adoptada pelo Comité de Ministros em 13 de Fevereiro de 1997. Para efeitos de aplicação desta Recomendação entende-se por dado genético "todo o dado, qualquer que seja o seu tipo, respeitante às características hereditárias de uma pessoa ou relacionado com essas características, constituindo o património de pessoas aparentadas, abarcando-se ainda no conceito a troca de informação genética de um indivíduo ou de uma linha genética, respeitantes aos aspectos da saúde, quer tenha ou não carácter identificador". Ulteriormente o conceito de "dados genéticos humanos" foi explicitado pela Declaração Internacional sobre Dados Genéticos Humanos, adoptada pela Conferência Geral da UNESCO em 16 de Outubro de 2003. Para efeitos de aplicação desta Declaração entende-se por "dados genéticos humanos" toda "a informação sobre características hereditárias dos indivíduos obtida através da análise dos ácidos nucleicos ou outras análises científicas". Esta Declaração define, igualmente, "dados proteómicos humanos", entendendo-se por estes toda "a informação relativa às proteínas de um indivíduo, incluindo a sua expressão, modificação e interacção". Na nossa lei interna também encontramos uma definição de "informação genética", a constante do n.° 1 do artigo 6.° da Lei n.° 12/2005, de 26 de Janeiro, relativa à Informação Genética Pessoal e Informação de Saúde: "a informação genética é a informação de saúde que verse as características hereditárias de uma ou várias pessoas, aparentadas entre si ou com características comuns daquele tipo, excluindo-se desta definição a derivada de (...) estudos de identificação genética para fins criminais (...)". Na medida em que exclui do conteúdo do conceito de informação genética, para efeitos da sua aplicação, os resultados dos aludidos estudos, o disposto no artigo 7.° ("Bases de dados genéticos") deste diploma não se aplica à constituição de uma base de dados genéticos para fins criminais.

identificável"[10], que é o titular dos dados. Do facto de serem qualificados como dados pessoais aos quais corresponde um "nível máximo de protecção"[11] decorrem consequências limitativas no que respeita ao âmbito do seu processamento e difusão, bem como a nível sancionatório quando ocorra uma violação punível da sua confidencialidade. A regra geral constante do diploma em análise é a da proibição do tratamento de dados genéticos. Porém, esta regra não é absoluta, comportando excepções, sendo este tratamento nomeadamente admitido quando "por motivos de interesse público importante o tratamento desses dados for indispensável ao exercício das atribuições legais ou estatutárias do seu responsável"[12]. Adicio-

---

[10] Considera-se para efeitos do referido diploma como identificável a "pessoa que possa ser identificada directa ou indirectamente, designadamente por referência a um número de identificação ou a um ou mais elementos específicos da sua identidade física, fisiológica, psíquica, económica, cultural ou social". Cf. o artigo 3.° da Lei da Protecção de Dados Pessoais, a Lei n.° 67/98, de 26 de Outubro, que transpõe para a ordem jurídica portuguesa a Directiva 95/46/CE, do Parlamento Europeu e do Conselho, de 24 de Outubro de 1995, relativa à protecção das pessoas singulares no que diz respeito ao tratamento dos dados pessoais e à livre circulação desses dados. Encontramos a mesma definição de dados de carácter pessoal no artigo 2.° da Convenção para a Protecção das Pessoas relativamente ao Tratamento Automatizado de Dados de Carácter Pessoal, aberta à assinatura dos Estados membros do Conselho da Europa em 28 de Janeiro de 1981 e aprovada, para ratificação, pela Resolução da Assembleia da República n.° 23/93, de 9 de Julho. Esta Convenção não se refere expressamente aos dados genéticos apenas incluindo nas "categorias especiais de dados" previstas no artigo 6.° e cujo tratamento automatizado só é possível se a legislação interna dos Estados prever condições de protecção mais exigentes quanto à forma como esses dados são tratados, os dados de carácter pessoal relativos à saúde. De referir ainda que a recolha de dados pessoais para fins policiais deve em regra e segundo o princípio 2.° da Recomendação (87) 15, de 17 de Setembro, do Comité de Ministros do Conselho da Europa, destinada a regulamentar a Utilização de Dados de Carácter Pessoal no Sector da Polícia, limitar-se "ao necessário para a prevenção de um perigo real ou para a supressão de um delito específico". *Vid.*, na matéria, LOPES, J. de Seabra (1993), "A Protecção de Dados Pessoais no Contexto Internacional e Comunitário", *Legislação, Cadernos de Ciência da Legislação*, n.° 8, Outubro-Dezembro de 1993, Oeiras, pp. 16 e ss., e RAMIRO, Mónica Arenas (2006), *El Derecho Fundamental a la Protección de Datos Personales en Europa*, Valencia: Tirant lo Blanch, pp. 230 e ss.

[11] Sobre os diferentes níveis de protecção dispensados pelo Direito aos dados pessoais *vid.* GUERRA, Amadeu (2004), *A Privacidade no Local de Trabalho*, Coimbra: Almedina, pp. 73 e ss.; MARQUES, José Augusto Garcia (1993), "Legislar sobre Protecção de Dados Pessoais em Portugal", *Legislação, Cadernos de Ciência da Legislação*, n.° 8, Outubro-Dezembro de 1993, Oeiras, pp. 52-53, e NUNES, Rui (2005), *Regulação da Saúde*, Porto: Vida Económica, pp. 150 e ss.

[12] Cf. o artigo 7.°, n.° 2, da Lei n.° 67/98, de 26 de Outubro.

nalmente exige-se, para que esse tratamento seja lícito, a prévia notificação realizada pelo responsável pelo tratamento à Comissão Nacional de Protecção de Dados (CNPD)[13] da sua intenção de proceder ao tratamento de dados genéticos, bem como que o tratamento desses dados seja efectuado por pessoas sujeitas a segredo profissional e sejam garantidas medidas adequadas de segurança.

Autorizado pela CNPD o tratamento de dados genéticos[14], este deve processar-se de forma transparente, com observância do princípio da boa fé e no respeito pelos direitos, liberdades e garantias do titular desses dados. Para além de terem sido obtidos de forma leal e lícita, com o consentimento da pessoa interessada, os dados genéticos que sejam objecto de tratamento automatizado devem ser adequados, pertinentes e não excessivos relativamente às finalidades para que foram registados[15].

---

[13] A organização e o funcionamento desta comissão encontram-se regulados pela Lei n.º 43/2004, de 18 de Agosto.

[14] Esta Comissão já autorizou a constituição de um ficheiro relativo à gestão do Laboratório de Biologia Molecular do Instituto Nacional de Saúde Dr. Ricardo Jorge, do qual constam dados genéticos, bem como de um ficheiro informatizado de uma Faculdade de Ciências de uma Universidade Portuguesa, em que a finalidade do tratamento dos dados genéticos é a de registar investigações em genética populacional e verificar pericialmente parentescos, em especial nas acções de investigação da paternidade. *Vid.*, respectivamente, as Autorizações n.º 2/99, de 17 de Dezembro de 1999, e n.º 67/97 da CNPD. Na Autorização n.º 67/97 a CNPD defendeu ser necessário atribuir uma "protecção reforçada aos dados genéticos" porque estes "ultrapassam em muito uma mera identificação da pessoa" sendo "o património da própria existência, em muitas dimensões, a matriz pessoal de cada um". Salientou ainda que os dados genéticos "podem ter uma utilização directa ou indirecta na leitura, não apenas dos factores hereditários, mas igualmente do próprio estado de saúde, e no extremo, poderão tocar (e afectar) o núcleo da privacidade". Na outra Autorização referida, a n.º 2/99, a Comissão sublinhou a natureza familiar da informação genética referindo que os dados genéticos "podem assumir uma natureza 'colectiva' ou, mesmo, 'universal' na medida em que o 'dossier' genético individual pode estar inter-relacionado com os dossiers da mesma família ou, até, de indivíduos das mesmas zonas geográficas ou com características genéticas similares". Sobre a consagração da identidade genética do ser humano como valor constitucional a garantir pela lei *vid.* LOUREIRO, João Carlos Gonçalves (1999), "O Direito à Identidade Genética do Ser Humano" *in Portugal – Brasil Ano 2000 – Tema Direito*, Coimbra: Coimbra Editora, pp. 284 e ss., e OTERO, Paulo (1999), *Personalidade e Identidade Pessoal e Genética do Ser Humano: Um Perfil Constitucional da Bioética*, Coimbra: Almedina, pp. 83 e ss.

[15] Cf. o artigo 5.º da Convenção para a Protecção das Pessoas relativamente ao Tratamento Automatizado de Dados de Carácter Pessoal. *Vid.*, na matéria, ALPERT, Sheri A. (1998), "Health Care Information: Access, Confidentiality, and Good Practice" *in Ethics, Computing, and Medicine* (coord.: Kenneth W. Goodman), Cambridge: Cambridge University Press, pp. 75 e ss.

Os dados adequados, pertinentes e não excessivos para a finalidade de identificação de autores de crimes são os dados genéticos contidos no DNA não codificante, na medida em que, no estádio actual dos conhecimentos científicos, se considera não conterem informação sobre características hereditárias específicas dos sujeitos a que se referem. É esta aliás a recomendação feita aos Estados-membros da União Europeia pelo Conselho na sua Resolução de 25 de Junho de 2001, relativa ao intercâmbio de resultados de análises de DNA[16].

Não obstante não facultarem informação sobre características hereditárias específicas, estas análises permitem identificar certos traços dos sujeitos a que se referem, como seja a sua origem étnica. Apesar de não se conhecer bem a função desempenhada pelo DNA não codificante, supõe-se que o mesmo intervenha a nível da hereditariedade epigenética[17], fornecendo assim indirectamente informação sobre a expressão de características hereditárias no indivíduo. Acresce ainda que embora isoladamente considerados os resultados destas análises possam ser irrelevantes no que concerne à informação que facultam sobre a saúde do indivíduo analisado, já não o são se cruzados com outros dados pessoais relativos a esse indivíduo. Os resultados das análises de perfis de DNA apesar de não fornecerem informação sobre características hereditárias dos indivíduos obtidas através da expressão de proteínas, têm a natureza jurídica de dados pessoais relativos à saúde, devendo o seu tratamento ser feito de modo a proteger os direitos fundamentais do seu titular[18].

---

[16] Cf. o ponto III, n.º 2, desta Resolução que se encontra publ. no JOCE n.º C 187, de 3 de Julho de 2001, pp. 1-4.

[17] *Vid.*, na matéria, KÉPÈS, Fançois (2007), "Vers L'Épigénomique", *Sciences et Avenir, Hors-Série*, n.º 149, Décembre 2006 – Janvier 2007, p. 53.

[18] Cf. o artigo 10.º da Convenção sobre os Direitos do Homem e a Biomedicina, adoptada e aberta à assinatura em Oviedo, a 4 de Abril de 1997, adiante designada por "CDHB". Esta Convenção foi aprovada, para ratificação, pela Resolução da Assembleia da República n.º 1/2001, de 19 de Outubro, publicada no Diário da República, II Série A, de 3 de Janeiro de 2001, pp. 14 a 36. O *Rapport Explicatif* desta convenção elaborado sob a responsabilidade do Secretário-Geral do Conselho da Europa, explicita poder ser o exercício deste direito 10.º objecto de restrições, desde que formuladas em obediência ao disposto no artigo 26.º deste tratado internacional. Exemplifica afirmando que "a autoridade judiciária poderá ordenar a realização de um teste que tenha por objectivo a identificação do autor de um crime (excepção fundada na necessidade de se prevenirem infracções penais (…)". Cf. CONSEIL DE L'EUROPE (1997), *Rapport Explicatif à la Convention pour la Protection des Droits de L'Homme et de la Dignité de l'Être Humain à L'Égard des Applications de la Biologie et de la Médecine: Convention sur les Droits de L'Homme et la Biomédecine*, Strasbourg: Conseil de L'Europe, p. 16.

Este, tem direito ao respeito pela sua vida privada relativamente a informações sobre a sua saúde e, em particular, sobre a sua constituição genética[19]. Goza ainda do direito à autodeterminação informacional consagrado no aludido artigo da Constituição da República e que constitui uma concretização, no domínio da informática, do direito mais geral, também constitucionalmente consagrado, à reserva da intimidade da vida privada[20]. O direito à autodeterminação informacional é, por sua vez, integrado por vários direitos, liberdades e garantias, tendo o titular dos dados genéticos o direito a aceder aos dados informatizados que lhe respeitem, o direito a exigir a sua rectificação e actualização e o direito a conhecer a finalidade a que se destinam[21].

Não existindo uma definição legal de "vida privada" suscita-se o problema de saber se os dados pessoais referentes ao estado de saúde integram a esfera da vida privada do cidadão. Quer a Doutrina[22], quer a Jurisprudência[23] têm defendido, na matéria, que os dados de saúde integram a

---

[19] *Vid.*, o artigo 1.º da Directiva 95/46/CE do Parlamento Europeu e do Conselho, de 24 de Outubro de 1995, e o artigo 14.º da Declaração Internacional sobre Dados Genéticos Humanos.

[20] Cf. o artigo 26.º, n.º 1 da CRP. *Vid.*, sobre o conteúdo deste direito à intimidade da vida privada, CABRAL, Rita Amaral (1988), "O Direito à Intimidade da Vida Privada (Breve Reflexão Acerca do Artigo 80.º do Código Civil)", *sep. dos Estudos em Memória do Prof. Doutor Paulo Cunha*, Lisboa: Universidade de Lisboa, pp. 19 e ss.; DECEW, Judith Wagner (1997), *In Pursuit of Privacy, Law, Ethics, and the Rise of Technology*, Ithaca: Cornell University Press, pp. 9 e ss., e ORTIZ, Ana Isabel Herrán (1998), *La Violación de la Intimidad en la Protección de Datos Personales*, Madrid: Dykinson, pp. 2 e ss.

[21] Como salientam GOMES CANOTILHO e VITAL MOREIRA o reconhecimento deste conjunto de direitos impede que a pessoa se transforme em "simples objecto de informações". Cf. CANOTILHO, J. J. Gomes, e MOREIRA, Vital (2007), *Constituição da República Portuguesa Anotada*, vol. 1, 4.ª ed. rev., Coimbra: Coimbra Editora, p. 551.

[22] *Vid.* CANOTILHO, J. J. Gomes, e MOREIRA, Vital (2007), p. 555, e FARIA, Maria Paula Lobato de (1996), *Donnés Génétiques Informatisées – Un Nouveau Défi à la Protection du Droit à la Confidentialité des Donnés Personnelles de Santé*, Villeneuve d'Ascq: Presses Universitaires du Septentrion, p. 304.

[23] Cf. o Acórdão do Tribunal Constitucional n.º 355/97, de 7 de Maio, publicado no Diário da República, I Série-A, n.º 131, de 7 de Junho de 1997. Neste acórdão o Tribunal pronunciou-se pela inconstitucionalidade das normas do decreto registado na Presidência do Conselho de Ministros sob o n.º 110/97, que visava constituir ficheiros automatizados em cada um dos Centros Regionais de Oncologia de Lisboa, Porto e Coimbra do Instituto Português de Oncologia de Francisco Gentil, bem como noutras instituições de saúde que prestam serviços em oncologia, com a finalidade de organizar e interpretar os dados relativos a doentes oncológicos.

categoria de dados relativos à vida privada, porque são dados "pessoalíssimos", pertencentes ao "núcleo duro mais sensível"[24] daquela esfera. Deste modo a informática não pode ser, em princípio, utilizada para os tratar. Como não se trata de uma proibição absoluta de tratamento automatizado destes dados esta é admitida apenas nos casos excepcionais referidos, asseguradas as garantias a que deve obedecer qualquer intervenção na área dos direitos, liberdades e garantias.

Apesar de se tratar, como referido, de uma norma constitucional directamente aplicável, o artigo 35.° da Constituição exige mediação legislativa, remetendo para a lei a definição de bases de dados, respectivas condições de constituição e utilização[25]. A Lei de Dados Pessoais veio concretizar o disposto nesta norma constitucional definido, nomeadamente, os direitos de defesa dos titulares de dados genéticos contra o tratamento automatizado destes dados. Estes, na constituição de um ficheiro de dados pessoais[26] de natureza genética têm, em particular, de ver respeitados os seus direitos à informação, ao acesso aos registos informáticos para conhecimento dos dados pessoais deles constantes[27] e ao sigilo em relação aos

---

[24] Cf. o Acórdão do Tribunal Constitucional n.° 355/97, de 7 de Maio, p. 2809. De igual modo a Comissão de Acesso aos Documentos Administrativos, à qual cabe zelar pelo cumprimento das disposições da Lei que regula o acesso aos documentos da administração, a Lei n.° 65/93, de 26 de Agosto, defende que "o estado de saúde de cada pessoa em regra só a ela diz respeito (e a quem ela entender confiar)", integrando-se "habitualmente num núcleo de matérias constitutivas da intimidade das pessoas singulares". Cf. COMISSÃO DE ACESSO AOS DOCUMENTOS ADMINISTRATIVOS (1998), "Parecer n.° 13/98, de 4 de Fevereiro de 1998", *4.° Relatório de Actividades*, Lisboa: Comissão de Acesso aos Documentos Administrativos, p. 55. *Vid.*, na matéria, CARVALHO, Raquel (2000), *Lei de Acesso aos Documentos da Administração Anotada*, Porto: Publicações da Universidade Católica, pp. 39-40, e EKMEKDJIAN, Miguel Ángel, e PIZZOLO, Calogero (1996), *Hábeas Data, El Derecho a la Intimidad frente a la Revolución Informática*, Buenos Aires: Ediciones Depalma, pp. 1 e ss.

[25] Sobre os pressupostos da aplicabilidade directa cf. CANOTILHO, José Joaquim Gomes (2006), "Métodos de Protecção de Direitos, Liberdades e Garantias" in *Direito Penal Especial, Processo Penal e Direitos Fundamentais, Visão Luso-Brasileira* (coord.: José de Faria e Costa e Marco António Marques da Silva), São Paulo: Editora Quartier Latin do Brasil, pp. 133 e ss.

[26] Já várias instituições dispõem de ficheiros de dados pessoais na área da saúde. Por exemplo, os Institutos de Medicina Legal de Lisboa, Porto e Coimbra dispõem de ficheiros de dados informatizados nas áreas da tanatologia forense, clínica médico-legal, biologia forense, toxicologia forense, psiquiatria forense, anatomia patológica e histopatologia forense, criminalística e investigação e formação profissional.

[27] No caso do tratamento de dados pessoais referentes à prevenção ou investigação criminal este direito é exercido, de acordo com disposto no artigo 11.°, n.° 2, da Lei

responsáveis de ficheiros e a terceiros relativamente aos dados pessoais informatizados.

O titular dos dados genéticos tem, em princípio, o direito de conhecer toda a informação recolhida e armazenada sobre a sua constituição genética. Contudo, se não os desejar conhecer, a sua vontade de não ser informado deve ser respeitada, uma vez que o direito de informação sobre os dados relativos à sua constituição genética, para além da aludida vertente positiva tem uma vertente negativa, que se traduz no direito a não conhecer a sua constituição genética, a não querer aceder aos dados genéticos disponíveis sobre si mesmo[28].

Com vista a assegurar a segurança e confidencialidade de dados genéticos relativos a uma pessoa identificável, o responsável pelo seu tratamento deve ainda pôr em prática as medidas técnicas e organizacionais adequadas para proteger os dados contra a destruição, acidental ou ilícita, a perda acidental, a modificação, a difusão ou o acesso não autorizados, designadamente quando o tratamento implicar a sua transmissão por rede e contra qualquer forma de tratamento ilícito[29]. Estas medidas que visam assegurar um nível e segurança adequado em relação aos riscos que o tratamento de dados genéticos apresenta têm de ser adoptadas se e quando for determinada na lei a constituição de uma base de dados genéticos para fins de investigação criminal.

Definido o tipo de dados a conter nesta base (apenas os relativos ao DNA não codificante) e as normas a que deve obedecer o ser tratamento, atenta a sua natureza de dados pessoais sensíveis, coloca-se uma outra questão: que material biológico pode ser analisado para fins de investigação criminal?

---

n.º 67/98, de 26 de Outubro, "através da CNDP ou de outra autoridade independente a quem a lei atribua a verificação do cumprimento da legislação de protecção de dados pessoais".

[28] Este direito encontra-se reconhecido no artigo 10.º da CDHB; no artigo 5.º, al. c) da Declaração Universal sobre o Genoma Humano e os Direitos do Homem, adoptada pela Conferência Geral da UNESCO, em 11 de Novembro de 1997, adiante designada por DUGH, e no artigo 10.º da Declaração Internacional sobre Dados Genéticos Humanos. Vid., sobre este direito, ROCHA, Mário de Melo (2003), "Vida Privada e Direito à Informação" in Direitos do Homem e Biomedicina, Lisboa: Universidade Católica Editora, p. 75.

[29] Cf. o artigo 7.º da Convenção para a Protecção das Pessoas relativamente ao Tratamento Automatizado de Dados de Carácter Pessoal e o artigo 7.º da DUGH.

3. O material biológico analisado

Reconhecendo o Processo Penal Português o princípio da liberdade da prova, segundo o qual são admitidas todas as provas não proibidas por lei[30], é em regra lícito o recurso, no âmbito da investigação criminal, à técnica de identificação genética por perfis de DNA. Como este recurso implica especiais conhecimentos técnicos e científicos é-lhe aplicável o regime jurídico da prova pericial e, no âmbito deste, o regime específico da perícia médico-legal[31].

A realização destas perícias e exames laboratoriais de criminalística biológica pode ser solicitada pelo tribunal ou pela autoridade policial ao Instituto de Medicina Legal[32], ao Laboratório de Polícia Científica da Polícia Judiciária ou a entidades contratadas ou indicadas por aquele Instituto para o efeito. O Ministério Público durante a fase de inquérito, ou o juiz durante a fase de instrução, se esta for requerida, podem pois

---

[30] Cf. o artigo 125.º do Código de Processo Penal, aprovado pelo Decreto-Lei n.º 78/87, de 17 de Fevereiro. Esta proclamação da liberdade de escolha dos meios de prova a utilizar no processo é, no entanto e como refere PAULO MENDES, "ilusória", dado que "a única liberdade que existe relativamente à escolha dos meios de prova consiste na possibilidade de seleccionar do catálogo dos meios de prova típicos aqueles que forem considerados como adequados ao processo em curso". Cf. MENDES, Paulo de Sousa (2004), "As Proibições de Prova no Processo Penal" in *Jornadas de Direito Processual Penal e Direitos Fundamentais (Organizadas pela Faculdade de Direito da Universidade de Lisboa e pelo Conselho Distrital da Ordem dos Advogados, com a colaboração do Goethe Institut)* (coord.: Maria Fernanda Palma), Coimbra: Almedina, p. 136.

[31] Cf. os artigos 151.º e 159.º do Código de Processo Penal, e a Lei n.º 45/2004, de 19 de Agosto, que estabelece o regime jurídico das perícias médico-legais e forenses. O custo dos exames periciais de identificação genética realizados pelo Instituto consta da tabela publicada em anexo à Portaria n.º 652/2005, de 12 de Agosto. Sobre a prova pericial *vid.* CORDEIRO, António Meneses (2005), *Tratado de Direito Civil Português*, vol. 1, Coimbra: Almedina, p. 499; DIAS, Maria do Carmo Saraiva de Meneses da Silva (2005), "Particularidades da Prova em Processo Penal. Algumas Questões Ligadas à Prova Pericial", *Revista do Centro de Estudos Judiciários*, n.º 3, 2005, Lisboa, pp. 183 e ss., e SOARES, Jorge (2001), "Ética e Perícias Médico-Legais", *Revista Portuguesa do Dano Corporal*, n.º 11, Novembro de 2001, Coimbra, pp. 9 e ss.

[32] De acordo com o disposto no n.º 1, al. *b*), do artigo 2.º dos Estatutos do Instituto Nacional de Medicina Legal, aprovados pelo Decreto-Lei n.º 96/2001, de 26 de Março constitui atribuição do Instituto "cooperar com os tribunais e demais serviços e entidades que intervêm no sistema de administração da justiça, realizando os exames e perícias de medicina legal que lhe forem solicitados, bem como prestar-lhes apoio técnico e laboratorial especializado".

ordenar a realização deste tipo de provas, com vista a investigar a existência de um crime[33].

Se a análise genética for realizada a partir de material biológico encontrado no suposto lugar da prática do crime, é possível a apreensão deste material de acordo com o disposto no artigo 178.° do Código de Processo Penal. Não é neste caso necessário (nem possível) obter o prévio consentimento da pessoa de cujo corpo provêm o material biológico, uma vez que se desconhece a sua identidade.

A questão já é diferente, no plano jurídico, se a amostra biológica a utilizar tiver de ser colhida do corpo do suspeito da prática do crime que está a ser investigado. Há que distinguir, neste caso, entre duas situações: aquela em que o suspeito consente, de forma séria, livre e esclarecida, na aludida colheita, e aquela em que nela não consente.

Na primeira das situações referidas a colheita é lícita, operando o consentimento como causa de exclusão do tipo, e os resultados da análise genética sobre ela realizada constituem um facto juridicamente relevante para a determinação da punibilidade ou da não punibilidade do arguido.

Na segunda das situações referidas existe um conflito entre o interesse do Estado na descoberta da verdade material[34] e os direitos fundamentais à liberdade, à integridade pessoa, à intimidade, à privacidade do suspeito. Este, em regra, tem o dever de se submeter a "qualquer exame médico-legal quando este se mostrar necessário ao inquérito ou à instrução de qualquer processo e desde que ordenado pela autoridade judiciária competente, nos termos da lei"[35]. Porém, o princípio cardinal que preside

---

[33] De referir ainda que de acordo com o determinado no artigo 2.°, n.° 2, da Lei da Organização da Investigação Criminal, a Lei n.° 21/2000, de 10 de Agosto, com as alterações que lhe foram introduzidas pelo Decreto-Lei n.° 305/2002, de 13 de Dezembro, a "autoridade judiciária é assistida na investigação pelos órgãos de polícia criminal". Sobre o princípio da coadjuvação e da obrigatoriedade de assistência dos órgãos de polícia criminal à autoridade judiciária competente vid. VALENTE, Manuel Monteiro Guedes (2006), *Regime Jurídico da Investigação Criminal Comentado e Anotado*, 3.ª ed. rev., Coimbra: Almedina, pp. 63 e ss. Sobre as finalidades da investigação criminal cf. VALENTE, Manuel Monteiro Guedes (2005), *Teoria Geral do Direito Policial*, t. I, Coimbra: Almedina, pp. 226 e ss.

[34] Sobre o princípio da investigação ou da "verdade material" vid. DIAS, Jorge de Figueiredo (2004), *Direito Processual Penal*, reimp. da ed. de 1974, Coimbra: Coimbra Editora, pp. 187 e ss. Sobre a resolução de conflitos de interesses pelo Estado cf. TELLES, Inocêncio Galvão (2001), *Introdução ao Estudo do Direito*, vol. I, 11.ª reimp., Coimbra: Coimbra Editora, pp. 319-320.

[35] Cf. o artigo 172.° do Código de Processo Penal e o artigo 6.° da Lei n.° 45/2004, de 19 de Agosto. Apesar de o Código de Processo Penal distingue entre "meios de prova"

a todo o Biodireito na área de influência do Direito Europeu Continental é o do primado do ser humano, segundo o qual "o interesse e o bem-estar do ser humano devem prevalecer sobre o interesse único da sociedade ou da ciência"[36].

Como o processo penal implica, na sua aplicação, uma frequente compressão dos direitos e da liberdade do arguido, parece-nos que apenas caso a caso o aludido conflito poderá ser solucionado por apelo ao princípio da concordância prática ou da harmonização dos direitos em conflito. Vários elementos devem ser ponderados para encontrar o "justo meio" em cada processo de investigação criminal: o da gravidade do acto ilícito supostamente praticado na escala de crimes prevista no nosso ordenamento jurídico-penal, o carácter mais ou menos invasivo da integridade pessoal da colheita (por exemplo o corte de um cabelo *versus* a colheita forçada de espermatozóides) ou mais ou menos ofensivo da intimidade da pessoa em causa.

Duas ideias afiguram-se-nos fundamentais para avaliar a licitude desta intromissão na esfera fundamental de defesa da intimidade e autodeterminação da pessoa. A de que, como sublinha TERESA BELEZA, "por muito que os juízes sejam imparciais, o Ministério Público deva agir de uma forma objectiva e respeitar a legalidade, a verdade é que, quando uma pessoa é confrontada com o poder do Estado contra si ela está à partida, necessariamente, numa posição de enorme inferioridade" pelo que é

(aos quais dedica o Título II e entre os quais se insere a prova pericial) e "meios de obtenção da prova" (no Título III, que regula a sujeição a exames), a Lei n.º 45/2004, de 19 de Agosto não procede a essa distinção, referindo-se indiferenciadamente a exames e perícias. A realização de uma análise de DNA configura sempre uma perícia, na medida em que supõe o recurso a conhecimentos de Genética e supõe, muitas vezes um exame, para a colheita do indispensável material biológico. É possível distinguir, no plano teórico, entre o consentimento prestado para a colheita desse material e o ulterior consentimento para a realização da análise genética. No entanto, esta distinção afigura-se-nos algo artificiosa na medida em que o sujeito consente ou não consente na colheita daquele material para um determinado fim – que neste caso será a realização da aludida análise. E, se a colheita já tiver sido efectuada com outra finalidade, *de iure constituto*, a análise genética para fins de investigação criminal não poderá ser efectuada sem o consentimento expresso do sujeito para o efeito. Expressivas em matéria de sujeição de exames são as palavras de MAIA GONÇALVES: "o simples facto de o exame ser ordenado contra a vontade do examinando não é, *de per se* (...), atentatório da integridade física ou moral". Cf. GONÇALVES, Manuel Lopes Maia (2005), *Código de Processo Penal Anotado*, 15.ª ed. rev., Coimbra: Almedina, p. 385.

[36] Cf. o artigo 2.º da CDHB.

essencial, no plano jurídico, contrabalançar essa situação garantindo "à pessoa que é objecto desse processo o máximo de possibilidades de defesa"[37]. Outra, a de que atento o carácter hereditário, familiar, imutável do património genético da pessoa e a necessidade de protecção jurídica reforçada da informação a ele relativa, a regra terá de ser a de que toda a análise genética, bem como a colheita do indispensável material biológico, seja qual for o objectivo da sua realização (clínico, de identificação para fins de investigação criminal...), deva ser precedida da obtenção de consentimento sério, livre e esclarecido do sujeito a quem é realizada[38] e de que apenas muito excepcionalmente e sobretudo se vier a ser adoptada legislação específica nesse sentido, se possa concluir pela obrigatoriedade de um suspeito pela prática de um crime se sujeitar à colheita do aludido material.

Neste sentido não pode ser invocado, como defendem alguns Autores[39], o direito a não declarar nada contra si mesmo e a não se confessar culpado[40], porque os resultados da análise genética, se efectuada, podem contribuir quer para a tomada de decisão pelo magistrado no sentido da dedução de acusação, quer no sentido da não dedução, por inexistência de indícios suficientes da prática do crime por parte do suspeito[41]. Pode sim,

---

[37] BELEZA, Teresa Pizarro (1992), *Apontamentos de Direito Processual Penal*, Lisboa: Associação Académica da Faculdade de Direito de Lisboa, p. 67.

[38] *Vid.*, neste sentido, o artigo 13.º da Directiva 2004/23/CE do Parlamento Europeu e do Conselho, de 31 de Março de 2004, relativa ao estabelecimento de normas de qualidade e segurança em relação à dádiva, colheita, análise, processamento, preservação, armazenamento e distribuição de tecidos e células de origem humana.

[39] *Vid.*, por exemplo, LEMOS JÚNIOR, Arthur Pinto de (2005), "A Aplicação da Perícia de Análise do ADN no Processo Penal para Fins de Identificação Criminal", *Lex Medicinae, Revista Portuguesa de Direito da Saúde*, n.º 3, 2005, Coimbra: Centro de Direito Biomédico, p. 93.

[40] Cf. o artigo 61.º, n.º 1, al. *c*), do Código de Processo Penal. Como salienta MANUEL DA COSTA ANDRADE as provas obtidas mediante ofensa do princípio *nemo tenetur se ipsum accusare* configuram um atentado à integridade moral da pessoa "particularmente qualificado na medida em que redundam na degradação da pessoa em mero objecto ou instrumento contra si própria numa área onde cabe assegurar a expressão da plena liberdade e autoresponsabilidade". Cf. ANDRADE, Manuel da Costa (2006), *Sobre as Proibições de Prova em Processo Penal*, reimp. da ed. de 1992, Coimbra: Coimbra Editora, p. 126.

[41] Como sublinha SÓNIA FIDALGO estes testes permitem "não só determinar o culpado, mas também *libertar* o inocente de um processo moroso que o pode prejudicar". Cf. FIDALGO, Sónia (2006), "Determinação do Perfil Genético como Meio de Prova em Processo Penal", *Revista Portuguesa de Ciência Criminal*, ano 16.º, n.º 1, Janeiro-Março de 2006, Coimbra, p. 116, e GARFINKEL, Simson (2000), *Database Nation, The Death of Privacy in the 21st Century*, Cambridge: O'Reilly, pp. 52-53.

ser invocado o facto de serem nulas, segundo o artigo 126.° do Código de Processo Penal, as provas obtidas mediante "(...) tortura, coacção ou, em geral, ofensa da integridade física ou moral das pessoas"[42]. Ou seja, embora em regra a pessoa tenha o dever de se sujeitar a um exame genético se a tal for compelida por decisão da autoridade judiciária competente, este dever não é ilimitado, pelo que o não consentimento do sujeito para a colheita do material biológico para fins de análise no âmbito do processo penal não pode, *de iure constituto*, ser interpretado pelo juiz como traduzindo um reconhecimento implícito de culpabilidade, mas constitui apenas um facto a valorar conjuntamente com outros factos trazidos ao processo[43].

A mesma orientação parece-nos dever ser seguida *de lege ferenda*, dado que as restrições aos direitos fundamentais dos indivíduos que o Direito Penal comporta, têm de ter sempre fundamento na Constituição e de se limitar ao necessário para a salvaguarda de direitos constitucionalmente protegidos[44].

Questão diferente, mas também associada ao problema da adequada tutela dos direitos das pessoas no processo penal, é a do valor probatório da perícia médico-legal. Embora o Código de Processo Penal formule no número 1 do artigo 163.° a regra pela qual se presume subtraída à livre apreciação do julgador o juízo técnico e científico inerente às perícias, este pode, de acordo com o número 2 do mesmo artigo, divergir desse juízo,

---

[42] Regra também consagrada no n.° 8 do artigo 32.° da CRP. Como se salienta no Acórdão do Supremo Tribunal de Justiça de 8 de Fevereiro de 1995 (processo n.° 047084, relator: Vaz dos Santos), as provas obtidas em contrariedade do disposto no n.° 1 do artigo 126.° serão "sempre inválidas, não poderão nunca ser utilizadas, mesmo com o consentimento do titular, porque contendem com a dignidade e integridade física ou moral das pessoas, que são bens jurídicos indisponíveis para o seu titular". JOSÉ DE FARIA E COSTA defende, na matéria, estar a autonomizar-se um bem jurídico-penal que se consubstancia na "integridade pessoal". Escreve: "aquele (...) que sofre a tortura – muito embora fisicamente tudo tenha sido repristinado – fica marcado no mais fundo do seu ser". Cf. COSTA, José de Faria (2004), *Direito Penal Especial. Contributo a uma Sistematização dos Problemas 'Especiais' da Parte Especial*, Coimbra: Coimbra Editora, pp. 50-51.

[43] O sujeito pode ser acusado da prática do crime de desobediência previsto e punido pelo artigo 348.° do Código Penal. Sobre este dever qualificado de obediência que visa proteger a autonomia intencional do Estado *vid.* MONTEIRO, Cristina Líbano (2001), "Artigo 348.° – 'Desobediência'" in *Comentário Conimbricense do Código Penal, Parte Especial*, T. III (coord.: Jorge de Figueiredo Dias), Coimbra: Coimbra Editora, pp. 349 e ss.

[44] *Vid.*, na matéria, GOUVEIA, Jorge Bacelar (2002), *Novos Estudos de Direito Público*, Lisboa: Âncora Editora, pp. 101 e ss.

sendo obrigado a fundamentar a divergência. O juiz continua em matéria de apreciação dos resultados de criminalística biológica a ser – como refere GUILHERME DE OLIVEIRA – o "senhor da prova" cabendo-lhe "de um modo geral, o controlo dos factos sobre que assentaram as perícias"[45].

Se os dados a utilizar para fins de investigação criminal são apenas os de DNA não codificante obtidos a partir de análises realizadas em vestígios que o crime possa ter deixado ou em amostras colhidas no corpo de pessoas que se supõe que o cometeram ou sobre as quais foi cometido, suscita-se a questão: devem ser armazenados em ficheiro expressamente constituído para o efeito os resultados de todas as perícias de criminalística biológica realizadas? Ou devem também ser armazenados dados genéticos para fins de investigação criminal relativos a pessoas que não foram constituídas arguidas, nem sequer suspeitas, em processo penal?

4. Os titulares dos dados a tratar

Deve ser respondida em sentido negativo a segunda questão formulada. Poder-se-ia pensar na constituição de uma base de dados genéticos para fins de identificação criminal que contivesse informação sobre todos os cidadãos portugueses[46]. Essa informação poderia, por hipótese e para os cidadãos nascidos a partir de 1979, ser obtida a partir das amostras licitamente conservadas no Instituto de Genética Médica Jacinto de Magalhães, sito no Porto. Outra hipótese seria prever na lei que especificamente regulasse a constituição das bases de dados em análise a obrigatoriedade

---

[45] OLIVEIRA, Guilherme de (2005), *Temas de Direito da Medicina*, vol. 1, 2.ª ed. rev., Coimbra: Coimbra Editora, p. 120. Em sentido algo diferente SUSANA COSTA defende que ainda que à luz do Código de Processo Penal o juiz continua a ser "o 'perito dos peritos' verifica-se, no entanto, que o seu papel poderá estar a ser cada vez mais condicionado pelos resultados das perícias e pelos depoimentos dos porta-vozes da prova científica". Cf. COSTA, Susana (2003), *A Justiça em Laboratório, A Identificação por Perfis Genéticos de ADN, entre a Harmonização Transnacional e a Apropriação Local*, Coimbra: Almedina, p. 51.

[46] À semelhança do que acontece com a base de dados de identificação civil que tem por finalidade, de acordo com o disposto no artigo 21.º da Lei n.º 33/99, de 18 de Maio, "organizar e manter actualizada a informação necessária ao estabelecimento da identidade dos cidadãos e à emissão do correspondente bilhete de identidade". Cf., sobre este ponto, MONIZ, Helena (2002), "Os Problemas Jurídico-Penais da Criação de uma Base de Dados Genéticos para Fins Criminais", *Revista Portuguesa de Ciência Criminal*, Ano 12, n.º 2, Abril-Junho de 2002, Coimbra, pp. 241-242.

de todos os cidadãos facultarem os seus dados genéticos para os aludidos fins de investigação. Ou, ainda, dar aos cidadãos a faculdade, se assim o desejassem, de cederem os seus dados genéticos para o efeito.

Estas hipóteses parecem-nos de rejeitar. A primeira é-o, porque as amostras biológicas existentes no aludido Instituto, foram colhidas apenas para fins de rastreio neo-natal de determinadas doenças metabólicas[47], não sendo lícito presumir o consentimento dos progenitores dessas crianças ou delas próprias atingidos os catorze anos, para que sejam utilizadas para a realização de análises para fins de identificação criminal[48].

As outras duas hipóteses referidas devem também sê-lo atento o carácter sensível da informação a tratar. Uma base de dados que contivesse dados de todos os cidadãos traria o risco de ocorrem abusos no acesso e utilização da informação nela contida. Referindo-se ao DNA não codificante pensa-se hoje que essa informação não faculta, como referido, acesso ao conhecimento directo de características hereditárias específicas. No entanto, atento o rápido progresso da Genética é altamente provável que o venha a permitir no médio prazo.

No entanto, a objecção fundamental à criação de bases de perfis de DNA de todos os cidadãos é a de que no nosso Estado de Direito democrático o legislador não pode presumir a culpabilidade de todo e qualquer cidadão até prova em contrário. Conservar dados genéticos de todos os cidadãos portugueses para fins de investigação criminal seria dar priori-

---

[47] Como sejam a fenilcetonúria, o hipotiroidismo congénito, as aminoacidopatias e as acidúrias orgânicas.

[48] De acordo com o determinado pelo n.º 5 do artigo 18.º da Lei n.º 12/2005, de 26 de Janeiro, as "amostras colhidas para um propósito médico ou científico específico só podem ser utilizadas com a autorização expressa das pessoas envolvidas ou seus representantes legais". De igual modo no plano do Direito Internacional, a Recomendação (92) 1, de 10 de Fevereiro, do Comité de Ministros do Conselho da Europa, relativa à Utilização de Análises de ADN no Âmbito do Sistema de Justiça Criminal, determina que "as amostras colhidas de pessoas vivas para a realização de análises de DNA para fins clínicos e a informação delas resultante não podem ser utilizadas para fins de investigação criminal, a menos que a legislação interna o determine expressamente". Na mesma linha de ideias, a Declaração Universal sobre a Bioética e os Direitos Humanos, adoptada pela Conferência Geral da UNESCO em 19 de Outubro de 2005, determina que a informação pessoal privada "tanto quanto possível não deve ser usada ou revelada para fins diferentes daqueles para os quais foi recolhida ou consentida, de acordo com o Direito Internacional, em particular com as normas internacionais sobre direitos humanos". *Vid.*, na matéria, GURIDI, José Francisco Etxeberría (2000), *Los Análisis de ADN y su Aplicación al Proceso Penal*, Granada: Editorial Comares, pp. 66 e ss.

dade à prevenção geral no Direito Penal, o que envolveria, como escreveu EDUARDO CORREIA, "a possibilidade de transformar o direito penal em direito de terror (...) assim se materializando e violando a dignidade humana, princípio constitucional, positivado (art. 1.°)". A actual lei criminal não visa sobretudo satisfazer fins de prevenção geral (que é "como o pau ou o cajado com que se ameaçam os homens"[49]) e os limites máximos do seu âmbito devem aferir-se pela sua necessidade. Apesar do inegável carácter instrumental da identificação criminal em relação à administração da justiça penal não nos parece que à luz do princípio da intervenção mínima deste ramo do Direito se possa justificar o tratamento de dados genéticos de todos os cidadãos para serem utilizados no âmbito da investigação criminal.

Regressemos à primeira questão acima formulada: Deverá ser criada uma base de perfis de DNA apenas para os indivíduos que foram sujeitos do processo penal? Considerado este grupo, deverão ser tratados dados relativos a todos os seus membros ou apenas àqueles em relação aos quais tenha havido uma condenação penal ou a aplicação de uma medida de segurança?

Comecemos por não considerar o estado de perigosidade que conduz à aplicação de uma medida de segurança e centremo-nos apenas no juízo de censura que leva à aplicação de uma pena. Neste caso, a ser constituída a referida base, ela apenas poderá conter dados relativos a pessoas que tenham sido condenadas e cuja sentença tenha transitado em julgado.

Um dos princípios constitucionalmente consagrados em matéria de processo penal é o de que "todo o arguido se presume inocente até ao trânsito em julgado da sentença de condenação"[50], que tem como corolários o

---

[49] CORREIA, Eduardo (1983), "As Grandes Linhas da Reforma Penal" in *Jornadas de Direito Criminal, O Novo Código Penal Português e Legislação Complementar*, Lisboa: Centro de Estudos Judiciários, pp. 19 e 20.

[50] Cf. o artigo 32.°, n.° 2, da CRP. Este princípio encontra-se também consagrado no artigo 11.° da Declaração Universal dos Direitos do Homem, adoptada pela Assembleia-Geral das Nações Unidas em 10 de Dezembro de 1948, e no artigo 6.° da Convenção para a Protecção dos Direitos do Homem e das Liberdades Fundamentais, elaborada sob a égide do Conselho da Europa, em 4 de Novembro de 1950, e aprovada para ratificação pela Lei n.° 65/78, de 13 de Outubro. *Vid.*, na matéria, BELEZA, Maria Teresa Couceiro Pizarro (2000), *Direito Processual Penal, Relatório incluindo o Programa, os Conteúdos e os Métodos de Ensino Teórico e Prático da Disciplina de Direito Processual Penal I*, Lisboa: Associação Académica da Faculdade de Direito de Lisboa, pp. 18 e 19.

princípio *in dubio pro reo* e o princípio *in dubio pro libertate*. Ou seja, e como sublinha TERESA BELEZA, "se o interesse do Estado em punir os culpados é fundamental, é tão ou mais fundamental, até no sentido da legitimidade de um Estado de Direito democrático, evitar a todo o custo a punição de um inocente"[51]. O princípio fundamental é pois, como escreve GERMANO MARQUES DA SILVA, o de que "o processo deve assegurar todas as necessárias garantias práticas de defesa do inocente e não há razão para não considerar inocente quem não foi ainda solene e publicamente julgado culpado por uma sentença transitada em julgado"[52]. Não há, pelo mesmo motivo, razão para armazenar dados genéticos para fins de identificação criminal de quem seja, ainda, considerado inocente.

Se se admitir a criação da aludida base de dados e que a mesma apenas deve conter informação relativa a quem foi julgado culpado por uma sentença transitada em julgado, pode perguntar-se: Deverá conter informação relativa a todos esses indivíduos ou apenas a parte deles?

Considenamos que apenas poderá abranger parte do universo dos arguidos declarados culpados atento o carácter estigmatizante que resultaria do armazenamento da informação genética relativa a cada indivíduo para fins de identificação criminal. Para além da audiência pública de julgamento já significar, como sublinha TERESA BELEZA, "uma estigmatização pesada do arguido", ainda que ele venha a ser absolvido, a prática de um crime do ponto de vista social, sempre estigmatiza e contribui para a marginalização do seu autor. E, em caso de reincidência, a importância dos antecedentes criminais é notória, pondo em causa a presunção de inocência, na medida em que "uma pessoa que começa a ser julgada vem já marcada para o juiz que a está a julgar, de uma forma muito nítida, quanto aos seus antecedentes criminais"[53].

Desde o *Livro dos Culpados*, de D. DINIS (1263) que a publicidade dos antecedentes criminais constitui uma parte significativa da sanção penal – pense-se nas marcas de ferro, nas penas mutilantes associadas à prática de determinado crime, que espelham no corpo do seu agente o delito que praticou. Nos últimos séculos o Direito Penal deixou de "estig-

---

[51] BELEZA, Teresa Pizarro (1992), p. 10. *Vid.*, também, na matéria, VILELA, Alexandra (2005), *Considerações Acerca da Presunção de Inocência em Direito Processual Penal*, reimp., Coimbra: Coimbra Editora, pp. 73 e ss.

[52] SILVA, Germano Marques da (2005), "Artigo 32.º" *in Constituição Portuguesa Anotada* (coord.: Jorge Miranda e Rui Medeiros), Coimbra: Coimbra Editora, p. 355.

[53] BELEZA, Teresa Pizarro (1992), pp. 25 e 41.

matizar o corpo do homem"[54], acreditando o legislador na possibilidade de ressocialização ou reinserção social de todos aqueles que praticaram crimes. A recolha de dados relativos à identidade genética de todos os autores de actos que a comunidade considera crimes não constituiria um regresso à pena infamante? Marcar-se-ia não o rosto, o ombro ou as costas do condenado, mas permitir-se-ia o acesso de terceiros a dados também relativos à sua constituição biológica, ao seu DNA não codificante.

Não contrariaria o tratamento dessa informação, independentemente da gravidade do crime praticado, o princípio constitucional de que nenhuma pena envolve, como efeito necessário, a perda de direitos civis, profissionais ou políticos[55], bem como a solidariedade devida a todos os cidadãos, "criminosos" ou "não criminosos"?

Parece-nos que o faz, podendo aqui, uma vez mais, ser invocado o princípio da necessidade da pena, segundo o qual só a pena necessária é legítima[56]. Pode também invocar-se a evolução ocorrida, nas últimas décadas, no regime jurídico do registo criminal[57], que apesar de continuar a permitir o acesso a informação para fins de identificação criminal, tende a, como salienta A. MARTINS, diminuir a *"infamia juris* que o registo criminal significa, reduzindo-lhe a publicidade, limpando-o de informação caduca ou irrelevante, junto de terceiros com quem o ex-condenado contacta, especialmente no mercado do trabalho"[58].

---

[54] A infâmia do condenado transmitia-se aos seus descendentes, trazendo para estes, como refere AMÉRICO CARVALHO, uma série de "terríficas consequências de natureza social, profissional e jurídica, tão terríveis que, como diziam os autores coevos, 'para eles a morte seria um alívio, a vida um tormento". Cf. MARTINS, A. G. Lourenço (1990), "Identificação Criminal, Problemas Antigos e Novos...", *Revista do Ministério Público*, n.° 43, Julho-Setembro de 1990, Lisboa, p. 46, e CARVALHO, Américo A. Taipa de (1985), "Condicionalidade Sócio-Cultural do Direito Penal, Análise Histórica. Sentido e Limites", *sep. do n.° especial do Boletim da Faculdade de Direito de Coimbra "Estudos em Homenagem aos Profs Manuel Paulo Merêa e Guilherme Braga da Cruz"*, publ. em 1983, pp. 41-42.

[55] Cf. o artigo 30.°, n.° 4, da CRP e o artigo 65.° do Código Penal, aprovado pelo Decreto-Lei n.° 400/82, de 23 de Setembro.

[56] *Vid.*, neste sentido, BECCARIA, Cesare (1998), *Dos Delitos e das Penas* (trad. do original italiano de 1766 por José de Faria Costa), Lisboa: Serviço de Educação da Fundação Calouste Gulbenkian, pp. 72 e ss., e 163.

[57] Cf. a Lei n.° 57/98, de 18 de Agosto, que estabelece o regime jurídico da identificação criminal e de contumazes e o Decreto-Lei n.° 381/98, de 27 de Novembro, que a regulamenta.

[58] MARTINS, A. G. Lourenço (1990), p. 52.

Se apenas deverão, *de iure condendo*, ficar registadas em ficheiros informatizados de identificação criminal informações relativas às decisões que apliquem penas correspondentes a determinados tipos de crimes, que critérios presidirão à selecção dessas decisões?

Vários têm sido os critérios propostos pela Doutrina nacional e estrangeira para o efeito: o da medida da pena, o da taxa de reincidência e o da natureza do bem jurídico tutelado.

Desaparecida, com a adopção do Código Penal de 1982, a distinção entre penas correccionais, maiores e penas especiais para empregados públicos[59], às quais correspondiam limites mínimo e máximo de duração, um regime de execução diferenciado e diversos efeitos acessórios, não nos parece que se possa apelar ao primeiro dos aludidos critérios.

As finalidades das penas encontram-se hoje previstas no artigo 40.° daquele diploma que determina que a sua aplicação visa "a protecção de bens jurídicos e a reintegração do agente na sociedade". No número 1 do artigo 71.° encontra-se consagrado o critério de acordo com o qual se deve proceder à determinação da medida da pena, que é feita, dentro dos limites definidos na lei, "em função da culpa do agente e das exigências da prevenção". Pode assim dizer-se – com ANABELA RODRIGUES – que o actual programa político-criminal assenta em três proposições essenciais: "a de que o direito penal é um direito de protecção de bens jurídicos, de que a culpa é tão-só limite da pena, mas não seu fundamento, e a de que a socialização é a finalidade de aplicação da pena"[60].

A Lei Penal e Processual Penal vigentes continuam a fixar limites em matéria de medidas das penas[61] e é inegável que a partir de determinado

---

[59] O Código Penal anterior, aprovado pelo Decreto de 16 de Setembro de 1886, consagrou no artigo 88.°, como critério da determinação da medida da pena o da "gravidade do crime". A maioria das penas de prisão nele previstas era fixa, situação que se alterou com a aprovação do Decreto-Lei n.° 39 688, de 5 de Junho de 1954, que tornou todas as penas temporárias graduando-as em escalões de gravidade continuamente decrescentes (artigos 55.° e 56.°). *Vid.*, na matéria, CORREIA, Eduardo (1971), *Direito Criminal*, vol. I, reimp. da ed. de 1968, Coimbra: Livraria Almedina, pp. 112 e ss., e SILVA, Germano Marques da (2005), *Direito Penal Português*, vol. I, reimp. da ed. de 2001, Lisboa: Verbo, p. 209.

[60] RODRIGUES, Anabela Miranda (2002), "O Modelo de Prevenção na Determinação da Medida Concreta da Pena Privativa de Liberdade" *in Problemas Fundamentais de Direito Penal, Homenagem a Claus Roxin* (coord.: Maria da Conceição Valdágua), Lisboa: Universidade Lusíada Editora, p. 186.

[61] Por exemplo, o juiz pode impor ao arguido a prisão preventiva quando, nos termos da al. *a*) do n.° 1 do artigo 202.° do Código de Processo Penal, "houver fortes indícios de prática de crime doloso punível com pena de prisão de máximo superior a *três* anos".

limite estas indiciam uma certa gravidade do crime. No entanto consideramos que a composição da finalidade das penas oferecida pela leitura conjugada dos aludidos artigos não se compagina com o estrito recurso ao critério temporal da determinação da medida da pena, para efeitos de selecção de que informação deverá ser inserida numa base de dados genéticos para fins de investigação criminal. Pode ainda aduzir-se neste sentido o facto de as soluções encontradas na actual lei penal para os problemas que se colocam em matéria de determinação da pena nem sempre serem as mais adequadas em termos da tutela dos bens jurídicos ofendidos, se apelarmos para o princípio da unidade ou da coerência interna do ordenamento jurídico. Basta, com efeito, comparar as penas máximas do furto qualificado com as da ofensa à integridade física simples[62].

Outro critério a que com frequência se apela é o da elevada taxa de reincidência da prática de certos tipos de crimes. Se consideramos os crimes contra as pessoas previstos na Lei Penal concluiremos ser baixa a taxa de reincidência na generalidade destes tipos de crimes. Por exemplo, no caso dos crimes contra a vida, exceptuada a situação rarissíma no nosso país dos assassinos em série, em regra o homicida mata apenas uma vez na vida. Este facto torna-se particularmente nítido se atendermos a crimes que pressupõem laços estáveis entre o criminoso e a vítima, como sejam

---

E, segundo o disposto no artigo 14.º, n.º 2, al. *b*), do mesmo diploma, compete ao tribunal colectivo julgar processos que respeitem a crimes cuja pena máxima, abstractamente aplicável, seja superior a *cinco* anos de prisão. De igual modo o Código Penal determina, no artigo 23.º, n.º 1, que "a tentativa só é punível se ao crime consumado respectivo corresponder pena superior a *três* anos de prisão", e no artigo 66.º, n.º 1, proíbe o exercício de funções ao "titular de cargo público, funcionário público ou agente da Administração que, no exercício da actividade para que foi eleito ou nomeado, cometer crime punido com pena de prisão superior a *três* anos". Um dos limites temporais mais correntes na actual lei penal é, com efeito, o dos três anos, embora em alguns casos se tenha passado para os cinco anos, tendência que parece acentuar-se nas propostas de revisão legislativa em discussão. Cf. a Proposta de Lei 98/X/2, que procede à vigésima primeira alteração ao Código Penal, apresentada pelo Governo em Outubro de 2006, e a Proposta de Lei 109/X/2, que procede à décima quinta alteração ao Código de Processo Penal, apresentada pelo Governo em Dezembro do mesmo ano. Ambas propostas se encontram disponíveis em: http:// www3.parlamento.pt/

[62] Cf., respectivamente, os artigos 204.º e 143.º do Código Penal. Sobre o desequilíbrio na Lei Penal vigente entre as penas previstas para os crimes contra as pessoas e os crimes contra o património *vid*. BELEZA, Teresa Pizarro (1996), "Sem Sombra de Pecado O Repensar dos Crimes Sexuais na Revisão do Código Penal" *in Jornadas de Direito Criminal Revisão do Código Penal*, vol. I, Lisboa: Centro de Estudos Judiciários, p. 182.

o homicídio qualificado, em que releva a especial censuralibilidade do agente que este seja "descendente ou ascendente, adoptado ou adoptante, da vítima"[63] ou, o homicídio a pedido da vítima, em que a pessoa mata outra determinada por "pedido sério, instante e expresso que ela lhe tenha feito"[64]. Não encontrámos, igualmente, observando as estatísticas criminais, comprovação de uma alta taxa de reincidência nos crimes contra a integridade física ou de maus-tratos conjugais[65].

No que concerne aos crimes contra a liberdade e autodeterminação sexual, ou pelo menos a parte destes tipos de crime[66] parece ser mais elevada a taxa de reincidência. Parece-nos, no entanto que dever-se-á igualmente atender a que o procedimento criminal pela maioria destes crimes depende, em regra, de queixa[67] e que o Ministério Público pode, desde que

---

[63] Cf. o artigo 132, n.º 2, al. *a*), do Código Penal. *Vid.*, sobre este tipo legal de crime, DIAS, Augusto Silva (2005), *Crimes contra a Vida e a Integridade Física*, Lisboa: Associação Académica da Faculdade de Direito de Lisboa, pp. 11 e ss.; DIAS, Jorge Figueiredo de (1999), "Artigo 132.º – Homicídio Qualificado" in *Comentário Conimbricense do Código Penal, Parte Especial*, t. I (coord: Jorge de Figueiredo Dias), Coimbra: Coimbra Editora, pp. 29-30, e SERRA, Teresa (2003), *Homicídio Qualificado, Tipo de Culpa e Medida da Pena*, 4.ª reimp. da ed. de 1995, Coimbra: Almedina, pp. 58 e ss.

[64] Cf. o artigo 134.º do Código Penal. De igual modo no artigo 133.º ("Homicídio privilegiado"), se supõe a existência de laços pessoais, mesmo afectivos, entre o agente e a vítima. Cf. CASAL, Cláudia Neves (2004), *Homicídio Privilegiado por Compaixão*, Coimbra: Coimbra Editora, pp. 136 e ss., e FERREIRA, Amadeu (2004), *Homicídio Privilegiado (Reflexões sobre a Compreensibilidade da Emoção Violenta, à Luz da Jurisprudência Posterior à Entrada em Vigor do Código Penal de 1982)*, 4.ª reimp. da ed. de 1991, Coimbra: Almedina, pp. 96 e ss.

[65] *Vid.*, sobre este crime, BELEZA, Maria Teresa Pizarro (1989), *Maus Tratos Conjugais: o Artigo 153, n.º 3 do Código Penal*, Lisboa: Associação Académica da Faculdade de Direito de Lisboa, pp. 17 e ss.

[66] Excluem-se, parece-nos, os crimes previstos nos artigos 167.º ("Fraude sexual") e 168.º ("Procriação artificial não consentida") do Código Penal.

[67] Cf. o artigo 178.º do Código Penal. Como salienta TERESA BELEZA a taxa de queixa – e logo, de processamento – no crime de violação é baixíssima em Portugal. Se analisarmos as estatísticas da Justiça para 2004, concluiremos que foram arguidos em processo crime por violação simples e agravada 80 indivíduos e condenados apenas 51. De igual modo, no que concerne ao abuso intrafamiliar de menores RUI DO CARMO escreve: "perante estas situações que assumem uma grande importância quantitativa, quem tem legitimidade para apresentar queixa não se mostra, muitas vezes, por constrangimentos familiares, económicos, sociais e culturais, em condições de poder exercer eficazmente a protecção da vítima". Cf. BELEZA, Teresa Pizarro (1994), "O Conceito Legal de Violação", sep. da *Revista do Ministério Público*, n.º 59, Lisboa, pp. 52-53; CARMO, Rui do, ALBERTO, Isabel, e GUERRA, Paulo (2006), *O Abuso Sexual de Menores, Uma Conversa sobre Justiça*

satisfeitos determinados requisitos, decidir-se pela suspensão provisória do processo. Se considerarmos ainda as outras modalidades de exercício do princípio da oportunidade por parte destes magistrados, concluiremos que apenas uma minoria dos agentes de crime deste tipo é efectivamente condenada pela sua prática[68].

Não configurará, deste modo, o armazenamento de dados genéticos relativos à constituição destes indivíduos uma discriminação em sentido negativo relativamente a outros que sendo igualmente susceptíveis de censura penal, não são objecto de condenação, ou porque não foi apresentada queixa, ou porque o Ministério Público decidiu não acusar, ou decidiu mandar suspender o processo?

O critério "reincidência" não nos parece portanto poder ser isoladamente considerado para a delimitação do universo dos indivíduos cujos dados genéticos serão objecto de tratamento para fins de identificação criminal. A sê-lo, deverá ser conjugado com um outro critério, que nos parece ser o decisivo na matéria: o da gravidade da ofensa do bem jurídico tutelado[69]. Facilmente se compreende que este seja o critério primordial a aplicar, se atentarmos a que o cerne do Direito Penal é, como escreve FERNANDA PALMA, "a protecção dos valores da liberdade essenciais em Sociedade"[70].

Se o regime jurídico dos ficheiros informáticos de dados genéticos para os aludidos fins apenas deverá ser constituído pelos dados relativos a pessoas condenadas pela prática de considerados muito graves atento o

---

entre o Direito e a Psicologia, 2.ª ed. (1.ª ed.: 2002), Coimbra: Almedina, pp. 50-51, e GABINETE DE POLÍTICA LEGISLATIVA E PLANEAMENTO (2004), *Estatísticas da Justiça*, disponível em http://www.gplp.mj.pt/estjustica/

[68] Sobre as manifestações concretas no processo penal do princípio da oportunidade cf. TEIXEIRA, Carlos Adérito (2006), *Princípio da Oportunidade. Manifestações em Sede Processual Penal e sua Conformação Jurídico-constitucional*, reimp. da ed. de 2000, Coimbra: Almedina, pp. 41 e ss.

[69] Não ignoramos que este critério, atento o carácter de *ultima ratio* do Direito Penal, poderá ser de difícil aplicação pelo legislador, na medida em que todos os bens jurídicos tutelados por este ramo do direito são essenciais para a comunidade. No entanto, na medida em que o Direito Penal se funda na Constituição, quer o juízo de ilicitude, quer a graduação da ilicitude material a fazer pelo legislador ordinário, terão de atender às opções axiológicas constitucionais. Cf., sobre este ponto, BRITO, José de Sousa e (1978), "A Lei Penal na Constituição" *in Estudos sobre a Constituição* (coord.: Jorge Miranda), 2.º vol., Lisboa: Livraria Petrony, pp. 197 e ss.

[70] PALMA, Maria Fernanda (2006), *Direito Constitucional Penal*, Coimbra: Almedina, p. 47.

carácter essencial para a comunidade dos bens jurídicos que através da sua punição se visa proteger, poderá perguntar-se: Qual a finalidade da constituição desses ficheiros?

5. A finalidade da constituição da base de dados

Essa finalidade é a de organizar e manter actualizada a informação sobre identificação dos indivíduos titulares de determinado tipo de antecedentes criminais, à qual acederiam, para além do próprio titular dos dados, as entidades incumbidas de investigar a existência de um crime.

Na medida em que contem a referida informação a criação do ficheiro desempenhará a função de prevenir a prática de crimes futuros, actuando psicologicamente sobre a generalidade dos cidadãos, que ficarão a saber que, se cometerem determinados tipos de crime, a informação relativa à sua constituição genética poderá ser objecto de tratamento informático.

Em caso de reincidência na prática de um crime, a consulta da base de dados poderá contribuir, pela comparação entre a informação dela constante e a resultante da análise do material biológico colhido no lugar da prática do crime ou do corpo do suspeito, para a identificação do agente[71].

---

[71] Pode contribuir, mas não determinar automaticamente, uma vez que o resultado da análise é dado através do recurso à teoria das probabilidades e que existe uma margem de erro na sua realização que pode resultar, por exemplo, da transferência transversal de DNA, que se define, nas palavras de ARLINDO LAGOA e de M. FÁTIMA PINHEIRO, como "uma contribuição de DNA, nas amostras encontradas e referentes ao acto criminoso, por parte de um ou mais indivíduo(s) não relacionado(s) com o crime, podendo ocorrer antes, durante ou depois deste". Este argumento foi, por exemplo, invocado no julgamento de O. J. SIMPSON, nos EUA, em 1995. Cf. EVETT, Ian W., e Foreman, Lindsey A. (2000), "DNA Profiling: A Discussion of Issues Relating to the Reporting of Very Small Match Probabilities", *The Criminal Law Review*, May 2000, London, pp. 341 e ss.; HEILMANN, Eric (1996), "En Busca de la Identidad: Huellas Génicas y Policía Científica" *in Genes en el Estrado* (coord.: Daniel Borrillo), Madrid: Consejo Superior de Investigaciones Científicas, pp. 63 e ss.; LAGOA, Arlindo M., e PINHEIRO, Maria de Fátima (2006), "Impressões Digitais como Evidência para Identificação Genética", *Polícia e Justiça*, n.º 7, Janeiro-Junho de 2006, Coimbra, p. 260; LUGO, Carolyn Costas (1998), "Las Pruebas de ADN y su Justo Valor Probatorio", *Revista de Derecho Puertorriqueño*, vol. 37, n.os 2 e 3, 1998, Puerto Rico, pp. 381 e ss., e TARONI, Franco, e AITKEN, Colin (1998), "Probabilités et Preuve par L'ADN dans les Affaires Civiles et Criminelles. Questions de la Cour et Réponses Fallacieuses des Experts", *Revue Pénale Suisse*, vol. 116, 1998, Bern, pp. 291 e ss.

Não nos parece, porém, que a simples existência da aludida base permita eficazmente combater a reincidência na prática dos crimes de cujos autores contem dados genéticos, uma vez que a informação nela contida não poderá ser utilizada para outros fins que não sejam os de identificação no âmbito do processo penal – não deverá, nomeadamente, servir de instrumento de controlo do sujeito condenado, através da introdução de limitações à sua liberdade de circulação, ou da imposição de uma obrigação de apresentação periódica perante uma qualquer entidade.

Se o actual Direito Penal é um Direito Penal do facto e não do autor, centrado na ideia da ressocialização do delinquente, as necessidades de defesa e de protecção do Estado não exigem que este seja controlado pelo Estado como alguém que esteja "geneticamente condenado a delinquir"[72]. Um dos riscos associados à constituição destas bases de dados é exactamente o de reabrir, em novos moldes, a discussão sobre se a culpa deve ser considerada o fundamento e/ou a medida da pena, ou seja, se existe livre arbítrio ou apenas um inelutável determinismo genético.

6. A "culpa reside nos genes"

Quase desaparecida, na Lei Penal vigente, a distinção entre delinquentes habituais e por tendência e os restantes[73], bem como as tentativas de estabelecer "genealogias do crime", como sejam as feitas por ANTÓNIO CASTELLO BRANCO[74], ressurgem, com base nos resultados do Projecto do

---

[72] Vid., sobre este problema, KOCH, Hans-Georg (1994), "Análisis del Genoma Humano y Cuestiones sobre la Responsabilidad Penal", Triffterer, Otto (1994), "Legado Genético y Culpabilidad", e BRAUN, José María Stampa (1994), "Principio de Culpabilidad y Genoma" todos publ. in El Derecho ante el Proyecto Genoma Humano, vol. II, Bilbao: Fundación Banco Bilbao Vizcaya, pp. 11 e ss., 17 e ss., e 45 e ss. Sobre o problema da culpa sem liberdade ou sem dano cf., entre nós, PALMA, Fernanda (2005), O Princípio da Desculpa em Direito Penal, Coimbra: Almedina, pp. 35 e ss.

[73] Esta distinção, presente no Código Penal de 1886, reflectia-se no próprio agrupamento dos presos, separando-se os reclusos que eram considerados habituais e por tendência dos restantes. Cf. o artigo 120.º do aludido Código. Sobre a declaração do agente como "delinquente por tendência" vid. CORREIA, Eduardo (1971), Direito Criminal, vol. II, reimp. da ed. de 1968, Coimbra: Livraria Almedina, pp. 273 e ss.

[74] Este Autor defendeu encontrar-se provada, pelos "estudos de fisiologia e de antropologia criminal" a transmissão hereditária das tendências criminosas. Apelando à Doutrina da época cita trabalhos que aludem às famílias "em que as gerações dos delinquentes se sucedem dinasticamente no trono ensanguentado do assassinato, do roubo e da

Genoma Humano, as teorias bioantropológicas de explicação da criminalidade. Estas teorias foram dominantes no século XIX por força da Escola Positiva Italiana, a que pertenceu LOMBROSO, que defendeu a ideia do delinquente nato, representante de uma raça biologicamente inferior. O estudo "científico" dos delinquentes foi entre nós realizado por CARLOS DA SILVA RAMOS, que expressivamente escreveu ter o degenerado constitucional "grandes mandíbulas e orelhas em asa" e, na "sua organização física, no seu funcionamento intelectual, nas suas tendências de carácter e sensibilidade moral numerosos estigmas de degenerescência que o afastam da normalidade antropológica"[75]. Embora tenham deixado de ser prevalecentes, estas teorias nunca desapareceram completamente, constituindo delas exemplo a teoria da hereditariedade de C. GORING ou a do tipo constitucional de W. SHELDON[76]. Ganharam novos adeptos em consequência dos recentes progressos da Genética, podendo por exemplo ler-se na *Scientific American* de Janeiro de 2007 que "o comportamento agressivo parece resultar da interacção de factores genéticos com o ambiente" ou que "a biologia torna mais difícil a certos indivíduos controlarem a agressividade"[77].

A ideia de que "a culpa reside nos genes", que justificariam a agressividade do delinquente foi utilizada em processo penal nos Estados Unidos da América. Quer no caso *People versus Farley* quer no *People versus Tanner*, a defesa com base na existência de anomalias nos cromossomas sexuais dos arguidos tentou provar não lhes poderem ser subjectivamente imputados os factos de que eram acusados. Em ambos os casos o

---

infâmia, como, por exemplo, a família de Chrétien (...) cuja descendência se assinalou funestamente na crónica negra de uma série de crimes horrendos". Considera serem estes dados susceptíveis de confirmação empírica, afirmando que "a relação da criminalidade com a hereditariedade mórbida é um facto que se tem notado na Penitenciária de Lisboa". Cf. BRANCO, António D'Azevedo Castello (1888), *Estudos Penitenciários e Criminaes*, Lisboa: Casa Portugueza, pp.170-172.

[75] RAMOS, Carlos da Silva (1940), "Eugénica", sep. de *A Medicina Contemporânea*, n.os 15 e 16, de 14 e 21 de Abril de 1940, Lisboa: Centro Tipográfico Colonial, pp. 14-15.

[76] *Vid*., na matéria, DIAS, Jorge de Figueiredo, e ANDRADE, Manuel da Costa (1984), *Criminologia, O Homem Delinquente e a Sociedade Criminógena*, Coimbra: Coimbra Editora, pp. 171-172, e MANNHEIM, Hermann (1984), *Crimnologia Comparada*, vol. I (trad. do original inglês por J. F. Faria Costa e M. Costa Andrade), Lisboa: Fundação Calouste Gulbenkian, pp. 333 e ss.

[77] STRUEBER, Daniel, LUECK, Monika, e ROTH, Gerhard (2007), "The Violent Brain", *Scientific American*, vol. 17, n.° 6, December 2006/January 2007, New York, pp. 20 e ss.

tribunal negou a pretensão[78]. Suscita-se, no entanto, o problema da validade do princípio da culpa como pressuposto da punição, uma vez que se se considerar que o agente não era livre de agir de outro modo, a sua conduta não será susceptível de um juízo de censurabilidade. A pena deixa de ser limitada pela culpa e perde a finalidade de ressocialização do agente, uma vez que a conduta deste é determinada pela sua constituição genética.

Se o indivíduo não é dotado de livre arbítrio, então a liberdade do ser humano proclamada como direito fundamental[79] e o papel desempenhado pelo Direito Penal "de juridicizar o próprio poder do Estado de direito democrático quanto à punição de sujeitos concebidos como pessoas"[80] perdem toda a razão de ser. Porém, como salienta CARLOS CASABONA, no actual estádio dos conhecimentos científicos, não é "possível demonstrar a influência (embora esta seja provável), ou mesmo, a determinação genética do comportamento humano (o que já é mais duvidoso), nem o contrário, ou seja, a irrelevância do genótipo individual no comportamento, afigurando-se precipitado concluir num ou noutro sentido"[81]. A generalidade dos autores que têm escrito na matéria afirma que o dualismo determinismo genético/ambiente se encontra ultrapassado, impondo-se a ideia do *nature via nurture*[82] – a ideia segundo a qual a constituição biológica interage continuamente com o ambiente nenhum assumindo um papel preponderante.

Se não está cientificamente provada a determinação genética do agir humano então os dados genéticos contidos na base a constituir não permitirão a prevenção da reincidência na prática de crimes. Mais: se se acreditar na ressocialização do sujeito que já satisfez a sua "dívida" para com a sociedade a partir do momento em que cumpriu a pena, não há motivo

---

[78] Cf. *People versus Farley* (Supremo Tribunal do Estado de Nova Iorque, Queens Country, 30 de Abril de 1969) e *People versus Tanner* (Tribunal de Apelo do Estado da Califórnia, 1970). *Vid*., na matéria CASABONA, Carlos María Romeo (2002), *Los Genes y Sus Leyes. El Derecho ante el Genoma Humano*, Granada: Editorial Comares, p. 249.
[79] Cf. o artigo 27.º da CRP.
[80] PALMA, Maria Fernanda (2006), p. 47.
[81] CASABONA, Carlos María Romeo (2002), p. 243.
[82] *Vid*., por todos, RIDLEY, Matt (2004), *Nature via Nurture, Genes, Experience and What Makes Us Human*, London: Harper Perennial. Sobre o uso alternativo de promotores na regulação da expressão de múltiplos genes ao longo do desenvolvimento cf. CANCELA, Maria Leonor, e LAIZÉ, Vincent (2007), "Transcrição Alternativa e Edição do RNA: Uma Contribuição Essencial na Evolução do Genoma" *in O Mundo do RNA, Novos Desafios e Perspectivas Futuras* (coord.: Cecília M. Arraiano e Arsénio M. Fialho), Lisboa: Lidel – Edições Técnicas, pp. 83 e ss.

para conservar informação relativa à sua informação genética com aquela intenção. Os conhecimentos disponíveis não permitem afirmar que os seus genes o farão delinquir de novo. Porém, o carácter estigmatizante inerente à conservação dos seus dados naquela base poderá limitar o leque de oportunidades que lhe são socialmente oferecidas. O afirmado é válido para o sujeito dotado de livre arbítrio. Mas sê-lo-á em relação aos inimputáveis? Qual a utilidade de armazenar dados genéticos relativamente a estes?

7. O tratamento de dados genéticos de inimputáveis

A inimputabilidade é um conceito normativo que significa que "em certas circunstâncias a fixar pela lei o facto não pode ser atribuído ao seu autor, (...) que o indivíduo não é susceptível de ser responsabilizado pelo acto praticado"[83]. Uma das categorias a que, desde há muito, se encontra associada é a da anomalia psíquica podendo ser declarado inimputável "quem, por força de uma anomalia psíquica grave, não acidental e cujos efeitos não domina, sem que por isso possa ser censurado, tiver, no momento da prática do facto, a capacidade para avaliar a ilicitude deste ou para se determinar de acordo com essa avaliação sensivelmente diminuída"[84]. Ora, a anomalia psíquica que torna o indivíduo insusceptível de censura penal pode ter base genética discutindo-se, por exemplo, se e quanto de doenças como a esquizofrenia e a doença afectiva bipolar são de origem hereditária[85]. Coloca-se assim a questão de saber qual a finalidade de um eventual tratamento em ficheiros informáticos de dados genéticos (relativos a DNA não codificante e/ou DNA codificante), referentes a pessoas incapazes de culpa.

Uma utilidade possível seria a de facilitar a identificação, para fins criminais e o subsequente controlo por uma qualquer entidade, de in-

---

[83] ALMEIDA, Carlota Pizarro de (2000), *Modelos de Inimputabilidade, Da Teoria à Prática*, Coimbra: Almedina, p. 21. Sobre a inimputabilidade como qualidade de uma pessoa cf. BELEZA, Teresa Pizarro (1983), *Direito Penal*, 2.° vol., Lisboa: Associação Académica da Faculdade de Direito de Lisboa, pp. 333 e ss.

[84] Cf. o artigo 20.°, n.° 2, do Código Penal de 1982. Cf., na matéria, FERREIRA, Manuel Cavaleiro de (1992), *Lições de Direito Penal, Parte Geral*, vol. I, 4.ª ed., Lisboa: Editorial Verbo, pp. 272 e ss.

[85] *Vid.*, na matéria, REGATEIRO, Fernando J. (2003), pp. 152-153, e MACEDO, António Ferreira de, e AZEVEDO, Maria Helena Pinto de (2001), *Os Genes que Pensam, Alguns Temas de Genética Psiquiátrica*, Coimbra: Quarteto Editora, pp. 80 e ss.

divíduos cuja constituição genética lhes desse uma predisposição acrescida para a manifestação de sintomas de doenças que aumentassem a sua perigosidade. No entanto o respeito devido à eminente dignidade da pessoa humana, fundamento da ordem jurídica portuguesa[86] e o princípio da culpa nela reconhecido, afastam a possibilidade de submeter aqueles indivíduos a medidas de segurança apenas com base num juízo de perigosidade pré-delitual e de proceder ao armazenamento dos respectivos dados genéticos com aquele fundamento. A imposição dessas medidas seria ilícita dado que de acordo com o disposto no número 3 do artigo 40.° do Código Penal "a medida de segurança só pode ser aplicada se for proporcionada à gravidade do facto e à perigosidade do agente".

O problema do tratamento dos dados genéticos só se coloca, portanto, após a prática por algum dos referidos indivíduos de um facto ilícito e típico. Uma vez este declarado inimputável pelo tribunal e mandado internar em estabelecimento de tratamento ou de segurança, o aludido tratamento apenas deverá ser permitido, na lei a fazer, com o objectivo de proceder à sua identificação criminal no caso de cometer outro crime. Não o poderá ser para prevenir a reincidência a não ser que se encontre associado à aplicação de medidas de vigilância do indivíduo, ainda que este já tenha sido libertado por a sua "libertação se revelar compatível com a defesa da ordem jurídica e da paz social"[87].

Sendo, no entanto, a imputabilidade um conceito normativo que reflecte as concepções vigentes na matéria em cada sociedade e momento histórico, é possível que um melhor conhecimento da influência da hereditariedade no aparecimento da doença mental venha a influir na determinação das suas fronteiras. Se se concluir que a constituição genética de um indivíduo influi decisivamente na sua capacidade de se auto-determinar de forma livre e esclarecida, então torna-se possível que o legislador a venha a considerar causa de exclusão da sua responsabilidade penal. Revelando a análise genética uma susceptibilidade acrescida para a prática de determinados crimes, colocar-se-á a questão do tratamento compulsivo mediante terapia génica, à semelhança do que hoje se faz aos portadores de

---

[86] Cf. o artigo 1.° da CRP. *Vid.*, sobre este artigo, MIRANDA, Jorge (2006), *Escritos Vários sobre Direitos Fundamentais*, Estoril: Principia, pp. 469 e ss., e OTERO, Paulo (2004), *Direito da Vida, Relatório sobre o Programa Conteúdo e Métodos de Ensino*, Coimbra: Almedina, pp. 81 e ss.

[87] Cf. o artigo 91.°, n.° 2, do Código Penal de 1982.

doença mental grave[88]. Renascerá assim a ideologia do tratamento da Escola Positiva do "criminoso igual a doente, igual a perigoso, e a pena ou sanção criminal igual a tratamento, (...) a recuperação"[89] do delinquente para a sociedade.

8. Considerações finais

Concluímos assim que a eventual constituição de uma base de dados genéticos entendida como qualquer registo informatizado ou não, que contenha informação relativa ao DNA não codificante sobre um conjunto de pessoas para fins de identificação criminal terá como única utilidade a de facilitar a identificação de autores sobretudo de crimes "de sangue" ou "sexuais", já condenados mediante sentença transitada em julgado ao cumprimento de uma pena ou à aplicação de uma medida de segurança pela prática de uma crime anterior.

Estes indivíduos representam, analisadas as estatísticas criminais e os estudos existentes na matéria, uma percentagem reduzida do número total de pessoas que cometem crimes daquela espécie na sociedade portuguesa[90]. A criação da base de dados da aludida natureza satisfará, portanto, os anseios de segurança característicos da prevenção geral de integração, na linha do que salienta FERNANDA PALMA: "mesmo que as estatísticas criminais dissessem que não tem havido um grande aumento da criminalidade, parece haver uma nova sensibilidade ao crime, um sen-

---

[88] Cf. o artigo 12.º da Lei n.º 36/98, de 24 de Julho, Lei de Saúde Mental. *Vid.*, sobre este ponto, ALBERGARIA, Pedro Soares de (2006), *A Lei da Saúde Mental*, reimp. da ed. de 2003, Coimbra: Almedina, pp. 25 e ss., e LEITÃO, Luís Manuel Teles de Menezes (2005), "O Internamento Compulsivo do Doente Mental Perigoso na Lei de Saúde Mental" in *Estudos de Direito da Bioética* (coord.: José de Oliveira Ascensão), Coimbra: Almedina, pp. 131 e ss.

[89] BELEZA, Teresa Pizarro (1985), *Direito Penal*, 1.º vol., 2.ª ed. rev., Lisboa: Associação Académica da Faculdade de Direito de Lisboa, p. 267.

[90] Como refere FIGUEIREDO DIAS, investigações criminológicas recentes mostram que "a agravação da reincidência não atinge sempre, ou mesmo as mais das vezes, os grupos de delinquentes mais perigosos; abrange uma pequena percentagem insuportavelmente alta de casos de pequena criminalidade ou mesmo de criminalidade bagatelar (sobretudo no âmbito dos crimes contra o património); e onera com frequência o agente numa idade em que já se encontra ultrapassado o ponto mais alto da sua carreira criminosa". Cf. DIAS, Jorge de Figueiredo (2005), *Direito Penal Português, Parte Geral*, vol. II, reimp., Coimbra: Coimbra Editora, p. 275.

timento de insegurança acrescido e uma maior convicção da necessidade de utilizar o sistema penal para resolver problemas sociais"[91]. É inegável exigir a actual sociedade portuguesa uma maior eficácia na luta contra o crime, o que pode conduzir a um processo penal que amplie os poderes do Estado à custa de uma limitação dos direitos de liberdade do arguido[92].

No entanto esta exigência de que o Direito Penal seja um "ordenamento de segurança"[93] leva-nos a pensar que se *Milady* vivesse em Portugal, no ano 2010, provavelmente não seria marcada com uma pena infamante no ombro, nem correria o risco de ser morta por enforcamento. Ser-lhe-ia, no entanto, colocada uma pulseira electrónica, as suas visitas ao Cardeal RICHELIEU seriam objecto de videovigilância e, se um cabelo seu fosse colocado por outrem junto do corpo de alguém encontrado morto, teria uma enorme dificuldade em defender-se da acusação de homicídio, uma vez que o DNA extraído por PCR (*Polymerase Chain Reaction*) daquele cabelo coincidiria com os dados genéticos a si respeitantes constantes da base de dados entretanto criada[94]...

---

[91] PALMA, Maria Fernanda (1996), "A Revisão de 1995 do Código Penal de 1982 no Contexto da Reforma do Sistema Penal. A Tutela da Pessoa e a Eficácia do Sistema" *in Jornadas de Direito Criminal, Revisão do Código Penal*, vol. I, Lisboa: Centro de Estudos Judiciários, p. 136.

[92] Como escreve ANABELA RODRIGUES pede-se hoje ao Direito Penal que satisfaça duas ambições: "que limite os poderes do Estado, em nome da protecção dos direitos dos cidadãos; e que amplie os poderes do Estado, também em nome da protecção dos direitos dos cidadãos". Cf. RODRIGUES, Anabela Miranda (2002), "A Defesa do Arguido: Uma Garantia Constitucional em Perigo no 'Admirável Mundo Novo'", *Revista Portuguesa de Ciência Criminal*, Ano 12, n.º 4, Outubro-Dezembro de 2002, Coimbra, p. 550. Reafirma esta ideia em RODRIGUES, Anabela Miranda (2006), "Globalização, Democracia e Crime" *in II Congresso de Processo Penal* (coord.: Manuel Monteiro Guedes Valente), Coimbra: Almedina, p. 29.

[93] Cf. RODRIGUES, Anabela Miranda (2002), p. 550.

[94] Cf. DUMAS, Alexandre (2004), *Os Três Mosqueteiros* (trad. do original francês de 1844 por Delfim de Brito), Porto: Público Comunicação Social.

A MEDIAÇÃO COMO CAMINHO DA JUSTIÇA
A MEDIAÇÃO PENAL

J. O. Cardona Ferreira[*]

I

Em meados de Janeiro de 2007, foi com gosto que recebi uma carta da Exma. Comissão Organizadora da publicação de um livro de estudos comemorativo dos 90 anos do insigne Mestre, "decano dos civilistas portugueses", Prof. Doutor Inocêncio Galvão Telles.

Tive o privilégio de ser aluno do Homenageado.

Guardo, desse tempo, uma imagem imorredoira do seu saber e da sua pedagogia.

Mais tarde, quando comecei a exercer funções docentes na Universidade Lusíada de Lisboa, tive o gosto de o reencontrar, então como Reitor.

Não é a primeira vez que colaboro em homenagens a tão ilustre Professor, que honra a História Jurídica portuguesa e não só.

Isto vale por dizer que não hesitei na decisão de colaborar.

Mas o pouco tempo para apresentação de um texto levou-me a aproveitar, como base, um estudo que realizara a propósito das preocupações e dos caminhos actuais e futuros da Justiça: a mediação e, nesta, em especial, a mediação penal.

É algo susceptível de dúvidas e de controvérsias.

Daí que todas as opiniões com intuitos construtivos sejam, creio, admissíveis. Trata-se, aliás, de uma temática longe de estar encerrada.

---

[*] Antigo Presidente do Supremo Tribunal de Justiça. Presidente do Conselho de Acompanhamento dos Julgados de Paz. Vice-Presidente do Agrupamento Europeu de Magistrados pela Mediação. Professor Convidado da Universidade Lusíada de Lisboa.

Se tudo o que é humano é, por natureza, passível de evolução, mais o é um caminho, aparentemente, novo no mundo da Justiça.

Recordo, aliás, que uma das coisas que o "meu" Professor Inocêncio Galvão Telles me ensinou nos saudosos bancos da Faculdade de Direito da Universidade de Lisboa foi, justamente, que o *saber Direito* não deve ser algo "definitivo" mas, pelo contrário, passível de permanente reponderação.

É nesta perspectiva que devem ser consideradas as notas que seguem, para mim mesmo um simples ponto de partida de um estudo sempre inacabado.

Tenho dito que deixei de ser *escolar* (e que saudades!), mas não deixei de ser *estudante*.

II

A proclamada crise da Justiça, na medida em que afecta o sistema judicial, posto que está feito o diagnóstico dos seus males, deve fazer pensar nos remédios que melhorem o sistema, ou seja, que *nele* se introduzam com intuitos de melhoria. E, no âmbito destes *remédios*, estão os chamados *meios alternativos*, inclusive a mediação.

Só que a expressão *meios alternativos* tem *criado, ela própria, sentidos alternativos*, isto é, sentidos diferentes.

A Justiça pode ser *impositiva, injuntiva;* ou *dialogada, cooperante*.

A mediação vem a ser um meio de Justiça dito alternativo mas, a meu ver, não pode deixar de ser um mecanismo, um instrumento, embora funcionalmente autónomo, harmonizado com a Jurisdição.

A Justiça, constitucionalmente, compete aos Tribunais, face à reserva constitucional da sua aplicação[1].

Portanto, o carácter *alternativo* deve estar *no modo* de fazer a Justiça – tendencialmente dialogada, cooperante – *e não no Órgão* ou num aparente "paralelismo" que, além de nunca o ser verdadeiramente, a meu ver, equivaleria a um sentido redutor da unidade da Justiça ou, numa outra perspectiva, controversa à luz do princípio da separação de Poderes do Estado[2].

---

[1] Artigo 202.º da Constituição da República Portuguesa; GOMES CANOTILHO, *Direito Constitucional e Teoria da Constituição*, 6.ª ed., págs. 653 e segs.

[2] Artigo 111.º, n.º 1 da Constituição.

De todo o modo, a mediação, de que sou adepto surge, hoje, com uma grande dinâmica mas, tal como os Julgados de Paz ou a Arbitragem ou a Conciliação – esta já, tradicionalmente, integrada no sistema judiciário – é algo que provém de séculos passados embora, naturalmente, revisitada e revestida com roupagens do nosso tempo.

Haja em vista, designadamente, o Regimento de *1519*, dito "Ordenação e Regimento dos Concertadores de demandas"[3], que é um verdadeiro regulamento sobre Julgados de Paz e mediação.

A meu ver, hoje, a mediação é, como resulta do que já expressei, um excelente mecanismo que deveria ser *utilizável por qualquer Tribunal*, sempre sem prejuízo das funções do Juiz, mormente da sua competência para homologar – ou não – qualquer acordo, posto que a homologação de acordo é acto próprio de sentença, vale dizer, de um Juiz[4].

Haja em vista que vai neste sentido, Direito Comparado, designadamente o Direito francês[5]; e o projectado Direito Comunitário[6].

São da natureza da mediação certas características, como a circunstância de ser feita por quem não irá julgar a causa se tiver de haver julgamento *contencioso* – o que não quer dizer que um Juiz não possa ser mediador mas, apenas, que quem aja como mediador não deve fazer julgamento *contencioso* da mesma causa[7]. Por tudo isto e o mais que poderia ser acrescentado, tenho por adequado que a mediação seja, desejavelmente, inserida no âmbito da Jurisdição, ganhando, com isso, incontroversa *mais valia* que pode, e deve, concorrer para a confiança dos cidadãos. Jurisdição e mediação só têm a ganhar com a sua conjugação e, com isso, ganharão os cidadãos: o que é o mais importante.

---

[3] Meu livro *Justiça de Paz*, Coimbra Editora, págs. 113 e segs., *ut* Pessoa Vaz, *Poderes e Deveres do Juiz na Conciliação Judicial*.

[4] *V.g.* princípio ínsito no artigo 300.º do CPC, como verdadeiro direito processual judicial comum.

[5] Lei 95-125, de 08.02.1995, artigo 131-12 do Novo CPC francês. Artigo 41-2 do CPP francês.

[6] Artigo 5.º da Proposta de Directiva [SEC(2004)1314].

[7] Algo semelhante ao que acontece na separação de funções entre os Juízes de instrução e de julgamento.

III

Tudo isto vem a propósito da Proposta de Lei sobre mediação penal.
A mediação penal é, talvez, a mais controversa modalidade de mediação.

Mas, nem por isso menos adequada, desde que muito cuidada e, a meu ver, respeitante a crimes não públicos que, naturalmente, são graves e em que difícil é a concepção de acordo entre infractor e *ofendido*, principalmente a própria colectividade.

De todo o modo, a mediação penal de adultos decorre, directamente, da Decisão – Quadro da União Europeia (do Conselho), de 15.03.2001 (2001/220/JAI), e tem suscitado largo consenso.

Dúvidas acontecem, apenas, quanto ao *modo* de implementar a mediação penal.

As observações que seguem restringem-se ao que expus quando tive a honra de ser ouvido acerca da Proposta de Lei sobre mediação penal de adultos.

Quero deixar claro – e, isto, expresso ao longo do texto – que, a meu ver, se trata de uma inovação positiva. Apenas acresce que gostaria de uma maior ênfase de valores que tenho por essenciais. Mas, se não para já, se as sugestões que suscito vierem a ser reponderadas numa perspectiva de evolução legislativa, já terá valido a pena elaborar as notas que seguem.

O que pretendo é, tão só, cooperar no caminho a que chamo de Justiça cooperativa.

Por natureza, legisladores são os titulares do Poder Legislativo do Estado.

Mas, em verdade, penso que o melhor modo de, efectivamente, cooperar, civicamente, com o Poder Legislativo do Estado consiste em sugerir o que parece adequado.

Dito isto.

IV

A Proposta de Lei de mediação penal de adultos, cujos estudos têm sido aprofundados e deverão ser concluídos, crê-se, em 2007, enraíza – tal como, perfunctoriamente, já reflecti – numa Decisão – Quadro da U.E., *qua tale* vinculativa. Mas não é demais insistir que, para além disso, existe

– creio – um espectro alargado de consenso sobre justificação de inovações na resolução de conflitos.

Também eu sou adepto da medida em causa, a mediação, absolutamente convicto da sua necessidade, razoabilidade, e no equilíbrio geral da Proposta em apreço; pesem embora algumas sugestões que vêm na linha dos Pareceres, sobre a matéria, do Conselho de Acompanhamento dos Julgados de Paz, a que tenho a honra e o gosto de presidir.

Não querendo alargar demasiado este texto, não entrarei senão em três questões, que me parecem mais relevantes, embora, creio, as mais difíceis. Mas há que enfrentá-las claramente e assumir opções.

Não entrarei portanto, em problemáticas que considero secundárias, ainda que mais fáceis de abordar e, aliás, também com importância, de que me limito, muito brevemente, a enunciar algumas:

1 – Porque não prever-se para a mediação, também, iniciativa do ofendido ou do arguido, *no decurso do processo penal*[8] (artigo 3.°, n.° 1)?

2 – Porque não admitir que o mediador possa ser designado independentemente de regra "sequencial" ponderando as circunstâncias concretas da causa [artigos 3.° e 11.°, n.° 2 *c*)]?

3 – Porque não, o M.P., dever esclarecer e auscultar os interessados antes de remeter o processo para mediação, evitando actos porventura inúteis (artigo 3.°, n.os 1 e 2)?

4 – Porque não prever que o M.P. possa insistir pela mediação, apesar de posição contrária do mediador (artigo 3.°, n.° 3)?

5 – Porque não, perante um sistema dito informal, não prescindir da formalidade de escrito de consentimento da mediação (artigos 3.°, n.° 4 e 4.°, n.° 1)?

6 – Porque não incluir, *também,* solicitador nas possibilidades de acompanhamento do arguido e (ou) do ofendido *além* de advogado ou advogado estagiário (artigo 8.°)?

7 – Porque não repensar a comissão de fiscalização da actividade dos mediadores, prevista no n.° 6 do artigo 33.° da Lei n.° 78/2001, que não chegou a ser constituída (artigo 10.°, n.° 6)?

8 – Porque não aplicar o regime de mediação penal, inclusive, a processos pendentes à data de entrada em vigor da futura lei, já que se trata de medida positiva[9]?

---

[8] Os artigos citados, quando não refiram a origem, são do texto da Proposta de Lei.

[9] Reconheço que, nesta matéria, haveria que cuidar em não congestionar os serviços de mediação logo no início.

9 – Porque não incluir, na própria lei, o Conselho de Acompanhamento dos Julgados de Paz no elenco das entidades avaliadoras do exercício da mediação penal na medida em que ocorra, como é natural, nos Julgados de Paz (artigo 14.º, n.º 2)?

V

O esquema projectado revela, a meu ver, uma significativa melhoria quanto ao Anteprojecto.

Aliás, como disse, apoio a Proposta na sua intencionalidade e nos seus contornos gerais. As interrogações que deixo e o que direi a seguir resultam da intenção de, modestamente embora, procurar contribuir para o justo e necessário êxito da mediação penal, à luz, designadamente, da referida Decisão-Quadro da U.E., da Recomendação 99 (19) do Conselho da Europa (Comité de Ministros), de 15.09.1999 e, mesmo da Proposta de Directiva da U.E. [SEC (2004) 1314], de 22.10.2004 que, embora, directamente, sobre mediação dita civil e comercial, se reveste de princípios e valores ponderáveis em qualquer tipo de mediação, aliás numa perspectiva tendencialmente uniformizadora no âmbito da União[10].

Como assim, considero pontos principais, ainda que, como já disse, os mais difíceis ou (e) controversos, os seguintes:

1 – A dimensão do carácter confidencial da mediação (artigos 4.º, n.º 3 e 11.º, n.º 3)

Sei perfeitamente – todas as pessoas que se têm dedicado a estudar os sistemas extrajudiciais de Justiça o sabem – que a confidencialidade é um atributo indispensável da mediação. Já o citado Regimento de 1519, que é um texto notável sobre "concertadores de demandas", verdadeiros Juízes de Paz[11], o frisava.

Mas esse atributo da mediação é absoluto?

Creio que não pode sê-lo.

Aliás, implicitamente e, a meu ver, de forma a suscitar dúvidas de interpretação e aplicação que convém evitar, o n.º 3 do artigo 4.º parece apontar neste sentido ao prever a não valoração "como prova em processo penal".

---

[10] *V.g.* artigo 95.º do Tratado da U.E. vigente.
[11] JOSÉ DIAS FERREIRA, *Novíssima Reforma Judiciária*, pág. 54.

Que quer isto dizer?

Analisando textos sobre o assunto e a *razão da confidencialidade*, torna-se claro que tal característica tende a criar confiança nos interessados, confere com a sua vontade presumível e significa que as conversações em mediação não podem servir de prova, em processo penal, em especial *no caso que esteja em apreço*. Isto, como princípio garantístico dos interessados.

Mas, atentos, justamente, os pressupostos da confidencialidade, creio que não podem deixar de ficar fora da confidencialidade hipóteses de *acordo* dos próprios mediados e do mediador *quanto à utilização dessas conversações* mesmo no próprio processo, se prosseguir. Friso: *acordo dos interessados e, com isto,* não deixando de se garantir o valor da confiança.

E, para além disso, como resulta da citada Proposta de Directiva da U.E., devem relevar, mais do que uma genérica confidencialidade, os valores atinentes a "imperiosas razões de ordem pública, em especial quando necessárias para assegurar a protecção de crianças ou evitar danos à integridade física ou psicológica de uma pessoa", aliás, diria para evitar a prática de qualquer acção delituosa[12].

Significativamente, o n.º 4 do Código Europeu de Conduta dos Mediadores, da U.E., de 02.07.2004, embora sem carácter impositivo, prescreve, como princípio, que as sessões de mediação são confidenciais mas ressalva "obrigação legal" ou "acordo" das partes interessadas. Na linha de certa excepção ao regime de confidencialidade em mediação já se encontra o artigo 13.º do Regulamento da mediação em Julgados de Paz, aprovado pela Portaria n.º 1112/2005, de 28.10.

Outrossim, é de reflectir que o artigo 135.º do C.P.P. reporta-se, como é natural, à *tramitação* sobre segredo profissional, mas não prescinde de normatividade *substantiva* sobre a entidade profissional que estiver em causa.

Naturalmente, como se sabe, a redacção normativa tem de ser cuidada porque a confidencialidade é princípio seguro da mediação. Só que, a meu ver, não pode ser absoluto. Para além da hipótese de acordo dos interessados, suponha-se que, durante a mediação, é revelada a *futura* prática de um crime. Mais melindrosa é a revelação de *anterior*[13] prática de outro crime que não o da causa em questão.

---

[12] Em sentido clarificador, por exemplo, FERREIRA PINTO, *A Introdução da Mediação Vítima – Agressor no Ordenamento Jurídico Português*, pág. 79.

[13] A meu ver, a merecer idêntico tratamento, pelo menos se se tratar de crime público.

Conclusão:
Creio que se justifica explicita clarificação do n.º 3 do artigo 4.º, e do n.º 3 do artigo 10.º (segredo profissional), assumindo o princípio da confidencialidade, mormente no processo em causa, mas ressalvando *acordo* dos interessados e motivos de *interesse e ordem pública.*

2 – *A restrição da mediação penal à fase de inquérito (artigo 3.º)*
Bem sei que o projecto é experimental.
Aliás, *nenhuma lei é definitiva.*
A questão está em que, exactamente porque se diz experimental, a meu ver, mais seria desejável um passo maior.
Penso que importante é a Justiça. Não são os sistemas. Estes são, apenas, *meios* para se atingir aquele *fim.* Nesta perspectiva, deve haver interdisciplinariedade entre os vários sistemas. *Não deve haver concorrência mas, sim, confluência.* Isto vale por dizer, concretizando que, face à já citada reserva constitucional da aplicação da Justiça, *que compete aos Tribunais,* a mediação deve ser uma *ferramenta* utilizável para ajudar à realização da Justiça, sem excessivos limites, muito menos com afastamento das jurisdições.
Conjugada esta ideia com a não restrição da mediação a qualquer fase do processo penal à luz da Decisão-Quadro de 15.03.2001 e, mais claramente, atendendo aos *termos não limitativos da Recomendação do Conselho da Europa n.º R (99) 19,* que se reporta, explicitamente, a que a mediação em matéria penal deveria ser possível em *todas* as fases do processo penal; creio que melhor seria não limitar, desde já, a possibilidade de mediação penal à fase do inquérito. *Se a medida é justa e útil (e é), é-o em qualquer fase processual.* Naturalmente, isto levaria, justamente, a que também o Juiz pudesse propor a mediação aos interessados. O que, aliás, nada impediria a possível iniciativa do M.P.
Conclusão:
Alargaria a possibilidade de mediação penal, desde já, e ainda que experimentalmente, a qualquer fase processual.

3 – Finalmente e numa linha de interdisciplinariedade e de harmonização que deve haver entre os intervenientes processuais, *não afastaria o Juiz da inovação projectada.*
O Juiz é um servidor dos seus concidadãos, posto que decide em nome do Povo[14]. Todos os magistrados e, portanto, todos os Juízes, devem

---

[14] Artigo 202.º, n.º 1 da Constituição.

ter formação adequada clara também em sistemas extrajudiciais de Justiça, como é o caso da mediação. E, se essa formação escasseia, então não é só aos Juízes que escasseia. De resto, tudo começa por ser uma questão de sensibilidade que ou se tem ou não se tem.

Por outro lado, e bem, *o processo penal caracteriza-se por uma linha de harmonização processual entre a acção do Juiz e a do M.P.* – o que, obviamente, não retira, ao M.P., a titularidade da acção penal[15] e, ao Juiz, a independência jurisdicional[16].

Acresce que, em qualquer situação de mediação penal que alcance um acordo, estão em causa não só a percepção de *consciência* clara dos intervenientes mas, também, *limites legais, proporcionalidade* e, essencialmente, *dignidade* humana (artigo 6.º, n.º 2 da Proposta) e, assim, um princípio constitucional (justamente, o da dignidade[17]). Penso mesmo que, num tal contexto, a homologação deve ser feita na presença e face aos interessados.

E, importantíssimo, normalmente, estarão em causa *condições sancionatórias do arguido*. O crime pode ser "particular", mas uma *condição sancionatória é algo, tipicamente, jurisdicional.*

Repare-se, designadamente, no artigo 4.º n.º 1 da Proposta: "... acordo que permita a *reparação dos danos* causados pelo facto ilícito e contribua para a restauração da paz social"; e no artigo 6.º, n.º 2:

> "No acordo *não podem incluir-se sanções* privativas da liberdade ou deveres que ofendam a dignidade do arguido ou cujo cumprimento se possa prolongar por mais de seis meses".

Isto significa que *podem ser impostos deveres ao arguido não só de reparação de danos mas, também, de carácter alternativo à prisão*, desde que respeitem a dignidade do arguido e tenham um limite temporal. Mas, isto, também significa, creio, que tem de haver *proporcionalidade concreta* não só quanto à essência das sanções mas, também, quanto à sua dimensão temporal.

Esta orientação pode trazer à colação, em concreto, opções idênticas às próprias da suspensão provisória do processo penal, descritas no n.º 2 do artigo 281.º do CPP:

---

[15] Artigo 219.º da C.R.P.
[16] Artigo 203.º da C.R.P.
[17] Artigo 1.º da C.R.P.; JORGE MIRANDA e RUI MEDEIROS, *Constituição Portuguesa Anotada*, I, pág. 53.

São oponíveis ao arguido as seguintes injunções e regras de conduta:

a) Indemnizar o lesado;
b) Dar ao lesado satisfação moral adequada;
c) Entregar ao Estado ou a instituições privadas de solidariedade social certa quantia;
d) Não exercer determinadas profissões;
e) Não frequentar certos meios ou lugares;
f) Não residir em certos lugares ou regiões;
g) Não acompanhar, alojar ou receber certas pessoas;
h) Não ter em seu poder determinados objectos capazes de facilitar a prática de outro crime;
i) Qualquer outro comportamento especialmente exigido pelo caso.

Em semelhante orientação encontram-se situações de deveres relativos à suspensão da execução da pena de prisão[18].

Aliás, *tudo sem esquecer as regras específicas do instituto em causa, designadamente, o que resultar dos citados artigos 4.°, n.° 1 e 6.°, n.° 2, da Proposta sob análise.*

Neste contexto, uma homologação de acordo com os seus contornos naturais é, assim e por definição, um acto próprio de intervenção jurisdicional[19]. Não vai, nisto, a mínima desconsideração pelas indispensáveis intervenções dos outros intervenientes nos sistemas de Justiça, para além do Juiz. Todos são necessários e todos têm a sua importância. E a ninguém está vedado, dentro dos respectivos pressupostos, que opte pela função jurisdicional. O que já seria menos aceitável seria uma certa confusão entre titularidades e actuações.

Por outro lado, se procurarmos uma visão *analítica* do texto projectado, o que se infere, na essência do que subjaz à literalidade – aquela, bem mais importante do que esta, em qualquer hermenêutica jurídica[20] – *na altura da homologação de acordo* mediado, o que resulta não é tanto uma imediata desistência de queixa – que, a sê-lo, teria consequências irreversíveis – mas, sim, com um ou outro nome, um certo tipo de suspensão procedimental ou, se se quiser, o que substancialmente vem a resultar no mesmo, uma espécie de desistência *sob condição resolutiva*, a troco de *condicionantes – sanção substitutivas de pena.* Claro que, se se tratasse de

---

[18] *V.g.* artigo 51.° do C.P.
[19] *Princípio de Direito Processual*: *v.g.* artigo 300.°, n.° 3 do C.P.C.
[20] Artigo 9.° do C. Civil.

verdadeira e própria desistência de queixa, viriam ao caso, designadamente, o artigo 116.º do C.P. e o artigo 51.º do C.P.P.[21]: artigos 4.º, n.º 1 e 6.º, n.º 2 do Projecto.

O modelo do relevo do acordo parece-me certo. O que, consequentemente, pondero é o seu *real significado* e as *consequências, na harmonia da ordem jurídica.*

Ora se, na essência das coisas, o que está em causa é algo do tipo suspensão procedimental, mediante condicionantes da conduta do arguido, segue-se que, à luz do artigo 32.º da C.R.P. e na linha dos artigos 280.º e 281.º do C.P.P., *não pode deixar de ser considerada a posição de um Juiz* antes da decisão do M.P., admitindo que, atendendo à fase processual, a decisão será do M.P. (sem prejuízo de a constitucionalidade do sistema pressupor concordância jurisdicional, vale dizer de um Juiz: citado Ac. do Tribunal Constitucional n.º 7/87, de 09.01.1987, in D.R., 1ª série, sup., de 09.02.1987; Ac. da Relação de Guimarães de 16.01.2006, Proc. 541/05-1). É aliás, uma situação *paralela* à de pena suspensa (artigo 492.º e segs. do C.P.P.; artigo 51.º do C.P.) e de processo penal sumaríssimo (artigo 392.º e segs. do C.P.P.), *mutatis mutandis.*

O que se deve, penso, acrescentar é que *desistir de uma queixa é uma coisa; estipulação de condicionantes é outra.*

Creio, assim, que não é o acordo ou a homologação que, efectivamente, levam ao termo do processo e à definitividade de desistência. Ou seja, é o cumprimento dos *condicionalismos – substitutivos de pena –* pelo arguido, ou o decurso de prazo de um mês após incumprimento: alcance do artigo 5.º, n.º 4.

Quando muito, dir-se-ia, como aflorei, uma situação do tipo *desistência sob condição resolutiva.* Mas nem isto, todavia, chega a redundar num "provisório termo" do inquérito porque, entretanto, o M.P. tem de controlar o cumprimento do acordo: artigo 6.º, n.º 3.

---

[21] Não retomo, directamente, a problemática sobre constitucionalidade, ou não, da arquitectura do inquérito face ao artigo 32.º, n.º 4 da C.R.P., a que se reporta, p.e., o importante voto de vencido de Vital Moreira no Ac. 7/87, do T. Const., de 09.01.1987 (D.R., 1ª série, sup., de 09.02.1987). Mas, significativamente, segundo Gomes Canotilho e Vital Moreira, na 4ª edição da *Constituição da República Anotada*, pág. 521, reportando-se à cisão pela lei ordinária, entre "inquérito" e "instrução": "... a decisão ficou longe de convencer e de encerrar a controvérsia. No entanto, sempre se deve entender, pelo menos, que *na fase pré-instrutória carecem de intervenção do juiz os actos que afectem os direitos, liberdades e garantias".* Este último segmento é, especialmente, importante no que concerne ao tema, aqui e agora, sob análise.

A ideia de simples suspensão dos efeitos da queixa inicial está reflectida, designadamente, no artigo 6.º, n.º 2, respeitante à *suspensão* dos prazos de prescrição de procedimento criminal até à data fixada para cumprimento do acordo, pressupondo que este cumprimento virá a ocorrer.

Tudo isto faz considerar uma situação de *real* suspensão provisória do procedimento criminal numa orientação do tipo prescrito pelo artigo 281.º do C.P.P.

E a questão radica aqui.

Mesmo admitindo uma leitura mais literal da situação e portanto, mesmo para quem entenda que não se trata de suspensão condicionada, creio claro que a situação concreta é, claramente, *análoga* à da suspensão – muito mais do que à imediatista desistência, na generalidade dos casos – e, assim sendo, creio que o regime a trazer à colação é o da *harmonização M.P. – Juiz* e, assim, intervenção *também* de Juiz, posto que está em causa a homologação de *condicionantes – sanção substitutivas de pena*. Em verdade, creio que *não seria razoável desarmonizar a ordem jurídica optando por soluções diferentes em situações idênticas*. Ora, o artigo 281.º do C.P.P. – é expresso quanto à necessidade de intervenção de um Juiz, mesmo na fase de inquérito; sem que possamos esquecer toda a dinâmica constitucional que lhe subjaz, a partir do sentido do artigo 32.º da CRP e do Ac. 7/87 do Tribunal Constitucional.

Por outro lado, em *Direito comparado*, a legislação francesa, sem prejuízo da iniciativa do M.P., prevê que, realizado o acordo penal mediado, o Procurador da República requeira ou proponha ao Presidente do Tribunal validação do acordo: artigo 41-2 do C.P.P. francês.

E, se formos ver a Proposta de Directiva da U.E. [SEC (2004) 1314], embora dita sobre mediação civil e comercial, mas com regras gerais, justamente, creio, algumas mais relevantes em Direito público, lá encontramos a *privilegiada* confirmação por sentença (artigo 5.º), que é um acto típico de Juiz [22].

Voltando a Portugal, a ordem jurídica portuguesa já tem medidas de mediação de raiz penal, embora tutelar, sem exclusão da intervenção jurisdicional: artigos 42.º e 104.º da Lei n.º 166/99, de 14.09 (sobre esta temática, existe um conjunto normativo muito interessante, do Instituto de Reinserção Social, de 2004).

---

[22] Artigo 156.º do Código de Processo Civil, diploma de sentido básico comum em matéria processual (*v.g.* artigo 4.º do CPP).

Outrossim, nos Tribunais[23] que são os Julgados de Paz, o sistema também é o de homologação de acordo pelo Juiz, mesmo obtido em mediação e, mesmo, em matéria de raiz criminal[24].

O sistema básico, creio, deverá ser harmónico. Caso contrário e, por exemplo, tendo sido obtidos acordos em mediações realizadas em Julgado de Paz, *mesmo nos casos da competência do Juiz de Paz*, este teria a sua competência restringida, ou não, por razões simplesmente formais, o que também desigualaria situações idênticas.

Naturalmente, uma lei ordinária pode ter orientação diferente de outra lei ordinária. Mas não creio que se pretenda desequilibrar o sistema, tanto mais quanto é certo que deve haver unidade[25] ou uniformidade na globalidade do sistema de Justiça que, na problemática sob análise, é coerente, razoável e respeita princípios constitucionais.

A meu ver, os diversos sistemas de Justiça, mesmo os ditos "alternativos" ou extrajudiciais, não podem ser *portas de edifícios* diferentes. Têm de ser *portas do mesmo edifício*.

A Justiça Restaurativa é, seguramente, desejável.

Mas penso que o seu êxito decorre da confiança das jurisdições[26] e dos cidadãos. Para esta desejável e desejada confiança concorrerá a realização daquilo a que se vai chamando o *direito ao Juiz*[27].

A mediação penal é um caminho inserível nas vias da Justiça, perspectivável como algo, embora específico, abrangível pelo conceito lato de "diversão", para utilizar uma expressão cara a JOSÉ DE FARIA COSTA[28]. Ora, os caminhos de "diversão", em matéria processual – penal são raiz de medidas, entre outras, do tipo arquivamento com dispensa de pena ou de suspensão procedimental.

Por outro lado, a mediação, para sê-lo, tem de primar por um sentido de cooperação.

A cooperação entre arguido e ofendido, potenciada pelo mediador, só terá a ganhar se se lhe juntar *a mais valia da cooperação entre M.P. e Juiz*, sem prejuízo, antes em sintonia com afloramento do princípio da oportunidade.

---

[23] Artigo 209.º, n.º 2 da Constituição.
[24] Artigos 9.º, n.º 2 e 56.º da Lei n.º 78/2001, de 13.07.
[25] Regra geral do in artigo 9.º do Código Civil.
[26] Temáticas de um colóquio em que estive, recentemente, em França.
[27] O Juiz é o Guardador de Promessas, na expressão de ANTOINE GARAPON.
[28] "Diversão (desjudicialização) e mediação: que rumos?", in *Boletim da Faculdade de Direito de Coimbra*, volume LXI, págs. 91 e segs.

Não posso, aliás, esquecer a idiossincrasia do País que somos. Por isso, pondero o possível alcance das palavras de JOSÉ DE FARIA COSTA no estudo citado, ao falar dos rumos da "diversão" e mediação (B.F.D.U.C., LXI, 155/156), que cito com a devida vénia:

> (…) Sucede, todavia, que, neste particular, o recurso a um juiz que está acima das partes em conflito, ungido, ainda que formalmente, pela força da imparcialidade que o múnus lhe confere, dá à decisão por aquele proferida uma dignidade indesmentível cuja ressonância se reflecte no facto de largos sectores da comunidade a considerarem ainda como a única expressão válida e legítima da aplicação da justiça, mormente quando se trata de problemas criminais (…).

Em verdade, tenho como certo que *a intervenção jurisdicional, longe de desvalorizar a mediação, potencia a sua relevância, aceitabilidade e, portanto, eficiência restauradora de Paz.*

Diria, assim, *resumindo*:

– Quer por força de existência de uma situação típica de *suspensão* de procedimento penal;
– Quer, *pelo menos*, pela verificação de uma situação, sem dúvida, absolutamente *análoga* à suspensão do procedimento penal;
– Quer ponderando o princípio da intervenção do Juiz mesmo em fase de inquérito, por razões constitucionais;
– Quer considerando o princípio da *harmonização* processual penal entre funções jurisdicional e do M.P;
– Quer atendendo ao Direito *comparado*;
– Quer perspectivando a orientação *comunitária* de conjugação entre Jurisdição e mediação;
– Quer sem *prejuízo* da autonomia funcional da mediação, ponderando a segura mais *valia que resulta da cooperação de um Juiz na validação de um acordo obtido em sede de mediação*;
– Quer considerando o sentido de interesse e ordem pública do Direito Processual Penal e do Direito Penal;

Diria, concluindo:
Creio que, *para completude do edifício da mediação* e concorrendo para se gerar harmonia e confiança no novo sistema, tudo justificaria que se fizesse intervir um Juiz no processo de validação de acordo mediado: ou o Juiz de Paz se a mediação tiver ocorrido no Julgado de Paz e se a

questão se inserir no n.º 2 do artigo 9.º da Lei n.º 78/2001; ou o Juiz de Instrução nos outros casos. Isto, na fase do inquérito.

VI

Finalizando:
Sublinho, numa expressão, *a ideia – força de tudo o que penso: cooperação ou Justiça cooperante*: mais do que coabitação dos sistemas de Justiça, a hora é de cooperação.

Cooperação, numa visão não conflituante, não sectária, não beligerante, *na perspectiva de uma nova fronteira do Direito Processual*, inclusive Penal.

Cooperação entre demandante e demandado, e entre estes e o mediador.

Cooperação entre mediação e Jurisdição.
Cooperação entre Juiz e M.P.
Cooperação entre os Poderes do Estado.

Coo*peração* é a postura cívica que pretendo ter ao pronunciar-me sobre esta temática, sugerindo certas modificações, justamente porque aplaudo a iniciativa tendente à mediação penal de adultos. Oxalá seja, *totalmente*, cooperante.

Janeiro de 2007

CONVENÇÃO DE ARBITRAGEM
ALGUMAS NOTAS

João Calvão da Silva[*]

> Sumário: *1. Convenção de arbitragem: compromisso arbitral e cláusula compromissória. 2. Autonomia da cláusula compromissória. 3. Arbitrabilidade. 4. Precisão do objecto do litígio; 5. Organização de processo justo: A) Princípio da igualdade de tratamento e princípio do contraditório. 6. Organização de processo justo: B) Prazo para a decisão. 7. Organização de processo justo: C) (Não) formação de maioria deliberativa. 8. Organização de processo justo: D) Decisão segundo a equidade. 9. Organização de processo justo: E) Recursos. 10. Forma da convenção de arbitragem e regras de interpretação. 11. Pedidos formulados na acção: espelho do objecto do litígio precisado no compromisso arbitral. 12. (cont.): Renúncia da caducidade. 13. Reconhecimento do direito e impedimento da caducidade. 14. O tribunal arbitral e as providências cautelares: ausência de poderes coercivos.*

1. Convenção de arbitragem: compromisso arbitral e cláusula compromissória

1.1. Por convenção, duas ou mais pessoas podem cometer uma controvérsia à decisão de um ou mais árbitros.

E a convenção de arbitragem pode revestir uma de duas espécies (artigo 19.º, n.º 2, da Lei n.º 31/86, de 29 de Agosto)[1]:

---

[*] Professor Catedrático da Faculdade de Direito da Universidade de Coimbra.
[1] São da Lei n.º 31/86, alterada pelo artigo 17.º do Decreto-Lei n.º 38/2003, de 8 de Março, os artigos citados doravante sem qualquer referência.

Compromisso arbitral, se tem por objecto um determinado litígio, um litígio actual, presente, ainda que se encontre afecto a tribunal judicial;

Cláusula compromissória, se tem por objecto litígios eventuais, litígios futuros emergentes de uma determinada relação jurídica contratual ou extracontratual.

1.2. Fala-se de "cláusula" compromissória, em virtude de comummente o pacto compromissório estar contido no próprio contrato, vertido, portanto, numa das suas cláusulas.

Mas nada impede, naturalmente, a estipulação do pacto compromissório em acto separado, com referência ao contrato *de quo*.

De resto, a consignação da convenção compromissória no próprio contrato não apaga a autonomia da cláusula relativamente a este.

2. Autonomia da cláusula compromissória

2.1. A *autonomia da cláusula compromissória está hoje abertamente sancionado no artigo 21.º, porquanto*:

Por um lado, o artigo 21.º permite no n.º 1 a pronúncia do tribunal arbitral sobre a sua própria competência, mesmo que para esse fim seja necessário apreciar a existência, validade ou a eficácia da convenção de arbitragem ou do contrato em que ela se insere, ou a aplicabilidade da referida convenção;

Por outro lado, segundo o n.º 2 do mesmo artigo 21.º, *a nulidade do contrato não acarreta a nulidade da convenção de arbitragem, salvo quando se mostre que ele não teria sido concluído sem a referida convenção*, valendo, pois, a regra geral da presunção de redução do negócio jurídico vazada no artigo 292.º do Código Civil e o princípio da conservação do contrato (*utile per inutile non vitiatur*).

2.2. Deste modo, não é fácil paralisar um processo arbitral mediante a propositura de acção de declaração de nulidade da cláusula compromissória em tribunal judicial, em virtude:

Da competência do tribunal arbitral para apreciar a sua própria competência oriunda da convenção de arbitragem e

Da autonomia da cláusula compromissória em relação ao contrato *de quo.*

2.3. O compromisso arbitral *interrompe* a prescrição do direito que se pretende tornar efectivo (artigo 324.º, n.º 1, do Código Civil), não começando a correr o novo prazo prescricional enquanto não passar em julgado a decisão que puser termo ao processo (artigo 327.º, n.º 1, do Código Civil), sem prejuízo do regime previsto nos n.ºs 2 e 3 do mesmo artigo 327.º do Código Civil.

Havendo cláusula compromissória ou sendo o julgamento arbitral determinado por lei – tribunal arbitral necessário –, a prescrição considera-se interrompida pela verificação de qualquer dos casos previstos no artigo 323.º do Código Civil, designadamente pela citação, notificação ou qualquer outro meio judicial que exprima a intenção do exercício do direito (artigo 324.º, n.º 2, do Código Civil).

3. Arbitrabilidade

3.1. Dispõe como segue o artigo 1.º, no seu n.º 1:

"Desde que por lei especial não esteja submetido exclusivamente a tribunal judicial ou a arbitragem necessária, *qualquer litígio que não respeite a direitos indisponíveis pode ser cometido pelas partes, mediante convenção de arbitragem, à decisão de árbitros*".

3.2. Susceptíveis de constituir objecto de arbitragem são, portanto, os direitos ou as pretensões de que as partes tenham a faculdade de dispor, de acordo com o princípio da autonomia da vontade.

Não são arbitráveis os direitos que pela sua natureza ou por lei estejam subtraídos ao domínio da vontade, à livre disponibilidade ou renunciabilidade das partes, designadamente as questões de estado e as questões que não possam ser objecto de transacção (artigo 299.º do Código de Processo Civil).

Se o julgamento arbitral for prescrito por lei especial (*arbitragem necessária*), atender-se-á ao nela determinado ou, na falta de determinação, observar-se-á o disposto nos artigos correspondentes do Código de Processo Civil (artigos 1525.º a 1528.º).

4. Precisão do objecto do litígio

4.1. Dentro das matérias arbitráveis – só as matérias de que as partes possam dispor livremente conforme o direito –, *a questão litigiosa* (disponível e susceptível de ser subtraída à jurisdição estatal) que as partes queiram cometer à decisão de árbitro ou árbitros *deve ser bem delimitada, bem precisada, na convenção de arbitragem.*

Isto mesmo vem dito no artigo 2.°, n.° 3, nos termos que seguem:

"O compromisso arbitral deve determinar com precisão o objecto do litígio; a cláusula compromissória deve especificar a relação jurídica a que os litígios respeitam".

4.2. Nada mais natural: mecanismo alternativo (à resolução de conflitos pela via judicial do Estado, a cuja jurisdição se renuncia a favor da dos árbitros), fundado na *autonomia da vontade,* a arbitragem tem de conter a *específica* indicação da controvérsia (sobre direitos disponíveis) inerente a determinada relação jurídica que as partes mediante convenção privada devolvem à decisão de um ou vários terceiros – um ou vários árbitros, isentos e imparciais, de sua escolha –, através de processo justo.

Precisão da questão litigiosa justificadíssima, tendo presente a violação de convenção de arbitragem como excepção dilatória [artigo 494.°, al. *j*), do Código de Processo Civil], com o tribunal judicial a não poder conhecer do mérito da causa (artigo 493.°, n.° 2, do Código de Processo Civil) e a dever conhecer mesmo oficiosamente da preterição do tribunal arbitral voluntário (artigo 495.° do Código de Processo Civil).

Noutros termos: porque a convenção de arbitragem importa o assinalado efeito legal de privação da *potestas iudicandi* do tribunal estadual, deferida à competência arbitral, a controvérsia a submeter a arbitragem deve ser bem delimitada, com o compromisso arbitral a determinar com precisão o objecto do litígio e a cláusula compromissória a especificar a relação *de quo agitur*, a relação jurídica a que os eventuais litígios respeitem.

5. Organização de processo justo: A) Princípio da igualdade de tratamento e princípio do contraditório

5.1. Mecanismo heterocompositivo de composição de interesses baseado no princípio da vontade, a arbitragem concretiza-se num processo de fisionomia privatística, tanto nas arbitragens institucionalizadas (artigo 38.°)[2] como nas não institucionalizadas ou arbitragens *ad hoc:* quer nas primeiras, mais rituais (artigo 15.°, n.° 2), quer nas segundas, mais livres, podem as partes acordar nas regras de processo a observar (artigo 15.°, n.° 1), sob pena de, não o fazendo, caber aos árbitros essa escolha (artigo 15.°, n.° 3).

5.2. Em qualquer dos casos, os trâmites processuais da arbitragem *deverão* respeitar os princípios fundamentais de um *due process*, elencados no artigo 16.°, reconduzidos à *igualdade de tratamento das partes e ao contraditório*, a exigir, por exemplo, que o Demandante possa responder às excepções deduzidas na contestação e não apenas à eventual reconvenção.

6. Organização de processo justo: B) Prazo para a decisão

6.1. A natureza privada da arbitragem explica também a faculdade de as partes fixarem o prazo que lhes aprouver para a decisão do tribunal ou o modo de estabelecimento desse prazo, na convenção de arbitragem ou em escrito posterior, até à aceitação do primeiro árbitro (artigo 19.°, n.° 1), sendo de seis meses o prazo supletivo (artigo 19.°, n.° 2), contado a partir da designação do último árbitro se não houver convenção em contrário (artigo 19.°, n.° 3). Por acordo escrito das partes poderá o prazo (convencionado ou legal) da decisão ser prorrogado *até ao dobro* da sua duração inicial (artigo 19.°, n.° 4).

Não raro, porém, haverá necessidade de prorrogação até mais do dobro da duração inicial, sobretudo do prazo legal supletivo de seis meses. Será essa prorrogação possível? Ou a norma será imperativa e, portanto, inderrogável?

6.2. *Não se divisam razões imperiosas ou interesses de ordem pública que impeçam as partes de prorrogar validamente a arbitragem para além do dobro da duração inicial, tendo em conta*: a natureza privada e privativa do processo; a disponibilidade dos direitos litigiosos emergen-

---

[2] Veja-se o Decreto-lei n.° 425/86, de 27 de Dezembro, que estabelece os requisitos da criação de centros destinados ao exercício da arbitragem voluntária institucionalizada.

tes de relações jurídicas não subtraídas ao domínio da vontade; a validade de estipulações sobre a caducidade em matérias na disponibilidade das partes (artigo 330.° do Código Civil).

Deste modo, a norma em apreço não é imperativa e, onde a prorrogação por acordo das partes vá para além do dobro da duração inicial, *não haverá caducidade da convenção arbitral se a decisão for proferida dentro da prorrogação do prazo acordada* [artigo 4.°, n.° 1, al. *c*)].

Vezes várias existirão mesmo em que o acordo das partes na prorrogação se fará até de modo tácito, deduzido de factos praticados no processo e lavrados em actas (*v.g., requisição de perícia que se prolonga*...; actos processuais praticados *após* o decurso do prazo convencionado ou supletivo, que pressupõem a competência continuada do tribunal para a prolação da decisão) que com toda a probabilidade o revelam (artigo 217.° do Código Civil), a macular de *incoerente* a ulterior invocação da caducidade da convenção arbitral, num dar o dito por não dito constitutivo de abuso do direito na modalidade de *venire contra factum proprium,* proibido pelo artigo 334.° do Código Civil (neste sentido, cfr. acórdão do Supremo Tribunal de Justiça de 17 de Junho de 1998, *in* BMJ n.° 478 – 1998, p. 278 e segs.).

6.3. Onde as partes não acordem na prorrogação, a convenção de arbitragem caduca se os árbitros não proferirem a decisão dentro do prazo fixado no compromisso ou em escrito posterior ou, quando não tenha sido fixado, dentro do prazo de seis meses. Os árbitros culpados de a decisão não ser proferida dentro do prazo estabelecido respondem pelos danos a que derem causa (artigo 19.°, n.° 5).

No caso de arbitragem necessária, se a decisão não for proferida dentro do prazo, este será prorrogado por acordo das partes *ou decisão do juiz,* respondendo pelo prejuízo havido e incorrendo em multa os árbitros que injustificadamente tenham dado causa à falta; havendo nova falta, os limites da multa são elevados ao dobro (artigo 1527.°, n.° 2, do Código de Processo Civil).

7. Organização de processo justo: C) (Não) formação de maioria deliberativa

7.1. No caso de colégio de árbitros, a decisão é tomada por maioria de votos, em deliberação em que todos os árbitros devem participar, salvo se as partes, na convenção de arbitragem ou em acordo escrito posterior, celebrado até à aceitação do primeiro árbitro, *exigirem uma maioria qualificada* (artigo 20.°, n.° 1).

Podem ainda as partes convencionar que, *não se tendo formado a maioria necessária* – maioria simples em regra, maioria qualificada se acordada –, *a decisão seja tomada unicamente pelo presidente ou que a questão se considere decidida no sentido do voto do presidente* (artigo 20.°, n.° 2).

Na hipótese de não se formar a maioria necessária (simples ou qualificada, conforme o caso) apenas por divergência quanto ao montante de condenação em dinheiro, a questão considera-se decidida no sentido do voto do presidente, salvo diferente convenção das partes (artigo 20.°, n.° 3).

Se nem assim, de acordo com as regras expostas, *chegar a formar-se a maioria necessária sobre a decisão do litígio – cada árbitro tem a sua opinião e não há convenção das partes de que valha o voto do presidente –, o compromisso arbitral caduca e a cláusula compromissória fica sem efeito, quanto ao litígio considerado* [artigo 4.°, n.° 1, al. *b*)].

Diferentemente no tribunal arbitral necessário: *o terceiro árbitro também vota sempre* – dizemos também, porque no tribunal arbitral voluntário todos os árbitros têm o dever de votar (artigo 20.°, n.° 1) –, *mas é obrigado a conformar-se com um dos outros, de modo que faça maioria sobre os pontos em que haja divergência* (artigo 1526.°, n.° 2, do Código de Processo Civil).

Por fim, salvo convenção em contrário, a morte ou a extinção das partes não faz caducar a convenção de arbitragem nem extinguir a instância no tribunal arbitral (artigo 4.°, n.° 2). Do mesmo modo, não haverá caducidade da convenção no caso de substituição de árbitro falecido ou impossibilitado permanentemente [artigo 4.°, n.° 1, al. *a*), e artigo 13.°].

7.2. *Naturaliter,* a natureza privada do pacto arbitral consente a sua derrogação por mútuo consenso, designadamente a favor da propositura de acção judicial. Veja-se o disposto no artigo 2.°, n.° 4: "a convenção de arbitragem pode ser revogada, até à pronúncia da decisão arbitral, por escrito assinado pelas partes".

Simetricamente, em qualquer estado da causa judicial podem as partes acordar em que a decisão de toda ou parte dela seja cometida a um ou mais árbitros da sua escolha (artigo 290.°, n.° 1, do Código de Processo Civil); lavrado no processo o termo de compromisso arbitral ou junto o respectivo documento, se o mesmo for julgado válido extingue-se a instância [artigo 287.°, al. *b*), do Código de Processo Civil] e as partes são remetidas para o tribunal arbitral (artigo 290.°, n.° 2, do Código de Processo Civil).

8. Organização de processo justo: D) Decisão segundo a equidade

Nos termos do artigo 22.°, os árbitros julgam segundo o direito constituído, a menos que as partes, na convenção de arbitragem ou em documento subscrito até à aceitação do primeiro árbitro, os autorizem a julgar segundo a equidade.

Primo conspectu, a decisão arbitral só poderá ser proferida de acordo com a equidade se esse poder tiver sido dado pelas partes na convenção de arbitragem ou em documento subscrito *até à aceitação do primeiro árbitro*.

Mas a natureza privada e privativa do tribunal arbitral e a ausência de interesses públicos não impedem que *posteriormente* à aceitação do primeiro árbitro possa autorizar-se por escrito na decisão segundo a equidade, desde que *as partes e todos os árbitros nisso estejam de acordo*.

A necessidade do acordo de *todos* os árbitros decorre do facto de a lei permitir a autorização do julgamento segundo a equidade *até à aceitação do primeiro árbitro*, a evidenciar que a aceitação deste e dos demais árbitros pode ter tido lugar no pressuposto de julgarem *de iure condito*. Logo, na hipótese em apreço não bastará o acordo das partes posteriormente à aceitação do primeiro árbitro, como o poderiam inculcar os interesses privados: é necessário também o acordo dos árbitros, para sua própria defesa, que poderiam não ter dado a sua aceitação no caso de julgamento segundo a equidade.

9. Organização de processo justo: E) Recursos

9.1. Em conformidade com as regras gerais (artigo 681.° do Código de Processo Civil), as partes podem renunciar aos recursos (artigo 29.°, n.° 1), com a autorização dada aos árbitros para julgarem segundo a equidade a envolver essa renúncia (artigo 29.°, n.° 2).

Não havendo renúncia aos recursos, *porque a decisão arbitral tem a mesma força executiva que a sentença do tribunal judicial de 1.ª instân-*

cia (artigo 26.°, n.° 2), daquela cabem para o tribunal da Relação os mesmos recursos que caberiam da sentença proferida pelo tribunal de Comarca (artigo 29.°, n.° 1), valendo aqui, portanto, o disposto no artigo 678.° do Código de Processo Civil, designadamente que o valor da causa exceda a alçada do tribunal de Comarca.

Por sua vez, do acórdão da Relação haverá recurso para o Supremo Tribunal de Justiça nos termos gerais (artigos 676.° e 678.° do Código de Processo Civil), salvo se as partes a ele houverem renunciado (artigo 681.° do Código de Processo Civil).

9.2. Em palavras conclusivas:

Da decisão arbitral não haverá recurso para o tribunal de Comarca, porquanto aquela equivale a sentença deste;

Da decisão arbitral cabe recurso para a Relação e do acórdão desta cabe recurso para o Supremo Tribunal de Justiça, nos termos gerais, se as partes a eles não tiverem renunciado;

Nada impede que as partes queiram apenas o recurso para a Relação, com renúncia ao recurso do correspondente acórdão para o Supremo Tribunal de Justiça.

10. Forma da convenção de arbitragem e regras de interpretação

10.1. Porque de matriz pactícia e em coerência com a sua natureza privada, à convenção de arbitragem aplicam-se as regras de interpretação do negócio jurídico.

Vale para a convenção de arbitragem, portanto, a doutrina da impressão do destinatário razoável canonizada no artigo 236.° do Código Civil, com o desvio no sentido de um maior objectivismo consagrado no artigo 238.° para os negócios formais.

10.2. Isto porque *a convenção de arbitragem deve ser reduzida a escrito (artigo 2.°, n.° 1), sob pena de nulidade* (artigo 3.°):

Documento assinado pelas partes, troca de cartas, *telex,* telegramas ou outros meios de telecomunicação de que fique prova escrita (*e-mail, fax,* etc.), quer esses instrumentos contenham directamente a convenção, quer deles conste cláusula de remissão para algum documento em que uma convenção esteja contida (artigo 2.°, n.° 2).

11. Pedidos formulados na acção: espelho do objecto do litígio precisado no compromisso arbitral

11.1. Em harmonia com o que acaba de expor-se, a arquitectura da petição inicial e os pedidos nela formulados devem corresponder fielmente ao estipulado pelas partes no compromisso arbitral. O mesmo se diga da eventual reconvenção e pedido reconvencional.

Noutra formulação: porque o compromisso arbitral deve determinar com precisão o objecto do litígio (artigo 2.º, n.º 3), este há-de ser espelhado nos pedidos formulados pela Demandante na petição inicial e pela Demandada na reconvenção, se deduzida. Na certeza de que os *pedidos formulados na petição e na reconvenção não podem estar fora do (ou ser extra) objecto do litígio precisado no compromisso arbitral, pois só este foi cometido pelas partes à decisão de árbitros e subtraído ao ordinário potestas iudicandi* do tribunal judicial.

11.2. Assim, em considerandos que normalmente antecedem as cláusulas propriamente ditas do compromisso arbitral, as partes reconhecem a existência de divergências entre elas quanto a certas questões e, depois de manifestarem a vontade de as resolver pela via da arbitragem, acordam em submetê-las à decisão de árbitros, seguindo-se o compromisso arbitral firmado.

E o corpo da Cláusula 1.ª do Compromisso Arbitral celebrado reza correntemente desta forma:

"O objecto do litígio consiste nas seguintes divergências suscitadas entre as partes…".

As divergências elencadas de seguida nas alíneas ou nos números da Cláusula estabilizam com precisão o objecto do litígio cometido a decisão de árbitros, em aplicação do imposto pelo artigo 2.º, n.º 3.

11.3. *Admitamos,* a título ilustrativo, *que o elenco das "divergências suscitadas entre as "partes",* vertidas nas alíneas ou nos números da cláusula delimitadora do objecto preciso do litígio, *não integra a questão da caducidade da acção.* Admitamos ainda que, *harmonicamente, a caducidade não é alegada pela Demandante na petição inicial nem pela Demandada na contestação,* sendo a mesma, todavia, deduzida em resposta ao pedido reconvencional inequivocamente previsto no objecto do litígio fixado no compromisso arbitral.

Visivelmente, nesse caso, *a caducidade não constitui divergência suscitada* entre as partes antes da celebração do compromisso arbitral *e que as partes tivessem querido cometer à decisão de árbitros. Logo, a caducidade não é questão litigiosa, objecto sobre que recaia a arbitragem:* o compromisso arbitral expressa a vontade inequívoca das partes acerca das divergências *suscitadas entre elas,* nas quais não se inclui a caducidade.

Naturalmente, sendo a caducidade uma excepção peremptória (causa extintiva dos direitos invocados pela Demandante ou pela Demandada--reconvinte – artigos 487.°, n.° 2, e 493.°, n.° 3, do Código de Processo Civil) e tivesse ela constituído divergência *suscitada* entre as partes, estas tê-la-iam integrado no objecto do litígio, que a lei impõe dever ser determinado com *precisão* (artigo 2.°, n.° 3). *Não o tendo sido, não poderá a caducidade ser apreciada pelo tribunal arbitral,* sob pena de a decisão arbitral poder ser anulada por excesso de pronúncia [artigo 27.°, n.° 1, al. e), 1.ª parte]. Mais: *porque a arbitragem incide sobre matéria não excluída da disponibilidade das partes* (artigo 1.°), *a caducidade não pode ser conhecida ex officio* (artigo 303.°, *ex vi* do artigo 333.°, n.° 2, do Código Civil) e não tendo a mesma sido alegada tempestivamente precludirá a oportunidade de sua dedução (artigo 489.° do Código de Processo Civil).

Outro sentido não pode ser dado ao objecto do litígio, definido com toda a precisão no compromisso arbitral, *de acordo com a conhecida doutrina da impressão do destinatário razoável,* que já vimos ser válida em sede de interpretação negocial (artigo 236.° do Código Civil) e aplicada no sentido do maior objectivismo próprio dos contratos formais (artigo 238.° do Código Civil) como é o pacto compromissório (artigo 2.°).

E só essa vontade inequivocamente vertida de modo expresso e preciso no compromisso arbitral justifica e funda o poder arbitral, com renúncia à jurisdição estadual.

12. (cont.): Renúncia da caducidade

12.1. Pelo posto, no exemplo figurado, ainda que a caducidade tivesse sido divergência suscitada entre as partes, a mesma não constituiria questão litigiosa apreciável pelo tribunal.

Dir-se-á até que *os termos precisos da delimitação no compromisso arbitral do objecto do litígio – no caso figurado, relativo a uma empreitada – traduzem renúncia da caducidade.*

Na verdade, não faz sentido fixar o objecto do litígio – *objecto assim precisado: causas dos defeitos, determinação da responsabilidade pela sua reparação, obras de correcção* tecnicamente mais adequadas, *licitude do accionamento das garantias pelo dono da obra, prejuízos sofridos pelo empreiteiro decorrentes desse accionamento, prejuízos sofridos pelo dono da obra na sua imagem e bom nome comercial resultantes do atraso na correcção dos defeitos –*, com o empreiteiro a formular os correspectivos pedidos na petição com que propõe a acção e o dono da obra a defender-se na contestação por impugnação e a deduzir o correspondente pedido reconvencional, para depois a Demandante na réplica *vir alegar a caducidade, excepção peremptória que importa a absolvição do pedido.*

Para quê pedir ao tribunal arbitral que aprecie as causas dos defeitos, determine a responsabilidade pela sua reparação e obras adequadas à sua correcção, se pudesse ter havido caducidade? A caducidade teria de ser apreciada previamente e, no caso de declarada a sua existência, essa decisão prejudicaria a resolução daquelas questões (artigo 660.°, n.° 2, do Código de Processo Civil).

12.2. Logo, *o compromisso arbitral, na definição precisa do objecto, conteria a renúncia tácita* (artigo 217.°, n.° 1, do Código Civil) *à (eventual) caducidade ocorrida. Renúncia válida, na medida em que não se trata de matéria subtraída à disponibilidade das partes nem de fraude às regras legais da prescrição* (artigo 330.°, n.° 1, do Código Civil).

Neste sentido, veja-se o acórdão do Supremo Tribunal de Justiça de 25 de Novembro de 1998 (Processo 98B600, n.° JSTJ00035105), sumariado na *Internet*:

"IV – A renúncia à caducidade pode ter lugar mesmo depois de ter nascido o direito potestativo de a invocar".

Como no exemplo em apreço estamos no domínio dos direitos disponíveis, a renúncia da Demandante ao direito de invocar a eventual caducidade teria sido lícita, portanto.

Renúncia à caducidade que, de acordo com o citado artigo 330.°, n.° 1, do Código Civil, pode ter lugar antes ou depois de ter nascido o direito de a invocar, contrariamente ao regime da prescrição vertido no artigo 302.°, n.° 1, do mesmo Código Civil, em que "a renúncia da prescrição só é permitida *depois* de haver decorrido o prazo prescricional", começando a correr posteriormente novo prazo prescricional (cfr. assento do Supremo Tribunal de Justiça n.º 11/94, publicado no Diário da República de 14 de Julho).

13. Reconhecimento do direito e impedimento da caducidade

13.1. Por outro lado, nos termos do artigo 331.º, n.º 2, do Código Civil, *o reconhecimento do direito* por parte daquele contra quem deva ser exercido impede também a caducidade.

É o que ocorre frequentemente nas empreitadas, *com o empreiteiro a reconhecer os defeitos, a proceder a algumas correcções e a realizar mesmo prova antecipada, gerando no dono da obra a legítima esperança de que cumprirá com as suas (dele, empreiteiro) obrigações contratuais e reparará todos os defeitos.*

Sempre que assim se prove, *o reconhecimento dos defeitos e a reparação de defeitos impede a caducidade, porque contém explícita ou implicitamente o reconhecimento do direito do dono da obra à correcção dos mesmos.* De facto, não faria sentido impor ao dono da obra a propositura da acção no prazo legal apesar de o empreiteiro já ter reconhecido os defeitos e o direito daquele à sua reparação, tendo mesmo procedido a várias reparações e criado com todo o seu comportamento a fundada esperança de corrigir os demais.

Na verdade, *a reparação de defeitos pelo empreiteiro não significa apenas o reconhecimento desses defeitos; significa ainda o reconhecimento inequívoco do direito do dono da obra à sua reparação, verificando-se, assim, um facto impeditivo da caducidade* para a propositura da acção, *inclusive no tocante ao pedido de ressarcimento dos prejuízos sofridos com o atraso no cumprimento exacto da empreitada* (neste sentido, acórdão do Supremo Tribunal de Justiça de 18/12/2003 – Processo n.º 03B3591), *eventualmente deduzido na reconvenção.*

É que, como escrevo noutro lugar (*Compra e venda de coisas defeituosas*, 4.ª ed., 2006, p.77), *"o reconhecimento do direito pode decorrer de promessa de reparação dos defeitos sucessivamente adiada"*.

13.2. Tenha-se em mente ainda que, no domínio dos direitos disponíveis, a lei (artigo 331.º, n.º 2, do Código Civil) tem presente também o valor supremo da Justiça, e não só a certeza e a segurança associadas à caducidade (cfr. acórdão do Supremo Tribunal de Justiça, de 5 de Dezembro de 1972, *in "Boletim do Ministério da Justiça"* n.º 222 (1973), p. 372 e segs., concretamente p. 375).

13.3. Mais: *ao criar no dono da obra (Demandado) a esperança fundada da reparação de todos os demais defeitos, seria incoerente e contraditório permitir ao empreiteiro (Demandante) invocar a caducidade, num venire contra factum proprium proibido pelo artigo 334.º do Código Civil.*

13.4. Ainda por outra banda, lembremos que *os remédios previstos nos artigos 1221.º e 1222.º do Código Civil não facultam ao empreiteiro a prova de que o vício não resulta de culpa sua:* o dono da obra pode pedir a eliminação dos defeitos ou a reconstrução da obra, a redução do preço e a resolução do contrato independentemente de culpa do empreiteiro, devendo ser cumprida a sua hierarquização (CALVÃO DA SILVA, *Compra e venda*, cit., n.º 48, p. 98 e segs.).

E se, *interpelado para reparar os defeitos, o empreiteiro não actua e não se compadecem com mais delongas as reparações reclamadas, é legítimo o dono da obra realizá-las ou mandar realizá-las por terceiro, com direito a exigir ao empreiteiro o reembolso das despesas pagas,* por exemplo, *através do (lícito) accionamento das garantias* (CALVÃO DA SILVA, *Compra e venda*, cit., p. 106, citando jurisprudência neste sentido).

Mais: *para efeitos de caducidade* dos direitos de reparação ou substituição do bem, de redução do preço ou resolução do contrato e de indemnização, *não se conta o tempo despendido com as operações de reparação* (artigo 12.º, n.º 3 e 4, da Lei n.º 24/96, de 31 de Julho – Lei de Defesa do Consumidor), *nem, eadem ratio, o tempo gasto em negociações tendentes a solução amigável,* conforme considerando n.º 18 da Directiva 1999/44/CE (CALVÃO DA SILVA, *Venda de bens de consumo,* 3.ª ed., 2006, p. 94 e 96).

13.5. Termos em que também por este ângulo não procederia a eventual caducidade da acção: o empreiteiro teria reconhecido a existência dos defeitos e ao reparar defeitos (reparação parcial) teria reconhecido o direito do dono da obra à rectificação na totalidade, verificando-se assim um facto impeditivo da caducidade para a proposição da acção judicial ou arbitral, também da reconvenção destinada a obter o ressarcimento dos prejuízos alegados e provados pelo dono da obra (Demandado).

Nestes estão em causa prejuízos causados pela entrega de obra viciada ou defeituosa imputável ao empreiteiro. Trata-se, no fundo, de *dano moratório* e a sua indemnização é a reintegração do interesse positivo do dono da obra na tempestividade do adimplemento exacto do contrato de empreitada, cumulável com a reparação dos defeitos (cfr. CALVÃO DA

SILVA, *Compra e venda*, cit., n.º 41, p.73 e segs., citando neste sentido o acórdão do Supremo Tribunal de Justiça de 19/02/2004, e no n.º 41.3. mostra haver ilícito aquiliano por lesão de direitos absolutos, como a ofensa ao bom nome e crédito (artigo 484.º e artigo 1223.º do Código Civil): a reparação dos defeitos não indemnizou os danos pedidos na reconvenção.

Prejuízo de natureza patrimonial indirecta e não patrimonial directa: a ofensa ao bom nome e à boa imagem no mercado (artigo 484.º do Código Civil), *revestindo natureza extrapatrimonial, acaba por se projectar em danos patrimoniais indirectos, com o afastamento da clientela e frustração temporária das vendas* (cfr. neste sentido acórdão do Supremo Tribunal de Justiça de 5/10/2003). *E neste aspecto os prazos são os prazos gerais da responsabilidade civil extracontratual* (CALVÃO DA SILVA, *Compra e venda*, cit., n.º 41, p. 75, e n.º 31, p. 46 e segs.).

Pelo exposto, *deverá o tribunal conceder indemnização* pelos danos (extrapatrimoniais e patrimoniais) causados e provados. E, se não puder ser averiguado o valor exacto dos prejuízos, o tribunal arbitral julgará equitativamente dentro dos limites que tiver por provados, *conforme o poder-dever contido no artigo 566.º, n.º 3, do Código Civil.*

14. O tribunal arbitral e as providências cautelares: ausência de poderes coercivos

14.1. *Apesar da fisionomia privada do tribunal arbitral, a decisão por este proferida não carece de homologação judicial para adquirir os atributos da sentença de tribunal do Estado: a imperatividade e a autoridade de caso julgado.*

Na verdade, a decisão arbitral considera-se transitada em julgado logo que não seja susceptível de recurso ordinário (artigo 26.º, n.º 1), tendo a mesma força executiva que a sentença do tribunal judicial de 1.ª instância (artigo 26.º, n.º 2; artigo 48.º, n.º 2, do Código de Processo Civil). E se as partes não tiverem renunciado aos recursos (cfr. artigo 681.º do Código de Processo Civil) – e a autorização dada aos árbitros para julgarem segundo a equidade coenvolve a renúncia tácita aos recursos (artigo 29.º, n.º 2) –, da decisão arbitral cabem para o Tribunal da Relação os mesmos recursos que caberiam da sentença proferida pelo Tribunal de Comarca (artigo 29.º, n.º 1). Por outra banda, a execução da decisão arbitral corre no tribunal de 1.ª instância, nos termos da lei de processo civil (artigos 30.º e 31.º; artigo 815.º do Código de Processo Civil).

Deste modo supre a lei a falta de *ius imperii* dos árbitros, própria da soberania do Estado, indo além do compromisso de as partes *"simul promittere stare sententiae arbitri"*, e a desvanecer de interesse prático a antiga disputa acerca da natureza (contratual ou jurisdicional) da decisão arbitral, podendo e devendo mesmo falar-se de tribunal arbitral como órgão jurisdicional privado (cfr. artigos 202.° e 209.°, n.° 2, da Constituição).

14.2. *Todavia, os poderes do tribunal arbitral acabam onde seja necessária a aplicação de medidas coercitivas: para essa aplicação (se e só se indispensáveis essas medidas coercitivas) carece o tribunal arbitral da colaboração do juiz estatal nas diversas fases do processo. Incluindo na ordenação de (necessárias) providências cautelares não requeridas ou não autorizadas por ambas as partes, bem como na execução ou actuação forçada de medida cautelar decretada (a requerimento ou com autorização dos compromitentes) mas não acatada espontaneamente por aquele contra o qual foi ordenada.*

Com efeito, não havendo em Portugal norma legal a proibir o decretamento por árbitros de providências cautelares, ou a dizer expressamente que os tribunais judiciais têm competência exclusiva para a sua ordenação, *de iure condito parece ser de reconhecer aos tribunais arbitrais o poder de pronunciar providências cautelares* (que se revelem necessárias) *apenas a pedido ou com autorização das partes*. Sendo *desejável que de iure condendo o legislador venha reconhecer "expressis verbis" ao tribunal arbitral a faculdade de decretar providências cautelares, salvo convenção em contrário dos compromitentes:* naturalmente, *a execução ou actuação forçada da providência, porque e na medida em que não observada espontaneamente pelo compromitente contra que foi ordenada, requererá a cooperação do tribunal judicial, à semelhança do que sucede presentemente com a execução de decisão arbitral não cumprida voluntariamente pela parte vencida.*

Exemplo vivo da colaboração do tribunal judicial com os tribunais arbitrais voluntários vem contido no artigo 18.° em matéria de obtenção de prova:

"Quando a prova a produzir dependa da vontade de uma das partes ou de terceiro e estes recusem a necessária colaboração, pode a parte interessada, uma vez obtida a autorização do tribunal arbitral, requerer ao tribunal judicial que a prova seja produzida perante ele, sendo os seus resultados remetidos àquele primeiro tribunal".

14.3. A urgência de um procedimento cautelar (artigo 382.º do Código de Processo Civil) pode não se coadunar com a natural delonga da constituição de tribunal arbitral previsto na convenção de arbitragem, principalmente na cláusula compromissória. Pelo que não pode a cláusula compromissória impedir o requerimento a tribunal estadual de providência conservatória ou antecipatória adequada a assegurar a efectividade do direito ameaçado, não havendo, pois, preterição de tribunal arbitral.

Se requerido antes de constituído o tribunal arbitral, o procedimento cautelar será apensado aos autos da acção arbitral, logo que esta seja instaurada, com o apenso a dever ser remetido para o tribunal arbitral e ficando este com exclusiva competência para os termos subsequentes à remessa.

Se requerido no decurso da acção arbitral, o procedimento cautelar será instaurado no tribunal arbitral onde a acção corre.

Naturaliter, quer na primeira hipótese – remessa do apenso para o tribunal arbitral – quer na segunda, vai pressuposta a pronúncia de providência cautelar pelo tribunal arbitral a pedido das partes (v.g. previsão expressa na convenção de arbitragem) e (desde) que não coenvolva o uso de *ius imperii* ... que o Estado não delegou.

No bom sentido, vejam-se:

– O acórdão do Tribunal da Relação de Lisboa, de 26 de Setembro de 2000 (Processo n.º 0006361):

"Pelo facto de ter subscrito uma convenção de arbitragem, o cidadão não fica impedido de recorrer aos tribunais comuns para obter o decretamento de providências cautelares";

– O acórdão do Tribunal da Relação do Porto, de 17 de Maio de 2005 (Processo n.º 0522209):

"I – Não se arreda, à partida, a possibilidade de intervenção do tribunal arbitral no julgamento de um procedimento cautelar, desde que expressamente a convenção de arbitragem o preveja e tal procedimento não envolva ou pressuponha o uso do *ius imperii* por parte do tribunal que decrete a providência requerida;

II – Fora destes casos, a competência para conhecer e julgar os procedimentos cautelares deve caber aos tribunais comuns".

O CONTRATO DE VIAGEM ORGANIZADA, NA LEI VIGENTE E NO ANTEPROJECTO DO CÓDIGO DO CONSUMIDOR

JOAQUIM DE SOUSA RIBEIRO*

SUMÁRIO: *1. O fenómeno do turismo de massas e a tipificação do contrato de viagem organizada. 2. O complexo quadro normativo. 3. Âmbito subjectivo do contrato. 4. Âmbito objectivo. O problema da qualificação das "viagens por medida". 5. Formação do contrato. 6. Modificações subjectivas e objectivas. 7. Direito de revogação do cliente. 8. Responsabilidade civil. 9. Apreciação final das alterações introduzidas pelo Anteprojecto.*

1. O fenómeno do turismo de massas e a tipificação do contrato de viagem organizada

Nas últimas décadas, o sector do turismo conheceu alterações profundas, acompanhando o vertiginoso evoluir das condições económico--sociais. Ainda não há muito, uma actividade de elite, reservada aos estratos sociais de rendimentos mais elevados da população dos países mais desenvolvidos, o turismo, mesmo o levado a cabo além-fronteiras, é hoje exercitado por faixas cada vez mais alargadas de utentes. E de tal forma que se tornou, sem dúvida alguma, um fenómeno de massas, que se destaca como um dos traços marcantes das sociedades dos nossos dias.

Vários factores, actuando conjugadamente, contribuíram para isso[1]. O desenvolvimento económico do pós-guerra propiciou a subida generalizada de rendimentos, pondo ao alcance de uma camada significativa

---

* Professor Auxiliar da Faculdade de Direito de Coimbra.
[1] Para uma indicação sintética desses factores, v. NOTARSTEFANO, "Lineamenti giuridici dei rapporti turistici", *Riv. Dir. Comm.*, 1993, 581.

da população empregada a satisfação de necessidades não elementares. O gozo de um período anual de repouso, com o reconhecimento do direito a férias pagas[2], e posteriormente a férias subsidiadas, inscreveu no programa de vida dos beneficiários, como uma componente normal, estadias em locais de veraneio, com a procura dos correspondentes serviços. O progresso tecnológico dos meios de transporte, sobretudo dos meios aéreos, facilitou enormemente as deslocações, reduzindo, de forma drástica, durações e custos, o que levou à mundialização do mercado turístico.

Essas novas condições materiais foram acompanhadas por mudanças culturais e de mentalidades, as quais, também elas, contribuíram para a procura crescente de serviços turísticos. Os padrões dominantes de realização pessoal e de estilos de vida passaram a incluir exigências de divertimento e de lazer, de utilização intensiva de tempos livres em actividades lúdicas de fuga ao quotidiano e à rotina laborais. Por sua vez, o acréscimo de informação disponível, sobretudo através de meios audiovisuais, e a difusão eficaz de mensagens publicitárias alimentam o imaginário de muitos com representações atractivas de locais apetecíveis.

O mundo tornou-se mais pequeno, aumentou a curiosidade de o conhecer, e a satisfação desse desejo tornou-se mais fácil para um número progressivamente maior de pessoas.

A oferta de serviços turísticos acompanhou e incentivou estas significativas alterações estruturais. Assistimos, na verdade, à diversificação, não só dos destinos das viagens turísticas, como também da natureza das prestações oferecidas. Tradicionalmente concentradas no transporte, alojamento e actividades subsidiárias, elas passam a abranger uma complexa gama de serviços, de conteúdo muito variado, tendo a ver com actividades lúdicas, culturais, recreativas, desportivas, educativas, curativas, religiosas e outras, formando, no seu conjunto, o que, até nalgumas legislações, se passou a designar por "pacote turístico".

Por outro lado, os modos de produção e de comercialização deste serviço sujeitam-se à lógica mercantil, hoje imperante, da programação uniformizadora. Concebidas, organizadas, transaccionadas e executadas, em regra, por operadores profissionais, as viagens turísticas ingressam no universo dos produtos homogéneos oferecidos em massa ao grande público.

---

[2] Entre nós, apenas em 1966, pelo Decreto-Lei 47.032, de 27 de Maio, mas já, em 1949, proclamado, pela Declaração Universal dos Direitos do Homem, como direito social (artigo 7.º) e, antes disso, vigente na generalidade dos países europeus, a partir das primeiras décadas do século (a Áustria foi pioneira, em 1910).

É a propria combinação, espacial e temporal, de todas as componentes da viagem, articuladamente ajustadas com os fornecedores directos das correspondentes prestações, que é objecto de uma actividade empresarial de idealização e "fabrico", e depois posta no mercado e repetidamente realizada, nos mesmos moldes, para grupos mais ou menos numerosos de utentes.

Alterou-se, assim, radicalmente, a natureza das relações jurídico-económicas estabelecidas entre as agências e os seus clientes. Num passado não muito longínquo, a organização da viagem era um facto eminentemente pessoal e de recorte individualizado. De acordo com os seus gostos e propensões, o interessado traçava o seu próprio plano de viagem. Quando contactada, a agência funcionava apenas como prestadora de informações (sobre a existência e os horários de meios de transporte, preços e tarifas, disponibilidades hoteleiras, documentação exigível, etc.) e como intermediária na obtenção das prestações singulares requeridas pelo cliente (reserva de bilhetes de viagem, marcação de estadia em hotéis, etc.). Em qualquer caso, a sua função era meramente a de auxiliar externa na realização de uma viagem gizada pelo próprio.

No actual panorama, a indústria do turismo põe à disposição do público, como um produto acabado, viagens e serviços conexos em que tudo está prefixado, mesmo as variantes eventualmente oferecidas. O cliente tem apenas que comprar, por um preço global, esse produto, a viagem *prêt-à-partir*[3], composta por serviços diversificados, mas integrados para formar uma unidade prestativa, encarada na sua individualidade própria e na sua utilidade global.

Como veste jurídica desta operação típica do moderno mercado de turismo, afirmou-se, na prática negocial, um novo tipo contratual: o *contrato de viagem organizada*. Ao receber disciplina jurídica própria, a figura assumiu a natureza de um contrato típico, com um estatuto normativo autonomamente consagrado na lei.

São os traços fundamentais desse regime e os problemas mais relevantes que ele suscita que vamos de seguida analisar, tendo em conta as alterações mais significativas constantes do Anteprojecto do Código do Consumidor, apresentado em 15 de Março de 2006.

---

[3] O trocadilho dever-se-á a COUVRAT – v. MARCO ARATO, "Le condizioni generali di contratto e i viaggi turistici organizati", *Riv. dir. comm.* 1982, 357 s. (361).

2. O complexo quadro normativo

Na generalidade dos ordenamentos dos países que integram a União Europeia, a consagração legislativa de um regime específico dos contratos de viagem organizada resultou da transposição da directiva 90/314/CEE, de 13 de Junho de 1990, relativa às viagens organizadas, férias organizadas e circuitos organizados[4].

Dos considerandos introdutórios deste diploma, retira-se que a sua promulgação e conteúdo obedeceram a dois propósitos distintos, ainda que interligados e complementares: por um lado, a formação e regulação, no sector do turismo, de um mercado interno, de dimensão comunitária, sujeito a regras suficientemente harmonizadas para se eliminarem os obstáculos à livre prestação de serviços e as distorções da concorrência entre os operadores; por outro, a institucionalização de medidas de informação e defesa do consumidor, de acordo com os programas comunitários, nesta matéria.

Na transposição inicial desta directiva, pelo Decreto-Lei n.º 198/93, de 27 de Maio, o legislador nacional fez então farto uso da faculdade que o artigo 8.º lhe reconhecia, de adoptar "disposições mais rigorosas para defesa do consumidor", particularmente ao não estabelecer como requisito do conceito de viagem organizada uma duração mínima de 24 horas (cfr. o artigo 3.º) e ao não limitar a responsabilidade das agências nos casos em que os prestadores directos dos serviços beneficiavam de uma responsabilidade limitada por força de convenções internacionais.

Este regime suscitou a reacção crítica dos operadores turísticos nacionais, através da sua associação representativa, chamando a atenção para a posição concorrencial desfavorável em que eram colocados, em face das agências estrangeiras. O acolhimento destas razões esteve na origem da revisão do quadro jurídico desta actividade, levada a cabo pelo Decreto-Lei n.º 209/97, de 13 de Agosto. Com algumas alterações pontuais, introduzidas pelo Decreto-Lei n.º 12/99, de 11 de Janeiro, é essa a disciplina em vigor.

---

[4] A Alemanha foi excepção, pois já dispunha de legislação específica nesta matéria, introduzida no *BGB* pela *Reisevertragsgesetz*, de 1979 (§§ 651*a* s.). Esta disciplina foi adaptada à directiva por uma lei de 29.6.1994, tendo sofrido alterações posteriores, pela *Zweite Reiserechtsänderung*, entrada em vigor em 1.9.2001, e pela *Schuldrechtsreform*, de 1.1.2002 – cfr. RONALD SCHMID, "Pauschalreiserecht – Die Änderung durch die Zweite Reiserechtsnovelle und die Schuldrechtsreform", *Monatsschrift für Deutsches Recht*, 2002, 789 s.

Nota singular do diploma de transposição é o facto de não se cingir à disciplina deste tipo contratual. Na verdade, o Decreto-Lei n.º 209/97 contém a regulação global da actividade económica desenvolvida pelas agências de viagem, cobrindo também aspectos de estruturação subjectiva e organizatório-administrativos, condicionantes da sua entrada no mercado e do seu funcionamento regular, bem como o tratamento das relações por elas estabelecidas a montante, com os prestadores directos dos serviços (empreendimentos turísticos). Combinam-se, assim, normas de direito administrativo e de direito publico da economia com normas de direito privado, numa simbiose com valência paradigmática da hodierna interconexão, sob múltiplos aspectos, da regulação do mercado e do direito dos contratos, em particular na área do direito do consumidor.

O Anteprojecto do Código do Consumidor não manteve, todavia, esta conjunção normativa, contendo quase exclusivamente, numa opção de fidelidade estrita ao seu âmbito de codificação, matéria atinente à relação estabelecida entre a agência e o cliente que com ela contrata uma viagem turística. Isso levou a uma proposta de revogação apenas parcial do Decreto-Lei n.º 209/97 (cfr. o ponto 7. 2 da apresentação), para que remetem os artigos 361.º e 362.º. Prevê-se, ainda, a promulgação de um diploma complementar sobre a actividade das agências de viagem e turismo (ponto 7. 4).

Para além da disciplina sectorial específica desta operação jurídico-económica, os contratos de viagem organizada estão sujeitos ao regime dos *contratos de adesão* fixado no Decreto-Lei n.º 446/85, de 25 de Outubro, uma vez que as prestações neles compreendidas são invariavelmente oferecidas ao público sob *condições gerais* predispostas pelas empresas operantes no ramo.

Têm, assim, que respeitar ambas as disciplinas, tanto a que lhes é própria, como a disciplina por assim dizer "horizontal" dos contratos de adesão, atinente a um determinado modo de contratar, qualquer que seja o tipo contratual em causa. Onde elas regulem diferentemente o mesmo ponto, aplicar-se-á a que for mais favorável ao aderente-turista, dada a ressalva do artigo 37.º do Decreto-Lei n.º 446/85.

Para além destes enquadramentos normativos, há que atender também ao disposto na "Lei de Defesa do Consumidor" (Lei n.º 24/96, de 31 de Julho), que fixa o quadro genérico de tutela desta categoria de contraentes.

Em tudo o que não for contrariado por estas regulações especiais, são ainda naturalmente aplicáveis o regime comum dos contratos e a disciplina geral do negócio jurídico.

3. Âmbito subjectivo do contrato

A organização e venda de viagens turísticas é, nos termos do artigo 2.º, n.º 1, al. *a*), do Decreto-Lei n.º 209/97, uma actividade própria das agências de viagens e turismo. Mas não é uma actividade a elas exclusivamente reservada.

Isto porque, para além da admissibilidade de comercialização de certos serviços turísticos por outros entes empresariais (n.ºs 2, 3 e 4 do artigo 3.º), determinadas instituições de economia social (as previstas no n.º 4 do mesmo artigo) e, mesmo, pessoas singulares (n.º 5) podem organizar e vender viagens turísticas.

Mas com restrições. Em primeiro lugar, a actividade destes entes não empresariais tem que ser exercida, em qualquer caso, sem fim lucrativo. Tratando-se das pessoas colectivas nomeadas no n.º 4, pode ter carácter regular, mas o círculo dos destinatários está limitado aos respectivos associados, beneficiários e cooperadores (cfr. também o artigo 52.º). Fora desse círculo "interno", isto é, tratando-se de viagens turísticas para "terceiros", como refere o n.º 5, essa actividade só é admissível se não tiver carácter regular – exigência sempre imposta quando o organizador é uma pessoa singular.

O regime aplicável varia, consoante a actividade seja ou não levada a cabo com carácter regular. Na primeira hipótese, ou seja, no âmbito da previsão do n.º 4 do artigo 3.º, os contratos a que ela der azo ficam sujeitos ao mesmo regime dos contratos celebrados por agências de viagens (artigos 17.º a 51.º do Decreto-Lei n.º 209/97), excepto no que se refere ao montante mínimo da caução a prestar, que é reduzido ao equivalente em euros a 1.000.00$00 (artigo 53.º). Se, pelo contrário, se tratar de uma actividade esporádica, não regular, (n.º 5 do artigo 3.º), a disciplina contratual fica fora do âmbito do regime traçado pelo Decreto-Lei n.º 209/97. Sobre os sujeitos organizadores apenas recai, nos termos do n.º 1 do artigo 54.º, o dever de celebrarem um seguro obrigatório de responsabilidade civil, no caso de o número de participantes na viagem ser superior a oito[5].

Esta abertura a operadores não profissionais, actuando sem fins lucrativos, é o bastante para que se conclua não estarmos necessariamente em face de contratos de consumo, em sentido técnico, dado o conceito relacional de consumidor que o artigo 2.º da Lei n.º 24/96 nos dá.

---

[5] Não é, na verdade, como requisito de permissão que interpretamos a referência que o n.º 5 do artigo 3.º faz ao número de participantes, mas como requisito de aplicabilidade do regime previsto no artigo 54.º.

E essa conclusão é reforçada pelo facto de, atento o objecto do contrato, não actuarem aqui as restrições, de carácter morfológico e teleológico, que qualificam, pelo lado da procura, os contratos de consumo. O utente directo é sempre, pela natureza dos serviços turísticos, uma pessoa singular que intervém como destinatário final desses serviços. Não releva o estatuto jurídico do sujeito outorgante no contrato, nem se exige que a viagem seja motivada por razões não profissionais.

Por isso mesmo, a legislação portuguesa, ao contrário da directiva, não designa nunca o sujeito da procura como "consumidor", mas antes como "cliente", esclarecendo o artigo 39.º, n.º 7 (reproduzido no artigo 379.º, n.º 7, do Anteprojecto) que clientes são "todos os beneficiários da prestação de serviços, ainda que não tenham sido partes no contrato". Em muitas situações, efectivamente, o turista que participa na viagem organizada não teve intervenção na celebração do contrato[6] (por exemplo: familiares dependentes; membros de um grupo por conta de quem um único sujeito contratou). Nessas situações, o contrato estrutura-se como contrato a favor de terceiro (a favor da pessoa ou pessoas nele identificadas como participantes na viagem), assumindo o(s) beneficiário(s) a correspondente posição creditória[7].

---

[6] Prevendo essa hipótese, o artigo 2.º, n.º 4, da directiva utiliza um conceito de consumidor que abarca a pessoa que contratou (o "contratante principal"), "os outros beneficiários", ou qualquer pessoa a quem o contratante principal ou um dos outros beneficiários tenha cedido a viagem organizada (o "cessionário").

[7] Por isso, temos como certo que, embora o conceito de cliente venha referido, no artigo 39.º, n.º 7, "para os efeitos previstos para o presente artigo", ou seja, para efeitos de responsabilidade civil, o seu âmbito de valência deve ser alargado a muitos outros pontos da disciplina legal. O termo é utilizado indistintamente, havendo que atender ao contexto aplicativo para determinar o sentido que ele denota. Só quando atinente directamente ao contrato e à sua celebração se pode entender que visado é apenas o sujeito que nele outorgou. É assim, por exemplo, no âmbito do artigo 22.º, n.º 2 e n.º 3. O mesmo se diga quando está em causa a restituição do preço ou de parte dele. Pelo contrário, quando é disciplinada a relação contratual, na fase executiva da prestação dos serviços turísticos, seguramente que por "cliente"se designa, na maior parte das previsões, o beneficiário desses serviços, participante na viagem. Veja-se, por exemplo, o disposto nos artigos 30.º, n.º 1, e 31.º, n.º 1.

4. Âmbito objectivo. O problema da qualificação das "viagens por medida"

O primeiro diploma de transposição (Decreto-Lei n.º 198/93) preocupou-se apenas, na esteira da directiva, em caracterizar o objecto do contrato de viagem organizada.

Mas o Decreto-Lei n.º 209/97 veio estabelecer um quadro sistemático dos tipos de viagens turísticas, entendidas como género em que as viagens organizadas se enquadram, como espécie. Em consonância, muito embora dedique o essencial da disciplina reguladora a este contrato, fá-la anteceder de duas "disposições comuns" (artigos 18.º e 19.º), designação que se justifica pela sua aplicabilidade a todo o género de viagens turísticas.

Esta categoria compreende, ao lado das viagens organizadas, as viagens por medida e as viagens turísticas que, não se integrando em nenhuma destas duas espécies, poderemos, à falta de melhor, designar por "viagens turísticas *stricto sensu*"[8]. Nos termos do n.º 2 do artigo 17.º, só podem ser qualificadas como viagens organizadas as que são comercializadas a um preço com tudo incluído, excedem vinte e quatro horas ou incluem uma dormida[9], e combinam previamente pelo menos duas das três categorias de serviços aí enumeradas[10] (transporte, alojamento e serviços

---

[8] A designação, que não tem consagração legal, é utilizada por MIGUEL MIRANDA, *O contrato de viagem organizada*, Coimbra, 2000, 103. O último qualificativo permite distinguir a designação desta espécie da do género "viagens turísticas".

[9] É esta exigência que, na prática, diferencia mais frequentemente as viagens organizadas das viagens turísticas em sentido estrito. Ainda que satisfaçam os restantes requisitos da primeira figura, estas viagens são de ida e volta no mesmo dia, não comportando alojamento. É o caso, em primeira linha, das excursões domingueiras, em transporte normalmente rodoviário, e com uma ou mais refeições incluídas no preço. Note-se que o Decreto-Legislativo n.º 24/99M, que adapta o Decreto-Lei n.º 209/97 à Região Autónoma da Madeira, prescinde expressamente dessa nota caracterizadora. Dispõe, na verdade, o artigo 3.º desse diploma que "consideram-se viagens turísticas organizadas aquelas que como tal são definidas no n.º 2 do artigo 17.º do Decreto-Lei n.º 209/97, de 13 de Agosto, mesmo quando a sua duração não excede as vinte e quatro horas ou não incluem uma dormida".

[10] Diga-se que a letra do artigo 17.º, n.º 2, contrariamente à do artigo 2.º, n.º 1, da directiva, ao referir que o contrato deve combinar previamente "dois dos serviços seguintes", não deixa expresso que essa é uma exigência mínima, nada obstando a que possam estar reunidas mais de duas categorias de serviços turísticos. Mas essa interpretação, a única razoável, é agora explicitada pelo artigo 364.º, n.º 2, ao prescrever que "são viagens

turísticos não subsidiários do transporte). As viagens por medida são definidas no n.º 3 do mesmo artigo como as "preparadas a pedido do cliente para satisfação das solicitações por este definidas".

Esta opção taxonómica e regulativa, que a revisão de 1999 deixou intocada e o Anteprojecto também fez sua[11], levanta a, porventura, mais controversa questão de política legislativa que se tem suscitado, nesta matéria. Na verdade, ao autonomizar tipologicamente o contrato de viagem por medida, pondo-o fora do conceito e do âmbito aplicativo do regime dos contratos de viagem organizada, o diploma português desprotege um largo círculo de clientes de serviços turísticos, particularmente no que toca ao regime da responsabilidade civil das agências.

A apreciação da justificação desta medida pode ser feita a dois níveis: um inteiramente *de jure condendo*, ajuizando do seu mérito intrínseco, no quadro de uma política interventiva por razões (também) de tutela do consumidor; um outro que avalie a compatibilidade deste regime com o disposto na directiva.

No primeiro plano, a análise deve ter sobretudo em conta o *specificum* dos contratos de viagem por medida, para determinar se, de um ponto de vista material-valorativo, ele constitui razão bastante para um regime diferenciado.

E esse traço distintivo é o facto de a iniciativa caber ao cliente. É ele quem, pelo menos em traços gerais, desenha primariamente o "pacote turístico" em que está interessado, o tipo de viagem (quanto a destino, duração, itinerário, serviços a incluir, etc.) que intenta empreender. Ainda que o turista possa acolher eventuais sugestões da agência, corrigindo, nalguns aspectos, o seu projecto inicial, a viagem comercializada acaba por corresponder, em maior ou menor medida, às "solicitações por este definidas". Por isso mesmo, ela não se ajusta inteiramente a nenhum dos produtos que constam da oferta ao público da agência[12]. Sendo assim, podem estar presentes os restantes elementos dos contratos de viagem organizada

---

organizadas as viagens turísticas que (…) combinem previamente pelo menos dois dos serviços seguintes".

[11] O artigo 17.º do Decreto-Lei n.º 209/97 tem o seu equivalente no artigo 364.º do Anteprojecto, que o reproduz quase *ipsis verbis*. Só foi ligeiramente alterada a formulação do n.º 2, dando-lhe, através de uma outra ordem enunciativa, uma redacção mais elegante, e estabelecendo a precisão referida na nota anterior.

[12] É claro que, se o turista, tendo inicialmente manifestado interesse numa viagem "por medida", acabar por ser convencido a optar por um dos pacotes que constam da oferta da agência, estaremos perante um contrato de viagem organizada.

(e normalmente será esse o caso), sem que essa qualificação possa ser atribuída, por a viagem não obedecer ao figurino previamente delineado por uma agência organizadora.

Justificará este dado o tratamento diferenciado do cliente, respondendo a agência apenas "pela correcta emissão dos títulos de alojamento e de transporte e ainda pela escolha culposa dos prestadores de serviços (…)" (artigo 39.º, n.º 5, do Decreto-Lei n.º 209/97, e artigo 379.º, n.º 5, do Anteprojecto)?

Apontará no sentido afirmativo a consideração de que, por iniciativa do cliente, e apenas para satisfazer o interesse deste, a agência pode vir a operar fora dos destinos, das rotas e do tipo de serviços que lhe são familiares, sendo levada a estabelecer contactos negociais com fornecedores estranhos ao círculo das suas relações regulares. Actuará, assim, fora do domínio onde adquiriu competência especializada, pela experiência ganha com a prática consolidada de um certo tipo de operações turísticas.

Tratando-se de programas objecto de oferta ao público, para viagens em grupo, comercializados repetitivamente, por vezes ao longo de anos, com um elevado número global de participantes, as agências estão em condições de conhecer bem a oferta disponível, de fornecer sobre ela informações completas e fidedignas e de acompanhar e controlar regularmente, *in loco*, as condições de execução dos serviços compreendidos. A cognoscibilidade e o relativo controlo dos factores de risco, a sua fácil contabilização e absorção como custos empresariais, tornam admissível uma responsabilização que se estenda para além da imputação por culpa.

No caso das viagens por medida, nada disto está garantido. Pode tratar-se de uma operação que, para a agência, obedeça a moldes singularizados, a um figurino particularizado, correspondente ao pedido específico do cliente. É este quem se expõe, com a sua iniciativa, a factores suplementares de risco, podendo então a necessidade de suportar as consequências danosas da sua efectivação ser vista como o preço a pagar pela voluntária colocação fora dos padrões massificados do consumo de produtos homogéneos.

O argumento não é, contudo, decisivo, pois sempre poderá dizer-se, em contrário, que o papel desempenhado pela agência é o de um operador profissional, procurado por um leigo, também nesta hipótese, não como mero intermediário na conclusão de contratos (de transporte, de hospedaria, etc.) já previamente definidos, mas como detentor do conhecimento técnico que dará suporte e garantia a uma eficaz selecção e combinação unificadora dos serviços parcelares pretendidos. A intervenção da agência é um factor de confiança para o turista, a todos os níveis, e não apenas no da criteriosa escolha dos prestadores de serviço. A actividade por ela desenvolvida tenderá a ter também, em maior ou menor grau, uma dimensão organizativa[13], assegurando o ajustamento recíproco dos elementos componentes do todo da viagem idealizada pelo cliente e dando-lhe uma composição definitiva e em detalhe – ainda que "por medida", a viagem não deixa, nesta perspectiva, de ser organizada pela agência contactada...

O regime de responsabilidade das agências, no caso das viagens por medida, parece não levar isso em conta, assentando numa representação redutora do conteúdo funcional do papel por elas desempenhado, neste âmbito.

Atendendo a esse papel, pode dizer-se que estão presentes, no relacionamento entre as partes, os diferenciais de "domínio" do objecto do contrato e de competência quanto às condições da sua prestação que, em geral, justificam a tutela do consumidor.

De resto, a própria lei prevê a hipótese de inclusão, no contrato de viagem organizada, de serviços não constantes do programa anunciado ao público, em atendimento de interesses particulares do cliente. Satisfazendo "exigências específicas que o cliente comunique à agência e esta aceite", esses serviços são também objecto de menção obrigatória no documento contratual, nos termos do artigo 22.º, n.º 1, al. *n*).

Quer isto dizer que a qualificação como contrato de viagem organizada não é posta em causa pela configuração individualizada de algum ou alguns dos serviços compreendidos. Esses serviços não resultam da planificação prévia da viagem, por parte da agência, mas antes da aceitação de pretensões que, em face de determinado programa, o cliente manifeste. O que vem comprovar que o tipo "viagem organizada" não subentende uma rigidez absoluta dos serviços integrantes de um "pacote" turístico, sendo compatível com a inclusão de serviços por iniciativa do cliente.

A característica apontada como distintiva dos contratos de viagem por medida – a iniciativa do cliente – não representa, pois, um dado absolutamente singularizador das viagens por medida, tendo em conta que, nos contratos de viagem organizada, parte do seu objecto pode promanar dessa iniciativa. Inversamente, as viagens por medida não rejeitam uma intervenção organizativa da agência, com acolhimento, pelo cliente, de pro-

---

[13] Nesse sentido, MIGUEL MIRANDA, *ob. cit.*, 109.

postas de serviços e de combinações de serviços não previstas no seu projecto inicial de viagem. A diferença entre as duas categorias, quanto ao papel que cabe a cada um dos sujeitos, é de grau, não de natureza, pelo que pode questionar-se se ela é o bastante para fundamentar uma diferença tão radical de regimes de responsabilidade.

Num outro plano de análise, o que se pretende ajuizar é o cumprimento, no que a este ponto se refere, das exigências que a directiva coloca ao direito interno. Admitirá aquele diploma o abaixamento da tutela contra danos do contratante de uma viagem por medida para o nível fixado no n.º 5 do artigo 39.º?

Da directiva 90/314/CEE não consta qualquer alusão a esta categoria. Mas o Tribunal de Justiça já se pronunciou expressamente sobre a matéria, num acórdão de 30 de Abril de 2002, em decisão de duas questões prejudiciais suscitadas pelo Tribunal Judicial da Comarca do Porto (proc. C-400/00).

Fez vencimento a interpretação de que "as viagens organizadas ("com tudo incluído") por uma agência de viagens, a pedido do consumidor ou de um grupo restrito de consumidores, em conformidade com as suas exigências específicas" cabem na definição que delas dá o artigo 2.º, n.º 1, da directiva. O Tribunal de Justiça decidiu, pois, em sentido contrário ao disposto no nosso diploma de transposição, negando a autonomia conceptual e de regime das viagens por medida[14].

Deporiam nesse sentido o teor da própria definição, o disposto na al. *j*) do anexo (de conteúdo equivalente ao da já referida al. *n*) do artigo 22.º do Decreto-Lei n.º 209/97), bem como os trabalhos preparatórios. Quanto a estes, salienta-se que não constava da proposta originária da Comissão, de 23 de Março de 1988, a referência de que a viagem organizada é a *vendida ou proposta* para venda. Entendeu o Advogado-Geral, nas suas conclusões, que a especificação desta alternativa, no texto final, "confirma, em substância, que o legislador comunitário optou intencionalmente por passar de uma noção de viagem organizada, concebida e proposta para venda sem qualquer intervenção do consumidor, para uma noção que não permite excluir o serviço "por medida", ou seja, o que é "vendido" satisfazendo as exigências específicas de um dado consumidor".

---

[14] Todos os cinco governos que se pronunciaram sobre a questão propuseram uma decisão neste sentido. O Governo português incluiu-se, surpreendentemente (dada a opção consagrada no Decreto-Lei n.º 209/97), nesse número.

Não pode ser negado o peso destes argumentos, mas a verdade é que eles parecem chocar com o requisito de que haja "combinação prévia" dos elementos compreendidos na viagem. A combinação dos serviços turísticos só merece aparentemente esse qualificativo quando estabelecida e comunicada antes de qualquer contacto negocial específico, ou seja, quando é um dado para o cliente interessado (por constante do programa que lhe é disponibilizado), e não o resultado do relacionamento particular com a agência, na fase pré-contratual. A viagem de que o cliente toma conhecimento já é uma viagem combinada, o que pressupõe uma anterior concepção e organização unilaterais por parte da agência. A anterioridade reportar-se-á, assim, ao momento da publicitação da viagem, e não ao da conclusão do contrato.

Este ponto foi objecto de uma segunda questão prejudicial no mesmo processo, tendo o Tribunal decidido que "o conceito de "combinação prévia" utilizado no artigo 2.º, n.º 1, da Directiva 90/314, deve ser interpretado no sentido de que inclui as combinações de serviços turísticos efectuadas no momento em que o contrato é celebrado entre a agência de viagens e o consumidor".

Mas nenhuma consideração substancial foi avançada em fundamento desta interpretação. Ela apresenta-se-nos, antes, como resultado necessário da decisão anterior sobre o tratamento das viagens por medida[15], no que parece constituir uma clara petição de princípio.

E pode perguntar-se se, nesta interpretação, a exigência de "combinação prévia" não perderá o carácter de requisito específico deste tipo contratual, para passar a corresponder a um dado inócuo, por comum a qualquer contrato. Na verdade, a "combinação prévia" das prestações (prévia no sentido de anterior à conclusão) é o que genericamente caracteriza qualquer contrato de tipo combinado, pois é sobre o conteúdo previamente fixado que incide o acordo.

Poderá contrapor-se que, mesmo assim entendida, a referência não perde todo o sentido útil, pois fica mais claro que não estão abrangidos os serviços que o cliente teve a iniciativa de contratar no decurso da viagem, ou seja, já na fase de execução do contrato. Mas não parece que a exclusão desses serviços do âmbito do contrato de viagem organizada (e da correlativa responsabilidade da agência) pudesse suscitar dúvidas legítimas.

---

[15] Cfr. o considerando 19 da sentença e as conclusões 24 e 25 do Advogado-Geral.

Numa apreciação conjunta, cremos poder concluir-se que os elementos fornecidos pela directiva não facultam uma conclusão inteiramente segura quanto ao estatuto jurídico das viagens por medida[16], sobretudo tendo em conta a dúvida quanto ao alcance da exigência de "combinação prévia". A própria Comissão parece tê-lo reconhecido, ao propor, no Relatório sobre a implementação da directiva, apresentado em 1999, a supressão do último termo, considerando que ele "parece ser artificial, com um significado e efeito confuso"[17].

Neste quadro, cremos que é decisiva a consideração da teleologia da directiva e do seu proclamado objectivo de tutela do consumidor. Ora, já vimos que as razões justificativas dessa tutela não decaem (ou não decaem inteiramente) pelo simples facto de, na definição da viagem, o turista ter tido uma participação relevante[18]. Essa iniciativa não anula que a intervenção da agência seja solicitada também em função organizativa, buscando o cliente as vantagens e garantias que, num mercado como o turístico, que exige competências específicas, só um operador profissional pode proporcionar.

Na dúvida (se é que dúvida existe), e tendo também presente que o artigo 95.º, n.º 3, do Tratado, exige, em matéria de defesa dos consumidores, "um nível de protecção elevado", somos levados a considerar que as viagens por medida deverão ser consideradas viagens organizadas e como tal tratadas, no que se refere aos critérios de responsabilização das agências.

---

[16] Para SUSANNE STORM, "La protection des consommateurs dans les voyages à forfait – la loi danoise relative aux voyages à forfait", *Rev. Europ. de Droit de la Consommation*, 1994, 166 s., o artigo 2.º, n.º 1, da directiva abrange as viagens combinadas "preparadas individualmente"; também para F. INDOVINO FABRIS, "Viaggi, vacanze e circuiti tutto compreso", *Le nuove leggi civili commentate*, 1997, 10, na noção de viagens organizadas estão compreendidas, não somente as viagens em oferta ao público, mas também as "viagens a pedido"; no mesmo sentido, em referência à lei italiana, G. SILINGARDI/F. MORANDI, *La "vendita di pacchetti turistici. La direttiva 13 giugno 1990, n. 90/314/CEE, ed il d.lg. 17 marzo 1995, n. 111*, 2.ª ed. Torino, 1998, 29, e, no tocante à lei inglesa, NELSON-JONES/P. STEWART, *A Practical Guide to Package Holiday Law and Contracts*, 3.ª ed., Totton, 1993, 7.

[17] Cfr. SEC(1999) 1800 final, p. 9. Essa opinião é referida na conclusão 26 do Advogado-Geral, que manifestou concordância com ela, considerando o termo "supérfluo".

[18] Como se diz no Relatório citado na nota anterior: "As necessidades de protecção do consumidor podem, em algumas circunstâncias, ser as mesmas tanto no que diz respeito às viagens organizadas por medida como em relação às outras viagens organizadas" (p. 9).

A ser assim, o actual regime português não satisfaz os parâmetros fixados pela directiva. A promulgação de um Código do Consumidor é uma oportunidade a não desperdiçar de correcção desse défice.

5. Formação do contrato

O Decreto-Lei n.º 209/97 é extremamente exigente no que se refere às obrigações pré-contratuais de informação a cargo da agência[19]. A oferta ao público de viagens organizadas deve constar de um programa (artigo 20.º, n.º 1), onde obrigatoriamente se comuniquem, "de forma clara e precisa", numerosos aspectos do conteúdo contratual (artigo 20.º, n.º 2).

Esse regime não decorre apenas das razões gerais que fundamentam o direito do consumidor à informação, em compensação dos défices cognitivos de que enferma. Atende também a razões específicas, atinentes ao objecto do contrato e à natureza das prestações que ele coenvolve, as quais acentuam a vulnerabilidade, sob este aspecto, da posição do sujeito que procura serviços turísticos.

Estamos em face, na verdade, de prestações cuja efectiva conformação e qualidade não são susceptíveis de controlo presencial, antes da celebração do contrato, por parte do cliente. Este forma expectativas apenas com base em descrições caracterizadoras, provindas, em regra, da contraparte, de cunho fortemente promocional e com objectivos publicitários. Se estas afirmações não forem verídicas e completas, o turista corre um sério risco de frustração da utilidade procurada e aparentemente prometida.

A informação que a agência fica obrigada a disponibilizar cumpre, assim, em primeira linha, uma específica *função de esclarecimento pré--contratual*. Obedecendo a um *imperativo de transparência*, visa colocar o cliente em situação de avaliar com exactidão qual a opção negocial mais ajustada e conveniente aos seus interesses, tal como autonomamente os avalia.

Mas, uma vez o contrato celebrado, essa informação cumpre também uma *função de certificação*. De facto, na medida em que certas menções

---

[19] Mais exigente, mesmo, do que a própria directiva, pois esta não obriga à disponibilização de um programa, apenas impondo certas regras de transparência quanto à comunicação de alguns elementos da viagem "caso seja colocada à disposição do consumidor uma brochura" (artigo 3.º, n.º 2).

obrigatórias contêm uma definição precisa da espécie e qualidade dos serviços a que o cliente ganha direito, vinculando a agência ao seu cumprimento pontual (artigo 21.º, n.º 1), permitem ao turista ajuizar mais facilmente da conformidade entre as prestações devidas e as realizadas. Esse dever pré-contratual de informação é impulsionador, assim, da efectivação da responsabilidade contratual da agência.

Pode ainda, por último, ser-lhe associada, idealmente, um certo *efeito preventivo* e dissuasor da falta de cumprimento e do cumprimento defeituoso, pois, ficando definidos, com precisão e completude, os serviços a prestar, os fornecedores e a agência ficam sem espaço de manobra para se refugiarem na indeterminação dos termos a que esses serviços devem obedecer.

Para além da identificação completa da agência organizadora e das entidades que garantem a sua responsabilidade [als. *a*) e *b*) do artigo 22.º] e de indicações relativas ao preço [als. *c*) e *d*) do mesmo artigo], o programa deve descrever as prestações que compõem a viagem [als. *e*), *f*), *g*), *h*) e *l*)], bem como certos aspectos da disciplina contratual [als. *i*) e *j*)].

O Anteprojecto introduziu aqui algumas alterações. Uma é de ordem formal-sistemática: enquanto que as menções obrigatórias do programa são estabelecidas, no diploma em vigor, por atinência ao que deve constar do documento contratual [as als. *a*) a *l*) do artigo 22.º, para que remete o artigo 20.º, n.º 2], no Anteprojecto é o inverso, fixando-se directamente as menções obrigatórias do programa, a reproduzir no documento do contrato, caso este venha a ser elaborado (cfr. os artigos 367.º, n.º 2, e 369.º, n.º 1 e n.º 3).

A modificação justifica-se plenamente, pois, sendo o programa obrigatório e facultativo o documento autónomo de formalização do contrato, é um contra-senso referenciar por este o conteúdo daquele.

Para além disso, a al. *f*) precisa que a data-limite para notificação ao cliente do cancelamento da viagem, por não se ter atingido o número mínimo de participantes, não poderá ser inferior a 8 dias. Findo esse prazo, o cliente ganha uma garantia firme de que a realização da viagem não pode frustrar-se, por essa causa. Já consagrada noutras legislações, e constando das condições gerais recomendadas pela associação representativa das agências de viagens (APAVT), esta restrição é de fundamento incontroverso, pois evita que o cliente possa ser surpreendido com o cancelamento em data demasiadamente próxima da da partida, vedando-lhe a possibilidade de procurar, para o mesmo período, uma alternativa consentânea com os seus interesses.

Foram ainda acrescentadas, como menções obrigatórias do próprio programa, as referidas nas três últimas alíneas.

A da al. *m)* é desnecessária, porque repetitiva da previsão do artigo 365.°, n.° 1. Esta é uma das "disposições *gerais*" do regime das viagens turísticas (cfr. a epígrafe da subdivisão em que se integra), justamente porque incide sobre todo os contratos com essa natureza, isto é, os definidos no n.° 1 do artigo 364.°. Aí estão compreendidas as viagens organizadas, como espécie dentro desse género mais amplo[20].

A nova al. *n)* tem uma função "cautelar", diríamos, visando "capturar" para a exigência de informação pelo programa qualquer outra característica especialmente conformadora da viagem tal como previamente delineada, mas não contemplada em nenhuma das alíneas anteriores. Uma vez que o programa é informativo do conteúdo da viagem organizada pela agência e oferecida ao público, em geral, é nesse sentido que deve ser interpretado o qualificativo "especiais", e não no sentido de características de prestações singularmente acordadas com um cliente. Estas só no momento da conclusão de um concreto contrato ficam definidas, pelo que só em documentos que a esse contrato particularmente se refiram podem vir expressas. Congruentemente, a necessidade da sua menção vem estabelecida no artigo 369.°, n.° 1, a essas prestações se reportando a alusão aí feita a "todas as exigências específicas que este [o cliente] haja comunicado à agência e ela tenha aceitado".

Esta norma parece prever a aposição da menção a estes eventuais serviços específicos no próprio programa. Interpretada à letra, o cumprimento da exigência está altamente dificultado nos programas que constam de brochuras ou desdobráveis, uma vez que estes suportes são pré-impressos, e é virtualmente impossível no caso das comunicações *on line*, num sítio na *web*. Se o contrato for reduzido a escrito, a questão fica solucionada, pois, nos termos do n.° 3 da mesma norma, a menção deverá ser aí incluída. Mas, se nenhuma das partes tiver interesse nessa formalização, parece que esta não deve considerar-se imprescindível para o único efeito de propiciar prova documental do acordo sobre serviços "fora do programa-padrão". Bastará que a menção conste de um anexo ao programa

---

[20] Esta previsão, bem como a da alínea seguinte, foi "repescada" do Decreto-Lei n.° 198/93, de 27 de Maio, o primeiro diploma de transposição da directiva [artigo 20.°, n.° 2, al. *c)*]. Mas sem que, aparentemente, se tenha dado conta de que o Decreto-Lei n.° 209/97 a incluiu no conteúdo da obrigação de informação prévia a prestar em qualquer contrato de viagem turística (artigo 18.°, n.° 1).

(ou de um *email*, no caso do comércio electrónico), com identificação iniludível da sua proveniência da agência. Desde que o recibo de quitação a que se refere o n.° 2 se reporte também a esse aditamento ao programa transaccionado, o processo satisfaz integralmente a razão de ser da exigência, sem pôr em causa a possibilidade de celebração do contrato de um modo informal e expedito.

A introdução da al. *o*) merece inteiro aplauso. Tratando-se do reconhecimento de uma faculdade que contraria o efeito de vinculação irrevogável decorrente de um contrato, o qual corresponde, não só a um princípio normativo básico, como a uma representação comum, interiorizada pela grande massa dos contraentes, é de utilidade manifesta a comunicação expressa do poder de revogação pelo cliente. Só assim se garante a efectivação do exercício desse direito e a obstaculização de práticas empresariais que não levem em conta os termos em que ele está regulado.

A atribuição de carácter vinculativo ao programa (artigo 21.° do Decreto-Lei n.° 209/97 e artigo 368.° do Anteprojecto) torna patente que a sua comunicação vale como proposta contratual, sob as vestes de uma oferta ao público. O que traz consigo duas implicações interligadas: o contrato aperfeiçoa-se mediante a aceitação do cliente e o programa integra o seu conteúdo. Esta última consequência vem agora explicitada no artigo 368.° do Anteprojecto, mas já resultava iniludivelmente da natureza jurídica do programa e do disposto no artigo 7.°, n.° 5, da Lei n.° 24/96.

A aceitação do cliente não necessita de ser expressa em declaração formalizada, sendo comprovável pela exibição do recibo de pagamento, no todo ou em parte, do preço da viagem. A realização de uma prestação monetária, tendo por causa a aquisição dos serviços turísticos constantes de um determinado programa, como documentalmente se prova por aquele meio, atesta que entre o cliente e a agência foi celebrado um contrato de viagem organizada, tendo por conteúdo esse programa.

É esse, de facto, o único alcance do disposto n.° 2 do artigo 22.°. Muito embora esta norma (reproduzida no n.° 2 do artigo 369.° do Anteprojecto) relacione a entrega ao cliente do programa de viagem e do recibo de quitação, de forma equívoca, com a celebração do contrato, esses actos não valem como elementos do seu processo formativo, necessários à perfeição do acordo. O contrato é puramente consensual, não estando sujeito a qualquer espécie de formalização nem a qualquer acto material constitutivo. A entrega do programa cumpre uma função meramente informativa, pelo que a referência se encontra aqui deslocada[21]; o recibo de quitação é um elemento suficiente (mas também necessário, não constando o contrato de documento escrito, nos termos do número seguinte)) de prova da celebração. Melhor seria prescrever directamente, sem mais, que o recibo de quitação faz prova bastante da conclusão do contrato.

A elaboração de um documento autónomo de manifestação da vontade negocial, subscrito por ambas as partes, é meramente facultativa (n.º 3 do artigo 22.º do Decreto-Lei n.º 209/97 e n.º 3 do artigo 369.º do Anteprojecto). E como, na esmagadora maioria dos casos, a agência exige um início de pagamento imediato, nos termos constantes do próprio programa [cfr. o artigo 22.º, n.º 1, al. *d*)], esta solução desoneradora não deixa o cliente desprovido de meios probatórios, quanto à conclusão e quanto ao conteúdo do contrato. Ele só terá interesse em exigir documento escrito das declarações negociais se, excepcionalmente, o início de pagamento não for simultâneo da conclusão do contrato.

Na sua aparente singeleza e "normalidade", este desenho legal do processo formativo representa um importante contributo para a tutela da posição do cliente, vindo contrariar práticas anteriores que a fragilizavam. Na verdade, a formação sucessiva do contrato obedecia normalmente a uma estrutura convencionada, nos termos da qual o processo de conclusão só era posto em marcha com a iniciativa do cliente. A anterior difusão do programa pela agência era tida como um mero *convite a contratar*, sem eficácia negocial. A proposta contratual só surgia com a "inscrição" ou "reserva" do cliente, firmando-se o contrato com a posterior "confirmação" da agência. Quer dizer, os papéis que cada um dos sujeitos desempenha na dinâmica real da operação económica invertiam-se, do ponto de vista técnico-jurídico: a agência que oferecia serviços no mercado, em termos por ela predispostos, apresentava-se em veste de (eventual) aceitante da proposta imputada ao cliente. E, entretanto, uma vez esta formulada, ia

---

[21] O carácter supérfluo dessa referência acentua-se com o Anteprojecto, pois, neste, o artigo 369.º, n.º 1, já estabelece que "ao celebrar-se o contrato de venda de viagem organizada deve ser entregue ao cliente o programa de viagem (...)". Este preceito coaduna-se mal, aliás, com o disposto no n.º 1 do artigo 367.º, nos termos do qual as agências "deverão dispor de programas para entregar *a quem os solicite*" [itálico nosso]. O que verdadeiramente interessa é que os clientes tenham acesso fácil, antes de tomarem a sua decisão negocial, a um programa cujo conteúdo satisfaça os deveres informativos que o diploma impõe. A prescrição de um acto específico de entrega, de difícil ou impossível comprovação, reportado ao momento da celebração e associado, para mais, ao recibo de quitação (que pressupõe um contrato já celebrado) parece algo artificial e inútil.

auferindo importâncias por aquele pagas, com anterioridade ao momento da confirmação da viagem (e de conclusão do contrato respectivo), isto é, sem que nenhuma vinculação assumisse quanto à sua realização.

Ficam à vista os riscos assim transpostos para a esfera do cliente[22]. A intervenção legislativa pôs termo a esta prática generalizada.

6. Modificações subjectivas e objectivas do contrato

Em desvio ao regime comum dos contratos, a disciplina própria dos contratos de viagem organizada admite alterações da pessoa do credor da viagem e do conteúdo do contrato, por iniciativa unilateral do cliente, no primeiro caso, e da agência, no segundo. Compreende-se bem este dado normativo, se atentarmos em que o contrato de viagem organizada é, muitas vezes, celebrado com antecedência significativa em relação à data da partida, apresentando, a mais disso, a peculiaridade de exigir a participação pessoal do credor no aproveitamento da actividade prestativa. Fica, assim, particularmente exposto a vicissitudes várias ocorridas entre o momento da conclusão do contrato e o da realização da viagem, em termos de comprometer a sua viabilidade ou utilidade.

A possibilidade de o cliente se fazer substituir por outra pessoa não tem, em si, nada de singular, pois representa uma *cessão da posição contratual*, figura de âmbito geral, nos termos dos artigos 424.º e seguintes do Código Civil. Mas o regime fixado para este contrato desvia-se da disciplina comum, na medida em que prescinde do consentimento da agência, o contraente cedido. Sobre o cliente-cedente recai apenas o ónus de informar a agência da transmissão, por escrito, no prazo de 7 dias, alargado para 15 dias quando se trate de cruzeiros ou de viagens aéreas de longo curso (n.os 1 e 2 do artigo 24.º). Em contrapartida, o cliente inicial e o cessionário são, nos termos do n.º 3 da mesma disposição, "solidariamente responsáveis pelo pagamento do preço e pelos encargos adicionais originados pela cessão". Estamos, pois, perante uma *cessão sem liberação do cedente*, continuando este vinculado ao pagamento do preço, como dívida própria.

Se descontarmos mudanças de somenos na formulação do n.º 1, o Anteprojecto reproduz fielmente, no artigo 371.º, o regime em vigor.

---

[22] Para uma descrição desses riscos, cfr. ENZO ROPPO, "Contratti turistici e clausole vessatorie", *Il foro italiano*, 1992, col. 1571 s.

E não sofre dúvida de que a não exoneração do cedente se justifica, pois, se, na disciplina comum da cessão da posição contratual, o cedido pode, ao prestar o seu consentimento, controlar a solvabilidade do cessionário, de igual possibilidade não usufrui, neste domínio. Mas cremos que se justificaria uma solução que estabelecesse apenas a responsabilidade subsidiária do cliente anterior, como garante do cumprimento da obrigação pelo cessionário, o devedor principal.

Uma tal solução ajustar-se-ia melhor à colocação real dos dois sujeitos, em face dos interesses em presença. De facto, sendo o cliente a quem a posição foi transmitida o beneficiário efectivo da viagem, sobre ele deve recair primariamente a responsabilidade pelo pagamento do seu preço. Por outro lado, tendo-se "desligado" da viagem, é normal que o cedente deixe de se preocupar com essa prestação, como obrigação sua.

O regime que, do nosso ponto de vista, melhor atenderia a essa situação, sem desconsiderar os interesses da agência, seria o correspondente ao do artigo 1408.º, II, do Código Civil italiano, que permite ao credor da prestação em dívida agir contra o cedente *"qualora il cessionario non adempia le obbligazioni assunte"*. O cliente inicial asseguraria o cumprimento tempestivo do novo cliente, podendo ser interpelado logo que este entrasse em mora, sem gozar, ao contrário do fiador, no regime-regra, do benefício da excussão[23]. Para activação da responsabilidade do cedente, a situação de incumprimento do cessionário teria que lhe ser comunicada pela agência[24]. E este ónus encontrar-se-ia plenamente justificado pelo facto de a cessão ser também do seu interesse, dado que contraria o risco de cancelamento da viagem por não preenchimento do número mínimo de clientes.

Bem sabemos que o diploma português se limitou a transpor o que, sobre o ponto, dispõe a directiva (artigo 4.º, n.º 3). Mas a solução proposta seria compatível com esta, uma vez que dela não resultaria um abaixamento do nível de defesa do consumidor (cfr. o artigo 8.º).

Quanto às alterações objectivas por iniciativa unilateral da agência, tem previsão autónoma a respeitante ao preço (artigo 26.º). Desta norma se conclui que a faculdade de revisão é excepcional, ficando sujeita a um

---

[23] É esta a solução que C. Mota Pinto considera mais ajustada à situação dos interesses e à intenção normal das partes, nos casos de convenção não exoneradora do cedente, sem caracterização precisa da sua vinculação – cfr. *Cessão da posição contratual*, Coimbra, 1982, 482 s.

[24] Esse procedimento está previsto no artigo 1408.º, III, do *Codice Civile*, fixando-se aí o prazo de 15 dias para a comunicação.

limite temporal e a pressupostos condicionantes: só é admissível até 20 dias antes da partida (dentro dos quais o cliente tem direito à realização da viagem pelo preço inicialmente fixado), devendo estar prevista no contrato, com determinação das regras de cálculo da alteração, e resultar de variações no custo de certos factores, indicados na al. *b)* do n.º 2.

Mantendo este regime, o Anteprojecto propõe-se colmatar uma flagrante lacuna do diploma em vigor, ao introduzir, pela al. *d)* do n.º 2 do artigo 373.º, a regra de que o cliente pode desistir da viagem, "se o aumento do preço for superior a 10% do que tinha sido estabelecido"[25]. Pelo n.º 3 do artigo 26.º do Decreto-Lei n.º 209/97, o direito do cliente de rescindir o contrato apenas é concedido para a hipótese de um aumento não permitido, mas não no caso de uma alteração que obedeça aos critérios legais.

Ora, a solução em vigor peca pela sua unilateralidade, pois, se contempla o interesse da agência no ajustamento do preço, por força de certas mudanças na base negocial, deixa desamparado o (eventual) interesse do cliente em não continuar preso a um contrato que lhe vai exigir um esforço pecuniário substancialmente superior ao que ele teve em conta ao tomar a decisão de contratar. A solução proporcionada é a que atende simultaneamente, na justa medida, a ambos os interesses: se pode justificar-se, em certas circunstâncias, um aumento de preço, não sendo razoável impor à empresa a prestação ao preço inicial, também não é legítimo forçar o adquirente a aceitar o novo preço, a que se não vinculara. Deve, pois, ser-lhe reconhecida, em face de um preço mais gravoso do que o constante do contrato, a possibilidade de reponderação do seu interesse na viagem.

Esta valoração subjaz, aliás, ao disposto na al. *f)* do n.º 1 do artigo 22.º do Decreto-Lei n.º 446/85, ao declarar relativamente proibidas as cláusulas que "impeçam a denúncia imediata do contrato quando as elevações dos preços a justifiquem".

7. Direito de revogação do cliente

O artigo 29.º do Decreto-Lei n.º 209/97 prevê um direito de rescisão do cliente, exercitável *ad nutum*, sem dependência de quaisquer pressupostos objectivos. Isso mesmo é vincado ao dizer-se que "o cliente pode

---

[25] Idêntica regra consta do artigo 11.º, n.º 2, da lei italiana (decreto legislativo n. 111, de 17 de Março de 1995).

sempre rescindir o contrato (…)". Para além dos casos, previstos nos artigos anteriores, em que, por força de um aumento de preço não permitido ou superior a 10% do preço (artigo 26.°), uma impossibilidade de cumprimento de alguma obrigação essencial (artigo 27.°, n.° 2), ou do cancelamento da viagem (artigo 28.°) há um fundamento para essa decisão desvinculativa, está sempre em aberto a faculdade de o cliente desistir da viagem contratada, sem necessidade de justificar essa atitude.

A disposição – sem equivalente na directiva, pelo que representa um acréscimo de tutela do utente em relação ao por esta imposto – tem tradições no nosso ordenamento, já constando, em termos muito aproximados, do n.° 3 do artigo 33.° do Decreto-Lei n.° 478/72, de 28 de Novembro. Outras legislações consagraram também um regime análogo – cfr., por exemplo, o § 651*i* do *BGB* e, no direito espanhol, o artigo 9.°, n.° 4, da *Ley* 21/1995 – o qual, entre nós, tem correspondentes funcionais, ainda que em termos diferenciados, no artigo 1229.° do Código Civil, ao prever a possibilidade de desistência do dono da obra, e nas numerosas previsões, em legislação avulsa, do direito ao arrependimento do consumidor.

Ao contrário da lei alemã, que estabelece que este direito só pode ser exercido antes do começo da viagem, o artigo 29.° não fixa qualquer limite temporal, sendo expresso, pelo contrário, em admitir a rescisão "a todo o tempo". A mais disso, põe a cargo do cliente os encargos resultantes do "início do cumprimento do contrato", fórmula que parece abranger, não só os actos preparatórios, como também os de execução, propriamente dita, da prestação. Deve concluir-se, pois, que a desistência pode ocorrer, quer antes da data de partida, quer por não comparência (*no show*), quer já no decurso da viagem. Mas, nestes dois últimos casos, dado o regime estabelecido, ela terá, como iremos ver, um escasso ou nulo efeito útil para o cliente, quanto ao direito ao reembolso de parte do preço, a não ser, porventura, nas viagens de longa duração, se a desistência se processar numa fase inicial.

Quanto às consequências, a agência perde, com a ineficácia do contrato, o direito ao preço. Daí que, prevendo apenas a hipótese comum de pagamento (total ou parcial) antes do momento da rescisão, a norma ponha a seu cargo a obrigação de restituição "do montante antecipadamente pago" pelo cliente. Mas a essa importância há que deduzir "os encargos a que, justificadamente, o início do cumprimento do contrato e a rescisão tenham dado lugar". Estabelece-se, assim, uma compensação obrigatória entre o crédito do cliente ao reembolso do que pagou e o crédito da agência por custos que ela, não obstante a não participação do cliente na viagem, tenha suportado ou venha a ter que suportar. Só o saldo, se o houver, está sujeito a devolução. Quer haja, quer não haja, custos a deduzir, a agência pode sempre reter uma percentagem do preço não superior a 15%. Na primeira hipótese, essa importância adiciona-se à verba correspondente aos custos, dando-nos a soma o montante que a agência pode subtrair à quantia recebida a título de preço.

A justificação da dedução de encargos deve ser valorada tendo em conta, sobretudo, a possibilidade de a agência cancelar, por seu turno, sem qualquer indemnização, a(s) reserva(s) efectuadas junto dos prestadores directos dos serviços, em nome do(s) desistente(s). Dispõe sobre a questão o artigo 34.º. Para a hipótese mais comum do cancelamento de reservas individuais ou que não excedam 25% do total, o prazo a respeitar é o de 5 dias de antecedência [al. *c*) do n.º 1], antecedência que, neste contexto, deve ser reportada à data de início de prestação do serviço e não à de início da viagem. Nos termos do n.º 2, sendo observado este prazo, "o empreendimento turístico é obrigado a reembolsar o montante pago antecipadamente pela agência"[26].

Fica, deste modo, claro que, sendo a comunicação da desistência anterior aos limites temporais fixados no artigo 34.º, a agência não poderá nunca incluir, entre os encargos a deduzir, os correspondentes aos preços que teria que pagar às empresas directamente fornecedoras dos serviços turísticos, se o cliente participasse na viagem.

Mesmo fora desses prazos, não pode dar-se por automaticamente adquirido que essas verbas são justificadamente dedutíveis. A agência tem sempre o ónus de provar que, com a diligência exigível, tentou, sem êxito, que essas empresas não cobrassem o preço dos serviços a prestar ao cliente que desistiu da viagem. No quadro de relações continuadas de negócios, é perfeitamente crível que os empreendimentos turísticos, mesmo não estando a tal obrigados, se disponham a reembolsar ou a não exigir esses montantes, desde que a agência se mostre nisso seriamente empenhada.

Há, pois, que combater o risco real de, na prática negocial, as agências contabilizarem sistematicamente, por rotina, sem mais, entre as verbas a deduzir ao montante do reembolso, o que elas próprias alegadamente

---

[26] Note-se que, no comum dos casos, a questão a pôr nem é a de reembolso, pois, à data de cancelamento, ainda não haverá pagamentos efectuados pela agência, dado que o artigo 33.º, n.º 3, dispõe, supletivamente, que " o pagamento deve ser feito até 30 dias após a prestação dos serviços".

têm a pagar aos empreendimentos com que contrataram, ou, pior ainda, o de recusarem qualquer restituição, retendo, sem mais, o montante total do preço[27]. Salvo o correspondente a 15%, no máximo, do preço, devido a título de *multa penitencial*[28], a agência tem que apresentar ao cliente justificação cabal para o não reembolso do que este pagou. De outro modo, o artigo 29.° é esvaziado do seu alcance tutelador, reduzindo-se a nada o direito ao reembolso conferido ao cliente.

Há que ter também todo o cuidado em diferenciar a hipótese do artigo 29.° das situações em que o cliente toma a iniciativa de rescindir, não por formação de uma vontade contrária à anteriormente expressa, mas por condições ligadas ao local do destino, que impossibilitem uma prestação satisfativa do interesse correspondente ao fim contratual. Nesta hipótese, o caso deve ser tratado como de impossibilidade de cumprimento de todas ou de alguma obrigação essencial, recaindo sob a previsão do artigo 27.°. Se, por exemplo, o cliente adquiriu um pacote turístico de viagem a uma estância de esqui, para prática dessa actividade, sendo esta a causa (e não apenas o motivo) do contrato, tem direito, em caso de desistência com base na ausência de neve, devida a condições climatéricas de todo anormais, ao reembolso integral do que tenha pago, nos termos da al. *a)* do artigo 28.°[29].

Já se nos afigura que entram no âmbito de previsão do artigo 29.° as situações de não participação na viagem por força de circunstâncias obstativas da esfera de vida do cliente, como uma doença grave, sua ou de um acompanhante, ou a morte de um familiar próximo.

Estes casos não poderão ser reconduzidos à impossibilidade da prestação, porque a utilidade que esta visa pode ser proporcionada pelo devedor. O credor é que se vê impossibilitado, por contingências que só a ele

---

[27] A ilicitude desta prática é manifesta, pois os "encargos" que o artigo 29.° autoriza a deduzir correspondem a custos, ou seja, a verbas pagas aos fornecedores dos serviços compreendidos na viagem, ao passo que o preço inclui, como é evidente, a percentagem de lucro da agência.

[28] Trata-se, na verdade, de uma multa penitencial, representando o correspectivo do direito de arrependimento do cliente, pois a agência não tem o direito de exigir o cumprimento da obrigação (como teria se se tratasse de uma cláusula penal), mas apenas o pagamento da pena.

[29] A lei dinamarquesa, que igualmente prevê um direito de revogação do cliente, é expressa em prever que, quando este é exercido por circunstâncias ligadas ao local do destino, o cliente tem direito ao reembolso integral, sem qualquer penalização – cfr. SUSANNE STORM, *ob. cit.*, 171.

dizem respeito, de aproveitamento de uma prestação, em si, e no seu fim, perfeitamente possível. Tratando-se de um contrato em que a satisfação do interesse do credor implica uma actividade própria, de gozo e consumo de bens que a contraparte se obriga a disponibilizar-lhe, é à omissão dessa actividade participativa que se deve a frustração da utilidade procurada. A situação não pode, nessa medida, ser equiparada à impossibilidade de cumprimento por impossibilidade do acto de prestar, nem, sequer, à impossibilidade de cumprimento por frustração (objectiva) do fim contratual.

Não parece, assim, na falta de uma previsão específica – presente no direito espanhol[30] – que os princípios gerais de repartição do risco contratual permitam alcançar uma solução mais favorável ao cliente do que a contemplada no artigo 29.º. Apenas é de entrar em linha de conta com o preceituado na 2.ª parte do n.º 2 do artigo 795.º do Código Civil.

Todavia, *de jure condendo*, cremos que se justificaria uma solução que, nestas circunstâncias, exonerasse o cliente de qualquer penalização. A seu cargo, na hipótese de não participação por um motivo de força maior, ficariam apenas os custos já suportados ou a suportar pela agência (os seus danos emergentes), nada mais podendo esta exigir. Seria um regime análogo ao consagrado no artigo 1227.º do Código Civil, para o contrato de empreitada.

O Anteprojecto manteve, sob a acertada qualificação de "direito de revogação", a faculdade de desistência do cliente (artigo 376.º). No que diz respeito à dedução de encargos, o regime em vigor é inteiramente mantido (n.º 1), mas a multa penitencial só se torna exigível se a desistência se der dentro dos 15 dias imediatamente anteriores à data da partida (n.º 2). Esta última solução corresponde à consagrada na lei espanhola [artigo 9.º, n.º 4, al. *a*), da *Ley* 21/1995, de 6 de Julho].

8. Responsabilidade civil

O ponto nevrálgico da tutela do turista que contrata uma viagem organizada localiza-se certamente na disciplina da responsabilidade civil da agência, por falta ou defeituoso cumprimento de prestações devidas.

---

[30] O n.º 4 do artigo 9.º da *Ley* 21/1995, de 6 de Julho, estabelece, na verdade, o dever do cliente indemnizar a agência, em caso de desistência, "*salvo que tal desistimiento tenga lugar por causa de fuerza mayor*".

E, nesta matéria, a directiva e os diplomas de transposição operaram uma verdadeira inversão da lógica inspiradora da posição em que as agências sistematicamente se colocavam. Na verdade, na sequência de uma estrita demarcação da sua actividade da dos directos fornecedores dos serviços, as agências declinavam qualquer responsabilidade por danos com estes relacionados. Quando muito, comprometiam-se a devolver aos clientes as importâncias que conseguissem recuperar, correspondentes a serviços não prestados ou deficientemente prestados.

Reagindo contra esta prática, o artigo 5.°, n.° 1, da directiva 90/314//CEE veio determinar a adopção de medidas, pelos Estados-membros, por forma a que os operadores "sejam responsáveis perante o consumidor pela correcta execução das obrigações decorrentes do contrato, quer essas obrigações devam ser executadas por eles próprios ou por outros prestadores de serviços (…)".

Isto é, o cumprimento pontual das prestações coenglobadas na viagem organizada é objecto da vinculação da agência com quem o cliente entrou em relação[31]. O crédito deste tem como sujeito passivo a agência; contra ela se dirigirão, em conformidade, as pretensões indemnizatórias resultantes da sua não satisfação. A esfera de responsabilidade da agência não abrange apenas a prévia preparação da viagem, na sua dimensão organizativa de idealização e planificação de todas as componentes que a integram. Abrange também a criação e a garantia das condições para que, na fase executiva, o serviço prestado esteja em conformidade com o que era devido.

A legislação portuguesa acolheu devidamente esta directriz. E assim é que o artigo 39.° do Decreto-Lei n.° 209/97, depois de proclamar, no n.° 1, como princípio geral, a responsabilidade das agências "pelo pontual cumprimento das obrigações resultantes da venda de viagens turísticas", precisa, no número seguinte, que essa responsabilidade se mantém "ainda que os serviços devam ser executados por terceiros e sem prejuízo do direito de regresso". No caso de a agência contratante comercializar uma

---

[31] A directiva distingue entre o "operador" (*tour operator*), a empresa organizadora da viagem e que directamente, ou por intermédio de uma agência, a vende ou propõe para venda (n.° 2 do artigo 2.°) e a "agência" (*travel agency*), a empresa que a comercializa (n.° 3 do mesmo artigo), permitindo o artigo 5.° que as ordens jurídicas nacionais diferenciem a responsabilidade das duas categorias de sujeitos. O direito português não fez uso dessa faculdade, antes estabeleceu a responsabilidade solidária de ambas, o que representa, como é bom de ver, um acréscimo de tutela para o turista.

viagem organizada por uma outra agência, ambas respondem solidariamente (n.º 3).

Em face deste regime, resulta que a agência é obrigada a indemnizar, não só por facto seu – quando tenha violado, ela própria, um dever contratual (de informação, de criteriosa selecção e controle dos prestadores de serviços, de correcta articulação destes, de diligência na resolução adequada de dificuldades imprevistas[32], etc.) –, como também por facto de terceiro, de qualquer dos intervenientes na execução do programa de viagem. E, neste último âmbito, basta considerar que se trata de responsabilidade por facto de terceiro para que se tenha que concluir ser ela sempre de natureza objectiva.

Na medida em que alarga a responsabilidade da agência aos danos imputáveis a falhas nas prestações efectuadas por terceiros que não foram parte no contrato de viagem organizada – desde que, bem entendido, essas prestações se incluam no programa –, este regime deixa bem vincado que ela é a devedora da obrigação de realização desse programa, intervindo aqueles sujeitos na veste de meros *auxiliares* no cumprimento dessa obrigação.

Mas a responsabilidade da agência resulta agravada, em face do regime-geral do artigo 800.º. Isto porque, para se desonerar, não lhe basta provar que o prestador do serviço em causa actuou sem culpa. Terá que provar a ocorrência de alguma das circunstâncias exoneratórias taxativamente previstas no n.º 4 do artigo 39.º.

Na versão inicial do Decreto-Lei n.º 209/97, se pusermos de lado o cancelamento pelo facto de o número de interessados na viagem ser inferior ao mínimo exigido, essas circunstâncias eram basicamente a imputação do incumprimento ao próprio cliente ou a um terceiro alheio ao fornecimento das prestações previstas no contrato [al. *c*) do n.º 4] ou a uma causa de força maior [2.ª parte da al. *b*) do mesmo número][33]. Isto é, para

---

[32] Foi o caso na questão decidida pelo acórdão da Relação de Guimarães (MANSO RAINHO), de 5 de Fevereiro de 2003 (*CJ*, XXVII (2003), t. I, 288 s.): devido a atraso no voo Porto-Madrid, os turistas não puderam tomar lugar no voo projectado Madrid-República Dominicana. Só realizaram esta viagem no dia seguinte, perdendo assim um dia de estadia no local de destino. Ainda que o atraso do primeiro voo tenha tido uma causa não imputável à agência, esta não diligenciou, como devia, para que os turistas tomassem lugar, em Madrid, no mesmo dia, num voo para a República Dominicana, em que havia lugares disponíveis.

[33] Na versão inicial da al. *b*), ainda esta circunstância exoneratória era reportada ao "cancelamento" da viagem, noção mais restritiva do que a de incumprimento, pois denota apenas a falta de cumprimento (e não o cumprimento defeituoso) de todas ou de alguma(s)

além de objectiva, quando por facto imputável a um fornecedor de um serviço, a responsabilidade civil da agência incorporava também, como título de imputação, o critério do risco, em sentido estrito[34]: bastava que o dano se inserisse no círculo da sua actividade empresarial para que ela ficasse obrigada a indemnizá-lo, a menos que comprovasse a verificação de uma das causas de exclusão. Poderia, assim, ser chamada a reparar o dano sem que nenhuma responsabilidade recaísse sobre o seu directo agente, por, não se tratando de uma zona da vida social coberta pela responsabilidade pelo risco, a situação deste sujeito dever ser valorada de acordo com os critérios gerais da responsabilidade por factos ilícitos.

O Decreto-Lei n.º 12/99 veio, todavia, introduzir duas novas previsões exoneratórias que, do nosso ponto de vista, subverteram inteiramente este regime. De facto, nos termos da nova al. *d*), a agência também não responde quando "legalmente não puder accionar o direito de regresso relativamente a terceiros prestadores dos serviços previstos no contrato, nos termos da legislação aplicável". O mesmo se passa quando "o prestador de serviços de alojamento não puder ser responsabilizado pela deterioração, destruição ou subtracção de bagagens ou outros artigos" [al. *e*)].

Bastaria a primeira norma, de âmbito aplicativo genérico, para que fique evidenciada uma mudança radical quanto à definição das situações de responsabilidade da agência. No que se refere aos danos causados no âmbito das prestações de serviços por terceiros, ela, na verdade, passa a ser inteiramente decalcada pela responsabilidade que sobre estes recaia, de acordo com os critérios de imputação (a culpa, em princípio) que lhes sejam aplicáveis. A agência responde se, e na medida, em que esses sujeitos respondam. Deixa de ser considerado qualquer factor autónomo de risco empresarial da agência, como devedora de um resultado não alcançado. Ela é chamada em função de garantia da responsabilidade do directo causador do dano, correndo como único risco o da insolvência deste.

---

das componentes da viagem. Na formulação dada pelo Decreto-Lei n.º 12/99, de 11 de Janeiro, passou a referir-se o incumprimento. O Anteprojecto, todavia, repõe a referência ao "cancelamento" [al. *b*) do artigo 379.º, n.º 4]. Em qualquer dos diplomas, as situações de força maior, como causa exoneratória, aparecem associadas às de caso fortuito, sendo este qualificado como "o motivado por circunstâncias anormais e imprevisíveis, alheias àquele que as invoca, cujas consequências não poderiam ter sido evitadas apesar de todas as diligências feitas".

[34] É elucidativa a flagrante analogia das circunstâncias exoneratórias com as previstas no artigo 505.º do Código Civil, para a responsabilidade civil por danos causados por veículos de circulação terrestre.

A previsão da al. *d*) não se limita, assim, a acrescentar uma nova causa de exclusão, deixando intocados o significado e alcance das anteriormente enunciadas. O que ela faz, verdadeiramente, é absorvê-las e diluí-las, roubando-lhes qualquer autonomia operativa. De facto, para se subtrair à responsabilidade, a agência já não tem que se preocupar com a prova positiva de uma das circunstâncias exoneratórias taxativamente previstas nas alíneas anteriores. Basta-lhe demonstrar que os terceiros prestadores de serviços não respondem, pois, nessa eventualidade, fica inviabilizado o direito de regresso sobre eles, direito que, nos termos da norma, condiciona a sua própria responsabilidade. E, para tanto, será suficiente, em regra, a prova de que esses terceiros actuaram sem culpa.

Eis como, sob a capa de uma aparente nova causa de exclusão, de âmbito circunscrito e de ocorrência previsivelmente excepcional, se fixa, na verdade, um requisito de base da responsabilidade da agência, que lhe transmuda a natureza e o sentido. É, aparentemente, uma recondução ao regime comum do artigo 800.º, sem qualquer agravamento da responsabilidade aí cominada.

Parece claro que, com a introdução destas duas alíneas, o nível de responsabilidade da agência ficou aquém do imposto pela directiva, pois este diploma apenas prevê, como causas exoneratórias, as previstas na versão inicial do Decreto-Lei n.º 209/97 (cfr. o artigo 5.º, n.º 2).

Igual juízo inspirou o Anteprojecto, ao eliminar, em boa hora, as als. *d*) e *e*) do artigo 39.º, n.º 4. Os termos do artigo 379.º, n.º 4, repõem, assim, em vigor o regime fixado pelo Decreto-Lei n.º 209/97, na sua versão originária. Deste modo, a menos que prove a ocorrência de uma das circunstâncias exoneratórias taxativamente previstas, a agência é responsabilizada por todos os danos advenientes da não produção do resultado por ela devido – a realização da viagem nos exactos termos programados –, mesmo quando tal não é imputável a uma actuação culposa dela própria ou dos terceiros prestadores dos serviços.

Quanto aos danos abrangidos, saliente-se que, dada a natureza do objecto do contrato, eles vão normalmente muito para além do dano patrimonial resultante da turbação da relação qualidade-preço, da menor valia dos serviços prestados em face dos que eram devidos. O que avultam são danos não patrimoniais, consistentes na perda da satisfação do interesse (não patrimonial) que levara o cliente ao contrato. Não se trata aqui de danos marginais e eventuais, mas de danos verdadeiramente centrais, de afectação da utilidade que dá sentido ao contrato.

Daí que, para além dos casos de lesão de um bem da personalidade, como a integridade física ou a saúde – em que a reparação nunca estaria em dúvida, dada a verificação cumulativa de uma ilicitude extracontratual – são abrangidas, não só as aflições, ou mesmo angústias, em que certas situações de incumprimento podem colocar o turista, mas também a simples frustração do gozo que a viagem proporcionaria. Em linha de conta entram também o desapontamento, a perturbação emocional (*emotional distress*), a perda do relaxamento, da tranquilidade e do repouso e, em geral, da qualidade da fruição a que o cliente tinha direito.

Mesmo nos ordenamentos mais restritivos em relação à reparabilidade de danos não patrimoniais, estes danos têm sido contemplados. É o caso do direito italiano, em que, após o *leading case* decidido pelo Tribunal de Roma, em 6 de Outubro de 1989, os tribunais têm reconhecido, de modo quase uniforme, o direito a indemnização pelo "dano das férias estragadas" (*danno da vacanza rovinata*)[35]. Este tipo de dano encontra-se, aliás, expressamente previsto no § 651*f* do *BGB*, como dano "por uso sem utilidade do tempo de férias" (*wegen nutzlos aufgewendeter Urlaubszeit*)[36]. Também o Tribunal de Justiça, num acórdão de 12 de Março de 2002 (processo C-168/00), proferido a título prejudicial a pedido do *Landesgericht* Linz, e a propósito de um litígio em que estava em causa a reparação do dano causado pela perda do gozo de férias, decidiu que o artigo 5.° da directiva "deve ser interpretado no sentido de conferir, em princípio, ao consumidor um direito à reparação do dano moral resultante da não execução ou da incorrecta execução das prestações incluídas numa viagem organizada".

Entre nós, a ressarcibilidade destes danos não patrimoniais está expressamente confirmada no artigo 41.°, n.° 2, al. *c*), ao fixar o âmbito de incidência das garantias a prestar obrigatoriamente pela agência de viagens, e já resultava da previsão genérica da al. *f*) do artigo 3.° da Lei n.° 24/96. Aquela primeira norma é mantida no Anteprojecto [al. *c*) do artigo 381.°].

Também foram mantidos, convertidos para euros, os limites legais à responsabilidade da agência que constam dos três primeiros números

---

[35] Cfr. PIERALBERTO MENGOZZI, "Il risarcimento del danno morale da vacanza rovinata dopo la sentenza della Corte di giustizia CE del 13 marzo 2002", *Contratto e impresa/Europa*, 2003, 589 s. (591, n. 4).

[36] Para uma análise do tratamento do "dano das férias estragadas", em Itália e na Alemanha, cfr. ALCESTE SANTUARI, *I contratti di viaggio 'all inclusive' tra fonti interne e diritto transnazionale*, Padova, 2003, 155 s.

do artigo 40.º (cfr. o artigo 380.º, n.º 1 a n.º 3). De igual modo, continua a ser admissível a limitação convencional da responsabilidade ao valor correspondente a 5 vezes o preço da viagem, no que diz respeito aos danos não corporais (n.º 5 do artigo 40.º e do artigo 380.º).

Mas esta norma tem que ser conjugada com as proibições das als. *c)* e *d)* do artigo 18.º do Decreto-Lei n.º 446/85, em face das quais ela é, simultaneamente, mais e menos restritiva. Mais restritiva, porque exclui, em qualquer caso, a licitude da exclusão da responsabilidade; menos restritiva, porque não condiciona expressamente a validade da cláusula à responsabilidade por culpa leve.

Em obediência ao disposto no artigo 37.º do Decreto-Lei n.º 446/85, é de concluir que a isenção de responsabilidade é sempre proibida, ao passo que a limitação só é válida se for prevista para o caso de culpa ligeira.

9. Apreciação final das alterações introduzidas pelo Anteprojecto

Pode dizer-se, como deixámos expresso ao longo da análise empreendida, que as alterações introduzidas pelo Anteprojecto – não muito numerosas, aliás – são plenamente justificadas, trazendo melhorias, nalguns casos significativas, à disciplina do contrato de viagem organizada.

Apenas se poderá apontar uma excessiva contenção reformista, deixando intocados pontos que, a nosso ver, mereceriam uma reponderação ou uma melhor clarificação de regime. Saliente-se, quanto à primeira, o tratamento dado às "viagens por medida" e, quanto à segunda, a função meramente probatória do recibo de quitação.

De um ponto de vista formal-sistemático, e ainda que em aspectos pontuais e de somenos alcance, também se abre oportunidade para alguns aperfeiçoamentos. Destacaríamos a deslocação do artigo 372.º para local mais adequado, uma vez que regula um aspecto da execução da viagem, nada tendo a ver com a disciplina de vicissitudes que podem ocorrer entre a conclusão do contrato e a realização da viagem, zona onde actualmente está inserido. O n.º 4 do artigo 380.º, por sua vez, parece dispensável, dada a previsão genérica do direito de regresso, no artigo 379.º, n.º 2. Quanto à possibilidade de o cliente optar por desistir da viagem, se o aumento do preço for superior a 10% do que tinha sido estabelecido [alínea *d*) do n.º 2 do artigo 373.º], cremos que seria mais adequada a sua previsão em norma autónoma, num outro número do mesmo artigo, e não como requisito, pela negativa, da admissibilidade da alteração do preço pela agência. É que, nesta circunstância, a agência não fica só inibida de proceder a essa alteração: perde inteiramente o direito ao preço...

OPERAÇÕES BANCÁRIAS E CASAMENTO

JORGE DUARTE PINHEIRO*-**

SUMÁRIO: *1. As operações bancárias em que intervêm sujeitos casados enquanto potencial área de cruzamento do Direito Bancário com o Direito da Família. 2. Visão geral dos aspectos do regime do casamento com eventual relevância bancária; a problemática da união de facto. 3. Possíveis critérios orientadores da relação entre o Direito Bancário e o Direito Matrimonial. 4. A relação entre o Direito Bancário e o Direito da Família nas operações bancárias activas com sujeitos casados: o exemplo dos mútuos de escopo. 5. A relação entre o Direito Bancário e o Direito da Família nas operações bancárias passivas com sujeitos casados: o exemplo das contas de depósito pecuniário. 6. Considerações finais.*

1. As operações bancárias em que intervêm sujeitos casados enquanto potencial área de cruzamento do Direito Bancário com o Direito da Família

O Direito Bancário compreende um sector institucional e um sector material[1]. O Direito Bancário material regula a actividade das instituições de crédito e sociedades financeiras, compreendendo as normas aplicáveis

---

* Doutor em Direito e Professor Auxiliar da Faculdade de Direito da Universidade de Lisboa.

** Artigo elaborado com base na comunicação oral realizada no dia 09/12/2004, no âmbito do Curso de Direito Bancário de 2004/2005, Curso Pós-graduado de Aperfeiçoamento da Faculdade de Direito da Universidade de Lisboa, em colaboração com o Conselho Distrital de Lisboa da Ordem dos Advogados, sob a coordenação do Prof. Doutor Manuel Januário da Costa Gomes.

[1] Cfr., por todos, MENEZES CORDEIRO, *Manual de Direito Bancário*, 2ª ed., Coimbra, Almedina, 2001, pp. 18-19, 25-29.

às chamadas operações bancárias, isto é, aos contratos celebrados por Bancos em que estes exercem a função de intermediação de crédito ou uma actividade auxiliar ou acessória desta. O Direito Bancário material, que se situa no campo do Direito Privado, rege as relações que se estabelecem entre a banca e os particulares.

O Direito da Família regula as relações jurídicas familiares, de que são exemplo o parentesco e o casamento. As normas de Direito da Família não se limitam à disciplina da vida interna da família; abarcam também actos e contratos celebrados por pais e cônjuges que têm como partes ou destinatários pessoas que não estão ligadas entre si por laços familiares. Veja-se o regime do poder paternal relativamente aos bens dos filhos ou dos efeitos patrimoniais do casamento. Mais concretamente, deparamos com normas que determinam que os pais, como representantes legais dos filhos menores, não podem, sem autorização do Ministério Público, contrair empréstimos [artigo 1889.º, n.º 1, al. g), do Código Civil, conjugado com o artigo 2.º, n.º 1, al. b), do Decreto-Lei n.º 272/2001, de 13 de Outubro); ou que reconhecem a cada cônjuge a liberdade de fazer e movimentar depósitos bancários em seu nome exclusivo (artigo 1680.º do Código Civil).

Entre os actos objecto da legislação jusfamiliar podem estar operações bancárias; basta que um dos sujeitos intervenientes em tais operações possua um determinado *status* familiar. As operações bancárias em que intervêm, como sujeitos, pessoas casadas são inúmeras e das mais diversas espécies. É do seu regime que nos propomos tratar aqui.

As operações bancárias com sujeitos casados surgem como uma área de convergência de dois ramos do Direito Privado – o Direito Bancário material e o Direito Civil da Família. Numa primeira, muito superficial, apreciação conceptual, podemos regozijar-nos por estarem em causa dois sectores inseridos no Direito Privado. Só que a localização comum não esconde as diferenças entre aqueles dois ramos.

No Direito Bancário privado avulta o princípio da autonomia da vontade[2] ou não fosse o Direito Bancário material um Direito contratual ou um Direito que visa contratos legalmente atípicos ou que carecem de uma regulamentação legal específica desenvolvida. Além disso, o Direito Bancário privado está dominado pelo princípio da simplicidade[3],

---

[2] Cfr. AUGUSTO DE ATHAYDE e outros, *Curso de Direito Bancário*, vol. I, Coimbra, Coimbra Editora, 1999, pp. 44-45.

[3] Cfr. MENEZES CORDEIRO, *Manual de Direito Bancário* cit., pp. 33-34, e *Direito Bancário- Relatório*, Coimbra, Almedina, pp. 176-177.

que se desdobra, nomeadamente, em subprincípios de desformalização e de rapidez.

O Direito Civil da Família apresenta outro perfil. Uma das características que lhe é assinalada é a do predomínio de normas imperativas[4], normas que restringem a liberdade negocial de uma pessoa casada em nome do interesse da família a que ela pertence. São expressivas as normas que definem a legitimidade para dispor de bens. Os artigos 1682.º e s. do Código Civil indicam um conjunto de actos que um cônjuge não pode realizar sem o consentimento do outro, ainda que se trate de alienar ou onerar um bem próprio do disponente. A necessidade do consentimento não só reduz o alcance do princípio da autonomia privada como colide com a ideia de simplificação, tanto na óptica da rapidez como na óptica da forma, porque o consentimento conjugal deve ser especial para cada um dos actos em que é legalmente exigido.

Estão, assim, à vista os primeiros sinais da dificuldade de harmonizar o regime de Direito Bancário com o regime de Direito Matrimonial.

2. Visão geral dos aspectos do regime do casamento com eventual relevância bancária; a problemática da união de facto

A disciplina estabelecida pelo Direito Matrimonial é vasta, sendo susceptível de abarcar muitos pontos com relevância na prática bancária. A celebração do casamento causa mudanças jurídicas profundas na esfera dos contraentes. É muito diferente a situação de quem está e de quem não está casado. O casamento implica um compromisso de comunhão de vida tendencialmente plena entre duas pessoas de sexo diferente. Cria, portanto, uma obrigação de partilha ampla de duas vidas que abrange não só aspectos íntimos, pessoais, mas também patrimoniais e isto ainda que vigore o regime imperativo ou convencional da separação de bens. A cláusula geral de plena comunhão de vida traduz-se em deveres que são enumerados pelo artigo 1672.º do Código Civil, habitualmente qualificados como pessoais e demarcados dos efeitos patrimoniais do casamento. Todavia, esta qualificação tradicional peca por alguma imprecisão.

---

[4] Cfr. PEREIRA COELHO/GUILHERME DE OLIVEIRA, *Curso de Direito da Família*, vol. I, *Introdução. Direito Matrimonial*, 3ª ed., Coimbra, Coimbra Editora, 2003, pp. 187-189.

Um dos deveres conjugais nominados é o do respeito. O dever de respeito não obriga apenas um dos cônjuges a abster-se de lesar os direitos de personalidade do outro: obriga-o a reconhecer todos os direitos individuais do outro, incluindo os direitos patrimoniais, nomeadamente os direitos reais. O furto entre cônjuges, por exemplo, representa uma violação do dever de respeito.

Outro dos deveres que decorre da cláusula geral de plena comunhão de vida é o de cooperação, dever que importa para os cônjuges a obrigação de socorro e auxílio mútuos e a de assumirem em conjunto as responsabilidades inerentes à vida da família que fundaram. A obrigação de socorro e auxílio mútuos compreende a ajuda no exercício da profissão do cônjuge e a colaboração na administração dos bens a cargo do outro cônjuge. A obrigação de assunção conjunta das responsabilidades familiares impõe a observância da regra do acordo em matéria de orientação da vida em comum, o que significa que as questões económicas fundamentais para o agregado familiar têm de ser decididas por ambos os cônjuges. É, por isso, que, num determinado circunstancialismo, o levantamento de todo o saldo de uma conta solidária entre cônjuges por um deles, sem o conhecimento do outro, é susceptível de ser considerado uma violação do dever de cooperação.

Mais um dos deveres conjugais é o de assistência, que é, numa perspectiva estrutural, inequivocamente patrimonial. O dever em questão desdobra-se na obrigação de prestar alimentos e na de contribuir para os encargos da vida familiar. A obrigação de contribuir para os encargos da vida familiar tem em vista a satisfação das necessidades dos cônjuges, filhos, outros parentes (ou afins) a cargo dos cônjuges, que forem ditadas pelo padrão de vida do agregado familiar, e está subordinada à regra da proporcionalidade, dependendo das possibilidades individuais de cada cônjuge. Deste modo, mesmo no regime da separação de bens, a situação patrimonial de cada cônjuge está longe de ser algo privado, estritamente individual; é relevante para a concretização de um dever conjugal, para a determinação do seu modo de cumprimento.

A cláusula geral de plena comunhão de vida não anima apenas os deveres nominados, influi também na previsão de um conjunto específico de normas que regulam aspectos manifestamente patrimoniais. Qualquer casamento tem um regime de bens, que pode ser típico ou atípico. Por força da celebração do casamento, todo um universo de bens pode ingressar numa situação de contitularidade de mão comum, imediatamente ou na constância do matrimónio. Ainda que vigore o regime típico da separação de bens, existirá uma presunção de compropriedade dos bens móveis (artigo 1736.°, n.° 2, do Código Civil).

No que toca à administração, vigora a regra da administração extraordinária conjunta e da administração ordinária disjunta, para os bens comuns, e a regra da administração pelo cônjuge proprietário, para os bens próprios. Todavia, são admitidos certos casos em que, independentemente de mandato, um cônjuge está legitimado para administrar exclusivamente bens comuns ou próprios do outro.

No plano dos actos de disposição, a ideia de comunhão de vida projecta-se na exigência do consentimento de ambos os cônjuges em hipóteses em que, por vezes, estão em causa não só bens comuns como bens próprios. Até no regime da separação de bens, é vedado a um cônjuge dispor livremente de certos bens que lhe pertencem inteiramente – ele não pode, por exemplo, alienar, sem o consentimento do outro, o imóvel onde esteja instalada a casa de morada da família, nem os bens móveis utilizados conjuntamente por ambos os cônjuges na vida do lar ou como instrumento comum do trabalho.

Em matéria de dívidas, surgem numerosas excepções ao princípio geral, proveniente do Direito das Obrigações, segundo o qual só responde pela dívida quem a contraiu. Em qualquer regime de bens, ambos os cônjuges podem, em certas condições, ser responsabilizados por uma dívida contraída por apenas um deles.

Como se observa, ao casamento está associado um estatuto peculiar que distingue o cônjuge de uma pessoa não casada, no âmbito do tráfego jurídico. Por enquanto, o estatuto patrimonial do casado é muito diverso do do membro de uma união de facto. A lei não prevê, para a união de facto, deveres similares aos que são especificamente emergentes do casamento; nem prevê regras específicas no campo da titularidade, administração, disposição e dívidas. O legislador concede, é certo, alguma relevância patrimonial à união de facto que dura há mais de dois anos, o que se reflecte, nomeadamente, numa determinada protecção da residência comum (artigo 4.° da Lei n.° 7/2001, de 11 de Maio) e na atribuição de um direito de alimentos ao membro sobrevivo da união de facto (artigo 2020.° do Código Civil). Por seu turno, a doutrina admite a aplicação analógica de algumas normas próprias do Direito patrimonial da união conjugal, como sucede com a norma que institui a comunicabilidade das dívidas contraídas para ocorrer aos encargos normais da vida familiar [artigo 1691.°, n.° 1, al. b), do Código Civil][5]. E não exclui peremptoriamente

---

[5] Cfr. PEREIRA COELHO/GUILHERME DE OLIVEIRA, *Curso de Direito da Família* I cit., p. 124.

a validade dos chamados contratos de coabitação, que permitiriam aos unidos de facto definir por acordo uma regulamentação patrimonial semelhante à que é legalmente fixada para o casamento[6].

Neste momento, o regime patrimonial do casamento não é, porém, aplicável em bloco à união de facto. À aplicação em bloco opõe-se, por um lado, o direito de celebrar casamento, na vertente negativa de direito de não casar, e, por outro lado, o princípio de que a um acto com efeitos profundos numa esfera jurídica deve estar associada uma forma que permita à pessoa interessada reflectir sobre a decisão que vai tomar. O direito de não casar impede que se trate uma pessoa que não contraiu matrimónio como se estivesse casada. O carácter informal da constituição da união de facto não é suficiente para desencadear todas as consequências de um casamento. O casamento, recorde-se, é celebrado solenemente perante um funcionário do registo civil ou perante um sacerdote e é precedido por um processo – o processo de publicações, que se inicia com um documento em que os nubentes declaram pretender casar.

Por conseguinte e sem prejuízo de algumas soluções comuns, a problemática das operações bancárias varia consoante intervenha um sujeito que está casado ou um sujeito que viva em união de facto.

3. Possíveis critérios orientadores da relação entre o Direito Bancário e o Direito Matrimonial

A percepção da vastidão da disciplina jusfamiliar e do seu espírito característico sugere a existência de um risco de forte incompatibilidade com a disciplina jusbancária. Não se estranhará, pois, a tentação de afastar aprioristicamente esse risco através da detecção de relações de subordinação ou hierarquia entre o Direito Bancário e o Direito da Família.

Neste contexto, pode-se tentar defender que as normas de Direito da Família nunca se aplicam às operações bancárias, que estariam exclusivamente sujeitas às regras do Direito Bancário, enquanto ramo que prossegue um interesse constitucionalmente relevante. O Direito Bancário material regula, afinal, a actividade do sistema financeiro, que é objecto do artigo 101.º da Constituição da República Portuguesa. Esta parte do Direito Bancário diz respeito à acção das instituições de crédito, que

---

[6] Cfr. PEREIRA COELHO/GUILHERME DE OLIVEIRA, *Curso de Direito da Família* I cit., pp. 120-122.

desempenham uma missão de serviço público[7]: contribuem para o desenvolvimento económico e social do país, realizando a função de intermediação entre os que possuem fundos disponíveis que pretendem aplicar e os que deles carecem para a prossecução dos seus fins.

A este género de argumentação pode contrapor-se o peso constitucional do objecto do Direito da Família. No artigo 67.°, n.° 1, da Constituição da República Portuguesa, a família é considerada "elemento fundamental da sociedade", a que cabe, por esse motivo, um direito à protecção da sociedade e do Estado. E, no artigo 36.°, que não tem carácter meramente programático, a Constituição reconhece a todos o direito de constituir família e de contrair casamento, atribuindo à lei o encargo de definir os efeitos do casamento.

Afigurando-se pouco clarificadora uma discussão assente na importância relativa dos dois ramos, o monopólio do Direito Bancário, na regulação das operações bancárias, pode ser sustentada como corolário do seu carácter especial. O Direito Bancário dos actos, autonomizado ou integrado no Direito Comercial, constitui um sector especial relativamente ao Direito Privado Comum[8], no qual cabe o Direito Civil da Família. No entanto, é preciso ter em conta que a especialidade de um ramo do Direito não obsta à subsidiariedade de outro, que nem todas as normas formalmente enquadradas num ramo beneficiam das características apontadas a esse mesmo ramo, que o princípio da cedência da lei geral perante a lei especial não é seguido se outra for a intenção inequívoca do legislador e que, por último, o próprio Direito da Família pode ser entendido como um Direito especial, como um Direito que adapta normas dos mais variados ramos do Direito Patrimonial à condição conjugal. O Livro IV do Código Civil contém artigos que versam explicitamente matérias ligadas ao Direito das Obrigações, aos Direitos Reais, ao Direito Comercial e ao Direito Bancário. O Livro do Direito da Família ocupa-se dos contratos de compra e venda e de doação entre cônjuges; da propriedade de mão comum; das dívidas contraídas pelos cônjuges no exercício do comércio; dos depósitos bancários em nome exclusivo de um dos cônjuges.

---

[7] Cfr. CONCEIÇÃO NUNES, *Direito Bancário*, vol. I, Lisboa, AAFDL, 1994, pp. 29--38, 43-44; DAUCHY, "L'influence du droit civil sur le droit bancaire", *Revue Trimestrielle de Droit Commercial et de Droit Économique* 1986, p. 11.

[8] Cfr. MENEZES CORDEIRO, *Manual de Direito Bancário* cit., pp. 27-28, e *Direito Bancário – Relatório* cit., pp. 166-167.

Porque não até aceitar a tese de uma prevalência sistemática do Direito da Família? O Direito da Família está marcado pela imperatividade. É o Direito Matrimonial que rejeita a validade das estipulações que pretendam modificar os efeitos legais do casamento. É o Direito Matrimonial que afasta, em regra, a possibilidade de uma alteração consensual da convenção antenupcial ou do regime de bens que foi inicialmente fixado para o casamento. Em contrapartida, o Direito Bancário material surge como um domínio da liberdade negocial, permitindo às partes que constituam, alterem e extingam relações contratuais por mútuo consentimento.

A construção da relação do Direito da Família com o Direito Bancário segundo a contraposição imperatividade/supletividade não convence. Nem todas as normas de Direito da Família são imperativas e os efeitos do casamento estabelecidos por lei imperativa não eliminam a individualidade e a autonomia dos cônjuges[9]. É justamente a lei familiar que alude à realização de acordos através dos quais os cônjuges decidem sobre assuntos importantes da vida em comum. A consagração do dever conjugal de respeito mostra que os direitos gerais, pessoais ou patrimoniais, não se extinguem com o casamento. Não há, pois, razão para supor que um cônjuge não tenha, pelo menos, o essencial daquilo a que um autor francês[10] chama liberdade bancária, a liberdade de ser parte num contrato bancário.

Apesar de tudo, é imaginável um derradeiro esforço destinado a resolver globalmente e de uma só vez o problema da relação do Direito Bancário com o Direito da Família no domínio das operações bancárias. O Direito da Família, enquanto ramo intimista, orientado para a família, teria como alvo as repercussões das operações bancárias no plano estrito das relações internas dos cônjuges. Ao Direito Bancário caberia a disciplina das operações bancárias propriamente ditas, das relações entre o Banco e o cônjuge que fosse parte no contrato bancário.

Também esta proposta suscita dúvidas por desconsiderar de um modo genérico e indiferenciado a eficácia externa do regime patrimonial do casamento. Embora a celebração do casamento seja um acto pessoal

---

[9] Cfr. DUARTE PINHEIRO, *Direito da Família e das Sucessões*, vol. I, *Introdução geral ao Direito da Família e das Sucessões. Introdução ao Direito da Família. Direito matrimonial e paramatrimonial*, 2ª ed., Lisboa, AAFDL, 2005, p. 62.

[10] MARTIN, "L'indépendance bancaire des époux", *Recueil Dalloz Sirey* 1989, *Chronique*, pp. 135-136.

dos contraentes que cria entre eles um grupo intenso de direitos e deveres recíprocos, o casamento não é algo que interesse apenas aos cônjuges. É um acto sujeito a registo, que acarreta a constituição de um estado oponível *erga omnes*. No domínio do regime patrimonial, a eficácia externa do casamento revela-se a par e passo: as convenções antenupciais produzem efeitos em relação a terceiros depois de registadas; os actos de disposição de bens efectuados por um cônjuge, sem o necessário consentimento do outro, são inválidos, prejudicando directamente os negócios que o cônjuge disponente tenha realizado com terceiros; as regras sobre dívidas dos cônjuges definem a sua responsabilidade perante terceiros credores.

Não há, em suma, uma solução fácil e universal que previna toda e qualquer incompatibilidade entre a disciplina dos dois ramos em apreço. Isto quer dizer que, em nome da unidade do sistema jurídico e do aproveitamento do acto legislativo, é de aceitar o princípio da aplicação cumulativa das duas espécies de regulamentação às operações bancárias. Aliás, só um entendimento demasiado conceptualista levará a crer que a oposição lógica dos dois ramos se traduz numa insanável e constante contradição de regimes. É preciso ver se e quando tal contradição ocorre. Havendo uma situação localizada de colisão entre as normas de um ramo e as normas de outro, importará resolver o conflito através de uma ponderação dos valores específicos subjacentes e de modo a minimizar o sacrifício de uma ou ambas as disciplinas em apreço.

É tempo então de testar esta orientação, o que será feito com base na classificação mais difundida de operações bancárias, que é aquela que distingue as operações em activas e passivas, consoante o Banco assuma a posição de credor ou devedor. Porque a complexidade do tema torna inviável a análise da relação do Direito Bancário com o Direito da Família em todos os contratos bancários, a apreciação será limitada às figuras contratuais mais paradigmáticas inseridas na mencionada bipartição de operações bancárias[11].

---

[11] Cfr., porém, a análise mais ampla de ALAGNA, *Regime patrimoniale della famiglia e operazioni bancarie*, Pádua, CEDAM, 1988.

4. A relação entre o Direito Bancário e o Direito da Família nas operações bancárias activas em que intervêm sujeitos casados: o exemplo dos mútuos de escopo

No seio das operações bancárias activas, avulta o chamado mútuo de escopo[12]. Nesta modalidade de mútuo, o mutuário, além de se obrigar à restituição do capital e dos juros mutuados, compromete-se a dar um determinado destino à quantia recebida. Em conexão com o tema que dá título ao presente texto, merecem natural destaque o crédito à habitação[13] e o crédito ao consumo quer pela adesão que originam quer pelo papel que desempenham nas famílias conjugais.

Em primeiro lugar, esclareça-se que o Direito da Família reconhece a qualquer um dos cônjuges legitimidade para contrair dívidas autonomamente (artigo 1690.°, n.° 1, do Código Civil). No aspecto da legitimidade para se ser parte num mútuo bancário, não há diferença entre uma pessoa casada e não casada. Diferenças surgem já no momento da determinação das pessoas que respondem pela dívida. Num mútuo bancário com uma pessoa não casada, na falta da intervenção de outrem, responde pela dívida somente a pessoa que a contraiu. Ora, num mútuo com uma pessoa casada pode também ser eventualmente responsabilizado o respectivo cônjuge, o que corresponde a um desvio do regime geral da responsabilidade pelas dívidas, que favorece genericamente o credor bancário.

O crédito à habitação é normalmente garantido por uma hipoteca sobre o imóvel a cuja aquisição ou beneficiação se destina a quantia mutuada. Nesta hipótese, a comunicabilidade ou incomunicabilidade da dívida de um cônjuge depende da natureza comum ou própria do imóvel, nos termos do artigo 1694.° do Código Civil, que institui um regime especial em relação aos artigos 1691.° e 1692.°. Se o imóvel hipotecado for comum, a dívida de mútuo será comunicável, pelo que responderá, em primeira linha, o património comum do casal, por força do artigo 1695.°, n.° 1. Se o imóvel hipotecado for próprio, a dívida responsabiliza o cônjuge a quem o imóvel pertence; nos termos do artigo 1696.°, n.° 1, a dívida

---

[12] Cfr. MENEZES CORDEIRO, *Manual de Direito Bancário* cit., pp. 582-584; LUÍS MADEIRA, "Mútuo Bancário", em AA.VV., *Temas de Direito Bancário*, Maputo, 1999, pp. 544-546; LUÍS MENEZES LEITÃO, *Direito das Obrigações*, vol. III, *Contratos em especial*, 3ª ed., 2005, pp. 423-426.

[13] Sobre o crédito à habitação, cfr. RUI MASCARENHAS ATAÍDE, "Crédito à habitação", em *Estudos do Instituto do Direito de Consumo* (coordenação: Luís Menezes Leitão), Coimbra, Almedina, 2002, pp. 153-164.

será garantida, a título principal, pelo património próprio do dono da coisa hipotecada. Consequentemente, o artigo 1694.° ajusta-se ao interesse do credor bancário, que consiste na possibilidade de obter o pagamento preferencial do seu crédito pelo produto da venda do imóvel hipotecado.

Havendo crédito ao consumo sem garantia real, ambos os cônjuges respondem pela dívida contraída por um só deles, sem o consentimento do outro, em qualquer de uma das seguintes situações previstas no artigo 1691.° do Código Civil: dívida contraída antes do casamento em proveito comum do casal, se vier a vigorar o regime da comunhão geral; dívida contraída, antes ou depois da celebração do casamento, para ocorrer aos encargos normais da vida familiar; dívida contraída na constância do matrimónio pelo cônjuge administrador, em proveito comum do casal e nos limites dos seus poderes de administração. No conjunto, acabam por ficar cobertas aplicações frequentes das quantias mutuadas através do crédito ao consumo: aquisição de mobiliário ou outros objectos para a casa de morada da família; aquisição de automóvel para utilização nas deslocações do casal; pagamento de despesas de saúde; pagamento de férias do agregado familiar.

A comunicabilidade das dívidas implica o alargamento da garantia patrimonial dos créditos. Mas, no capítulo da responsabilidade dos bens pelas dívidas dos cônjuges, somam-se os aspectos que reforçam a tutela do credor, em comparação com a tutela geral que lhe assiste.

Nos regimes típicos da comunhão e nos regimes atípicos em que predomine o elemento da comunhão, respondem pelas dívidas comunicáveis primeiramente os bens comuns; na falta ou insuficiência dos bens comuns, respondem solidariamente os bens próprios de qualquer dos cônjuges. É o que decorre do artigo 1695.°, n.° 1, do Código Civil, que, assim, introduz dois aspectos que conferem ao credor uma posição que se demarca daquela que é habitual. Primeiro aspecto: ao contrário do que, por vezes, se supõe, a previsão da penhorabilidade subsidiária dos bens próprios dos cônjuges não se concretiza na atribuição a estes do benefício da excussão prévia[14]. Para que haja penhora dos bens próprios dos cônjuges, não se exige o esgotamento prévio dos bens comuns. O credor tem de demonstrar unicamente a falta ou insuficiência dos bens comuns para o pagamento do seu crédito. Isto é confirmado pelos artigos 825.° e 828, n.° 7.°, do Código de Processo Civil. Segundo aspecto: além desta vantagem correspondente a uma subsidiariedade que é objectiva e não uma subsidiariedade normal,

---

[14] Cfr. RUI PINTO, *A penhora por dívidas dos cônjuges*, Lisboa, Lex, 1993, pp. 19-22.

subjectiva, como é aquela que se verifica na fiança, o credor da dívida comunicável pode, após a demonstração da falta ou insuficiência dos bens comuns, penhorar bens próprios de qualquer um dos cônjuges segundo o esquema da solidariedade passiva. Ora, como se vê a partir do artigo 513.º do Código Civil, as obrigações plurais não são, em regra, solidárias mas conjuntas ou parciárias. E se é certo que o artigo 100.º do Código Comercial prevê que nas obrigações comerciais os co-obrigados são solidários, salvo estipulação contrária, o parágrafo único do mesmo artigo exclui a solidariedade, nos contratos mistos, quanto aos não comerciantes.

Nas hipóteses de dívidas incomunicáveis, as soluções jusfamiliares são igualmente mais vantajosas para o credor do que as soluções gerais. Pelas dívidas incomunicáveis respondem os bens próprios do cônjuge devedor e ao mesmo tempo certos bens comuns, como, por exemplo, o produto do trabalho nos regimes típicos de comunhão. Na falta ou insuficiência dos bens próprios, responde a meação nos bens comuns do cônjuge devedor. Todavia, a previsão de penhorabilidade subsidiária, novamente objectiva e não subjectiva, não leva realmente à penhora da meação do cônjuge (cfr. artigo 825.º do Código de Processo Civil). Dada a natureza da comunhão conjugal, que é uma contitularidade de tipo germânico ou de mão comum, a meação não é susceptível de ser vendida ou hipotecada. A responsabilidade subsidiária da meação ou redunda num alargamento do património próprio do cônjuge devedor, na sequência de uma separação superveniente de bens do casal conjugada com uma partilha em que a meação do cônjuge devedor é preenchida com bens concretos que antes eram comuns; ou resulta na responsabilização de bens comuns concretos, se o cônjuge do executado não vier a requerer a separação.

Globalmente, o regime jusfamiliar das dívidas privilegia a tutela dos credores em detrimento da protecção do casal ou de cada um dos cônjuges. Nem está isenta da responsabilidade por dívidas a casa de morada da família, que está subtraída à faculdade de livre disposição do seu exclusivo proprietário até no regime da separação de bens. A preocupação pela justiça patrimonial no quadro conjugal é tendencialmente relegada para o domínio interno das compensações devidas pelo pagamento das dívidas do casal[15].

Tendo em conta o panorama traçado, é questionável a validade das estipulações eventualmente constantes de contratos bancários que visem

---

[15] Sobre o assunto, cfr. CRISTINA DIAS, *Compensações devidas pelo pagamento de dívidas do casal (da correcção do regime actual)*, Coimbra, Coimbra Editora, 2003.

dilatar a garantia dos Bancos mutuantes em contraste com as normas jusfamiliares sobre dívidas dos cônjuges. Não acho, por exemplo, aceitável a conversão da responsabilidade subsidiária, prevista nos artigos 1695.º, n.º 1, e 1696.º, n.º 1, do Código Civil, em responsabilidade principal; nem a substituição da responsabilidade parciária por dívida comunicável, no regime da separação de bens, tal como decorre do artigo 1695.º, n.º 2, por uma responsabilidade solidária.

As regras legais sobre dívidas dos cônjuges cabem nos efeitos do casamento, sendo, por isso, imperativas, nos termos do artigo 1618.º do Código Civil, na falta de normas permissivas, como aquelas que existem para a fixação antenupcial do regime de bens. A matéria das dívidas enquadra-se no chamado estatuto patrimonial primário do casamento. As mencionadas estipulações são nulas, por aplicação conjugada dos artigos 294.º, 1695.º e 1696.º do Código Civil. E na verdade estipulações como essas apontam para um cenário de hipergarantismo. Basta ver que, por exemplo, no crédito à habitação já é usual que os Bancos exijam hipoteca e seguro de vida.

5. A relação entre o Direito Bancário e o Direito da Família nas operações bancárias passivas com sujeitos casados: o exemplo das contas de depósito pecuniário

A operação bancária passiva paradigmática é o depósito pecuniário[16], contrato pelo qual uma pessoa entrega a um Banco uma soma de dinheiro, que passa a pertencer ao depositário, ficando este obrigado a restituir ao depositante igual quantia, normalmente, acrescida de juros. O depósito pressupõe um contrato de abertura de conta, mediante o qual se inicia a relação complexa entre o Banco e o cliente. É na conta que se registam todas as entregas feitas pelo cliente ao abrigo do contrato de depósito celebrado. Mas a conta é mais do que uma inscrição dos depósitos efectuados; na conta são registados também os movimentos a débito, o que abrange levantamentos, transferências e pagamentos. À conta bancária corresponde um contrato, mediante o qual só é exigível entre as par-

---

[16] Sobre o depósito bancário, cfr. PAULA CAMANHO, *Do contrato de depósito bancário*, Coimbra, Almedina, 1998; e LACERDA BARATA, "Contrato de depósito bancário", *em Estudos em Homenagem ao Prof. Doutor Inocêncio Galvão Telles*, vol. II, *Direito Bancário*, Coimbra, Almedina, 2002, pp. 7-66.

tes o saldo resultante dos movimentos e não o valor dos créditos que tenham sido lançados. Atendendo ao impacto que tem na prática e na problemática da relação do Direito Bancário com o Direito da Família, trataremos precisamente da conta bancária em conexão com o casamento[17]. Segundo a classificação mais comum de contas bancárias, baseada no critério do número de titulares, as contas podem ser singulares ou plurais. Começaremos por analisar as contas singulares dos cônjuges.

De acordo com as regras do Direito Bancário, o titular de uma conta em seu nome exclusivo pode efectuar livremente depósitos e levantamentos ou outros movimentos a débito, normalmente, até ao limite do saldo. Perante isto, a admissibilidade de uma conta singular cujo titular seja casado aparenta ser pouco conforme à generalidade das regras do Direito patrimonial da família. Se uma pessoa depositou dinheiro numa conta em seu nome exclusivo, é de crer que o dinheiro depositado lhe pertencia por inteiro, cabendo-lhe integralmente o direito à restituição de igual quantia e dos eventuais juros ou o direito ao valor do saldo. No entanto, nos regimes típicos da comunhão, o dinheiro produto do trabalho é tido como bem comum [artigos 1724.º, al. *a*), e 1732.º, do Código Civil]. Em qualquer regime de bens, mesmo no regime típico da separação, presume-se, geralmente, a contitularidade dos bens móveis (artigos 1725.º e 1736.º, n.º 2), categoria na qual cabe o dinheiro. E, por força de um princípio geral, um bem subrogado no lugar de outro conserva a natureza do bem que substitui. Se o bem anterior integrava uma comunhão de tipo germânico ou romano, o novo bem continuará a estar em contitularidade. Além disso, nos regimes típicos de comunhão, os frutos de bens próprios não deixam de ser comuns (cfr., nomeadamente, os artigos 1728.º, n.º 1, e 1733.º, n.º 2). Ou seja, serão reputados comuns os juros provenientes da aplicação de dinheiro próprio de um dos cônjuges.

Vejamos agora as normas jusfamiliares de administração e disposição. Em qualquer regime de bens, o produto do trabalho pode ser objecto de livre administração e disposição pelo cônjuge que o auferiu [artigo 1678.º, n.os 1 e 2, al. *a*), do Código Civil], com o limite imposto pelo cumprimento do dever conjugal de assistência. No entanto, o dinheiro que não provenha do trabalho pode estar sujeito ainda a restrições directamente associadas à administração e disposição. Nas situações de comunhão de

---

[17] Sobre a problemática das contas bancárias dos cônjuges, cfr. RENDELS, *Das Bankkonto von Eheleuten – Rechtsprobleme und deren Lösung*, Aachen (Alemanha), Shaker, 1995.

bens, o dinheiro em questão poderá ser um bem comum, subordinado à regra geral da administração e disposição de bens móveis comuns (artigo 1678.º, n.º 3) – à luz dessa regra, cada um dos cônjuges tem legitimidade para a prática de actos de administração e disposição que se enquadrem na categoria dos actos de administração ordinária, mas os demais actos de administração e disposição só podem ser praticados com o consentimento de ambos os cônjuges. Por vezes, o depósito de dinheiro e a realização de outros movimentos de conta, em especial se respeitam a valores elevados, ponderada a condição económica do casal, ultrapassam os parâmetros de uma gestão normal. Dentro desta lógica, o cônjuge que efectuar sozinho tal género de movimentos carece de legitimidade. E parece carecer igualmente de legitimidade o cônjuge que realizar movimentos de conta atinentes a bens comuns, ou subrogados em lugar deles, que o outro cônjuge tenha levado para o casamento ou adquirido a título gratuito depois do casamento, ainda que os movimentos não excedam o âmbito dos actos de administração ordinária [cfr. artigo 1678.º, n.º 2, al. c)].

Por fim, o funcionamento irrestrito das regras características das contas bancárias distorce os propósitos da instauração do regime das dívidas dos cônjuges. A liberdade de realização de depósitos por um cônjuge na sua conta singular, se for ligada à presunção de que o saldo pertence exclusivamente ao titular da conta, impede que um credor de uma dívida comunicável consiga satisfazer os seus direitos, em primeira linha, com o saldo da conta, apesar de eventualmente ter sido depositado dinheiro comum na conta. Na hipótese de dívida incomunicável, embora a conta tenha sido "alimentada" exclusiva ou predominantemente com dinheiro comum, o saldo tenderá a ser tido como bem próprio do titular da conta, o que aumentará a garantia patrimonial do credor do titular da conta e diminuirá a do credor do cônjuge do titular.

Não obstante a conflitualidade que, à primeira vista, existe entre o Direito Bancário e o Direito da Família, o artigo 1680.º do Código Civil, uma norma formalmente jusfamiliar, atribuiu a cada um dos cônjuges o direito de constituir e movimentar contas em seu nome exclusivo. No entanto, é pouco crível que o mesmo legislador que construiu o regime patrimonial do casamento, com todo um conjunto de disposições, tenha admitido uma ampla derrogação desse regime através do mecanismo das contas bancárias. Há que procurar uma leitura que não inquine o essencial do Direito patrimonial da família.

Numa apreciação mais cuidada, verifica-se que o artigo 1680.º se refere somente à legitimidade para a prática de actos: o cônjuge pode constituir e movimentar uma conta singular, sozinho. Nada se diz sobre a titularidade dos bens, pelo que as regras jusfamiliares permanecem intactas. O depósito de dinheiro comum numa conta singular não atribui ao crédito de restituição, que assiste ao depositante perante o Banco, a natureza de bem próprio. Se a posse confere a presunção da propriedade do dinheiro (artigo 1268.°, n.° 1, do Código Civil), há que atender às disposições jusfamiliares, que, sempre que haja dúvidas sobre a propriedade exclusiva, estabelecem que os bens móveis se presumem comuns ou em compropriedade, consoante se trate de um regime de comunhão ou do regime da separação (artigos 1725.° e 1736.°, n.° 2).

Dada a situação de confiança e proximidade inerente à relação conjugal, normalmente com reflexos possessórios, pensamos que a incerteza quanto à coincidência entre a posse em nome exclusivo e a propriedade chega para desencadear a vigência das presunções de contitularidade. Todavia, em regra, na sua pureza, o problema da titularidade só pode ser levantado havendo modificação ou extinção das relações patrimoniais do casal; por exemplo, quando haja morte de um dos cônjuges ou divórcio.

O artigo 1680.° consagra uma norma em matéria de actos dos cônjuges; sem ressalvar as disposições legais contíguas sobre administração e disposição, determina que um cônjuge pode constituir e movimentar livremente contas singulares. Qual o fundamento do preceito? Por um lado, reconhecer a cada um dos cônjuges um direito de liberdade contratual específica. O casamento não retira ao cônjuge o direito de ser parte num contrato de conta bancária[18]. Por outro lado, o preceito tenta facilitar o comércio bancário, dispensando o Banco do ónus de averiguar se a constituição e a movimentação da conta se ajustam às regras patrimoniais do casamento, do ónus de exigir prova de que são ou foram cumpridas tais regras[19]. No interesse do Banco, os actos de constituição e movimentação da conta serão válidos e não responsabilizam aquele perante o cônjuge do titular ou perante os credores do casal, ainda que colidam efectivamente com as prescrições de índole matrimonial.

Bem, todos os direitos e interesses têm limites. As contas bancárias não podem ser encaradas como uma *micro-zona franca*, completamente

---

[18] Segundo MARTIN, "L'indépendance bancaire des époux" cit., pp. 135-136, esse é o principal significado do art. 221 do *Code civil*, semelhante ao art. 1680.° do nosso Código.

[19] Cfr. PIRES DE LIMA/ANTUNES VARELA, *Código Civil anotado*, vol. IV, 2ª ed., Coimbra, Coimbra Editora, pp. 292-293.

imune à aplicação das regras jusfamiliares gerais sobre actos dos cônjuges. Tão-pouco é de aceitar a exclusão absoluta da eficácia externa dessas regras. Normalmente, o artigo 1680.° significará que os eventuais desvios às regras conjugais de administração e disposição, consubstanciados através do mecanismo de uma conta bancária, terão um relevo circunscrito à esfera interna dos cônjuges: poderá, por exemplo, ser detectada a violação de um dever de respeito que, pela sua gravidade, fundamente um pedido de divórcio litigioso, ou que, pelos danos causados, constitua o cônjuge titular da conta em responsabilidade civil perante o outro.

Mas, em certos casos, repugna insistir na tutela do interesse do Banco, negando a oponibilidade a este das regras patrimoniais do casamento. Por outras palavras, as regras jusfamiliares gerais prevalecem se o Banco agiu com má fé psicológica, isto é, se, por exemplo, sabia que o cônjuge titular da conta depositava dinheiro cuja administração lhe não pertencia; as regras jusfamiliares gerais prevalecem ainda se um cônjuge alegar que o saldo existente resulta do depósito de fundos cuja administração lhe competia e não ao titular da conta. Note-se, porém, que a oponibilidade das regras patrimoniais do casamento dependerá, nestes casos, do recurso à via judicial, pois o artigo 1680.° parece obrigar os Bancos a não reconhecerem, em princípio, outra legitimidade quanto às contas singulares que não as dos respectivos titulares.

Após acção judicial, também nada obsta à eficácia das regras sobre dívidas dos cônjuges. O cônjuge do titular pode, por exemplo, obstar à penhora imediata da conta singular por um credor de uma dívida incomunicável contraída pelo titular nominal da conta, se estiver assente que o saldo tem a natureza de bem comum. Paralelamente, definido judicialmente o carácter comum do saldo, o credor de uma dívida comunicável pode penhorar logo a conta em nome exclusivo de um dos cônjuges.

A propósito da conta singular, impõe-se a apreciação do problema da oponibilidade do sigilo bancário ao cônjuge do titular da conta. A lei sujeita a instituição de crédito a um dever de sigilo sobre factos ou elementos atinentes às suas relações com os clientes, sigilo que abarca as contas de depósito e seus movimentos (artigo 78.° do Regime Geral das Instituições de Crédito e Sociedades Financeiras). Na ausência de uma excepção legalmente consagrada para o casamento, tende-se a entender que uma informação requerida pelo cônjuge do titular da conta singular só pode ser prestada mediante autorização do cliente, que seria a pessoa em nome da qual está a conta.

A jurisprudência superior não se tem conformado com este pensamento, porque, em última análise, atinge largamente o alcance prático do Direito patrimonial da família. Mas tem seguido os mais variados caminhos para conjugar a disciplina do sigilo bancário com o Direito da Família: a sugestão de que o sigilo é irrelevante quando possa funcionar como um instrumento de fraude à lei[20]; a utilização do arrolamento das contas bancárias[21]; a utilização do suprimento do consentimento conjugal[22]; a ideia de que o cônjuge do titular nominal da conta, casado num regime da comunhão, é um "cliente", para efeitos de dispensa do sigilo bancário[23]. O último caminho, devidamente explorado, afigura-se ser o mais convincente. Mostrando-se duvidosa a coincidência entre a titularidade nominal da conta e a titularidade efectiva do saldo, o Banco tem de prestar informações ao cônjuge do titular nominal da conta singular. Até prova em contrário, o cônjuge é cliente do Banco em sentido material e não terceiro; ele beneficia de uma presunção de contitularidade dos bens móveis, vigente quer nos regimes de comunhão quer, normalmente, no regime da separação de bens.

Passemos às contas colectivas. As contas bancárias plurais podem dividir-se em duas modalidades: conjuntas e solidárias. As contas conjuntas são aquelas que apenas podem ser movimentadas a débito por todos os seus titulares. As contas solidárias são aquelas em que qualquer um dos titulares pode livremente, e por si só, realizar qualquer tipo de operação, incluindo o levantamento da totalidade do saldo. Vamos concentrar a nossa atenção nas contas solidárias entre cônjuges, que são de mais longe as mais comuns[24].

As regras típicas das contas solidárias não parecem ser muito conciliáveis com as regras jusfamiliares de Direito patrimonial. Nas contas soli-

---

[20] Cfr. acórdão da Relação de Lisboa de 23/11/1993, processo n.º 0068571, *http://www.dgsi.pt*.
[21] Cfr. acórdão da Relação de Lisboa de 22/10/1996, processo n.º 008471, *http://www.dgsi.pt*.
[22] Cfr. acórdão do Supremo Tribunal de Justiça de 19/4/1995, processo n.º 085948, *http://www.dgsi.pt*.
[23] Cfr. acórdão da Relação do Porto de 15/9/1992, processo n.º 9250198, *http://www.dgsi.pt*.
[24] Sobre as contas solidárias entre cônjuges, cfr. RITA LOBO XAVIER, *Limites à autonomia privada na disciplina das relações patrimoniais entre os cônjuges*, Coimbra, Almedina, 2000, pp. 301 e s.; DUPUIS, "Une institution dérogeant aux règles des régimes matrimoniaux: le compte bancaire joint", *Recueil Dalloz Sirey* 1988, *Chronique*, pp. 39-46.

dárias, presume-se que, nas relações entre si, os contitulares comparticipam em partes iguais no saldo (artigo 516.º do Código Civil). Todavia, o saldo pode ter sido formado graças ao contributo dos cônjuges numa diferente proporção. Pode, nomeadamente, acontecer que na conta apenas tenha sido depositado dinheiro próprio de um deles.

Na conta solidária, um cônjuge pode ter depositado dinheiro cuja administração lhe cabia exclusivamente ou podem ambos os cônjuges ter depositado simultaneamente dinheiro que está sujeito à regra da administração conjunta; ora, as regras da solidariedade conferem a qualquer um dos contitulares a faculdade de, isoladamente, levantarem a totalidade do saldo.

Como a presunção de comparticipação dos contitulares em partes iguais no saldo da conta vale na relação com os credores, nos termos do n.º 2 do artigo 861.º-A do Código de Processo Civil, no caso de dívida incomunicável, o cônjuge que não é responsável pela dívida corre o risco de ser afectado, se tiver contribuído para a formação do saldo com bens próprios.

Ao contrário do que acontece com as contas singulares, não há nenhuma disposição legal específica sobre as contas solidárias entre cônjuges. A perplexidade causada pelo confronto das regras características das contas solidárias com o regime patrimonial do casamento leva alguns especialistas do Direito da Família a tomarem posições que minimizam o âmbito de aplicação do Direito Bancário, sem chegarem ao ponto de se baterem, *de iure condito* ou *de iure condendo*, pela inadmissibilidade das contas solidárias entre cônjuges, já que isso constituiria uma atitude marcada por notório irrealismo prático. Assim, uma eminente estudiosa[25] inclina-se para a oponibilidade do Direito da Família aos Bancos, nos termos gerais.

Salvo o devido respeito, suponho que a solução do artigo 1680.º do Código Civil é analogicamente aplicável às contas solidárias entre cônjuges. Não há motivo para deixar de reconhecer aos cônjuges liberdade de constituição e movimentação de uma conta solidária entre eles, quando não há impedimento na hipótese de conta singular, que suscita igualmente dificuldades de articulação com o Direito patrimonial da família. Não há motivo para dificultar a contratação bancária no caso de contas solidárias, forçando o Banco a controlar a conformidade dos actos dos contitulares casados com as regras patrimoniais associadas à condição conjugal,

---

[25] RITA LOBO XAVIER, *Limites à autonomia privada* cit., p. 334.

quando, na hipótese de contas singulares, o Banco está dispensado de desenvolver tal esforço.

Contudo, tal como no exemplo da conta singular, há limites à prevalência das regras de Direito Bancário sobre o estatuto patrimonial do casamento. As regras jusfamiliares respeitantes à titularidade são plenamente aplicáveis. Só que o cônjuge que tenha contribuído com dinheiro próprio para a formação do saldo da conta solidária, nos regimes de comunhão, ou que tenha contribuído com mais dinheiro próprio do que o outro cônjuge, no regime típico da separação, não beneficiará, normalmente, de presunção que lhe seja favorável. Afinal, tendem a vigorar presunções conjugais da contitularidade dos bens móveis, que não contrariam a presunção obrigacional de igual comparticipação no saldo da conta solidária.

Quanto às regras de administração e disposição, elas são oponíveis ao Banco e a outros terceiros, em casos extremos e com base numa sentença: por exemplo, havendo levantamento da totalidade do saldo por um cônjuge, sem o consentimento do outro e sem poderes de administração para o efeito, se se provar que o Banco conhecia a irregularidade da situação. Mesmo que se não preencha a condição de eficácia externa, o levantamento que violar regras de administração ou disposição é susceptível de relevar no quadro das relações internas dos cônjuges, enquanto facto ilícito no contexto da responsabilidade civil e do divórcio litigioso.

No capítulo das dívidas, o saldo da conta solidária poderá não ser tido como um bem comum ou como um bem pertencente em metade a cada um dos cônjuges, se forem ilididas as presunções de contitularidade por um cônjuge ou credor interessado.

Neste plano das dívidas, as contas solidárias colocam um problema particular na relação dos cônjuges contitulares com o Banco, enquanto credor. No direito alemão e no direito francês[26], os cônjuges contitulares da conta solidária são solidariamente responsabilizados pelo saldo negativo, saldo que, por vezes, tem na sua origem os encargos do crédito à habitação e do crédito ao consumo.

Entre nós, os cônjuges não respondem solidariamente pelo saldo negativo da respectiva conta solidária. Como esclarece uma ilustre jurista[27], o regime das contas solidárias é estabelecido no interesse exclusivo dos contitulares, para facilitar a exigência do saldo ao Banco, e não para faci-

---

[26] Cfr. RENDELS, *Das Bankkonto von Eheleuten* cit., pp. 228-234; DUPUIS, "Une institution dérogeant aux règles des régimes matrimoniaux" cit., p. 44.

[27] PAULA CAMANHO, *Do contrato de depósito bancário* cit., pp. 239-241.

litar o pagamento de dívidas ao Banco. As regras das dívidas dos cônjuges serão, portanto, aqui, plenamente aplicáveis.

Para concluir o tratamento das contas solidárias, resta apreciar o assunto da legitimidade para dispor do saldo em caso de morte ou divórcio. Em caso de morte de um dos contitulares, extingue-se a relação contratual de conta solidária. Com base na presunção obrigacional de comparticipação em partes iguais, no regime da separação de bens, o cônjuge sobrevivo pode, quando muito, exigir metade do saldo. Antes da partilha hereditária, a outra metade, que poderá aproveitar ao cônjuge enquanto sucessível prioritário do *de cuius*, está inteiramente subordinada às regras da legitimidade de disposição dos herdeiros. Ou seja, em princípio, o levantamento de parte ou da totalidade do saldo só pode ser feito por todos os herdeiros, conjuntamente (artigo 2091.°, n.° 1 do Código Civil). Nos regimes de comunhão, o âmbito da legitimidade do cônjuge sobrevivo, que deseja agir isoladamente, será, em princípio, idêntica, confinada à metade do saldo. No entanto, os demais herdeiros do *de cuius* não estão impedidos de invocar a presunção conjugal de que são comuns os bens móveis. Se o fizerem, por via judicial, antes do levantamento da metade do saldo pelo cônjuge, qualquer levantamento estará sujeito ao regime da legitimidade da comunhão hereditária: em regra, o cônjuge deverá ser acompanhado pelos demais herdeiros para poder fazer levantamentos, ainda que iguais ou inferiores a metade daquele que era o saldo à data da abertura da sucessão.

Quanto ao divórcio: se bem que a constituição de uma conta solidária pressuponha uma relação de confiança entre os contitulares, o divórcio não representa, por si só, causa de encerramento da conta nem de alteração das regras de movimentação, a não ser que seja decretado um arrolamento. Só em casos extremos, as regras jusfamiliares conexas com a titularidade do saldo serão oponíveis ao Banco e a terceiros. Contudo, nas relações internas, essas regras vinculam inteiramente os ex-cônjuges. Por exemplo: se no momento do divórcio, 2/3 do saldo pertenciam exclusivamente a um cônjuge e o restante era bem próprio do outro cônjuge, a licitude dos levantamentos depende da observância da proporção; se, antes do divórcio, o saldo era comum, o levantamento total ou parcial exige o consentimento de ambos os cônjuges, porque, com o divórcio e até à partilha, o saldo integrará uma contitularidade que já não é de tipo germânico mas de tipo romano, numa variante mais próxima da indivisão hereditária do que da compropriedade[28].

---

[28] Sobre a natureza da contitularidade dos bens que antes integravam o património comum, entre a cessação das relações patrimoniais dos cônjuges, ou a separação super-

6. Considerações finais

O tema "operações bancárias e casamento" é complexo por trazer à colação conjuntos normativos pertencentes a ramos com um espírito diverso, sem que se possa aprioristicamente optar pela prevalência sistemática de um conjunto normativo sobre o outro. Por isso, o critério orientador deve ser o da aplicação cumulativa. As eventuais incompatibilidades de disciplina devem ser resolvidas no respeito do princípio do aproveitamento da regulamentação legislativa. A análise de figuras contratuais exemplares dos dois grandes tipos de operações bancárias revela que nem a situação nem a solução serão idênticas de operação bancária para operação bancária. No campo do crédito, não há sinais de uma oposição profunda entre as regras jurídicas bancárias e as familiares; nos casos pontuais de colisão, prevalece a disciplina jusfamiliar. No campo das contas bancárias, pelo contrário, são muitos os indícios adversos à aplicação cumulativa. Aqui, a solução geral apoia-se no artigo 1680.º do Código Civil, norma de Direito da Família que concede prioridade ao Direito Bancário, sem rejeitar completamente a aplicação do Direito da Família às contas dos cônjuges.

---

veniente de bens, e a partilha, cfr. DUARTE PINHEIRO, *Direito da Família e das Sucessões* I cit., pp. 260-261.

OS DIREITOS POLÍTICOS DOS CIDADÃOS NA CONSTITUIÇÃO PORTUGUESA

JORGE MIRANDA*

SUMÁRIO: *1. Quadro geral. 2. O direito de sufrágio. 3. Exercício do sufrágio. 4. Os direitos políticos menores. 5. O direito de petição. 6. O direito de informação política. 7. O direito de acção popular. 8. O direito de iniciativa legislativa popular. 9. O direito de participação em assembleias populares. 10. Os direitos políticos, direitos fundamentais.*

1. Quadro geral

I – Tendo em conta o incindível nexo entre participação política e liberdade[1] e entre princípio democrático e Estado de Direito, a democracia representativa implica:

1.º) Liberdades, liberdades políticas;
2.º) Garantias da liberdade e da segurança pessoal;

---

* Professor Catedrático da Universidade de Lisboa e da Universidade Católica Portuguesa.

[1] Porque, como salientávamos em 1973 (*Sobre a noção de povo em Direito constitucional*, in *Estudos de Direito público em honra do Professor Marcello Caetano*, Lisboa, 1973, pág. 225, nota), não há regime favorável à liberdade política que seja contrário à participação política de cidadãos, nem pode haver efectiva participação sem liberdade política.
Ou, como escreve BOBBIO (*Il futuro della democrazia*, trad. *O futuro da democracia*, 7ª ed., São Paulo, 2000, págs. 32-33: "O Estado liberal é o pressuposto não só histórico mas também jurídico do Estado democrático. Estado liberal e Estado democrático são interdependentes em dois modos: na direcção que vai da liberdade à democracia, no sentido de que são necessárias certas liberdades para o exercício correcto do poder democrático; e na direcção oposta, que vai da democracia à liberdade, no sentido de que é necessário o poder democrático para garantir a existência e a persistência das liberdades fundamentais.

3.º) Direito de sufrágio;
4.º) Outros direitos políticos;
5.º) Garantias de direitos políticos.

II – A liberdade vale tanto nas relações entre os particulares como nas relações dos cidadãos com o poder político. A liberdade civil tem estado sempre presente na história da Europa sob o impulso do Direito romano. A liberdade política vem apenas desde o século XVIII, justamente a par do princípio representativo.

A liberdade tem sempre a mesma matriz, o que variam são os sujeitos passivos; liberdade de expressão e de manifestação para criticar os governantes, liberdade de reunião para discutir as suas actividades com outros, liberdade de associação para organizar formas de intervenção[2], etc. Mas há algumas liberdades ou concretizações de liberdade que se autonomizam: a de formação de partidos políticos e as liberdades dele derivadas, a de apresentação de candidaturas, a de campanha eleitoral e referendária, a própria liberdade de voto.

Sem as garantias de Direito e processo penal (e sancionatório), a inviolabilidade do domicílio e de correspondência e as garantias relativas à informática, esses direitos de liberdade e os direitos políticos em sentido estrito ficariam à mercê dos governantes. Instrumentais, elas dão o pano de fundo em que aqueles podem ser exercidos em segurança[3].

O sufrágio é o direito político *máximo*, porque através dele, os cidadãos escolhem os governantes e, assim, directa ou indirectamente, as coordenadas principais de política do Estado (ou das entidades descentralizadas em que se situem); e, porque, no caso do referendo, decidem esta ou aquela questão (ou quando se trate apenas de referendo consultivo, condicionam a decisão do órgão competente).

A seu lado e complementando-o, a experiência constitucional mostra ainda um número considerável de outros direitos, de conteúdo variável e nem sempre presentes por toda a parte. São (transpondo para esta sede uma locução clássica do Direito privado) os direitos políticos *menores*, o primeiro dos quais é o direito de ser eleito ou designado, por outra forma, para cargos políticos.

---

[2] Cfr. *Manual de Direito Constitucional*, IV, 3ª ed., Coimbra, 2000, págs. 453 e segs.

[3] *Ibidem*, págs. 95 e segs.

Finalmente, encontram-se os direitos adjectivos ou de defesa. Mesmo sendo de alcance geral, podem adquirir uma peculiaríssima importância. Hoje tudo reside na tutela jurisdicional efectiva, não obstante subsistirem o direito de petição, na vertente de serviço do seu titular, e, no limite, o direito de resistência.

2. O direito de sufrágio

I – O direito de sufrágio pode ser analisado em razão de diferentes critérios[4]:

a) Quanto aos sujeitos – sufrágio *universal*, se atribuído a todos os cidadãos, verificados requisitos objectivos de capacidade; e sufrágio *restrito*, se outros factores limitam a atribuição, mormente factores de natureza económica (sufrágio *censitário*, por depender da posse de certos bens ou do pagamento de certo montante de impostos, com inscrição no censo) ou factores de natureza intelectual ou habilitações literárias (sufrágio *capacitário*).

b) Quanto ao conteúdo – sufrágio *único*, se a cada eleitor corresponde um voto; sufrágio *múltiplo*, se o eleitor tem tantos votos quantas as qualidades ou condições jurídicas tidas por relevantes (simples cidadão, membro de certo grupo, titular de certo cargo, etc.), mas com um voto de cada vez; e sufrágio *plural*, se o eleitor tem um número variável de votos em face da situação concreta em que se encontre (*v.g.*, sufrágio *familiar*, em que ao pai ou à mãe acresce um número de votos igual aos dos filhos menores a seu cargo).

c) Quanto ao respeito pelo princípio da igualdade – sufrágio *igualitário*, se todos os eleitores se acham em igual posição; e sufrágio *inigualitário*, se existem diferenciações, traduzidas ou não em privilégios ou discriminações (o sufrágio único é necessariamente igualitário, não o múltiplo ou o plural).

d) Quanto à relação com os titulares dos órgãos electivos – sufrágio *directo*, se os eleitores elegem directa e imediatamente esses titulares; e sufrágio *indirecto*, se há um ou vários graus de eleições intermédias.

---

[4] Sem esquecer a distinção histórica entre sufrágio individual e sufrágio orgânico ou corporativo.

e) Quanto ao exercício – sufrágio *facultativo*, se os eleitores são livres de votar ou não; e sufrágio *obrigatório*, se estão adstritos ao dever de votar, com sanções em caso de não exercício.

f) Quanto à forma de exteriorização – sufrágio *aberto*, se os eleitores devem ou podem revelar o sentido do voto; e sufrágio *secreto*, se têm a garantia de não ter de o revelar ou, mesmo, se tal lhes está interdito.

II – É o direito de sufrágio, o *jus suffragii*[5] que faz os cidadãos *optimo jure* ou cidadãos activos (na fórmula de SIEYÈS) e que melhor define o *status activae civitatis* (a que se refere JELLINEK)[6-7].

Os cidadãos activos compõem o povo activo. Diz-se, contudo, também povo activo o povo ou a comunidade política, em que o maior número possível de cidadãos tem esse direito, e não apenas uma minoria, de tal sorte que a quantidade permite qualificar o sistema político-constitucional do Estado.

O povo activo no segundo sentido (em que se olha ao complexo de todos os cidadãos, activos e não activos) é à imagem do povo activo no primeiro sentido (mera fracção daquele); será o que este for. E isso porque – desde que o sufrágio funcione – são os titulares do sufrágio que moldam a sociedade e o Estado. O conceito burguês de povo corresponde ao sufrágio censitário, o conceito democrático ao sufrágio universal[8].

IV – Na época liberal predominava a tese de que o sufrágio era uma função ou um poder funcional, e não propriamente um direito[9]. Ele seria atribuído no interesse geral e isso explicaria o seu carácter restrito (porque só as pessoas com responsabilidades sociais, aferidas pela propriedade ou

---

[5] *Suffragium* significa aprovação, favor, estima, voto (assim, *suffragium inire* – ir votar; ou *omnium suffragiis* – votação por unanimidade)

[6] *System des subjektiven öffentlichen Rechts*, 1882, trad. italiana *Sistema dei diritti pubblici subbiectivi*, Milão, 1982, págs. 96 e segs. Mas JELLINEK abrange nesse *status* quer o sufrágio e outros direitos políticos quer os próprios poderes de órgãos do Estado, por entender por ele "a capacidade de agir por conta do Estado".

[7] Seria isso que provavelmente também quereria realçar ARISTÓTELES ao dizer que, quando o povo é senhor do voto, torna-se senhor do governo (*Constituição de Atenas*, na tradução de Delfim Ferreira Leão, Lisboa, 2003, pág. 34).

[8] *Sobre a noção ...*, *op.cit.*, *loc.cit.*, pág. 233.

[9] O que bem se conjugava com o modo como era entendida a *soberania nacional*: cfr., por exemplo, PEDRO DE VEIGA GARCIA, *Mundialización y Derecho Constitucional – Para una palingenesia de la realidad constitucional*, Madrid, 1998, págs. 54 e 55.

por certas capacidades, se orientariam por esse interesse geral). Quando muito, haveria um direito subjectivo a ser eleitor, não um direito subjectivo a votar; e, numa visão extrema, o cidadão, ao votar, comportar-se-ia como *funcionário* do Estado[10].

Esta tese encontra-se hoje abandonada, em face da conquista do sufrágio universal e por a experiência histórica mostrar que o voto foi ou tem sido um dos meios de obtenção de direitos económicos, sociais e culturais e de criação de um Estado multiclassista. Para além disso, reconhece-se que a participação na vida política é uma forma de realização ou de desenvolvimento da personalidade.

Não deixa, no entanto, de estar aqui presente uma dimensão funcional, por o exercício do sufrágio pelo conjunto dos eleitores conduzir a um resultado comum, juridicamente imputável ao Estado, e por se conjugarem, em maior ou menor medida, nas opções dos eleitores visões de interesse individual e de interesse geral[11]. Nem esta ambivalência é exclusiva do sufrágio: *mutatis mutandis* ela assinala, antes de mais, o poder paternal[12].

---

[10] Cfr., entre tantos, SILVESTRE PINHEIRO-FERREIRA, *Manual do Cidadão em um Governo Representativo*, 1834 (na edição fac-similar de Brasília, 1999, pág. 139); JELLINEK, *op.cit.*, págs. 150 e segs., e 178 e segs.; MARNOCO E SOUSA, *Constituição Política da República Portuguesa – Comentário*, Coimbra, 1913, págs. 255 e segs.; FESAS VITAL, *Do acto jurídico*, Lisboa, 1914, págs. 64 e 67; LÉON DUGUIT, *Traité de Droit Constitutionnel*, II, 3ª ed., Paris, 1928, págs. 579 e 589 e segs.. Para uma síntese dessa doutrina, v. ENRICO GROSSO, *La titolarità del diritto di voto*, Turim, 2001, págs. 4 e segs.

[11] Cfr. UBALDO PROSPERETTI, *L'elettorato politico attivo*, Milão, 1954, págs. 39 e segs.; GIUSEPPE FERRARI, *Elezioni (teoria generali)*, in *Enciclopedia del Diritto*, XIV, 1965, págs. 606 e segs.; ANTOINE FAVRE, *Droit Constitutionnel Suisse*, Friburgo, 1970, pág. 157; PABLO LUCAS VERDU, *Curso de Derecho Politico*, III, Madrid, 1976, págs. 208 e segs.; JOSÉ AFONSO DA SILVA, *Curso de Direito Constitucional Positivo*, 9ª ed., São Paulo, 1992, pág. 309; FRANCIS DELPERÉE, *Le Droit Constitutionnel de la Bélgique*, Bruxelas-Paris, 2000, págs. 152 e segs.

[12] Em que o lado interno, ligado à educação dos filhos, corresponde ao interesse dos pais de projecção para o futuro e, portanto, implica também um verdadeiro direito subjectivo destes (ao contrário do lado externo, ligado aos aspectos patrimoniais). Cfr. GOMES DA SILVA, *Curso de Direito da Família*, policopiado, Lisboa, 1960, I, pág. 330; JORGE MIRANDA, *Sobre o poder paternal*, in *Revista de Direito e Estudos Sociais*, 1990, págs. 23 e segs..

3. Exercício do sufrágio

I – O exercício de sufrágio é *pessoal* (artigo 49.º, n.º 2 da Constituição)[13]. E pessoalidade significa, nos termos gerais, comummente aceites, exercício de um direito pela própria pessoa que é seu titular, sem o veículo de representação legal ou voluntária.

Esta característica flui da ideia básica em que se traduzem os direitos políticos: a participação dos cidadãos na vida política, a qual deve ser directa e activa (artigo 109.º), mesmo se ligada, como sucede na eleição, à designação de titulares de órgãos através das quais, representativamente, os cidadãos também exercem o poder político (artigo 10.º, n.º 1). Flui ainda da exigência de liberdade, que poderia aparecer diminuída logo na outorga de poderes de representação a outrem. E resulta, enfim, do princípio da igualdade: o sufrágio deixaria de ser igual, quando, por virtude da transferência de poderes de decisão inerentes ao mandato, o representante agisse, na prática, investido de dois votos, o seu e o da representado[14].

Com a representação, e nem sequer com o mandato, nada tem que ver o regime do voto dos cegos ou de quaisquer pessoas afectadas por doença ou deficiência física notórias, as quais a mesa da assembleia eleitoral verifique não poderem, sozinhas, preencher o boletim de voto; e uma pessoa numa destas condições vota acompanhada de um cidadão eleitor por si escolhido que garante a fidelidade de expressão do seu voto e que fica obrigado a absoluto sigilo (v., por todos, artigo 97.º da lei eleitoral para a Assembleia da República, a Lei n.º 14/79, de 16 de Maio).

Nitidamente, não se trata em tal hipótese de mandato, mas tão somente de um auxílio material.

II – O sufrágio é *presencial*, exerce-se em assembleia de voto, comunitariamente, com os eleitores presentes uns perante os outros.

A Constituição apenas o prescreve para a votação dos eleitores do Presidente da República no território nacional (artigo 121.º, n.º 3), mas a regra (tirando uma ou outra excepção de voto por correspondência e de voto antecipado) deve valer para todas as eleições dentro e fora do território nacional, por exigência de liberdade e pessoalidade do voto.

---

[13] O qualificativo proveio da Comissão de Redacção da Assembleia Constituinte (cfr. *Diário*, n.º 131, de 2 de Abril de 1976, pág. 4373).

[14] Parecer n.º 29/78 da Comissão Constitucional de 7 de Dezembro de 1978, in *Pareceres ...*, VII, pág. 63.

Como escreve CARL SCHIMTT, o povo é um conceito que só adquire existência na esfera do *público*. O povo só se manifesta no público. Povo e coisa pública existem juntos. O povo traduz o público mediante a *sua presença*. Só o povo presente, verdadeiramente reunido, é povo e produz o público[15].

Mas SCHMITT retira deste premissa correcta duas conclusões inaceitáveis: 1ª) que o povo se torna presente em assembleias populares e por meio de aclamações; 2ª) que o voto secreto não é método democrático, e sim expressão do individualismo liberal, transformando o cidadão, o *citoyen*, em homem privado[16].

É que, se o povo fisicamente só pode reunir-se nas democracias modernas em assembleias de voto (nisso consistindo o princípio de presencialidade), juridicamente a sua reunião decorre da simultaneidade da votação em todo o território eleitoral.

Por seu turno, a crítica ao voto secreto parte de uma concepção de democracia que é a da *liberdade dos antigos*, não a da *liberdade dos modernos*, e que é também a dos regimes fascistas e marxistas-leninistas. Ora, pelo contrário, em democracia representativa e em Estado de Direito, o cidadão nunca se reduz a mero cidadão; é também o homem privado, porque é a sua realização como pessoa que se pretende assegurar.

III – O exercício de sufrágio é um *dever cívico* (artigo 48.°, n.° 2).

Dever cívico é expressão que também aparece no artigo 41.°, n.° 2 (sobre liberdade religiosa), a par ou contraposta a *obrigação* (como se entenda). E o seu significado, no mínimo, pode aproximar-se da noção de dever fundamental que é a defesa da Pátria em face do dever de serviço militar (artigo 276.°, n.os 1 e 2).

Duvidoso[17] vem a ser, porém, saber se pode haver sanções para o seu incumprimento, como sucede em alguns países e como já sucedeu entre nós[18-19]. Se não são de excluir *a priori*, sempre seria muito reduzido o seu alcance, porquanto:

---

[15] *Verfässungslehre*, 1927, trad. castelhana *Teoria de la Constitución*, Madrid e México, 1934 e 1966, pág. 281.

[16] *Ibidem*, pág. 282.

[17] O debate na Assembleia Constituinte não é, a este respeito, conclusivo: v. *Diário*, n.°42, de 4 de Setembro de 1975, págs. 1186 e 1187.

[18] A lei eleitoral para a Assembleia Constituinte prescreveu que os que, salvo motivo justificado, não exercessem o direito de voto seriam inelegíveis para a Assembleia Legislativa, para os corpos administrativos ou para os órgãos dirigentes de qualquer pes-

a) Elas não poderiam ofender o princípio da proporcionalidade (artigo 18.º, n.º 2), o que sucederia, por exemplo, se a abstenção fosse criminalizada[20].

b) Não poderiam desrespeitar o conteúdo essencial do direito de voto (18.º, n.º 3), ligando, por exemplo, a abstenção a voto neste ou naquele sentido[21-22].

c) Nem poderiam traduzir-se em inelegibilidade, pois não pode haver outras causas de inelegibilidade além das cominadas na Constituição (artigo 50.º, n.º 3)[23].

Outros deveres eleitorais dos cidadãos são o de recenseamento e o de colaboração com a administração eleitoral (artigo 113.º, n.os 2 e 4).

---

soa colectiva pública durante um ano após a eleição da Assembleia Constituinte (artigo 84.º, n.º 2 do Decreto-Lei n.º 621-C/75, de 15 de Novembro); além disso, constariam das actas das assembleias de voto os nomes dos eleitores inscritos que não tivessem votado [artigo 107.º, n.º 2, alínea *e*)]. E esta sanção passaria, em termos, aliás, algo agravados para a legislação eleitoral provisória (artigo 77.º, n.º 2, do Decreto-Lei n.º 25-A/76, de 15 de Janeiro; artigo 75.º, n.º 2, dos Decretos-leis n.os 318-B e 318-C/76, de 30 de Abril; artigo 72.º, n.º 2 do Decreto-Lei n.º 319-A/76, de 3 de Maio; e artigo 68.º, n.º 1 do Decreto-Lei n.º 701-B/76, de 29 de Setembro).

Mais tarde procurou-se estabelecer sanções pecuniárias: foi o projecto de lei n.º 84/1 (in *Diário da Assembleia da República*, 2ª sessão legislativa, II série, n.º 12) rejeitado pelo Parlamento (*ibidem*, n.º 22, de 21 de Dezembro de 1977, págs. 768 e segs.). E o tema deixaria de interessar subsequentemente (apesar do aumento de abstenções em sucessivas eleições).

[19] Cfr., na doutrina recente, EURICO A. GONZALEZ CORSINO DOS SANTOS, *Da obrigatoriedade do voto*, in *Revista de Informação Legislativa*, n.º 161, Janeiro-Março de 2004, págs. 101 e segs.; FRANCIS DELPÉRÉE, *Le vote obligatoire*. *À propos des elections présidentielles de 2002*, in *Mouvement du droit public – Mélanges en l'honneur de Franck Moderne*, págs. 635 e segs.; WILLIAM BENESSIANO, *Le vote obligatoire*, in *Revue française de droit constitutionnel*, 2005, págs. 73 e segs. O primeiro destes Autores apresenta um quadro de países que adoptam o voto obrigatório, na maioria dos quais com sanções brandas.

[20] Cfr. CASALTA NABAIS, *O dever fundamental de pagar imposto*, Coimbra, 1998, págs. 172 e 173; VIEIRA DE ANDRADE, *Os direitos fundamentais na Constituição portuguesa de 1976*, 3ª ed., Coimbra, 2004, pág. 164, nota; GOMES CANOTILHO e VITAL MOREIRA, *Constituição da República Portuguesa Anotada*, I, 4ª ed., Coimbra, 2007, pág. 671-672.

[21] Autores citados, *ibidem*.

[22] Relembre-se o plebiscito de 1933, em que, sendo o voto obrigatório, as abstenções contaram como votos a favor do projecto de Constituição apresentado pelo Governo (Decreto n.º 22.229, de 21 de Fevereiro de 1933).

[23] Parecer n.º 28/78 da Comissão Constitucional, cit., *loc.cit.*, pág. 58; e parecer n.º 7/81, de 24/3/1981, págs. 9 e segs.

IV – O sufrágio é *secreto* [artigos 49.°, n.° 2, 13.°, n.° 1; 121.°, n.° 1; 231.°, n.° 2; 239.°, n.° 2; 288.°, alínea *h*)]. O segredo, contrário à publicidade sob qualquer forma, implica tanto o direito como, em certas condições, a ver adiante, o dever de não revelar o sentido do voto[24]; e implica mesmo, pelo sentido institucional de eleição, a impossibilidade de renúncia ao segredo[25].

O princípio é compatível com a utilização das tecnologias electrónicas[26], conforme já se experimentou em algumas assembleias eleitorais entre nós e está generalizado no Brasil[27].

4. Os direitos políticos menores

I – Passando aos direitos políticos menores, eles podem ser enunciados numa linha ascendente de densidade, deste modo:

1. Direito de petição;
2. Direito de informação política;
3. Direito de participação em actividades subordinadas do Estado;
4. Direitos de iniciativa:
   a) Direito de acção popular;

---

[24] Cfr. CESARE PINELLI, *Secret du vote et apprentissage à la démocratie en Italie*, in *Revue française de droit constitutionnel*, 2001, págs. 289 e segs..

[25] GOMES CANOTILHO, *Direito Constitucional e Teoria da Constituição*, 7ª ed., Coimbra, 2004, pág. 304.

[26] Mas só muito dificilmente com o voto através da *Internet*. Além disso, a *Internet* não garantiria a plena liberdade de escolha dos eleitores e poria em causa o sentido comunitário do exercício do sufrágio.

[27] Cfr. JEAN GONIÉ, *Le vote électronique: simple gadget ou nouvelle modalité de vote?*, in *Revue du droit public*, 2003, págs. 1525 e segs.; ANDREA GRATTERI, *Il valore del voto – Nuove tecnologie e partecipazione ellettorale*, Pádua, 2005, págs. 107 e segs.; FRANCISCO CARNEIRO PACHECO ANDRADE, *Algumas considerações relativas ao voto electrónico*, in *Eleições*, n.° 9, Setembro de 2005, págs. 9 e segs.; MANUEL MEIRINHO ANTUNES, *Voto electrónico e participação eleitoral: limites e possibilidades, ibidem*, n.° 10, Maio de 2006, págs. 13 e segs. E ainda FILIPE MONTARGIL, *Democracia electrónica e participação política,* in *Portugal – A reforma do Estado,* obra colectiva, Lisboa, 2001, pp. 315 e segs., NUNO PERES MONTEIRO, *Democracia electrónica*, Lisboa, 2006; ÁLVARO PÉREZ-UGENA Y CORUMINA, *Democracia digital. Nuevas tecnologias y sistema electoral*, in *Derecho Constitucional para el siglo XXI*, obra colectiva, Elcano (Navarra), 2006, págs. 2803 e segs.

b) Direitos de iniciativa *stricto sensu*:
   b.1) Direito de iniciativa perante o Parlamento, *maxime* de iniciativa legislativa;
   b.2) Direitos de iniciativa referendária:
      b.2.1.) Com vista à sujeição a votação de projecto ou proposta de lei;
      b.2.2.) Com vista à não entrada em vigor ou cessação de vigência de lei;
      b.2.3.) Com vista à revogação de titular de cargo electivo (*recall*)[28].
c) Direito de candidatura.
5. Direito de acesso a cargos políticos, *maxime* direito de eleição ou de ser eleito;
6. Direito de participação em assembleia popular ou de governo directo.

II – O cerne de qualquer destes direitos é, em maior ou menor medida, uma *facultas agendi*. Têm um conteúdo igualmente de liberdade – liberdade positiva, antes de mais, e direito negativo frente ao poder público.

Uns são de exercício meramente individual (os direitos de informação política, de participação em actividades subordinadas do Estado, de acesso a cargos políticos e de participação em assembleia popular). Outros de exercício necessariamente colectivo (os direitos de iniciativa *stricto sensu* e de candidatura). E outros tanto de exercício individual como colectivo (os direitos de petição e de acção popular).

De todos se distingue ainda o direito de sufrágio (insista-se), por se projectar no conjunto da comunidade política. Ele não é apenas de exercício colectivo; é de exercício a que são chamados todos os cidadãos que satisfaçam os requisitos constitucionais e legais; e, por isso, é o único de cuja expressão depende o destino da comunidade política.

---

[28] Ou noutra forma de ver:

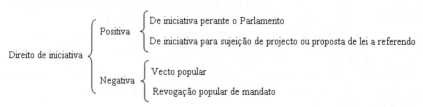

III – Além do direito de sufrágio, nos moldes atrás apontados, a Constituição consagra todas as liberdades políticas específicas e quase todos os direitos políticos menores:

- Liberdade de formação de partidos políticos e direitos derivados ou correlacionados (artigo 51.º);
- Liberdade de propaganda eleitoral e referendária [artigo 113.º, n.º 3, alínea *a*)];
- Direito de petição (artigo 52.º, n.ºs 1 e 2);
- Direito de informação política (artigo 48.º, n.º 2);
- Direito de participação na administração da justiça (artigo 207.º);
- Direito de participação na administração eleitoral (artigo 113.º, n.º 4);
- Direito de participação na defesa nacional (artigos 276.º, n.º 1 e 15.º, n.º 3);
- Direito de acção popular (artigo 52.º, n.º 3);
- Direito de iniciativa legislativa (artigo 167.º, n.º 1);
- Direito de pré-iniciativa de referendo nacional, embora não de iniciativa propriamente dita (artigo 115, n.º 2);
- Direito de candidatura (artigos 124.º e 239.º, n.º 4);
- Direito de acesso aos cargos políticos (artigos 50.º e 15.º, n.º 3);
- Direito de participação em assembleias populares (artigo 245.º, n.º 3).

Não são contemplados, em qualquer das suas modalidades, o direito de iniciativa de referendo (o artigo 240.º, n.º 2 limita-se a admitir que a lei o preveja no âmbito das autarquias locais) e o direito de revogação de mandato (já que o direito do artigo 264.º, n.º 3, atribuído às assembleias de moradores deve simplesmente aproximar-se do poder das assembleias gerais das associações de revogarem as funções dos titulares de outros órgãos, como prevê o artigo 170.º, n.º 2 do Código Civil).

IV – Vamos, de seguida, aludir brevemente aos direitos de petição, de informação política, de acção popular, de iniciativa legislativa e de participação em assembleias populares.

5. O direito de petição

I – Por mais intensa que seja a tutela jurisdicional num Estado de Direito avançado, nunca ela consegue cobrir todas as situações, pelo que à tutela graciosa ou não contenciosa – de que é expressão nuclear o direito de petição – resta um largo campo de desenvolvimento.

Contudo, o direito de petição tradicionalmente e ainda hoje, não se confina à protecção jurídica. Também existe como direito autónomo, como direito político: é o direito de representação *stricto sensu* ou direito de, na perspectiva do interesse geral, levar qualquer questão aos órgãos do poder público para que estes tomem as medidas adequadas, mas sem que fiquem vinculados a um estrito dever de decidir.

Presente há muitos séculos e em diversas formas de governo e consagrado formalmente numa das primeiras grandes declarações de direitos modernas[29], não é por acaso que continua sendo inserido em Constituições vigentes[30-31].

II – Em Portugal, como na generalidade dos países, o direito de petição remonta a muito antes do constitucionalismo e foi retomado por todas as Constituições dentro dos títulos ou capítulos de direitos fundamentais.

---

[29] V. o *Bill of Rights* inglês de 1689, I, n.º 5.

[30] V. o 1.º aditamento à Constituição dos Estados Unidos, artigo 16.º da Constituição japonesa, artigo 50.º da Constituição italiana, artigo 17.º da Constituição alemã, artigo 29.º da Constituição espanhola, artigo 5.º da Constituição holandesa, artigo 5.º-XXXIV da Constituição brasileira, artigo 59.º da Constituição santomense, artigo 45.º da Constituição búlgara, artigo 57.º da Constituição cabo-verdiana, artigo 33.º da Constituição lituana, artigo 48.º da Constituição timorense.

[31] Cfr., na doutrina, LOPES PRAÇA, *Estudos sobre a Carta Constitucional e o Acto Adicional de 1852*, III, Coimbra, 1880, págs. 118 e segs.; MARNOCO E SOUSA, *Comentário...*, cit., págs. 182 e segs.; MICHEL RICHARD, *Le droit de pétition*, Paris, 1932; GIUSEPPE LO VERDE, *L'evoluzione del diritto di petizione*, in *Rivista di Diritto Pubblico*, 1938, I, págs. 673 e segs.; PAOLO STANCATI, *Petizione (diritto costituzionale)*, in *Enciclopedia del Diritto*, XXXIII, 1983, págs. 596 e segs.; WOLFGANG GRAF VITZHUM, *Petitions to Parliament*, in *The Constitution of the Federal Republic of Germany*, obra colectiva, Baden-Baden, 1988, págs. 121 e segs.; ANTÓNIO GARCIA QUADRADO, *El derecho de petición*, in *Revista de Derecho Político*, n.º 32, 1991, págs. 121 e segs.; ISAAC IBAÑEZ GARCIA, *Derecho de petición y derecho de queja*, Madrid, 1993; *O direito de petição – colóquio parlamentar*, Lisboa, 1995; SONIA DUBOURG-LAVROFF, *Le droit de pétition en France*, in *Revue du droit public*, 1992, págs. 1733 e segs.; LUÍS BARBOSA RODRIGUES, *O direito de petição perante a Assembleia da República*, in *Perspectivas Constitucionais*, obra colectiva, II, Coimbra, 1997, págs. 643 e segs.; ARTUR CORTEZ BONIFÁCIO, *Direito de petição – Garantia constitucional*, São Paulo, 2004; GOMES CANOTILHO e VITAL MOREIRA, *op. cit.*, 4ª ed., I, págs. 691 e segs..

Na Constituição de 1822, havia dois preceitos sobre direito de petição: o artigo 16.°, conferindo a todos os Portugueses o direito de apresentar, por escrito, às Cortes reclamções, queixas e petições, as quais deveriam ser examinadas; e o artigo 17.°, relativo a infracções à Constituição.

Na Carta Constitucional, como que se juntavam os dois preceitos e fazia-se referência quer ao Poder Legislativo quer ao poder executivo (artigo 145.°, § 28.°).

A Constituição de 1838, aparentemente alargando o âmbito da figura, falava em "objecto de interesse público ou particular" (artigo 15.°).

A Constituição de 1911 retomava a linha da Carta e passava a aludir a "poderes do Estado" (artigo 3.°, n.° 30).

A Constituição de 1933 adoptava a fórmula mais sintética de "direito de representação ou petição, de reclamação ou queixa perante os órgãos de soberania ou qualquer autoridade em defesa dos seus direitos ou do interesse geral" (artigo 8.°, n.° 18).

Finalmente, a Constituição de 1976, apesar de seguir de perto a antecedente, acrescenta-lhe dois novos aspectos: o reconhecimento do exercício tanto individual quanto colectivo do direito e a referência à defesa da Constituição e das leis (artigo 49.°, n.° 1, inicial, 52.°, n.° 1, após 1982)[32-33].

III – Enquanto direito político – o único que interessa neste momento – o direito de petição e de representação consiste em suscitar perante os órgãos de poder e outras entidades públicas quaisquer problemas de interesse geral [cfr. artigo 9.°, alínea *a*), 2ª parte, da Constituição], seja para criticar ou contestar o modo como eles têm sido equacionados, seja para alvitrar soluções ou providências tidas como mais adequadas. Tem finalidades, pois, correctivas e prospectivas[34].

---

[32] V. *Diário da Assembleia Constituinte*, n.os 36 e 42, reuniões de 23 de Agosto e 4 de Setembro de 1973, págs. 980 e segs. e 1196 e segs. e 1198, respectivamente.

[33] De observar que o direito de petição não surge, no actual texto, no título de princípios gerais de direitos fundamentais. Aparece no capítulo dos direitos políticos, ligado ao direito de acção popular. Em rigor deveria haver dois artigos, um em cada uma dessas divisões sistemáticas, em correspondência com as duas finalidades já recortadas; quebrar-se-ia, no entanto, a unidade do instituto.

[34] Por isso, há quem fale (por exemplo, GOMES CANOTILHO e VITAL MOREIRA, *op.cit.*, 4ª ed., I, págs. 696) em representação no primeiro caso e em petição no segundo. Mas parece-nos muito difícil distinguir na prática.

IV – O direito de petição e de representação tem estrutura de liberdade. Os cidadãos podem formular petições sobre qualquer assunto da competência dos órgãos a que se dirigem, livremente, sem impedimentos e sem quaisquer consequências desfavoráveis.

E assume estrutura de direito positivo. Os cidadãos têm, pelo menos, direito a que as suas petições sejam admitidas, a que sejam apreciadas e a serem informados sobre tal apreciação. Têm, pois, direito a um procedimento, embora não a uma decisão (ao contrário do que se passa com o direito de reclamação e de queixa).

É um direito que tanto pode ser exercido por pessoas singulares, individual ou colectivamente, como por pessoas colectivas e por grupos não personalizados. Estão sujeitos a restrições quanto a petições colectivas, os militares e agentes militarizados dos quadros permanentes em serviço efectivo, bem como os agentes dos serviços e das forças de segurança (artigo 270.º)[35].

E é um direito que tanto pode ser exercido perante autoridades políticas como perante autoridades administrativas. Não, porém, perante os tribunais, pela própria natureza da função jurisdicional: perante eles os cidadãos têm, sim, direito de acção (artigo 20.º).

V – A Lei n.º 43/90, de 10 de Agosto (alterada pelas Leis n.ºs 6/93 e 15/2003, de 1 de Março e 4 de Junho, respectivamente), regulamenta o direito de petição em geral e o direito de petição perante a Assembleia da República em particular. Deste também se ocupa o Regimento (artigos 245.º e segs.).

Aquela lei declara o direito de petição como direito político, exclusivo dos cidadãos portugueses, mas incorrectamente, porque dele também podem ser titulares cidadãos de países de língua portuguesa, observados os termos do artigo 15.º, n.º 3 da Constituição. Quanto às pessoas colectivas (artigo 4.º, n.º 4), deve entender-se, obviamente, que só pode ser exercido no respeito do princípio da especialidade.

O exercício do direito não está sujeito a qualquer forma, ou processo específico (artigo 9.º, n.º 2). A petição deve, contudo, ser reduzida a escrito devidamente assinado pelos titulares ou por outrem a seu rogo, se aqueles não souberem ou não puderem assinar (artigo 9.º, n.º 2).

---

[35] O artigo 31.º, n.º 8 da Lei n.º 29/82, de 11 de Dezembro, veda petições colectivas dirigidas aos órgãos de soberania ou aos respectivos superiores hierárquicos sobre assuntos de carácter político ou respeitantes às Forças Armadas.

O exercício do direito de petição obriga a entidade destinatária a receber e examinar as petições, representações ou queixas, bem como a comunicar as decisões que forem tomadas (artigo 8.º, n.º 1).

A petição é liminarmente indeferida quando seja manifesto que a pretensão deduzida é ilegal, visa a reapreciação de decisões dos tribunais ou de actos administrativos insusceptíveis de recurso; visa a reapreciação pela mesma entidade de casos já anteriormente apreciados na sequência do exercício de direito de petição, salvo se forem invocados ou tiverem ocorrido novos elementos de apreciação; não for possível identificar a pessoa ou as pessoas, de quem provém; ou quando carecer de fundamento (artigo 12.º).

VI – As petições dirigidos à Assembleia da República são apreciadas pela comissão competente em razão da matéria ou por comissão especialmente constituída para o efeito (artigo 15.º da Lei e artigo 37.º do Regimento).

A Assembleia organiza e mantém actualizado um registo informático de recepção e de tramitação das petições (artigo 15.º-A).

Após o exame liminar, a comissão aprecia as petições no prazo, prorrogável, de 60 dias e elabora um relatório com a indicação das providências que julga adequadas (artigo 15.º, n.ºˢ 4 e 6). A comissão pode ouvir os peticionantes e a audição é obrigatória sempre que haja mais de 2.000 (artigo 17.º, n.ºˢ 1 e 2).

Da apreciação das petições e dos respectivos elementos de instrução podem resultar diversos efeitos (artigo 16.º), entre os quais a elaboração, para eventual subscrição por qualquer Deputado ou grupo parlamentai de medida legislativa[36], o conhecimento ao Governo para eventual medida legislativa ou administrativa ou a iniciativa de inquérito parlamentar quando tal se mostre justificado.

São apreciadas em Plenário as petições subscritas por mais de 4.000 cidadãos ou que, segundo parecer fundamentado da comissão, assim o justifiquem pelo âmbito dos interesses em causa, a importância social, económica ou cultural e a gravidade da situação (artigo 20.º, n.º 1). A matéria não é submetida a votação, mas, se, com base nela, for exercida iniciativa legislativa, aquando da apreciação desta será avocada a petição (artigo 20.º, n.ºˢ 4 e 7).

As petições não apreciadas na legislatura em que tenham sido apresentadas não carecem de ser renovadas na legislatura seguinte (artigo 20.º-A).

---

[36] Nesta hipótese, a petição funciona como um verdadeiro impulso legiferante: cfr. Manual ..., V, 3.ª ed., Coimbra, 2004, págs. 29 e segs.

6. O direito de informação política

I – Segundo o artigo 48.°, n.° 2 da Constituição, todos os cidadãos têm o direito de ser esclarecidos objectivamente sobre actos do Estado e demais entidades públicas e de ser informados pelo Governo e outras autoridades acerca da gestão dos assuntos públicos.

Trata-se de uma manifestação qualificada do direito dos cidadãos de se informar, sem impedimentos nem discriminações (artigos 37.°, n.° 1, 2ª parte, e 29.° da Declaração Universal)[37]. Torna-se efectiva, por forma difusa, através da transparência dos actos dos órgãos de poder e da comunicação constante entre governantes e governados; ou a partir do exercício do direito de petição tendente à obtenção de informações certas e determinadas.

Por via representativa, este direito exerce-se, especificamente, ainda por meio do direito dos Deputados de fazer perguntas ao Governo sobre quaisquer acto dele ou da Administração pública e de obter resposta em prazo razoável, e o direito de requerer e obter do Governo ou dos órgãos de qualquer entidade pública os elementos, informações e publicações oficiais que considerem úteis para o exercício do seu mandato [artigo 156.°, alíneas d) e e)].

Mas o que avulta no n.° 2 vem a ser também o dever de informação por parte dos órgãos do Estado e das entidades públicas, conexo também com a regra da responsabilidade política dos seus titulares (artigo 117.°).

II – Por actos do Estado entende-se quer os actos praticados na ordem interna, quer os praticados na ordem internacional e, indirectamente, também os actos de organizações internacionais e de entidades afins (como a União Europeia) de que Portugal seja membro, na medida em que afectem os cidadãos portugueses.

Por via representativa, o direito à informação aparece concretizado através do dever do Governo de apresentar, em tempo útil, à Assembleia da República, informação referente ao processo de construção da união europeia [artigo 197.°, n.° 1, alínea i)]. A Lei n.° 20/94, de 15 de Junho, procura-o densificar em termos razoáveis[38].

---

[37] Cfr. *Manual* ..., IV, cit., págs. 454 e segs. e Autores citados.
[38] O Governo está obrigado a prestar à Assembleia informações, designadamente, sobre projectos de convenções a concluir entre Estados membros ou pelas Comunidades Europeias nas suas relações externas; sobre projectos de actos vinculativos de Direito deri-

III – O direito de informação política sofre apenas as restrições decorrentes do segredo de Estado [artigos 164.°, alínea *q*), 2ª parte, e 156.°, alínea *d*) e Lei n.° 6/94, de 7 de Abril).

São abrangidos pelo segredo de Estado os documentos e informações cujo conhecimento por pessoas não autorizadas é susceptível de pôr em risco ou de causar dano à independência nacional, à unidade e à integridade do Estado e à sua segurança interna e externa (artigo 2.°, n.° 1, da Lei n.° 6/94), mas tudo com observância dos princípios de excepcionalidade, subsidiariedade, necessidade, proporcionalidade, tempestividade, igualdade, justiça e imparcialidade, bem como do dever de fundamentação (artigo 1.°, n.° 1)[39].

7. O direito de acção popular

I – O direito de acção popular – tal como o direito de petição, com larga história entre nós[40] – é, desde logo, um verdadeiro direito de acção judicial com as inerentes características[41].

Sob o mesmo nome, o artigo 51.°, n.° 3 abarca duas realidades: a defesa de determinados interesses difusos [alínea *a*)] e a defesa de bens do

---

vado dos tratados institutivos das Comunidades, excepto actos de gestão corrente; sobre documentos referentes às grandes linhas de orientação económica e social; sobre deliberações com maior impacto para Portugal e medidas postas em prática pelo Governo como resultado dessas deliberações (artigo 2.°).

Cfr., na doutrina, JORGE BRAGA DE MACEDO, *Acompanhamento e apreciação parlamentar dos assuntos europeus*, in *Legislação* n.° 13/14, Abril/Dezembro de 1995, págs. 157 e segs.; JOÃO MIRANDA, *O papel da Assembleia da República na construção europeia*, Coimbra, 2000.

[39] Cfr. JORGE BACELAR GOUVEIA, *Segredo de Estado*, in *Dicionário Jurídico da Administração Pública*, VII, 1996, págs. 365 e segs.

[40] Cfr. ROBIN DE ANDRADE, *A acção popular no Direito administrativo português*, Coimbra, 1967.

[41] Cfr. JOSÉ LEBRE DE FREITAS, *A acção popular ao serviço do ambiente*, in *Ab Uno Ad Omnes – 75 anos da Coimbra Editora*, obra colectiva, 1998, págs. 797 e segs., e *A acção popular do Direito português*, in *Sub Judice*, n.° 24, Janeiro-Março de 2003, págs. 15 e segs.; MARIANA SOTTOMAIOR, *O direito de acção popular na Constituição da República Portuguesa*, in *Documentação e Direito Comparado*, n.° 75/76, 1998, págs. 239 e segs.; PAULO OTERO, *A acção popular: configuração e valor no actual Direito português*, in *Revista da Ordem dos Advogados*, 1999, págs. 871 e segs.; LUÍS FÁBRICA, *A acção popular no Código de Processo nos Tribunais Administrativos*, in *Cadernos de Justiça Administrativa*, n.° 21, Maio-Junho de 2000, págs. 16 e segs.

Estado, das regiões autónomas e das autarquias locais [alínea *b*)], aquela podendo ser promovida por qualquer pessoa, portuguesa ou estrangeira, ou por associação de defesa dos interesses em causa e esta por cidadãos portugueses ou de Estados de língua portuguesa com estatuto de igualdade.

São, evidentemente, diversos os interesses colectivos ou comunitários, ou de um conjunto maior ou menor e indeterminado de indivíduos, e que eles têm o direito de prosseguir, se necessário, por via contenciosa; e os interesses públicos ou de entidades públicas, a prosseguir pelos seus órgãos e por qualquer cidadão na veste de membro do *populus*.

De resto, o direito de acção judicial para defesa de interesses difusos reveste-se de maior amplitude do que a acção popular tradicional, visto que, para lá da "prevenção, da cessação ou da perseguição judicial da infracção", pode ter por objecto a obtenção de uma indemnização; e, como os danos podem ser individuais ou colectivos, também a indemnização tanto pode ser pedida por uma pessoa singular como por um conjunto de pessoas, por uma comunidade[42].

II – Em face da cláusula aberta do artigo 16.º, n.º 1, a lei pode acrescentar a protecção de outros bens jurídicos aos enunciados no n.º 3:
– sejam outros interesses difusos além dos respeitantes à saúde pública, aos interesses dos consumidores, ao ambiente e ao património cultural; sejam património de outras pessoas colectivas que não o Estado, as regiões autónomas ou as autarquias locais, a legalidade das decisões e deliberações administrativas ou o respeito do regime estatutário dos titulares dos

---

[42] A amplitude da alínea *a*) do n.º 3 torna-se patente, na Lei n.º 35/98, de 18 de Julho, ao conferir legitimidade às organizações não governamentais do ambiente para:

a) Propor as acções judiciais necessárias à prevenção, correcção, suspensão e cessação de actos ou omissões de entidades públicas ou privadas que constituam ou possam constituir factores de degradação do ambiente;

b) Intentar, nos termos da lei, acções judiciais para efectivação de responsabilidade civil relativa a esses actos e omissões;

c) Recorrer contenciosamente dos actos e regulamentos administrativos que violem as disposições legais que protegem o ambiente;

d) Apresentar queixa ou denúncia, bem como constituir-se assistentes em processo penal por crimes contra o ambiente e acompanhar os processos de contra-ordenações, quando o requeiram, apresentando memórias, pareceres técnicos, sugestões de exames ou outras diligências de prova até que os processos estejam prontos para decisão final.

Nada obsta a que associações de defesa de quaisquer outros interesses beneficiem deste regime.

órgãos; seja a validade ou a regularidade de procedimentos eleitorais no Estado, nas regiões autónomas e nas autarquias locais ou em partidos políticos.

III – Aparentemente aproximável da acção popular é a providência de *habeas corpus*, por poder ser requerida por qualquer cidadão no gozo dos seus direitos políticos (artigo 31.º, n.º 2).

No entanto, o sentido subjectivista que possui – ao serviço da liberdade física de certa e determinada pessoa – parece apontar para outra qualificação[43].

8. O direito de iniciativa legislativa popular

I – A iniciativa legislativa dos cidadãos perante a Assembleia da República foi introduzida na Constituição em 1997[44] e regulamentada pela Lei n.º 17/2003, de 4 de Junho[45-46]. Requer um mínimo de 35.000 cidadãos (artigo 6.º desta lei), que podem incluir cidadãos recenseados no estrangeiro quando a iniciativa tenha por objecto matérias que lhes digam especificamente respeito (artigo 2.º).

Como espécie de iniciativa popular distingue-se[47] da petição por obrigar o órgão competente, o Parlamento, a tomar uma decisão de fundo,

---

[43] Cfr. JOSÉ LOBO MOUTINHO, anotação ao artigo 31.º in JORGE MIRANDA e RUI MEDEIROS, *Constituição Portuguesa Anotada*, I, 2005, págs. 340 e segs., e Autores citados; GOMES CANOTILHO e VITAL MOREIRA, *op.cit.*, I, págs. 507 e segs.

[44] V. o debate da revisão constitucional, in *Direito da Assembleia da República*, VIII legislatura, 2ª sessão legislativa (1996-1997), 1ª série, n.º 101, de 24 de Julho de 1997, págs. 3817 e segs.

[45] Sobre a formação do diploma, v. o parecer da Comissão de Assuntos Constitucionais, Direitos, Liberdades e Garantias, *ibidem*, VIII legislatura, a sessão legislativa (1999-2000), 2ª série-A, n.º 40, págs. 1462 e segs.

[46] O actual estatuto político-administrativo da Madeira prevê também iniciativa popular (artigo 44.º), a qual viria a ser regulamentada pelo Decreto Legislativo Regional n.º 23/2000), 2ª série-A, n.º 40, págs. 1462 e segs.

[47] Cfr. YVES MENY, *Initiative populaire, referendum et "recali" dans les États* américains, in *Pouvoirs*, 7, 1978, págs. 107 e segs.; PALOMA BIGLINO CAMPOS, *La iniciativa legislativa popular en el ordenamiento jurídico estatal*, in *Revista Española de Derecho Constitucional*, Janeiro-Abril de 1987, págs. 75 e segs.; DIDIER NEDJAR, *Initiative et référendum aux États-Unis. Contribution à l'étude des normes d'origine populaire et du droit référendaire*, in *Revue du droit public*, 1993, págs. 185 e segs.; OTTMAR JUNG, *Referendum e iniziativa nei "Länder" tedeschi*, in *Democrazie e referendum*, obra colectiva a cargo de

e não simplesmente a tomar conhecimento desta ou daquela matéria para subsequente apreciação. E distingue-se do veto popular, por implicar uma faculdade de impulsão: na iniciativa popular uma parte do povo pretende levar os seus representantes (ou o próprio povo, como acontece em certos países) a deliberar sobre determinada matéria; no veto popular, o povo é chamado a pronunciar-se sobre uma lei (ou sobre uma medida de outra ordem) antes tomada, com vista à sua não entrada em vigor ou à revogação resolutiva.

II – A iniciativa legislativa dos cidadãos não pode versar sobre amnistias e perdões genéricos, nem sobre as matérias de reserva do artigo 164.°, salvo sobre bases do sistema de ensino (artigo 3.° da Lei n 17/2003 – provavelmente em paralelo com as matérias vedadas a referendo (artigo 115.°, n.° 4, da Constituição).

Compreende-se a exclusão das amnistias e dos perdões genéricos. Não os das matérias do artigo 164.° Por que não hão-de os cidadãos eleitores poder apresentar projectos de lei, por exemplo, sobre eleições ou sobre autarquias locais?

9. O direito de participação em assembleias populares

A Constituição admite que a lei possa determinar que nas freguesias de população diminuta a assembleia de freguesia seja substituída pelo plenário dos cidadãos eleitores (artigo 245.°, n.° 2). É uma forma residual de democracia directa.

A Lei n.° 169/99, de 18 de Setembro prevê essa substituição nas freguesias com 150 eleitores ou menos (artigo 21.°, n.° 1)[48] e, em aparente infracção da regra de *quorum* (artigo 116.°, n.° 2 da Constituição) – mas justificada pela natureza das coisas – satisfaz-se com a presença

---

Maria Caliagli e Pier Vincenzo Uleri, Roma-Bári, 1994, págs. 218 e segs.; MIGUEL SOUSA FERRO, *A iniciativa legislativa popular*, in Revista da Faculdade de Direito da Universidade de Lisboa, 2002, 1, págs. 611 e segs.; DENISE AUD et alii, *Mecanismos de participação popular no Brasil: plebiscito, referendo e iniciativa popular*, in Revista Brasileira de Direito Constitucional, n.° 3, Janeiro-Junho de 2004, págs. 307 e segs.; JOSÉ DUARTE NETO, *A iniciativa popular na Constituição federal*, São Paulo, 2005.

[48] Na Lei n.° 79/77, de 25 de Outubro, e no Decreto-Lei n.° 100/84, de 29 de Março, eram 200 eleitores (artigos 22.° e 19.°, respectivamente) e, neste segundo diploma, o *quorum* exigido era de 20%.

de 10% dos cidadãos eleitores recenseados para a validade das deliberações (artigo 21.°, n.° 2).

10. Os direitos políticos, direitos fundamentais

I – Os direitos políticos são direitos fundamentais e com natureza de direitos, liberdades e garantias. A Constituição assim os trata (apesar de nem todos constarem do capítulo III do título II da parte I), bem como algumas – não todas – as Constituições de outros países[49-50].

Todas as normas que os prevêem são preceptivas, incondicionadas, não sujeitas à "reserva económica do possível", não dependentes de factores económicos e financeiros. São, porém, quase todas normas não exequíveis por si mesmas, não carentes para a sua determinação e para a sua aplicação de normas legais complementares[51].

Como direitos, liberdades e garantias – ainda que indissociáveis dos direitos económicos, sociais e culturais – beneficiam do inerente regime material (artigos 17.° e segs.); entram na reserva de competência legislativa do Parlamento, absoluta [artigo 164.°, alíneas *a*), *h*), *j*), *l*) e *o*)] ou relativa [artigo 165.°, n.° 1, alíneas *b*), *p*) e *q*)]; e o seu sistema e, em especial, o sufrágio universal, directo, secreto e periódico valem como limites materiais de revisão constitucional [artigo 288.°, alíneas *d*) e *h*)][52].

II – Os cidadãos exercem em plenitude todos os direitos políticos quando se encontrem em território nacional.

---

[49] Constituições italiana (artigos 48.° e segs.), espanhola (artigo 23.°), finlandesa (artigo 14.°), brasileira (artigos 14.° e segs.), santomense (artigos 57.° e segs.), colombiana (artigo 40.°), cabo-verdiana (artigos 54.° e segs.), romena (artigos 34.°, 35.° e 47.°), lituana (artigos 33.° e 34.°), eslovena (artigos 43.° a 45.°), croata (artigos 44.° a 46.°), eslovaca (artigos 26.° e segs.), sul-africana (artigo 19.°), venezuelana (artigos 62.° e segs.), timorense (artigos 46.° e segs.), moçambicana (artigos 73.° e segs.).

[50] Nas obras gerais de Direito constitucional e de direitos fundamentais, não é grande o relevo conferido aos direitos políticos. Excepções são, por exemplo, PABLO LUCAS VERDU, *op.cit.*, III, págs. 208 e segs.; FRANCISCO FERNÁNDEZ SEGADO, *El sistema constitucional español*, Madrid, 1992, págs. 393 e segs.; NESTOR SAGÜÉS, *Elementos de Derecho Constitucional*, II, Buenos Aires, 1993, págs. 385 e segs.; LOUIS FAVOREAU et *alii*, *Droit des libertés fondamentales*, Paris, 2000, págs. 427 e segs.; ALEXANDRE DE MORAES, *Direito Constitucional*, 11ª ed., São Paulo, 2002, págs. 232 e segs.

[51] V. *Manual* ..., II, 5ª ed., Coimbra, 2005, págs. 270 e segs.

[52] *Ibidem*, págs. 198 e segs.

Quando se encontrem fora deste território, também os podem exercer quando esse exercício não seja incompatível com a ausência do país (artigo 14.º).

Os não portugueses que se encontrem ou residam em território nacional estão, em princípio, excluídos de direitos políticos (artigo 15.º, n.º 2). Todavia, em condições de reciprocidade, podem deles gozar quando residam em Portugal, cidadãos dos países de língua portuguesa (artigo 15.º, n.º 3); quanto às eleições para os órgãos de autarquias locais quaisquer estrangeiros (artigo 15.º, n.º 4); e, quanto às eleições para o Parlamento Europeu, cidadãos dos Estados membros da União Europeia (artigo 15.º, n.º 4).

III – Direitos fundamentais, os direitos políticos apresentam, como todos os direitos fundamentais, uma dimensão objectiva e institucional.

A par de atribuições subjectivas, eles traduzem princípios e valores básicos do ordenamento. A Constituição explicita-o outrossim: "A participação directa e activa de homens e mulheres na vida política constitui condição e instrumento fundamental de consolidação do sistema democrático [artigo 109.º, a conjugar com o artigo 9.º, n.º 9, alínea c)].

IV – Assentes na liberdade e autonomia da pessoa, os direitos políticos pressupõem liberdade.

Por isso, ninguém pode ser prejudicado – ou beneficiado – na sua colocação, no seu emprego, na sua carreira profissional ou nos seus benefícios sociais, por causa do seu exercício, nomeadamente por opções partidárias (artigos 50.º, n.º 2 e 269.º, n.º 2).

A PERSONALIDADE JURÍDICA PRÉ-NATAL

José A. R. L. González[*]

SUMÁRIO: *A. Introdução. B. Os direitos dos nascituros. C. Aquisição da personalidade jurídica do ser humano. D. A interrupção voluntária da gravidez. E. Ilações finais.*

A. Introdução

1. No Código Civil de Seabra a personalidade jurídica, ou capacidade jurídica (dado que literalmente não se distinguia[1-2]), adquiria-se pelo nascimento (artigo 6.°).

A elaboração doutrinária e jurisprudencial subsequente à respectiva promulgação, e por causa do que se dispunha nos artigos 110.°, 1479.° e 1776.° do mesmo diploma, conduziu ao entendimento segundo o qual a ocorrência do *nascimento* pressupunha para este efeito[3]:

– "a completa separação do feto do corpo materno";
– e "que a creança, depois de ter saído do ventre materno", tivesse "vivido ao menos um só instante".

---

[*] Professor Auxiliar da Faculdade de Direito da Universidade Lusíada de Lisboa e do ISCPSI.

[1] Como, de resto, ainda sucede com a actual Constituição da República Portuguesa (artigo 26.°/n.° 1).

[2] Dada a proximidade, mesmo o Professor GALVÃO TELLES (*Dos Contratos em Geral*, Coimbra, Coimbra Editora, 1947, pág. 239), diferenciando, ainda assimilava os conceitos de personalidade e de capacidade de gozo.

[3] Ver, por exemplo, JOSÉ TAVARES, *Os princípios fundamentais do Direito Civil*, vol. II, Coimbra, Coimbra Editora, 1928, págs. 8/9.

Apesar de a lei o não exigir explicitamente, não faltava porém quem considerasse ainda como condição de aquisição da personalidade a chamada *capacidade de viver*[4].

Insólita e notavelmente, continuava o referido artigo 6.°: "mas o indivíduo, logo que é procreado, fica debaixo da protecção da lei, e tem-se por nascido para os efeitos declarados no presente código"[5].

2. No Código Civil Espanhol (artigos 29 e 30), "el nacimiento determina la personalidad" e "para los efectos civiles, solo se reputará nacido el feto que tuviere figura humana y viviere veinticuatro horas enteramente desprendido del seno materno".

Para além da quase mitológica referência à necessidade de "figura humana" como condição do reconhecimento de personalidade, exige-se ainda um prazo mínimo de sobrevivência extra-uterina. A exigência de tal prazo, manifestamente arbitrário[6], tem contudo uma virtualidade: permitir decidir (mais) objectivamente a viabilidade da vida extra-uterina[7].

3. No Código Civil Italiano (artigo 1/1), diz-se muito chãmente que "la capacita giuridica si acquista dal momento della nascita".

Todavia, "prima della separazione, se un tempo si diceva che il feto non si distingue dalla madre (*partus enim antequam edatur, mulieris portio est vel viscerum*: Ulpiano), oggi una piú raffinata coscienza non può disconoscere il valore del diritto anche del nascituro.

Occorre aggiungere che il feto separato ha bisogno di un altro requisito per cominciare la sua esistenza giuridica: deve cioè nascere vivo"[8].

Também, por sua vez, no § 1 do Código Civil Alemão, de forma praticamente idêntica à do Código Italiano, se diz unicamente que "Die Rechtsfahigkeit des Menschen beginnt mit der Vollendung der Geburt".

---

[4] Cuja exigência se fundava no disposto no artigo 110.° do referido Código: "Só é tido por filho, para os efeitos legais, aquele de quem se prove que nasceu com vida e com figura humana".

[5] Será uma aplicação do brocardo *infans conceptus pro nato habetur, quoties e commodis ejus agitur*.

[6] JOSÉ TAVARES, *Os princípios fundamentais do Direito Civil*, cit., pág. 10

[7] Apesar da antiguidade do Código Civil Espanhol (1889), é de assinalar que nenhuma das compilações forais (ou seja, das compilações de leis civis autonómicas) toca no problema da aquisição da personalidade (pesa embora algumas delas, como a de Aragão ou a de Navarra, serem autênticos códigos civis).

[8] ALBERTO TRABUCCHI, *Istituzioni di Diritto Civile*, 25ª edição, Padova, Cedam, 1981, pág. 69.

4. Para o Código de Direito Canónico, só "pelo baptismo o homem é incorporado na Igreja de Cristo e nela constituído pessoa (cânone 96)". E "tem capacidade para receber o baptismo todo e só o homem ainda não baptizado" (cânone 864).

Por causa da necessidade do baptismo, a aquisição dos "deveres e direitos que, atendendo à sua condição, são próprios dos cristãos" (cânone 96) pressupõe a separação em relação ao corpo da mãe. É que o referido sacramento confere-se por imersão ou por infusão (cânone 854) com água benzida (cânone 853). Por isso, "os fetos abortivos, se estiverem vivos, quanto possível," devem ser baptizados (cânone 871); por isso também, uma coisa é o homicídio (cânone 1397), outra, o aborto (cânone 1398)[9].

Curioso que seja, de todos os diplomas citados, o único que *literalmente* não contém referência alguma[10], em geral, à protecção da vida intra-uterina. A falta da alusão correspondente deve-se justamente ao facto de, para obtenção de personalidade, não bastar o simples nascimento. Imprescindível é antes que o sacramento do baptismo seja ministrado. E, dado o fundamento bíblico a que se sujeita a sua realização[11], este só é concebível para o ser humano nascido. Ainda que solução diversa não fosse juridicamente inimaginável.

5. No Direito Inglês não há, como é próprio de uma ordem jurídica essencialmente jurisprudencial, uma definição legal sobre o momento em que a personalidade jurídica se obtém. Todavia, com o Congenital Disabilities (Civil Liability) Act, "in the case of children born after suffering congenital disabilities, the only requirement is that injury to the mother was reasonably foreseeable; there is no need to establish that the unborn child was a foreseeable victim of the defendant's negligence"[12].

---

[9] "Se homens brigarem, e ferirem mulher grávida, e forem causa de aborto, sem maior dano, o culpado será obrigado a indemnizar o que lhe exigir o marido da mulher; e pagará o que os árbitros determinarem" (AT, Ex 2, 22).

[10] Ainda que "a ideia de que o nascituro será verdadeira pessoa" seja "apoiada por vários documentos recentes do Magistério eclesiástico, como a Instrução *Donum vitae* (22.2.1987) da Congregação para a Doutrina da Fé, o *Catecismo da Igreja Católica* (11.10.1992) e a Encíclica *Evangelium vitae* (25.3.1995) de João Paulo II" (BIGOTTE CHORÃO, *Bioética, Pessoa e Direito (Para uma recapitulação do estatuto do embrião humano), §7, pág. 4*).

[11] Por exemplo: Mt 3, 13-17; Mc 1,9-11; Lc 3,21.

[12] ALASTAIR MULLIS/KEN OLIPHANT, *Torts*, 3ª edição, Palgrave MacMillan, Hampshire, 2003, pág. 99.

Sublinham-se dois aspectos:

– "there is no need to prove that the parent suffered actionable injury (s.1(3))";
– "the child's claim may be reduced to reflect the parent's share of responsibility for the disability (s.1(7))"[13].

O que demonstra que a responsabilidade perante "the unborn child" nasce por um dano que lhe é causado por uma conduta de terceiro ("the defendant"). Por isso, é irrelevante que a mãe (grávida) tenha igualmente sofrido um dano. Por isso também, pode haver compensação de culpas se a mãe ou o pai tiverem contribuído para a produção do referido dano.

6. A Constituição da República Portuguesa não contém igualmente qualquer referência expressa à vida intra-uterina e à sua protecção.
É verdade que o seu artigo 24.° tem por epígrafe "direito à vida" e que esta forma de expressão acolheria sem esforço o direito a nascer. O mesmo se diga para o que se dispõe no seu n.° 1: "a vida humana é inviolável". Falta obviamente saber, entre outras coisas, a partir de que momento se pode dizer que *há* vida humana: de facto, se só houver vida humana a partir do nascimento (e a Constituição não confirma nem infirma esta asserção) não haverá o direito a nascer[14].
Da mesma largueza ou vaguidade se pode acusar a Declaração Universal dos Direitos do Homem (artigo 3.°: "todo o indivíduo tem direito à vida"), a Convenção Europeia dos Direitos do Homem (artigo 2.°/1: "o direito de qualquer pessoa à vida é protegido pela lei") ou o projecto de Carta dos Direitos Fundamentais da União Europeia (artigo *II-2.°/n.° 1*: "todas as pessoas têm direito à vida")[15-16].

---

[13] ALASTAIR MULLIS/KEN OLIPHANT, *Torts*, cit., pág 100.

[14] Por isso, entre outras razões certamente, não se regista unanimidade sobre o alcance do disposto no artigo 24.°/n.° 1 da Constituição da República Portuguesa relativamente à vida intra-uterina. Consulte-se, exemplarmente, o conteúdo do Acórdão n.° 617/06 (Processo n.° 924/2006) do Tribunal Constitucional de 15/Novembro/2006 e compare-se o mesmo com o sentido das declarações de vencido dele constantes.

[15] Ainda que, nesta última, se estabeleça (artigo II-3.°/2.b) que "no domínio da medicina e da biologia, devem ser respeitados, designadamente: b) a proibição de práticas eugénicas, nomeadamente das que têm por finalidade a selecção de pessoas". Ora, ainda que inintencionalmente, não será a livre interrupção voluntária da gravidez uma forma de selecção de seres humanos?

7. No actual Código Civil português (artigo 66.º/n.º 1), "a personalidade adquire-se no momento do nascimento completo e com vida".

Apesar de literalmente distinto e mais acabado do que o artigo 6.º do Código Civil de Seabra, a referida disposição acabou por consagrar pois o que, como se disse, era já o entendimento predominante na vigência deste.

Acrescentou-se ainda um n.º 2, retirado do Código Civil Italiano (artigo 1/2) e formalmente inverso ao que se continha no supra mencionado artigo 6.º do Código Civil de Seabra, segundo o qual: "os direitos que a lei reconhece aos nascituros dependem do seu nascimento".

Não obstante o que antecede, no Código do Registo Civil (artigo 209.º) está prevista a necessidade de se proceder ao depósito do chamado certificado de morte fetal sempre que esta tenha ocorrido "com tempo de gestação de 22 semanas ou superior". Embora se dispense o referido depósito "quando ocorra a interrupção voluntária da gravidez, prevista na alínea c) do n.º 1 do artigo 142.º do Código Penal, bem como, até às 24 semanas de gestação, quando a interrupção da gravidez seja espontânea" (artigo 209.º-A, Código do Registo Civil). "São aplicáveis ao depósito do certificado médico de morte fetal os preceitos relativos ao assento de óbito" (artigo 209.º/n.º 4, Código do Registo Civil). O que significa, entre outras coisas, que deve o mesmo ser obrigatoriamente entregue (sob pena da aplicação da coima decorrente do disposto no artigo 295.º do Código do Registo Civil) pelas pessoas identificadas no artigo 193.º e dentro do prazo estabelecido pelo artigo 192.º, ambos do Código do Registo Civil.

Este regime decorrente do Código do Registo Civil, se para mais não chegar, permite tirar ao menos uma ilação: o feto não pode ser considerado uma coisa. De facto, caso contrário, não haveria justificação para instituir um arquivo público destinado a constituir um repositório de casos de morte fetal (aliás, nem de morte se poderia falar). E, juridicamente, o que não é coisa (objecto, em geral) só pode ser pessoa ou, no mínimo, entidade

---

[16] Nestes diplomas de direito internacional (Resolução da Assembleia Geral das Nações Unidas, no primeiro caso; Tratado Internacional, nos dois restantes), a razão de ser da vaguidade intui-se facilmente: destinam-se a vigorar numa multiplicidade e variedade de ordens jurídicas nacionais pelo que, portanto, em todos se regulou apenas o *mínimo ético*. Para comprovar este ponto de vista, basta verificar como, ao contrário do que sucede com a nossa Constituição, na Declaração Universal dos Direitos do Homem não se contém a proibição da pena de morte.

equiparada a pessoa[17]: *Et quidem summa divisio de iure personarum haec est, quod omnes homines aut liberi sunt aut serui*[18].

B. Os direitos dos nascituros

1. A disposição do Código Civil citada por último sugere justamente esta epígrafe.

Os diversos regimes compreendidos no actual Código Civil relativos ao nascituro impõem uma distinção inicial por demais conhecida: a que se faz entre *nascituro* e *concepturo*. Aquele é o ser concebido mas ainda não nascido (completamente e com vida) e este é o não-ser ou, no máximo, um projecto de ser. O conceito de concepturo serve primacialmente para marcar a fronteira entre o que é ou pode ser pessoa e o que não o é ou não o pode ser.

O nascituro representa um substrato biológico suficiente para basear o reconhecimento de personalidade jurídica e para autorizar a concessão de direitos subjectivos; o concepturo, não. Juridicamente, o concepturo é o nada[19]. É claro, por isso, que no que toca ao concepturo o problema da atribuição ou reconhecimento de direitos subjectivos não se coloca[20].

---

[17] E, inversamente, o que não é pessoa é coisa. Por isso é que *cum servo nulla actio est* (GAIO, D.50.17.107) e também por isso é que *in personam servilem nulla cadit obligatio* (ULPIANO, D.50.17.22pr.) ou *servile caput nullum ius habet* (PAULO, D.4.5.3.1).

[18] GAIO, Inst, 1.9.

[19] PEDRO PAIS DE VASCONCELOS, *Teoria Geral do Direito Civil*, 2ª edição, Almedina, Coimbra, 2003, pág. 71; CARVALHO FERNANDES, *Lições de Direito das Sucessões*, Lisboa, *Quid Juris*, 1999, pág. 141.

[20] Por isso, por exemplo, se não faz sentido considerar, para efeitos de começo da contagem de um prazo de caducidade, que o direito não pode ser "legalmente exercido" (artigo 329.°, Código Civil) até à verificação do nascimento estando em causa o "direito" de um concepturo (pelo que tal prazo correrá independentemente deste chegar a nascer), já faz sentido admitir que o direito possa ser "legalmente exercido" (e, portanto, tal prazo comece a correr) a partir da concepção. Nesta medida se não acompanha a solução encontrada para o caso decidido pelo Acórdão do Supremo Tribunal de Justiça de 9/11/2004 (processo n.° 04A2661): *A* e *B* divorciaram-se em 25/03/1987 e realizaram a consequente partilha de bens simuladamente e em prejuízo do autor, que nasceu em 03/02/2000 e era filho de um dos divorciados; a acção intentada por este contra aqueles com fundamento em simulação tinha data de 27/02/2002; o Tribunal entendeu que o prazo de cinco anos previsto para este caso pelo artigo 780.° do Código de Processo Civil já havia corrido (independentemente portanto da existência do autor).

Não há um mínimo de substância (física, social ou de outra ordem) à qual faça sentido outorgar direitos ou conferir personalidade jurídica. Pese embora, em algumas circunstâncias, a lei levar em consideração o referido "projecto de ser" para lhe salvaguardar alguns efeitos jurídicos potenciais (ver, por exemplo, o disposto nos artigos 952.° e 2033.°/n.° 2/*a*) do Código Civil).

2. No que concerne ao nascituro propriamente dito, o disposto no n.° 2 do artigo 66.° do Código Civil explica-se habitualmente pelo recurso à concepção dos chamados *direitos sem sujeito*. O que, à partida, anuncia a tese segundo a qual só com o nascimento se é pessoa jurídica.

De harmonia com o referido entendimento, é admissível que, temporária ou transitoriamente[21], certo direito subjectivo não tenha titular e, apesar disso, mantenha a sua existência desde que seja expectável e objectivamente antecipável o futuro surgimento daquele. É disto exemplo precisamente o que sucede com os direitos dos nascituros, com os direitos das fundações depois de instituídas mas antes de serem reconhecidas ou com os direitos do *de cujus* antes de a herança ter sido aceite pelos sucessíveis.

É uma explicação técnica que está manifestamente subjacente à letra do disposto no artigo 952.° do Código Civil. De facto, se na doação feita a nascituro se presume que o doador reserva para si o *usufruto* dos bens doados até ao nascimento do donatário (n.° 2), a respectiva *propriedade* não pode estar na titularidade de ninguém, durante o período em causa, uma vez que justamente ainda não há donatário.

A explicação não é convincente, no entanto, por duas razões básicas:

- Primeiro, por o período transitório ser potencialmente ilimitado, pelo que, portanto, pode suceder que se esteja "à espera" durante dias, meses ou anos; justamente por isso, pode entender-se a citada disposição como estando destinada a estabelecer apenas um regime supletivo sobre a questão relativa à administração dos bens doados;
- Segundo, por direito *subjectivo* e direito *sem sujeito* serem ideias racionalmente incompatíveis.

---

[21] CASTRO MENDES, *Teoria Geral do Direito Civil*, vol. I, Lisboa, AAFDL, 1978, pág. 106; CARVALHO FERNANDES, *Lições de Direito das Sucessões*, cit., págs. 143/144.

Um outro entendimento possível consiste em fazer depender a aquisição de personalidade do *nascimento completo e com vida* mas atribuindo depois retroactividade a tal ocorrência: ou seja, a personalidade só se adquiriria com o referido nascimento mas com eficácia a uma qualquer data anterior[22].

A crítica a que esta opinião se sujeita parece evidente. Além de, em geral, a retroacção de eficácia jurídica não dever ser meio normal de resolução de problemas jurídicos por ter carácter ficcioso[23], restaria ainda decidir até que ponto se admitiria: poderia chegar a ir para além do próprio momento da concepção? Por conseguinte, aplicar-se-ia tanto ao nascituro como ao concepturo?

Numa visão relativamente frequente em alguma doutrina portuguesa, considera-se que nas hipóteses descritas sob a epígrafe direitos sem sujeito o que haverá verdadeiramente serão *bens em estado de vinculação*[24]. Se bem se compreende a concepção subjacente, trata-se de uma aparência de explicação. Na verdade, enquanto os bens estão vinculados ao eventual surgimento do titular ao qual estão destinados, pertencem a quem? Crê-se de facto que, se já estão vinculados, não podem pertencer a quem deles dispôs; mas como também ainda não existe quem os deve receber, a resposta, forçosamente, é que pertencem a ninguém. E tudo redunda, portanto, de novo, em direitos sem sujeito.

Acresce que, como resulta da própria descrição, este entendimento apenas permite fornecer enquadramento (pelo menos tal como foi formulado) à atribuição de direitos de natureza patrimonial. Não explica, por exemplo, como ficam eventuais direitos de personalidade do nascituro.

Por fim, uma outra hipótese explicativa, consiste em considerar sujeitos a condição suspensiva (ainda que legal)[25] os actos pelos quais se atri-

---

[22] DIAS MARQUES, *Código Civil Anotado*, 2ª edição, Lisboa, Petrony, 1968, pág. 23.

[23] "Quando se deverá recorrer à ficção em direito? Quando, por uma ou outra razão, as categorias e as técnicas jurídicas reconhecidas, aquelas que fazem parte da realidade jurídica aceita, não fornecerem solução aceitável ao problema de direito que se deve resolver. Mas basta modificar, neste ou naquele ponto, a realidade jurídica admitida para que o recurso à ficção se torne supérfluo para resolver tal problema particular" (CHAIM PERELMAN, *Ética e Direito*, São Paulo, Martins Fontes, 2000, pág. 604).

[24] Por exemplo, MANUEL DE ANDRADE, *Teoria Geral da Relação Jurídica*, Coimbra, Almedina, 1987, pág. 35; MOTA PINTO, *Teoria Geral do Direito Civil*, 4ª edição, Coimbra, Coimbra Editora, 2005, págs. 196 a 198.

[25] MENEZES CORDEIRO, *Tratado de Direito Civil Português*, vol. I, tomo III, Almedina, Coimbra, págs. 305/306.

buem, ou se pretendem atribuir, direitos a nascituros. Tais actos ficarão implícita e necessariamente sujeitos à circunstância do *nascimento completo e com vida*.

Esta perspectiva explica de imediato a questão da titularidade: enquanto o nascimento completo e com vida não ocorre, o direito continua a pertencer ao respectivo disponente, mas precariamente; depois, passará automaticamente para a esfera jurídica do ex-nascituro, agora pessoa.

Contudo, mais uma vez, a explicação acomoda-se somente à atribuição de direitos de natureza patrimonial. Ainda que, de todas, seja a preferível, uma vez que não só autoriza a justificação formal (a questão da titularidade do direito) como também, para o caso de inexistir regime especial, fornece um conjunto normativo que concilia equilibradamente os interesses em presença (artigos 272.º a 277.º do Código Civil, designadamente). O que não obsta, a que permaneça uma questão não resolvida: verificado o nascimento, o preenchimento da condição tem eficácia retroactiva (artigo 276.º, Código Civil)? Se tem[26], então esta tese não se diferencia daquele outra que atribui carácter retroactivo à obtenção de personalidade, sujeitando-se às mesmas críticas. Se não tem, então verdadeiramente os nascituros não têm direitos.

A explicação que de longe melhor se coaduna com o reconhecimento de direitos ao nascituro, estejam em causa direitos pessoais, *maxime* de personalidade, estejam em causa direitos patrimoniais, é aquela que pressupõe o reconhecimento da sua personalidade jurídica[27]. Nesta concepção, o nascituro é pessoa jurídica enquanto tal e o nascimento completo e com vida limita-se a consolidar a personalidade anteriormente obtida. Mas, assumir esta concepção implica demonstrar que ela é viável, justificável e desejável.

---

[26] É o parecer de MENEZES CORDEIRO, *Tratado de Direito Civil Português*, cit., pág. 305, ainda que, ao que julga, restrito à obtenção de capacidade de gozo na sua dimensão patrimonial (cfr. pág. 306). Contudo, para a condição *legal* resolutiva, não falte quem sustente que a sua verificação tem mera eficácia *ex nunc* (OLIVEIRA ASCENSÃO, *Direito Civil – Reais*, 5ª edição, Coimbra, Coimbra Editora, 1993, pág. 362).

[27] Há quem defenda que nem toda a protecção do Direito se analisa, necessariamente, em termos de atribuição da personalidade (CARVALHO FERNANDES, *Teoria Geral do Direito Civil*, 3ª edição, Lisboa, Universidade Católica, 2001, vol, I, págs. 173 e segs.). Se esta afirmação até se pode aceitar para os casos em que está em causa o reconhecimento de uma personalidade meramente instrumental como a colectiva, é inadmissível para a personalidade singular por esta ter natureza pré-jurídica e constituir um corolário do respeito pela dignidade do ser humano.

3. Faz sentido, de facto, que a propósito do nascituro se considerem os direitos de personalidade[28]. Por um lado, tendo em conta as possibilidades tecnológicas actuais e, talvez acima de tudo, tendo em conta as expectativas biotecnológicas futuras, é hoje possível provar, por exemplo, danos físicos sofridos pelo feto em virtude de agressões externas[29]. Por outro lado, o nascituro pode ser objecto, enquanto tal, de alguma consideração social: é pensável, por exemplo[30], que se lhe reconheça o direito à imagem (*v.g.* uma ecografia) ou ao nome[31].

Para estes casos, será necessário esperar pelo nascimento para que os respectivos representantes possam e devam actuar contra as agressões de

---

[28] Sendo certo, como se viu, que o problema da personalidade jurídica pré-natal "vem sendo predominantemente resolvido entre nós a partir de dados referentes a direitos *patrimoniais* do nascituro" (CAPELO DE SOUSA, *O Direito Geral de Personalidade*, Coimbra, Coimbra Editora, 1995, pág. 363).

[29] "Hoje, com as modernas técnicas de reconhecimento da vida intra-uterina, é possível acompanhar a par e passo a vida do nascituro, conhecer os seus movimentos; as suas reacções a estímulos sonoros; ver a sua cabeça mover-se no sentido da voz do pai; "fotografar" ecograficamente o seu rosto e dizer com quem é parecido. E os psicólogos afirmam-nos que a fase da vida intra-uterina é fundamental para o desenvolvimento psicológico do ser humano e descrevem-nos o inter-relacionamento do filho com a mãe. É possível ver o nascituro a defender-se da morte que lhe vão dar e sentir o seu sofrimento como o de qualquer outro ser humano" (LEITE CAMPOS, *A capacidade sucessória do nascituro (ou a crise do positivismo legalista)*, Revista da Ordem dos Advogados, n.º 44, Novembro/Dezembro, 2006).

[30] "Assegurada ao ser humano embrionário a personalidade jurídica – como dimensão inerente à personalidade natural –, dela decorre automaticamente o reconhecimento da capacidade de ser titular de direitos (capacidade jurídica do gozo). Só que, enquanto a personalidade jurídica é um atributo inquantificável (não se é, mais ou menos, mas, ou se é, ou não, sujeito de direito), a referida capacidade pode ser maior ou menor, consoante as circunstâncias. Ainda assim, não pode deixar de abranger, no caso de *conceptus*, aqueles direitos fundamentais exigidos pela própria natureza do sujeito (direitos naturais), a começar pelo direito à vida. Mas vários outros direitos, com título natural ou positivo, cabem naquela capacidade (como os relativos à integridade física, à identidade genética, à honra, ao estabelecimento da filiação e à representação jurídica, a alimentos, à aquisição de bens por doação e sucessão "mortis causa", ao ressarcimento de danos)" (BIGOTTE CHORÃO, *Bioética, Pessoa e Direito (Para uma recapitulação do estatuto do embrião humano), §12, pág. 10*).

[31] É verdade que, tipicamente, a protecção do nome pressupõe a sua inscrição no registo civil por via da realização do assento de nascimento. Mas, a partir do instante em que "o pseudónimo, quando tenha notoriedade, goza da protecção conferida ao próprio nome" (artigo 74.º, Código Civil) custará aceitar que o nome que os pais hajam escolhido para o nascituro seja protegido mesmo antes do nascimento, ao menos "quando tenha notoriedade"?

terceiros promovidas contra o nascituro enquanto tal? Não poderá, muitas vezes, ser tarde demais? E impor a necessidade de esperar pelo "nascimento completo e com vida" não será, no fundo, conferir eficácia retroactiva à aquisição de personalidade?

Verdadeiramente, no que toca aos direitos dos nascituros, o que no essencial está em causa (como de resto sucede com qualquer ser humano) é determinar se são susceptíveis da concessão de direitos que protejam a sua personalidade. A questão dos respectivos (eventuais) direitos patrimoniais é claramente marginal e acessória.

E em relação aos direitos de personalidade, das duas, uma: ou o nascituro é deles susceptível e estão adquiridos com a concepção, funcionando a não ocorrência do nascimento como facto extintivo dos ditos (perfeitamente equivalente à morte para a pessoa nascida); ou o nascituro deles não é susceptível e somente os adquirirá com o nascimento.

Já em relação aos direitos patrimoniais de que o nascituro seja susceptível, o "nascimento completo e com vida" é perfeitamente configurável como condição resolutiva da sua atribuição e não como um hipótese de sucessão *mortis causa*[32]. De facto, crê-se que, tanto do ponto de vista social como do ponto de vista ético, não nascer não equivale a morrer.

Para o concepturo, a concessão de direitos de personalidade não faz sequer sentido: não há um mínimo de humanidade subjacente. E a aquisição de direitos patrimoniais só é concebível subordinada a condição suspensiva: sob a condição de surgimento do ser.

C. Aquisição da personalidade jurídica do ser humano

1. Há uma tendência (particularmente agravada entre nós por causa da realização do recente referendo sobre o aborto e intimamente ligada aos aspectos emocionais que a questão desperta) para colocar o reconhecimento da personalidade jurídica do ser humano dependente da determinação do momento do início da vida. Para o efeito avançam-se critérios biológicos, psicológicos, biomédicos, etc, visando precisar tal instante.

É muito provável, no entanto, que assim jamais se consiga estabelecer quando começa a vida, dada a variedade mas, acima de tudo, dada a

---

[32] JOSÉ GONZÁLEZ, *Direitos Reais e Direito Registal Imobiliário*, 3ª edição, *Quid Juris*, Lisboa, 2005, pág. 82, nota202; PEDRO PAIS DE VASCONCELOS, *Teoria Geral do Direito Civil*, cit., pág. 74.

contestabilidade de todos os critérios propostos. Efectivamente, em função do tempo decorrido desde a fecundação até ao nascimento, a vida humana passa por uma tal sucessão de fases inter-relacionadas que atender a um determinado critério ou a outro é pura arbitrariedade. Na medida em que nenhuma dessas fases pode ser considerada decisiva ou mais importante. Pondere-se, por exemplo, no conteúdo do seguinte quadro[33]:

TEMPO	CARACTERÍSTICA	CRITÉRIO
0 minutos	Fecundação (fusão de gâmetas)	Celular
12 a 24 horas	Fecundação (fusão dos pró-núcleos)	Genotípico estrutural
2 dias	Primeira divisão celular	Divisional
3 a 6 dias	Expressão do novo genótipo	Genotípico funcional
6 a 7 dias	Implantação uterina	Suporte materno
14 dias	Células do indivíduo diferenciadas das células dos anexos	Individualização
20 dias	Notocorda maciça	Neural
3 a 4 semanas	Início dos batimentos cardíacos	Cardíaco
6 semanas	Aparência humana e rudimento de todos os órgãos	Fenotípico
7 semanas	Respostas reflexas à dor e à pressão	Senciência
8 semanas	Registo de ondas eletroencefalográficas (tronco cerebral)	Encefálico
10 semanas	Movimentos espontâneos	Actividade
12 semanas	Estrutura cerebral completa	Neocortical
12 a 16 semanas	Movimentos do feto percebidos pela mãe	Animação
20 semanas	Probabilidade de 10% para vida fora do útero	Viabilidade extra-uterina
24 a 28 semanas	Viabilidade pulmonar	Respiratório
28 semanas	Padrão sono-vigília	Autoconsciência
28 a 30 semanas	Reabertura dos olhos	Perceptivo visual
40 semanas	Gestação a termo ou parto noutro período	Nascimento

---

[33] Obtido em *www.ufrgs.br/inivida*, mas adaptado e corrigido.

De todos os indicados, qual deve ser considerado o momento decisivo? Haverá algum legislador suficientemente afoito para arriscar num deles, ainda que correndo o óbvio risco de bizarria ou puro capricho?

Aliás, acrescente-se: depois do nascimento, a vida passa analogamente, como é perceptível pelos próprios sentidos, por sucessivas e incontáveis fases até à morte. Portanto, o problema que se coloca para a vida intra-uterina põe-se também (*continua* a pôr-se, mais precisamente) para a vida extra-uterina[34]. A criança com poucos dias, poucos meses ou poucos anos é certamente vida humana, mas será pessoa jurídica? E, seguindo por esta via, será pessoa jurídica a partir de quando?

Aliás, a fixação do momento da aquisição da personalidade na data do nascimento completo e com vida é pura arbitrariedade. A vida apenas *segue* depois do nascimento[35]. E tendo em conta que o momento exacto do nascimento, por razões naturais ou artificiais, é pura contingência, por quê considerar tal casualidade como decisiva para adquirir personalidade jurídica?

Mas, por outro lado, entrando-se em preciosismos biológicos, psicológicos, biomédicos, etc, o juízo envolvido na resposta às perguntas que ficaram formuladas nunca poderá ser geral e abstracto. O que é incompatível com as preocupações de certeza e de segurança que o Direito deve levar em conta. Que são as razões que justamente levaram, por exemplo, a estabelecer a maioridade, com a consequente aquisição de capacidade de exercício, numa determinada idade, igual para todos, independente da concreta maturidade intelectual, emocional, social, etc, do indivíduo em causa (artigos 122.º e 130.º, Código Civil).

Por conseguinte, parece de assentar: primeiro, que o critério a encontrar para determinar o momento de aquisição de personalidade jurídica deve ter uma qualquer base biológica uma vez que o homem tem um substrato dessa natureza; contudo, os rigores biológicos são, segundo, inteiramente inadequados em virtude de a preferência por algum deles constituir puro arbítrio.

---

[34] Efectivamente, "na maior parte dos direitos arcaicos e antigos, os filhos não são sujeitos de direito, estando submetidos à autoridade do chefe de família, que pode mesmo dispor da sua vida e da sua liberdade" (JOHN GILISSEN, *Introdução Histórica ao Direito*, 3ª edição, Lisboa, Fundação Calouste Gulbenkian, 2001, pág. 610). Daí que *qui in potestate alterius est, nihil suum habere potest* (GAIO, D.41.1.10.1).

[35] "O nascimento ... nada significa. Só a substituição de um sistema de apoio à vida (o corpo da mãe) por outro (o meio ambiente e os pais)" (LEITE CAMPOS, *A capacidade sucessória do nascituro (ou a crise do positivismo legalista)*, cit.).

3. A vida humana é *continuidade*. Não contém etapas estanques entre si. Ao invés, é incessante evolução contínua – é transformação sucessiva. Em cada momento que passa, a vida de cada ser modifica-se (física e espiritualmente), ainda que imperceptivelmente para o próprio e para os demais. É uma constatação resultante da experiência ordinária, que, portanto, não demanda nenhuma comprovação das ciências exactas.

Razão pela qual, como se dizia, a marcação do "nascimento completo e com vida" como o instante em que começa a vida humana se revela um critério inteiramente arbitrário. Por que não algures antes ou algures depois?

Aceitando-se, como, julga-se, se deve aceitar, que a vida humana é *continuidade* ininterrupta, o início do ciclo da vida de cada indivíduo não pode dar-se noutro momento a não ser o da *concepção*: é aqui que *começa* o novo ser. Qualquer instante posterior implica a criação de uma ruptura injustificada no processo existencial.

Para os efeitos legais, o momento da concepção do filho corresponde, regra geral, aos "primeiros cento e vinte dias dos trezentos que precederam o seu nascimento" (artigo 1798.°, Código Civil). Por conseguinte, na falta de outra comprovação (médica, ecográfica, etc. – artigo 350.°/n.° 2, Código Civil), daqui se retira que:

– Primeiro, o momento da concepção é um qualquer dentro dos primeiros quatro meses da gestação;
– Segundo, se deve considerar, por isso, que a personalidade foi adquirida trezentos dias antes da ocorrência do nascimento.

4. As considerações que ficam feitas não revelam, contudo, a dimensão essencial da personalidade jurídica do ser humano.

Esta apoia-se inegavelmente num substrato biológico. Mas o *conceito* de pessoa humana não tem certamente natureza biológica. Tem, isso sim, natureza ética, social, jurídica, política. Pelo que um qualquer substrato biológico serve e é suficiente para o efeito[36].

---

[36] "Não há justificação biológica da dignidade humana. É certo que o substrato biológico é, sem dúvida, uma condição indispensável para a existência da pessoa e, portanto, da sua dignidade: se os seus mecanismos bioquímicos colapsam, a pessoa extingue-se, e com ela a sua dignidade. Mas não são esses mecanismos bioquímicos (basicamente idênticos aos dos animais) que justificam, especificam ou medem a dignidade humana. E, por isso, talvez se possa dizer que a qualidade biológica de uma vida humana não altera a sua dignidade. O demente, o doente terminal que está inconsciente ou em estado vegetativo

Não se requer para tanto um ser nascido completamente e com vida; não se requer o decurso de um certo número de semanas sobre a data da concepção; não se requer alguma ou qualquer maturidade intelectual, física ou psíquica; etc.

Assim, a concessão de personalidade jurídica ao ser humano é verdadeiramente uma simples consequência do reconhecimento da sua *dignidade* e não está por isso ligada primariamente a quaisquer critérios ditos "científicos"[37].

Ser pessoa jurídica (e, crê-se, ser pessoa do ponto de vista social, político, moral ou ético) não se liga à idade, nem à fase da vida, nem ao estatuto, nem ao sexo, nem à nacionalidade, nem a qualquer outro factor análogo. Isto não levanta qualquer dúvida.

Mas ser pessoa também não pode depender do facto de a vida subjacente ter carácter intra ou extra-uterino. A dignidade da pessoa humana reclama esta asserção. Se assim não fosse, a vida intra-uterina seria pura vida animal e o embrião ou o feto seriam meras coisas[38].

5. Por causa da sua humanidade é que "a dignidade do ser humano é inviolável" e "deve ser respeitada e protegida" (artigo 1.° da Constituição da República Portuguesa; artigo *II-1*.° do projecto de Carta dos Direitos Fundamentais da União Europeia).

"O respeito pela dignidade humana é considerado hoje um princípio geral de direito comum a todos os povos civilizados"[39].

E por causa do respeito devido à dignidade humana[40] é que a personalidade jurídica, com a consequente capacidade, é Direito do Homem

---

persistente têm a mesma dignidade que eu" (Documento de trabalho 26/CNECV/99, Reflexão ética sobre a dignidade humana, Conselho Nacional de Ética para as Ciências da Vida, pág. 14).

[37] "Os direitos humanos (da personalidade, de ser humano) decorrem do valor moral da pessoa e da dignidade de ser pessoa" (LEITE CAMPOS, *A capacidade sucessória do nascituro (ou a crise do positivismo legalista)*, cit.).

[38] Por isso, a propósito da interrupção voluntária da gravidez, "a questão dos prazos não se reveste, em boa verdade, de qualquer relevância ética. Doze, dezasseis, vinte e duas ou vinte e quatro semanas como limite para a intervenção abortiva, que significado têm, no ponto de vista ético? Nenhum. De facto, a decisão de eliminar a vida humana intra-uterina é que é eticamente séria e constitui a questão de fundo" (Relatório/parecer 19/CNECV/97, projectos de lei relativos a interrupção voluntária da gravidez, Conselho Nacional de Ética para as Ciências da Vida, pág. 9).

[39] CHAIM PERELMAN, *Ética e Direito*, cit., pág. 401.

[40] "Podemos talvez dizer que a abordagem actual da dignidade humana se faz sobretudo pela negativa, pela negação da banalidade do mal: é por se estar confrontado com

(artigo 6.º da Declaração Universal dos Direitos do Homem) e é Direito Fundamental (artigo 26.º da Constituição da República Portuguesa).

6. O disposto no n.º 1 do artigo 66.º do Código Civil não constitui obstáculo a este entendimento.

É naturalíssimo que ali se tenha estabelecido o "nascimento completo e com vida" como o momento que marca a aquisição da personalidade do ser humano, tendo em conta que este diploma entrou em vigor há quarenta anos (e acrescendo que ele foi essencialmente elaborado durante a década de cinquenta do século passado). Sucede, todavia, que os conhecimentos científicos e os meios tecnológicos que entretanto se tornaram genericamente acessíveis permitem hoje atestar, com segurança, que o começo da vida se dá antes do nascimento[41]. Por outras palavras, é possível atestar a existência de um substrato biológico qualificável como vida humana antes mesmo do nascimento ocorrer. Já é o bastante, como se disse, para se conceder personalidade antes da nascença.

7. Acresce que a ilação que se retira da disposição em apreço é contraditada pelo que se estabelece no n.º 1 do artigo 1878.º do mesmo diploma.

Diz-se nesta última disposição que "compete aos pais, no interesse dos filhos, ... representá-los, ainda que nascituros".

A representação, seja a legal, seja a voluntária, pressupõe duas pessoas: representante e representado. Aquele exerce posições jurídicas tituladas pelo último. Por isso se diz que o representante está dotado de uma legitimidade *indirecta* para o exercício de direitos[42]. Por isso ainda, o representante só pode actuar o que o representado puder ou pudesse actuar; ou, ao invés, como se dizia no artigo 1332.º do Código Civil de Seabra

---

situações de indignidade ou de ausência de respeito que se tem indício de tipos de comportamento que exigem respeito" (Documento de trabalho 26/CNECV/99, Reflexão ética sobre a dignidade humana, Conselho Nacional de Ética para as Ciências da Vida, pág. 6).

[41] A concepção do nascimento como o instante que marca o início da personalidade "é pré-científica – ou, pelo menos, "pré-ecográfica" – fundando-se na ignorância da vida pré-natal (o ser que nascia era precedido de um mistério que fazia recear os monstros e os lobisomens), em termos de o nascimento ser uma descoberta – um «dar à luz» das trevas do ventre" (LEITE CAMPOS, *A capacidade sucessória do nascituro (ou a crise do positivismo legalista)*, cit.).

[42] Conceito ao qual o Professor GALVÃO TELLES já recorria para enquadrar o fenómeno representativo na 1ª edição *Dos Contratos em geral*, págs. 249 e 259/260.

para a representação voluntária, "pode qualquer mandar fazer por outrem todos os actos jurídicos, que por si pode praticar, e que não forem meramente pessoais". O que é confirmado pela definição do poder de representação paternal contida no artigo 1881.º do Código Civil: este "compreende o exercício de todos os direitos e o cumprimento de todas as obrigações do filho".

E na medida em que quem representa actue dentro dos seus poderes representativos, o negócio jurídico realizado por aquele em nome do representado ... produz os seus efeitos na esfera jurídica deste último" (artigo 258.º, Código Civil).

Razões pelas quais "o representante é um substituto"[43].

Por conseguinte, elementarmente, se os pais são representantes dos filhos nascituros, estes são representados; se estes são representados, têm uma esfera jurídica (artigo 258.º, Código Civil)[44] na qual se repercutem os efeitos da actuação dos pais; ora, a existência de uma esfera jurídica pressupõe a existência de personalidade[45].

Ainda que se não possa inferir a personalidade do nascituro do que se estabelece no artigo 1878.º/n.º 1 do Código Civil, ao menos é certo que a regra decorrente do artigo 66.º/n.º 1 do mesmo diploma fica assim muito desvalorizada. Salvo entendendo-se que no artigo 1878.º/n.º 1 do Código Civil se não utilizou o termo representação no seu sentido técnico mas antes num sentido mais amplo e impróprio como sinónimo, por exemplo, de curadoria ou algo similar. Não se conhece, todavia, que tal significação alguma vez tenha sido sustentada.

8. A dedução que se tira a partir do que se estabelece no artigo 1878.º/n.º 1 do Código Civil é confirmada pelo que resulta do artigo 1855.º do mesmo diploma: o estabelecimento da paternidade por perfilhação pode fazer-se logo após a concepção[46], não dependendo a sua *validade* do "nascimento completo e com vida".

---

[43] GALVÃO TELLES, *Dos Contratos em Geral*, cit., pág. 260.

[44] Por esta razão se não pode acompanhar MENEZES CORDEIRO (*Tratado de Direito Civil Português*, cit., págs. 299/300, nota1113) quando sustenta a extensão da representação legal dos pais ao conceptuto: este é um não ser, não há, por isso, dignidade humana a respeitar, pelo que não pode ter personalidade nem, consequentemente, esfera jurídica.

[45] Uma vez que a esfera jurídica "é o complexo de direitos e vinculações de que uma determinada pessoa é titular" (PEDRO PAIS DE VASCONCELOS, *Teoria Geral do Direito Civil*, cit., pág. 93).

[46] Para o estabelecimento da paternidade por via de acção de investigação é também o momento da concepção que marca o início da relação pai/filho relevante para o efeito:

Assim, o pai já o é desde a concepção; portanto, o filho já o é também desde a concepção; pelo que o poder paternal está instituído desde esse momento. Daí o disposto no artigo 1878.º/n.º 1 do Código Civil.

Só se concebe a existência e o exercício do poder paternal sobre uma pessoa pois é para tutela desta que ele se instaura.

O poder paternal integra-se na categoria dos poderes funcionais ou poderes-deveres. Estes, em geral, são direitos ou, pelo menos, posições jurídicas activas, que se devem exercer no interesse de outrem: no caso concreto, no *interesse do filho* (artigo 1878.º/n.º 1, Código Civil)[47-48]. Donde: se os pais não actuarem tutelando o interesse do filho (ao menos se tiver natureza patrimonial), incorrem, se mais não for, em responsabilidade civil (artigo 483.º/n.º 1, Código Civil). Contudo, se o nascituro não tem personalidade jurídica (e, por isso, não tem direitos), tal susceptibilidade de responsabilização coerentemente apenas surgirá após o "nascimento completo e com vida". Antes disso não haverá "direito de outrem" que possa ser violado. Fará sentido uma solução destas? Poderão os pais exercer o poder paternal de forma absolutamente irresponsável até ao nascimento? Poderão os pais, até ao "nascimento completo e com vida", apropriar-se, por exemplo, de rendimentos de bens pertencentes a filho nascituro que lhe tenham sido deixados por testamento (artigos 1896.º e 2240.º/n.º 2, Código Civil)? Com o seu comportamento, *quem* é que eles estarão a lesar?

9. O mesmo se diga, estendendo o argumento, para actos de terceiros lesivos da integridade ou do património do nascituro. Se alguém agride mulher grávida e tal conduta lesa fisicamente o nascituro de forma imediatamente comprovável, poderá aquele ser responsabilizado, civil e penalmente, por lesão à integridade física deste e pelo correspondente sofrimento? Não se reconhecendo personalidade jurídica ao nascituro, a resposta coerente só pode ser negativa[49].

I – Os actos de tratamento como filho por parte do investigado são susceptíveis de se verificar em relação a nascituros (Acórdão do Supremo Tribunal de Justiça de 12/10/1976 – processo n.º 066207).

[47] CASTRO MENDES, *O Direito da Família*, AAFDL, Lisboa, 1979, pág. 243.

[48] O poder paternal "consiste no direito de «reger» (dirigir) a pessoa e administrar os bens do filho, no interesse deste" (BAPTISTA MACHADO, *Introdução ao Direito e ao Discurso Legitimador*, Coimbra, Almedina, 1999, pág. 90).

[49] Exemplarmente neste sentido, ver o Acórdão de Supremo Tribunal de Justiça de 21/09/2006 (processo n.º 06P1575): "*De qualquer modo, muito se estranha a alegação de*

É claro que, muitas vezes, se obvia este resultado fazendo retroagir a aquisição de personalidade. Mas isso não é, no fundo, reconhecer personalidade jurídica ao nascituro? É que, antes de nascer, o ser cuja personalidade é obtida regressivamente era nascituro!

D. A interrupção voluntária da gravidez

1. A questão do começo da personalidade jurídica do ser humano tem passado muito por uma outra questão: a da criminalização *versus* descriminalização da interrupção voluntária da gravidez. E mais especificamente, perante a legitimação de tal actuação quando a interrupção se deixe exclusivamente ao livre arbítrio da mãe.

O debate acerca da criação de mais uma excepção à regra segundo a qual o aborto constitui um tipo legal de crime (interrupção voluntária da gravidez por opção da mãe até às dez semanas) que, por isso, o torna justificado nas referidas circunstâncias, seguiu, como é hábito nestas coisas, uma via assistemática e, por vezes, errática.

Podem apontar-se, no entanto, dois tópicos fundamentais. A saber: 1.°) a mulher é dona do seu corpo; 2.°) não é razoável responsabilizar penalmente a mãe que aborta.

2. O primeiro argumento reduz-se usualmente ao *slogan* "o corpo é meu, aqui mando eu"[50].

Juridicamente, neste tão amplo sentido, ninguém é dono do seu corpo. De facto, tanto de harmonia com o disposto no artigo 340.° do Código

---

danos sofridos pelo feto que a vítima carregava, uma vez que é sabido que a personalidade jurídica, e, logo, a capacidade de gozo de direitos, apenas se adquire no momento do nascimento completo e com vida (cfr. artigo 66.°, n.° 1, do Código Civil) o que não sucedeu na presente hipótese. Além disso, os próprios direitos que a lei reconhece aos nascituros dependem sempre do seu nascimento (cfr. artigo 66.°, n.° 2, do Código Civil), não podendo aqui ser convocados. Daí que no caso em apreço nenhuma indemnização pudesse ser fixada nesse âmbito". Afirmando-se mesmo que *"a mãe portadora do feto é que teria eventualmente direito a ser indemnizada pelo dano por ela sofrido com a representação ou sentimento (físico, psicológico) do sofrimento e da morte do nascituro".* Estava em causa nesta decisão, como é facilmente dedutível, o pedido de indemnização civil por danos morais fundados no homicídio de uma mulher grávida.

[50] Uma versão propagandística do brocardo *partus antequam edatur, mulieris portio est vel viscerum* (ULPIANO, D.25.4.1.1.).

Civil como, sobretudo, por causa do que se estabelece no artigo 81.º do mesmo diploma, mesmo quando o próprio tenha consentido na lesão dos seus bens de personalidade, tal autorização não é válida (e, portanto, não legitima a conduta que os ofende) se for contrária aos bons costumes ou aos princípios de ordem pública.

Por outras palavras, o consentimento da "vítima" nem sempre isenta de responsabilidade o agente que actue nele fundado. Ainda que se trate de matéria vaga e algo indefinida, é indiscutível que é por causa dos referidos limites que, por exemplo, a morte ou a mutilação a pedido daquele que as sofre origina responsabilidade penal e civil por homicídio e ofensa à integridade física, respectivamente.

Não se pode assim afirmar sem uma comprovação (que ainda se não fez) que a mulher é "dona do seu corpo". Acresce, no caso da interrupção voluntária da gravidez, que se o feto for considerado vida humana, a mãe que actua de tal modo quando o faz nem sequer está a dispor do *seu* corpo.

Aqui reside de facto o ponto decisivo que merece ser acentuado nesta perspectiva do problema: a relação da mãe com o filho que tem dentro de si é uma relação de *protecção* ou é uma relação de *propriedade*?

Se certamente é uma relação de protecção após o "nascimento completo e com vida" (por causa da simples constatação de que os pais não podem ser proprietários da pessoa dos filhos, como, por exemplo, resulta do disposto no artigo 1878.º/n.º 1 do Código Civil) que razão haverá para que seja uma relação de propriedade antes disso[51]?

Nesta conformidade, não custa reconhecer um direito de conceber (ou não). Já não pode haver, no entanto, um direito de abortar por que não

---

[51] "A vida humana, mesmo incipiente, é um bem e a grávida não pode dispor livremente desse bem, que não é seu, já que o novo ser vivo necessita de protecção e sustento para continuar a sua evolução de ser irrepetível, portador da dignidade própria de membro da família humana. Admitir o contrário, invocando razões de carácter sociológico ou económico, é rebaixar a dignidade humana (conceito orientador e chave da Constituição da República Portuguesa) através de argumentação baseada em critérios de interesse particular. Exactamente com argumentos deste tipo se pode propor a instituição da eutanásia involuntária de cidadãos deficientes, incapazes ou dementes, sempre que a sua família não lhe pudesse oferecer *«condições razoáveis de subsistência e educação»* ou quando a existência desses diminuídos *«fosse susceptível de lhe criar uma situação social ou económica incomportável»"* (Relatório/parecer 19/CNECV/97, projectos de lei relativos a interrupção voluntária da gravidez, Conselho Nacional de Ética para as Ciências da Vida, pág. 5).

pode haver o direito de decidir se alguém vive ou não vive. De facto, ninguém pode ser dono da vida de ninguém[52].

3. A questão da oportunidade ou da justificação para a responsabilização penal da mãe que aborta tem sido colocada, no debate, no nível da licitude. Quando, crê-se, deve e devia ter sido encarada sob o prisma da culpabilidade.

Tanto na responsabilidade civil como na responsabilidade penal, a respectiva ocorrência pressupõe que determinada conduta seja simultaneamente contrária a valores jurídicos por duas formas: objectivamente, por muito genericamente ser anti-jurídica (ilícita); subjectivamente, por tal conduta ser censurável (e será censurável sempre que a pessoa em causa pudesse e devesse agir de modo ajustado às regras jurídicas). A apreciação da licitude é naturalmente feita em abstracto (salvo se alguma causa de exclusão da ilicitude estiver preenchida) uma vez que deriva da violação do "direito de outrem ou qualquer disposição legal destinada a proteger interesses alheios" (artigo 483.°/n.° 1, Código Civil). A apreciação da culpa faz-se em concreto, isto é, faz-se em função das circunstâncias do caso (artigo 487.°/n.° 2, Código Civil).

Com a lei penal anterior à realização do recente referendo, decisiva era a apreciação da culpa e muito justamente: não merecia a mesma censura[53], por exemplo, o aborto praticado pela criança de 14/15 anos, o aborto da mulher que o faz por razões estéticas ou, por fim, o aborto praticado pela mulher em cuja vida um filho não tem lugar, por razões profissionais ou outras.

O efeito surpresa que se pretende obter com a afirmação de que, em tempos mais recentes, os tribunais raramente condenaram mulheres que

---

[52] Inclusive o "aborto eugénico levanta as mais sérias dúvidas de natureza ética. A sua própria designação suscita o instintivo horror de quem recorda os desumanos e criminosos esforços do totalitarismo nazi no sentido de «melhorar a raça» através da eliminação dos fracos, dos deficientes, dos dementes, dos epilépticos e, mais tarde, dos indivíduos pertencentes às «raças impuras» ou «inferiores»" (Relatório/parecer 19/CNECV/97, projectos de lei relativos a interrupção voluntária da gravidez, Conselho Nacional de Ética para as Ciências da Vida, pág. 7).

[53] Razão que em vez de conduzir à inserção de uma nova causa de exclusão da ilicitude no artigo 142.° do Código Penal, poderia ter justificado uma solução assente na intervenção judicial prévia: a mãe que pretendesse abortar até um determinado período (por exemplo, as dez semanas) pediria previamente ao tribunal autorização para o efeito, invocando as suas razões; se estas se revelassem razoáveis, ou seja, se fossem insusceptíveis de censura, o tribunal daria autorização para proceder à interrupção voluntária da gravidez.

abortaram pela prática do correspondente crime cai assim por terra: tais condenações não aconteceram porque os casos que surgiram em juízo, em geral, não mereceram censura.

Com a lei aprovada por causa do recente referendo, a avaliação da responsabilidade, no âmbito da excepção que se instituiu, deixa de se fazer no nível da culpa e passa a ser feita no nível da licitude, excluindo-a genericamente. Parece, por conseguinte, que a parte justifica o todo e, também, que é tudo igual.

Não deixa, no entanto, de ser curioso que à mãe seja lícito interromper voluntariamente a gravidez por assim o pretender, enquanto o aborto provocado por terceiro já o responsabiliza penalmente pelo crime correspondente: a que se deverá este poder de vida e de morte concedido à mãe?

Não deixa igualmente de dever perguntar-se se a partir do instante em que se concede o direito de arbitrariamente impedir o surgimento de uma nova vida autónoma, não fará sentido atribuir também o direito de eliminar a vida do mais cruel dos assassinos (abolindo-se, por consequência, a proibição constante do n.º 2 do artigo 24.º da Constituição da República)?

4. Não obstante o que antecede, do ponto de vista jurídico, a questão da personalidade jurídica do nascituro não se pode todavia conexionar com a da criminalização do aborto.

A personalidade jurídica é um pressuposto do reconhecimento do direito à vida. Só as pessoas jurídicas podem ter direitos (e, de entre eles, o primeiro de todos: o mencionado direito à vida). Por isso na Declaração Universal dos Direitos do Homem se diz que "todos os indivíduos têm direito ao reconhecimento em todos os lugares da personalidade jurídica" (artigo 6.º).

Por outro lado, seja por muitos criminalistas terem pretendido evitar o comprometimento com a questão da definição do momento do início da vida, seja por qualquer outra razão, a verdade é que o motivo que tem sido invocado para justificar a instituição do crime de aborto não reside tanto na protecção da vida intra-uterina mas mais na tutela da saúde, física e psíquica, da mãe. Ou seja, criminalizou-se o aborto, sobretudo, para evitar que as mães praticassem aborto clandestino.

Razão pela qual, por outro lado, a entrada em vigor da causa que exclui a ilicitude da interrupção voluntária da gravidez por decisão da mãe até às dez semanas de gestação, não põe em causa a personalidade do ser intra-uterino. Apenas deixará de existir responsabilidade penal pela liquidação da vida do embrião ou do feto.

Como acima se disse, será sobretudo com base em valorações sociais, éticas e jurídicas que se poderá sustentar ou infirmar a tese segundo a qual a qualidade de pessoa se recebe antes do nascimento (com o consequente reconhecimento de personalidade jurídica). Mas não certamente apenas a partir de uma eventual descriminalização do aborto, dado que daí apenas resulta a sua irrelevância penal, nunca certamente a sua irrelevância jurídica.

E. Ilações finais

1. O direito (fundamental) à dignidade humana, razões éticas, os meios tecnológicos de exame e diagnóstico acessíveis à generalidade das pessoas, o disposto no artigo 81.º do Código Civil e a inutilização da regra contida no artigo 66.º/n.º 1 pelo disposto no artigo 1878.º/n.º 1, ambos do mesmo diploma, conduzem a uma consideração: a vida não começa com o nascimento. Começa antes com a concepção.

A vida do nascituro é vida humana. Logo deve ser respeitada como qualquer vida humana. "Esse respeito tem de entender-se num sentido forte, que inclui, não apenas o dever de não causar dano (*neminem laedere*), mas também o de dispensar, positivamente, ao *conceptus*, a atenção e os cuidados que ele merece, atentas a sua natureza e dignidade, bem com as circunstâncias particulares da sua extrema fragilidade e vulnerabilidade. Cabem aqui, os imperativos da justiça (*suum cuique tribuere*) e do amor de benevolência"[54].

2. Sendo já relativamente frequente encontrar referências doutrinárias no sentido do reconhecimento da personalidade jurídica do nascituro[55], a verdade é que reminiscências do significado literal do que se estabelece no artigo 66.º/n.º 1 do Código Civil permanecem.

É usual por isso encontrar expressões como personalidade *parcial* ou capacidade *parcial* do nascituro.

Ambas parecem inaceitáveis.

---

[54] BIGOTTE CHORÃO, *Bioética, Pessoa e Direito (Para uma recapitulação do estatuto do embrião humano)*, § 10, pág. 7.

[55] Além daquelas que pontualmente ficaram antes referidas, pode confrontar-se uma listagem mais exaustiva em PEDRO PAIS DE VASCONCELOS, *Teoria Geral do Direito Civil*, cit., págs. 77 a 79.

No que toca à primeira, nunca será demais lembrar que a personalidade, uma vez que é uma qualidade, não pode ter meios termos[56]. Ou existe ou não existe. Acresce que, tratando-se da personalidade jurídica do ser humano, por se tratar de uma qualidade pré-jurídica derivada do respeito pela sua dignidade, a segunda hipótese nem sequer se coloca. É certo que a lei pode não reconhecer personalidade a esta ou àquela entidade, mas o Direito não pode deixar de reconhecer personalidade ao ser humano. E muito particularmente neste caso, não pode haver meias-personalidades.

Por outro lado, a capacidade de gozo do nascituro tão-pouco pode ser parcial no sentido preciso do termo. O que se pode dizer é que, dada a natureza própria do nascituro, a sua capacidade só pode abranger os direitos e deveres concebíveis para a sua situação. Terá, portanto, uma capacidade mais diminuta do que a de um ser nascido. Não deixa, no entanto, de poder ser "sujeito de qualquer relação jurídica" (artigo 67.º, Código Civil); sucede é que as excepções a esta regra não são só as determinadas pela lei mas são, também e acima de tudo, as que derivarem da própria natureza das coisas[57].

3. Tendo-se tornado lícita, porém, a interrupção voluntária da gravidez até às dez semanas após a concepção, a responsabilidade penal pela violação do direito à vida do nascituro foi abolida.

Contudo, crê-se que as reflexões que ficam feitas autorizam suficientemente a afirmação de que, do ponto de vista civil, a lesão do direito à vida do nascituro permanece um acto ilícito. Mesmo quando penalmente o não seja.

É claro que contra este entendimento se pode antecipar, de imediato, um argumento: o princípio da unidade da ordem jurídica. No caso, admitir este princípio, acarretaria entender que o que é lícito para um efeito não pode ser ilícito para outro.

Todavia, a afirmação do princípio da unidade da ordem jurídica implica que efectivamente se considere toda a ordem jurídica e não só algumas das suas partes.

Ora, por exemplo, se pratica um acto ilícito (às vezes até de natureza penal) aquele que corta sobreiros sem a competente autorização administrativa (artigo 21.º, Decreto-Lei n.º 169/2001 de 25/05), ou aquele que

---

[56] DIAS MARQUES, *Noções Elementares de Direito Civil*, Lisboa, Centros de Estudos de Direito Civil, 1973, pág. 5.

[57] PEDRO PAIS DE VASCONCELOS, *Teoria Geral do Direito Civil*, cit., pág. 81.

destrói ninhos ou ovos de cegonha (artigo 278.°, Código Penal), ou aquele que conduz um veículo automóvel com uma taxa de alcoolemia superior a 1,2 gramas por litro de sangue (artigo 292.°/n.° 1, Código Penal), terá um mínimo de coerência interna[58] entender que a violação da vida intra-uterina sem uma razão justificativa que não passe do livre arbítrio da mãe não constitui sequer um ilícito civil[59]?

É precisamente o princípio da unidade da ordem jurídica que impõe, julga-se, o entendimento segundo o qual o ilícito civil se mantém não obstante o preenchimento da causa de justificação penal.

4. A violação do direito à vida do nascituro, uma vez que este tem e deve ter personalidade jurídica e uma vez que a vida humana só pode ter-se como iniciada com a concepção, acarreta responsabilidade civil nos termos gerais do artigo 483.°/n.° 1 do Código Civil. O mesmo se diga *mutatis mutandis* para outros direitos de personalidade que faça sentido reconhecer ao nascituro enquanto tal.

Autores de tal violação e, portanto, obrigados à indemnização tanto podem ser terceiros como os próprios pais, incluindo a mãe[60]. Naturalmente, indemnização por danos pessoais dentro dos *standards* do artigo 496.° do Código Civil.

E a correspondente acção judicial compete, em princípio, aos representantes legais do nascituro, nos termos, também gerais, do artigo 1878.°//n.° 1 do Código Civil.

Quando o dano causado ao nascituro consista na eliminação da sua vida, cabe aplicar identicamente a regra do n.° 2 do artigo 496.° do Código Civil e cabe entender que o direito à indemnização radica originariamente na sua esfera jurídica transmitindo-se entretanto para aqueles que seriam os seus sucessores se nascido fosse.

Lisboa, 16 de Fevereiro de 2007

---

[58] A bem da verdade, tendo em conta que a ordenação dos modelos de crime obedece a uma hierarquia de valores (a qual, por sua vez, é imposta pela própria ordenação constitucional dos direitos fundamentais – artigos 24.° a 79.° da Constituição da República Portuguesa), toda a sequência de crimes previstos a partir do artigo 142.° é contestável, ao menos na vertente da medida da pena.

[59] Aliás, por comparação, até já custa entender que não constitua crime quanto mais que não represente tão-pouco um ilícito civil.

[60] Pelo que, por exemplo, se a mãe interromper voluntariamente a gravidez, mesmo quando tal seja penalmente irrelevante, pode ser civilmente responsabilizada por violação do direito à vida do nascituro.

DO SUBSTANTIVO E DO ADJECTIVO EM DIREITO
(CONSIDERAÇÕES À VOLTA DA NATUREZA JURÍDICA DA TRANSCRIÇÃO DOS MATRIMÓNIOS CANÓNICOS)

José João Gonçalves de Proença[*]

1. Gramaticalmente, o substantivo é definido como uma palavra com que se nomeiam pessoas, coisas ou acções. Adjectivo é uma palavra que serve para qualificar ou determinar o substantivo.

Transpondo estes conceitos para o domínio do direito, teremos que são de natureza substantiva os conceitos jurídicos relacionados com as coisas, as pessoas e as acções, consideradas por si mesmas, e que são adjectivos aqueles que se limitam a qualificar ou determinar um conceito substantivo, sem entrar propriamente na sua definição objectiva.

Exemplificando, apresentam-se-nos como substantivos os actos, factos ou situações que valem por si (v.g. o casamento, a perfilhação, a adopção) e como adjectivos, os actos, factos ou procedimentos que se limitam a qualificar ou determinar conceitos substantivos (v.g. o casamento putativo, a adopção plena, a perfilhação voluntária).

Passando agora directamente ao tema que nos propomos tratar, relacionado com a transcrição nos livros do registo civil dos casamentos que dela necessitam para adquirir relevância na ordem estadual, pode com legitimidade pôr-se a questão de saber se tal inscrição deve ser enquadrada num conceito substantivo ou num conceito adjectivo, ou se, por vezes, deve ser subsumida no primeiro, outras, no segundo.

Tudo isto porque, como sabemos, a função da transcrição dos matrimónios não tem sempre a mesma finalidade, consoante a natureza e origem dos actos matrimoniais a que respeita.

---
[*] Professor Catedrático da Faculdade de Direito da Universidade Lusíada.

É o que se passa, designadamente, com os casamentos canónicos cuja eficácia está relacionada com a respectiva inscrição nos livros do estado civil, não se podendo todavia dizer que ela tem uma intervenção idêntica quando se trata de transcrever um matrimónio pré-concordatário ou quando esteja em causa um matrimónio pós-concordatário.

O mesmo sucedendo com a transcrição de um casamento celebrado por portugueses no estrangeiro, em conformidade com a lei local, hipótese em que à inscrição no registo português não é atribuída exactamente a mesma função que à transcrição dos casamentos canónicos, celebrados em Portugal ou no estrangeiro.

De resto, como também é sabido, nem toda a doutrina está de acordo com o conceito a atribuir à função da transcrição, independentemente do acto matrimonial a que respeita, seja este canónico ou civil, conhecida como é a polémica que há muito se mantém entre civilistas e canonistas, considerando uns que a transcrição tem natureza meramente probatória (ou declarativa), sustentando outros que, por sua natureza, a transcrição participa na estrutura do acto matrimonial, condicionando a sua validade ou a sua eficácia.

Por último, há ainda quem sustente que, pelo menos em alguns casos, a transcrição equivale ou substitui o próprio acto transcrito, valendo como uma verdadeira celebração.

E daí a questão que colocámos no pórtico das presentes considerações: A transcrição tem um valor substantivo ou deve ser encarada como um adjectivo, apenas destinado a qualificar ou determinar o acto jurídico a que se refere?

2. Como é lógico, antes de prosseguir na análise do tema importa desde já esclarecer algumas questões que constituem pressupostos dessa mesma análise.

A começar logo pela determinação do que se deve entender por "transcrição" de um casamento nos livros do estado civil.

A própria designação inculca a ideia de que a transcrição pressupõe duas coisas: A celebração do acto e o seu "assento" anterior, de modo que o que se transcreve não é o acto, em si mesmo, mas o registo que dele foi feito, quer se trate do matrimónio canónico ou de casamento celebrado no estrangeiro pela forma da legislação local. São coisas naturalmente diferentes, o registo e a sua transcrição.

Quando falamos, por isso, em transcrição de casamento, queremos normalmente referir a "reprodução" do registo anterior desse casamento nos livros da instituição que a ele presidiu, seja a Igreja ou o Estado. Dizemos "normalmente" porque, pelo menos num caso, é duvidoso que assim seja, como adiante melhor explicaremos a propósito dos casamentos pré-concordatários.

A segunda questão que se levanta é a de saber se a transcrição pressupõe sempre a existência e validade do acto transcrito ou se ela se pode verificar não obstante tal acto não ser existente ou válido no momento da celebração (designadamente para efeitos putativos). Questão que adiante também será objecto de mais ampla apreciação.

Pode suscitar-se ainda no âmbito das chamadas questões prodrómicas, a dúvida quanto a saber se, para obter os efeitos próprios da transcrição, esta necessita de existir "de facto" ou se pode ser presumida, embora não existente.

Por último, importa distinguir os chamados efeitos intrínsecos daqueles que como tal não podem ser considerados porque são mera consequência de actos que não têm o objectivo da sua produção.

Exemplificando, diremos que pertencem à primeira categoria os efeitos pessoais que os casamentos determinam entre os cônjuges e que constituem a essência do vínculo conjugal, pertencendo à segunda, os efeitos sucessórios que a lei atribui ao cônjuge superstite, mas que o casamento não tem por objectivo especifico produzir.

Só aos primeiros nos referimos quando aludimos aos efeitos civis do casamento, canónico ou civil.

E assim chegamos ao cerne da problemática que nos propomos tratar: O que é e para que serve a transcrição dos casamentos.

Para os objectivos que aqui especialmente nos interessam, tudo dependerá da natureza do acto jurídico em causa, pelo que analisaremos em separado a transcrição dos matrimónios canónicos e a que se refere aos casamentos laicos celebrados no estrangeiro.

Transcrição dos casamentos canónicos

3. Nos termos do artigo 13.º da Concordata celebrada entre a Santa Sé e Portugal, em 1940, após a sua revisão, em 18 de Maio de 2004, "o Estado português reconhece efeitos civis aos casamentos celebrados em conformidade com as leis canónicas, *desde que* o respectivo assento de casamento seja transcrito para os competentes livros do registo civis".

Aparentemente simples e claro, o texto em causa tem sido, no entanto, objecto de acesa polémica exegética, a propósito, precisamente, da forma como é referido o papel atribuído à transcrição e sua importância para a relevância do matrimónio canónico na ordem estadual.

Nele se diz que são reconhecidos efeitos civis aos casamentos canónicos desde que os respectivos assentos sejam transcritos no registo civil do Estado, mas não se esclarece o que se deve entender pela expressão "desde que"?

Etimologicamente, duas interpretações são possíveis: Uma de sentido temporal, outra de sentido condicionante.

No primeiro caso, tal expressão significará que os efeitos só se produzem depois da transcrição; no segundo caso, que a transcrição é ela mesma condição ou pressuposto de tais efeitos.

Por outras palavras: Em ambas as hipóteses, a transcrição é exterior ao próprio acto, mas no primeiro caso, não tem qualquer participação na produção dos efeitos, enquanto no segundo participa nessa mesma produção.

E não se trata de um simples jogo de palavras, como o demonstra o simples facto de uma e outra dessas posições servir de fundamento doutrinário às duas teorias com maior significado na polémica que a tal respeito se debate, tanto no âmbito civilístico como no do direito canónico: As teorias da "recepção normativa" e da "recepção individualizada".

A primeira considera que os efeitos civis do casamento canónico não são mais do que uma consequência do reconhecimento da competência do próprio direito canónico e, como tal, produzem-se a partir da celebração, funcionando a transcrição apenas como testemunho ou prova dessa celebração.

Pela teoria da "recepção individualizada" os efeitos civis são atribuídos directamente pelo Estado, através da transcrição, aos casamentos canónicos, funcionando esta, em tais circunstâncias, como uma verdadeira condição legal (conditio juris).

Independentemente do seu valor doutrinário, a teoria da recepção normativa parece ser a que melhor se adapta aos termos usados pelas Altas Partes Contratantes na Concordata, onde se afirma, como acima se refere, que "o Estado português reconhece efeitos civis aos casamentos celebrados em conformidade com as leis canónicas", acentuando-se assim, como pressuposto essencial desse reconhecimento, a sua identificação com o próprio direito eclesiástico. Ou seja, a celebração, em si mesma, nada valerá, se não estiver em conformidade com o direito canónico, pondo em causa a teoria da recepção individual, que centra na transcrição o factor determinante da relevância civil do acto matrimonial.

4. Posto isto, voltemos então ao assunto que estávamos a tratar sobre a qualificação técnico-jurídica da transcrição, tal como se encontra prevista e regulamentada no ordenamento concordatário português.

Já acima referimos os termos gerais da sua consagração na Concordata, impondo-se agora analisar o modo como essa consagração é feita no direito interno português, designadamente no Código Civil e no Código do Registo Civil, que são os diplomas fundamentais na matéria.

Nestes textos a transcrição aparece mencionada, quase só, para exigir a sua efectivação ou para indicar os casos em que não deve ser feita.

Ao primeiro aspecto, referem-se os artigos 169.°, 170.°, 171.° e 172.° do Código do Registo Civil e o artigo 1654.° do Código Civil, para impor ao Pároco a remessa do duplicado do assento do casamento canónico e ao Conservador do Registo Civil, o dever de efectuar a transcrição desse duplicado no prazo de dois dias. O Código Civil, por sua vez, dá particular destaque aos casos em que a transcrição deve ser recusada (artigo 1657.°).

De especial há apenas a salientar o carácter vinculativo com que tais determinações são feitas, sem deixar qualquer margem de opção aos órgãos respectivos, acentuando-se, a propósito, que a transcrição, quando não seja efectuada atempadamente, pode ser feita a todo o tempo, a requerimento de qualquer interessado ou do Ministério Público. De referir também que a transcrição é obrigatória para todos os casamentos católicos, salvo aqueles que por lei dela sejam dispensados, insinuando-se assim a sua validade independentemente do registo anagráfico.

Quanto às causas que podem impedir a transcrição vêm elas elencadas nos artigos 174.° do Código do Registo Civil e 1657.° do Código Civil, em termos praticamente coincidentes, de entre os quais importa destacar a disposição segundo a qual ela não poderá ser feita "se no momento da celebração (do casamento canónico) for oponível a esse casamento algum impedimento derimente".

Disposição, esta última, de especial relevo para os efeitos que aqui estamos a apreciar, pois permite levantar a questão de saber se para o legislador civil podem ser considerados como impedimentos derimentes aqueles que como tais são considerados pelo direito canónico ou se apenas relevam os impedimentos prescritos pela lei civil.

A questão tem importância sob dois aspectos: O determinar se os impedimentos canónicos, eventualmente existentes, podem ser apreciados pelos órgãos estaduais e se o casamento religioso, independentemente da transcrição, constitui impedimento a um casamento civil, tal como o casamento civil pode constituir obstáculo à transcrição de um casamento canónico subsequente.

À primeira questão responde a norma concordatária do artigo 16.°, segundo a qual, compete às autoridades eclesiásticas, em exclusivo, apreciar as situações relacionadas com a nulidade dos casamentos canónicos e consequentemente a existência ou não de impedimentos à sua celebração,

Pelo que respeita à segunda questão, relacionada com a eventual eficácia, como impedimento derimente, de um casamento canónico não transcrito, a resposta é-nos dada pelo artigo 1601.°, alínea c) do Código Civil, onde expressamente se dispõe que, "são impedimentos derimentes, obstando ao casamento da pessoa a quem respeitam", além de outros, "o casamento anterior não dissolvido, católico ou civil, ainda que o respectivo assento não tenha sido lavrado no registo civil".

Questões da maior importância para a análise do problema da relevância civil do matrimónio canónico, formalmente relacionada com a transcrição, designadamente pelo que respeita ao significado a atribuir ao impedimento de vinculo que o casamento canónico constitui mesmo antes da sua inscrição nos livros do estado civil.

Ou seja: A questão de apreciar se tal impedimento constitui um efeito do casamento canónico ou uma mera consequência da sua existência.

Tudo depende, no fundo, de saber se o matrimónio canónico, ainda antes da transcrição, já determinou a existência do vínculo, ou se este só se pode considerar existente depois desse registo.

Em nosso entender e face aos termos da lei, afigura-se-nos que só é legítimo afirmar que tal matrimónio constitui impedimento derimente se se aceitar que já existe um vínculo matrimonial impeditivo da constituição de outro, à semelhança do que se passa com o próprio casamento civil não registado, a propósito do qual nunca foi levantada qualquer dúvida quanto à existência de tal vínculo.

5. Prosseguindo na exegese dos textos legais, chegamos assim a duas conclusões que, embora incontroversas, parecem contradizer-se entre si.

Afirma-se, por um lado, que todos os matrimónios canónicos devem ser transcritos (artigo 13.° da Concordata) para que possam produzir efeitos civis, e determina-se, por outro lado (artigo 1601.° do Código Civil), que a falta da transcrição é irrelevante para o efeito de impedimento atribuído ao casamento canónico não transcrito, relativamente aos casamentos civis posteriores.

Como justificar esta aparente contradição?

Pergunta que por si só justifica a averiguação em que estamos empenhados quanto à natureza do acto transcricional, nem sempre uniforme na sua estrutura e efeitos.

O que sucede é que a transcrição tem, no processo concordatário, uma função complexa em que se misturam as funções registal e condicionante, com maior ou menor acentuação de uma e outra consoante a perspectiva em que seja encarada.

Tudo a partir, no entanto, de um dado incontroverso: Os efeitos civis, no sentido de eficácia do vínculo matrimonial na ordem estadual, são atribuídos, directa e exclusivamente ao matrimónio celebrado de acordo com as leis canónicas, qualquer que seja a função atribuída à transcrição. Em conformidade, de resto, com o que expressamente se afirma no artigo 1587.º, n.º 2 do Código Civil, onde se lê que a lei civil reconhece valor e *eficácia de casamento* ao matrimónio católico. E daí a sua relevância como impedimento de vínculo, independentemente da transcrição.

Incontroverso é também que tal vínculo é integrado pelos direitos e deveres que a partir do casamento passam a existir entre cônjuges, tal como são definidos pela lei civil (por isso se fala em efeitos civis), que não se confundem nem se identificam com os efeitos ao casamento canónico atribuídos pelo respectivo direito.

Ora, é precisamente esta dualidade estrutural do matrimónio concordatário (no sentido de casamento celebrado à sombra da Concordata) que empresta à transcrição a complexidade de que se reveste. Senão vejamos:

O casamento canónico não precisa da transcrição para constituir impedimento de vínculo. Logo é ilícito afirmar que o casamento não produz efeitos civis antes da transcrição.

No entanto, nos termos da Concordata, o Estado só reconhece efeitos civis aos casamentos canónicos desde que o respectivo assento seja transcrito no Registo Civil.

Embora complexa a solução é mais simples do que parece, pois o que supomos ser uma contradição, efectivamente não o é.

Se reparamos bem, o Estado não adopta em matéria de registo matrimonial um comportamento diferente, para os casamentos ditos concordatários, daquele que adopta para os casamentos civis propriamente ditos.

Tanto em relação a uns como em relação aos outros, a respectiva oponibilidade em relação a terceiros está sempre dependente da sua inscrição no registo civil. A única diferença reside em que os casamentos laicos são registados logo no acto da sua celebração, enquanto os casamentos canónicos, porque celebrados fora das conservatórias do registo civil, só nestas podem ser inseridas por transcrição dos respectivos assentos paroquiais. Em tudo o resto há similitude de comportamentos, inclusive quanto à relevância dos impedimentos susceptíveis de impedir o registo civil de uns e outros.

À margem, como é lógico, ficam os efeitos que o matrimónio canónico produz na sua própria ordem jurídica, a que o Estado é naturalmente estranho.

Como também é evidente, quando nos referimos, na perspectiva concordatária, aos efeitos civis dos casamentos canónicos, estamos naturalmente a aludir à relevância que, por força da Concordata, o Estado passou a reconhecer a tais casamentos, independentemente dos efeitos que lhe são próprios na ordem religiosa.

Pode assim concluir-se que a transcrição dos casamentos canónicos tem praticamente a mesma natureza do registo dos casamentos civis logo após a sua celebração, e quanto a este ninguém levanta dúvidas sobre a sua natureza eminentemente registal, isto é, meramente probatória da efectiva realização do casamento, tanto mais que, nos termos do artigo 14.° da Concordata, os efeitos civis do matrimónio canónico produzem-se a partir da data da celebração se a transcrição for feita no prazo de sete dias.

O que não impede que, para além do efeito registal propriamente dito (comprovativo da celebração canónica), a transcrição tenha ainda uma outra função, qual seja a de permitir que a entidade que a ela procede possa concomitantemente verificar a presença dos demais requisitos necessários para a produção dos efeitos civis, "maxime", a ausência de impedimentos derimentes, susceptíveis de impedir essa eficácia, tal como, de resto, também sucede com o registo dos casamentos civis. Verificação que, por si mesma, não altera a natureza da inscrição anagráfica.

Circunstância que não retira à transcrição o valor de instrumento poderoso no condicionamento da eficácia civil dos matrimónios canónicos pois que, sem ela, tais casamentos podem permanecer no limbo da irrelevância civil em relação a terceiros, enquanto a respectiva efectivação não tiver lugar. Situação particularmente grave em regimes como o que vigorou entre nós após a celebração da Concordata de 1940, em que a transcrição dos casamentos canónicos estava essencialmente dependente de requerimento dos interessados, com todas as consequências que daí podiam derivar, nomeadamente quanto à possibilidade de celebração de novos casamentos "medio tempore".

Demasiadas incertezas e arbitrariedades para que tais situações pudessem continuar a ser aceites, passando-se por isso a determinar que, "a transcrição dos casamentos canónicos pode ser feita a todo o tempo a requerimento de algum interessado ou do ministério Público", eliminando-se desse modo o risco de qualquer tentativa de ilícito aproveitamento do vazio resultante da demora do registo nos livros do estado civil (artigo 170.° do Código do Registo Civil).

O que é de particular importância, na medida em que constitui uma determinação do próprio direito civil, comprovando o interesse do Estado na relevância do matrimónio canónico logo a partir da sua celebração, como consequência natural da competência para o efeito atribuída ao respectivo direito.

Tese a que se pode acrescentar mais uma achega, invocando o disposto, quer na Concordata (artigo 14.°, n.° 2), quer no Código Civil (artigo 1657.°, n.° 2) no sentido de que, "não obsta à transcrição a morte de um ou de ambos os cônjuges", o que equivale a afirmar que os efeitos civis devem ser reportados ao momento da celebração e não ao momento da transcrição. Caso contrário teríamos de admitir a hipótese estranha de casamentos entre mortos, mesmo que para o efeito se recorra à ficção da retroactividade daqueles efeitos, pois que, para tanto, sempre será necessário supor que a própria transcrição está a validar uma situação que já não existe no momento da sua inscrição no registo civil.

Ou seja, os efeitos do casamento produzem-se antes da transcrição, sem o que não poderiam manter-se após a morte do(s) cônjuge(s), ainda que seja por mero efeito retroactivo do registo.

Como é lógico, também nada vale a afirmação de que a transcrição se limita a confirmar que o casamento, embora já não exista no momento da realização do registo, produziu todos os efeitos até à dissolução pela morte dos cônjuges, pois tal afirmação equivale a reconhecer precisamente o que se pretende demonstrar: Que a eficácia do casamento católico não depende da sua inscrição anagráfica.

6. Embora sem aplicação directa ao caso, talvez tenha algum interesse comentar aqui a classificação que é costume fazer das inscrições registais, em registos enunciativos, registos declarativos e registos constitutivos, averiguando em qual dessas categorias poderá ser enquadrada a transcrição dos casamentos canónicos.

Enunciativos são os registos que não sendo em absoluto irrelevantes em nada alteram a situação jurídica do acto a que se referem. Como exemplo pode citar-se o caso do registo da "mera posse" de coisa alheia que não afecta os direitos do legítimo proprietário.

Declarativos são os registos que atestam alterações na situação jurídica a que se reportam. Como exemplo, pode apontar-se o caso do registo do contrato de aquisição de um imóvel, que tem exactamente por finalidade comprovar a transferência da respectiva propriedade.

Finalmente, constitutivos são os registos que valem por si, determinando eles mesmos os efeitos dos actos a que se reportem. Como exemplo, pode citar-se o caso do registo de uma aquisição de prédio ainda registado em nome de alguém que já o tinha vendido a outra pessoa. Em certas condições, o registo de tal aquisição pelo novo adquirente, pode transferir para este a propriedade do prédio em causa, embora esse prédio já não pertencesse a quem lho vendeu.

Posto o que, vejamos se a transcrição dos casamentos canónicos pode ser inserida em alguma das categorias registais apontadas.

Como é evidente, a transcrição não é um registo meramente enunciativo, dada a sua importância para a relevância do matrimónio canónico na ordem estadual.

A dúvida só pode surgir em relação às outras duas modalidades registais, a declarativa e a constitutiva.

Afigura-se-nos, porém, que depois do que acima expomos, só a configuração declarativa se revela adequada, dada a ausência completa de participação que atribuímos à transcrição na produção dos efeitos civis reconhecidos aos matrimónios canónicos, sem negar a sua importância no processo registal (como é próprio dos registos declarativos).

7. Em anexo, acrescentar-se-á ainda que a tese exposta permite solucionar com êxito a polémica que se tem mantido a propósito do significado a atribuir à disposição Constitucional do artigo 36.°, n.° 2, segundo a qual, "a lei (civil) regula os requisitos e os efeitos do casamento e da dissolução por morte ou divórcio independentemente da forma da celebração", sustentando alguns autores que por força dela o Estado pretende chamar a si toda a competência para a regulamentação do casamento, em qualquer das suas modalidades (civil ou canónica), o que, a ser exacto, envolveria a consagração do regime jurídico do "instituto único", caracterizado pela subordinação, tanto do matrimónio canónico como do matrimónio civil, à legislação do Estado.

Tese que se nos afigura manifestamente inadequada, pois que, em nosso entender, o que a disposição constitucional pretendeu estabelecer foi apenas que os efeitos das duas modalidades de casamento, na órbita estadual, são regulados, como não poderia deixar de ser, pela lei civil, a única competente nesse domínio. Em caso algum se pode pensar que a lei civil possa arrogar-se competência para reger também os efeitos do casamento na órbita canónica. E tanto assim que, tanto a Santa Sé como o Estado português reconhecem a competência em exclusivo dos tribunais eclesiásticos para a apreciação das causas relacionadas com a validade dos matrimónios celebrados de harmonia com as leis canónicas.

Nada depõe contra isso a disposição de que os matrimónios canónicos não devem ser celebrados quando a essa celebração se oponham impedimentos civis (artigo 1596.º do C.C.), pois que, com essa determinação apenas se pretende impedir que tais casamentos sejam subsequentemente privados de relevância na ordem estadual, como sucede, de resto, com os casamentos civis celebrados nas mesmas condições.

Não se trata, como é evidente, de impor aos casamentos canónicos o regime dos impedimentos prescritos pela lei civil, na medida em que isso envolveria uma grave intromissão na legislação canónica, em aspectos que transcendem a legislação matrimonial, designadamente pelo que respeita ao valor sacramental atribuído ao casamento. Tanto assim que, não obstante os compromissos assumidos pela Concordata, a Igreja não se considera inibida de celebrar casamentos destituídos da possibilidade de relevância civil, como sucede com os chamados casamentos de consciência, a que o Estado não se opõe (artigos 170.º do Código do Registo Civil e 1656.º do Código Civil).

Pela importância que em certo momento assumiu na doutrina concordatária, merece ainda um último apontamento a tese segundo a qual haverá que distinguir, na problemática da relevância civil dos matrimónios canónicos, os chamados requisitos de validade face aos requisitos de eficácia, tal como sucede com os negócios condicionados em geral, considerados válidos embora destituídos de eficácia até à verificação da condição.

Essa seria também, segundo tal teoria, a situação dos casamentos canónicos não transcritos, já válidos a partir da celebração (constituindo por isso um impedimento matrimonial) mas ainda não plenamente eficazes (porque não oponíveis a terceiros).

Não obstante o prestígio de alguns dos juristas que sufragaram essa tese afigura-se-nos difícil a sua aceitação na perspectiva do direito concordatário actual, entre nós vigente, pois que, por força dela, seríamos conduzidos à conclusão de que um casamento canónico, antes da transcrição, já existiria, mas sem efeitos, ficando assim por explicar a sua relevância como impedimento de vínculo.

O que igualmente não se concilia com o que se passa no caso dos negócios condicionais de natureza suspensiva, em que, segundo a melhor doutrina, os actos jurídicos praticados "medio tempore" são validos, deixando apenas de o ser se a condição não se verificar, ao passo que, no casamento, os actos praticados com valor matrimonial, antes da transcrição, não podem deixar de ser considerados sempre nulos.

Reportando o caso para o sistema concordatário português, pensamos que a questão pode considerar-se praticamente resolvida pelo artigo 1587.º do Código Civil, onde se dispõe que, "a lei civil reconhece *valor e eficácia* de casamento ao matrimónio canónico", o que equivale ao reconhecimento da sua validade e eficácia como valores intrínsecos do próprio acto matrimonial, não permitindo a sua perspectivação autónoma.

A título de curiosidade merece ainda uma referência o caso dos casamentos pré-concordatários, celebrados antes da entrada em vigor da Concordata portuguesa, para os quais se estabelecia um regime que alguns juristas equipararam à criação de uma nova figura de transcrição a que chamaram "transcrição/casamento" e que consistiria no seguinte: Segundo o texto concordatário, os casamentos canónicos celebrados antes de 1940 (à revelia da lei que proibia a sua celebração sem antecipação da cerimónia civil) poderiam ser averbados no registo civil sem necessidade de nova celebração, passando desde logo a produzir efeitos na ordem estadual. Situação que equivalia a atribuir à própria transcrição eficácia de matrimónio civil, já que tal eficácia não podia ser reportada ao matrimónio canónico, dado o carácter ilegal da sua celebração.

Ao contrário do que sucede com os casamentos pós-concordatários em que a eficácia civil é reportada ao próprio matrimónio e daí a atribuição àquele "averbamento" da dupla função de factor e condição de eficácia. Ou, como também sustentavam alguns autores, de imputação ao "averbamento" de eficácia constitutiva do próprio acto matrimonial.

Concepções, uma e outra, muito duvidosas, face ao seu simples enunciado, pelo qual se revela que a intenção pragmática do legislador, mais não visava do que permitir a legalização dos matrimónios canónicos ilegalmente celebrados antes da Concordata, evitando, desse modo, a aplicação das sanções cominadas contra os párocos que a eles tivessem presidido, uma vez restabelecida a eficácia civil dos casamentos religiosos.

Transcrição dos casamentos celebrados no estrangeiro

8. Como acima se refere, estão também sujeitos ao regime da transcrição, em condições idênticas às dos casamentos canónicos, os casamentos entre portugueses ou entre portugueses e estrangeiros celebrados fora do País, de harmonia com a lei do lugar da celebração. Também neste caso a lei faz depender a relevância desses casamentos da sua transcrição nos livros do registo civil português, em termos em tudo semelhantes aos da transcrição dos casamentos canónicos.

E tal como também sucede com estes últimos, a sua transcrição será recusada se, pelo processo de publicação ou por outro modo, a entidade que a ela procede certificar que o casamento foi celebrado com algum impedimento que o torne anulável à face da lei portuguesa.

O que nos leva a pôr a questão de saber se, tal como nos matrimónios canónicos, a relevância dos casamentos celebrados no estrangeiro é uma consequência da competência genérica reconhecida para o efeito à legislação exterior, ou se, pelo contrário, tal relevância deve ser configurada como atribuição directa de efeitos civis a tais actos, individualmente considerados.

Ou seja, se também em relação aos casamentos exteriores se pode suscitar a polémica da caracterização da eficácia em causa como uma "recepção material" ou como uma "recepção normativa" da legislação com base na qual eles foram efectuados.

Questão que naturalmente transcende a fundamentação apontada à relevância civil dos matrimónios canónicos, essencialmente baseada no Acordo Concordatário entre o Estado português e a Santa Sé, obrigando-nos à translação da respectiva problemática para uma área mais ampla, que não pressupõe qualquer acordo entre o Estado português e os outros Estados em que tais casamentos venham a ser celebrados.

O que equivale a transitar do plano concordatário para o plano genérico das relações internacionais, onde o tema em causa aparece relacionado com a eficácia local dos actos e situações validamente praticados ou constituídos à sombra de legislação exterior.

Tema que constitui, como se sabe, o objecto central do Direito Internacional Privado, a cuja ciência devemos portanto recorrer para elucidar a questão "sub judice".

Ora, como também é sabido, a regra essencial adoptada a tal respeito, particularmente quando esteja em causa a salvaguarda de direitos adquiridos, sustenta que todas as situações, validamente constituídas no exterior, devem ser reconhecidas localmente sempre que a lei que presidiu à sua formação seja considerada como competente pelo D.I.P. do foro.

Isto é: A aceitação local dos actos jurídicos exteriores, em princípio, pressupõe o reconhecimento da competência da legislação do lugar da celebração. Só muito excepcionalmente se admite a aceitação de tais actos, independentemente desse reconhecimento. O que pode suceder, por exemplo, com as sentenças proferidas por tribunais estrangeiros, em que a verificação da competência da lei "a quo" pode ser substituída por um processo de "revisão e confirmação". O que se passa com as sentenças pode verificar-se igualmente com os actos ou documentos autênticos.

Ainda a este respeito, esclarece-se que as sentenças exteriores são reconhecidas, por vezes, de pleno direito, sem necessidade de qualquer processo de revisão, quando emitidas por determinados Estados que entre si tenham celebrado Acordos internacionais com esse objectivo, de que é exemplo a Convenção de Bruxelas de 1968, actualmente substituída pelo Regulamento Comunitário n.º 44/2001, de 27 de Setembro, aplicável a todos os Estados da União Europeia.

Tudo isto se diz para concluir que, afinal, a fundamentação da relevância civil dos matrimónios canónicos não constitui, na sua essência, mais do que o comportamento normal adoptado nas relações entre as várias ordens que entre si se reconhecem com competência para a prática de certos actos jurídicos.

A única particularidade existente no caso dos casamentos canónicos, reside no facto de que, por força da separação que a partir de determinado momento histórico passou a existir entre as ordens estaduais e a ordem jurídica canónica, esta última deixou de actuar em pé de igualdade com as demais ordens civis, em contraste com a equiparação que se manteve entre as ordens estaduais propriamente ditas.

Daí a necessidade de acordos (designados por Concordatas) para que uma tal equiparação se restabelecesse em matérias de reconhecida competência comum, passando as ordens estaduais a aceitar no seu âmbito os actos jurídicos ocorridos na ordem canónica, geralmente relacionados com as relações familiares.

Foi exactamente o que aconteceu entre nós, desde a publicação do Código Civil, em 1867, até aos nossos dias.

Como se sabe, em Portugal, durante séculos, o direito matrimonial foi considerado da exclusiva competência da legislação canónica, à semelhança do que sucedia na maioria dos Estados europeus.

Por razões igualmente conhecidas, em determinado momento passou a entender-se que também deviam ter acesso ao matrimónio, em pé de igualdade com os católicos, as demais pessoas que, por não professarem essa religião, a ele não eram admitidas.

Além de outras, esta foi a razão principal porque, ao redigir o Código de 1867, o nosso legislador decidiu introduzir no sistema jurídico português, em paridade com o casamento religioso, o casamento civil, que passaram assim a constituir as duas vias pelas quais se acedia ao estado de casado.

E exactamente porque não havia então uma demarcação político-jurídica entre as duas ordens normativas (da Igreja e do Estado) as duas modalidades matrimoniais conviveram sem necessidade de maior entendimento, inclusive sob o ponto de vista registal.

Pouco a pouco, porém, sobretudo por influência da evolução que entretanto se estava a verificar nos demais países da Europa, e ainda por razões pragmáticas de natureza administrativa, o Estado começou a sentir a necessidade de exercer um maior controle sobre a situação, sobretudo para efeitos probatórios, passando a exigir mais comunicabilidade entre o registo civil e o canónico, sem, no entanto, interferir directamente na celebração do acto matrimonial religioso.

Esta situação durou até à declaração oficial da separação entre a Igreja e o Estado, aquando da proclamação da República, em 1910, a partir do que foi retirada ao direito canónico toda e qualquer competência em matéria matrimonial, que transitou desse modo para o domínio exclusivo da lei civil.

E nessa medida, os actos praticados à sombra do direito da Igreja deixaram de ter qualquer relevância na ordem civil, em contraste com o reconhecimento que se manteve quanto aos actos celebrados em conformidade com as demais ordens jurídicas estaduais.

Situação que, embora imposta pela lei, contrariava a mentalidade de grande parte da população portuguesa que, não obstante a proibição legal, insistia em atribuir ao matrimónio canónico maior relevância, não dispensando a sua celebração após a cerimónia civil.

Razão por que alguns anos (poucos) após a laicisação legal do casamento, o sistema entre nós vigente sofreu nova alteração, regressando praticamente ao regime anterior, da validade conjunta das duas modalidades matrimoniais (a canónica e a civil), agora porém ao abrigo de uma Concordata entre o Estado português e a Santa Sé, à semelhança de outros casos idênticos entretanto ocorridos na Europa, designadamente na Polónia e na Itália.

O que, como acima referimos, não constituiu novidade face à orientação adoptada nas relações entre os Estados e a Igreja, nem pode ser considerado como um acto de concessão original de direitos pelo Estado à ordem canónica, pois que, na prática, se limita a restabelecer uma situação de há muito consagrada pela legislação portuguesa.

O mesmo se pode dizer sob o ponto de vista jurídico, dada a similitude existente com o que se passa nas relações entre as várias ordens jurídicas internacionalmente reconhecidas como tal, no número das quais ninguém tem dúvidas em incluir a ordem jurídica representada pela Santa Sé, nem a natureza de convenção internacional atribuída às Concordatas.

Isto mesmo foi reconhecido no texto introdutório da recente revisão da Concordata celebrada em 1940, onde expressamente se afirma que "a República Portuguesa reconhece a personalidade jurídica da Igreja católica", por força do que "as relações entre a Santa Sé e o Estado português são asseguradas mediante um Núncio Apostólico junto da República portuguesa e um Embaixador de Portugal junta da Santa Sé".

O que está inteiramente de acordo com todos os argumentos em que se alicerça a configuração das Concordatas como tratados internacionais, a saber:

1) O exercício soberano, pela Santa Sé, da respectiva jurisdição – "potestas jurisditiones" (A Igreja católica é uma sociedade jurídica, organizada, distinta e independente de qualquer outro poder);
2) O direito de legação passivo e activo – "jus legationes" (particularmente categorizado pelo Congresso de Viena, segundo o qual, o decanato do Corpo Diplomático compete, de direito, ao Núncio Apostólico);
3) O direito consagrado de concluir tratados – "jus tractatuum"
4) O reconhecimento internacional das prerrogativas e imunidades soberanas do Sumo Pontífice;
5) A forma de celebração dos pactos concordatários como tratados internacionais;
6) A fundamentação internacional da obrigatoriedade das Concordatas (pacta sunt servanda).

Muito mais haveria ainda a dizer sobre este assunto, mas o que fica, afigura-se-nos suficiente para equiparar as Concordatas aos demais tratados entre os Estados, e portanto com valor idêntico ao que promana dos acordos que ultimamente têm vindo a ser celebrados para regular as respectivas relações, designadamente no domínio da relevância local dos actos e decisões dimanadas de outras ordens jurídicas estaduais, por vezes em sistemas de reconhecimento "de plano", independente de qualquer processo de revisão ou reconhecimento interno por parte do Estado local, como ainda recentemente sucedeu com o Regulamento Comunitário n.º 44/2001 quanto às decisões judiciais dos Estados Membros da União Europeia.

Pelo que, também nesta perspectiva, nada de estranho e inovador se impõe reconhecer aos casos em que o matrimónio canónico é aceite como impedimento de vínculo, independentemente da existência ou não de transcrição nos livros do registo civil, tal como pode acontecer com as sentenças ou actos validamente praticados em outras ordens jurídicas. Para o que, nem sempre será necessária a existência formal de acordos expressos, bastando, por parte do Estado local, a aceitação genérica de tal relevância, como entre nós sucedia na vigência inicial do Código Civil de 1867.

Com o que podemos dar por concluídas as considerações que nos propusemos fazer sobre o tema da natureza jurídica da transcrição dos casamentos católicos e dos casamentos celebrados no estrangeiro à sombra da lei local, retomando o ponto de partida relacionado com a caracterização substantiva ou adjectiva de tais procedimentos.

De tudo o explanado fácil é concluir que, em nossa opinião, e não obstante a importância de que se reveste, a transcrição tem natureza essencialmente adjectiva, pois que, em conformidade com o significado desta qualificação, ela limita-se a comprovar o acto matrimonial a que se refere, sem nada lhe acrescentar que dele já não tenha resultado.

Não lhe dá existência, nem dele participa, restringindo a sua intervenção à oponibilidade em relação a terceiros, quando não feita nos sete dias posteriores á celebração do casamento.

Se algo de substantivo se verifica no binómio casamento/transcrição, isso sucede exclusivamente quanto ao primeiro termo, pois nele reside toda a dignidade do processo constitutivo do vínculo matrimonial.

Nota: O presente trabalho foi elaborado com uma finalidade essencialmente pedagógico, como documento de estudo de uma das mais polémicas questões relacionadas com a relevância do direito matrimonial canônico no Ordenamento Estadual Português.

Coincidiu a sua realização com o honroso convite para participar na homenagem que a Faculdade de Direito da Universidade de Lisboa pretende prestar ao Prof. Doutor Inocêncio Galvão Telles, assinalando o seu notável contributo para o desenvolvimento e progresso dos estudos jurídicos, nomeadamente na área do Direito Privado, onde, com toda a justiça, se destaca como um dos mais insignes criadores do moderno direito civil português.

O autor do presente trabalho não teve a honra de ter sido seu aluno como escolar de leis, mas tem a honra de ser seu Colega como docente na Universidade Lusíada de Lisboa, de cuja bibliografia escolar constam todos os textos académicos elaborados pelo Prof. Galvão Telles.

Com o que, bem justificado fica o louvor que por esta singela forma se deseja prestar a quem tem dedicado e continua a dedicar toda a sua vida, ao ensino do direito.

O CASO JULGADO NA ARBITRAGEM INTERNACIONAL QUE TEM LUGAR EM TERRITÓRIO PORTUGUÊS

JOSÉ LEBRE DE FREITAS*

SUMÁRIO: *1. A lei de arbitragem portuguesa. 2. Indisponibilidade dos pressupostos processuais. 3. Caso julgado e lei aplicável ao mérito da causa. 4. Subsidiariedade da lei processual local. 5. Concentração de pedidos e de causas de pedir. 6. O Regulamento CCI e a lei processual local. 7. Os três requisitos da repetição. Conclusões.*

1. A lei de arbitragem portuguesa

As arbitragens que tenham lugar em território português estão sujeitas ao regime da Lei 31/86 (Lei das Arbitragens Voluntárias: LAV). É o que dispõe o artigo 37 LAV, que não estabelece qualquer distinção entre a arbitragem interna e a arbitragem internacional, definida esta como a que põe em jogo interesses de comércio internacional (artigo 32 LAV)[1]. Nada é, designadamente, ressalvado no caso de as partes terem estipulado, na

---

* Professor Catedrático da Faculdade de Direito da Universidade Nova de Lisboa.

[1] A fórmula foi retirada do artigo 1492 do Código de Processo Civil francês, cuja vaguidade já foi criticada (BELLET-METZER, *L'arbitrage international dans le nouveau Code de procédure civile*, Revue critique de droit international privé, 1981, p. 615). Liga-se-lhe a ideia de contrato, ou outro acto jurídico, que implique a transferência transfronteiriça de capitais, bens ou serviços, em detrimento da ideia de conexão com várias ordens jurídicas de elementos geralmente relevantes em direito internacional privado (DÁRIO MOURA VICENTE, *Do direito aplicável ao mérito da causa na arbitragem comercial internacional*, Lisboa, 1989, ps. 22-23).

convenção de arbitragem, o recurso a uma entidade que realize arbitragens voluntárias institucionalizadas[2].

O regime da Lei 31/86 é integrado por normas *imperativas* (como a que delimita a eficácia da convenção de arbitragem em função da disponibilidade do direito, a que exige que a convenção seja celebrada por escrito, a que estende aos árbitros não nomeados por acordo das partes o regime de impedimentos e escusas dos juízes, a que obriga a respeitar determinados princípios fundamentais ou a que determina os requisitos da sentença: artigos 1-1, 2-1, 10-1, 16 e 23), por normas *permissivas* (como as que facultam às partes a designação dos árbitros ou do modo de os escolher, a escolha das regras do processo e do local do funcionamento da arbitragem, a fixação do prazo para a decisão, a determinação do direito aplicável ou concessão do poder de julgar segundo a equidade, a renúncia aos recursos ou a estipulação da recorribilidade da decisão proferida em arbitragem internacional: artigos 7-1, 15-1, 19-1, 22, 29-1 e 34) e por normas *supletivas* (como as que determinam que, na falta de diverso acordo das partes, os árbitros são designados nos termos do artigo 7-2, o prazo para a decisão é de 6 meses e a decisão do tribunal arbitral internacional é irrecorrível: artigos 7-2, 19-2 e 34).

Este regime acarreta a aplicação de (outras) normas gerais do sistema jurídico português, sejam de direito internacional privado, sejam de direito material, sejam de direito processual. Para dar exemplos: as normas do artigo 1-1 (direito disponível) e do artigo 21-1 (existência, validade ou eficácia da convenção de arbitragem ou do contrato em que ela se insira e aplicabilidade da convenção) apelam à aplicação das normas de conflito portuguesas, determinadoras do direito material aplicável à convenção de arbitragem (em termos semelhantes aos da determinação do estatuto obrigacional)[3]; as normas do artigo 18-1 (admissibilidade de qualquer prova admitida pela lei de processo civil) e do artigo 29-1 (admissibilidade, quando as partes não tiverem a eles renunciado, dos recursos que caberiam

---

[2] A estas se referem o artigo 38 LAV, que trata da outorga, pelo Governo a determinadas entidades, de competência para a realização de arbitragens voluntárias institucionalizadas, e o artigo 15-2 LAV, ao admitir que o acordo das partes sobre as regras do processo de arbitragem, bem como sobre o lugar em que esta deva decorrer, resulte da escolha do regulamento de arbitragem duma dessas entidades ou da escolha desta mesma para a organização da arbitragem. Ver também o artigo 24-2 LAV.

[3] LEBRE DE FREITAS, *Algumas implicações da natureza da convenção de arbitragem*, in *Estudos sobre direito civil e processo civil*, Coimbra, 2002, ps. 864-868.

da sentença proferida pelo tribunal de comarca) remetem para normas do direito processual civil português.

No que às normas processuais portuguesas especificamente respeita, constituem elas *background* de toda a regulamentação da Lei 31/86. Por um lado, há para elas *remissões expressas*: é o caso dos já citados artigos 10-1 (impedimentos e escusas), 18-1 (prova) e 29-1 (recursos), mas também o dos artigos 12-4 (recurso, nos termos gerais, da decisão da conferência que julgue nula a convenção de arbitragem), 26-2 (equiparação da força executiva da decisão arbitral à da sentença do tribunal judicial da 1.ª instância), 30 (execução da decisão arbitral nos termos da lei de processo civil) e 31 (oposição à execução da decisão arbitral nos termos da mesma lei). Por outro lado, há numerosas *remissões implícitas* ou *desvios* de regimes gerais também implícitos: é o caso do artigo 4-2 (causas gerais de extinção da instância), do artigo 10-2 (regime geral de recusa ou suspeição dos juízes), dos artigos 11-3 e 23-1-c (conceito de objecto do litígio), dos artigos 11-4 e 28-2 (conceito de instauração da acção), do artigo 12-4 (reclamação para a conferência da decisão do presidente do tribunal da relação que julgue nula a convenção de arbitragem), do artigo 16 (entendimento dos princípios fundamentais aí referidos), dos artigos 23-1--f e 27-1-d (vício decorrente da falta de assinatura da decisão), do artigo 23-3 (conceito de fundamentação da decisão), do artigo 26-1 (momento e conceito do trânsito em julgado), do artigo 27-1-e (conceitos de omissão e excesso de pronúncia) e do artigo 27-3 (apreciação da anulabilidade da decisão no âmbito do recurso). Por fim, a atribuição às partes da faculdade de determinarem as regras processuais aplicáveis e, na falta desta determinação, a concessão aos árbitros de um poder com idêntico conteúdo (artigo 15) não pode levar à preterição de *normas processuais de direito português de natureza imperativa*, como são as que regulam os pressupostos processuais e a formação do caso julgado.

2. Indisponibilidade dos pressupostos processuais

A natureza imperativa das normas reguladoras dos *pressupostos processuais* é bem expressa na regra do conhecimento oficioso das excepções dilatórias, da qual só se exceptuam a excepção da incompetência relativa (salvo nos casos do artigo 110 do Código de Processo Civil: CPC[4]) e a da

---

[4] A incompetência relativa resulta da infracção de regras de competência fundadas no valor da causa, na forma do processo aplicável ou na divisão judicial do território, ou

preterição do tribunal arbitral. Não é, por isso, invocável o princípio da *autonomia da vontade*, em que se funda a arbitragem voluntária[5], nem o *princípio dispositivo*, que tem na arbitragem voluntária o mesmo âmbito que no processo judicial[6], para defender a disponibilidade, pelas partes, dos pressupostos da relação jurídica processual: *o poder jurisdicional dos árbitros decorre da consagração constitucional da arbitragem*[7] e, embora a constituição do tribunal arbitral dependa da vontade das partes, as condições sem as quais a lei não admite a decisão judicial de mérito não integram o campo do direito disponível[8].

---

decorrentes do estipulado em pacto privativo de jurisdição ou de competência (artigo 108 CPC). A infracção das regras de competência fundadas no valor da causa e na forma do processo é sempre oficiosamente cognoscível pelo tribunal (artigo 110-2 CPC). Quanto à violação das normas de competência territorial, é em alguns casos de conhecimento oficioso (artigo 110-1 CPC). Fora disso, a incompetência relativa tem de ser invocada pelo réu.

[5] O princípio da autonomia da vontade exprime-se na convenção de arbitragem, mediante a determinação da composição do tribunal arbitral competente para a solução do litígio, a possibilidade de o dispensar da estrita aplicação do direito, a faculdade de escolha do direito material aplicável, quando a arbitragem é internacional, e a determinação das regras de procedimento a observar. Articula-se, além disso, com o princípio do dispositivo, do mesmo modo que no tribunal judicial, no acto de celebração do negócio de desistência do pedido, confissão do pedido ou transacção.

[6] Às partes cabe solicitar a tutela jurisdicional ou dela desistir, acordar (limitadamente) na suspensão da instância ou pôr-lhe termo, mediante um negócio jurídico (de natureza substantiva) de desistência do pedido, confissão do pedido ou transacção. Às partes cabe também conformar a instância, deduzindo o pedido e fundando-o numa causa de pedir. Todas estas actuações são manifestações do princípio do dispositivo, que o direito processual português consagra (para maior precisão: LEBRE DE FREITAS, *Introdução ao processo civil*, Coimbra, 1996, ps. 123-129), e que, apenas com algumas *nuances*, jogam também no campo da arbitragem voluntária (também para maior precisão: RAUL VENTURA, *Convenção de arbitragem*, Revista da Ordem dos Advogados, 1986, II, ps. 352-353 e 359--361; LEBRE DE FREITAS, *Algumas implicações da natureza da convenção de arbitragem* cit., ps. 855-860).

[7] O artigo 202-2 da Constituição da República confere aos tribunais a função de dirimir os conflitos de interesses públicos e privados e o artigo 209-2 CRP considera entre eles os tribunais arbitrais.

[8] Fora os casos excepcionais dos pressupostos cuja falta não é de conhecimento oficioso (*supra*, nota 4). A doutrina alemã fala, nestes casos de *Prozeßhindernisse*, marcando a sua diferença dos *Prozeßvoraussetzungen*, de conhecimento oficioso (ver, por exemplo, JAUERNIG, *Zivilprozessrecht*, München, 1998, p. 121). Entre os segundos aparece, como pressuposto processual negativo, a inocorrência de caso julgado sobre o objecto do processo (*idem*, p. 122). A cognoscibilidade *ex officio* não se estende aos factos que permitem verificar a falta do pressuposto, os quais têm de ser trazidos ao processo pelas partes, de acordo com a norma geral dos artigos 264 CPC e 664 CPC; aí jogam, como relativamente

Constituindo a inocorrência de caso julgado um *pressuposto processual negativo*, relativo ao objecto do processo, cuja não verificação, mediante a inversa ocorrência de caso julgado (excepção dilatória), gera a absolvição da instância (artigos 288-1-e CPC e 494-i CPC), a matéria a ele respeitante é igualmente *indisponível*: as partes não podem afastar as normas que o regulam, alargando ou restringindo o âmbito para ele definido pela lei; tão-pouco pode fazê-lo o tribunal arbitral; o caso julgado só pode ser considerado pelo tribunal arbitral nos termos em que o define a lei portuguesa, integrando a sua regulamentação o conjunto de normas que, juntamente com as que são expressas na Lei 31/86, se aplicam, *imperativamente*, às arbitragens que têm lugar no território nacional.

O artigo 15 LAV apenas concede às partes a faculdade de acordar sobre as *regras de procedimento ou tramitação* da arbitragem, como literalmente revela a epígrafe do capítulo III em que a norma se insere: os artigos 15 LAV a 18 LAV respeitam ao *funcionamento* da arbitragem, ao modo como se desenvolve a instância arbitral, isto é, à *forma do processo*. As restantes normas processuais integram o *"estatuto da arbitragem"*, conjunto das normas adjectivas que aos árbitros cumpre observar e que são, em regra, as que vigoram no lugar da sede do tribunal arbitral[9]. Estão entre elas as referentes aos *pressupostos processuais* e ao *âmbito de eficácia da decisão*.

3. Caso julgado e lei aplicável ao mérito da causa

Aliás, a definição do âmbito de eficácia da decisão não constitui exclusivamente, nem sequer prevalentemente, uma questão de natureza processual. *O principal efeito do caso julgado é de natureza preclusiva*: não só precludem todos os possíveis *meios de defesa* do réu vencido e todas as possíveis *razões do autor* que perde a acção, mas também, com maior amplitude, toda a indagação sobre a relação controvertida[10], tal como ela

---

aos factos em que se funda a decisão de mérito, as normas gerais da distribuição do ónus da prova (*idem*, p. 123). Terminologia à parte, estas distinções são perfeitamente válidas em direito processual português (por todos: LEBRE DE FREITAS, *A acção declarativa comum*, Coimbra, 2000, ps. 104-105, e *Introdução* cit., ps. 116 (3) e 134 (49)).

[9] DÁRIO MOURA VICENTE, cit., p. 377 (conclusões 3.ª e 4.ª), e, antes disso, p. 96; JOÃO LOPES DOS REIS, *Representação forense e arbitragem*, Coimbra, 2001, ps. 183 e 196 (em especial para as regras do patrocínio judiciário).

[10] ANGELO FALZEA, *Accertamento (teoria generale) e Efficacia giuridica*, Enciclopedia del Diritto, Milano, Giuffrè, respectivamente I, ps. 504-506, e XIV, ps. 213-214

é *delimitada pela decisão circunscrita pelos respectivos fundamentos*, em função, por sua vez, do pedido que foi deduzido em juízo com base na causa de pedir; esse é fundamentalmente um *efeito de direito substantivo*[11], do qual as proibições de repetir a causa e de contradizer a decisão mais não são do que uma consequência no plano processual[12]. As *normas processuais* limitam-se a *recortar*, objectiva e subjectivamente, o âmbito desta definição substantiva, apelando aos conceitos de *pedido, causa de pedir* e *parte* no processo, e a estatuir sobre o meio de deduzir a *excepção de caso julgado* em nova acção que se proponha. Sendo o principal efeito da sentença de natureza substantiva, o sistema jurídico perante o qual fundamentalmente deve ser verificado o âmbito em que ele se circunscreve deve ser, tendencialmente, o aplicável ao mérito da causa, sem prejuízo do recurso às normas processuais que permitiram chegar a esse resultado e àquelas que permitem obstar à sua destruição em novo processo.

Estas afirmações são inteiramente válidas na arbitragem. Assim, proferida uma sentença arbitral em território português, a sua *interpretação* e a consequente *delimitação do seu conteúdo* é feita em face do direito aplicável ao fundo da causa, ainda que para tanto tenha de se recorrer também às normas de direito processual português que definem o caso julgado, o pedido, a causa de pedir e as partes no processo. Quando, mais tarde, se invoque a excepção de caso julgado em processo posterior, o meio para tanto utilizado é determinado em função das regras de tramitação do novo processo; mas a sua procedência depende daquela delimitação do conteúdo da sentença anterior, à luz das normas aplicadas na arbitragem anterior.

---

e 217; LEBRE DE FREITAS e outros, *Código de Processo Civil anotado*, II, Coimbra, 2001, p. 679. Como digo adiante (n.º 5), não vigora em direito português o princípio da concentração dos pedidos ou das causas de pedir, pelo que a preclusão não abrange os pedidos não deduzidos ou as causas de pedir não invocadas. Isso mesmo é o que dizem ALBERTO DOS REIS, *Código de Processo Civil anotado*, Coimbra, 1984, V, p. 174, MANUEL DE ANDRADE, *Noções elementares de processo civil*, Coimbra, 1979, p. 324 (citando a máxima *tantum judicatum quantum disputatum vel disputari debeat*, expressamente com esse reduzido alcance), e eu próprio. As razões do autor são os seus argumentos ou conclusões (de facto ou de direito), não os factos que fundam a acção (causa de pedir) nem o pedido que neles se baseia. Estas distinções são pacíficas no direito processual civil português. Ver também *infra*, notas 23 e 41.

[11] ANGELO FALZEA, *Efficacia giuridica* cit., ps. 506-507. As situações jurídicas das partes ficam conformadas nos termos definidos na sentença, quer esta corresponda, quer não, à realidade substantiva preexistente.

[12] LEBRE DE FREITAS, *A confissão no direito probatório*, Coimbra, 1991, p. 291 (67).

4. Subsidiariedade da lei processual local

Ao mesmo resultado prático se chegaria se se considerasse que a delimitação da eficácia da sentença se faz exclusivamente com base na aplicação de normas processuais e que a concessão às partes da faculdade – e, subsidiariamente, aos árbitros do poder – de determinar as normas de processo aplicáveis abrange não só as normas de procedimento, mas também as normas relativas aos pressupostos processuais e à força da sentença arbitral. Num primeiro momento, essa faculdade das partes (ou esse poder dos árbitros) teria de se entender limitada à *escolha entre sistemas* de direito positivo; seria inaceitável se se estendesse à criação de regras processuais *ad hoc*, pois isso esbarraria sempre no muro do *direito indisponível*. Ora, num segundo momento, não tendo as partes (ou os árbitros) feito essa escolha, acabaria sempre por se aplicar o *direito processual do local da arbitragem*.

Esta (segunda) é, de facto, a conclusão a que comummente se chega quando se põe o problema da determinação das regras do processo arbitral, que as partes não hajam escolhido nem (no campo em que tal lhes é possível) *ad hoc* estabelecido.

É o que resulta das principais convenções vigentes em sede de arbitragem. Assim é que:

– O artigo V.1.d da Convenção de Nova Iorque de 10.6.58 consagra, como fundamento de recusa do reconhecimento e da execução da sentença arbitral, a desconformidade da constituição do tribunal arbitral ou do processo de arbitragem com a lei do *país onde teve lugar a arbitragem*, quando as partes neles não hajam acordado;
– Embora o artigo IV.1.b.3 da Convenção Europeia sobre a Arbitragem Comercial Internacional de 21.4.61[13], que concede às partes a faculdade de determinar as regras de processo a observar pelos árbitros nas arbitragens *ad hoc*, não contenha uma regra subsidiária, entende-se que é o *direito do local da arbitragem* o aplicável[14];
– O artigo 2.1 do Protocolo de Genebra de 1923 determina que o processo arbitral é regulado pelo acordo das partes e pelas normas legais do *local em que tem lugar o processo de arbitragem*, o que

---

[13] Portugal não é parte nesta convenção.
[14] SCHWAB-WALTER, *Schiedsgerichtsbarkeit*, München, 1990, ps. 421-422.

é entendido no sentido de estas só se aplicarem subsidiariamente, no silêncio das partes[15-16].

Há, portanto que ter cautela quando, em matéria processual[17], se defende, em nome duma evolução dos princípios da jurisprudência arbitral, o recurso a conceitos e princípios *autónomos* da arbitragem internacional. Pessoalmente, entendo que, duma maneira ou doutra, se cai *sempre* na aplicação dum sistema normativo nacional, *em tudo quanto, no campo em que tal lhes é permitido, as partes não tenham directamente acordado* e que esse sistema é, no campo do procedimento arbitral, aquele que as partes ou, subsidiariamente, os árbitros escolheram[18] e, na falta de escolha, o vigente *no Estado em que tem lugar a arbitragem*. Mas, se assim não fosse no campo da disponibilidade das partes, teria de sê-lo no campo do *direito processual indisponível*, que não pode ser substituído por princípios gerais com ele incompatíveis. Quanto às arbitragens que tenham lugar em Portugal, na medida em que as partes não escolham um sistema

---

[15] SCHWAB-WALTER, cit., ps. 422-423. Por lugar em que tem lugar o processo de arbitragem entende-se o local em que funciona o tribunal arbitral.

[16] Veja-se igualmente o caso dos tribunais arbitrais de tipo corporativo referidos por MOURA VICENTE, cit., p. 95 (2).

[17] Em sede de determinação da norma substantiva aplicável, defende uma corrente doutrinária minoritária o recurso a um sistema autónomo de solução dos conflitos de leis na arbitragem comercial internacional. Esta solução, defendida, entre outros, por GOLDMAN, FOUCHARD e LALIVE, necessariamente acaba por apelar a meros princípios gerais de direito internacional privado, insusceptíveis de resolver múltiplos problemas que encontram solução nos ordenamentos positivos e propiciadores de situações de arbítrio. Por isso se defende, também nesse campo, maioritariamente, que o sistema de normas de conflitos competente é o que vigora no Estado em que funciona a arbitragem, em termos análogos aos que vigoram nos processos que decorrem perante as jurisdições estaduais. Veja-se MOURA VICENTE, cit., ps. 85-94. Diversa é, obviamente, a situação em que as partes concedem aos árbitros o poder de decidir *ex aequo et bono*.

[18] A concessão às partes, em primeiro lugar, e aos árbitros, seguidamente, desta possibilidade de escolha não é privativa do direito arbitral português. A mesma regra se encontra estatuída, por exemplo, no Regulamento do Tribunal Europeu de Arbitragem (artigo 11-1), no Regulamento do London Court of International Arbitration (artigo 14) e no Regulamento de Arbitragem Internacional da Câmara de Arbitragem Nacional e Internacional de Milão (artigo 15-1). Os regulamentos de arbitragem usam conter uma norma sobre a possibilidade de escolha das regras de processo aplicáveis, fazendo-o, normalmente, por forma que torna evidente que se referem apenas às normas de procedimento, mesmo quando se concede aos árbitros o poder de conduzir o processo segundo o seu prudente arbítrio (artigo 15-1 do Regulamento de Arbitragem da UNCITRAL).

nacional, acabar-se-á igualmente na aplicação da lei processual portuguesa, pelo menos – repito – no campo do direito indisponível[19].

5. Concentração de pedidos e de causas de pedir

É, por isso, designadamente inadmissível, em arbitragens que tenham lugar em território português, aplicar, como imperativos, princípios processuais que a lei processual portuguesa não consagra e que as partes, na medida em que tal lhes era consentido, tão-pouco expressamente estipularam. É o que acontece com o *princípio da concentração dos pedidos*, que no sistema jurídico português não vigora: em processo civil, o autor *pode* cumular contra o réu pedidos entre si compatíveis (artigo 470 CPC) ou deduzir contra ele pedidos subsidiários (artigo 469 CPC); o réu *pode*, em certos casos, reconvir contra o autor (artigo 274 CPC); mas nem o autor nem o réu têm o *dever* ou o *ónus* de o fazer. Nada de diferente dispondo a Lei 31/86, constituiria violação do *direito de acesso à Justiça* impedir a parte de, em processo (arbitral ou judicial[20]) posterior, deduzir pedidos que não deduziu no primeiro processo (arbitral), quando neste nada ficou acordado (pelas partes) ou estabelecido (pelos árbitros, em tempo útil para as partes) nesse sentido. O mesmo se diga quanto à *cumulação de causas de pedir* ou à dedução de causas de pedir subsidiárias[21]: a lei processual civil portuguesa não obriga a concentrá-las no mesmo processo; pode, por isso, a parte fazer valer em segundo processo uma causa de pedir não invocada no processo anterior (artigo 498-1 CPC, *a contrario*). Nada de diferente dispondo a Lei 31/86, também aqui o direito de

---

[19] Seja a título de normas do estatuto da arbitragem (*supra,* n.° 2, *in fine*), seja a título de normas do sistema processual directa ou indirectamente escolhido, as normas imperativas não podem deixar de se aplicar, tendo sempre um sistema nacional como referência. A diferença está em que, na segunda hipótese, esse sistema poderia não ser o do local da arbitragem. De qualquer modo, esta segunda hipótese é por mim posta apenas com intuitos confirmatórios das conclusões anteriormente atingidas (*supra,* n.° 3), que tenho por serem as correctas (veja-se também *infra,* n.° 6).

[20] Com o depósito da decisão, o poder jurisdicional dos árbitros extingue-se, relativamente ao objecto do processo (artigo 25 LAV); mas tal não impede que novo tribunal arbitral se ocupe de outros objectos abrangidos pela convenção de arbitragem. Se esta mesma caducar, por algum dos fundamentos previstos no artigo 4 LAV, o tribunal judicial readquire a sua competência para deles conhecer.

[21] Diversamente quanto às excepções: vigora no processo civil português o princípio da concentração da defesa (artigo 489 CPC). Ver *supra,* n.° 3.

acesso à Justiça, solenemente consagrado no artigo 20 da Constituição da República, não permite que se impeça o exercício desse direito[22]. Acresce que esse princípio de concentração, a existir, teria de ser observado no primeiro processo arbitral: não caberia ao segundo tribunal arbitral considerá-lo como regra processual (não declarada) da primeira arbitragem; nem tal seria defensável com fundamento na extensão do caso julgado, sobre o qual o artigo 26-1 da Lei 31/86 nada diz que divirja do regime geral.

Só a teoria do *abuso de direito* poderia, em casos muito excepcionais, restringir o direito do autor a accionar o mesmo réu, sem *repetir* a causa. Mas isso tanto perante a jurisdição arbitral como perante a jurisdição estadual.

6. O Regulamento CCI e a lei processual local

O artigo 15 do REGULAMENTO CCI nada determina que seja contrário a este entendimento, ao estatuir a aplicação ao processo arbitral das regras do próprio regulamento e, nos casos omissos, das que as *partes* ou, subsidiariamente, os *árbitros* determinem, com referência ou não a uma lei interna de processo aplicável à arbitragem.

Esta disposição, datada, enquanto artigo 11, de 1985, veio substituir o anterior artigo 16, segundo o qual, nos casos omissos no regulamento, se deveria aplicar a lei processual escolhida pelas partes e, não tendo elas feito escolha alguma, as da lei do Estado em que tivesse lugar a arbitragem.

A sucessão das duas normas é justificada com o novo entendimento do papel das partes e a concessão dum papel aos árbitros na determinação das normas a aplicar na arbitragem, que passaram a poder ser criadas *ad hoc*, permitindo "um *grau considerável* de afastamento da lei processual local"[23]. Mas este afastamento não se justifica tanto quando a jurisdição

---

[22] A causa de pedir não se confunde com os argumentos ou razões invocados em fundamento do pedido, de que, aparentemente, tratou a sentença da CCI proferida em 1984 no caso n.º 3267, XII Yearbook Com. Arb. 87 [1987]. Também na jurisdição estadual é vedado repetir causas para nelas invocar novas razões ou fundamentos. Como se desenvolve adiante, a causa de pedir é tão-só o facto jurídico em que se funda o pedido.

[23] "A considerable degree of detachment from local procedural law" (CRAIG – PARK – PAULSSON, *International Chamber of Commerce Arbitration*, Oceana Publications/USA, 2000, p. 296). A liberdade de actuação dos árbitros na criação da norma processual pode

do local da arbitragem tem uma lei sobre a arbitragem *moderna*[24] e tem sempre como limite o *quadro legal imperativo* dessa jurisdição, com respeito pelo modo como o respectivo Estado exerce o *poder de regulação e controlo das arbitragens* a realizar no seu território[25].

Nega-se que a escolha dum local para a realização da arbitragem, sobretudo quando feita pela Cour Internationale d'Arbitrage, *implique* a intenção das partes de aplicar ao procedimento arbitral a respectiva lei processual[26]. Mas afirma-se que tal não dispensa os árbitros de fazer "todo o esforço" para proferirem *decisões exequíveis segundo a lei local*[27].

A liberdade de escolha das partes e dos árbitros é sempre afirmada relativamente às *normas do procedimento* e os exemplos dados são igualmente sempre de actuações procedimentais. A utilização do termo *procédure* no texto francês[28] e do termo *proceedings* (sem referência, mais geral, à *procedural law*) no texto inglês do artigo 15 do REGULAMENTO CCI leva, de facto, à conclusão de que, tal como no artigo 15 LAV, apenas as normas do procedimento, ou da *marcha do processo*[29], podem ser determinadas pelas partes e, na sua falta, pelos árbitros. Para além delas,

---

levá-los a excluir expressamente a aplicação das regras de procedimento locais (por exemplo, sobre prova) ou a consagrar uma "step by step approach" nos *terms of reference* (*idem*, ps. 300-301); este último procedimento é, aliás, preferível a ficar-se amarrado a um catálogo de questões processuais que o desenrolar do processo pode vir a revelar insuficiente (POUDRET-BESSON, *Droit comparé de l'arbitrage international*, Bruxelles, 2002, ps. 490-491). Para um panorama da evolução registada na jurisprudência arbitral, desde um primeiro momento em que se discutia se as partes podiam escolher um sistema processual diferente do do local da arbitragem até à admissão da criação de regras processuais ad hoc e da estipulação da suficiência das regras duma instituição de arbitragens institucionalizadas, veja-se MAURO RUBINO SAMMARTANO, *International Arbitration Law and Practice*, Haia – London – Boston, Kluwer Law International, 2001, ps. 475 a 501.

[24] CRAIG-PARK-PAULSSON, cit., p. 299. É o caso da lei portuguesa.

[25] CRAIG-PARK-PAULSSON, cit., ps. 296 e 499; MAURO RUBINO SAMMARTANO, cit., ps. 485-486 (nessa medida, não é admissível falar dum procedimento arbitral "totally nationless"), 488 e 500.

[26] CRAIG-PARK-PAULSSON, cit., ps. 297-298.

[27] CRAIG-PARK-PAULSSON, cit., p. 298; MAURO RUBINO SAMMARTANO, cit., ps. 498-499.

[28] "Règles applicables à la procédure". Veja-se a definição do *Dictionnaire de la Justice* das "Presses Universitaires de France" (sob a égide de Loïc Cadiet), Paris, 2004, p. 1082: "La procédure est cette marche en avant, cette succession d'actes faits dans les délais requis, qui permet d'aller de l'action en justice au jugement".

[29] POUDRET-BESSON, cit., p. 484: "O conjunto das normas que regem a marcha do processo perante os árbitros".

estão as que regem a arbitragem como tal, isto é, as especialmente consagradas nas *leis de arbitragem internas* e as que, não constituindo estas leis completas, constituem o *quadro de referência da sua regulamentação imperativa*[30].

Entre estas estão, como se deixou visto, as que regulam os pressupostos e o âmbito de eficácia da decisão arbitral de mérito[31].

7. Os três requisitos da repetição

A litispendência e o caso julgado têm como requisito comum a repetição da causa (artigo 497-1 CPC), a qual repousa numa tripla identidade: *identidade de sujeitos, identidade do pedido e identidade de causa de pedir* (artigo 498-1 CPC). Constituindo o pedido, necessariamente substantivado numa causa de pedir, o objecto do processo, pode dizer-se, por outras palavras, que a causa se repete quando, entre as mesmas partes, há nova acção com o mesmo objecto, isto é, com o mesmo pedido fundado na mesma causa de pedir.

Assim, em conformidade com o que fica dito, a decisão proferida em arbitragem que tenha lugar em território português não impede o autor de propor nova acção em que formule contra o mesmo réu pedido que na pri-

---

[30] Veja-se a distinção de POUDRET-BESSON, cit., ps. 483-484, entre as normas aplicáveis à instância arbitral (normas que regulam a marcha do processo) e as normas, igualmente processuais, que regem a arbitragem enquanto tal: a autonomia das partes circunscreve-se às primeiras; quanto às segundas, as partes não podem fazer mais do que escolher a sede do tribunal e assim, indirectamente, optar pela lei da arbitragem em vigor nesse local, respeitando os limites à autonomia que esta lhes concede. Veja-se também o n.º 6 da normalmente citada sentença arbitral da CCI de 16.7.86 (caso 5029): "A interpretação actualmente prevalecente do Regulamento da CCI é também que as disposições imperativas da lei da arbitragem do local da arbitragem regem a arbitragem (...), ainda que outras regras de processo sejam escolhidas pelas partes ou pelo árbitro".

[31] É o caso também do princípio *jura novit curia*, segundo o Tribunal Federal da Suíça. O facto de a sua violação não constituir fundamento de anulação da decisão arbitral (POUDRET-BESSON, cit., ps. 510-511) não significa que o tribunal arbitral, desde que não funcione *ex aequo et bono*, não deva observá-lo (os árbitros devem conhecer oficiosamente das questões de direito, por imposição do artigo 664 CPC, sem prejuízo de só o poderem fazer depois de ouvidas as partes, nos termos do princípio do contraditório, que o artigo 3--3 CPC também impõe), sem prejuízo de as partes poderem acordar, na instância arbitral, na solução de questões de direito prejudiciais (LEBRE DE FREITAS, *Algumas implicações da natureza da convenção de arbitragem* cit., ps. 860-864).

meira podia ter deduzido. Assim, por exemplo, contendo-se o efeito do caso julgado no âmbito do objecto do processo em que é proferido e sendo este conformado pelo autor, em conformidade com o princípio dispositivo, a condenação do devedor no pagamento do capital sem juros não impede, salvo remissão da dívida (artigo 863 CC), que o credor, que não os pediu, venha a fazê-lo posteriormente[32]. Não tendo o credor o ónus de pedir os juros quando pede o capital[33], o direito a eles permanece e pode ser exercido em nova acção. Veja-se, aliás, que, quando se constitui, o crédito de juros se *autonomiza* do crédito principal, podendo cada um sofrer vicissitudes próprias que não atingem o outro (artigo 561 CC).

A omissão de pedir os juros, juntamente com o crédito principal, não implica, só por si, qualquer *renúncia*, nem o seu pedido ulterior representa qualquer *venire contra factum proprium*.

O mesmo no domínio da causa de pedir.

Em conformidade com o *princípio da substanciação*, todo o pedido se baseia numa causa de pedir[34], o que vale tanto na jurisdição arbitral como na jurisdição estadual[35].

---

[32] Só no caso de absolvição do pedido de condenação no pagamento do capital é que tal é impossível, por implicação do caso julgado: não faria sentido ser-se absolvido da obrigação de pagar o capital e ter de se pagar os juros.

[33] É pacífico este entendimento na doutrina e na jurisprudência processual portuguesas. A liberdade de, em nova acção, pedir aquilo que não se pediu na primeira (*supra*, n.º 5) só não se verifica quando, excepcionalmente, o tipo desta acção tem função de carácter limitativo (ex.: a acção de prestação de contas) ou quando o pedido se reporta a uma parte não individualizada do objecto homogéneo dum direito e a sentença é absolutória ou condena em menos do que o que foi pedido (se o credor de 100, devidos pela mesma causa, pedir só 60 e o tribunal entender que nada é devido ou só são devidos 30, não é possível pedir depois os outros 40; mas, se o réu for condenado nos 60, pode o autor depois vir pedir os restantes 40). É muito clara, a este respeito, a exposição de CASTRO MENDES em *Limites objectivos do caso julgado material em processo civil*, Lisboa, 1968, ps. 263-278. Veja-se também LEBRE DE FREITAS, *Código de Processo Civil anotado* cit., II, p. 320. Juros e capital não constituem um conjunto homogéneo. Há homogeneidade nos 100 € que A empreste a B, mas não no objecto conjunto dos dois empréstimos de 50 € que lhe faça e cuja restituição peça na mesma acção, mediante individualização dos dois actos que os originaram. Nenhum prejuízo resulta para o réu por assim ser: se, não tendo o autor pedido tudo aquilo que podia, o réu não se quiser sujeitar a uma nova acção, o que tem a fazer é pedir, em reconvenção, que o tribunal se pronuncie sobre a parte não pedida (nomeadamente, pedindo a declaração judicial de que ela não é devida, o que a lei processual portuguesa lhe consente: é a acção de mera apreciação negativa do artigo 4-2-a CPC).

[34] LEBRE DE FREITAS, *Introdução* cit., ps. 53-54.

[35] LEBRE DE FREITAS, *Algumas implicações da natureza da convenção de arbitragem* cit., ps. 855-856.

Consiste a causa de pedir nos *factos constitutivos* da situação jurídica afirmada pelo autor como conteúdo material do pedido que formula ao tribunal. Com simplicidade, o artigo 498-4 CPC define-a como o *facto jurídico* de que procede a pretensão deduzida. Mas a causa de pedir apresenta-se *normalmente complexa*, o que acontece sempre que são vários os factos que, em cumulação, têm de se verificar para que a previsão da norma de direito substantivo aplicável esteja preenchida, desencadeando o efeito pretendido pelo autor ao formular o pedido[36]. Por outro lado, embora tendo como referência as normas de direito substantivo que o autor invoca, a causa de pedir não é a súmula dos *factos abstractos* configurados na lei, mas a súmula dos *factos concretos* invocados pelo autor, susceptíveis, segundo ele, de produzir o efeito jurídico pretendido[37]. É por haver causas de pedir complexas que o artigo 264-1 CPC fala dos "*factos* que integram a causa de pedir" e o artigo 467-1-d CPC fala de "expor os *factos*".

Constitui exemplo de causa de pedir complexa a fatispécie da responsabilidade. Na responsabilidade extracontratual, constituem-na os *factos que integram* a violação ilícita dum direito ou interesse alheio, a culpa, o dano e o nexo de causalidade. Na responsabilidade contratual, constituem-na os *factos que integram* o contrato, o incumprimento duma obrigação dele emergente[38], o dano e o nexo de causalidade. Qualquer destes elementos fácticos (os do dano incluído) é, por sua vez, normalmente complexo. Verificados os pressupostos de uma ou outra das responsabilidades, surge a obrigação de indemnizar, constituída, no segundo caso, entre o devedor inadimplente e o credor titular do direito à prestação não realizada.

---

[36] ADRIANO VAZ SERRA, *Anotação ao acórdão de 15.10.71*, Revista de Legislação e Jurisprudência, 105, p. 220.

[37] JOSÉ ALBERTO DOS REIS, *Código de Processo Civil anotado*, Coimbra, 1981 (reimpressão), III, ps. 123, 125, 127 e 132; LEBRE DE FREITAS e outros, *Código de Processo Civil anotado* cit., p. 325 (a qualificação jurídica não é elemento identificador da causa de pedir nem do caso julgado); acórdão do Supremo Tribunal de Justiça de 24.5.83, Boletim do Ministério da Justiça, 327, p. 653. Em obra recente, vê-se afirmado que a doutrina portuguesa é unânime quanto a esta noção da causa de pedir relevante para a excepção do caso julgado (MARIANA FRANÇA GOUVEIA, *A causa de pedir na acção declarativa*, Coimbra, 2004, p. 431).

[38] O incumprimento da obrigação – frisou precisamente o acórdão do Supremo Tribunal de Justiça citado na nota anterior – não pode constituir a causa de pedir: a causa de pedir é o facto concreto, invocado pelo autor, em que o incumprimento, segundo ele, se traduziu.

A causa de pedir – repete-se – não se confunde com a previsão normativa: ela é antes o acervo dos factos *concretos* que preenchem a previsão *abstracta* da norma. Do mesmo modo que cada compra e venda dum mesmo bem constitui uma causa de pedir diversa do pedido de entrega do bem vendido, embora todas elas preencham a previsão da mesma norma legal que atribui ao contrato de compra e venda o efeito constitutivo dessa obrigação, também o prejuízo decorrente do pagamento da quantia x por A^{39} *a B*, em cumprimento dum contrato entre ambos celebrado, integra causa de pedir diversa do prejuízo decorrente do reembolso por *A a C*, nos termos estabelecidos num contrato entre ambos, da quantia x que *C pagou a B*, em cumprimento dum contrato com ele celebrado.

Note-se que nos movemos no plano dos *factos essenciais* ou *principais* da causa e não no dos factos ditos *probatórios* ou *instrumentais*. Estes não carecem sequer de alegação e, não constituindo condicionantes directas da decisão, têm apenas como função permitir atingir a prova dos factos principais[40], só estes *integrando directamente a previsão da norma jurídica* que, segundo o autor, é aplicável[41].

---

[39] Ou por um departamento de A, ainda que formalmente dotado de personalidade jurídica, a desconsiderar.

[40] LEBRE DE FREITAS, *Introdução* cit., p. 135. Como se lê na passagem da fundamentação do acórdão do Tribunal da Relação de Coimbra de 23.10.90, *Colectânea de Jurisprudência*, 1990, IV, p. 78, só os factos essenciais interessam à causa de pedir (e às excepções), não os factos instrumentais, que só interessam para demonstrar a realidade dos factos essenciais. No caso, o autor, vítima dum acidente de viação, tentava provar em nova acção os factos que integravam o nexo de causalidade (imputação das lesões que imputava ao acidente), já alegado, mas não provado, na primeira acção, com fundamento em que realizara exames médicos que permitiam chegar agora a essa conclusão; alegava, além disso, que as lesões que descrevera na acção anterior se mostravam agravadas. Os factos principais da causa eram exactamente os mesmos; apenas os meios de prova diferiam e, ligeiramente, as consequências das lesões que, na acção anterior, não se provara serem devidas ao acidente. O sumário do acórdão é, aliás, elucidativo: "Tendo-se alegado na primeira acção que, em consequência do acidente, o autor sofreu determinadas lesões que se não provou serem consequência do acidente, não se pode em nova acção invocar as mesmas lesões para obter a indemnização, com fundamento em novas provas a produzir que conexionem as lesões com o acidente" (ao agravamento das lesões não há no sumário – nem era preciso haver – referência directa).

[41] O facto essencial ou principal, seja qual for a sua conformação concreta, integra directamente a previsão da norma jurídica que se afirma aplicável. Assim, considerada a alegação feita em conformação da causa de pedir, a falta de prova do facto alegado é essencial e, sem alteração da causa de pedir, não é suprível pela prova de outro facto não alegado, que pretensamente integre, em alternativa, a previsão da norma; pode,

A estes e outros conceitos havemos de recorrer para a definição dos três elementos identificadores do caso julgado na instância arbitral que tenha lugar em território português, de modo idêntico ao utilizado para a sua definição em instância judicial portuguesa.

Conclusões

1. As arbitragens que tenham lugar no território português estão sujeitas às normas especiais imperativas da Lei 31/86, de 29 de Agosto, bem como às normas gerais imperativas do direito processual português, que em conjunto constituem o estatuto da arbitragem.

2. Às partes e, subsidiariamente, aos árbitros apenas é concedido acordar sobre as normas do procedimento ou tramitação da arbitragem, estando excluído que o possam fazer quanto às outras normas de processo de natureza imperativa.

3. Entre as normas gerais imperativas aplicáveis na arbitragem estão as que regulam os pressupostos processuais e as que, na lei de processo, definem o âmbito de eficácia da decisão jurisdicional, as quais, em tudo quanto não seja especialmente regulado na lei da arbitragem voluntária, se aplicam no processo arbitral do mesmo modo que no processo judicial.

4. Há, porém, ainda que ter em conta que à interpretação e à definição da eficácia da sentença são aplicáveis normas de direito substantivo e que o principal efeito do caso julgado, do qual derivam os seus efeitos processuais, consiste no acertamento das situações jurídicas das partes, no plano do direito substantivo.

5. A estes aspectos substantivos é aplicável, na arbitragem internacional, a lei aplicável ao mérito da causa, determinada pelas partes ou, subsidiariamente, pelas normas de conflitos vigentes no Estado em que funciona o tribunal arbitral.

---

sim, ser suprida pela prova de factos probatórios que permitam concluir que o facto essencial alegado se verificou.

6. Do mesmo modo, as questões procedimentais cuja solução não se contenha na determinação das normas processuais feita pelas partes ou, subsidiariamente, pelos árbitros são resolvidas pela lei processual do local da arbitragem, sem prejuízo da possibilidade de os árbitros consagrarem uma *step by step approach* que lhes permita ir criando, na medida das necessidades do processo, as normas processuais aplicáveis.

7. Por conseguinte, e em conclusão final, para a verificação da excepção de caso julgado constituído por sentença arbitral proferida em território português, há que ver se pedido e causa de pedir coincidem, em termos idênticos àqueles em que a mesma verificação se faz em face da sentença judicial, uma vez que o direito português permite a cumulação de pedidos e/ou de causas de pedir, mas não sujeita o autor, ou o réu reconvinte, ao ónus de os cumular (sem prejuízo do ónus de cumulação de todas as razões ou argumentos jurídicos que fundem de direito o pedido efectivamente deduzido).

A INTERVENÇÃO PÚBLICA NO DOMÍNIO DOS CUIDADOS DE SAÚDE

JOSÉ NEVES CRUZ*

SUMÁRIO: *1. Introdução. 2. Especificidades do bem cuidados de saúde: 2.1. Procura guiada; 2.2. Efeitos externos; 2.3. Informação assimétrica; 2.4. Incerteza quanto à necessidade e eficácia dos cuidados de saúde. 3. A equidade e a intervenção do Estado. 4. Avaliação dos benefícios. 5. Súmula de conclusões.*

1. Introdução

No momento actual o Sector Público tem vindo a sofrer transformações profundas em todos os países desenvolvidos, depois de ao longo dos anos 90 do século XX ter sido posta em causa a sua elevada dimensão e rigidez face aos novos desafios e possibilidades tecnológicas. O panorama de relações internacionais alterou-se pela globalização da economia mundial, a qual desafia acréscimos de competitividade inadiáveis que tornam oportuna uma reflexão sobre a intervenção do Estado no domínio dos "Cuidados de Saúde".

Vive-se actualmente um clima mundial de revitalização do sector privado e de privatização do sector público, numa lógica de apuramento da eficiência económica, para assegurar a sobrevivência de um Estado Social que é comum à generalidade dos países Ocidentais, mas, cuja sustentação acarreta custos de competitividade, sendo, por isso, difícil resistir à implementação de uma forte reestruturação na sua organização e intervenção social. A escassez de recursos financeiros públicos em populações que já

---

* Professor Auxiliar da Faculdade de Direito da Universidade do Porto.

se sentem excessivamente tributadas, levou a que diversos bens e serviços tradicionalmente fornecidos pelo Estado fossem privatizados, ou, em diversas áreas em que a responsabilidade do fornecimento do bem se mantém pública, a que a sua estrutura de produção e gestão organizativa assumisse uma lógica privada. Assim, o Sector Público tem vindo a concentrar-se mais na sua missão reguladora e supervisora e menos em actividades que pela sua natureza podem, com maior eficiência, ser dirigidas por entidades especializadas e concorrenciais pertencentes ao sector privado. Isto não significa necessariamente uma menor intervenção do Estado, mas, uma racionalização dos recursos, para que com menos seja possível fazer mais, ou, pelo menos, o mesmo.

Um problema estrutural no acréscimo de custos do sector da Saúde emana da alteração da esperança média de vida da população, que tem vindo a crescer, configurando um maior período de acesso aos serviços de Cuidados de Saúde por cidadão[1]. A esta alteração não é alheia a elevada transformação tecnológica dos equipamentos utilizados na provisão de Cuidados de Saúde, que permitem uma muito maior eficiência na detecção de doenças e no seu tratamento. Este grande acréscimo de bem-estar social, inequivocamente desejável, trouxe problemas de sustentabilidade aos modelos estabelecidos de provisão e gestão de Cuidados de Saúde. Daí que foi natural o aparecimento de uma forte contestação ao "status quo" e sobretudo, a proliferação de arautos da mudança, apelidando de esgotado o modelo vigente e apelando a novas soluções de intervenção pública.

As Parcerias Público-Privadas são um exemplo de um instrumento que permite a intervenção estatal sem uma grande absorção de recursos públicos e o aproveitamento da eficiência do mercado. Elas não se traduzem no abandono da acção do Estado, pois, por exemplo, a existência de provisão pública de Cuidados de Saúde num hospital público não obsta a que a gestão dos serviços se baseie em técnicas de gestão privadas e a que determinados serviços sejam desempenhados por empresas privadas, designadamente o "catering", os serviços de lavandaria, a limpeza, a segurança, etc..

Os Cuidados de Saúde não são um bem público, no sentido técnico, sendo frequente existir simultaneamente provisão pelo Sector Privado e pelo Sector Público. No entanto, poder-se-á afirmar que em muitos países,

---

[1] Segundo dados do INE a esperança média de vida de um português em 1960 era de 62 anos e de uma portuguesa de 66 anos. Em 2000 a esperança média de vida de um português chegava aos 75 anos e de uma portuguesa aos 79 anos.

como é o caso de Portugal, são um bem "legalmente" público, pois as preferências sociais consagraram-no como tal, por motivações que essencialmente têm a ver com a equidade e a justiça social. O artigo 64.° da Constituição da República Portuguesa (CRP) confirma isso mesmo para a sociedade portuguesa quando indica no seu n.° 1 que *"Todos têm direito à protecção da saúde e o dever de a defender e promover"*. O n.° 2, alínea *a*) do mesmo artigo, institui o carácter público dos Cuidados de Saúde ao referir que *"O direito à protecção de saúde é realizado: a) Através de um serviço nacional de saúde universal e geral e, tendo em conta as condições económicas e sociais dos cidadãos, tendencialmente gratuito."*

É neste contexto de grande transformação da acção pública e de alguma confusão quanto ao âmbito da intervenção estatal que parece útil reflectir sobre os fundamentos científicos do papel do Estado no domínio dos Cuidados de Saúde. Pretende-se "esquecer" toda a ordem de razões "subjectivas" que se prendem com as preferências sociais e colocar a questão ao nível da eficiência, procurando-se apreender se, independentemente do conceito de justiça social, haverá factores de ordem económica para o Estado intervir nessa área, não sendo, portanto, o mercado capaz de assegurar eficientemente a provisão de Cuidados de Saúde. Este problema é pertinente para discernir quanto a motivos independentes da ideologia e dos desejos dos cidadãos e inferir sobre a sua importância, avaliando em que medida exigem a permanência do Sector Público neste domínio.

2. Especificidades do bem cuidados de saúde

Embora não sendo um bem público no sentido técnico, os Cuidados de Saúde apresentam algumas diferenças significativas face aos bens privados, que podem justificar uma intervenção estatal no domínio da sua provisão e consumo. Em primeiro lugar este bem é *composto* pois envolve simultaneamente um conjunto de muitos serviços diferentes. Além disso, possui simultaneamente quatro características específicas, não existindo qualquer outro bem que as possua em simultâneo com a mesma intensidade: procura guiada pelo estado de saúde; existência de efeitos externos no consumo; ocorrência frequente de informação assimétrica entre os fornecedores de Cuidados de Saúde e os doentes; incerteza quanto à necessidade e eficácia dos Cuidados de Saúde.

2.1. *Procura guiada*

Contrariamente aos outros bens, os Cuidados de Saúde são consumidos para produzir "saúde" e não para conferir directamente "utilidade", isto é, a questão essencial não é a maximização do bem-estar, mas a recuperação face a uma perda da saúde, que corresponderá ao fenómeno de restauração de saúde. Depois, esta vai ter um impacto na utilidade individual, sendo por isso indirecta a relação entre o bem e a utilidade.

É frequente que o bem Cuidados de Saúde tenha uma consequência directa de perda de utilidade, quando o tratamento é doloroso ou causa mal-estar, mas o indivíduo sujeita-se, porque espera um efeito positivo superior – o aumento de saúde que lhe aumentará o bem-estar.

Vê-se então que, diferentemente dos outros bens, a *procura é guiada* pelo estado de saúde, não correspondendo a uma livre escolha que envolve preferências e recursos económicos. Nos Cuidados de Saúde há uma diferença entre Procura – que no sentido económico depende das preferências, tendo em conta a disponibilidade a pagar – e Necessidade – que depende da capacidade de obter benefícios com os Cuidados de Saúde. Deste modo, neste bem, o consumo segue a necessidade e não as preferências que se traduzem numa disponibilidade a pagar. Sendo assim, as medidas de benefício não devem estar directamente dependentes do rendimento ou da riqueza dos indivíduos. Esta característica de excepção relativamente à livre escolha individual economicamente racional pode justificar por si só que, independentemente dos considerandos de equidade, o Estado institua um sistema de Cuidados de Saúde como aparece definido na alínea *a*) do n.º 2 do artigo 64.º da CRP.

2.2. *Efeitos externos*

Um dos temas muito estudados na literatura económica diz respeito à produção de efeitos externos nas relações mercantis. Também denominados de "externalidades", estes efeitos acontecem quando o sistema de preços não transmite a alteração do bem-estar de um agente económico por acção de outro agente. Frequentemente são efeitos não contemplados nos preços que afectam terceiros não envolvidos numa interacção mercantil. Um exemplo muito referido na literatura é o de uma fábrica de papel que polui um rio. Normalmente, nem o produtor, nem os consumidores de papel suportam os custos associados à perda de bem-estar dos utilizadores do rio (que nada têm a ver com a relação mercantil de compra e venda de papel). A produção de papel gera um efeito negativo sobre terceiros (efeito externo negativo). Há também "externalidades" positivas em que terceiros são beneficiados a partir de uma interacção de mercado. É precisamente este o caso mais comum no consumo de Cuidados de Saúde, pois, por exemplo, quando um indivíduo se vacina contra uma doença contagiosa, não se protege apenas a si, mas também aos outros. Se esta prática é utilizada por um grupo relevante, acaba por levar à imunização de toda a comunidade.

Está efectivamente demonstrado que na presença de um efeito externo positivo (ver, por exemplo, Pinto Barbosa, 1997: 41-42) a provisão do mercado é inferior ao óptimo, devendo o Estado intervir, assumindo o fornecimento, subsidiando a oferta ou o consumo, de modo a que se "internalizem" os benefícios externos. Assim se poderá entender em parte porque o Estado atribui subsídios ao doente, aos medicamentos, às instituições de Cuidados de Saúde, cria instituições públicas de provisão do bem, financia programas e acções informativas e rastreios obrigatórios – que no caso de doenças transmitidas sexualmente, em que as pessoas não se apercebem facilmente de que estão infectadas, são melhores do que uma política de tratamento gratuito que poderia ter uma baixa procura. Note-se, porém, que o argumento dos efeitos externos, contrariamente ao argumento da procura guiada, apenas justifica que o Estado, por ineficiência do mercado, complemente a provisão privada, e não o contrário, isto é, não se advoga a provisão privada como subsidiária do fornecimento público.

Um outro factor de efeitos externos no domínio dos Cuidados de Saúde advém da existência de utilidades interdependentes. Isto significa que o bem-estar de um indivíduo se altera pelo simples facto do bem-estar de outro indivíduo se alterar. Neste caso não é possível perceber as escolhas de um indivíduo sem perceber simultaneamente as daqueles que influenciam a sua utilidade. Com base no argumento das utilidades interdependentes produz-se uma via para entender a racionalidade de determinados comportamentos dos pais em relação aos filhos, ou entre amigos, em que muitas vezes alguém sacrifica o seu bem-estar individual pelo bem-estar do outro, sofrendo com isso um aumento global de bem-estar (sempre que o aumento do bem-estar do outro que influencia a sua utilidade superou a sua perda de bem-estar). Ora ao nível dos Cuidados de Saúde é frequente que o bem-estar de muitos cidadãos seja positivamente influenciado pelo consumo de Cuidados de Saúde de outros indivíduos, independentemente das relações de proximidade, afinidade ou parentesco existentes entre eles. Isso significa que os benefícios deste bem não são apenas individuais mas geram efeitos externos para terceiros.

Um fenómeno adicional que reforça a presença de efeitos externos no domínio dos Cuidados de Saúde é a existência de valor de opção. CRUZ (2007: 447) resume o significado deste tipo de valor, indicando que o valor de opção se diferencia do valor de uso pelo facto de estar associado a um benefício potencial e não ao benefício que se produz com a utilização ou consumo do bem. O valor de opção existe porque fica em aberto a possibilidade de uso futuro. Na determinação do valor do bem Cuidados de Saúde deve ser adicionado ao valor de uso o de opção, que no caso é muito relevante, pois, uma vez que a perda de saúde é um risco muito provável para todos, ao longo da vida, os cidadãos atribuem muito valor à disponibilidade do bem, ainda que presentemente ele não seja utilizado. Como o mercado tem dificuldade em apreender todo o valor de opção, gera-se um efeito externo, que pode justificar uma intervenção pública na provisão do bem.

Como se vê também por via do argumento dos efeitos externos se poderá justificar o conteúdo do artigo 64.° da CRP, sobretudo a alínea *b)* do seu n.° 2, assim como todo o n.° 3.

2.3. *Informação assimétrica*

A existência de informação assimétrica entre os vendedores e os consumidores é um dos argumentos económicos que fundamentam a intervenção do Estado nos mercados de bens e serviços[2]. Este problema é muito frequente no caso do bem Cuidados de Saúde. Normalmente o doente procura dois tipos de informação junto do fornecedor: diagnóstico e terapia. Entre ambas as partes há informação assimétrica, com vantagem para o fornecedor, pois vários condicionalismos afectam a obtenção de informação por parte do doente: limitações de tempo para se informar devidamente, pois a doença vai evoluindo; o facto de se encontrar em condições psicológicas de vulnerabilidade não lhe permite aprender com a experiência, isto é dificilmente o doente está em condições de decidir e de optar entre terapias alternativas; a impossibilidade de saber o que aconteceria sem o tratamento adoptado.

---

[2] Para um resumo sobre a informação assimétrica e a intervenção estatal ver PEREIRA, AFONSO, ARAÚJO e SANTOS (2005: 61-62; 119-135).

A falta de informação do doente pode levá-lo a procurar uma "quantidade" de Cuidados de Saúde diferente da que procuraria se estivesse bem informado. Por outro lado, os fornecedores podem explorar a sua vantagem de informação em proveito próprio, designadamente através do seu poder para determinar a quantidade, a qualidade e o preço dos Cuidados de Saúde de forma não detectável pelo doente. Isto configura uma importante falha do mercado, pelo que o Estado é levado a intervir, regulando o sector, fornecendo informação ao doente e assumindo a provisão em instituições sem fins lucrativos. De facto um doente informado torna-se mais participativo no tratamento, o que aumenta a sua eficácia.

Por diversas vezes tem sido objecto de atenção da opinião pública a possibilidade dos fornecedores de Cuidados de Saúde poderem gerar a procura de bens e serviços, com o objectivo de obter benefícios. Por exemplo, se for criado pelo produtor, ou pelo distribuidor de um meio de tratamento medicinal, um incentivo económico (ou de outra ordem) ao fornecedor que o prescreva aos doentes, isso pode levar o fornecedor a aumentar a sua utilização. É extremamente difícil para os doentes obterem informação para evitar este abuso.

Tendo em conta estas realidades, que advêm do poder conferido pela informação assimétrica, o Estado intervém produzindo regulação que impeça a baixa qualidade dos serviços oferecidos, exercendo controlo sobre os produtos, determinando penalidades aos agentes de saúde com comportamentos inadequados – que podem chegar à retirada da licença de exercício profissional – e obrigando o fornecedor a prestar informações ao doente.

Em especial as alíneas *d)* e *e)* do número 3 do artigo 64.° da CRP consagram a resposta do Estado ao poder conferido pela informação assimétrica, que se traduz no exercício de regulação. Porém, esta é difícil e acaba por assumir a forma de auto-regulação, pois só os profissionais de saúde têm conhecimentos e competência para formular e aplicar os regulamentos adequados. Sendo assim, a regulação é frequentemente gerida e aplicada por uma parte interessada: os próprios regulamentados.

Outras medidas de intervenção para além da regulação, relacionadas com o mesmo fundamento, são a criação de "barreiras à entrada" no sector, através do controlo do número de formandos e da exigência de licenças profissionais. Deste modo provoca-se uma redução da oferta, evitando uma forte competição, que baixaria as remunerações no sector, podendo induzir os fornecedores de Cuidados de Saúde a assumir comportamentos de aproveitamento das vantagens de informação para obtenção de rendimentos adicionais. No entanto, estas medidas dão poder monopolístico aos que entram no sector, ocasionando subida de preços face à situação de concorrência e ainda o reforço do poder de "lobbying" dos grupos de interesse que facilmente se constituem.

2.4. *Incerteza quanto à necessidade e eficácia dos cuidados de saúde*

A literatura económica mostra que na presença de incerteza é provável a existência de falhas do mercado. No caso dos Cuidados de Saúde os indivíduos nem sempre sabem quando deles necessitam. Além disso, este é um tipo de bem que não pode ser objecto de uma escolha semelhante à que caracteriza os outros bens, pois dificilmente o doente consegue prever a quantidade de Cuidados de Saúde que vai utilizar ou quais os benefícios que o bem vai conferir, pois há sempre um grau de incerteza quanto à eficácia do tratamento, que varia consoante o tipo de doença. Daí que haja um elevado nível de incerteza na procura e consumo de Cuidados de Saúde e, portanto, o mercado falhe na produção da solução óptima, sendo necessária a intervenção do Estado.

É certo que o sector segurador pode ser uma forma do sector privado prover à cobertura do risco, através de seguros de saúde ou de acidentes. O mercado de seguros de saúde emerge naturalmente, pois embora não se possa prever a probabilidade de um indivíduo ficar doente, é possível determinar para uma comunidade a probabilidade de ocorrência das diferentes doenças. Assim, se tal acontece, a intervenção do Estado em resposta à incerteza da procura de Cuidados de Saúde direcciona-se para a regulação dos mercados, nomeadamente para os contratos de seguros de saúde.

Na verdade os mercados de seguros apresentam falhas pelo que a intervenção do Estado é necessária, sendo as mais conhecidas a tendência para o monopólio, a selecção adversa e o "moral hazzard".

A tendência para a existência de monopólio advém das fortes economias de escala que se verificam no sector segurador, pois os custos por cliente baixam com o aumento do número de clientes. Aquelas empresas que conseguem grandes acréscimos da sua carteira de clientes acabam por se impor e fazer desaparecer as concorrentes. O Estado tem de regular e intervir para obrigar os produtos (contratos de seguro) a serem mais de acordo com os interesses dos segurados.

A selecção adversa produz-se pelo facto dos indivíduos de maior risco procurarem entrar no sistema, enquanto que os de baixo risco optam por não aderir. Em resposta, o Estado vai obrigar todos os indivíduos a inserirem-se num sistema de seguro de saúde, seja ele privado ou público.

Outro problema de selecção adversa acontece quando as seguradoras procuram seleccionar apenas os indivíduos ou grupos de baixo risco, "expulsando" os outros (por exemplo os idosos, ou os que pertencem a grupos sociais de risco). O Estado para resolver esse problema intervém de diversas formas protegendo esses indivíduos ou grupos. É o que decorre do n.° 1 e do n.° 3, alíneas *a*) e *b*), do artigo 64.° da CRP.

O "moral hazard" consiste numa anomalia comportamental que deriva do facto dos indivíduos segurados tenderem a incorrer em maiores atitudes de risco. Especialmente na área dos Cuidados de Saúde há o perigo de tanto o doente como o fornecedor, quando o primeiro é segurado, terem o interesse comum num volume de serviço superior ao que existiria sem seguro – por exemplo, mais dias de estadia no hospital, maior volume de exames e de tratamento. A solução do problema pelo lado da procura consiste em obrigar os doentes a comparticipar numa percentagem dos custos; do lado da oferta não tem havido soluções.

Resulta do exposto neste ponto que, directa ou indirectamente, o problema da incerteza no domínio dos Cuidados de Saúde tem levado o Estado a intervir para corrigir as falhas do mercado.

3. A equidade e a intervenção do Estado

Apesar da pertinência de todos argumentos apresentados, o factor mais importante justificativo da intervenção do Estado no domínio dos Cuidados de Saúde, em países caracterizados pela permanência de um Estado Social, é a equidade (ou justiça social). Os doentes devem receber tratamento com base na sua necessidade de Cuidados de Saúde, independentemente de outras variáveis não relacionadas com a saúde (como por exemplo o rendimento pessoal). Esta ideia está bem expressa no n.° 1, na alínea *a*) do n.° 2 e nas alíneas *a*) e *b*) do n.° 3 do artigo 64.° da CRP.

Em Portugal esta função é importante, pois o Estado anualmente prevê mais de 5% do PIB para afectar ao exercício da sua função social de fornecimento de Cuidados de Saúde (5,6% do PIB no Orçamento de Estado de 2007, o que corresponde a mais de 25% do Orçamento Global do Subsector Estado). Actualmente o forte clima limitativo ao nível dos recursos públicos, tem obrigado a que haja a necessidade de profundas reformas no sector, estando cada vez mais em causa a total independência entre o fornecimento do bem e o nível de rendimento dos utentes. Na verdade há várias abordagens para a definição do conceito de equidade de acesso ao bem.

A equidade pode ser definida como uma igualdade de acesso, o que possibilita que todos os membros da sociedade tenham igual oportunidade de acesso, independentemente do estado de necessidade. No entanto, o conceito de igualdade deve atender à equidade horizontal – igual necessidade deve ter igual acesso –, e à equidade vertical – diferente necessidade deve ter diferente acesso. Com base nestes princípios justificar-se-ia um igual acesso de todos a uma primeira triagem de cuidados de saúde (equidade horizontal), mas também o direito a que um doente com um ataque cardíaco passe à frente de doentes com menor gravidade.

Um outro conceito de equidade postula que uma distribuição equitativa de Cuidados de Saúde será aquela que proporciona uma tendência para a igualdade de saúde entre todos os indivíduos, justificando-se por isso a prioridade de intervenção nas situações mais graves. Infere-se daí que se estabeleça uma escala de prioridade de acessos por nível de necessidade. O perigo desta abordagem é a possibilidade de ser aceite como igualdade de saúde uma situação em que o seu nível global baixa na comunidade.

Se as restrições financeiras no sector se mantiverem poder-se-á esperar no futuro uma redefinição do conceito de equidade, nomeadamente o atenuar da independência entre o custo de acesso e o nível do rendimento do doente.

4. Avaliação dos benefícios

Os argumentos brevemente apresentados ao longo do texto justificam a intervenção do Estado no domínio dos Cuidados de Saúde. Mas o principal problema está por resolver. Existem muitas formas de intervenção, sendo que, deixar apenas ao campo político a decisão das melhores alternativas é perigoso, sobretudo quando os recursos públicos são escassos. Deste modo a ciência económica fornece alguns instrumentos metodológicos que permitem com alguma objectividade apoiar as decisões, imprimindo alguma racionalidade económica nos processos de decisão, nomeadamente ao nível da avaliação e comparação de diferentes alternativas.

Uma vez que é difícil medir a saúde em termos quantitativos, não é fácil avaliar economicamente a prestação de Cuidados de Saúde. Há três metodologias dominantes na avaliação dos benefícios e dos custos da provisão deste bem: a análise custo-benefício; a análise custo-efectividade; a análise custo-utilidade.

A análise custo – benefício consiste na comparação entre custos e benefícios medidos em dinheiro (valor dos benefícios em termos de ganhos de produção obtidos com menor absentismo ao trabalho por redução de doença, ou medidos pelo número de vidas poupadas, ou por anos de vida ganhos por redução de doença). A vida humana tem sido avaliada pelo rendimento médio esperado de um ser humano, ou pelo valor das indemnizações por morte previstas pelas seguradoras, ou ainda pelo diferencial de rendimento exigido pela escolha de aumento de risco no exercício da profissão ou de outras actividades. Uma outra forma de medir benefícios baseia-se em inquéritos à população onde esta expressa quanto está disposta a pagar pela existência de serviços de Cuidados de Saúde.

A metodologia anterior é de difícil aplicação, pois a medição de benefícios em dinheiro é muito complexa. Por exemplo, há uma enorme controvérsia quanto à forma de avaliar em termos monetários uma vida humana. A análise custo – efectividade ultrapassa esse problema, pois apenas consiste na comparação entre alternativas dos custos mínimos necessários para se obter um dado benefício, medido em termos qualitativos (unidades naturais de "output" – ganhos de vidas humanas, n.º de casos prevenidos, n.º de casos detectados, etc.). Os custos são medidos em dinheiro. O objectivo desta análise é obter uma medida do custo adicional por unidade de "output" e comparar as diferentes alternativas, escolhendo a que minimiza os custos.

Finalmente a análise custo-utilidade ultrapassa um problema existente na metodologia anterior, que é o facto de ser difícil comparar alternativas com unidades de medida de benefícios diferentes. Esta metodologia é igual à avaliação custo-efectividade, só que os benefícios são medidos numa unidade uniforme "anos de vida ajustados pela qualidade" (QALY), que corresponde à quantidade e qualidade de anos de vida ganhos como resultado do programa de intervenção. Esta medida é definida tecnicamente pelos profissionais de saúde para as várias áreas de intervenção e depois aplicada às diferentes alternativas. Da mesma forma que na análise custo-efectividade, procura-se minimizar os custos para um dado objectivo de QALY. Os custos são medidos em dinheiro.

5. Súmula de conclusões

O objecto deste trabalho centrou-se nos argumentos económicos que justificam a intervenção do Estado no domínio dos Cuidados de Saúde, a qual está consagrada no artigo 64.° da CRP. Foi possível identificar dois grandes factores justificativos: por um lado, as preferências sociais em termos de equidade, ou justiça social; por outro, a incapacidade do mercado para garantir soluções eficientes na provisão e consumo deste bem, que tem especificidades que o diferenciam de todos os outros bens.

Os argumentos de equidade são de ordem normativa e por isso escapam ao âmbito da análise económica, traduzindo-se em escolhas colectivas que deixam transparecer os valores sociais de cada comunidade. Mesmo assim, há uma panóplia de factores económicos que tendem a dinamizar o entendimento social do que é equitativo ao nível da provisão e acesso a Cuidados de Saúde. Por exemplo, as fortes restrições orçamentais do sector público e a consequente pressão que impõem ao nível da intervenção do Estado têm vindo a pôr em causa o conceito de equidade actualmente consagrado, o qual advoga a independência entre a concessão de facilidade de acesso – tendencialmente gratuito – e o nível de rendimento do utilizador dos serviços. Se esta visão se afirmar, poderá vir a ser tida como equitativa uma diferenciação dos custos de acesso aos Cuidados de Saúde de acordo com a situação financeira dos utentes.

No que respeita à eficiência, as justificações para a intervenção encontram-se nas especificidades do bem Cuidados de Saúde. Foram identificadas quatro especificidades que funcionam como argumentos para a intervenção estatal.

Em primeiro lugar, a procura do bem é *guiada* pela necessidade de restauração da saúde e não pelas preferências individuais, que levariam a uma escolha sujeita à restrição orçamental individual. Deste modo, a escolha não é livre e, por isso, não tem sentido usar a disponibilidade a pagar para aferir dos benefícios. Isso tem como consequência uma separação entre as medidas de benefício e o rendimento ou riqueza dos consumidores do bem. Esta independência das variáveis de procura impede que o mercado seja eficiente na determinação da quantidade de Cuidados de Saúde. Por isso, o acesso ao bem não deverá basear-se na capacidade de pagamento dos indivíduos. Só através da intervenção do Estado será possível a provisão de um bem a quem não o pode pagar. Justifica-se assim a acção do Estado neste domínio, mas há um problema por resolver: como determinará o sector público o nível óptimo de provisão de Cuidados de Saúde?

O segundo factor de intervenção deriva do facto do consumo do bem gerar *efeitos externos* que não aparecem contemplados nos preços, consequentemente a quantidade determinada no mercado não é óptima, o que constitui uma ineficiência. Normalmente ao nível dos Cuidados de Saúde os efeitos externos são positivos, como é o caso da decisão individual de tomar uma vacina para protecção contra uma doença contagiosa. Nesta escolha para além dos benefícios individuais produzem-se benefícios externos, pois aumenta o grau de protecção de toda a comunidade, uma vez que por cada novo indivíduo protegido, decorre uma maior impossibilidade de transmissão da doença. O preço de mercado não inclui este tipo de benefícios, devendo o Estado intervir comparticipando no preço, ou fornecendo publicamente a correspondente quantidade em falta para que se atinja o óptimo (de modo a que a relação entre a procura e a oferta contemple todos os custos e benefícios). Outros factores da existência de efeitos externos positivos no domínio dos cuidados de saúde são as utilidades interdependentes e a existência de valor de opção. Relativamente ao primeiro, a "externalidade" surge quando, pelo facto de um indivíduo receber Cuidados de Saúde, a utilidade de outros indivíduos aumenta, pois a possibilidade de restauro de saúde é socialmente desejável. Quanto ao valor de opção, os Cuidados de Saúde para além da utilidade que conferem quando o indivíduo adoece, também geram valor pelo simples facto do bem estar disponível, pois existe uma elevada probabilidade de cada cidadão vir a necessitar de o utilizar. A sua simples disponibilidade gera utilidade. Estes benefícios não são totalmente contemplados pelo mercado, justificando-se a intervenção do Estado.

A terceira característica dos Cuidados de Saúde que justifica a intervenção estatal é o problema da *informação assimétrica* que afecta a eficiência do mercado. O fornecedor do bem tem uma vantagem a este nível, que poderá explorar em seu proveito, pois o doente encontra-se numa posição de vulnerabilidade, sem condições e sem tempo para se informar devidamente – a doença é dinâmica e complexa – e não tem a possibilidade de aprender com a experiência, como acontece com os outros bens, para poder optar entre terapias alternativas. Para impedir aproveitamentos das desvantagens de informação dos doentes o Estado vai intervir regulando o sector, assumindo a provisão do bem em instituições não lucrativas, fornecendo informação e criando barreiras à entrada – através do controlo do número de formandos e da exigência de licenças profissionais.

O quarto argumento deriva da *incerteza* quanto ao momento em que os Cuidados de Saúde são necessários e da incerteza quanto à quantidade a consumir e quanto aos efeitos do consumo. A incerteza afecta as decisões individuais em termos do nível de recursos a afectar ao consumo do bem, levando a que as escolhas que resultam do mercado possam não ser eficientes. Parte do problema poderá ser resolvido pelo mercado de seguros, o qual, porém, também apresenta algumas falhas, como sejam a tendência para o monopólio, a selecção adversa e o "moral hazzard", que deixarão os doentes numa posição fragilizada. Por essa via o Estado vê-se na necessidade de intervir regulando e impedindo a exploração de vantagens indesejáveis.

Os quatro argumentos apresentados demonstram claramente que a intervenção estatal ao nível da provisão de Cuidados de Saúde não pode ser unicamente explicada por motivos ideológicos ou pela equidade social. A actuação pública deverá ser um garante de maior eficiência, colmatando as fortes falhas identificadas no mercado.

Posto isto, há uma questão fundamental sem resposta: qual o montante óptimo de intervenção do Estado? Como poderá o sector público colmatar as falhas do mercado, sem ele próprio falhar?

O caminho para que o Estado dê uma resposta adequada a estas questões – pelo menos uma resposta mais adequada do que até então – é o recurso a metodologias de avaliação da acção pública, que permitam uma escolha racional entre alternativas de política. A análise custo-benefício, a análise custo-efectividade, ou a análise custo-utilidade, são metodologias estabelecidas pela análise económica que aumentam o grau de objectividade na escolha pública quando se pretende atender à eficiência na utilização dos recursos públicos. Dado o diagnóstico conhecido das contas públicas, aconselham-se vivamente estas terapias.

BIBLIOGRAFIA

BERESNIAK, A. e DURU, G., 1992, *Économie de la Santé*, Masson.
CONSTITUIÇÃO DA REPÚBLICA PORTUGUESA, 2006, Wolters Kluwer, Portugal.
CRUZ, J., 2006, *Bem Público "Cultura" : Especificidades da Política Cultural*, Revista da Faculdade de Direito da Universidade do Porto, III, Coimbra Editora, pág. 443-483.
MCGUIRE, A.; HENDERSON, J. e MOONEY, G., 1988, *The Economics of Healthcare: An Introductory Text*, Routledge, London and New York.
PEREIRA, P.; AFONSO, A.; ARCANJO, M. e SANTOS, J., 2005, *Economia e Finanças Públicas*, Escolar Editora.
PINTO BARBOSA, A., 1997, *Economia Pública*, McGraw-Hill, Portugal.

A CONSTITUIÇÃO DO DIREITO
E O POSITIVISMO JURÍDICO

José de Sousa e Brito*

Sumário: *I. O direito e a moral como espaços de argumentação. II. As normas constitutivas do direito*

O positivismo jurídico pode ser caracterizado essencialmente por duas teses: a tese da separação conceptual entre o direito e a moral e tese das fontes sociais do direito.

Segundo a primeira tese o conteúdo da moral nada implica, só por si, quanto ao conteúdo do direito e vice-versa. Portanto, das normas morais, somente, nada se deduz quanto ao conteúdo ou à validade de normas jurídicas, as normas do direito podem ser coincidentes ou contrárias às da moral sem que isso afecte a sua validade, o direito injusto é direito. O direito intoleravelmente injusto – que a moral obriga a desrespeitar – também é direito, a não ser que haja uma norma jurídica que o invalide. Só se uma norma jurídica remeter para uma norma moral haverá implicações desta última para o conteúdo do direito, mas então já serão implicações dentro do direito, porque a remissão tinha incorporado a norma moral no direito, tinha criado antes uma norma jurídica de conteúdo idêntico à norma moral.

Segundo a segunda tese o conteúdo do direito é determinado, em última análise, por factos sociais que, por terem essa função determinante, se podem chamar fontes sociais do direito. A identificação dos factos determinantes varia com a ordem jurídica, faz-se diferentemente no direito inglês e no direito português, por exemplo, mas varia também com a ver-

---

* Juiz Conselheiro do Tribunal Constitucional jubilado.

são de positivismo jurídico adoptada. Tais factos poderão ser a vontade de certas pessoas, genericamente designadas como o legislador ou o soberano, os actos da prática jurídica das pessoas de certa comunidade, especialmente das que são orgãos da aplicação do direito, e de entre esses actos, mais especialmente, as decisões dos juízes e ainda as opiniões acerca do que é conteúdo do direito de todas ou de algumas destas pessoas. Alguns dos referidos actos, consoante são conformes com o conteúdo de normas ou as violam, tornam essas normas eficazes ou ineficazes e essa qualidade das normas, dependente de factos – ou antes os factos de que depende tal qualidade – podem condicionar a validade dessas normas. Em qualquer caso, seja qual for a versão do positivismo jurídico, os factos sociais considerados relevantes, determinam, em última análise, o conteúdo do direito. Não se exclui que o conteúdo do direito não possa ser determinado em parte por processos de raciocínio ou por simples decisões discricionárias, cujo conteúdo é novo e não corresponde ao sentido de actos sociais anteriores. Mas esse conteúdo não é direito se for contrário ao sentido dos actos sociais considerados determinantes do conteúdo do direito, podendo considerar-se como acto determinante a decisão judicial discricionária em caso novo – como para HART[1] – ou toda a decisão judicial de última instância – como para KELSEN[2]. Neste sentido, o conteúdo do direito é sempre determinado, em última análise, pelas fontes sociais do direito.

Estas duas teses são comuns aos maiores positivistas jurídicos do século XIX – começando por BENTHAM[3] e AUSTIN[4] – e XX – KELSEN, ROSS[5] e HART[6] podem ser escolhidos como representativos – e aos campeões contemporâneos da mesma corrente de pensamento – como RAZ[7], COLEMAN[8]

---

[1] HERBERT L. A. HART, "El nuevo desafio al positivismo jurídico", *Sistema36. Revista de Ciências Sociales*, mayo de 1980, p. 5-6.

[2] Cfr. HANS KELSEN, *Reine Rechtslehre*, 2.ª ed., Wien, Deuticke, 1960, p. 273 e *Allgemeine Theorie der Normen*, Wien, Manz, 1979, p.200.

[3] JEREMY BENTHAM, *A Fragment on Government* (1776) em *A Comment on the Commentaries and a Fragment on Government*, ed. J. H. Burns, H. L. A. Hart, London, Athlone, 1977 (*Collected Works*), p. 397-398.

[4] JOHN AUSTIN, *The Province of Jurisprudence Determined* (1832), ed H. L. A. Hart, London, Weidenfeld and Nicholson, 1954.

[5] ALF ROSS, *On Law and Justice*, London, Stevens, 1958.

[6] H. L. A. HART, *The Concept of Law*, 2.ª ed., Oxford, Clarendon, 1994.

[7] JOSEPH RAZ, "Legal Positivism and the Sources of Law" em *The Authority of Law*, Oxford, Clarendon, 1979, pp. 37 ss.

[8] JULES COLEMAN, "Authority and Reason", em ROBERT P. GEORGE (ed.), *The Autonomy of Law*, Oxford, Clarendon, 1996, pp. 287 ss.

e GARDNER[9]. Penso também que são suficientes para caracterizar o positivismo jurídico, por isso as considerei essenciais. HART[10] considera ainda como essencial uma terceira tese, a que chama da discricionariedade judicial: quando uma lacuna do direito não pode ser preenchida pelos métodos geralmente reconhecidos – como a analogia ou a aplicação de princípios gerais reconhecidos – o juiz decide discricionariamente entre as várias soluções que o direito deixa em aberto, isto é, decide com a mesma discricionariedade que caracteriza o legislador, não há uma única decisão do direito para o caso, a que teria a melhor justificação possível. Mas esta tese não foi assim defendida por nenhum dos seus predecessores positivistas jurídicos, embora possa estar implícita noutras teses que defenderam. Mas não está implícita nas duas teses essenciais como eu as formulei, uma vez que a existência de uma única melhor solução em cada caso é compatível com o primado das fontes sociais do direito – com a tese do seu carácter determinante em última análise –, mesmo que a melhor solução só seja positivada pelo reconhecimento posterior e pela não inversão da jurisprudência. Mas é também de algum modo positivada pelo próprio comportamento das partes e dos juízes no processo, os quais discutem no pressuposto da melhor solução. A adição da tese da discricionariedade judicial tornaria assim o positivismo jurídico mais dificilmente defensável. Ora uma teoria só pode ser refutada se for discutida na sua forma mais forte.

Proponho-me agora criticar cada uma das teses essenciais do positivismo jurídico. Antecipo a conclusão: o positivismo jurídico é insustentável no Estado de direito.

I. O direito e a moral como espaços de argumentação

Podemos pensar o direito e a moral como espaços, campos ou esferas de argumentação. O direito é usado para justificar um acto ou um juízo. Um negócio jurídico, um acto do parlamento ou do tribunal são válidos, uma acção de um indivíduo é juridicamente ilícita ou lícita, na medida em há argumentos que o justificam, Se sabemos como caracterizar esses argu-

---

[9] JOHN GARDNER, "The Legality of Law", *Associations. Journal for Legal and Social Theory*, 7, 2003, Nr. 1, pp. 89 ss.
[10] S*upra*, nota 1. Note-se, porém, que no *Postscript* à 2.ª ed. de *The Concept of Law* (p. 254) HART defende que é uma *open question* para uma versão *soft* do positivismo jurídico, se há critérios morais objectivos da decisão judicial, o que implica o abandono da tese da discricionariedade, no mesmo sentido que proponho no texto.

mentos, podemos delimitar um espaço de argumentação, que é idêntico com o do direito. Actos morais e juízos morais são igualmente justificados ou criticados por argumentos, senão não podem ser considerados como tais. Assim também os argumentos morais constituem um espaço de argumentação. A palavra "moral" quer aqui dizer "ético". Não estou aqui a falar de moral social mas de ética filosófica.

Se examinarmos as formas de argumentação que geralmente se consideram correctas na prática jurídica e as compararmos com as que geralmente se consideram correctas na discussão ética, notamos que as primeiras apresentam limites ou restrições que não existem na ética. Quer isto dizer que há argumentos éticos que se admitiriam numa discussão ética mas que não são permitidos em direito. Quando falo aqui de ética e de argumentos éticos uso as palavras num sentido amplíssimo, fazendo coincidir o domínio da ética com o do raciocínio prático, ou da *praxis*, de ARISTÓTELES, que abrange a justificação das acções em vista de todos os fins possíveis. O domínio da ética coincide assim com o das razões de agir, o que não implica naturalmente que todas as razões de agir são éticas, mas apenas que todas podem ser consideradas pela ética. Também não se implica que a tarefa de justificação das acções em vista de todos os fins possíveis seja resolúvel, nem que seja eticamente justificado fazer depender as acções dessa resolução. Qualquer outra delimitação do domínio da ética poderia revelar-se afinal insuficiente para a delimitação entre si das razões ética, jurídica ou democraticamente relevantes.

A argumentação jurídica é desde logo limitada pela obrigação de referência às fontes do direito, nomeadamente à lei, ao costume e à jurisprudência. Um argumento juridicamente correcto terá que se justificar perante a totalidade das fontes. Qualquer frase da linguagem das fontes que esteja logicamente relacionada, de modo positivo, com a questão a decidir, tem de ser integrada no argumento total que fundamenta a decisão jurídica dessa questão. Ora, essa integração deve reconhecer a autoridade e consequente hierarquia das fontes. As frases da linguagem das fontes não têm apenas na argumentação jurídica a prioridade lógica das premissas relativamente à conclusão. As fontes do direito estão entre si relacionadas hierarquicamente, prevalecendo em caso de contradição as de superior hierarquia: a constituição está acima das leis e estas acima dos regulamentos, por exemplo. Entre fontes do mesmo nível hierárquico, que sejam contraditórias entre si, prevalecem as posteriores sobre as anteriores.

Todas as frases da linguagem das fontes têm uma autoridade ou força de que carecem quaisquer outras frases com que se combinam num argumento. Essa autoridade dá-lhes uma prioridade hermenêutica: há que partir delas na argumentação e demonstrar a cada passo a compatibilidade com elas do sistema lógico construído a partir delas. A prioridade hermenêutica não é uma prioridade lógica: as frases da linguagem das fontes podem não ser princípios ou axiomas do sistema lógico que permite resolver o caso, poderão ter servido apenas de ponto de partida na descoberta de um sistema lógico de justificação da decisão. A prioridade hermenêutica é um caso do que RAWLS chama ordem de apoio (*order of support*) e que contrapõe à ordem de dedução[11]: as razões de apoio a uma concepção normativa dependem da força dessas razões e não do lugar que ocupam num conjunto de raciocínios.

Outros limites da prática da argumentação jurídica, e estou falando da prática da argumentação jurídica correcta, como ela deve ser, derivam das regras processuais da deliberação e da decisão no direito. Assim, por exemplo, no processo legislativo das assembleias legislativas – e outras particularidades tem o processo de produção normativa no Governo, nas autarquias locais, etc. – a iniciativa legislativa está reservada aos deputados – em Portugal também aos grupos parlamentares, ao Governo e às assembleias legislativas regionais –, que só podem intervir nos debates em tempo limitado segundo a dimensão das respectivas representações partidárias. Nos processos judiciais é um regime complexo que limita também as pessoas que podem intervir na discussão aos interessados, aos seus representantes e ao juiz, não podendo por vezes intervir os interessados senão através dos representantes. No processo podem ainda intervir outras pessoas, como as testemunhas e os peritos, mas apenas quanto a certas questões. Segue-se uma ordem fixa de intervenções, que são em número limitado, que são limitadas não apenas no tempo quando orais, mas também pelo tempo, perdendo-se a possibilidade de intervir depois de certo prazo. Pode, em certos casos, renovar-se o processo deliberativo através de recurso, que envolverá a intervenção de outras pessoas, quer na preparação da nova decisão – como seja outro representante do Ministério Público –, quer na decisão – novos juízes, no todo ou em parte. Há também regras sobre o conteúdo obrigatório das intervenções e proibições de conteúdo, como quando se restringe a discussão apenas à questão de direito, ou quando se faz depender a admissão de um recurso da invocação de uma de entre um número limitado de disposições legais ou partes delas.

---

[11] JOHN RAWLS, *Political Liberalism*, New York, Columbia University Press, 1993, 242, n. 31.

Outras regras regulam a prova, quer quanto ao modo da sua produção, que no processo penal terá que fazer-se na audiência, quer quanto à própria espécie de prova, não sendo admitidas provas obtidas ilicitamente, etc..

Estas limitações que o direito impõe ao raciocínio prático e que permitem distinguir a prática jurídica da prática da ética – da *praxis* aristotélica – não são, porém, contrárias à ética. Fundam-se, mesmo, em razões éticas, que o direito incorpora, fazendo-as suas, como razões do regime jurídico. Assim, a primazia das fontes funda-se num Estado de direito democrático no próprio princípio democrático, que tem, como veremos, fundamento ético, e, em geral, as limitações processuais fundam-se nos valores jurídicos da paz, da segurança e da utilidade das decisões, que têm igualmente uma base ética. As mesmas limitações são, por outro lado, limitadas por razões éticas, que são de novo incorporadas pelo direito através do direito de desobediência, do direito de resistência e da teoria jurídica da revolução. Trata-se, então, de formas extremas de solução de conflitos ético-jurídicos, já que tais conflitos se resolvem normalmente dentro do sistema através do regime da inconstitucionalidade.

Se há divergências, não há menos coincidências entre razões jurídicas e razões éticas. E não apenas coincidências ocasionais de conteúdo entre regras ou princípios jurídicos e regras ou princípios de ética. Estas coincidências resultam muitas vezes historicamente de o direito ter por vezes importado um corpo inteiro de doutrina ética, como acontece com as declarações de direitos do homem, com partes consideráveis do direito penal, como grande parte dos princípios da justificação (assim a doutrina da legítima defesa), da exclusão da culpa (assim a doutrina do erro ou do estado de necessidade), dos fins das penas, etc..

Há dois processos fundamentais de inclusão da ética no direito. Temos, primeiro, normas remissivas do direito para ética. Há normas jurídicas que dispõem que certas questões devem ser resolvidas através do recurso às normas da ética, como quando dizem que a solução deve ser encontrada segundo a boa fé, os bons costumes, os princípios de direito natural ou a solução que o juiz encontraria se fosse legislador. Mas além de remissões explícitas, há remissões implícitas através do uso nas normas jurídicas de conceitos éticos fundamentais. Assim, quando se refere a dignidade da pessoa humana ou a culpa como critério normativo, está-se de facto a acolher princípios éticos fundamentais que têm imensas consequências. Estas remissões implícitas articulam-se logicamente com corpos inteiros de disposições legais, como sejam os relativos aos direitos fundamentais no caso da referência à dignidade da pessoa humana, fornecendo assim a base para a construção dogmática no Direito Constitucional da teoria dos direitos fundamentais, e toda a parte geral da doutrina do crime no caso do princípio da culpa, que passam, por consequência, a ter a pretensão de serem em certa medida aplicações da ética e a medirem correspondentemente os seus desenvolvimentos interpretativos pelos critérios da ética. Desenvolve-se assim um sistema de dedução da ética a partir do direito, além das remissões normativas.

A democracia é precisamente uma exigência da ética no direito. O princípio de dignidade da pessoa humana articula-se nos valores da liberdade e da igualdade e implica a igual liberdade de todos os cidadãos. Da igual autonomia ética das pessoas deriva o princípio do governo do povo pelo povo. A igual liberdade implica a igual participação de todos na formação da vontade colectiva através dos iguais direitos de votar e de ser eleito e de aceder aos lugares públicos, e as liberdades complementares de expressão, de informação, de imprensa, de reunião e de associação. O princípio da decisão maioritária está também implicado, como único meio de dar o mesmo valor à participação livre de cada um na decisão que a todos vincula. Se se exigisse menos, então os membros da maioria contra a decisão seriam desvalorizados. Se se exigisse mais, então os membros da maioria a favor da decisão seriam desvalorizados, se a falta de uma decisão importar um efeito normativo de sentido contrário. Se não for este o efeito, então a exigência duma maioria qualificada ou da unanimidade é compatível com a igualdade, a igualdade de precisar de certo nível de consenso para obter uma acção colectiva. A decisão maioritária é, portanto, uma exigência ética sempre que uma nova decisão é o resultado necessário da acção colectiva. É, em regra, o processo da tomada de decisão dos órgãos colectivos.

O princípio democrático seria negado se existisse um poder que não fosse constituído e exercido pelo povo, mesmo se esse exercício não passasse da intervenção indirecta dos representantes eleitos pelo povo na designação dos titulares do poder. Isto vale inclusivamente para a designação dos juízes do tribunal constitucional. Eles também tiram a sua legitimidade democrática do sufrágio universal, embora indirectamente, através da intervenção dos directamente eleitos no processo de designação dos juízes. O sufrágio universal está, portanto, na origem de toda a decisão democrática, mas não assegura o carácter democrático da decisão. Senão, todas as decisões do povo ou dos órgãos designados pelo povo seriam democráticas, independentemente do conteúdo. O carácter democrático de uma decisão depende, por um lado, da sua adopção directa ou indirecta pela maioria, mas depende também da sua conformidade com razões do próprio princípio democrático, isto é, da democracia como sistema de princípios.

Todos os direitos do homem derivam da igual dignidade dos homens, isto é, do seu igual valor como pessoas livres, portanto, autónomas, que têm o poder de se dar a própria lei e cujos fins pessoais são os fins últimos de toda a lei. O princípio democrático é o princípio da organização eticamente fundada da sociedade sobre esta base.

II. As normas constitutivas do direito

Passamos agora dos modos como o direito e a ética estão ligados no raciocínio jurídico para constituir o espaço do direito – ou, por outras palavras, quando se trata de saber o que é direito –, para considerar os modos como para a mesma tarefa se integram na argumentação jurídica frases assertórias ou descritivas, afirmações e negações de factos. O positivismo jurídico tem-nos vindo a dizer que existe uma tal coisa como o direito positivo, que proposições acerca do direito positivo são verdadeiras ou falsas consoante os factos, e que as verdadeiras formam a base de uma ciência descritiva do direito. Deveremos agora dizer que o positivismo jurídico deriva «dever(ser)» de «ser», violando a lei de HUME? Vejamos mais de perto como tratam os positivistas deste problema. Concentrar-me-ei em BENTHAM e em KELSEN, que sustentam acerca das consequências da lei de HUME para a teoria jurídica as posições mais distintivas.

BENTHAM encontrava-se certamente ansioso por apontar os factos atrás do direito. Tais factos eram para ele a verdade do direito. Permitem-nos reduzir as frases que encontramos no direito e acerca do direito a proposições factuais dotadas de sentido, ou repudiar as frases irredutíveis como sem sentido. Os factos relevantes são: os comandos do legislador, as decisões, i.e., os comandos individuais dos juízes, as sanções de pena e de recompensa, os actos de obediência ao soberano e o correspondente hábito do povo. No *Fragment,* BENTHAM fornece duas análises alternativas às frases do tipo «deve» do direito. Diz a certa altura que uma acção é um objecto de dever (ou obrigação) se é o objecto de um comando do legislador (ou de um quase-comando do direito consuetudinário), e noutra altura que uma acção é um objecto de dever se provavelmente se lhe segue uma pena. Uma reconstrução racional do pensamento de Bentham deverá acomodar estas definições com desenvolvimentos ulteriores: que nomeadamente existem leis que assentam em recompensas e leis sem sanção política, i.e., dor ou prazer às mãos de um superior político, tais como as leis limitando os poderes supremos dentro de um Estado. Mas se a probabilidade de uma sanção específica não é necessária à existência de uma obrigação jurídica, um sistema de sanções assente na força e reforçado pela violência torna-se necessário para explicar a superioridade do soberano que a noção de comando implica[12]. Se BENTHAM reduz afinal o direito a proposições acerca da vontade do legislador ou do juiz, pode ser objecto de disputa, uma vez que, como pôde ele notar: «é determinado o uso de um mandato pela natureza do acto ou modo de conduta que é o seu objecto: e onde nenhuma diferença pode haver na conduta do sujeito é sem propósito assinalar qualquer diferença no espírito do legislador»[13]. Não obstante, não atentou BENTHAM em todo o significado das suas palavras, já que se manteve aparentemente ligado a uma teoria da linguagem que considera os comandos como proposições complexas do tipo: «é a vontade de s (uma entidade superior) que x faça A.» Faz equivaler expressamente «expressar algo» a «enunciar algo acerca da mente do locutor»[14]. Permanece assim um psicologista, não alcançando a intenção da lei de HUME. Mas a nítida distinção por ele traçada entre aquilo que o direito é e aquilo que o direito deve ser permanece intocável: os factos de que depende o direito positivo são claramente independentes do prazer e dor prospectivos que deveriam permitir-lhe calcular a contribuição do melhor direito possível para a felicidade geral. O argumento não assenta sobre uma ideia correcta da relação entre o direito e os factos que determinam o seu conteúdo.

Foi KELSEN o primeiro positivista jurídico a retirar todas as consequências da lei de HUME. Daí não fazer ele uso da distinção «ser-dever (ser)» para separar o direito da ética ou da moralidade social. São sistemas normativos todos os três, a serem diferenciados somente por que cada um deles possui uma diferente fonte de validade, uma diferente norma fundamental. A distinção ser – dever ser assinala em KELSEN a diferença entre tais sistemas normativos e as leis causais, e, como uma consequência, entre a teoria do direito e, tanto a ciência natural, como a sociologia do direito. No seu livro póstumo a *Teoria Geral das Normas,* KELSEN, cujo

---

[12] Cf. o meu artigo: «Relire Bentham. A propos de l'edition de 'Of Laws in General' de Bentham por Hart», *Archives de Philosophie du Droit*, 17 (1972), pp. 465 ss.

[13] *Of Laws in General*, ed. H. L. A. Hart, London, Athlone, 1970 (*Collected Works*), p. 98.

[14] *An Introduction to the Principles of Morals and Legislation*, ed. J. H. Burns, H. L. A. Hart, London, Athlone, 1970 (*Collected Works*), p. 299.

pensamento não evoluiu certamente sob influência directa de HUME, mas certamente sob a de KANT, apraz-se em constatar o seu completo acordo com as ideias de HUME. Afirma: «No que respeita à relação entre «ser» e «dever ser» é Hume mais consequente do que KANT. Não existe para ele a razão prática.»[15].

KELSEN não teria sido um positivista se não tivesse feito o conteúdo do direito depender de factos. Mas fá-lo: «em assim ser estabelecido – através de actos humanos – e na eficácia como uma condição de validade reside a positividade da ética e do direito"[16]. São estes dois factos *(Seins-Tatsachen),* que são condições de validade de uma norma. Consiste a eficácia em ser a norma observada na maior parte dos casos ou, se não seguida, na maior parte dos casos aplicada, i.e., na maior parte dos casos ou fazemos aquilo que a lei pretende que façamos ou a sanção da não observância é aplicada. Mas KELSEN também afirma que a validade de cada norma depende da eficácia de todas as outras normas que constituem o sistema normativo[17]. Reúno agora estas condições de modo a fornecer uma formulação da norma fundamental de KELSEN: se as normas que foram estabelecidas num sistema normativo são eficazes, então cada norma do sistema é válida. Se toda e qualquer norma estabelecida num dado sistema jurídico deriva a sua validade da primeira constituição histórica, a norma fundamental pode igualmente ler-se: se as normas criadas pela primeira constituição histórica são eficazes, a primeira constituição histórica é válida. E poderia continuar-se: ...e por isso também elas são válidas. Nas duas formulações a norma fundamental tem a forma de uma norma constitutiva, que estatui a validade de uma ou mais normas, sob a condição de se verificarem certos factos.

Falta a KELSEN um filosofia da linguagem capaz de conceptualizar adequadamente a norma fundamental. Senão teria dito, penso eu, que a norma fundamental é a síntese das regras constitutivas da ordem jurídica. Ao mesmo tempo ela fornece o conteúdo da regra semântica que explica o sentido das frases do tipo «deve (ser)» de um facto institucional tal como é o direito. Quando se diz que algo deve ser na prática do direito, estas palavras "deve ser" significam "deve ser segundo o direito", isto é, "segundo a norma fundamental de certo direito positivo".

---

[15] HANS KELSEN, *Allgemeine Theorie der Normen*, p.68.
[16] Op.cit., p. 114.
[17] *Reine Rechtslehre*, p. 218; «Professor Stone and the Pure Theory of Law», *Stanford Law Review*, 17 (1965), p. 1139.

As normas constitutivas tornam "existente" ou, mais exactamente, fazem vigorar, verificadas determinadas condições de facto, aquilo (a norma ou o conjunto de normas, a consequência jurídica ou o conjunto de consequências jurídicas) que estatuem. Por consequência, orientam o comportamento na medida em este pode realizar a condição sob a qual elas tornam "existente" ou fazem vigorar aquilo que estatuem. As normas regulativas orientam o comportamento na medida em que este pode realizar aquilo que estatuem. Sigo assim uma linha de pensamento que foi principalmente representada por WITTGENSTEIN, que mostrou que as regras de um jogo constituem o jogo[18]. Na mesma linha estão RAWLS[19], AUSTIN[20], GRICE[21], SEARLE[22] e ALSTON[23]. As normas constitutivas não permitem passar de «é» a «deve» contra a lei de HUME, como dedução lógica de dever ser a partir de ser. Os factos constitutivos do direito não implicam logicamente o direito, são apenas uma condição da sua validade: se se verificam, as normas vigoram, devem ser aplicadas.

É certo que no caso da norma fundamental de KELSEN a norma constitutiva dá a mesma orientação de comportamento que a norma que confere à assembleia constituinte o poder de aprovar a constituição, pelo que poderia ser dispensada, a admitir-se tal norma que confere poder constituinte. Só que esta norma não exprime a função normativa de fundar a validade de outras normas, que é comum à norma constitutiva que valida a constituição, dadas condições que se verificam posteriormente, e à norma constitutiva que valida o costume. A duplicidade de função normativa justifica a admissão analítica de duas normas de espécie diferente. Do mesmo modo, no caso da regra de reconhecimento de HART, a diferente função normativa justifica na análise a admissão de uma regra diferente da regra costumeira de obrigação que obriga os juízes ao mesmo reconhecimento.

---

[18] LUDWIG WITTGENSTEIN, *Philosophische Untersuchungen*, §§ 197, 205, 567 (kritisch-genetische Edition, ed. Joachim Schulte, Frankfurt am Main, Suhrkamp, 2001, pp. 858, 862, 959).

[19] JOHN RAWLS, "Two Concepts of Rules" (1955), *Collected Papers*, ed. Samuel Freeman, Cambridge, Massachusetts, 1999, pp. 20 ss.

[20] J. L. AUSTIN, *How to do things with Words*, 2.ª ed, ed. J. O. Urmson, M.Sbisà, Oxford, Oxford University Press, 1976.

[21] PAUL GRICE, *Studies in the Way of Words*, Cambridge, Massachusetts, Harvard University Press, 1989.

[22] JOHN R. SEARLE, *Speech Acts*, Cambridge, Cambridge University Press, 1969.

[23] WILLIAM P. ALSTON, *Illocutionary Acts and Sentence Meaning*, Ithaca, Cornell University press, 2000.

Diz KELSEN que o sentido de dever ser e de ser não pode ser objecto de maior elucidação. Assim não é ele capaz de ver como a *Grundnorm* exprime não só a regra jurídica constitutiva da ordem jurídica, como a regra semântica que define a mesma ordem jurídica[24]. É a irreconhecida definição do direito de KELSEN. Como positivista, contudo, não pode passar sem ela. Acaba, assim, nos seus últimos escritos por afirmar que é uma norma fictícia, uma norma emanada por uma autoridade não existente, uma auto-contradição: «a admissão de uma norma fundamental – como seja a norma fundamental de um sistema religioso: 'devemos obedecer aos mandamentos de Deus' ou a norma fundamental de um sistema jurídico 'devemos fazer como diz a primeira constituição histórica' contradiz não só a realidade, já que não existe uma tal norma como sentido de um acto real da vontade, mas é também autocontraditória, porque autoriza uma mais alta autoridade moral ou jurídica, e tem assim origem numa autoridade que está acima até da última – aliás apenas fingida.»[25] A norma fundamental, diz seguidamente KELSEN, é "uma ajuda do pensamento, de que uma pessoa se serve quando não consegue alcançar o fim do pensamento com o material dado. O fim do pensamento da norma fundamental é a fundamentação da validade das normas que formam uma ordem jurídica positiva". Só que uma autocontradição nada pode fundamentar, sem exceptuar a validade. Desta forma, não só acaba Kelsen fazendo afirmações absurdas, como se esquece das suas próprias condições de validade, abstendo--se por momentos do positivismo. Não é capaz de explicar como uma mesma frase «A deve casar com B» (para usar um dos seus exemplos) significa uma norma diferente, consoante seja a consequência de uma promessa, uma conclusão moral, ou uma obrigação jurídica. Não vê, finalmente, a diferente relação aos factos que se verifica para o direito e outros factos institucionais, por um lado, e para a ética ou para a teoria da justiça, por outro.

Contudo, uma reformulação da teoria da norma fundamental em termos da contemprânea filosofia da linguagem, apresentando-a, assim, com um positivismo jurídico consequente, não a poderia salvar. Desde logo,

---

[24] Divirjo assim de FELIX KAUFMANN, *Methodenlehre der Sozialwissenschaften* (1936), Wien, Springer, 1999, pp. 301 ss., e de AMEDEO G. CONTE, *Filosofia del Linguagio Normativo*, II, 1995, p. 344 nota 40, que apenas reconhecem à *Grundnorm* uma função definitória ou eidética (nas palavras de CONTE: é não *ratio essendi*, mas *ratio cognoscendi* da ordem jurídica).

[25] *Allgemeine Theorie der Normen*, pp. 206-7.

como do lado do positivismo jurídico foi acertadamente visto por HART, a validade depende de factos de acordo com o reconhecimento judicial das normas constitutivas do direito pelos tribunais e outros orgãos de aplicação do direito, e não de acordo com a eficácia externa das normas (ou só em parte de acordo com a eficácia, por ser esse o conteúdo do reconhecimento).

Também contra o que pensa KELSEN, e com ele todo o positivismo jurídico, a validade não depende apenas da eficácia, mas também da correcção, isto é, da justiça ou racionalidade do direito. Em que medida? Essa medida depende do reconhecimento. As normas constitutivas do direito evoluíram de um sistema de sujeição reconhecida – embora se possa argumentar que também sempre reconhecidamente limitada por uma forma qualquer de "direito natural" – para um sistema de racionalidade pública reconhecida. Num Estado de direito a validade de uma norma depende não apenas de factos, como os factos sociais da sua própria criação, segundo as fontes de direito, e ainda os factos da sua própria eficácia – sem a qual é revogada por costume revogatório – e da eficácia da ordem jurídica de que faz parte, mas também do seu conteúdo. Depende certamente do conteúdo das normas hierarquicamente superiores, com que tem de se conformar. Mas depende igualmente da correcção ou racionalidade do seu conteúdo e, portanto, em certa medida, da sua conformidade com a ética ou, pelo menos, com um mínimo de susceptibilidade de justificação ética. Isto é assim por causa do conteúdo das normas constitutivas que são reconhecidas na ordem jurídica. Mas é ainda assim, dentro de certos limites, mesmo sem reconhecimento e contra o reconhecimento. Vimos atrás que há no direito remissões para a ética, que caracterizam o Estado de direito. Quando a dignidade humana ou a culpa são consagradas na Constituição como critérios normativos, introduzem-se na ordem jurídica princípios éticos com imensas consequências. Tais remissões implícitas são desenvolvidas em sistemas dogmáticos, como o sistema dos direitos do homem ou a teoria geral do crime. Estes sistemas pretendem ter fundamento racional ou correcção ética e o seu desenvolvimento na aplicação do direito é justificado e aceite ou contraditado com argumentos racionais ou éticos, que podem inverter julgamentos anteriores. Quando o direito positivo reconhece validade normativa a critérios de racionalidade a sua positividade e o próprio reconhecimento como critério de validade ficam suspensos. Na esfera de racionalidade assim criada as normas da razão ética podem contradizer as normas positivas e prevalecem sobre elas por superioridade lógico-normativa e hierárquica. Poderá assim haver, inclusivamente, normas constitucionais inconstitucionais. Quer isto dizer que o reconhecimento, sem contradição, se auto-suspende parcialmente no Estado de direito. Deste modo também o positivismo, na medida em que se baseia no reconhecimento, se tem que suspender a si próprio no Estado de direito. Não se contradiz a si próprio, autorefutando-se, mas mantém-se coerente ao autosuspender-se parcialmente.

INTERPRETAÇÃO DO TESTAMENTO

Luís A. Carvalho Fernandes*

SUMÁRIO: *1. Enquadramento do tema; razão de ordem. 2. Breve nota histórica do artigo 2187.º. 3. Breve nota histórica das normas interpretativas. 4. Objecto e fim da interpretação. 5. Elementos da interpretação. 6. Notas adicionais. 7. Casos de dúvida e de indeterminação do sentido. 8. Normas interpretativas.*

1. Enquadramento do tema; razão de ordem[1]

I. O Código Civil estabelece o regime comum da interpretação dos negócios jurídicos nos artigos 236.º e 237.º; mas, define, de imediato, para

---

* Professor Associado da Faculdade de Direito da Universidade Católica Portuguesa.

[1] A selecção de um tema de Direito sucessório, como objecto de estudo a incluir em livro *oferecido* ao Prof. Doutor Inocêncio Galvão Telles, foi determinada por razões de duas ordens.

Uma, de natureza pessoal, ligada à circunstância de, como seu assistente, ter beneficiado da sua orientação e coordenação na regência desta disciplina na Faculdade de Direito da Universidade de Lisboa, mas também na Faculdade de Direito da Universidade Católica Portuguesa.

Outra, de natureza objectiva, fundada no facto de a Ciência do Direito portuguesa, do Direito Civil, em particular, dever ao Prof. Doutor Galvão Telles, além de muitos mais contributos de inestimável valor, a elaboração do Anteprojecto do futuro Livro do Código Civil relativo às Sucessões.

Situado assim o campo de estudo, ao optar pela interpretação do testamento, de incontestável interesse dogmático e prático, não foi estranho o objectivo de desenvolver uma matéria a que antes tinha apenas dedicado escassa atenção (*Lições de Direito das Sucessões*, 2.ª ed., reimp., Quid Juris, 2004, págs. 492-498).

os negócios formais, regras particulares decorrentes dessa sua natureza e do âmbito da forma legal, tal como estabelecida no artigo 221.° do mesmo diploma legal (artigo 238.°)[2].

À interpretação do testamento preside o artigo 2187.° que se afasta das regras comuns da interpretação negocial, mas também das que regem a determinação do sentido dos negócios formais. Ora, se a natureza formal do testamento justifica o primeiro destes desvios, já o mesmo se não pode dizer, como é manifesto, do segundo.

É à determinação das particularidades da interpretação do testamento, na sua articulação com o regime decorrente dos artigos 236.° a 238.° que se dirige este estudo.

II. Por referência a estas duas *tarefas* algumas notas prévias são pertinentes, na definição do objecto de estudo e na sua ordenação.

Desde logo, cumpre ter presente que o regime de interpretação contido no artigo 2187.° não significa que as regras comuns dos artigos 236.° e 237.° e as particulares do artigo 238.° não sejam atendíveis na determinação do sentido do testamento; sempre que o artigo 2187.° não forneça resposta adequada a questões de hermenêutica negocial, é legítimo recorrer, em primeira mão, ao disposto para os negócios formais em geral; e se, no artigo 238.°, não se obtiver a resposta pretendida, não é de excluir a aplicação do regime comum dos artigos 236.° e 237.°. Em qualquer dos casos, a aplicação subsidiária de tais normas tem de ser entendida na medida do que seja conciliável com a particular natureza do testamento.

Relevam, para efeito da avaliação da reserva que esta nota envolve, as características deste negócio jurídico, que, além de formal, é pessoal, singular (e, como tal, unilateral), gratuito, *mortis causa*, não recipiendo e de conteúdo indeterminado e complexo.

Noutro plano, importa salientar que na interpretação do testamento, sendo ainda de atender a outras normas relativas a questões conexas, que em devido tempo serão invocadas, se identificam, à semelhança do que ocorre noutros negócios jurídicos, mas neste caso com especial relevância, normas interpretativas – logo, de natureza dispositiva – que estabelecem o sentido de múltiplas disposições testamentárias que, pela sua frequência na prática forense, mereceram a atenção do legislador na resolução de

---

[2] São do Código Civil as normas de seguida referidas sem identificação do diploma legal em que se integram, salvo se algo diferente resultar do contexto em que são citadas.

dúvidas quanto ao seu sentido, suscitadas pela sua formulação. É o caso dos artigos 2225.° a 2228.°, 2262.° e 2263.°.

III. A preceder a exposição da matéria identificada na alínea anterior, e como contributo relevante para o seu estudo, justifica-se uma sucinta exposição da história legislativa das normas vigentes em sede de interpretação do testamento.

Vai a mesma desenvolver-se em dois momentos, com referência à norma de interpretação contida no artigo 2187.° e às normas interpretativas atrás identificadas.

Em qualquer dos casos serão considerados os antecedentes das normas em causa com identificação dos preceitos correspondentes do Código Civil de 1867 e os trabalhos preparatórios do Código vigente a partir do correspondente Anteprojecto.

2. Breve nota histórica do artigo 2187.°

I. O regime da interpretação do testamento continha-se, no Código de Seabra, no artigo 1761.°, segundo o qual, «em caso de dúvida sobre a interpretação da disposição testamentária, observar-se-á o que parecer mais ajustado com a intenção do testador, conforme o contexto do testamento».

II. No seu confronto com o preceito vigente, e com relevo com para a fixação do regime nele estatuído, três notas merecem destaque.

Desde logo, cumpre realçar que o artigo 1761.° constituía uma norma particular de interpretação do testamento, que se demarcava dos artigos 684.° e 685.° desse Código, que regulavam a interpretação dos contratos, em geral.

Noutro plano, a redacção da primeira parte do artigo 1761.°, numa concessão ao velho brocardo *in claris non fit interpretatio*, sugeria que a sua aplicação estava limitada aos casos em que o sentido da disposição testamentária suscitava dúvidas[3].

---

[3] Assim, CUNHA GONÇALVES, por referência ao artigo 1751.°, segundo o qual o testador devia exprimir cumprida e esclarecidamente a sua vontade, referia várias causas de que resultava «que muitos testamentos contêm cláusulas obscuras, confusas, contraditórias, inexequíveis, ilegais, e torna-se preciso interpretá-las». Ligava assim o âmbito de aplica-

Este entendimento foi posteriormente abandonado, admitindo-se o recurso ao artigo 1761.°, mesmo que o sentido da disposição testamentária não se revelasse obscuro ou equívoco ou não desse lugar a hesitações; como afirmava MANUEL DE ANDRADE, não relevava, em sentido contrário, a reserva da parte inicial do artigo 1761.°, porquanto, na interpretação dos negócios jurídicos, como na lei, «deve rejeitar-se o brocardo *in claris non fit interpretatio*»[4-5].

É de salientar, também, o facto de, na determinação do sentido mais ajustado à vontade do testador, se fazer apenas menção ao contexto do testamento. Esta formulação da norma assumia particular relevância por nela se ter eliminado a referência à «prova auxiliar que a esse respeito possa fazer-se», que constava no preceito correspondente do respectivo projecto (artigo 1892.°).

Compreende-se, assim, que a doutrina tivesse começado por entender que, na descoberta da intenção do testador, não sendo possível recorrer a outros elementos de prova, nomeadamente testemunhal, devia limitar-se o intérprete ao contexto, qualificando o artigo 1837.°, e, também, o artigo 1741.°, que conduziam a entendimento diverso, de normas excepcionais[6-7].

ção do artigo 1761.° à interpretação de casos de dúvida, como se deduz ainda de vários exemplos de seguida analisados (*Tratado de Direito Civil em Comentário ao Código Civil Português*, vol. IX, Coimbra Editora, 1934, págs. 636-640; o texto citado está na pág. 637).

[4] *Teoria Geral da Relação Jurídica*, vol. II, *Facto Jurídico, em especial Negócio Jurídico*, Almedina, Coimbra, 1960, pág. 320.

[5] Cfr. MANUEL DE ANDRADE, ob. e vol. cits., pág. 320, FERRER CORREIA, *Erro e Interpretação na Teoria do Negócio Jurídico*, 2.ª ed., Atlântida Editora, Coimbra, 1968, págs. 226 e segs., ANTUNES VARELA, *Ineficácia do Testamento e Vontade Conjectural do Testador*, Coimbra Editora, 1950, págs. 22 e segs., e RUI DE ALARCÃO, *Interpretação e Integração dos Negócios Jurídicos. Anteprojecto para o Novo Código Civil*, in Boletim do Ministério da Justiça, n.° 84, 1959, págs. 343-344.

[6] Dispunham os preceitos citados no texto:

Artigo 1741.°

Não produzirá efeito algum a disposição, que depender de instruções, ou de recomendações, feitas a outrem secretamente, ou que se referir a documentos não autênticos, ou não escritos e assinados pelo testador, ou que, enfim, seja feita a favor de pessoas incertas, que, por algum modo, se não possam tornar certas.

Artigo 1837.°

O equívoco do testador a respeito da pessoa do legatário, ou da coisa legada, não anulará o legado, se puder mostrar-se claramente qual era a intenção do testador.

[7] Cfr. J. DIAS FERREIRA, *Código Civil Portuguez Annotado*, vol. IV, Imprensa Nacional, Lisboa, 1875, págs. 174-175, e L. CUNHA GONÇALVES, *Tratado*, vol. IX, págs. 637-638.

Mas, em contrapartida, digamos, a doutrina realçava, com apoio da jurisprudência, que a menção do contexto do testamento significava que o intérprete devia atender, «não só ao texto da disposição duvidosa ou obscura, mas também às restantes disposições, cuja letra e cujo espírito podem esclarecer aquela»[8].

A doutrina subsequente veio, porém, a afastar-se do entendimento restritivo do artigo 1761.°, que excluía o recurso a prova complementar, e, invocando nomeadamente os preceitos antes entendidos como excepcionais, passou a sustentar a possibilidade de, na determinação da intenção do testador, se atender à prova extrínseca complementar. Assim, PAULO CUNHA defendia que, havendo dúvidas sobre a interpretação do testamento, quando, para as esclarecer, «se lança mão de outros meios de prova (como prova por outros documentos, prova por testemunhas, etc.), o que se tem em vista é precisamente determinar a vontade que o testador revelou através do testamento – essa e não qualquer outra. O que se tem em vista é, numa palavra, precisar qual o conteúdo do testamento e, portanto, proceder em conformidade com o seu contexto»[9].

III. No Anteprojecto elaborado pelo Prof. I. GALVÃO TELLES[10], o regime da interpretação do testamento continha-se no artigo 190.°, com a seguinte redacção:

«Na interpretação das disposições testamentárias, observar-se-á o que parecer mais ajustado com a intenção do testador, conforme o contexto do testamento e a prova complementar que a esse respeito possa fazer-se».

O simples confronto do seu texto revela proximidade do artigo 1761.° do Código de Seabra, pois dele só se afasta ao excluir a referência

---

[8] CUNHA GONÇALVES, ob. e vol. cits., pág. 637.

[9] *Do Direito das Sucessões*, Segundo as Prelecções do Prof. Doutor Paulo Cunha, ao Curso Complementar de Ciências Histórico-Jurídicas da Faculdade de Direito da Universidade de Lisboa, no Ano Lectivo de 1938-1939, e pelo aluno I. T., II, *Sucessão Testamentária*, Lisboa, 1939, págs. 50 e segs. (o texto cit. é da pág. 53), cfr., ainda, MANUEL DE ANDRADE, *Teoria Geral*, vol. II, pág. 320, FERRER CORREIA, *Erro e Interpretação*, págs. 232-234, e ANTUNES VARELA, *Ineficácia do Testamento*, págs. 12 e segs..

[10] *Direito das Sucessões*, in Boletim do Ministério da Justiça, n.° 54, págs. 19 e segs.; o artigo 190.° está na pág. 85.

a *casos de dúvida* e ao admitir o recurso a prova complementar. Todavia, em qualquer dessas matérias o texto proposto traduzia, como acima anotado, a solução então corrente no sistema jurídico português.

Ao aferir a relevância dos trabalhos preparatórios do Código vigente, no apuramento do regime da interpretação do testamento que veio a ser consagrado pelo legislador, não deve ser ignorado o contributo de RUI DE ALARCÃO. Na verdade, em «Observações Complementares» do seu *Anteprojecto para o Novo Código Civil* dedicado à matéria da «Interpretação e Integração dos Negócios Jurídicos», em aditamento à referida norma do Anteprojecto de I. GALVÃO TELLES, propôs a inclusão de «uma regra que forneça certas indicações mais quanto à relação em que deve achar-se a vontade do testador com os termos do testamento»; este preceito, a inserir «na parte das Sucessões», tinha a seguinte redacção:

«Interpretação dos testamentos
Na interpretação das disposições testamentárias observar-se-á o que parecer mais ajustado com a intenção do testador, conforme o contexto do testamento e a prova complementar que a esse respeito possa fazer-se. Será levada em conta a linguagem anómala do testador, se lhe era habitual, ou, não o sendo, se resultar, da própria letra do testamento ou da impossibilidade de executar a respectiva disposição, entendida consoante as suas possíveis significações usuais, que o testador ligou aos termos testamentários um significado que habitualmente lhes não pertence»[11].

Na 1.ª Revisão Ministerial, o artigo 190.º do Anteprojecto sofreu alterações que o aproximaram do preceito que veio a ser lei. Passou então a constar de dois números, sendo a menção do recurso a prova complementar autonomizada (n.º 2), mas restringida a sua relevância, por limites que decorrem da natureza formal do testamento.

Como artigo 2247.º, mostrava-se assim formulado:

«Interpretação dos testamentos
1. Na interpretação das disposições testamentárias observar-se--á o que parecer mais ajustado com a intenção do testador, conforme o contexto do testamento.

---

[11] Boletim do Mnistério da Justiça, n.º 84, págs. 341 e segs..

2. É admitida prova complementar, mas não surtirá qualquer efeito a vontade do testador que não tenha, no contexto, um mínimo, ainda que imperfeito, de correspondência verbal»[12].

A 2.ª Revisão Ministerial apenas introduziu no n.º 2 acertos de redacção; o preceito, como artigo 2186.º[13], passou a ter a formulação com que foi consagrada no Direito positivo e com a qual transitou para o Projecto submetido a apreciação pública[14].

3. Breve nota histórica das normas interpretativas

I. O Código de Seabra, além da norma de interpretação do artigo 1761.º, continha várias normas interpretativas do testamento: artigos 1742.º, 1797.º a 1799.º e 1832.º[15], que constituem precedente, mais ou menos próximo, de algumas normas interpretativas do Código vigente, como se passa a demonstrar. Tal só não ocorre quanto aos artigos 2225.º e 2262.º[16].

As disposições testamentárias a favor de parentes ou de herdeiros legítimos (do testador ou de terceiro), previstas no artigo 2226.º, são pró-

---

[12] Cfr. J. RODRIGUES BASTOS, *Direito das Sucessões. Segundo o Código Civil de 1966*, vol. II, 1982, págs. 124, e *Direito das Sucessões, Trabalhos Preparatórios do Código Civil*, Centro de Estudos de Direito Civil da Faculdade de Direito da Universidade de Lisboa, Lisboa, 1972, pág. 406.

[13] O texto da 2.ª Revisão consta das obs. cits. na nota ant., págs. 124 e 509, respectivamente.

[14] *Projecto de Código Civil*, Ministério da Justiça, 1966; o artigo 2186.º está na pág. 652.

[15] Sobre o sentido destes preceitos, vd. J. DIAS FERREIRA, *Código Civil*, vol. IV, págs. 157-159 (artigo 1742.º), 217-218 (artigo 1797.º a 1799), e vol. I, Imprensa Nacional, Lisboa, 1870, págs. 379-381 (artigo 1832.º), e CUNHA GONÇALVES, *Tratado*, vol. X, Coimbra Editora, Coimbra, 1935, págs. 10-13 (artigos 1742.º e 1797.º a 1799.º) e págs. 87-89 (artigo 1832.º).

[16] Todavia, a doutrina identificava serem correntes disposições de conteúdo próximo do das previstas nestes preceitos e estabelecia para elas soluções que obedeciam a critérios semelhantes aos adoptados nos preceitos citados no texto. Assim acontece, quanto ao artigo 2225.º, com disposições em que o testador designa legatários só «pelas suas funções (por exemplo, os meus criados»); e quanto ao artigo 2262.º no legado de «dinheiro» ou «de todo o dinheiro». Cfr. CUNHA GONÇALVES, *Tratado*, vol. IX, págs. 644 e 647.

ximas das reguladas nos artigos 1742.º e 1798.º do Código de Seabra, segundo critérios análogos aos vigentes.

Por seu turno, o regime da nomeação de certos sucessores individualmente e de outros colectivamente, estatuído no artigo 2227.º, não se afasta do que constava no artigo 1797.º do velho Código Civil. E a mesma observação vale para o chamamento de certa pessoa e seus filhos (artigos 2228.º e 1799.º, respectivamente).

Embora a formulação da previsão normativa do artigo 2263.º do Código Civil (legado do recheio de uma casa ou do dinheiro nela existente) e a do artigo 1832.º do Código de Seabra (legado de «uma casa com tudo o que se achar dentro dela») não sejam de todo em todo sobreponíveis, em termos substanciais, no tratamento jurídico, há significativa coincidência.

II. Na análise do processo legislativo das normas interpretativas do testamento hoje contidas no Código Civil impõe-se uma distinção fundada no facto de no Anteprojecto não se conterem propostas para as matérias reguladas nos artigos 2226.º, 2227.º e 2262.º.

Serão, por isso, os antecedentes legislativos das normas interpretativas referidos em dois momentos, começando pelas que respeitam a artigos contidos no Anteprojecto.

III. O artigo 237.º proposto por I. GALVÃO TELLES respeitava a «disposições a favor dos pobres, sem qualquer outra indicação»[17-18], logo claramente mais restritas, quanto ao âmbito, do que as abrangidas no artigo 2225.º, que são feitas a «uma generalidade de pessoas, sem qualquer outra indicação». Não deixam, contudo, de partilhar relevantes notas comuns, como, de resto, revela o sentido que lhe era atribuído no Anteprojecto. Tais disposições consideravam-se «feitas a favor dos pobres do lugar em que o testador tinha domicílio à data da sua morte.»

Cabe, porém, referir que a proposta do Anteprojecto previa disposições testamentárias reguladas em normas contidas noutros sistemas jurídicos: § 2072 do BGB e artigo 630 do Código Civil italiano, como assinalavam PIRES DE LIMA e ANTUNES VARELA[19].

---

[17] O texto pode ver-se in Boletim do Ministério da Justiça, n.º 54, pág. 100.

[18] A disposição a favor dos pobres não era regulada no Código de Seabra, mas a doutrina referia-se a ela e admitia a sua validade, bem como a de outras análogas (cfr. CUNHA GONÇALVES, Tratado, vol. X, págs. 14-16).

[19] Código Civil Anotado, vol. VI, Coimbra Editora, 1998, anotação 2 ao artigo 2225.º, pág. 359.

Na 1.ª Revisão Ministerial, ao artigo 237.º veio a corresponder, segundo se apura da sua localização sistemática[20], o artigo 2287.º, com a redacção que lhe coube na redacção final do Código:

>«Disposição a favor duma generalidade de pessoas
>A disposição a favor de uma generalidade de pessoas, sem qualquer outra indicação, considera-se feita a favor das existentes no lugar em que o testador tinha o seu domicílio à data da morte»[21].

A alteração consistiu, afinal, em alargar a várias categorias de pessoas, identificadas no testamento apenas como mera «generalidade», o que o preceito proposto referia apenas aos «pobres»; manteve-se, porém, o critério que presidiu à determinação do sentido da disposição.

Salvo uma diferença gramatical de pormenor e irrelevante, que não subsistiu no Projecto, o preceito figurava já na 2.ª Revisão Ministerial como artigo 2225.º[22].

IV. Ao artigo 2226.º correspondia no Anteprojecto o artigo 238.º, que, embora não referido especificamente a disposições sucessórias, mas à sucessão testamentária, se ocupava de matéria regulada naquele preceito.

Previa-se nele «A sucessão testamentária a favor de parentes ou do cônjuge do testador ou de outra pessoa», determinando-se que ela se deferirá «segundo as regras da respectiva sucessão legítima, na medida em que o testador não haja disposto outra coisa»[23].

Na 1.ª Revisão Ministerial, o texto do artigo 238.º foi alterado em dois sentidos: por um lado, passou a referir-se a disposições testamentárias, fixando-se o seu sentido; por outro, identificaram-se como destinatários da disposição os parentes do testador ou de terceiro e os herdeiros legítimos do testador ou de terceiro.

Como artigo 2288.º, era o seguinte o seu texto:

>«1. A disposição a favor dos parentes do testador ou de terceiro, sem designação de quais sejam, considera-se feita a favor dos que

---

[20] Atendendo ao preceito que o precedia – «disposições a favor da alma» – e ao que lhe sucedia – «sucessão testamentária da favor de parentes ou do cônjuge» –, nos dois textos em presença.

[21] *Direito das Sucessões. Trabalhos Preparatórios*, pág. 418.

[22] Em vez de «de uma generalidade», constava «duma generalidade». Para os respectivos textos, *vd.* ob. cit. na nota ant., pág. 521, e *Projecto*, pág. 662, respectivamente.

[23] Boletim do Ministério da Justiça, ano 54, pág. 100.

seriam chamados por lei à sucessão, na data da morte do testador, sendo a herança ou legado distribuído segundo as regras da sucessão legítima.

2. De igual forma se procederá, se forem designados como sucessores os herdeiros legítimos do testador ou de terceiro, ou certos dos seus parentes»[24].

O seu confronto com o artigo 2226.° do Código Civil revela que o seu n.° 1 assumiu já redacção igual à desta norma; quanto ao n.° 2, só não havia correspondência na parte final, onde constava «ou certos dos seus parentes».

No preceito que na 2.ª Revisão figurava já sob o número que lhe coube no texto do Código, a locução acima citada foi substituída por um texto igual ao do artigo 2226.°[25].

V. O artigo 2263.° do Código Civil tem como antecedente, no Anteprojecto, o artigo 269.°, subordinado a uma epígrafe igual à daquela norma – «legado de uma casa»; a mesma identidade não se verifica quanto ao seu conteúdo.

O artigo 269.° propunha, na verdade, o seguinte regime: «Sendo legado o recheio de uma casa, não se entenderá, no silêncio do testador, que são também legados os créditos, ainda que na casa se encontrem os documentos respectivos»[26].

Não se continha, pois, na sua previsão a hipótese de legado do dinheiro existente numa casa; mas ela foi logo incluída na 1.ª Revisão Ministerial. Com este aditamento e ligeiros acertos formais do texto constante do Anteprojecto, surge então o artigo 2324.° com redacção igual à que foi consagrada no Código[27].

Assim transitou, já como artigo 2263.°, para a 2.ª Revisão Ministerial e para o Projecto.

VI. O Anteprojecto não continha propostas para as disposições reguladas nos artigos 2227.° e 2228.°.

---

[24] *Direito das Sucessões. Trabalhos Preparatórios*, pág. 418.
[25] *Direito das Sucessões. Trabalhos Preparatórios*, pág. 520.
[26] Boletim do Ministério da Justiça, n.° 54, pág. 111.
[27] *Direito das Sucessões. Trabalhos Preparatórios*, pág. 430.

Na 1.ª Revisão Ministerial foram incluídos, para o efeito os artigos 2289.º e 2290.º, ambos com redacção igual à que veio a ser lei. A sua história legislativa não exige, pois, mais do que a menção de, na 2.ª Revisão Ministerial, ambos figurarem já como artigos 2227.º e 2228.º[28].

VII. O artigo 2262.º do Código Civil também não tinha no Anteprojecto proposta que lhe correspondesse.

Ainda neste caso, na 1.ª Revisão Ministerial foi entendido justificar-se a inclusão de uma norma para regular essa matéria.

Surge, assim, o artigo 2323.º, com a seguinte redacção:

> «Se o testador legar a totalidade dos seus créditos, deve entender-se, na dúvida, que o legado só compreende os créditos em dinheiro, excluídos os depósitos bancários e os títulos ao portador ou nominativos»[29].

O seu confronto com o preceito vigente revela, uma única diferença: onde neste se lê «em caso de dúvida» constava, então, «na dúvida».

Esta irrelevante diferença manteve-se na 2.ª Revisão Ministerial, no correspondente artigo 2262.º e figura ainda o Projecto submetido à apreciação pública[30]. Foi, portanto, na última fase de preparação do Código Civil que o preceito recebeu a sua redacção definitiva.

4. Objecto e fim da interpretação

I. O objecto da interpretação, em geral, é a declaração negocial, entendimento que vale para o testamento enquanto negócio jurídico. Sobre ela incide a operação intelectual que, de acordo com determinadas regras contidas em normas (de interpretação), é dirigida a determinar o sentido e o alcance decisivos e vinculativos do negócio, segundo o Direito.

Esta operação material pode, porém, ser orientada para fins diversos, consoante o sentido a que a actividade do intérprete deve ser dirigida: o correspondente à declaração em si mesma ou à intenção do declarante. A opção por um destes resultados conduz a uma concepção *objectivista* ou a uma concepção *subjectivista* da interpretação.

---

[28] Cfr. ob. cit. na nota ant., págs. 419 e 522, respectivamente.
[29] *Direito das Sucessões. Trabalhos Preparatórios*, págs. 429-430.
[30] Ob. cit. na nota ant., pág. 533, e *Projecto*, pág. 672.

II. Na interpretação do testamento, segundo o artigo 2187.°, deve o intérprete, na sua actividade, procurar o sentido que parecer mais ajustado à vontade do testador; adopta, portanto, esta norma uma concepção declaradamente *subjectivista* – reconhecida e acolhida como correcta pela generalidade da doutrina[31] –, que se demarca da *objectivista* que caracteriza a interpretação dos negócios jurídicos formais, estatuída no artigo 238.°.

O sentido dessa vontade, como, *expressis verbis*, dispõe o n.° 1 do artigo 2187.°, tem de ser «conforme o contexto do testamento», o que, sem prejuízo de o intérprete se poder socorrer dos elementos de seguida enunciados, identifica o objecto da interpretação com a declaração contida no testamento[32]. Na verdade, o contexto é constituído pelo conjunto de estipulações contidas no testamento e, como tal, corresponde à declaração negocial[33].

Mas do artigo 2187.° resulta também que na interpretação das disposições testamentárias não é apenas sobre a respectiva declaração – o seu *texto* – que ela recai, mas sobre as de todo o testamento – *contexto*. Mas o contexto compreende também o conteúdo das disposições (válidas) contidas em testamento *per relationem*[34].

---

[31] Cfr. OLIVEIRA ASCENSÃO, *Direito Civil. Sucessões*, 5.ª ed., rev., Coimbra Editora, 2000, pág. 293, R. CAPELO DE SOUSA, *Lições de Direito das Sucessões*, vol. I, 4.ª ed., renovada, Coimbra Editora, 2000, págs. 196-197, C. PAMPLONA CORTE-REAL, *Direito da Família e das Sucessões*, vol. II-Sucessões, Lex, Lisboa, 1993, págs. 100-101, CASTRO MENDES, *Interpretação de Testamento: prova complementar; competência do Supremo Tribunal de Justiça*, Anotação ao Acórdão do Supremo Tribunal de Justiça, de 8 de Fevereiro de 1974, in Revista de Direito e de Estudos Sociais, Ano XXIV, 1-2-3, 1997, pág. 118, C. MOTA PINTO, *Teoria Geral do Direito Civil*, 4.ª ed., por A. Pinto Monteiro e P. Mota Pinto, Coimbra Editora, 2005, pág. 450, PIRES DE LIMA e ANTUNES VARELA, *Código Civil Anotado*, vol. cit., anotações 2 e 3 ao artigo 2187.°, págs. 302-303, FERRER CORREIA, *Erro e Interpretação*, Apêndice da 2.ª ed., pág. 311, J. MENEZES LEITÃO, *A Interpretação do Testamento*, AAFDL, 1991, págs. 93-95, E. SANTOS JÚNIOR, *Sobre a Teoria da Interpretação dos Negócios Jurídicos. Estudo de Direito Privado*, AAFDL, 1988, págs. 160-161, e EDUARDO DOS SANTOS, *Direito das Sucessões*, Lisboa, 1992, pág. 543. Em sentido diverso, M.ª NAZARETH LOBATO GUIMARÃES, *Testamento e Autonomia (Algumas notas críticas, a propósito de um livro de Lipari)*, in Revista de Direito e de Estudos Sociais, ano XVIII, 1971, n.os 1-2-3-4, págs. 74-75.

[32] Neste sentido, *vd.* OLIVEIRA ASCENSÃO, *Sucessões*, pág. 294, e J. MENEZES LEITÃO, *A Interpretação*, págs. 91-92.

[33] Não abrange, pois, como salienta OLIVEIRA ASCENSÃO, «o circunstancialismo que o rodeou» (*Sucessões*, pág. 295). Este releva em sede de prova complementar.

[34] Cfr., neste sentido, OLIVEIRA ASCENSÃO, *Sucessões*, pág. 294, CASTRO MENDES, *Interpretação de Testamento*, págs. 105, nota (9), e 109, e J. MENEZES LEITÃO, *A Interpretação*, págs. 95 e 97.

A regra de interpretação estabelecida no artigo 2187.° não vale, porém, em termos absolutos, por razões que decorrem da natureza formal deste negócio jurídico; nesta base, como se passa a expor, algumas notas complementares se impõem para perfeita determinação do alcance do critério subjectivista do artigo 2187.°.

III. Numa formulação muito próxima do n.° 1 do artigo 238.°, o n.° 2 do artigo 2187.°, por imposição, de igual modo, da natureza formal do testamento, determina que a vontade do testador, apurada segundo o critério atrás exposto, não pode valer, se não tiver no seu contexto «um mínimo de correspondência, ainda que imperfeitamente expressa.»

Esta limitação do valor do sentido subjectivo do testamento é, contudo, menos restritiva do que a estabelecida para o comum dos negócios jurídicos formais.

Segundo um entendimento que tinha já algum suporte normativo no artigo 1761.° do Código de Seabra – ao ligar o apuramento da intenção do testador ao contexto do testamento – e hoje encontra no artigo 2187.° uma manifestação mais clara, e a doutrina, na vigência de qualquer destes diplomas legais, realça[35], releva para aquele efeito a circunstância de, nos negócios formais, em geral, ser exigida uma correspondência mínima, embora imperfeita, do sentido do negócio com o seu *texto*, enquanto no testamento essa exigência é referida ao *contexto*, ou seja, à expressão verbal, no seu todo, do documento que titula o negócio.

Está aqui em causa o carácter complexo do conteúdo do testamento, nomeadamente, como acto de disposição global da herança, consubstanciado em disposições que não só podem ser de natureza diversa quanto ao seu objecto – legado e herança –, como ter por beneficiários várias pessoas e, até, não ter natureza patrimonial (artigo 2179.°). Por assim ser, na interpretação de cada uma delas não se deve atender apenas ao respectivo *texto*, mas à expressão literal de cada uma das demais, consideradas conjuntamente. É perfeitamente admissível que o sentido (subjectivo) de certa dis-

---

[35] *Vd.*, na vigência do Código de Seabra, FERRER CORREIA, *Erro e Interpretação*, pág. 234, ANTUNES VARELA, *Vontade Conjectural*, págs. 38-39, MANUEL DE ANDRADE, *Teoria Geral*, vol. II, pág. 316, e RUI DE ALARCÃO, *Interpretação e Integração*, Boletim cit., pág. 341; no Código vigente, cfr. OLIVEIRA ASCENSÃO, *Sucessões*, págs. 294-295, C. PAMPLONA CORTE-REAL, *Direito da Família*, vol. II, pág. 101, R. CAPELO DE SOUSA, *Lições*, vol. I, pág. 198, e vol. II, 3.ª ed., renovada, Coimbra Editora, 2002, nota (378), pág. 136, C. MOTA PINTO, *Teoria Geral*, págs. 451-452, e J. MENEZES LEITÃO, *A Interpretação*, pág. 103.

posição testamentária não tenha no seu texto a correspondência imposta pela sua natureza formal, mas veja essa exigência de validade satisfeita, quando se atenda a outras disposições que integram o mesmo testamento, ou, no limite, até em testamento diferente, pressuposta, já se deixa ver, neste caso, a eficácia de ambos.

Assim, o sentido de certa disposição, ajustado à vontade do testador, só não pode valer se não tiver no conjunto da expressão literal do testamento um mínimo de correspondência, ainda que imperfeitamente expresso.

III. Questão diferente da analisada na alínea anterior, embora também conexa com a natureza formal do testamento, é suscitada por o artigo 2187.° não conter, quanto à exigência aí analisada, uma ressalva equivalente à do n.° 2 do artigo 238.°.

Está aqui em causa a validação de um sentido do negócio sem um mínimo de correspondência, mesmo imperfeita, na sua letra. Em correspondência com o regime do âmbito da forma legal, tal como estabelecido no artigo 221.°, o n.° 2 do artigo 238.° admite esse sentido, se:

a) Corresponder à vontade real das partes; e
b) As razões determinantes da forma legal não se opuserem à sua validade.

Da articulação destes preceitos resulta que, verificado o requisito da al. *a*), estão em causa estipulações negociais a que não seja aplicável a razão determinante da forma legal de que depende a validade do negócio jurídico em que se integram.

Trata-se de apurar se é admissível a transposição desta ressalva para o testamento, ou seja, se um sentido ajustado à vontade o testador – o que preenche o primeiro dos enunciados requisitos – pode valer sem ter, no contexto do negócio, um mínimo de correspondência, ainda que imperfeitamente expresso.

Equacionada assim a questão, as características do testamento como negócio pessoal (artigos 2182.° e 2183.°) e a nulidade, como regra, do testamento *per relationem* (artigo 2184.°), reduzem, sem dúvida, o campo de aplicação do regime contido no n.° 2 do artigo 238.°, por limitarem as hipóteses de verificação do segundo dos respectivos requisitos.

Ainda assim, dos próprios preceitos que estabelecem o carácter pessoal do testamento resulta que, preenchidos certos pressupostos (n.° 2 do artigo 2182.º e n.º 1 do artigo 2183.º), há disposições sucessórias que, por dependerem da vontade de terceiro quer, quanto à pessoa que delas beneficia, quer quanto ao seu objecto, não têm no testamento a sua expressão integral, embora apenas quanto a aspectos acessórios.

Por outro lado, do regime de proibição do testamento *per relationem* resulta, *a contrario*, que vale uma disposição que se reporte a documentos autênticos ou escritos e assinados pelo testador com data anterior à do testamento ou dela contemporânea. Em suma, estão aqui em causa estipulações relativas a disposições testamentárias que não constam do testamento e não têm, consequentemente, de observar a sua forma específica.

No mesmo sentido pode ainda invocar-se o artigo 2185.º. Por definição, rege este preceito quanto a uma disposição testamentária cujo beneficiário vem a ser uma pessoa que não é identificada no testamento; neste o que consta é uma disposição a favor de *pessoa incerta*. Ao admitir que, «*por algum modo*», se possa tomar *certa* a pessoa a favor de quem a disposição é feita, tem-se como válida uma vontade do testador que pode não ter no contexto do testamento a correspondência determinada pelo n.º 2 do artigo 2187.º.

Note-se, em complemento do exposto, que da ressalva do n.º 2 do artigo 238.º resulta a validação do sentido subjectivo do negócio, o que manifestamente limita a concepção objectiva que preside à interpretação dos negócios formais. Ora, sendo assim, consideramos legítimo argumentar no sentido de tal solução ser mais adequada à interpretação do testamento, dominada por um critério de cariz subjectivo.

Em suma, nos termos restritos que decorrem da exposição anterior, entendemos que podem valer, por aplicação correspondente do artigo 238.º, n.º 2, com um sentido que traduza a intenção real do testador, estipulações testamentárias acessórias, que não tenham no contexto do testamento um mínimo de correspondência, ainda que imperfeitamente expressa[36].

IV. O critério fixado no artigo 2187.º não conduz necessariamente à atribuição ao testamento de um sentido correspondente à intenção do testador.

---

[36] A aplicação do n.º 2 do artigo 238.º ao testamento é afastada, em termos explícitos, por OLIVEIRA ASCENSÃO, *Sucessões*, pág. 295.

Por razões que a exposição relativa aos elementos da interpretação deixarão claras, pode dar-se o caso de não ser possível determinar a intenção real do testador e o intérprete ter de se cingir ao seu contexto.

Em tais circunstâncias, a interpretação do testamento tem de atender ao regime comum do artigo 236.º, n.º 1. Prevalece, assim, nos termos deste preceito, o sentido objectivo do testamento[37].

Assenta este entendimento na natureza especial do artigo 2187.º; na insuficiência do regime nele estatuído, o recurso às regras gerais que presidem à interpretação do negócio jurídico só pode ser afastado se conduzir a um resultado desajustado à sua natureza jurídica.

Ora, *in casu*, a não ser admitido o sentido objectivo da disposição, a solução alternativa seria a de a considerar ineficaz. Como bem assinala Oliveira Ascensão, tal solução «seria afinal muito mais gravosa para a vontade do testador», pois iria beneficiar outros sucessores, legais ou testamentários, cujo chamamento quis excluir ou limitar[38].

5. Elementos da interpretação

I. O Código Civil não dispõe sobre os elementos de interpretação do negócio jurídico, mesmo quando estabelece o seu regime comum, não tendo assim seguido a orientação do Código de Seabra nessa matéria, que no seu artigo 684.º *mandava* atender aos termos do contrato, à sua natureza e circunstâncias e, ainda, ao uso, ao costume e à lei.

Em sede do regime geral da interpretação negocial, a doutrina enumera, com largueza, vários elementos a que ao intérprete pode recorrer na fixação do sentido vinculativo do negócio. No nosso entendimento, elementos relevantes da interpretação negocial são «a letra do negócio, as circunstâncias de tempo, lugar, e outras, que precederam a sua celebração ou foram contemporâneas desta, bem como as negociações respectivas: a finalidade prática visada pelas partes; o próprio tipo negocial, a lei e os usos e costumes por ela recebidos», mas também a posição assumida pelas partes na execução do negócio[39].

---

[37] Cfr., neste sentido, OLIVEIRA ASCENSÃO, *Sucessões*, pág. 296.
[38] *Idem, ibidem*.
[39] *Teoria Geral do Direito Civil*, vol. II, 3.ª ed., rev. e act., Universidade Católica Editora, 2001, págs. 416-417.

Várias características do testamento interferem com a relevância de alguns deles.

Assim, enquanto negócio unilateral, não fazendo sentido falar, na sua fase preliminar, em negociações, o que pode relevar são documentos elaborados pelo testador de que constem *rascunhos* ou minutas do testamento, ou cartas ou outros escritos (como o seu *Diário*) em que dê conta do seu propósito de fazer determinadas disposições, quer quanto ao seu objecto, quer quanto às pessoas que tem em mente beneficiar, e esclareça a intenção que lhes preside.

Noutro plano, a natureza *mortis causa* do testamento, ao fazer depender a sua eficácia da morte do seu autor, exclui o recurso a elementos ligado à sua execução, com o alcance que ele tem nos negócios *inter vivos*. Mas o testador pode, ainda assim, contribuir para o esclarecimento da intenção que preside a disposições testamentárias mediante instruções relativas à sua execução por via das atribuições que a lei lhe permite conferir ao testamenteiro, nos termos conjugados dos artigos 2320.º, 2325.º e 2326.º, al. *b*).

Por seu turno, a natureza de negócio formal e a consequente redução da vontade do testador a documento escrito fazem da *letra* do documento que titula o testamento o elemento mais relevante da interpretação. Ora, nos termos atrás expostos, ainda que por referência ao seu contexto, a *letra* constitui um limite ao apuramento do sentido subjectivo do testamento.

Tal não significa, porém, que não seja admissível o recurso a outros documentos. Na verdade, para além de o contexto poder resultar, como atrás exposto, de disposições válidas contidas em testamento *per relationem*, em termos de prova complementar relevam documentos que não sejam autênticos nem estejam escritos e assinados pelo testador com data anterior ao testamento ou, pelo menos, dela contemporânea. O facto de as disposições serem nulas (artigo 2184.º), não significa que não relevem para o apuramento da intenção do testador[40].

II. Da relevância do elemento literal na interpretação do testamento decorre que, ao fixar o sentido da correspondente declaração, se deve atender primariamente, na sua interpretação gramatical, ao sentido *corrente*, *usual* das palavras que o testador usou para exprimir a sua intenção.

Todavia, o n.º 2 do artigo 2187.º, ao admitir o recurso a *prova complementar*, legitima a atribuição de um sentido diferente, por duas vias.

---

[40] Vd. EDUARDO DOS SANTOS, *Direito das Sucessões*, pág. 545.

Segundo o entendimento corrente da doutrina, o recurso a prova complementar permite, na determinação da verdadeira intenção do testador, o recurso a meios de prova exteriores ao testamento, em geral, todos os admitidos em Direito (artigos 349.º e seguintes)[41].

Nesta base, pode no apuramento da vontade do testador atribuir-se a palavras por ele usadas um sentido diferente do que lhes cabe segundo os usos normais da língua, fazendo prova de que ele as usava, habitualmente, com uma significação *pessoal*, embora *anómala* ou mesmo *extravagante*. Segundo exemplos de escola, tal ocorre quando o testador designava, correntemente, a sua garrafeira como «*biblioteca*» ou o seu automóvel como «*máquina*»[42].

Discutível é já a admissibilidade de atribuição de um sentido extravagante à *letra* do testamento, quando não corresponda à linguagem pessoal do testador, aos seus usos. MANUEL DE ANDRADE, quando essa linguagem tenha sido usada consistentemente pelo testador, começa por responder negativamente, com base no significado do carácter formal do testamento; mas admite, embora com dúvidas, que ela seja ainda atendível, se for patente que essas palavras, «no seu significado usual, não reflectem a verdadeira vontade do testador»[43].

Sob declarada influência do pensamento de MANUEL DE ANDRADE, RUI DE ALARCÃO propôs, como atrás ficou salientado, em Anteprojecto para o novo Código Civil, uma norma que dava seguimento à possibilidade de se atender a linguagem anómala não habitual ao testador.

Esta proposta não foi acolhida, mas, na vigência do Código actual, a doutrina corrente não se afasta sensivelmente da posição de MANUEL DE ANDRADE[44] que temos também aceitável, sem prejuízo de poder ocorrer uma situação de erro, que este A. também referia.

---

[41] Cfr., neste sentido, OLIVEIRA ASCENSÃO, *Sucessões*, pág. 294, R. CAPELO DE SOUSA, *Lições*, vol. II, pág. 136, e nota (378), com referências jurisprudenciais, CASTRO MENDES, *Interpretação de Testamento*, loc. cit., págs. 133-134, C. MOTA PINTO, *Teoria Geral*, pág. 451, e J. MENEZES LEITÃO, *A Interpretação*, págs. 97-98.

[42] A relevância deste sentido pode resultar do *contexto* do testamento, como ocorre em situações, exemplificadas por MANUEL DE ANDRADE, em que as palavras com sentido pessoal aparecem no testamento sublinhadas, entre aspas, em itálico, com reticências. Em tais casos pode não ser necessário invocar prova complementar ou esta ter uma relevância secundária.

[43] *Teoria Geral*, vol. II, pág. 317.

[44] Cfr. R. CAPELO DE SOUSA, *Lições*, vol. I, pág. 198 e notas (458) e (459), C. MOTA PINTO, *Teoria Geral*, pág. 452, E. SANTOS JÚNIOR, *Sobre a Teoria*, págs. 166-168, e J. MENEZES LEITÃO, *A Interpretação*, pág. 105.

6. Notas adicionais

I. A integral compreensão do regime da interpretação do testamento exige referência específica a duas questões.

Está em causa, numa delas, a fixação do âmbito de aplicação do artigo 2187.º, com desenvolvimento de referências sumárias incidentalmente feitas na exposição anterior.

Para além disso, importa tomar posição sobre o problema da qualificação da interpretação do testamento na destrinça entre questão-de-facto e questão-de-direito.

II. Em termos de âmbito de aplicação do artigo 2187.º, o ponto de partida reside na circunstância de neste preceito não constar, diversamente da norma paralela contida no artigo 1761.º do Código de Seabra, a menção de o regime nele definido se aplicar em caso de dúvida.

Com base nesta diferença dos textos legais em presença, a doutrina corrente assinala que ao artigo 2187.º se deve recorrer na fixação do sentido de quaisquer disposições testamentárias e não apenas quanto às que apresentem um sentido obscuro ou duvidoso[45].

Invoca-se, para tanto, não só a assinalada diferença literal da norma vigente perante a que a antecedeu, mas a inadequação do velho borcardo *in claris non fit interpretatio*, tanto na interpretação da lei como na do negócio jurídico.

Em face do exposto, dir-se-ia, a um primeiro exame, que se está a colocar uma questão ultrapassada e que, sob pena de se desenvolver o esforço, desnecessário, de *abrir uma porta aberta*, não havia mais do que afirmar a correcção do entendimento referido.

Só não é assim, por a voz autorizada de João de Castro Mendes ter sustentado uma orientação que se afasta, parcialmente, da dominante e que não pode deixar de ser ponderada. Sustenta, na verdade, que, no caso de o contexto do testamento impor uma só solução, vale a corrente objectivista da interpretação, sendo de afastar o recurso à prova complementar. Invoca mesmo, no desenvolvimento da sua ideia, o brocardo *in claris non fit*

---

[45] Cfr. Oliveira Ascensão, *Sucessões*, pág. 294, R. Capelo de Sousa, *Lições*, vol. I, pág. 196 e nota (450), Pires de Lima e Antunes Varela, *Código Civil Anotado*, vol. VI, anotação 6 ao artigo 2187.º, pág. 305, C. Mota Pinto, *Teoria Geral*, pág. 450, Eduardo dos Santos, *Direito das Sucessões*, pág. 544, e J. Menezes Leitão, *A Interpretação*, págs. 99-100.

interpretatio e a fórmula de PAULUS: *cum in verbis nulla ambiguitas est, non debet admitti voluntatis quaestio*[46].

No fundo, tal solução envolve o recurso à prova complementar apenas quando «a disposição testamentária comporta várias interpretações possíveis, e independentemente do número e força de argumentos que o contexto ofereça para decidir por um»[47].

Sem prejuízo do muito respeito que a opinião de CASTRO MENDES nos merece, pensamos que as razões dogmáticas e históricas por ele invocadas não são definitivas, conduzindo mesmo, as segundas em particular, em sentido contrário. A sua posição praticamente reduz, na situação que analisa, a interpretação do testamento ao seu momento literal-gramatical, dá ao contexto um sentido que o artigo 2187.º não lhe atribui e não atende, por outro lado, ao que reserva à prova complementar.

Por certo, como antes referido, a *letra* do testamento, segundo o seu *contexto*, é o ponto de partida da interpetação, mas só exclui o sentido atribuído, pela prova complementar, à intenção do testador nos termos do n.º 2 do artigo 2187.º.

III. A qualificação da interpretação do testamento como matéria de facto ou de direito, pelo que respeita à determinação da intenção do testador, constituiu questão controvertida na vigência do Código de Seabra, tendo dividido a jurisprudência em termos que conduziram à emissão do Assento do Supremo Tribunal de Justiça, de 19 de Outubro de 1954, do seguinte teor: «Constitui matéria de facto da exclusiva competência das instâncias, determinar a intenção do testador»[48].

Na vigência do actual Código, a jurisprudência do Supremo orienta-se neste sentido[49], tendo mesmo o Acórdão de 28 de Setembro de 1993, entendido que, dada a similitude do artigo 1761.º do Código de Seabra e do actual artigo 2187.º, o Assento está ainda em vigor.

---

[46] *Interpretação de Testamento*, loc. cit., pág. 108.

[47] Est. loc. cits., pág. 111; cfr., ainda, págs. segs..

[48] *In* Boletim do Ministério da Justiça, n.º 45, págs. 152 e segs., e A. D'OLIVEIRA RAMOS e A. SIMÕES CORREIA, *Assentos do Supremo Tribunal de Justiça Actualizados e Anotados*, 5.ª ed., act. e ampl., Lisboa, 1964, págs. 127-128 e 287 e segs..

[49] Cfr. acs. do STJ, de 21 de Junho de 1979, *in* Boletim n.º 288, págs. 425 e segs., de 18 de Dezembro de 1979, *in* Boletim n.º 292, págs. 374 e segs., de 19 de Janeiro de 1982, *in* Boletim n.º 313, págs. 321 e segs., e de 28 de Setembro de 1993, *in* Boletim n.º 429, págs. 818 e segs.

Embora em termos sucintos e não definitivos, OLIVEIRA ASCENSÃO acolhe este entendimento[50]: por seu turno, CAPELO DE SOUSA cita o Assento e a posição actual da jurisprudência, sem reparos[51].

Do nosso ponto de vista, a matéria em análise não pode receber resposta unívoca[52], pois a interpretação do testamento, como, de resto, a de outros negócios jurídicos, não se resume a tarefa que revista sempre a mesma modalidade. O apuramento da vontade das partes, em si mesma, é questão-de-facto; mas é matéria de direito a interpetação negocial «quando esteja em causa a selecção, interpertação ou aplicação de normas sobre a interpretação», como escrevemos noutro local[53].

Assim, a determinação da vontade real, psicológica, do testador é matéria de facto, pois nela não está implicada qualquer valoração jurídica[54].

Todavia, a interpretação do testamento não se resume a essa tarefa, pois envolve também o apuramento de a vontade real do testador ser conforme ao contexto do testamento e, em particular, a averiguação de ela ter no contexto a correspondência exigida pelo n.º 2 do artigo 2187.º[55]. Ora, neste plano, estão em causa critérios jurídicos, valorativos, de interpretação e aplicação de normas jurídicas[56]: o artigo 2187.º, mas também, no nosso entendimento, quanto à determinação do âmbito da forma legal, o artigo 221.º.

---

[50] *Sucessões*, pág. 296.

[51] *Lições*, vol. I, pág. 196, nota (451).

[52] Cabe assinalar que, segundo a análise de CASTRO MENDES, que temos por correcta, o Assento só se pronunciou sobre a determinação da intenção do testador e não sobre a determinação do conteúdo ou sentido do testamento, em geral (*Interpretação de Testamento*, loc. cit., págs. 146-147).

[53] *Teoria Geral*, vol. II, pág. 411.

[54] Cfr., neste sentido, CASTRO MENDES, *Interpretação de Testamento*, págs. 137--138, e J. MENEZES LEITÃO, *A Interpretação*, pág. 90.

[55] Em sentido contrário, quanto ao n.º 2 do artigo 2187.º, CASTRO MENDES, *Interpretação de Testamento*, loc. cit., pág. 154; cfr., porém, em termos gerais, págs. 138-140.

[56] Neste sentido, J. MENEZES LEITÃO, *A Interpretação*, pág. 91.

Embora por referência à matéria conexa do n.º 2 do artigo 238.º para os negócios formais em geral, a posição do texto foi defendida por VAZ SERRA, Anotação ao Acórdão do STJ, de 26 de Outubro de 1974, *in* Revista de Legislação e de Jurisprudência, Ano 105, pág. 271.

7. Casos de dúvida e de indeterminação do sentido

I. Ao regime *liberal, aberto*, de interpretação do testamento consagrado no Código Civil presidem, como assinalavam Pires de Lima e Antunes Varela, quatro notas fundamentais. No aspecto positivo, respeitam elas à prevalência da vontade do testador, apurada não apenas em função de cada disposição de *per si*, mas do conjunto de todo o testamento (contexto) e com recurso a prova complementar, o que envolve a possibilidade de atender a expressões linguísticas ou práticas privativas do testamento e o recurso, para a sua prova, à generalidade dos meios em Direito admitidos. No aspecto negativo, a relevância do sentido atribuído à intenção do testador só é limitada se não tiver, no contexto no testamento, um mínimo de correspondência, ainda que com expressão imperfeita[57].

Acresce, do nosso ponto de vista, que esta limitação cede ainda, quanto a estipulações acessórias das disposições testamentárias, desde que, correspondendo à vontade real do testador, para elas não valham as razões determinantes da forma legal do testamento.

Daqui decorre que à interpretação do testamento preside um critério que favorece a sua manutenção e, uma vez esgotados os elementos de interpretação admissíveis, torna menos frequentes situações de dúvida quanto ao seu sentido ou de indeterminação do mesmo.

Mas não as exclui, como se passa a demonstrar.

II. A primeira situação a considerar é a de a interpretação conduzir a mais de um resultado possível, mas não coincidentes, sem haver elementos que permitam fazer prevalecer um sobre o outro.

Assim ocorre no exemplo figurado por R. Capelo de Sousa em que o testador deixa a um amigo uma quota igual à dos irmãos, sem atender a que tinha irmãos germanos e unilaterais[58].

A solução que de imediato se perfila é a de recorrer ao artigo 237.º do Código Civil, solução que este Autor sustenta.

Sem pôr em causa a legitimidade de, na interpretação do testamento, se recorrer, a título subsidiário, ao regime comum de interpretação do negócio jurídico, entendemos que a aplicação do critério do artigo 237.º exige alguma ponderação.

---

[57] *Código Civil Anotado*, vol. VI, anotações 4 e 5 ao artigo 2187.º, pág. 304.
[58] *Lições*, vol. I, nota (460), pág. 199.

Na parte aqui relevante, o artigo 237.° faz prevalecer, nos negócios gratuitos, em caso de dúvida, o sentido «menos gravoso para o disponente». Este critério é perfeitamente razoável, nos negócios *inter vivos*, pois estão em presença o interesse do disponente, que neles suporta uma perda patrimonial, sem contrapartida, e o do adquirente, que beneficia de um ganho patrimonial, sem suportar qualquer sacrifício dessa natureza.

Claramente diferente é, neste plano, o jogo de interesses, num negócio *mortis causa*, como o testamento. Releva aqui a circunstância de, quando ele ganha eficácia, não ser em benefício do disponente, o testador, que o sentido menos gravoso opera, mas sim no de outros sucessores, legais ou voluntários, herdeiros ou legatários.

Ora, perante a multiplicidade de conflitos de interesses que a conjugação destas situações recíprocas pode gerar, não consideramos pacífico o entendimento que conduza à atribuição, ao destinatário da disposição de interpretação duvidosa, da deixa correspondente ao seu sentido menos gravoso. Basta atentar, para o efeito, em que o beneficiário ou beneficiários são, de igual modo, adquirentes a título gratuito, pelo que a redução da disposição sucessória de sentido duvidoso implica o correspondente acréscimo de outra ou outras.

Em suma, do nosso ponto de vista, há que verificar, em face dos interesses em presença e das circunstâncias da própria disposição de interpretação duvidosa, qual deles merece melhor tratamento, por ser o que se mostra mais razoável do ponto de vista da intenção normal do testador.

Concretizando.

Assim, se a disposição de sentido duvidoso for um pré-legado (artigo 2264.°), atribuído a um sucessível legítimo (e, por maioria de razão, se for legitimário), e o testador tiver deixado o remanescente da herança a um terceiro, o sentido menos gravoso do pré-legado iria beneficiar o terceiro, o que, no entendimento da intenção do testador, segundo *id quod plerumque accidit*, neste tipo de legado, não parece ser o resultado mais razoável.

De resto, mesmo no exemplo apresentado por R. CAPELO DE SOUSA não é incontroversa a solução a que conduz a aplicação do artigo 237.°: atribuição, ao legado, do valor correspondente à quota do irmão unilateral. Na verdade, se, a um primeiro exame, tal solução se apresenta justificada por beneficiar os herdeiros legítimos, tal pode não corresponder à intenção do testador de, com a instituição do legado, visar justamente limitar a sua posição sucessória [59].

---

[59] Embora por referência a questão diversa, mas conexa com a examinada no texto, esta observação é destacada por OLIVEIRA ASCENSÃO, *Sucessões*, pág. 206.

III. Mas a interpretação do testamento pode conduzir a resultados de indeterminação do seu sentido, em situações diversas.

Numa hipótese extrema, pode acontecer que os vários elementos da interpretação – em particular, a *letra* do testamento e os meios de prova complementar – não permitam atribuir qualquer sentido a uma determinada disposição. Neste caso, essa disposição é nula, nos termos gerais de Direito (artigo 280.°, n.° 1), coadjuvados pelo disposto nos artigos 2185.° e 2187.°, por indeterminação do sentido[60].

Mas pode também ocorrer que a vontade real do testador, apurada com recurso à prova complementar, não tenha no contexto do testamento o mínimo de correspondência exigido pelo n.° 2 do artigo 2187.°.

Em abstracto, há aqui que distinguir, consoante os termos em que a desconformidade dos correspondentes elementos de interpretação ocorre.

Se, segundo a terminologia adoptada por OLIVEIRA ASCENSÃO[61], tanto o sentido objectivo como subjectivo do testamento forem *categóricos*, verifica-se que o testador, por qualquer circunstância, não conseguiu formular a sua vontade em declaração adequada; por outras palavras, há erro na declaração, sendo, portanto, aplicável o regime do artigo 2203.° do Código Civil, com consequente invalidade dessa disposição, pois o erro na declaração não pode ser corrigido em termos de interpretação[62].

Fora desta hipótese, se a desconformidade em análise não respeitar a estipulações testamentárias acessórias para que as quais não valham as razões determinantes da forma, a disposição testamentária não pode ser atendida com o sentido subjectivo, pois ele seria nulo por vício de forma.

8. Normas interpretativas

I. As normas interpretativas do testamento, dirigidas a determinar o sentido de certas disposições nele contidas, têm, como antes ficou referido, carácter dispositivo. Estão, em regra, em causa estipulações testamentárias correntes na vida prática, mas cuja formulação não é isenta de dúvidas quanto ao seu significado.

---

[60] Cfr. J. MENEZES LEITÃO, *A Interpretação*, pág. 107.

CASTRO MENDES, em coerência com o seu entendimento sobre a admissibilidade do recurso à prova complementar, sustenta a mesma solução para a hipótese de o contexto não ter sentido algum possível (*Interpretação de Testamento*, loc. cit., pág. 109).

[61] *Sucessões*, pág. 297.

[62] Esta é a solução defendida por C. MOTA PINTO, *Teoria Geral*, pág. 453.

A sua justificação reside, pois, na frequência do uso de tais fórmulas e na vantagem de eliminar essas dúvidas.

Mas, por assim ser, revestem também essas normas carácter supletivo, pois a sua aplicação fica afastada se, da interpretação do testamento, segundo as regras do artigo 2187.°, resultar, para a disposição contida na respectiva previsão, um sentido diferente do naquelas estatuído[63].

E, se este não pode deixar de ser o alcance dessas normas no plano dogmático, ele resulta também claro, *de iure condito*, porquanto, em certos casos, da sua própria redacção consta que elas se aplicam, «em caso de dúvida» ou «no silêncio do testador» (artigos 2262.° e 2263.°). E, na ausência de tais expressões, o seu carácter supletivo manifesta-se no recurso a fórmulas como «entende-se», «considera-se» ou são os sucessores «havidos por» (artigos 2225.° a 2228.°).

É, pois, com este alcance que deve ser entendido o resultado da análise que de cada uma das normas interpretativas se passa a fazer.

II. O artigo 2225.° contém uma norma interpretativa das disposições feitas «a favor de uma generalidade de pessoas», sem delas constar qualquer indicação que de algum modo as identifique[64].

Como dispõe a sua segunda parte, essas disposições têm-se como feitas às pessoas, compreendidas nessa generalidade, que existam no local do domicílio do testador, aquando morrer.

Serve de exemplo uma disposição testamentária do seguinte teor: «deixo a quantia X aos indigentes (ou aos pobres, aos bombeiros ...)».

De acordo com o preceito citado, esta disposição será entendida como feita a favor dos indigentes que vivam na freguesia «em que o testador tenha o seu domicílio à data da morte».

OLIVEIRA ASCENSÃO considera ter esta solução da lei algo de arbitrário, mas reconhece-lhe a vantagem de impedir a invalidade da disposição por indeterminação do sentido[65]. Observamos, porém, que, para além de a solução do artigo 2225.° corresponder, como referido a propósito da sua

---

[63] É este o entendimento corrente na doutrina, que também acolhemos; cfr. OLIVEIRA ASCENSÃO, *Sucessões*, pág. 305, R. CAPELO DE SOUSA, *Lições*, vol. II, págs. 236-237, PIRES DE LIMA e ANTUNES VARELA, *Código Civil Anotado*, vol. VI, anotação 3 ao artigo 2228.°, pág. 362, e EDUARDO DOS SANTOS, *Direito das Sucessões*, Lisboa, 2002, pág. 547.

[64] Cfr., sobre esta norma, OLIVEIRA ASCENSÃO, *Sucessões*, pág. 305, PIRES DE LIMA e ANTUNES VARELA, *Código Civil Anotado*, vol. VI, pág. 359, EDUARDO DOS SANTOS, *Direito das Sucessões*, pág. 547, e RODRIGUES BASTOS, ob. cit., vol. III, pág. 8.

[65] Ob. e loc. cits. na nota ant..

história legislativa, à de outros sistemas jurídicos, é razoável admitir que o testador não pretendesse beneficiar *todas e quaisquer pessoas* da categoria genericamente designada; e, a haver limitações, qualquer critério, como o legal, envolveria o defeito apontado.

III. O artigo 2226.º fixa o sentido de disposições testamentárias «a favor dos parentes do testador ou de terceiro», sem designar os beneficiados (n.º 1), ou a favor «dos herdeiros legítimos do testador ou de terceiro, ou certa categoria de parentes» (n.º 2)[66].

Exemplo deste tipo de disposições:

«Deixo o remanescente da minha herança aos meus parentes (ou aos meus irmãos, ou aos meus sobrinhos ...).»

Em qualquer destes casos, seja a disposição de herança ou de legado, é entendida como feita aos parentes do testador que, à data da sua morte, seriam chamados à sucessão por lei (sucessão legítima ou legitimária). Mas a herança, no exemplo dado, será distribuída entre essas pessoas segundo as regras da sucessão legítima; e mesmo vale para o legado, se for caso disso.

Igual regime se segue se forem indicados os herdeiros legítimos do testador ou de terceiro, ou certa categoria de parentes: por exemplo, os irmãos do testador. Neste caso cabe referir que, se o testador tiver irmãos germanos e unilaterais, na distribuição há que atender ao disposto no artigo 2146.º.

De quanto fica exposto resulta que o Código Civil consagrou, substancialmente, um regime equivalente ao que, para disposições do mesmo tipo, se continha nos artigos 1742.º e 1798.º do Código de Seabra[67].

IV. O artigo 2227.º regula disposições em que, de acordo com a sua epígrafe, seja feita «designação individual e colectiva dos sucessores»:

---

[66] Sobre o art.º 2226.º, *vd.* OLIVEIRA ASCENSÃO, *Sucessões*, pág. 306, PIRES DE LIMA e ANTUNES VARELA, *Código Civil Anotado*, vol. VI, págs. 360-361, EDUARDO SANTOS, *Direito das Sucessões*, págs. 547-548, e RODRIGUES BASTOS, ob. cit., vol. III, pág. 10.

[67] Dispunham os preceitos citados no texto, respectivamente:

«A A disposição a favor dos parentes do testador, ou dos de outra pessoa, sem designação de quais, reputar-se-á feita a favor dos mais próximos do testador, ou de pessoa indicada, conforme a ordem da sucessão legal.»; e

«Se o testador instituir, em geral, seus irmãos e os tiver germanos, consanguíneos e uterinos, conferir-se-á a herança como fora ab-intestato.»

«se o testador designar certos sucessores individualmente e outros colectivamente, são estes havidos por individualmente designados»[68].

Serve para ilustrar esta designação o seguinte exemplo: «Deixo a quantia X a cada um dos meus sobrinhos A e B e aos filhos da minha irmã C, à data da minha morte». Admitindo que, nesta data, C tem três filhos, D, E e F, estes são havidos por designados individualmente, como A e B, e não colectivamente. Por outras palavras a quantia X cabe também a cada um deles, não sendo atribuída, conjuntamente, aos três filhos de *C* e por eles dividida.

O legislador reeditou no artigo 2227.º a solução consagrada no artigo 1797.º do primeiro Código Civil português, no qual se dispunha que «se o testador nomear certos herdeiros individualmente e outros colectivamente, e, por exemplo, disser «instituo por meus herdeiros Pedro e Paulo e os filhos de Francisco», serão havidos por individualmente nomeados os que o forem colectivamente.»

Tomou assim partido a favor de uma das diferentes posições da doutrina na vigência deste Código, adoptando, segundo PIRES DE LIMA e ANTUNES VARELA[69], a solução, que, na dúvida, é a «mais conforme à *vontade* provável ou *presuntiva* do testador»: tratamento igualitário dos designados.

Neste sentido vai também o nosso entendimento.

V. A norma interpretativa do artigo 2228.º, respeita à «designação de certa pessoa e seus filhos»; neste caso, dispõe este preceito que «são todos designados simultaneamente, nos termos do artigo anterior, e não sucessivamente.»[70].

O Código Civil retomou assim, com formulação muito similar, o disposto no artigo 1799.º do Código de Seabra: «se o testador chamar certa pessoa e seus filhos, entender-se-á, que são todos instituídos simultaneamente, e não sucessivamente.»

---

[68] Cfr., sobre o artigo 2227.º, OLIVEIRA ASCENSÃO, *Sucessões*, pág. 306, PIRES DE LIMA e ANTUNES VARELA, *Código Civil Anotado*, vol. VI, págs. 361-362, EDUARDO DOS SANTOS, *Direito das Sucessões*, págs. 548-549, e RODRIGUES BASTOS, ob. cit., vol. III, pág. 10.

[69] Ob. e vol. cits., anotações 3 e 4 ao artigo 2227.º, págs. 361-362 (os itálicos são do texto).

[70] Quanto ao artigo 2228.º, OLIVEIRA ASCENSÃO, *Sucessões*, págs. 306-307, PIRES DE LIMA e ANTUNES VARELA, ob. e vol. cits., págs. 362-363, EDUARDO DOS SANTOS, *Direito das Sucessões*, pág. 549, e RODRIGUES BASTOS, ob. cit., vol. III, pág. 12.

São também correntes na prática testamentária cláusulas como a da seguinte hipótese: «Deixo a minha herança a meu irmão A e aos seus filhos».

Resulta directamente do artigo 2228.° que A e os filhos deste, à morte do testador, são chamados simultaneamente e não sucessivamente.

Mas, por efeito da remissão para o artigo 2227.°, os filhos de A são designados individualmente. Assim, se houver três filhos, o prédio é atribuído, ao mesmo tempo, e em quatro partes iguais, a A e a cada um dos seus filhos, e não em duas partes, uma para A e outra para os filhos.

No entendimento de PIRES DE LIMA e ANTUNES VARELA, seria menos necessário dizer que os filhos «*não são designados sucessivamente*», mas «*simultaneamente*»[71]. Cremos, porém, que o legislador andou bem ao assinalar estes dois aspectos do chamamento dos filhos. O chamamento podia não ser sucessivo e não ser, contudo, simultâneo, *nos termos do artigo anterior* (individual e não colectivo); ou seja, pai e filhos podiam ser chamados ao mesmo tempo, mas estes em conjunto; no exemplo acima figurado, a herança então seria dividida em duas partes e não em quatro.

VI. O artigo 2262.°, sem antecedente no Código de Seabra, estabelece o sentido de um legado que pode suscitar dúvidas decorrentes de não ser unívoco o sentido da palavra *crédito* usada na fixação do seu objecto: «deixo todos os meus créditos ao meu amigo A»[72].

Como assinalavam PIRES DE LIMA e ANTUNES VARELA, são diferentes os seus sentidos *corrente* ou vulgar – créditos em dinheiro – e o *técnico* – como categoria contraposta aos direitos reais[73].

O artigo 2262.° toma a palavra no sentido corrente, por, como esclareciam aqueles AA., estando em causa resolver uma dúvida na interpretação do testamento, ser esse o que, «na esmagadora generalidade dos casos, o testador quis incluir na sua liberalidade»[74].

VII. A norma interpretativa do artigo 2263.° estabelece o sentido de outra disposição testamentária que identifica, segundo uma formulação

---

[71] *Código Civil Anotado*, vol. VI, anotação 4 ao artigo 2228.°, pág. 363; em itálico no texto.

[72] Sobre o artigo 2262.°, *vd*. PIRES DE LIMA e ANTUNES VARELA, ob.e e vol. cits., pág. 415, e EDUARDO DOS SANTOS, *Direito das Sucessões*, págs. 549-550.

[73] Cfr. PIRES DE LIMA e ANTUNES VARELA, *Código Civil Anotado*, vol. VI, pág. 415.

[74] *Idem, ibidem*.

que na sua primeira parte é corrente, o legado do «recheio de uma casa ou do dinheiro nela existente»[75], próxima da previsão do artigo 1832.° do Código Civil de 1867. Nele se dispunha: «sendo legada uma casa com tudo o que se achar dentro dela, não se entenderá, que são também legadas as dívidas activas, ainda que na casa se encontrem as escrituras e os documentos respectivos a tais dívidas.»

Embora a redacção do preceito não seja irrepreensível[76], o entendimento que temos por correcto é o de nele se preverem dois legados distintos: do recheio de uma casa e do dinheiro existente numa casa.

Segundo entendiam PIRES DE LIMA e ANTUNES VARELA, ao referir-se ao recheio, o legislador, para além de designar «todo o *conteúdo útil* normal de casa (desde o mobiliário, as roupas, os serviços de mesa, o trem de cozinha até aos candeeiros, roupeiros, utensílios de casa de banho e *objectos* de decoração)», repetiu a ideia – que constava do artigo 1832.° do Código de Seabra –, segundo a qual o *recheio* «não abrange, na falta de designação em contrário, os créditos do testador – mesmo que na casa de encontrem os documentos respectivos»[77].

Mas, nesta base, acrescentamos da nossa parte que em tal legado se compreendem as notas e moedas que na casa se encontrem.

Não colhe, para afastar este entendimento, o sentido atribuído ao *recheio* segundo a noção contida, desde a Reforma de 1977, no artigo 2103.°C, porquanto ela é fixada, como nele consta, para os efeitos das atribuições preferenciais do cônjuge sobrevivo reguladas nos artigos 2103.°A e 2103.°B. Inclui-se, aí, no *recheio* «o mobiliário e demais objectos ou utensílios, destinados ao cómodo, serviços e decoração da casa».

A restrição acima identificada quanto aos créditos, vale se o testador fizer legado do dinheiro existente numa casa. Na falta de qualquer

---

[75] Sobre o artigo 2263.°, vd. OLIVEIRA ASCENSÃO, *Sucessões*, pág. 314, PIRES DE LIMA e ANTUNES VARELA, *Código Civil Anotado*, vol. VI, págs. 415-416, EDUARDO DOS SANTOS, ob. cit., pág. 550, RODRIGUES BASTOS, ob. cit., vol. III, pág. 63, e J. RIBEIRO DE OLIVEIRA, *Teria o artigo 2262.° do Código Civil vigente alterado o conceito de Legado de recheio de uma casa previsto no artigo 1832.° do Código Civil de 1867?*, in Revista de Direito e de Estudos Sociais, ano XXIV, n.ᵒˢ 1-2-3, 1977, págs. 79 e segs., em particular, 86-92.

[76] Cfr. dúvidas levantadas e analisadas por J. RIBEIRO DE OLIVEIRA, est. e loc. cits., págs. 88-90.

[77] *Código Civil Anotado*, vol. VI, anotação 3 ao artigo 2263.°, pág. 416 (os itálicos estão no texto).

indicação complementar quanto ao seu âmbito, só se consideram nele abrangidas as espécies monetárias (notas e moedas) existentes na casa, que, independentemente da sua fonte, o testador, segundo a prática usual, nela tem para as suas despesas correntes e guarda em móveis ou na sua roupa.

A ACTIVIDADE DO ADVOGADO
E A RETÓRICA JURÍDICA

Luís Cabral de Moncada[*]

1. Nunca é demais chamar a atenção para o enorme contributo da actividade do advogado para a descoberta do Direito. Já todos sabíamos que o Direito não está perfeito antes da sentença do tribunal, conclusão que é hoje pacífica na metodologia jurídica, mas a teoria do conhecimento jurídico tarda a aceitar o papel do advogado como autor de um discurso teórico especializado decisivo no percurso conducente à descoberta da solução jurídica. O advogado é o titular de um saber próprio que se exprime através de um discurso alimentado por um método de raciocínio e de exposição específicos, sem os quais o conhecimento e a justificação que as sentenças transmitem ficariam comprometidos. É por essa razão que o advogado tem de ser versado no conhecimento do comportamento humano, onde se condensam as regras da experiência e os valores mais consensuais, e que integram um património comum, a que os gregos chamavam *paideia*. Ora, este património a que o advogado deve ser fiel nas soluções apresentadas na controvérsia jurídica revela-se através da retórica.

A retórica, por sua vez, expressa-se através de um discurso argumentativo. A argumentação é o raciocínio próprio da retórica.

A teoria da argumentação tem sido quase ignorada no ensino do Direito. E não admira. Sem ligação à prática, o ensino, encerrado dentro dos muros das Universidades, preocupa-se sobretudo com o tema da ontologia jurídica. A teoria do conhecimento jurídico ou seja, a lógica jurídica fica para segundo plano, remetida para a prática dos tribunais que é como quem diz, para depois da licenciatura. E existe uma explicação para tanto; é que esta teoria é indesligável da prática e o contacto com esta, por sua vez,

---

[*] Professor da Faculdade de Direito da Universidade Lusíada de Lisboa.

verifica-se fora das Universidades. Não admira, portanto, que os advogados sejam os melhores depositários dessa metodologia específica de descoberta do Direito e dessa particular forma de lógica que apenas a argumentação jurídica proporciona. A argumentação jurídica dá testemunho da virtude intelectual dessa sabedoria prática, a que os clássicos chamavam *phronesis*.

A argumentação jurídica é, assim sendo, o meio privilegiado de esclarecimento das questões juridicamente relevantes. Verifica-se e desenvolve-se através do diálogo entre as partes envolvidas, ou seja, através de um percurso dialéctico, perante o juiz, sempre a propósito de questões concretas e conduz à decisão final mais adequada para cada ocasião. Tem por palco a controvérsia judiciária. Articula-se, deste modo, em torno de um discurso sempre dominado pelo carácter concreto dos enquadramentos para que dispõe e dentro dos quais se desenvolve e que conduz à melhor solução em cada contexto. A inteligibilidade das soluções jurídicas só parcialmente se logra através de regras ou cânones.

A argumentação é, deste modo, o percurso do raciocínio específico do advogado e é sobretudo através dela que ele pode trazer algo de verdadeiramente construtivo para a teoria do conhecimento jurídico.

Diferentemente da dialéctica hegeliano-marxista, a que é própria do raciocínio jurídico não vive fora do pensamento humano. Não está inserida na história nem determina inevitavelmente os acontecimentos reais. É um simples meio de esclarecer problemas e de justificar soluções. É lógica não é ontologia.

2. Mas é necessário situar a argumentação na história do pensamento para a partir daí podermos aquilatar da sua relevância no conhecimento e justificação do Direito.

No pensamento de ARISTÓTELES, faz-se uma cuidadosa distinção entre o raciocínio próprio das ciências exactas, cujos paradigmas são a geometria e as matemáticas e o raciocínio próprio das questões humanas em que não há verdades absolutas e demonstráveis através de proposições silogísticas e no qual o estagirita inclui o raciocínio judiciário em especial. Do primeiro, é própria a epistemologia e do segundo, a tópica ou retórica. Naquele avulta a demonstração impessoal e neste a concreta relação humana.

Do ponto de vista de ARISTÓTELES, não existe qualquer hierarquia entre a epistemologia e a retórica. Sucede apenas que se aplicam a diferentes ramos do conhecimento. Cada uma tem o seu papel dentro daquilo a que hoje chamaríamos uma teoria geral do conhecimento. Apenas a epistemologia pode demonstrar pelas causas necessárias e impessoais ou seja, apenas ela é ciência, no sentido aristotélico deste termo. Pelo contrário, a retórica visa convencer da bondade de uma solução num domínio em que a necessidade científica não existe. Vale para ela o princípio da razão suficiente e não o da razão necessária. Consequentemente, os instrumentos teóricos de que se serve não são as causas, são os argumentos ou tópicos. Estes, por sua vez, são apenas razões plausíveis para convencer ou seja, preceitos sobre a moralidade externa e regras de prudência de generalizada aceitação para nos orientarem na vida quotidiana.

Ora, o convencimento ou persuasão é o meio de prova por excelência nas questões humanas e chega-se lá através da retórica.

A retórica baseia-se num raciocínio de tipo argumentativo, sem verdades apodícticas à partida definidas, sem axiomas prévios, visando não demonstrar mas, como se disse, convencer pela bondade dos argumentos ou tópicos utilizados. Não procura o racional generalizado no sentido das ciências exactas mas sim o razoável (*ratio habilis*), capaz de em cada caso concreto levar atrás de si um auditório que, no caso dos juristas, é predominantemente o do tribunal. Destina-se a persuadir, sem coacção, unicamente pela força das ideias, um público exigente e racional e não a provocar reacções na proveta do laboratório nem a formular um cânone universal. O seu objecto de conhecimento não é a natureza física, abarcável esta por leis gerais, constantes e verificáveis. Sem modelos matemáticos, a física não faz sentido pois que, como dizia EINSTEIN, criticando a física quântica, «não acredito que Deus jogue às cartas com o Universo». Pelo contrário, o objecto de conhecimento da retórica é a contínua volubilidade das situações humanas singulares.

Nestas condições, a retórica conduz-nos não à verdade científica pois que não há condições para a recriar ou experimentar mas ao verosímil, através dos argumentos mais pertinentes. A relação entre os *endoxa* ou premissas do raciocínio e a conclusão não é necessária, é apenas plausível, provável e, portanto, irrefutável. É quanto basta porque não pode ser outra coisa.

Como não existia palavra latina mais apropriada para traduzir tópica ou retórica, Cícero utilizou o termo *prudentia*. Logo a *jurisprudentia* passou a ser vista como o método de raciocínio típico dos advogados e juízes. Os romanos foram grandes cultores desta arte. A natureza pouco sistemática do pensamento jurídico romano não é sintoma de incapacidade. Pelo contrário, é o resultado da prevalência da retórica jurídica.

A importância da retórica como meio de esclarecimento das questões jurídicas foi reforçada em toda a Idade Média designadamente através da escola do *mos italicus*, com o tão bem demonstra VIEHWEG.

Só as verdades apodícticas ou próprias das ciências exactas convencem por si sós. Pelo contrário, a argumentação força à conclusão em virtude de outra coisa ou seja, de algo que não pertence necessariamente à coisa mas que lhe convém perfeitamente e assim patrocina uma conclusão irrefutável. Consolida um tipo de pensamento profundamente diferente do das ciências exactas mas não menos profundo e complexo. E foi por homenagem a ele que HEIDEGGER chegou a fazer a sua tão célebre quanto polémica afirmação na inauguração do ano lectivo em Heidelberg; *Wissenschaft denkt nicht*.

As premissas das ciências exactas e das humanas são, portanto, diversas. Enquanto que nas primeiras elas são fornecidas pela natureza e suas constantes, assimiláveis pela matemática, nas questões humanas a premissa não é a natureza mas apenas certa permanência da conduta humana em dadas circunstâncias, capaz de consolidar pontos de vista ou tópicos comuns a que se deve reconduzir a argumentação, de modo a tornar as conclusões verosímeis.

A epistemologia baseia-se num modelo de raciocínio dedutivo, logo arvorado pela modernidade, fiel ao critério cartesiano da evidência, a método exclusivo da verdadeira ciência, a que se juntaria mais tarde o raciocínio indutivo trazido para a ribalta pelo experimentalismo de I. NEWTON, embora já anteriormente conhecido, tudo isto em detrimento da velha retórica, logo despromovida a simples oratória ou arte da elocução. A epistemologia chega a verdades certas, confirmáveis e demonstráveis, base daquilo a que KANT chamaria raciocínio «analítico» e cujos limites tão bem evidenciou, limites esses que nós juristas tão bem conhecemos.

Em LEIBNITZ e em KANT, a controvérsia continua a ser a maneira de pôr à prova o entendimento subjectivo das coisas e de assim nos aproximarmos da razão. A retórica é parte essencial do «criticismo» kantiano. Nenhum dos maiores filósofos a ignorou ou desprezou.

A retórica foi sempre na história do pensamento jurídico, pelo menos até ao positivismo, um recurso para o esclarecimento de aporias, um método de descoberta da verdade nas questões polémicas em que não há certezas independentes do tratamento que através da argumentação se dá aos factos e aos valores.

Foi o positivismo jurídico laborando apenas a partir do *positum* ou seja, do dado imediato que despromoveu a retórica como meio de esclarecimento das questões e justificação das soluções jurídicas. Se apenas o dado imediato interessa, porque apenas ele é confirmável empiricamente, não releva o valor probatório do conteúdo por vezes escondido dos tópicos ou lugares comuns geralmente aceites que estão presentes na vida em comunidade. A axiomática das ciências exactas passou a ser o paradigma do conhecimento e também, por extensão, do jurídico. A retórica ficou desvalorizada como meio de prova e justificação de soluções.

Foi preciso esperar pela crítica do positivismo jurídico, designadamente pela mão do pensamento neo-kantiano de BADEN, para que ficassem maduras as condições para o actual crescendo do interesse pela retórica. A actual tendência para colocar a problemática linguística, encarada numa perspectiva pragmática e não semântica ou seja, o *linguistic turn* revalorizou muito a retórica.

3. O processo judicial é o paradigma da prova dos factos obtida através da argumentação. Não admira pois que os princípios processuais da prova sejam o espelho da verdade obtida por argumentação. Todo o processo é uma argumentação racional inspirada no princípio do contraditório. Mediante a argumentação, os factos e as conclusões que lhes correspondem deixam de ser controversos e passam a ser irrefutáveis. A prova, por sua vez, é o cerne da decisão judicial. A sentença ratifica a prova.

O raciocínio retórico é, consequentemente, discursivo e não apodíctico. Faz-se a partir de argumentos e não de deduções ou de experiências. Move-se no terreno das convicções e não no das certezas absolutas e desenvolve-se através do diálogo entre interlocutores racionais e portadores de um saber especializado como sucede com os juristas. Visa convencer e persuadir, como se disse, eliminando alternativas menos credíveis e não recriar factos em laboratório ou evidenciar relações de causalidade necessária.

Ora, na argumentação, base da retórica, o recurso principal do jurista é o da linguagem. O jurista não pode recorrer ao laboratório nem deve restringir-se à dedução. É por essa razão que o jurista, desde logo o advogado, deve ser um perito na linguagem escrita e oral, único meio de através dela persuadir o seu auditório. À verdade jurídica chega-se através da linguagem pois que é só por seu intermédio que se qualificam os factos, se invocam as normas, se argumenta e se faz a prova, em suma; que se comunica. A verdade jurídica não é nem pode ser anterior à mediação linguística ou seja, à respectiva expressão numa linguagem acessível a todos. Muito antes do *linguistic turn* de WITTGENSTEIN, desiludido da lógica formal na segunda fase do seu pensamento, já no Direito se sabia que tudo passa pela linguagem.

4. Mas para transmitir os seus argumentos o jurista não deve apenas utilizar o mais adequado a cada caso concreto. Deve ainda dispor habilmente toda a panóplia das razões relevantes dentro de uma escala cuidada em que a simples hierarquia e a oportunidade de cada um são já argumentativas, de modo a justificar, convencendo, a conclusão final. A retórica é *ars inveniendi* mas também é *ars combinatoria*. Para melhor convencer, é indispensável apresentar os argumentos dentro da mais impecável ordem do discurso e ponderá-los de acordo com uma estratégia global. Daqui se obtém um efeito combinado que reforça a prova.

O discurso segue uma ordem; deve começar com o exórdio ou introdução em que se demarca o tema e seguem-se a narração dos factos e outras circunstâncias relevantes no caso, a divisão para melhor percepção e tratamento de cada um, a confirmação dos pontos mais importantes, a refutação incisiva das teses adversárias e a conclusão, sempre fazendo apelo à razão e ao sentimento do auditório, consoante as particularidades de cada caso.

Mas a retórica é, sobretudo, *ars inveniendi* ou arte da ponderação. É a partir da ponderação entre os argumentos relevantes que se escolhe o mais adequado e oportuno para patrocinar a conclusão final. Nenhum dos argumentos vale, em abstracto, mais do que outro. Sucede é que nem todos eles são igualmente relevantes no caso concreto. Fornecem simplesmente razões para escolher determinado caminho em vez de outro, enjeitando alternativas. Há que os escolher e combinar com toda a habilidade. É por isso que o raciocínio que lhe preside deve ser hábil ou seja, razoável (*ratio habilis*, como se disse, na expressão de CÍCERO).

A escolha dos argumentos, é preciso que se diga, não decorre de um abstracto imperativo categórico, à maneira de KANT, nem resulta de qualquer necessidade dedutiva ou indutiva como se de ciências exactas estivéssemos tratando. A escolha do argumento é a adaptada ao diálogo e é feita na perspectiva do auditório, visando obter o seu assentimento ou seja, cimentar a convicção.

Mas a arte da *inventio* é tudo menos arbitrária. Os argumentos estão dispostos numa escala que, embora não sendo rígida, não os coloca ao mesmo nível. Os argumentos mais fortes são os *entimema* ou seja, aqueles que proporcionam a adesão da maioria e os *exempla* ou seja, aquelas asserções que orientam em certo sentido a conclusão, bem como as máximas que afirmam princípios gerais válidos para a acção. Todos eles reforçam a prova. É com base nestes argumentos que o advogado leva o juiz a formar a sua «íntima convicção», produto de um juízo objectivo e consistente, reforçado por uma sólida coerência interna e externa. Não será certo, no sentido de demonstrável, mas será certamente irrefutável. Baseia-se em razões verosímeis e pertinentes.

E porquê? Porque a prova estabelecida pelo bom uso da argumentação fixa presunções de verdade a seu favor. Não há prova sem presunções. Claro está que estas não são sempre absolutas mas permitem estabelecer uma razoável certeza quanto aos factos. E esta resulta das regras da repartição do ónus da prova. Quem afirma qualquer coisa contra os factos estabelecidos tem de provar por novos argumentos o que diz.

É por isso que se não deve confundir a retórica com os recursos da oratória. Como se sabe, a convicção do auditório jurídico é muito difícil de obter pois que se trata de um auditório especializado e perito no «uso público da razão», como diria Kant e que, portanto, se não deixa levar por belas palavras. Com efeito, a argumentação jurídica é a mais exigente das ciências humanas. Qualquer desatenção à qualidade e à oportunidade do argumento escolhido paga-se caro porque impede a formação no auditório da convicção indispensável à justificação do raciocínio desenvolvido e da conclusão a que chegou. Um mau argumento ou a sua utilização fora do contexto adequado compromete a convicção e é desta que vivem as ciências humanas, a jurídica em particular. Não admira pois que Kant tenha escolhido a linguagem do Direito para expor os critérios da veracidade da prova na Crítica da Razão Pura, pela simples razão que tais critérios jurídicos nos conduzem a conclusões objectivas sem necessidade de qualquer encosto metafísico.

5. A retórica vive, portanto, da força do argumento. Este, por sua vez, nas ciências humanas, jurídicas à cabeça, vale tanto mais quanto mais claramente puder ser reconduzido a esses lugares comuns de aceitação generalizada que são os tópicos. Só assim se alcança a verdadeira força persuasiva na argumentação. Significa isto que, a final, o que se obtém através da retórica é a prova adequada ao raciocínio próprio das ciências humanas e às conclusões que estas tornam possíveis. Estas baseiam-se nas opiniões geralmente aceites pela comunidade de homens racionais, de que todos fazemos parte ou seja, na *doxa* e a argumentação visa reconduzir os nossos pontos de vista aos tópicos geralmente aceites.

Os argumentos não são verdadeiro nem falsos. Pensar o contrário seria admitir um termo rígido de comparação entre eles que não existe e voltar à teoria da verdade por correspondência. Os argumentos são ou não são adequados à conclusão que se pretende retirar e de que se quer convencer o auditório.

A verdade jurídica louva-se no consenso e este só se alcança através dos melhores e mais adequados argumentos ou seja, através das melhores provas.

Também a conclusão obtida pela retórica se eleva à irrefutabilidade, tal como a que é indispensável às ciências exactas, apenas sucedendo que através da retórica chegamos àquela nota a partir dos factos concretos que se nos apresentam e mediante um método diferente do das ciências exactas ou apodícticas. Este método é o da controvérsia e procede pela dialéctica. O característico da prova, no caso da retórica, é fundamentar-se na verosimilhança e nos indícios ou seja, no tópico, logrando desvendar toda a informação (como se diz agora) ou seja, toda a força probatória neles implícita e não imediatamente evidente.

O raciocínio retórico consolida, portanto, o tipo de prova específico das questões jurídicas.

Claro está que o valor probatório será ainda reforçado pela *dispositio* e pela *elocutio,* elementos estes que na argumentação não têm mero valor decorativo nem formal, como se disse.

6. A utilização da retórica apresenta ainda outro interesse fundamental. Trata-se da sua utilização como método interpretativo de um texto, jurídico, no nosso caso. Ora, a retórica ao entrar necessariamente em diálogo (dialéctico) com o que se pretende compreender, aproxima-se da hermenêutica ou da ciência da interpretação, pois também esta é hoje busca consensual do sentido. Com efeito, HERMES, mensageiro dos deuses, não levava mensagens neutras; elas já vinham carregadas de sentido e, assim sendo, só através do diálogo do receptor com o mensageiro é que este sentido era completamente logrado, como tão bem refere H. ECO. Retórica e hermenêutica são as duas faces da mesma moeda. Vão da parte para o todo e deste, de novo, para a parte, do alcance do leitor para o texto e inversamente, do leitor para o outro leitor, sem esquecer o sentido que lhe é emprestado pela comunidade a que se destina, descrevendo um amplo «círculo hermenêutico», tão bem diagnosticado por H. G. GADAMER.

Interpretar um texto é produzir adequadamente sentido mediante argumentos persuasivos que logrem alcançar um conteúdo compreensível e aceitável na perspectiva do público ouvinte. Interpretar é *inter prestare*. Não é um exercício solipsista. Interpretar é lograr a aceitabilidade das conclusões e esta só se consegue através do bom uso da retórica ou seja, dos argumentos adequados a produzir sentido comum e alargado. Hermenêutica e retórica vão a par. A verdade do texto interpretado depende assim do método retórico usado para a alcançar.

Com efeito, a interpretação pretende lograr um sentido comunicável. Para tanto, deve ser compreensível e aceitável, como se disse. Só o será baseando-se nas provas de razoabilidade e verosimilhança que apenas a retórica pode proporcionar. Alicerçada em tais provas, o sentido obtido por interpretação é válido e pode ter êxito porque é compreensível pelos outros.

Se a hermenêutica, enquanto ciência da produção do sentido, pretende chegar a um conteúdo objectivo do texto, porque por muitos compreensível, tem de ir buscar reforços à retórica e isto porque é só mediante esta que se chega à compreensão alargada. A retórica fornece as provas necessárias à verdade hermenêutica. Sem a retórica, a interpretação tem dimensão apenas subjectiva e, portanto, é falível.

A interpretação obtida através da retórica não obedece ao critério popperiano da verdade como correspondência, próprio das ciências exactas e, portanto, nunca saberemos se estamos, de facto, completamente dentro da verdade interpretanda, mas podemos, sem dúvida, aproximarmo-nos dela. É por isso que o critério da verdade obtida por interpretação é o da verosimilhança de um conjunto coerente de proposições alicerçadas em argumentos pertinentes.

Uma coisa é certa; não há uma teoria universal da interpretação porque também a não há da verdade que lhe corresponde. É por isso que, ao contrário do neo-positivismo, encaro com muito cepticismo os resultados da análise semântica da linguagem na nossa disciplina, como se o Direito e as ciências exactas pudessem ser reduzidas ao mesmo denominador de comprovabilidade através de uma metalinguagem comum. Pelo contrário, as soluções que através da hermenêutica arquitectamos só têm justificação se enquadradas num contexto histórico determinado e só para ele podem valer.

7. A retórica argumentativa não tem de padecer de qualquer complexo de inferioridade pelo facto de o mundo moderno ter aperfeiçoado as ciências axiomáticas como a física e outras. Pelo contrário, a retórica deve ser até revalorizada, a exemplo do fizeram no nosso tempo C. PERELMAN

e T. VIEHWEG, como o método de raciocínio mais apto para chegar a conclusões racionais perante problemas ou aporias do grau de complexidade dos postos pelas questões humanas, desde logo as jurídicas. Apenas através da retórica podemos escolher os meios argumentativos adequados para resolver uma aporia que não tem obviamente uma solução dotada do mesmo grau de necessidade que é possível nas ciências exactas.

Com efeito, não podemos de modo nenhum pretender solucionar os problemas jurídicos com os recursos das ciências exactas, a partir de factos neutros e estabelecendo relações assépticas entre proposições, como queria o neo-positivismo lógico do *Wiener Kreis*, para o qual a verdade tem como pressuposto a possibilidade do seu controlo empírico obtido por via directa e a linguagem é uma mera sintaxe lógica indiferente à visão do mundo de quem a fala e de quem a ouve. Nada disso seria apropriado para justificar soluções de problemas humanos e sobretudo para lhes dar um sentido, como bem o perceberam o HUSSERL e o WITTGENSTEIN das segundas fases de cada um.

No caso particular das ciências jurídicas, os argumentos devem retirar-se, como tão bem evidencia C. PERELMAN, da «estrutura do real» ou seja, do modo de ser das coisas bem como dos valores pertinentes. Os primeiros baseiam-se nas regras da experiência geralmente aceites. Não têm de apresentar gabarito científico. Evidenciam relações de causalidade empiricamente comprovadas e permitem induções que são decisivas no discurso judiciário, atendendo à sua eficácia persuasiva. Mas o que provam tais argumentos, retirados, como se disse, da «estrutura do real»? Parafraseando LEIBNITZ; não é preciso provar tudo. Com efeito, nem sempre sabemos bem os porquês, mas isso «não nos impede de dar crédito a verdades naturais», aferidas pelo testemunho dos sentidos e, acrescentaríamos, pelas regras comuns da experiência, claro que num contexto histórico determinado. Não se trata de ilusões. Ora, dessas certezas ou seja, da bondade desses argumentos vive a verdade jurídica. A prova jurídica vive da respectiva ostensibilidade isto é, da impossibilidade da dúvida, da convicção aliada à autoridade das fontes, não da certeza apodíctica, própria das matemáticas. E como é que ela se obtém? Pela pertinência e qualidade do argumento esgrimido, capaz de suscitar a adesão generalizada. Esta é fonte legítima da convicção. Não é mera opinião. É um saber pelo qual certo juízo, nas palavras sempre rigorosas de KANT, «se acha ligado à verdade por um laço que, embora incompleto, é algo mais do que uma mera ficção arbitrária».

Os argumentos retirados da «estrutura do real» preparam a compreensão dos factos que, por sua vez, se reflecte na do Direito. Juntem-se

-lhes os argumentos retirados dos valores pertinentes e o grau de verosimilhança e de justificação das conclusões aumenta aos olhos do juiz e do público.

Os princípios gerais de Direito são os mais importantes argumentos para o jurista. No âmbito penal e disciplinar, p. ex., deve o advogado argumentar no sentido de demonstrar que a conduta do seu constituinte é a exigível do ponto de vista daqueles critérios, assim evitando juízos de censura. Argumentando com uns e outros e sempre na perspectiva do caso concreto, o advogado reconstrói a norma jurídica aplicável de modo a obter uma solução adequada e aceitável. Quanto mais próxima daqueles argumentos, mais segura é a conclusão do advogado e mais aceitável pelo tribunal ela é.

Por aqui se verifica até que ponto o jurista se distingue do cultor das ciências exactas no tratamento do material carreado para a conclusão. Este último não tem de se preocupar com a qualidade axiológica dos seus resultados, de modo a torná-los aceitáveis para um público, mas não se contenta com relações de verosimilhança, de analogia ou de sucessão entre os dados de que cuida para formular as suas conclusões. Ao jurista, por sua vez, bastam essas relações pois que os argumentos que patrocina com elas se bastam. O jurista basta-se com o provável, como diria G.-G. GRANGER, e com o verosímil. Não necessita de estabelecer relações de causalidade necessária entre os fenómenos nem entre estes e as normas, mas necessita de uma coisa que é indiferente ao cientista; de validar as suas conclusões e para tal nada melhor do que alicerçá-las em argumentos de quilate axiológico, tais como a dignidade da pessoa humana, a igualdade, a imparcialidade, a boa-fé, a proporcionalidade e outros que reproduzem os valores comuns e a natureza das coisas, de acordo com o entendimento dominante.

Os bons argumentos não geram a certeza absoluta, mas explicam a verdade ou, pelo menos, aquela parte dela com que os juristas têm de trabalhar. Integram-na num conjunto coerente e valioso que torna as conclusões irrefutáveis. Por ser assim, provam.

E o que se pretende com o bom argumentar? Já se sabe; possibilitar ao juiz a sua «íntima convicção» da bondade de uma conclusão que lhe aparece como inevitável, alicerçada em provas irrefutáveis e ostensivas encadeadas num discorrer lógico e pertinentes no caso concreto.

O recurso à analogia, por sua vez, é também decisivo na persuasão. Também ela nos pode fornecer lugares comuns ou tópicos de aceitação generalizada, possibilitando a tal conclusão irrefutável ao mesmo tempo que a justifica.

Não custa a compreender; perante uma aporia e na falta de axiomas seguros de onde se possa deduzir sem mácula a conclusão, é apenas pelo recurso aos tópicos de aceitação geral que logramos a conclusão aceitável. É ela que reconcilia o advogado com o seu público e que torna compreensível porque logo comunicável o seu esforço conclusivo.

É assim que, do ponto de vista do advogado, os argumentos retirados da retórica são decisivos para justificar o pedido de invalidade de um acto administrativo discricionário ou de um acto praticado no exercício de margens de livre apreciação alargadas, precisamente porque é através do bom uso da retórica que se pode demonstrar que a Administração se afastou na sua conduta dos lugares comuns de generalizada aceitação que teriam permitido fundamentar legalmente a respectiva actividade. Do bom exercício da retórica podem retirar-se conclusões seguras para a melhor censura das liberdades administrativas. O mesmo se passa, p. ex., na prova da boa conduta conjugal numa acção de divórcio, na prova do dano numa acção de responsabilidade civil extracontratual ou na prova da natureza normal e não indemnizável dos defeitos que o inquilino deixou na casa de habitação, resultado do uso prolongado da mesma, perante um pedido de indemnização do senhorio, bem como na justificação de um pedido de providência cautelar.

8. O percurso argumentativo desenvolve-se no e através do diálogo (*dia logos*) judiciário, diálogo esse em que o advogado tem um papel essencial. A retórica é o instrumento próprio desse diálogo e, assim sendo, este tem um lugar privilegiado no esclarecimento das questões, hoje como para os clássicos, de QUINTILIANO a T. MORE e a G. VICO, ao mais alto nível no panorama intelectual dos cultores das ciências humanas.

A argumentação jurídica vive, portanto, do e para o diálogo e a sua única instância de controlo é o debate ou a controvérsia. É do debate esclarecido pela argumentação e enquadrado por rígidas regras processuais que pode resultar uma conclusão defensável e que se não confunde obviamente com uma opinião arbitrária. A argumentação dialógica ou melhor, dialéctica é o melhor meio de chegar a uma verdade aceitável posto que se não trata de recriar ou experimentar factos, muitas vezes irrepetíveis e provocados por contextos singulares. Não há, com efeito, sistemas de axiomas ou bases de dados que possam enquadrar a riqueza imprevisível das particularidades que só através do debate se oferecem nem tratar adequadamente a multidão das situações em que factos, normas e valores se relacionam. Só a retórica argumentativa é afinal suficientemente flexível para cobrir adequada e integralmente os problemas postos.

Assim se vê que é apenas através da retórica que logramos um tratamento racionalmente satisfatório e axiologicamente convincente do Direito. A retórica fornece ao advogado a lógica específica de que ele necessita no desempenho das suas funções, uma lógica que não é apenas demonstrativa e probatória mas justificativa e convincente.

E qual é o papel da linguagem neste enquadramento? A linguagem é o álibi para a compreensão e para a justificação das propostas obtidas através do bom uso dos argumentos no diálogo com a parte contrária e a pensar no nosso auditório. Ora, isto significa que a linguagem não interessa ao cultor da retórica tanto como semântica mas sim muito mais como pragmática, à maneira de PEIRCE e, mais modernamente, de HABERMAS, muito embora neste último apenas em condições ideais e não empíricas. É, porém, certo que a linguagem não interessa ao jurista tanto pelo seu valor semântico e lógico medido pela exactidão (proposicional) das relações entre as palavras mas muito mais pelo seu valor comunicativo apreciado na perspectiva do seu uso social e historicamente comprometido ou seja, dentro da cosmovisão que é a nossa aqui e hoje. A linguagem, se com ela queremos comunicar, já nos leva a aderir a determinada concepção como que espontânea do mundo a um *Lebenswelt,* no sentido husserliano, da segunda fase, do termo.

9. Como já se adivinhou, é muito importante pôr em destaque que a argumentação jurídica não é desprovida de conteúdo ético. Não se pense que através dela somos conduzidos a conclusões fracas do ponto de vista ético, a uma moral oportunista, numa só palavra.

Nada disto é verdade. O contrário só pode pensar quem não compreende por que caminhos se chega à convicção. Esta só é possível porque atrás dos argumentos avultam claros considerandos éticos. Como ficou já claro, a verdade nas ciências humanas é estabelecida porque há acordo quanto aos factos relevantes e respectiva interpretação, mas só se chega ao acordo porque ele apenas vive dos valores e pode mesmo dizer-se que ele só é possível porque há e quando há uma plataforma comum. A argumentação no Direito não vale por si mesma; está ao serviço dos valores que é como quem diz, da justiça. O contrário seria confundir causa com efeito. Infelizmente, o erro não é raro nos adeptos das actualmente em moda teorias puramente processuais da justiça.

A argumentação não é puro processo, mero *iter* alheio a valores, pura técnica discursiva. A argumentação é o palco do encontro de pontos de vista axiológicos na sua pretensão de hegemonizar tendências e patrocinar conclusões. Sem carga axiológica, nunca a argumentação lograria uma conclusão aceitável. Com efeito, quem aceita é o auditório e este não é integrado por andróides mas sim por seres humanos de carne e osso capazes de raciocínio e de emoção moral à espera de uma justificação plausível para as respectivas opções. Como bem sabe na retórica, o *pathos* ou seja, a emoção axiológica também tem valor probatório e integra a esse título o respectivo património.

É importante realçar o papel dos valores no consenso para fugir às críticas, certamente que bem urdidas, daqueles para quem através da retórica não se chegaria mais longe do que a uma teoria puramente consensual da verdade e, portanto, ainda empírica. Ninguém nega que a comunicação só por si e se for estabelecida entre interlocutores rectos e esclarecidos, possui já um certo valor de verdade, mas a intersubjectividade, base do consenso, não dispensa pontos de contacto mais fortes do que os obtidos por mera constatação empírica ou por simples coerência lógica das construções apresentadas no diálogo. Ora, aqueles apenas podem resultar de uma comum mundividência alicerçada em valores e experiências partilhadas. Só assim é que o juízo poderá ser objectivo e, portanto, reconhecido intersubjectivamente. Sem isso, nada feito.

10. Fica aqui um apelo para que no ensino do direito se dê a devida importância à retórica argumentativa. As Universidades demorarão a admitir aquela importância e, por isso, creio que deverão ser os Colégios Profissionais a tomar a iniciativa nos cursos de preparação dos candidatos durante o estágio. Já vai havendo exemplos. Afinal são os advogados e os juízes que mais se debatem com os complexos problemas da argumentação. Permito-me sugerir uma bela obra de consulta e reflexão, o Tratado de Argumentação Judiciária de F. MARTINEAU, recentemente traduzido e apresentado pelo ilustre advogado JORGE DE ABREU.

OS TESTEMUNHOS DE CONEXÃO
(COOKIES)

Luís Manuel Teles de Menezes Leitão*

Sumário: *1. Generalidades. 2. Natureza e função dos* cookies. *3. Modalidades de* cookies. *4. A lesão da privacidade causada pelos* cookies. *5. A regulação jurídica dos* cookies. *6. Conclusão.*

1. Generalidades

O comércio electrónico constitui uma das mais importantes aquisições proporcionadas pela internet, tendo a *world wide web* permitido a milhões de empresas, através dos seus sites e correio electrónico, celebrar negócios com consumidores do mundo inteiro, bem como a milhões de consumidores efectuar as suas aquisições sem sair de casa, apenas utilizando um *browser* instalado no seu computador doméstico. No entanto, essas vantagens têm sido acompanhadas por graves lesões da privacidade dos consumidores. Na verdade, diariamente milhares de sítios recolhem algum tipo de informação sobre os seus clientes, tais como nome completo, endereço, correio electrónico, dados financeiros em geral, preferências de consumo, etc.

Alguns desses sítios não têm qualquer interesse em recolher informações sobre os seus utilizadores, limitando-se a recolher os dados necessários à realização da própria operação que lhes foi solicitada e a utilizar esses dados apenas para a concretização do negócio proposto. Outros sítios, no entanto, vivem da exploração comercial das informações que recolhem, formando valiosíssimas bases de dados sobre os utilizadores.

---

* Professor Catedrático da Faculdade de Direito de Lisboa.

Em termos de violação da privacidade, uma das situações que mais problemas coloca no âmbito do comércio electrónico respeita aos testemunhos de conexão (*cookies*), que podem obter de forma invisível dados pessoais de utilizadores, sem que estes suspeitem de nada, violando assim as leis de protecção dos dados pessoais[1].

2. Natureza e função dos *cookies*

Naturalmente que temos que começar por explicar o que são os *cookies* e para que servem[2]. Os *cookies* consistem em pequenos arquivos de texto que têm essencialmente por função a manutenção do estado da comunicação em rede, ou seja, permitir a uma aplicação interactiva identificar os utilizadores a que se encontra ligada e rememorar a todo o momento os passos já dados por esses utilizadores. A sua necessidade é óbvia, dado que o protocolo utilizado para efectuar as transmissões na internet, o *http* (*Hiper Text Transfer Protocol*) é um protocolo anónimo e que por isso não tem memória, encarando toda e qualquer visita a um sítio como primeira visita. Assim, apenas os *cookies* permitem memorizar as operações realizadas, registando as comunicações previamente efectuadas com o utilizador, através da introdução na memória do *browser* do referido arquivo de texto.

No entanto, quando o tempo de validade desse arquivo de texto é superior ao de uma comunicação normal com o sítio, o *cookie* mantém-se activo e identifica novas visitas ao sítio nas posteriores comunicações do computador. Assim, sempre que alguém visita um sítio, é possível através dos *cookies* saber o endereço IP do computador, o tipo de *browser*, o tipo de sistema operativo, o URL da página *web* a que se acede e o URL das páginas previamente visitadas, sendo que sem eles seria virtualmente impossível conhecer os passos dos utilizadores na rede. Assim, os *cookies* são muitas vezes usados para determinar quais os visitantes que os sítios têm, servindo, no entanto, muitas vezes também para determinar a forma como o sítio é habitualmente usado.

---

[1] Cfr. VIKTOR MAYER-SCHÖNBERGER, "The Internet and Privacy Legislation: Cookies for a Treat?", 1 *W. Va. J. L. & Tech.* 1.1 (1997), disponível em http://www.wvu.edu/~law/wvjolt/Arch/Mayer/Mayer.htm (visitado Janeiro 2007)

[2] Cfr. DAVID WHALEN, "The Unofficial Cookie Faq", em http://www.cookiecentral.com/faq/ (visitado Janeiro 2007).

3. Modalidades de *cookies*

Tradicionalmente, tem-se distinguido entre dois tipos de *cookies*: os *cookies* passivos e os *cookies* activos. Os *cookies* passivos são opcionais e específicos de uma tarefa, destinando-se exclusivamente a reconhecer as páginas mais usadas do sítio e não transmitem dados que o utilizador não autoriza. Já os *cookies* activos são executados clandestinamente para obtenção de informações do utilizador, sem o seu consentimento. Entre estes são especialmente lesivos os *cookies* activos de transferência bruta, como no caso de instalação de *Applets Java* e controlos *Activex* no disco rígido do computador, que passam a acompanhar as futuras visitas a sites que o utilizador realiza, ao mesmo tempo que verificam os dados pessoais existentes no computador, bem como os outros *cookies* instalados, que revelam os gostos ou preferências do mesmo. Neste aspecto é normalmente referida a empresa *Doubleclick* que usa a tecnologia dos *cookies* para determinar o perfil comercial dos cibernautas, armazenando e comercializando os dados assim recolhidos.

Os *cookies* passivos não permitem retirar informação dos computadores, apenas podendo ser usados para armazenar informação que o utilizador forneceu de algum maneira. Assim, se o utilizador numa visita a um sítio escolhe a cor vermelha como sua preferida poderá receber um *cookie* que numa posterior visita o identifica como alguém que aprecia a cor vermelha e poderá logo configurar a cor do sítio como vermelho. Para além disso, com base nos *cookies* já recolhidos, o utilizador pode ser dirigido para uma página específica que o perfil elaborado pelo computador considerou como sendo mais adequada às suas preferências. Nestes termos, o utilizador deixa de fazer visitas neutras e objectivas, já visualizando apenas aquilo que o titular do site pretende. No âmbito da publicidade, os *cookies* atribuem grandes vantagens na medida em que permite que os *banners* que são visualizados pelo utilizador correspondam ao perfil de consumidor que ele é. Neste âmbito, a *Double Click* estabelece *cookies* que asseguram que o utilizador do site visualiza uma publicidade diferente cada vez que lá entra, descobrindo ao fim de várias visitas quais os interesses no site e personalizando a publicidade em função desses interesses[3].

É efectivamente no âmbito da publicidade que a actuação dos *cookies* se torna mais valiosa. Assim, se alguém entrar em determinado sítio que

---

[3] Cfr. DAVE KRIEPS, "Cookies, Love 'em, Hate 'em, or Something in Between", em http://home.att.net/~djkrieps/cookies.htm (visitado Fevereiro 2007).

tenha anúncios publicitários, o *cookie* pode ser transmitido não apenas ao titular do sítio, mas também ao anunciante. Consoante as visitas feitas, o anunciante fica assim a saber os interesses daquele consumidor. Mas, para além disso, o anunciante passa a poder identificar o utilizador sempre que ele visite outros sítios do mesmo comerciante, criando assim um perfil sobre os seus gostos e preferências, para o tornar futuramente objecto de *marketing* directo, tornando assim o utilizador no seu próprio agente de *marketing* directo[4].

4. A lesão da privacidade causada pelos *cookies*

Essa utilidade dos *cookies* para a publicidade não elide os seus perigos em termos de violação da privacidade dos utilizadores[5]. Basta ver que um *cookie* introduzido aquando da visita a um sítio, mesmo que se destine apenas a identificar novamente o utilizador em nova visita ao sítio, também pode ser visto em visitas a sítios diferentes, permitindo assim aos titulares dos sítios ver os *cookies* que qualquer utilizador tem instalados, sabendo assim os sítios da internet que visita. Por outro lado, os *cookies* mantêm-se nos computadores durante largo tempo, pelo que podem servir para fiscalizar a navegação na internet pelos indivíduos, com grave lesão da sua privacidade. Assim, se alguém visita determinado sítio pornográfico, o seu computador registará um *cookie* sobre essa visita, que poderá ser objecto de utilização posterior.

O problema que os *cookies* colocam diz respeito ao uso da informação que fornecem. Assim, por exemplo, diversos fornecedores de espaço já foram acusados de vender a informação que recolhem, mesmo em contrariedade à sua própria política de privacidade[6]. Essa situação já motivou reacções. Nos Estados Unidos, foram instaurados vários processos judiciais contra a *Double Click* que terminaram com um acordo global que a obrigou a pagar indemnização a diversos utilizadores e a

---

[4] Cfr. MAYER-SCHÖNBERGER, *loc. cit.*.

[5] Entre nós, DOMINGOS SOARES FARINHO, *Intimidade da vida privada e media no ciberespaço*, Coimbra, Almedina, 2006, p. 69, considera que os dados conseguidos graças a este mecanismo integram "uma esfera média de protecção da vida privada, podendo variar consoante as informações de navegação e ou consumo que efectivamente revelem".

[6] Cfr. TIMOTHY J. WALTON, "Internet Privacy Law", em http://www.netatty.com/privacy/privacy.html (visitado Fevereiro 2007).

alterar a sua prática comercial em virtude de utilizar *cookies* para facilitar a prática de *spam*[7].

5. A regulação jurídica dos *cookies*

Efectuando os *cookies* recolhas de dados pessoais, naturalmente que estão sujeitos à legislação em vigor sobre protecção de dados pessoais. Em Portugal, essa legislação é representada essencialmente pela Lei 67/98, de 26 de Outubro, que transpõe a Directiva 95/46/CE do Parlamento Europeu e do Conselho, de 24 de Outubro de 1995, relativa à protecção das pessoas singulares no que diz respeito ao tratamento dos dados pessoais e à livre circulação desses dados, e pela Lei 41/2004, de 18 de Agosto, que transpõe para a ordem jurídica nacional a Directiva 2002/58/CE, do Parlamento Europeu e do Conselho, de 12 de Julho, relativa ao tratamento de dados pessoais e à protecção da privacidade no sector das comunicações electrónicas.

É manifesto que a Lei 67/98 se aplica à recolha de dados por intermédio de *cookies*, já que o artigo 4.°, n.° 1, refere expressamente que a lei "aplica-se ao tratamento de dados pessoais por meios total ou parcialmente automatizados, bem como ao tratamento por meios não automatizados de dados pessoais contidos em ficheiros manuais ou a estes destinados". Efectivamente, o artigo 4.°, n.° 2, da Lei 67/98, de 26 de Outubro apenas exclui do seu âmbito "o tratamento de dados pessoais efectuado por pessoa singular no exercício de actividades exclusivamente pessoais ou domésticas". Fica, assim claro que se aplica esta lei ao tratamento de dados efectuados no âmbito da internet, aquando da visita de sites, mesmo que essa recolha seja efectuada apenas para facilitação do acesso ou comodidade do utilizador da rede.

Nos termos do artigo 6.°, proémio, da Lei 67/98, o tratamento de dados pessoais deve em princípio ser apenas efectuado após o seu titular dar o seu consentimento de forma inequívoca. A mesma disposição admite, no entanto, a licitude do tratamentos dos dados sem esse consentimento sempre que esse tratamento seja necessário para:

---

[7] Cfr. DAVID NEAL, "Cookies, Privacy and the Law" (23-4-2002), em http://www.itweek.co.uk/itweek/analysis/2086746/cookies-privacy-law (visitado Fevereiro 2007). O processo relativo à Doubleclick tem a referência Doubleclick Privacy Litigation, 154 *F*. Supp. 2d 497 (S.D.N.Y.) e pode encontrar-se em http://www.nysd.uscourts.gov/courtweb/pdf/D02NYSC/01-03797.PDF (visitado Fevereiro 2007).

a) execução de contrato ou contratos em que o titular dos dados seja parte ou de diligências prévias à formação do contrato ou declaração negocial efectuada a seu pedido;
b) cumprimento de obrigação legal a que o responsável pelo tratamento esteja sujeito;
c) Protecção de interesses vitais do titular dos dados, se este estiver física ou legalmente incapaz de dar o seu consentimento;
d) Execução de uma missão de interesse público ou no exercício de autoridade pública em que esteja investido o responsável pelo tratamento ou de terceiro a quem os dados sejam comunicados;
e) Prossecução de interesses legítimos do responsável pelo tratamento ou de terceiro a quem os dados sejam comunicados, desde que não devam prevalecer os interesses ou os direitos, liberdades e garantias do titular dos dados.

Sabe-se que a recolha de dados através de *cookies* é completamente invisível, pelo que raramente se põe a questão do consentimento do titular. Efectivamente, apesar de as preferências do *browser* permitirem estabelecer a decisão de rejeitar ou aceitar *cookies*, individualmente ou em globo, não parece que a simples opção por qualquer das preferências do *browser* equivalha a um consentimento para a recolha de dados, até porque se sabe que certos sítios não trabalham sem que o *browser* esteja configurado para receber *cookies*. Para além disso, o artigo 10.º da Lei 67/98 obriga a prestar toda uma série de informações ao titular dos dados, designadamente a identidade do responsável e as finalidades de tratamento, entre outras, especificando o n.º 4 que, no caso de redes abertas, o titular deve ainda ser informado de que os seus dados pessoais podem circular na rede sem condições de segurança, correndo o risco de serem vistos e utilizados por terceiros não autorizados. Ora, mesmo que o titular coloque o seu *browser* na opção de avisar sempre que sejam enviados *cookies* nunca recebe essas informações, mas apenas este pequeno texto[8]:

> *The server 209.10.56.12 wishes to set a cookie*
> *that will be sent back only to.10.56.12*
> *The name and value of the cookie are s=pc8744648763*
> *Do you want this cookie to be set?*

Conforme se pode calcular, um utilizador médio da internet nada entenderá desta linguagem criptográfica, que lhe pede a instalação de um

---

[8] Retirámos este texto integralmente de MAYER-SCHÖNBERGER, *loc. cit.*

cookie no seu computador, mas que não o informa de que uma vez instalado, o *cookie* permite transmitir automaticamente dados pessoais sobre o utilizador para certos servidores, sem que ele tenha que alguma vez consentir na transmissão desses dados. Ora, é manifesto que do consentimento para instalar um *cookie* no computador não se pode inferir qualquer consentimento para a transmissão de dados pessoais, o que torna essa transmissão por via dos *cookies* como não consentida[9]. A autorização para instalação dos *cookies* será até muitas vezes dada por erro, uma vez que o utilizador pode facilmente ficar convencido que o *cookie* lhe está a ser enviado pelo titular do sítio que pretende visitar, quando normalmente esse envio é antes efectuado por qualquer anunciante titular de um dos múltiplos *banners* que integram o sítio[10].

Assim, não parece que a recolha de dados por *cookies* se possa considerar como consentida pelo titular, pelo que a sua licitude estará dependente de se enquadrar ou não nalgumas das alíneas do artigo 6.°, que admitem a recolha de dados, independentemente do consentimento do seu titular.

Uma situação em que será permitida a recolha de *cookies* diz respeito à execução de contrato ou diligências prévias à sua celebração ou declaração de vontade negocial efectuadas a seu pedido. Nesta norma parece caber naturalmente a negociação e execução dos contratos *on-line*, pelo que será lícita a colocação de *cookies* para recolha de dados em ordem a permitir a celebração de contratos ou a satisfazer encomendas efectuadas através da internet. Admite-se, porém, face ao artigo 12.° da Lei 67/98, que o titular se possa opor em qualquer altura, por razões ponderosas e legítimas a que os seus dados sejam objecto de tratamento. Já, porém, em relação aos *cookies* recolhidos para efeitos de publicidade designadamente através de correio electrónico (*spam*) ou criação de *banners* não parece que seja lícita essa recolha sem o consentimento do titular[11]. Efectivamente, apesar de o artigo 6.°, *e*), da Lei 67/98, admitir a recolha dos dados para prossecução de interesses legítimos do responsável pelo tratamento ou de terceiros a quem os dados sejam comunicados, tal depende de esses

---

[9] Neste sentido também, MAYER-SCHÖNBERGER, *loc. cit.*
[10] Cfr. LORI EICHENBERGEL, "The cookie controversy", em http://www.cookie central.com/ccstory/cc3.htm (visitado Fevereiro 2007).
[11] Neste sentido, EMILIO TOSI, "La tutela dei dati personali", em ID, *I problemi giuridici di internet. Dall'E-Commerce all'E-Business*, 2.ª ed., Milano, Giuffrè, 2001, pp. 75--96 (90).

interesses não deverem prevalecer sobre os interesses ou direitos, liberdades e garantias do titular dos dados. Ora, não parece que os intuitos publicitários ou outros de quem recolhe dados por via de *cookies* possam prevalecer sobre os interesses dos titulares dos dados.

Nestas condições, não parece que a recolha de dados através de *cookies* se possa considerar permitida pela Lei 67/98, que transpõe a Directiva 95/46/CE, na medida em que tornam possível um aceso automático e não consentido a dados de carácter pessoal[12].

O titular de um *site* que recolha *cookies* está, para além disso, sujeito, sempre que tenha efectuado tratamento de dados a respeitar os requisitos dos artigos 5.°, 10.° e 14.° da Lei 67/98. Assim, os dados devem ser tratados de forma lícita e de boa fé, não podem ser utilizados para fins diferentes daqueles para que foram recolhidos, não serem excessivos, ser exactos e serem conservados apenas pelo tempo estritamente necessário (artigo 5.°) Por outro lado, a recolha dos dados implica a prestação ao titular das informações sobre a identidade do responsável, finalidades do tratamento, e outros como os destinatários dos dados, o carácter obrigatório ou facultativo das respostas, bem como as consequências de não responder e a existência ou condições do direito de acesso ou de rectificação (artigo 10.°, n.° 1, da Lei 67/98). Para além disso, o titular do site torna-se responsável pela segurança desses dados, devendo tomar as medidas técnicas necessárias para assegurar que não ocorre qualquer destruição, perda, alteração ou difusão não autorizada dos dados (artigo 14.° da Lei 67/98). Naturalmente que haverá responsabilidade do proprietário do site perante os titulares dos dados por todos os danos causados pelo incumprimento destas disposições.

No entanto, outro problema que os *cookies* colocam diz respeito ao direito de acesso do titular dos dados, estabelecido no artigo 11.° da Lei 67/98. Efectivamente, o acesso à informação recolhida pelos *cookies* torna-se praticamente impossível, na medida em que seria necessário conhecer o exacto nome e localização do ficheiro dos *cookies*, e possuir o programa adequado para ler a informação neles contida. Ora, nenhuma dessas informações é fornecida ao utilizador de forma adequada, já que mesmo que a recolha não seja invisível, o nome do *cookie* apenas aparecerá identificado como s=pc8744648763, o que não é manifestamente uma forma inteligível de comunicação sobre os dados[13].

---

[12] Neste sentido, MAYER-SCHÖNBERGER, *loc. cit.*.
[13] Neste sentido, MAYER-SCHÖNBERGER, *loc. cit.*.

Especiais problemas colocados pela recolha de dados diz respeito aos denominados "dados sensíveis", cuja recolha é normalmente proibida, proibição que naturalmente também abrangerá a recolha feita por intermédio de *cookies*. Efectivamente, o artigo 7.°, n.° 1, da Lei 67/98, estabelece que "é proibido o tratamento de dados pessoais referentes a convicções filosóficas ou políticas, filiação partidária ou sindical, fé religiosa, vida privada e origem racial ou étnica, bem como o tratamento de dados relativos à saúde e à vida sexual, incluindo os dados genéticos". Esse tratamento apenas pode ser expressamente autorizado mediante disposição legal ou autorização da CNPD quando por motivos de interesse público importante esse tratamento for indispensável ao exercício das atribuições legais ou estatutárias do seu responsável, ou quando o titular dos dados tiver dado o seu consentimento expresso para esse tratamento, em ambos os casos com garantias de não discriminação e com medidas de segurança especiais, referidas no artigo 15.° da Lei 67/98.

A lei estabelece que o tratamento destes dados pessoais, além de só poder ocorrer em casos absolutamente excepcionais não pode ser realizado sem o consentimento do titular. Efectivamente, estando em causa dados sensíveis, o artigo 7.° da Lei 67/98 exige o consentimento do titular para o seu tratamento, o qual apenas é dispensado quando for necessário para proteger interesses vitais do próprio e este estiver impedido de dar o seu consentimento [artigo 7.°, n.° 3, *a*), da Lei 67/98] ou ainda quando esse tratamento for necessário para efeitos de medicina preventiva, de diagnóstico médico, de prestação de cuidados ou tratamentos médicos ou de gestão de serviços de saúde, desde que seja efectuado por profissional de saúde ou outra entidade sujeita a sigilo profissional, seja efectuada notificação à CNPD, ou sejam tomados medidas adequadas de segurança da informação (cfr. artigo 7.°, n.° 4, da Lei 67/98). Fora desses casos, não será, portanto, possível efectuar o tratamento de dados pessoais sensíveis sem o consentimento do titular.

Sabe-se, no entanto, que a recolha de dados sensíveis por intermédio de *cookies* pode ser facilmente realizada. Assim por exemplo, os sítios explicativos de certas doenças podem recolher informação sobre os seus visitantes, adquirindo assim a possibilidade de calcular o tipo de doenças que tem o utilizador. Da mesma forma, mediante o registo dos acessos a sítios pornográficos pode facilmente conhecer-se as preferências sexuais dos utilizadores. Na internet, a recolha de dados sensíveis através de *cookies* é assim altamente facilitada, o que torna problemática a protecção dos dados sensíveis neste âmbito.

A questão dos *cookies* foi, no entanto, objecto de uma regulação suplementar pela Directiva 2002/58/CE do Parlamento Europeu e do Conselho relativa ao tratamento de dados pessoais e à protecção da privacidade no sector das comunicações electrónicas[14], a qual nos termos do seu artigo 1.º, n.º 2, especifica e complementa a Directiva 95/46/CE. Aquela Directiva manifesta abertura em relação aos *cookies*, referindo o seu considerando (25) que podem ser um instrumento legítimo e útil, nomeadamente na análise da eficácia e da concepção de um sítio *web* e para verificar a identidade dos utilizadores que efectuam transacções em linha[15]. Por esse motivo, apesar de o artigo 5.º, n.º 1, da Directiva impor aos Estados-Membros que assegurem a confidencialidade e respectivos dados de tráfego, os n.ºs 2 e 3 dessa mesma disposição vêm manifestar abertura em relação à utilização dos *cookies*[16].

---

[14] Publicada no J.O. L201/37 de 31/7/2002.

[15] Efectivamente, refere textualmente o considerando (25) o seguinte: "Todavia, esses dispositivos. por exemplo os denominados testemunhos de conexão (*cookies*), podem ser um instrumento legítimo e útil, nomeadamente na análise da eficácia da concepção e publicidade do sítio *web*, e para verificar a identidade dos utilizadores que procedem a transacções en linha. Sempre que esses dispositivos, por exemplo, testemunhos de conexão (*cookies*), se destinem a um fim legítimo, como por exemplo a facilitar a prestação de serviços de informação, a sua utilização deverá ser autorizada, na condição de que sejam fornecidas aos utilizadores informações claras e precisas, em conformidade com a Directiva 95/46/CE, acerca da finalidade dos testemunhos de conexão (*cookies*) ou dos dispositivos análogos por forma a assegurar que os utilizadores tenham conhecimento das informações colocadas no equipamento terminal que utilizam. Os utilizadores deveriam ter a oportunidade de recusarem que um testemunho de conexão (*cookie*) ou um dispositivo análogo seja armazenado no seu equipamento terminal. Tal é particularmente importante nos casos em que outros utilizadores para além do próprio têm acesso ao equipamento terminal e, consequentemente, a quaisquer dados que contenham informações sensíveis sobre a privacidade armazenadas no referido equipamento. A informação e o direito a recusar poderão ser propostos uma vez em relação aos diversos dispositivos a instalar no equipamento terminal do utente durante a mesma ligação e deverá também contemplar quaisquer outras futuras utilizações do dispositivo durante posteriores ligações. As modalidades para prestar as informações, proporcionar o direito de recusar ou pedir consentimento deverão ser tão conviviais quanto possível. O acesso ao conteúdo de um sítio *web* específico pode ainda depender da aceitação, com conhecimento de causa, de um testemunho de conexão (*cookie*) ou dispositivo análogo, caso seja utilizado para um fim legítimo".

[16] O artigo 5.º desta Directiva veio a ser parcialmente derrogado pela Directiva 2006/24/CE do Parlamento Europeu e do Conselho, de 15 de Março de 2006, relativa à conservação de dados gerados ou tratados no contexto da oferta de serviços de comunicações electrónicas publicamente disponíveis ou de redes públicas de comunicações, e que altera a Directiva 2002/58/CE. Essa Directiva, em resposta aos atentados terroristas de

Em consequência da posição da Directiva, a Lei 41/2004, de 18 de Agosto acaba por vir manifestar a mesma abertura. É assim que, embora o artigo 4.º, n.ºs 1 e 2 da Lei 41/2004 (correspondentes ao artigo 5.º, n.º 1 da Directiva) imponham às empresas que oferecem redes e ou serviços de telecomunicações que garantam a inviolabilidade das comunicações e respectivos dados de tráfego, proibindo, nomeadamente a escuta, a instalação de dispositivos de escuta, o armazenamento ou outras formas de intercepção ou vigilâncias das comunicações e dos respectivos dados de tráfego por terceiros sem o consentimento prévio e expresso dos utilizadores, com excepção dos casos previstos na lei, o artigo 5.º, n.º 1, da mesma Lei (correspondente ao artigo 5.º, n.º 3, da Directiva, vem regular directamente a utilização dos *cookies*, referindo que "a utilização de redes de comunicação electrónicas para o armazenamento de informações ou para obter acesso à informação armazenada no equipamento terminal de um assinante ou de qualquer utilizador é apenas permitida nas seguintes condições: a) serem fornecidas ao assinante ou ao utilizador em causa informações claras e completas, nomeadamente sobre os objectivos do processamento, em conformidade com o disposto na Lei de Protecção de Dados Pessoais; b) ser dado ao assinante ou ao utilizador o direito de recusar esse processamento". Daqui resulta que a utilização de *cookies* é vista como uma recolha de dados pessoais como qualquer outra, permitida desde que sejam cumpridos os requisitos legais para a respectiva recolha.

No entanto, o n.º 2 do artigo 5.º da Lei 41/2004 (correspondente ao n.º 3 do artigo 5.º da Directiva 2002/58) vem estabelecer, na sua segunda parte, uma excepção relativamente ao armazenamento de *cookies* para fins técnicos, referindo que "o disposto no número anterior e n.º 1 do artigo 4.º não impede o armazenamento automático, intermédio e transitório ou o acesso estritamente necessários para: a) efectuar ou facilitar a transmissão de uma comunicação através de uma rede de comunicações electrónicas; b) fornecer um serviço no âmbito da sociedade de informação que tenha sido explicitamente solicitado pelo assinante ou por qualquer utilizador". Temos assim consagrada uma extraordinária abertura para a utilização dos *cookies*, sendo de realçar que a Directiva parece permitir a prática dos

---

Londres veio impor aos Estados-Membros obrigações de conservação de dados para efeitos de investigação, detecção e repressão de crimes graves. No entanto, as categorias de dados a conservar, referidas no artigo 5.º, da Directiva 2006/24/CE não incluem os resultantes de *cookies*, pelo que a derrogação não se mostra relevante para este estudo.

sítios que não permitem o acesso a quem não autoriza a instalação de *cookies*, prática essa que nos parece extremamente questionável.

6. Conclusão

A utilização de *cookies* suscita graves problemas no que respeita à lesão da privacidade dos utilizadores, independentemente da utilidade que representam para o comércio electrónico. Parece-nos, por isso, que a abertura que a Directiva 2002/58 coloca em relação a eles é claramente excessiva.

O USO E FRUIÇÃO DE BENS NA REALIZAÇÃO DO CAPITAL SOCIAL

Manuel António Pita[*]

SUMÁRIO: *I. Aspectos gerais. O usufruto. II. Os direitos pessoais de gozo: A – As características do direito pessoal de gozo e o capital social: a) A contabilização do uso e fruição; b) Uso e fruição e realização imediata das entradas em espécie; c) Penhorabilidade dos direitos pessoais de gozo. B – O Estatuto de Sócio: a) Uso e fruição e participação social; b) O risco de perecimento da coisa.*

I. Aspectos gerais. O usufruto

1. O uso e fruição de uma coisa poderão ser atribuídos, com carácter temporário, por uma pessoa a outra nos termos de um direito real limitado, de que o usufruto constitui paradigma, ou nos termos de um direito pessoal de gozo que, como categoria, é previsto no artigo 407.º do Código Civil e que tem na posição jurídica do locatário a espécie mais relevante[1].

---

[*] Doutor em Direito pela UNL. Professor Convidado da FDUNL. Professor Auxiliar do ISCTE.

[1] A construção de uma espécie de direitos patrimoniais, denominada direitos de gozo, foi levada a cabo pelo professor italiano MICHELE GIORGIANNI na sua obra *Contributo alla toria dei diritti di godimento su cosa altrui*, publicada em 1940. Uma síntese das ideias do A. pode ler-se no *Novissimo Digesto Italiano*, V, na rubrica *Direitos Reais,* pág. 748 ss.

GIORGIANNI põe em causa a divisão dos direitos patrimoniais em direitos reais e direitos de crédito, porque, para ele, esta divisão teve como " pressuposto um certo estádio da economia, em que campeava a propriedade (especialmente a imobiliária) que – no pensamento dos filósofos e juristas – constituía o direito perfeito por excelência, que se contrapunha ao direito de crédito que constituia simplesmente um estádio de expectativa em relação à propriedade" (*Direitos reais*, cit., pág. 752). Analisando o conteúdo dos direitos tradicionalmente tidos por reais, constata que, subjacente a esta categoria, não está um critério único (*Contributo*, cit., pág. 141 ss.). Por outro lado, demonstra que situações jurídicas tradicionalmente consideradas obrigacionais, como a locação, quando analisado o modo como o titular do direito satisfaz o seu interesse, se conclui que tal ocorre através do exercício de um poder imediato sobre a coisa reconhecido pelo ordenamento. Feito o confronto com o usufruto, constata que o interesse do titular é o mesmo que está presente na locação, o gozo de coisas alheias. E, decorre do regime instituído, que o locatário e o usufrutuário gozam a coisa do mesmo modo, sem a cooperação de qualquer estranho, pois "tal cooperação é necessária somente na fase inicial de instauração da relação (entrega da coisa) e eventualmente durante a vida da relação só para os fins de tornar possível o gozo da coisa em conformidade com o seu uso (por exemplo, reparações da coisa)" (*Dreitos reais,* cit., pág. 750).

Conclui o A. por propor uma nova divisão dos direitos patrimoniais, onde, note-se, não tem lugar a categoria direitos reais.Com base na estrutura do poder concedido ao titular, encontra as seguintes espécies de direitos: obrigações, direitos de gozo (que poderiam dividir-se em direitos de gozo de coisa própria ou de coisa alheia), direitos de garantia (sobre coisa alheia) e direitos potestativos. Esclareça-se, no entanto que o A. não nega a existência da categoria dos direitos reais que, segundo ele, é pressuposta pelo ordenamento italiano e por muitos outros ordenamentos jurídicos modernos (cfr. *Contributo*, cit., n.° 36, pág. 147); entende, porém, que o critério para qualificar uma determinada situação como real está na inerência do direito em relação à coisa e na sua *assolutezza*, ou seja, na possibilidade que o poder seja feito valer erga omnes (*Contributo*, cit., n.° 44, pág. 176): «são reais as relações absolutas que têm por referência uma coisa»; mas esta é uma classificação que prescinde da estrutura do poder do titular.

Os direitos de gozo sobre coisas alheias, apesar de unificados na base da estrutura do poder que atribuem ao titular, são divididos por GIORGIANNI em direitos pessoais e reais (*Contributo*, cit., n.° 32, pág. 136). São reais aqueles em que o poder do titular, para além de imediato e directo face à coisa, é dotado das características da inerência e da *assolutezza* (de notar, que este carácter pessoal não reconduz o seu conteúdo ao dever de prestar e ao poder de exigir; v. *Contributo*, n.° 26, pág. 111 ss.). E, analisando o direito italiano de então, anterior ao actual código civil, o A. conclui que o direito do locatário não tem a *assolutezza* (*Contributo*, cit., n.° 45, pág. 177), o mesmo acontecendo com o comodato (n.° 46, pág. 184) (v. critica a este aspecto da doutrina de GIORGIANNI em MENEZES CORDEIRO, *Da natureza do direito do locatário*, Lisboa, 1980, pág. 61 ss.).

O Código Civil português reconhece a categoria dos direitos pessoais de gozo no artigo 407.°. Regula a incompatibilidade entre direitos desta natureza que, por contratos sucessivos, se constituírem a favor de pessoas diferentes, sobre a mesma coisa, estabelecendo a prevalência do mais antigo em data, sem prejuízo das regras próprias do registo. A categoria delimita-se assim pelo seu objecto, uma coisa corpórea, e pela sua fonte, um contrato consensual (não real quanto à constituição) com eficácia imediata, interpartes e em relação a terceiros titulares de direitos incompatíveis da mesma natureza (GIORGIANNI defendia a prioridade da posse, mas recusava natureza real à locação; v. *Contributo*, págs. 216/17).

Em que medida estas duas vias se apresentam como legítimas para o sócio realizar a sua entrada para o capital de uma sociedade comercial é o que pretendemos indagar.

2. A quase unanimidade da doutrina estrangeira aceita que os direitos reais de gozo sobre coisas alheias são idóneos para realizar capital,

---

Pela sua colocação sistemática e pelo nomen juris adoptado, estes direitos estão concebidos para desenvolverem as suas vicissitudes num quadro intersubjectivo e por via da realização de prestações. Mas apesar desta raiz pessoal, a lei admite, em casos especiais, a sua eficácia fora do quadro dos intervenientes no contrato. Com efeito, a eficácia, assegurada para todas as espécies face a terceiros nos termos limitados do artigo 407.°, é depois alargada a qualquer terceiro, com base no pricípio *emptio non tollit locatum*,na locação, pelo artigo 1057.°. Note-se que, nestes dois casos, a eficácia do contrato para com terceiros não está dependente da entrega da coisa, sendo que, após esta, são reconhecidos ao titular do direito de gozo os meios de defesa da posse (artigos 1037.° e 1137.°).

Destes casos de eficácia externa, alguma doutrina, desenvolvida especialmente na base da posição do locatário, retira a natureza real do direito de gozo correspondente (esta doutrina, defendida por diversos professores da Faculdade de Direito de Lisboa, cuja indicação se pode obter em Menezes Cordeiro, *Da natureza*, cit., pág. 50 ss., é mantida por OLIVEIRA ASCENSÃO, *Direito civil – Reais*, Coimbra 1987, pág. 470 e ss. e está amplamente desenvolvida por MENEZES CORDEIRO no estudo antes citado e nas suas lições de *Direito das Obrigações*, I, pág. 325 ss., e de *Direitos reais*, I, pág. 498 ss., II, pág. 948 ss.). Prevalece, no entanto, na cultura jurídica portuguesa a doutrina tradicional que vê no direito do locatário um direito de natureza pessoal, justificando-se aquela eficácia externa por razões excepcionais circunscritas aos casos legalmente previstos (esta doutrina tradicional sempre foi defendida por I. GALVÃO TELLES, que nessa orientação alicerçou o seu projecto de *Contratos civis*, publicado no BMJ n.° 83, pág.144 ss.; por F.M. PEREIRA COELHO, *Arrendamento,* Coimbra 1988, pág. 56 ss.; MANUEL H. MESQUITA, *Obrigações e ónus reais*, Coimbra, 1990, pág. 171, sustenta encontrar no nosso direito civil um regime dualista ou misto, obrigacional até a entrega da coisa, real após a posse, na esteira da posição defendida por OLIVEIRA ASCENSÃO, «Locação de bens dados em garantia. Natureza jurídica da locação», *ROA*, ano 45, pág. 345 ss.).

Em nosso entender, a eficácia externa reconhecida a certas situações de gozo pessoal de coisas alheias, não destruiu ainda a sua matriz histórica de instituto do direito das obrigações, conservando essa natureza no nosso ordenamento; as normas que reconhecem aquela eficácia externa têm, neste sistema, carácter excepcional. Não podemos deixar de reconhecer, no entanto, que a relação de gozo pode viver e desenvolver-se sem a dependência da figura da prestação. Entregue a coisa, a posse do locatário opõe-se *erga omnes* e o interesse do titular do direito, na obtenção das utilidades que a coisa pode proporcionar, é realizável imediatamente por via do exercício do poder sobre a coisa.

Aquela autonomia do direito de gozo em relação a prestações do titular do direito originário acentua-se no contexto da realização do capital de uma sociedade comercial, como esperamos demonstrar.

com excepção do uso e da habitação, dada a sua intransmissibilidade legal. Também à luz do direito português parece de admitir a mesma solução, em especial no que se refere ao usufruto[2]: o usufruto é susceptível de hipoteca (C. Civil, artigo 688.º/1-2), pode ser transmitido a terceiros (artigo 1444.º) e ninguém até hoje contestou que o seu valor possa ser inscrito no activo do balanço[3].

3. Aquela idoneidade é, no entanto, posta em causa pelo sector da doutrina que de forma mais radical sustenta a tese de que a função do capital social é a de constituir uma garantia para os credores sociais[4]. Essa contestação é feita a partir de alguns aspectos do regime legal do instituto que retirariam ao usufruto a aptidão para desempenhar aquele papel de garantia dos credores.

Uma primeira contestação baseia-se no facto de o usufruto se extinguir com a morte do usufrutuário: por consequência, quando a sociedade for dissolvida, o usufruto extingue-se; como corolário, este direito já não poderá ser transmitido a terceiros e, por isso, não pode desempenhar a função de garantia dos credores sociais no processo de liquidação da sociedade.

Vejamos o valor deste argumento.

Em primeiro lugar, a lei não exige que os bens, inicialmente entregues à sociedade a título de realização do capital social, se mantenham, no património social, para serem penhorados, se for necessário, quando a sociedade não cumprir as suas obrigações. E este pressuposto era exigido para validade do argumento.

Em segundo lugar, aquela doutrina pressuporia a existência de regras que fizessem de cada um dos bens que integram o património inicial, constituído por via da realização do capital social, o objecto dum verdadeiro direito real de garantia atribuído desde logo aos futuros credores.

Essas regras não existem, nem poderiam existir. É que desse modo exigir-se-ia que os bens recebidos inicialmente para realizar capital, se

---

[2] É, sem dúvida minoritária, a doutrina que contesta a idoneidade do usufruto para ser objecto de uma entrada para capital social. Sobre este ponto, v. G. VELLANI, «Note in tema di conferimento di usufruto», *Riv. Trim. Dir. Proc. Civ.*, 1987, págs. 667/707. Nega a idoneidade do usufruto para realizar capital, E. SIMONETTO, *Responsabilità e Garanzia nel Diritto delle Società*, Pádua, 1959, pág. 393 ss.

[3] A inscribilidade do valor do usufruto no activo do balanço é pacífica: v. GIOVANNI E. COLOMBO, *Il Bilancio d'esercicio – Struture e valutazioni*, Utet, Turim, 1987, pág. 116.

mantivessem na sociedade por toda a vida desta, numa espécie de pousio, ou que apenas pudessem ser alienados se, para sua substituição, fossem imediatamente adquiridos outros de igual natureza e valor. Nada mais anormal: todos os bens que constituem o activo social, sem excepção, estão colocados ao serviço dos objectivos da empresa, podendo ser alienados ou permutados por outros, num processo de transformação ininterrupto que constitui a alma da actividade económica.

4. Um segundo argumento é invocado. Destaca-se agora a consequência da morte do sócio sobre a vida do usufruto retransmitido. Diz-se que a idoneidade do usufruto para realizar capital terá de ser afastada na hipótese da sua aquisição pela sociedade se traduzir numa aquisição derivada[5]. Neste caso, a sociedade corre o risco de perder o direito por causa da morte do sócio, o que põe em causa a possibilidade de encontrar um critério seguro para a avaliação inicial da entrada em espécie.

O argumento peca por excesso. O direito aplicável à realização do capital não pode afastar todos os riscos, nomeadamente o risco da morte. O que está em causa é apenas a idoneidade do usufruto para realizar capital e essa idoneidade deve ser aferida em relação ao momento da constituição da sociedade. Ora bem, este usufruto, no momento da outorga do contrato é um elemento patrimonial com individualidade, susceptível de transmissão e como tal susceptível de avaliação.

Admitamos que um sócio realiza a sua participação com um bem entregue em propriedade que foi avaliado em 5000 Euros mas que, pouco tempo depois, se desvaloriza por causa de uma inovação tecnológica. A sociedade terá de alienar o bem, ou abatê-lo no activo, e sofrerá, por via

---

[4] A doutrina do capital garantia afirma que a função do capital social é a de constituir uma garantia para os credores; por isso, sendo o capital constituído a partir das entradas dos sócios, estas devem ter por objecto bens idóneos para desempenhar aquela função (v. GASPARE SPATAZZA, *Conferimento di beni in godimento e capitale sociale*, Giuffrè, Milão, 1991, pág. 64, esp. nota 107). Esta doutrina foi sistematizada por ERNESTO SIMONETTO, *Responsabilità e garanzia*, cit., cuja oposição foi iniciada por FRANCO DI SABATO, *Capitale e responsabilità interna nelle società di persone*, Morano Editore, Napoli, 1967. Em geral sobre as funções do capital social, v. PAULO DE TARSO DOMINGUES, *Do capital social*, Coimbra Editora, 2.ª ed., 2004, p. 200 ss..

[5] Negam a conferibilidade do "usufruto de usufruto", ANDREA PISANI MASSAMORMILE, *Conferimenti in S.P.A. e Formazione del Capitale*, Jovene Editore, Nápoles, 1992, pág. 143; G. VELLANI, «Note in tema di conferimenti di usufruto», pág. 690 ss.; FRAN MARTINS, *Comentário à lei das sociedades anónimas*, I, Editora Forense, Rio de Janeiro, pág. 74.

disso, uma perda, a suportar, indirectamente, por todos os sócios. É de natureza idêntica a alteração negativa que a morte do sócio usufrutuário provocará no património da sociedade. O bem, porventura avaliado por 5000 Euros, na perspectiva da sua utilização por um prazo de 10 anos, teria quotas de amortização anuais de valor correspondente. Por causa da morte prematura do sócio, a sociedade perderá definitivamente o bem, sofrerá uma perda, a suportar, indirectamente, por todos os sócios no exercício em que ocorreu[6].

5. A quase unanimidade da doutrina aceita que os direitos reais de gozo sobre coisas alheias são idóneos para realizar capital, com excepção do uso e da habitação, dada a sua intransmissibilidade legal. É, porém, controversa a utilização dos chamados direitos pessoais de gozo para realizar capital. O texto que se segue pretende contribuir para o debate deste tema.

II. Os direitos pessoais de gozo

1. Uma coisa própria pode ser afecta a outrem, por via da atribuição das faculdades de uso e fruição, no quadro de um direito pessoal de gozo. A figura habitualmente chamada a realizar esse fim é a locação. O que no âmbito da realização do capital das sociedades comerciais se pretende averiguar é se alguém, com legitimidade para ceder o uso e a fruição de uma coisa, pode, na qualidade de parte num contrato de sociedade, cumprir a sua obrigação de entrada concedendo à sociedade o gozo da coisa em termos análogos aos de um contrato de locação.

2. Deve-se reconhecer que a vida jurídica portuguesa não tem experimentado este caminho. Nas pesquisas que fizemos ao Diário da República dos últimos anos não encontrámos pactos sociais em que o anexo relativo às entradas em espécie contivesse, nos seus elementos, a avaliação de um arrendamento ou aluguer, fora do contexto da transmissão do estabelecimento comercial[7]. Por outro lado, não encontramos na ciência

---

[6] V. no sentido defendido no texto, no domínio do Código Civil de 1867, CUNHA GONÇALVES, *Tratado de direito civil*, VII, pág. 253.

[7] A realização do capital social com a entrega de um estabelecimento comercial tem particularidades que a tornam um tema especial dentro do problema geral das entradas em espécie e que, por isso, não vai ser analisado neste escrito.

jurídica portuguesa um único estudo que, *ex professo*, analisasse este tema[8]. A fraca utilização prática do instituto corre paralela com a escassa consideração teórica. Nestas circunstâncias, pareceu-nos útil este breve estudo, onde se procura fazer uma síntese de uma ampla produção científica estrangeira, em especial italiana[9], que alimentou um debate, a partir de normas de direito positivo semelhantes às que se contêm nos diplomas que nos regem[10].

---

[8] No entanto, a doutrina portuguesa tem-se declarado a favor da utilização do arrendamento como meio de realização do capital social, não obstante o Código civil apontar noutro sentido, aproximando as entradas com o uso e fruição das contribuições de serviços, o que as exclui da realização do capital social. Expressamente a favor da realização do capital através do direito de arrendamento de um prédio, bem como do uso e fruição de uma coisa se pronunciava FERRER CORREIA, *Lições*, II, n.º 76, págs. 206/7; no mesmo sentido, JORGE HENRIQUE PINTO FURTADO, *Curso de Direito das sociedades*, 3.ª ed, Coimbra, 2000, pág. 91; LOPES DE FIGUEIREDO, *Contrato de Sociedade por Quotas*, Coimbra, 1990, pág. 17; PAULO DE TARSO DOMINGUES, *Do Capital Social*, 2.ª ed, Coimbra, 2004, pág. 83 ss.; JORGE MANUEL COUTINHO DE ABREU, *Curso de Direito Comercial*, II, pág. 268 ss.. Embora não em sede de realização do capital social, RAÚL VENTURA, *Dissolução e Liquidação de Sociedades*, Coimbra, 1987, pág. 403, admite que a entrada do sócio tenha consistido no gozo e fruição de um bem, sem transmissão da propriedade. A. MENEZES CORDEIRO admite entradas em espécie através do direito de uso e fruição, embora não refira expressamente a figura da locação (*Manual de Direito das Sociedades*, I, 2004, pág. 527).

[9] Sobre o estado da doutrina, na Alemanha e na Itália, v. GASPARE SPATAZZA, *Conferimento di beni in godimento e capitale sociale*, Giuffrè, Milano, 1991, pág. 10, nota 16; em França, SABINE DANA-DÉMARET, *Le capital social*, Litec, Paris, 1989, pág. 67 ss.; em Espanha, VICENTE MAMBRILLA RIVERA, AAVV, *Derecho de sociedades anonimas*, I, *La fundacion*, pág. 751 ss., JOSE F. JAVIER LOPEZ JACOISTE, *El arrendamiento como aportación social*, Pamplona 1955, MARIA ANGUSTIAS DÍAZ GÓMEZ, *Las aportaciones no dinerarias en la Sociedad Anónima: contenido, valoración y desembolso*, Mc Graw Hill, Madrid 1997, pág. 176 ss, INÊS FERNÁNDEZ FERNÁNDEZ, *Aportaciones no dinerarias en la Sociedad Anónima*, Aranzadi, Pamplona 1997, pág. 115 ss.; v. também J.M. COUTINHO DE ABREU, *Curso...*, II, cit., p. 268, nota de rodapé.

[10] Deve-se reconhecer que o simples uso e fruição de uma coisa como possível objecto de entrada de um sócio é também admitido pelo Código civil. O que parece excluído, especialmente no n.º 1 do artigo 1018.º, é a sua valorização como capital. O Código civil regula o regime aplicável nessa hipótese à execução da prestação, garantia e risco da coisa (artigo 984.º/b), ao perecimento superveniente da coisa (artigo 1004.º/b), reconhece ao sócio, nesses casos, terminado o direito da sociedade, o direito à restituição dos bens, mas impõe o afastamento do reembolso do seu valor, a título de entrada efectivamente realizada, na fase da partilha dos bens da sociedade entretanto dissolvida (1018.º/1).

A separação entre a indústria e o uso e fruição de bens corresponde, aliás, à tradição do direito civil português. O Código de Seabra começava, no artigo 1240.º, ao definir sociedade, por contrapor globalmente os bens à indústria; porém, nos artigos seguintes, por

Dividimos o nosso estudo em duas partes. Na I parte (A) estudamos as questões levantadas pela natureza do direito pessoal de uso e fruição; na segunda parte (B), serão considerados as argumentos relativos ao estatuto do sócio.

A. *As características do direito pessoal de gozo e o capital social*

a) *A contabilização do uso e fruição*

1. O argumento mais utilizado, ou pelo menos utilizado por mais tempo, para pôr em causa a idoneidade dos direitos pessoais de gozo para realizar capital tem sido a falta de qualidade para ser inscrito no balanço, a *Bilanzfähigkeit* de que fala a doutrina alemã. Analisemos este argumento[11].

2. O argumento pressupõe que a entrega do bem a este título faz nascer uma relação obrigacional que terá por conteúdo o dever do sócio de

---

diversas vezes, nomeadamente na noção de sociedade particular (1249.°), os frutos e rendimentos dos bens ganhavam independência quer perante a propriedade dos bens, quer perante a indústria.

Estranhamente a distinção não aparece no Código Comercial. Para este diploma, apenas existem duas espécies de sócios, tendo em conta as espécies de entradas: os sócios ou são de capital ou de indústria (n.° 1 do artigo 118.°), e não encontramos qualquer sinal de separação entre a entrega de coisas a título de propriedade e a entrada feita só com os frutos ou o uso das coisas, referida no Código de Seabra: – a realização do capital, no Código comercial, fazia-se através de dinheiro, títulos de crédito, bens ou valores realizáveis a dinheiro (artigo 118.°, § 1.°).

Do mesmo modo, a Lei das Sociedades por Quotas silenciou, no conjunto do capital, o eventual uso e fruição de bens, limitando-se a reproduzir, no § único do artigo 2.°, o texto do § 1.° do artigo 118.° do Código comercial: – o capital podia consistir em dinheiro, créditos ou outros bens; a existência de sócios de indústria era excluída pelo § 4.° do artigo 4.°.

O Código das Sociedades Comerciais não individualizou, a propósito da entrada de bens em espécie, o título a que eles são entregues, se a título de propriedade ou a outro, nomeadamente para uso e fruição. Comparando com o Código civil, houve um retrocesso, voltou-se à dicotomia do Código comercial: as entradas ou consistem em bens ou em indústria (cfr. artigo 176.°/1/*a*). Mas agora, inovando face ao direito anterior, exige-se que os bens objecto da entrada sejam susceptíveis de penhora.

[11] V. defesa desta doutrina, em SIMONETTO, *Responsabilità e Garanzia*, cit, pág. 354.; a crítica respectiva pode ser vista em G. SPATAZZA, *Conferimento*, cit, pág. 4 ss. V. síntese dos argumentos utilizados em VICENTE M. RIVERA, *Derecho de sociedades anónimas*, cit., pág. 752.

proporcionar o uso e fruição do bem, com o correspectivo crédito, por parte da sociedade. Por isso, este facto patrimonial teria efeitos apenas na despesa da sociedade, reflectindo-se no balanço somente no resultado do exercício[12].

O argumento só é válido se for legítimo declarar que o sócio fica vinculado a uma prestação positiva de carácter continuado, a prestação de um serviço, sendo a coisa usufruída dia a dia pela sociedade através da actividade do sócio[13]. Embora concedendo que o direito do locatário se configure, em geral, como um direito pessoal contra o locador, entendemos que a substância económica da relação não pode ser explicada como a prestação de um serviço. O sócio deve entregar à sociedade uma coisa certa. Esta obrigação é uma obrigação de *dare*[14], não de facere, e de execução instantânea. Em contrapartida, é atribuída ao sócio uma participação social, que ele adquire, de um só acto, por força do contrato de sociedade. Efectuada a entrega da coisa[15], a sociedade fica materialmente investida

---

[12] Excepto quando desse origem a pagamentos ou recebimentos antecipados, caso em que figuraria nas rubricas de adiantamentos a credores (activo) ou adiantamentos de clientes ou fornecedores (passivo). Sobre o tema, v. G. PORTALE, «I Beni iscrivibili nel bilancio di esercicio e la tutela dei creditori nella società per azioni», *Riv. Soc.*, 1969, pág. 242 e segs.; GIOVANNI E. COLOMBO, *Il Bilancio d'Esercicio – Struture e Valutazioni*, cit., pág. 119; ROBERTO WEIGMANN, «Capitale, utili e reserve nella società di persone», in *Riserve e fondi nel bilancio d'esercizio*, a cura di G. CASTELLANO, pág. 93.

[13] Diz-se, para reforçar o argumento, que a relação sócio-sociedade é análoga a uma relação locatícia. A natureza jurídica da posição do locatário é uma questão polémica que divide a doutrina, como vimos na nota 1 deste capítulo (v. A. MENEZES CORDEIRO, *Da Natureza*, cit.; MANUEL HENRIQUE MESQUITA, *Obrigações e Onus Reais*, pág. 131 e ss.); podemos no entanto avançar sem debater essa vexata questio, pois, do que não podem restar dúvidas, é de que a entrega da coisa, para uso e fruição, à sociedade pelo sócio – que recebe, em contrapartida, uma fracção do capital social – não configura o cumprimento de uma obrigação nascida de um contrato de locação, assim como a entrega em propriedade não configura uma compra e venda: – as regras da locação são aplicáveis para preencher lacunas na relação sócio-sociedade e em relação a terceiros, mas apenas por a locação ser o contrato típico que maior afinidade tem com esta situação (v. GIUSEPPE PROVERA, *Locazione. Disposizione Generali*, in *Commentario del Codice Civile a cura di A. Scialoja e G. Branca*, pág. 73).

[14] V. ANGELO CHIANALE, *Obligazione di dare e trasferimento della proprietà*, Milão, 1990, especialmente pág. 299 e ss.; MANUEL DE ANDRADE denominava esta prestação de coisa como obrigação de prestar (*Obrigações*, pág. 155); ANTUNES VARELA, *Obrigações*, I, pág. 88, prefere designá-las como prestações de entrega, terminologia que é também acolhida por RIBEIRO DE FARIA, *Obrigações*, I, pág.77.

[15] Com a entrega da coisa, no dizer de SPATAZZA, o sócio cumpre a única obrigação indispensável para assegurar o gozo à sociedade (*Conferimento*, cit., pág. 25 ss.).

no direito de usar e fruir aquela coisa, durante um determinado tempo; este direito da sociedade não fica dependente da vontade ou do comportamento do sócio: é um direito que incide sobre uma realidade objectiva, uma coisa, e que fica exclusivamente dependente das vicissitudes que a própria coisa venha a sofrer, sendo uma situação jurídica oponível a quem o sócio tenha, entretanto, transmitido o seu direito originário sobre a coisa, bem como ao próprio sócio ou a quaisquer terceiros que perturbem o seu exercício (C. Civil, artigos 1057.º e 1037.º).

É certo que, para o sócio, a obrigação que decorre do contrato social não se esgota na entrega da coisa. O sócio garante também o gozo concedido pelo tempo estipulado no contrato. Contudo, esta obrigação de garantia é uma obrigação acessória, instrumental daquela obrigação principal e não tem por conteúdo qualquer prestação positiva, de carácter continuado ou não, nomeadamente obras de manutenção ou de reparação; através dela o sócio apenas assume o risco de quaisquer eventos não imputáveis à sociedade que façam a coisa perecer ou se deteriorar, tornando impossível o gozo previsto[16].

Concluímos assim que, por ter por objecto uma coisa e atribuir à sociedade o poder de usar e fruir, sem dependência da colaboração activa do sócio concedente, o direito pessoal de gozo é um valor económico, objectivo, quantificável e por isso susceptível de avaliação e, por consequência, idóneo para ser inscrito no activo do balanço.

3. Mas o argumento da impossibilidade de contabilização no activo, já fraco em si mesmo[17], perdeu força perante a evolução do direito da contabilidade.

---

[16] A garantia do gozo da coisa, mesmo no contrato de locação, assume características especiais. Como salienta PROVERA, *Locazione*, cit., pág. 182, nota 1,"é necessário... pelo menos admitir que tal obrigação se distingue das outras porque comporta uma assumpção directa de responsabilidade em relação à verificação de eventos que impeçam ou dificultem a função de um contrato de locação validamente estipulado, tornando impossível, em tudo ou em parte, o cumprimento de uma prestação essencial, como é a de *far godere*".Esta distinção não aparece com tanta clareza no Código Civil português, dada a redacção da al. *b)* do artigo 1031.º, onde a obrigação do locador de manter a coisa não tem autonomia, sendo apenas um dos aspectos em que se concretiza a obrigação de assegurar o gozo. Como se verá, o sócio não fica, em princípio, obrigado a manter a coisa, correndo, no entanto, o risco da impossibilidade do gozo.

[17] A debilidade do argumento foi sendo acentuado pelas sucessivas derrogações a que teve de sujeitar-se, como se pode testemunhar em SPATAZZA, *Conferimento*, cit., pág. 5.

A primeira fractura na concepção tradicional que via nos bens inscritos no activo direitos de propriedade ou outros direitos reais foi introduzida pelo regime da locação financeira. Após alguma hesitação inicial, a lei veio prescrever a contabilização do valor do bem locado no imobilizado da locatária[18]. Ora, a posição da sociedade em relação à coisa entregue pelo sócio é, pelo menos, análoga àquela em que se encontra a locatária num contrato de locação financeira.

A fragilidade do argumento foi acentuada pelas as normas mais recentes do direito da contabilidade, de origem comunitária e internacional. Com efeito, segundo estas normas são considerados activos os «recursos controlados por uma entidade em resultado de acontecimentos passados e dos quais se espera que fluam, para a entidade, benefícios económicos futuros»[19]. Activos são assim todos os recursos económicos idóneos a gerar benefício para a entidade no futuro: os bens entregues para serem utilizados pela sociedade no quadro de um direito análogo a um direito de locação apresentam as características exigidas por esta regra[20].

Constata-se assim uma evolução no direito da contabilidade que fragiliza os argumentos até agora invocados no sentido de negar a contabilização do uso e fruição atribuídos no quadro de um direito pessoal de gozo[21].

---

[18] Note-se que a inscrição no balanço dos bens usufruídos a título de locação financeira é justificada com base no princípio da prevalência da substância sobre a forma, originário de países de common-law onde a posição do locatário é considerada uma *real property* (v. A. CHIANALE, *Diritto soggettivo e tutela in forma specifica*, Milão, 1993, pág. 129).

[19] A recepção no direito nacional das normas internacionais da contabilidade pode ver-se em ANTÓNIO BORGES/AZEVEDO RODRIGUES/ROGÉRIO RODRIGUES, *Elementos de Contabilidade Geral*, 2005, pág. 153 e JOÃO RODRIGUES, *Adopção em Portugal das Normas Internacionais de Relato Financeiro*, Áreas Editora, Lisboa, 2005. Pondo ênfase na passagem da propriedade jurídica para a propriedade económica, de que aquelas normas internacionais teriam sido o veículo, v. MAURICE COZIAN/ PIERRE-JEAN GAUDEL, *La comptabilité racontée aux juristes*, Litec, Paris, 2006, pág. 197.

[20] O legislador francês formulou no seu Plano Geral de Contabilidade uma norma que expressamente exclui os contratos de locação dos activos: v. MAURICE COZIAN/PIERRE--JEAN GAUDEL, *La contabilité racontée aux juristes*, cit., pág. 198, n.º 336.

[21] Sobre a contabilização dos contratos de locação, v. a Directriz Contabilística n.º 25, da Comissão de Normalização Contabilística.

b) *Uso e fruição e realização imediata das entradas em espécie*

1. A demonstração da susceptibilidade de avaliação económica através da capitalização do uso e fruição pelo tempo convencionado não afasta um segundo obstáculo tradicionalmente colocado para contestar a capitalização do direito pessoal de gozo. Referimo-nos ao momento da realização da entrada. Poderá esta entrada ser realizada no momento da outorga do contrato de sociedade, como, à semelhança de outros sistemas jurídicos, o direito português exige no artigo 26.°? É o que passamos a averiguar.

2. O momento da entrada com bens *in natura* tem sido ao longo dos tempos um aspecto polémico. Para uma parte da doutrina, a realização das entradas ocorre com a transmissão do direito segundo as regras de direito civil; mas uma outra corrente não considera suficiente essa transmissão, entendendo que a entrada só pode considerar-se realizada após colocação do bem à disposição da sociedade ou, para uma posição mais radical, com a entrega efectiva.

a) Segundo a primeira doutrina referida,[22] a lei pretende acautelar que, com a escritura pública, o direito seja imediatamente adquirido pela sociedade, deixando, consequentemente, de estar na esfera jurídica do sócio e cessando, a partir de então, a possibilidade de ser apreendido pelos credores particulares deste. Ora bem, o direito pessoal de gozo sobre a coisa é transmitido, do sócio para a sociedade, por força do próprio contrato, sendo a partir dessa data oponível a terceiros que venham a adquirir outros direitos pessoais de gozo incompatíveis sobre a mesma coisa (artigo 407.° C. Civil), bem como àqueles a quem o sócio transmita o direito originário (artigo 1057.° C. Civil)[23].

---

[22] É a doutrina prevalente em Itália. V. C.F. CAMPOBASSO, *Diritto commerciale – Diritto delle società*, 2.ª ed., 1993, pág. 179, onde pode ler-se que «... a sociedade adquire com o consenso do conferente a efectiva disponibilidade(jurídica e económica) do bem...»; é, aliás, como uma manifestação do princípio consensualistico que esta solução é apresentada (v. G. PORTALE, *Il principio consensualistico*, pág. 948).

[23] A posição da sociedade será oponível aos titulares de direitos reais de garantia?
Nenhuma dúvida se pode colocar em relação aos direitos reais de garantia anteriores à constituição da sociedade. A sua eficácia face a terceiros dependerá apenas do registo, nos casos em que este é necessário como na hipoteca, e, por isso, se o sócio deu, para gozo

Podemos, assim, com base no direito português, concluir que o direito pessoal de gozo satisfaz os requisitos exigidos por esta doutrina para a realização imediata da entrada.[24]

b) Um outro sector da doutrina não considera suficiente a imediata transmissão do direito *solo consensu*. Entende que a acção de realizar a entrada exige a colocação do bem à disposição material da sociedade[25].

---

da sociedade, uma coisa hipotecada, esta continuará sujeita à acçao do credor garantido nos termos legalmente previstos.

Mas o direito de gozo da sociedade é, em princípio, oponível a quem, na venda judicial realizada em execução da garantia, adquira a coisa – isto por força da regra especial do artigo1057.° (OLIVEIRA ASCENSÃO, «Locação de bens dados em garantia», *ROA*, Ano 45, pág. 354 ss., sustentou a caducidade do arrendamento em caso de execução de direitos reais de garantia, posição esta que não tem sido seguida pela jurisprudência, de que se pode citar o acórdão da Relação de Lisboa, de 19/4/88, sumariado no BMJ-376, 646 e que, com base na natureza obrigacional do contrato de arrendamento, decidiu que ele não caduca nos termos do artigo 824.°, n.° 2, do Código Civil, em caso de venda do prédio, por via de arrematação em processo de execução).

Naturalmente que se o direito de gozo da sociedade estiver sujeito a registo – como normalmente acontecerá se a coisa for imóvel – a sua oponibilidade a terceiros depende do registo; porém, nos outros casos, não nos parecem suficientes as razões invocadas por Oliveira Ascensão para restringir o alcance da norma especial do artigo 1057.°, porque esta norma não põe em causa o direito real de garantia.

Note-se, no entanto, que se a execução da garantia tivesse por efeito a caducidade do gozo da sociedade, ocorreria uma situação de impossibilidade superveniente da prestação, a resolver nos termos gerais, nunca sendo posta em causa a idoneidade do bem onerado com a garantia real para realizar capital social.

Mutatis mutandis, o mesmo raciocínio pode ser feito se o direito real de garantia for posterior à constituição do direito de gozo. O sócio continua a poder onerar a coisa nos termos gerais. Mas a execução da garantia é inoponível à sociedade, em nosso entender também nas condições gerais reguladas no artigo 1057.°.

[24] Esta conclusão é partilhada pela comissão da CEE que a requerimento do governo belga de 30 de Junho de 1981, afirmou que «se bem que a realização de uma entrada a título de gozo possa aparecer escalonada no tempo, este carácter não a torna incompatível com a exigência de uma liberação integral no momento da constituição da sociedade. Com efeito, é necessário considerar que o direito de gozo é integralmente transmitido à sociedade no momento em que é definitiva e efectivamente constituído em seu proveito» (cit. por E. RIMINI, *La mancata attuazione dei conferimenti in natura*, cit., pág. 64, nota 68).

[25] É a doutrina defendida em Itália por ANDREA PISANI MASSAMORMILE, *Conferimenti in S.P.A. e formazione del capitale*, pág. 88 ss., que considera que no artigo 2342.°/II o termo *liberar* está adoptado no sentido de pagar, isto é, como a «execução exacta da prestação devida» (p. 88), o que significa qualquer coisa mais face ao princípio consensualistico, pois «também a entrega da coisa conferida deve acontecer simultaneamente com

Esta exigência, em nosso entender, pode ser satisfeita pelo direito pessoal de gozo. Para tanto basta que a coisa seja entregue à sociedade, antes da outorga do contrato ou no momento em que ela tem lugar.

3. Estamos pois em condições de concluir que, sendo o direito a adquirir pela sociedade um direito sobre uma coisa, este transmite-se por força do contrato e, se porventura se entender que o artigo 26.º do Código das Sociedades Comerciais exige a entrega material da coisa, não há qualquer impedimento à satisfação de tal exigência quando a coisa seja atribuída a título de direito pessoal de gozo[26-27].

---

a produção do efeito translativo, de modo que no momento da constituição o objecto da entrada esteja já no património e na disponibilidade da sociedade» (p. 90 ss.).

V. G. SPATAZZA, *Conferimento*, cit., nota 39, pág. 20, GUSTAVO OLIVIERI, *I Conferimenti in natura nella società per azioni*, pág. 227 ss., NICOLE DECOOPMAN, «La notion de mise à la disposition», *Rev. T. D. Civ.*, 1981, pág. 300 ss.

[26] Esta exigência viria alterar a natureza do contrato de sociedade que passaria a ser um contrato real quanto à constituição.

[27] OLIVEIRA ASCENSÃO, «Locação de bens dados em garantia...», cit. defende que o contrato de locação tem natureza mista: obrigacional até a entrega da coisa, real a partir desse momento. Mas o A. vai mais longe: condiciona o alcance dos artigos 407.º e 1057.º do C.Civ. à existência de uma prévia entrega do bem (ob. cit., pág. 381 ss.).

Esta interpretação do artigo 407.º é refutada por MANUEL H. MESQUITA, *Obrigações reais e ónus reais*, nota 50, pág 154 ss.; nessa nota pode ler-se também a defesa do artigo 407.º feita por ORLANDO DE CARVALHO, *Direito da Coisas*, p. 22 ss.

Salvo melhor opinião, os elementos de interpretação utilizáveis apontam no sentido da irrelevância da posse para dirimir um conflito entre dois direitos pessoais de gozo incompatíveis sobre a mesma coisa: prevalece o direito mais antigo em data, sem prejuízo das regras próprias do registo. Esta é uma conclusão que se apoia nos trabalhos preparatórios, que revelam a intenção real de afastar o regime da prevalência da posse, regime este, que, proposto inicialmente, desapareceu na versão final que veio a ser aprovada. Ora a reconhecida influência do *Codice Civile* nesta matéria, cujo artigo1380.º/I consagra a prevalência da posse, não permite outra conclusão, a não ser a de que houve uma intenção legal de afastar a solução italiana.(v. autores citados por MANUEL H. MESQUITA, na ob. e loc. cit.; v. tb. J. RODRIGUES BASTOS, *Notas ao Código Civil*, II, pág. 195).

Permanece de pé a questão de saber se a aplicação do artigo 1057.º depende da posse da coisa. A lei não dá uma resposta expressa a esta interrogação.

Porém, o artigo 1057.º não limita nem condiciona as obrigações em que o adquirente sucede ao transmitente. A letra da lei permite concluir que, se a entrega da coisa ainda não teve lugar, o adquirente terá de entregar a coisa, tal como o transmitente teria de fazer (v. neste sentido, PIRES DE LIMA-ANTUNES VARELA, *Cod. Civ. Anot.*, II, pág. 387), pois a norma em causa não condiciona os efeitos que prevê à posse do locador, mas apenas ao registo, o que está em consonância com a regra do artigo 407.º.

c) *Penhorabilidade dos direitos pessoais de gozo*

1. No leque de argumentos baseados na natureza do bem ou nas características do direito resta-nos enfrentar um que, no panorama dos direitos europeus, é específico de Portugal. Referimo-nos à exigência de que os bens das entradas sejam susceptíveis de penhora [al. *a*) do artigo 20.° do CSC].

2. É certo que esta exigência ultrapassa os requisitos a que o legislador português ficaria obrigado pelo Direito Comunitário, uma vez que a II Directiva CEE, para este efeito, apenas prescreve que os bens sejam susceptíveis de avaliação económica (artigo 7.°)[28]. No entanto, aquela exigência está na lei nacional e não é incompatível com o direito comunitário, pois os bens penhoráveis são, no mínimo, susceptíveis de avaliação económica[29].

Raciocínio idêndico pode ser feito para a hipótese de constituição posterior de direitos reais de garantia sobre a coisa. A oponibilidade da posição do locatário far-se-à nos termos gerais: dependerá do registo quando este for obrigatório, mas nos outros casos apenas depende da existência de um contrato válido.

Uma nota final para dizer que, em nosso entender, o que está dependente da entrega é o recurso aos meios de defesa da posse, porque, como reconhece OLIVEIRA ASCENSÃO, ao locatário está afastado o recurso à posse ou entrega judicial(v. ob. cit., pág. 378 ss.), o que a doutrina tradicional justifica pela circunstância de o locatário ser um simples detentor (v. PINTO FURTADO, *Curso de direito dos arrendamentos vinculisticos*, 2.ª ed., pág. 69).

[28] Segunda Directiva do Conselho de 13 de Dezembro de 1976.

A exigência de penhorabilidade do bem a entregar em cumprimento da obrigação de entrada é, como exigência legal, uma questão específica do ordenamento jurídico português, sem paralelo nos outros países europeus, como se pode constatar no comentário de PORTALE, «Capitale sociale e società per azioni sottocapitalizzata», *Riv. Soc.*, 1991, pág. 17, nota 34, para quem a escolha do legislador português, por se apresentar contra a corrente, surpreende. Em França, a impenhorabilidade dos direitos de gozo nunca impediu a sua incorporação no capital social, como refere DANA-DÉMARET, *Capital social*, cit, pág.48; na Itália, a maioria da doutrina nega a existência de semelhante exigência, mesmo depois da alteração introduzida no artigo 2342.°/II, embora alguns autores reconheçam que, na ausência de lei expressa, a resposta terá de ser procurada na função do capital social, como é o caso de G. OPPO, *Diritto delle società e attuazione della 2.ª direttiva CEE. Il decreto di attuazine in iItalia. Rilevi sistematici*, publicado em Scritti giuridici, II, pág. 440 ss.

[29] Desconsiderando a exigência de penhorabilidade, por via do recurso ao direito comunitário, v. JORGE MANUEL COUTINHO DE ABREU, *Curso de Direito Comercial*, II, pág. 269.

3. Por outro lado, tem de se reconhecer que a demonstração de que os direitos pessoais de gozo são susceptíveis de avaliação económica e susceptíveis de inscrição no activo do balanço não lhes dá a natureza de bens penhoráveis, pois a concepção de que o activo do balanço apenas continha créditos relativos à entrega de coisas e coisas em propriedade está desde há muito ultrapassada pelo direito da contabilidade. A título de exemplo, aponte-se a possibilidade de serem inscritas no activo do balanço as despesas de publicidade e as despesas de investigação e desenvolvimento, realidades cuja penhorabilidade está, por natureza, arredada. Na situação actual do direito da contabilidade em geral e do balanço em particular, não se pode excluir a possibilidade de ser necessário fazer uma separação no activo do balanço entre bens penhoráveis e bens impenhoráveis, na eventualidade de essa separação ser imposta pelo Código das Sociedades Comerciais para uma finalidade especial. Será uma tal separação imposta por exigências inerentes ao regime do capital social? Vejamos.

4. A impenhorabilidade dos direitos pessoais de gozo tem sido afirmada como uma característica geral, com algumas excepções apenas. O paradigma é a posição do locatário[30].

Parte-se do pressuposto que é penhorável o que é transmissível. Como a posição do locatário é, em regra, intransmissível sem o consentimento do locador, conclui-se pela impenhorabilidade do bem em causa. Ora, diz-se, o capital é uma garantia para os credores, garantia essa que só existe se tiver por objecto bens susceptíveis de serem apreendidos em processo de execução e livremente transmissíveis; o direito ao uso e fruição de natureza obrigacional não reúne essas características e, consequentemente, conclui-se, não pode ser utilizado para realizar capital social.

Deve-se começar por admitir que esta dificuldade só se coloca nos casos em que a transmissão da posição da sociedade dependa do consentimento do sócio; está, por isso desde logo ultrapassada no uso e fruição para fins não habitacionais, nomeadamente para comércio ou indústria (C. Civil, arts 1109.° e 1112.°).

Bem vistas as coisas, este impedimento, em matéria de realização do capital, teria um campo de acção verdadeiramente marginal. Na verdade, estamos a lidar com sociedades comerciais, que por lei têm por objecto

---

[30] Sobre a penhorabilidade do direito do locatário, V. JOÃO PINTO LOUREIRO, *Tratado da Locação*, I, pág. 168, e ALBERTO DOS REIS, *Processo de Execução*, I, pág. 340.

a prática de actos de comércio e onde os bens entregues pelo sócio devem ser usados e fruídos no desenvolvimento da actividade social; o fim comercial decorre das circunstâncias do contrato de sociedade e por isso, neste quadro, a posição da sociedade, porque transmissível, é penhorável.

5. Mas em nossa opinião, o obstáculo da impenhorabilidade perdeu valor no quadro do sistema instituído no Código das Sociedades Comerciais. O sentido literal da norma que o declarou deverá ser limitado por via de uma interpretação sistemática[31].

6. Poderá opor-se a esta maneira de ver um argumento retirado da história do capital social. Argumentar-se-ia que, historicamente, a exigência de penhorabilidade dos bens é imposta ás entradas em espécie com base no raciocínio de que a finalidade da norma é a constituição de uma garantia para os credores sociais, que seria o correspectivo da limitação da responsabilidade dos sócios pelas dívidas da sociedade[32]. Mas, em nosso entender, este argumento não pode ser utilizado no direito português.

Em primeiro lugar, aquela exigência de penhorabilidade dos bens aplica-se a todas as sociedades comerciais, assumam os seus sócios responsabilidade limitada ou ilimitada perante os credores da sociedade. Portanto, aquele princípio não inspirou o nosso sistema jurídico.

Mas, em segundo lugar, aquele argumento histórico perdeu qualquer contacto com a realidade. A lógica ínsita na natureza das coisas tornou evi-

---

[31] O artigo 984.º do C. Civil, ao determinar a aplicação das normas do contrato de locação, se o sócio apenas se obrigar a facultar o uso e fruição de uma coisa, circunscreve a remissão à execução da prestação, garantia e risco da coisa. Em nosso entender, a relação sócio-sociedade não é configurável como uma relação locador-locatário, antes deverá ser integrada no âmbito da execução do contrato de sociedade; a entrega do bem à sociedade é, nestes termos, o cumprimento de uma obrigação decorrente do contrato de sociedade, onde a transmissibilidade do direito poderia ter sido expressamente regulada; a sua não regulação constitui uma lacuna do contrato que deve ser integrada segundo o disposto no artigo 239.º do Código Civil. O regime de locação é aplicável apenas a título subsidiário, por força de remissão de segundo grau, sendo de afastar quando não for compatível com os princípios gerais do Código das Sociedades Comerciais. Ora bem, a entrada com o uso e fruição tem, no direito civil, um estatuto análogo ao de uma entrada com indústria, estatuto esse, em nosso entender, afastado no Código das Sociedades Comerciais. Pois bem: o contrato de sociedade não contém disposição legal aplicável, por isso a lacuna deve ser preenchida de acordo com os ditames da boa fé, que neste caso impediriam o sócio de se opor à transmissão do direito por ele concedido à sociedade, especialmente quando tal se apresentasse como meio de os credores sociais realizarem os seus créditos.

[32] Este argumento histórico está subjacente ao artigo 30.º do CSC.

dente que a preocupação primeira das normas relativas á realização do capital social é o interesse da sociedade na obtenção de meios para prosseguir a actividade que constitui o objecto social. Assim sendo as coisas, a norma da alínea *a*) do artigo 20.° deverá ser interpretada no sentido de exigir a formação de um acervo de bens adequados ao desenvolvimento do objecto social, exigência que pode ser satisfeita se os bens entregues forem susceptíveis de apreensão em processo judicial. Ora bem: consistindo a prestação do sócio, como vimos, na entrega de uma coisa determinada, a sociedade tem o poder de requerer que a entrega lhe seja feita judicialmente (artigo 827.° C. Civil)[33]. Deste modo, o interesse social beneficia de protecção adequada[34].

7. Em nosso entender, contudo, este requisito deve ser interpretado à luz das normas estabelecidas no CSC para concretizar a sua aplicação e não à luz das regras de processo civil que definem os bens penhoráveis. Ora bem, a única norma com essa finalidade é o artigo 28.°, relativo à verificação das entradas em espécie. Do regime ali estabelecido apenas se pode concluir que as entradas em espécie devem consistir em bens susceptíveis de avaliação económica segundo as regras aplicáveis à actividade dos revisores oficiais de contas, ou seja, segundo o direito da contabilidade.

Aquele requisito de penhorabilidade dos bens não manifestou a sua presença em qualquer outro momento da vida da sociedade. A conservação do capital social não é salvaguardada por via do recurso à natureza

---

[33] A afirmação de que a obrigação de entrega da coisa devida pelo locador é susceptível de execução específica é comum nos autores italianos, face ao disposto no artigo 2930.° do Codice Civile. V. PROVERA, *Locazione*, cit., pág. 186.

A execução do uso e fruição de natureza obrigacional era expressamente admitida por ALBERTO DOS REIS, *Processo de Execução*, I, pág. 45, no âmbito da execução para a entrega de coisa certa; v. no mesmo sentido, ANTUNES VARELA, *Obrigações*, I, pág. 90, MENEZES CORDEIRO, *Direitos reais*, II, pág. 982, OLIVEIRA ASCENSÃO, «Locação de bens dados em garantia...», cit, pág. 379. A afirmação de que, na execução específica a apreensão de bens é uma penhora encontra-se em J. CASTRO MENDES, *Direito Processual Civil*, III, pág. 503 ss. A penhorabilidade da locação para fins não habitacionais é afirmada por MIGUEL TEIXEIRA DE SOUSA, *Acção Executiva Singular*, Lex, Lisboa 1998, p. 205.

Uma panorâmica do direito comparado sobre a execução específica do direito do locatário pode ver-se em A. CHIANALE, *Diritto soggettivo*, cit., pág. 123 ss.

[34] Esta finalidade da lei é, de resto, aquela que melhor se harmoniza com o disposto no artigo 30.°, de onde transparece o objectivo de que as entradas sejam judicialmente exigíveis – e não de que os bens possam ser livremente transmissíveis em processo de execução.

penhorável dos bens não distribuíveis; a perda de capital, com as consequências previstas no artigo 35.°, não é medida em função dos bens penhoráveis; entre as causas de dissolução não há traço daquela norma; a mesma desconsideração está patente no Código da Insolvência.

Ao fim e ao cabo, a penhorabilidade exigida, para as entradas em espécie, significa, numa interpretação sistemática, a susceptibilidade de avaliação económica que se concretiza na avaliação do revisor oficial de contas prevista no artigo 28.°.

B. *O Estatuto de Sócio*

a) *Uso e fruição e participação social*

1. O estatuto do sócio que entrou com o simples uso e fruição de coisas, na construção que fizemos, é de alguém titular da plenitude dos direitos e obrigações atribuíveis a um sócio de capital, podendo existir em quaisquer espécies de sociedades comerciais. Considerámos por isso inaplicáveis em todos os tipos de sociedades comerciais as disposições das sociedades civis que, para efeitos de regime, o equiparam ao sócio de indústria, nomeadamente o regime supletivo da determinação do valor da contribuição para efeitos de determinação da sua parte nos lucros e nas perdas (artigo 992.°/3), a exclusão do direito ao reembolso da entrada (artigo 1018.°/1) e a exclusão por perecimento superveniente da coisa [artigos 1003.°, *d*) e 1004.°, *b*)][35].

2. A entrada com o uso e fruição de coisas é uma entrada em espécie, sujeita ao processo de avaliação prescrito no artigo 28.°, que nas sociedades em nome colectivo pode ser substituído por expressa assunção pelos sócios, no contrato de sociedade, de responsabilidade solidária, mas não subsidiária, pelo valor dos bens, como permite o artigo 179.°. De qualquer modo, é-lhe sempre aplicável o disposto nas alíneas *g*) e *h*) do n.° 1 do artigo 9.°, e por isso os bens devem ser descritos e os

---

[35] Deste modo, o Código das Sociedades Comerciais retomou a orientação do Código de Seabra, de aproximar as contribuições de coisas a título de uso e fruição e a título de propriedade, tradição esta que, de algum modo, tinha sido interrompida pelo Código Civil de 1967. Sobre o Código de Seabra, v. CUNHA GONÇALVES, *Tratado de Direito Civil*, VI, pág. 247 ss.

respectivos valores especificados; a entrada deverá ser realizada no tempo fixado no artigo 26.°.

Em contrapartida da entrada, o sócio recebe uma participação social com todos os direitos inerentes, nomeadamente o direito aos lucros, de exercício e final, e o direito a ser reembolsado do valor nominal da sua participação nos termos do artigo 156.°. Terá, além disso, o direito à restituição da coisa, quando, nos termos convencionados, cessar o poder de uso e fruição atribuído à sociedade de que o sócio se constitui garante[36].

b) *O risco de perecimento da coisa*

1. Uma outra ordem de críticas é feita à doutrina que defendemos. Pretende-se agora pôr em causa alguns aspectos do regime da participação social, que acabamos de referir[37].

Nas críticas desta ordem, aquela que tem tido maior eco fundamenta-se na ideia de que a restituição da coisa, entregue para uso e fruição, vem dar a este sócio um tratamento de favor, quebrando assim o princípio da igualdade entre todos os sócios[38]. O favor consistiria em que, independentemente das vicissitudes da vida da sociedade, o nosso sócio seria restituído no bem, quando, em caso de falência, por exemplo, quem contribuíra com a propriedade nada receberia, perdendo a totalidade do capital investido[39].

---

[36] Estes dois aspectos da relação entre o sócio e a sociedade são postos em evidência, com a clareza habitual, por RAÚL VENTURA na seguinte passagem: «se a entrada do sócio consistiu no gozo e fruição de um bem (sem transmissão da propriedade), não há que confundir dois aspectos diferentes: o termo do direito da sociedade a gozar e fruir esse bem, o qual não constitui o reembolso da entrada, e o reembolso do valor da entrada, que deve ser feito em dinheiro, como o de qualquer entrada efectivamente realizada» (in *Dissolução e liquidação de sociedades*, Coimbra, 1988, págs. 403/4).

[37] Para um estudo do regime da participação social atribuída ao sócio que entrou com um direito pessoal de gozo, v. por todos, G. SPATAZZA, *Conferimento*, cit.. A obra está dividida em duas partes, uma relativa às sociedades de capitais (pág. 3 ss.) e outra dedicada às sociedades de pessoas (pág. 111 ss).

[38] O argumento da disparidade de tratamento é expressamente analisado por OLIVIERI, *I Conferimenti in natura*, cit., pág. 252; v. tb.: E. RIMINI, *La mancata attuazione dei conferimenti in natura nelle società per azioni*, Milão, 1993, pág. 59; A. WAHL, *Précis théorique et pratique de droit commercial*, Paris, 1922, pág. 198; SIMONETTO, *Responsabilità e garanzia*, cit., pág. 354.

[39] De onde se concluía que, para preservar o princípio da igualdade de duas uma: (1) ou se deveria presumir que, salvo declaração em contrário, todas as entradas em bens

Esta crítica peca, a nosso ver, por considerar iguais duas situações substancialmente diferentes. Esta diferença substancial está na posição dos sócios perante o risco de perecimento ou de deterioração superveniente das coisas entregues a título de uso e fruição ou a título de propriedade. É o que passamos a demonstrar.

2. O risco de perecimento das coisas transmitidas a título de propriedade ou de outro direito real é suportado pela sociedade, de acordo com a regra geral *res domino perit* (C. Civil, artigo 796.°). Nestas circunstâncias, a perda de uma coisa é um prejuízo que é suportado pela sociedade e, indirectamente, por todos os sócios em paridade de condições.

O risco de perecimento das coisas entregues para uso e fruição, aplicando-se o mesmo princípio *res domino perit*, seria suportado pelo sócio na qualidade de titular do direito originário, maxime a propriedade. Deste modo, a sociedade perderia o direito de gozo sobre a coisa, libertando-se, em contrapartida, da obrigação de restituição; porém, o sócio apenas perderia o direito à restituição, conservando a participação social. A balança ficaria desequilibrada: do património da sociedade sairia tudo o que lá tinha entrado inicialmente, enquanto no património do sócio continuaria intacta a participação social recebida.

3. Diversas vias têm sido apontadas para pôr fim a este desequilíbrio.

a) A via da exclusão do sócio está afastada pelo nosso direito das sociedades comerciais[40]. Intencionalmente, o Código das Sociedades Comer-

---

seriam feitas a título de uso e fruição, ou (2) quando a presunção se encontrasse afastada, o sócio, que recebesse de volta o bem, não teria de ser reembolsado do valor do uso e fruição capitalizado, hipótese em que à restituição da coisa corresponderia a restituição do valor do capital atribuído aos sócios que tivessem contribuído com a propriedade ou outros direitos não restituíveis. V. a discussão sobre o título da entrada em FRANCISCO CAPILLA RONCERO, *Comentários al Codigo Civil y Compilaciones Forales*, T. XXI, V. 1.°, Madrid, 1986, pág. 236 e segs., PAUL PIC, *Les societés commercialles*, I, 1925, pág. 853, CUNHA GONÇALVES, *Tratado de Direito Civil*, VII, pág. 251.

Reflectindo este debate, ainda hoje a lei que regula as sociedades anónimas em Espanha estipula, no n.° 2 do artigo 36.°, que as entradas se consideram realizadas a título de propriedade, a não ser que haja convenção noutro sentido.

[40] Esta faculdade de exclusão é reconhecida expressamente nas sociedades civis pelo artigo 1003-d do nosso C.Civ.; em Itália a exclusão é permitida nas sociedades de pessoas pelo Codice Civile, artigo 2286/2, mas é admitida por alguma doutrina também nas sociedades de capitais através da aplicação analógica do regime prescrito para o incumprimento das entradas em dinheiro diferidas (v. E. RIMINI, *La mancata*, cit., pág. 116 ss.;

ciais não incluiu a o perecimento superveniente da coisa como uma causa de exclusão do sócio (artigo 186.°). Em nosso entender, devem considerar-se também afastadas as consequências que a exclusão implicaria segundo o direito civil.

b) Um outro caminho indicado pela doutrina tem sido o de conceder ao sócio a faculdade de realizar em dinheiro o valor do bem ainda não usufruído pela sociedade; esta regra legal tornar-se-ia, no entanto, inaplicável se a coisa perecida fosse essencial à sociedade[41-42].

Criticando o princípio da fungibilidade das entradas, uma outra doutrina, em vez de reconhecer ao sócio o direito à substituição, defende a concessão à sociedade do poder de exigir ao sócio a substituição sempre que o interesse social o aconselhe[43]. Alguns autores, porém, admitiam a substituição, se os sócios, pela maioria necessária, deliberassem alterar o contrato e, por essa via, modificassem a entrada do sócio, permitindo-lhe substituir a prestação perecida por outra entrada em espécie ou por dinheiro[44].

ORESTE CAGNASSO, «Problemi interpretativi in tema di garanzia e rischi dei conferimenti in natura», in *Riv. Soc.*, 1974, pág. 789 ss.), regime este que, em certos ordenamentos, é directamente aplicável às entradas em espécie, por ser legalmente permitido o seu diferimento como sucede na Alemanha e na Bélgica, por exemplo(v. E. RIMINI, ob. cit., pág. 143 ss.).

Na vigência do Códigogo de Seabra, CUNHA GONÇALVES defendia essa via nos seguintes termos: «A entrada feita pondo-se em sociedade só os frutos e o uso deles, como diz o artigo 1259.°, pode consistir num direito real, como o usufruto, ou num direito pessoal, análogo ao do arrendamento. Neste segundo caso, a fruição da sociedade, devendo ser sucessiva, tem de subsistir enquanto esta durar; e, por isso, se a coisa fruída perecer, como o risco é a cargo do sócio, ficará este sem entrada alguma, e, ou terá de ser excluído, ou dissolver-se-á a sociedade» (*Tratado de Direito Civil*, VII, pág. 252).

[41] Esta doutrina era defendida, entre outros, por AULETTA, *Il contratto di società commerciale*, pág. 132, para quem «as entradas em em espécie quando não sejam absolutamente indispensáveis para a realização do objecto social, podem ser substituídas pelo seu equivalente em dinheiro» (cit. em E. RIMINI, *La mancata attuazione dei conferimenti in natura nelle società per azioni*, pág. 88, nota 2). Posição idêntica é adoptada por SPATAZZA, *Conferimento*, cit., pág. 37, nota 62.

[42] Esta solução procura apoio na regra vigente nalguns países, e que traduz o princípio da fungibilidade das entradas, segundo o qual o capital deve ser realizado em dinheiro, salvo estipulação em contrário (v. artigo 2343/1 do Codice Civile que reza: se no acto constitutivo não for estabelecido diversamente, as entradas devem realizar-se em dinheiro). Ora bem: o perecimento da coisa por causa não imputável a qualquer das partes, afasta as condições de execução da estipulação contratual, aplicando-se, então, a regra legal supletiva, que manda realizar as entradas em dinheiro.

[43] Esta doutrina era defendida por FRÈ, *Soceità per azioni*, p.132.

[44] Neste sentido, v. GHIDINI, *Socieità semplice*, pág.153.

c) Uma terceira via coloca o sócio na posição de ter de realizar em dinheiro a entrada em falta, sem deixar qualquer liberdade nem ao sócio nem à sociedade. O fundamento invocado é o princípio da realização efectiva do capital declarado[45].

4. Ora bem, o Código das Sociedades Comerciais tem uma norma que, no seu teor literal, aparenta resolver o problema. Na verdade, o n.º 3 do artigo 25.º determina que se a prestação se tornar impossível, deve o sócio realizar em dinheiro a sua participação, sem prejuízo da eventual dissolução da sociedade por deliberação dos sócios ou por se verificar a hipótese prevista no artigo 142.º, n.º 1, alínea *b*). Deste modo, teria sido consagrada a última das doutrinas antes expostas: o sócio deverá realizar em dinheiro a prestação, a não ser que a maioria delibere a dissolução ou que essa dissolução seja imposta pela essencialidade da prestação inicial.

5. Vejamos se os restantes elementos de interpretação põem em causa a aplicação deste n.º 3 do artigo 25.º à hipótese em estudo.

a) Os antecedentes nacionais deste n.º 3 do artigo 25.º encontram-se no Anteprojecto de Lei para as Sociedades por Quotas de Responsabilidade Limitada que foi elaborado pelo Professor Ferrer Correia e os seus colaboradores da Universidade de Coimbra. Começava por prescrever que, na hipótese de ter sido estipulada uma entrada em espécie que fosse ineficaz, o sócio seria obrigado a realizar a sua quota em dinheiro; depois mandava aplicar o mesmo regime «ao caso da sociedade ser privada, por acto legítimo de terceiro, do objecto prestado pelo sócio, bem como ao da impossibilidade de entrega do mesmo objecto».

Fazendo o cotejo com a redacção consagrada no Código, verifica-se que, em vez de «impossibilidade de entrega do ... objecto» foi adoptada a frase «se tornar impossível a prestação».

b) No Projecto do Ministério da Justiça, elaborado pela comissão presidida pelo Professor Raúl Ventura, a norma que correspondia ao actual n.º 3 do artigo 25.º encontrava-se no mesmo número do artigo 27.º. Aí se dizia que "sendo a sociedade privada, por acto legítimo de terceiro, do bem prestado pelo sócio ou tornando-se a este impossível a entrega desse bem, deve ele realizar em dinheiro a sua participação, sem prejuízo da

---

[45] Esta doutrina é atribuída a PORTALE por E. RIMINI, *La mancata*, cit., pág. 93.

eventual dissolução da sociedade, por deliberação dos sócios ou por se verificar a hipótese prevista no artigo 150.°, n.° 1, alínea *b*."

Também neste Projecto a diferença, em relação ao Código das Sociedades Comerciais, está no âmbito da impossibilidade: no Projecto, o dever de realizar em dinheiro a participação nasceria quando se tornasse impossível ao sócio a entrega do bem, enquanto no texto do Código aquele dever existe se a prestação se tornar impossível.

6. Os textos dos trabalhos preparatórios que acabamos de visitar punham aparentemente em causa que a norma se aplicasse à hipótese que configuramos, a do perecimento do bem depois da entrega. Em ambos os projectos publicados, era considerada apenas a impossibilidade de entrega da coisa. Ora bem, considerada nessa perspectiva, todos os sócios adstritos a entradas em espécie estão vinculados a obrigação idêntica: se consistir na transmissão da propriedade ou de outro direito real, a execução da prestação é regulada, na falta de disposição especial, pelo regime da compra e venda, estando o sócio obrigado a entregar a coisa; por seu lado, se a prestação consistir no uso e fruição, a sua execução é regulada pelas normas do contrato de locação, estando o sócio obrigado a entregar a coisa!

Mas o texto final adoptado pelo código não delimita a impossibilidade por referência à entrega do bem. Na previsão do n.° 3 do artigo 25.° cabem situações de impossibilidade que ocorram mesmo depois da entrega da coisa. Neste contexto, para confirmar a hipótese que avançamos, basta-nos provar que, numa entrada com o uso e fruição, depois da entrega da coisa, são configuráveis situações de impossibilidade superveniente da prestação.

7. Na construção que defendemos, o sócio entrega a coisa para uso e fruição da sociedade durante o tempo estabelecido no contrato, ficando, após esta entrega, na posição de garante do gozo concedido[46]. Em rigor,

---

[46] O carácter instrumental das obrigações do locador, após a entrega, foi posto em evidência por MENEZES CORDEIRO (v. *Da natureza do direito do locatário*, cit., pág. 61). No contexto específico da realização de capital social, a doutrina italiana acentua este aspecto, chamando a atenção para a circunstância do bem dever ser utilizado na actividade económica da sociedade, a quem caberá cuidar de todos os elementos que concorram para a prossecução do seu objecto. Expressamente neste sentido, SPATAZZA, *Conferimento*, cit., pág. 24; E. RIMINI, *La mancata*, cit., pág. 63. Nesta orientação pode citar-se também PROVERA, que restringe o regime da locação, aplicável por remissão à garantia de *pacifico godimento* (v. *Locazione*, pág. 74).

o sócio garante não está adstrito a uma prestação, a um comportamento destinado a proporcionar à sociedade o gozo, pois as utilidades são retiradas directamente da coisa pela sociedade[47]. A garantia assumida está funcionalmente ligada à obtenção do resultado pela sociedade, correndo o sócio o risco das razões de força maior que o impeçam. Isto é, qualquer circunstância ou evento, não imputável à sociedade, que incidindo sobre o objecto prestado, impeça ou dificulte a obtenção pela sociedade das utilidades programadas inicialmente, configurará um caso de impossibilidade superveniente da prestação, a suportar pelo sócio. Neste contexto, a prestação a que o sócio se vincula engloba não só o dever de prestar, traduzido na entrega da coisa, mas também a garantia do resultado, o gozo da coisa pelo tempo convencionado[48].

A doutrina portuguesa, que esteve subjacente à configuração dos direitos pessoais de gozo, de que é paradigma o direito do locatário, organiza os seus elementos no quadro de uma relação obrigacional, atribuindo ao concedente e ao concessionário direitos de crédito e deveres de prestação, onde assume particular destaque a obrigação continuada, imposta ao concedente, de assegurar as condições que permitam o gozo da coisa para os fins estipulados no contrato, sendo que as vantagens do concessionário são obtidas por via da prestação do outro contraente. Nesta configuração, a perda superveniente da coisa prestada faz caducar o contrato, porque a prestação se torna impossível[49].

Assim, qualquer que seja o caminho teórico, é consensual que a perda superveniente da coisa entregue para uso e fruição configura um caso de impossibilidade da prestação. Como consequência, o Código das Sociedades Comerciais determina que o sócio deve realizar em dinheiro a sua participação[50].

---

[47] MENEZES CORDEIRO, justamente a propósito dos direitos pessoais de gozo, pergunta onde está a prestação (v. *Obrigações*, I, p. 329). A autonomia do direito do locatário é reconhecida por OLIVEIRA ASCENSÃO, «Locação de bens dados em garantia...», cit., pág. 369, nos seguintes termos: «... o locatário tem um direito de gozo autónomo sobre a coisa, que não é contrapartida da obrigação do senhorio».

[48] Nas palavras de D. MEDICUS, uma parte concede «... à outra uma coisa por um tempo limitado. Nestas circunstâncias, a prestação do concedente dura o mesmo tempo que a concessão...» (*Tratado de las relaciones obligacionales*, I, pág. 467). A mesma ideia é expressa por GHIDINI do seguinte modo: «...o sócio conferente é devedor da continuidade do gozo da coisa...» (*Società personali*, pág. 161).

[49] V. Código Civil, artigo 1051.°-*e*).

[50] A sociedade, por seu lado, ocorrido o perecimento superveniente da coisa, ficou impossibilitada de cumprir a obrigação de restituir o bem.
O artigo 25.°, n.° 3 faz recair sobre o sócio o risco de impossibilidade da prestação;

8. O perecimento da coisa terá duas consequências, ambas gravosas para este sócio: perde o direito à restituição do bem e, além disso, é obrigado a entrar com mais dinheiro para a sociedade.

Mas este evento superveniente não tem implicações para os outros sócios, nem individual, nem colectivamente: a diminuição do património da sociedade, resultante da perda da coisa, que seria uma perda colectiva, é integralmente compensada e suportada exclusivamente pelo sócio titular do direito originário sobre o bem perecido.

Porém, as coisas assumem uma feição totalmente diversa se ocorrer o perecimento de uma coisa entregue à sociedade a título de propriedade ou de outro direito real. Nesse caso, a diminuição do património social é suportada proporcionalmente por todos os sócios, estando em condições de paridade aqueles que contribuíram com a propriedade e aqueles que contribuíram com o uso e fruição.

Fica assim justificado o direito do sócio que entrou para a sociedade com o uso e fruição de uma coisa, nos termos de um direito pessoal de gozo, ao reembolso do capital realizado em igualdade de condições com os restantes sócios de capital[51-52].

---

no texto consideramos apenas os casos de força maior que, sem qualquer dúvida, estão contemplados pela norma. Para o nosso objectivo, era suficiente a demonstração de que, pelo menos num caso, o prejuízo sofrido pelo sócio que contribuiu com o uso e fruição é maior do que o prejuízo sofrido pelos outros sócios. Não precisamos, assim, de debater o problema do eventual afastamento do dever do sócio em caso de culpa da sociedade, afastamento esse que decorre do regime geral (C.Civil, artigos 790.°/1, 795.°, 814.° e 815.°) e também do regime especial previsto para a sociedade civil, quer para a exclusão do sócio (artigo 1003.°/d), quer para a obrigação de restituição (1017.°/2). V. O. CAGNASSO, «Problemi interpretativi...», cit., pág. 792; sobre a questão em geral, v. J. BAPTISTA MACHADO, *Risco contratual e mora do credor*, in *Estudos em homenagem ao Prof. Doutor A. Ferrer Correia*, pág. 71 ss., e *Pressupostos da resolução por incumprimento*, in *Estudos em homenagem ao Prof. Doutor J.J. Teixeira Ribeiro*, pág. 343 ss.

[51] Este é um ponto em que o CSC se afastou do Código Civil onde, segundo o n.° 1 do artigo 1018.°, as contribuições com o uso e fruição de bens não dão direito à restituição do capital.

Não tem sido fácil reunir numa mesma sociedade sócios de capital e sócios de indústria. Em traços largos, os modelos legados pela história para a sociedade *pecunia-opera* podem ser sintetizados do modo seguinte.

Num primeiro modelo, sócios de indústria e de capital estão em pé de igualdade. O sócio de indústria obriga-se a contribuir com a sua actividade, sendo essa contribuição avaliada e o seu valor computado no capital da sociedade; tem direito a uma percentagem dos lucros e sofre as desvantagens das perdas sociais. Assim, se, no apuramento de contas, for encontrado um excedente, o sócio de indústria receberá uma parte proporcional ao valor atribuído à sua contribuição; na mesma ordem de ideias, quando a sociedade se dissolver, depois de pagos os credores, o excedente será partilhado por todos os sócios em proporção da sua quota. E, se o património social for insuficiente para pagar aos credores, todos os sócios terão de contribuir, em proporção da sua quota, para o efeito.

Um segundo modelo, de relativa predominância do capital, mantém todos os elementos do modelo anterior, com uma única excepção: após o pagamento das dívidas da sociedade a terceiros, o excedente é utilizado, em primeiro lugar, para reembolsar os sócios de capital; apenas o saldo é dividido entre todos os sócios, proporcionalmente ao valor das entradas.

A investigação histórica comprovou a existência de uma variante deste modelo que acentua a predominância do capital através de uma cláusula de responsabilização dos sócios de indústria pelo reembolso integral das quotas dos sócios de capital. Por via dela, como é fácil de ver, os sócios capitalistas excluíam-se das perdas da sociedade, a sociedade aproximava-se da usura, acabando pois essa cláusula por merecer a condenação da doutrina da igreja católica.

Um terceiro modelo atribui aquela predominância relativa à indústria. O sócio de indústria tem direito a uma percentagem dos lucros; tem direito também ao reembolso da sua quota, mas é excluído das perdas da sociedade nas relações internas, isto é: caso tenha de pagar a terceiros dívidas da sociedade, terá direito, perante a sociedade e os outros sócios, a reaver a totalidade do que pagou.

Este modelo pode ser encontrado com variantes que ou atenuam a predominância da indústria ou, numa alteração qualitativa, fazem prevalecer os interesses do capital. A atenuação da vantagem industrial ocorre através de cláusula que imponha a participação nas perdas, sendo então atribuída ao sócio de indústria uma parte no capital correspondente àquela contribuição. (É o que acontece com o actual Código das sociedades, através do n.º 3 do artigo 178.º).

A predominância do capital pode revelar-se através da não imputação ao capital social do valor da participação de indústria e do subsequente afastamento, após dissolução, do reembolso, em igualdade de condições com os sócios de capital. É regime instituído expressamente pelo Código Civil, no artigo 1118/1, que afasta o reembolso das contribuições de serviços; e é, também em nossa opinião, o regime consagrado, com linguagem menos directa, no n.º 2 do artigo 156.º do Código das Sociedades Comerciais.

Sobre esta matéria, v. U. ROMAGNOLI, «Per uno studio sul conferimenti d'opera», in *Riv. Trim. Dir. Proc. Civ.*, 1965, I, pág. 1408 e segs.

52 O superveniente perecimento do bem implica, na doutrina que defendemos, o dever do sócio realizar em dinheiro quantia correspondente ao valor capitalizado e ainda não usufruído pela sociedade. A transmissão da participação social, antes de a coisa perecer, põe, naturalmente, a questão de saber se o dinheiro deverá ser exigido ao actual titular ou ao titular originário.

Nas sociedades por quotas, esta situação tem semelhanças com a do sócio remisso; é por isso aplicável por analogia o disposto no artigo 206.º, facultando-se à sociedade o poder de exigir o pagamento ao actual titular, o qual por sua vez, ficaria com o direito de exigir o reembolso dos anteriores titulares.

O mesmo regime se aplica, em nossa opinião, para as sociedades em nome colectivo.

Mas a aplicação, nas sociedades anónimas, do regime previsto nos artigos 285.° e 286.° para o incumprimento da obrigação da entrada em dinheiro encontra algumas dificuldades no caso de perecimento superveniente da coisa. É que as acções só são obrigatoriamente nominativas até integral liberação; por isso, o regime dos artigo 285.° e 286.°, gizado para acções nominativas, perde a sua base operacional perante acções ao portador, não sendo possível exigir que o adquirente de uma acção desta natureza conheça que, na sua origem, esteve a entrega de um bem a título de uso e fruição; a dificuldade cresce ainda se os títulos forem escriturais. Seria por isso adequado que estas acções permanecessem obrigatoriamente nominativas, enquanto durasse o direito de uso e fruição, à semelhança do estabelecido para as acções cujo titular esteja obrigado a efectuar prestações acessórias à sociedade (artigo 299.°-c). É este o regime que decorre da doutrina que defendemos: o sócio deve entregar a coisa para uso e fruição da sociedade, mas, acessoriamente, garante o uso e fruição durante o tempo convencionado e, enquanto subsistir esta garantia, as acções correspondentes serão obrigatoriamente nominativas.

V. sobre o tema desta nota, E. RIMINI,*La mancata attuazione*, cit., pág. 141 ss.

PLURALIDADE DE FIADORES E LIQUIDAÇÃO DAS SITUAÇÕES FIDEJUSSÓRIAS

Manuel Januário da Costa Gomes[*]

SUMÁRIO: *1. Introdução. 2. A pluralidade de situações de pluralidade de fiadores: 2.1. Introdução; 2.2. Pluralidade de fiadores em parciariedade; 2.3. Pluralidade de fianças em conjunção; 2.4. Pluralidade de fianças em solidariedade. 3. As vinculações fidejussórias "isoladas" e as vinculações fidejussórias "conjuntas": 3.1. Introdução; 3.2. O regime do artigo 649 do CC; 3.3. O benefício da divisão. 4. A liquidação das situações fidejussórias: 4.1. A dupla sub-rogação prevista no artigo 650/1 CC; 4.2. O benefício da divisão e a liquidação das situações fidejussórias. 5. A incompletude do regime dos artigos 649 e 650 para regular a pluralidade de situações de pluralidade de fianças.*

1. Introdução[**]

I. É frequente, sobretudo no âmbito de prestação de garantias a favor de bancos e outras instituições de crédito, encontrarmos situações de plu-

---

[*] Professor Associado da Faculdade de Direito da Universidade de Lisboa.

[**] São as seguintes as principais abreviaturas utilizadas: AAFDL=Associação Académica da Faculdade de Direito de Lisboa; AcP=Archiv für die Civilistische Praxis; BancaBT=Banca, Borsa e Titoli di Credito; BMJ=Boletim do Ministério da Justiça; CC=Código Civil; CCom=Código Comercial; CJ=Colectânea de Jurisprudência; DgDP-SC=Digesto delle Discipline Privatistiche – Sezione Civile; ED=Enciclopedia del Diritto; JherJB=Jherings Jahrbücher für die Dogmatik des bürgerlichen Rechts; Jura=Juristishe Ausbildung; JuS=Juristiche Schulung; JZ=Juristenzeitung; NJW=Neue Juristische Wochenschrift; NssDI=Novissimo Digesto Italiano; RC=Relação de Coimbra; RLJ=Revista de Legislação e de Jurisprudência; RFDUL=Revista da Faculdade de Direito da Universidade de Lisboa; RTDPC=Rivista Trimmestrale di Diritto e Procedura Civile;

ralidade de vinculações fidejussórias, sendo por vezes questionado o modo de liquidação das diversas situações de dívida[1] no caso de realização da prestação por parte de um dos fiadores vinculados.

Como é lógico, as situações duvidosas respeitam aos casos em que a satisfação do interesse do credor é feita à custa de um ou parte dos fiadores, situação essa em que há que analisar se há *regresso, lato senso*[2], e, no caso afirmativo, em que medida é que tal regresso pode ser exercido quer contra o devedor quer contra os demais devedores fidejussórios.

Não suscita, na verdade, dúvidas a situação em que o interesse do credor é satisfeito directamente pelo devedor ou à sua custa – situação em que a *acessoriedade* da fiança[3] dita, como consequência lógica e natural,

---

STJ=Supremo Tribunal de Justiça; WM=Zeitschrift für Wirtschaft und Bankrecht, Wertpapiermitteilungen; ZIP=Zeitschrift für Wirtschaftsrecht.

[1] Reportamo-nos às *dívidas de fiança*; para a caracterização do fiador como devedor, cf. o nosso *Assunção fidejussória de dívida. Sobre o sentido e o âmbito da vinculação como fiador*, Almedina, Coimbra, 2000, p. 121 e ss. e MENEZES CORDEIRO, *Direito das obrigações*, I, A.A.F.D.L, 1986 (reimpressão), p. 201. Na doutrina nacional mais recente, encontramos a defesa desta posição, v.g., em MENEZES LEITÃO, *Direito das obrigações*, II. *Transmissão e extinção das obrigações. Não cumprimento e garantias do crédito*, 4.ª edição, Almedina, Coimbra, 2006, pp. 325-326. ROMANO MARTINEZ/FUZETA DA PONTE, *Garantias de cumprimento*, 5.ª edição, Almedina, Coimbra, 2006, p. 87, preferem dizer que "da parte do fiador há uma responsabilidade pessoal pelo cumprimento de uma obrigação alheia"; na nossa ideia, ao invés (cf. *Assunção fidejussória de dívida, cit.*, p. 131), o fiador é devedor de um *débito próprio*, o que não é prejudicado pelo facto de o mesmo estar moldado pela existência e pela evolução do débito do devedor principal. Neste sentido, pode ver-se também, recentemente, PHILIPPE DUPICHOT, *Le pouvoir des volontés individuelles en droit des sûretés*, L.G.D.J., Paris, 2005, p. 224 e ss., reportando-se a "une dette nouvelle et propre de la caution, "moulée" sur celle du débiteur principal". Na doutrina alemã, remete-se, entre muitos, para WESTERMANN, *Die Bürgschaft (I)*, in Jura, 1991, p. 449: "(…) insoweit haftet er allerdings nicht nür, sondern schuldet persönlich und muss für dir Bürgenschuld mit seinem ganzen Vermögen einstehen"; cf. também WEITZEL, *Die Bürgschaft*, in JuS 1981, p. 112.

[2] Cf. o nosso *Assunção fidejussória de dívida, cit.*, pp 874 e ss. e 884 e ss.. Falamos de *regresso* num sentido lato, que engloba as situações de sub-rogação e as de direito de regresso em sentido estrito, tal como tradicionalmente associado às relações internas nas situações de solidariedade passiva.

[3] Cf., sobre esta característica essencial da fiança, GALVÃO TELLES, *Manual dos contratos em geral*, 4.ª edição, Coimbra Editora, Coimbra, 2002, p. 510, os nossos *Assunção fidejussória de dívida, cit.*, pp. 107 e ss. e 121 e ss. e *A fiança no quadro das garantias pessoais. Aspectos de regime*, in "Estudos de direito das garantias", I, Almedina, Coimbra, 2004, p. 18 e ss., DIETER MEDICUS, *Die Akzessorietät im Zivilrecht*, in JuS 1971, p. 497 e ss., BECKER-EBERHARD, *Die Forderungsgebundenheit der Sicherungsrechte*, Verlag Ernst und Werner, Gieseking, Bielefeld, 1993, p. 48 e ss., CHRISTOPHER SCHMIDT, *Die*

a extinção dos vínculos fidejussórios. O artigo 651 CC é eloquente a este respeito, sendo que o efeito extintivo resultaria, de qualquer modo, em linha recta, do artigo 627/2 CC, quando dispõe – disposição de duvidosa necessidade, de resto[4] – que "a obrigação do fiador é acessória da que recai sobre o principal devedor".

II. Dentre as diversas situações de pluralidade de vínculos fidejussórios, vamo-nos centrar nas fianças que satisfaçam cumulativamente os seguintes requisitos:

a) que sejam constituídas para garantia de satisfação do mesmo crédito; e que
b) sejam constituídas para afiançar o devedor perante o credor.

Por falta de satisfação cumulativa destes dois requisitos, deixamos de fora a *subfiança* e a *retrofiança*.

Na verdade, na *subfiança*[5], o subfiador não afiança o devedor perante o credor mas, antes, o próprio fiador (*fideiussor fideiussoris*), conforme resulta, de resto, da noção constante do artigo 630 do CC; não se encontra, assim, satisfeito o requisito acima autonomizado na alínea b).

---

sogenannte Akzessorietät der Bürgschaft. Ein Beitrag zur Lehre vom Rechtsgrund beim Verpflichtungsgeschäft, Duncker & Humblot, Berlin, 2001, *passim*, PHILIPPE SIMLER, *Cautionnement et garanties autonomes*, 3.ª edição, Litec, Paris, 2000, p. 45 e ss. e DUPICHOT, *Le pouvoir des volontés individuelles en droit des sûretés*, *cit.*, p. 223 e ss..

[4] Cf. o nosso *Assunção fidejussória de dívida*, *cit.*, p. 108. Recorde-se que o clássico LAURENT, *Principes de droit civil français*, t. XXVIII, 2.ª edição, Bruylant, Bruxelles, 1877, p. 125, explicava a não afirmação, pelo *code civil*, do carácter acessório da fiança "parce que le code n'est pas un manuel".

[5] Cf. o nosso *Assunção fidejussória de dívida*, *cit.*, p. 1100 e ss.; no domínio do Código de Seabra, com referência ao *abonador* (palavra que o código actual substituiu por *subfiador*, sem grande felicidade), cf., v.g., PAULO CUNHA, *Da garantia nas obrigações*, II, Lisboa, 1938-39, p. 81 ou DIAS FERREIRA, *Codigo civil portuguez annotado*, II, 2.ª edição, Imprensa da Universidade, Coimbra, 1896, p. 112. A substituição da palavra *abonação* por *subfiança*, naquele que viria a ser o actual código civil, foi promovida por VAZ SERRA, *Fiança e figuras análogas*, Lisboa, 1957 (Separata do BMJ n.º 71), p. 28: "(...). Mas parece preferível a designação de *subfiança*, pois, em rigor, também o fiador primário é um abonador". Na doutrina alemã remete-se, por todos, para LARENZ/CANARIS, *Lehrbuch des Schuldrechts*, II/2. *Besonderer Teil*, 13.ª edição, Verlag C. H. Beck, München, 1994, pp. 20-21; na doutrina italiana, remete-se, por todos, para GIUSTI, *La fideiussione e il mandato di credito*, Giuffrè, Milano, 1998, p. 218 e ss.; cf. também D'ORAZI FLAVONI, *Fideiussione. Mandato di credito. Anticresi*, Casa Editrice Dr. Francesco Vallardi, 1961, p. 35.

Por sua vez, na *retrofiança*⁶, o retrofiador afiança o devedor perante o fiador, já que é garante do cumprimento pelo devedor face ao fiador se e enquanto sub-rogado. Não se encontra, assim, igualmente, satisfeito o requisito acima autonomizado na alínea b); por sua vez quanto ao requisito da alínea a), a satisfação do mesmo não é plena, já que, sendo, embora, certo que o crédito sub-rogado se mantém idêntico após a sub-rogação⁷, o retrofiador não garante a respectiva satisfação perante o credor beneficiário da fiança mas perante o próprio fiador, enquanto eventual credor sub-rogado.

Dentro deste quadro delimitativo, tomamos, naturalmente, como referência central o regime constante dos artigos 649 e 650 do CC.

2. A pluralidade de situações de pluralidade de fiadores

2.1. *Introdução*

I. À partida, considerando estritamente o regime constante dos artigos 649 e 650 do CC, identificamos as seguintes situações:

a) Situações em que várias pessoas, isoladamente, afiançam o devedor perante o credor: é a situação contemplada no artigo 649/1 CC;
b) Situações em que vários fiadores se obrigam conjuntamente, ainda que em momentos diferentes, afiançando o devedor perante o credor: é a situação contemplada no artigo 649/2 CC;

---

⁶ Cf. o nosso *Assunção fidejussória de dívida, cit.*, p. 362, nota 329 e pp. 1103-1104; nos clássicos, destaque-se, entre outros, CAMPOGRANDE, *Trattato della fideiussione nel diritto odierno*, Bocca Ed., Torino, 1902, pp. 105-106 e FRAGALI, *Delle obbligazioni. Fideiussione. Mandato di credito (Artt. 1936-1959)*, in "Commentario del codice civile" a cura di A. SCIALOJA e G. BRANCA, Zanichelli – Foro Italiano, Bologna-Roma, 1964, pp. 9 e 99. Na doutrina portuguesa recente, destaque-se também MENEZES LEITÃO, *Garantias das obrigações*, Almedina, Coimbra, 2006, p. 131 e ROMANO MARTINEZ/FUZETA DA PONTE, *Garantias de cumprimento*⁵, *cit.*, p. 112.

⁷ Cf., por todos, GALVÃO TELLES, *Direito das obrigações*, 7.ª edição, Coimbra Editora, Coimbra, 1997, p. 282 e ANTUNES VARELA, *Das obrigações em geral*, II, 7.ª edição, Almedina, Coimbra, 1997, p. 288 e ss. e 334 e ss.; cf. também JÚLIO GOMES, *Do pagamento com sub-rogação, mormente na modalidade de sub-rogação voluntária*, in "Estudos em homenagem ao Professor Doutor Inocêncio Galvão Telles", I. "Direito privado e vária", Almedina, Coimbra, 2002, p. 107 e ss.. Na doutrina italiana, remete-se para os clássicos CARPINO, *Surrogazione (Pagamento con)*, in NssDI XVIII, 1971, p. 964 e MAGAZZÙ, *Surrogazione per pagamento*, in ED XLIII, 1990, p. 1520 e ss..

c) Situações em que os vários fiadores estejam vinculados em termos de cada um deles responder pela totalidade da prestação: é a situação contemplada no artigo 650/1 CC.

Conforme resulta evidente após uma análise mais cuidada, as três situações identificadas, tendo por referência a letra dos artigos 649 e 650 CC, não correspondem, substancialmente, a situações inteiramente autónomas entre si, conforme o comprova, desde logo, o facto de a situação da alínea c), atrás identificada, poder derivar da circunstância, referida na alínea a), de várias pessoas terem, isoladamente, afiançado o devedor pela mesma dívida. Por outro lado, mesmo nas situações identificadas na alínea b), o facto de o artigo 649/2 CC colocar nas mãos – e, logo, no *critério* – dos fiadores o *benefício* da divisão, permite, ao menos *prima facie*, suscitar a dúvida sobre se as mesmas não poderão estar também abrangidas pela previsão constante do artigo 650/1 CC, ou seja, se não estarão englobadas, até à invocação do benefício, nas situações autonomizadas na alínea c) supra.

Impõe-se, assim, como ponto de partida, desconsiderar as situações especificamente previstas nos artigos 649 e 650 do CC, optando-se, antes, por uma identificação das várias situações de pluralidade de fiadores à luz do regime geral das obrigações e dos contratos; essas situações serão depois confrontadas com o regime constante dos citados artigos 649 e 650.

Nesta abordagem, privilegiamos a utilização da expressão "pluralidade de fiadores" e não de "cofiança" ou "co-fiança", não só porque aquela é a que dá a designação à subsecção onde se inserem os artigos 649 e 650 do CC, mas também porque é aquela que se mostra mais descomprometida com a natureza jurídica das várias situações identificáveis, tendo, assim, a vantagem de abarcar uma pluralidade de situações; ao invés, as expressões preteridas para efeitos de designar as diversas situações identificáveis, teriam – como acontece com *Mitbürgschaft* alemã ou a *confideiussione* italiana – a desvantagem de apontarem, à partida, para situações específicas.

II. A *primeira situação* a considerar na abordagem acima delineada é aquela a que podemos chamar de *pluralidade de fiadores em parciariedade*. Tendo por pano de fundo as *obrigações parciárias*[8], temos em vista

---

[8] Cf. o nosso *Assunção fidejussória de dívida*, cit., pp. 164 e ss. e 169 e ss.; para a refutação da comum identificação entre *obrigações parciárias* e *obrigações conjuntas*, cf.,

aqueles casos em que cada um dos vinculados responde, em termos fidejussórios, pelo cumprimento de parte da prestação principal, em termos de o credor, numa situação de completa impotência económica do devedor, ter de agir contra cada um dos fiadores para obter a integral satisfação do crédito, mas só podendo exigir de cada um a satisfação da *parte* de que este seja devedor fidejussório. Tomando como exemplo um crédito principal de natureza pecuniária, de A sobre B, no valor de 900, se C, D e E se vinculam como fiadores em regime de parciariedade, presumir-se-á, por força da disposto no artigo 534 CC[9], que cada um deles será garante do pagamento de 300 e só nessa medida.

A *segunda situação* a considerar será aquela que podemos designar por *pluralidade de fiadores em conjunção*. Tendo por referência as *obrigações conjuntas*[10], temos em mente os casos em que os fiadores respondem conjuntamente, em termos de o credor ter de demandar *conjuntamente* os fiadores para satisfação do seu crédito, não podendo, assim, agir contra apenas um (ou parte) deles, ainda que apenas para satisfação parcial do crédito. A situação explica-se à luz do regime do artigo 535/1 do CC, de acordo com o qual, se a prestação for indivisível e vários os devedores, só de todos os obrigados pode o credor exigir o cumprimento da prestação, salvo se tiver sido estipulada a solidariedade ou esta resultar da lei.

A *terceira situação* identificável será aquela que podemos designar por *pluralidade de fiadores em solidariedade*. Tendo por referência as

---

em especial, p. 166, nota 18. Refutando a utilização da expressão *obrigações parciárias* para designar as usualmente chamadas *obrigações conjuntas*, cf., recentemente, CUNHA DE SÁ, *Modalidades das obrigações quanto aos sujeitos*, in "Estudos em honra de Ruy de Albuquerque", I, Faculdade de Direito da Universidade de Lisboa, 2006, p. 376; para o autor, a utilização da expressão *obrigações parciárias* tem contra si a tradição e ainda o facto de não ter consagração legal.

[9] Cf. o nosso *Assunção fidejussória de dívida*, cit., p. 181 e ss.. De acordo com a posição que aí adoptamos, o *princípio da parciariedade passiva das obrigações divisíveis* está consagrado no artigo 534 do CC e não no artigo 513 do mesmo código. Em sentido diferente, pronuncia-se, v.g., CUNHA DE SÁ, *Modalidades das obrigações quanto aos sujeitos*, cit., p. 375, para quem a parciariedade (que o autor designa por conjunção, tal como, de resto, a maioria da doutrina) deduz-se *a contrario* do artigo 513 do CC, precisando que "a conjunção é o regime das obrigações plurais que tenham por objecto prestações divisíveis".

[10] Cf., por todos, o nosso *Assunção fidejussória de dívida*, cit., p. 170: "o credor tem um interesse unitário na realização global e colectiva da prestação, em termos de esta não poder ser realizada – em parte ou na totalidade – por algum (ou alguns) dos devedores, devendo, antes, ser realizada conjuntamente para que possa satisfazer o credor (...)".

situações de *solidariedade passiva*, consideramos os casos em que cada um dos fiadores responde, face ao credor, no mesmo plano em relação aos demais, pela realização integral da prestação. Tomando como exemplo um crédito principal de natureza pecuniária, de A sobre B, no valor de 900, se C, D e E se vinculam como fiadores em regime de solidariedade, cada um responde face ao credor por 900.

Podemos conceber situações mistas, como aquela que em que o credor pode exigir de um dos fiadores a totalidade da prestação, mas respondendo os demais fiadores em termos parciários ou conjuntos.

Na identificação das situações, partimos do princípio de que, a nível das relações entre o devedor principal e a pluralidade de fiadores, existe uma situação de solidariedade[11], ainda que não plena[12], em termos de:

a) Na primeira situação (de *pluralidade de fiadores em parciariedade*) o credor ter *libera electio* entre o devedor pela totalidade e cada um dos fiadores em regime de *parciariedade*;
b) Na segunda situação (de *pluralidade de fiadores em conjunção*), o credor ter *libera electio* entre o devedor pela totalidade e o *conjunto* dos fiadores pela *totalidade*;
c) Na terceira situação (de *pluralidade de fiadores em solidariedade*), o credor ter *libera electio* entre o devedor e *cada um* dos fiadores pela totalidade.

Não deixam de caber neste quadro, no nosso entender, as situações em que os fiadores gozem – todos eles – do *benefício da excussão prévia*, já que, conforme ensaiámos demonstrar noutro local[13], as responsabilida-

---

[11] Cf. o nosso *Assunção fidejussória de dívida*, cit., p. 232 e ss.. O exposto não prejudica as reservas dogmáticas de que demos nota noutro local, relativamente à "solidariedade do fiador", v.g., do artigo 101 do CCom: cf. *op. cit.*, pp. 268 e ss. e 272-273. Conforme salientámos (na esteira de BECKER-EBERHARD, *Die Forderungsgebundenheit, cit.*, p. 228 e ss. e divergindo de EHMANN, *Die Gesamtschuld. Versuch einer begrifflichen Erfassung in drei Typen*, Dunckler & Humblot, Berlin, 1972, p. 333 e ss.), a solidariedade passiva é um modelo das situações de pluralidade de devedores no qual não se enquadra plenamente a situação do devedor principal e do fiador, atenta a acessoriedade da fiança.

[12] Reportamo-nos ao facto de a solidariedade ser limitada a uma parte da dívida (A dívida é de 900 e os fiadores C, D e E respondem solidariamente apenas por 300) que não às situações designadas por alguma doutrina como de solidariedade imperfeita (cf. o nosso *Assunção fidejussória de dívida*, cit., p. 254 e ss.).

[13] Cf. o nosso *Assunção fidejussória de dívida*, cit., pp. 963-964, 964 e ss., 968 e ss., 977 e ss. e 984 e ss.; para a subsidiariedade convencional, cf. *op. cit.*, p. 994 e ss.; cf. tam-

des de tais fiadores não são, à partida, subsidiárias, sendo, antes, *subsidiarizáveis*, uma vez que, colocando-nos no momento do vencimento da obrigação não cumprida – a partir do qual o credor tem *libera electio* entre o devedor e o fiador – a subsidiariedade surge como consequência eventual ou virtual, *ex facultate fideiussoris*: é o fiador que, mediante a invocação eficaz do benefício da excussão, desencadeia – e provoca – a *subsidiarização* da sua responsabilidade que, à partida, é solidária com a do devedor[14].

Já não caberão neste quadro de solidariedade com o devedor as situações de *fideiussio indemnitatis* com pluralidade de fiadores. É que na *fideiussio indemnitatis*[15] a responsabilidade do fiador – dos fiadores, no caso – é, à partida, subsidiária, não estando dependente da invocação de um *benefitium*, que o mesmo é (sempre *in casu*) dizer, da oposição de uma *exceptio*. O exposto não impede que haja solidariedade na *fideiussio indemnitatis* plural, mas não com o devedor: o credor pode, uma vez excutido o património do devedor, ter *libera electio* entre os fiadores.

2.2. *Pluralidade de fiadores em parciariedade*

Conforme se referiu acima, se a pluralidade de fianças for em parciariedade, isso significa que o credor tem de actuar contra cada um dos fiadores, em ordem à satisfação plena do crédito, não respondendo cada fiador para além dos limites da fiança que prestou. No exemplo acima referido, em que C, D e E são fiadores de B, perante A, sendo a dívida de 900, cada fiador não responderá para além de 300.

À partida, existem tantas fianças quantos os fiadores[16]. Cada uma das fianças em análise é uma *fiança parcial*, na medida em que garante apenas

---

bém o nosso *A fiança no quadro das garantias pessoais*, cit., p. 28 e ss.. Na doutrina alemã, cf., v.g., ROTH, *Die Einrede des bürgerlichen Rechts*, C. H. Beck, München, 1988, pp. 222--223, confrontando (mas em sede de *de iure condendo*) a solução do § 771 do BGB – gizada em função de *excepção*, de *Einrede* e de *benefitium* – com uma solução alternativa, que seria a de subsidiariedade automática, *ipso iure*; para ROTH, a solução da subsidiariedade seria "wenig sachgerecht, weil der Bürge ansonsten auch in aussichtslosen Vollstrekungsfällen di dann überflüssigen Kosten zu tragen hätte".

[14] Já não será assim a partir da invocação eficaz do *benefitium excussionis*: a pluralidade de devedores revela, então, um caso de *subsidiariedade*; o nosso *Assunção fidejussória de dívida*, cit., p. 261 e ss., em especial p. 268 e ss..

[15] Cf., sobre esta, o nosso *Assunção fidejussória de dívida*, cit., p.149 e ss..

[16] Refira-se, porém, que este não é um traço distintivo deste tipo de situações, já que ninguém duvidará que nas situações de pluralidade de fiadores em solidariedade há tantas

uma parte do crédito do credor sobre o devedor, o que vale dizer que cobre apenas uma parte do débito.

De novo no exemplo acima prefigurado, a soma das várias responsabilidades fidejussórias corresponde ao *quantum* da responsabilidade do devedor. Contudo, não tem de ser assim, conforme parece óbvio. Em primeiro lugar, pode haver uma fiança parcial sem que haja pluralidade de fiadores, como acontecerá se a dívida for de 900 e a fiança do único fiador for limitada a 300: é uma situação cuja legitimidade e validade radica no próprio regime da fiança, que não pode ser mais onerosa do que a dívida principal[17] e que encontra resguardo positivo no artigo 602 CC[18]. Em segundo lugar, pode acontecer que a pluralidade de fiadores não esgote a dívida principal: a dívida pode ser de 900 e haver, v.g., duas fianças parciais, cada uma até ao limite máximo de 300.

2.3. *Pluralidade de fianças em conjunção*

Como vimos, se a pluralidade de fiadores for em conjunção, o credor terá de actuar contra todos os fiadores, em ordem à satisfação plena do crédito, não podendo demandar apenas um por uma parte ou cada um sucessivamente pela respectiva parte.

É difícil imaginar, na vida dos negócios e do crédito situações deste jaez, desde logo porque a esmagadora das fianças tem natureza pecuniária, natureza essa que acompanha a natureza das obrigações principais. Ora, tendo a prestação principal natureza pecuniária, é difícil imaginar – conquanto tal seja juridicamente possível, à luz do regime do artigo 535/1 do CC[19] – um acordo entre o credor e os fiadores no sentido da indivisibilidade das obrigações dos garantes.

---

fianças quantos os fiadores. De resto, mesmo na solidariedade passiva, a doutrina tem reconhecido a pluralidade de vínculos; cf. o clássico estudo de GOMES DA SILVA, *Da solidariedade nas obrigações*, in RFDUL, ano IV, 1947, p. 265: "A pluralidade de vínculos faz parte do conceito de obrigações solidárias". A dúvida poderia estar no caso das fianças assumidas conjuntamente, utilizando a palavra *conjuntamente* no sentido do artigo 649/2 do CC, que não no sentido que emprestamos à expressão (cf. infra, ponto 2.3); contudo, mesmo nessas situações, a doutrina tem identificado uma pluralidade de fiadores e de vínculos; cf., por todos, GIUSTI, *La fideiussione, cit.*, p. 211.

[17] Cf. o nosso *Assunção fidejussória de dívida, cit.*, p. 1011 e ss..
[18] Cf. o nosso *Assunção fidejussória de dívida, cit.*, p. 1091 e ss..
[19] Cf. o nosso *Assunção fidejussória de dívida, cit.*, p. 178 e ss..

De resto, mesmo nos casos em que a prestação principal não tenha natureza pecuniária, o normal – conquanto não forçoso – é que a prestação fidejussória seja de natureza pecuniária, pelo facto de a garantia não ser prestada em função do dever de prestar do devedor mas, antes, em função do, eventual, dever de indemnizar[20], e, mesmo aí, para a hipótese de a indemnização ser em dinheiro[21].

De qualquer modo, se os fiadores garantirem, em conjunto[22], o cumprimento, pelo devedor, de uma obrigação de *facere*, em termos de ser claro que os fiadores se vinculam ao *idem*[23], isso significará que o credor terá de exigir conjuntamente dos fiadores a satisfação do seu crédito, pro-

---

[20] Cf. o nosso *Assunção fidejussória de dívida*, cit., pp. 140 e ss., 146 e ss., 291 e ss. e 295 e ss. Conforme então expressámos, não há qualquer incompatibilidade entre a garantia de fiança e o facto de a prestação do devedor ser infungível, já que, nesse casos, o fiador garantirá o cumprimento da obrigação secundária de ressarcimento dos danos: uma vez transformado, na esfera do devedor, o dever de prestar em dever de indemnizar, passa a haver plena fungibilidade entre a prestação secundária principal e a prestação fidejussória. Neste mesmo sentido, pronunciaram-se, entre nós, autores como CUNHA GONÇALVES, *Tratado de direito civil em comentário ao código civil português*, V, Coimbra Editora, Coimbra, 1932, p. 159 e VAZ SERRA, *Fiança e figuras análogas*, cit., p. 46: "É claro que se a obrigação não tiver objecto fungível, não pode a obrigação do fiador consistir, sem o acordo do credor, na prática do facto devido pelo devedor principal, mas sim em prestar indemnização". Nos clássicos estudos sobre a matéria, continua a ter muito interesse a consulta de MATTEUCCI, *Solidarietà del fideiussore e suo debito non pecuniario*, in RTDPC XIII, 1959, p. 1359 e ss.. Já sobre o tema da compatibilidade da fiança com as "meras situações de equivalência subjectiva" quando as prestações em causa são ambas de *dare* ou de *facere* infungível, cf. D'ORAZI FLAVONI, *Fideiussione*, cit., p. 21.

[21] Sobre a prioridade da reconstituição natural, cf., por todos, ANTUNES VARELA, *Das obrigações em geral*, I, 10.ª edição, Almedina, Coimbra, 2000, p. 903 e ss., ALMEIDA COSTA, *Direito das obrigações*, 10.ª edição reelaborada, Almedina, Coimbra, 2006, p. 717 e ss. e MENEZES LEITÃO, *Direito das obrigações*, I. *Introdução. Da constituição das obrigações*, 5-.ª edição, Almedina, Coimbra, 2006, p. 396 e ss..

[22] Para MENEZES CORDEIRO, *Tratado de direito civil português*. I. *Parte geral*. Tomo I, 3.ª edição, Almedina, Coimbra, 2005, p. 462, o *negócio conjunto* acontece quando "várias pessoas são titulares de posições jurídicas que só podem ser actuadas no seu conjunto, por todas elas".

[23] Sobre se o fiador deve o *id* ou o *idem*, cf. nosso *Assunção fidejussória de dívida*, cit., p. 132: o fiador, em virtude da assunção fidejussória de dívida, passa a dever *o mesmo* (o *idem*) que deve o devedor e não *aquilo* (o id) que por este é devido, com as diferenças posicionais resultantes de o assuntor ser um devedor secundário (prestador de garantia) e de a sua obrigação ser acessória relativamente à obrigação principal.

cessando-se a responsabilidade destes nos termos estabelecidos no CC para as obrigações indivisíveis[24].

2.4. Pluralidade de fianças em solidariedade

A situação de pluralidade de fianças em solidariedade é, manifestamente, aquela que se apresenta mais confortável para o credor, uma vez que pode exigir de cada fiador – para além de, naturalmente, o poder fazer do devedor – a realização integral da prestação.

O credor obtém, através do aumento do número de devedores solidários – neste caso fidejussórios – um acrescido aumento da probabilidade de satisfação do seu crédito, tendo *libera electio* entre o devedor e qualquer dos fiadores.

Confrontada com as situações de solidariedade passiva regulada a partir do artigo 512 do CC[25], a pluralidade de fianças em solidariedade passiva distingue-se marcantemente pelo facto de as vinculações dos fiadores serem acessórias em relação à obrigação principal, característica essa que não encontramos nas obrigações solidárias[26].

3. As vinculações fidejussórias "isoladas" e as vinculações fidejussórias "conjuntas"

3.1. *Introdução*

I. Antes de nos debruçarmos sobre o regime dos artigos 649 e 650 do CC, importa ver, sumariamente, em que termos é que os códigos civis

---

[24] Cf., sobre este regime, por todos, ANTUNES VARELA, *Das obrigações em geral*, I[10], *cit.*, p. 806 e ss., ALMEIDA COSTA, *Direito das obrigações*[10], *cit.*, p. 770 e ss., MENEZES LEITÃO, *Direito das obrigações*, I[5], *cit.*, pp. 173-174 e o nosso *Assunção fidejussória de dívida, cit.*, p. 181 e ss.. Na doutrina italiana, com referência às "vicende delle obbligazioni indivisibili", cf., v.g., DI MAJO, *Obbligazioni solidali (e indivisibili)*, in ED XXIX, p. 320 e ss., BUSNELLI, *Obbligazioni soggetivamente complesse*, in ED XXIX, p. 339 e ss. e ainda CICALA, *Obbligazione divisibile e indivisibile*, in NssDI XI, p. 636 e ss..

[25] Cf., sobre esta, o nosso *Assunção fidejussória de dívida, cit.*, p. 100 e ss. e 183 e ss.. Escreve, recentemente, CUNHA DE SÁ, *Modalidades das obrigações quanto aos sujeitos, cit.*, p. 371, em relação à solidariedade passiva, que na mesma "opera-se como que uma multiplicação da prestação global".

[26] Cf., no nosso *Assunção fidejussória de dívida, cit.*, pp. 268 e ss. e 272-273, as reservas dogmáticas à consideração do fiador e do devedor principal como devedores solidários, atenta a característica da acessoriedade da obrigação do fiador.

alemão e italiano, códigos que, em sede de fiança, maior influência tiveram na preparação do nosso código, regulam as situações de pluralidade de fiadores[27].

Resulta do § 769 do BGB que quando vários fiadores se vinculam pela mesma dívida (*Mitbürgschaft*) respondem como devedores solidários, ainda que se não tenham vinculado conjuntamente, ou seja, ainda que se tenham vinculado independentemente dos outros ou em momentos diferentes[28].

Assim, independentemente da questão de saber se se trata de uma genuína solidariedade, de acordo com o § 421 do BGB[29], o credor pode exigir a prestação de qualquer dos fiadores.

No que respeita às relações internas entre os fiadores, vale o regime estabelecido no § 426 do BGB (*Gesamtschuldnerausgleich*), desde logo por força da remissão feita no § 774 do mesmo código[30].

É claro, face ao regime dos §§ 769, 774 e 426 do BGB, que cada fiador que satisfaz o credor não pode exigir dos demais fiadores o que pagou

---

[27] As limitações deste estudo não nos permitem dar nota de outros regimes que consideramos importantes. Quanto ao direito francês, remete-se, por todos, para SIMLER, *Cautionnement et garanties autonomes*³, *cit*, p. 479 e ss.. Quanto ao direito espanhol, remetemos para ALVENTOSA DEL RIO, *La fianza: ámbito de responsabilidad*, Comares, Granada, 1988, p. 216 e ss., TUBIO GARRIDO, *La cofianza: una reflexión sobre nuestra doctrina*, in "Estudios jurídicos en homenaje al Professor Luís Díez-Picazo", III, Thomson/Civitas, Madrid, 2003, p. 2965 e ss. e ainda SECADES, *La cofianza: Análisis de los artículos 1837 y 1844 del código civil,* in "Revista Critica de Derecho Imobiliario", ano LXII, 1986, p. 735 e ss..

[28] Cf., por todos, BÜLOW, *Recht der Kreditsicherheiten*, 6.ª edição, C. F. Müller Verlag, Heidelberg, 2003, p. 313, JÜRGENS, *Teilschuld. Gesamtschuld. Kumulation*, Nomos Verlagsgesellschaft, Baden-Baden, 1988, pp. 29-30 e LWOWSKI/MERKEL, *Kreditsicherheiten*, 8.ª edição, E. Schmidt, Berlin, 2003, pp. 61-62. Analisando o regime do direito alemão e do diresito austríaco, quanto à *Gesellschaftsbürgschaft*, cf. PETER BYDLINSKI, *Die Bürgschaft im österreichischen und deutschen Handels-, Gesellschafts- und Wertpapierrecht*, Springer-Verlag, Wien, p. 50 e ss.. Continuam a ser importantes os clássicos estudos de KANKA, *Die Mitbürgschaft*, in JherJb 87 (1937-1938), p. 123 e ss. e de GIRTANNER, *Ist das auxilium divisionios unabhängig von gleichzeitiger und gemeinsamer Eingehung der Mitbürgschaft?*, in AcP 1860, p. 275 e ss..

[29] Cf. o nosso *Assunção fidejussória de dívida*, *cit.*, p. 216 e ss..

[30] Cf., v.g., BÜLOW, *Recht der Kreditsicherheiten*⁶, *cit.*, p. 314, identificando, no entanto, algumas diferenças entre a situação do co-fiador e a do devedor solidário, cf. REINICKE/TIEDTKE, *Bürgschaftsrecht*, 2.ª edição, Luchterhand, Neuwieg und Kriftel, 2000, p. 129.

como se fossem seus devedores solidários[31]: eles são seus devedores em função das respectivas quotas.

II. De acordo com o artigo 1946 do *codice*, se várias pessoas tiverem prestado fiança por um mesmo devedor e para garantia do mesmo débito, cada uma é obrigada pelo débito na sua integralidade, a não ser que tenha sido pactuado o benefício da divisão[32].

Neste caso, dispõe o artigo 1947 que qualquer fiador que seja demandado para o pagamento do débito na sua integralidade, pode exigir que o credor reduza a acção à parte de que seja devedor; no entanto, se algum dos fiadores estiver insolvente ao tempo em que um outro invocou o benefício da divisão, este fica obrigado por tal insolvência na proporção da sua quota, mas não responde pelas insolvências supervenientes. O regime do *codice* é explicado em articulação com o facto de, diversamente do que ocorria com o código de 1865, o benefício da excussão ter deixado de ser uma característica natural da fiança, sendo deixado à liberdade das partes a respectiva convenção[33]. Paralelamente, também o benefício da divisão "è stato assunto nel contenuto volontario del negozio fideiussorio"[34].

Refere Giusti[35] que a maioria da doutrina italiana distingue a *co-fiança* (*confideiussione*) das situações de *fiança plúrima* (*fideiussione plurima*): enquanto que no primeiro caso há uma relação comunitária entre os garantes, no segundo as fianças seriam autónomas ou disjuntas. E explica que no primeiro caso "há uma ligação negocial entre os vários fiadores, uma vez que a conjunção é reconhecidamente querida, ainda que não se actue em simultâneo; no outro, cada garante ignora que as outras garantias

---

[31] Cf. BÜLOW, *Recht der Kreditsicherheiten*[6], *cit.*, p. 314: "Die anderen Mitbürgen sind nicht ihrerseits wieder Gesamtschuldner des Bürgen, der an den Gläubiger geleistet hatte, sondern nunmehr dessen Teilschuldner"; cf. também REINICKE/TIEDTKE, *Bürgschaftsrecht*[2], *cit.*, p. 129.

[32] Cf., por todos, FRAGALI, *Fideiussione*, *cit.*, p. 325 e ss., *Fideiussione. Diritto pivato*, in ED XVII, 1968, p. 364 e ss. e 378 e ss., GIUSTI, *La fideiussione*, *cit.*, p. 210 e ss. e CAMUZZI, *Due quesiti in tema di fideiussone*, in BancaBT 1985, p. 582 e ss..

[33] Cf. v.g., FRAGALI, *Fideiussione*, *cit.*, p. 328 e ss..

[34] Assim FRAGALI, *Fideiussione*, *cit.*, p. 329. Lê-se, por sua vez, em NATOLI, *Beneficio di divisione*, in ED, V, 1959, p. 100: "il benefitium divisionis appare, invece, nel sistema del codice vigente, come un possibile effetto convenzionale, che si verifica soltanto se sia stato specificamente "stipulato", essendo, in caso concreto, esclusa ogni possibilita di divisione del debito".

[35] *La fideiussione*, *cit.*, pp. 210-211.

foram prestadas ou, se conhece tal situação, pelo credor ou pelo devedor, não quer colocar a sua garantia em conexão com as outras garantias".

De qualquer modo, conforme reconhece Giusti[36], tanto na co-fiança quanto na situação de pluralidade de fianças autónomas há uma pluralidade de vínculos; contudo, a doutrina e a jurisprudência estão, no geral, de acordo no sentido de que não é indiferente estarmos perante uma co-fiança ou face a uma pluralidade de fiadores, seja no que concerne às relações de cada fiador com o credor seja no que tange às relações entre os fiadores entre si.

De acordo com ao artigo 1954 do *codice* (*regresso contro gli altri fideiussori*), se várias pessoas tiverem prestado fiança a favor do mesmo devedor e pelo mesmo débito, o fiador que pagou tem regresso contra os outros fiadores na medida das respectivas quotas; contudo, se um dos fiadores estiver insolvente, é aplicável o segundo parágrafo do artigo 1299, em sede de obrigações solidárias, de acordo com o qual a perda se reparte entre os vários condevedores, incluindo aquele que fez o pagamento. De acordo com a interpretação maioritária[37], o artigo 1954 só tem aplicação no caso de co-fiança e não também nos casos de pluralidade de fianças autónomas, caso em que o fiador que paga fica sub-rogado nos direitos que o credor tinha contra os outros fiadores, nos termos do artigo 1203 do *codice* (*surrogazione legale*).

3.2. *O regime do artigo 649 do CC*

I. Tendo por fim regular os termos da responsabilidade dos fiadores face ao credor, o artigo 649 do CC impõe que se diferencie consoante os vários fiadores se tiverem vinculado *isoladamente* ou *conjuntamente* pela mesma dívida[38]: se a prestação das fianças tiver ocorrido *isoladamente*,

---

[36] *La fideiussione, cit.*, pp. 211-212.
[37] Assim PETTI, *La fideiussione e le garanzie personali del credito*, Cedam, Padova, 2000, p. 191 e ss..
[38] A referência à "mesma dívida" consta só do artigo 649/1, quanto às situações em que as fianças são prestadas *isoladamente*, e não também do artigo 649/2, destinado a regular as situações em que as fianças são prestadas *conjuntamente*. Porém, a referência à *mesma dívida* está aí implícita. Aliás, a expressão constava do artigo 25/3 do articulado proposto por VAZ SERRA (*Fiança e figuras análogas, cit.*, p. 305): "Se vários se obrigarem como fiadores do mesmo devedor e pela mesma dívida, e o fizerem conjuntamente, ainda que em momentos diferentes (...)".

cada fiador responde pela satisfação integral do crédito, excepto se tiver sido convencionado o benefício da divisão – caso em que são aplicáveis as regras das obrigações solidárias, com as necessárias adaptações; se, ao invés, as vinculações dos fiadores tiverem ocorrido *conjuntamente*, qualquer dos fiadores pode invocar o benefício da divisão, respondendo, então, cada um deles, proporcionalmente, pela quota do confiador que se encontre insolvente.

A solução do CC é claramente diferente daquela que era adoptada no Código de Seabra, no qual não era feita qualquer diferenciação em função do compromisso ter sido assumido isolada ou conjuntamente. De acordo com o artigo 835 daquele código, sendo vários os fiadores do mesmo devedor e pela mesma dívida, cada um respondia pela totalidade, a não ser que houvesse declaração em contrário; contudo, se fosse demandado só um dos fiadores, ele poderia fazer citar os demais para com ele se defenderem ou serem conjuntamente condenados cada um na sua parte. Neste último caso, o fiador demandado só responderia na falta dos demais. Resultava, no entanto, do § único do artigo 835 que o benefício da divisão não tinha lugar nos casos em que os fiadores não gozassem do benefício da excussão[39].

Nas soluções que encontramos no artigo 649 do CC, pesou a proposta de VAZ SERRA[40]: "Parece dever distinguir-se consoante as fianças são assumidas conjunta ou isoladamente. Se elas o são isoladamente, cada um dos fiadores quer naturalmente, se não fazer restrições, obrigar-se por toda a dívida e, portanto, pode de cada um deles exigir o credor a dívida por inteiro". E ainda: "Se as fianças são assumidas conjuntamente, afigura-se dever manter-se, em princípio, o benefício da divisão"; e justifica: "Os fiadores não quererão, em regra, obrigar-se definitivamente pelo todo, mas só por uma parte proporcional, a não ser que a dívida seja indivisível".

VAZ SERRA considerava também como fianças prestadas conjuntamente "aquelas que, embora assumidas em momentos diferentes, o são em virtude de convenção entre os fiadores"[41].

---

[39] Cf. PAULO CUNHA, *Da garantia nas obrigações*, II, *cit.*, p. 69 e ss., VAZ SERRA, *Fiança e figuras análogas, cit.*, pp. 16-17 e BARBOSA DE MAGALHÃES, *Das obrigações solidárias em direito civil portuguez*, Coimbra, 1882, p. 410 e ss..

[40] VAZ SERRA, *Fiança e figuras análogas, cit.*, pp. 20-21.

[41] VAZ SERRA, *Fiança e figuras análogas, cit.*, p. 21, nota 43.

II. O regime do artigo 649 do CC, desdobrado nos seus números 1 e 2, apresenta-se, assim, aparentemente, claro:

a) Se as fianças pela mesma dívida são prestadas *isoladamente*, cada um dos fiadores responde perante o credor pela totalidade, sendo, assim, todos os fiadores *devedores fidejussórios solidários* perante o credor; esta regra pode ser afastada por convenção de benefício da divisão.

b) Se, ao invés, as fianças forem prestadas *conjuntamente*, ainda que em momentos diferentes, os fiadores gozam, naturalmente, do benefício da divisão, não sendo, então, aparentemente, aplicáveis as regras das obrigações solidárias; contudo, o artigo 649/2 faz uma ressalva que, pelo menos *ictu oculi*, se quadra mal com uma lógica pura de divisão, já que cada confiador responde proporcionalmente pela quota do confiador que se encontre insolvente[42].

A plena compreensão do regime do artigo 649 do CC exige, assim, que esclareçamos o que significa afiançar *isoladamente* e afiançar *conjuntamente*.

Para PIRES DE LIMA/ANTUNES VARELA[43], as fianças são assumidas isoladamente "se cada um dos fiadores garante o cumprimento da obrigação sem comparticipação ou acordo com os outros fiadores". Ao invés, e ainda para os mesmos autores[44], as fianças são assumidas conjuntamente "quando há entre eles uma relação negocial: A e B afiançam, por exemplo, a obrigação pelo mesmo título, ou A afiança em primeiro lugar e depois B, por acordo com A, assume também a garantia".

Conforme decorre das transcrições feitas, a conclusão pelo carácter *isolado* ou *conjunto* da assunção das fianças assenta, segundo PIRES DE LIMA/ANTUNES VARELA, na relação entre os fiadores. Contudo, no nosso entender, não parece aceitável que, em função dos efeitos de um e outro modo de assunção, se possa prescindir do papel e da intervenção do credor. Atendo-nos a um dos exemplos apresentados pelos autores, se A

---

[42] O artigo 649/3 equipara às situações de insolvência aquelas em que o co-fiador não puder ser demandado (artigo 640, alínea *b*) do CC) ou executado no território continental ou das ilhas adjacentes; para a interpretação da alínea *b*) do artigo 640 do CC, cf. o nosso *Assunção fidejussória de dívida*, cit., p. 1145 e ss..

[43] PIRES DE LIMA/ANTUNES VARELA, *Código civil anotado*, I, 4.ª edição, Coimbra Editora, Coimbra, 1987, p. 666.

[44] PIRES DE LIMA/ANTUNES VARELA, *Código civil anotado*, I⁴, cit., p. 667.

presta fiança e depois B, por acordo com A, "assume também a garantia", admitindo que tal situação podia ser imposta ao credor, poderíamos ter a consequência de o credor deixar de ter apenas um fiador solvente (A) que respondia, à partida, pela totalidade da dívida para passar a ficar sujeito à eventual invocação, pelo mesmo A, do benefício da divisão, impondo ao mesmo credor o accionamento de B, em ordem à satisfação total do seu crédito, podendo ter que "regressar" a A (admitindo que se mantém solvente), no caso de ser constatada a insolvência de B.

De resto, sem prejuízo da polémica à volta da prestação de fiança nos termos do contrato a favor de terceiro[45], a fiança não prescinde do acordo do credor, o que torna o exemplo de Pires de Lima/Antunes Varela pouco verosímil, já que, no caso, a vinculação de B era feita à margem do acordo do credor.

III. A caracterização do modo de prestação como isolado ou conjunto não pode, por outro lado, estar associado à coincidência temporal. Este ponto é, de resto, claro, face ao que dispõe o artigo 649/2 do CC: os fiadores podem obrigar-se conjuntamente em momentos diferentes.

Assim sendo, diríamos que a conclusão pelo carácter conjunto da prestação das fianças está dependente do facto de, a nível de cada relação concreta de cada fiador com o credor e dos fiadores entre si, ter sido determinante a prestação de outras fianças, quer as mesmas sejam anteriores, coevas ou posteriores.

Nas situações práticas, há seguramente indícios de prestação conjunta e não isolada, como será certamente, entre outras, o caso de as fianças serem exigidas aos sócios de uma sociedade, em virtude dessa qualidade ou o facto de as fianças serem prestadas no mesmo documento.

Assim, voltando ao exemplo acima prefigurado, em que A é credor de B de 900, havendo prestações de fiança por C, D e E, se os fiadores se obrigam no mesmo documento, obrigam-se, em princípio, conjuntamente, o mesmo acontecendo se as fianças são prestadas em momentos diferentes mas em termos que permitem concluir que quer o credor quer cada um dos fiadores contavam com a prestação pelos demais.

Essas situações são, tipicamente, manifestação de um comum interesse dos fiadores na prestação das fianças, quer porque são sócios da

---

[45] Cf., recentemente, o nosso, *A questão da estrutura negocial da fiança revisitada*, in "O Direito" 138.º (2006), III, p. 515 e ss..

sociedade devedora, quer porque contam com o bom êxito da relação entre o credor e o devedor para obter vantagens, etc.

Há, no entanto, um importante aspecto a salientar: qualquer conclusão a que neste particular se chegue não é definitiva, já que o regime do artigo 649 é claramente supletivo. Assim, ainda que os fiadores se tenham vinculado no mesmo documento, não poderão invocar qualquer benefício da divisão se se vincularam como fiadores e principais pagadores, ou seja em termos de solidariedade. Nesse caso, a solidariedade terá uma dupla dimensão: os fiadores são solidários entre si e cada fiador é solidário (no sentido da solidariedade fidejussória) com o devedor principal.

Similarmente, agora no que respeita, especificamente, ao regime do artigo 649/1, ainda que C, D e E se vinculem isoladamente, as suas responsabilidades não serão solidárias se a interpretação das declarações fidejussórias permitir concluir que as vinculações em causa se processaram em termos diferentes.

IV. O exposto deixa à evidência que o sentido da vinculação conjunta do artigo 649 do CC não se identifica ou confunde com aquele que a maioria da doutrina associa às obrigações conjuntas (e que nós preferimos associar às obrigações parciárias).

A prova de que assim é, resulta da constatação de que as fianças prestadas conjuntamente só se parecem com as situações de pluralidade de fianças em parciariedade (a que a maioria da doutrina designa em conjunção) quando e se houver invocação do benefício da divisão. Ou seja, as fianças prestadas *conjuntamente* são conjuntas para efeitos do regime do artigo 649 do CC mas não o são no sentido que a doutrina, normalmente, empresta à expressão.

Mas também não se pode dizer que as ditas fianças se transformam em obrigações conjuntas (parciárias, no sentido que adoptamos) a partir da invocação do *benefitium divisionis*, já que o regime destas obrigações não permite explicar a solução do artigo 649/2, *in fine*.

Isto vale dizer que a *conjunção* do artigo 649 tem um significado diferente daquele que a doutrina maioritária associa às obrigações conjuntas e que nós associamos às parciárias: enquanto que nesta situação tem-se em conta o modo como cada devedor parciário responde face o credor, na situação do artigo 649 a conjunção reporta-se ao modo de vinculação.

V. Um ponto importa ainda deixar claro, no que tange ao disposto no artigo 649/1: a solidariedade aí estabelecida é a solidariedade entre os fiadores face ao credor. O artigo 649/1 tem um âmbito de aplicação limitado a essas situações, não visando regular as posições relativas do devedor e dos fiadores face ao credor.

Assim, se as fianças são simples, no sentido de que os fiadores gozam do benefício da excussão[46], o artigo 649/1 não tem o condão de transformar tais fianças, em termos de retirar aos fiadores o citado benefício.

3.3. *O benefício da divisão*

I. Conforme resulta do atrás exposto, quer as fianças tenham sido prestadas isoladamente quer o tenham sido conjuntamente, os fiadores podem gozar do *benfitium divisionis*;[47] a diferença está em que, no primeiro caso – de fianças prestadas isoladamente – o benefício da divisão tem de ser convencionado, enquanto no segundo – de fianças prestadas conjuntamente – o benefício da divisão é uma consequência *natural* do modo de assunções fidejussórias, podendo, no entanto, ser afastado.

Impõe-se, agora, o esclarecimento da posição de cada fiador face ao credor, considerando dois momentos. O primeiro momento é o subsequente ao incumprimento do devedor, *rectius*, ao vencimento da obrigação com não cumprimento pelo devedor[48]. O segundo momento é o subsequente à invocação do benefício da divisão.

II. Vejamos o *primeiro momento*. Continuando-nos a socorrer do exemplo em que A é credor de B em 900, sendo C, D e E fiadores, a posição de A face a C, D e E é diferente consoante as fianças tenham sido prestadas isoladamente ou conjuntamente (sem afastamento do benefício da divisão)?

Prima facie, parece que sim: isso significa, no primeiro caso, que A poderia exigir a C, a D ou a E a totalidade da prestação, enquanto

---

[46] Cf. o nosso *Assunção fidejussória de dívida*, cit., p. 1119 e ss..

[47] Sobre as origens do *benfitium divisionis* a partir de uma *epistula Hadriani*, cf. MAX KASER, *Direito privado romano*, Fundação Calouste Gulbenkian, 1999, p. 313, D'ORS, *Derecho privado romano*, sétima edição, Ediciones Universidad de Navarra, Pamplona, 1989, p. 503, TALAMANCA, *Fideiussione. Parte storica*, in ED XVII, p. 337 e 338 e DE MARTINO, *Fideiussione. Diritto romano*, in NssDI, VII, p. 274; entre nós, cf., recentemente, SUSANA VIDEIRA, *A fiança no apogeu do Direito Romano*, in "Estudos em honra de Ruy de Albuquerque", Faculdade de Direito da Universidade de Lisboa, II, 2006, p. 883 e ss..

[48] Cf. o nosso *Assunção fidejussória de dívida*, cit., p. 941 e ss..

que, no segundo caso, só poderia exigir a cada um a parte ou quota correspondente.

Não nos parece, porém, que seja assim. Na verdade, bem ou mal, a lei, na continuação de soluções historicamente fundadas, continua a basear a posição do fiador numa lógica de *benefitium*[49]. Ora, sendo o benefício da divisão um autêntico *benefitium* ou *auxilium*, isso significa que, à partida, enquanto o *benefitium* não é invocado, o credor pode, em qualquer das situações referidas, exigir de qualquer dos fiadores a totalidade da prestação: há, podemos dizer, solidariedade dos fiadores face ao credor, o que quer dizer que, em qualquer dos casos, há sempre, à partida, solidariedade fidejussória[50].

Esta solidariedade desenvolve-se – salienta-se, de novo – num plano não necessariamente coincidente com a posição de cada fiador em relação ao devedor perante o credor: ou seja, conforme já salientámos, é possível que os fiadores gozem do *benefitium excussionis* face ao devedor, caso em que poderão subsidiarizar, através da invocação desse benefício, a respectiva responsabilidade, que funciona, à partida, em termos solidários, face ao credor.

Assim, no exemplo prefigurado, no momento imediatamente subsequente ao vencimento da obrigação com não cumprimento, A pode exigir o pagamento da dívida (900, no caso) quer a B, devedor, quer a C, quer a D, quer a E; se, porém, tiver sido convencionado o benefício da excussão, a favor de todos os fiadores, cada um deles, se demandado, poderá subsidiarizar a sua responsabilidade[51], respondendo depois os fiadores

---

[49] Cf., quanto ao *benefício da excussão*, o nosso *Assunção fidejussória de dívida*, cit., p. 1162 e ss..

[50] Cf. Salvestroni, *La solidarietà fideiussoria*, Cedam, Padova, 1977, pp. 105-106, destacando o facto de, classicamente, os benefícios, associados à fiança (*beneficia excussionis, divisionis* e *cedendarum actionum*) operarem *ope excepcionis*, sendo manifestação de um *favor fideiussoris*; cf. também, quanto à necessidade de o benefício da divisão ter de ser invocado, Ravazzoni, *Fideiussione (Diritto civile)*, in NssDI VII, p. 285, Natoli, *Beneficio di divisione*, cit., p. 100 e Distaso, *Beneficio di escussione*, in ED V (1959), p. 107.

Para a teoria das excepções materiais, remete-se, por todos, para Menezes Cordeiro, *Tratado de direito civil português*, I/I³, cit., p. 350 e ss.. Na doutrina alemã, cf. Jahr, *Die Einrede des bürgerlichen Rechts*, in JuS 1964, p. 125 e ss., Schlosser, *Selbständige peremptorische Einrede und Gestaltungsrecht im deutchen Zivilrecht*, in JuS 1966, p. 257 e ss. e, sobretudo, Herbert Roth, *Die Einrede des bürgerlichen Rechts*, cit., *passim*; na doutrina italiana, cf., v.g., Pugliatti, *Eccezione (Teoria generale)*, in ED XIV (1965), p. 151 e ss. e Oriani, *Eccezione*, in DgDP-SC VII (1991), p. 262 e ss..

[51] Cf. o nosso *Assunção fidejussória de dívida*, cit., p. 1168 e ss. e 1172 e ss..

pelo saldo, no pressuposto, naturalmente, de que todos eles o invocam ou que a invocação foi feita em termos de aproveitar a todos.

De qualquer modo, *à partida*, gozando os fiadores ou não do *benefitium excussionis*, gozando os fiadores ou não do *benefitium divisionis*, todos respondem solidariamente com o devedor face ao credor[52].

Esta situação mantém-se até à invocação[53] eficaz do *benefitium divisionis*: o fiador, com a respectiva invocação, paralisa a pretensão do credor nos termos em que foi formulada – dirigida à totalidade da prestação – ficando *tendencialmente reduzida ao valor da sua quota*.

Entramos, assim, no *segundo momento*: o momento subsequente à invocação eficaz do benefício da divisão: o credor, para obter a satisfação integral do crédito da parte dos cofiadores, terá de exigir a cada um a parte respectiva[54], à semelhança do regime que existiria se, à partida, as fianças tivessem sido prestadas em parciariedade. Não passa, porém, a haver uma recondução às fianças parciais, uma vez que a situação de solidariedade, bem visível até ao momento da invocação do benefício, não fica resolvida nem caduca: ela mantém-se presente, em estado dormente ou latente[55], conforme o demonstra o facto de, havendo insolvência de um dos co-fiadores[56], cada um dos demais responder proporcionalmente pela quota daquele fiador. No limite, até pode acontecer que um cofiador que tenha invocado eficazmente o benefício da divisão, venha, a final, perante a insolvência de todos os demais, a responder pela totalidade.

III. Face ao exposto, compreende-se que o fiador que goze do benefício da divisão e que não o invoque, não possa repetir do credor aquilo

---

[52] Haverá, então, aquilo a que SALVESTRONI, *La solidarietà fideiussoria, cit.*, p. 146, chama – conquanto num quadro normativo bem diverso do nosso – solidariedade de face dupla (*solidarietà a doppia faccia*), para distinguir a solidariedade entre o devedor e os fiadores face ao credor da solidariedade entre os próprios fiadores.

[53] Sobre a caracterização do exercício do *benefitium* – conquanto reportado ao *benefitium excussionis* – como *poder potestativo* e como *excepção material*, cf. o nosso *Assunção fidejussória de dívida, cit.*, p. 1179 e ss. e 1186 e ss..

[54] Estamos a pressupor que cada co-fiador é devedor de uma quota; mas isso pode não acontecer: tal como na solidariedade passiva pode haver devedores solidários que, a nível das relações internas, não sejam devedores de qualquer quantia; cf. o nosso *Assunção fidejussória de dívida, cit.*, p. 247 e ss..

[55] Lê-se em PIRES DE LIMA/ANTUNES VARELA, *Código civil anotado*, I[4], *cit.*, p. 667: "mantém-se deste regime alguma coisa".

[56] Ao fiador insolvente, o artigo 649/3 equipara aquele que não puder ser demandado, nos termos da alínea *b*) do artigo 640 do CC.

que tiver prestado para além da sua quota[57]. É que, como vimos, o facto de gozar do *benefitium divisionis*, não lhe retira a qualidade de *devedor fidejussório solidário*.

4. A liquidação das situações fidejussórias

4.1. *A dupla sub-rogação prevista no artigo 650/1 CC*

I. Diversamente do artigo 649 – que trata das relações dos fiadores com o credor – o artigo 650 do CC cura da fase subsequente ao cumprimento por um dos fiadores.

O artigo 650 trata, assim, *hoc sensu*, da *liquidação* das situações de pluralidade de fiadores[58]: trata-se, numa fase em que o credor já satisfez o seu crédito[59], de regular os termos em que o fiador que pagou pode reintegrar, total ou parcialmente, o seu património, com recurso ao património do devedor e ou dos demais fiadores.

Enquanto que na fiança singular, a fase da liquidação da operação de fiança envolve já alguma complexidade, nas situações de pluralidade de fiadores essa complexidade é acrescida[60].

II. Conforme resulta expressamente do artigo 644 do CC e já resultaria do disposto no artigo 592/1 do mesmo código, o cumprimento pelo fiador tem o efeito automático da sub-rogação – sub-rogação essa que tem lugar na medida em que os direitos do credor tenham sido satisfeitos pelo fiador[61].

---

[57] Cf. o nosso *Assunção fidejussória de dívida, cit.*, pp. 913-914, nota 736; cf. também VAZ SERRA, *Fiança e figuras análogas, cit.*, pp. 17 e 25-26: "Quando o fiador pague ao credor, sem invocar por erro o benefício da divisão, deve ter o direito de repetir, na medida das quotas dos seus confiadores? Afirma-se que não porque, com aquele pagamento, não pagou o que não devia, pois devia a totalidade (...)".

[58] Em geral, sobre a fase da liquidação da solidariedade passiva, centrada nas *relações internas* entre os devedores solidários, cf. o nosso *Assunção fidejussória de dívida, cit.*, pp. 247 e ss. e 874 e ss.; sobre a liquidação da operação de fiança, cf. *op. cit.*, p. 903 e ss..

[59] Em geral, sobre as fases da relação fidejussória, cf. BECKER-EBERHARD, *Die Forderungsgebundenheit, cit.*, p. 251 e ss. e o nosso *Assunção fidejussória de dívida, cit.*, p. 394 e ss..

[60] Cf. o nosso *Assunção fidejussória de dívida, cit.*, p. 912 e ss..

[61] Cf., quanto ao regime do artigo 592 do CC, cf., v.g., RIBEIRO DE FARIA, *Direito das obrigações*, II, Almedina, Coimbra, 1990, p. 560 e ss., ANTUNES VARELA, *Das obrigações em geral*, II[7], *cit.*, p. 343 e ss. e o nosso *Assunção fidejussória de dívida, cit.*, p. 903 e ss..

A circunstância de o fiador ser, como vimos, um devedor não é contraditória com a sub-rogação, já que o fiador deve uma prestação própria e não a prestação do devedor principal; ora, em relação à prestação do devedor para com o credor, o fiador é um terceiro, a tal não constituindo óbice o facto de a prestação a cargo do fiador ser decalcada *per relationem* da prestação do devedor principal. Assim, a sub-rogação verifica-se no direito do credor contra o devedor[62].

A circunstância da sub-rogação não impede, porém, que o fiador aja contra o devedor em termos de *direito de regresso* quando entre ambos exista uma relação que o justifique, como seja uma relação de mandato[63]: nesse caso, haverá, então, um concurso das posições de fiador sub-rogado na posição de credor e de mandatário. Neste sentido, apesar de não adoptada na redacção do código, podemos dizer que se mantém actual a doutrina correspondente à sugestão do artigo 19/1 do articulado de VAZ SERRA: "Entre o fiador e o devedor, há os direitos e as obrigações derivados da relação jurídica existente entre eles"[64]. Este aspecto surge também vincado por Almeida Costa[65] quando escreve que, sem prejuízo da sub-rogação "pode, além disso, caber ao fiador que cumpre a obrigação um direito próprio contra o devedor, derivado de uma relação jurídica entre eles, que tenha servido de base à fiança (ex. um mandato, uma gestão de negócios) ou por se verificarem os pressupostos do enriquecimento sem causa". E ainda: "Só com apoio num destes fundamentos – e nunca como resultado da sub-rogação – será lícito ao fiador, por exemplo, reclamar a indemnização dos danos que lhe tenham sobrevindo por causa do devedor, ou os juros legais pela quantia paga, quando a dívida principal não vencesse juros ou vencesse juros inferiores aos legais".

III. O artigo 650/1 do CC estabelece que, havendo vários fiadores e respondendo, cada um deles, pela totalidade da prestação, aquele que

---

[62] Cf. o nosso *Assunção fidejussória de dívida*, cit., pp. 908-909.

[63] Cf. o nosso *Assunção fidejussória de dívida*, cit., p. 909. Sobre a "substancial unidade das figuras" da sub-rogação e do regresso no direito italiano, cf. SALVESTRONI, *La solidarietà fideiussoria*, cit., p. 122 e ss., FRAGALI, *Fideiussione. Diritto privato*, cit., p. 374 e ss., MAGAZZÙ, *Surrogazione per pagamento*, cit., p. 1525 e ss., ANDREANI, *Regresso (azione di)* in ED XXXIX (1988), p. 709 e ss., RAVAZZONI, *Regreso*, in NssDI XV (1968), p. 358 e ss. e RUBINO, *Delle obbligazioni. Obbligazioni alternative. Obbligazioni in solido. Obbligazioni divisibili e indivisibili*, Zanichelli – Il Foro Italiano, 1957, p. 196 e ss..

[64] VAZ SERRA, *Fiança e figuras análogas*, cit., p. 306.

[65] ALMEIDA COSTA, *Direito das obrigações*[10], cit., p. 899.

tiver cumprido "fica sub-rogado nos direitos do credor contra o devedor e, de harmonia com as regras das obrigações solidárias contra os outros fiadores".

ALMEIDA COSTA[66], apontando a infelicidade da redacção do artigo 650/1, afasta a tese de que o fiador fica sub-rogado nos direitos do credor tanto contra o devedor como contra os outros fiadores, sustentando que "não oferece dúvidas que, em relação a estes últimos, se trata de um simples direito de regresso segundo as normas da solidariedade". Para o mesmo autor[67], há um concurso de sub-rogação contra o devedor e direito de regresso contra os demais fiadores, não estando o fiador que pagou impedido de agir contra o devedor como sub-rogado na posição do credor, mesmo após ter agido contra os seus confiadores, cingindo-se a sub-rogação à parte restante.

Lê-se, por sua vez, em ANTUNES VARELA[68]: "(...) dá-se a circunstância curiosa, mas perfeitamente lógica, de o fiador que cumpra integralmente a obrigação adquirir um duplo direito: por um lado, como fiador *solvens* que é, fica sub-rogado nos direitos do credor sobre o devedor; por outro lado, como co-obrigado solidário que também é, goza do direito de regresso contra os outros fiadores, de acordo com as regras das obrigações solidárias".

É esta mesma ideia que encontramos em PIRES DE LIMA/ANTUNES VARELA[69]: "Aquele que paga fica com dois direitos: fica com o direito de regresso contra os outros fiadores, em harmonia com as regras das obrigações solidárias (artigo 524.° e segs.) e fica, em relação ao devedor, com os direitos do credor, isto é, fica sub-rogado no seu crédito".

A posição sustentada por ANTUNES VARELA e por ALMEIDA COSTA tem como pano de fundo um outro problema: o da aplicação da sub-rogação legal (artigo 592/1) à solidariedade passiva. A doutrina maioritária, numa solução de régua e esquadro, nega tal solução, em termos que rejeitamos e que não podemos aqui retomar[70].

---

[66] ALMEIDA COSTA, *Direito das obrigações*[10], cit., p. 902, nota 2.
[67] ALMEIDA COSTA, *Direito das obrigações*[10], cit., p. 902.
[68] *Das obrigações em geral*, II[7], cit., p. 506.
[69] PIRES DE LIMA/ANTUNES VARELA, *Código civil anotado*, I[4], cit., p. 668.
[70] Cf., porém, o nosso *Assunção fidejussória de dívida*, cit., p. 884 e ss.. Num sentido, igualmente não coincidente com a posição de Antunes Varela e de Almeida Costa, conquanto em termos que não coincidem com a posição que adoptamos, cf. CUNHA DE SÁ, *Modalidades das obrigações quanto aos sujeitos, cit.*, p. 402: "Estruturalmente, o direito de regresso é o próprio direito de crédito satisfeito por cumprimento, dação em cumpri-

Conforme já escrevemos noutro local[71], não nos parece que o artigo 650/1 consagre um simples direito de regresso contra os demais fiadores como pretensão alternativa à sub-rogação contra o devedor. No nosso entender, o fiador que paga ao credor adquire, à partida, uma dupla sub-rogação: uma sub-rogação total conta o devedor e, em alternativa, tantas sub-rogações parciais quantos os demais fiadores na medida das quotas determinadas pela especificidade das relações internas entre eles[72].

Esta mesma ideia foi defendida por VAZ SERRA[73], já em plena vigência do actual código: "(...) esta remissão para s regras das obrigações solidárias não se refere apenas à *medida* em que o *solvens* se pode dirigir contra os seus confiadores, mas também ao *princípio* da *sub-rogação* dele nos direitos do credor, como resulta do texto legal".

A remissão para as regras das obrigações solidárias mais não visa que determinar que o fiador sub-rogado não pode exigir dos demais fiadores

---

mento, novação, consignação em depósito ou compensação; tal crédito não se extingue; transmite-se, com todas asa garantias e outros acessórios para o condevedor que satisfez o direito do credor e na parte excedente à respectiva quota. Trata-se, numa palavra, de um caso de sub-rogação legal, na medida em que o condevedor está directamente interessado na satisfação do crédito".

[71] In *Assunção fidejussória de dívida, cit.*, p. 915.

[72] No caso apreciado pelo Acórdão da RC de 21.02.2006 (CJ, ano XXXI, t. I/2006, p. 32 e ss..), o crédito do credor fora satisfeito por dois dos cinco fiadores. Contudo, a nível do regresso dos fiadores que pagaram contra os demais fiadores, o tribunal considerou que, para efeitos de determinação da quota de responsabilidades dos fiadores, deveria, a nível das relações internas, considerar a existência de três e não de cinco posições. A RC ponderou, como decisivo, o facto de as fianças terem sido prestadas a favor de um banco em função da qualidade de sócios dos fiadores maridos. Ora, havendo três quotas, uma detida por A, casado com B – fiadores que tinham pago a totalidade da dívida – outra por C, casado com D e outra por E, a Relação entendeu que, considerando o regime do artigo 516 do CC, havia, em função das participações sociais, três posições e não cinco, não obstante existirem cinco fianças: "Bem diferentemente, nas relações entre eles (relações internas), terá sempre estado em perspectiva a repartição das responsabilidades assumidas apenas em função das respectivas participações sociais, até porque, a não ser assim, tal redundaria em indiscutível benefício do sócio solteiro, o aqui R. E, sem que fundamento ou razão para tal se antolhe plausível" (*loc. cit.*, p. 38).

[73] In *Anotação ao Acórdão do STJ de 28 de Novembro de 1972*, in RLJ 106, p. 382, em nota. No mesmo sentido, o mesmo autor na *Anotação ao Acórdão do STJ de 11 de Maio de 1971*, in RLJ 105, p. 113: "Esta doutrina está actualmente consignada de modo expresso no artigo 650.º do novo Código Civil, do qual resulta que, sendo solidários os fiadores, o que pagou fica sub-rogado nos direitos do credor contra o devedor principal e fica também sub-rogado, de harmonia com as regras das obrigações solidárias, nos direitos do credor contra os seus confiadores".

para além das quotas destes, nos mesmos termos em que o não pode fazer em relação aos demais devedores solidários o devedor que satisfez o crédito[74]: trata-se, em substância de determinar a *medida* das sub-rogações parciais.

Há, de resto, um argumento de peso no sentido exposto: a negação da sub-rogação em relação aos demais fiadores teria o efeito de impedir que esse mesmos fiadores ajam, por sua vez, contra o devedor investidos na qualidade de credores sub-rogados. Na verdade, a limitação da acção contra os demais fiadores aos termos do direito de regresso em sentido estrito, interrompe a "cadeia sub-rogativa", obstando a que os fiadores que satisfaçam o fiador que pagou beneficiem da sub-rogação no crédito do credor satisfeito e, logo, das garantias que acompanhem esse crédito[75].

Assim, se o fiador C paga a A, credor, sendo a dívida de B, devedor, de 900, admitindo que, a nível interno, a dívida de cada fiador é de 300, o que faz sentido é que cada fiador possa ficar em relação ao devedor na mesma posição relativa em que se encontra A: que, tendo, tanto D quanto E pago a C 300, fiquem, em relação a B exactamente na mesma posição em que se encontra C. De outro modo, teríamos a situação injusta de C poder agir contra B ou mesmo contra terceiro garante do crédito, por estar sub-rogado, enquanto que D e E só poderiam agir contra B numa lógica de direito de regresso.

IV. De resto, a solução de haver tantas sub-rogações parciais quantos os demais fiadores[76] faz todo o sentido e seria naturalmente aplicável

---

[74] Cf. o nosso *Assunção fidejussória de dívida*, cit., p. 247 e ss..

[75] Sobre o regime do artigo 582 do CC, aplicável à sub-rogação por força do artigo 594, cf. MENEZES LEITÃO, *Cessão de créditos*, Almedina, Coimbra, 2005, p. 324 e ss., ANTUNES VARELA, *Das obrigações em geral*, II[7], cit., p. 323 e ss. e RIBEIRO DE FARIA, *Direito das obrigações*, II, cit., p. 530 e ss. e 568.

[76] A tese da sub-rogação surge adoptada no Ac. do STJ de 27.01.2005 (Processo n.º 04B4067, in www.dgsi.pt), mas a exiguidade da argumentação e o facto de, nesse ponto, se limitar a reproduzir um autor, deixa-nos dúvidas sobre a convicção do STJ, neste particular. De qualquer modo, lê-se no sumário o seguinte: "Sendo de solidariedade, num empréstimo bancário, as relações dos fiadores entre si e com a devedora mutuária (artigos 100 e 101 do Código Comercial), o fiador que pagar fica sub-rogado, até ao limite das respectivas quotas, nos direitos do credor contra os seus confiadores (artigo 650, n.º 1, com referência ao artigo 524, ambos do Código Civil)".

No Ac. de 30.12.2002 (Processo n.º 02B2739, in www.dgsi.pt), o STJ tomou uma posição singular: considerou que, havendo uma pluralidade de fiadores solidários, o fiador

ainda que não existisse a parte final do artigo 650/1: ficando o fiador que pagou sub-rogado na posição do credor contra o devedor, beneficia das garantias do crédito (artigos 584 e 582 do CC) entre as quais se contam as demais fianças. Ora, uma vez que o interesse do credor está satisfeito, gera-se a necessidade de liquidar as situações fidejussórias, sendo o regime natural aplicável para a determinação da medida em que cada um dos fiadores deve suportar o efeito do pagamento, precisamente o regime da solidariedade passiva.

A posição exposta é, de resto, aquela que melhor se harmoniza com o regime do artigo 650/4 do CC[77]: a vinculação do subfiador, a inexistir este dispositivo, seria uma consequência directa da sub-rogação; foi para afastar essa consequência, por razões de tutela do subfiador, que o legislador introduziu um desvio à normal aplicação do mecanismo da sub-rogação. Aliás, num quadro de direito de regresso em sentido estrito, o regime do artigo 650/4 seria repetitivo, uma vez que a subfiança, garantindo o fiador face ao credor, caducaria naturalmente se o fiador

---

demandado que tenha pago pode, em regresso, exigir de cada um dos demais co-fiadores a quantia paga ao credor, não estando, assim, limitado a agir contra cada um pela quota respectiva. É certo que, no caso, tinha havido uma vinculação do fiador demandado em regresso, garantindo ao fiador que solveu a dívida perante o credor o pagamento de tudo quanto lhe fosse exigido. Esse compromisso podia, *in casu*, justificar o sentido da decisão. Simplesmente, o STJ colocou aquele compromisso num segundo plano e, em *obiter dictum* e à margem do citado compromisso, interpretou o disposto no artigo 650/1 do CC no sentido de que a circunstância de as fianças serem solidárias permite ao fiador que pagou a totalidade exigir, no âmbito das relações internas, a cada um dos demais fiadores, a totalidade do que pagou ao credor.

Ou seja: o STJ interpretou, a nosso ver sem qualquer fundamento, o facto de os fiadores responderem solidariamente face ao credor para concluir que cada co-fiador é também devedor solidário no âmbito das relações internas, em relação ao fiador que satisfez o credor. É, a este propósito, eloquente a seguinte passagem: "Tenha-se presente que, na hipótese vertente, sem embargo de os seis confiadores se haverem obrigado conjuntamente, e no mesmo acto, o certo é que convencionaram entre si a solidariedade, pelo que cada um deles teria de responder, na qualidade de fiador, pela totalidade do crédito afiançada, nos termos do artigo 512, n.º 1 do CC. Ser-lhe-ia, pois legítimo (ao confiador que honrou o crédito garantido para com o respectivo credor) solicitar, na presente acção, que apenas dois desses confiadores fossem condenados a pagar-lhe (por inteiro ou a respectiva quota-parte na dívida por ele satisfeita), nada o obrigando a fazer em relação a três outros confiadores, atitude selectiva essa para a qual não tinha que invocar quaisquer razões específicas, designadamente uma suposta impossibilidade ou uma simples "difficultas praestandi" da parte dos não demandados".

[77] Cf. o nosso *Assunção fidejussória de dívida*, cit., pp. 915-916.

que pagou não pudesse agir contra os demais fiadores com base no crédito originário[78].

V. A sub-rogação contra o devedor não pode cumular-se com as sub-rogações parciais contra os demais fiadores: a liquidação das situações fidejussórias não pode ser uma fonte de enriquecimento do fiador *solvens*. Por sua vez, o fiador que pagou não tem que obedecer a um ordem: pode exigir o pagamento aos outros fiadores na medida das respectivas quotas e, se não o conseguir, pode "regressar" ao devedor.

Se, entretanto, os demais fiadores satisfizerem o fiador sub-rogado, ficam, por sua vez, sub-rogados, na medida das respectivas quotas – ou seja, nas medidas em que satisfizeram o fiador *solvens* (na relação com o credor) – contra o devedor.

4.2. *O benefício da divisão e a liquidação das situações fidejussórias*

I. O artigo 650/2 do CC tem um âmbito de aplicação claramente delimitado: o das situações de pluralidade de fiadores, em que os fiadores gozam do benefício da divisão.

Conforme vimos, ainda que o co-fiador goze do benefício da divisão, se cumprir face ao credor cumpre bem e não tem direito de repetição. Contudo, a circunstância de o fiador ter podido invocar o benefício da divisão e não o ter feito tem importantes consequências a nível das relações com os demais fiadores. Referimo-nos às relações com os demais fiadores, já que, no que respeita ao devedor, não há qualquer alteração ao regime da sub-rogação resultante do artigo 650/1 do CC, nem há perturbação do direito de regresso que lhe assista contra o mesmo devedor.

Se, porém, os fiadores gozarem do benefício da divisão, a situação é diferente no que tange às relações entre o fiador que pagou e os demais fiadores: diferente em relação ao regime estabelecido no artigo 650/1, válido para os casos em que cada fiador responde pela totalidade da prestação.

---

[78] Sobre a questão do regresso (em sentido amplo) do subfiador que paga ao credor, cf., v.g., TIEDTKE, *Die Regressansprüche des Nachbürgen*, in WM 1976, p. 174 e ss e REINICKE/TIEDTKE, *Bügschaftsrecht*², *cit.*, p. 135 e ss.; quanto ao retrofiador, cf., v.g., FREESE, *Zum Regress des Rückbürgen*, in NJW 1953, pp. 1092-1093 e REINICKE/TIEDTKE, *Bürgschaftsrecht*², *cit.*, p. 137.

II. O artigo 650/2 reporta-se às situações em que o fiador *judicialmente demandado* cumpra integralmente a obrigação para com o credor ou uma parte superior à sua quota, não invocando o benefício da divisão.

Do disposto no artigo 650/2 resulta claro que, nessas circunstâncias, no que tange às relações com os demais fiadores, o fiador que pagou tem o direito de reclamar dos demais fiadores o que houver pago para além da sua quota, não tendo de demonstrar a insolvência do devedor.

Na prática, resulta do regime do artigo 650/2 que, quando o fiador, judicialmente demandado, não invoca o benefício da divisão, numa situação em que o poderia ter feito, a situação é similar àquela que resulta do artigo 650/1 para os casos em que há vários fiadores e cada um responde pela totalidade da prestação. E o regime é similar porque, como vimos, o benefício da divisão corporiza um mero *benefitium,* que só opera *ope excepcionis,* não tendo, assim, a virtualidade de transformar *ope legis* as fianças em causa em fianças parciais.

Em suma: o fiador judicialmente demandado que não invoque o benefício da divisão quando o poderia fazer e pague para além da sua quota, fica sub-rogado nos direitos do credor contra o devedor e ainda, em termos de sub-rogações parciais, contra os demais fiadores. O mesmo fiador poderá, porém, optar por exercer direito de regresso contra os demais fiadores, na proporção das quotas respectivas – aspecto de regime este que marca a especialidade das situações de co-fianças, face às situações de pluralidade de fianças prestadas isoladamente.

O direito de "reclamação" dos demais fiadores em proporção das respectivas quotas não é prejudicado pelo facto de o devedor se encontrar, eventualmente, insolvente. Compreende-se a razão de ser da lei: o fiador demandado judicialmente terá pretendido, ainda que se não tenha concertado previamente com os demais fiadores, conforme seria seu dever, satisfazer o credor e paralisar o procedimento judicial por este movido – consequência que, em princípio, se mostrará favorável também aos demais fiadores.

Justifica-se, assim, que o fiador *solvens* não tenha de suportar sozinho as agruras da prévia excussão do património do devedor, uma vez que a prestação das fianças, em termos de co-fianças, teve na sua base um interesse comum aos vários fiadores.

O regime do artigo 650/2 não é, porém, imperativo: nada impede que, a nível das relações entre os co-fiadores, tenha ficado estabelecido que, pagando algum para além da medida da sua quota – isto é, sem invocar o benefício da divisão – teria que excutir previamente o património do devedor.

Perguntar-se-á, agora, qual é o regime aplicável na situação – seguramente de rara verificação – em que as fianças tenham sido prestadas conjuntamente, em termos de cada fiador gozar do *benefitium excussionis* e do *benefitium divisionis*. *Quid juris*, se o fiador demandado não invoca nenhum dos benefícios? A situação é bem mais grave para os demais fiadores que, então, poderão invocar face ao fiador *solvens*, o benefício da excussão que poderiam invocar, se accionados, contra o credor.

As soluções da lei já são, porém, diferentes quando o fiador cumpra, não na sequência de uma demanda judicial mas voluntariamente.

III. De acordo com o artigo 650/3 do CC, se o fiador, podendo usar o benefício da divisão, cumprir voluntariamente a obrigação, nas condições previstas no artigo 650/2 – ou seja, integralmente ou para além da sua quota – o seu regresso contra os outros fiadores só é admitido após a excussão de todos os bens do devedor.

Segundo Pires de Lima/Antunes Varela[79], a lei consagra aqui um benefício da excussão entre os fiadores. Não nos parece, porém, que seja esse o caso; a lei não se limita a atribuir aos demais fiadores um benefício de excussão: ela vai mais longe e consagra a *responsabilidade subsidiária* dos demais fiadores em relação ao devedor[80], o que quer dizer que um dos requisitos da acção contra os demais fiadores é a excussão prévia de todos os bens do devedor, requisito esse que cabe ao credor demonstrar. Ora, essa é uma situação claramente diferente da que existe quando há benefício da excussão, situação esta em que o fiador goza do poder de subsidiarizar a sua responsabilidade – responsabilidade essa que, até aí, funciona no mesmo plano, em termos de solidariedade (fidejussória)[81].

Qual é, então, a posição do fiador que paga, em relação ao devedor e aos demais fiadores? O fiador que cumpre voluntariamente, fica sub-rogado em relação ao devedor pela totalidade e em relação aos demais fiadores na medida ditada pela aplicação do regime das obrigações solidárias, isto é, na medida das respectivas quotas; porém, só pode agir contra estes últimos, quer em termos de sub-rogação quer em termos de regresso, após a excussão do património do devedor.

O legislador pretendeu evitar que a acção isolada de um fiador pudesse prejudicar os demais, precipitando a efectivação das respectivas

---

[79] *Código civil anotado*, I⁴, *cit.*, p. 669.

[80] Sobre o conceito de responsabilidade subsidiária e o enquadramento do caso do fiador simples, cf. o nosso *Assunção fidejussória de dívida*, *cit.*, p. 964 e ss..

[81] Cf. o nosso *Assunção fidejussória de dívida*, *cit.*, p. 1172 e ss..

responsabilidades, sendo evidente que cada fiador não está impedido de solver a sua própria quota, oferecendo-a ao credor – situação que equivalerá, substancialmente, à invocação do benefício da divisão. O que já não faz sentido é que, numa situação em que não há a pressão e a contingência de uma demanda judicial, um dos fiadores pudesse, ainda que de boa fé, criar uma situação em que os demais fiadores tivessem de responder face ao fiador *solvens*, quando este se pode satisfazer à custa do património do devedor.

5. A incompletude do regime dos artigos 649 e 650 para regular a pluralidade de situações de pluralidade de fianças

I. Tendo presente as situações, acima focadas (ponto 2.2), de pluralidade de fiadores em parciariedade, forçoso é reconhecer que as mesmas não estão especificamente contempladas no regime dos artigos 649 e 650 do CC.

Com maior evidência, podemos dizer que estão igualmente afastadas do âmbito de previsão dos artigos 649 e 650 do CC as raras situações de pluralidade de fianças em conjunção, tal como as caracterizámos supra (ponto 2.3).

Fora da contemplação do legislador estão também as situações de pluralidade de fianças relativas a diversas prestações periódicas, as quais, constituindo também, tal qual as que são prestadas em parciariedade, fianças parciais, não se reconduzem às situações de parciariedade. Um exemplo – que encontramos em BÜLOW[82], com referência à *Teilbürgschaft* – é aquele em que cada fiador garante o pagamento de uma prestação específica de capital e juros num empréstimo bancário: cada fiador garante a "sua" própria prestação, sendo a respectiva fiança autónoma em relação às demais. Não obstante, as situações de patologia geradas por um incumprimento de uma prestação e eventual exigibilidade ou vencimento antecipados, geram dificuldades especiais, que não cabe aqui apreciar, *maxime* quando a prestação das várias fianças decorra de um "projecto" comum aos vários fiadores.

Também merecedoras de uma atenção especial, que também não encetamos neste estudo, são as situações de concurso de fianças de limite

---

[82] *Recht der Kreditsicherheiten*[6], *cit.*, p. 315.

máximo, situações às quais (*Mehrheit von Höchstbetragsbürgen*) a doutrina alemã tem dado algum relevo[83].

II. A situação que mais se aproxima das fianças em parciariedade é a do artigo 649/2. Contudo, parece-nos que não podemos confundir os casos em que, à partida, *ab ovo*, cada um dos fiadores responde apenas por uma parte delimitada da dívida com aquelas em que os fiadores, respondem, *ab ovo*, pela totalidade, podendo, porém, circunscrever potestativamente a sua responsabilidade face ao fiador, através da invocação eficaz do benefício da divisão.

No pressuposto de que os artigos 649 e 650 CC não curam directamente das fianças em parciariedade, podemo-nos, agora, questionar sobre o que é que acontece nas seguintes duas situações que trazem ao de cima a especificidades dessas situações de pluralidade:

a) A *primeira situação* é aquela em que o fiador paga para além da sua dívida fidejussória (o limite é 300 e ele paga 500);
b) A *segunda situação* é aquela em que o fiador responde nos limites da fiança prestada, suscitando-se a questão da sua relação com os demais fiadores em parciariedade que não foram chamados a cumprir.

Analisemos a *primeira situação*. Se o fiador o é até ao limite de 300 e, apesar dessa limitação, paga 500 ao credor, teremos de cindir a sua posição: até ao limite da fiança, ele actua como fiador[84], ficando, consequentemente, parcialmente sub-rogado na posição do credor, relativamente ao

---

[83] Cf., v.g., LARENZ/CANARIS, *Lehrbuch des Schuldrechts*, II/2[13], *cit.*, p. 20, BÜLOW, *Recht der Kreditsicherheiten*[6], *cit.*, pp. 315-316, REINICKE/TIDTKE, *Bürgschaftsrecht*[2], *cit.*, p. 129 e ss., WEITZEL, *Höchsbetragsbürgschaft und Gesamtschuld*, in JZ, 1985, p. 824 e ss., BAYER, *Der Ausgleich zwischen Höchsbetragsbürgen*, in ZIP 1990, p. 1523 e ss, e SCHWEDHELM, *Das Gesamtschuldverhältnis. Entstehung – Wirkung – Ausgleich*, E. Schmidt Verlag, Berlin, 2003, p. 206. Em geral, continua a ter interesse o estudo de BACHER, *Ausgleichansprüche zwischen mehreren Sicherern einer frendem Schuld*, Bank Verlag, Wien, 1994, *passim*.

[84] É esse o pressuposto da nossa análise, já que essa corresponderá à situação usual. Claro que nada impedirá que o sujeito fiador intervenha não como tal mas como terceiro não interessado ou como terceiro interessado a título diverso da fiança; cf. o nosso *Assunção fidejussória de dívida*, *cit.*, p. 139. No Ac. da RC de 21.02.2006 (CJ, ano XXXI, t. I/2006, p. 32 e ss.) esteve em discussão a questão de saber se a entrega de uma quantia por um sócio que era fiador consubstanciava um pagamento ou, antes, um suprimento à sociedade.

devedor, nos termos do artigo 644 do CC. Já quanto à parte excedente, haverá que apurar em que termos ou a que título actuou o pagador[85]: actuando como terceiro não interessado, não beneficiará, obviamente, da sub-rogação legal prevista no artigo 644 CC, por não ser fiador nessa parte, nem beneficiará, sequer, da previsão de sub-rogação legal prevista, mais amplamente, no artigo 592/1 do CC[86]. O regime aplicável será, então, consoante os casos, o do artigo 476 ou o do artigo 477, ambos do CC[87].

Pode, porém, acontecer que o pagamento pelo fiador para além dos termos da sua vinculação fidejussória, resulte, por exemplo[88], de um mandato sem representação ou, então, que haja, nessa parte, *animus donandi*, pretendendo beneficiar o devedor ou mesmo, porventura, um outro fiador, a quem, de outro modo, o credor iria exigir o pagamento. Em qualquer dos casos, o tratamento a dar será o que resultar da situação jurídica concreta.

A *segunda situação* acima identificada só se coloca, verdadeiramente, se o fiador, ao pagar ao credor, dentro dos limites da sua própria vinculação, libertar os demais fiadores parciários da dívida nas relações directas com o credor. Continuando-nos a socorrer do exemplo acima configurado, se o credor tem o seu crédito limitado a 300, por ter conseguido os restantes 600 em execução prévia contra o devedor, e exige o pagamento desse montante ao fiador C, quando o poderia ter exigido ao fiador D ou ao fiador E, é de questionar se C terá de suportar, sozinho, o sacrifício económico correspondente a esse pagamento ou se o poderá repartir pelos demais fiadores.

A resposta a esta questão passa, no nosso entender, pelo regime da *sub-rogação* consagrada no artigo 644 do CC: o fiador que pagou fica sub-rogado na posição do credor, posição essa que beneficia das garantias de fiança prestadas por D e E, contra os quais fica parcialmente sub-rogado. Ora, sendo assim, encontramos uma situação em tudo semelhante àquela que se encontra disciplinada no artigo 650/1 CC, em que cada um dos fiadores responde, à partida, pela parte da prestação ainda devida – de certo modo, pela "totalidade da prestação sobrante" – já que o credor podia,

---

[85] Cf. GALVÃO TELLES, *Direito das obrigações*[7], *cit.*, p. 231 e ss..
[86] Cf. GALVÃO TELLES, *Direito das obrigações*[7], *cit.*, p. 286 e ss., ANTUNES VARELA, *Das obrigações em geral*, II[7], *cit.*, p. 343 e ss. e o nosso *Assunção fidejussória de dívida*, *cit.*, p. 884 e ss..
[87] Cf., por todos, MENEZES LEITÃO, *Direito das obrigações*, I[5], *cit.*, p. 401 e ss..
[88] Cf., v.g., GALVÃO TELLES, *Direito das obrigações*[7], *cit.*, p. 233.

à partida, ainda no exemplo prefigurado, exigir a qualquer dos fiadores os 300 em falta[89].

Estamos, assim, na realidade, perante uma situação semelhante àquela que se encontra disciplinada no artigo 650/1 CC, que será aplicável ao caso por identidade de razão. Assim C, estando impossibilitado de exigir ao devedor os 300 que pagou ao credor, pelo facto de o património daquele já ter sido excutido, poderá exigir 100 a cada um dos demais fiadores parciais. Nada impede, porém, C de exigir 100 a cada um dos outros fiadores, como credor sub-rogado, antes mesmo de constatar a insuficiência económica do devedor.

Faculdade de Direito da Universidade de Lisboa, Fevereiro de 2007.

---

[89] O regime seria, naturalmente, diverso se, por interpretação das fianças prestadas, concluíssemos que a redução da dívida a 300 implicava a redução de cada uma das fianças parciais a 100.

O FUNDO EUROPEU DE AJUSTAMENTO À GLOBALIZAÇÃO (FEG)

Manuel Porto*-**

SUMÁRIO: *1. O significado do movimento actual de globalização. 2. A resposta a dar: com melhorias estruturais: 2.1. A "tentação proteccionista"; 2.2. A única resposta realista e correcta. 3. A natureza e a dimensão do orçamento da UE. 4. A intervenção do FEG: 4.1. As acções a apoiar; 4.2. Os casos considerados. 5. A dimensão do FEG. 6. O sentido e a natureza do FEG.*

A criação de um Fundo Europeu de Ajustamento à Globalização (FEG)[1] justifica alguma análise, procurando ver em que medida pode contribuir para a resposta a dar aos problemas que se levantam e que significado terá na lógica orçamental da União.

1. O significado do movimento actual de globalização

É extensíssima e continua a ser crescente a literatura sobre a globalização, fenómeno que importa ter na conta devida nas políticas a seguir.

---

* Professor Catedrático da Faculdade de Direito da Universidade de Coimbra, do Instituto Superior Bissaya Barreto e da Universidade Lusíada, onde tem a honra de ser colega do homenageado.

** Associo-me com o maior gosto a esta homenagem ao Professor Inocêncio Galvão Teles, grande figura da ciência jurídica portuguesa.

[1] Pelo Regulamento (CE) n. 1927/2006 do Parlamento Europeu e do Conselho, de 20 de Dezembro de 2006 (JO de 30.12.2006), concretizando (com algumas alterações e acrescentos) a proposta de texto constante do COM (2006) 91 final, de 1 de Março de 2006 (COMISSÃO EUROPEIA, 2006a); na sequência de uma sugestão do Presidente da Comissão, Durão Barroso, em carta dirigida ao Conselho em 20 de Outubro de 2005, acolhida, já com a definição de alguns contornos, no Conselho Europeu de 15-16 de Dezembro seguinte.

Não se trata de forma alguma de um fenómeno novo, devendo sempre ter-se presente, com orgulho legítimo, o contributo dado pelos descobrimentos portugueses cinco séculos atrás[2]. Mas é hoje um fenómeno com contornos diferentes, face às características novas com que se apresenta.

O padrão tradicional do comércio internacional, em particular entre países com graus diversos de desenvolvimento, era um padrão de comércio de bens finais diferentes, com as cadeias de produção integralmente nos países respectivos (só sendo importadas as matérias-primas). Grande parte dos livros de texto de economia internacional continuam a reproduzir o famoso exemplo de Ricardo (1817), com a Inglaterra a exportar produtos têxteis para Portugal e Portugal a exportar vinho para a Inglaterra.

Mas a aproximação entre as economias dos países, com o seu desenvolvimento, um acesso mais fácil a inovações e melhorias tecnológicas, uma melhoria geral da qualificação das pessoas (mantendo-se sem dúvida diferenças sensíveis entre os países) e naturalmente também melhorias muito importantes nos sistemas de transportes e comunicações, levaram nas últimas décadas do século XX a um novo padrão de especialização no comércio internacional, não previsível algumas décadas antes.

Mesmo muitos países menos desenvolvidos já não são especializados apenas na exportação de matérias-primas e produtos primários; em muitos casos têm vindo a afirmar-se na produção e na exportação de produtos industriais e serviços sofisticados (afastando-se já aliás alguns deles da "categoria" de países menos desenvolvidos...).

Com esta evolução, vemos um número crescente de países a exportar e importar produtos dos mesmos sectores (com o comércio intra-sectorial, IIT, *intra-industry trade* na designação em inglês).

Em muitos casos o IIT, ou o comércio em geral, é aliás comércio de bens intermediários (*inputs*), com as empresas a comprá-los onde são fornecidos em condições mais favoráveis.

Uma outra característica da evolução recente do comércio internacional é ainda o aumento do comércio de serviços, justificando a instituição do GATS (*General Agreement on Trade in Services*), com o *Uruguai Round*.

Também com os serviços, num número crescente de casos não se trata de comércio de bens (serviços) finais, mas sim de serviços que constituem *inputs* para diferentes actividades, na prestação de outros serviços

---

[2] Devidamente sublinhado, a título de exemplo e a par de muitos outros autores, por VINDT (1999) e PAGE (2002).

(por exemplo médicos, bancários ou de turismo) ou na produção de bens materiais (em *outsourcing*).

E igualmente no fornecimento de serviços podemos ver uma aproximação nítida entre as economias, com países até agora menos desenvolvidos a fornecerem serviços cada vez mais qualificados e sofisticados. Os *call centers,* por exemplo na Índia[3], não se limitam a fornecer mera informação: cada vez mais constituem *back offices* habilitados por exemplo a elaborar programas de apuramento de impostos para escritórios nos EUA, a fazer diagnósticos médicos, a elaborar projectos e cálculos de arquitectura e engenharia ou a fazer pesquisa científica e tecnológica (R & D)[4].

2. A resposta a dar: com melhorias estruturais

2.1. A *"tentação proteccionista"*

Uma primeira reacção em que pode pensar-se é sempre a reacção proteccionista, procurando evitar-se a entrada de bens dos países que concorrem connosco. No tempo presente, o "pânico" das importações de bens da China e da Índia deveria levar-nos a impor restrições às importações provenientes destes países.

Será de perguntar, todavia, se poderíamos fazê-lo, face às regras da OMC.

A resposta é inequivocamente negativa, tendo de passar-se por isso para a questão seguinte, que não passará todavia do plano académico: a questão de saber se deveríamos abandonar os compromissos assumidos.

---

[3] No quadro mundial, cabe já à Índia o papel de maior relevo no fornecimento externo de serviços (*outsourcing*), com 12,2 % do total, seguida pela Irlanda (um bom exemplo para outros países europeus, também com salários elevados), com 8,6 % (ver McKinzey & Company, 2005, p. 13; ou ainda Banco Mundial, 2007, p. xx, mostrando em geral os crescimentos maiores nas exportações de serviços, também aqui com a Índia à frente, seguida pela Estónia…).

[4] Estamos bem longe do juízo de MYRDAL apenas duas décadas antes da década de 90 (1968, vol. III, p. 703), numa obra em que considera, a par de outros, o caso da Índia: "The underdeveloped countries cannot possibly realize their aspirations in the same way, except in very limited, indeed insignificant fields. Modern science and technology is for them a force emanating almost entirely form outside. And these countries are not afforded the opportunity for gradualness in development that typified the now developed countries…".

Tendo-se presente a "ameaça" de países terceiros, alguma sugestão em tal sentido terá como pressuposto que quando nos protegêssemos, já libertos de compromissos no seio da OMC ou de qualquer outra natureza, esses países não reagiriam: "fraternalmente", continuariam com as fronteiras abertas para os nossos produtos.

Com o mínimo de realismo, não pode contudo pensar-se que tal acontecesse. E trata-se de realismo a que a Europa tem de ser especialmente sensível, dado que tem vindo a ter ano a ano a balança comercial superavitária (não acontece assim com os Estados Unidos, país com um grande défice)[5]. Olhando para as estatísticas, vê-se que a zona euro teve em 2005 um superave de 1,5 milhares de milhões de euros, com 113 milhares de milhões de euros de exportações e 111,5 de importações.

Como é óbvio, uma compreensível e inevitável retaliação da generalidade dos demais países teria para nós mais custos do que benefícios.

Mas mesmo não havendo retaliação, é bem sabido que na economia há alguma "moral", com a perda de oportunidades que se verificaria naturalmente, na sequência do prejuízo dos outros, causada pelo nosso proteccionismo. Baixando o rendimento dos seus sectores exportadores, os seus cidadãos passariam a consumir menos e baixariam os investimentos em bens importados, reduzindo-se nessas medidas os rendimentos dos nossos empresários que antes os abasteciam com esses bens. Verificar-se-ia pois assim o efeito do multiplicador do comércio externo, jogando pela negativa (cfr. Porto, 2004, pp. 489-90).

Deve ser sublinhado, por fim, que a prática proteccionista poderá ser "eficaz" talvez em relação aos produtos materiais, podendo evitar-se que passem nas fronteiras. Mas como impedir a circulação de serviços, v.g. dos que são fornecidos em *outsourcing*, com as novas tecnologias de informação (acessíveis sem custos e instantaneamente em qualquer local do mundo)?

2.2. *A única resposta realista e correcta*

As teorias do comércio, nas suas várias formulações, além de procurarem explicar o que o determina (o que leva cada país a produzir e a

---

[5] Tal acontece não só nas mercadorias, também nos serviços a Europa é superavitária e o principal actor mundial: o primeiro exportador, com 27,7 % do total, e o primeiro importador, com 25,0 % (os EUA têm 20,2 % do comércio total de serviços). E, nas palavras de Amiti e Wei (2005), "trade in services, like trade in goods, is a two-way street".

exportar cada tipo de bens), contribuem para o justificar, mostrando que há um ganho geral em relação às situações de isolacionismo.

Nos anos 60, foi por seu turno de grande relevo o contributo da teoria das divergência domésticas[6], mostrando que em geral objectivos desejáveis nas economias não devem ser atingidos com intervenções no comércio (com proteccionismo), mas sim com intervenções directas no mercado, num quadro de livre-cambismo mundial.

A experiência bem conhecida das últimas décadas, mesmo dos dois últimos séculos, é por seu turno muito clara mostrando os resultados muito melhores conseguidos com políticas de abertura comercial, quando comparados com os resultados verificados com políticas proteccionistas. Assim foi constatado em investigações muito alargadas levadas a cabo por organizações com a reputação mais elevada (casos da OCDE, do Banco Mundial e do *National Bureau of Economic Research*, NBER), bem como individualmente por economistas muito credenciados[7].

Neste quadro, a resposta da União Europeia, complementando as iniciativas dos países, tem de ser uma resposta de índole estrutural, promovendo a competitividade da sua economia: resposta almejada pela Estratégia de Lisboa e para que em boa medida estão dirigidos os orçamentos da União, numa linha reforçada agora com as Perspectivas Financeiras para 2007-2013[8].

---

[6] Para que deram contributos básicos, entre outros, HARBERLER (1950), MEADE (1955), CORDEN (1957 e 1997), HAGEN (1958), BHAGWATI e RAMASWAMI (1963), JOHNSON (1965) e BHAGWATI (1971).

[7] Ver as referências em PORTO [2001(4), pp. 33-6] e em SANTOS-PAULINO (2005, tendo especialmente em conta países menos desenvolvidos); com nomes a que podem juntar-se por exemplo SACHS e WARNER (1995), FRANKEL e ROMER (1999) ou WANG, LIU e WEI (2004), neste caso fazendo uma distinção por grupos de países.

[8] Em conjugação inevitável com uma maior flexibilidade dos mercados, tal como tem vindo a ser sublinhado em documentos muito recentes das instituições europeias (cfr. por exemplo Comissão Europeia, 2006b e Parlamento Europeu, 2006).

Aliás, a própria proposta do regulamento do FEG [o COM (2006) 91 final, p. 4] sublinha o papel da *flexissegurança*, afirmando que "o FEG visa contribuir para criar as condições de *flexigurança* na União Europeia: ou seja, um equilíbrio entre flexibilidade e segurança no emprego, que procure melhorar as oportunidades de os cidadãos encontrarem trabalho e usarem novas competências, ao mesmo tempo que promova a flexibilidade exigida para dar resposta aos novos desafios da globalização".

3. A natureza e a dimensão do orçamento da UE

A sua dimensão, naturalmente a par de outras circunstâncias, mostra bem que o orçamento da União não pode desempenhar duas das três funções que, na distinção que pode reportar-se a Musgrave (1959 e 1989, neste caso com Peggy Musgrave), são geralmente desempenhadas pelos orçamentos estaduais: a função de redistribuição e a função de estabilização conjuntural. Ainda assim em termos modestos, não pode ir além de alguma participação na função de afectação (*allocation*) levada a cabo pelos países membros (com uma análise recente da natureza do orçamento da UE pode ver-se Porto, 2006, pp. 9-17).

É para esta função que estão vocacionados os fundos estruturais, com mais de 30 % do total. E para que a percentagem não seja muito maior contribuem fundamentalmente os montantes que têm vindo a ser afectados à política agrícola comum (a PAC), uma política económica e socialmente errada mas que tem despendido a maior parte das verbas ao logo das últimas décadas. Não sendo possível afastá-la de imediato[9], é de registar que com as Perspectivas Financeiras para 2007-2013 a percentagem que lhe é afectada desça para 32,1%, muito abaixo do que havia acontecido em décadas anteriores.

Para a qualificação das pessoas, criando condições para uma integração ou uma integração melhor no mercado do trabalho, dispõe-se do Fundo Social Europeu (FSE). A criação de empregos (estáveis) depende todavia da iniciativa empresarial (ninguém pensará já, com seriedade, que possam ser os Estados e outras entidades públicas a criar mais oportunidades, como funcionários públicos...), promovida com a articulação correcta de várias políticas.

É neste quadro de referência que tem de se inserir o FEG, como se sublinhará melhor adiante.

---

[9] Além do mais por razões políticas, havendo países, muito beneficiados com ela, que não o aceitariam (sobre a sua irrazoabilidade, mesmo de um ponto de vista de equidade, podem ver-se PORTO [2001(4), pp. 315-39 ou PORTO e FLÔRES, 2006, pp. 129-50]. Não pode por isso passar de hipótese meramente académica, embora sem dúvida economicamente correcta, a proposta de não consideração total de verbas para a política agrícola nas Perspectivas Financeiras para 2007-2013, feita por GROS e MICOSSI (2006, p. 15, contudo depois de terem sublinhado os ganhos que proporciona a países poderosos, que não aceitarão perdê-los...), sendo já de lamentar que não se tenha ido para a redução a cerca de metade do que ficou, tal como foi proposto pelo Relatório Sapir (SAPIR *et al.*, 2004).

4. A intervenção do FEG

4.1. *As acções a apoiar*

De acordo com o artigo 3.° do Regulamento (CE) n. 1927/2006, com os recursos do FEG "pode ser concedida uma contribuição financeira para medidas activas com incidência no mercado de trabalho que possam inscrever-se num conjunto coordenado de serviços personalizados destinados a reintegrar profissionalmente os trabalhadores vítimas de despedimento, incluindo":

  a) "Assistência na procura de emprego, orientação profissional, formação e reconversão específicas, nomeadamente em competências ligadas às tecnologias da informação e da comunicação (TIC) e validação da experiência adquirida, ajuda à recolocação e promoção do espírito empresarial ou apoio ao exercício de uma actividade por conta própria";
  b) "Medidas especiais limitadas no tempo, tais como subsídios de procura de emprego, de mobilidade ou atribuídos a pessoas que participam em acções de formação e de formação ao longo da vida"; e
  c) "Incentivos dirigidos, em particular, aos trabalhadores desfavorecidos ou mais idosos a permanecerem ou regressarem ao mercado de trabalho".

"Por iniciativa dos Estados Membros, o FEG pode financiar" ainda "actividades preparatórias e de gestão, informação, publicidade e controlo com vista à execução do fundo"[10].

4.2. *Os casos considerados*

O artigo 2.°, por seu turno, havia disposto já sobre as hipóteses em que o FEG pode intervir, "sempre que importantes mudanças na estrutura do comércio mundial conduzam a graves perturbações económicas".

Sem ser exaustivo (fala em "como é o caso"), considera os casos 1) "de um aumento substancial de importações para a UE", 2) "de um declínio acelerado da quota de mercado da EU num determinado sector" ou 3) "de uma deslocalização para países terceiros".

---

[10] O legislador adverte todavia para que "o FEG não financia medidas passivas de protecção social" (art. cit.).

Para além disso, "o FEG intervém financeiramente" se a) houver "pelo menos 1000 despedimentos, num período de quatro meses, numa empresa de um Estado-Membro, incluindo-se neste número os trabalhadores despedidos de empresas suas fornecedoras ou produtoras a jusante", ou b) se se verificarem "pelo menos 1000 despedimentos, num período de nove meses, em particular em pequenas ou médias empresas, num sector de nível 2 da NACE, numa região ou em duas regiões contíguas ao nível NUTS II". Temos aqui dois casos de elegibilidade imediata.

Não constando da proposta do COM (2004) 91 (como se disse já, houve vários acertos e acrescentos), o Regulamento aprovado veio admitir ainda que "no caso dos mercados de trabalho de pequena dimensão, ou em circunstâncias excepcionais devidamente justificadas pelos Estados--Membros interessados, um pedido de contribuição do FEG *pode considerar-se* elegível mesmo que as condições fixadas nas alíneas a) ou b) não se encontrem totalmente reunidas, desde que os despedimentos tenham graves repercussões no emprego e na economia local. O montante agregado das contribuições justificado em tais circunstâncias excepcionais não pode exceder, em cada ano, 15% do FEG" (itálico nosso).

Trata-se de critérios de intervenção que poderão merecer reparos, atenuados todavia pela dimensão do fundo e pelo propósito básico que visa atingir.

Poderá perguntar-se, em primeiro lugar, por que se privilegia o apoio a desempregados como consequência da globalização, em relação a cidadãos que tenham perdido o emprego por outras razões.

Constata-se aliás que a maior parte das perdas de emprego é devida a outras razões. De acordo com uma pesquisa recente do European Monitoring Centre on Change (2006, p. 3), reduções de emprego são em muito maior medida consequência de reestruturações internas, que contribuem para 77,3% da sua redução, do que de *offshoring* (deslocalizações) e *outsourcing,* contribuindo para 7,4% do total (10,7% é causada por falências/encerramentos). E segundo uma análise da própria Comissão Europeia (2005), entre 2002 e 2005 terão sido de 6% as perdas de emprego na Europa resultantes de *offshoring* e de *outsourcing* (cfr. ainda Belessiotis *et al.*, 2006 e Draxler, 2006).

Como justificar, neste quadro, uma atenção maior dada aos desempregados como consequência da globalização, em relação a quem esteja desempregado por alguma outra razão?

O COM (2006) 91 final (p.31) procura fazê-lo referindo "vários estudos realizados" que "indicam que os custos de ajustamento podem ser mais elevados para os trabalhadores que sofrem as consequências da evolução do comércio do que para outros que perdem os seus empregos noutras circunstâncias. Nos sectores altamente competitivos a nível internacional, os despedimentos geram períodos de desemprego mais longos do que noutros sectores e perdas de salário mais importantes quando os trabalhadores reencontram um emprego".

Ainda que assim seja, ou fosse, mantém-se contudo a questão em aberto: por que são menos favorecidos os que têm a "pouca sorte" de estar desempregados por outro motivo. Por razões de todas as naturezas, pessoais e das economias dos países, importa que as políticas possam beneficiar todos os cidadãos (onde quer que se encontrem), todos eles, sem distinção, sofrendo com o desemprego e podendo contribuir para o desenvolvimento, voltando a trabalhar.

Tem de perguntar-se, por outro lado, por que se privilegiam pessoas de áreas de grande dimensão, em relação às pessoas de áreas de menor dimensão.

De facto só nas primeiras haverá, ou haverá mais provavelmente, desempregos na casa dos milhares. Mas poderão percentualmente ser menos significativos, em relação à mão-de-obra total, e provavelmente dispor-se--á aí de meios financeiros (e de outras naturezas) mais avultados.

É certo que a alínea c) introduzida pelo Regulamento admite que o FEG venha também apoiar desempregados em outras áreas. Mas não há aqui a mesma segurança ou expectativa de apoio ("pode considerar-se elegível") e é estabelecido um limite máximo de verbas, de 15% do FEG.

Não poderá todavia acontecer que se multipliquem os casos de desemprego em muitas áreas modestas, de pessoas que deveriam ter o mesmo tratamento? Como justificar estas limitações?

5. A dimensão do FEG

Os responsáveis da UE tiveram a preocupação de que com o FEG não ficassem comprometidas outras políticas.

Assim acontecerá dadas a sua dimensão e a origem das verbas que lhe são afectadas, nos termos do *Acordo Interinstitucional entre o Parlamento Europeu, o Conselho e a Comissão sobre a eficácia orçamental e a boa gestão financeira* (2006/C 139/01, publicado no JOC de 14.6.2006).

Por força do que se estabelece no n. 28, "o Fundo não pode exceder um montante máximo anual de 500 milhões de euros (preços correntes) que podem ser sacados de qualquer margem existente abaixo do limite máximo global de despesas do exercício anterior"[11].

Junta-se assim a três outros "fundos", considerados nos números anteriores: "as reservas para Ajudas de Emergência", com um montante anual de 221 milhões de euros (n. 25), o "Fundo de Solidariedade da União Europeia", com o limite máximo de 1.000 milhões de euros anuais (n. 26) e o "Instrumento da Flexibilidade" que pode ir por ano até 200 milhões de euros (n. 27).

Com o limite estabelecido e dada a origem das verbas com que é financiado, não há com o FEG o comprometimento de outras verbas, em particular o risco de comprometimento de verbas destinadas às políticas estruturais; risco que o autor sentiu quando há alguns anos foi sugerida a criação de um fundo para acudir a choques assimétricos, com a criação do euro (com a sua intervenção no Parlamento Europeu, ver Porto, 1999, pp. 47-8).

6. O sentido e a natureza do FEG

Face às circunstâncias acabadas de referir, em termos económicos o FEG pode constituir apenas um complemento dos fundos estruturais, na ajuda aos desempregados para os qualificar para o desempenho de funções que contribuam para um crescimento sustentado.

Trata-se de complementaridade que foi muito bem sublinhada no COM (2006) 91 final, na forma como se refere aos dois tipos de intervenção, justificando-se que façamos uma transcrição.

Nos seus termos (p. 5), "os Fundos Estruturais apoiam uma abordagem estratégica e reforçam o capital humano e físico a médio e a longo

---

[11] No COM (2006) 91 final havia-se estabelecido já que não seria "prevista qualquer provisão financeira específica para o Fundo no quadro financeiro plurianual", devendo determinar-se "o nível de subutilizações relevantes para o financiamento do FEG num dado ano (ano n) da seguinte forma": 1) "primeiramente, a margem deixada disponível ao abrigo do limite global das dotações de autorização do ano anterior, isto é, a diferença entre o total das dotações de autorização no quadro financeiro plurianual e o total das dotações de autorização inscrito no orçamento do ano n-1"; 2) "em segundo lugar, se o montante anterior não for suficiente, as dotações de autorização anuladas dos dois anos anteriores".

"As dotações serão mobilizadas por via de um orçamento rectificativo, se e quando necessário, com referência ao montante determinado como indicado supra. De forma a racionalizar o processo decisório, a Comissão apresentará propostas em "lotes", quando tal se afigurar necessário, ao longo do exercício orçamental".

prazo, através de um período de programação de sete anos. O Fundo Social Europeu (FSE), em especial, dá prioridade à antecipação, adaptação e gestão positiva da mudança por via de uma maior adaptabilidade de trabalhadores e empresas, de melhoria do acesso ao emprego e participação no mercado de trabalho, do reforço da inclusão social das pessoas desfavorecidas, do combate à discriminação e da promoção de parcerias para a realização de reformas"[12].

Por seu turno em relação ao FEG diz-se no parágrafo seguinte que "o novo Fundo vem complementar as políticas e os instrumentos financeiros existentes, incluindo as políticas comunitárias destinadas a antecipar e a acompanhar as reestruturações".

Pode suscitar já algumas dúvidas a frase que se segue: "Contudo, *por oposição a estas últimas*, o FEG conjuga uma dimensão territorial com uma assistência direccionada específica, centrada exclusivamente no apoio personalizado à reinserção no emprego de trabalhadores afectados adversamente pelas mutações na estrutura do comércio mundial" (itálico nosso); dúvidas atenuadas apenas em alguma medida com a versão inglesa, falando-se em *in contrast*, onde na versão portuguesa se fala em *por oposição*.

De facto, na sua intervenção as acções de reestruturação estão em grande medida ligadas às políticas estruturais, com uma grande preocupação espacial, v.g. nos termos de dispositivos actuais; numa linha para que aponta claramente o considerando 5 do Regulamento do Fundo: "As actividades do FEG deverão ser coerentes e compatíveis com as outras políticas da Comunidade e conformes com o seu acervo, sobretudo no que respeita às intervenções dos Fundos estruturais, constituindo simultaneamente um verdadeiro contributo para as políticas da Comunidade".

Continua a faltar, pois, uma justificação para o favorecimento específico dado pelo FEG aos casos considerados, ligados ao movimento da globalização.

Estando sempre fora de causa que haja algum contributo para uma política de estabilização[13], poderá ainda pensar-se em alguma participação

---

[12] Acrescentando-se que "o novo programa de aprendizagem ao longo da vida (2007-2013), designadamente através do subprograma Leonardo da Vinci, permitirá o desenvolvimento de ferramentas de formação inovadoras, capazes de dar resposta a exigências específicas em termos de competências".

[13] De um modo ainda mais claro agora, com a criação do euro e o compromisso de estabilidade orçamental do Pacto de Estabilidade e Crescimento.

numa função de redistribuição. Apontarão talvez nesse sentido expressões usadas, como demonstração da "solidariedade", no considerando 1 do Regulamento, ou "imperativo de justiça e solidariedade", na exposição de motivos do COM (2006) 91 final (p. 2).

Mas se a dimensão do orçamento da União Europeia é insuficiente para tal objectivo, fica ainda muito mais aquém um orçamento de 500 milhões de euros. E não pode além disso justificar-se (mesmo aceitar-se) numa linha distributiva, de equidade, como vimos há pouco, que seja apoiado quem, numa determinada área, perca o emprego como consequência da globalização, mas já não quem, talvez com mais carências pessoais, esteja desempregado por outra razão (ou ainda quem, embora esteja desempregado como consequência da globalização, esteja colocado numa área onde o número total de desempregados seja mais baixo e não seja beneficiado com a hipótese aberta pela alínea c) do artigo 2.º do Regulamento).

Numa linha de afectação, embora com recursos relativamente baixos, é já de reconhecer o contributo, ainda que modesto, que pode proporcionar.

Mas o FEG aparece, para além disso, com uma mensagem claramente "política", de solidariedade e responsabilização da União Europeia pelas consequências de uma política, sem dúvida desejável, pela qual é responsável: a política de abertura comercial.

Em tal sentido são claras as afirmações logo do primeiro considerando do Regulamento, dizendo-se que com o FEG "a Comunidade demonstrará solidariedade para com trabalhadores que perderam os seus empregos em resultado de mudanças nos padrões do comércio mundial" (acrescentando-se no considerando seguinte que "é necessário preservar os valores europeus e fomentar o desenvolvimento do comércio externo justo").

Foi-se sensível, muito concretamente (nos termos do COM (2006) 91 final, p. 2), a que "existe uma assimetria significativa entre as vantagens globais da abertura, que são difusas e por vezes de concretização demorada, e os seus efeitos adversos, estes mais visíveis, imediatos e concentrados em áreas e indivíduos específicos. Vários estudos e instituições internacionais alertaram recentemente para o facto de esta assimetria – não sendo devidamente reconhecida e abordada – ser susceptível de induzir uma percepção distorcida da globalização e, em consequência, desgastar o apoio da opinião pública à liberalização do comércio e à abertura dos mercados"; acrescentado-se dois parágrafos adiante que se trata de "um imperativo de justiça e solidariedade – valores intrínsecos das sociedades da União – que reveste claramente uma dimensão europeia, uma vez que a Comunidade é competente em matéria de política de comércio externo e, como tal, responde pelas decisões que ditam um aumento e uma liberalização das trocas comerciais. Por conseguinte, é lógico que a União suporte os custos das políticas que aplica e, sobretudo, da política comercial que, ainda que globalmente benéfica para a economia e o emprego na Europa, está na origem de certos despedimentos"[14].

É pois nesta linha de responsabilização e simultaneamente de procura de "apoio da opinião pública à liberalização do comércio e à abertura dos mercados" que pode encontrar-se um elemento específico de justificação do Fundo Europeu de Ajustamento à Globalização.

BIBLIOGRAFIA

AMITI, M. e WEI, S., 2005 – *Fear of Service Outsourcing. Is it justified?*, em *Economic Policy*, CEPR, Abril, Londres
BANCO MUNDIAL (The World Bank), 2007 – *Global Economic Prospects. Managing the Next Wave of Globalization*, Washington
BELESSIOTIS, TASSOS, LEVIN, MATTIAS e VEUGELERS, REINHILDE, 2006 – *EU Competitiveness and Industrial Location*, European Commission, Bureau of European Policy Advisers, Bruxelas
BHAGWATI, JAGDISH N., 1971 – *The Generalized Theory of Distortions and Welfare*, em Jagdish N.Bhagwati, Ronald W. Jones, Robert A. Mundell e Jeroslav Vaneck (ed.), *Trade, Balance of Payments and Growth*, Papers in International Economics in Honor of Charles P. Kindleberger, North-Holland Publishing Company, Amesterdão e Londres, pp. 69-90
BHAGWAT, JAGDISH N. e RAMASWAMI, V.K., 1963 – *Domestic Distortions, Tariffs and the Theory of Optimum Subsidy*, em *The Journal of Political Economy*, vol. 71, pp. 44--50
COMISSÃO EUROPEIA, 2005 – *Responding to the Challenges of Globalisation*, Economic Policy Committee, DG for Economic and Financial Affairs, Bruxelas
    2006a – *Proposta de Regulamento do Parlamento Europeu e do Conselho que Institui o Fundo Europeu de Ajustamento à Globalização* (COM (2006) 91 final, de 1.3.2006,bem como, com o regulamento e documentos complementares, SEC (2006) 274, de 1.3.2006 e SEC (2006) 834, de 20.6.2006)
    2006b – Livro Verde *Modernizar o Direito do Trabalho para Enfrentar os Desafios do Século XXI*, COM(2006)708 final, de 22.11.2006

---

[14] Acrescenta-se ainda que se trata "também de um imperativo de eficácia, na medida em que as acções que visam uma célere reintegração no mercado de trabalho podem facilitar e acelerar transições, ao limitar, por exemplo, períodos de desemprego e a subutilização de capital humano".

CORDEN, W. MAX, 1957 – *Tariffs, Subsidies and the Terms of Trade*, em *Economica*, vol. 24, pp. 235-42
   1997 – *Trade Policy and Economic Welfare*, 2.ª ed., Oxford University Press, Oxford
DRAXLER, JURAJ, 2006 – *Globalisation and Social Risk Management in Europe. A Literature Review*, European Network of Economic Policy Research Institutes (ENEPRI), Research Report 23, Setembro de 2006, Bruxelas
EUROPEAN MONITORING CENTRE ON CHANGE (emcc), 2006 – *European Restructuring Monitor Quarterly*, n.º 2, verão, Dublim
FRANKEL, JEFFREY A. e ROMER, DAVID, 1999 – *Does Trade Cause Growth?*, em *The American Economic Review*, vol. 89, pp. 379-99
GROS, DANIEL e MICOSSI, STEFANO, 2005 – *A Better Budget for the European Union. More Value for Money. More Money for Value*, Centre for European Policy Studies, CEPS Policy Brief, n. 66, Fevereiro
HABERLER, GOTTFRIED, 1950 – *Some Problems in the Pure Theory of International Trade*, em *The Economic Journal*, vol. 60, pp. 223-40
HAGEN, EVERET, 1958 – *An Economic Justification of Protectionism*, em *The Quarterly Journal of Economics*, vol. 72, pp. 496-514
JOHNSON, HARRY G., 1965 – *Optimal Trade Intervention in the Presence of Domestic Distortions*, em Robert Baldwin *et al.* (ed.), *Trade, Growth and the Balance of Payments*, Essays in Honor of Gottfried Haberler, Rand-McNally, Chicago, pp. 3--34
MCKINSEY & COMPANY, 2005 – *The Emerging Global Labour Market*, McKinsey Global Institute, Junho, S. Francisco
MEADE, JAMES E., 1955 – *The Theory of International Economic Policy*, vol. II, *Trade and Welfare*, Oxford University Press, Oxford
MUSGRAVE, RICHARD, 1959 – *The Theory of Public Finance*, Mcgraw-Hill, Nova Iorque
MUSGRAVE, RICHARD e MUSGRAVE, PEGGY, 1989 – *Public Finance in Theory and Practice*, 5.ª ed., McGraw-Hill, Nova Iorque
MYRDAL, GUNNAR, 1968 – *Asian Drama*, Pantheon, Nova Iorque
PAGE, MARTIN, 2002 – *The First Global Village. How Portugal Changed the World*, Notícias, Lisboa
PARLAMENTO EUROPEU, 2006 – Resolução sobre *Um Modelo Social Europeu para o Futuro* (P&T PROV(2006)034 (relatores José Peneda e Proinias de Rossa).
PORTO, MANUEL, 1999 – *A Europa no Dealbar do Novo Século*, Intervenções Parlamentares, Grupo PPE (PSO), Coimbra.
   2001(4) – *Teoria da Integração e Políticas Comunitárias* (edições actualizadas, em inglês e chinês, do Instituto de Estudos Europeus e da Universidade de Macau, respectivamente, 2004)
   2004 – *Economia. Um Texto Introdutório*, 2.ª ed., Almedina, Coimbra
   2006 – *O Orçamento da União Europeia. As Perspectivas Financeiras para 2007--2013*, Almedina, Coimbra
PORTO, MANUEL e FLÔRES, RENATO G., 2006 – *Teoria e Políticas de Integração na União Europeia e no Mercosul*, Fundação Getúlio Vargas e Almedina, Rio de Janeiro
RICARDO, DAVID, 1817 – *The Principles of Political Economy and Taxation* (ed.port. da Fundação Calouste Gulbenkian, Lisboa, 1965)

SACHS, JEFFREY e WARNER, ANDREW, 1995 – *Economic Reform and the Process of Global Integration*, em *Brookings Papers on Economic Activity*, vol. 96, pp. 7-118

SANTOS-PAULINO, AMELIA, 2005 – *Trade Liberalisation and Economic Performance: Theory and Evidence for Developing Countries*, em *The World Economy*, vol. 28, pp. 783-821

SAPIR, ANDRÉ, AGHION, PHILIPS, BERTOLA, GIUSEPPE, HELLWIG, MARTIN, PISANI-FERRY, JENA, ROSATI, DARIUSZ, VIÑALS, JOSÉ e WALLACE, HELEN (Relatório Sapir), 2004 – *An Agenda for a Growing Europe. The Sapir Report*, Oxford University Press, Oxford

VINDT, GERARD, 1999(8) – *A Globalização. De Vasco da Gama a Bill Gates*, Temas e Debates, Lisboa

WANG, CHENGANG, LIU, XIAMING e WEI, YINGQ, 2004 – *Impact of Openness on Growth in Different Country Groups*, em *The World Economy*, vol. 27, pp. 567-95

A BASE MILITAR AÉREA DAS LAJES: O REGIME JURÍDICO-INTERNACIONAL

Margarida Salema d'Oliveira Martins*

> "(…). Tínhamos o *direito de usar a força* ao serviço do nosso direito, mas *jamais a empregaríamos*, porque sabíamos que seria "ir buscar lenha para ficar queimado".(…)"
>
> Inocêncio Galvão Telles
> Comentário in Themis, Revista da Faculdade de Direito da UNL, edição especial, Direito de Passagem por Território Indiano, Almedina, 2004, pág. 301.

Sumário: *1. A soberania territorial do Estado 2. O caso dos voos da CIA sobre território de países europeus 3. A utilização de bases militares no estrangeiro 4. A cooperação luso-americana em matéria de defesa 5. O impacte para Portugal da cooperação bilateral 6. A concessão de autorização relativa à Base Aérea das Lajes e instalações de apoio 7. O post-11 de Setembro.*

1. A soberania territorial do Estado[1]

O território de um Estado é a base física ou espacial sobre a qual um Estado exerce a sua autoridade, ou seja, os seus poderes e competências.

---

* Professora Auxiliar da Faculdade de Direito da Universidade de Lisboa e Professora Associada da Faculdade de Direito da Universidade Lusíada de Lisboa.
[1] V. Ian Brownlie, *Princípios de Direito Internacional*, Fundação Calouste Gul-

No direito internacional clássico, o estudo do território terrestre do Estado levantava o problema da sua natureza jurídica[2].

Ora, determinar a sua natureza jurídica consiste precisamente em apurar a natureza dos direitos que o Estado exerce sobre o seu território.

Acerca dessa natureza, perfilaram-se três correntes doutrinárias principais tributárias das opções sobre a própria natureza do Estado[3].

Assim, uma concepção patrimonial do Estado encara as relações entre o Estado e o seu território como relações de sujeito a objecto.

O território é um bem, uma coisa e o Estado exerce sobre ela um direito real do direito público – um "dominium". Trata-se da teoria clássica designada por teoria do território-objecto (teoria dos feudistas e dos italianos CAVAGLIERI, DONATI).

Esta teoria serve para explicar algumas figuras internacionais, como as servidões, o condomínio, a cessão, a anexação, mas não justifica a extensão dos poderes do Estado para além do território nacional.

Uma concepção subjectivista do Estado (GERBER, JELLINEK) considera o território como um elemento constitutivo da pessoa-Estado. O território seria o próprio Estado, considerado na sua limitação territorial. A dominação exercida sobre o território já não seria um "dominium" mas um "imperium", ou seja um poder de comando exercido sobre pessoas. É a teoria clássica do território-sujeito muito difundida.

A principal crítica que sofre é a da sua inaptidão para explicar a variabilidade do território, pois qualquer mutação territorial traduz uma mutação na substância do Estado que assim perderia a sua identidade.

As teorias objectivistas, mais generalizadamente aceites, encaram o território como a porção de espaço que em princípio limita a validade da ordem estadual.

---

benkian, Lisboa, 1997, p. 121-183 e NGUYEN QUOC DINH, PATRICK DAILLER e ALAIN PELLET, *Direito Internacional Público*, 2.ª edição, Fundação Calouste Gulbenkian, Lisboa, 2003, p. 485-503.

[2] LOUIS DELBEZ, *Manuel de Droit International Public*, 1951, 2.ª ed., Paris, Librairie Général de Droit et de Jurisprudence, p. 135.

A questão da natureza da relação entre o Estado e o território não tem hoje grande relevância prática, por o seu regime jurídico se encontrar relativamente bem definido, sustenta EDUARDO CORREIA BAPTISTA, *Direito Internacional Público*, vol. II, Almedina, Coimbra, 2004, p. 213.

[3] V. MANUEL DIEZ DE VELASCO, *Instituciones de Derecho Internacional Público*, 14.ª ed., Tecnos, Madrid, 2003, p. 373 e 374 (em capítulo redigido por JORGE PUEYO LOSA).

O Estado é um feixe de poderes, de competências, sendo o território um elemento determinador dessa competência.

Para esta teoria do território-espaço, o território não é nem um objecto, nem uma parte do sujeito, mas sim um limite de competência.

Formulada inicialmente por RADNITZKY, em 1905, e desenvolvida posteriormente, com variantes, por austríacos (KELSEN e VERDROSS)[4] e franceses (SCELLE), considera, em termos gerais, o território estadual como o limite das competências estaduais e a área geográfica de aplicação das mesmas.

Ora, o território estadual compreende não só o território terrestre propriamente dito, mas também as águas que nele se encontram (rios, lagos e lagoas) e o subsolo correspondente, e certos espaços marítimos adjacentes às suas costas – águas interiores e mar territorial, além das águas arquipelágicas no caso do Estado arquipelágico – nos quais se incluem o solo e o subsolo correspondente, bem como o *espaço aéreo* sobrejacente ao território terrestre e aos espaços marítimos referidos.

Esta configuração do território terrestre está reconhecida no Direito Internacional consuetudinário e convencional.

Se o território é a base de exercício das competências territoriais, importa lembrar que as competências do Estado podem ter alcance extraterritorial, embora com conteúdo pessoal.

Por exemplo, o Estado exerce a sua jurisdição exclusiva sobre os *navios* e as *aeronaves* que ostentam a sua bandeira, e que têm a sua nacionalidade, mesmo quando navegam ou sobrevoam o alto mar.

Também o Estado pode conferir *efeitos extraterritoriais* a normas por si ditadas – sobretudo na ordem penal –; pois quase todas as legislações estendem a sua acção a delitos cometidos fora do território, não sendo a territorialidade do direito penal um princípio absoluto do Direito internacional[5].

Em particular, e baseando-se em princípios como o da protecção do Estado ou o da universalidade, os Estados ditam normas com alcance extraterritorial para proteger interesses seus e ainda os da comunidade

---

[4] V. ALFRED VERDROSS, *Derecho Internacional Publico* (tradução de ANTONIO TRUYOL Y SERRA e colaboração de MANUEL MEDINA ORTEGA, Biblioteca Jurídica Aguilar, 6.ª edição espanhola, 1976, p. 223 e segs.

[5] V. Tribunal Permanente de Justiça Internacional, caso Lótus, 1927. The Lotus Case, in Series A: Collection of Judgments-A 10 (http://www.icj-cij.orgLicjwww/idecisions/icpij/indexA.html).

internacional, sancionando certos delitos, independentemente da nacionalidade do seu autor e do lugar da sua comissão, como os chamados *delicta iuris gentium* que implicam responsabilidade penal dos indivíduos como: pirataria marítima, delitos relacionados com a navegação aérea e com a segurança da navegação marítima, crimes de genocídio, crimes de guerra, crimes contra a humanidade, crimes de agressão e ainda, como casos mais controvertidos, os delitos relacionados com o tráfico de drogas ou o terrorismo internacional.

A soberania territorial do Estado sobre o seu território não se confunde com a competência do Estado que em princípio incide sobre todas as pessoas que se encontram no seu território (nacionais e estrangeiras – *quidquid est in territorio etiam est de territorio*) bem como sobre os seus nacionais fora do território nacional (protecção diplomática e consular implicando deveres como proibição de expulsão e limites à extradição – v. artigo 33.º da Constituição de 1976), como também abrange a chamada extraterritorialidade que classicamente consiste num benefício de que gozam desde logo e sobretudo os Estados estrangeiros de não lhes ver aplicada a competência do Estado local.

2. O caso dos voos da CIA sobre território de países europeus

A soberania territorial envolve desde logo o poder de o Estado, em plenitude e com exclusividade, exercer discricionariamente as funções que classicamente lhe cabem – legislativa, executiva e judicial –, dispondo de todas as faculdades necessárias para o efeito.

Isto significa que, em princípio, está vedado a qualquer Estado realizar actividade em território de Estado estrangeiro, sem o seu consentimento ou sem ser na base de normas de direito internacional. Sobretudo estão vedadas as actividades coercivas realizadas por órgãos ou agentes de um Estado em violação da soberania territorial de outro.

Na prática internacional, têm surgido muitos casos de sequestro de pessoas em território estrangeiro acusadas da prática de um delito.

Isto é, um Estado procede à detenção de pessoas em território de outro Estado, deslocando-as para o seu território ou para local mais conveniente.

Recentemente, e na sequência das medidas tomadas por vários Estados contra o terrorismo, após o 11 de Setembro de 2001, têm sido referidas actividades clandestinas de transporte e detenção ilegal de prisioneiros envolvendo serviços de informação e organizações militares[6].

Mais concretamente, o Parlamento Europeu, em 18 de Janeiro de 2006, decidiu criar uma comissão temporária sobre a presumível utilização pela CIA de países europeus para o transporte e detenção ilegais de prisioneiros[7].

O tratamento mediático deste assunto tem sido considerável aparecendo sempre sublinhados sobretudo os aspectos políticos.

Se a questão da violação de direitos humanos é a mais abordada também a questão de saber se há ou não consentimento dos Estados ou normas de direito internacional que permitam a um serviço americano (no caso, a Central Intelligence Agency – CIA) executar um programa de detenção secreta no exterior dos Estados Unidos da América é desde logo uma questão que para nós pode relevar da soberania territorial dos Estados envolvidos.

Ora os problemas que se levantam não se nos afiguram afinal referentes a matéria desinteressante ou desactualizada. É por isso que a tentamos aqui retomar a partir do contexto jurídico internacional de uma situação de limitação da soberania territorial portuguesa que é o caso da base militar aérea das Lajes.

3. A utilização de bases militares no estrangeiro

Para além das obrigações e limitações de carácter geral que o direito e o costume internacional impõem ao Estado no exercício das suas competências territoriais que não são ilimitadas nem absolutas, verificam-se, na prática internacional, casos particulares de modificações do conteúdo dessas competências. Com efeito, há casos em que um Estado consente, através normalmente da formalização de acordos bilaterais ou multilaterais restritos, importantes limitações às suas competências soberanas em favor de outro ou outros Estados, com carácter transitório ou provisório, e sem que ele implique, pelo menos formalmente, uma perda de soberania para o Estado territorial.

---

[6] V. Resolução do Parlamento Europeu de 22 de Novembro de 1990 sobre o Processo Gladio in JO C 324, de 24.12.1990, p. 201.

[7] V. P6 TA (2006) 0012.

Alguns desses casos têm hoje um mero valor histórico, como as cessões de administração e de arrendamento, o regime de protectorado, ou são representativos de figuras praticamente em desuso como os condomínios.

Outros casos prendem-se com situações de dominação colonial, hoje menos importantes, pois que a descolonização se considera como uma actividade internacional concluída.

Um dos casos mais interessantes actualmente será o da utilização de bases militares em território estrangeiro.

Pode entender-se que a utilização de bases militares em território estrangeiro é a situação em que um Estado autoriza outro Estado a usar, no seu próprio território, bases militares, e para tanto estacionar, com fins de segurança e defesa no contexto de uma cooperação militar, forças armadas desse Estado, sem implicar nenhum tipo de cessão territorial por parte do Estado que concede as facilidades de utilização.

São sobretudo as questões relacionadas com a situação das forças no plano jurisdicional e com o exercício da governação nas zonas e instalações convencionadas que exprimem as modificações territoriais do Estado cedente.

Estes casos, pela sua natureza, podem ser incluídas na categoria de cessões de administração ou de arrendamento que diferem das antigas por não ocorrerem num contexto colonialista e hegemónico[8].

Esta técnica da cessão por arrendamento foi reactivada no fim da Segunda Guerra Mundial, a fim de responder a preocupação militares e estratégicas. Através deste regime, o Estado cessionário pôde instalar bases militares no território estrangeiro e aí exercer actos de administração, de jurisdição e de polícia com vista à manutenção e à defesa destas bases[9].

A utilização de bases militares em território estrangeiro costuma efectuar-se através de tratados multilaterais ou bilaterais entre as partes, verificando-se assim o consentimento do Estado territorial.

---

[8] Como defende MANUEL DIEZ DE VELASCO, op.cit., p. 384-388.

[9] Assim se pronunciam NGUYEN QUOC DINH, PATRICK DAILLIER e ALAIN PELLET, op.cit., pág. 495, que referem que esta prática conheceu o seu apogeu entre 1947 e meados dos anos 50, sendo que os Estados Unidos dispunham em 1948 de cerca de 500 bases repartidas pela Europa, no Atlântico, no Pacífico e no Oceano Indico.

Sabemos que hoje dispõem de muito mais bases, vindo o seu regime a variar e a actualizar-se.

No caso de tratados multilaterais, estes são normalmente tratados de aliança que institucionalizam sistemas de legítima defesa colectiva, como o ex-Pacto de Varsóvia ou o Tratado do Atlântico Norte.

Relativamente a este, existem vários acordos sobre o estatuto das forças destacando-se o Acordo entre as Partes no Tratado do Atlântico Norte relativo ao Estatuto das suas Forças, assinado em Londres, em 19 de Junho de 1951[10].

Tal Acordo baseia-se na possibilidade de as forças de uma das Partes serem enviadas, por acordo ("arrangement"), para prestar serviço no território de outra Parte. Contudo, a decisão de as enviar bem como as condições do seu envio, tanto quanto não estejam previstas no Acordo, continuam a estar sujeitas a acordos autónomos entre as Partes envolvidas.

Daí que esses acordos bilaterais podem operar autonomamente ou em estreita relação funcional com a pertença dos dois Estados que se concertam a uma aliança multilateral: é o caso, por exemplo, das convenções adoptadas pelos EUA e certos Estados do Mediterrâneo e Atlântico, como a Espanha e Grécia, a Itália, Portugal e a Turquia – com o fim de facilitar a esta superpotência o uso de diversas instalações e dispositivos de defesa em cada um dos territórios destes Estados, tendo em vista um objectivo militar na região do Mediterrâneo, relacionado mais ou menos definidamente com os objectivos gerais da Aliança Atlântica[11].

4. A cooperação luso-americana em matéria de defesa

Entre Portugal e os EUA tem existido, desde 1951, uma cooperação em matéria de defesa consistente essencialmente na autorização dada por Portugal, sem prejuízo da sua soberania territorial, para a utilização e manutenção das instalações necessárias à condução de operações mili-

---

[10] V. ainda Acordo entre os Estados Partes no Tratado do Atlântico Norte e os outros Estados participantes na Parceria para a Paz relativo ao Estatuto das suas Forças, assinado em Bruxelas, em 19 de Junho de 1955, bem como o Protocolo adicional, assinado igualmente em 19 de Junho de 1995 e o Protocolo adicional suplementar, assinado em Bruxelas, em 19 de Dezembro de 1997 in Online Library North Atlantic Treaty Organisation, Basic Texts, part II: Juridical Texts and formal agreements (1947-1997) c. Agreements on Status of Forces and Military Headquarters, http://www.nato.int//docu/basics.htm (consulta em 8-2-2007).

[11] V. MANUEL DIEZ DE VELASCO, op.cit., p. 386-388, em particular sobre a Base Aérea de Morón e a Base Naval de Rota.

tares, bem como para o trânsito de aviões militares dos Estados Unidos da América pela Base das Lajes.

Com efeito, em 1 de Junho de 1995, foi assinado em Lisboa, o Acordo de Cooperação, o Acordo Técnico e o Acordo Laboral entre Portugal e os EUA[12], tendo sido revogados todos os seguintes acordos anteriores:

- o Acordo de Defesa entre Portugal e os Estados Unidos da América, de 6 de Setembro de 1951;
- o Acordo, por troca de notas, relativo à extensão até 4 de Fevereiro de 1991, de facilidades concedidas nos Açores a forças dos Estados Unidos da América, ao abrigo do Acordo de Defesa, de 6 de Setembro de 1951, de 13 de Dezembro de 1983;
- o Acordo, por troca de notas, respeitante ao apoio fornecido pelos Estados Unidos da América para a segurança e desenvolvimento de Portugal, de 13 de Dezembro de 1983;
- o Acordo Técnico para a execução do Acordo de Defesa entre Portugal e os Estados Unidos da América, de 6 de Setembro de 1951, de 18 de Maio de 1984;
- o Acordo respeitante a emprego de cidadãos portugueses pelas Forças dos Estados Unidos da América nos Açores.

Estes novos acordos[13] visam aprofundar o diálogo e a cooperação bilaterais, atendendo à vontade de dotar de um quadro permanente o relacionamento entre os dois Estados (v. artigo I e § 6.° do Preâmbulo).

A decisão que baseia o Acordo principal reside no espírito de amizade que une os dois Estados e no respeito pela sua soberania (v. artigo I).

Tem em conta a observância dos princípios e propósitos da Carta das Nações Unidas, os direitos e os deveres decorrentes da participação de

---

[12] V. artigo XI do Acordo de Cooperação e Defesa entre Portugal e os Estados Unidos da América.

V. Resolução da Assembleia da República n.° 38/95, de 21 de Junho de 1995 que aprova, para ratificação, o Acordo de Cooperação e Defesa entre a República Portuguesa e os Estados Unidos da América, o Acordo Técnico e o Acordo Laboral assinados em Lisboa em 1 de Junho de 1995 e Decreto do Presidente da República n.° 72/95, de 15 de Setembro que ratifica os referidos Acordos in D.R. I Série-A n.° 235, de 11 de Outubro de 1995.

[13] Os acordos foram assinados, pelo lado português por JOSÉ MANUEL DURÃO BARROSO, então Ministro dos Negócios Estrangeiros, e por WARREN CRISTOPHER, então Secretário de Estado.

ambos os Estados no Tratado do Atlântico Norte, e a promoção da paz e estabilidade internacionais, considerando a segurança comum de ambos os povos, e as vantagens trazidas pelas instalações nos Açores (v. preâmbulo).

O Acordo de Cooperação e Defesa constitui o Acordo geral que cobre, na parte mais importante, a concessão por Portugal aos Estados Unidos da América da autorização para a utilização e manutenção das instalações necessárias à condução de operações militares, bem como para o trânsito de aviões militares dos Estados Unidos da América pela Base das Lajes (v. artigo IV, n.° 1).

Tal concessão é feita sem prejuízo da plena soberania de Portugal sobre o seu território, mar territorial e espaço aéreo e nos termos do Acordo Técnico das Lajes, que faz parte integrante do Acordo geral (v. artigo IV, n.° 1).

Igualmente faz parte integrante do Acordo geral, o Acordo Laboral que regula os termos da contratação de cidadãos portugueses pelas Forças dos Estados Unidos da América estacionadas na Região Autónoma dos Açores (v. artigo IV, n.° 2).

Como contrapartida desta concessão, prevêem-se várias componentes de cooperação, desde a militar, que envolve inclusivamente a transferência de equipamento militar, programas de instrução e treino conjunto, até à industrial (defesa) passando pela científica, tecnológica, económica e comercial (v. artigos V e VII). Prevê-se, em particular, uma cooperação com a Região Autónoma dos Açores, visando essencialmente o reforço do desenvolvimento económico e social das Partes (v. Artigo VI).

Esta cooperação, pela sua complexidade, envolve consultas políticas e político-militares. Assim, os Estados efectuam conversações anuais a alto nível, incluindo, sempre que acordado, ao nível do Ministro dos Negócios Estrangeiros e do Secretário de Estado, sobre as relações bilaterais e temas da actualidade internacional de interesse mútuo (artigo II, n.° 1).

Manterão igualmente consultas anuais a nível de altos funcionários dos departamentos governamentais envolvidos em questões de índole político-militar (v. artigo II, n.° 2).

É criada uma comissão bilateral permanente que visa promover a execução do acordo e da cooperação entre os dois países. É constituída por um número idêntico de altos funcionários governamentais designados por cada uma das Partes, sendo as delegações chefiadas, respectivamente, por um representante do Ministério dos Negócios Estrangeiros português e por um representante do Departamento de Estado dos Estados Unidos da América (v. artigo III).

O Acordo foi celebrado pelo prazo de cinco anos, continuando a vigorar por prazos sucessivos de um ano. Qualquer das Partes pode notificar a outra, 12 meses antes da data da expiração do Acordo, da sua intenção de o dar por findo (v. artigo X, n.° 1).

Após o termo de vigência, o Governo dos Estados Unidos da América dispõe de um prazo de 12 meses para proceder à retirada do seu pessoal, equipamento e materiais que se encontrem em território português em virtude do Acordo, cujos termos e condições se aplicarão durante o período da retirada (artigo X).

5. O impacte para Portugal da cooperação bilateral

Dos acordos anteriores revogados, destaca-se o acordo por troca de notas entre o Governo português e o Governo dos Estados Unidos da América, em 13 de Dezembro de 1983[14].

Nesse contexto, chegaram a ser quantificadas as ajudas para defesa dos Estados Unidos a Portugal, fornecida na mais ampla variedade de modalidades, incluindo financiamentos através de dádivas ou de créditos com garantia governamental e artigos de defesa excedentes ou remanescentes quando se encontrassem disponíveis e a sua entrega fosse autorizada pela legislação e regulamentos americanos. A ajuda era fornecida anualmente em conformidade com os processos de autorização e apropriação do Congresso americano.

No acordo explicita-se ainda que a ajuda seria fornecida nas condições mais favoráveis possíveis. Refere-se a pretensão do Governo português de utilizar a ajuda para a defesa providenciada pelos Estados Unidos, conjuntamente com fundos nacionais e com os contributos de outros aliados, para a realização do programa global de modernização das Forças Armadas Portuguesas, incluindo o programa aprovado na NATO para aquela modernização[15].

---

[14] V. Acordo por troca de notas entre o Governo português e o Governo dos Estados Unidos da América respeitante ao apoio fornecido pelos Estados Unidos da América para a segurança e desenvolvimento de Portugal in DR I Série, n.° 104, de 5 de Maio de 1984.

[15] Para a prossecução desse encargo, os Estados Unidos puseram à disposição de Portugal, durante o ano fiscal de 1983, dádivas no montante de 37,5 milhões de dólares

Para além daquela ajuda, ficou ainda previsto no acordo, tendo em vista o bem-estar e desenvolvimento económico de Portugal, a cooperação noutros domínios julgados mutuamente benéficos e sujeitos à existência de fundos disponíveis e outros requisitos legais americanos[16].

A ajuda para a defesa e a ajuda económica para cada um dos anos subsequentes durante a vigência do acordo ficou a depender de fundos disponíveis e da observância de outros requisitos legais norte-americanos[17].

As contrapartidas prestadas são muito relevantes para as forças armadas, em geral, mas também para a Região Autónoma dos Açores, em particular, dado que graças à sua posição geoestratégica privilegiada, é nela que se encontra a Base das Lajes que fora objecto do primeiro acordo internacional, em 1943, celebrado entre Portugal e a Inglaterra.

A presença de contingentes militares estrangeiros na região tem sido pois uma constante nos últimos sessenta anos.

Com o acordo norte-americano de 1995 colocou-se com premência a questão dos custos e benefícios da instalação de forças norte-americanas na ilha Terceira.

Do lado dos custos, referem-se riscos ao nível da segurança e do ambiente, queixas ao nível social e económico, constrangimentos urbanísticos e de ordenamento do território, para além de notícias de violação de direitos dos trabalhadores portugueses naquela estrutura militar[18].

---

e empréstimos com garantia governamental no montante de 52,5 milhões de dólares ao abrigo do programa de ajuda para a segurança. Previa-se ainda o fornecimento, ao abrigo do mesmo programa, de 60 milhões de dólares em dádivas e 45 milhões de dólares em empréstimos com garantia governamental durante o ano fiscal de 1984 (v. acordo cit. na nota anterior).

[16] Ficou expressa a concessão pelos Estados Unidos a Portugal de uma dádiva no montante de 40 milhões de dólares, durante o ano fiscal de 1984, para ajuda não militar, ficando anotada a intenção do Governo português de utilizar aquela dádiva para fins de desenvolvimento económico e social da Região Autónoma dos Açores. Também se anota o projecto de criação de uma Fundação Luso-Americana para o Desenvolvimento, podendo os fins desta incluir, entre outros, a facilidade de assistência técnica, de propostas de investigação e de cooperação científica, cultural e educacional. Ficou ainda em negociação um outro empréstimo quantificado em 25 milhões de dólares no ano fiscal de 1984.

[17] V. acordo cit. na nota 14.

[18] V. caso Élio Rocha e caso do despedimento imediato de um trabalhador que pretendia proteger uma cagarra na reportagem de Micael Pereira (texto) e Tiago Miranda (fotografias) intitulada, A asa americana das Lajes – a base aérea dos Açores sofre de uma doença bipolar lamentada em segredo pelos trabalhadores: pode um território português viver segundo uma lei estrangeira? in Expresso n.º 1788, de 3 de Fevereiro de 2007, Única, p. 48-53.

Do lado dos benefícios, a Base das Lajes depois de ter constituído uma fonte determinante de financiamento do orçamento regional, também é factor vantajoso no âmbito da política internacional e do material militar bem como na economia regional.

Todos estes motivos são registados pela Assembleia Legislativa como tendo um carácter pouco rigoroso, tornando-se necessário um estudo consistente que avalie o real impacte do Acordo de 1995 na Região Autónoma dos Açores. Exigindo que os órgãos próprios da Região tenham uma acção vigilante e activa sobre a vigência de um acordo que se projecta no seu território e, por outro lado, visando permitir que a Região tenha uma posição sustentada e credível sobre o assunto, de modo a tomar posições e ser ouvida em defesa dos interesses dos Açores, a Assembleia Legislativa da Região Autónoma dos Açores deliberou, em 11 de Dezembro de 2004, constituir a Comissão Eventual para a Avaliação do Real Impacto na Região Autónoma dos Açores do Acordo de Cooperação e Defesa entre a República Portuguesa e os Estados Unidos da América, do Acordo Técnico e do Acordo Laboral[19].

Tal comissão composta por 11 deputados (6 do Partido Socialista, 4 do Partido Social-Democrata e 1 do Partido Popular)[20], tem por objecto estudar e avaliar o efectivo impacte na Região Autónoma dos Açores do referido Acordo, designadamente aos níveis social, económico, da segurança, do ambiente, do urbanismo e ordenamento do território, das relações laborais e dos demais aspectos que o trabalho da Comissão venha a identificar[21].

Os trabalhos da Comissão Eventual são públicos, devendo esta fomentar o debate público, auscultar entidades que possam contribuir para a realização dos seus objectivos, pedir, aceitar e discutir contributos técnicos[22].

---

[19] V. Resolução da Assembleia Legislativa Regional n.º 3/2005/A, aprovada em 11 de Dezembro de 2004, in D.R., I Série-B, n.º 14, de 20 de Janeiro de 2005.
V. Declaração de Rectificação n.º 21/2005, de 11 de Março de 2005 in D.R. I Série-B, n.º 56, de 21 de Março de 2006.
V. Discussão em Plenário / Diário da Sessão n.º 005 de 11/12/2004, in http://base.alra.pt
[20] V. artigo 5.º da Resolução n.º 3/2005/A cit.
[21] V. artigo 2.º da Resolução n.º 3/2005/A cit.
[22] V. artigos 3.º e 4.º da Resolução n.º 3/2005/A cit.

Fixado o prazo de 10 meses a contar da constituição da Comissão Eventual para apresentação ao plenário do respectivo relatório[23], verificou-se uma primeira prorrogação desse prazo por oito meses[24].

Uma nova prorrogação, agora até 31 de Dezembro de 2006, é aprovada pela Assembleia Legislativa em 30 de Junho de 2006[25].

Invocando a complexidade da matéria em questão e o elevado número de entidades públicas e privadas a ouvir, a Assembleia Legislativa deliberou uma terceira prorrogação do prazo para apresentação do relatório final da Comissão Eventual, tendo-o fixado em 31 de Maio de 2007[26].

Não dispomos pois ainda desse relatório que deverá então conter a avaliação dos últimos dez anos de cooperação luso-americana quanto à Região Autónoma dos Açores.

6. A concessão de autorização relativa à Base Aérea das Lajes e instalações de apoio

Pelo Acordo vigente, Portugal concede aos Estados Unidos da América a autorização para:

a) a *utilização das instalações* devidamente descritas em anexo[27] necessária à condução de operações das disposições do Tratado do Atlântico Norte ou de decisões tomadas no quadro da Organização do Tratado do Atlântico Norte, não havendo objecção de Portugal;

---

[23] V. artigo 6.º da Resolução n.º 3/2005/A cit.

[24] V. Resolução da Assembleia Legislativa da Região Autónoma dos Açores n.º 11/2005/A, aprovada em 19 de Outubro de 2005, in D.R. I Série-B, n.º 218, de 14 de Novembro de 2005.

[25] V. Resolução da Assembleia Legislativa da Região Autónoma dos Açores n.º 10/2006/A, aprovada em 30 de Junho de 2006, in D.R. I Série, n.º 167, de 30 de Agosto de 2006.

[26] V. Resolução da Assembleia Legislativa da Região Autónoma dos Açores n.º 1/2007/A, aprovada em 23 de Novembro de 2006, in D.R. I Série, n.º 4, de 5 de Janeiro de 2007.

[27] As instalações previstas são a Base Aérea n.º 4 (Lajes) na ilha Terceira e Instalações de apoio que são as áreas, edificações e infra-estruturas afectas a fins militares situadas fora da Base Aérea n.º 4 (Lajes), identificadas nos termos do artigo II do Anexo A ao Acordo Técnico (v. artigo I do mesmo Anexo A). O Anexo A contem regras precisas sobre registo das instalações, acesso às mesmas, custos e áreas de servidão militar.

b) o *trânsito de aviões militares* dos Estados Unidos da América pela Base Aérea n.º 4 (Lajes) ou pelo espaço aéreo dos Açores em missões não previstas na alínea anterior e efectuadas no quadro do Tratado do Atlântico Norte.

Os trânsitos previstos serão objecto de aviso prévio às competentes autoridades portuguesas[28].

A realização de operações militares decorrentes de decisões tomadas no âmbito de outras organizações internacionais, que Portugal tenha apoiado, e de que ambas as Partes sejam membros, se envolver quaisquer pedidos de utilização da Base Aérea n.º 4, estes deverão ser encarados favoravelmente por Portugal[29].

Se os Estados Unidos pretenderem utilizar as instalações referidas em situações diversas das indicadas, deverão obter autorização prévia[30].

No Acordo, prevê-se igualmente uma autorização, para além da mencionada quanto à utilização, para a preparação e manutenção, em colaboração com as autoridades portuguesas, das referidas instalações[31].

Está também prevista uma autorização para o *estacionamento temporário*, na Base e nas instalações de apoio, do pessoal militar e civil dos Estados Unidos da América necessários para a preparação, manutenção, utilização e apoio das instalações e para a execução e apoio das actividades referidas[32].

Está ainda previsto para o pessoal americano e para os navios, veículos e aviões americanos (próprios do Governo ou afretados) o livre acesso e o direito de livre movimentação entre as instalações, incluindo o movimento nas águas interiores, águas territoriais e espaço aéreo sobrejacente dos Açores, respeitando, nas deslocações por terra, as regras nacionais e internacionais aplicáveis e obedecendo, nos movimentos por mar, ao direito e prática internacionais. As ligações terrestres e marítimas serão feitas pela via mais directa e praticável que possa ser usada estando as condições de sobrevoo estabelecidas em anexo[33].

---

[28] V. artigo I, n.os 1 e 2 do Acordo Técnico.
[29] V. artigo I, n.º 3 do Acordo Técnico.
[30] V. artigo I, n.º 4 do Acordo Técnico.
[31] V. artigo I, n.º 5 do Acordo Técnico.
[32] V. artigo I, n.º 6 do Acordo Técnico. É no Anexo B que se contempla a matéria do pessoal americano nos Açores que abrange pessoal estacionado, até ao limite de 3000 e pessoal rotativo até ao limite de 3500, em tempo de paz.
[33] V. artigo I, n.º 7 do Acordo Técnico, cujo anexo C estabelece as operações de

Os Estados Unidos podem ainda armazenar e manter munições e explosivos convencionais nas instalações especificamente indicadas para esse efeito[34].

As Forças dos Estados Unidos estão autorizadas, a título de cortesia, a hastear a bandeira dos Estados Unidos ao lado da bandeira de Portugal, em frente do edifício do seu comando[35].

A Base Aérea n.° 4 (Lajes) e as suas instalações são de comando das Forças Armadas Portuguesas enquanto as Forças dos Estados Unidos estão subordinadas ao comandante das Forças dos Estados Unidos, que exerce também o comando e o controlo sobre o equipamento e material dos Estados Unidos e sobre as instalações de uso exclusivo dos Estados Unidos[36].

As relações entre o comando das Forças dos Estados Unidos e as autoridades portuguesas são estabelecidas através do comando da Base Aérea n.° 4 (Lajes)[37].

O estatuto das Forças dos Estados Unidos, assim como o dos seus membros, dos membros do elemento civil e das pessoas a cargo é regulado pelo Acordo Técnico e seus anexos[38] e a título excepcional pelo disposto na Convenção entre os Estados partes no Tratado do Atlântico Norte relativa ao Estatuto das suas Forças, de 19 de Junho de 1951 (NATO SOFA)[39], devendo respeito à lei portuguesa e abstendo-se de qualquer actividade contrária ao espírito do Acordo[40].

---

voo. Aí se prevê também a utilização do aeroporto de Santa Maria como alternativa primária da Base Aérea n.° 4 (Lajes) bem como as condições de utilização dos aeroportos de Ponta Delgada, Faial, S. Jorge e Graciosa.

[34] V. artigo I, n.° 8 do Acordo Técnico.

[35] V. artigo II do Acordo Técnico sobre símbolos de soberania.

[36] V. artigo III do Acordo Técnico relativo ao comando e relações funcionais. O aeródromo e as respectivas instalações de controlo de tráfego aéreo serão operadas em conjunto conforme especificado no anexo D (v. artigo III, n.° 7). O comandante da Base Aérea é responsável pela defesa e segurança da Base e das instalações de apoio, assim como pela manutenção da ordem nessas áreas, conforme especificado no anexo E (artigo III, n.° 8). A instalação de apoio no porto da praia da Vitória (porto militar que é uma instalação de uso comum) será utilizada conforme especificado no anexo F (artigo III, n.° 9). As comunicações de serviço móvel marítimo serão executadas conforme especificado no anexo G (v. artigo III, n.° 10).

[37] Com excepção do disposto no anexo H (v. artigo III, n.° 11 do Acordo Técnico).

[38] V. Anexos H, I e J do Acordo Técnico.

[39] V. artigo IV do Acordo Técnico e nota 10 supra.

[40] V. artigo IV, n.° 2 do Acordo Técnico.

Parte importante do Acordo Técnico[41] é dedicada à repartição de responsabilidades pela construção, manutenção, custos e processo das instalações bem como direitos de propriedade. Pode dizer-se "grosso modo" que as instalações de uso exclusivo das Forças dos Estados Unidos são, quanto à construção, equipamento e manutenção, da responsabilidade dos EUA, enquanto que as de uso comum são da responsabilidade, individual ou conjunta, dos dois Estados. A responsabilidade pelo arrendamento, expropriação ou aquisição de terrenos a utilizar é do Estado português, sendo sua propriedade todas as edificações, estruturas e montagens ligadas ao solo, incluindo as respectivas redes eléctrica e telefónicas de qualquer natureza e sistemas sanitários e de aquecimento desde o final da sua construção ainda que sejam utilizadas inteiramente pelas Forças dos Estados Unidos durante a vigência do acordo. Nem Portugal deverá indemnizar os Estados Unidos quando deixem de utilizar esses bens nem tão pouco receberá qualquer renda pelas instalações concedidas.

Quanto ao material móvel que pertença aos Estados Unidos, incluindo equipamento, maquinaria, abastecimento e estruturas temporárias pode ser removido em qualquer altura.

Se o equipamento for essencial ao funcionamento da Base Aérea n.º 4, e não se tratar de material classificado e de equipamento de que os Estados Unidos necessitem em qualquer outro lugar, não poderá ser removido sem que seja dada a Portugal oportunidade de o adquirir. Os Estados Unidos tentarão ainda utilizar o mercado português na aquisição de bens e serviços[42].

Para facilitar a implementação do Acordo Técnico, é criada uma comissão técnica, constituída por representantes do Ministério da Defesa Português e do Departamento de Defesa dos Estados Unidos[43].

Após o termo do Acordo, os Estados Unidos disporão de um período de 12 meses para a completa evacuação do pessoal, equipamento e materiais existentes nas instalações concedidas[44].

---

[41] V. artigos V e VI do Acordo Técnico.
[42] V. artigo VIII do Acordo Técnico.
[43] V. artigo IX do Acordo Técnico.
[44] V. artigos X do Acordo Técnico e X, n.º 2 do Acordo de Cooperação e Defesa.

7. O post-11 de Setembro

A Base Aérea das Lajes que abriga a 65.ª Esquadrilha de base aérea americana[45], tem sido considerada como um bom exemplo de cooperação aliada no âmbito da NATO[46].

Após os ataques terroristas de 11 de Setembro de 2001, os Aliados decidiram invocar o artigo 5.° do Tratado de Washington e acordaram, a pedido dos Estados Unidos, em tomar oito medidas, individual ou colectivamente, para aumentar as opções disponíveis na campanha contra o terrorismo. Entre elas, avultam o fornecimento de "blanket overflight clearances" às aeronaves dos Estados Unidos e de outros Aliados, de acordo com os necessários acordos de tráfego aéreo e procedimentos nacionais, para voos militares relacionados com operações contra o terrorismo bem como o acesso dos Estados Unidos e outros aliados a portos e aeródromos no território da NATO para operações contra o terrorismo, incluindo para reabastecimento, de acordo com os procedimentos nacionais[47].

Como atrás se referiu, o Parlamento Europeu tem-se debruçado sobre a existência de actividades envolvendo serviços de informação e organizações militares que não são objecto de controlo democrático adequado, decidindo mesmo criar uma comissão temporária sobre a presumível utilização pela CIA (Central Intelligence Agency) de países europeus para o transporte e detenção ilegais de prisioneiros[48].

---

[45] V. website: http: www.lajes.af.mil que refere que a 65.° esquadrilha de base aérea (65th Air Base Wing) é uma unidade americana estacionada no campo das Lajes, Açores e é a maior organização militar americana nos Açores. Esta esquadrilha fornece apoio de base e de trânsito ao Departamento de Defesa, nações aliadas e outras aeronaves autorizadas em trânsito, incluindo as dos Países Baixos, Bélgica, Canadá, França, Itália, Colômbia, Alemanha, Venezuela e Reino Unido.

[46] V. JAIME GAMA, então Ministro dos Negócios Estrangeiros de Portugal, *Portugal and the transformed NATO*, in NATO REWIEW, webedition, n.° 4, Julho 1996, vol. 44, p.web 4.

[47] V. comunicado à imprensa do Secretário Geral da NATO, Lord Robertson, em 4 de Outubro de 2001, in http://www.nato.int/docu/speech/2001.

[48] V. Decisão do P.E. de 18 de Janeiro de 2006, referente à criação da Comissão temporária na nota 7.
Esta comissão é presidida pelo Eurodeputado português Carlos Coelho (PSD – Grupo do Partido Popular Europeu (Democratas-Cristãos) e dos Democratas Europeus) e integra a Eurodeputada portuguesa Ana Maria Gomes (PS – Grupo Socialista Europeu).

No extenso relatório do Deputado relator GIOVANNI CLAUDIO FAVO[49], e focando apenas o aspecto que nos interessa aqui relevar, sublinha-se o descontentamento parlamentar acerca da recusa quer do anterior, quer do actual Secretário-Geral da NATO, Lord Robertson e Jaap de Hoop Scheffer respectivamente, em comparecer perante a comissão temporária, e acerca da resposta negativa da NATO ao pedido de acesso à decisão do Conselho do Atlântico Norte, de 4 de Outubro de 2001, relativa à execução do artigo 5.° do Tratado do Atlântico Norte em sequência dos ataques perpetrados em 11 de Setembro contra os Estados Unidos[50].

Não é possível assim apurar mais sobre o conteúdo da decisão.

Quanto aos voos operados pela CIA que foram utilizados no contexto de programas de entregas extraordinárias ou do transporte ilegal de detidos refere-se que houve pelo menos 1245 que sobrevoaram o espaço aéreo europeu ou fizeram escala em aeroportos europeus[51].

Colocou-se a questão de saber se o sobrevoo geral e as autorizações de escala concedidas às aeronaves da CIA se basearam *inter alia* no referido Acordo da NATO relativo à execução do Artigo 5.° do Tratado do Atlântico Norte[52].

Regista-se a utilização pela CIA das normas internacionais sobre a aviação civil de modo a contornar as obrigações jurídicas delas decorrentes relativas às aeronaves estatais, nomeadamente as utilizadas pelo exército e pela polícia tal como previstas na Convenção de Chicago[53].

---

[49] V. Projecto de Relatório sobre a alegada utilização de países europeus pela CIA para o transporte e a detenção ilegal de prisioneiros, de 24.11.2006 (Doc. Provisório-2006/2200(INI) – PE 382.246V01-00).

V. relatório final, de 30.1.2007 (Final A6-0020/2007 (PE 382.246v02-00).

O relatório final foi aprovado em 14 de Fevereiro de 2007 por 382 votos a favor, 256 contra e 74 abstenções (http://www.europarl.europa.eu/news/expert/infopress).

[50] V. Projecto de Relatório cit., § 25.

No relatório final o P.E. reitera o seu pedido no sentido de tornar público o documento em causa e de, no mínimo, prestar informações sobre o seu conteúdo e a sua aplicação no passado e no presente, sobre se ainda está em vigor e sobre se os voos da CIA foram efectuados no âmbito do mesmo (v. § 34.°).

[51] V. Projecto de relatório cit., §§ 32 e 33 e relatório final cit. §§ 42 e 43.

[52] V. Projecto de relatório cit., § 34 e relatório final cit., § 44.

[53] V. Projecto de relatório cit., § 36 e relatório final cit. § 46.

A Convenção sobre a Aviação Civil Internacional, Convenção de Chicago de 7 de Dezembro de 1944, foi ratificada por Portugal em 28 de Abril de 1948 (in Diário do Governo, I Série, n.° 98, de 28 de Abril de 1948).

Com efeito, no artigo 3.° prevê-se a aplicação da Convenção apenas às aeronaves civis e não às do Estado (considerando-se como sendo do Estado as usadas nos serviços

Anota-se contudo que o artigo 1.° da Convenção de Chicago estabelece o princípio segundo o qual todos os Estados gozam de soberania total e exclusiva sobre o espaço aéreo sobrejacente ao seu território, estranhando-se que certos governos europeus não tenham tido conhecimento das actividades associadas às entregas extraordinárias que ocorreram no respectivo território[54].

No relatório, analisa-se a questão das entregas extraordinárias e utilização indevida do espaço aéreo e dos aeroportos em vários países: Itália, Reino Unido, Alemanha, Suécia, Áustria, Espanha, Portugal, Irlanda, Grécia, Chipre, Dinamarca, Turquia, Antiga República Jugoslávia da Macedónia, Bósnia-Herzegovina e outros países europeus[55].

Quanto a Portugal há uma diferença assinalável entre o projecto de relatório que continha apenas dois parágrafos[56] e o relatório final já com seis parágrafos[57].

---

militares, aduaneiros e policiais) e no artigo 5.° consagra-se o direito de voo em serviço não regular. Dispõe-se que: "Cada Estado contratante acorda em que todas as aeronaves dos outros Estados contratantes que não sejam afectas aos serviços aéreos internacionais regulares terão o direito, sob a condição de serem observadas as disposições desta Convenção, de sobrevoar o seu território, quer para nele entrar, quer para o atravessar sem aterrar, e de nele fazer escalas não comerciais sem prévia autorização, sob reserva contudo do direito de o Estado sobrevoado exigir, em qualquer caso, a aterragem. Os Estados contratantes reservam-se, todavia, o direito de exigir que, por razões de segurança de voo, as aeronaves que pretendam voar sobre regiões inacessíveis ou desprovidas de facilidades de navegação aérea adequadas sigam determinadas rotas ou obtenham autorização especial para esses voos."

[54] V. Projecto de relatório cit., §§ 35 e 37 e relatório final cit., §§ 45 e 47.

[55] V. Projecto de relatório cit., §§ 39.° a 117.° e relatório final §§ 49.° a 147.°. No relatório final, acrescenta-se a Bélgica (v. §§ 130.° e 131.°).

Também são analisados os casos de instalações de detenções secretas na Roménia, Polónia e Kosovo (v. Projecto de relatório cit., §§ 118.° a 147.° e Relatório final, §§ 148.° a 182.°.

[56] V. Projecto de relatório cit., §§ 97 e 98 cujo teor é o seguinte:

"97. Regista a criação de um grupo de trabalho interministerial, em 26 de Setembro de 2006, pelo Ministério dos Negócios Estrangeiros português a fim de examinar os procedimentos seguidos e eventuais lacunas existentes no sistema que permitiram escalas de aeronaves operadas pela CIA em aeroportos portugueses.

98. Manifesta a sua profunda preocupação pelas 91 escalas de aeronaves operadas pela CIA em aeroportos portugueses que, em numerosos casos, eram provenientes ou se dirigiam para países associados a circuitos de entregas extraordinárias ou de transferência de detidos; lamenta as escalas nos aeroportos portugueses de aeronaves relativamente às quais se veio a constatar que permitiram à CIA, noutras ocasiões proceder às entregas extraordinárias de Ahmed Agiza, Mohammed El-Zari, Bisher Al-Rawi, Jamil El-Banna,

A comunicação social portuguesa noticiou abundantemente o assunto dos voos da CIA; relevando a pouca ou nenhuma colaboração entre Deputados ao Parlamento Europeu e Assembleia da República e Governo. Aliás a falta de colaboração das entidades nacionais com os Eurodeputados é um problema constante e verifica-se a todos os níveis.

Abou Elkassim Britel, Khaled El-Masri, Binyam Mohammed, Abu Omar e Maher Arar; manifesta ainda uma inquietação particular pelo facto de dos voos acima mencionados, três serem provenientes ou terem por destino Guantanamo; encoraja vivamente os Procuradores portugueses a investigar mais profundamente estes voos."

[57] V. relatório final cit., §§ 115 a 120, do seguinte teor:

"115. Congratula-se com a reunião efectuada em Lisboa com o Ministro dos Negócios Estrangeiros de Portugal e com o facto de o Governo português ter apresentado documentos e explicações; lamenta que as autoridades portuguesas não tenham podido, ou não tenham querido, responder a todas as questões suscitadas pela delegação da Comissão Temporária enviada a Portugal;

116. Solicita às autoridades portuguesas que investiguem o caso de Abdurahman Khadr, alegadamente transportado a bordo do Gulfstream IV N85VM de Guantânamo para Tuzla, na Bósnia-Herzegovina, em 6 de Novembro de 2003, com escala em Santa Maria, nas ilhas dos Açores, em 7 de Novembro de 2003; exorta as autoridades portuguesas a investigarem este caso, bem como o de outras eventuais vítimas transportadas através de território português, com vista a determinar se deve haver lugar a compensações por violação dos Direitos Humanos;

117. Congratula-se com a criação de um grupo de trabalho interministerial, em 26 de Setembro de 2006, e com a entrada em vigor, em 13 de Outubro de 2006, de um regulamento que estipula a obrigatoriedade da entrega às autoridades fronteiriças portuguesas das listas com os nomes dos membros das tripulações e dos passageiros de voos privados;

118. Lamenta que os antigos Ministros da Defesa, Paulo Portas, e do Interior, António Figueiredo Lopes, tenham declinado o convite para um encontro com a delegação da Comissão Temporária;

119. Observa que algumas das 91 escalas efectuadas em Portugal permitiram à CIA e às forças militares dos Estados Unidos proceder às extradições não judiciais de Bisher Al-Rawi, Jamil El-Banna, Khaled El-Masri, Binyam Mohammed e Abu Omar, bem como às expulsões de Ahmed Agiza e Mohammed El Zari; manifesta ainda a sua particular inquietação pelo facto de, dos voos mencionados, pelo menos três serem provenientes de, ou terem por destino, Guantânamo; assinala que as aeronaves implicadas nas extradições não judiciais de Maher Arar e de Abu Elkassim Britel fizeram escala em Portugal aquando dos voos de regresso;

120. Manifesta a sua profunda preocupação pela lista suplementar que a Comissão Temporária obteve e cuja autenticidade o Governo português não desmentiu, que indica que, para além das 91 escalas efectuadas, aeronaves de vários países com destino a, ou provenientes de Guantânamo realizaram 17 escalas (incluindo as 3 que constam das listas do Eurocontrol) em aeroportos portugueses das Lajes e de Santa Maria, entre 11 de Janeiro de 2002 e 24 de Junho de 2006";

Também foi noticiado pelo Procurador-Geral da República português que iniciaria as competentes investigações.

O relatório final sofreu múltiplas alterações que dão conta do ambiente político vivido[58].

Vemos que no § 120 do projecto de relatório se faz referência aos aeroportos açorianos das Lajes e de Santa Maria, referências que desapareceram no relatório final.

As questões que se levantaram (para além naturalmente dos problemas de violação de direitos humanos) e que se prendem com a utilização do espaço aéreo, acabam por não obter esclarecimento.

---

[58] Assim, no § 115, foi aprovada a alteração 229, por 487 votos a favor, 200 contra e 17 abstenções segundo a qual é eliminada a expressão "ou não tenham querido";

Foi aprovada a alteração 230, a inserir após o § 115, segundo a qual: "Congratula-se com a investigação criminal à eventual utilização do território português para a transferência de prisioneiros suspeitos de terrorismo e sujeitos a tortura e a um tratamento cruel, desumano e degradante, iniciada em 5 de Fevereiro de 2007 pelas autoridades competentes em Portugal".

Ao § 116.º é aprovada a alteração 231 que reformula a 1.ª parte e elimina a 2.ª, passando a referir o seguinte: "Constata, em particular, o caso de Abdurahman Khadr, alegadamente transportado a bordo do Gulfstream IV N85VM de Guantânamo para Tuzla, na Bósnia-Herzegovina, em 6 de Novembro de 2003, com escala num aeroporto português, em 7 de Novembro de 2003; exorta também as autoridades a investigarem outros possíveis casos de detidos transportados através de território português."

O § 117.º não sofreu alterações.

O § 118.º foi rejeitado por 396 votos contra, 295 a favor e 17 abstenções, pelo que não integrará o texto final.

O § 119.º foi objecto da alteração 16, 1.ª parte, passando a referir mais genericamente: "Regista as 91 escalas de aeronaves operadas pela CIA em aeroportos portugueses e expressa a sua profunda preocupação acerca do propósito de tais voos, os quais eram provenientes de – ou dirigiam-se a – países ligados ao circuito das extradições não judiciais e da transferência de detidos."

O § 120.º também sofreu uma alteração (alteração 233.º) passando a referir: "Manifesta a sua preocupação pela lista suplementar que a Comissão Temporária obteve, que indica que, para além das 91 escalas efectuadas, aeronaves civis e militares de vários países com destino a – ou provenientes de – Guantânamo que, entre 11 de Janeiro de 2002 e 24 de Junho de 2006, utilizaram o espaço aéreo português e realizaram mais 14 escalas em aeroportos portugueses; verifica que o Governo português forneceu informações relativamente a 7 dessas escalas efectuadas no âmbito da operação "Enduring Freedom"".

A alteração 265 que referia "ser improvável que os Governos portugueses então em funções, incluindo o Governo encabeçado pelo actual Presidente da Comissão Europeia, não estivessem ao corrente da natureza dos voos da CIA e do programa de extradições não judiciais"", foi rejeitada por 584 votos contra, 50 a favor e 60 abstenções.

V. estas alterações in http://www.europarl.europa.eu/news/expert/infopress.

Haverá ou não, para além das actividades conduzidas pelas entidades judiciárias em vários países como a Alemanha, a Itália e a Espanha, e atendendo a que lidamos com informações confidenciais ou classificadas, problemas de violação de direitos de soberania?

A estas momentosas questões não poderemos ainda responder neste ensejo, mas elas não deixam de pertencer, do nosso ponto de vista, à temática complexa da conciliação entre liberdade, segurança e desenvolvimento.

Lisboa, 26 de Fevereiro de 2007

IN HOUSE: DESENVOLVIMENTOS RECENTES
DA JURISPRUDÊNCIA DO TRIBUNAL DE JUSTIÇA
DAS COMUNIDADES EUROPEIAS

MARIA JOSÉ RANGEL DE MESQUITA[*]

SUMÁRIO: *1. Considerações introdutórias. 2. O contributo da jurisprudência do Tribunal de Justiça para a construção do conceito de* in house: *do caso* Teckal *ao caso* Carbotermo*: 2.1. O caso* Teckal*; 2.2. O caso* Stadt Halle*; 2.3. O caso* Coname*; 2.4. O caso* Parking Brixen*; 2.5. O caso* Comissão c. Áustria*; 2.6. O caso* ANAV*; 2.7. O caso* Carbotermo*. 3. Sobre a evolução da jurisprudência do Tribunal de Justiça.*

1. Considerações introdutórias

A harmonização, por via comunitária, dos direitos nacionais em matéria de contratação pública, alicerçada no direito originário, tem vindo a impôr obrigações de resultado aos Estados membros, com a consequente limitação da liberdade do legislador nacional. Com efeito, o essencial daquela harmonização é consubstanciado em directivas – actos de direito derivado que vinculam os Estados membros destinatários quanto aos fins, mas não quanto à forma e aos meios – pelo que se impõe a vinculação dos Estados membros e do respectivo legislador aos fins prosseguidos pelas sucessivas directivas aprovadas pelos órgãos comunitários competentes.

Todavia, na matéria em causa, não pode olvidar-se que, por um lado, a harmonização progressiva levada a cabo pela via do direito derivado não pode dissociar-se de um enquadramento mais amplo nas normas e princípios consagrados no direito originário, em particular no Tratado que insti-

---

[*] Professora Auxiliar da Faculdade de Direito da Universidade de Lisboa.

tui a Comunidade Europeia (TCE), e, por outro lado, que as fontes relevantes não se limitam às directivas, enquanto acto de direito derivado e instrumento por excelência de harmonização de legislações[1-2] – sendo de considerar por isso não só os actos atípicos de órgãos comunitários, como é o caso das *comunicações* da Comissão, mas também a *jurisprudência* do Tribunal de Justiça das Comunidades Europeias (TJ).

No domínio da interpretação e aplicação das normas de direito comunitário em matéria de contratos públicos, tal como em outros domínios que se enquadram nas atribuições da União Europeia, o Tribunal de Justiça das Comunidades Europeias tem desempenhado um papel relevante, fazendo juz à importância da sua jurisprudência no âmbito do sistema de fontes da ordem jurídica da União Europeia.

---

[1] Directivas 2004/17/CE do Parlamento Europeu e do Conselho, de 31 de Março de 2004, relativa à coordenação dos processos de adjudicação de contratos no sector da água, da energia, dos transportes e dos serviços postais, e 2004/18/CE do Parlamento Europeu e do Conselho, de 31 de Março de 2004, relativa à coordenação dos processos de adjudicação dos contratos de empreitada de obras públicas, dos contratos públicos de fornecimento e dos contratos públicos de serviços (JO L 134 de 30/04/2004, respectivamente p. 1 e p. 114 e ss.). Ambas foram modificadas pelo Regulamento (CE) n.° 1874/2004, de 28 de Outubro de 2004 (JO L 326, de 29/10/2004, p. 17), pela Directiva 2005/51/CE da Comissão de 7 de Setembro de 2005 (JO L 257, de 1/10/2005, p. 127) e pelo Regulamento (CE) n.° 2083/2005 da Comissão de 19 de Dezembro de 2005 (JO L 333, de 20/12/2005, p. 28).

[2] Em termos de enquadramento, e tendo em conta o período temporal abrangido pela jurisprudência relevante do TJ, há que considerar os actos de direito derivado anteriores, alguns dos quais revogados pela novas directivas em matéria de contratação pública. Trata-se da Directiva 93/38/CEE do Conselho, de 14 de Junho de 1993, relativa à coordenação dos processos de celebração de contratos nos sectores da água, da energia, dos transportes e das telecomunicações (JO L 199, de 9/8/1993, p. 84) – revogada pelo artigo 73.° da Directiva 2004/17/CE; das Directivas 93/36/CEE do Conselho, de 14 de Junho de 1993, relativa à coordenação dos processos de adjudicação dos contratos públicos de fornecimento (JO L 199, de 9/8/1993, p. 1), 93/37/CEE do Conselho, de 14 de Junho de 1993 relativa à coordenação dos processos de adjudicação de empreitadas de obras públicas (JO L 199, de 9/8/1993, p. 54) e da Directiva 92/50/CEE do Conselho, de 18 de Junho de 1992, relativa à coordenação dos processos de adjudicação de contratos públicos de serviços (JO L 209, de 24/7/1992, p. 1) – todas revogadas pelo artigo 82.° da Directiva 2004/18/CE, com excepção do artigo 41.° da Directiva 92/50/CEE; e, por fim, da Directiva "recursos" – Directiva 89/665/CEE do Conselho, de 21 de Dezembro de 1989, que coordena as disposições legislativas, regulamentares e administrativas relativas à aplicação dos processos de recurso em matéria de adjudicação dos contratos de direito público de obras e de fornecimentos (JO L 395, p. 33), com a redacção da Directiva 92/50/CEE, cit., e com a redacção que, por sua vez, lhe foi dada pela Directiva 97/52/CE do Parlamento Europeu e do Conselho, de 13 de Outubro de 1997 (JO L 328, p. 1).

Entre as obrigações decorrentes da ordem jurídica comunitária em matéria de contratação pública e a margem de liberdade deixada aos Estados membros, não só pela margem de actuação que estes mantém quanto à forma e aos meios para atingir os fins traçados pelo direito derivado, mas também pelo espaço normativo não abrangido pelo âmbito de aplicação do direito derivado, em consonância com o princípio da subsidiariedade, o Tribunal de Justiça, não perdendo de vista a incontornável aplicação de princípios fundamentais da ordem jurídica da União Europeia, tem vindo a delinear um conceito[3] relevante *prima facie* consentâneo com os referidos margem de liberdade e princípio da subsidiariedade: o conceito de contratação ou prestação *in house*, isto é, "dentro de casa" ou interna[4].

Relativamente a tal conceito é possível considerar um sentido restrito e um sentido amplo: o primeiro, reportando-se a «adjudicações internas (prestações destinadas à própria entidade)»[5]; o segundo, reportando-se a «adjudicações feitas a uma instituição distinta da entidade adjudicante, com personalidade jurídica»[6] e também referenciado pela Advogada-Geral Christine Stix-Hackl como «quase in house»[7]. Na introdução das suas Conclusões apresentadas no caso *Parking Brixen*, a Advogada-Geral Juliane Kokott retoma a distinção: contratos *in house stricto sensu* consistem em «operações através das quais um organismo de direito público adjudica um contrato a um dos seus serviços não dotado de personalidade jurídica própria» e que «não entram no campo de aplicação do direito dos

---

[3] Sem prejuízo de a Comissão lhe fazer algumas referências incidentais, como sucede, entre outros casos, no Livro Verde sobre Serviços de Interesse Geral (COM (2003) 270 final, de 21/5/2003, n.º 80 (referindo-se a «operadores de serviços internos») – v. Chiara ALBERTI, *Appalti* in house, *concessioni* in house *ed esternalizzazione*, Rivista Italiana di Diritto Pubblico Comunitario (RIDPC), 2001, pp. 510-511, e Giannangelo MARCHEGIANI, *Alcune considerazioni in tema di diritto comunitario concernente le concessioni ed i c.d. «affidamenti* in house*»*, RIDPC, 2004, p. 969 e nota (54).

[4] Sucessivamente, acórdãos do TJ de 18/11/1999 (5.ª Secção), *Teckal*, proc.º C-107/98, Col., p. I-8121; de 11/01/2005 (1.ª Secção), *Stadt Halle*, proc.º C-26/03, Col., p. I-1; de 21/07/2005 (Grande Secção), *Coname*, proc.º C-231/03, Col., p. I-7287; de 13/10/2005 (1.ª Secção), *Parking Brixen*, proc.º C-458/03, Col., p. I-8612; de 10/11/2005 (1.ª Secção), *Mödling*, proc.º C-29/04, Col., p. I-9705; de 6/04/2006 (1.ª Secção), *ANAV*, proc.º C-410/04, Col., p. I-3303; de 11/05/2006 (1.ª Secção), *Carbotermo*, proc.º C-340/04, Col., p. I-4137.

[5] Conclusões apresentadas em 23/9/2004 pela Advogada-Geral Christine Stix-Hackl no caso *Stadt Halle*, cit., IV, n.º 49.

[6] *Idem*

[7] *Ibidem*.

contratos públicos porque se trata de operações puramente internas à administração»; contratos *in house lato sensu* (ou «quase *in house*») consistem em «situações em que os poderes adjudicantes concluem contratos com sociedade por si controladas, dotadas de personalidade jurídica própria» e «colocam regularmente uma questão complexa de delimitação, a de saber se existe ou não obrigação de publicar um aviso de contratação»[8-9-10-11]. Nestas situações «faltará qualquer carácter de alteridade, já que o *controlo* exercido pelo sujeito adjudicante sobre o adjudicatário é tal que anula por inteiro a vontade negocial e a autonomia deste último»[12].

Desenvolvido em sede de sucessiva jurisprudência do Tribunal de Justiça, o conceito de *in house lato sensu* – ou *quase in house* –, que se prende com a questão da evolução da gestão interna por parte da administração para a externalização do serviço[13], tende hoje a contaminar outras fontes de direito comunitário, sendo objecto de referência em propostas de actos legislativos[14] e em actos atípicos de *soft law*[15-16]. Acresce que, no

---

[8] Conclusões apresentadas em 1/3/2005 pela Advogada-Geral Juliane Kokott no caso *Parking Brixen,* cit., I, 2.

[9] Nas Conclusões apresentadas em 1/7/1999, pelo Advogado-Geral Georges Cosmas, no caso *Teckal,* já fora feita uma referência a «procedimento dito "in house"», ou seja, o «caso em que o poder adjudicante recorre aos seus próprios recursos para o fornecimento dos produtos que pretende» (n.º 54 e nota 35) – trata-se do conceito restrito de prestação *in house*. V. no quadro da Directiva 92/50/CEE, Philippe FLAMME e Maurice-André FLAMME, *Les marchés publics de services et la coordination de leurs procédures de passation (Directive 92/50/CEE du 18 juin 1992),* Revue du Marché commun et de l'Union européenne (RMCUE), 1993, n.º 365, p. 157, par. 16.

[10] Nas Conclusões apresentadas em 15/6/2000 pelo Advogado-Geral Philippe Léger no caso *ARGE,* proc.º C-94/99, é também feita uma referência a «prestações qualificadas como "in house" que designam as prestações fornecidas a uma autoridade pública pelos seus próprios serviços ou por serviços em posição de dependência, ainda que organicamente distintos» as quais não são abrangidas pelo âmbito de aplicação do direito derivado (VI, B, n.º 51).

[11] Na expressão de Massimo CAPANTINI, «a relação entre administração adjudicante e sujeito adjudicatário é assimilável à delegação interorgânica (...) (ou *prolongamento administrativo*)» – *Contratto di servizio e affidamenti* in house, RIDPC, 2004, p. 814. Utilizando a mesma expressão, Chiara ALBERTI, *Appalti...,* p. 519.

[12] Massimo CAPANTINI, *Contratto...,* p. 814.

[13] Neste sentido, Marco GIORELLO, *L'affidamento dei servizi pubblici locali tra diritto comunitario e diritto italiano,* RIDPC, 2004, pp. 936-937.

[14] Proposta revista de Regulamento do Conselho e do Parlamento Europeu relativo aos serviços públicos de transporte de passageiros por via férrea e estrada (COM (2005) 319 final, de 20/07/2005) – artigos 2.º, *j*), e 5.º, n.º 2. A proposta de Regulamento intro-

presente, se encontra pendente no Tribunal de Justiça um processo de questões prejudiciais de interpretação[17] cujo desfecho poderá ser relevante para a subsistência do conceito de *in house* e, consequentemente, para a determinação da margem de liberdade de actuação dos Estados membros e das entidades públicas em matéria de contratação.

Não obstante os sucessivos acórdãos do Tribunal de Justiça relevantes em matéria de *in house* terem sido proferidos no quadro de situações jurídicas com contornos distintos (e, por isso, não idênticas) e estando em causa actos de direito comunitário derivado diferentes, o seu contributo para a interpretação e aplicação do direito comunitário em matéria de contratação pública afigura-se muito relevante, senão fundamental – suscitando todavia diversas questões jurídicas pertinentes que não se encontram ainda devidamente esclarecidas por aquele órgão jurisdicional, nomeadamente o afastamento das regras e princípios relevantes do Direito Comunitário originário ou a tutela dos agentes que

---

duz a noção de «operador interno», retomando o primeiro dos critérios definidos pelo TJ no acórdão *Teckal*, e prevê a adjudicação de contratos de serviços públicos por ajuste directo a tais *operadores internos*. A proposta vai no entanto mais além da jurisprudência, na medida em que não só se refere a controlo *completo e análogo*, mas também porque enuncia os elementos a ter em conta na apreciação de tal *controlo completo e análogo* ao exercido pela entidade (adjudicante) competente sobre os seus próprios serviços: o nível de presença nos órgãos de administração, direcção ou supervisão, as respectivas especificações nos estatutos, a propriedade, a influência e o controlo efectivos sobre as decisões estratégicas e as decisões individuais de gestão [artigo 2.°, *j*), 2.° parágrafo]. Além disso, a proposta impõe ainda requisitos adicionais em relação ao «operador interno» e qualquer entidade sobre a qual aquele detenha uma influência, mesmo mínima: exercício integral das suas actividades (no caso, de transporte público de passageiros) *dentro* do território da autoridade competente e não participação em processos de abertura à concorrência organizados *fora* do território da autoridade competente.

[15] É o caso da *Comunicação interpretativa da Comissão sobre as concessões em direito comunitário* (2000/C 121/02, JO C 121, de 29/4/2000), n.° 2.4. Sobre a sua caracterização como *soft law* vide Chiara ALBERTI, *Appalti...*, pp. 507-510.

[16] O conceito não integrou, todavia, o novo regime comunitário relativo aos contratos públicos constante das Directivas 2004/17/CE e 2004/18/CE – sublinhando tal ausência, Maria João ESTORNINHO, *Direito Europeu dos Contratos Públicos. Um Olhar Português*, Coimbra, Almedina, 2006, p. 81, que se refere à figura como «prestação integrada» ou seja, «situações de falta de alteridade entre a entidade adjudicadora e o seu co--contratante» (*idem*).

[17] Pedido de decisão prejudicial apresentado pelo Tribunal Supremo de Espanha (secção do contencioso administrativo), de 1 de Abril de 2005, *ASEMFO/TRAGSA*, proc.° C-295/05 (JO C 257, de 15/10/2005, p. 2). As Conclusões do Advogado-Geral L. A. Geelhoed foram apresentadas em 21 de Setembro de 2006.

poderiam ter interesse em contratar em caso de modificação das circunstâncias justificativas da contratação *in house*. E o conceito delineado pelo TJ, ainda que em termos progressivamente mais restritivos, não deixa de suscitar uma questão fundamental: em que medida a interpretação do TJ do direito derivado, configurando uma *excepção* à aplicação das directivas sobre contratos públicos e respectivo regime, não é feita em detrimento de uma garantia fundamental inerente ao estabelecimento e funcionamento do mercado interno, sobretudo após o impulso que lhe foi dado pelas alterações introduzidas pelo Acto Único Europeu no Tratado de Roma – a existência de um regime que assegure que a concorrência não seja falseada nesse mesmo mercado[18] – e, ainda, em detrimento de princípios fundamentais consagrados pelo direito originário e, inclusive, de direitos fundamentais – como é o caso do princípio da não discriminação em razão da nacionalidade, e do direito de estabelecimento ou de livre prestação de serviços[19]. Com efeito, se a contratação *in house* significar uma dupla não aplicação, quer das normas de direito derivado, quer das próprias normas e princípios constantes do Tratado CE, traduzir-se-ia na ausência total de concorrência em detrimento dos agentes económicos do mercado interno, porventura inaceitável, a que acresce o facto de o respectivo controlo, na perspectiva dos agentes do mercado interno, se afigurar difícil após o momento da contratação inicial à margem daquelas normas.

2. O contributo da jurisprudência do Tribunal de Justiça para a construção do conceito de *in house:* do caso *Teckal* ao caso *Carbotermo*

Mesmo antes do acórdão do TJ que definiu os requisitos da contratação *in house* (*lato sensu*), a problemática em causa – de contratação, por entidades públicas, à margem da aplicação das regras e princípios de direito comunitário, derivado ou mesmo originário – fora já abordada (a título incidental) por dois Advogados-Gerais: o Advogado-

---

[18] Cf. artigo 3.º, n.º 1, *g*), do Tratado CE. Saliente-se aliás que, no Tratado que estabelece uma Constituição para a Europa, o estabelecimento das regras de concorrência necessárias ao funcionamento do mercado interno é configurado como um domínio de competência *exclusiva* da União Europeia – v. artigo I-13.º, n.º 1, *b*).

[19] Cf. artigos 12.º, 43.º e 49.º do Tratado que institui a Comunidade Europeia (CE).

-Geral La Pergola, no caso *BFI Holding*, e o Advogado-Geral Alber, no caso *RI.SAN*[20].

No caso *BFI Holding*, relativo à aplicação da Directiva 92/50/CEE e da excepção prevista no seu artigo 6.°, o Advogado-Geral La Pergola enquadrou no conceito de «organismo de direito público»[21] uma entidade juridicamente distinta das comunas (a sociedade *ARA NV*) criada na sequência de deliberação dos órgãos competentes de duas comunas as quais lhe confiaram directamente a prestação de serviços de recolha e tratamento de resíduos previamente exercidos pelos seus próprios serviços – e em consequência, ainda que se tratasse de prestação de serviços, concluiu pela não existência de qualquer contrato público de serviços no sentido previsto pela directiva sobre contratos públicos de serviços e que esta não era aplicável, não existindo, por isso, obrigação de recorrer aos procedimentos nela pevistos. O Advogado-Geral entendeu que não existe um «terceiro» em relação às duas comunas, já que se estava perante «uma forma de delegação interorgânica que não saia fora da esfera administrativa das comunas» e, ainda, que existia «dependência do sector estatal» manifestada, designadamente, pela ausência de *risco* no exercício da actividade, já que a sua existência «do ponto de vista económico-financeiro depende, de facto, da contribuição que as comunas dão para o respectivo balanço»[22].

No caso *RI.SAN*, estava em causa a aplicação da Directiva 92/50/ /CEE e a constituição pelo órgão competente da comuna de Ischia, juntamente com uma sociedade estatal de financiamento (a *GEPI SpA*), de uma sociedade anónima de capitais maioritariamente públicos (a *Ischia Ambiente SpA*), à qual a referida comuna confiou, directamente, a gestão dos resíduos urbanos sólidos da mesma comuna. Nas conclusões apresentadas, em que já figura expressamente a expressão *in house*[23], o Advogado- -Geral Siegbert Alber, no tocante à aplicabilidade da Directiva 92/50/CEE, reitera que esta não se aplica às prestações de serviços que não se baseiam em contratos públicos[24], afirmando que «mesmo um serviço "in house" no quadro do qual a prestação de serviços é efectuada por uma parte da admi-

---

[20] Respectivamente Conclusões de 19 de Fevereiro de 1998, proc.° C-360/96, e Conclusões de 18 de Março de 1999, proc.° C-108/98. Os respectivos acórdãos foram proferidos pelo TJ em 10/11/1998 e em 9/9/1999.

[21] Previsto no artigo 14.°, *b*), da Directiva 92/50/CEE.

[22] Conclusões de 19/2/1998, respectivamente n.os 38, 44 e 46.

[23] Cf. Conclusões de 18/3/1999, n.os 21, 22, 25, 49 e 52.

[24] Cf. n.° 49 – na senda das Conclusões do Advogado-Geral La Pergola no caso *BFI* (n.° 26).

nistração pública não releva da Directiva 92/50, uma vez que já não há contrato público no sentido em que um terceiro é encarregue de efectuar a prestação de serviços em causa»[25]. O Advogado-Geral afirma que para averiguar se no caso em apreço a comuna de Ischia e a sociedade criada, a *Ischia Ambiente SpA,* fazem parte da mesma administração pública – e, assim, se se trata de um caso de serviço «in house» – há que averiguar as circunstâncias do caso, mas afirma também que o facto de a nova sociedade ser uma sociedade anónima não exclui que possa fazer «parte integrante da administração pública»[26]. Partindo de uma apreciação funcional[27], considera que a questão decisiva é a de saber «qual é a influência da administração pública sobre a sociedade em causa»[28], concluindo – tendo em conta que o capital da sociedade em causa é detido em 51% pela comuna e em 49% pela sociedade pública de financiamento, esta última detida a 100% pelo Estado – que o Estado detém uma participação na *Ischia Ambiente SpA* e que esta se encontra «sob o controlo de autoridades públicas»[29]. Para além da consideração das *interacções financeiras,* há que considerar ainda os *laços organizacionais,* ou seja, *a repartição de competências entre os órgãos* para se poder afirmar que há uma prestação *in house,* nomeadamente aferir se a comuna «determina a actividade ulterior da sociedade, continuando, por exemplo, a pôr à sua disposição outros meios orçamentais da comuna e fixando as tarifas para a eliminação dos resíduos urbanos»[30]. Portanto, a directiva em causa só seria aplicável no caso de a sociedade não fazer parte da administração pública ou de não existir uma prestação «in house» ou uma concessão de acordo com do

---

[25] Conclusões de 18/3/1999, n.° 49, *in fine.*

[26] Conclusões de 18/3/1999, n.° 52.

[27] O TJ prefere uma apreciação *funcional* a uma apreciação formal – conforme decorre do caso *Beentjes,* quanto à noção de «poder adjudicante» (ac. de 20/9/1988, *Beentjes c. Paises Baixos,* proc.° 31/87, Col., p. 4635 – na doutrina portuguesa v. Cláudia VIANA, *Contratação pública e empresas públicas: direito nacional e direito comunitário,* Cadernos de Justiça Administrativa (CJA), n.° 52, 2005, p. 14 e nota (36).

[28] Conclusões de 18/3/1999, n.° 52, *in fine.*

[29] V. Conclusões de 18/3/1999, n.° 53. O Advogado-Geral afirma que: «Em conclusão, no caso em análise, a situação apresenta-se do mesmo modo que se o Estado italiano tivesse posto directamente à disposição da comuna de Ischia os meios financeiros que lhe permitam criar sozinha esta sociedade. A escolha desta forma de organização pela comuna de Ischia não poderia definitivamente levar a considerar de outro modo a Ischia Ambiente SpA» (*idem,* n.° 53, último parágrafo).

[30] Conclusões de 18/3/1999, n.° 54.

direito comunitário[31]. Se tal fosse o caso, e se a directiva fosse aplicável, a excepção prevista no seu artigo 6.° só teria aplicação verificadas certas condições – mesmo que os três requisitos do conceito de «organismo de direito público» estivessem preenchidos, o que se verifica no caso, a atribuição do contrato à sociedade *Ischia Ambiente SpA* deveria ter sido efectuada com base num *direito exclusivo* desta[32]. O Advogado-Geral admite a hipótese de se tratar de uma «delegação interna à administração (in house)» ou de uma concessão, deixando no entanto a respectiva qualificação ao órgão jurisdicional nacional competente[33].

O contributo da jurisprudência do TJ em matéria de contratação *in house* iniciou-se com o acórdão *Teckal* e decorre de sucessivos acórdãos que, não obstante admitirem uma excepção à aplicação das regras comunitárias, têm manifestado, progressivamente, um entendimento restritivo dos requisitos inicialmente fixados. Com efeito, a concretização dos dois requisitos definidos *ab initio* no caso *Teckal* foi efectuada pelo TJ em termos restritivos, impossibilitando, na prática, a subtracção das situações em análise à aplicação das regras de direito comunitário derivado e originário – na prática, a excepção delineada pelo TJ configura-se de difícil aplicação, senão mesmo como uma excepção meramente teórica.

2.1. *O caso Teckal*

No acórdão *Teckal*[34], o TJ estabeleceu os dois requisitos essenciais *cumulativos* de que depende a contratação ou prestação *in house:* i) a entidade adjudicante exercer sobre a entidade dela juridicamente distinta um *controlo análogo* ao que exerce sobre os seus próprios serviços; ii) a entidade juridicamente distinta da entidade adjudicante realizar a *parte essencial* da sua actividade para ou por conta da entidade adjudicante[35].

---

[31] Conclusões de 18/3/1999, n.° 55.
[32] Conclusões de 18/3/1999, n.° 57.
[33] Conclusões de 18/3/1999, n.° 58.
[34] Ac. de 18/11/1999, *Teckal,* proc.° C-107/98, cit.
[35] No caso concreto o TJ afirma que: «Só pode ser de outro modo (isto é, contratação *in house*) na hipótese de, simultaneamente, a autarquia exercer sobre a pessoa (juridicamente distinta) em causa um controlo análogo ao que exerce sobre os seus próprios serviços e de essa pessoa realizar o essencial da sua actividade com a ou as autarquias que a compõem» (Ac. de 18/11/1999, Teckal, n.° 50).

Implicando o conceito de *in house* o afastamento da aplicação das regras comunitárias em matéria de contratação pública – na medida em que a entidade juridicamente distinta da entidade adjudicante possa ser considerada uma 'sucursal' (*branch*) desta, tudo se passando como se fosse a própria entidade adjudicante a desenvolver a actividade em causa – afigura-se pertinente a preocupação do Tribunal de Justiça em não permitir, pela via da contratação *in house*, que possam ser contornadas as regras comunitárias aplicáveis em matéria de contratação pública, bem como os princípios fundamentais decorrentes do Tratado, designadamente em caso de alteração do estatuto jurídico da entidade distinta após a adjudicação inicial ou da alteração da estrutura da respectiva actividade. Com efeito, assim aconteceu em alguns dos casos apreciados pelo Tribunal de Justiça, em que à criação de entidades *in house* se seguiu uma participação por investidores privados – em detrimento da aplicação das regras e princípios comunitários e, naturalmente, em detrimento da concorrência no mercado interno.

O primeiro dos requisitos estipulados pelo Tribunal de Justiça – *controlo análogo* – seria concretizado sucessivamente por vários acórdãos do TJ – o que não sucedeu de imediato relativamente ao segundo, que apenas seria desenvolvido no caso *Carbotermo*.

O primeiro dos dois requisitos estipulados pelo TJ foi, pois, objecto de apreciação em sucessivos acórdãos do TJ – e de modo progressivamente mais *restritivo*. No acórdão inicial, *Teckal,* em que estava em causa essencialmente a interpretação da Directiva 93/36/CEE[36], a noção de *controlo* prende-se com dois aspectos essenciais: a natureza *análoga* ou *similar* do controlo exercido e o parâmetro de apreciação de tal controlo – o controlo exercido sobre os seus *próprios serviços*. Não obstante o TJ não ter apreciado, em concreto a verificação de tais aspectos, no caso em apreço estava em causa a decisão do conselho municipal de uma comuna italiana (comuna de Viano) de confiar a um agrupamento constituído por várias comunas (entre as quais aquela) para a gestão dos serviços da energia e do ambiente (o *AGAC – Azienda Gas-Acqua Consorziale di Reggio Emilia*)[37], sem qualquer concurso, a gestão do serviço de aquecimento de

---

[36] Directiva 93/36/CEE do Conselho de 14 de Junho de 1993, relativa à coordenação dos processos de adjudicação dos contratos públicos de fornecimento, cit. – hoje revogada pelo artigo 82.º da Directiva 2004/18/CE.

[37] O agrupamento *AGAC* era, pois, detido 100% por entidades públicas (45 comunas), detendo a comuna em causa de Viano uma participação de 0,9%. O co-contratante

determinados edifícios comunais, incluindo o fornecimento de combustíveis – trata-se, pois, de prestação de serviços e de fornecimento de produtos[38]. Ora o agrupamento em causa, dotado de personalidade jurídica e autonomia de gestão, não só pode nos termos estatutários participar em sociedades públicas e privadas e prestar serviços ou efectuar fornecimentos a pessoas privadas ou organismos públicos diferentes das comunas aderentes, como os órgãos directivos respectivos não respondem pela sua gestão perante as comunas (representadas na assembleia) e as pessoas singulares titulares dos órgãos não exercem quaisquer funções nas comunas em causa[39]. O TJ deixou, pois, ao juiz nacional, a apreciação da verificação, em concreto, dos requisitos da contratação *in house* – que, no caso em apreço, pelos menos o primeiro, não se verificariam. O TJ conclui pois que «a Directiva 93/36 é aplicável quando uma entidade adjudicante, como uma autarquia local ou regional, pretende celebrar por escrito, com uma entidade dela distinta no plano formal e dela autónoma no plano decisório, um contrato a título oneroso que tenha por objecto o fornecimento de produtos, quer esta entidade seja ela própria uma entidade adjudicante, quer não»[40].

O TJ não caracterizou, no caso *Teckal*, a natureza jurídica do controlo análogo exercido – podendo *a priori* entender-se que se trata de um controlo de índole *administrativa*[41], tendo em conta o parâmetro de referência definido – assim como não analisou a questão da autonomia da entidade distinta do ponto de vista do plano decisório.

Por último, é de salientar que uma vez que, ao contrário de outras directivas[42], a Directiva em causa (93/36/CEE) não previa qualquer ex-

---

era, pois, um grupo constituído por várias entidades adjudicantes (comunas), no qual participava a entidade adjudicante em causa (a comuna de Viano) – v. Ac. *Stadt Halle*, n.º 47, *in fine*.

[38] Estando por isso em causa não só a aplicação da Directiva 92/50/CEE mas também da Directiva 93/36/CEE.

[39] Ac. *Teckal*, n.ºs 12, 13 e 14.

[40] *Idem*, n.º 51.

[41] Marco GIORELLO sublinha, na apreciação da noção de controlo análogo, a necessidade de superar a noção de controlo e de domínio próprias do direito societário e do direito comunitário da concorrência (*L'Affidamento...*, p. 938 e p. 940).

[42] V. o artigo 6.º da Directiva 92/50/CEE, invocada no caso, que exclui do seu âmbito de aplicação os contratos públicos atribuídos, em certas condições, a entidades adjudicantes (cf. Ac. *Teckal*, n.º 44, *in* fine). Além deste artigo, e no mesmo sentido, v. também o artigo 3.º da Directiva 93/37/CEE os artigos 11.º e 13.º da Directiva 93//38/CEE, cits.

cepção à aplicação das regras em matéria de contratação pública quando a entidade em causa pretende assegurar directamente a prossecução do fim de interesse público[43], pelo que neste acórdão o TJ acaba, efectivamente, por alargar, pelo menos em teoria, as possibilidades de prestação directa (*own provision*) em áreas não expressamente previstas na legislação comunitária – com o consequente afastamento da aplicação do direito derivado.

2.2. O caso Stadt Halle

Posteriormente, no acórdão *Stadt Halle*[44], o TJ abordou em especial a questão da participação privada (capital privado) na entidade juridicamente distinta da entidade adjudicante. Neste caso a situação afigurava-se diversa da subjacente ao caso *Teckal*, na medida em que estava em causa a adjudicação pela cidade de Halle, sem concurso público, de um contrato de serviços relativo ao tratamento de resíduos a uma sociedade por quotas (a *RPL Lochau*) cujo capital era detido em 24,9% por uma sociedade privada por quotas e em 75,1% por uma sociedade privada (a *Stadtwerke Halle GmbH*) cuja única sócia (a *Verwaltungsgesellschaft für Versorgungs und Verkehrsbetriebe der Stadt Halle mbH*) era 100% propriedade da *Stadt Halle*.

Na senda da jurisprudência *Teckal* (para além daqueles casos em que a autoridade pública que seja uma entidade adjudicante realiza as tarefas de interesse público que lhe incumbem pelos seus próprios meios administrativos, técnicos ou outros) podem existir casos em que o concurso público não é obrigatório mesmo se a outra parte contratante for uma entidade juridicamente distinta da entidade adjudicante[45] – desde que

---

[43] Ac. *Teckal*, n.° 44.

[44] Após o acórdão *Teckal* e anteriormente ao acórdão *Stadt Halle*, o Advogado-Geral Philippe Léger abordaria também, no caso *ARGE*, a questão das prestações *in house*, afirmando, na esteira das conclusões apresentadas pelo Advogado-Geral Cosmas no caso *Teckal*, que «as prestações qualificadas como "in house", que designam as prestações fornecidas a uma autoridade pública pelos seus próprios serviços ou por serviços em posição de dependência, ainda que organicamente distintos, não relevam do campo de aplicação da directiva» 92/50/CEE – proc.° C-94/99, Conclusões de 15/6/2000, n.os 48 e segs., em especial n.° 50. O acórdão do TJ (Sexta Secção) proferido em 7 de Dezembro de 2000, não chegaria todavia a abordar a questão prejudicial relacionada com a contratação *in house* (v. n.os 16 e 39-40).

[45] Ac. *Stadt Halle*, n.° 48.

preenchidos os dois requisitos ou critérios então definidos: a autoridade pública que seja uma entidade adjudicante exerça sobre a entidade distinta em causa um controlo análogo ao que exerce sobre os seus próprios serviços; e quando essa entidade distinta realizar o essencial da sua actividade com a ou as autoridades públicas que a detêm[46].

No caso em apreço, diferentemente do caso *Teckal,* o acto de direito derivado aplicável previa expressamente a possibilidade de adjudicação directa a uma empresa comum a vários municípios[47]. O TJ considerou todavia que não eram possíveis excepções além das consagradas na Directiva em causa[48], pelo que de acordo com a mesma em caso de dúvida mesmo os contratos com entidades públicas deveriam ser sujeitos a um procedimento de concurso[49]. O TJ não ignorou a hipótese de admissibilidade de outras excepções, tal como afirmara no caso *Teckal,* mas considerou que a contratação directa em causa não poderia ser qualificada como uma excepção nesse sentido[50].

Diversamente do caso *Teckal,* em que o agrupamento co-contratante era inteiramente detido por entidades públicas, no caso *Stadt Halle* a entidade juridicamente distinta que contrata com a entidade pública não era inteiramente detida por esta[51]. Assim, o TJ afirmou inequivocamente que «a participação, ainda que minoritária, de uma empresa privada no capital de uma sociedade na qual participa também a entidade adjudicante em causa *exclui de qualquer forma* que esta entidade adjudicante possa exercer sobre esta sociedade um controlo análogo ao que exerce sobre os seus próprios serviços»[52] – exige-se, assim, um «controlo tota-

---

[46] *Idem,* n.º 49.

[47] V. artigo 6.º da Directiva 92/50/CEE, o qual previa a contratação directa, sem procedimento de concurso, a associações de direito público que consistam em autoridades locais/regionais e na base de direitos exclusivos que lhe tenham sido atribuídos – a esta disposição corresponde hoje, com modificações, o artigo 18.º da Directiva 2004/18/CE (Contratos de serviços adjudicados com base num direito exclusivo).

[48] Note-se que o TJ também não enveredou pela admissibilidade de uma excepção com fundamento no artigo 13.º da Directiva 93/38/CEE, tendo claramente rejeitado a contratação directa com uma empresa pública com participação de capital privado mesmo no âmbito de aplicação da Directiva 92/50/CEE.

[49] Cf. artigo 1, *c*), da Directiva 92/50/CEE.

[50] Ac. *Stadt Halle,* n.º 49.

[51] Quanto a esta questão, da natureza semi-pública da entidade co-contratante, v. Christopher H. BOVIS, *Developing Public Procurement Regulation: Jurisprudence and its influence on Law Making,* Common Market Law Review, 2006, 43, p. 476.

[52] Ac. *Stadt Halle,* n.º 49, *in fine.*

litário»⁵³ em termos de participação pública. O TJ fundamenta a sua posição em duas ordens de considerações. Em primeiro lugar, o facto de o capital privado numa empresa obedecer a considerações inerentes a interesses privados (e não públicos) e prosseguir objectivos de natureza diferente (não de interesse público) – ao passo que a relação entre uma autoridade pública, que seja uma entidade adjudicante, e os seus próprios serviços se rege por considerações e exigências específicas da prossecussão de objectivos de interesse público; em segundo lugar, o facto de a atribuição de um contrato, sem concurso, a uma empresa de economia mista falsear a concorrência e violar o princípio da igualdade de tratamento, já que tal procedimento permite à empresa privada com capital nessa empresa uma vantagem em relação aos respectivos concorrentes⁵⁴.

O TJ conclui pois, sem margem para dúvidas, que o primeiro dos requisitos fixados pela jurisprudência *Teckal* não está preenchido, pelo que o contrato em causa se encontra abrangido no âmbito de aplicação da Directiva 92/50/CEE e sujeito por isso aos procedimentos de adjudicação de contratos públicos nela previstos: «na hipótese de a entidade adjudicante pretender celebrar um contrato a título oneroso para serviços abrangidos pelo âmbito de aplicação material da Directiva 92/50 com uma sociedade juridicamente distinta, em cujo capital detém uma participação com uma ou várias empresas privadas, devem ser sempre aplicados os procedimentos de adjudicação de contratos públicos previstos nesta directiva»⁵⁵. Tendo em conta o teor da resposta do TJ, este entendeu ser desnecessária a resposta às questões subsequentes colocadas pelo órgão jurisdicional nacional – que se prendiam, precisamente, com o conceito de *controlo* exercido pela entidade adjudicante em relação à sociedade distinta e com a realização da actividade desta para a entidade adjudicante, por forma a aferir em que circunstâncias uma sociedade com participação pública se poderia considerar parte dos ou integrada nos serviços da entidade adjudicante.

O TJ afirma também que qualquer excepção à obrigação de aplicação das disposições comunitárias – como é o caso das condições da jurisprudência *Teckal* –, enquanto derrogação às regras gerais de direito comuni-

---

⁵³ Na expressão de Luigi VALENTINO, *Gli affidamenti* in house *tra principi di concorrenza e prerogative statali alla luce della recente giurisprudenza nazionale e comunitaria*, Il Diritto dell'Unione Europea, 4/2005, p. 754.
⁵⁴ Ac. *Stadt Halle*, n.ᵒˢ 51 e 52.
⁵⁵ Ac. *Stadt Halle*, n.º 52.

tário, deve ser objecto de interpretação *estrita*[56] cabendo o ónus da prova das circunstâncias excepcionais que justificam a derrogação a quem delas pretenda prevalecer-se[57].

Uma das questões também sujeitas à apreciação do TJ pela via do processo das questões prejudiciais no caso *Stadt Halle* prendia-se, naturalmente, com a questão conexa da tutela legal (administrativa ou contenciosa, ou outra) exigível em caso de contratação directa contrária ao direito comunitário e, assim, com a Directiva "recursos"[58] – questão que o TJ não se furtou a apreciar. Com efeito, é incontornável o imperativo de defesa dos direitos dos agentes económicos que participam no mercado interno: a defesa da livre concorrência nesse mercado, nos termos traçados pelos Tratados e pelo direito derivado, bem como do direito à livre circulação, do direito de estabelecimento e livre prestação de serviços impõem o respeito pelo princípio da transparência no âmbito da contratação pública. Não é por acaso que o Tribunal, bem como a Comissão, impõem a observância de princípios gerais da ordem jurídica comunitária (igualdade de tratamento, não discriminação, transparência) mesmo nos casos em que a contratação pública escapa à aplicação das regras de direito derivado contidas nas directivas relevantes – como é o caso, designadamente, das concessões de serviços[59-60]. Impõe-

---

[56] Ac. *Stadt Halle*, n.° 46, *in fine*.

[57] *Idem* e, ainda, ac. Parking Brixen, n.° 63.

[58] Directiva 89/665/CEE do Conselho, de 21 de Dezembro de 1989, cit.

[59] Veja-se em especial: o acórdão de 7/12/2000, *Teleaustria*, proc.° C-324/98, Col., p. I-10745, n.° 60; a *Comunicação interpretativa da Comissão sobre as concessões em direito comunitário* (2000/C 121/02, JO C 121, de 29/4/2000), 2, 2.4 e em especial, 3 (a qual, como salienta Bernardo Diniz de AYALA, é seguida pela orientação jurisprudencial no caso *Teleaustria – O método de escolha do co-contratante da Administração nas concessões de serviços públicos – Ac. do Tribunal de Justiça das Comunidades Europeias de 7.12.2000, P. C-324/98*, CJA, n.° 26, 2003, p. 14); o *Livro Verde da Comissão sobre as parcerias público-privadas e o direito comunitário em matéria de contratos públicos e concessões* (COM (2004)327 final, de 30/4/2004), 1.2, n.° 8; e, ainda, a *Comunicação interpretativa da Comissão relativa ao direito comunitário aplicável à adjudicação de contratos não sujeitos ou parcialmente sujeitos às directivas «contratos públicos»* (2006/C 179/02, JO C 179, de 1/8/2006, p. 2 e ss.) – v. em especial o ponto 1.1. desta última Comunicação. Sublinhando a «afirmação peremptória» pelas novas directivas sobre contratos públicos, de que a adjudicação dos contratos deve respeitar os princípios do TCE, Maria João ESTORNINHO, *A transposição das Directivas n.ºs 2004/17/CE e 2004/18/CE, de 31 de Março, e a elaboração de um Código de Contratos Públicos*, CJA, n.° 58, 2006, p. 16.

[60] Sobre a aplicação das normas e princípios decorrentes do Tratado CE às concessões de serviços públicos, v. Barbara MAMELI, *Concessioni e pubblici servizi*, RIDPC, 2001, p. 78-93.

-se que os agentes económicos, independentemente do Estado membro em que se encontram estabelecidos, possam ter acesso à intenção de contratar por parte das entidades públicas, por forma a poderem, em condições de igualdade, apresentar as suas propostas; assim como se impõe também um grau suficiente de transparência e publicidade em relação às decisões de contratar e aos procedimentos subjacentes às mesmas – que permitam aos eventuais prejudicados a tutela adequada dos seus direitos e a correspondente sindicabilidade daquelas decisões.

2.3. *O caso Coname*

No caso *Coname* estava em causa a adjudicação directa, pela comuna italiana de Cingia de' Botti, à sociedade *Padania Acque SpA* – sociedade constituída maioritariamente por capitais públicos, detidos pela província de Cremona e pela quase totalidade das respectivas comunas, e na qual a comuna em causa detinha uma participação no capital de 0,97% – do serviço de gestão, distribuição e manutenção de instalações de gás metano para um período determinado. Partindo da premissa, cuja verificação incumbe ao órgão jurisdicional nacional, de que se trata de uma concessão de serviços – que, por isso, não está abrangida pela aplicação das directivas comunitárias – o TJ considera que é à luz do direito primário e, em especial, das liberdades fundamentais previstas pelo Tratado que devem ser analisadas as consequências da adjudicação em causa. Ora, na senda de jurisprudência anterior, a adjudicação da concessão em causa sem qualquer transparência a uma empresa situada no Estado membro em causa, constitui uma diferença de tratamento em detrimento da empresa situada noutro Estado membro, já que esta não tem qualquer possibilidade real de manifestar o seu interesse na obtenção da referida concessão. Assim, tal diferença de tratamento – que ao excluir as empresas situadas noutro Estado membro as prejudica –, constitui uma discriminação indirecta segundo a nacionalidade, proibida nos termos dos artigos 43.° e 49.° do Tratado CE. Para o TJ, o facto de a comuna em causa deter 0,97% do capital da sociedade concessionária não é uma circunstância objectiva que possa justificar a diferença de tratamento em relação a empresas sediadas noutro Estado membro[61].

---

[61] Ac. de 21/7/2005 *Coname*, proc.° C-231/03, cit., n.os 16, 17, 18, 19 e 20 – o TJ invoca, quanto ao princípio da transparência, o ac. *Teleaustria*, n.° 61.

Quanto à questão da existência de contratação ou prestação *in house* – suscitada pelo juiz nacional que assumiu que a infíma percentagem detida pela comuna no capital da sociedade concessionária a impedia de exercer sobre esta última um *controlo análogo* e, assim, que os requisitos *in house* não estavam preenchidos – o TJ considerou que uma estrutura como a da sociedade em causa, a *Padania Acque SpA,* «não podia ser equiparada a uma estrutura através da qual um município ou uma cidade gere, internamente um serviço público» e, ainda que resultava dos autos que tal sociedade «é uma sociedade aberta, pelo menos em parte, ao capital privado, o que impede que seja considerada uma estrutura de gestão «interna» de um serviço público no âmbito dos municípios que dela fazem parte»[62]. A interpretação do TJ em relação ao primeiro critério *Teckal* é, pois, *restritiva*: o facto de se tratar de uma sociedade juridicamente distinta da entidade pública concedente aberta, ainda que parcialmente, ao capital privado, impedirá a existência de um controlo análogo ao exercido pela entidade pública sobre os seus próprios serviços.

2.4. *O caso Parking Brixen*

Seria no acórdão *Parking Brixen*[63], que o TJ retomaria o requisito do *controlo (análogo)* exercido pela entidade pública adjudicante. Estando em causa a atribuição de uma concessão de serviços públicos, de acordo com a qual a entidade adjudicante, o município de Brixen (*Gemeinde Brixen*), encarrega uma empresa especial por ele detida (*Stadtwerke Brixen*) – e posteriormente transformada numa sociedade anónima (*Stadtwerke Brixen AG*) – sem qualquer processo concursal prévio, da exploração de dois parques de estacionamento públicos pagos, o TJ analisa a questão da *natureza do controlo,* e da transformação de uma empresa especial numa sociedade por acções. Em conexão com a interpretação da Directiva 92/50/CEE, o TJ clarifica a qualificação do contrato em causa – que considera um contrato de *concessão de serviços*[64] (e por isso excluído do âmbito de aplicação da directiva invocada) e não um contrato público de serviços – concluindo pela inexistência por parte da entidade adjudicante («entidade pública concedente»), do exercício, sobre a entidade conces-

---
[62] Ac. *Coname,* n.º 26.
[63] Ac. de 13/10/2005, *Parking Brixen,* proc.º C-458/03, cit..
[64] O TJ considera, aliás, que a sua interpretação é confirmada pelo art.º 1.º, n.º 4, da Directiva 2004/18/CE, cit.

sionária, de um controlo análogo ao que exerce sobre os seus próprios serviços. Segundo o TJ, a apreciação do requisito do *controlo análogo*, deve ter em conta «todas as disposições legislativas pertinentes» e dessa apreciação deve resultar que «a entidade concessionária em causa está sujeita a um controlo que permite à entidade pública concedente *influenciar as decisões* da referida entidade», entendida como «possibilidade de influência determinante quer sobre os objectivos estratégicos quer sobre as decisões importantes»[65]. Para concluir de tal modo, o TJ leva em consideração a «margem de autonomia» da entidade concessionária, cuja dimensão de mercado torna precário o controlo do município, caracterizada por um conjunto de elementos, designadamente: a transformação da sociedade especial em sociedade anónima; o alargamento do objecto social; a abertura obrigatória da sociedade, a curto prazo, a outros capitais; a expansão territorial da área de actividades transcendendo o território municipal; os consideráveis poderes atribuídos ao Conselho de Administração – competência para a prática de qualquer acto necessário à realização do objecto social, para constituir garantias até 5 milhões de euros ou para realizar outras operações sem o acordo prévio da assembleia dos sócios. A sociedade disporia, assim, de «ampla autonomia» em relação aos seus accionistas[66]. Acresce que, não obstante o município ter o direito de designar a maioria dos membros do conselho de administração da sociedade anónima, o controlo exercido pelo município «se limita, no essencial à amplitude que o direito das sociedades reconhece à maioria dos sócios, o que atenua consideravelmente a relação de dependência que existia entre o município e a empresa especial (inicial) *Stadtwerke Brixen,* em comparação com os amplos poderes de que dispõe o conselho de administração da *Stadtwerke Brixen AG*»[67]. No final, o TJ interpreta os artigos 43.° e 49.° do TCE, bem como os princípios da igualdade de tratamento, da não discriminação e da transparência, no sentido de se oporem à concessão, sem abertura de concurso, à sociedade anónima em causa resultante da transformação de uma empresa especial, com as características acima indicadas[68]. Consequentemente, não estaria prenchido o primeiro dos requisitos da contratação ou prestação *in house*, devendo aplicar-se à concessão de serviços em causa as regras e princípios fundamentais do TCE relevantes.

---

[65] Ac. *Parking Brixen,* n.° 65.
[66] Ac. *Parking Brixen,* n.ºˢ 67 e 68.
[67] *Idem,* n.° 69.
[68] *Ibidem,* n.° 72.

2.5. O caso Comissão c. Áustria

No acórdão *Comissão c. Áustria*, também conhecido por *Mödling*[69], o TJ, confirmando a jurisprudência *Stadt Halle* – na medida em que a existência de capital privado exclui a possibilidade de "controlo análogo" (confirmando a impossibilidade de existência de participação privada, ainda que mínima, na entidade co-contratante) – veio introduzir um novo elemento na apreciação dos critérios *Teckal*. No caso em apreço, o conselho comunal da cidade de Mödling celebrou com uma sociedade juridicamente distinta (*Stadtgemeinde Mödling AbfallwirtschaftsgmbH*, doravante designada por *Abfall*), cujo capital era nessa data integralmente detido por aquela, um contrato exclusivo e por tempo indeterminado de gestão dos resíduos do território comunal – sem observância das regras de procedimento e publicidade impostas pela Directiva 92/50/CEE. Imediatamente a seguir (duas semanas após a celebração do contrato), a assembleia comunal deliberou ceder 49% do capital da sociedade em causa a uma sociedade de direito privado (*Saubermacher Dienstleistungs-Aktiengesellschaft*). A sociedade *Abfall* só iniciaria a sua actividade operacional posteriormente à alienação do capital à sociedade *Saubermacher*, tendo alargado a sua prestação de serviços a terceiros em relação à comuna da *Mödling*. Estando preenchidas as condições de aplicação da Directiva 92/50/CEE – já que a comuna de Mödling é considerada uma "entidade adjudicante", foi celebrado um contrato a título oneroso com a sociedade *Abfall* que é um "prestador de serviços", os serviços de recolha e tratamento de resíduos constituem "serviços" na acepção da directiva, e foi excedido o limiar nela previsto – a adjudicação do contrato relativo aos serviços em causa deveria ter ocorrido de acordo com o procedimento imposto pela directiva[70]. Apenas assim não seria se estivessem verificados os dois requisitos jurisprudenciais da contratação *in house*.

O aspecto inovador do acórdão *Mödling* prende-se com o *momento temporal* considerado pelo TJ para a aferição do preenchimento das condições de que depende a aplicação da directiva relevante (92/50/CEE) e, também, dos requisitos definidos pela jurisprudência do TJ, na medida em que possibilitam uma derrogação à aplicação das regras comunitárias para

---

[69] Ac. de 10/11/2005, *Mädling*, proc.° C-29/04, cit. Note-se que este é o único acórdão do TJ proferido no âmbito de uma acção por incumprimento – e não, como sucede nos demais casos, no quadro de um processo de questões prejudiciais (de interpretação).

[70] Ac. *Comissão c. Áustria*, n.ᵒˢ 32 e 33.

além daquelas que o próprio direito comunitário derivado aplicável prevê. Se, em termos de princípio, o TJ admite que «por razões de segurança jurídica deve, em geral, averiguar-se se a entidade adjudicante estava obrigada a proceder a um anúncio de concurso público à luz das condições que prevaleciam na data da atribuição do contrato»[71] – em que o capital social da entidade juridicamente distinta era integralmente detido pela comuna de *Mödling* – admite todavia que as circunstâncias do processo «requerem a consideração dos acontecimentos sobrevindos posteriormente»[72]. Afirma o TJ que «pelo expediente de uma construção artificial que compreende várias fases distintas, consistentes na criação da sociedade *Abfall*, na celebração com esta do contrato de eliminação de resíduos e na cessão de 49% do capital dessa sociedade à sociedade *Saubermacher,* foi atribuído um contrato público a uma empresa de economia mista de que uma empresa privada detém 49% das participações». «Por isso a atribuição desse contrato deve ser examinado tendo em conta o conjunto dessas fases, bem como a sua finalidade, e não em função do desenrolar estritamente cronológico destas»[73], sob pena de prejudicar o efeito útil da Directiva em causa e o objectivo que a mesma prossegue: a livre circulação dos serviços e a abertura à concorrência não falseada em todos os Estados membros[74]. As entidades adjudicantes não devem, pois, recorrer a «manobras destinadas a dissimular a atribuição de contratos públicos de serviços a empresas de economia mista»[75].

Quanto ao preenchimento dos requisitos da contratação *in house*, mesmo após a cessão do capital, o TJ reitera o afirmado no acórdão *Stadt Halle*[76]. Se o TJ afirmou então que a participação, ainda que minoritária, de uma empresa privada no capital da entidade jurídica distinta exclui, por parte da entidade adjudicante, um controlo análogo ao que exerce sobre os seus próprios serviços, o mesmo entendimento impera, por maioria de razão, no caso em apreço em que a participação privada no capital é, ainda que não maioritária, significativa. Não estando preenchido o primeiro dos requisitos definidos no acórdão *Teckal*, o TJ considerou ter existindo incumprimento, pela Áustria, do Direito Comunitário derivado.

---

[71] Ac. *Comissão c. Áustria*, n.º 38.
[72] *Idem, in fine*.
[73] Ac. *Comissão c. Áustria*, n.os 40 e 41.
[74] Ac. *Comissão c. Áustria*, n.º 42.
[75] *Idem, in fine*.
[76] Ac. *Comissão c. Áustria*, n.os 49 a 51.

2.6. *O caso ANAV*

No caso *ANAV* estava em causa – à semelhança do caso *Parking Brixen* – a atribuição directa, pela comuna de Bari (e na sequência da suspensão de um concurso público para o efeito), de uma *concessão de serviços* públicos de transporte no respectivo território, por um período de nove anos, a uma sociedade por acções (*AMTAB Servizio*), cujo capital era inteiramente detido pela referida comuna.

No caso em apreço, é de salientar que o direito interno acolhia os dois requisitos definidos pela jurisprudência *Teckal* para a contratação *in house* admitindo a adjudicação directa (sem concurso) a sociedades de capital integralmente público desde que preenchidas aquelas condições[77].

Tratando-se de uma concessão de serviços, a mesma estaria excluída do âmbito de aplicação da Directiva 92/50/CEE – e tendo em conta a sua substituição pela Directiva 2004/18/CE entretanto ocorrida, também do âmbito de aplicação desta última. Todavia, tal exclusão do âmbito de aplicação das directivas em matéria de contratos públicos não significa, como atrás se indicou, a subtracção às regras fundamentais do Tratado CE em geral, no caso os seus artigos 43.° e 49.°, ao princípio da não discriminação em razão da nacionalidade em particular[78] e ao princípio da igualdade de tratamento entre proponentes, mesmo na ausência de discriminação em razão da nacionalidade[79]. O TJ, na esteira dos casos *Teleaustria* e *Parking Brixen* afirma que os princípios aplicáveis – igualdade e não discriminação em razão da nacionalidade – implicam, designadamente, uma *obrigação de transparência* que permita à entidade pública adjudicante assegurar-se que tais princípios são respeitados e que consiste em «assegurar, a favor de todos os eventuais proponentes, um grau de publicidade ade-

---

[77] Artigo 113.°, n.° 5, *c*), do Decreto Legislativo n.° 267 de 18 de Agosto de 2000, que coordena as leis sobre a organização das entidades locais (GURI, n.° 227, de 28 de Setembro de 2000), com a redacção do artigo 14.° do Decreto-Lei n.° 269, de 30 de Setembro de 2003, que aprova disposições urgentes para favorecer o desenvolvimento e corrigir o funcionamento das contas públicas (GURI, n.° 229, de 2 de Outubro de 2003). A mesma disposição previa também, na alínea *b*), a possibilidade de adjudicação directa «a sociedades de capital misto público e privado, nas quais o sócio privado é escolhido por concurso público que dê garantias de respeito das normas internas e comunitárias em matéria de concorrência, de acordo com as directrizes fixadas pelas autoridades competentes em procedimentos ou circulares específicos».

[78] Ac. de 7/12/2000, *Teleaustria,* C-324/98, n.° 60; ac. de 21/7/2005, *Coname,* C-231/03, n.° 16; ac. de 13/10/2005, *Parking Brixen,* n.° 47).

[79] V. Ac. *Parking Brixen,* n.° 48.

quado a garantir a abertura à concorrência da concessão de serviços, bem como o controlo da imparcialidade dos procedimentos de adjudicação»[80]. Clarificando que, no caso concreto, a atribuição da concessão sem concorrência é desconforme com os artigos 43.° e 49.° do TCE, bem como com os princípios da igualdade de tratamento, da não discriminação e da transparência e, ainda, que os Estados não devem manter em vigor uma legislação nacional que permita a atribuição de concessões de serviços sem abertura de concurso sob pena de violação daqueles artigos e princípios [81], o TJ admite que no âmbito das concessões de serviços possa estar excluída a observância daquelas normas do Tratado CE e daqueles princípios se, cumulativamente («simultaneamente») estiverem preenchidas as condições da contratação *in house*. Impõe todavia que: a interpretação de legislação nacional que retome aquelas condições «deve ser conforme às exigência do direito comunitário» e, ainda, a interpretação de tais condições, na medida em que configuram uma excepção às regras gerais de Direito comunitário, «devem ser objecto de interpretação restrita, recaindo sobre aquele que as invoca o ónus da prova de que existem efectivamente circunstâncias excepcionais que justificam a derrogação das ditas regras»[82].

Além disso, tendo a comuna de Bari manifestado a sua intenção – todavia não concretizada – de ceder acções correspondentes a 80% do capital social da *AMTAB Servizio* mediante concurso público, e sem prejuízo de deixar a apreciação de tal intenção ao órgão jurisdicional nacional, o TJ não deixou de lhe fornecer elementos úteis para decidir o litígio. Assim, retomando a jurisprudência *Mödling, Stadt Halle e Coname*[83], o TJ afirma claramente que «Se, no período da duração do contrato em causa no processo principal, o capital da *AMTAB Servizio* for aberto a accionistas privados, o efeito de uma tal situação será o de adjudicar uma concessão de serviços públicos a uma empresa de economia mista sem abertura de concurso, o que colide com os objectivos prosseguidos pelo direito comunitário», pois a participação de capital privado, ainda que minoritária, exclui a possibilidade de controlo análogo[84] e, «na medida em que a

---

[80] Ac. de 6/04/2006, *ANAV*, proc.° C-410/04, cit., n.° 21.
[81] *Idem*, n.os 22 e 23.
[82] Ac. *ANAV*, respectivamente, n.° 25, *in fine*, e n.° 26, *in fine*, em conformidade com doutrina dos acórdãos *Stadt Halle* e *Parking Brixen* (respectivamente n.° 46 e n.° 63).
[83] Respectivamente, n.° 48, n.° 49 e n.° 26.
[84] Ac. *ANAV*, n.° 31.

sociedade concessionária seja uma sociedade aberta, pelo menos em parte, ao capital privado, esta circunstância impede que seja considerada uma estrutura de gestão «interna» de um serviço público no âmbito da autarquia local que a detém»[85].

Em síntese, o TJ considerou que o TCE (artigos 43.° e 49.°) e os princípios relevantes (igualdade de tratamento, não discriminação em razão da nacionalidade e transparência) não se opõem a uma regulamentação (no caso a italiana) que permite a um organismo público adjudicar um serviço público (no caso uma concessão de serviços) directamente a uma sociedade cujo capital detém integralmente, desde que estejam preenchidos os dois requisitos *Teckal*. A interpretação feita pelo TJ das disposições do TCE e dos princípios de direito comunitário relevantes não pôs assim em causa o comportamento da comuna de Bari, mas na medida e enquanto aqueles requisitos cumulativos se verifiquem. A interpretação do TJ deixa claro, na sequência da jurisprudência anterior, quanto ao primeiro requisito, que a participação, ou abertura a capital privado, ainda que minoritária preclude a contratação *in house,* não se debruçando ainda sobre o segundo requisito.

O acórdão *ANAV* veio completar a anterior jurisprudência *Mödling*, já que o TJ veio sugerir que os critérios definidos no caso *Teckal* fossem preenchidos numa base permanente ao longo da duração do contrato – tal significa, em especial, a exclusão, durante esse período, da possibilidade de abertura da entidade co-contratante à participação de capital privado.

Também de acordo com as Conclusões do Advogado-Geral, parece desenhar-se um sub-requisito ou critério – ou mesmo um terceiro requisito – a ter em conta em matéria de contratação *in house:* a *natureza permanente* do controlo análogo ao exercido pela entidade adjudicante sobre os seus próprios serviços.

2.7. *O caso Carbotermo*

No caso *Carbotermo*, na sequência da anulação de concurso público com vista à adjudicação de um contrato público de fornecimento de produtos (combustíveis) e serviços (manutenção, requalificação técnica e adequação às normas das instalações térmicas dos edifícios do município), a comuna italiana de Busto Arsizio adjudicou directamente um contrato à

---

[85] *Idem,* n.° 32 – em sentido idêntico ao ac. *Coname,* n.° 26.

sociedade anónima *AGESP SpA*, cujo capital social é detido em 100% pela *AGESP Holding SpA*, a qual, por sua vez, é uma sociedade anónima cujo capital social era detido em 99,98% pela comuna de Busto Arsizio (e cujos outros accionistas, detentores de 0,02% do capital social, eram outras seis comunas, cada uma detentora de uma acção da sociedade)[86]. A adjudicação fundamentou-se no preenchimento das duas condições impostas pela jurisprudência do TJ para a contratação *in house*[87].

No quadro do processo de questões prejudiciais no âmbito do litígio nacional decorrente da impugnação, no tribunal administrativo competente, por duas sociedades concorrentes (*Carbotermo* e *Consorzio Alisei*), das decisões de suspensão do concurso e de adjudicação do contrato à *AGESP*, o TJ pronuncia-se não só sobre o primeiro requisito da contratação *in house*, mas também – e pela primeira vez – sobre o segundo requisito.

Quanto ao primeiro, e partindo do elemento considerado no caso *Parking Brixen* relativo à *influência determinante quer sobre os objectivos estratégicos quer sobre as decisões importantes da sociedade*, o TJ considera que «A circunstância de a entidade adjudicante deter, isoladamente ou em conjunto com outros poderes públicos, a *totalidade* do capital social de uma sociedade adjudicatária tende a indicar, sem ser decisiva, que esta entidade adjudicante exerce sobre esta sociedade um controlo análogo ao que exerce sobre os seus próprios serviços» na acepção da jurisprudência *Teckal*[88]. Não obstante este princípio indicativo, o TJ considera, na apreciação do requisito, os seguintes aspectos: os amplos poderes para a gestão ordinária e extraordinária atribuídos ao conselho de administração; a inexistência estatutária (quanto a ambas as sociedades) de qualquer poder de controlo ou direito de veto especial da comuna de Busto Arsizio

---

[86] De acordo com os estutos da *AGESP Holding SpA*, podem participar no capital desta accionistas privados, mas a maioria das acções é obrigatoriamente detida pela Comuna em causa, de Busto Arsizio, e nenhum accionista privado pode deter uma participação superior a 10%, e o respectivo Conselho de administração goza dos mais amplos poderes para administração ordinária e extraordinária da sociedade (cf. ac. *Carbotermo*, cit., n.os 12 a 15 e 34). De igual modo, de acordo com os estatutos da *AGESP SpA*, o seu capital pode ser aberto a accionistas privados, com a única reserva de que nenhum accionista, com excepção da *AGESP Holding*, poder deter mais de 10% do capital social, e o respectivo conselho de administração goza igualmente dos mais amplos poderes, sem limitação, para assegurar a gestão ordinária e extraordinária da sociedade (cf. n.os 18 a 20, e 35).

[87] Ac. *Carbotermo*, n.° 25.
[88] Ac. *Carbotermo*, n.° 37.

para restringir a liberdade de acção daquele órgão; o facto de o controlo exercido pela comuna se resumir, na senda da jurisprudência *Parking Brixen*,à latitude que o direito das sociedades reconhece à maioria dos accionistas[89]; e, por último, a eventual influência da comuna ser exercida por intermédio de uma sociedade *holding*, cuja intervenção «pode, consoante as circunstâncias do caso concreto, enfraquecer o controlo eventualmente exercido pela entidade adjudicantes sobre uma sociedade anónima pelo simples facto de participar no seu capital»[90].

Contrariamente aos acórdãos anteriores referidos, em que o juízo concreto sobre a verificação dos requisitos *in house* é deixado, naturalmente, ao órgão jurisdicional nacional, no caso *Carbotermo* o TJ não se coibe de afirmar que «em semelhantes circunstâncias, sem prejuízo da respectiva verificação pelo juiz do mérito na causa principal, a entidade adjudicante *não exerce* sobre a sociedade adjudicatária do contrato público em causa um *controlo análogo* ao que exerce sobre os seus próprios serviços»[91]. Acresce que, enquadrando-se o contrato em causa no âmbito de aplicação da Directiva 93/36/CEE[92] e não se verificando nenhum dos casos excepcionais nela previstos (artigo 6.°, n.ºs 2 e 3), o TJ conclui que a adjudicação directa do contrato em causa é contrário à directiva[93]. E respondendo à primeira questão prejudicial em causa, afirma que «a Directiva 93/36 se opõe à adjudicação directa de contrato de fornecimento e de serviços, no qual o valor dos fornecimentos é preponderante, a uma sociedade anónima cujo conselho de administração goza de amplos poderes de gestão que pode exercer de modo autónomo e cujo capital é, na siuação actual, inteiramente detido por outra sociedade anónima, do qual, por seu turno, a entidade adjudicante é accionista maioritária»[94]. Assim, a verificação do requisito "controlo análogo" é tendencialmente excluído não só quando, e como resulta dos acórdãos anteriores: i) a *participação pública* no capital da sociedade adjudicatária, ainda que directa, *não seja total* – e correlativamente exista participação privada no capital; ii) o controlo não

---

[89] *Idem*, n.° 38.
[90] *Ibidem*, n.° 39.
[91] *Ibidem*, n.° 40.
[92] No caso em apreço, abrangendo o contrato público em causa, simultaneamente produtos e serviços na acepção respectivamente das Directivas 93/36/CEE e 92/50/CEE, e sendo o valor dos produtos superior ao valor dos serviços, o contrato em causa integra--se no âmbito de aplicação da Directiva 93/36/CEE (cf. n.° 31).
[93] Ac. *Carbotermo*, n.° 42.
[94] *Idem*, n.° 47.

implique a possiblidade de uma *influência determinante* (sobre os objectivos estratégicos e sobre as decisões importantes); mas ainda quando, iii) tal participação seja *indirecta*, por intermédio de outra sociedade (*holding*), ainda que detida maioritariamente (no caso quase a 100%) pela entidade adjudicante.

Persistindo no entendimento restritivo do critério do "controlo análogo", mas diferentemente dos anteriores acórdãos em que a apreciação – e não verificação – do primeiro requisito inviabilizaria a apreciação do segundo, o TJ no caso *Carbotermo* procede à análise do segundo critério por forma a responder à segunda questão prejudicial do tribunal nacional relacionada com a aplicação, por analogia, na apreciação de tal requisito, da excepção prevista no artigo 13.º da Directiva 93/38/CEE. O TJ pronuncia-se contra a aplicação por analogia de tal excepção que, por o ser, deve ser interpretada de forma estrita – corroborado pelo facto de as novas directivas em matéria de contratação pública, em concreto a Directiva 2004/18/CE, não terem consagrado tal excepção análoga, que apenas se mantém na Directiva 2004/17/CE[95]. O TJ vai todavia mais longe, concretizando os critérios de apreciação do segundo requisito *in house* – realização do essencial da actividade da entidade adjudicatária com a ou as entidades adjudicantes. Assim, para apreciar se uma empresa realiza o essencial da sua actividade com a autarquia que a controla – e para efeitos de decisão sobre a aplicabilidade da directiva relevante – «há que tomar em conta todas as actividades que esta empresa realiza com base na adjudicação feita pela entidade adjudicante, independentemente de quem remunera esta actividade, quer se trate da própria entidade adjudicante ou do utilizador das prestações fornecidas, sendo irrelevante o território no qual esta actividade é exercida»[96].

Partindo do pressuposto que o segundo critério *in house* – realização do *essencial da actividade* com a ou as autarquias que a controlam – tem por objectivo assegurar que a directiva em causa (93/36) «continue a ser aplicável quando esteja activa no mercado uma empresa controlada por uma ou várias autarquias e que pode, portanto, entrar em concorrência com outras empresas, que «uma empresa não fica necessariamente privada da respectiva liberdade de acção pelo simples facto de as decisões que lhe dizem respeito serem controladas pela autarquia que a detém, se, apesar disso, puder exercer uma parte importante da sua actividade económica

---

[95] Ac. *Carbotermo*, n.os 55 e 56.
[96] Ac. *Carbotermo*, n.º 72.

com outros operadores» e, ainda, que as imposições do direito derivado «são ditadas pela preocupação de preservar uma concorrência»[97], o entendimento do TJ vai no sentido de se poder considerar que uma empresa realiza o essencial da sua actividade com a autarquia que a controla quando tal actividade «é consagrada principalmente a esta autarquia, revestindo qualquer outra actividade carácter marginal» – no caso de uma empresa controlada por várias autarquias, deverá ser tomada em conta a actividade que a mesma realiza com o *conjunto* destas autarquias[98]. Na apreciação do segundo critério *in house* o juiz nacional deve considerar todas as circunstâncias qualitativas e quantitativas do caso em apreço e, neste contexto, do ponto de vista quantitativo: i) «o volume de negócios determinante é o que a empresa em questão realiza em virtude das decisões de adjudicação tomadas pela autarquia de tutela, incluído o realizado com os utilizadores em execução destas decisões»; ii) as actividades de uma empresa adjudicatária que devem ser tomadas em conta são todas aquelas que esta empresa realize no quadro de uma adjdicação que lhe tenha sido feita pela entidade adjudicante, e isto independentemente da indentidade do beneficiário, quer se trate da própria entidade adjudicante ou do utilizador das prestações»; iii) «é indiferente saber quem remunera a empresa em questão, quer se trate da autarquia que a controla ou dos terceiros utilizadores das prestações fornecidas em virtude das concessões ou de outras relações jurídicas constituídas pela referida autarquia»; iv) «é também irrelevante saber em que território são fornecidas as referidas prestações»[99]. Do ponto de vista qualitativo, na senda do critério definido no caso *Teckal,* deve ser levada em consideração a actividade realizada em relação ao *conjunto* das entidades públicas em causa.

A jurisprudência *Carbotermo* revelou-se, pois, inovadora na concretização do segundo critério *in house* definido inicialmente no caso *Teckal.*

---

[97] Ac. *Carbotermo,* n.os 60, 61 e 62, respectivamente.
[98] Ac. *Carbotermo,* n.° 63 e n.° 71, respectivamente. Neste caso, a directiva não se aplica, já que a sua aplicação, ditada pela preocupação de manter um nível de concorrência, não tem razão de ser – parece, pois, que o TJ confirma, nas relações *in house,* a inexistência de mercado e, consequentemente, a inexistência de concorrência.
[99] Ac. *Carbotermo*, respectivamente n.os 65, 66, 67 e 67, *in fine.*

3. Sobre a evolução da jurisprudência do Tribunal de Justiça

Se o caso *Teckal* tem o mérito de definir os requisitos *in house*, a jurisprudência *Stadt Halle*, *Parking Brixen* e *Coname* têm o mérito de iniciar a concretização do primeiro requisito: o *controlo análogo*.

A jurisprudência *Mödling* confirma a jurisprudência *Stadt Halle* no tocante à impossibilidade de existência de participação de capital privado, ainda que mínima, na entidade co-contratante e, além disso, impõe a consideração de todas as circunstâncias, anteriores ou posteriores à adjudicação.

O caso *ANAV* vem completar a jurisprudência *Mödling*, na medida em que determina que o prenchimento dos critério *in house* definidos pela jurisprudência *Teckal* estejam preenchidos durante todo o período de vigência do contrato.

Por último, a jurisprudência *Carbotermo* segue a direcção da jurisprudência *Parking Brixen* mas é relevante e inovadora na medida em que: confirma a possibilidade, acolhida no caso *Teckal*, de o controlo de uma entidade contratante ser exercido por várias entidades contratantes; analisa a questão do controlo *indirecto;* analisa e concretiza, pela primeira vez, o segundo critério *in house* definido no caso *Teckal* – realização do essencial da actividade com a ou as entidades contratantes. No caso *Carbotermo*, o TJ parece finalmente enveredar por uma opção de apreciação dos requisitos *in house* – particularmente o segundo, que até então ainda não fôra objecto de qualquer concretização – de uma forma mais geral, em prol da certeza jurídica e da segurança jurídica para os potenciais interessados.

Em síntese, e quanto ao primeiro requisito *in house*: i) existe *controlo análogo* pela entidade pública sobre o co-contratante se a participação pública no capital for de 100% e durante toda a duração do contrato, tendo em consideração todas as actividades anteriores ou posteriores; ii) pode ser assegurada a necessária autonomia à empresa juridicamente distinta desde que a entidade pública mantenha uma influência decisiva sobre os objectivos estratégicos e as decisões significativas da empresa; iii) o mero controlo exercido nos termos do direito das sociedades não é suficiente para assegurar tal tipo de influência – pelo que os estatutos deverão prever essa possibilidade (de influência estratégica); e, iv) o controlo indirecto deve preencher os mesmos requisitos que o controlo directo. Quanto ao segundo requisito *in house:* i) uma entidade contratante exerce a maior parte da sua actividade com a entidade que a controla se quaisquer outras actividades tiverem um carácter marginal; ii) é levada em consideração toda a actividade desenvolvida pela empresa no contexto da adjudicação efectuada pela entidade pública adjudicante; e, iii) se existirem várias entidades adjudicantes, é levada em consideração a actividade desenvolvida em relação ao conjunto dessas entidades.

A jurisprudência do TJ em matéria de *in house* (*lato sensu*) está longe de estar isenta de dificuldades: pelo recurso a conceitos indeterminados na definição dos critérios *in house*, pelas dificuldades de aplicação dos critérios avançados ao caso concreto; pela oscilação entre um juízo concreto sobre a verificação dos critérios *in house* e a remissão desse juízo para os órgãos jurisdicionais nacionais; pela incerteza quanto aos limites de aplicação de uma excepção à aplicação das regras comunitárias; pela incerteza jurídica que a excepção acarreta para os potenciais interessados e agentes económicos do mercado interno – especialmente em termos de tutela da sua posição jurídica –, para os órgãos nacionais que aplicam o direito comunitário, em especial jurisdicionais[100], e, inclusive, para o próprio legislador – na medida em que se baseie na jurisprudência do TJ[101] quando legisla em matéria de contratação pública no respeito pelo princípio da subsidiariedade[102].

Merece particular destaque a questão dos limites da excepção, configurada pela noção de *in house*, no tocante à aplicação das regras e princípios comunitários com sede no Tratado CE, no sentido da clarificação da sujeição, ou não, das situações *in house* ao direito originário. E, em qualquer caso, a questão prévia da conformidade da excepção delineada pelo TJ com o próprio direito originário.

---

[100] V. Despacho de 14/11/2002, proc.° C-310/01, *Comune di Udine*.

[101] O legislador italiano consagrou expressamente no direito nacional, no quadro da disciplina dos serviços locais, a noção de *in house,* retomando os critérios definidos no caso *Teckal* mas acrescentando um requisito segundo o qual o adjudicatário (sob a forma obrigatória de sociedade de capital) deve ser totalmente propriedade pública – v. Massimo CAPANTINI, *Contratto...*, pp. 811-816, e Luigi VALENTINO, *Gli affidamenti...*, pp. 755-756. Este último autor sublinha que o fenómeno *in house* tem subjacente uma situação de «alteridade formal mas não subatancial», dado que «a entidade jurídica distinta é dotada de personalidade jurídica, mas apenas formalmente, já que em substância depende integralmente do ente local» (*Gli affidamenti ...*, p. 756).

[102] As dificuldades inerentes aos critérios *in house* são claramente apontadas pela Advogada-Geral Stix-Hackl nas Conclusões apresentadas em 12 de Janeiro de 2006 no caso *Carbotermo* (v. n.° 17), a qual aponta aliás, entre outras, duas vias a seguir pelo TJ: precisar a sua jurisprudência de uma forma mais geral do que tem feito até ao momento (em função de cada caso concreto) ou proceder a uma «revisão completa» da jurisprudência *Teckal (idem).*

A configuração de uma excepção à aplicação das regras de direito derivado contidas nas directivas sobre contratação pública – para além das próprias excepções à sua aplicação nela previstas – não deverá implicar o afastamento do direito originário e, assim, das normas e princípios decorrentes do Tratado CE, em especial em matéria de liberdades fundamentais inerentes ao funcionamento do mercado interno. Neste sentido aponta a Advogada-Geral Stix-Hackl nas conclusões apresentadas no caso *Coname* (que tem subjacente uma concessão de serviços), ao afirmar que nem a jurisprudência *Teckal* nem a regulamentação expressa da directiva sectorial em causa implicam a não aplicação do direito primário: «Com efeito, para uma derrogação tão ampla do direito comunitário não é possível encontrar qualquer base de apoio no direito primário nem na jurisprudência»[103]. No caso ANAV, a que também subjaz uma concessão de serviços, a orientação da jurisprudência parece ir em sentido diverso – do afastamento das regras e princípios do Tratado desde que preenchidos os requisitos *in house*.

A posição do TJ no caso *ANAV* suscita porventura uma questão de hiararquia de fontes e de fundo: a de saber se o TJ, tendo em conta o princípio da competência de atribuição com fundamento no direito originário, pode configurar na sua jurisprudência uma nova excepção à aplicação das regras e princípios fundamentais contidos no Tratado CE e sem nenhum fundamento expresso neste. Tal parece afigurar-se excessivo. Se é certo que a função criadora do TJ já se traduziu na criação de princípios fundamentais para a construção europeia (muito) para além da letra dos Tratados, certamente em prol da construção e consolidação da ordem jurídica comunitária e da tutela de direitos dela decorrentes, essa função criadora não será compreensível quando o resultado final seja, exactamente, a desaplicação do direito comunitário – sobretudo, para além de directivas específicas, de normas do Tratado CE e princípios gerais de direito comunitário dele decorrentes. No uso da sua competência de garante do respeito do direito na interpretação e aplicação dos Tratados, não deverá derrogar o direito originário, o qual deve ser o fundamento e parâmetro de validade das demais fontes de direito da União Europeia: sem tratados não há ordem jurídica comunitária, sendo estes que dão conteúdo ao princípio da especialidade de atribuições e, em particular, ao princípio da competência de atribuição dos órgãos[104].

---

[103] Conclusões apresentadas em 12/4/2005, V, C, 1, n.º 67.

[104] Pode mesmo colocar-se, em teoria, a questão do controlo de uma excessiva função criadora da jurisprudência do TJ em violação dos Tratados: não estando ainda defi-

É certo que a evolução da realidade impõe a criação de novas soluções e instrumentos jurídicos em matéria de prossecução de interesses colectivos e as entidades públicas contratantes, em especial ao nível local, por motivos de, designadamente, celeridade e eficiência, tenham de lançar mão desses instrumentos – mas não o deverão fazer, em princípio, em detrimento de princípios fundamentais inerentes à criação e funcionamento do mercado interno. Ao criar uma *excepção,* o TJ alarga a margem de liberdade dos poderes públicos na prossecução de necessidades de interesse geral – e em consonância com o princípio da subsidiariedade – mas a não abertura à concorrência e livre circulação põe em causa princípios fundamentais inerentes à integração europeia.

A existência de uma nova excepção, definida pela jurisprudência, e ainda que entendida em termos retritivos, à aplicação das regras comunitárias – seja das directivas relevantes quando a contratação por entidades públicas em causa se enquadre no respectivo âmbito de aplicação, seja sobretudo das normas do TCE e dos princípios de direito comunitário mesmo quando a contratação em causa não se enquadre no âmbito de aplicação das directivas –, se compreensível do ponto de vista da entidade adjudicante (já que tudo se passaria no essencial como se a prossecução dos fins de interesse público tivesse lugar através dos seus próprios serviços), é mais dificilmente compreensível do ponto de vista dos agentes económicos que actuam ou podem actuar no mercado interno num ambiente de livre concorrência e de livre circulação, de liberdade de estabelecimento e livre prestação de serviços. Com efeito, podem estar em causa direitos fundamentais seus decorrentes do Tratado.

O modo como se desenvolve a jurisprudência do TJ, ainda que em termos bastantes restritivos quanto à apreciação do primeiro requisito da contratação *in house,* não pode deixar de suscitar uma questão jurídica fundamental em termos de tutela jurídica: ao admitir uma *excepção*, de base jurisprudencial, à aplicação de, consoante o caso, das directivas

---

nidas as matérias em relação às quais o Tribunal de Primeira Instância pode intervir em sede de questões prejudiciais (artigo 225.º, n.º 3, TCE), não existe um duplo grau de jurisdição, sem prejuízo da revisão do acórdão (cf. artigo 44 do Estatuto do TJ). Não é de afastar a hipótese de utilização do meio contencioso acção de responsabilidade civil extracontratual das Comunidades, por facto imputável ao exercício da função jurisdicional comunitária – sem prejuízo do inconveniente de um mesmo órgão ser simultaneamente, julgador e réu, e, ainda, de se afigurar previsível que o poder jurisdicional comunitário sempre tenderia a adoptar uma postura restritiva e, portanto, protectora da autonomia da função jurisdicional na União Europeia.

comunitárias e das regras e princípios de direito comunitário, será que se salvaguarda devidamente a posição jurídica de terceiros eventualmente lesados pela contratação *in house* – quer no momento de celebração de um contrato público (qualquer que seja o seu objecto) com um co-contratante juridicamente distinto, quer, sobretudo, em momento posterior, quando deixarem de se verificar um, ou ambos, os critérios da contratação *in house*. Se o controlo da aplicação do direito comunitário e a tutela de um terceiro preterido, se afigura em princípio possível e viável, no momento inicial da contratação *in house* – *designadamente* com fundamento na directiva "recursos" e nas disposições nacionais de aplicação desta que lhe garantam o acesso a meios jurisdicionais adequados para o efeito – mais difícil será certamente o controlo *a posteriori,* ou seja, dos eventos subsequentes a uma contratação directa, *in house*, que impliquem que um ou ambos os requisitos exigidos deixem de se verificar.

Acresce que, tendo o TJ definido, sobretudo em sede de processos de questões prejudiciais de interpretação das directivas em matéria de contratação pública e dos Tratados, os critérios ou condições *sine qua non* de uma nova excepção à aplicação de tais normas e princípios – ainda que de modo restritivo – cumpre às jurisdições nacionais, na sua qualidade de tribunais comuns de direito comunitário, interpretar e aplicar tais critérios ao litígio concreto e respectivos contornos jurídicos os quais, como demonstram os sucessivos acórdãos apreciados, são heterógeos, designadamente quanto ao objecto do contrato em causa, a natureza da entidade pública contratante, a participação directa ou indirecta, por via de *holdings* ou sociedades participadas, no capital da entidade juridicamente distinta, a percentagem de capital público e privado, ou o momento de abertura ao capital privado. É de questionar se a criação de uma excepção por parte do TJ sem fundamento expresso na letra do Tratado ou do direito derivado, e em moldes relativamente incertos, não poderá gerar uma situação de falta de uniformidade de interpretação e aplicação do direito comunitário susceptível de pôr em causa princípios fundamentais protegido pelo Tratados – a livre concorrência e a livre circulação e, por essa via, direitos fundamentais dos agentes económicos que operam no mercado interno.

Equacionados os valores em jogo – em especial subsidiariedade e maior liberdade dos poderes públicos quanto à satisfação de interesses colectivos vs. princípios fundamentais da livre circulação e concorrência – a solução de, admitindo como legítima a excepção *in house* (*lato sensu*) delineada pelo TJ, não serem afastados as regras e princípios fundamentais do Tratado CE parece impor-se. E isto tendo em conta, nomeadamente:

a salvaguarda do parâmetro máximo de validade de todo o direito comunitário; que no caso das concessões de serviços, que não são abrangidas pelo direito derivado, são aplicáveis as regras e os princípios fundamentais do TCE[105]; a dificuldade de controlar a verificação subsequente do preenchimento dos requisitos *in house* em detrimento dos agentes económicos e da própria eficiência na prestação de serviços públicos; o risco de falta uniformidade na aplicação do direito de fonte jurisprudencial pelos órgãos nacionais competentes, de índole jurisdicional ou outra, porventura favorecendo as situações *in house*.

A construção do conceito de *in house* e a construção dos respectivos requisitos pelo TJ está longe de estar concluída – até pela existência de processos pendentes que envolvem esta questão. Afigura-se todavia desejável a clarificação de alguns aspectos essenciais, bem como a densificação dos critérios definidos *ab initio* de modo a orientar inequivocamente o juiz nacional na sua aplicação ao caso concreto e o próprio legislador nacional – na medida em que, admitindo a conformidade da excepção com o direito originário, o conceito possa ser incorporado no direito nacional sem qualquer risco de incumprimento do Direito da União Europeia[106].

---

[105] Sublinhando o argumento, Giannangelo MARCHEGIANI, *Les relations in-house et le syndrome du cheval à bascule. Quelques considerations à propos de l'arrêt Stadt Halle*, RMCUE, 2006, p. 54. O autor refere ainda que o risco de a contratação *in house* violar princípios do Tratado CE em matéria de política económica, tendo em conta que no presente o objectivo daquele Tratado não se circunscreve ao mercado comum, englobando também a união económica e monetária (vide p. 53 e, ainda, anteriormente, *Alcune considerazioni...*, p. 987-989).

[106] O presente texto foi concluído em 28 de Fevereiro de 2007.

THE IMPORTANCE OF A BALANCED RECONCILIATION OF FAMILY AND PROFESSIONAL LIFE BETWEEN MEN AND WOMEN FOR THE PRACTICAL IMPLEMENTATION OF GENDER EQUALITY PRINCIPLE IN EMPLOYMENT AREA

Maria do Rosário Palma Ramalho[*-**]

> Sumário: *1. The practical difficulties in the implementation of gender equality communitary principles in the area of work and employment. 2. The link between gender discriminatory practises at work and the reconciling of family and working life by women and men. 3. The link between the legal provisions regarding gender equality and the provisions regarding the reconciliation of family and working life: possible approaches. 4. The future: is it still possible to improve the legal system in order to achieve a more balanced participation of women and men in family and working life?*

1. The practical difficulties in the implementation of gender equality communitary principles in the area of work and employment

I. The starting point of the reflections suggested by this subject is a well-established assumption: the recognition of the practical difficulties in

---

[*] Professora Associada da Faculdade de Direito de Lisboa.

[**] O presente estudo corresponde, na essência, ao texto da conferência que proferimos no âmbito do VI Congresso da European Women Lawyers Association (EWLA), subordinado ao tema geral «*The Future of European Law from Women Lawyers' Perspective*», que teve lugar em Budapeste nos dias 19-20 de Maio de 2006. Com a sua publicação, prestamos homenagem ao Senhor Professor Doutor Inocêncio Galvão Telles, de quem tivemos a honra de ser alunos e cujo profundo saber e grande humanidade marcaram de forma indelével a nossa formação jurídica.

the implementation of gender equality communitary principles in the area of work and employment.

Individual rights regarding gender equality were formally recognised by the Treaty of Rome fifty years ago, from the perspective of equal remuneration (article 119 of the Treaty), but it is a fact that, from that point on, these rights have been developed with a broader and broader scope, by the form of Directives since 1975, which have been transposed to the Member States legislation. On the other hand, both the rules of the Treaty and those of the several Directives dealing with gender equality issues[1] have been applied and interpreted by the Court of Justice for many years, in an intensive and very creative way[2]. Finally, as a result of this *accquis* of statutory and soft law the main principles and the ruling in the area on gender equality have been reinforced and enlarged in the Treaties of Amsterdam and Nice (article 2, article 3, paragraph 2, article 13, and article 141).

---

[1] Directive 117/75, from February 10, 1975, regarding equal pay; Directive n.° 76//207, from February 9, 1976, modified by Directive 2002/73, from September 23, 2002, regarding equal treatment between men and women in access to employment, in working conditions and training; Directive 79/7, from December 19, 1987, and Directive 86/378, from July 24, 1986, regarding gender equality in social security; Directive 86/613, from December 11, 1986, regarding gender equality for independent workers, agriculture and including maternity protection; Directive 92/85, from October 19, 1985, regarding the protection of pregnant workers and newly mothers; Directive 96/34, from June 3, 1996, regarding parental leave; Directive 97/80, from December 15, 1997, regarding the burden of proof in actions regarding gender discrimination; Directive 2004/113, from December 13, 2004, regarding gender equality in access to goods and services; Directive 2006/54, from July 5, 2006, regarding equal opportunities and equal treatment between men and women in employment and professional activity (recast).

[2] In fact, The Court of Justice is responsible for the development of gender equality system on several grounds. We underline the role of the Court in the development of notions related to this issue, such as the concept of remuneration, the notion of like work and work of equal value (for instance Judgement from 4/02/1988 – *Murphy*), the notions of direct and indirect discrimination (Judgements from 26/02/1986 (*Marshall*), from 9/02/1982 (*Garland*), from 7/02/1991 (*Nimz*), in the discussion regarding positive actions (for instance Judgements from 17/10/1995 (*Kalanke*) and from 11/11/1997 (*Marschall*); it was also the Court of Justice that established the direct effect of the community rules on gender equality at the Member State level, if not transposed (Judgement from 8/04/1976 – *Defrenne*); and, finally, it was again the Court of Justice that was responsible for the extension of the equal pay principle to social security issues (for instance Judgements from 17/05/1990 (*Barber*) and from 13/05/1986 (*Bilka*), and for the link between gender equality and maternity issues (for instance, Judgements from 25/07/1991 (*Stoeckel*), from 13/02/1996 (*GillespieI*), or from 30/06/1998 (*Brown-Rentokill*).

Despite this development of the gender equality principle, which demonstrates its importance at the different levels of community law, the practical implementation and the lack of effectiveness of the principle itself are a well known fact. Being proved by statistic data, in several areas, this conclusion needs no further demonstration. Moreover, it seems that the ineffectiveness of gender equality principle is common to Member States with very different economical development, different working models, and various social and cultural background.

In short, the formal recognition of gender equality rules and the traditional methods used to implement them along the years were not enough to assure the effectiveness of the gender equality principle.

II. The lack of effectiveness of the gender equality principle in the area of work and employment has inspired many researches on this topic[3].

When looking at the results of these studies, there seems to be a clear link between equal (or unequal) treatment of women and men in access to employment and at the working place and the topic of reconciliation of family and working life.

It is this link that we would like to explore a little further in this paper.

2. The link between gender discriminatory practises at work and the reconciling of family and working life by women and men

I. The link between gender discriminatory practises at work and the reconciling of family and working life between men and women is easily

---

[3] We have recently been involved in two international researches in this area, both of them in the scope of communitarian countries and under the support of the European Commission, and both of them with experts from several Member States, therefore with different backgrounds in this area.

The first project regarded the issue of the salary gap between men and women. In what regards the Final Report of this Project, see MARIA DO ROSÁRIO PALMA RAMALHO, *Garanteeing Equal Pay between Women and Men in the Europen Union*, Lisbon (CITE), 2004 (also available in French and in Portuguese versions under the titles *Garantir a Igualdade Remuneratória entre Mulheres e Homens na União Europeia*, and *Garantir l'égalité de remuneration entre femmes et homes dans l'Uniopn Européenne*). The second project regarded the issue of reconciliation of family and working life. The Final Report that came out of this Project was published under the title *Concilier famille et travail pour les hommes et es femmes: droit et pratiques*, Athènes – Bruxelles (Ant. N. Sakkoulas / Bruylant), 2005.

established, if one takes into consideration the main factors that are responsible for the lack of effectiveness of gender equality principle in itself.

In our view, five reasons can be held responsible for the lack of effectiveness of the gender equality principle in the area of work and employment: the first one regards the low visibility of the principle itself; the second one regards the complexity of the concepts related to gender discrimination ruling; the third one regards the difficulties concerning judicial procedures in gender equality area; the fourth one regards the traditional segregation of the labour market between feminine professions and male professions; and the last one is the social stigma attached both to professional responsibilities and to family responsibilities [4].

These reasons can be explained briefly.

i) The first reason for the lack of effectiveness of gender equality principle is the low visibility of the principle itself, not only in the law, but also in its practical application by the judges, and finally for the social partners. On the one hand, gender equality issues are not always clear in the law, and they seem not to be well known by the judges, that seldom apply these ruling. On the other hand, gender equality issues are not among the strongest worries of trade unions and are certainly not an important issue for employers as well. Finally, these issues seem not to be a priority to public inspection services, in many countries.

Of course, the low visibility of the principle makes the practical implementation of the ruling in this area more difficult.

ii) The second reason for the lack of effectiveness of gender equality principle regards the technical concepts supposed by gender equality. In fact, notions like indirect discrimination, like work and work of equal value are not very clear and their content is difficult to integrate and even harder to explain.

This situation also contributes to the difficulties in the implementation of the ruling in this area.

---

[4] These conclusions can be confronted in ROSÁRIO PALMA RAMALHO, *Garanteeing Equal Pay...cit.*, 42 ss. They came out of a questionnaire addressed to the partners of the Project, regarding the diagnosis of discriminatory practises in employment and at the workplace, and it is important to emphasize that these conclusions were common to all Member States involved, despite their different economical situation and social traditions.

iii) The third reason for the lack of effectiveness of the gender equality principle, regards the difficulties concerning judicial procedures in gender equality area. It is well established that very few actions are brought before the Courts, and that even fewer prevail since the proof is difficult, because of the «faulty» system and the need of a determined comparator. On the other hand, even when judicial procedures are successful, the results are modest from the perspective of the global development of gender equality system, since their effect is limited to the plaintive.

These factors contribute also to the difficulties in the practical implementation of the principle.

iv) The fourth factor responsible for the low effectiveness of the gender equality principle has an economical ground. It regards the traditional segregation of the labour market between «feminine professions» and «male professions», alongside with a less favourable evaluation of the so-called feminine professions (for instance in the area of social services, which is considered a mainly feminine area).

This «natural» segregation of the labour market is directly responsible for systematic discrimination, meaning the discrimination which is not individualised between two determined workers (female A *versus* male B), but the discrimination between categories of workers and between different professions in the labour market as a whole. One can easily understand that when the labour market is sex-segregated (which is the common situation in most countries) discrimination in access to employment and in the working conditions arises directly from the lower value recognised to certain categories of workers, if these categories are mainly feminine.

v) The last reason for the difficulties in the implementation of gender equality principle, in our view, is the social stigma attached both to professional responsibilities and to family responsibilities. In short, because women are socially supposed to be more devoted to family and care[5] work than men, they suffer

---

[5] We use the expression «care» in the large sense of the word, including the duties related to maternity but also the duties to assist one's family, not only to assist the children, but also to give assistance to other dependants, like elderly people, handicapped persons or sick relatives.

from several consequences on their professional life that induce to discriminatory practises.

Thus, there is a clear link between gender equality and the social traditions regarding the reconciliation of family and working life.

II. We would like now to draw your attention to the last reason indicated above (the social stigma attached to professional responsibilities and family responsibilities), to underline its major importance amongst all the factors responsible for the difficulties in the implementation of gender equality ruling, mainly in employment law.

The utmost importance of this factor is proved by a simple assumption: even if we could eradicate all the other sources of discrimination, throughout legal measures and with a joint action of all relevant partners in the process, discriminatory practises in access to employment and at the workplace would persist if the responsibilities regarding care are still attributed mostly to women.

In fact, it is recognised that a non-equitable division of family responsibilities between men and women is a source for both direct and indirect sex discriminatory practises. For instance, in access to employment, women are often left aside, since the employer is afraid of their more frequent absences from work, for maternity or family reasons, and also due to the more probable breaks on their careers, on account of maternity leaves or other long-term leaves for reasons related to family. Also, women are discriminated in the course of their employment contracts, in promotions, in access to benefits related to productivity or lack of absences, again for reasons related to maternity and care.

But, on the other hand, if a working father wants to participate in a more active way in family life and to take advantage of his paternity rights, it is quite probable that he will have to endure discriminatory practises at work or in access to employment. And, when this happens, in some countries he cannot aim to be protected by the legal measures which protect women during pregnancy and as mothers, since these measures apply only to women.

These examples prove the importance of this factor to the practical development of gender equality principle, mainly in the area of employment. However, it is also easy to conclude that, more than any other one, this factor is very difficult to eradicate, or even to grasp, at least throughout legal actions, since it lies beyond the legal system.

III. This reasoning is enough to confirm an assumption that many of us have been doing for quite sometime now: there is a material bound between gender equality law and the rights attached to maternity, paternity and the reconciliation of family and working life.

This assumption being made, the question is simply to establish how this bound should be dealt with by the legal system, always baring in mind the goal of the practical implementation of the gender equality principles.

The next lines are devoted to this question.

3. The link between the legal provisions regarding gender equality and the provisions regarding the reconciliation of family and working life: possible approaches

I. The link between gender equality provisions and the reconciliation of family and working life provisions can be established in two ways, by the legal system.

One possibility is to conceive the rules regarding maternity and paternity as an *exception* to gender equality principle. In this perspective, the eminent value of maternity and paternity rights justifies the different treatment accorded to women and to men at work due to that reason, and therefore the rules that establish such a «different» treatment are not to be considered discriminatory.

The other possible view on this issue is to conceive the right to a balanced share of care responsibilities between men and women that work as a *part* of gender equality principle itself, in fact as a *material condition* for the efficiency of this principle. In this perspective, maternity provisions aiming to the protection of pregnant women and newly mothers would find their place amongst other measures regarding the reconciliation of family and working life[6].

II. Community Law has adopted the first approach to this issue, for a long time. In fact, since Directive 76/207, from February 9, 1976, regar-

---

[6] For a more developed view of this approach to the problem of the relation between gender equality and the reconciliation of family and working life, see MARIA DO ROSÁRIO PALMA RAMALHO, *Conciliação equilibrada entre a vida professional e familiar – uma condição para a igualdade entre mulheres e homens na União Europeia*, in *Estudos de Direito do Trabalho I*, Coimbra (Almedina), 2003, 269-277.

ding equal treatment between men and women in access to employment, in working conditions and in access to training, that the legal measures concerning the protection of women during pregnancy and after giving birth were considered justified as an exception to equal treatment principle[7]. And it was also under this view that Directive 92/85, from October 19, 1985, regarding the protection of pregnant women and newly mothers at work, was approved.

In our view, despite the protection granted by these rules to women workers during pregnancy and maternity, this line of approach had very negative consequences for the future development on gender equality law, in its trend with the rules concerning the reconciliation between family responsibilities and working life.

Among others, we underline the following consequences of the «exception» approach to this issue.

On the one hand, this approach had a narrowing effect in the content of the ruling regarding the protection of maternity, which became more limited than it might have been if maternity, paternity and reconciling issues had been considered altogether. The best example of this effect is Directive 82/95, from October 19, 1985, regarding the protection of pregnant women and newly mothers at work. Despite the importance of this Directive, namely to protect these women against dismissal during pregnancy and maternity leave and to ensure their rights when returning to their previous job, the fact is that this Directive is applicable only to women (pregnant women and newly mothers), since pregnancy was the justification for the exceptional protection of these women at rule[8]. And being so, the Directive left men out of its protection rules whenever they wanted to exercise their paternity rights.

On the other hand, the perspective of maternity rules as exceptions to gender equality principle has led to several judgments of the Court of Justice which show a somewhat prejudiced view on these issues. I just recall cases such as *Larsson*, *Hertz* or *Brown*, that discussed things like «if an ill-

---

[7] This approach comes out of article 2, n. 3 of the Directive, and has been developed in this sense of exceptional but justifiable measures to gender equality principle. This approach was also adopted by the Court of Justice, in several judgments.

[8] One must not forget that the basis of this Directive was not article 119.° of the Rome Treaty, regarding equal pay, but article 118.°-A, regarding working conditions and the protection of health at work. With this basis, the Directive naturally kept itself to the biological and medical justification for the protection ruling, which was pregnancy, and therefore limited its own scope to women.

ness comes out of pregnancy, is the woman still protected under the communitarian rule that prohibits dismissal during pregnancy?», as well as the several cases where the Court agreed with the refusal to extend maternity leave to fathers in case of adoption (for instance Case *Commission v. Italie*[9]) or in the case of long-term maternity leaves (for instance *Case Hofmann*[10]). These examples illustrate how limited this approach is[11].

Finally, we underline that the fact of Directive 85/92 being applicable only to women, contributed to increase the difference of treatment between men and women in what regards the reconciliation of family and working life. In short, this Directive protected pregnant women but kept untouched the traditional stigma regarding the share of professional and family responsibilities and tasks between men and women.

III. However, in more recent developments, Community Law is changing from this traditional approach of maternity, to an approach that contemplates also paternity issues and, more broadly, the matters regarding the reconciliation of family and working life. In this sense, we recall several provisions and Directives:

i) Directive 96/34, from the 3rd June 1996, that established parental leave, grants this leave both to the father and the mother of the child, on a non-transferable basis, which means that for the first time communitarian law promotes the role of both parents in the care of their young children. The other interesting point to be noticed in this Directive is the fact that it was based on a social partners agreement and not directly on the Treaty, and this basis shows the increasing importance of this issue at the social partners level.

ii) Council Resolution from 19th June 2000, regarding the promotion of a balanced participation of men and women in the professional activity and in the family activities: this Resolution,

---

[9] *Case Commission v. Italie* (Case n. C-163/82, from 26/10/1983).
[10] *Case Hofmann* (Case C-184/83, from 12/07/1984).
[11] For a more detailed approach on the traditional view of the Court of Justice regarding the issues related to maternity provisions, ANNICK MASSELOT, *Les rapports entre l'égalité de traitement et la protection de la maternité au travers de la jurisprudence de la Cour de Justice sur la grossesse et la maternité, in L'Égalité entre femmes et hommes et la vie professionnelle. Le point sur les développements actuels en Europe,* Paris (Dalloz), 2003, 103-120.

which was proposed and approved under the Portuguese Presidency of the European Union, is based on a substantive approach to the gender equality principle in article 2.° of the Nice Treaty, in the sense that this principle demands not only the elimination of discriminatory practises that already exist, but it also demands that adequate conditions are established in order to prevent new forms of discrimination from arising. In short, gender equality principle is to be understood also as a proactive goal.

In this sense, the Resolution establishes that the right to a balanced participation of women and men both at the professional life and in family responsabilities is a material condition to achieve gender equality at work, and therefore it encourages the Member States to take the necessary steps to protect the fathers that wish to contribute to this more balanced reconciliation.

iii) Article 33.° n. 2 of the European Charter of the Fundamental Rights refers to maternity and paternity rights and to the right to the reconciliation of family and working life, altogether, which is also an important argument in favour of this integrated approach to the two subjects.

iv) Finally, the new version of article 2.° n. 7 of Directive 76/207, introduced by Directive 2002/73, from September 23, 2002, states that a less favourable treatment of a woman for a reason related to pregnancy or to maternity is to be considered as gender discrimination.

The importance of these measures – namely the Parental Leave Directive, and article 2.°, n. 7 of Directive 2002/73 – needs no further demonstration.

What we would like to underline is the new perspective on the issue of reconciliation between family and working life that these provisions show, and which, in our view, can be very important for the future development of Community Law in the sense of material gender equality.

Last – but, surely, not least – we think that Community Law is now in the good direction in this integrated approach to gender equality and reconciling family and working life rules.

4. The future: is it still possible to improve the legal system in order to achieve a more balanced participation of women and men in family and working life?

Our last remark on the subject regards the future and the coming possibilities of improving the system on gender equality *versus* a more balanced reconciliation of family and working life.

In our previous reflections, we came to the conclusion that the topic of reconciliation is the most difficult topic to deal with in relation to gender equality, since it relies on stigma regarding the social roles of men and women, and these stigma are beyond the reach of the legal system.

Nevertheless, we strongly believe that the issue of reconciliation is the key point for the progress of gender equality, and we think that the difficulty of the issue does not mean that it is impossible to go forward in this area.

In our view, the proactive meaning of gender equality principle in the Treaty, as well as all the previous developments in this area, in legislative provisions and at the Court of Justice, allow that a new Directive in this area takes its basis directly from the provisions regarding gender equality at the Treaty – mainly article 2.º and article 141.º. Therefore, it would not be necessary, anymore, to support the Directive in the Treaty rules regarding health conditions at work (as it happened for the Pregnant Workers Directive) and, this being the case, it would be possible to deal with the issue of reconciliation of family and working life for men and women altogether, alongside with the specific provisions regarding working conditions of pregnant women or newly mothers. In short, putting together the provisions which are now integrated in Directives 92/85 and 96/34, would be possible.

If this happens, we think that future developments on this issue can be pursued in a new, and more equal, orientation.

LIBERDADE DE CONSCIÊNCIA
E LIBERDADE *CONTRA LEGEM*

MIGUEL GALVÃO TELES*-**

> Constitui um raro privilégio poder colaborar numa homenagem colectiva a um grande homem e grande professor, que é meu pai, pelos seus noventa anos. O presente artigo, do mesmo modo que todo o livro, é-lhe dedicado. Mas, neste momento, não posso esquecer minha mãe, sua companheira de sempre e que toda a vida tem sido o nosso conforto.

1. A liberdade de consciência, a que alude o artigo 41.º da Constituição da República, apresenta singularidade. Esta consiste em, pelo menos quando a liberdade é referida ao agir segundo a consciência, ser susceptível de pôr em causa a autoridade do Direito estabelecido, por virtude precisamente de a consciência (individual) poder requerer comporta-

---

* Advogado.
** O presente artigo tem por base um apontamento, agora profundamente remodelado, elaborado para uma intervenção, efectuada precisamente há dez anos, na Universidade Católica, em mesa-redonda sobre "Liberdade de religião e liberdade de consciência". A mesa-redonda integrava-se num colóquio sobre liberdade religiosa, que teve por oportunidade a publicação da primeira versão do anteprojecto de lei referente ao tema. Foi moderada pelo Prof. Mário Júlio de Almeida Costa e participaram, além de mim e se bem me recordo, José de Sousa Brito, Maria da Glória Dias Garcia e José Luís Pereira Coutinho. Maria da Glória Dias Garcia publicou em *Direito e Justiça*, XI-2 (1997), pp. 73 ss., artigo baseado na sua intervenção ("Liberdade de consciência e liberdade religiosa"). Agradeço a ajuda dada, na preparação da actual versão, pelo Dr. Nuno Andrade Pissarra, pela Dr.ª Liliana Tomás, pela Drª Mariana David e pela Drª Inês Amaral Rodrigues.

mento contrário ao exigido pelo Direito. Tal possibilidade manifesta-se claramente na figura da objecção de consciência. É óbvio que, se esta for admitida pelo Direito estabelecido, e na medida em que o for, há uma limitação, por este próprio (neste sentido, uma autolimitação), da amplitude da autoridade das suas normas ou do âmbito destas. Todavia, as próprias razões de ser e estrutura da objecção de consciência mostram que a mesma, enquanto acto de consciência, é independente de se encontrar legalmente reconhecida.

2. O artigo 41.º, n.º 1, da Constituição, ao dizer que *"a liberdade de consciência, de religião e de culto é inviolável"*, atribui alguma autonomia ao "aspecto" da liberdade de consciência relativamente ao "aspecto" da liberdade de religião. E aquela de alguma sorte precede esta. É isso que justifica que se encontre referida em primeiro lugar[1].

Assinale-se que, literalmente, o texto constitucional concebe a liberdade que abrange consciência, religião e culto como liberdade única. Tal decorre da utilização do singular no n.º 1 do artigo 41.º – *"é inviolável"*[2]. Isto significa que a liberdade de religião representa uma especificação da liberdade de consciência, da mesma forma que a liberdade de culto constitui, de modo imediato, uma especificação da liberdade de religião e, de modo mediato, da liberdade de consciência. Em última análise, unidade ou pluralidade dependem da perspectiva[3]. O ponto de referência da unidade é, todavia, a liberdade de consciência. Esta contém a liberdade religiosa, mas inclui mais do que ela. Por um lado, abrange, além da faculdade de adoptar esta ou aquela religião, a de não ter religião alguma. Pressupõe e implica assim a liberdade radical de adopção de uma mundividência fun-

---

[1] JÓNATAS MACHADO refere-se à liberdade de consciência como *"background constitutional right"* – *Liberdade Religiosa numa Comunidade Constitucional Inclusiva*, Co. Ed., Coimbra, 1996, pp. 193-194.

[2] Note-se, contudo, que a "força" literal no sentido da unidade se atenuou do texto inicial para o da revisão de 1982, de que resultou a versão ainda hoje em vigor. Enquanto em 1976 se referia, tanto na epígrafe como no n.º 1, *"Liberdade de consciência, religião e culto"*, em 1982 passou a dizer-se *"Liberdade **de** consciência, **de** religião e **de** culto"*.

[3] GOMES CANOTILHO e VITAL MOREIRA afirmam que o artigo 41.º *"reconhece não um mas **três direitos distintos**, embora conexos, já que o segundo é uma especificação do primeiro, sendo o terceiro uma especificação do segundo"* (*Constituição da República Portuguesa Anotada*, I, 4ª ed., Co. Ed., Coimbra, 2007, p. 609). Vistos segundo as especificações são (pelo menos) três direitos, tomados sob a perspectiva de que o que vai sendo desdobrado é **um** direito. Cfr. ainda JORGE MIRANDA e RUI MEDEIROS, *Constituição Portuguesa Anotada*, I, Co. Ed., Coimbra, 2005, p. 447.

damental, independentemente de ser religiosa. Acresce que a liberdade de consciência envolve, nalguma medida pelo menos, liberdade de tomar decisões de consciência e de, para além do que é mera prática religiosa, agir segundo a consciência, determinada ou não por um quadro religioso.

O n.º 3 do artigo 41.º (aditado em 1982) reporta-se à reserva de intimidade – ela própria uma forma de protecção – em conexão com a consciência e a religião, proibindo que as autoridades perguntem sobre as convicções ou a prática religiosa de cada um.

O n.º 4 respeita à separação entre as igrejas e o Estado e às liberdades colectivas das igrejas e comunidades religiosas. O n.º 5 tem por objecto a liberdade do ensino religioso no âmbito da respectiva religião e o uso de meios de comunicação social.

No n.º 6 regressa-se à liberdade de consciência, garantindo-se, na versão em vigor, *"o direito à objecção de consciência, nos termos da lei"*.

3. A liberdade de consciência, exerça-se através de opção religiosa ou não, encontra-se protegida pela proibição de perseguição ou de privação de direitos em razão de *"convicções ou prática religiosa"* (artigo 41.º, n.º 2). Note-se o uso do singular no adjectivo "religiosa", que mostra que este se refere apenas à prática, podendo as convicções tanto ser religiosas como não.

A protecção pessoal é igual, quaisquer que sejam as convicções tidas ou qualquer que seja a religião praticada. Há um outro aspecto respeitante ao igual tratamento das pessoas: também ninguém pode ser isento de obrigações ou deveres cívicos por causa das suas convicções ou prática religiosa – sem embargo do que se estabelece quanto à objecção de consciência. Nalguma medida, o n.º 2 do artigo 41.º representa uma aplicação do n.º 2 do artigo 13.º, segundo o qual ninguém pode ser privilegiado, beneficiado, prejudicado, privado de qualquer direito ou isento de qualquer dever em razão, entre outros critérios, de *"religião, convicções políticas ou ideológicas ..."*. As convicções a que alude o artigo 41.º são aqui especificadas como *"políticas ou ideológicas"*. Mas nem a especificação é exaustiva, nem a enumeração constante do n.º 2 do artigo 13.º é taxativa.

Quanto à objecção de consciência ao serviço militar, o n.º 4 do artigo 276.º diz que *"os objectores de consciência ao serviço militar a que legalmente estejam sujeitos prestarão serviço cívico de duração e penosidade equivalentes à do serviço militar armado"*.

4. Não fiz indagação histórica, mas admito que se mostre possível dizer que a ideia de liberdade de consciência como um *plus* relativamente à liberdade religiosa surge na afirmação da liberdade de pensamento e, em particular, do pensamento científico contra as pretensões dogmáticas das confissões religiosas. Neste sentido, a filiação da liberdade de consciência será renascentista e esta virá a ligar-se à secularização.

No séc. XVIII, na América do Norte, a ideia de *consciência* aparece mencionada em textos constitucionais, com utilização daquela palavra. É sabido que foi em algumas constituições de colónias americanas que a figura da objecção de consciência, em particular da objecção de consciência ao serviço militar, apareceu consignada[4]. As formulações são muito curiosas – por exemplo: *"nem pode qualquer homem* **com escrúpulo de consciência em usar armas** *ser justamente compelido a fazê-lo, se pagar equivalente"* (Pensilvânia)[5]; ou *"ninguém que tenha* **escrúpulo de consciência** *quanto à legalidade de utilizar armas será compelido a fazê-lo, desde que pague um equivalente"* (New Hampshire)[6]. A primeira fórmula vem da Declaração de Direitos do *Delaware*, de 11 de Setembro de 1776 (Secção 10), e foi repetida no artigo IX da Declaração de Direitos do *Vermont*, de 1777.

As declarações de Direitos da Pensilvânia e do *Vermont* acrescentam que *"ninguém se encontra vinculado por leis em que não tenha assentido de maneira semelhante, para o comum bem de todos"*[7]. Há quem tenha visto aí o reconhecimento de uma objecção de consciência geral, mas parece tratar-se antes de afirmação de uma limitação de vinculatividade das leis pela sua origem democrática[8].

---

[4] Vide, p. ex., JOSÉ DE SOUSA BRITO, declaração de voto no Ac. do Tribunal Constitucional n.º 681/95, *Acórdãos do Tribunal Constitucional*, 32.º vol., pp. 672 ss.; FRANCISCO PEREIRA COUTINHO, "Sentido e Limites do Direito Fundamental à Objecção de Consciência", *Themis*, VI-11 (2005), pp. 247 ss..

[5] *"... Nor can any man who is conscientiously scrupulous of bearing arms, be justly compelled thereto, if he will pay such equivalent ..."* – Declaração de Direitos da Constituição da Pensilvânia de 28 de Setembro de 1776, artigo VIII.

[6] *"No person, who is conscientiously scrupulous about the lawfulness of bearing arms, shall be compelled thereto, provided he will pay an equivalent"* – Declaração de Direitos da Constituição do *New Hampshire* de 2 de Junho de 1784, artigo 13.º. A última parte (pagamento do equivalente) foi eliminada em 1964.

[7] *"... nor are the people bound by any laws, but such as they have in like manner assented to, for their common good"*.

[8] O consentimento referido no passo transcrito inclui o consentimento dado pelos representantes. O *"consent in the like manner"* reporta-se ao consentimento para a priva-

Particularmente expressivo é o artigo 4.° da Declaração de Direitos do *New Hampshire*, de 2 de Junho de 1784: *"Entre os direitos naturais, alguns são pela sua própria natureza inalienáveis, porque nenhum equivalente pode ser dado ou recebido por eles. Desta espécie são os Direitos da Consciência"*[9].

No que toca especificamente à religião, o modo como as constituições das colónias recém-independentes se lhe referem é variado. A Constituição da Carolina do Sul de 1778, por exemplo, afirmava que a religião cristã é a religião verdadeira, mas tolerava todas as religiões que reconhecessem um só Deus. Mesmo as declarações de direitos mais abertas, como a da Virgínia, falavam de deveres para com Deus, não prevendo expressamente o direito a não ter religião[10].

O primeiro Aditamento à Constituição federal consignou a liberdade religiosa com amplitude que permite considerar incluída a liberdade de não ter religião[11]. O Artigo VI, por seu turno, determina que *"nenhuma prova religiosa (religious test) será jamais exigida para o exercício de qualquer cargo ou função no âmbito dos Estados Unidos (*under the United States*)*[12].

5. Diferentemente correram as coisas na Europa. Nos sécs. XVIII e XIX havia religiões oficiais e nalguns casos subsistem até o presente. A preocupação liberal era a de assegurar um mínimo de tolerância, enquanto não se pudesse chegar à separação entre Igrejas e Estado e à igualdade de tratamento das confissões. A Declaração dos Direitos do Homem e do Cidadão, de 1789, limitava-se a afirmar que *"ninguém pode ser inquietado pelas suas opiniões, mesmo religiosas, desde que a sua mani-*

ção de propriedade: *"... no part of a man's property can be justly taken from him, or applied to public uses, without his own consent, or that of his legal representatives"*.

[9] *"Among the natural rights, some are in their very nature unalienable, because no equivalent can be given or received for them. Of this kind are the Rights of Conscience"*.

[10] Sec. 16. *"That religion, or the duty which we owe to our Creator, and the manner of discharging it, can be directed only by reason and conviction, not by force or violence; and therefore all men are equally entitled to the free exercise of religion, according to the dictates of conscience; and that it is the mutual duty of all to practice Christian forbearance, love, and charity towards each other"*.

[11] *"Congress shall make no law respecting an establishment of religion, or prohibiting the free exercise thereof..."*.

[12] Havia disposições estaduais, designadamente na Carolina do Sul, que excluíam o acesso a funções públicas a quem negasse a existência de Deus.

festação não perturbe a ordem pública estabelecida por lei" (artigo 10.°). Portugal é um exemplo. Todos os textos constitucionais da Monarquia afirmavam a religião católica apostólica romana como a religião da Nação, religião oficial do Reino ou religião oficial do Estado (Constituição de 1822, artigo 25.°, Carta Constitucional, artigo 6.°, Constituição de 1838, artigo 3.°) e apenas permitiam o culto de outras religiões a estrangeiros, no âmbito doméstico ou particular; mas proibiam a perseguição religiosa, respeitadas que fossem a religião do Estado e a moral pública (Carta, artigo 145.°, § 4.°, Const. 1838, artigo 11.°).

As coisas mudaram, evidentemente, com a separação entre a Igreja e o Estado em 1911 (e separação na prática hostil). Neste quadro, a Constituição de 1911 viria a ser o primeiro texto constitucional português a falar da *liberdade de consciência*. Fá-lo no n.° 4 do artigo 3.°, onde se diz que *"a liberdade de consciência e de crença é inviolável"*. Comparando com o n.° 1 do artigo 41.° da actual Constituição, falta a referência ao culto (que vem noutro local) e em lugar da menção à religião encontra-se uma alusão a "crença". As religiões eram concebidas como modalidades da crença, podendo aliás haver crenças religiosas e não religiosas. À liberdade de culto referiam-se os n.°s. 5 e 8 do artigo 3.°, que lhe introduziam limites. A protecção e a igualdade eram salvaguardadas nos n.°s. 5 e 6[13].

No seu texto inicial, a Constituição de 1933, quebrando a tensão entre Estado e Igreja Católica, manteve-se formalmente dentro dos princípios da liberdade religiosa e da igualdade das confissões. O artigo 8.°, n.° 3, afirmava a *"liberdade e a inviolabilidade das crenças e práticas religiosas..."*[14]. O título X da Parte I, sobre as relações do Estado com a Igreja Católica e os demais cultos, reafirmava a separação entre igrejas e Estado, a igualdade das confissões e a liberdade de culto (artigos 45.° e 46.°). Será a revisão constitucional de 1951 que virá constitucionalizar e reforçar o regime de privilégio da Igreja Católica, o qual resultava já da Concordata entre o Estado Português e a Santa Sé, de 1940. O artigo 45.° foi reformulado, passando a religião católica a ser qualificada como a *"religião da*

---

[13] O n.° 10 do artigo 3.° estabelecia a neutralidade do ensino público em matéria religiosa e o n.° 4 mantinha a proibição da Companhia de Jesus e das ordens monásticas.

[14] O preceito continuava: *"... não podendo ninguém por causa delas ser perseguido, privado de um direito ou isento de qualquer obrigação ou dever cívico. Ninguém será obrigado a responder acerca da religião que professa, a não ser em inquérito estatístico ordenado por lei"*. Correspondia, no essencial, aos n.°s 6 e 7 do artigo 3.° da Constituição de 1911.

Nação Portuguesa", ainda que mantendo-se o regime de separação entre Igreja e Estado. A revisão constitucional de 1971 atenuou a posição privilegiada da religião católica, referida agora como religião *tradicional* da Nação Portuguesa. A Lei da Liberdade Religiosa (Lei n.º 5/71, de 5 de Novembro) procurou assegurar alguma liberdade e alguns meios de acção às confissões religiosas não católicas, mas a proposta de lei, primeiro, a lei, depois, encontraram enormes resistências[15].

6. A fórmula que virá a surgir na Constituição portuguesa de 1911 – liberdade de consciência e de crença – aparecera, embora na ordem inversa (*Glaubens – und Gewissensfreiheit*), na efémera *Paulskirchen-Verfassung* de 1849 (§ 144) e fora retomada na Constituição de Weimar (artigo 135).

A expressão *liberdade de consciência* acabou por entrar em força no léxico jurídico dos direitos fundamentais a partir dos meados do séc. XX, por via de instrumentos internacionais. A fórmula que aparece na Declaração Universal dos Direitos do Homem é *"liberdade de pensamento, de consciência e de religião"* (artigo 18.º). Daquela Declaração passa para a Convenção Europeia para Salvaguarda dos Direitos do Homem e das Liberdades Fundamentais (artigo 9.º) e para o Pacto das Nações Unidas sobre os Direitos Civis e Políticos (artigo 18.º). Na Convenção Americana dos Direitos Humanos a maneira de dizer é *"liberdade de consciência e religião"* (artigo 12.º). A Carta Africana dos Direitos Humanos e dos Povos refere *"liberdade de consciência e de profissão e livre prática religiosa"* (artigo 8.º).

A Lei Fundamental de Bonn veio, na linha da Constituição de Weimar, mas também, embora porventura sem o saber, na da Constituição portuguesa de 1911, afirmar, no n.º 1 do artigo 4.º, a *inviolabilidade da liberdade de crença e consciência e das convicções religiosas e mundividenciais*[16]. O n.º 3 do artigo 4.º da *Grundgesetz*, por seu turno, prevê a objecção de consciência.

---

[15] O parecer da Câmara Corporativa, relatado pelo Prof. Antunes Varela, é elucidativo. Está publicado, juntamente com comentário à lei, em ANTUNES VARELA, *Lei da Liberdade Religiosa e Lei de Imprensa*, Co. Ed., Coimbra, 1972. A lei da liberdade religiosa foi iniciativa pessoal do Prof. Marcello Caetano que, sendo católico, não era, de todo em todo, "clerical".

[16] *"Die Freiheit des Glaubens, des Gewissens und die Freiheit des religiösen und weltanschaulichen Bekenntnisses sind unverletzlich"*.

7. Inspirando-se no n.º 4 do artigo 3.º da Constituição de 1911 e no artigo 4.º da Lei Fundamental de Bonn e, porventura, ainda no artigo 18.º da Declaração Universal dos Direitos do Homem, a Constituição Portuguesa formulou o que ficou a ser o artigo 41.º da Constituição, objecto de alguns retoques na versão de 1982[17].

Na base de um notabilíssimo primeiro anteprojecto preparado por uma comissão presidida pelo Conselheiro José de Sousa Brito e que a este, no essencial, se deve, tornado público em 1997 e reformulado em 1998[18], veio a ser publicada uma nova Lei da Liberdade Religiosa (Lei n.º 16//2001, de 22 de Junho)[19].

8. Na versão originária da Constituição, a objecção de consciência era exclusivamente referida ao serviço militar (artigo 41.º, n.º 5). A revisão de 1982 modificou o preceito, que aliás transitou para n.º 6, passando a dizer que *"é garantido o direito à objecção de consciência, nos termos da lei"*. Os aspectos específicos de objecção de consciência ao serviço militar passaram a constar apenas do artigo 276.º, onde se mantêm. O âmbito do direito à objecção de consciência foi, assim, alargado, mas a maneira de dizer do artigo 41.º, n.º 6, é ambígua. Tratando-se de direito fundamental, o preceito constitucional é directamente aplicável (artigo 18.º, n.º 1). GOMES CANOTILHO e VITAL MOREIRA têm sustentado que o direito à objecção de consciência pode ser um direito *procedimentalmente condicionado*, a requerer fixação legal de procedimento para o seu exercício, embora considerem agora que não tenha necessariamente de o

---

[17] Estes traduziram-se principalmente no aditamento do n.º 3, sobre reserva de intimidade, e numa reformulação do preceito sobre a objecção de consciência.

[18] O anteprojecto foi referência de debate crítico. Vejam-se, p. ex., da perspectiva da Igreja Católica, Prof. ANTÓNIO LEITE, "Parecer acerca do Anteprojecto da Lei da Liberdade Religiosa", *Liberdade Religiosa, Realidades e Perspectivas*, Actas das V Jornadas de Direito Canónico, 23-25 de Abril 1991, UCP, Lisboa, 1998; PAULO ADRAGÃO, "Liberdade Religiosa: o Anteprojecto de Proposta de Lei de 1998", *RFDUL*, vol. XXXIX-2 (1998), pp. 693 ss.; e, com outra visão e abertura, JORGE MIRANDA, "A liberdade religiosa em Portugal e o anteprojecto de 1997", *Direito e Justiça*, XII-2 (1998), pp. 3 ss., agora também em *Escritos vários sobre Direitos Fundamentais*, Principia, Estoril, 2006, pp. 395 ss.; da perspectiva de outras confissões, JOSÉ DIAS BRAVO, "Projecto de Lei da Liberdade Religiosa: Contradição na Dimensão", *Estudos em Homenagem a Cunha Rodrigues*, Co. Ed., Coimbra, 2001, pp. 165 ss..

[19] Completada pelo Decreto-Lei n.º 308/2003, de 10 de Dezembro. Seguiu-se a revisão da Concordata entre a República Portuguesa e a Santa Sé, assinada em 18 de Maio de 2004, com troca de ratificações em 18 de Dezembro de 2004.

ser[20]. A remissão para a lei teria, antes de mais, o alcance de permitir a esta que estabeleça restrições no direito de objecção de consciência (artigo 18.º, n.º 2). Significará depois o reconhecimento de que o direito de objecção de consciência implica uma ponderação de bens, legitimando-se o legislador para, no âmbito dos parâmetros constitucionais, a efectuar.

No que toca ao serviço militar, a objecção de consciência foi, pela primeira vez, regulada, sem "simpatia", pela Lei n.º 6/85, de 4 de Maio, alterada pela Lei n.º 101/88. O reconhecimento do estatuto de objector era judicial e os tribunais só muito dificilmente o atribuíram[21]. A Lei n.º 7/92, de 12 de Maio, alterada pela Lei n.º 138/99, de 28 de Agosto, introduziu um regime, menos fechado, de declaração administrativa do estatuto do objector de consciência ao serviço militar, através de uma Comissão Nacional de Objecção de Consciência, por acto sujeito a recurso contencioso. O termo da obrigatoriedade do serviço militar em tempo de paz (Lei n.º 174/99, de 21 de Setembro) reduziu fortemente a importância prática da objecção de consciência ao serviço militar.

A lei reconhece ainda a objecção de consciência de médicos e demais pessoal da saúde à prática de actos de interrupção voluntária da gravidez (Lei n.º 6/84, de 11 de Maio, artigo 4.º e, agora, Lei n.º 16/2007, de 17 de Abril, artigo 6.º) e quanto a inseminação artificial e esterilização voluntária (Lei n.º 3/84, de 24 de Março, artigo 11.º).

Outros domínios onde a questão da objecção de consciência se suscita é a prestação de trabalho, em particular a prestação de trabalho técnico[22] ou em certos dias[23].

Situação muito particular, que mereceria estudo separado, é a da objecção de consciência dos agentes do Ministério Público. Estes podem,

---

[20] GOMES CANOTILHO e VITAL MOREIRA, *Constituição Anotada* cit., 4ª ed., p. 616. Antes, *Constituição Anotada*, 3ª ed., Co. Ed., Coimbra, 1993, p. 246.

[21] EDUARDO MAIA E COSTA, "Objecção de consciência: da exigência da lei à resistência dos tribunais", *Revista do Ministério Público*, ano 12 (1991), n.º 45, pp. 161 ss..

[22] Em especial, ANTÓNIO MENEZES CORDEIRO, "Contrato de Trabalho e Objecção de Consciência", *Estudos em Homenagem ao Prof. Doutor Raúl Ventura*, Co. Ed., Coimbra, II, 2003, pp. 673 ss..

[23] O tema da objecção de consciência percorre ainda códigos deontológicos profissionais, como o dos médicos e dos enfermeiros. Sobre a extensão dos problemas suscitados pela objecção de consciência, *vide* JOSÉ DE SOUSA BRITO e J. A. TELES PEREIRA, "Nouveaux droits et relations Eglises-Etat au Portugal", *in "Nouvelles Libertés" et relations Eglises-Etat en Europe*, Consortium européen pour l'étude des relations Eglises-Etat, Actas do Colóquio de Tilburg, 17-18 de Novembro de 1995, Giuffrè, Milão, 1998, pp. 341 ss..

segundo a lei, recusar o cumprimento de directrizes, ordens e instruções com fundamento em *"grave violação da sua consciência jurídica"* (Estatuto do Ministério Público, aprovado pela Lei n.° 47/86, de 15 de Outubro, artigo 79.°, n.° 2)[24].

9. A liberdade de consciência, enquanto constitucionalmente reconhecida e na medida em que o é, apresenta-se como liberdade *secundum legem*, mais precisamente liberdade *secundum constitutionem*[25].

A palavra liberdade tem, na linguagem jurídica, várias acepções. De momento interessa uma. Nela, liberdade equivale a *dupla permissão*: é permitido A e não-A[26]. A liberdade de consciência cabe no conceito. O titular pode ter estas ou aquelas convicções, ou não ter nenhumas, agir deste ou daquele modo.

A liberdade de consciência é, no nosso direito, uma liberdade protegida[27], tanto perante o Estado (proibição de perseguição ou de privação de direitos), como perante terceiros (proibição de coacção)[28].

10. Enquanto, todavia, se manifesta através da objecção de consciência, a liberdade de consciência é, nalguma medida, pelo menos tam-

---

[24] Deixam-se de fora, no presente estudo, os aspectos criminais ligados à liberdade de consciência, que tantos problemas têm suscitado na Alemanha e que tão bem estudados foram entre nós por AUGUSTO SILVA DIAS, *A Relevância Jurídico-Penal das Decisões de Consciência*, Almedina, Coimbra, 1986. Assinale-se que, no plano da lei ordinária e de harmonia com o n.° 2 do artigo 6.° da Lei da Liberdade Religiosa, *"a liberdade de consciência, de religião e de culto não autoriza a prática de crimes"*.

[25] De harmonia com o artigo 6.°, n.° 3, da Lei da Liberdade Religiosa, *"os limites do direito à objecção de consciência demarcam para o objector o comportamento permitido"*.

[26] MIGUEL GALVÃO TELES, "Direitos Absolutos e Relativos", *Estudos em Homenagem ao Prof. Doutor Joaquim da Silva Cunha*, ed. Fac. Dir. Univ. Lisboa, Co. Ed., Coimbra, 2005, pp. 667-668.

[27] Sobre a noção de liberdade protegida, *vide*, em particular, ALEXY, *Theorie der Grundrechte*, 2ª ed., Suhrkamp, Frankf. a/M., 1994, pp. 203 ss..

[28] BÖCKENFÖRDE sustentou, perante o artigo 4.° da *Grundgesetz*, que o bem jurídico protegido pela liberdade de consciência não era a liberdade de agir segundo a consciência moral, mas a inviolabilidade da consciência ("Das Grundrecht der Gewissensfreiheit", *Staat, Verfassung, Demokratie*, Suhrkamp, Frankf. a/M., 1991, pp. 237-239). A palavra inviolabilidade é também usada pelo artigo 41.° da Constituição Portuguesa. Mas refere-se à liberdade. E não se vê como é que se pode salvaguardar a inviolabilidade mesmo só da consciência sem respeito de um mínimo de liberdade de agir segundo ela. Talvez se possa dizer que tudo é coberto pela *integridade* da consciência individual, que seria o bem jurídico protegido, mas abrangendo alguma liberdade de agir segundo a consciência.

bém liberdade *contra legem*. Claro que, se a objecção for acolhida, é a própria lei que afasta a aplicação de outra norma. Mas esse afastamento resulta da *oposição* de consciência à obrigação decorrente da lei. Conforme, em formulação impecável, diz a Lei da Liberdade Religiosa, *"a liberdade de consciência compreende o direito de objectar ao cumprimento de leis que contrariem os ditames impreteríveis da própria consciência..."* (artigo 12.°, n.° 1). O que está em causa é a oposição entre a lei e a consciência individual. A modalidade jurídica por via da qual a objecção de consciência opera é a *imunidade*, no sentido de HOHFELD, relativamente à imposição normativa[29], dependente ou não de procedimento e de prévio acto jurisdicional ou administrativo e acompanhada ou não de dever subrogado. De qualquer modo, trata-se sempre de imunidade com fundamento em oposição de consciência à obrigação[30].

11. A liberdade de consciência é, na origem, radicalmente individual[31].

Em magnífico estudo, JOSÉ LAMEGO analisa o "paradoxo da consciência". A liberdade de consciência reclama respeito. Mas comportar-se cada um segundo os ditames da sua consciência conduz à anarquia[32].

LUHMAN sublinha que a liberdade de consciência é incompatível com um reconhecimento de Direito Natural: *"se existe direito suprapositivo, nunca se compreenderia porque é que a consciência teria a liberdade de o pensar diferentemente"*[33]. Porventura mais rigorosamente, a admitir-se a liberdade de consciência, ela corresponde ao único direito natural pensável. A alternativa reside em considerar que não há liberdade *moral* de consciência e que a chamada liberdade de consciência se traduz na mera

---

[29] *Fundamental Legal Conceptions as Applied in Judicial Reasoning*, 1919, Yale Univ. Press, reimp., Yale, 1964, pp. 35 ss..

[30] Em meu juízo, a objecção procedente de consciência exclui a obrigação e não, conforme parece sustentar JORGE BACELAR DE GOUVEIA ("Objecção de Consciência (Direito Fundamental à)", *DJAP*, vol. VI, 1994, p. 170), apenas a sanção. Assim, por exemplo, a Lei n.° 7/92, sobre objecção de consciência ao serviço militar, fala de *isenção* deste (artigo 1.°, n.° 2). Veja-se, ainda, o artigo 6.°, n.° 3, da Lei da Liberdade Religiosa, que se refere a *"comportamento permitido"* ao objector.

[31] E.-W. BÖCKENFÖRDE, est. cit., pp. 215 ss..

[32] *"Sociedade Aberta" e Liberdade de Consciência – O Direito Fundamental da Liberdade de Consciência*, ed. AAFDL, Lisboa, 1985, pp. 31 ss..

[33] "La libertà di coscienza e la conscienza", *La Differenziazione del Diritto*, trad. ital., Il Mulino, Bolonha, 1990, p. 268.

ausência de coacção em "matérias de consciência"[34]. Mas isso representa a negação da própria liberdade de consciência. O ponto crítico está em que, como o sublinha o paradoxo, a liberdade de consciência tende a dissolver a própria autoridade do direito positivo.

12. Quando alguém objecta, em consciência, às obrigações legais e não age em conformidade com elas, não se encontra em causa o mero uso do livre-arbítrio e a simples violação de normas. Encontra-se em jogo, sim, a afirmação de uma normatividade alternativa e contraposta, em princípio de natureza moral. Resta saber em que acepção ou acepções se pode falar aqui de liberdade.

Um primeiro sentido revela-se na ideia de *autonomia ética*. Quem objecta às obrigações legais exerce essa autonomia. Contudo, em princípio pelo menos, a normatividade contraposta à normatividade legal aparece aí como impositiva de deveres. A situação de objecção de consciência é tipicamente uma situação de *conflito de deveres*: o dever legal e o dever de consciência. Assim sendo, de liberdade em sentido que se costuma dizer negativo não se poderá falar perante o quadro ético alternativo, mas somente perante o próprio sistema jurídico ou por referência a ele.

Se a objecção de consciência for reconhecida, há dupla permissão, a de agir de acordo com a lei geral ou com a objecção[35]. Mas se a objecção de consciência não for reconhecida, em geral ou nas circunstâncias do caso?

Suponha-se, por exemplo, uma testemunha de Jeová, que objecte (e as testemunhas de Jeová objectam) à própria prestação de serviço cívico, para além do serviço armado. Ou não teria obtido a imunidade da prestação do serviço armado e haveria incumprido o dever legal de o prestar ou teria faltado, pelo menos, ao cumprimento do dever de prestar serviço cívico de substituição[36]. Ou suponha-se que, pura e simplesmente, o

---

[34] Prof. ANTÓNIO LEITE, "Parecer ..." cit., p. 242.

[35] Prescinde-se aqui das complicações que podem resultar de saber se, quando há atribuição de estatuto de objector por acto administrativo ou jurisdicional, pode ou não o interessado "renunciar" a esse estatuto. Qualquer que seja a solução, houve pelo menos um momento de exercício de liberdade, ainda que porventura associado a um direito potestativo: aquele em que se requereu, ou não, o estatuto.

[36] A alternativa deixada no texto tem na sua base dois entendimentos possíveis quanto à questão da constitucionalidade da disposição da Lei n.º 7/92 que exigia que o objector declarasse a sua disponibilidade para prestar serviço cívico, como pressuposto da atribuição do estatuto. O tema dividiu o Tribunal Constitucional que, em plenário, se

sistema jurídico que se encontra em causa não acolhe a objecção de consciência. Haverá algum sentido, para além do de livre-arbítrio e de autonomia ética, no qual se possa dizer que o objector que recusa a obrigação decorrente da lei e o seu cumprimento está a exercer liberdade?

O Direito pretende vinculatividade – vinculatividade numa amplíssima acepção ética, de convocação do livre-arbítrio, e não apenas moral. Aquele que, *em consciência*, recusa a vinculatividade de uma norma está a afirmar a sua imunidade perante ela. Ora, um dos sentidos da liberdade é, em alternativa à dupla permissão, que pressupõe uma atitude normativa positiva, a simples *ausência de dever*, que se basta com uma atitude normativa negativa.

O objector não reconhecido pelo sistema jurídico afirma perante este a sua liberdade de agir em consciência, diferenciada da imposição resultante do quadro normativo alternativo a que se submete. A liberdade que invoca exprime a recusa da vinculatividade ética da lei e, por conseguinte, a ausência de obrigação, em sentido próprio, que esta pretendia que de si decorresse.

Trata-se, pura e simplesmente, de liberdade *contra legem*. O que, da perspectiva da lei, é dever converte-se, da perspectiva do objector, em mero ónus. Comportar-se de um modo ou de outro dependerá de aceitar ou não arrostar com as consequências de agir em consciência.

13. A liberdade de consciência tem por base a autonomia ética – tomando, repete-se, o qualificativo ético em sentido latíssimo, que abrange moral e direito. Mas trata-se da autonomia ética *do sujeito empírico* – não do eu puro. São as consciências dos sujeitos empíricos que constituem as destinatárias de qualquer normatividade. É manifesto que a plena autonomia dos sujeitos empíricos se mostra anarquizante. A interacção social e razões prudenciais limitam a propensão naquele sentido. Mas cada um com a sua consciência constitui a instância e o reduto últimos da normatividade.

O estatuto convocado pela afirmação da liberdade de consciência *contra legem* (do mesmo modo que pelo direito de resistência *contra legem*) é do *estado de natureza* – não já o estado de natureza entre pessoas,

---

pronunciou, por sete votos contra seis, no sentido da constitucionalidade (Ac. 681/95). A orientação foi mantida por uma sucessão de arestos de 1996. Mas a disposição em causa, da Lei n.º 7/92, veio a ser revogada pelo n.º 3 do artigo 12.º da Lei de Liberdade Religiosa.

mas o estado de natureza entre os destinatários de um sistema jurídico e ele próprio, a que chamei *estado de natureza de segundo grau*[37].

O objector contesta a vinculatividade da lei e invoca imunidade, como pressuposto da afirmação da sua liberdade *contra legem*. O sistema jurídico, por sua vez, não pode opor-lhe essa vinculatividade sem, em círculo vicioso, se fundar nela mesma para a justificar. Fica pretensão contra pretensão. Nem por isso o objector deixará, o mais das vezes, de sofrer as consequências. Mas o sistema jurídico tornou-se *parte* e a justificação racional última da sua auto-imposição situa-se agora, não na simples invocação da sua autoridade, mas nas razões arguíveis para a sua legitimação, em padrões prudenciais e na *auto-defesa*.

Não tenho hesitação em reclamar a imposição das normas de um Estado de direito democrático. Mas, sem prejuízo dessa imposição, não se pode ignorar o plano em que, perante um objector, as coisas passam a situar-se.

---

[37] MIGUEL GALVÃO TELES, "State of Nature, Pure Republic and Legal Duty of Obedience (Some reflections regarding Kant's legal and political philosophy)", *in* JOÃO LOPES ALVES (ed.), *Ética e o Futuro da Democracia*, Ed. Colibri/SPF, Lisboa, 1998, pp. 161 ss..

O INQUÉRITO PARLAMENTAR NA CONSTITUIÇÃO PORTUGUESA DE 1976 E NA LEI: CONSONÂNCIAS E DISSONÂNCIAS

Nuno Piçarra[*]

SUMÁRIO: *I. Introdução. II. As directrizes da Constituição de 76 relativas ao inquérito parlamentar: 1. Quanto à autoria do inquérito; 2. Quanto ao objecto do inquérito; 3. Quanto aos poderes das CPI's; 4. Quanto ao procedimento de inquérito; 5. Quanto à tutela jurisdicional dos particulares perante os actos de inquérito. III. A Lei n.º 5/93 face às directrizes constitucionais relativas ao inquérito parlamentar: 1. Insuficiências face ao artigo 178.º, n.º 4, da CRP; 2. Insuficiências face às directrizes constitucionais relativas ao objecto do inquérito parlamentar; 3. Insuficiências face ao artigo 178.º, n.º 5, da CRP; 4. Insuficiências face às directrizes constitucionais relativas ao procedimento de inquérito parlamentar. IV. Observação final.*

I. Introdução

Sem nunca se referir directamente ao instituto do inquérito parlamentar, a Constituição da República Portuguesa de 1976 (CRP) configura, ainda assim, de modo normativamente denso o correspondente regime, à semelhança, de resto, do que fazem as constituições italiana e alemã, em que mais se inspirou para o efeito[1].

---

[*] Professor Auxiliar da Faculdade de Direito da Universidade Nova de Lisboa.
[1] Segundo o artigo 82.º da Constituição italiana de 27 de Dezembro de 1947, "qualquer das Câmaras pode decidir a realização de inquéritos em matéria de interesse público. Para esse fim nomeia uma comissão de membros seus, respeitando a proporção dos vários grupos. A comissão de inquérito procede às averiguações e aos exames com os mesmos

É, de facto, possível extrair do articulado da CRP directrizes bastante precisas acerca dos autores, do objecto e dos poderes de inquérito parlamentar. É ainda possível extrair dele directrizes, embora menos concretas, quanto ao procedimento de inquérito parlamentar e à tutela jurisdicional dos particulares perante os diversos actos em que se estrutura um tal procedimento.

Trinta anos passados sobre a promulgação da primeira lei que, em cumprimento da CRP, estabeleceu o regime jurídico do inquérito parlamentar – a Lei n.º 43/77, de 18 de Junho[2], entretanto substituída pela Lei n.º 5/93, de 1 de Março, na redacção que lhe foi dada pela Lei n.º 126/97, de 10 de Dezembro – há a concluir que nem sempre o legislador ordinário tomou a sério, ou teve devidamente em conta, todas as directrizes constitucionais sobre o instituto.

Num momento em que a Assembleia da República (AR) procede, pela terceira vez, à revisão do regime jurídico do inquérito parlamentar, parece oportuno recordar – em singela homenagem ao Professor Doutor Inocêncio Galvão Telles, Ilustre Decano dos civilistas portugueses, a quem outros ramos do direito manifestamente nunca foram estranhos – as directrizes constitucionais sobre o instituto em causa (II.), bem como focar alguns aspectos da lei em vigor que o contempla, relativamente aos quais a conclusão que se antecipou é mais evidente (III.).

---

poderes e os mesmos limites da autoridade judicial". Segundo o artigo 44.º da Constituição alemã, de 29 de Maio de 1949, "1. A Assembleia Federal pode e, a requerimento de um quarto dos seus membros, deve constituir comissões de inquérito que recolham em sessão pública os meios de prova necessários. As comissões poderão funcionar em sessão secreta se assim o deliberarem. 2. À instrução serão aplicáveis as regras de processo penal. Não será afectado o segredo de correspondência, das comunicações postais e das telecomunicações. 3. Os tribunais e as autoridades administrativas deverão prestar auxílio e concurso às comissões. 4. As decisões das comissões de inquérito não estão sujeitas a apreciação judicial. Todavia, os tribunais são livres de apreciar e julgar os factos objecto de inquérito". Nenhum dos artigos citados foi até hoje objecto de revisão constitucional.

[2] Sendo certo que, tanto a Monarquia Constitucional, como a I República e mesmo o Estado Novo conheceram o inquérito parlamentar, o instituto nunca foi objecto de diploma legislativo anteriormente à Lei n.º 43/77; para maiores desenvolvimentos ver Nuno Piçarra, O *Inquérito Parlamentar e os seus Modelos Constitucionais. O caso português*, Coimbra, 2004, p. 413 ss.

II. As directrizes da Constituição de 76 relativas ao inquérito parlamentar

1. *Quanto à autoria do inquérito*

A CRP não contempla directamente o instituto do inquérito parlamentar, mas sim o seu *autor* – a comissão eventual de inquérito ou, em denominação mais corrente, a *comissão parlamentar de inquérito* (CPI), prevista pelo artigo 178.°, n.° 1. Nos termos desta disposição, a AR "tem as comissões previstas no regimento e pode constituir comissões eventuais de inquérito ou para qualquer outro fim determinado".

Resulta do artigo 178.°, n.° 1, que, sempre que a AR pretenda realizar um inquérito parlamentar, deve criar uma CPI para o efeito, e não recorrer ao plenário ou designar qualquer outra comissão parlamentar já constituída, permanente ou eventual. A regra segundo a qual as CPI's são as únicas instâncias constitucionalmente habilitadas a realizar inquéritos parlamentares é confirmada não só pelos n.°s 4 e 5 do próprio artigo 178.°, mas também pelos artigos 156.°, alínea *f*), e 180.°, n.° 2, alínea *f*).

Decorre destes preceitos, por um lado, que as CPI's, para além de constituídas por decisão maioritária da AR, nos termos gerais, por iniciativa de qualquer Deputado ou grupo parlamentar [artigos 178.°, n.° 4, primeira parte, 156.°, alínea *f*), e 180.°, n.° 2.°, alínea *f*)], são-no também, obrigatoriamente, por decisão de uma minoria qualificada de um quinto dos Deputados em efectividade de funções, "até ao limite de uma por Deputado e por sessão legislativa" (artigo 178.°, n.° 4, segunda parte). Por outro lado, decorre do artigo 178.°, n.° 5, que só as CPI's dispõem de "poderes de investigação próprios das autoridades judiciais".

2. *Quanto ao objecto do inquérito*

O facto de uma CPI poder ser criada, nos termos assinalados, por decisão de uma minoria qualificada, e dispor de poderes de investigação de que mais nenhuma instância parlamentar dispõe, torna-as especialmente aptas para o exercício da função de fiscalização atribuída à AR pelo artigo 162.°, alínea *a*), da CRP. O mesmo resulta do facto de o artigo 178.°, n.° 1, particularizar o inquérito relativamente a outros "fins determinados", como os de estudo ou de acompanhamento, para os quais a AR também pode criar comissões eventuais. A CRP pretendeu fazer do inquérito um instrumento específico de fiscalização parlamentar – principalmente exercida, como se sabe, por impulso das minorias/oposições na AR, sobretudo quando estejam em causa actuações do Governo ou da Administração Pública dele dependente.

Ao dispor no artigo 162.°, alínea *a*), que compete à AR, "no exercício de funções de fiscalização, vigiar pelo cumprimento da Constituição e das leis e apreciar os actos do Governo e da Administração", a CRP define em termos amplos o objecto do inquérito parlamentar. Significa isto que estão sujeitos a inquérito parlamentar – havendo alegações ou indícios de infracção, disfunção, "má administração" ou "anomalia constitucional" – não só o Governo (presente ou passado) e todos os ramos e sectores da Administração Pública, por força da última parte do preceito, mas também, por força da sua primeira parte, todos os outros órgãos de soberania e órgãos constitucionais assim como, em geral, todas as entidades que, exercendo poderes de autoridade ou actuando sob formas jurídico-privadas, relevem do Estado enquanto entidade distinta da sociedade civil. E podem ainda ser sujeitos a inquérito parlamentar factos da sociedade civil de algum modo relacionados com o Estado naquela acepção ou que, não o estando, se revistam de interesse público suficiente. Sob este prisma, só não estarão sujeitos a inquérito parlamentar factos respeitantes à vida privada dos cidadãos, que não afectem interesses relevantes da colectividade[3].

Não é obviamente possível forjar *a priori* um critério único de delimitação segura do objecto do inquérito parlamentar. Sem prejuízo disso, a AR, através da sua maioria ou através de uma minoria qualificada, não poderá deixar de ter em conta os princípios constitucionais pertinentes (Estado de Direito, respeito pelos direitos fundamentais, proporcionalidade, separação dos poderes, paridade dos órgãos de soberania, determinabilidade, etc.), ao deliberar sobre a realização de cada inquérito parlamentar em concreto[4].

---

[3] Cf. o n.° 4 do Parecer n.° 14/77 da Comissão Constitucional (CC), de 10 de Maio de 1977, in *Pareceres da Comissão Constitucional*, 2.° volume, Lisboa, 1977, p. 53, e os n.ᵒˢ 9.2 e 10.1. do Acórdão n.° 195/94 do Tribunal Constitucional (TC), de 1 de Março de 1994, in *Acórdãos do Tribunal Constitucional*, 27.° volume, Lisboa, 1994, p. 411.

[4] Em sentido convergente na doutrina ver JORGE MIRANDA, "Sobre as comissões parlamentares de inquérito" in *Direito e Justiça*, volume XIV, 2000, p. 35-36 e 38; J. J. GOMES CANOTILHO, *Direito Constitucional e Teoria da Constituição*, 7.ª edição, Coimbra, 2006, p. 636-637. Por último, ver JORGE MIRANDA e RUI MEDEIROS, *Constituição Portuguesa Anotada*, tomo II, Coimbra, 2006, p. 612-613.

Por outro lado, tendo em conta que (1) a fiscalização parlamentar e a administração da justiça penal têm a mesma dignidade constitucional – fundada desde logo na paridade, perante a CRP, dos órgãos a que estão respectivamente cometidas – e, como salientou o TC, (2) "são totalmente diferentes a *natureza* da actividade prosseguida pela comissão parlamentar de inquérito, a *finalidade* da sua acção e o *resultado* que pretende alcançar, quando comparados com as funções cometidas aos tribunais"[5], o princípio é, por conseguinte, o de que podem ser objecto de inquérito parlamentar factos que estejam a ser simultaneamente objecto de processo criminal.

A natural consequência disto, tal como explicitada pelo TC, é a de que "não deve haver influência de uma [actividade] sobre a outra, não podendo as provas documentais e não documentais obtidas por uma comissão parlamentar de inquérito ser utilizadas na instrução criminal, nem os resultados do inquérito podem ser invocados em favor ou em prejuízo dos sujeitos em relação aos tenha sido ou venha posteriormente a ser instaurado um processo penal"[6].

3. *Quanto aos poderes das CPI's*

Ao atribuir às CPI's "poderes de investigação próprios das autoridades judiciais", o artigo 178.°, n.° 5, não pretendeu evidentemente assimilar a sua posição constitucional à dos tribunais. Pretendeu, sim, na esteira

---

[5] Cf. o n.° 10.1. do acórdão n.° 195/94, com remissão para o n.° 9.1., *in fine*, onde se lê que "as comissões parlamentares de inquérito não visam exercer a função jurisdicional, não tendo, por isso, como finalidade, julgar e punir crimes com força de verdade legal, mas tão-só investigar factos e recolher elementos probatórios relativos a determinadas matérias de interesse público, apresentando posteriormente as suas conclusões ao Parlamento e habilitando-o, dessa forma, a exercer eficazmente as suas funções constitucionais, designadamente as de fiscalização dos actos do Governo e da Administração Pública".

[6] Cf. o n.° 10.4. do acórdão n.° 195/94. Sem que caibam neste contexto maiores desenvolvimentos, é discutível que os documentos oficiais obtidos por uma CPI não possam, em absoluto, ser utilizadas na instrução criminal, como parece ser o entendimento do TC. Cite-se, em contraposição, o § 3486 do título 18 do *U. S. Code* que, depois de estabelecer o princípio geral da proibição de utilização de elementos obtidos por uma instância parlamentar de inquérito como prova em qualquer processo criminal instaurado contra o inquirido, exclui expressamente do âmbito dessa proibição "*an official paper or record produced by him*".

do artigo 82.º da Constituição italiana e do artigo 44.º da Constituição alemã, por sua vez influenciadas por uma lei belga pioneira[7], conferir ao instituto a máxima eficácia e eficiência possíveis. Tais poderes destinam-se a garantir, em última análise, que um inquérito parlamentar não seja pura e simplesmente inviabilizado pela falta de colaboração de terceiros, tratando-se de comparecer, prestar depoimento e transmitir informações e documentos a uma CPI, sem prejuízo das sanções penais que, por isso mesmo, venham a ser jurisdicionalmente aplicadas *a posteriori* aos faltosos, nos termos da lei.

Tal como o TC salientou, o artigo 178.º, n.º 5, "pretendeu seguramente que aqueles órgãos parlamentares sejam coadjuvados, no desempenho das suas actividades de investigação, pelas mesmas entidades e nos mesmos termos em que o são os tribunais. Ora, tendo os tribunais, nos termos do artigo 202.º, n.º 3, da lei fundamental direito à coadjuvação das outras autoridades, nestas se incluindo as autoridades judiciais, deve entender-se, atento o disposto naquelas disposições constitucionais, que também às comissões parlamentares de inquérito assiste o direito à coadjuvação das outras entidades, com inclusão dos tribunais"[8].

Isto significa no essencial que, em caso de incomparência ilegal de um convocado para depor, a CPI afectada poderá requerer a coadjuvação do tribunal competente a fim de que este emita, quando for caso disso, uma ordem de detenção do faltoso para assegurar a sua comparência perante a mesma comissão. Em caso de desobediência ilegal a decisão de uma CPI, a coadjuvação do tribunal poderá igualmente traduzir-se na detenção do faltoso, com vista a forçá-lo ao cumprimento da decisão. Se a desobediência a uma CPI consistir na recusa injustificada de transmissão de informações ou documentos, a coadjuvação poderá traduzir-se, conforme o caso, numa ordem de revista, de busca ou de apreensão dos documentos sonegados. E tudo isto, mais uma vez, sem prejuízo das acções penais intentadas contra os faltosos por crime de desobediência.

É o que resulta das disposições conjugadas dos artigos 178.º, n.º 5, 27.º, n.º 3, alínea *f*), e 34.º da CRP, integralmente confirmado pelo direito comparado (entre outros países, a Alemanha, a Áustria, a Bélgica e o Brasil).

---

[7] Sobre os poderes de inquérito parlamentar nestes três países ver NUNO PIÇARRA, *O Inquérito Parlamentar*, cit., p. 250 ss., p. 369 ss. e p. 393-394 e bibliografia aí citada.

[8] Cf. o n.º 10.3., *in fine*, do acórdão n.º 195/94.

Resulta, por outro lado, do mesmo dispositivo que "só em casos excepcionais é que os tribunais poderão desrespeitar aquele dever de coadjuvação", ou seja, quando o seu cumprimento puser em causa o "núcleo essencial das funções constitucionais do tribunal", ou implicar a violação de direitos fundamentais[9] – e, acrescente-se, por força dos princípios da proporcionalidade e da concordância prática, não se lobrigar um meio de salvaguarda desses bens constitucionais menos gravoso para a CPI do que a recusa pura e simples de coadjuvação.

O artigo 178.°, n.° 5, não habilita as CPI's a tomarem nenhuma das medidas coercivas supra-enumeradas, que se encontram estritamente reservadas aos tribunais nos termos dos artigos 27.°, n.° 3, alínea *f*), e 34.°. Por conseguinte, aquele preceito não pode ser interpretado no sentido de que as CPI's gozam directamente de todos os poderes de investigação próprios das autoridades judiciais. A correcta interpretação do mesmo leva antes à conclusão de que as CPI's só gozam dos poderes de investigação que não estejam constitucionalmente reservados àquelas autoridades.

Do artigo 178.°, n.° 5, decorre ainda que a lei ordinária não deve limitar-se a disciplinar os poderes de investigação das CPI's por mera remissão para a lei processual penal, dadas as profundas diferenças entre o inquérito parlamentar e o processo penal, já acima salientadas. Tal directriz constitucional vale, em especial, para a previsão legal das hipóteses de recusa de prestação de depoimento e de transmissão de documentos com fundamento em segredo (profissional, fiscal, de Estado, de justiça), por um lado, e para as hipóteses de quebra desse segredo perante uma CPI.

4. *Quanto ao procedimento de inquérito*

A este respeito, a CRP já não é tão precisa como para os elementos do inquérito parlamentar acabados de analisar.

Ainda assim, estando o instituto fundamentalmente aos serviço da competência de fiscalização da AR e constituindo, nessa medida, um fórum de discussão entre representantes da maioria e da minoria/oposição voltada para a opinião pública, a directriz constitucional vai naturalmente no sentido de que o correspondente procedimento decorra, em princípio, sob uma regra da publicidade adequada à sociedade de massas e de comu-

---

[9] Cf. o n.° 9.2., alínea d), do acórdão n.° 195/94.

nicação contemporânea. Isto passa por abrir as CPI's especialmente aos meios de comunicação social, de modo a que as suas reuniões possam, em princípio, ser objecto de transmissão televisiva e radiofónica, em directo ou em diferido, e atinjam assim um público tão vasto quanto possível[10].

Por outro lado, podendo, no decurso do inquérito parlamentar, ser afectados direitos e interesses legalmente protegidos dos particulares, através do exercício de "poderes de investigação próprios das autoridades judiciais", a directriz constitucional decorrente do princípio do Estado de Direito[11] vai no sentido de a lei ordinária prever os adequados direitos de defesa, de audição e de participação dos inquiridos no correspondente procedimento. E isto tanto mais que o inquérito parlamentar pode efectivamente envolver acusações e censuras a pessoas, nele podendo ser interrogados suspeitos de crimes e arguidos em processos criminais.

É por isso que o Parecer n.º 14/77 da CC, declarando as CPI's directamente vinculadas aos direitos fundamentais por força do artigo 18.º da CRP – a começar pelo direito à integridade moral e física (artigo 25.º, n.º 1), pelo direito ao bom nome, reputação e reserva de intimidade da vida privada e familiar (artigo 26.º, n.º 1), pelo direito à inviolabilidade do domicílio e da correspondência (artigo 34.º, n.º 1) e pelo direito à presunção de inocência até ao trânsito em julgado de sentença condenatória (artigo 32.º, n.º 2) – não deixa, com toda a pertinência, de instar o legislador a ser "claro e preciso nas matérias que se prendem com os direitos, liberdades e garantias" dos inquiridos, ao estabelecer o regime do inquérito parlamentar.

5. *Quanto à tutela jurisdicional dos particulares perante os actos de inquérito*

Uma vez comprovado que o inquérito parlamentar é susceptível de afectar direitos fundamentais e outros direitos e interesses legalmente protegidos, são dois os preceitos constitucionais a balizar a protecção jurisdicional dos particulares perante os actos praticados no decurso do correspondente procedimento.

---

[10] Para maiores desenvolvimentos sobre o princípio da publicidade do instituto ver NUNO PIÇARRA, *O Inquérito Parlamentar*, cit., p. 397 ss.

[11] Sobre os corolários procedimentais do princípio do Estado de Direito ver GOMES CANOTILHO, *Direito Constitucional e Teoria da Constituição*, cit., p. 273 ss.

De um lado, está o artigo 20.º, n.º 1, nos termos do qual "a todos é assegurado o acesso ao direito e aos tribunais para defesa dos seus direitos e interesses legalmente protegidos". Tratando-se da defesa dos direitos, liberdades e garantias pessoais, os cidadãos devem poder recorrer a procedimentos judiciais caracterizados pela celeridade e pela prioridade, "de modo a obter tutela efectiva e em tempo útil contra ameaças ou violações desses direitos" (n.º 5)[12].

Daqui decorre inevitavelmente que os actos praticados pelas CPI's susceptíveis de afectarem direitos e interesses legalmente protegidos e, em especial, direitos fundamentais estão, em princípio, sujeitos a controlo jurisdicional. Limite a tal controlo será naturalmente a viabilidade do próprio inquérito parlamentar. Quanto aos actos praticados a título de coadjuvação pelos tribunais no quadro de um procedimento de inquérito, eles serão naturalmente impugnáveis nos termos da lei processual geral.

A balizar, por outro lado, a tutela jurisdicional dos particulares perante os actos de inquérito parlamentar, está o artigo 22.º da CRP, nos termos do qual "o Estado e as demais entidades públicas são civilmente responsáveis, em forma solidária com os titulares dos seus órgãos, funcionários ou agentes, por acções ou omissões praticados no exercício das suas funções e por causa desse exercício, de que resulte violação dos direitos, liberdades e garantias ou dano para outrem"[13].

Sem prejuízo da sua aplicabilidade aos actos imperativos praticados por uma CPI, este preceito assume especial relevância face ao relatório final ou às conclusões desta, quando deles constar eventualmente "matéria que possa ofender a integridade moral das pessoas, nomeadamente a imputação de crimes", para utilizar a formulação do Parecer n.º 14/77.

Provado perante um tribunal que um relatório final de uma CPI viola direitos fundamentais ou causa prejuízo a terceiros, os lesados terão direito a ser devidamente indemnizados. A única excepção ao regime geral do artigo 22.º decorrerá do disposto no artigo 157.º, n.º 1, nos termos do qual

---

[12] Sobre o artigo 20.º, n.os 1 e 5, seu sentido e alcance, ver por último JORGE MIRANDA e RUI MEDEIROS, *Constituição Portuguesa Anotada*, tomo I, Coimbra, 2005, p. 170 ss.; GOMES CANOTILHO e VITAL MOREIRA, *Constituição da República Portuguesa Anotada*, Volume I, Coimbra, 2007, p. 410 ss.

[13] Sobre o artigo 22.º, seu sentido e alcance, ver por último JORGE MIRANDA e RUI MEDEIROS, *Constituição Portuguesa Anotada*, tomo I, cit., p. 209 ss.; GOMES CANOTILHO e VITAL MOREIRA, *Constituição da República Portuguesa Anotada*, Volume I, cit., p. 422 ss.

"os Deputados não respondem civil, criminal ou disciplinarmente pelos votos e opiniões que emitirem no exercício das suas funções", incluindo evidentemente a de membros de uma CPI. Isto significa que em tal hipótese a responsabilidade civil do Estado não se efectivará solidariamente com os Deputados[14].

Finalmente, é o próprio acórdão n.º 195/94 a qualificar como acto político, e não como acto normativo, por isso mesmo, insusceptível de sujeição "a juízos de inconstitucionalidade ou de ilegalidade", a resolução através da qual a AR, por maioria ou minoria qualificada nos termos do artigo 178.º, n.º 4, cria uma CPI.

Será porventura este o único aspecto em que o próprio TC não considerou devidamente as directrizes constitucionais relativas à tutela jurisdicional dos particulares face ao inquérito parlamentar. E isto é tanto mais causador de perplexidade quanto é certo que o TC, no próprio acórdão n.º 195/94, reiterou, por um lado, o seu conceito funcional de acto normativo, para o efeito de fiscalização da constitucionalidade, no sentido de que ele "não abrange apenas os preceitos de natureza *geral* e *abstracta*, mas inclui todo e qualquer acto de poder público que contiver uma «regra de conduta» para os particulares ou para a Administração, um «critério de decisão» para esta última ou para o juiz ou, em geral, um «padrão de valoração de comportamento»", reconhecendo, por outro lado, que algumas resoluções da AR, sem prejuízo de constituírem manifestações da função política, "têm ou possuem também um carácter normativo ou produzem também efeitos normativos, não podendo deixar de estar, nessa medida, subordinadas ao controlo jurisdicional de constitucionalidade"[15].

Ora, a verdade é que a resolução da AR criadora de uma CPI constitui o mandato jurídico para esta e o limite dentro do qual ela deverá exercer toda a sua actividade. Dessa resolução deverá deduzir-se com clareza o objecto da investigação a levar a cabo. Os actos de inquérito que o desrespeitem terão que ser considerados *ultra vires*. Mais concretamente, o escopo jurídico de uma tal resolução é o de *impedir* que a CPI defina o seu

---

[14] No mesmo sentido, JORGE MIRANDA, *Manual de Direito Constitucional*, tomo IV, 3.ª edição, Coimbra, 2000, p. 294, e "Imunidades constitucionais e crimes de responsabilidade" in *Direito e Justiça*, volume XV, 2001, p. 39. Segundo o autor, a regra da irresponsabilidade dos Deputados pelas suas opiniões, como corolário e garantia da democracia pluralista, prevalece sobre os direitos pessoais consagrados pelo artigo 26.º da CRP (p. 41).

[15] Cf. o n.º 7.2., *in fine*, do acórdão, ênfase no original.

próprio mandato e escolha a direcção e o centro das suas actividades. Mas é, ao mesmo tempo, o de facultar (1) às autoridades cuja coadjuvação seja por ela solicitada a possibilidade de ajuizar a existência de um nexo substantivo entre as medidas requeridas a esse título e o objecto do inquérito parlamentar; (2) às testemunhas a possibilidade de ajuizar a pertinência das questões colocadas pela comissão e dos elementos probatórios exigidos, invocando a resolução para se recusarem, como é seu direito, (i) a responder às questões não pertinentes para o objecto do inquérito e (ii) a apresentar documentos nas mesmas condições, sem risco de cometer crime de desobediência; (3) aos tribunais a possibilidade de garantir os direitos das mesmas testemunhas e, em particular, julgar, com base na resolução, se a recusa de resposta ou de apresentação de elementos probatórios por parte de uma testemunha é ou não fundada, constituindo, ou não, crime de desobediência.

Sob este prisma, não se compreende como é que o TC possa ter entendido que uma resolução da AR constitutiva de uma CPI "assume inequivocamente a natureza de um *acto político*, desprovido de carácter *normativo*"[16] e não o de (1) uma "regra de conduta", para a comissão, para as autoridades suas coadjutoras e para os particulares que com ela entrem em relação, (2) um "critério de decisão" para ela, para aquelas autoridades e para os tribunais e (3) "um padrão de valoração" do comportamento de todas as entidades, públicas e privadas, de algum modo envolvidas num procedimento de inquérito parlamentar. Sob o mesmo prisma, não se vê como negar que uma tal resolução da AR constitua um parâmetro jurídico autónomo da validade dos diversos actos de inquérito e de recolha de elementos probatórios praticados por uma CPI ou pelas autoridades suas coadjutoras (entidades administrativas, ministério público, tribunais), sem prejuízo de também poderem estar em causa, como parâmetro de validade dos mesmos actos, as normas constitucionais, legais e regimentais respeitantes ao inquérito parlamentar[17].

---

[16] Cf. o n.º 7.3. do acórdão, ênfase no original.
[17] Para maiores desenvolvimentos ver NUNO PIÇARRA, *O Inquérito Parlamentar*, cit., p. 627 ss.

III. A Lei n.º 5/93 face às directrizes constitucionais relativas ao inquérito parlamentar

Apuradas as directrizes constitucionais que balizam a actividade do legislador ordinário, tratando-se do estabelecimento da disciplina global do inquérito parlamentar, o presente estudo focará agora os casos em que, de forma mais evidente, lhes não foi dado pleno cumprimento pela Lei n.º 5/93, de 1 de Março, na redacção dada pela Lei n.º 126/97, de 10 de Dezembro.

O primeiro reporta-se à autoria do inquérito parlamentar, o segundo, ao seu objecto e o terceiro, ao procedimento de inquérito. Para todos eles se avançam modos de superação das insuficiências legislativas detectadas.

1. *Insuficiências face ao artigo 178.º, n.º 4, da CRP*

1.1. Viu-se atrás que o artigo 178.º, n.º 4, da CRP, ao habilitar um quinto dos Deputados em efectividade de funções a criar obrigatoriamente CPI's, "até ao limite de uma por Deputado e por sessão legislativa", tem por escopo fazer do instituto em análise um efectivo instrumento de fiscalização parlamentar ao serviço das entidades políticas mais vocacionadas para a levarem a cabo: as minorias na oposição. Em conformidade com isto, encontram-se efectivamente na Lei n.º 5/93 preceitos destinados a garantir, por um lado, que tais minorias tenham condições de determinar sozinhas o objecto do inquérito e, por outro lado, que as CPI's por elas requeridas para o levar a cabo sejam efectivamente constituídas e entrem em funcionamento mesmo contra a vontade da maioria.

No que toca ao primeiro aspecto, o artigo 4.º da mencionada lei, depois de dispor que o requerimento de inquérito ao abrigo do artigo 178.º, n.º 4, é dirigido ao Presidente da AR e "deve indicar o seu objecto e fundamentos" (n.º 2), limita o controlo exercido por aquele órgão à "*existência formal*" de tais requisitos, para além do "número e identidade dos Deputados subscritores, notificando de imediato o primeiro subscritor para suprir a falta ou faltas correspondentes, caso se verifique alguma omissão ou erro no cumprimento daquelas *formalidades*" (n.º 3, ênfase acrescentada).

O artigo 4.º, n.º 3, não pode ser interpretado no sentido de que obriga a AR a endossar o requerimento de constituição de uma CPI ao abrigo do artigo 178.º, n.º 4, quando, por exemplo, o seu objecto extravase manifestamente as competências que a CRP lhe atribui, ou tenha sido inobservado o princípio da determinabilidade. Por conseguinte, de acordo com uma interpretação do preceito em análise em conformidade com a Constituição, entre "a falta ou as faltas" de que o Presidente da AR deve notificar de imediato o primeiro subscritor do requerimento com vista à sua supressão, estarão também inconstitucionalidades manifestas de que eventualmente padeça o requerimento. Da decisão do Presidente caberá, por analogia, recurso para o plenário nos termos do artigo 3.º n.º 2, da Lei n.º 5/93 – que o prevê expressamente para as decisões de rejeição liminar de "projectos ou propostas" tendentes à realização de um inquérito por deliberação tomada à pluralidade de votos.

Em qualquer caso, é o próprio artigo 178.º, n.º 4, a vedar à AR, através de uma deliberação maioritária, a alteração, no seu cerne, do objecto do inquérito parlamentar tal como o definiu a minoria e onde não se descortinem inconstitucionalidades manifestas. Concretamente, a AR não poderá ampliar tal objecto de modo a aumentar o trabalho da CPI, exigindo-lhe investigações e esclarecimentos adicionais susceptíveis de atrasar ou bloquear a conclusão do inquérito e de lhe retirar o efeito político pretendido pela minoria. Em caso de dúvida, deverá prevalecer o objecto do inquérito tal como o delineou a minoria.

Por outro lado, com vista a garantir a efectiva constituição da CPI requerida pela minoria, o artigo 4.º, n.º 4, dispõe que o Presidente da AR toma as providências necessárias para definir a sua composição até ao oitavo dia posterior à publicação do requerimento no *Diário da Assembleia da República*, agendando dentro desse prazo, ouvida a conferência dos representantes dos grupos parlamentares, um debate sobre a matéria do inquérito, se tal lhe for solicitado pelos autores do requerimento ou por um grupo parlamentar.

Mas não é só esta regra específica a garantir que as CPI's requeridas nos termos do artigo 178.º, n.º 4, sejam efectivamente constituídas. Também produzem o mesmo efeito as regras gerais do artigo 6.º, cuja finalidade é vedar a utilização de expedientes dilatórios susceptíveis de dificultar a realização do inquérito. De acordo com o seu n.º 1, cabe ao Presidente da AR, ouvida a conferência dos representantes dos grupos parlamentares, (1) fixar o número de membros de cada CPI; (2) dar-lhes posse até ao décimo quinto dia posterior à publicação no *Diário da Assembleia da República*, obrigatória nos termos do artigo 7.°, da resolução ou do *requerimento* de inquérito; (3) determinar o prazo de realização do inquérito quando ele não conste da resolução ou do requerimento – o qual, nos termos do artigo 11.°, é de 180 dias; (4) autorizar a prorrogação de tal prazo até ao limite máximo de 90 dias, previsto pelo mesmo artigo[18].

O n.° 3 do artigo 6.°, por seu lado, autoriza a posse dos membros das CPI's – condição indispensável para que estas iniciem os seus trabalhos – desde que se encontre alternativamente preenchida uma das seguintes condições: (1) esteja indicada mais de metade dos membros da CPI, representando no mínimo dois grupos parlamentares, um dos quais obrigatoriamente de um partido não representado no Governo; (2) falte apenas a indicação dos Deputados pertencentes a um grupo parlamentar, mesmo que ainda não esteja indicada mais de metade do número dos membros. Com isto se afastou a possibilidade de um grupo parlamentar bloquear a constituição efectiva de uma CPI, protelando a indicação dos seus representantes no seio dela. Na verdade, fica aberta a possibilidade de se iniciarem e eventualmente se realizarem inquéritos em que não participem Deputados da maioria parlamentar[19], o que poderá assumirá uma especial relevância tratando-se de uma CPI requerida ao abrigo do artigo 178.°, n.° 4, da CRP.

1.2. Se é verdade que, como acaba de ver-se, a Lei n.° 5/93 contém uma série de disposições destinadas a garantir que, numa perspectiva político-material, as minorias, mais do que a AR propriamente dita, avultem na determinação do objecto do inquérito parlamentar e na constituição das CPI's ao abrigo do artigo 178.°, n.° 4, o mesmo já não poderá dizer-se a respeito da *realização do inquérito* e do *funcionamento* da correspondente comissão. Com efeito, as CPI's constituídas por determinação da minoria ficam, nos termos da lei em análise, integralmente sob o império da regra da maioria. Isto implica que qualquer maioria a quem o inquérito parlamentar não convenha politicamente poderá boicotá-lo, opondo-se à

---

[18] Note-se que, neste último ponto, o n.° 1 do artigo 6.° está em contradição com o n.° 2 do artigo 11.° – segundo o qual é ao plenário que cabe autorizar a prorrogação, "a requerimento fundamentado da comissão". Faz, de facto, mais sentido que seja o plenário a autorizá-la do que o presidente da AR.

[19] Assim, CRISTINA LESTON BANDEIRA, "Relationship between Parliament and Government in Portugal: An Expression of the Maturation of the Political System" in Philip Norton (edit.), *Parliaments and Governments in Western Europe*, Londres, 1998, p. 157.

realização de diligências probatórias indispensáveis à sua realização. Está-se aqui, pois, em presença da principal insuficiência do regime legal do inquérito parlamentar face ao artigo 178.°, n.° 4, da CRP.

A melhor forma de a ultrapassar consistirá na atribuição, a título colectivo, aos Deputados da minoria que requereu o inquérito o direito de impor, mesmo contra a vontade da maioria no seio da CPI, as diligências probatórias que considerarem indispensáveis à boa realização do mesmo. Trata-se de uma derrogação à regra da maioria – aplicável às CPI's, tal como a quaisquer outros órgãos colegiais por força do artigo 116.°, n.° 3, da CRP – inteiramente justificada e proporcional aos objectivos que se visa prosseguir com tal derrogação. O seu precedente histórico é o artigo 34.°, primeiro parágrafo, segunda frase, da Constituição de Weimar, nos termos da qual as CPI's recolhem "os meios de prova que elas, ou os Deputados que tiverem requerido a sua criação, considerem necessários".

Em contrapartida, já não se afigura legítima a derrogação à regra da maioria consistente na atribuição a cada um dos membros de qualquer CPI do direito individual de requerer e obter os elementos que considerem úteis ao exercício das suas funções, com o fundamento de que a pertença de um Deputado a uma CPI não pode conduzir a uma redução dos seus direitos individuais. As críticas a fazer a esta proposta são de dois níveis: o jurídico-constitucional propriamente dito e o político-conjuntural.

No que ao primeiro diz respeito, uma tal solução transformaria uma CPI, órgão colegial sujeito ao princípio maioritário, num "centro de imputação" de decisões individuais dos Deputados – cuja execução ficaria, de resto, garantida por poderes coercivos de que aqueles de todo não dispõem ao exercer o direito, conferido pelo artigo 156.°, alínea *e*), da CRP, de requerer (apenas ao Governo ou aos órgãos de qualquer entidade pública, com excepção, portanto, dos particulares) "os elementos, informações e publicações oficiais que considerem úteis para o exercício do seu mandato". Nessa medida, uma tal solução derrogaria desproporcionadamente o artigo 116.°, n.° 3, da CRP. Por outras palavras, o direito de inquérito não é atribuído aos Deputados individualmente considerados mas sim às CPI's, pelo que, enquanto membros de uma delas, aqueles estão, em princípio, sujeitos à regra da maioria. A qualidade específica de Deputado membro de uma CPI "consome", no estrito âmbito desta, a qualidade genérica de Deputado. Os poderes que a CRP lhe confere individualmente nos termos do artigo 156.°, alínea *e*), só podem, por isso mesmo, ser exercidos autonomamente fora de tais comissões.

Para utilizar uma contraposição conhecida, o poder conferido aos Deputados pelo artigo 156.º, alínea e), é um *poder de dinamização* das competências da AR em que "avulta mais a consideração individual ou autónoma de cada Deputado", ao passo que o poder de inquérito é um poder conferido à AR, que o deve exercer através de CPI's. Aqui os *poderes* dos Deputados são *de participação* nos trabalhos delas, avultando o seu "estatuto de elementos do colégio"[20].

Por outro lado, em termos político-conjunturais, uma tal solução poderia converter-se num instrumento de boicote e de bloqueio do inquérito nas mãos de qualquer Deputado, na medida em que lhe permitiria atrasar indefinidamente e inviabilizar a realização desse inquérito através do requerimento sucessivo de elementos probatórios.

2. *Insuficiências face às directrizes constitucionais relativas ao objecto do inquérito parlamentar*

2.1. Depois de afectar, no seu artigo 1.º, n.º 1, o inquérito parlamentar à apreciação dos actos do Governo e da Administração e à vigilância do cumprimento da Constituição e das leis, a Lei n.º 5/93 precisa que "os inquéritos parlamentares podem ter por objecto qualquer matéria de interesse público relevante para o exercício das atribuições da Assembleia da República" (n.º 2). Dado que o dispositivo constitucional afecta o inquérito parlamentar à competência de fiscalização da AR, o n.º 2 do artigo 1.º deve ser interpretado, não como estendendo o instituto às outras competências constitucionalmente conferidas à AR, mas como circunscrevendo-o, enquanto instrumento de controlo político, às matérias de interesse público, ou seja, excluindo-o das matérias de interesse meramente privado, em que não são afectados interesses relevantes da colectividade.

Se estas disposições legais contribuem para a devida concretização do objecto do inquérito parlamentar, o mesmo não poderá dizer-se do artigo 5.º, relativo ao "inquérito parlamentar paralelo", isto é, aquele que tem por objecto factos que são simultaneamente objecto de processo penal. Estará aqui, de resto, como se vai procurar demonstrar, a principal "falha" da lei em análise face à directriz constitucional relativa à licitude

---

[20] Cf. JORGE MIRANDA e RUI MEDEIROS, *Constituição Portuguesa Anotada*, tomo II, cit., p. 469.

de princípio do paralelismo, naquela acepção, entre inquérito parlamentar e processo criminal.

2.2. O artigo 5.º, n.º 3, da Lei n.º 5/93 na sua actual redacção determina que, caso exista processo criminal em curso tendo por objecto os mesmos factos sobre que a AR pretende inquirir, caberá a esta deliberar "sobre a eventual suspensão do processo de inquérito parlamentar até ao trânsito em julgado da correspondente sentença judicial". Para o efeito, o n.º 1 obriga o Presidente da AR a comunicar ao Procurador-Geral da República (PGR) "o conteúdo da resolução ou a parte dispositiva do requerimento que determine a realização de um inquérito", e o n.º 2 obriga o PGR a informar a AR "se com base nos mesmos factos se encontra em curso algum processo criminal e em que fase".

Já se viu atrás que a licitude do "inquérito parlamentar paralelo" nesta acepção decorre, por um lado, da radical diferença entre o inquérito parlamentar e a administração da justiça penal no que toca à natureza, ao escopo e aos efeitos e, por outro lado, da igual dignidade constitucional de ambos. Mais concretamente, para a Constituição de um Estado de Direito democrático como a CRP, a administração da justiça por tribunais independentes e, designadamente, o apuramento da verdade material em processo penal são tão relevantes como o controlo político exercido através do inquérito parlamentar pela AR democraticamente eleita. É isso que resulta das disposições conjugadas dos artigos 111.º, n.º 1, 162.º, alínea *a*), 178.º, n.ºs 1, 4 e 5, e 202.º da CRP. São estas disposições constitucionais, de onde constam os princípios da separação dos poderes e da paridade dos órgão de soberania, que vedam ao legislador ordinário a subalternização do inquérito parlamentar à administração da justiça penal e, por conseguinte, a previsão de disposições restritivas do inquérito parlamentar paralelo[21].

Nesta perspectiva, é muito questionável, à luz dos princípios constitucionais da proporcionalidade e da adequação dos meios aos fins, o bem--fundado da obrigação, imposta à AR, de comunicar sistematicamente ao PGR a decisão de instaurar um inquérito parlamentar, por resolução aprovada nos termos gerais, ou a requerimento de uma minoria qualificada – actos, aliás, de publicação obrigatória no *Diário da República*, nos ter-

---

[21] Para maiores desenvolvimentos sobre o inquérito parlamentar paralelo e os antecedentes do actual artigo 5.º da Lei n.º 5/93 ver NUNO PIÇARRA, *O inquérito parlamentar*, cit. p. 572-574, e p. 588 ss., bem como a bibliografia aí citada.

mos do artigo 7.º da Lei n.º 5/93. Mas mesmo admitindo que a opção do legislador de 1997 pela manutenção do artigo 5.º não é de todo indefensável face às citadas disposições da CRP, a disposição em causa deve ser interpretada de modo a lesar o mínimo possível a autonomia constitucionalmente garantida ao inquérito parlamentar e à AR.

A primeira questão que se coloca é a de saber em que medida é vinculativa e incontestável para a AR a informação do PGR sobre "se com base nos mesmos factos se encontra em curso algum processo criminal" – informação que envolve obviamente apreciações não isentas de controvérsia. A segunda questão é a de saber se, uma vez informada pelo PGR, a AR deve, ou não, deliberar formalmente sobre a suspensão ou o prosseguimento do inquérito. Mais precisamente, trata-se de determinar se uma tal informação tem obrigatoriamente por efeito desencadear um procedimento deliberativo no seio da AR, conducente a uma de duas resoluções: de suspensão ou de não suspensão do inquérito parlamentar.

Não é para esta solução que aponta a letra do artigo 5.º, n.º 3, nos termos do qual "caberá à Assembleia deliberar sobre a eventual suspensão do processo de inquérito parlamentar (...)". Esta fórmula pode perfeitamente ser interpretada como não obrigando a AR a tomar qualquer deliberação formal, pelo que o inquérito parlamentar poderá prosseguir sem mais, na sequência da informação positiva do PGR. Só assim não será se for apresentada à AR, nos termos gerais, um projecto de resolução no sentido da suspensão do inquérito.

Mas são os elementos sistemático e teleológico, incluindo o imperativo da interpretação conforme à Constituição, que apontam decisivamente para o entendimento de que o artigo 5.º, n.º 3, não impõe mas apenas *faculta* à AR a tomada de uma deliberação formal sobre a suspensão, ou não, de um inquérito parlamentar em caso de pendência de processo criminal instaurado com base nos mesmos factos. Só assim se salvaguarda devidamente a igual dignidade constitucional do instituto em apreço face ao processo criminal, evitando-se situações susceptíveis de o pôr em causa. Na realidade, a obrigação de a AR deliberar *sempre* formalmente sobre a suspensão de um inquérito parlamentar "caso exista processo criminal em curso" seria susceptível de perturbar o próprio andamento do inquérito parlamentar pela incerteza que introduziria quando, por exemplo, uma tal deliberação não pudesse ser tomada de imediato, nomeadamente por razões de calendário da própria AR.

Como quer que seja, o artigo 5.º, n.º 3, permite a uma maioria na AR determinar a suspensão de qualquer inquérito parlamentar, incluindo aqueles que tenham sido impostos por uma minoria qualificada, retirando-lhes toda a actualidade e oportunidade políticas – o que se torna tanto mais grave quanto é certo que os factos objecto dos inquéritos parlamentares mais importantes dão frequentemente lugar a procedimento criminal. Por outro lado, independentemente de previsão legal expressa, a suspensão de um inquérito parlamentar é sempre possível por decisão da instância a quem cabe realizá-lo. E este facto, conjugado com a raridade das hipóteses em que a suspensão de um inquérito parlamentar razoavelmente se imponha, *de um ponto de vista jurídico*, devido a processo criminal paralelo, não faz senão confirmar que as obrigações de comunicação e informação respectivamente impostas à AR e ao PGR pelo artigo 5.º, n.ºs 1 e 2, são constitucionalmente censuráveis.

Relevando de uma concepção restritiva do objecto do inquérito parlamentar sem qualquer acolhimento constitucional e colocando de alguma forma a AR, órgão de soberania, na dependência do PGR, mero órgão constitucional, para efeitos do exercício da função de controlo político que lhe cabe exercer a título exclusivo, o artigo 5.º deveria pura e simplesmente ser suprimido por ocasião da revisão da Lei n.º 5/93.

3. *Insuficiências face ao artigo 178.º, n.º 5, da CRP*

3.1. Uma vez que, como se viu, a CRP reserva aos tribunais o poder de (1) emitir mandado de detenção para comparência e em virtude de desobediência a decisão de autoridade [artigo 27.º, n.º 3, alínea *f*)] e o de (2) ordenar revistas, buscas, apreensões e intercepção de telecomunicações (artigo 34.º), tais "poderes de investigação próprios da autoridades judiciais" só poderão ser exercidos mediante a coadjuvação de juiz e, desde logo, mediante a sua prévia autorização, no quadro de um inquérito parlamentar. Assim o entendeu – e bem – o TC no acórdão n.º 195/94[22].

Daqui resulta a incompatibilidade com a CRP do artigo 13.º, n.º 1, da Lei n.º 5/93 na parte em que atribui às CPI's "*todos* os poderes de investigação das autoridades judiciais" (ênfase acrescentada). A sua interpretação conforme à Constituição exige, pois, que seja lido como incluindo um segmento normativo final restritivo: as CPI's gozam de todos os poderes de investigação das autoridades judiciais, excepto *aqueles que a própria CRP reserve a estas últimas*.

---

[22] Cf. o n.º 10.4, *in fine*.

3.2. É a propósito do depoimento perante uma CPI que a Lei n.° 5/93 inaugura as remissões para a lei processual penal, igualmente desconformes com a directriz constitucional que se extrai do artigo 178.°, n.° 5, da CRP. Tais remissões começam por ser feitas a propósito da convocação para depor e da forma dos depoimentos, especificamente para a parte do Código de Processo Penal (CPP) dedicada à prova testemunhal (artigo 17.°, n.° 4).

Isto significa, por exemplo, que é possível a ajuramentação de testemunhas perante uma CPI, independentemente da prática que se tenha formado. É o que resulta daquela disposição da Lei n.° 5/93 conjugada com os artigos 132.°, n.° 1, alínea *b*), e 91.° do CPP. Mas se o legislador pretendeu efectivamente facultar às CPI's o recurso à ajuramentação deveria tê-lo dito expressamente. Assim se evitaria que certa doutrina continue a defender que só em acto processual praticado sob a direcção do Ministério Público, do juiz de instrução ou do juiz de julgamento há que prestar juramento ou compromisso[23].

Tal como resulta dos trabalhos preparatórios, o objectivo do legislador de 1997, ao remeter integralmente para a lei processual penal a respeito dos fundamentos de recusa da comparência, da prestação de depoimento, da entrega de documentos e também da coadjuvação, foi o de *reduzir ao mínimo* as correspondentes hipóteses de recusa no decurso de um inquérito parlamentar. Isto, no duplo pressuposto – inexacto – de que (1) esse "mínimo" se encontra estabelecido pela lei processual penal e (2) se adequa plenamente às características do inquérito parlamentar. Na realidade, a função de controlo político ao serviço da qual o instituto em apreço se encontra torna manifestamente inadequado e constitucionalmente problemático, desde logo face ao artigo 162.°, alínea *a*), da CRP, que pelo menos o segredo de funcionários e o segredo de Estado sejam oponíveis a uma CPI nos mesmos termos em que o são a um tribunal criminal. Sem o acesso a informações cobertas por tais segredos, o controlo político tornar-se-á em muitos casos impossível.

Seja como for, uma vez que o artigo 13.°, n.° 6, manda aplicar neste contexto os artigos 135.° a 137.° e 182.° do CPP, relativos ao segredo profissional (abrangendo o segredo religioso, de advogados, médicos, jornalistas, membros de instituições de crédito e demais pessoas a quem a lei

---

[23] Neste sentido, MAIA GONÇALVES, *Código de Processo Penal Anotado e Comentado*, 12.ª edição, Coimbra, 2001, p. 270 – mas sem ter obviamente em conta a remissão operada pelo artigo 17.°, n.° 4, da Lei n.° 5/93.

permitir ou impuser que guardem segredo profissional), ao segredo de funcionários (incluindo o segredo fiscal) e ao segredo de Estado, há que apurar o que daí resulta concretamente. Por força daqueles preceitos, (1) os titulares de segredo profissional podem escusar-se a depor ou a apresentar documentos sobre factos abrangidos por tal segredo perante as CPI's e (2) estas não podem inquirir ou exigir documentos (i) aos funcionários sobre factos que constituam segredo e de que tenham tido conhecimento no exercício das suas funções, nem (ii) às testemunhas sobre factos que constituam segredo de Estado.

No caso do *segredo profissional* e do *segredo de funcionários*, se a CPI tiver dúvidas fundadas sobre a legitimidade da recusa procederá "às averiguações necessárias", em ordem a determinar se ela representa um desvio em relação à sua finalidade e se realmente se justifica pelo carácter secreto dos factos sobre os quais pretende ouvir a testemunha. Tratar-se-á de averiguações de natureza formal e sumária, fundamentalmente de matéria de facto, que a habilite a ajuizar da legitimidade ou ilegitimidade da recusa. Se, após aquelas averiguações, a CPI concluir pela ilegitimidade manifesta da recusa, ordena a prestação do depoimento ou a transmissão do documento. Tal pode ainda ser considerado um poder de investigação na acepção do artigo 178.°, n.° 5.

Se, pelo contrário, a CPI concluir pela legitimidade da recusa, restar-lhe-á requerer, a título de coadjuvação, ao Tribunal da Relação de Lisboa que decida da prestação de testemunho ou da entrega de documento com *quebra* do segredo profissional ou de funcionário "sempre que esta se mostre justificada face às normas e princípios aplicáveis da lei penal, nomeadamente face ao princípio da prevalência do interesse preponderante". Já não se tratará aqui do exercício de um poder de investigação, mas de um poder relevando materialmente da função jurisdicional, cujo fim específico é a resolução de uma questão de direito – e, por conseguinte, reservado aos tribunais.

Em ambos os casos, a decisão é tomada ouvido o organismo representativo da profissão relacionada com o segredo profissional em causa, nos termos e com os efeitos previstos na legislação que a esse organismo seja aplicável. É o que resulta, aparentemente, das disposições conjugadas dos artigos 135.°, n.os 2 a 5, 136.°, n.° 2, e 182.°, n.° 2, do CPP[24], apesar

---

[24] No mesmo sentido ver os Pareceres n.° 56/94 e n.° 38/95 da PGR in *Pareceres da Procuradoria-Geral da República*, volume VI, Lisboa, 1997, p. 284 ss., *maxime* p. 289, e p. 501 ss., *maxime* p. 506.

das enormes dificuldades que comporta a aplicação *mutatis mutandis* daquelas disposições a um contexto como o do inquérito parlamentar, para o qual manifestamente não foram pensadas. E isto para já não falar nos consideráveis problemas hermenêuticos que tais disposições do CPP suscitam no seu âmbito próprio de aplicação.

No caso do *segredo de Estado* – abrangendo, nomeadamente, os factos cuja revelação, ainda que não constitua crime, possa causar dano à segurança, interna ou externa, do Estado Português ou à defesa da ordem constitucional –, uma vez não confirmado tal segredo por intermédio do Ministro da Justiça no prazo de trinta dias, o depoimento deverá ser obrigatoriamente prestado perante a CPI, ou o documento entregue. É o que resulta do artigo 137.º, n.º 3, do CPP.

No que toca ao *segredo de justiça*, o artigo 86.º, n.ºs 7 e 8, do CPP dispõe que a autoridade judiciária pode autorizar a passagem de certidão em que seja dado conhecimento do conteúdo de acto ou de documento em segredo de justiça, desde que necessária (1) a processo de natureza criminal, (2) à instrução de processo disciplinar de natureza pública, ou (3) à dedução do pedido de indemnização civil.

3.3. Percebe-se, sem dificuldade de maior, que a técnica integralmente remissiva para a lei processual penal escolhida pelo legislador de 1997 para regular um problema tão específico como os fundamentos da recusa da prestação de depoimento ou entrega de documentos perante uma CPI está longe de conduzir às soluções mais adequadas.

Desde logo, o *segredo de funcionários* não deveria pura e simplesmente, a título de princípio, poder ser invocado perante uma CPI, dada a competência para a apreciação dos actos do Governo e da Administração que a CRP atribui à AR[25]. Nesta medida, a norma legal que o permite, ou seja, o artigo 13.º, n.º 6, da Lei n.º 5/93 deve até ser considerada contrária ao artigo 162.º, alínea *a*).

Menção à parte neste contexto, merece o *segredo fiscal*, que em muitos casos apenas se configura como salvaguarda de meros interesses patrimoniais ou comerciais, sem relação directa com o direito fundamental à reserva de intimidade da vida privada, sobretudo quando os contribuintes em causa sejam pessoas colectivas. Se, por conseguinte,

---

[25] É esta a solução expressamente consagrada pela lei austríaca de 4 de Dezembro de 1997. Nos termos do seu artigo 6.º, os funcionários públicos não podem prevalecer-se do segredo de funcionários ao deporem perante uma CPI.

dos bens jurídicos protegidos pela confidencialidade fiscal apenas a intimidade pessoal e familiar possui estatuto constitucional, só ela será, em princípio, oponível ao inquérito parlamentar. Quando o direito à intimidade não se ache implicado nos dados em poder da Fazenda Pública, o segredo fiscal é um segredo de funcionários como outro qualquer, não existindo razões determinantes para que a lei vede a comunicação de tais dados a uma CPI.

De resto, o interesse público não está só presente quando se investiga a situação patrimonial de um contribuinte com responsabilidades públicas presentes ou passadas. Está-o também quando aquilo que se investiga é a actuação da própria administração fiscal em relação com quaisquer sujeitos passivos, havendo suspeitas de ilegalidades e tratamentos de favor, porventura com "reciprocidade". Importa sobretudo excluir a possibilidade de a administração fiscal invocar as garantias do contribuinte como escudo protector que impeça o Parlamento de controlar a sua actuação e a do Governo, seja no domínio da Fazenda Pública, seja em qualquer outro[26].

Quanto ao *segredo de Estado*, tendo em conta as competências de *indirizzo politico* e de fiscalização que a CRP comete à AR, não se afigura minimamente congruente com elas a solução legal que faz depender em última instância do assentimento do Ministro da Justiça o acesso por parte de uma CPI a informações e a documentos sob tal segredo. A própria Lei n.º 6/94, relativa ao segredo de Estado, no seu artigo 10.º, n.º 3, confina ao âmbito do processo penal o regime específico da dispensa de sigilo previsto pelo artigo 137.º, n.º 3, do CPP – que o artigo 13.º, n.º 6, da Lei n.º 5/93 veio tornar extensivo ao âmbito do inquérito parlamentar, negligenciando a sua inadequação a este último. Nesta medida, o artigo 13.º, n.º 6, suscita também fundadas dúvidas de constitucionalidade face ao artigo 162.º, alínea *a*), da CRP.

No respeitante ao *segredo de justiça*, a mera remissão do artigo 13.º, n.º 6, para a lei processual penal não basta para tornar incontroverso que ele não é, em princípio, oponível às CPI's, tendo em conta o teor literal do artigo 86.º, n.ºs 7 e 8 do CPP – de onde não consta qualquer referência ao procedimento de inquérito parlamentar.

Finalmente, tratando-se de decidir da prestação de testemunho com quebra do *segredo profissional* perante uma CPI, com todas as implicações

---

[26] Cf. o Real Decreto-Lei espanhol n.º 5/1994, de 29 de Abril.

políticas envolventes, um tribunal judicial como o Tribunal da Relação não se afigura a instância melhor posicionada para o efeito. Nestas condições estaria certamente o TC.

3.4. A alteração deste dispositivo inadequado deverá fazer-se antes de mais através da revogação dos preceitos meramente remissivos e da sua substituição por preceitos que fixem directa e autonomamente critérios adequados ao inquérito parlamentar. Neste domínio, o legislador ordinário poderá "codificar" a jurisprudência constitucional vigente na matéria.

Na esteira desta, assim como da lei espanhola, belga ou austríaca, o princípio a estabelecer deverá ser o de que (1) as CPI's têm acesso às informações na posse de quaisquer outras autoridades que considerem indispensáveis à realização do inquérito parlamentar, na base de uma ponderação, de acordo com o princípio da proporcionalidade, entre o interesse público nessa realização e a protecção da esfera privada; (2) as autoridades requeridas só poderão recusar tais informações se alegarem fundamentadamente que a transmissão de tais informações afectaria desproporcionadamente direitos fundamentais, ou obstruiria o normal exercício das suas funções.

Neste contexto, o legislador poderá explicitar que tais autoridades estão obrigadas a ponderar, mais uma vez em nome do princípio da proporcionalidade e do princípio da harmonização de bens e valores constitucionalmente tutelados, "soluções de compromisso" entre a transmissão eventualmente "excessiva" de informações e a recusa pura e simples de transmissão. Para o efeito, o legislador poderá prever "procedimentos de segurança", como a mera consulta sem transmissão de documentos, eventualmente restrita em último caso ao presidente da CPI, transmissão parcial de documentos, etc.

Também é legítimo ao legislador explicitar os documentos que podem excepcionalmente não ser transmitidos, por serem meramente preparatórios e não exprimirem ainda a posição final da autoridade requerida, não estando o correspondente processo deliberativo encerrado. É por exemplo o que faz, em contexto equiparável, o Regulamento (CE) n.° 1049//2001 do Parlamento Europeu e do Conselho, de 30 de Maio, ao estabelecer no seu artigo 4.°, n.° 3, que o acesso é recusado a, por um lado, "documentos elaborados por uma instituição para uso interno ou por ela recebidos, relacionados com uma matéria sobre a qual a instituição não tenha decidido" e, por outro, a "documentos que contenham pareceres para uso interno, como parte de deliberações e de consultas preliminares na instituição em causa", caso a sua transmissão seja susceptível de "prejudicar gravemente o processo decisório da instituição", excepto quando "um interesse público superior", naturalmente a ponderar caso a caso, imponha a transmissão.

No que toca às informações na posse de particulares julgadas indispensáveis à realização de um inquérito parlamentar, só os segredos constitucionalmente tutelados (como o segredo de jornalista) ou de modo equiparável (como o segredo religioso) poderão levar a restrições de transmissão semelhantes às que acabam de se analisar. Em todos os restantes casos, constitui regra de grau constitucional insusceptível de restrição pelo legislador ordinário que uma recusa de transmissão oposta por um particular, a quem a ameaça de instauração de processo por crime de desobediência não tenha dissuadido, poderá dar lugar à aplicação das medidas coercivas atrás analisadas, mediante coadjuvação do tribunal competente (detenção, apreensão de bens, revista, etc.).

4. Insuficiências face às directrizes constitucionais relativas ao procedimento de inquérito parlamentar

4.1. No que toca ao procedimento de inquérito parlamentar, contraria inequivocamente a correspondente directiva constitucional, reiterada pelo Parecer n.° 14/77 da CC, a total ausência, na Lei n.° 5/93, de preceitos sobre direitos procedimentais dos inquiridos. É sem dúvida essa a sua principal "falha" em tal domínio.

Sem propor, na esteira do direito alemão, que se introduza formalmente no regime do inquérito parlamentar a distinção entre testemunha e "visado" ou "afectado" pelo inquérito, convirá consagrar legalmente em termos genéricos, como o fazem, de resto, outras leis que não optaram por aquela solução (nomeadamente a belga e a austríaca), os seguintes direitos dos inquiridos (1) o de se fazer acompanhar por advogado (já constante da CRP e directamente aplicável), (2) o de não se auto-incriminar, (3) o de participar nas diligências probatórias, (4) o de nomear testemunhas ou peritos em sua defesa e de lhes colocar questões, (5) o de verificar as actas das sessões em que forem ouvidos e (6) o de se pronunciar, antes de encerrado o procedimento, sobre as acusações ou censuras que a comissão pretenda dirigir-lhes e (7) o direito de resposta.

A lei austríaca de 4 de Dezembro de 1997 é particularmente detalhada a este respeito, indo ao ponto de prever a nomeação de um "advogado do procedimento de inquérito", "no interesse da tutela dos direitos fundamentais e de personalidade dos depoentes, bem como para garantir o carácter equitativo desse procedimento".

4.2. Em contrapartida, dando seguimento à directriz que se retira da CRP, a Lei n.° 5/93, para além de determinar especificamente a publicação dos relatórios finais das CPI's (artigo 20.°, n.° 3) e a publicação integral ou parcial das actas destas, mediante deliberação do plenário, dispõe no seu artigo 15.°, n.° 1, que "as reuniões e diligências efectuadas pelas comissões parlamentares de inquérito são em regra públicas, salvo se a comissão assim o não entender, em deliberação devidamente fundamentada". Daqui resulta que, apesar de a regra ser a da publicidade, toda e qualquer reunião de uma CPI (incluindo a de tomada de posse, eleição da mesa, aprovação do regulamento e definição de objectivos, ou a reunião final de votação do relatório e, eventualmente, do projecto de resolução) pode excepcionalmente realizar-se à porta fechada nas condições enunciadas.

Todavia, e ao contrário do que seria de esperar, a lei não fornece critérios específicos para as derrogações ao princípio da publicidade na modalidade em causa, ou seja, para a exclusão do acesso presencial de terceiros, a começar pelos órgãos de comunicação social, e para a tomada de som, gravação de imagens e sua difusão, em directo ou em diferido. Trata-se, no entanto de um aspecto fundamental, cuja omissão permite à maioria excluir ao sabor das suas conveniências políticas a publicidade do procedimento de inquérito parlamentar.

Para obviar a uma tal eventualidade, a solução mais "drástica", na linha do artigo 34.° da Constituição de Weimar, seria o aditamento de um preceito nos termos do qual a publicidade de um inquérito parlamentar só pode ser excluída por deliberação da CPI por maioria de dois terços. Se se entender que a publicidade constitui um elemento essencial e estruturante do inquérito parlamentar, justificar-se-á uma tal derrogação ao princípio deliberativo de um órgão colegial como a CPI.

Mas esta opção não resolve a questão igualmente fundamental da determinação dos critérios jurídicos susceptíveis de justificar, sem arbítrio da maioria, qualificada ou não, uma derrogação à regra da publicidade. A este respeito, convém não esquecer que o artigo 15.°, n.° 2, da Lei n.° 5/93 fixa critérios para a exclusão da *publicidade cartular* (e, portanto, da consulta das actas das CPI's e de todos os documentos na sua posse, após a aprovação do relatório final), que devem ser aplicados por analogia tratando-se de excluir excepcionalmente a *"publicidade mediática*". Em aplicação deles, esta modalidade de publicidade deverá ser excluída se (1) levar à revelação de matéria sujeita a (i) segredo de Estado, (ii) segredo de justiça, ou (iii) sigilo por razões de reserva de intimidade das pessoas; (2) colocar em perigo o segredo das fontes de informação, a menos que haja autorização dos interessados.

O novo regime do inquérito parlamentar deverá fixar como critério de ponderação especialmente importante a favor da publicidade das sessões de inquérito o interesse dos depoentes nela, cujo afastamento exigirá à CPI uma fundamentação especialmente ponderada. Em sessão pública, as testemunhas terão a certeza do regime em que prestam o depoimento e os terceiros afectados por este poderão igualmente ter uma base certa para reagir juridicamente, sendo caso disso.

Fixado tal critério, a melhor solução com vista ao controlo da sua aplicação será o estabelecimento de uma regra, na esteira do direito norte-americano, nos termos da qual a deliberação no sentido de realizar um inquérito ou uma sua sessão à porta fechada é, em princípio, tomada em reunião pública[27].

IV. Observação final

A CRP, como se pôde ver, pretendeu fazer do instituto do inquérito parlamentar um eficaz instrumento de fiscalização política ao serviço da AR, no pleno respeito dos direitos fundamentais e do princípio do Estado de Direito em todos os seus corolários.

Nem sempre o legislador ordinário, porventura prejudicado pelo tradicional antiparlamentarismo nacional, extraiu as devidas consequências das directrizes constitucionais relativas aos diversos elementos em que é possível decompor o instituto. Foram algumas das "falhas legislativas" mais significativas a seu respeito que se procurou elencar, sugerindo-se simultaneamente vias possíveis para a necessária superação.

É de esperar que a revisão do regime jurídico do inquérito parlamentar actualmente em curso na AR – a terceira – não seja (mais) uma ocasião perdida para o efeito.

Lisboa, 28 de Fevereiro de 2007

---

[27] Para maiores desenvolvimentos sobre o sentido e alcance desta regra, ver NUNO PIÇARRA, *O Inquérito Parlamentar*, cit., p. 208 ss.

CONTRATO A FAVOR DE TERCEIRO, CONFORMAÇÃO SUBJECTIVA DA INSTÂNCIA E LEGITIMIDADE PROCESSUAL

PAULA COSTA E SILVA[*]

SUMÁRIO: *1. O objecto da investigação. 2. A causa próxima. 3. A natureza do contrato celebrado entre A e C. 4. Os efeitos processuais dos acordos celebrados. 5. A pluralidade de acções sobre o mesmo crédito. 6. A admissibilidade da apensação das acções. 7. A posição processual do promissário e do beneficiário.*

1. O objecto da investigação

1. Visamos, com o presente estudo, proceder à determinação da conformação subjectiva da instância perante a pluralidade de faculdades de exigibilidade de uma prestação instituída, por contrato, em benefício de terceiro.

2. A causa próxima

2. A causa próxima da nossa curiosidade pela questão enunciada foi uma Consulta. Foi recentemente pedida a nossa opinião acerca da possibilidade de apensação de duas acções.

---

[*] Professora Associada da Faculdade de Direito de Lisboa.

Escrutinados os documentos que serviam de suporte à Consulta, assentámos nos seguintes factos.

Em Abril de 2000 foi celebrado, por documento particular, entre A, B e C um contrato-promessa bilateral de compra e venda das quotas da sociedade M, Lda, de que os dois primeiros eram titulares em percentagens que agora não interessa considerar.

O preço, a pagar em diversas prestações, pelo promitente comprador C pelas quotas adquirendas foi fixado em Esc: 725.000.000$00 (setecentos e vinte e cinco milhões de escudos).

Nos termos da cláusula 5.ª deste contrato, a promitente vendedora A"assume a responsabilidade por todo o passivo da M, Lda (...) existente à data em que for transferida para o promitente comprador C a posse e gestão técnica do estabelecimento (...), no final de Abril de 2000."

Nos termos da cláusula 6.ª, o promitente comprador C "deduzirá ao preço (...), na data da escritura, os valores da responsabilidade dos promitentes vendedores que tiverem sido já confirmados", dispondo-se, ainda, que "os restantes valores serão deduzidos das prestações futuras do preço à medida que forem sendo confirmados, fazendo-se as deduções devidas nas datas em que se vencerem as prestações futuras."

3. Em Maio de 2000, foi celebrado, por documento autêntico (escritura pública), um contrato que vem qualificado como de "Divisão cessão unificação de quotas e alteração parcial de contrato de sociedade." Outorgantes deste contrato foram A, B, C e a sociedade N.

Na escritura, A declara, com relevância para a questão que nos ocupa:

– que, pelo presente contrato (sic), divide a sua quota em duas;
– que cede uma das quotas resultantes da divisão a C e a outra a N;
– que o valor da cessão da primeira das quotas é de Esc: 537.320.000$00 (quinhentos e trinta e sete milhões trezentos e vinte mil escudos), sendo o valor da cessão da segunda de Esc: 191.900.000$00 (cento e noventa e um milhões e novecentos mil escudos);
– que o preço será pago escalonadamente, sendo as prestações em dívida tituladas por letras.

4. Uma vez determinadas as condições da cessão, A declara, ainda, no mesmo contrato, que "assume a responsabilidade por todo o passivo da

sociedade M (…), existente à data em que foi transferida para os compradores a posse e gestão técnica do estabelecimento" e que "C e N poderão deduzir ao valor das letras referidas correspondentes às prestações acordadas qualquer valor que posteriormente à data da presente escritura se verifique ser da [sua] responsabilidade (…)."

5. O dado que seguidamente tem de ser considerado para que se compreendam os termos da Consulta refere-se à pendência simultânea de duas acções, relacionadas com o contrato e nas quais se pede aparentemente a condenação de A no pagamento do mesmo crédito.

Numa das acções, pede C a condenação de A no pagamento de quantia certa, alegando corresponder tal quantia a dívidas da sociedade, cujo pagamento foi assumido por A.

Estes mesmos valores vieram a ser peticionados, em pedido reconvencional, deduzido pela sociedade M contra A, em acção por esta instaurada contra aquela.

Uma vez deduzido o pedido reconvencional e perante a identidade objectiva das duas instâncias, foi requerida por A a apensação das duas acções. Este pedido foi indeferido.

Ora, foi perante esta decisão de indeferimento que A submeteu os factos relatados à nossa apreciação, solicitando que nos pronunciássemos sobre a admissibilidade da apensação das acções acima descritas.

3. A natureza do contrato celebrado entre A e C

6. A primeira tarefa a realizar antes de se poder tomar posição acerca das questões processuais submetidas à nossa apreciação residia na determinação da natureza do acordo celebrado entre A e C.

Mas esta operação embatia numa primeira dificuldade. Com efeito, não era fácil discernir o equilíbrio do contrato de cessão de quotas na relação entre A e C.

Vejamos porquê.

A promitente cedente, que, sendo cedente, necessariamente transmite, a título oneroso, um activo do seu património, deveria ver contrabalançada a perda da quota pela entrada do preço. Aliás, isto mesmo resulta do facto de se prever, no próprio contrato, que contra a cessão das quotas seria pago um preço.

Porém, se analisarmos com detalhe o contrato e se atendermos à pretensão deduzida por C contra A na acção que, contra ela, instaurou, bem compreendemos que não será necessariamente assim.

Com efeito, tinha o cessionário C a faculdade de deduzir do preço a pagar à cedente o valor de determinadas dívidas. Este aspecto até seria facilmente explicável se a obrigação de pagar o preço da cessão e a obrigação de pagar as dívidas, que podiam ser deduzidas ao preço, opusessem A a C. Isto mesmo parecia querer dizer C quando escreveu, na petição inicial da acção que instaurou contra A, que "nos termos da clausula 6.ª do contrato de promessa, o Autor pode compensar este seu débito (do preço) com o débito da Ré, estando também (sic) verificado (sic) os requisitos para a compensação previstos no artigo 847 do C.C." (artigo 36 da petição).

7. Porém, não era nada disto que realmente sucedia.

Na verdade, C não era credor da prestação, credora da prestação era a sociedade. Quando muito poderia ser C meramente titular de uma faculdade de exigibilidade dessa mesma prestação.

Todas estas afirmações carecem de demonstração. É o que faremos já em seguida.

8. Um dos pontos em discussão nos autos era exactamente o da determinação do sentido juridicamente relevante da cláusula de assunção de responsabilidade por A. Sobre ele não pronunciaremos pois haveria que esperar pela prova a produzir em primeira instância.

Mas aceitemos que se viesse a fixar que a cláusula de assunção de responsabilidade deveria valer com um sentido amplo, ou seja, aceitemos que através desta cláusula A alargara a sua responsabilidade enquanto sócia de uma sociedade de responsabilidade limitada às dívidas sociais, ou seja, às dívidas da sociedade perante terceiros. Esta seria a única interpretação que poderia justificar as diferentes pretensões deduzidas, quer a título principal, por C, quer a título reconvencional pela sociedade M.

Mesmo que se aceite semelhante interpretação - o que dificilmente se pode aceitar já que, face aos valores peticionados em distintas acções por C e por M tal significaria que A e B quiseram ceder as suas quotas, não apenas gratuitamente, mas tendo ainda que pagar por essa cessão aos cessionários – certo é que A não assumiu o dever de prestar relativamente a obrigações que impendam sobre C. A não assume obrigações de C.

A assumira, eventualmente e segundo o que vinha alegado pelas partes, que a ela se opõem nos diversos processos, a obrigação de pagar dívidas da sociedade M.

Quer isto dizer que, a haver um beneficiário da assunção de responsabilidade pelo pagamento das dívidas da sociedade, esse beneficiário é exclusivamente a sociedade. Nunca C. Só assim não seria se também este houvesse assumido a obrigação de pagar aquelas mesmas dívidas sociais. Responsabilidade que não assumiu.

Se assim era, se as dívidas pelas quais A se tornou eventualmente responsável, não são dívidas de C nem dívidas que este tenha assumido pagar, não pode dizer-se que seja C o beneficiário directo da assunção do dever de prestar por parte de A.

C não é, deste modo e em virtude da cláusula de assunção de responsabilidade por A, credor de A pelo pagamento de dívidas sociais. A haver um credor da prestação, ele será eventualmente a sociedade M ou, caso se admita como decorrendo da cláusula de assunção de responsabilidade uma responsabilidade directa de A perante os credores desta sociedade, estes credores da sociedade. Mas nunca C.

Se C não é credor do correspondente dever de cumprimento das obrigações sociais, não pode compensar a obrigação de pagamento do preço da cessão com uma posição creditícia derivada daquele dever de prestar.

9. Como dissemos, o esquema do contrato de cessão até se poderia compreender se o cessionário fosse responsável pelas dívidas sociais e se as partes tivessem querido, conforme era sustentado na petição inicial da acção instaurada por C contra A, "vender (uma) empresa sem passivo."

Neste caso, e ao invés de pagar um preço à cedente, que seguramente reflectiria o valor da sociedade, cujo capital social é representado pelas quotas transmitendas, dele deduziria os montantes que deveria solver a terceiro em caso da respectiva não solvência pela vendedora.

Mas este equilíbrio rompe-se quando se verifica que o cessionário podia deduzir do preço o valor das dívidas da sociedade a terceiro, por cujo cumprimento ele não era responsável.

Pergunta-se: qual a causa de semelhante dedução?

Veja-se: a cedente seria responsável perante terceiros pelas dívidas sociais. Com esta obrigação coexistia o benefício, concedido ao cessionário, de deduzir do preço, o valor das dívidas já apuradas.

Mas o adquirente não era responsável pelas dívidas sociais. Somente a sociedade e, alegadamente, a transmitente o seriam.

Por que pode o cessionário ver reduzido o valor do preço se ele não terá de responder pelos montantes que pode deduzir?

Com este benefício, o adquirente alijava a obrigação de pagamento de preço sem concessão de qualquer contrapartida financeira à vendedora. Veja-se que, em tese, e se o valor das dívidas da sociedade a terceiros excedesse o valor fixado para a cessão das quotas, afinal o comprador, que não assumira nem tinha, por força de disposição legal, qualquer responsabilidade por tais dívidas, nada deveria pagar pela aquisição realizada. Ficaria investido na titularidade das quotas da M, titularidade titulada por um contrato de cessão, ou seja, por um negócio oneroso, sem ter pago preço algum.

10. O que até aqui vimos permite compreender porque dissemos que a primeira dificuldade do contrato de cessão se traduzia na compreensão do equilíbrio, que lhe estava subjacente. Não se vislumbrava qualquer razão que permitisse justificar a faculdade de dedução no preço da cessão do valor das dívidas da sociedade. Mas também sobre este aspecto, cujos efeitos poderiam levar, inclusivamente, à intervenção de cláusulas gerais do sistema, que visam reagir contra situações de desequilíbrio interno das posições jurídicas, não fomos então perguntados. Pelo que sobre ele nos não pronunciámos *ex professo*.

11. Mas se C não é credor do dever de prestar, em que tipo de situação jurídica vem, afinal, a ser encabeçado pelo contrato?

Responder a esta questão implica fazer um retrocesso.

Dissemos que o beneficiário do dever de prestar era a sociedade ou os credores sociais.

Vejamos o porquê destas afirmações.

Segundo a cláusula de assunção de responsabilidade, cujo alcance estava em discussão, A "assume a responsabilidade por todo o passivo da sociedade M (...) existente à data em que foi transferido (sic) para os compradores a posse e a gestão técnica do estabelecimento."

A era, antes da cessão, sócia de uma sociedade de responsabilidade limitada, mais concretamente, era sócia de uma sociedade por quotas. De aqui decorre, em conjugação com o que se dispõe no artigo 197/3 do Código das Sociedades Comerciais, que pelas dívidas da sociedade apenas respondia o património social. Ou seja, antes do contrato de 30 de Maio de 2000, apenas o património da sociedade M respondia pelas dívidas desta sociedade. A estas dívidas era estranho o património de A.

O património da sócia A apenas poderia responder por obrigações sociais se tal responsabilidade houvesse sido prevista no contrato de sociedade. O fundamento directo desta asserção é constituído pelo artigo 198 do CSC.

No caso submetido à nossa apreciação, não se previa qualquer responsabilidade da sócia A ou de qualquer outro sócio no contrato de sociedade. Queria isto dizer que ao assumir a responsabilidade pelo passivo da sociedade no contrato de cessão, tivesse esta cláusula a amplitude que tivesse, certo é que A estava a aceitar uma obrigação, que não existia *ex ante*. O que quer dizer que o acto de heteronomia tinha, neste aspecto, uma eficácia inovatória inequívoca.

12. E em que se traduz este efeito inovatório?

Ressalvando sempre a diversidade de interpretações esgrimidas nos autos quanto ao sentido com que deveria valer a cláusula de responsabilidade, desta poderia decorrer um de dois efeitos: ou através da cláusula aceitara a ex-sócia A a obrigação de pagar, enquanto devedora primária, as obrigações sociais, ou através de tal cláusula aceitara a ex-sócia A uma obrigação acessória do dever de realizar a prestação, ou seja, aceitara a ex--sócia a posição de garante da sociedade.

Para a resolução das questões que nos ocupavam, não era necessário fixarmo-nos em uma ou em outra interpretação. Porque fosse qual fosse o sentido que viesse a ser a fixado como sendo o sentido juridicamente relevante da cláusula de assunção de responsabilidade pelo passivo da sociedade, certo é que através dela cria a ex-sócia A uma posição de vantagem para outrem.

Este o aspecto crucial para a nossa análise.

13. E quem ficava investido numa posição de vantagem em virtude do acto de autonomia de A?

Se se entendesse que a obrigação que esta ex-sócia assumira o fora pelo passivo social, beneficiários da posição de vantagem seriam, em última instância, os credores das obrigações, que compunham o passivo da sociedade. Neste caso, a responsabilidade de A perante os credores da sociedade seria directa.

Uma interpretação da cláusula de assunção de responsabilidade, que implicasse uma responsabilidade directa de A pelas obrigações sociais, parece-nos, no entanto, de afastar. A responsabilidade directa do sócio de sociedade de responsabilidade limitada perante credores sociais é algo de tão absolutamente anómalo que ou há indícios muito fortes que permitam semelhante conclusão ou deve ela ser afastada. Mais razoável nos parece aceitar que A, a ter assumido alguma obrigação, facto que ainda estava por provar nos autos, houvesse assumido a obrigação de entregar à sociedade quaisquer montantes, que esta tivesse solvido ou que houvesse de solver perante terceiros seus credores.

No entanto, fosse qual fosse o sentido que à cláusula de assunção de responsabilidade viesse a ser imputado, havia um que nela seguramente não caberia: o do encabeçamento do cessionário C no direito de exigir, para si, da ex-sócia A o pagamento de dívidas da sociedade a terceiros. Com efeito, C não era o credor de tais valores. Credores deles seriam ou directamente os credores sociais ou a sociedade, tudo dependendo de se aceitar ou não uma responsabilidade directa da ex-sócia A pelas obrigações sociais.

14. Retomemos a questão deixada em aberto: e qual é a situação jurídica em que se encontra investido C em virtude da declaração proferida por A, nos termos da qual "assume a responsabilidade por todo o passivo da sociedade?"

Chamemos novamente à colação o que se dispõe no contrato quanto ao pagamento do preço da cessão.

Como vimos, A declarava, logo após ter assumido a responsabilidade pelo passivo da sociedade, que C "poderia deduzir ao valor das letras referidas correspondentes às prestações acordadas qualquer valor que posteriormente à data da (...) escritura se verifique ser da (sua) responsabilidade."

Segundo esta cláusula contratual, podia o cessionário deduzir ao preço que deveria pagar pela cessão da quota de A os montantes que esta poderia ter de pagar ou à sociedade ou aos credores sociais desta.

No entanto, não decorria desta cláusula que ficasse C investido no direito de exigir para si os valores que A deveria ter eventualmente de pagar ou à sociedade ou aos credores desta, tudo dependendo, como se disse, de se saber se a ex-sócia aceitou ou não uma responsabilidade directa perante credores sociais.

Em suma, da articulação das cláusulas de assunção de responsabilidade e de pagamento/redução do preço da cessão extraía-se que C poderia deduzir ao valor da cessão o valor de uma prestação que A pudesse ter de realizar à sociedade ou aos credores sociais. Já vimos que dificilmente se encontraria uma causa para o estabelecimento de semelhante equilíbrio contratual. Mas foi ele o escolhido pelas partes, sendo-nos impossível, neste momento, aprofundar esta pista e saber que efeitos pode provocar semelhante desequilíbrio.

15. Do que antecede resultava que os titulares do direito à prestação, a realizar eventualmente por A, seriam ou a sociedade ou os credores sociais.

Sucede que A assumiu o dever de prestar em contrato ao qual são estranhos os beneficiários da prestação. Na verdade, nem a sociedade nem os seus credores são partes no contrato. Como vimos, partes no contrato, aspecto com relevância directa para o problema que estamos tentando resolver, são A e C.

Se assim é, impõe-se uma primeira ilação: por meio do contrato e com toda a reserva que a interpretação da cláusula de assunção de responsabilidade suscita, A terá ficado vinculada a realizar uma prestação a terceiro caso se venha a verificar a condição de que depende a existência de tal dever de prestar, a saber, a existência de passivo à data da transferência da posse e gestão do estabelecimento da M.

16. Dos dados recolhidos resultava uma segunda ilação: A tinha, quando muito, assumido por meio do contrato do qual também é parte C o dever de realizar uma prestação a terceiro, a sociedade M.

É evidente a questão que se seguia: e terá A assumido este dever de prestar a terceiro em face de C? Perguntando de outro modo, poderá C exigir a A que realize determinada prestação à sociedade ou aos credores sociais?

A resposta a estas perguntas será absolutamente determinante para a qualificação do contrato e da posição de C. Na verdade, sendo possível extrair do contrato que C tem a faculdade de exigir o cumprimento a A, obviamente que jamais para si, pois que, como vimos, não é o beneficiário da prestação, mas para terceiro, então dir-se-á que o contrato em causa é um contrato de cessão com cláusula típica a favor de terceiro. Ao invés, se do contrato se não puder extrair uma faculdade de exigibilidade da prestação devida ou à sociedade ou aos credores socais por C, concluir-se-á que A assumiu um dever de prestar cujo cumprimento somente pelos respectivos beneficiários poderia ser exigido.

17. Resultará do contrato uma faculdade de exigibilidade da prestação para C? Será o contrato um contrato a favor de terceiro?

Através do contrato a favor de terceiro, confere-se uma posição de vantagem a um terceiro, estranho ao título. Nos termos do contrato, o promitente obriga-se perante o promissário a conferir uma vantagem a terceiro[1], regra geral, um direito de crédito[2].

Atendendo a esta sua estrutura, podem identificar-se no contrato a favor de terceiro duas relações. Uma de cobertura ou de provisão, entre o promitente e o promissário, e outra de valuta, entre o promissário e o terceiro[3]. Estas duas relações não se confundem, tendo conteúdos distintos.

Observando a posição jurídica dos diversos sujeitos que retiram efeitos do título, verifica-se que o direito do beneficiário resulta imediatamente do contrato, ficando o promitente vinculado perante ele a cumprir a prestação[4]. Nisto se distingue esta figura do mandato sem representação já que, neste caso, para que o terceiro fique encabeçado nas situações jurídicas adquiridas pelo mandatário é necessária a celebração de negócio translativo ulterior a tal aquisição.

A criação de uma vantagem ou benefício para o terceiro, consistam estes na supressão de uma situação jurídica passiva, que impende sobre o terceiro ou no seu encabeçamento numa situação jurídica activa, não transforma o terceiro em parte no contrato[5]: ele é um estranho relativamente ao título, ao invés do que vem a suceder no contrato para pessoa a nomear[6].

---

[1] MENEZES CORDEIRO, *Direito das Obrigações*, I, AAFDL, Lisboa 1990, 196.I; ALMEIDA COSTA, *Direito das Obrigações*, 10.ª reelaborada, Almedina, Coimbra 2006, 30.2.1; VAZ SERRA, *Contratos a favor de terceiro – contratos de prestação de terceiro*, Separata do Boletim do Ministério da Justiça, n.º 51 (1955), p. 5.

[2] GALVÃO TELLES, *Direito das Obrigações*, 7.ª, n. 35.

[3] Acs. do Supremo Tribunal de Justiça (SIMÕES FREIRE), de 13 de Fevereiro de 2003, e de 24 de Outubro de 2006 (FARIA ANTUNES). Na doutrina, LARENZ, *Lehrbuch des Schuldrechts*. Band I. *Allgemeiner Teil*, 14.ª, CHBeck, München 1987, § 17.Ib); MENEZES CORDEIRO, *Direito das Obrigações* cit., I, 198.I; MENEZES LEITÃO, *Direito das Obrigações* cit., I, p. 265; PIRES DE LIMA/ANTUNES VARELA, com a colaboração de HENRIQUE MESQUITA, *Código Civil anotado*, 4.ª, vol. I, sub art. 444, n. 3; ANTUNES VARELA, *Das Obrigações em geral*, 10.ª, n. 115. Com uma terminologia ligeiramente diferente, ALMEIDA COSTA, *Direito das Obrigações* cit., 30.2.1 (p. 353 e seg.).

[4] LEITE DE CAMPOS, *Contrato a favor de terceiro*, 2.ª, Almedina, Coimbra 1991, p. 95, onde o Autor afirma que já não será um contrato coincidente com o tipo legal de contrato a favor de terceiro aquele em que se conclua, por interpretação, que a atribuição do benefício não é simples (apenas o contrato), as complexo (o contrato e uma actuação do beneficiário, *v.g.*, a sua aceitação).

[5] LEITE DE CAMPOS, *Contrato a favor de terceiro* cit, p. 63 e 159 e segs..

[6] Assim, ac. do Supremo Tribunal de Justiça (JOAQUIM DE CARVALHO), de 31 de Maio de 1990.

No entanto e apesar de não ter, nem originaria, nem suprevenientemente, a qualidade de parte no contrato, o terceiro deriva dele uma faculdade de exigibilidade da prestação[7], sobre a qual adquire direito, independentemente de aceitação[8]. Nesta medida se dirá que o beneficiário retira do contrato uma faculdade de exigibilidade da prestação, que é acompanhada de uma faculdade ou competência para a respectiva aquisição[9]. Inversamente, o promissário apenas goza da faculdade de exigibilidade, mas não da competência de aquisição.

18. A falta de competência de aquisição da prestação, em directa ligação com a legitimidade para a execução, que é formal pois que estritamente aferida pelo título, determinou, inclusivamente, um interessante acórdão do Supremo.

Em acórdão datado de 1 de Julho de 2004[10], o Supremo Tribunal de Justiça (FERREIRA DE ALMEIDA) decidiu a seguinte questão.

Aqueles que vieram a ser qualificados pelas instâncias como promissários de certo contrato a favor de terceiro, executaram directamente o promitente, alegando que este incumprira a promessa. A execução foi titulada no documento, que serviu de suporte às declarações, que consubstanciam o referido contrato.

Segundo o Supremo, "assiste, (...), inequivocamente aos 1.ºs outorgantes (os promissários/exequentes) o direito de – ao abrigo do disposto no n.º 3 do artigo 444 do Cód. Civil – de (sic) exigir dos 2.º e 3.º outorgantes (promitentes) o cumprimento do contrato, no que se refere à prestação em benefício de terceiro.

A questão que se coloca é, no entanto, de saber que tipo de cumprimento lhes é possível exigir: o que resulta do recurso à acção declarativa ou o que resulta directamente da acção executiva. (...). Seja como for e

---

[7] PIRES DE LIMA/ANTUNES VARELA, com a colaboração de HENRIQUE MESQUITA, *Código Civil anotado*, 4.ª, vol. I, sub art. 444, n. 1;

[8] A este tipo de contrato chama LARENZ o verdadeiro contrato a favor de terceiro (*echter oder "berechtigender" Vertrag zugunsten Dritter*), contrapondo-os àqueles contratos que apenas autorizam o devedor a cumprir a terceiro. *Lehrbuch des Schuldrechts* cit., § 17.Ia). Em idêntico sentido, ALMEIDA COSTA, *Direito das Obrigações* cit., 30.2.1 (p. 352); MENEZES LEITÃO, *Direito das Obrigações* cit., I, p. 265 e seg..

[9] TEIXEIRA DE SOUSA, *O concurso de títulos de aquisição da prestação. Estudo sobre a dogmática da pretensão e do concurso de pretensões*, Almedina, Coimbra 1988, p. 56.

[10] Acessível em www.dgsi.pt, entrada: contrato a favor de terceiro.

por força do estatuído no artigo 55 do CPC, "a execução tem de ser promovida pela pessoa que no título figure como credor e deve ser instaurada contra a pessoa que no título tenha a posição de devedor." Ora, como vimos, os 1.ᵒˢ outorgantes apenas podem exigir o cumprimento da promessa, isto é, a prestação convencionada a favor de terceiro.

Eles não são credores directos de qualquer obrigação pecuniária[11].

É-lhes por isso vedado recorrer à execução para pagamento da quantia certa (...).

O que tudo também configura uma situação de ilegitimidade formal e substantiva dos exequentes e dos próprios executados para a instância executiva."

19. O enquadramento das posições jurídicas do promissário e do beneficiário acima realizado não é inconsequente.

Tem-se entendido que promissário e terceiro têm direitos iguais. Cita-se, em abono desta posição, LEITE DE CAMPOS que afirma que "promissário e o terceiro tornam-se, não credores solidários nem concredores, mas titulares de direitos de conteúdo igual dirigidos à mesma finalidade: a prestação ao terceiro"[12]. No entanto, esta identidade de situações jurídicas apenas se refere à faculdade de exigibilidade, sentido que nos parece ser o que deve retirar-se da passagem citada. O direito à prestação é exclusivamente do beneficiário: sendo ele o beneficiário directo do cumprimento. Nas palavras de MENEZES LEITÃO, no contrato a favor de terceiro há "apenas uma única posição jurídica objectiva que permite a aquisição da prestação, que é o direito de crédito do terceiro, independentemente de a vinculação subjectiva do promitente ocorrer tanto em relação ao terceiro como ao promissário"[13].

20. Será o contrato de cessão com assunção de responsabilidade, por parte de A, pelo passive da sociedade um contrato a favour de terceiro?

O primeiro ponto em que deve assentar-se é que a criação de benefícios para terceiro por acto de autodeterminação, através do qual se regulam os interesses das partes, é algo de anómalo. Esta circunstância impõe que se encontre, tal como dispõe o artigo 443/1 do Código Civil, doravante

---

[11] Itálico nosso.
[12] *Contrato a favor de terceiro* cit., p. 88.
[13] *Direito das Obrigações*, vol. I. *Introdução. Da constituição das obrigações*, 5.ª, Almedina, Coimbra 2006, p. 267.

CC, um interesse da parte, perante a qual é assumida a promessa de prestação a terceiro, digno de protecção legal.

No caso em apreço, este interesse do promissário C poderia encontrar-se na relação estabelecida entre o preço da cessão e o valor patrimonial da sociedade, cujas quotas adquire, conjuntamente com a sociedade N. Mas, como vimos, a este interesse responderam as partes através da criação de um mecanismo alternativo: o da redução do preço da cessão.

A este ponto acresce o facto de, em passo algum do contrato, se prever que pode C exigir de A que esta realize a prestação a que poderá estar eventualmente obrigada no confronto da sociedade ou dos seus credores. O que C pode fazer, ou seja, a faculdade em que A o investe, é na de proceder a uma redução do valor da cessão. Quer isto dizer que a tutela dos interesses de C não pressupõe a sua investidura na faculdade de exigir o cumprimento da prestação para a sociedade ou para os credores sociais.

Sendo a concessão de uma faculdade de exigibilidade não coincidente com a titularidade da situação jurídica exigenda algo de excepcional, apenas perante dados inequívocos se pode concluir pela sua atribuição. O que efectivamente não sucedia no caso *sub iudice*.

Na verdade, nem o texto do contrato, nem o equilíbrio das posições das partes nele intervenientes permitiam concluir pela concessão a C da faculdade de exigir para a sociedade ou para os credores sociais o cumprimento de uma obrigação eventualmente assumida por A.

21. Perante quanto antecede, havia que reter uma conclusão: não resultava do contrato que C pudesse exigir para a sociedade ou para os credores sociais que A cumprisse qualquer dever de prestar de que aqueles sejam potenciais beneficiários.

Se assim é, não poderá dizer-se que o contrato celebrado entre A e C seja um contrato a favor de terceiro típico.

O único efeito que C poderá retirar da cláusula de assunção de responsabilidade pelo passivo social por parte de A é o de reduzir o preço da cessão no exacto valor desse passivo. Não pode exigir para si o cumprimento de prestações de que são beneficiários terceiros (a sociedade ou os seus credores), nem pode exigir este cumprimento para estes terceiros.

Em síntese, não foi criada uma faculdade de exigibilidade da prestação a favor de C pelo contrato em que interveio como parte ao lado de A.

22. Com esta conclusão nos afastamos do que foi afirmado pelo Supremo Tribunal de Justiça.

Em acórdão de 14 de Abril de 1977, do qual infelizmente só foi possível localizar o sumário, decidiu o Supremo (DANIEL FERREIRA) que "integra um contrato a favor de terceiro a cláusula incluída em escritura pública de cessão de quotas nos termos da qual os cedentes das quotas (promitentes) se obrigam perante os cessionários (promissários) pelo passivo da sociedade que aparecer posteriormente à data da celebração dessa escritura"[14].

Em acórdão de 27 de Maio de 2005, decidiu o mesmo Supremo (MOITINHO DE ALMEIDA) que "o contrato de cessão de quotas em que os cessionários assumiram a responsabilidade pelo pagamento das dívidas da sociedade não só para com o cedente mas também para com qualquer outro credor deve ser interpretado como envolvendo uma assunção de dívida e, no que respeita aos credores não intervenientes nesse contrato, como um contrato a favor de terceiro"[15].

Situação análoga esteve na origem do acórdão do mesmo Tribunal, relatado por QUIRINO SOARES e datado de 11 de Novembro de 2003. E decidiu o Supremo que "num contrato de trespasse, o compromisso tomado pelos sócios da sociedade trespassante e aceite pela trespassária de pagar, embora subsidiariamente, as dívidas daquela, relacionadas com o estabelecimento, constitui um contrato a favor de terceiro (não um contrato de assunção de dívida) em que os credores da trespassante são os beneficiários, os sócios os promitentes e a sociedade trespassária a promissário"[16].

23. Se é certo que as situações subjacentes às decisões citadas têm traços de semelhança com aquela que determinou a Consulta, certo é que nos parece determinante, para que de um típico contrato a favour de terceiro se possa falar que seja possível identificar um interesse relevante do promissário, que possa justificar que lhe seja concedida uma faculdade de exigibilidade da prestação para o beneficiário. Ora, o equilíbrio de interesses que esteve na origem da situação em análise não envolvia interesse deste tipo. Como se disse, o equilíbrio contractual passava não pela exigibilidade da prestação por C, mas pela dedução do valor da prestação incumprida do preço da cessão. Que C tinha legitimidade para pedir a declaração de existência de um dado passive caso pretendesse deduzir o valor judicialmente reconhecido com força de caso julgado do preço da cessão parece-nos ine-

---

[14] Disponível em www.dgsi.pt, entrada: contrato a favor de terceiro.
[15] Disponível em www.dgsi.pt, entrada: contrato a favor de terceiro.
[16] Disponível em www.dgsi.pt, entrada: contrato a favor de terceiro.

quívoco. Mas se esta pretensão processual seria actuavel por C, já não o seria a pretensão processual que deduziu: a da condenação de A a pagar-lhe o valor de créditos de terceiros sobre a sociedade.

4. Os efeitos processuais dos acordos celebrados

24. Os efeitos processuais dos acordos celebrados no que respeita à posição processual de C parecem-nos relativamente inequívocos:

Poderia ter-se entendido que, se bem que C não fosse titular do direito à prestação, cujos beneficiários eram a sociedade ou, eventualmente, os seus credores, poderia ele ter a faculdade de exigibilidade dessa mesma prestação. Estar-se-ia perante um caso clássico de concurso de faculdades de exigibilidade[17], com directa repercussão na legitimidade processual. Se se pudesse concluir que C poderia exigir de A o cumprimento das obrigações sociais, esta faculdade de exigibilidade conviveria com aquela em que estão investidos ou a sociedade ou os seus credores. C teria uma legitimidade indirecta, agindo como substituto processual da sociedade ou dos seus credores, pois que litigaria em nome próprio por direito alheio[18]. Seria a faculdade de exigibilidade, conferida pelo artigo 444/2 do CC, que titularia a sua legitimidade indirecta. Esta norma é crucial para justificar a legitimidade do promissário atendendo aos apertados limites em que o sistema processual nacional admite semelhante forma de legitimidade[19], quem sabe se pelas mesmas razões que determinavam Hellwig a não admitir uma origem voluntária para a legitimidade indirecta[20].

---

[17] Teixeira de Sousa, *O concurso de títulos de aquisição da prestação. Estudo sobre a dogmática da pretensão e do concurso de pretensões* cit., p. 56.

[18] Paula Costa e Silva, *A transmissão da coisa ou direito em litígio* cit., p.133 e segs. e 303 e segs.. Sobre a figura da substituição processual, Cfr. Humberto Theodoro Júnior, *Curso de Direito Processual Civil*, Forense, Rio de Janeiro 2003, n. 68.

[19] Ao invés do que sucede em outros ordenamentos, que admitem a substituição fundada em negócio jurídico, o sistema português aceita apenas a substituição com origem legal. Cfr. art. 26/3 do CPC, onde expressamente se dispõe que "na falta de indicação *da lei* em contrário, ..." (itálico nosso). Neste sentido, Teixeira de Sousa, *As partes, o objecto e a prova na acção declarativa*, Lex, Lisboa 1995 p. 51. Acerca das condições de admissibilidade da substituição convencional, Rosenberg/Schwab/Gottwald, *Zivilprozessrecht*, 16.ª, CHBeck, München 2004, § 46.III.

[20] *Lehrbuch des deutschen Zivilprozessrechts*, Leipzig 1903, I, § 56; *id.*, *System des deutschen Zivilprozessrechts*, I, § 74.III, Leipzig 1912. Opinião contrária foi sustentada por

Mas C não tinha sequer esta faculdade de exigibilidade. Se assim era e uma vez que ele não era o beneficiário do dever de prestar eventualmente assumido por A, não tinha ele o "poder processual" de litigar sobre esta situação jurídica.

25. Porém, C não surge na acção que instaurou contra A como um substituto processual. Da articulação e, mais ainda, do pedido de condenação no cumprimento por ele formulado, resulta que se apresenta a litigar em nome próprio e por alegado direito próprio. Com efeito, ele pede que A seja condenada a pagar-lhe determinado montante, apesar de este corresponder a passivo social.

Mais: do modo como articula, resulta ser ele, C, o titular da relação material controvertida. Este aspecto poderá induzir a considerá-lo parte processualmente legítima.

Na verdade, e à luz do regime actualmente vigente, a legitimidade é aferida pela relação material controvertida, tal como configurada pelo autor (cfr. artigo 26/3 do CPC, na redacção introduzida pelo Decreto-Lei n.º 329-A/95, de 12 de Dezembro). Adiante teremos de aprofundar esta matéria. Mas, por ora, basta-nos verificar que, segundo a versão apresentada por C, se bem que esta padeça de alguma ambiguidade, certo é que ele se configure como titular do direito à prestação. Se o é ou não, é aspecto que pertencerá já ao juízo de mérito. Nesta sede, a pretensão deduzida por C contra A não poderia proceder já que ele não era o beneficiário da prestação. Somente a sociedade ou eventualmente os credores desta poderiam beneficiar dos efeitos materiais de uma condenação; C carece de legitimidade substantiva para que estes pagamentos lhe sejam efectuados.

5. A pluralidade de acções sobre o mesmo crédito

26. O dado que seguidamente deve ser considerado é o da pendência simultânea de diferentes acções relativas ao mesmo crédito.

Na verdade, e em momento ulterior àquele em que C formulou o pedido de condenação de A no pagamento de determinados valores, vieram esses mesmos valores a ser peticionados, em pedido reconvencional, deduzido pela sociedade M contra A.

ROSENBERG, podendo ser conferida na última edição do seu manual antes da colaboração de SCHWAB. Cfr. *Lehrbuch des deutschen Zivilprozessrechts*, 9.ª, § 45.II.2c).

A causa de ambos os pedidos era necessariamente a mesma: uma vez que A não era, antes da emissão da declaração de assunção de responsabilidade pelo passivo da sociedade, por este responsável, a causa do crédito exigido por meio da reconvenção só pode ser aquela declaração. Por outro lado, a causa invocada por C na acção instaurada contra A é, também ela, a concreta cláusula através da qual A assumiu a responsabilidade pelo passivo social.

27. O que distinguia as duas acções era o respectivo elemento subjectivo: enquanto numa se apresentava como autor C, parte ilegítima, mas parte, ainda assim, na outra acção, a parte activa é a sociedade reconvinte M.

Esta disparidade subjectiva inibia a dedução da excepção de litispendência se bem que, em tese, corresse A o risco de vir a ser condenada em ambos os pedidos. E, se este viesse a ser o caso, ver-se-ia confrontada com a obrigação de pagar duas vezes o mesmo crédito.

É evidente que semelhante resultado apenas se poderia aceitar como hipótese já que, como se demonstrou, decorria dos elementos dos autos, *maxime*, do contrato de cessão, que C não era beneficiário do dever de prestar. Pelo que o pedido de condenação de A no pagamento de determinados valores por ele deduzido seria necessariamente julgado improcedente.

6. A admissibilidade da apensação das acções

28. Os dados de que havia que partir para se saber se podiam ou não ser apensadas as duas acções que correm termos perante diferentes tribunais eram os seguintes:

– os pedidos de condenação de A no cumprimento de determinadas obrigações são parcialmente coincidentes, uma vez que o objecto da reconvenção é mais amplo do que o objecto da acção instaurada por C;
– porém, ambos os pedidos se reportam ao mesmo dever de prestar: em ambos os casos é pedida a condenação de A no pagamento das mesmas obrigações sociais;
– A contestava o dever de prestar tanto a C, quanto à sociedade M, ou seja, A não reconhecia ser devedora nem de C nem da sociedade M.

29. Destes elementos resultava que o cumprimento do mesmo dever de prestar era exigido de A por dois credores distintos. Se ela aceitasse dever a um deles, poderia provocar a intervenção do outro através da dedução de incidente de oposição provocada[21]. Se assim fosse poderia, ao abrigo do artigo 275/1 do CPC, admitir-se a apensação das duas acções. Conseguir-se-ia, através da apensação, efeito semelhante ao da intervenção do oponente.

Mas A não aceita o dever de prestar.

A verificação deste facto é suficiente para afastar a possibilidade de dedução, no caso *sub iudice*, de um incidente de oposição provocada. Este supõe que o devedor aceite o dever de prestar, restando esclarecer a quem deve efectuar a prestação a fim de não corer o risco de ter de cumprir mais do que uma vez a mesma prestação.

Deste modo, não seria possível uma apensação de acções que se fundasse neste tipo de intervenção.

A apensação fundada numa admissibilidade de dedução de reconvenção também se não podia verificar. Nem C poderia deduzir o pedido de condenação de A no pagamento, que exige para si, em reconvenção deduzida na acção que A instaurou contra M, nem M poderia, em reconvenção, deduzir o pedido de condenação de A no cumprimento da obrigação na acção contra esta instaurada por C.

30. Restava saber se podia haver uma apensação fundada na admissibilidade quer de intervenções litisconsorciais, quer de intervenções coligatórias quer ainda de oposição espontânea.

31. Para que pudesse ocorrer uma intervenção litisconsorcial ou coligatória teriam de encontrar-se reunidos os elementos de caracterização de qualquer destas figuras.

Mas estes não estão presentes no caso *sub iudice* uma vez que, substancialmente, C e a sociedade M se apresentam a exigir o cumprimento, cada um para si, de uma mesma prestação. Vimos, já, que se o juízo de mérito a operar sobre a acção de M dependeria da prova que fosse produzida, desde logo, sobre o sentido juridicamente relevante da

---

[21] LOPES-CARDOSO, *Manual dos incidentes da instância em processo civil*, Lisboa 1946, n. 90; ALBERTO DOS REIS, *Código de Processo Civil anotado*, volume I, 3.ª, Coimbra Editora, Coimbra 1982, p. 502 e seg..

declaração de assunção de responsabilidade, proferida por A, a acção instaurada por C, que requer para si a realização de uma prestação devida ou à sociedade ou aos seus credores, estava votada ao insucesso. Mas o que é certo é que para a determinação da admissibilidade do litisconsórcio ou da coligação haveria que abstrair deste juízo de prognose.

32. Vejamos, por último, se poderia admitir-se a apensação com fundamento na admissibilidade da oposição espontânea.

Para que esta intervenção fosse admissível seria necessário que se verificassem os pressupostos do artigo 342 do CPC.

É exactamente esta a situação do caso em apreciação. C e a sociedade M pedem ambos, em acções separadas, a condenação de A no cumprimento de um mesmo dever de prestar: o cumprimento de determinadas obrigações sociais.

Se é certo que, pelo menos e pelos dados do contrato em que funda o seu pedido, C não é titular de qualquer direito à prestação, certo é, também, que C deduziu este pedido de condenação contra A. E, reitere-se, não pediu que esta fosse condenada a cumprir em favor da sociedade, actuando como substituto processual desta, mas que A fosse condenada a cumprir em seu benefício. Em suma, C considera-se credor de A pelo valor de determinadas obrigações sociais.

Destas mesmas obrigações sociais se arroga credora a sociedade M.

Ora, não podendo um mesmo dever de prestar ter vários credores que não se encontrem, entre si, em situação de comparticipação (solidariedade ou conjunção), chegar-se-á à conclusão de que, no caso submetido à nossa apreciação e perante os elementos de facto concretos, havia dois sujeitos que se consideravam titulares do mesmo crédito. Se bem que o não dissessem (nem poderiam dizer sob pena de a falta de fundamento do pedido de C se tornar patente), estavam em clara oposição entre si: se se concluísse que A se constituíra no dever de pagar determinadas obrigações socais, ela apenas teria de realizar esta prestação uma única vez e a um único credor: ou a C ou à sociedade M (ou, eventualmente, aos seus credores). O que se não pode admitir é que A devesse cumprir duplamente uma mesma obrigação, uma vez a C, outra à sociedade. Quer isto dizer que, a haver algum credor, ou é C ou é a sociedade. Uma posição creditícia exclui necessariamente a outra.

Estava, assim, delineada, uma situação em que seria admissível a intervenção de terceiros, que determinaria a constituição de um litisconsórcio recíproco[22]. Dito de outra forma, estando verificados os pressupostos do artigo 342/1 do CPC, podia ser requerida espontaneamente por M a sua intervenção na acção que foi instaurada por C contra A. Porque esta intervenção se fundaria na incompatibilidade entre o direito que o autor originário faz valer (o direito à prestação, de que C se arroga titular) e o direito que o potencial opoente M se arrogaria, o incidente que caberia seria a oposição. Porque, como dissemos, o mesmo direito de crédito não pode pertencer, simultaneamente e numa situação de autonomia subjectiva total, a dois credores distintos.

33. Dir-se-á que a conclusão a que se chegou não poderia manter-se uma vez que nem C, nem a sociedade M deduziram incidente de oposição na acção. Aliás, jamais o fariam sob pena de o tribunal verificar imediatamente que pediam ambos, em nome próprio e cada um para si próprio, a condenação de A no cumprimento da mesma prestação: a ilegitimidade substantiva de C resultaria ostensiva.

Mas deve notar-se que a lei, a saber, o artigo 275/1 do CPC, não exige que haja sido deduzido o incidente de oposição para que seja admissível a apensação.

Na verdade, a lei faz depender a apensação da admissibilidade de dedução do incidente, não da sua efectiva dedução. Ou seja, não importa à apensação que o incidente haja sido deduzido mas que a sua dedução seja processualmente admissível.

34. Restava saber se a parte requerente da apensação, no caso, A, tinha um interesse atendível nessa junção.

Bastava ponderar os factos que estavam em discussão num e noutro processo e ao risco de uma dupla condenação para a hipótese de as acções continuarem em separado para se compreender que a resposta a esta interrogação fosse necessariamente afirmativa.

Por outro lado, tanto num processo como no outro processo se discutem os mesmos factos, a saber e em primeira linha, o sentido da cláusula de assunção de responsabilidade. Ora, era mais do que evidente a vantagem, tanto no que respeita à economia de recursos, quanto no que

---

[22] Sobre a figura do litisconsórcio recíproco, decorrente da dedução de incidente de oposição de terceiros, CASTRO MENDES, *Direito processual civil*, II vol., AAFDL, Lisboa 1987, n. 136; TEIXEIRA DE SOUSA, *As partes, o objecto e a prova na acção declarativa* cit., p. 85 e seg..

tange à harmonia das decisões, em que a instrução e o julgamento se fizessem conjuntamente.

7. A posição processual do promissário e do beneficiário

35. Neste passo deixámos o problema que fora submetido à nossa apreciação.

Porque a acção instaurada por C, promissário, foi mal instaurada (ele pede, em nome próprio e para si o cumprimento da prestação), ela estava votada ao insucesso. Não imaginámos outro resultado como possível que não o da absolvição da promitente do pedido.

Mas a questão que ficou por resolver, já que não era pertinente enfrentá-la então, perante os dados da Consulta, foi a seguinte:

– supondo que estávamos perante um contrato a favor de terceiro típico;
– supondo que o promissário havia pedido, em nome próprio, o cumprimento da prestação para o beneficiário;

poderia o beneficiário exigir, em nome próprio e para si, em acção autónoma, o cumprimento da mesma prestação?

Qual a conformação subjectiva de cada uma destas instâncias?

36. O primeiro pressuposto é crucial para que possamos partir do princípio de que o promissário, vamos imaginar o nosso C, pudesse exercer a pretensão processual condenatória da promitente, imaginemos ainda, A. Mas, e com base em todos os dados anteriormente coligidos quanto à actuação processual admissível do promissário, retenha-se que este, caso exercesse a sua faculdade de exigibilidade, apenas poderia direccionar os efeitos materiais de uma condenação para a esfera da beneficiária, supunhamos, a nossa M. Com efeito, não é o promissário o beneficiário da vantagem que o promitente se obriga a conceder; beneficiário desta vantagem é um terceiro.

Quer isto dizer que C, o promissário, estaria a actuar uma faculdade de exigibilidade própria. Mas esta faculdade, se é justificada por um qualquer interesse de C, a procurar tanto na relação que o liga ao promitente, como naquela que o liga ao beneficiário[23], não se destina à obtenção de

---

[23] Entendendo que este interesse do promissário, exigido por lei (cfr. art. 443/1 do

um efeito útil directo para si, mas para um terceiro. C não litiga estribado numa situação substantiva própria, mas sim numa situação jurídica alheia.

Afirmámos, acima, que, neste caso, actuaria o promissário enquanto substituto processual do beneficiário.

Há que justificar esta asserção, começando-se pela qualificação da qualidade de parte de C e pela determinação do tipo de legitimidade em que fica investido na decorrência do seu encabeçamento numa faculdade de exigibilidade.

37. Um dos pressupostos processuais seguramente mais ricos de um ponto de vista dogmático é a legitimidade processual. Destinado a assegurar uma relação entre a parte e o objecto do processo, ver-se-á este pressuposto condicionado por toda a complexidade que cada um destes termos da teoria geral do processo em si comporta.

Que conceito de parte subjaz à legitimidade? Um conceito formal ou um conceito material?[24]

Se a função ordenada à legitimidade directa é consumida pelo conceito de parte quando esta é aferida materialmente[25], já assim não sucederá se a parte o for em sentido estritamente formal.

Independentemente do conteúdo útil deste conceito que, como observa HENCKEL[26], é tão vazio quanto o conceito de legitimidade se adoptado um conceito material de parte, certo é que só ele permite explicar as situações de dissociação entre a legitimidade *ad causam* e a legitimidade *ad processum* ou, de dito de modo ainda mais directo, só um conceito formal de parte consegue explicar como pode litigar na acção, em nome próprio, aquele que não só não é titular da situação litigada, como expressamente afirma não ser esse titular.

Com efeito, deixando, na esteira da explicação avançada por OETKER[27], de ser parte quem é titular da *res in iudicium deducta* para passar a sê-lo quem *rem in iudicium deducens* e *contra quem res in iudicium deducitur* haveria que assegurar que, na acção, estivessem os legítimos contra-

---

CC) mais não significa do que a exigência de que ele actue em termos efectivamente jurígenos, MENEZES CORDEIRO, *Direito das Obrigações* cit., I, 197.II.

[24] Para uma análise desta matéria, PAULA COSTA E SILVA, *Transmissão da coisa ou direito em litígio* cit., p. 105 e segs..

[25] ARWED BLOMEYER, *Zivilprozessrecht. Erkenntnisverfahren*, 2.ª, Duncker&Humblot, Berlin 1985, § 41.I.

[26] *Parteilehre und Streitgegenstand*, Otto Schwartz & CO, p. 17.

[27] *Konkursrechtliche Begriffe*, I, Stuttgart 1891, p. 317.

ditores. A evolução de um conceito material para um conceito formal de parte, induzida pela necessidade de justificar a figura da parte por incumbência ou por função, como seja o caso do administrador da insolvência[28], daria aparentemente novo fôlego à legitimidade directa.

Mas quem seriam os legítimos contraditores? Os verdadeiros titulares das situações materiais litigadas? Os seus alegados titulares? Neste pergunta se intuit já que as questões anteriormente suscitadas a propósito do conceito de parte não deixaram de ser equacionadas, sendo, porém, transferidas para a sede do pressuposto.

Porém, e relembrando a clássica polémica que, em Portugal, opôs BARBOSA DE MAGALHÃES a JOSÉ ALBERTO DOS REIS acerca deste pressuposto, certo parece ser que seja qual for o conteúdo que se lhe dê, destinando-se ele a exigir uma relação entre a parte e o objecto, desde que aquela assente ou numa alegada[29], ou numa existente titularidade das situações materiais controvertidas[30], pouca ou nenhuma utilidade terá. A legitimidade processual directa ou antecipa um juízo meramente formal, ulteriormente desmentido pela decisão de mérito, ou dificilmente se autonomiza da decisão que recairá sobre o mérito da causa[31].

Ao invés, a legitimidade indirecta tem função útil. Com efeito, há que encontrar um fundamento para a actuação processual, em nome próprio, daquele que não é sequer o alegado titular da situação material litigada.

38. Regressemos ao nosso caso, o do contrato a favor de terceiro.

O promissário exerce uma faculdade de exigibilidade própria. Não litiga em representação do beneficiário, mas actua em nome próprio em benefício desse beneficiário.

---

[28] *Konkursrechtliche Begriffe* cit., p. 317. Sobre esta evolução e para uma determinação da origem da parte formal, PAULA COSTA E SILVA, *A transmissão da coisa ou direito em litígio* cit., p. 116 e segs..

[29] BARBOSA DE MAGALHÃES, *Acórdãos comentados sobre a legitimidade das partes*, Gazeta da Relação de Lisboa, n.os 32, p. 274 e segs, 50, p. 381 e segs., 52, p. 212 e segs. e 380 e segs, 53, p. 174 e segs e 54, p. 275 e segs..

[30] ALBERTO DOS REIS, *Legitimidade das partes*, Boletim da Faculdade de Direito, n.os VIII, p. 64 e segs. e IX, p. 105 e segs.; *id*, *Legitimidade das partes*, Revista de Legislação e Jurisprudência, ano 79, p. 305 e segs..

[31] WOLFGANG GRUNSKY, *Die Proze_führungsbefugnis des Beklagten, Zeitschrift für Zivilprozeßrecht*, 76 (1963), 49 e segs.; PAULA COSTA E SILVA, *A transmissão da coisa ou direito em litígio* cit., p. 157 e segs.; TEIXEIRA DE SOUSA, *A legitimidade singular em processo declarativo*, Boletim do Ministério da Justiça, n.° 292, p. 53 e segs..; *id.*, *Observações críticas sobre algumas alterações ao Código de Processo Civil*, Boletim do Ministério da Justiça, n.° 328, p. 71 e segs. (74).

Se litiga em nome próprio e não em representação do beneficiário, o promissário é parte principal na acção. Se conformar adequadamente o objecto do processo, deduzirá uma pretensão processual e uma pretensão material, que se mostrem compatíveis com a posição jurídica em que o terceiro foi investido pelo contrato.

Pode dizer-se que o promissário, que age em nome próprio, é um substituto processual do beneficiário?

Se é substituto aquele que age processualmente em nome próprio por direito alheio, então o promissário é um substituto do titular do direito à prestação, ou seja, do beneficiário.

39. E de que tipo será esta substituição?

Uma substituição representativa ou uma substituição não representativa?[32]

Na medida em que o substituto age na defesa de um interesse alheio, pareceria que a substituição seria representativa. No entanto, o promissário tem, também, um interesse autónomo, ao qual se refere, como vimos, o artigo 443/1 do CC. Se assim é, ao agir processualmente, o substituto defende, não apenas um interesse do beneficiário, mas também um interesse próprio. Aliás, é este interesse próprio que o determina a procurar uma tutela para o beneficiário: a substituição deveria considerer-se não representativa.

Uma observação de CARNELUTTI leva-nos a reponderar este esquema. Segundo este Autor, o substituto actua no seu próprio interesse, sendo este interesse que justifica, por um lado, que ele actue de modo a provocar a tutela do interesse do substituído e, por outro e ao invés do que sucede com o representante, que seja o substituto a suportar a obrigação de pagar custas em caso de sucumbência[33].

Se generalizássemos a observação de CARNELUTTI diríamos que toda a substituição é, então, não representativa poise m todos casos de legitimidade indirecta, com actuação de um substituto, é identificável um interesse deste, que justifica a actuação.

Porém, a construção de CARNELUTTI não pode, neste ponto, acompanhar-se por uma razão que há muito encontrámos.

---

[32] Enunciando estas categorias, TEIXEIRA DE SOUSA, *As partes, o objecto e a prova* cit., p. 52 e segs..

[33] *Sistema de derecho procesal civil*, II. *Composición del proceso* (trad. Alcalá-Zamora y Castillo y Sentis Melendo), Uteha Argentina, Buenos Aires 1944, n. 142.c).

Quando tentámos apresentar uma explicação dogmática para a posição processual do transmitente que, mesmo após transmitida a coisa ou direito em litígio, vê perpetuada a sua legitimidade, chegámos a uma curiosa conclusão: o transmitente vê perpetuada a sua legitimidade sem que tenha necessariamente interesse algum na decisão final. Basta pensar que pode ter sido acordada entre ele e o tramissário a ausência de responsabilidade por vícios redibitórios[34].

A ausência de um interesse do transmitente após a transmissão e a necessidade da sua presença para justificar qualquer situação de substituição terão determinado CARLOS ALBERTO ÁLVARO DE OLIVEIRA a afirmar, face ao artigo 42 do CPC brasileiro, no essencial idêntico ao artigo 271 do CPC português, que a teoria da substituição não justifica aquele fenómeno[35].

Se bem que se compreenda a peculiariedade da situação prevista nos artigos 42 do CPC brasileiro e 271 do CPC mesmo que pensados à luz de um instituto em si já tão peculiar e complexo, como é a substituição processual, diremos que a melhor forma de explicar a presença do transmitente na acção após a transmissão é por recurso a esta figura. O que nos determina a sustentar que a substtuição legal, ao invés da substituição voluntária, cuja admissibilidade deve, efectivamente, depender da identificação de um particular interesse do substituto[36], pode ser exclusivamente justificada por interesses da contraparte.

40. E será a substituição do promissário própria ou imprópria?

A substituição processual é própria quando o substituto pode actuar sem a presença do substituído. Ao invés, a substituição é imprópria quando substituto e substituído têm de actuar conjuntamente.

---

[34] Quanto à repercussão desta observação na leitura do art. 26 do CPC, cfr. PAULA COSTA E SILVA, *A transmissão da coisa ou direito em litígio* cit., p. 159 e segs.. Posição diversa pode encontrar-se em CARLOS ALBERTO ÁLVARO DE OLIVEIRA, *Alienação da coisa litigiosa*, 2.ª, Forense 1986. Ao explicar sistema do art. 42 do CPC brasileiro, no essencial idêntico ao art. 271 do CPC português, sustenta o autor que a teoria da substituição não justifica aquele fenómeno pois que na substituição é necessário identificar um interesse do substituto

[35] *Alienação da coisa litigiosa*, 2.ª, Forense 1986, p. 196 e seg..

[36] Aludindo a este interesse do substituto enquanto pressuposto de admissibilidade da substituição voluntária, ARWED BLOMEYER, *Zivilprozessrecht* cit., § 41.III (p. 241).

[37] ROSENBERG/SCHWAB/GOTTWALD, *Zivilprozessrecht* cit., § 46.II.1.

A regra é a de que a substituição seja própria. Apesar de a lei não explicitar o modo de actuação das faculdades de exigibilidade do promissário e do beneficiário, da redacção do artigo 444/1 e 2 parece resultar que estamos perante actuações autónomas: tanto o promissário pode agir desacompanhado do beneficiário, como pode este agir desacompanhado daquele.

O facto de se ter considerado ser a substituição própria não implica que a legitimidade indirecta do promissário consuma a legitimidade directa do beneficiário. Com efeito, são absolutamente excepcionais as situações em que é suprimida a legitimidade do sujeito que é titular (ou alegado titular) da situação jurídica controvertida, devendo esta supressão ser justificada por fortes interesses de terceiros[37].

Em suma, ao concurso de faculdades de exigibilidade vai corresponder uma legitimidade indirecta substitutiva do promissário e uma legitimidade directa do beneficiário.

41. E podem promissário e terceiro agir conjuntamente?

A resposta a esta interrogação parece, numa primeira aproximação, dever ser positiva. Se não se impõe uma actuação processual conjunta, na medida em que a cada um dos dois sujeitos é conferida uma faculdade de exigibilidade autónoma dir-se-ia que cada um deles pode accionar esta faculdade, sendo que ambos devem exigir o cumprimento para o beneficiário.

Perante esta hipótese, é curiosa a determinação da conformação subjectiva da instância. Litigarão contra o promitente promissário e beneficiário. Ambos actuam em nome próprio, mas um actua por direito próprio e outro por direito alheio.

Poderia pensar-se na recondução desta pluralidade subjectiva activa a hipóteses de litisconsórcio ou de coligação.

Mas nem um nem outro de conformação da parte processual descreveria verdadeiramente a situação.

Com efeito, e mesmo que se pensasse tratar-se de um litisconsórcio voluntário, certo é que o promissário e o beneficiário não têm direitos/interesses iguais: o interesse do beneficiário é um interesse com conteúdo substantivo, traduzido na utilidade que retirará do cumprimento do dever de prestar, a que acresce a faculdade de exigibilidade da prestação. Já o interesse do promissário na prestação é reflexo: ele retira uma vantagem de a prestação ser cumprida ao beneficiário, uma vez que ele tem um interesse na instituição do benefício, que seria próprio, para terceiro[38]. Mas ele não goza do direito a essa prestação; pode exigi-la, mas não pode recebâ-la.

Também a coligação não permite descrever a conformação subjectiva da instância neste caso. Isto porque só formalmente se poderia dizer que promissário e beneficiário deduzem pedidos diferentes contra o promitente: os pedidos são subjectiva e objectivamente iguais.

42. O resultado a que acabámos de chegar não nos é estranho. Isto porque as figuras do litisconsórcio e da coligação não estão pensadas para as actuações ao abrigo da figura da substituição. Esta conclusão determinou que se falasse, a propósito da pluralidade constituída por substituto e substituído, em parte indirecta[39] ou em parte complexa[40-41].

Já aquando de uma outra hipótese de substituição entendemos, na esteira de DE BOOR[42] e de HENCKEL[43], que a substituição daria lugar a um outro tipo de explicação dogmática.

Esta implica que se opere uma funcionalização do conceito de parte[44].

Substituto e substituído não formam uma parte complexa, são antes um, parte formal, e outro, parte material. Enquanto o substituto, apesar de litigar em nome próprio, com fundamento em habilitação legal (ou convencional, nos sistemas em que esta é admitida), não é nem o titular da situação material litigada nem, consequentemente, o referente dos efeitos materiais da decisão, o substituído, mesmo que não seja parte na acção, é o titular da situação litigiosa e, deste modo, o referente dos efeitos materiais da decisão.

Estas considerações, analisadas à luz dos conceitos de parte acima enunciados, permitem-nos concluir que o subtituto é uma parte formal, sendo o substituído uma parte material.

---

[38] LEITE DE CAMPOS, *Contrato a favor de terceiro* cit., p. 87.
[39] CARNELUTTI, *Instituciones del nuevo proceso civil italiano* (trad. Jaime Guasp), Barcelona (s.d.), 111.
[40] DE MARINI, *La sucessione nel diritto controverso*, Roma 1953, p. 181, aproveitando a noção de parte complexa avançada também por CARNELUTTI.
[41] Sobre esta matéria, PAULA COSTA E SILVA, *A transmissão da coisa ou direito em litígio* cit., p. 125 e segs.
[42] *Zur Lehre vom Parteiwechsel und vom Parteibegriff, Festschrift der Juristischen Fakultät für Heinrich Siber*, II, p. 39 e segs..
[43] *Parteilehre und Streitgegenstand*, p. 126 e segs..
[44] PAULA COSTA E SILVA, *A transmissão da coisa ou direito em litígio* cit., p. 123 e seg..

43. Intui-se de imediato, nas últimas observações, uma questão: se a legitimidade do promissário não consome a legitimidade do beneficiário, poderá a legitimidade do beneficiário consumir a legitimidade daquele? De outro modo, deverá a faculdade de exigibilidade do promissário ceder caso seja actuada a faculdade de exigibilidade do beneficiário?

À pergunta subjazem razões óbvias, que permitem apontar para duas construções dogmáticas distintas na resolução deste concurso de faculdades de exigibilidade.

44. A primeira razão, enunciada muito prosaicamente, radicaria na seguinte interrogação: que interesse pode ter uma segunda acção? Para que serve a segunda acção?

Dir-se-ia que a segunda acção, fosse ela instaurada pelo promissário ou pelo beneficiário, seria totalmente inútil. Com efeito, se em ambas se visa a tutela do mesmo interesse substantivo, a segunda acção não teria qualquer utilidade.

A observação antecedente dá-nos imediatamente uma pista para a resolução de eventuais conflitos de exercício de faculdades de exigibilidade. A segunda actuação adjectiva estará ferida de falta de interesse processual, já que a posição jurídica litigiosa não carece de tutela: a tutela está sendo postulada através de um outro meio, que tem exactamente os mesmos efeitos a que se destinaria a segunda.

A aceitar-se esta justificação, teríamos o pressuposto do interesse a agir para resolver um conflito de faculdades de exigibilidade.

Bastaria ponderar mais um elemento. As faculdades de exigibilidade estão claramente orientadas para a tutela de um interesse do beneficiário. Se o promissário também tem um interesse digno de tutela, este seu interesse não se equipara ao interesse do beneficiário ao cumprimento da obrigação.

Por esta razão, ANTUNES VARELA, ao pronunciar-se sobre a possibilidade de conflito entre promissário e terceiro, sustenta a prevalência do interesse do terceiro uma vez que "o direito do promissário a exigir o cumprimento é um poder *instrumental, acessório*, ao serviço do interesse *fundamental* do terceiro beneficiário"[45] (itálico no texto).

A fim de se dar prevalência à posição do beneficiário, deveria ser sempre a acção instaurada pelo substituto a ceder perante a acção instau-

---

[45] *Das Obrigações em geral*, vol. I, 10.ª, Almedina, Coimbra 2000 [2006], n. 116. Aceitando esta posição, MENEZES CORDEIRO, *Direito das Obrigações* cit., I, 198.III.

rada pelo substituído. A legitimidade directa acabaria por operar um efeito consumptivo da legitimidade indirecta.

45. Porém, a explicação que acabámos de avançar não nos parece ser a que mais adequadamente e de um ponto de vista dogmático, permite resolver o concurso das faculdades de exigibilidade do promissário e do beneficiário.

Em primeiro lugar por ela implicar uma alteração do modo de aferição dos pressupostos: o interesse processual não seria aferido aquando da propositura da acção.

Em segundo lugar porque ela determina um afastamento dos efeitos da excepção, tabelados no artigo 449 do CPC. Na verdade, o interesse processual, apesar de ter a função de um pressuposto, não implica, em caso da sua falta, a absolvição do réu da instância, mas a condenação do autor no pagamento das custas[46]. Esta conclusão parece-nos ineluctável em face do regime do artigo 449, que inverte a regra geral de imputação subjectiva da obrigação de pagamento dos encargos processuais, podendo apenas compreender-se o autor, apesar da falta de interesse processual, obtiver ganho de causa. A ausência de necessidade de tutela e a inadequação do meio, porque determinam uma sobrecarga do sistema judiciário, protegem um interesse de ordem pública. Isto vem a implicar que a falta de interesse seja de conhecimento oficioso, não dependendo de arguição pelo réu[47].

Se assim é, não será possível operar a extinção da instância, subjectivamente delimitada pelo promissário, com fundamento em falta superveniente de interesse processual. A invocação desta excepção decorreria na condenação do promitente no pedido.

46. Mas uma outra figura poderia ser aqui chamada à colação: a inutilidade superveniente da instancia. Uma vez actuada a pretensão pelo benefciário, a lide que oporia o promissário ao promitente tornar-se-ia suprevenientemente inútil se fosse apenas destinada a exigir o cumprimento da obrigação em favor do beneficiário. Sendo suprevenientemente inútil, tal instância extinguir-se-ia (cfr. artigo 287/e) do CPC).

---

[46] Em sentido contrário, TEIXEIRA DE SOUSA, As partes, o objecto e a prova cit., § 15.

[47] Em sentido contrário, defendendo que a falta de interesse depende de arguição pelo réu, TEIXEIRA DE SOUSA, As partes, o objecto e a prova cit., § 16 (p. 110).

Veja-se que aceitar esta solução supõe já uma tomada de posição no sentido de dever prevalecer a faculdade de exigibilidade, actuada pelo beneficiário.

47. Antes de apresentarmos uma resposta final, ponderemos mais um aspecto, inerente ao conflito de pretensões.

Pense-se nas seguintes hipóteses.

O promissário instaura acção contra o promitente, exigindo o cumprimento da prestação para o beneficiário. O beneficiário instaura acção subsequente, exigindo, para si, do promitente o cumprimento da mesma prestação.

O beneficiário instaura acção contra o promitente, exigindo, para si, cumprimento da prestação. Subsequentemente o promissário instaura acção contra o promitente, exigindo o cumprimento daquela prestação para o beneficiário.

Se se entender que as duas acções podem prosseguir separadamente para julgamento e decisão, haverá de admitir-se a prolação de decisões contraditórias. Para esta circunstância chamou DE BOOR a atenção da doutrina quando sustenta que um dos perigos da total dissociação ou autonomização da relação processual relativamente à relação material reside na possível duplicação processual[48]. Independentemente da impossibilidade de explicação do processo através do conceito de relação processual[49], aceitamos a pedra de toque de DE BOOR: jamais pode construir-se o processo em dissociação da substância, que o justifica.

Só assim não será se se aceitar, como é o nosso caso, que as excepções de litispendência e de caso julgado não devem ser concretizadas, quanto ao seu limite subjectivo, pela parte formal, mas sim pela parte material[50]. Como dissemos, o conceito de parte deve ser funcionalizado, havendo que perquirir, quando uma qualquer disposição ou instituto a ele apela, a que conteúdo se reporta[51]. Ora, litispendência e caso julgado são seguramente institutos que, por se reportarem aos efeitos materiais de uma decisão, somente fazem sentido se se delimitarem subjectivamente por

---

[48] *Zur Lehre vom Parteiwechsel und vom Parteibegriff* cit., p. 47.

[49] *Acto e processo. O dogma da irrelevância da vontade na interpretação e nos vícios do acto postulativo*, Coimbra Editora, Coimbra 2003, § 5 (p. 83 e segs.).

[50] PAULA COSTA E SILVA, *A transmissão da coisa ou direito em litígio* cit., p. 278 e segs..

[51] HENCKEL, *Parteibegriff und Rechtskrafterstreckung*, Zeitschrift für Zivilprozessrecht 70 (1957), p. 448-465 (451 e seg.).

aquele em cuja esfera tais efeitos se podem efectivamente repercutir, ou seja, pela parte material/titular da situação litigada.

Quer isto dizer que entre as duas acções, uma instaurada pelo promissário substituto e outra pelo beneficiário, haveria sempre a possibilidade de invocação da excepção de litispendência, caso pendessem simultaneamente, ou de caso julgado, caso a segunda acção fosse instaurada já depois do trânsito em julgado da decisão proferida na primeira.

48. Aceitando-se a funcionalização do conceito de parte, logo se resolvem as questões envolvidas pela actuação dijunta das faculdades de exigibilidade conferidas a promissário e beneficiário: a pendência simultânea ou subsequente das duas acções, uma instaurada pelo promissário, outra pelo beneficiário, destinadas a obter a condenação do promitente no cumprimento de uma mesma prestação será inviabilizada; já que a segunda acção é inadmissível por verificação de excepção dilatória[52].

49. E como se dá prevalência no plano do processo ao interesse do beneficiário? Como se consegue que a acção será por ele conduzida, seja qual for a ordem sequencial de propositura das duas acções?

Temos de contra com duas hipóteses. Numa primeira, o promissário instaura uma acção destinada a pedir para o beneficiário a condenação do promitente no cumprimento da obrigação, instaurando o beneficiário uma acção subsequente, na qual deduz idêntico pedido. Numa segunda, é o beneficiário quem primeiro recorre aos tribunais, sendo a segunda acção instaurada pelo promissário.

Relativamente à segunda acção haverá sempre falta de interesse, é certo. No entanto, esta circunstância é absorvida pelo efeito da excepção de litispendência.

Se a acção primeiro instaurada é a do promissário, actuando em substituição do beneficiário, deverá ser admitida a habilitação deste último, sendo a segunda acção, eventualmente instaurada pelo beneficiário, extinta por inadmissibilidade.

Ao invés, se a primeira acção instuarada for a do beneficiário, sendo uma segunda instaurada pelo promissário será esta declarada inadmissível.

50. Contra a construção que acabámos de realizar quanto ao modo de resolução do concurso de faculdades de exigibilidade dir-se-á que o sis-

---

[52] Assim, GRUNSKY [BAUR/GRUNSKY], *Zivilprozessrecht*, 12.ª, § 6.E.IV.

tema não prevê uma habilitação do beneficiário. Com efeito, o artigo 376 do CPC confina a habilitação *inter vivos* aos casos de transmissão da coisa ou direito em litígio. Atendendo a que a habilitação determinará uma alteração de partes na acção (o substituto é substituído pelo substituído!), porque as alterações subjectivas e objectivas da instância se restringem, uma vez citado o réu, aos casos expressamente previstos na lei, não estando coberta a hipótese de alteração subjectiva por habilitação do beneficiário, esta estaria vedada.

Apesar de a lei vedar efectivamente as alterações objectivas e subjectivas por ela não autorizadas (cfr. artigo 268 do CPC), não obstante as alterações subjectivas estarem reservadas para os casos de intervenção de terceiros [cfr. artigo 270/*b*) do CPC] e de "substituição de alguma das partes, quer por sucessão, quer por acto entre vivos, na relação substantiva em litígio" [cfr. artigo 270/*a*) do CPC] e embora a substituição do promissário pelo beneficiário não esteja prevista em sede de incidente de habilitação, entendemos que nenhum destes argumentos é decisivo no sentido de impedir a habilitação do beneficiário.

Com efeito, e para além da relativa deficiência de redacção do próprio artigo 270 do CPC (desde logo se contrapõe a substituição por sucessão na relação substantiva em litígio à substituição por acto entre vivos na mesma relação quando a sucessão é fenómeno de transmissão universal pelo que tanto pode ocorrer *mortis causa* como *inter vivos*), tem de atender-se aos interesses que determinam a solução do artigo 268 do mesmo diploma. O que está em causa é obviamente impedir a instabilidade da instância, decorrente de alteração ou, até, de manipulação dos seus elementos essenciais. Esta provocaria uma inutilidade total da actividade pretérita e dificultaria desmesuradamente a posição processual da parte que se visse confrontada com tais alterações.

Estarão estes interesses em crise admitindo-se a habilitação do beneficiário na acção instaurada pelo promissário?

Não vemos como pudesse dar-se resposta positiva a esta questão. O beneficiário, uma vez habilitado, prosseguirá a causa no estado em que ela se encontrava. O promitente não verá a sua posição processual dificultada; e não haverá actuações processuais do promissário que sejam inutilizadas.

Não sendo prejudicado nenhum dos valores que o princípio da estabilidade da instância se destina a acautelar e sendo a habilitação do beneficiário o meio de se preservar intraprocessualmente a hierarquia de interesses estabelecida pelo Direito material, não ha razão para apego a obstáculos formais.

O INCUMPRIMENTO DA OBRIGAÇÃO DO PAGAMENTO DA RENDA AO ABRIGO DO NOVO REGIME JURÍDICO DO ARRENDAMENTO URBANO
RESOLUÇÃO DO CONTRATO E ACÇÃO DE CUMPRIMENTO

Paulo Fernando Modesto Sobral Soares do Nascimento[*-**]

SUMÁRIO: *1) Renda. Noção. 2) Local do cumprimento. 3) Tempo do cumprimento. 4) Cont.: cumprimento antecipado. 5) Cont.: mora do locatário. Execução para pagamento de quantia certa. 6) Resolução do contrato: resolução extrajudicial. 7) Ineficácia da resolução extrajudicial. 8) Despejo – execução para entrega de coisa certa na sequência da resolução extrajudicial. 9) Resolução judicial. 10) Pagamento da renda na pendência da acção de despejo. 11) Breves referências à consignação em depósito da renda.*

---

[*] Assistente da Faculdade de Direito de Lisboa. Advogado.

[**] O presente texto corresponde, com algumas adaptações, a uma conferência realizada na Faculdade de Direito de Lisboa, no dia 9 de Janeiro de 2007, no âmbito do Curso Pós-Graduado de Aperfeiçoamento em Arrendamento Urbano, coordenado pelo Professor Doutor Manuel Januário da Costa Gomes, a quem agradeço o convite para participar nesta Homenagem ao Professor Doutor Inocêncio Galvão Telles, cuja obra continua a marcar profundamente gerações de juristas.

Pertencem ao Código Civil de 1966 todas as referências normativas sem indicação expressa de fonte. As citações do Decreto-Lei n.º 321-B/90 de 15 de Outubro (com as sucessivas alterações) far-se-ão com a indicação "RAU" (Regime do Arrendamento Urbano); as citações da Lei n.º 6/2006 de 27 de Fevereiro far-se-ão com a indicação "NRAU" (Novo Regime do Arrendamento Urbano).

1) Renda. Noção

Podemos apontar a renda como elemento caracterizador da onerosidade do contrato de arrendamento – ou, mais genericamente, da locação. Como sabemos, o *nomen iuris* atribuído pelas partes ao negócio jurídico de nada vale, se este não encaixar minimamente no figurino típico recortado pela lei. Sendo o arrendamento um contrato típico, a renda deverá estar sempre fixada no contrato, em termos quantitativos, sob pena de podermos estar perante um figurino contratual diverso do pretendido pelas partes. Como a renda é, em termos que adiante veremos, a principal obrigação a cargo do locatário, e sendo o contrato de arrendamento, na maior parte das vezes, um negócio jurídico formal (artigo 1069.°[1]), parece, em boa verdade, que a não fixação do montante da renda no contrato poderia pôr em causa a qualificação do mesmo como de arrendamento. Para além disso, poderia ficar igualmente prejudicado o regime da renda, mormente o respeitante à actualização da mesma (artigo 1077.°)[2].

Para além de qualificadora do arrendamento como contrato oneroso, a renda surge também, como dissemos, como a *principal obrigação a cargo do locatário* – cfr. artigo 1038.°/a) –, surgindo como a contrapartida

---

[1] Obedece à forma escrita o arrendamento urbano com duração superior a 6 meses. Contudo, no arrendamento para habitação, o prazo mínimo é de 5 anos (artigo 1095.°/1), exceptuando os casos previstos no n.° 3 do mesmo preceito.

[2] Segundo o artigo 1070.°/2 CC e o Decreto-Lei n.° 160/2006 de 8 de Agosto, a renda deve ser fixada no contrato, quando reduzido a escrito (i.e., quando o mesmo está sujeito à forma legal escrita). *Quid iuris*, contudo, perante a hipótese (académica) de um contrato que as partes pretendem ser de arrendamento, sem fixarem quantitativamente a renda? LUÍS MENEZES LEITÃO sustenta que a renda não tem de estar *determinada*, podendo ser *determinável – Arrendamento Urbano*, 2.ª Ed., Almedina, Coimbra, 2006, p. 48 (e doutrina citada). Defendendo a necessidade de fixação da renda, já na vigência de anteriores diplomas legais, INOCÊNCIO GALVÃO TELLES, *Arrendamento – Lições ao 5.° Ano Jurídico do Ano Lectivo de 1944/45*, Lisboa, Pro Domo, 1945/1946, p. 97; CARLOS LACERDA BARATA, "Formação do Contrato de Arrendamento Urbano", in *Estudos em Homenagem ao Prof. Doutor Inocêncio Galvão Telles*, Vol. III (Direito do Arrendamento Urbano), Almedina, Coimbra, 2002, p. 71; ANTÓNIO SEQUEIRA RIBEIRO, "Renda e Encargos no Contrato de Arrendamento Urbano", nos *Estudos* citados, p. 107. Vide ainda as observações de PEDRO ROMANO MARTINEZ, *Direito das Obrigações (Parte Especial) – Contratos*, 2.ª Ed., Almedina, Coimbra, 2001, pp. 167-168 e 194: embora certos tipos de arrendamento possam admitir a determinação da renda em função de factores vários (ex., o rendimento obtido pela exploração do bem locado), no arrendamento de prédios urbanos a lei exige que a renda seja fixada em dinheiro, em montante determinado no próprio contrato – sendo portanto uma obrigação pecuniária de quantidade.

da cedência do gozo do local arrendado[3]. Da perspectiva do locador, ela é tão importante que pode, em certos casos, constituir o único benefício obtido através do direito de propriedade do imóvel: assim o foi em sede de uma legislação locatícia norteada, em grande parte, pelo *vinculismo*, traduzindo-se pois a renda no único proveito que, certas vezes, por mais do que uma só geração de proprietários, era retirado do imóvel locado, como fruto civil do mesmo (artigo 212.º/2)[4]. Daí que os princípios da pontualidade e da integralidade (artigo 406.º e 763.º), respeitantes ao cumprimento das obrigações, sejam rodeados das maiores cautelas por parte do legislador[5]. Estes princípios impõem *a*) correspondência integral entre a prestação devida e a prestação a realizar, em todos os aspectos, incluindo o temporal, e *b*) a realização integral – total – da prestação, atendendo ao período a que respeita.

Pode definir-se a *renda* como uma prestação pecuniária periódica[6] do contrato de locação, constituindo a principal obrigação a cargo do locatário, correspectiva da cedência do gozo da coisa locada e susceptível de actualização, nos termos da lei ou do estipulado pelas partes[7]. Não deixa de ser importante assinalar o fim da obrigatoriedade de a renda ser fixada

---

[3] Revelando-se, aqui, o carácter sinalagmático do contrato de arrendamento – a obrigação de pagar a renda (pelo locatário) surge como correspectiva da obrigação de proporcionar àquele o gozo da coisa locada. Quanto ao sinalagma no contrato de arrendamento, vide MENEZES LEITÃO, *Arrendamento Urbano*, cit., pp. 17-18; JORGE HENRIQUE PINTO FURTADO, *Manual do Arrendamento Urbano*, 3.ª Ed., Almedina, Coimbra, 2001, pp. 432 ss.

[4] Quanto ao vinculismo e aos problemas decorrentes da sua inadequação à sociedade portuguesa nos fins do Séc. XX, vide as observações de ANTÓNIO MENEZES CORDEIRO, "O Novo Regime do Arrendamento Urbano" in *O Direito*, n.º 137 (2005), II, pp. 319 ss..

[5] Assim o ditava o artigo 64.º RAU: à cabeça das causas de resolução do contrato pelo locador, aparecia a seguinte causa: "[se o arrendatário] não pagar a renda no tempo e lugar próprios nem fizer depósito liberatório" (itálicos nossos).

[6] Não será, nos termos do NRAU, a única prestação pecuniária periódica. No caso das despesas que fiquem a cargo do locatário, as mesmas correspondem também a prestações pecuniárias periódicas (artigo 1078.º/6)

[7] Constata-se que o novo regime veio liberalizar a matéria das actualizações da renda. Assim, o artigo 1077.º determina que as partes podem consagrar, no contrato, o regime de actualização (que pode, portanto, ser diverso do que resulta da aplicação dos factores consagrados nos artigos 24.º e 25.º do NRAU) (vide ROMANO MARTINEZ, "Celebração e execução do contrato de arrendamento segundo o Novo Regime do Arrendamento Urbano (NRAU)" in O Direito, n.º 137 (2005), II, pp. 347 e 354-355; MENEZES LEITÃO, *Arrendamento Urbano*, cit., p. 49). Fica assim aberta a porta a rendas escalonadas no tempo, ou rendas variáveis consoante os meses do ano (úteis nos arrendamentos para comércio e serviços), etc.

em moeda com curso legal em território nacional (euro). Esta conclusão deriva do cotejar do artigo 1075.° com o artigo 19.°/1 do RAU[8].

2) **Local do cumprimento**

Para a generalidade das obrigações, o artigo 772.° determina que o local do cumprimento é o domicílio do devedor. Contudo, o Código mantém uma disposição específica para as prestações pecuniárias: o domicílio do credor ao tempo do cumprimento – artigo 774.°.

Em sede de relação jurídica locatícia, temos, porém, regras especiais, que derrogam o regime geral acima referido. O artigo 1039.°/1 determina que o local do pagamento da renda (uma prestação pecuniária) é o do domicílio do locatário à data do vencimento, salvo usos ou estipulação diversa. A manutenção da regra supletiva do artigo 1039.°/1 – domicílio do locatário – pode trazer consequências desfavoráveis à posição do locador. Sempre que o local do pagamento da renda seja o domicílio do devedor, estamos na presença de uma *obrigação de colocação* – o locatário coloca ao dispor do locador o montante, a fim de este o ir receber[9]. Cabe pois ao locador levar a cabo uma série de actos (nomeadamente materiais) necessários à realização da prestação por parte do devedor, sob pena de o primeiro vir a ser considerado em mora (artigo 813.°). Essa é, aliás, a situação prevista no artigo 1039.°/2: devendo a renda ser paga no domicílio do locatário, e não ocorrendo tal pagamento, presume-se que há mora do locador, ou seja, presume-se que foi o locador que deixou de praticar os actos necessários ao recebimento da prestação (nomeadamente, deslocando-se ao local do cumprimento)[10]. O legislador entendeu que, nestes casos, a não realização da prestação não se presume imputável ao devedor (invertendo-se assim a presunção constante da regra geral do artigo 799.°), mas sim ao credor (precisamente por se tratar de um facto negativo – a "não deslocação" do locador ao local cumprimento)[11]. Anote-se, contudo,

---

[8] ROMANO MARTINEZ, "Celebração e execução...", cit., p. 353; MENEZES LEITÃO, *Arrendamento Urbano*, cit., pp. 48-49.

[9] MENEZES LEITÃO, *Arrendamento Urbano*, cit., p. 50.

[10] MENEZES LEITÃO, *Direito das Obrigações*, Vol. II, 3.ª Ed., Almedina, Coimbra, 2005, p. 161.

[11] Solução que já constava da antiga legislação locatícia: artigo 73.° da Lei n.° 2030 de 22/07/1948. Vide PIRES DE LIMA/ANTUNES VARELA, *Código Civil Anotado*, 3.ª Ed., Coimbra Editora, 1986, p. 396; ROMANO MARTINEZ, *Obrigações*, cit., p. 195.

que é tão usual as partes estabelecerem expressamente que o local do cumprimento será o domicílio do credor, que o próprio legislador, no artigo 1039.°/1, faz referência aos *usos* nesse sentido.

Registe-se, enfim, que, numa época caracterizada pela desmaterialização dos meios de pagamento, podemos também assistir à *desmaterialização* do local do cumprimento da obrigação. Quer com isto afirmar-se que, através de certas estipulações das partes, o clássico "local do cumprimento" pode ser considerado irrelevante[12]. Nada obsta que as partes elejam, como *meio* de pagamento, o crédito da quantia em conta titulada pelo locador, mediante transferência bancária ordenada pelo locatário. Este meio de pagamento deverá ficar expressamente determinado no contrato de arrendamento [artigo 3.°/1-*g*) do Decreto-Lei n.° 160/2006, de 8 de Agosto]. O locador, interessado no pagamento pontual da renda, pretende somente que a mesma se encontre depositada à sua ordem em determinada data, podendo aceder à mesma através de levantamentos ou outro meio de movimentação da sua conta, em qualquer dependência da instituição de crédito com a qual tenha celebrado um contrato de abertura de conta bancária. A matéria, com importância, extravasa contudo o âmbito da presente exposição, pelo que não podemos dedicar-lhe senão esta simples referência[13].

Sempre que o local do pagamento seja o domicílio do credor (locador), caberá ao locatário deslocar-se ao mesmo a fim de proceder ao paga-

---

[12] Em termos processuais, a determinação do tribunal territorialmente competente para o julgamento de acções respeitantes ao contrato de arrendamento segue o critério do local da situação do bem arrendado (*fórum rei sitae*) (artigo 73.°/1 CPC) (vide MIGUEL TEIXEIRA DE SOUSA, *A Competência Declarativa dos Tribunais Comuns*, Lisboa, Lex, 1994, p. 83). De focar que alguma doutrina posiciona o direito do locatário entre os "direitos pessoais de gozo" nesse preceito referidos (assim, JOSÉ LEBRE DE FREITAS/JOÃO REDINHA/RUI PINTO, *Código de Processo Civil Anotado*, Vol. I, Coimbra Editora, 1999, p. 143). Afirmando-se defensores da natureza *real* do direito do locatário, JOSÉ DIAS MARQUES, *Prescrição Aquisitiva*, Vol. I, Lisboa, 1960, p. 216 (com base no princípio da *emptio non tollit locatio*, actualmente consagrado no artigo 1057.°); JOSÉ DE OLIVEIRA ASCENSÃO, *Direito Civil – Reais*, Coimbra Editora, Lisboa, 1993, pp. 536-538; MENEZES CORDEIRO, *Direitos Reais,* Lisboa, Lex (*Reprint*), 1993, pp. 683-689 e *A Posse: perspectivas dogmáticas actuais*, 3.ª Ed., Almedina, Coimbra, 2000, pp. 71-73. Importa de toda a maneira salientar que, quer o direito de arrendamento siga a qualificação de direito real ou pessoal de gozo, o mesmo ficará submetido à regra do artigo 73.°/1 CPC, irrelevando, destarte, o *local do cumprimento da obrigação* como critério determinante da competência territorial do tribunal (artigo 74.°/1 CPP).

[13] O regime das transferências bancárias encontra-se actualmente no Decreto-Lei n.° 41/2000 de 17 de Março.

mento, sob pena de entrar em mora. Tratando-se de uma obrigação pecuniária, pode a mesma ser realizada por terceiro, sem prejuízo para o credor (artigo 767.°)[14].

3) **Tempo do cumprimento**

A uma obrigação duradoura contínua a cargo do locador (cedência do gozo), temos, como correspectivo, a obrigação duradoura periódica a cargo do locatário (o pagamento da renda)

Relativamente ao tempo do cumprimento, temos que a renda, como prestação típica do contrato de arrendamento, pode ser fixada *a)* de acordo com os meses do calendário do ano civil, ou *b)* de acordo com um outro período. Esta última situação (b) é muito pouco usual. De qualquer forma, ela aparece contemplada, ainda que de forma implícita, no artigo 1075.°/2, como decorre da conjunção condicional "se": "Na falta de convenção em contrário, *se* as rendas estiverem em correspondência com os meses do calendário gregoriano (...)". Caso o não estejam, o tempo do cumprimento será o definido no artigo 1039.°/1[15]: vencem-se no último dia do contrato ou do período a que respeitam – portanto, após a utilização da coisa[16]. E, repare-se: na falta de convenção em contrário. É perfeitamente válida, portanto, a convenção que não só afaste o alinhamento da renda com o calendário gregoriano, como aquela que estabeleça que a renda será paga no início do período do arrendamento, ou a meio; ou faseadamente.

A situação mais importante, por corresponder aos usos e à generalidade das estipulações em regime de locação urbana para habitação[17], corresponde ao alinhamento da renda com os meses do calendário do ano civil (gregoriano). Aí, rege a regra do artigo 1075.°/2, que acima parcialmente se transcreveu: a primeira renda vence-se no momento da celebração do contrato; cada uma das restantes vence-se no 1.° dia útil do mês

---

[14] Não só o pagamento da renda, mas a própria consignação em depósito da mesma, nos casos em que é admitida, pode ser realizada por terceiro (expressamente, artigo 18.°/1 – proémio NRAU). Mesmo perante o regime da consignação em depósito no RAU, a doutrina admitia que a mesma pudesse ser realizada por terceiro.

[15] O artigo 1039.°/1 aplica-se à locação em geral, ao passo que o artigo 1075.° é aplicável à locação de prédios urbanos (arrendamento urbano).

[16] ROMANO MARTINEZ, *Obrigações*, cit., p. 194.

[17] A locação de estabelecimento comercial tem seguido, contudo, na prática contratual, outro regime: as partes estipulam o pagamento anual de uma retribuição.

imediatamente anterior àquele a que respeita[18]. Se a data da celebração for, v.g., 01/02/2006, a renda do primeiro mês vence-se nesse momento e, também, a de Março. A de Abril vencer-se-á em 1 de Março, e assim sucessivamente[19].

Daí que se conclua que a renda é uma obrigação de *prazo certo* – a data de vencimento encontra-se determinada na lei ou em convenção das partes. A regra geral supletiva, atinente à usual estipulação da renda mensal (i.e., de acordo com os meses do calendário do ano civil), é a do vencimento no dia 1 do mês anterior àquele a que respeita. Tudo levaria a crer que, não sendo paga no dia 1, haveria *mora debitoris* no dia seguinte (artigo 805/2-a). Contudo, o regime da locação permite ao devedor – locatário "fazer cessar a mora no prazo de 8 dias a contar do seu começo" (artigo 1041.º/2)[20]. A norma foi pensada, certamente, para evitar que o simples não cumprimento dentro do prazo desse origem à consequência da indemnização moratória[21-22]. Segundo cremos, o prazo de 8 dias conta-se

---

[18] O n.º 2 do artigo 1075.º – introduzido pelo NRAU – reproduz o que se estabelecia no artigo 20.º RAU (que, por sua vez, havia sido inspirado no artigo 1090.º do Código Civil).

[19] Se o contrato for celebrado, v.g., a 15/02, não quer isso significar que as rendas não estejam em correspondência com o calendário gregoriano. JORGE ARAGÃO SEIA manda aplicar, nesses casos, o artigo 1039.º – a renda deve ser paga no último dia de vigência do contrato ou do período a que ela (renda) respeita (*Arrendamento Urbano*, 7.ª Ed., Almedina, Coimbra, 2004 p. 244). Se as partes, não obstante celebrarem o contrato a meio de um mês – para que o mesmo comece a vigorar de imediato – estipulam rendas em correspondência com o calendário gregoriano, o mais normal é estipularem uma renda reduzida para esse período de meio mês (que se vence imediatamente), seguindo-se, depois, a regra do artigo 1075.º/2.

[20] O artigo 1041.º/2 encontra-se, sistematicamente, em sede de normas gerais de locação. Parece, por isso, ser de aplicar a todos os casos em que a renda se encontra fixada com uma data, ainda que não coincidente com a da regra supletiva do artigo 1075.º/2.

[21] ROMANO MARTINEZ, *Obrigações*, cit., p. 198, sustenta que o pagamento da renda, pelo locatário, dentro dos 8 dias estabelecidos no artigo 1041.º/2, configura ainda assim uma situação de *mora*, pelo que, no rigor dos princípios, o locatário encontrar-se-ia adstrito a indemnizar o locador nos termos gerais do artigo 806.º (juros moratórios). Adiante, contudo, considera que estamos perante uma situação de costume contrário – uma regra consuetudinária nos termos da qual, afinal, "só há mora se o arrendatário faltar ao pagamento depois de decorrido esse período [de 8 dias]".

[22] O não cumprimento da obrigação dentro do prazo gera também, na esfera do credor, o direito potestativo de resolução do contrato (artigo 801.º), quando a mora se converte em incumprimento definitivo (artigo 808.º/1). Contudo, em sede de arrendamento, como veremos *infra*, a situação tem contornos especiais.

a partir do dia 2, inclusive, pelo que o último dia que a lei permite ao locatário pagar a renda sem qualquer consequência desfavorável é o dia 9[23].

Refira-se, por fim, que, no acto do pagamento, pode o locatário exigir quitação, nos termos gerais (artigo 787.º)[24].

4) Cont.: cumprimento antecipado

A regra geral, relativa às obrigações cujo cumprimento está sujeito a um prazo, como sabemos, é a que consta do artigo 779.º – o prazo de cumprimento presume-se estabelecido a favor do devedor. Decorre daí que o devedor pode, se quiser, cumprir antes do decurso do prazo, mas só está obrigado a fazê-lo no fim do mesmo. Contrariamente, o credor não pode exigir antes do decurso do prazo.

Esta questão lança-nos no artigo 1076.º/1 – a antecipação do pagamento das rendas. Este preceito vem afirmar que o pagamento da renda pode ser antecipado, havendo acordo escrito, por período não superior a 3 meses[25]. Porém, esta proibição de pagamento antecipado das rendas por período superior a 3 meses não parece ter sempre grande razão justificativa de ser. Ela pode fazer sentido no momento da celebração do contrato de arrendamento – momento no qual se revela, porventura, o maior dese-

---

[23] A posição é sustentada por ARAGÃO SEIA, ob. cit., p. 244, citando jurisprudência. Ela aparece, aliás, em consonância com o que se prescreve, em sede de cômputo do termo voluntário, no artigo 279.º/b (aplicável ao termo legal por via do artigo 296). MENEZES LEITÃO, citando o artigo 279.º/d, afirma que o prazo é de uma semana (*Arrendamento Urbano*, cit., p. 50, n. 58). Contudo, "uma semana" corresponde a sete dias, e não oito, pelo que a aplicação do artigo 279.º/d) ao prazo do artigo 1075.º/2 daria origem a uma diminuição da faculdade legal que é atribuída ao locatário. Exemplificando: se o dia 1 (dia do vencimento) corresponde a uma segunda-feira, o locatário, ao abrigo do artigo 1075.º/2, dispõe até terça-feira da semana seguinte, inclusive, para proceder ao pagamento da renda, sem que incorra em mora.

[24] O artigo 7.º/3 do RAU permitia que o recibo de renda suprisse a falta de forma legal do contrato de arrendamento, sanando desta forma a nulidade do mesmo (artigo 220.º). Constatando que tal referência é omissa no artigo 1069.º, ROMANO MARTINEZ, "Celebração e Execução...", cit., pp. 343-344, concluindo que a sanação da nulidade do contrato, por falta de forma legal, não é admitida pela exibição do recibo de renda.

[25] Esta situação não se confunde, obviamente, com a estipulação de uma renda, não mensal, mas com uma periodicidade diversa (ex., trimestral). Neste caso, as partes estão a estipular uma periodicidade diversa da correspondente aos meses do ano civil do calendário gregoriano.

quilíbrio das posições dos contraentes, e no qual o locatário, ao qual urge a celebração do contrato, cede às pressões do senhorio: imagine-se que locador só aceita celebrar o contrato se o arrendatário lhe pagar antecipadamente um certo número de rendas (prevendo a hipótese de o arrendatário não pretender permanecer no local arrendado muito tempo, ou prevendo a hipótese de o mesmo cair em incumprimento ao fim de algum tempo)[26]. Nesses casos, a limitação respeitante à antecipação faz sentido, a fim de se salvaguardar a liberdade de estipulação. Durante a vigência do contrato, contudo, não fará muito sentido falar em limitações ao cumprimento antecipado, tendo em conta que, se o locatário o realiza, o faz por livre vontade[27], em consonância, aliás, com o princípio consignado no artigo 779.º.

5) Cont.: mora do locatário. Execução para pagamento de quantia certa

Decorrido o período de 8 dias sobre a data do vencimento, o locatário entra, então, em mora. À mora do locatário, a lei associa o dever de indemnizar o locador, precisamente pelo retardamento da prestação (artigo 804.º/1). No caso do contrato de locação, e, mais precisamente, do arrendamento urbano, a lei determina que a indemnização moratória corres-

---

[26] Diga-se que a lei não limita o recurso à caução como garantia do cumprimento das obrigações das partes, mormente do locatário: artigo 1076.º/2. Como "caução", o legislador está a reportar-se, aqui, a qualquer das garantias especiais das obrigações (como o faz, v.g., nos artigos 623.º a 626.º). Quanto à utilização do vocábulo como sinónimo de garantia, vide MANUEL JANUÁRIO DA COSTA GOMES, *Assunção Fidejussória de Dívida – sobre o sentido e o âmbito da vinculação como fiador,* Almedina, Coimbra, 2000, pp. 44--45 (n. 166) e vasta bibliografia aí citada.

Relativamente à fiança como garantia do pagamento da renda, realce-se a revogação do artigo 655.º pelo artigo 2.º/1 NRAU (preceito que estabelecia, de modo supletivo, a não renovação da fiança em caso de renovação do contrato de arrendamento). Como observa MENEZES LEITÃO, perante o novo regime, no silêncio das partes, a fiança mantém-se durante toda a vigência do arrendamento, inclusive o das renovações (*Arrendamento Urbano*, cit., p. 52).

[27] Sem prejuízo, obviamente, de estarmos perante uma situação que justifica a restituição do indevido (vd. artigo 476.º/3). Quanto aos pressupostos da repetição do indevido, vide MENEZES LEITÃO, *O Enriquecimento sem Causa no Direito Civil*, Cadernos de Ciência e Técnica Fiscal do CEF, Lisboa, 1996, pp. 496-498.

ponderá a 50% do que for devido, salvo se o contrato for resolvido com base em falta de pagamento – artigo 1041.º/1[28].

A lei estabelece ainda que a manutenção do locatário em mora faculta ao locador a recusa em receber as rendas posteriores, os quais se considerarão em dívida para todos os efeitos (artigo 1041.º/3). O locatário pode, contudo, e perante a recusa do locador, proceder à consignação em depósito das rendas, assim como da indemnização moratória, liberando-se, desta forma, da obrigação.

Perante o não pagamento da renda e da indemnização, ou da consignação das mesmas em depósito, o passo seguinte cabe ao locador, que, atendendo à mora do locatário, pode *a)* exigir as rendas vencidas e não pagas, bem como a indemnização moratória, ou *b)* resolver o contrato, nos termos que veremos *infra*.

A opção *a)* (exigir o cumprimento das rendas em atraso e a indemnização) seria, normalmente, levada a cabo pela acção de cumprimento, que seguiria os respectivos termos de uma acção declarativa de condenação. O artigo 15.º/2 NRAU estabelece, contudo, que o contrato de arrendamento é título bastante para a execução, desde que acompanhado do comprovativo do envio, por parte do locador, da comunicação ao arrendatário do montante das rendas em dívida (e bem assim da indemnização moratória). O regime a aplicar será o da execução para pagamento de quantia certa (artigo 810.º e ss. do CPC [Código de Processo Civil])[29].

---

[28] Quanto aos antecedentes normativos, vide PIRES DE LIMA/ANTUNES VARELA, ob. cit., p. 348. A versão inicial do preceito consagrava, como indemnização moratória, *o dobro da renda em dívida*.

O artigo 1041.º/1 não é o único exemplo de indemnização moratória específica para as obrigações pecuniárias (i.e., em que se afasta a aplicação do artigo 806.º/1): assim, a mora no pagamento do cânon superficiário confere ao fundeiro o direito de exigir *o triplo* das prestações em dívida (cfr. artigo 1531.º/2).

Admitindo a possibilidade de as partes convencionarem uma indemnização moratória diversa da que decorre da lei, mesmo em caso de resolução do contrato, MENEZES LEITÃO, *Arrendamento Urbano*, cit., p. 51 (citando jurisprudência).

[29] MENEZES LEITÃO, *Arrendamento Urbano*, cit., p. 165, e bibliografia citada.

Como se vê, a lei confere a qualidade de título executivo ao conjunto destes dois documentos. Parece, contudo, que nada obsta a que o locador lance mão da acção declarativa de condenação com processo comum – embora, por dispor de título executivo, possamos estar perante uma situação de falta de interesse processual, por utilização de um meio processual não necessário (veja-se TEIXEIRA DE SOUSA, *As Partes, o Objecto e a Prova na Acção Declarativa*, Lisboa, Lex, 1995, p. 99).

6) Resolução do contrato: resolução por via extrajudicial

Já a resolução do contrato por falta de pagamento de rendas, também ao dispor do locador em caso de mora do locatário[30], sofreu algumas alterações de acordo com o regime ora instituído. Na legislação revogada, a falta de pagamento das rendas era motivo bastante para a resolução do contrato pelo locador: o artigo 64.° RAU enumerava, de forma taxativa, as causas de resolução do contrato pelo locador[31], colocando, à cabeça, a falta de pagamento da renda "no tempo e lugar próprios", ou a falta de depósito liberatório [al. *a*)].

Actualmente, a resolução do contrato de arrendamento encontra-se prevista no artigo 1083.°. Verifica-se que este preceito estabelece, de acordo com os princípios gerais, que o incumprimento é causa de resolução do contrato por *qualquer* das partes (de acordo com o princípio geral do artigo 801.°/2)[32].

Só que o n.° 2 do artigo 1083.° vem, aparentemente, estabelecer algumas limitações à resolução pelo locador, ao afirmar que "é fundamento de resolução o incumprimento que, pela sua gravidade ou consequências,

---

[30] De referir que, nos termos gerais, o retardamento na realização da prestação só permite a resolução do contrato pelo credor (artigo 801.°) após a conversão da mora em incumprimento definitivo, por via da perda do interesse objectivamente aferida (que pode ser contemporânea da mora – pense-se nas obrigações de prazo impreterível –, ou superveniente à entrada em mora), ou por via da interpelação admonitória para cumprir num prazo razoável (solução aplicável normalmente às obrigações pecuniárias, às quais não se aplica a perda objectiva de interesse) (artigo 808.°) – vide MENEZES LEITÃO, *Obrigações*, cit., pp. 233-235; JANUÁRIO DA COSTA GOMES, *Assunção Fidejussória*, cit., p. 39, n. 146. No caso do arrendamento, contudo, a situação é distinta, porquanto, como veremos, sendo a obrigação do arrendatário uma obrigação pecuniária (a renda), a lei, porém, dispensa o locador de demonstrar a perda do interesse na prestação (contemporânea ou superveniente à mora), e, bem assim, dispensa-o de proceder à interpelação admonitória, podendo resolver o contrato em mora. Contudo, em simultâneo, permite, como também veremos, ao devedor, obstar à resolução, mediante a oferta de cumprimento (ou consignação em depósito da renda em dívida, acompanhada da indemnização). Vide ROMANO MARTINEZ, *Obrigações*, cit., pp. 199-200.

[31] A resolução pelo locatário seguia o regime geral do incumprimento (artigo 63.°/ /1 RAU).

[32] Há, no artigo 1083.°, uma "bilateralização" das situações que traduzem a justa causa para a resolução do contrato (ao contrário do que ocorria no artigo 64.° RAU); como porém bem nota MENEZES CORDEIRO, essa bilateralização não é perfeita, porquanto as situações descritas no n.° 2 do mesmo preceito só podem dizer respeito ao locatário e não ao locador ("O Novo Regime ...", cit., p. 335).

torne inexigível à outra parte a manutenção do contrato, designadamente, quanto à resolução pelo locador: (...)". Seguem-se, depois, 5 alíneas onde se enumeram, de forma não exaustiva[33], causas de resolução pelo locador – *com a particularidade de nenhuma de tais alíneas se reportar à falta de pagamento da renda.*

A primeira questão a colocar, nesta sede, é a seguinte: quando a resolução é pedida pelo locador – com base em incumprimento –, terá de ser um incumprimento do locatário que, pela sua gravidade ou consequências, torne inexigível a manutenção do contrato pelo locador. Será um incumprimento *qualificado*, por parte do locatário, que a fundamenta a resolução pelo locador? Será que o incumprimento contratual, normal – i.e., a não realização da prestação, mediante a entrega da coisa devida – neste caso, da quantia pecuniária –, dentro do prazo, não é fundamento suficiente para que o locador resolva o contrato? Terá o contrato de arrendamento uma particular vocação proteccionista do arrendatário, que lhe permita incumprir sem que ao locador caiba o direito de resolução, quando o incumprimento, atenta a gravidade ou consequências do mesmo, afinal, *não torne inexigível ao locador a manutenção do vínculo*?[34] Em que termos vai o tribunal, perante um incumprimento – que não um dos definidos nas alíneas do artigo 1083.°/2, nomeadamente o respeitante ao pagamento da renda – indagar sobre as consequências do mesmo?[35]

---

[33] O advérbio "designadamente" do proémio do n.° 2 denuncia o carácter não exaustivo da enumeração de situações de justa causa. Assim, JOSÉ ANTUNES RIBEIRO, *Arrendamento Urbano – Novo Regime Anotado e Comentado*, 2.ª Ed., Quid Iuris, 2006, p. 173; MANTEIGAS MARTINS/RAPOSO SUBTIL/LUÍS FILIPE CARVALHO, *O Novo Regime do Arrendamento Urbano Anotado*, 2.ª Ed., Vida Económica, Lisboa, 2006, p. 116.

[34] Reparemos que artigo 930.°-C CPC admite que, no arrendamento para habitação, o despejo seja diferido com fundamento na desproporção de soluções [n.° 2, al. *a*)], falta de meios para pagar a renda [n.° 2, al. *b*)] ou deficiência do locatário superior a 60% [n.° 2, *c*)]. Este preceito foi introduzido no CPC pelo NRAU (vide artigo 4.° NRAU), o que denuncia as preocupações sociais por parte do legislador.

[35] MENEZES LEITÃO, *Arrendamento Urbano*, cit., p. 85: "(…) essa resolução é sujeita a certos condicionalismos. Assim, não é todo e qualquer incumprimento das obrigações do arrendatário que determina a resolução, exigindo-se que esse incumprimento, pela sua gravidade ou consequências, torne inexigível ao locador a manutenção do arrendamento (artigo 1083.° n.° 2, *in princ*.)." Vide também SOARES MACHADO/REGINA SANTOS PEREIRA, *Arrendamento Urbano – Novo Regime do Arrendamento Urbano Comentado e Anotado*, Petrony, 2006, Lisboa, p. 112: "em termos razoáveis e de equilíbrio do contrato, se considere que é excessivamente oneroso para o senhorio, atendendo ao contrato em concreto, suportar esse incumprimento".

As causas de resolução, tipificadas no artigo 1083.°/2, correspondem, todas elas, a violações de obrigações do locatário – basta cotejarmos o elenco do artigo 1083.°/2 com o artigo 1038.° (obrigações do locatário, na locação em geral) e os artigo 1071.° ss. (obrigações não pecuniárias do locatário, em sede de arrendamento urbano). As alíneas *a*) e *b*) do artigo 1083.°/2 correspondem a violações da obrigação consagrada no 1071.°[36]. A causa prevista na alínea *c*) no artigo 1083.°/2 corresponde à violação da obrigação consagrada no artigo 1038.°/c. A alínea *d*) do artigo 1083.°/2 corresponde, por seu turno, à violação do artigo 1072.°[37]. A alínea *e*) do artigo 1083.°/2 corresponde, enfim, à violação da obrigação estatuída no artigo 1038.°/*f*). A resolução do contrato com base em qualquer um destes fundamentos, ou outros abrangidos pela cláusula geral, segue a via judicial (artigo 1084.°/2), em acção de despejo (artigo 14.°/1 NRAU). Contudo, a principal obrigação a cargo do locatário, e, de acordo com a história do nosso Direito, a única, em certos momentos, cujo incumprimento justificava a resolução contratual, desapareceu, paradoxalmente, do elenco do artigo 1083.°.

Julgamos que, aqui, tanto a jurisprudência como a doutrina vão ter papéis fundamentais na concretização e descoberta de situações susceptíveis de integrar a *justa causa*[38] da resolução do contrato. Mas, a que preço? Ficará sem efeito toda a doutrina e jurisprudência sedimentadas e desenvolvidas em torno do artigo 64.° RAU, em quase 17 anos de vigência deste diploma? VON KIRCHMANN afirmou que "três palavras rectificadoras do legislador convertem bibliotecas inteiras em lixo"; será este artigo 1083.°/2 um exemplo de tal "tragédia"? Parece que a salvaguarda para esta situação paradoxal será o recurso às causas previstas no revogado

---

[36] Na parte referente às relações de vizinhança, vide os artigos 1346.° e ss. e, ainda, o Decreto-Lei n.° 292/2000 de 14 de Novembro (Regulamento Geral do Ruído) (mormente o artigo 10.°, respeitante ao ruído de vizinhança). Tais normas são, também, aplicáveis ao condomínio (artigo 1422.°/1). No arrendamento de fracções submetidas ao regime da propriedade horizontal, o regulamento de condomínio não deixará de ser aplicável, ao abrigo do artigo 1071.°.

[37] Criticamente, MENEZES CORDEIRO, "O Novo Regime...", cit., pp. 334-335. Aplaudindo a solução, ROMANO MARTINEZ, "Celebração e execução...", cit., p. 347. Aludindo à *ratio* do artigo 1072.°, MENEZES LEITÃO, *Arrendamento Urbano*, cit., p. 55, justificando que a obrigação legal visa evitar a desvalorização do imóvel, pelo seu não uso. Encontramos, aqui, uma importante manifestação do princípio da função social dos direitos sobre imóveis.

[38] À "justa causa" do artigo 1083.°/2, reporta-se MENEZES CORDEIRO, "O Novo Regime...", cit., p. 335.

artigo 64.° RAU e a averiguação – provavelmente casuística – dos casos em que as mesmas poderão ser abrangidas pela cláusula geral do artigo 1083.°/2[39].

Apesar de tudo, a falta de pagamento da renda é considerada causa justificativa de resolução extrajudicial, de acordo com o artigo 1083.°/3. Retomando a "inexigibilidade" do n.° 2, o artigo 1083.°/3 declara "inexigível ao locador a manutenção do arrendamento em caso de mora superior a 3 meses no pagamento da renda, encargos ou despesas[40] (...)". Portanto, a mora de três meses no pagamento de uma renda correspondente a um único mês[41] (ou o não pagamento de mais rendas, que se prolongue por 3 meses), atribui ao locador o direito de resolver o contrato, sem que se imponha o ónus de averiguar se tal mora – superior a 3 meses –, gera ou não, na esfera do locador, a *inexigibilidade* na manutenção da relação locatícia.

Reparemos desde já que a resolução ancorada neste fundamento segue a via *extrajudicial*: de acordo com o artigo 1084.°/1 e com o princípio geral consagrado no artigo 436.°, a resolução fundada no artigo 1083.°/3 opera mediante comunicação efectuada pelo locador ao locatário, dispensando-se, desta forma, a resolução judicial pelo locador, decretada em acção de despejo[42] (que era, como sabemos, a regra no direito de arrendamento urbano, cfr. o artigo 63.°/2 do RAU).

---

[39] Conforme sustenta MENEZES LEITÃO, *Arrendamento Urbano*, cit., p. 92.

[40] Trata-se dos encargos ou despesas referentes ao fornecimento de bens ou serviços e, no caso de fracções autónomas, dos encargos respeitantes à administração, conservação e fruição de partes comuns, assim como o pagamento dos serviços de interesse comum do condomínio. Quanto aos primeiros (fornecimentos de água, electricidade, saneamento, telefone, *Internet*), correm por conta do locatário (artigo 1078.°/2). Relativamente aos segundos (os referidos no artigo 1424.°), correm por conta do locador (artigo 1078.°/3 e artigo 1030.°).

[41] Neste sentido, MENEZES LEITÃO, *Arrendamento Urbano*, cit., p. 86 (e nota 88). Na verdade, segundo o artigo 1041.°/4, o facto de o locatário se manter em mora não priva o locador de receber rendas respeitantes a meses posteriores, mas mantém o direito à resolução. Contudo, nos termos do artigo 1041.°/3, o locador pode recusar novas rendas.

[42] Nos termos do artigo 9.°/7 NRAU, a comunicação reveste, nesses casos, uma particularidade. Ela não deverá ser efectuada mediante escrito assinado remetido mediante carta registada com aviso de recepção (que é a regra das comunicações entre as partes, cfr. artigo 9.°/1 NRAU), mas sim mediante notificação [judicial] avulsa, ou mediante contacto pessoal de advogado, solicitador ou solicitador de execução, neste caso com entrega do duplicado da comunicação e cópia dos respectivos documentos, devendo o notificando assinar (e datar) o original, que deverá ser mantido com o locador.

Naturalmente que um preceito da natureza do artigo 1083.°/3 levanta delicadas questões. Nos casos de mora no pagamento da renda, *tout court*, não assistirá ao locador o direito a resolver o contrato, com base em incumprimento, nos termos gerais (artigo 1083.°/1)? Repare-se que, segundo parece, o 1083.°/3 só vem determinar que, em casos de mora superior a 3 meses, fica o locador *dispensado de provar a gravidade ou a consequência do incumprimento*, porquanto é a própria lei que vem, afinal, afirmar que tal mora representa um incumprimento intolerável, ao ponto de ser *inexigível* a manutenção da relação locatícia. Quanto às situações de mora inferior a 3 meses, parece que as mesmas, por se traduzirem, nos termos gerais, em situações de incumprimento, não poderão deixar de justificar a resolução pelo locador, desde que, pela sua *gravidade ou consequências*, tornem inexigível a manutenção do vínculo. Não podemos deixar de afirmar que a falta de pagamento pontual da renda – referente a um só mês que seja – é um facto grave, porquanto, como se disse, traduz-se no incumprimento da principal obrigação do locatário: esta violação contratual gera no locador a desconfiança, e a falta de crença na lealdade do locatário, no que respeita ao cumprimento, por este, das obrigações contratualmente assumidas. Se a renda é a principal obrigação do locatário, parece ser óbvio e claro que a falta de cumprimento dessa obrigação, por um só mês que a mora se prolongue – ou um só dia, sequer –, não deixa de ser um facto *grave*. E tem consequências igualmente graves, na esfera jurídica do locador, que fica privado de perceber o rendimento do imóvel, referente a esse mês.

Não faria sentido que, perante a legislação revogada – artigo 64.° RAU –, a falta de pagamento das rendas fosse fundamento de resolução judicial, sem que o legislador exigisse uma mora superior a 3 meses e que, perante a nova legislação, a resolução (também judicial) do contrato de arrendamento, por falta de pagamento da renda, ficasse condicionada à existência de mora superior a 3 meses. Nem faria, tão-pouco, sentido que o artigo 1083.°/3 determinasse o *único* caso em que a falta de pagamento da renda constitui fundamento de resolução do arrendamento: por via extrajudicial e com mora superior a 3 meses.

Esta solução, aliás, colidiria com o que se prevê no artigo 1048.°/1, preceito que tem como pressuposto a *acção declarativa de resolução do contrato por falta de pagamento da renda*. Nesse preceito – artigo 1048.°/ /1 –, o legislador, ainda que implicitamente, alude resolução *judicial* por falta de pagamento da renda. Só poderá estar a referir-se, portanto, às situações não contempladas no artigo 1083.°/3 (que são de resolução extrajudicial); logo, aparece admitida, ainda que implicitamente, a mora inferior a 3 meses como causa de resolução judicial do contrato de arrendamento por parte do locador.

Por isso, e não obstante a criticável opção do legislador consagrada no artigo 1083.°/2, parece ser de sustentar que a mora no pagamento da renda, por período inferior a 3 meses, continua a constituir fundamento de resolução. Porém, nestes casos, a resolução só poderá operar por via judicial – artigo 1084.°/2 e artigo 14.° NRAU – e, como tal, sujeita ao "crivo" do artigo 1083.°/2. A falta de pagamento de renda inscreve-se nos conceitos indeterminados do artigo 1083.°/2. Portanto, o incumprimento terá de ser "qualificado"[43].

Repare-se que, nos termos do artigo 14.°/1 NRAU, "a acção de despejo destina-se a fazer cessar a situação jurídica do arrendamento, sempre que a lei imponha o recurso à via judicial para promover tal cessação, e segue a forma de processo comum declarativo"[44]. Contudo, a resolução extrajudicial do arrendamento, ao abrigo do artigo 1084.°/1, permite, como veremos *infra*, o recurso imediato à execução para entrega de coisa certa, cumpridas as exigências do artigo 15.°/1-e) NRAU (sem necessidade, portanto, de recurso prévio à acção declarativa). Esta solução, aliás, decorre da comparação dos n.ºs 1 e 2 do artigo 1084.°[45]. Permitindo o legislador a obtenção de um título executivo extrajudicial, não faz sentido o recurso à acção declarativa de despejo[46].

---

[43] SOARES MACHADO/REGINA SANTOS PEREIRA, ob. cit., pp. 46 e 116, aduzem outros argumentos em defesa da admissibilidade de resolução *judicial* por falta de pagamento das rendas: para além do argumento de que "quem pode o mais pode o menos", convocam também o artigo 21.°/2 do NRAU (que alude à resolução *judicial* do contrato por falta de pagamento das rendas) e ao facto de o legislador, no artigo 1084.°/3, utilizar o vocábulo "quando", dando aqui a entender que nem sempre a resolução é extrajudicial. Parece-nos, contudo, que este último argumento não deve ser convocado, porquanto o vocábulo "quando" aparece, no artigo 1084.°/3, como conjunção subordinativa, com o intuito de limitar os casos em que a resolução fica sem efeito: quando for extrajudicial e se fundar em incumprimento das rendas.

[44] Vide os artigos 55.° ss. RAU.

[45] MENEZES LEITÃO, *Arrendamento Urbano*, cit., pp. 152-153.

[46] Embora, claro está, o locador não deixe de poder recorrer à acção declarativa prévia, caso o queira – levantando-se de novo a questão da eventual falta de interesse processual, por inadequação do meio, como atrás se indicou.

7) Ineficácia da resolução extrajudicial

Nas situações de resolução extrajudicial do contrato de arrendamento, mediante declaração efectuada pelo locador ao locatário, nos termos já indicados, assiste a este último o direito de tornar ineficaz a resolução se "o arrendatário puser fim à mora no prazo de três meses" (artigo 1084.º/3). Portanto – e à semelhança do que ocorre na resolução judicial, como veremos –, na resolução extrajudicial, a lei continua a conferir ao locatário o "destino" do contrato, permitindo-lhe fazer cessar a mora e, simultaneamente, tornar ineficaz a resolução pelo locador, desde que o faça dentro do período de 3 meses, através do pagamento ou depósito da renda em dívida e da indemnização moratória – a purgação da mora.

Uma questão pertinente, que podemos aqui colocar, é a seguinte: o período de 3 meses, referido no 1084.º/3, conta-se a partir *a*) do início da mora, ou *b*) da recepção[47] da comunicação da resolução extrajudicial? Se fosse a partir da entrada em mora, o prazo de 3 meses para proceder à purgação desta correria simultâneo com o prazo "dilatório" de 3 meses referido no artigo 1083.º/3. Significa que, decorrido o prazo de 3 meses sem que o locatário houvesse pago ou depositado a renda e a indemnização, o locador poderia resolver o contrato extrajudicialmente, sendo que tal resolução seria definitiva e não mais pode ser condicionada ou coarctada por um acto do locatário[48]: já haveria decorrido o prazo de 3 meses que a lei coloca ao dispor do mesmo.

Este entendimento levaria a um tratamento desigual do locatário, consoante a resolução fosse judicial ou extrajudicial. Na resolução judicial, conforme veremos, o artigo 1048.º/1 confere ao locatário a possibilidade de fazer "caducar"[49] o direito à resolução, devendo, para tanto, fazê-lo no prazo da contestação, através do pagamento, depósito ou consignação em depósito, das rendas em dívida, assim como da indemnização de 50% calculada sobre as mesmas. O locatário só sabe da intenção do

---

[47] A declaração de resolução é eficaz quando chega ao poder do destinatário (artigo 224.º/1).

[48] Sem prejuízo, como veremos infra, da faculdade que lhe conferida pelo artigo 1048.º/1.

[49] ROMANO MARTINEZ adverte para a imprecisão da "caducidade" neste preceito: em bom rigor, trata-se de determinar a ineficácia de uma resolução (sendo que os artigos 1041.º/2 e 1084.º/3 e 4 evitam o recurso à "caducidade"). Um caso de verdadeira caducidade é o previsto no artigo 1085.º (vide ROMANO MARTINEZ, "Celebração e execução…", cit., p. 340).

locador em resolver o contrato quando este, efectivamente, propõe a acção judicial nesse sentido, pelo que só a partir de tal conhecimento (i.e., da citação do mesmo, na qualidade de réu, para a acção) é que lhe é concedida a faculdade de fazer "caducar" o direito de resolução – mais concretamente, deve fazê-lo no prazo da contestação[50].

A resolução pressuposta pelo artigo 1084.°/3 é *meramente* extrajudicial. Nada tem de depreciativo – inscrevendo-se na linha do legislador em retirar aos tribunais a matéria do despejo, ou parte dela, pelo menos –, mas, obviamente, não confere ao locatário as garantias de defesa que só um processo judicial é apto de conferir. Se assim é, não faz sentido tratar desigualmente o locatário: em sede judicial, o prazo para purgar a mora começa a correr após a citação para a acção de despejo. Extrajudicialmente, a solução deverá ser paralela – o prazo de 3 meses começará a correr após a comunicação da resolução.

Podemos criticar, em boa verdade, o prazo excessivo consagrado no artigo 1084.°/3 – dar ao locatário três meses para purgar a mora (tornando ineficaz um igual período de tempo já decorrido, a que se sujeitou o locador, antes de levar a cabo a sua resolução extrajudicial), pode ser considerado demasiado lato. Mas parece não haver solução senão considerar que tal prazo só inicia o seu cômputo com a *recepção*, pelo locatário, da declaração extrajudicial de resolução do contrato (nos termos do artigo 9.°/7 NRAU). Podem ser apontados mais alguns argumentos em defesa desta solução. Ao contrário do artigo 1041.°/2 (que determina expressamente que o prazo de 8 dias, atribuído ao locatário para fazer cessar a mora, é contado *a partir da entrada em mora*), o artigo 1084.°/3 é omisso nesse ponto – o que demonstra que o legislador, nesta matéria, não tomou como referência a data da entrada em mora, mas outra data. Por último: o artigo 1084.°/3 dá a entender que *o locatário torna ineficaz uma resolução já operada*, ou seja, que *já foi eficaz*. Se a resolução *já foi eficaz*, só faz sentido que o prazo de 3 meses se conte a partir da recepção da comunicação da resolução: o locatário, pondo fim à mora, obsta a uma resolução já levada a cabo pelo locador[51].

Parece, por estes argumentos, que o prazo referido no artigo 1084.°/3 inicia o seu cômputo com a resolução, não sendo simultâneo com o prazo

---

[50] Artigo 486.°/1 CPC, em caso de processo comum ordinário.

[51] Por se tratar de tornar *ineficaz* uma resolução já exercida, a doutrina esclarece que estamos perante uma situação de renascimento *ope legis* de um contrato já extinto por resolução (v.g., SOARES MACHADO/REGINA SANTOS PEREIRA, ob. cit., p. 45).

dilatório do artigo 1084.º/3⁵². Isto pode originar, na prática e como referimos, um período de espera, por parte do locador, de 6 meses: não só aguardar os 3 meses de mora do locatário para resolver extrajudicialmente o contrato; mas, depois desta data, aguardar um novo período de 3 meses, a fim de averiguar se o locatário não procede ao pagamento ou depósito de todas as rendas em atraso e bem assim da respectiva indemnização. Podia ter sido consagrado que, resolvido o contrato por este meio, o locatário disporia de um prazo muito inferior para tornar ineficaz a resolução – veja-se, a propósito, o prazo de 10 dias concedido ao locatário em mora, na pendência de acção de despejo, para proceder ao pagamento ou depósito das rendas e da indemnização (bem diferente, pois, dos 3 meses consagrados no artigo 1084.º/3).

8) **Despejo – execução para entrega de coisa certa na sequência da resolução extrajudicial**

O locador, munido que esteja da comunicação da resolução, disporá de um título executivo para entrega de coisa certa, desde que acompanhado do contrato de arrendamento [artigo 15.º/1-*e*) NRAU]. Obviamente que, de acordo com o que acima se referiu, a execução só deverá ser requerida decorridos 3 meses sobre a data da resolução, sob pena de o locatário, ao abrigo do artigo 1084.º/3, determinar a ineficácia da mesma⁵³. Seguem-se posteriormente os termos do processo de execução para entrega de coisa certa (artigo 928.º ss. CPC)⁵⁴.

---

⁵² Neste sentido, ROMANO MARTINEZ, *Da Cessação do Contrato*, 2.ª Ed., Almedina, Coimbra, 2006, p. 346: "apesar do pagamento da renda ser o primeiro dever do arrendatário, este não só pode estar em mora durante seis meses, como lhe é facultado recorrer a este benefício múltiplas vezes, pois a limitação constante do n.º 2 do artigo 1048.º do CC só vale em fase judicial". Também MENEZES LEITÃO, *Arrendamento Urbano*, cit., p. 96, esclarecendo que o prazo de 3 meses atribuído ao locatário inicia o seu cômputo com a recepção da comunicação da resolução do contrato. No mesmo sentido, SOARES MACHADO/ /REGINA SANTOS PEREIRA, ob. cit., p. 123.

⁵³ Se o locador requerer a execução para entrega do imóvel antes de decorridos os 3 meses (artigo 1084.º/3), pode o locatário proceder ao pagamento ou depósito dos montantes aí referidos e, seguidamente, deduzir embargos de executado, nos termos gerais (artigos 929.º, 814.º e 816.º do CPC); pode ainda, não cumprindo o estabelecido no artigo 1084.º/3, requerer o diferimento da desocupação, nos termos dos artigos 930.º-B, 930.º-C e 930.º-D do mesmo diploma. Veremos adiante o que dizer do artigo 1048.º/1, a este propósito.

⁵⁴ Não sendo, assim, necessário o recurso à acção declarativa para obtenção do despejo (artigo 14.º/1 NRAU).

Uma dúvida pertinente, colocada em sede de execução requerida pelo locador nos termos atrás indicados [i.e., com fundamento no artigo 15.º/1--e) NRAU], resulta do artigo 1048.º/1. Dispõe este preceito que "o direito à resolução do contrato por falta de pagamento da renda ou aluguer caduca logo que o locatário, até ao termo do prazo para a contestação da acção declarativa *ou para a oposição à execução, destinadas a fazer valer esse direito*, pague, deposite ou consigne em depósito as somas devidas e a indemnização referida no n.º 1 do artigo 1041.º" (itálico nosso). Perante isto, perguntemos: terá o locatário, em sede de acção executiva destinada a obter o despejo do prédio, uma *outra oportunidade de tornar ineficaz a pretensão do locador em obter esse mesmo despejo* (com fundamento na falta de pagamento das rendas)? Se bem repararmos, a redacção actual do artigo 1048.º/1 é diferente da que vigorava antes do NRAU: a parte em itálico (a referência à execução) era inexistente. Em bom rigor, a nova redacção do artigo 1048.º/1 do Código Civil[55] permite, *expressis verbis,* que o locatário executado purgue a mora em sede de execução – quando já tivera a oportunidade de o fazer em sede de resolução extrajudicial[56], ou em sede de acção declarativa destinada a obter o despejo.

Será que se justifica este fenómeno – a concessão, ao locatário, de várias possibilidades de "salvar" a sua posição, mediante a purgação da mora, quer em sede extrajudicial, quer na subsequente fase executiva? Estaremos a eternizar o vínculo e os meios de defesa do locatário, numa altura em que este já não merece protecção, e numa fase em que o locador já demonstrou firmemente a sua vontade em resolver o contrato?

Uma possibilidade de articular os artigos 1048.º/1 e 1084.º/3 seria a seguinte: perante a resolução extrajudicial efectuada pelo locador, o locatário disporia de 3 meses para purgar a mora, determinando assim a ineficácia da resolução (artigo 1084.º/3). Caso o não fizesse nesse prazo, caducaria o direito de purgar a mora, não o podendo posteriormente realizar em sede de acção executiva. Contudo, se, *antes* de decorridos os 3 meses referidos no artigo 1084.º/3, o locador (munido do título executivo extrajudicial) lançasse mão da acção executiva para entrega do imóvel [artigo 15.º/1-*e*) NRAU], o prazo para o locatário impedir o despejo, mediante a purgação da mora, seria, agora, o da dedução da oposição à execução (artigo 1048.º/1) [57], e não mais o de 3 meses.

---

[55] Introduzida pelo artigo 2.º/2 NRAU.
[56] Artigo 1084.º/3, como vimos supra.
[57] O prazo é de 20 dias (artigo 928.º CPC).

Esta solução, contudo, não parece ser a mais acertada, considerando os interesses em jogo. Quando a resolução é judicial, a lei admite que o locatário purgue a mora *no prazo da contestação* (artigo 1048.°/1), como vimos. Este mesmo preceito, contudo, também admite que o locatário purgue a mora no *prazo de dedução da oposição à execução*. Estas duas faculdades, porém, não parecem ser alternativas. Se o locatário não purgou a mora na contestação da acção declarativa de despejo, não poderá vir a fazê-lo, subsequentemente, em sede de oposição à execução. Foi-lhe dada, já em sede judicial, a possibilidade de purgar a mora. O legislador veio admitir que o locatário purgasse a mora, no prazo da dedução da oposição (artigo 1048.°/1), quando a execução se funda em *título extrajudicial*, e só nesses casos, porquanto, aqui, o despejo ainda não mereceu a prévia apreciação de um tribunal – logo, é justo que a faculdade de purgar a mora lhe seja concedida também em fase judicial. Quando o título executivo já é judicial, não faz sentido atribuir, na fase executiva, tal faculdade ao locatário, porquanto já lhe foi dada a oportunidade, em sede judicial (declarativa) de purgar a mora, evitando o despejo (artigo 1048.°/ /1), não tendo o locatário lançado mão da mesma. Trata-se de uma norma que visa garantir o controlo da legalidade do despejo, por parte de um julgador, não parecendo haver razão para que se duplique a faculdade concedida ao locatário[58].

Contudo, quando o título executivo é extrajudicial, os pressupostos atrás referidos não se verificam. O artigo 1084.°/3 pressupõe uma actuação extrajudicial das partes, subtraída, assim, à apreciação de um julgador. Por isso, parece fazer sentido permitir que o locatário continue a usar da faculdade que lhe é atribuída no artigo 1084.°/3, quando o locador propõe

---

[58] Aparentemente, neste sentido (limitando a aplicação do artigo 1048.°/1, em sede executiva, aos casos em que o título executivo é extrajudicial), MARIA OLINDA GARCIA, *A Nova Disciplina do Arrendamento Urbano (NRAU Anotado e Legislação Complementar)*, 2.ª Ed., Coimbra Editora, 2006, p. 13: "(…) na hipótese de o pagamento [por parte do locatário] ocorrer dentro do prazo de oposição à execução (para entrega de coisa certa), não poderá dizer-se que existe caducidade do direito de resolução, pois se a execução está em curso *é porque a resolução foi operada extrajudicialmente* (cfr. artigo 1084.°/1 e 3) e o locatário não entregou a coisa locada" (itálico nosso). Igualmente, MARGARIDA GRAVE, *Novo Regime do Arrendamento Urbano – Anotações e Comentários*, Edição da Autora, 3.ª Ed., 2006, pp. 71-72: "mesmo que não se faça cessar a mora nos moldes enunciados [artigo 1084.°/3], o direito à resolução do contrato caduca se o arrendatário, até ao termo do prazo para a contestação da acção declarativa, ou para oposição à execução, pagar, depositar ou consignar em depósito os valores (…)".

acção executiva, com título extrajudicial, antes de decorrido o prazo de 3 meses. Mas, mesmo que o prazo de 3 meses do artigo 1084.°/3 já haja decorrido sem que o locatário haja purgado a mora, parece também que poderá, agora, em sede de acção executiva, proceder a tal purgação no prazo da dedução da oposição (artigo 1048.°/1). Em conclusão, o locatário terá a faculdade de purgar a mora, tanto no prazo de 3 meses concedido pelo artigo 1084.°/3, como no prazo da dedução da oposição à execução (artigo 1048.°/1).

9) **Resolução judicial**

Colocou-se acima a questão de saber se, vencida a renda correspondente a um mês (ou, independentemente de um mês, vencida uma renda sem que a mora se prolongue há mais de 3 meses), poderia o locador propor acção declarativa de resolução do contrato, com fundamento na falta de pagamento da renda – acção de despejo. A resposta foi positiva, porquanto é um dado indesmentível que a falta de pagamento da renda corresponde a um incumprimento do contrato. E, de acordo com a opinião da melhor doutrina, há que recolher todos os subsídios conferidos pelo artigo 64.° RAU e confrontá-los com a cláusula geral do artigo 1083.°[59]. Não há que negar, à partida, que a mora no pagamento da renda, respeitante a um mês que seja, permita ao locador resolver judicialmente o contrato.

À semelhança da resolução extrajudicial, o locatário pode, em sede judicial, tornar ineficaz o pedido de resolução, se, no prazo da contestação para a acção declarativa, pagar, depositar ou consignar em depósito o valor das rendas devidas e da indemnização moratória (50%) (artigo 1048.°/1), podendo usar dessa faculdade uma única vez, com referência a cada contrato (artigo 1048.°/2). Em aditamento aos argumentos atrás invocados, repare-se que o legislador não quis que o locatário pudesse recorrer à purgação da mora, alternativamente, em fase declarativa ou em fase executiva.

Só que, nesses casos – resolução judicial –, cabe ao juiz apreciar se se verificam os pressupostos do artigo 1084.°/2 – i.e., se o incumprimento, *pela sua gravidade ou consequências, torna inexigível ao locador a manutenção do vínculo*. A lei não se reporta, portanto, a um qualquer incum-

---

[59] MENEZES LEITÃO, *Arrendamento Urbano*, cit., p. 92.

primento. É necessário um incumprimento qualificado – uma "justa causa" na resolução do contrato. Voltamos a questionar: visará a norma uma medida de protecção social do locatário, evitando que o mesmo seja despejado por um locador abastado, ao qual é indiferente receber atempadamente a renda mensal?[60]

Se o legislador quis proteger o locatário – tendencialmente a parte mais fraca no contrato, como é comummente concebido –, porquê fazê-lo numa matéria tão delicada, mas ao mesmo tempo tão pacífica, como é a do incumprimento?

Irá o julgador indagar a gravidade ou consequências da falta de pagamento de um mês de renda, na esfera jurídica do locador? Imagine-se que o locatário, antes de vencida a renda, declara ao locador que não pode pagar no dia acordado, por falta de meios, mas que pagará mais tarde, facto a que o locador não dá o seu assentimento. Não haja dúvida que há mora pelo locatário, se o mesmo, para além de declarar que não irá cumprir[61], não vier *efectivamente* a cumprir. Mas será *grave* esta situação de incumprimento, se confrontarmos a mesma com outro exemplo (v.g., uma recusa categórica em pagar, ou com um não pagamento acompanhado de silêncio por parte do locatário)? Será que a *difficultas praestandi* – a circunstância de a realização da prestação ser excessivamente difícil ou onerosa para o devedor[62] – vai, afinal, permitindo embora a manutenção do vínculo, pesar a favor do devedor (locatário), impedindo a resolução do contrato, atendendo ao facto de estarmos na presença do direito à habitação, com assento constitucional[63]? Mas o direito de propriedade – do locador, neste caso – também tem assento na Constituição; e afirmar que a resolução do contrato, requerida pelo locador, pode ser obstada com fun-

---

[60] Dispõe o artigo 930.°-D/3 CPC (a propósito da suspensão do despejo, requerida pelo locatário executado, com os fundamentos referidos no artigo 930.°-C/2) que "na sua decisão, o juiz deve ainda ter em conta as exigências da boa fé, a circunstância de o executado não dispor imediatamente de outra habitação, o número de pessoas que habitam com o executado, a sua idade, o seu estado de saúde, e, em geral, a situação económica e social das pessoas envolvidas" (itálico nosso). Estará o exequente (locador) integrado no número de "pessoas envolvidas"?

[61] A declaração peremptória de não realização da prestação, efectuada pelo devedor, pode, em certos casos, corresponder a um incumprimento.

[62] ANTUNES VARELA, *Das Obrigações em Geral*, Vol. II, 7.ª Ed., Almedina, Coimbra, 1997, pp. 68-69.

[63] Em bom rigor, o artigo 1083.° tanto se aplica ao arrendamento destinado à habitação, como ao arrendamento destinado a outros fins.

damentos relacionados com a dificuldade do locatário em pagar a renda, ou necessidade de habitação pelo mesmo, não só seria onerar os privados com algo que incumbe ao Estado assegurar, mas traduziria, também, uma violação do direito de propriedade (artigo 62.º da Constituição), privando o titular (locador) das faculdades que caracterizam o conteúdo do direito real – neste caso, não só o uso como a fruição do bem (artigo 1305.º)[64].

Reparemos que o regime da execução judicial para entrega de coisa certa, em virtude da procedência da acção de despejo com base no não pagamento das rendas, pode ajudar a dar uma resposta a esta questão. Tal regime permite que seja diferido o despejo do prédio se o executado (locatário) não houver procedido ao pagamento da renda por carência de meios, nos termos do artigo 930.º-C/2-b) CPC. Considerando que o diferimento tem o prazo máximo de 10 meses a partir do trânsito em julgado da decisão que o conceder (artigo 930.º-D/5 CPC), fácil é constatar que houve, efectivamente, preocupações sociais por parte do legislador, em sede de renda e de resolução contratual com base no incumprimento da mesma. Mas daqui também decorre que a *difficultas praestandi* do locatário [artigo 930.º-C/2-b) CPC] não constitui um fundamento para a *improcedência* do pedido de despejo – no máximo, traduzirá um fundamento para o *diferimento* do mesmo. *A fortiori*, quando a falta de pagamento da renda (como causa de resolução) não seja minimizada por carência de meios do locatário [artigo 930.º-C/2-b) CPC], será, obviamente, sempre fundamento de resolução do contrato. Se é na renda que reside o sinalagma do contrato (estando no outro pólo a cedência do gozo), a interpretação assim feita não é forçada: alguém contesta que a privação do gozo da coisa locada, por parte do locatário, seja uma circunstância "grave"? Então, porque motivo a falta de realização da prestação correspectiva dessa cedência de gozo – o pagamento da renda – não há-de ser, também,considerado algo "grave"?[65]

---

[64] ROMANO MARTINEZ, "Celebração e execução...", cit., p. 357, considera que, no contrato de arrendamento, não há razões para admitir que uma das partes carece de maior protecção do que a outra (diferentemente do que ocorre no contrato de trabalho ou nas relações com consumidores).

[65] De toda a maneira, mesmo que se entendesse, numa concreta situação, que a falta de pagamento da renda poderia não traduzir um fundamento de despejo – porque, pela sua gravidade ou consequências, o incumprimento, apesar de tudo, não tornasse inexigível ao locador a manutenção do vínculo –, sempre se deveria admitir ao locador, na propositura da acção de despejo, e em regime de *cumulação subsidiária de pedidos*, a condenação do réu no pagamento das rendas vencidas e na indemnização moratória. Trata-se de uma situa-

Como dissemos atrás, caberá à jurisprudência, perante a concreta situação de incumprimento alegada pelo locador, indagar sobre a viabilidade do pedido de resolução do contrato, atendendo à subsunção do caso na previsão normativa – saber se tal incumprimento, "pela sua gravidade ou consequências, torne inexigível à outra parte a manutenção do arrendamento" (artigo 1083.º/2). Pensamos que o incumprimento da obrigação de pagar a renda, à semelhança do que ocorria no artigo 64.º RAU, deve ser sempre fundamento de resolução, de acordo com os argumentos expostos[66].

10) Pagamento da renda na pendência de acção de despejo

Na pendência da acção de despejo – seja por falta de pagamento das rendas, seja por outro motivo –, as rendas vencidas devem ser pagas ou depositadas, nos termos gerais (artigo 14.º/3 NRAU). A lei faculta ao arrendatário, ao invés de proceder à oferta de pagamento, a possibilidade de proceder à consignação em depósito das rendas, visando desta forma, evitar que as partes em confronto se contactem para o efeito (artigo 17.º/1 NRAU)[67]. A simples pendência da acção de despejo – independentemente da causa invocada – é, pois, fundamento para o locatário liberar-se da obrigação através do depósito da renda – mesmo que o locador esteja disposto a aceitá-la[68].

A falta de pagamento das rendas em sede de acção de despejo constitui um fundamento de resolução contratual pelo locador, se se prolongar

---

ção de *subsidiariedade própria*, i.e., aquela que consiste na cumulação processual de pedidos em regime de subsidiariedade, na qual o pedido subsidiário (rendas vencidas e indemnização) só é apreciado em caso de improcedência do pedido principal (resolução contratual) (artigo 469.º/1 CPC) – quanto a esta figura, vide TEIXEIRA DE SOUSA, *As Partes, o Objecto e a Prova...*, cit., pp. 151-152.

[66] Logo, é de reiterar a afirmação já feita: o artigo 1083.º/3 não dá o único caso em que a falta de pagamento da renda traduz um fundamento de resolução; tal preceito limita--se a permitir a formação de um título executivo extrajudicial.

[67] Trata-se – a consignação em depósito – de uma faculdade concedida ao locatário, que pode não a levar a cabo. A situação é particularmente interessante nos casos (excepcionais) de o pagamento da renda dever ser efectuado no domicílio do locatário, devendo, portanto, o locador exigir o pagamento, não tendo o locatário de proceder à oferta de pagamento.

[68] Solução que já decorria do artigo 58.º/1 RAU.

por um período superior a 3 meses (artigo 14.°/4 NRAU)[69], uma vez que, decorrido esse período, pode o locador requerer a notificação do locatário para, em 10 dias, proceder ao seu pagamento das rendas vencidas e da indemnização, sob pena de, não o fazendo, poder o locador requerer a passagem de certidão dos autos relativa a tais factos, seguindo-se, então, os termos da execução para entrega de coisa certa, destinada a obter o despejo do prédio (artigo 14.°/5)[70].

11) Breves referências à consignação em depósito da renda

Os artigos 17.° – 23.° NRAU estabelecem o novo regime da consignação em depósito das rendas. Trata-se de uma matéria que se encontrava regulada nos artigo 22.° – 29.° RAU, e que sofreu algumas modificações, a que vale a pena fazer algumas referências, ainda que breves[71].

Em primeiro lugar, no que respeita à hipótese de o locatário pretender, com a consignação, pôr termo à sua mora (artigo 17.°/1 NRAU[72]), refira-se que a nova redacção do artigo 1042.°/1 deixou de aludir à presunção de infrutífera oferta de pagamento (da renda em falta acrescida da indemnização moratória). A nova redacção do preceito alude somente à possibilidade de o locatário proceder à consignação em depósito após uma infrutífera oferta de pagamento. Como esta deixou de se presumir,

---

[69] Prazo omisso no artigo 58.° RAU, que aludia ao "despejo imediato". Não deixa de estranhar, de novo, esta concessão de um prazo de 3 meses ao réu locatário para purgar a mora.

[70] De novo, a observação feita supra, a propósito da faculdade concedida pelo artigo 1048.°/1 ao executado (purgar a mora na pendência da acção de despejo e na pendência da execução destinada a obter o despejo, desde que o faça, respectivamente, no prazo da contestação ou da dedução de embargos). Parece, de novo, que, tendo sido dada ao locatário a faculdade – em sede judicial – de purgar a mora (em 10 dias: artigo 14.°/5 NRAU), tal faculdade não deverá ser de novo concedida em sede de execução para despejo (o artigo 1048.°/1, ao reporta-se à acção executiva, visa os casos em que a execução procede de um título extrajudicial, o que não é o caso referido no artigo 14.°/5 NRAU).

[71] Relativamente ao regime civil da consignação em depósito, vide os artigos 841.° ss.; quanto ao regime processual (para que remete o artigo 21.° NRAU) está previsto nos artigos 1024.° ss. CPC.

[72] Naturalmente que a consignação em depósito vale para outros casos, que não somente o da mora do locatário no pagamento da renda (a saber, desde já, a mora do locador e os demais pressupostos referidos no artigo 841.°).

a consignação em depósito assume, nos casos de mora do locatário, um carácter subsidiário.

Em segundo lugar, passou a ser obrigatória a comunicação da consignação ao locador (artigo 19.°/1 NRAU)[73]. A comunicação pode ser feita mediante a junção aos autos da guia (caso se encontre ou venha a ser intentada acção de despejo – artigo 19.°/2). Quando assim não seja, a comunicação deverá revestir uma das formas determinadas pelo artigo 9.° NRAU[74].

Uma outra nota prende-se com o facto de o artigo 18.°/2 exigir que a instituição depositária seja uma instituição de crédito, não sendo, portanto forçoso que a mesma seja a Caixa Geral de Depósitos (como constava do artigo 23.° RAU)[75].

Uma última referência vai para o fim da distinção entre depósitos definitivos e condicionais. Esta distinção decorria da antiga versão do artigo 1042.°, mas a nova redacção do preceito deixa de fazer qualquer distinção nessa matéria. Assim sendo, o único depósito cujo levantamento pelo locador depende de decisão judicial (e de harmonia com a mesma) é o que for impugnado pelo mesmo (artigo 22.°/3 NRAU)[76]. Mantém-se a possibilidade de o locador impugnar o depósito, estando ou não pendente acção de despejo (artigo 21.°/2 NRAU). Caso o depósito não seja considerado liberatório (v.g., não compreender as rendas em mora e a indemnização moratória, nos termos dos artigo 1041.° e 1042.°), a impugnação

---

[73] Antes era facultativa (artigo 24.°/1 RAU).

[74] MENEZES LEITÃO considera que a falta da comunicação ao locador não afecta, por si só, a eficácia liberatória do depósito (podendo, quando muito, dar origem a responsabilidade civil) (*Arrendamento Urbano*, cit., p. 166). É verdade que, estando pendente acção de despejo com fundamento em falta de pagamento das rendas, o locatário tem o prazo da contestação para proceder ao depósito liberatório (artigo 1048.°/1), o que dá a entender que tem o ónus de juntar, à contestação, o duplicado da guia de depósito (artigo 19.°/2 NRAU) (e, para além disso, de invocar, na sua defesa, a ineficácia da fundamento deduzido pelo autor). Esse ónus, parece, mantém-se se o locador propuser a acção após a realização do depósito pelo locatário (sem que lhe tenha sido dado conhecimento – porque, à partida, não proporia a acção se tivesse conhecimento do mesmo). Relativamente à responsabilidade civil, o locatário seria responsável pelo prejuízo causado ao locador em virtude da propositura de uma acção judicial inútil, devendo, no mínimo, suportar as custas processuais – sendo que, contudo, essa situação já decorre da interpretação *a contrario* do artigo 449.°/2-*a*) CPC.

[75] Vide as observações feitas por ARAGÃO SEIA, ob. cit., pp. 258-259.

[76] Nos termos do artigo 28.° RAU, o depósito condicional só poderia ser levantado após decisão judicial, à semelhança do depósito impugnado pelo locador.

procede e o despejo será decretado. Refira-se que o locatário, em fase judicial, só pode usar deste meio liberatório uma única vez (artigo 1048.°/2) (sem prejuízo, claro está, da possibilidade de continuar a proceder à consignação em depósito da renda – em singelo –, por estar pendente acção de despejo – cfr. artigo 17.°/1 NRAU[77]).

---

[77] A possibilidade de o locatário proceder à consignação em depósito da renda, na pendência da acção de despejo, vale seja qual for a causa de despejo invocada pelo locador, como referimos atrás. Mesmo que, na pendência da acção de despejo, o locador aceite o recebimento da renda, o locatário pode proceder à consignação (embora, em rigor, a causa que deu origem à consignação – oferta infrutífera de pagamento pelo locatário – já se não verifique).

O NOVO REGIME DA REDUÇÃO DO CAPITAL SOCIAL E O ARTIGO 35.º DO CÓDIGO DAS SOCIEDADES COMERCIAIS

Paulo Olavo Cunha[*-**]

Sumário: *I. Introdução: 1. A alteração de 2007 ao Código das Sociedades Comerciais. 2. Capital social e património societário. 3. Redução do capital social e reintegração do capital. II. O actual regime da redução do capital social: 4. Modalidades da redução do capital social: 4.1. Libertação de excesso de capital: 4.1.1. Caracterização; 4.1.2. Apreciação da dimensão da actividade da sociedade; 4.1.3. Eliminação da autorização judicial; 4.2. Compensação de perdas. 5. Finalidades da redução do capital social: 5.1. Redução do capital para extinguir obrigações de entrada; 5.2. Redução do capital social para compensar a depreciação de bens do activo; 5.3. Outras finalidades da redução de capital: 5.3.1. Saneamento financeiro e revitalização: operação harmónio; 5.3.2. Cisão simples da sociedade;*

---

[*] Docente (convidado) da Faculdade de Direito da Universidade Católica Portuguesa (Lisboa) (regente de Direito das Sociedades Comerciais no curso de licenciatura e professor na Pós-Graduação de Direito Comercial), Advogado.

[**] Retomo aqui, actualizando criticamente (em Fevereiro de 2007), o tema que abordei nos Estudos em Homenagem ao Professor Doutor Inocêncio Galvão Telles («A redução do capital das sociedades anónimas», volume IV – Novos Estudos de Direito Privado, Almedina, Coimbra, 2003, pp. 659-693), meu insigne mestre, que congratulo pelo seu nonagésimo aniversário.

Limitado pela natural economia de espaço – que excedi, ligeiramente, com a benevolência dos organizadores dos Estudos – apresento uma primeira, e necessariamente breve, reflexão sobre a última alteração do Código das Sociedades Comerciais que ocorreu (já) em 2007, não deixando de chamar a atenção para o estado, aliás deplorável, em que se encontra o respectivo artigo 35.º. O texto elaborado colhe, naturalmente, apoio parcial nas minhas recentes lições de *Direito das Sociedades Comerciais* (2.ª edição, Almedina, Coimbra, 2006).

5.3.3. Redução conveniente: o artigo 35.° do CSC; remissão. 6. Interesses subjacentes à redução do capital social: 6.1. Enquadramento da questão; o interesse social; 6.2. Os interesses dos sócios e accionistas; 6.3. Diminuição das garantias de terceiros. 7. Limites decorrentes da necessidade (legal) de existência de um capital social mínimo e âmbito da redução do capital: 7.1. Redução expressamente condicionada à efectivação de aumento do capital; 7.2. Transformação da sociedade como consequência da redução do capital; 7.3. Redução do capital a zero; 7.4. Coexistência de acções ordinárias e de acções privilegiadas; 7.5. Redução do capital social posteriormente à dissolução da sociedade. 8. A execução da operação de redução de capital social: 8.1. Decisão e formalidades específicas da operação de redução do capital social: 8.1.1. Convocação dos sócios; 8.1.2. Deliberação; 8.1.3. Desnecessidade de autorização judicial e elementos de suporte; 8.1.4. Acta de redução de capital e execução da deliberação; 8.2. Formas de execução da redução do capital social: 8.2.1. Enquadramento; 8.2.2. Diminuição do valor nominal das participações; 8.2.3. Reagrupamento de participações; 8.2.4. Extinção de participações: aquisição de acções próprias para redução do capital social e amortização de acções; 8.3. Eficácia da deliberação de redução e protecção de terceiros; 8.4. Publicidade e publicações facultativas; 8.5. Intervenção e tutela dos credores. III. Sentido e alcance do artigo 35.°: 9. Razão de ser e evolução histórica do artigo 35.°: 9.1. A ratio da norma; 9.2. Evolução do regime legal (até 31 de Dezembro de 2004). 10. Regime jurídico actual: 10.1. O preâmbulo do Decreto-Lei n.° 19/2005, de 18 de Janeiro, e as alterações ao Código das Sociedades Comerciais; 10.2. Breve confronto com os regimes anteriores; 10.3. A nova redacção do artigo 35.°; 10.4. Aplicabilidade do artigo 35.° às empresas públicas e entidades análogas. 11. Conclusão; o esvaziamento do artigo 35.° do CSC.

I. Introdução

1. A alteração de 2007 ao Código das Sociedades Comerciais

O Direito Societário português foi, em 2006, objecto de uma extensa reforma, sobre a qual se pronunciaram já, directa e indirectamente, alguns juristas portugueses de renome[1].

---

[1] De entre as obras e estudos nacionais divulgados depois da publicação da Reforma Societária e que, já a contemplando, versam sobre a matéria que é objecto deste nosso

Não obstante as alterações então aprovadas pelo Decreto-Lei n.° 76--A/2006, de 29 de Março, terem modificado mais de uma centena de normas do Código das Sociedades Comerciais (para além de outros diplomas), com especial incidência no plano da orgânica e governação das sociedades anónimas, o legislador não deu por concluída a sua intervenção, tendo promovido, já em 2007, a publicação em separado do novo regime da redução do capital social.

---

artigo, embora sejam anteriores à alteração de 2007, vd. António PEREIRA DE ALMEIDA, *Sociedades Comerciais,* 4.ª ed., Coimbra Editora, Coimbra, 2006, pp. 704-706 e 71-74, e Pedro PAIS DE VASCONCELOS, *A participação social nas sociedades comerciais,* 2.ª ed., Almedina, Coimbra, 2006, pp. 308-311.

Na literatura jurídica estrangeira mais recente, vd. AA.VV., *Diritto delle Società* [Manuale breve], introduzione di Berardino Libonati, Giuffrè, Milano, 2006 (cfr. «Património, capitale e bilancio», por Giuseppe FERRI Jr, pp. 81-116, em especial pp. 91-93, e «Modificazioni statutarie e recesso», por Roberto ROSAPEPE, pp. 381-408, em especial, pp. 393-397), AA.VV., *Derecho de Sociedades Anónimas,* III – *Modificación de estatutos, aumento y reducción del capital, obligaciones,* vol. 2, coord. por Alonso Ureba, Duque Domínguez, Esteban Velasco, García Villaverde e Sánchez Calero, Civitas, Madrid, 1994, pp. 749-1050, Paul L. DAVIES, *Gower's and Davies Principles of Modern Company Law,* 7.ª ed., Sweet & Maxwell, London, 2003, em especial pp. 241-249, Giuseppe FERRI, *Manuale di Diritto Commerciale,* 12.ª ed. por G. Angelici e G.B. Ferri, UTET, Torino, 2006, pp. 415-418 e 422-424, Francesco GALGANO, *Il nuovo diritto societário* (Trattato di Diritto Commerciale e di Diritto Pubblico dell' Economia, vol. XXIX), t. 1, *Le nuove società di capitali e cooperative,* 3.ª ed. por Francesco Galgano e Ricardo Genghini, Cedam, Padova, 2006, pp. 13-16, 662-667 e 273-274, Götz HUECK/Christine WINDBICHLER, *Gesellschaftsrecht,* 20.ª ed., C. H. Beck, München, 2003, pp. 414-422, Juan Luís IGLESIAS/Javier GARCÍA DE ENTERRÍA, «La modificacion de los estatutos sociales. Aumento y reducción del capital social. Separación y exclusión de sócios», in AAVV, *Lecciones de Derecho Mercantil* (Lección 18), 4.ª ed., dir. por AURELIO MENÉNDEZ, coord. por Maria Luisa Aparicio González, Thomson/Civitas, Aranzadi, Navarra, 2006, pp. 439-462 (cfr., em especial, pp. 451-458), Friedrich KUBLER, *Gesellschaftsrecht,* 6.ª ed., C. F. Muller, Heidelberg, 2006 (existe tradução espanhola da 5.ª ed., 1998, por Michèle Klein, *Derecho de sociedades,* Fundación Cultural del Notariado, Madrid, 2001, cfr. pp. 368-372 e 360-361), Paul LE CANNU, *Droit des Sociétés,* LGDJ/Montchrestien, Paris, 2002, pp. 670-673 e 749, Philippe MERLE, *Droit Commercial. Sociétés Commerciales,* 10.ª ed. (colab. Anne Fauchon), Dalloz, Paris, 2005, pp. 256-257, 680-684 e 699, Thomas RAISER/Rüdiger WEIL, *Recht der Kapitalgesellschaften,* 4.ª ed., Franz Vahlen, München, 2006, pp. 302-303, 332--338 e 613-615, Georges RIPERT/René ROBLOT, *Traité de Droit Commercial,* t. 1, vol. 2, *Les sociétés commerciales,* 18.ª ed., por Michel Germain, LGDJ, Paris, 2002, pp. 222, 636-640, 378-379 e 666, Franco DI SÁBATO, *Diritto delle Società,* 2.ª ed., Giuffrè, Milano, 2006, pp. 453-460, Rodrigo URÍA/Aurélio MENÉNDEZ, *Curso de Derecho Mercantil,* I, 2.ª ed., Civitas, Madrid, 2006 (obra colectiva), pp. 1047-1059, Francisco VICENT CHULIÁ, *Introducción al Derecho Mercantil,* 19.ª ed., Tirant lo Blanch, Valencia, 2006, pp. 515-521.

Com efeito, só no passado dia 17 de Janeiro de 2007 seria publicada a alteração do Código das Sociedades Comerciais referente à simplificação do processo de redução do capital social, quando o mesmo não se destine unicamente à cobertura de perdas. Aprovada pelo Decreto-Lei n.º 8//2007[2], que aproveitou também para aperfeiçoar certas disposições do Código, algumas delas com uma redacção muito recente – uma vez que haviam entrado em vigor em 30 de Junho de 2006 –, o novo diploma não eliminou, infelizmente, diversas incongruências e lapsos de redacção do Decreto-Lei n.º 76-A/2006, de 29 de Março[3], e criou novas imperfeições, mesmo no plano da própria redução do capital social sobre que versa. Assim, e exemplificando, esqueceu-se de adaptar o artigo 463.º do Código das Sociedades Comerciais à nova redacção do artigo 95.º, que alterou, e de modificar a remissão do artigo 35.º, n.º 3, alínea b) – que era feita para o artigo 96.º, n.º 1 e deve passar a entender-se para o artigo 95.º, n.º 2. Para além destes lapsos formais, facilmente elimináveis em sede de rectificação, introduziu incoerências insanáveis ao pretender unificar o regime da redução do capital sem distinguir a cobertura de perdas da libertação de capital excessivo. Sem prejuízo do desenvolvimento que faremos adiante, na análise crítica do novo regime da redução do capital social, chamamos

---

[2] Este diploma, para além de novas alterações ao Código das Sociedades Comerciais – que não se limitaram à redução do capital social, mas pretenderam também aperfeiçoar diversas regras do Código, algumas delas com pouco mais de seis meses de vigência –, também criou o regime da Informação Empresarial Simplificada (IES) e introduziu novas medidas de eliminação de actos no sector do registo comercial e dos actos notariais conexos, suprimindo a necessidade de novo certificado de admissibilidade de firma em caso de mudança de sede (para diferente concelho), tornando gratuitos actos de registo provocados por iniciativas da Administração Pública e incentivando a transformação dos EIRL em sociedades unipessoais por quotas, ao isentar tais operações de custos registrais.

Antes de fazermos um balanço sucinto sobre as implicações do Decreto-Lei n.º 8/2007, de 17 de Janeiro – cujas medidas entraram em vigor em 18 de Janeiro de 2007 (dia seguinte ao da sua publicação), apesar de as obrigações relativas à Informação Empresarial Simplificada se aplicarem já ao exercício de 2006 (cfr. artigos 25.º e 24.º, n.º 2) –, no plano das sociedades comerciais, não podemos deixar de criticar a forma como se continuou a processar a Reforma do Direito Societário Português, sendo incompreensível que uma medida preconizada há quase um ano, divulgada em Fevereiro de 2006, isto é, muito antes da publicação do Decreto-Lei 76-A/2006, só em 2007 tivesse conhecido a luz do dia, provocando nova – embora já aguardada – alteração do Código das Sociedades Comerciais.

[3] Para os quais chamávamos já a atenção no nosso *Direito das Sociedades Comerciais*, 2.ª ed., Almedina, Coimbra, 2006, pp. 686-687.

já a atenção para dois problemas que se irão suscitar, com a referida unificação normativa, e que constituem falhas substanciais do novo regime. Um respeita à regra do artigo 95.º, n.º 1, cuja aplicação à redução para a cobertura de perdas é incompatível com a previsão do artigo 35.º, n.º 3, alínea *b*), mesmo com a rectificação formal mencionada; o outro refere-se à aparente contradição entre o disposto no número 4 do artigo 95.º e a excepção constante no artigo 27.º, n.º 1. Trata-se de aspectos a que, adiante, procuraremos dar um sentido útil.

Nas breves linhas que se seguem procuraremos expor as principais linhas da redução do capital à luz do regime actual, não podendo deixar de manifestar uma certa reserva sobre a solução adoptada em matéria de redução do capital excessivo, operação que, não estando agora sujeita ao controlo dos credores (cfr. a nova redacção do artigo 96.º) – que apenas podem, em prazo muito reduzido, procurar assegurar os respectivos créditos sem poderem impedir ou pôr em causa a própria operação de redução do capital –, deixou de ser supervisionada pelo tribunal[4], sem qualquer contrapeso, nem controlo. Com efeito, diversamente do que se admitia, esta operação não será objecto de apreciação de natureza administrativa especializada (pela Conservatória de Registo Comercial, que se limitará a promover o registo da alteração contratual deliberada, sem verificação dos pressupostos económicos que a sustentam), como acontece com as operações de dissolução e liquidação, nem tão pouco foi expressamente subordinada à fiscalização por entidade independente ou integrante dos órgãos sociais.

Concluindo esta primeira aproximação – quando esteja apenas em causa a libertação de excesso de capital –, os sócios e credores discordantes apenas poderão reclamar *a posteriori* e em sede judicial, comprovando os primeiros a ilegalidade da deliberação, se for o caso, e impugnando-a, e contestando os segundos a respectiva oportunidade, procurando acautelar créditos que possam ser prejudicados pela distribuição de bens resultante da redução deliberada, mas não lhes sendo facultados meios para se poderem opor, eliminar ou sequer paralisar a deliberação social formada.

É precisamente sobre a nova configuração da redução do capital no Direito português que nos vamos debruçar, começando naturalmente por caracterizar o capital social e distingui-lo do património societário.

---

[4] Com manifesta economia de custos para os interessados. A título de exemplo, acerca do montante exorbitante de custas nestes processos, cfr. Ac RelGuimarães de 18 de Junho de 2003 (GOMES DA SILVA) (Proc. n.º 818/03-2), *www.dgsi.pt*.

2. Capital social e património societário

O *capital social* é a «cifra numérica de valor constante, em dinheiro, expressa em euros [*«moeda com curso legal em Portugal»* (vd. artigo 14.º)], correspondente ao património de constituição da empresa»[5], isto é, à soma de todas as participações dos sócios que, na fase do arranque da sociedade, tende a ser equivalente ao respectivo património, mesmo enquanto os sócios (ou accionistas) não realizam integralmente as suas entradas (isto é, o capital subscrito).

E o capital social é, assim, composto pelos meios financeiros que constituem o património inicial da empresa e que resultam da soma de todas as participações dos sócios.

Contudo, pode suceder que a sociedade não necessite desde logo da totalidade do valor estimado, pelo que é possível diferir a liberação de parte do capital subscrito e realizar um valor inferior a este. Mais tarde, com o decurso do tempo, pode ainda ser necessário proceder a um aumento desse valor, se o mesmo se revelar insuficiente para a prossecução dos objectivos estabelecidos inicialmente ou redefinidos posteriormente.

Nas sociedades anónimas e por quotas [tipos sociais em que *«não são admitidas contribuições de indústria»* (artigos 277.º, n.º 1 e 202.º, n.º 1) o capital social forma-se exclusivamente com as entradas dos sócios, sendo representado unicamente por acções e por quotas (vd. artigos 271.º e 197.º, n.º 1). De início tende a ser equivalente ao património da sociedade, mesmo enquanto os sócios não realizam integralmente as suas entradas (o capital subscrito), uma vez que o crédito que a sociedade terá sobre eles integra o património (activo)[6]. Mas pode ser superior, se forem sobreavaliadas as entradas em espécie, ou inferior, quando as acções forem emitidas com prémio (acima do par).

A lei estabelece, relativamente a esses tipos sociais, um capital mínimo obrigatório de € 50.000,00 (cinquenta mil euros) para as sociedades anónimas e de € 5.000,00 (cinco mil euros) para as sociedades por quotas (cfr. artigos 276.º, n.º 3, e 201.º)

Por sua vez, o *património societário*, que está em permanente mutação, é, em sentido amplo, o conjunto de direitos e vinculações da socie-

---

[5] PAULO SENDIN, *Curso de Sociedades Comerciais* (Policopiado), Lisboa, 1984.
[6] Vd. Joaquim GARRIGUES, *Curso de Derecho Mercantil,* Tomo I, 7.ª ed., edição do autor, Madrid, 1982, p. 438.

dade susceptíveis de avaliação pecuniária; o património líquido (aquele que nos interessa) é – de forma simplificada – a diferença aritmética entre os créditos (activo) e as dívidas (passivo) sociais. O património forma-se, no momento de arranque, com o capital social[7] que é subscrito pelos sócios e constitui a realidade que irá suportar economicamente a sociedade.

O capital é o ponto de referência da situação económica da sociedade, «funciona como uma medida, em relação à qual se determina se no decurso do funcionamento da sociedade resultou acréscimo ou diminuição do património social»[8]. Assim, dizemos que a sociedade tem lucro (ganhos) quando o património se encontra acima dessa medida (acrescida das reservas legais) e sofre perdas quando o património cai abaixo da *linha* do capital social.

O *capital social* garante a todos os que contratam com a sociedade que se ela está a distribuir lucros pelos seus sócios é porque a sua situação líquida o permite, correspondendo, nesse caso, o património líquido a um montante superior ao do capital acrescido das reservas legais. O capital é, assim, um importante ponto de referência da capacidade económica da sociedade, mas é, de facto, o património que garante os credores. Por isso, a lei se preocupa tanto em procurar assegurar uma correspondência mínima entre essas duas realidades, estabelecendo medidas de correcção, como a que consta do artigo 35.°, que será objecto de apreciação mais à frente.

---

[7] Este tem um duplo relevo: fundacional (no momento constitutivo), porque tem de ser mencionado no contrato [artigo 9, n.° 1, alínea *f*)] (a noção de capital é uma noção básica da existência da sociedade), e funcional, determinando (internamente) a posição relativa dos sócios, em razão do montante das suas participações, e representando (externamente) a garantia dos credores (sociais), na medida em que só poderá ocorrer uma distribuição lícita de bens sociais aos sócios, designadamente a título de lucros, quando a situação líquida da sociedade for superior ao montante do capital social acrescido das reservas legais ou, dito de forma mais simples, se o património liquido da sociedade exceder (for superior) o montante do capital social (acrescido das reservas indisponíveis). Esta regra constitui uma concretização do chamado princípio da intangibilidade do capital social. Os preceitos legais que o pretendem garantir visam, designadamente, impedir a sociedade de distribuir, a título de dividendos, importâncias que levem o património social a descer abaixo do montante do capital social (e das reservas legais) (cfr. artigos 32.° e 33.° do CSC).

As reservas sociais representam um reforço da intangibilidade do capital social; a sua função é análoga à do capital social (cfr. artigos 295.° e 296.°).

[8] FERNANDO OLAVO, *Direito Comercial*, vol. II (texto policopiado), Lisboa, 1963, p. 17.

Por fim, refira-se que, contabilisticamente, o capital social (cifra) deve figurar no passivo, com base no princípio da sua intangibilidade, o que faz todo o sentido, visto que só a inscrição no passivo evita que o valor correspondente seja entregue aos sócios, como se de lucros realizados se tratasse, antes de satisfeitos os credores pela importância equivalente. Deverá, pois, haver sempre no activo bens que correspondam a essa cifra e que a garantam.

3. *Redução do capital social e reintegração do capital*

As sociedades comerciais constituem-se para a prossecução de uma determinada actividade económica de carácter lucrativo e, para esse efeito, reúnem os meios financeiros adequados, necessários e suficientes à dimensão e amplitude dos negócios que pretendem realizar.

Os meios financeiros, que constituem o património inicial da empresa e que resultam da soma de todas as participações dos sócios, correspondem ao capital social que, como vimos, sendo a cifra numérica de valor constante, em dinheiro, expressa em euros, na fase da arranque da sociedade tende a ser equivalente ao respectivo património, mesmo enquanto os sócios (ou accionistas) não realizam integralmente as suas entradas (o capital subscrito).

Sucede que, por vezes, durante a vida da sociedade ocorrem vicissitudes que comprometem parte do património societário, obrigando a repor essa cifra numérica num nível compatível ao do activo remanescente ou, diversamente, se conclui ser o capital subscrito excessivo para os negócios que a sociedade se propõe efectuar, fazendo todo o sentido reembolsar parcialmente os sócios de quantias que, afinal, não serão necessárias ou que, dado o êxito alcançado e os objectivos ainda por atingir, passaram a ser supérfluas.

Aspecto *estrutural* das sociedades comerciais consiste em determinar que actos empreender quando se encontra perdida uma parte substancial do capital social, caso a sociedade se pretenda manter em funcionamento, ou quando se verifica ser o capital subscrito (manifestamente) excessivo para a actividade societária.

São, pois, basicamente, duas as motivações que podem conduzir a sociedade a promover uma redução do seu capital, embora esta seja especialmente relevante nos caos em que o capital – isto é, o património líquido que, pontualmente, lhe corresponde – se encontra parcial ou totalmente comprometido.

A *redução do capital social* é a alteração do contrato social que consiste na substituição do montante do capital (elemento obrigatório desse contrato), que consta da cláusula do contrato vigente nesse momento, por um montante inferior. São-lhe, pois, aplicáveis todas as regras (legais e estatutárias) que versam sobre a alteração do contrato de sociedade (para além daquelas que sejam específicas da própria operação de redução)[9].

Através da redução do seu capital, a sociedade coloca a cifra *capital social* ao nível em que, em dado momento, se encontra o seu património líquido, de modo que, da simples leitura dos termos do contrato, resulte uma imagem correcta da respectiva situação e da medida das suas responsabilidades. Esta operação vai ter de ser complementada pela modificação das participações sociais tituladas, escriturais ou meramente incorpóreas (as quotas), de forma a assegurar a coincidência do (novo) montante do capital com a soma dos valores nominais das mesmas resultantes da operação[10].

A *reintegração do capital* não consiste numa alteração do capital social, mas sim do património (este é que se reintegra); trata-se de uma operação de realização de bens (*maxime* de dinheiro), destinados a compensar perdas patrimoniais sofridas pela sociedade, que tem por finalidade recolocar o património líquido ao nível do montante do capital social, ou pelo menos ao nível mínimo admissível (caso em que a reintegração será parcial)[11]. O artigo 35.°, n.° 3, alínea c), do Código das Sociedades Comerciais, contempla precisamente uma situação de reintegração, apesar da lei reguladora das sociedades comerciais não aludir expressamente a esta operação – de reintegração do capital –, que se enquadra na realização das prestações suplementares e das prestações acessórias de capital (que são formas de obviar à subcapitalização das sociedades comerciais, isto é, destas poderem superar a insuficiência dos seus recursos, tendo em conta o objecto que se propõem realizar).

Podemos, pois, concluir que a reintegração constitui, precisamente, uma alternativa à redução do capital social (motivada por perdas sociais). Aliás, isso mesmo se infere do próprio artigo 35.°, objecto de apreciação

---

[9] A redução do capital implica também uma operação contabilística: uma (nova) cifra de capital de montante inferior figurará no passivo, permitindo o reequilíbrio das contas sociais, pela adequação daquela ao património existente.

[10] A modificação da cifra do capital social repercute-se sobre as partes (acções ou quotas) em que o capital está dividido ou sobre o número absoluto dessas partes (acções).

[11] Vd., por todos, PINTO FURTADO, *Código Comercial Anotado*, vol. II, t. I, Almedina, Coimbra, 1986, pp. 190-196.

desenvolvida mais à frente. Em caso de perda grave (*metade do capital social*), a sociedade deve adoptar as medidas que considere convenientes, designadamente propondo-se os sócios efectuar entradas que permitam reconduzir o património social (os capitais próprios) a mais de metade do montante do capital social (reintegração parcial).

II. O actual regime da redução do capital social

O Decreto-Lei n.° 8/2007, de 17 de Janeiro, teve – entre outros – o propósito de eliminar a intervenção do tribunal nas operações de redução do capital social que, para se concretizarem, ainda careciam de autorização judicial prévia (cfr. artigos 95.°, na redacção originária e artigo 1487.° do CPC, na redacção anterior). Ao fazê-lo – alterando os artigos 95.° e 96.° Código das Sociedades Comerciais (tendo algumas das regras constantes do artigo 96.° sido transferidas para o artigo 95.°), modificando a alínea *p*) do n.° 1 do artigo 3.° do Código do Registo Comercial (que sujeitava a registo obrigatório a *deliberação* de redução do capital social) e revogando o artigo 1487.°-A o Código de Processo Civil (integrando o respectivo conteúdo no artigo 1487.°, que alterou totalmente) –, o legislador quis unificar o regime da redução do capital social, independentemente da finalidade que a operação se propõe prosseguir.

A solução simplista adoptada não tomou em consideração os diferentes, senão mesmo antagónicos, objectivos que a redução do capital social pode prosseguir, num caso libertando meios societários supérfluos ou excessivos e devolvendo-os aos sócios – em situação de manifesta sobrecapitalização –; e, no outro, visando reconhecer que parte do capital social que os sócios realizaram ou se obrigaram a realizar se encontra comprometida, sendo a realidade da sociedade diferente daquela que resulta da cifra numérica (constante) em que se expressa externamente (cfr. artigo 171.° do CSC) a sua medida de responsabilidade, pelo que importa adequar o capital social ao património societário subsistente, assumindo as perdas entretanto ocorridas. Diversamente do que acontece no primeiro caso, quando a sociedade empreende uma redução para cobertura de prejuízos, ela encontra-se em regra[12] numa situação de subcapitalização.

---

[12] Mas não necessariamente, porque o saneamento financeiro pode ser acompanhado de uma redução efectiva da actividade comercial, sendo então suficiente o capital remanescente.

Motivações e finalidades diferentes justificavam em nosso entender que, pelo menos, algumas regras devessem continuar a aplicar-se especificamente, e em exclusivo, à redução para libertação de excesso de capital, não obstante a supressão da intervenção judicial. Tais são os casos da redução para exoneração de entradas de capital não realizadas [cfr. artigos 27.°, n.° 1 e 95.°, n.° 4, anteriormente artigo 95.°, n.° 4, alínea *b*), aplicável apenas à redução para cobertura de perdas] e de redução para um nível não inferior a uma determinada percentagem do capital próprio [cfr. artigos 95.°, n.° 1 e 35.°, n.° 3, alínea *b*); anteriormente artigo 95.°, n.° 2, aplicável apenas à redução sujeita a autorização judicial (e, consequentemente, para libertação de excesso de capital)].

Vamos, pois, proceder à análise do novo regime legal da redução do capital, sem perder de vista os factores diferenciadores que referimos.

4. Modalidades da redução do capital social

São essencialmente duas as finalidades prosseguidas com a redução do capital social, podendo encontrar-se associados a qualquer delas outro objectivo societário que, a verificar-se, lhes confere carácter instrumental, atribuindo a toda a operação uma *finalidade especial*, como o que acontece com a operação harmónio.

4.1. Libertação de excesso de capital

4.1.1. Caracterização

A sociedade comercial durante a sua vida pode aperceber-se que o seu capital social é excessivo relativamente às necessidades decorrentes da actividade prosseguida, ou por ter sido inicialmente mal calculado ou por se ter revelado demasiado, atendendo à actividade por si exercida.

Ora, esse capital excessivo é improdutivo, por não ser aproveitado, pelo que, com a finalidade de o libertar, a lei admite a respectiva redução [cfr. artigo 94.°, n.° 1, alínea *a*)].

Trata-se de uma operação que não prejudica os sócios; antes pelo contrário, viabilizando a distribuição de bens até então indisponíveis. O património líquido, que acompanha no mesmo montante a variação do capital social, situar-se-á a um nível inferior, permitindo a criação de reservas livres, que anteriormente integravam o capital social, ou a atribuição de bens aos sócios. De acordo com o princípio da intangibilidade do capital, a sociedade apenas tem de assegurar um activo que cubra o capital social acrescido das reservas obrigatórias.

Já os credores sociais se vêm confrontados com um risco significativo, sofrendo um prejuízo potencial, visto que tudo o que se torna disponível para os sócios representa diminuição da garantia dos seus créditos.

À finalidade imediata da redução do capital social para libertação de bens (excessivos ou supérfluos), correspondem diversas motivações. Assim, a redução do capital excessivo pode visar:

1.º A directa atribuição aos sócios das importâncias libertadas – sem que elas tenham de passar por uma fase em que constituam reservas livres – correspondendo ao reembolso parcial do capital investido.
2.º A extinção de obrigações de entrada, ainda não realizadas, que deve ser conjugada com o princípio da igualdade dos sócios.
3.º A criação de reservas livres que, no futuro, venham a ser necessárias à actividade da empresa societária.

4.1.2. Apreciação da dimensão da actividade da sociedade

A apreciação do excesso de capital é uma prerrogativa dos sócios, a quem compete por norma (artigo 11.º, n.º 2) determinar a actividade que a sociedade exercerá e a dimensão potencial mais conveniente à realização do objecto escolhido.

A redução do capital excessivo implica discricionariedade na valoração dos factos de que resulta o excesso, isto é, na apreciação da dimensão efectiva e potencial da actividade, relativamente à qual se afere o excesso do capital. Ou seja, subjacente à deliberação de redução para libertação do excesso de capital estará sempre a apreciação feita pelos sócios – por uma maioria qualificada de dois terços dos votos na sociedade anónima (artigo 386.º, n.º 3) ou de três quartos do capital nas sociedades por quotas (artigo 265.º, n.º 1) – da actividade da sociedade nos seus aspectos qualitativo e dimensional. Mas o juízo sobre o excesso ou exuberância do capital não tem a ver com o objecto da sociedade, mas sim com o modo como esse objecto (actividade) será prosseguido, optando os sócios por uma variação quantitativa da actividade da sociedade de sinal negativo, isto é, por uma desaceleração da actividade societária, a que corresponderá com grande probabilidade um volume de negócios inferior[13].

A deliberação de redução de capital excessivo encerra, contudo, um risco: o da possível estagnação da actividade da sociedade. Mesmo que isto aconteça, a deliberação, em si, nada tem de ilícito, ainda que seja susceptível de se reconduzir a uma deliberação abusiva [e, consequentemente, anulável nos termos do artigo 58.°, n.° 1, alínea b)] se corresponder a um simples capricho da maioria ou se visar favorecer o desenvolvimento de uma sociedade concorrente.

4.1.3. Eliminação da autorização judicial

O Decreto-Lei n.° 8/2007, de 17 de Janeiro, suprimiu a necessidade de recurso ao tribunal quando estiver em causa a redução para libertação de capital excessivo.

Equacionar a dispensa de autorização judicial – de que beneficiava a redução do capital social sempre que fosse apenas destinada à compensação de perdas [cfr. artigo 95.°, n.° 3, na redacção originária (alterada pelo Decreto-Lei n.° 8/2007, de 17 de Janeiro)][14] – deixou, pois, de fazer sentido, uma vez que esta alteração contratual já não está, em nenhuma circunstância, sujeita à prévia autorização do tribunal, sem prejuízo de os credores poderem contestar a operação, como veremos adiante (cfr., *infra*, n.° 8.5.).

Não obstante, os sócios não ficam exonerados das suas obrigações de realização do capital – já subscrito – se a redução tiver lugar antes de o capital estar integralmente realizado (cfr. artigo 95.°, n.° 4, na redacção do Decreto-Lei n.° 8/2007).

4.2. *Compensação de perdas*

Se a sociedade, no exercício da sua actividade, sofre perdas, estas são absorvidas pelas reservas. Quando o montante das perdas supera o das reservas, elas interferem no capital social, significando que o montante no

---

[13] Cfr. Ernesto SIMONETTO, «La riduzione del capitale esuberante», in *Studi in Memoria di Tullio Ascarelli*, IV, Milano, 1969 (pp. 2125 e segs.), p. 2132.

[14] Tratava-se de uma medida inédita no nosso ordenamento [que já havia sido prevista no Projecto de Código das Sociedades (1983): artigo 65.°].

qual se exprime o valor do património está abaixo da cifra que indica o valor do capital.

Verificada a perda, pode ser oportuno – ou necessário – reduzir a importância nominal do capital para restabelecer a correspondência entre o mesmo e o valor do património efectivamente existente[15].

Descendo o património líquido abaixo do capital social, a sociedade deixa de apresentar lucros, pois estes são o quantitativo que, no património societário, excede o capital social acrescido das reservas legais. Haverá então que promover a adequação do capital social ao património líquido da sociedade, mediante o recurso ao processo de redução do capital, destinado à cobertura de prejuízos [cfr. artigo 94.°, n.° 1, alínea *a*)].

A lei não diz o que se deve entender por perda, o que, antigamente, era da maior importância, designadamente para sabermos se seria dispensável a autorização judicial, a que não se encontrava sujeita a redução para cobertura de perdas (cfr. artigo 95.°, n.° 3, na redacção originária, alterada pelo Decreto-Lei n.° 8/2007)[16].

Há perdas sempre que, em razão da actividade económica (gestão) da sociedade, o montante do património líquido desce abaixo do montante do capital. Mas o activo social pode diminuir por outras circunstâncias, sem ser por influência directa da gestão da sociedade, como, por exemplo, por efeito de desvalorização dos respectivos bens. A este propósito cabe perguntar se haverá então lugar à redução do capital para compensar essa desvalorização. Nada obsta a que a resposta seja afirmativa[17], como veremos adiante.

Os sócios, para poderem deliberar a redução do capital por perdas, devem averiguar previamente a sua existência e o seu montante, discutindo-se tradicionalmente na doutrina se seriam suficientes elementos normais de informação (comunicação dos administradores, *v.g.*) ou se as perdas deveriam ser objecto de meio de prova especial (por exemplo, balanço da sociedade).

---

[15] Vd. Giancarlo Frè, *Società per Azioni* (*Commentario del Codice Civile a cura di Scialoja e Bianca*), 4.ª ed., Bologna, 1972 (existe edição posterior, de 1987), p. 749 e pp. 755 e segs..

[16] Como já referimos (*supra*, n.° 1.), a redução do capital – com a alteração introduzida no CSC e no CPC, pelo Decreto-Lei 8/2007, de 17 de Janeiro – deixou, em qualquer das suas modalidades, de estar sujeita a autorização judicial.

[17] Vd. *AktG*, § 229 (1). Cfr. Karsten Schmidt, *Gesellschaftsrecht*, 2.ª ed., Carl Heymanns Verlag, Köln, Berlin, Bonn e München, 1991, p. 757 (Existe 4.ª ed., de 2002).

O Código das Sociedades Comerciais, a propósito de uma situação pouco vulgar – redução conveniente (em alternativa, entre outras soluções, à dissolução da sociedade) por perda de, pelo menos, metade do capital social (artigo 35.º) –, parece ter optado pela verificação das perdas a partir do balanço anual ou *ad hoc*, quando baseia o dever de actuação dos membros do órgãos de administração na percepção que formaram com base nas «*contas de exercício ou intercalares*» (cfr. artigo 35, n.º 1).

Esta opção do legislador visa salvaguardar a estabilidade e a subsistência da sociedade que sofreu perdas graves, permitindo-lhe tomar medidas com celeridade, logo que tais perdas forem constatadas.

A redução voluntária para cobertura de prejuízos (ocasionados pela gestão da sociedade ou por uma depreciação dos bens do activo) tem de se basear num balanço actualizado (que pode ser o do exercício), para que a alteração projectada corresponda à realidade dos factos. Só desse modo será possível justificar a medida de redução proposta e respeitar o limite máximo abaixo do qual a redução do capital nesta modalidade não tem sentido, nem é logicamente admissível. Esta exigência, apesar de não constar da lei, parece-nos necessária à correcta apreciação da redução projectada. Contudo, a jurisprudência terá uma palavra a dizer sobre a exigibilidade do balanço como instrumento necessário da deliberação e da respectiva certificação por especialista independente[18].

5. *Finalidades da redução do capital social*

As modalidades possíveis de redução do capital social, acima caracterizadas – às quais há que acrescentar a situação pontual de uma operação especial ou complexa, que conjuga uma dessas modalidades com outro acto societário –, podem corresponder sem mais a finalidades de redução do capital social ou satisfazer outros propósitos que podem estar associados ao recurso a esta espécie de alteração estatutária. A esses fins nos vamos referir em seguida.

---

[18] Sobre esta questão, que retomamos adiante (*infra*, n.º 8.1.3.), cfr. obras citadas na nota 46.

5.1. Redução do capital para extinguir obrigações de entrada

Quando considere desnecessário, atendendo aos fins propostos, o cumprimento de parte das obrigações de entrada dos sócios – que tenham sido diferidas –, a sociedade não pode, sem mais nem menos, declarar não pretender receber essas entradas, pois a isso se opõe claramente o artigo 27.º, n.º 1[19]. No entanto, esta disposição legal – que se encontra ainda na sua redacção originária, recorde-se – admite precisamente uma excepção (na sua parte final) que corresponde à deliberação de redução do capital social com vista à extinção dessas obrigações. Isto é, só através de redução do capital social poderão as obrigações de entrada ainda por cumprir ser extintas. Tal medida faz todo o sentido se os sócios concluem (já) não serem necessários ao adequado exercício da actividade societária os meios que ainda não realizaram.

Esta excepção depara, hoje – após a modificação de regime de 2007 –, com a dificuldade, acima mencionada, de o legislador ter transportado para o número 4 do artigo 95.º uma regra que, constando anteriormente da alínea b) do número 4 do mesmo preceito, na qual fazia todo o sentido, aliás, se aplicava exclusivamente à redução para cobertura de perdas. Não distinguindo acerca da modalidade em causa, o disposto no número 4 do artigo 95.º é hoje aparentemente aplicável a qualquer operação de redução do capital, impedindo que esta possa exonerar *os sócios da suas obrigações de liberação do capital*, ainda por realizar, em flagrante contradição com a excepção prevista no artigo 27.º, n.º 1. Como resolver então a situação?

Impõe-se, em nossa opinião, uma interpretação restritiva do disposto no artigo 95.º, n.º 4, considerando que a exigência nele estabelecida não se aplica à redução para libertação de excesso de capital, porque não faria sentido impor que os sócios realizassem primeiro, para em seguida reduzirem, sem entraves. A medida deverá, pois, continuar a ser privativa da redução para a cobertura de perdas onde tem pleno sentido.

A concluir este aspecto, impõe-se verificar se a redução para extinção de obrigações de entrada está sujeita a regras próprias.

Tem aqui pleno cabimento um princípio geral de Direito Societário, que é o princípio da igualdade de tratamento dos sócios – com o qual a

---

[19] «*São nulos os actos da administração e as deliberações dos sócios que liberem total ou parcialmente os sócios da obrigação de efectuar entradas estipuladas, salvo no caso de redução do capital*» (negrito nosso).

redução de capital (promovida com esta finalidade) tem de se conciliar –, para que não sejam extintas apenas algumas obrigações, designadamente daqueles sócios que até à data não tivessem realizado as suas entradas (ainda que sem estarem em mora)[20].

Uma solução possível, com vista a evitar situações de desigualdade, consistirá em impor a medida de redução de capital, para além da projectada extinção das obrigações de entrada «de modo a ficarem libertas importâncias que permitam, por meio de restituições, igualar todos os sócios»[21].

Na perspectiva do sócio, a extinção das obrigações de entrada, que representam dívidas suas à sociedade, equivale à restituição do capital investido, traduzindo-se num aumento do seu património líquido.

5.2. *Redução do capital social para compensar a depreciação de bens do activo*

O Código das Sociedades Comerciais não diz o que se deve entender por perda, nem por prejuízo, como já vimos.

No silêncio da lei, julgamos ser de admitir a redução do capital para compensar prejuízos resultantes da desvalorização dos bens do activo, a qual é equivalente à redução motivada por perdas de gestão, visando apenas adequar o montante do capital social ao património social líquido, cuja diminuição de valor não foi consequência da actividade económica da sociedade, mas de circunstâncias que lhe são exteriores.

5.3. *Outras finalidades da redução de capital*

5.3.1. Saneamento financeiro e revitalização: operação harmónio

Algo paradoxalmente, a redução de capital pode ser indispensável para a sociedade conseguir meios destinados à prossecução da sua actividade, nomeadamente quando for conjugada com um aumento de capital por novas entradas, operação que os franceses designam, expressivamente, por *coup d'accordéon* (operação harmónio).

---

[20] Muitas outras hipóteses de desigualdade seriam possíveis.
[21] RAÚL VENTURA, *Alterações do Contrato de Sociedade (Comentário ao Código das Sociedades Comerciais)*, 2.ª ed., Coimbra, Almedina, 1988, p. 322.

Operação harmónio ou *coup d'accordéon* é, pois, a operação que consiste na redução do capital seguida de um aumento que permita o incremento da actividade social (cfr. artigo 95.°, n.° 2, na redacção do Decreto-Lei n.° 8/2007).

Esta operação pode justificar-se quando a redução se destina à cobertura de prejuízos, ou saneamento financeiro, mas também quando ela visa libertar capital excessivo; em qualquer das circunstâncias, previamente a um aumento do capital social por entradas em dinheiro[22], com a participação de novos sócios. No primeiro caso, os sócios procuram limpar os prejuízos que se acumularam, tornando a sociedade apetecível para quem nela pretender participar, subscrevendo o aumento de capital social a realizar imediatamente após a redução e articuladamente com a mesma. Na segunda situação, perante a perspectiva de abrir o capital de uma sociedade saudável a terceiros, os sócios existentes procedem a um prévio reembolso de parte do capital investido, por o mesmo não ser necessário à prossecução do objecto social, isto é, querendo expandir a actividade da sociedade, os sócios (accionistas) deliberam a sua abertura ao ingresso de novos sócios, mas recuperando previamente parte do capital que haviam investido, sem prejuízo para a sociedade, que se encontra em situação desafogada, porque o património líquido é superior ao montante do capital social.

De qualquer modo, importa assinalar que a operação harmónio se realiza com muito maior frequência nos casos em que está em jogo proceder ao prévio saneamento financeiro da sociedade a capitalizar externamente. Expliquemos um pouco mais detalhadamente a operação nesta configuração.

Se o património real da sociedade se encontrar abaixo do montante do seu capital social, por ter havido perdas, isso significa que as participações sociais estão sobrevalorizadas, isto é, o valor real das mesmas (*maxime* acções) é inferior ao seu valor nominal. Se a sociedade nada fizer, entretanto, não conseguirá captar novas adesões e contributos financeiros que lhe permitam expandir a sua actividade porque, não podendo ser as

---

[22] A redução (para libertação de capital excessivo) conjugada com o aumento de capital por incorporação de reservas, embora lícita, não tem sentido, nem interesse, porque, pela simples distribuição dessas reservas ou imediata incorporação das reservas existentes (no capital social), se conseguiria, em princípio, o mesmo resultado. Não se ignora que, havendo reservas suficientes para a cobertura de prejuízos, não há lugar à redução do capital (com esta finalidade).

participações (acções) subscritas abaixo do par (cfr. artigo 298.º, n.º 1), os eventuais interessados não estão dispostos a ingressar na sociedade em condições de desigualdade relativamente aos accionistas preexistentes, cujas acções apresentam um valor nominal – em relação ao qual se determinam, em regra, os direitos sociais quantificáveis – superior ao valor real. Então a sociedade, para captar novos capitais, deve proceder previamente à redução do capital para fazer coincidir o valor nominal das participações (acções) com o seu valor real, de modo que terceiros, que possam vir a subscrever um subsequente aumento de capital, não estejam *a priori* diminuídos no confronto com os sócios (accionistas) existentes.

5.3.2. Cisão simples da sociedade

A redução do capital pode tornar-se, igualmente, necessária para permitir a cisão simples de uma sociedade. Com efeito, segundo o artigo 123.º, n.º 1, alínea a), a cisão (simples) «*não é possível se o valor do património da sociedade cindida se tornar inferior à soma das importâncias do capital social e da reserva legal e não se proceder, antes da cisão ou juntamente com ela, à correspondente redução do capital social*».

Com esta norma, a lei pretende evitar a violação do princípio da conservação do capital social, combinando a cisão com uma redução do capital ao nível do património restante, depois do destaque.

5.3.3. Redução conveniente: o artigo 35.º do CSC; remissão

Finalmente, refira-se que a redução do capital social pode ter por finalidade específica repor o capital próprio da sociedade quando se encontra perdido, pelo menos, metade do capital social. Esta medida – que, no passado relativamente recente, chegou a ser necessária, como (única) alternativa à dissolução da sociedade[23] – é agora meramente opcional,

---

[23] Se a sociedade sofria perdas equivalentes a mais de metade do seu capital social, ela teria de recorrer à redução de capital se quisesse continuar a sua actividade, a menos que os accionistas optassem pela reintegração do capital, contribuindo com bens (*maxime* dinheiro) que permitissem recolocar o património líquido num nível correspondente a pelo menos dois terços do montante do capital social (artigo 35.º n.º 1, na redacção originária, entrada em vigor em 2001).

Refira-se que o n.º 2 do artigo 2.º do Decreto-Lei n.º 262/86, de 2 de Setembro, havia feito depender a entrada em vigor do artigo 35.º do CSC de diploma especial

para os sócios, deixando de constituir, por isso, uma finalidade autónoma e reconduzindo-se a uma possível operação para cobertura de prejuízos. Voltaremos a focar o artigo 35.°, pela sua importância conceptual – uma vez que visa solucionar uma questão essencial das sociedades comerciais, não permitindo que estas subsistam se, perdida parte substancial do respectivo capital, o mesmo não for oportunamente reintegrado ou reduzido para montante próximo do capital próprio subsistente –, aparentemente desprezada pelo legislador português.

6. Interesses subjacentes à redução do capital social

6.1. Enquadramento da questão; o interesse social

A redução do capital social prossegue o interesse público, que exige a conformidade do capital nominal à realidade (situação líquida) da sociedade.

A redução do capital pode realizar o próprio interesse social. É o que acontece no *coup d'accordéon*. Assim, como vimos, se a sociedade necessita de um aumento de capital para poder continuar a expandir a sua actividade, mas entretanto sofreu perdas, dificilmente ela conseguirá interessar terceiros a subscreverem esse aumento se primeiramente não efectuar uma redução de capital que faça corresponder ao valor real das acções existentes o valor nominal.

Os credores, por sua vez, têm interesse em que o capital perdido seja reintegrado e não reduzido. Reintegração e redução do capital são duas operações de sinal contrário – como vimos (*supra*, n.° 3) –, ainda que o seu fim imediato possa ser idêntico: o (r)estabelecimento da paridade do capital social e do património líquido.

Pela reintegração os sócios realizam entradas (em dinheiro fresco), elevando o património até ao nível do capital social; pela redução (*maxime*

(o Decreto-Lei n.° 237/2001, de 30 de Agosto) e que, para obviar à não aplicação desta disposição, o Código tinha criado uma norma transitória (inicialmente o artigo 523.° e, posteriormente o artigo 544.°), exclusivamente aplicável às sociedades anónimas, a qual havia caducado com a entrada em vigor do artigo 35.°. Esta teve por finalidade – entretanto, infelizmente, prejudicada – credibilizar as sociedades comerciais e proteger os interesses de terceiros que com elas se cruzam e que acreditam, legitimamente, na cifra numérica constante e imutável em que se traduz o respectivo capital.

por perdas) os sócios reduzem o capital social até ao nível do património subsistente. Como o capital social é a garantia dos credores, na medida em que a sociedade só poderá distribuir aos sócios ou accionistas lucros se o património exceder o capital social, facilmente se compreenderá que os credores têm um especial interesse pela reintegração e em nada beneficiam com a redução do capital[24], que diminui o nível de exigência para distribuição lícita de bens na sociedade, salvo se a mesma for articulada com uma operação de aumento, que permita repor os capitais próprios da sociedade.

6.2. *Os interesses dos sócios e accionistas*

Os grandes beneficiados com a redução do capital são, porém, os sócios (accionistas), qualquer que seja a finalidade da operação. Por um lado, a redução do capital excessivo permitir-lhes-á receber os bens sociais que forem desafectados da actividade da sociedade. Por outro lado, a redução destinada a compensar perdas, ao adequar o capital ao património social, permitirá que a sociedade realize com maior facilidade lucros de exercício, distribuíveis aos sócios ou accionistas.

6.3. *Diminuição das garantias de terceiros*

A diminuição do capital social pode, como vimos anteriormente, lesar os interesses de terceiros uma vez que acarretará uma diminuição da sua garantia.

Até ao início de 2007 (17 de Janeiro, *inclusive*), a protecção dos credores exigia que a execução da deliberação de redução do capital estivesse, em regra, dependente de autorização judicial (cfr. artigo 95.º, na redacção originária)[25], admitindo a lei que, mesmo em caso de redução

---

[24] Vd. FENGHI, «Studi in tema di riduzione del capitale», in *Rivista delle Società*, anno XV, 1970, pp. 1169 e 1170.

[25] A autorização judicial era dispensada se a redução se destinasse apenas à compensação de perdas (cfr. artigo 95.º, n.º 3, na red. anterior).

Julgávamos – cfr. o nosso *Direito das Sociedades Comerciais*, 2.ª ed., Almedina, Coimbra, 2006, p. 412, nota 481 (n.º 25.4.3) – que a (então aguardada) redução do capital se iria configurar diferentemente, convertendo-se o anterior controlo judicial em

para cobertura de perdas, em certas circunstâncias, os credores se pudessem opor à operação (cfr. artigo 1487.°-A do CPC, na redacção anterior).

A alteração do regime da redução do capital, recentemente determinada pelo Decreto-Lei n.° 8/2007, de 17 de Janeiro, liberalizando totalmente a execução desta modificação contratual, que deixa de se encontrar sujeita ao controlo de uma entidade externa, de natureza judicial, administrativa ou outra, vem pôr em causa os interesses dos credores, os quais não se podem opor à operação, inviabilizando-a, quando se justificar, mas apenas procurar impedir ulterior distribuição de bens enquanto a satisfação dos respectivos créditos não estiver acautelada (cfr. artigos 96.° do CSC e 1487.° do CPC, ambos na redacção do Decreto-Lei n.° 8/2007) (cfr., *infra*, n.° 8.5.).

A esta debilidade acresce a falta de obrigatoriedade de fiscalização (interna), que se verifica em certas sociedades.

7. *Limites decorrentes da necessidade (legal) de existência de um capital social mínimo e âmbito da redução do capital*

Uma vez que os artigos 276.°, n.° 3 e 201.° fixam para as sociedades comerciais um capital mínimo – de € 50.000,00 (cinquenta mil euros), para as anónimas, e de € 5.000,00 (cinco mil euros) para as sociedades por quotas –, esta medida tem de ser respeitada não apenas no momento da constituição da sociedade, mas também durante a sua própria vida, quaisquer que sejam as alterações a que o contrato venha a ser sujeito.

7.1. *Redução expressamente condicionada à efectivação de aumento do capital*

O artigo 95.°, n.° 2 (redacção do Decreto-Lei n.° 8/2007, de 17 de Janeiro) permite a redução do capital a um montante inferior ao mínimo

---

controlo de natureza administrativa (sem prejuízo de impugnação judicial dos actos das conservatórias).

A decisão judicial que, no âmbito da redacção originária do CSC e da anterior redacção do CPC, autorizava a redução do capital era «uma formalidade habilitante de ulterior celebração da escritura pública» que alterava o contrato, na perspectiva de PINTO FURTADO, *Curso de Direito das Sociedades*, 2.ª ed., Almedina, Coimbra, 1986, p. 311.

legal, desde que ela seja expressamente condicionada à efectivação de um aumento de capital (condição suspensiva da redução)[26], que se deve efectivar nos sessenta dias seguintes à deliberação de redução seguida de aumento[27], colocando o capital social num montante, pelo menos, igual ao mínimo legal.

7.2. Transformação da sociedade como consequência da redução do capital

Se a deliberação de redução do capital implicar que este desça abaixo do limite mínimo legal, nem por isso ela deixa de ser válida se, na mesma ocasião, isto é, na mesma assembleia – ou ao mesmo tempo, se outra for a forma de deliberação dos sócios (accionistas) –, for deliberada a transformação da sociedade para um tipo que possa legalmente ter um capital social (mínimo) de montante inferior (cfr. artigo 96.°, n.° 3, na redacção do Decreto-Lei n.° 8/2007). A sociedade anónima poderá, desse modo, transformar-se numa sociedade por quotas, cujo capital social mínimo é de € 5.000,00 (cfr. artigo 201.°).

7.3. Redução do capital a zero

Caso a perda atinja a totalidade do capital de uma só vez, podendo mesmo exceder o montante do capital e traduzir uma situação líquida absolutamente negativa, importa ponderar se a nossa lei admite a redução do capital social a zero, ainda que condicionada a um ulterior aumento para o nível mínimo do capital social da sociedade comercial em causa.

Recorde-se que não existe no Código das Sociedades Comerciais uma disposição que determine a dissolução *ipso iure* da sociedade quando o capital esteja totalmente perdido.

---

[26] A redução de capital não produz quaisquer efeitos enquanto o aumento não for executado.

[27] O artigo 95.°, n.° 2 especifica o tempo máximo que deve mediar entre as duas operações individualmente consideradas, fazendo luz sobre uma particularidade (deveras importante) que havia sido *esquecida* pelos precedentes legislativos do artigo 96.°, n.° 1 (que substituiu e ao qual corresponde *ipsis verbis*): o artigo 34.° da 2.ª Directiva e o artigo 59.°, n.° 1, do Projecto de Código das Sociedades.

A questão que se deve formular é, pois, a seguinte:

– Se a lei admite a redução do capital ou a sua reintegração quando a perda é de mais de metade (pode ser inclusivamente de nove décimos ou de 99,9%), porque não admitir essas operações (sendo a primeira condicionada a um aumento de capital social até pelo menos o nível mínimo de existência da sociedade) quando a perda for total?

Inclinámo-nos, anteriormente, para rejeitar conceptualmente a redução do capital social a zero, mas concluímos então a nossa análise, admitindo que se tratava de questão merecedora de reflexão mais ponderada[28]. Foi o que procurámos fazer, aceitando agora que essa redução seja, excepcionalmente, possível nos casos e situações legalmente configurados ou em que a redução a zero se encontra expressamente condicionada à deliberação conjunta e realização imediatamente subsequente de aumento do capital social, isto é, sempre que a operação corresponder apenas a uma deliberação (de redução seguida de aumento do capital)[29] a formar com base numa única proposta global não cindível a ser objecto de uma única votação.

Continua a parecer óbvio que, se a perda for total, a sociedade não pode transformar-se, uma vez que nenhuma sociedade comercial pode ter um capital social igual a zero[30].

Anteriormente, dávamos uma resposta negativa à questão enunciada, rejeitando a operação de redução do capital social a zero, condicionada a um subsequente aumento de capital para, pelo menos, o nível mínimo de existência (€ 50.000,00, nas sociedades anónimas), por considerarmos então a deliberação de aumento de capital, nesse caso, logi-

---

[28] Cfr. as nossas lições de *Direito das Sociedades Comerciais*, 2.ª ed., cit., 2006, pp. 412 e 413 (em especial p. 413, *in fine*).

Esta questão é tradicionalmente discutida na doutrina italiana. Cfr., por exemplo, Tullio Ascarelli, «La riduzione del capitale a zero», in *Rivista della Società*, ano IV, 1959 (pp. 748 e segs.).

[29] Ainda que complementada por deliberação que se destine a afastar o direito de preferência legal.

[30] Embora não se ignore que certas sociedades se podem teoricamente constituir sem participações de capital. Temos em mente as sociedades em nome colectivo participadas exclusivamente por sócios de indústria [cfr. artigo 9.º, alínea *f*)]. No entanto, para poder suportar as despesas de constituição e iniciar o seu funcionamento uma tal entidade carece de financiamento.

camente impossível, uma vez que pela redução do capital social a zero se extinguiriam as participações sociais e, portanto, deliberada a redução, deixaria de haver sócios (accionistas) em condições de deliberar o aumento. Subjacente ao raciocínio exposto estava a ideia de nos encontrarmos perante duas operações factual e juridicamente distintas: a redução do capital a zero e o aumento subsequente[31].

Ultrapassada essa limitação – e aceitando agora que a redução é teoricamente possível se for condicionada ao aumento subsequente, o qual se considera deliberado pelos mesmos sócios que propõem o reconhecimento da perda total –, encontramos também no Direito da Insolvência regras que implicitamente reconheceram essa possibilidade.

Com efeito, o Código da Insolvência admite a redução do capital para zero desde que seja acompanhada de aumento do capital para montante igual ou superior ao mínimo (legal) estabelecido para o respectivo tipo de sociedade [cfr. artigo 198.º, n.º 2, alínea *a*)][32], à semelhança e em aproveitamento do princípio estabelecido no número 1 do artigo 96.º do CSC, que permite a redução para montante inferior ao legalmente previsto para o tipo societário desde que condicionada a aumento *a realizar nos 60 dias seguintes* à deliberação de redução.

É claro que, mesmo sem o Código da Insolvência o explicar, a decisão do aumento (a partir do zero) não é tomada, pelos sócios, depois da redução – os quais em certos casos, nos termos do Código da Insolvência (cfr. n.º 4 do mesmo artigo), podem até não subscrever o aumento –, mas corresponde à deliberação que consubstancia a operação harmónio, na qual os sócios participam com os votos de que, então, forem detentores. É também esse o momento em que deverá ser deliberada, em separado,

---

[31] Por isso, rejeitávamos também a solução, que alguns autores propõem, de que, apesar da redução a zero, se mantém o direito de opção no aumento de capital deliberado conjuntamente com a redução, por não serem concebíveis acções cujo conteúdo se resumisse a um direito de opção num aumento de capital, e afastávamos também a solução que se baseia na consideração de que da redução a zero poderiam resultar simples acções de fruição que disporiam do direito de voto necessário à deliberação de aumento, uma vez que, para que isso fosse possível, era, por um lado, necessário que a lei o previsse, e, por outro, que se admitisse que os antigos accionistas, agora titulares de acções de fruição, pudessem manter indefinidamente o direito de voto e o direito aos lucros de exercício.

[32] E, nessa circunstância, na condição de que, se se tivesse procedido à liquidação integral do património societário, não poderia ter subsistido qualquer remanescente a distribuir pelos sócios (cfr. artigo 198.º, n.º 3, do CIRE).

a renúncia ao direito de preferência, se for essa a opção tomada para viabilizar a sociedade.

Conceptualmente há que aceitar que a operação (harmónio) nos termos expostos (para zero, condicionada e seguida do aumento de capital) é também possível, mesmo que realizada voluntariamente, considerando-se que a deliberação é uma só e que em momento nenhum encontramos uma falta absoluta de capital e, inerentemente, de sócios que do mesmo sejam os titulares ou detentores.

E assim, ainda que se conclua ser a solução consagrada em matéria de recuperação de empresa – como parte do plano de insolvência – excepcional, devendo aplicar-se nos termos e condições, e para os fins, enunciados e regulados no artigo 198.º do Código da Insolvência, não repugna admitir que a operação harmónio conduza a redução do capital instrumentalmente a zero, isto é, que este número constitua mero ponto (mínimo) de passagem.

O que não é aceitável é reduzir o capital para um valor negativo, se for esse o caso concreto (para limpeza da totalidade do passivo), ainda que necessariamente acompanhado de aumento para o mínimo legal. Nesse caso, teremos porventura, para conseguir um saneamento financeiro completo, de realizar mais do que uma operação harmónio.

7.4. Coexistência de acções ordinárias e de acções privilegiadas

Coexistindo na sociedade anónima acções ordinárias e acções com prioridade de reembolso no caso de liquidação da sociedade, interessa saber[33] se a redução de capital deve recair apenas sobre as acções ordinárias – que poderiam ter de passar a acções de fruição (para se ressalvarem os direitos dos seus titulares como accionistas) – ou se o peso da redução deve incidir igualmente sobre as acções privilegiadas[34].

A solução do problema passa por saber se a redução do capital põe em causa o privilégio que caracteriza as acções com prioridade de reembolso na liquidação da sociedade.

---

[33] No caso do contrato, ou do próprio título constitutivo do privilégio, não resolver o problema.

[34] Sobre esta espécie de acções, e sobre o conceito de acção, vd. a nossa dissertação de mestrado, *Os direitos especiais nas Sociedades Anónimas: as acções privilegiadas*, Almedina, Coimbra, 1993, em especial pp. 141-165, e mais recentemente *Direito das Sociedades Comerciais*, 2.ª ed., cit., 2006, pp. 293-311 e 275-277.

RAÚL VENTURA entendia que a prioridade, quanto ao reembolso do capital, é coarctada pela redução, não no momento em que esta tem lugar, mas «reportando o eventual prejuízo ao saldo da liquidação, depois da sociedade dissolvida e liquidada»[35]. E exemplificava (então em escudos): «se um accionista tem o direito de reembolsar, na altura da liquidação, o seu capital, por exemplo, em 3.000$00 com que entrou para obter uma acção, e se, na altura da liquidação, o saldo apurado permite esse reembolso, mas porque o valor nominal da acção baixou para 1.000$00, esse accionista apenas recebe prioritariamente 1.000$00 em vez de 3.000$00; o seu direito foi coarctado»[36].

Apesar de a argumentação de RAÚL VENTURA ser convincente, inclinamo-nos para considerar que a prioridade no reembolso do capital não é posta em causa pela redução deste. Por um lado, após a redução do capital por perdas pode vir a haver, durante a vida da sociedade (antes da liquidação), um aumento de capital (por incorporação de reservas) que reponha o montante inicial do valor nominal das acções e por isso não se poderá determinar de imediato até que ponto o privilégio é coarctado pela redução. Por outro lado, se a redução se fizer sentir exclusivamente sobre as acções ordinárias, pela diminuição do seu valor nominal, elas podem ser todas postas em causa, extinguindo-se. A exclusiva extinção das acções ordinárias põe em causa direitos inderrogáveis e irrenunciáveis (essenciais) dos sócios, como, por exemplo, o direito de participação nos lucros inerentes às acções [artigos 21.°, n.° 1, alínea a) e 294.°, n.° 1], para além de comprometer o mais essencial dos direitos individuais do accionista: o de se manter como sócio[37].

Se a sociedade, perante as dificuldades que se analisaram, não abdica da redução do capital, então esta operação acarretará a diminuição do valor nominal de todas as acções[38], na mesma proporção, sem haver neces-

---

[35] *Alterações* cit, p. 340.

[36] Por sua vez, se houver lugar a aumento do capital por incorporação de reservas [com o consequente aumento do valor nominal das acções existentes (cfr. artigos 91.° e 92.°)], as acções com prioridade de reembolso só o são até ao limite do seu valor nominal inicial. O privilégio não pode ser entendido como uma prioridade em relação ao valor nominal que a acção tiver na altura da liquidação, mas sim em relação ao montante de capital com que o sócio entrou para a sociedade e do qual se pretende reembolsar prioritariamente.

[37] O recurso à novação da natureza das acções ordinárias, convertendo-as em acções de fruição não é admissível, porquanto o Código das Sociedades Comerciais não prevê expressamente tal situação.

[38] Rejeitam-se as posições ecléticas que defendem, designadamente, o recurso à apreciação do caso concreto para resolver a questão. Vd. Juan MAJEM MORGADES, «La

sidade de realizar uma assembleia especial dos accionistas titulares de acções privilegiadas, pois não está em causa o seu privilégio, ainda que ele possa vir a ser, indirectamente, afectado. Todos os sócios conservam a posição relativa que detinham antes da operação.

7.5. Redução do capital social posteriormente à dissolução da sociedade

Após a dissolução da sociedade, ou contemporaneamente com ela, o capital social não pode ser reduzido, a não ser que essa operação esteja ligada à deliberação de regresso da sociedade à sua actividade normal. Nesse caso, a deliberação de redução será preparatória do regresso à actividade e estar-lhe-á condicionada [vd. artigo 161.º, n.º 3, alínea c), in fine].

A redução do capital excessivo é contrária ao fim da liquidação, pois, no momento em que cessa toda a actividade – e em que os liquidatários se aprestam a distribuir os lucros finais existentes – não é normal a sociedade realizar uma operação que corresponde a uma medida de continuidade, mas a própria cobertura de prejuízos sociais também não faz sentido no momento em que se pretende liquidar a totalidade do património societário.

8. A execução da operação de redução de capital social

8.1. Decisão e formalidades específicas da operação de redução do capital social

São muitas as alterações que, nesta matéria, importa assinalar, relativamente ao nosso contributo para os *Estudos em Homenagem ao Professor Doutor Inocêncio Galvão Telles*[39], e algumas em relação às nossas lições na edição publicada há cerca de seis meses[40].

---

reducción del capital social por perdidas cuando concurren en la sociedade anonima acciones con diversidad de derechos, in *Revista de Derecho Privado*, tomo XLI, Madrid, 1957 (pp. 627 e segs.), em especial, p. 636.

[39] «A redução do capital das sociedades anónimas», *in* volume IV – *Novos Estudos de Direito Privado*, Almedina, Coimbra, 2003, pp. 659-693.

[40] Cfr. *Direito das Sociedades Comerciais*, 2.ª ed., cit., 2006, pp. 402-422 (em especial pp. 407-409, 411-412 e 416-417).

8.1.1. Convocação dos sócios

A proposta ou projecto de redução é, normalmente, elaborado pela administração da sociedade – quando esta verifica ser necessário cobrir prejuízos, ser adequado reembolsar capital excessivo ou conveniente projectar uma operação harmónio –, embora nada impeça que seja da iniciativa dos sócios (ou accionistas), a cuja apreciação deverá ser submetido, em assembleia geral convocada ou reunida para o efeito.

A convocação da assembleia geral com vista a deliberar a redução do capital deve ser feita nos mesmos termos da convocação destinada a deliberar qualquer alteração do contrato, com menção da especificidade da operação[41]. Assim, os avisos convocatórios devem mencionar a finalidade e a forma da redução projectada para além das cláusulas dos estatutos a alterar e dos textos que se propõem substitui-las, sob pena de anulabilidade da deliberação [vd. artigos 377.°, n.° 8, 94.°, n.° 1 e 58, n.° 4, alínea a)][42].

8.1.2. Deliberação

O Código das Sociedades Comerciais não contém regra especial sobre a competência e a maioria para a deliberação de redução do capital, sendo por isso aplicáveis as normas respeitantes às alterações do contrato de sociedade em geral (artigo 85.°) e as normas que regulam o funcionamento das assembleias gerais da sociedade anónima (cfr. artigos 373.° e seguintes) e, quanto ao *quorum* deliberativo na sociedade por quotas, se for o caso, também o disposto no artigo 265.°[43].

A deliberação de redução de capital implica forçosamente a alteração da cláusula estatutária que consignava o montante do capital social, a qual é substituída por uma cláusula semelhante, se bem que com uma outra cifra.

A eficácia retroactiva da deliberação de redução do capital está afastada, pois determina sempre uma diminuição da garantia dos credores,

---

[41] Cfr. Paulo OLAVO CUNHA, *Direito das Sociedades Comerciais*, 2.ª ed., cit., 2006, pp. 437-439 e 630-632.

[42] O n.° 2 do artigo 94.° determina que, se a redução não incidir igualmente sobre todas as participações, devem ser especificadas aquelas sobre as quais a operação incide.

[43] Cfr. o nosso *Direito das Sociedades Comerciais*, 2.ª ed., cit., 2006, pp. 437, 629--630, 631-633.

já que a redução do valor (constante) do capital social faz desaparecer do balanço perdas anteriores, permitindo à sociedade distribuir aos sócios bens sociais que até então tinham de *cobrir* o capital social.

8.1.3. Desnecessidade de autorização judicial e elementos de suporte

A diminuição do capital social pode, como vimos anteriormente, lesar os interesses de terceiros uma vez que acarretará uma diminuição da sua garantia[44].

---

[44] Por isso, embora a autorização judicial (já) fosse dispensada se a redução se destinasse apenas à compensação de perdas (artigo 95.º, n.º 3, redacção originária), a protecção dos credores exigia que a execução da deliberação de redução do capital estivesse, em regra, dependente dessa autorização (cfr. artigo 95.º do CSC, na red. do Decreto-Lei 262/86, de 2 de Setembro) – a obter-se nos termos do Código do Processo Civil (arts 1487.º e 1487.º-A, ambos na redacção do Decreto-Lei 329-A/95 de 12 de Dezembro), no âmbito de um processo de jurisdição voluntária –, que permitisse comprovar tratar-se de medida adequada que não punha em causa os interesses da sociedade, nem dos respectivos credores.

A sociedade que pretendesse reduzir o seu capital social deveria registar provisoriamente o projecto de redução na Conservatória do Registo Comercial [cfr. artigo 3.º, n.º 1, alínea *p*) na redacção do Decreto-Lei 403/86, de 3 de Dezembro] – mediante junção de certidão da acta da deliberação – e apresentá-lo no tribunal juntamente com *os documentos comprovativos da observância do disposto na lei sobre o novo capital*» (cfr. artigo 1487.º, n.º 1, do CPC, na redacção do Decreto-Lei n.º 329-A/95, de 12 de Dezembro).

O juiz, se considerasse demonstrados os requisitos que integravam o requerimento (e constatasse assim a viabilidade do cumprimento futuro das obrigações da sociedade), ordenava a publicação da deliberação dos sócios (artigo 1487.º, n.º 2, do CPC, redacção anterior). Note-se que o Código de Processo Civil se satisfazia com os documentos provenientes da sociedade sem exigir pareceres de peritos independentes (p.ex., revisores oficiais de contas), nem pareceres do conselho fiscal (e *obrigando*, por isso, o juiz a possuir conhecimentos de análise financeira).

Nos trinta dias seguintes à publicação, que devia ser feita no Diário da República podia «*qualquer sócio, ou credor dissidente* [isto é, aquele «que não tenha anteriormente dado o seu acordo à deliberação» (RAÚL VENTURA, *Adaptação do Direito Português à 2a. Directiva*, Lisboa, 1980, p. 98)], *deduzir oposição à redução*» (artigo 1487.º, n.º 3, do CPC, na redacção do Decreto-Lei n.º 329-A/95, de 12 de Dezembro); e – seguindo a opinião de SIMONETTO, «La riduzione del capitale esuberante», in *Studi in Memoria di Tullio Ascarelli*, IV, Milano, 1969, p. 2125 – podiam opor-se à redução não apenas os credores titulares de créditos líquidos e exigíveis, «mas também os titulares de legítimas expectativas perante a sociedade (créditos sob condição, *v.g.*)», constituídas anteriormente ao registo provisório do projecto de redução.

Havendo oposição, e sendo admitida, o juiz suspendia a deliberação, sendo notificada a sociedade para responder (cfr. artigo 1487.º, n.º 4, do CPC, redacção anterior). Se

A redução do capital (já) não está sujeita a autorização judicial (cfr. a redacção actual dos artigos 95.º e 96.º do CSC e do artigo 1487.º do CPC com a redacção anterior das mesmas disposições)[45] que permitia comprovar tratar-se essa operação de medida adequada aos interesses da sociedade, que não punha em causa os interesses dos respectivos credores.

No entanto, a situação patrimonial da sociedade em que a assembleia geral se baseia para deliberar a redução do capital tem de estar actualizada, para que as perdas se determinem com a segurança e a certeza possíveis. Por isso, sempre considerámos necessário que a assembleia deliberasse com base em dados recentes (balanço realizado nos últimos sessenta dias, por exemplo) para que a alteração projectada correspondesse à realidade dos factos[46]. Esta exigência, apesar de não constar da lei – que se bastava, tradicionalmente, com os documentos provenientes da sociedade e a intervenção do juiz, prescindindo de pareceres de peritos independentes e dos próprios membros do órgão de fiscalização, quando existente – parece-nos compatível com a correcta apreciação pelos sócios da proposta de redução do capital (projectada).

A lei também não impõe que o balanço que serve de base à proposta de redução do capital seja objecto de parecer do órgão de fiscalização da sociedade, se existir, ou de fiscal independente, o que julgamos justificar--se plenamente, dado que a decisão que os sócios irão tomar não é menos

---

existissem outros fundamentos para os sócios impugnarem judicialmente a deliberação de redução do capital, eles poderiam optar (em alternativa) pela acção ordinária de anulação da deliberação (cfr. artigo 59.º do CSC).

A autorização judicial não podia ser concedida se a situação líquida da sociedade não ficasse a exceder o novo capital social em, pelo menos, 20% (artigo 95.º, n.º 2), isto é, se após a redução o património social (líquido) não fosse pelo menos igual ao (novo) capital social, acrescido de um montante correspondente à reserva legal (mínima) completa (cfr. artigo 295.º do CSC).

[45] A concessão da autorização judicial fazia-se nos termos do disposto nos artigos 1487.º e 1487.º-A do Código do Processo Civil, na redacção do Decreto-Lei n.º 329-A//95, de 12 de Dezembro, que foram, respectivamente, alterado e revogado pelo Decreto--Lei n.º 8/2007, de 17 de Janeiro. Sobre o regime anterior cfr. a nota anterior.

[46] Cfr. a 2.ª edição do nosso livro *Direito das Sociedades Comerciais*, cit., 2006, p. 417, nota 488 (n.º 25.5.2), na qual considerámos caber à jurisprudência estabelecer um critério nesta matéria, apreciando a pertinência da deliberação se basear em elementos fiáveis (e recentes).

Vd. também por todos (em Itália), MARCHETTI, «La data di riferimento della situazione patrimoniale nelle riduzione del capitale por perdite», in *Rivista delle Società*, anno XXVII, 1982, pp. 776 e segs..

relevante do que a que tomam em sede de assembleia geral anual, de aprovação de contas.

Pelas razões expostas, podemos concluir que a supressão da intervenção do tribunal, para aferir a correcção da operação de redução do capital, justificava que, simultaneamente, a lei tivesse expressamente imposto que a operação passasse necessariamente a ser fiscalizada por técnicos independentes (por exemplos, revisores oficiais de contas), de modo a evitar-se que os sócios e credores ficassem prejudicados, com eventuais incorrecções que lhe estejam subjacentes.

Os credores (não sócios), por sua vez, não podem impedir a consumação da operação, mesmo que esta seja comprovadamente ilegal, apenas podendo reagir *a posteriori*, tentando assegurar, em prazo muito curto, a satisfação ou garantia dos seus créditos [cfr. artigos 96.° do CSC e 1487.° do CPC, ambos na redacção do Decreto-Lei n.° 8/2007, de 17 de Janeiro, que analisamos mais à frente (*infra*, n.° 8.5.)].

Os sócios poderão quando muito questionar a deliberação que tomaram, impugnando-a judicialmente, isto é, propondo a anulação da deliberação social (cfr. artigo 59.° do CSC).

8.1.4. Acta de redução de capital e execução da deliberação

As deliberações de redução do capital social devem, tal como qualquer deliberação dos sócios, constar de acta, mas (já) não estão sujeitas a forma notarial[47]. E é unicamente com base nessa acta – se a deliberação, a lei ou o contrato de sociedade não exigirem outro documento (artigo 85.°, n.° 4, *in fine*) –, forma escrita da deliberação, que deve ser promovida a inscrição da redução do capital na Conservatória do Registo Comercial.

Em matéria de alteração do contrato de sociedade, como veremos, qualquer gerente ou administrador tem o dever de executar a modificação deliberada, devendo fazê-lo no mais breve espaço de tempo possível (cfr. artigo 85.°, n.° 5).

---

[47] Até à entrada em vigor do Decreto-Lei n.° 76-A/2006, de 29 de Março, as alterações do contrato de sociedade, nelas incluída a redução do capital social, estavam sujeitas a forma notarial. A deliberação de redução do capital, como qualquer alteração do contrato, devia ser lavrada em acta notarial ou consignada em escritura pública (artigo 85.°, n.° 3), mas a realização desta ou a inscrição definitiva no registo comercial (no caso de acta notarial) estava dependente, em certos casos, da obtenção da autorização judicial, quando necessária.

8.2. Formas de execução da redução do capital social[48]

8.2.1. Enquadramento

As formas de execução da redução do capital são os processos técnicos que, paralelamente à redução do montante do capital social, permitem assegurar a coincidência deste com a soma dos valores nominais das participações. A extinção de entradas sociais, a que os sócios estão obrigados, e a distribuição de bens também serão formas de execução da redução do capital (excessivo). Não serão, contudo, aqui apreciadas com autonomia, visto já terem sido referidos os problemas que podem suscitar.

A lei prevê as formas ou modalidades de execução da redução [vd. artigo 94.°, n.° 1, alínea b)[49]], que vamos analisar separadamente.

8.2.2. Diminuição do valor nominal das participações

A diminuição do valor nominal das acções tem como limites o valor nominal mínimo legal [€ 0,01 (cfr. artigo 276.°, n.° 2)] – o que pode implicar a opção por outra forma de redução (por exemplo, o reagrupamento) – e o princípio segundo o qual todas as acções têm o mesmo valor nominal (artigo 276.°, n.° 2); por isso, todas sofrerão a mesma diminuição, mantendo-se o equilíbrio interno da sociedade.

A título de exemplo, diga-se que, se as acções tiverem um valor nominal de € 5,00, a redução do capital social num quinto do seu valor fará baixar o valor nominal de todas as participações para € 4,00. Mas se as acções tiverem um valor nominal de € 0,01, a redução do capital social não pode ser feita pela diminuição do respectivo valor nominal (que já é o mínimo legal); ter-se-á de recorrer então a outra forma de redução.

A soma dos novos valores deve ser equivalente ao capital social e deve reflectir-se (materialmente) nos respectivos títulos, apondo-se um carimbo nos títulos antigos, que passarão a mencionar o novo valor nomi-

---

[48] Neste ponto, seguimos de muito perto, reproduzindo largas passagens, os nossos *Direito das Sociedades Comerciais*, cit., 2006, pp. 412-416, e «A redução do capital das sociedades anónimas», cit., 2003, pp. 688-692.

[49] Esta disposição legal parece ser *a priori* taxativa [cfr. com a alínea *a*) do n.° 1 do mesmo artigo], inviabilizando outras formas de redução do capital. Nada obsta, porém, à cumulação das formas legalmente admitidas, desde que não haja sobreposição na sua aplicação.

nal, ou procedendo-se à troca por títulos novos. Caso as acções sejam escriturais, haverá que proceder a um ajuste informático, junto da entidade gestora da(s) respectiva(s) conta(s).

A eficácia da redução do capital não está, compreensivelmente, condicionada à consecução desta operação puramente material, que não tem repercussões jurídicas, excepto se se verificar a inobservância de um comando da assembleia geral. Assim, as acções, independentemente da alteração material dos títulos em que se incorporam ou do registo em que se consubstanciam, passam a ter o valor nominal resultante da redução.

A diminuição do valor nominal das acções é a forma preferível de executar a redução do capital, pois permite manter a igualdade entre os accionistas, não suscitando dificuldades práticas na sua aplicação, para além das que decorrem de limitações legais.

8.2.3. Reagrupamento de participações

A redução do montante do capital social pode ser acompanhada da diminuição do número de acções, mantendo-se o seu valor nominal, mas o agrupamento dos títulos pode ser conjugado com a diminuição do valor nominal das acções.

O reagrupamento consiste em os accionistas entregarem à sociedade as suas acções em troca de um número menor de acções com o mesmo valor nominal ou de um número inferior dos antigos títulos carimbados com a indicação de reagrupamento[50]. Por exemplo, por cada três acções, os accionistas receberão em troca uma nova acção.

À concretização deste processo de redução opõem-se duas dificuldades de ordem prática, uma delas privativa das acções tituladas:

1.ª Sendo indispensável a apresentação à sociedade dos títulos para serem trocados ou carimbados, qual a atitude a adoptar em relação aos títulos que não forem entregues?

2.ª O número de acções, de que certos accionistas são titulares, pode impedir o (re)agrupamento das respectivas acções, por não lhes permitir receber um número certo de novas acções, ou porque da operação de divisão das acções antigas pelas novas há títulos (ou acções escriturais) sobrantes (há *restos* da operação aritmética), ou porque

---

[50] Vd. RAÚL VENTURA, *Adaptação do Direito Português à 2.ª Directiva*, Lisboa, 1980, p. 103.

são insuficientes para converter numa nova (única) acção, impossibilitando a operação. Para evitar esta dificuldade, os accionistas têm de possuir um número exacto de acções, aptas a agrupar-se numa nova acção, ou um múltiplo daquele que possibilite a troca (das antigas pela nova).

As vias de solução destes problemas, se a sociedade não os conseguir resolver, estarão a cargo da doutrina e da jurisprudência, que devem ter sempre presente a conciliação da necessidade da operação com os direitos dos accionistas.

Em relação à primeira dificuldade, a não apresentação do título importará, a nosso ver, a anulação da participação, pois caberia ao accionista, desde que devidamente avisado, o encargo de proceder à entrega dos títulos na sociedade.

A segunda dificuldade ter-se-á de superar, concedendo aos accionistas um prazo razoável para, comprando ou vendendo acções, ficar com o número exacto que permita o reagrupamento. Decorrido esse prazo, e sabendo que as novas acções são indivisíveis (cfr. artigo 276.°, n.° 4), só o interesse social poderá justificar a anulação das acções sobrantes e inclusivamente do direito do accionista a permanecer na sociedade. Esta terá então de emitir novas acções que correspondam às que forem anuladas, vendê-las e entregar o produto da venda aos interessados[51].

As dificuldades de ordem prática que acabámos de enunciar e apreciar, sucintamente, impõem que este processo só seja utilizado quando os sócios o deliberarem expressamente. Ideal seria que, à semelhança do que acontece na Alemanha[52], o reagrupamento fosse meramente subsidiário da diminuição do valor das acções, sendo apenas admissível quando o valor nominal mínimo destas não se pudesse manter.

8.2.4. Extinção de participações: aquisição de acções próprias para redução do capital social e amortização de acções

A última modalidade de redução do capital logicamente possível e admitida por lei é a de extinção de acções, a qual se pode conjugar com

---

[51] Propõe-se, pois, uma solução muito semelhante à que resulta da *Aktiengesetz* (§ 226).

[52] *AktG*, § 222 (4) 2.

o reagrupamento, isto é, pode ser necessário extinguir algumas participações e reagrupar as restantes.

A extinção de participações, como forma de execução da redução de capital, implica a destruição de todos os elementos da participação social. Este processo depara com dois limites:

– Apenas podem ser afectadas algumas acções, pois a extinção de todas as participações sociais importa a extinção da própria sociedade.
– Têm de subsistir acções cujos valores nominais somados correspondam, pelo menos, ao capital social mínimo fixado na lei (cfr. artigo 276.º, n.º 3).

Estão aqui em causa a extinção de acções próprias e a amortização de acções.

No âmbito da sociedade anónima a lei admite a *extinção de acções próprias*, como processo de redução do capital social (artigo 463.º, n.º 1).

Antes da recente alteração do regime de redução do capital, a extinção devia recair sobre acções já adquiridas e a redução do capital, efectuada por meio de extinção de acções próprias, não dispensava, até ao dia 17 de Janeiro de 2007, a intervenção do tribunal (cfr. artigo 95.º, n.ºˢ 1 e 2, na pretérita redacção), a menos que salvaguardasse devidamente os interesses dos credores [artigo 463.º, n.º 2, alíneas *a*) e *b*)][53].

No entanto, ao eliminar a autorização judicial, o legislador deveria ter revisto o artigo 463.º do nosso Código. Não o tendo feito, certamente por lapso, e mantendo inalterada a redacção do artigo 463.º do Código das Sociedades Comerciais, conservou a referência, agora sem nexo, ao artigo 95.º. A eliminação genérica da intervenção judicial deixa sem protecção os interesses dos credores, uma vez que a operação já não está condicionada, podendo realizar-se à custa de quaisquer bens e sem necessidade de constituição de reserva especial.

A *amortização de acções* é o processo de redução do capital social que consiste na extinção, contratualmente prevista, de acções que são

---

[53] A dispensa de autorização judicial seria possível se a sociedade não tivesse de recorrer ao seu património ou se criasse uma reserva especial que evitasse a formação de um lucro contabilístico, com base no qual procedesse a distribuições aos accionistas [artigo 464.º, n.º 2, alíneas *a*) e *b*)].

da titularidade dos accionistas (por contraposição à extinção de acções próprias)[54].

Esta forma de extinção da participação afasta o princípio do igual tratamento dos accionistas (cfr. artigo 347.º, n.º 1), consistindo no reembolso forçado das entradas que o accionista efectuou, independentemente da sua vontade, mas tendo por base «*factos concretamente definidos no contrato de sociedade*» (artigo 347.º, n.º 3).

A amortização de acções provoca a sua extinção na data da redução do capital (artigo 347.º, n.º 2).

8.3. *Eficácia da deliberação de redução e protecção de terceiros*

A eficácia retroactiva da deliberação de redução do capital está posta de lado, pois determina sempre uma diminuição da garantia dos credores, já que a redução do valor (constante) do capital social faz desaparecer do balanço perdas anteriores, permitindo à sociedade distribuir aos sócios bens (que até então tinham de cobrir o capital social).

O registo da operação de redução – eventualmente baseada na respectiva acta – deve ser objecto de publicidade, com a finalidade de a dar a conhecer aos credores sociais, permitindo-lhes que estes, para assegurar os respectivos créditos, venham a impedir ou dificultar a posterior distribuição de bens pela sociedade (cfr. artigos 96.º do CSC e 1487.º do CPC, ambos na redacção do Decreto-Lei n.º 8/2007).

8.4. *Publicidade e publicações facultativas*

A deliberação da redução já não é objecto de publicidade autónoma antes de executada a operação através da obrigatoriedade de registo comercial a que antigamente se encontrava sujeita [cfr. artigo 3.º, n.º 1, alínea *p*) do CRCom, na redacção do artigo 12.º do Decreto-Lei n.º 8/2007].

Para além da publicidade obrigatória inerente à operação de redução do capital social, a sociedade, uma vez deliberada e registada a redução, deverá anunciar a forma de extinção ou substituição de títulos se as acções forem documentadas, com a finalidade de avisar os accionistas de que se

---

[54] A amortização de acções, para além de constituir uma forma de execução do capital, pode representar uma finalidade de redução em si mesma, visando, designadamente, o afastamento de accionistas em certas condições.

encontram ao seu dispor os novos títulos ou, se tiver sido esse o caso, que as novas acções que assumirão a forma escritural serão registadas à medida que os accionistas procederem à entrega das antigas acções. Saliente-se que não existindo regras estritas nesta matéria, haverá que procurar salvaguardar o normal funcionamento da sociedade e os interesses dos accionistas. Para esse efeito, admite-se a publicação facultativa de avisos e anúncios, os quais não são, por si, suficientes, em nosso entender, para alterar a natureza (privada) da operação.

8.5. *Intervenção e tutela dos credores*

Se a redução se destinou, exclusivamente, a cobrir prejuízos, não é possível à sociedade fazer distribuição de bens aos sócios (à custa do capital reduzido), porque os mesmos não existem. Mas, ainda que esteja em causa a libertação de capital, a sociedade, na sequência da redução, só poderá fazer atribuições aos sócios à custa de bens distribuíveis de que disponha se os credores não tiverem, entretanto, contestado a redução (cfr. artigo 96.º, n.º 3, na redacção do Decreto-Lei n.º 8/2007).

Qualquer que seja a finalidade da redução, a lei impõe agora – aparentemente como um princípio absoluto, dada a re-sistematização da matéria – que a redução só possa ser deliberada se a situação líquida da sociedade ficar a exceder o novo capital em, pelo menos, 20% (artigo 95.º, n.º 1, na redacção do Decreto-Lei n.º 8/2007)[55], o que, a aceitar-se literalmente, inviabilizaria a maior parte das reduções por perdas, que se tornariam, por definição, impossíveis quando a situação líquida da sociedade fosse negativa. Nesse caso, ainda que a redução fosse integrada numa operação harmónio, não seria possível assegurar que o novo capital, resultante de aumento, excedesse em 20% a situação líquida.

Impõe-se, pois, realizar uma interpretação restritiva do disposto na nova redacção do n.º 1 do artigo 95.º, considerando-se inaplicável à redução para cobertura de perdas, na qual não será possível reduzir o capital em montante superior ao dos prejuízos verificados [cfr. o princípio constante do artigo 35.º, n.º 3, alínea *b*)].

Outra leitura possível, mas derrogatória do preceituado no artigo 35.º, seria a de que já não sendo necessário prevenir que a redução deli-

---

[55] Adaptação irreflectida da antiga redacção do n.º 2 do mesmo artigo, que limitava a redução do capital nos casos em que se encontrava sujeita a autorização judicial.

berada não exceda o montante dos prejuízos detectados – para não corresponder, na prática, também a uma redução por excesso de capital (a partir do momento em que a diminuição de capital ultrapassasse o nível do património líquido) –, a deliberação de redução deveria satisfazer, tanto quanto possível, o disposto no n.º 1 do artigo 95.º, conduzindo o novo capital para um nível em que a situação líquida lhe fosse superior em 20%.

No que se refere à protecção dos credores sociais, as medidas que, anteriormente, constavam das alíneas c) e d) do n.º 4 do artigo 95.º (redacção originária) encontram-se agora previstas – com naturais adaptações – no artigo 96.º, n.ºs 1 e 3, na redacção do Decreto-Lei n.º 8/2007, permitindo-lhes que, até um mês depois da publicação do registo da redução, requeiram «*ao tribunal que a distribuição de reservas disponíveis ou dos lucros de exercício seja proibida ou limitada, durante um período a fixar, a não ser que o crédito do requerente seja satisfeito, se já for exigível, ou adequadamente garantido*», quando ainda não o for (cfr. artigo 96.º, n.º 1, redacção actual).

A lei concede ao tribunal uma certa flexibilidade para, tendo em consideração os interesses dos credores, adequar as providências judiciais à situação (real) da sociedade, optando ou pela proibição de distribuição de reservas disponíveis ou dos lucros de exercício, ou pela simples limitação dessa distribuição (cfr. artigo 96.º, n.º 3, na redacção do Decreto-Lei n.º 8/2007), mas não podendo recusar a aplicação da providência sem que o crédito do requerente esteja assegurado.

A sociedade, por sua vez, só poderá efectuar a distribuição de reservas disponíveis ou de lucros de exercício após o decurso do mês de que os credores dispõem para actuar judicialmente, se eles entretanto não tiverem requerido nenhuma medida judicial (cfr. artigo 96.º, n.º 3 do CSC). Deste, modo, os credores sociais – que em regra não são prejudicados na redução que visa apenas adequar o montante do capital social ao património líquido realmente existente (e que é a garantia efectiva dos seus créditos) – devem reagir quando os sócios (accionistas), de acordo com o seu interesse pessoal, procurarem aproveitar a redução do capital para receber, a título de lucros de exercício (obtidos a partir do novo capital social), quantias que, mantendo-se o capital anterior, seriam por eles intocáveis (cfr. artigo 1487.º do CPC, na redacção do artigo 15.º do Decreto-Lei n.º 8/2007)[56].

---

[56] Alteração efectuada no CPC, que se traduziu na revogação do artigo 1487.º-A [por efeito do disposto no artigo 23.º, alínea b), do Decreto-Lei n.º 8/2007, de 17 de

Importa, contudo, salientar que a intervenção judicial dos credores está fortemente condicionada, só podendo ocorrer se eles, entretanto, *tiverem solicitado à sociedade, há pelo menos quinze dias, a satisfação do seu crédito ou a prestação de garantia adequada, sem que o seu pedido tenha sido atendido* (artigo 96.º, n.º 2). E, assim sendo, caso não o tenham feito antes da deliberação, por desconhecimento de que a mesma iria ser formada, ou não actuaram quase imediatamente após a publicação do registo de redução, ficarão praticamente sem prazo para o fazer. Logo, quando o conhecimento dos credores (só) ocorre com a publicidade do registo, estes deverão reclamar os seus créditos junto da sociedade até ao décimo quinto dia subsequente para poderem, na falta de resposta ao seu pedido, requerer a medida judicial conservatória desses créditos, dentro do prazo de 30 dias. A exiguidade deste termo é tão óbvia que nos dispensamos de comentários ou críticas adicionais à solução da lei vigente.

De qualquer forma, em última análise, nada impede os credores de lançar mão das garantias gerais das obrigações, recorrendo, nomeadamente, ao instituto da impugnação pauliana [cfr. artigo 610.º, alínea *a*), *in fine*, do Código Civil].

III. Sentido e alcance do artigo 35.º

Expostas as linhas da redução do capital social, vamos agora – para concluir este estudo – ver em que termos é que esta operação se coaduna com o disposto no artigo 35.º do CSC, aproveitando para proceder à respectiva análise crítica, mas começando por recordar a sua actual redacção:

Artigo 35.º (Perda de metade do capital)

1. Resultando das contas de exercício ou de contas intercalares, tal como elaboradas pelo órgão de administração, que metade do capital social se encontra perdido, ou havendo em qualquer momento fundadas razões para admitir que essa perda se verifica, devem os gerentes convocar de imediato a assembleia geral ou os administradores requerer prontamente a convocação da mesma, a fim de nela se informar os sócios da situação e de estes tomarem as medidas julgadas convenientes.

Janeiro] e na reformulação do respectivo conteúdo sob a forma do artigo 1487.º do mesmo diploma, alterado pelo artigo 15.º do Decreto-Lei citado.

2. *Considera-se estar perdida metade do capital social quando o capital próprio da sociedade for igual ou inferior a metade do capital social.*

3. *Do aviso convocatório da assembleia geral constarão, pelo menos, os seguintes assuntos para deliberação pelos sócios:*

   a) A dissolução da sociedade;
   b) A redução do capital social para montante não inferior ao capital próprio da sociedade;
   c) A realização pelos sócios de entradas para reforço da cobertura do capital.

Na nossa análise, percorreremos as diversas redacções do artigo 35.º desde a sua entrada em vigor[57], para verificar como a última alteração comprometeu o sentido e alcance da norma, tal como ela havia sido pensada.

9.1. A ratio *da norma*[58]

Dissemos atrás que um aspecto estrutural das sociedades comerciais consiste em determinar que actos empreender quando se encontra perdida uma parte substancial do respectivo capital, caso as sociedades queiram, apesar de tudo, continuar a sua actividade.

A resposta a esta questão encontra assento legal no artigo 35.º do Código das Sociedades Comerciais que, após longa hibernação[59], en-

---

[57] O texto segue, de perto, as nossas lições (*Direito das Sociedades Comerciais*, 2.ª ed., cit., 2006, pp. 422-435), das quais incorpora diversas passagens.

[58] Sobre a actual redacção do artigo 35.º (embora sem considerar a ligeira modificação introduzida pela Reforma societária), vd. os recentes estudos de António MENEZES CORDEIRO, «A perda de metade do capital social e a reforma de 2005: um repto ao legislador», *ROA*, ano 65, vol. I., 2005, pp. 45-87, de ALEXANDRE MOTA PINTO, «O artigo 35.º do Código das Sociedades na versão recente», AAVV, *Temas societários*, IDET, n.º 2, Almedina, Coimbra, 2006 (pp. 107-151), e de Paulo de TARSO DOMINGUES, «Capital e património sociais, lucros e reservas», AA.VV., *Estudos de Direito das Sociedades*, 8.ª ed., Almedina, Coimbra, 2007 (pp. 166-227), em especial pp. 206-212. Deste último autor, embora desactualizado, vd. também *A perda grave de capital social (a propósito da recente entrada em vigor do artigo 35.º do Código das Sociedades Comerciais)*, sep. de AA.VV., *Estudos em Homenagem ao Professor Doutor Jorge Ribeiro de Faria*, Coimbra Editora, 2003 (pp. 739-791).

[59] Recorda-se que o artigo 2.º, n.º 2 do Decreto-Lei n.º 262/86, de 2 de Setembro (diploma de aprovação do CSC), previa que a entrada em vigor do artigo 35.º viesse a ser fixada em diploma legal, o que aconteceu em 2001. Até então, o Código apenas

trou em vigor em Setembro de 2001 (por determinação do artigo 4.° do Decreto-Lei n.° 237/2001, de 30 de Agosto) e que, desde essa altura, já conheceu quatro redacções diferentes[60].

O disposto no artigo 35.° visava, na sua redacção inicial, solucionar uma questão essencial das sociedades comerciais, não permitindo que estas subsistissem se, perdida parte substancial do respectivo capital, o mesmo não fosse oportunamente reintegrado. Assim, nos termos do número 1, na versão originária, «*os membros da administração que, pelas* **contas do exercício**, *verificassem estar perdida metade do capital social deveriam propor aos sócios que a sociedade fosse dissolvida ou o capital fosse reduzido, a não ser que os sócios se comprometessem a efectuar e efectuassem, nos 60 dias seguintes à deliberação que da proposta resultasse, entradas que mantivessem pelo menos em dois terços a cobertura do capital*» (negrito nosso)[61].

A entrada em vigor deste artigo, em 4 de Setembro de 2001, pretendeu credibilizar as sociedades comerciais e proteger os interesses de terceiros que com elas se cruzam na actividade mercantil e que acreditam, legitimamente, na cifra numérica constante e imutável em que se traduz o respectivo capital e na qual depositam natural confiança.

Considerando o disposto no artigo 35.°, então entrado em vigor, logo que uma sociedade se confrontasse com a situação (negativa) decorrente

---

continha uma disposição que se referia a esta matéria e que era exclusiva das sociedades anónimas: o artigo 544.° (*Perda de metade do capital*), integrado no Título VIII (Disposições Finais e Transitórias), que caducaria com a entrada em vigor do artigo 35.°, pelo que se tornou totalmente irrelevante

[60] Embora a última, determinada pelo Decreto-Lei n.° 76-A/2006, não alterasse substancialmente o disposto no artigo 35.°, n.° 1, cingindo-se a adaptar a nova terminologia utilizada para designar os membros do órgão executivo das sociedades com administração e fiscalização (de inspiração) germânica, eliminando a referência aos *directores* (membros do órgãos executivo do modelo de governação germânica) que – por efeito da Reforma Societária de 2006 – se passaram a chamar simplesmente *administradores*.

[61] Em nosso entender, o disposto no texto legal acima transcrito apenas seria aplicável às contas dos exercícios que se concluíssem a partir de 4 de Setembro de 2001 – data da sua entrada em vigor –, designadamente àquele que findava em 31 de Dezembro de 2001. Com efeito, o número 2 dessa disposição previa que a proposta da administração (gerência) – conducente à dissolução da sociedade ou à redução do capital ou à realização de (novas) entradas – deveria ser apresentada na assembleia geral que apreciasse as contas [a realizar até ao final do terceiro mês subsequente ao encerramento do exercício (cfr. artigo 376.°, n.° 1)]. A inobservância desse dever estatutário constituía crime, sancionado com pena privativa da liberdade (prisão) dos gerentes ou administradores da sociedade (cfr. artigo 523.° do CSC).

das contas do exercício, prestes a findar, ela deveria proceder ao seu saneamento financeiro pela entrada de capitais, a realizar pelos sócios, que mantivesse em, pelo menos, dois terços a cobertura do capital. Por vezes, a redução não constituía alternativa, visto que o capital teria de ser reduzido a zero (por se encontrar todo perdido) e, concomitante e subsequentemente, aumentado para um montante tal, em relação ao qual as perdas acumuladas (e não cobertas pela redução entretanto efectuada) não representassem mais de 1/3.

A aplicação imediata do artigo 35.°, e designadamente do disposto no respectivo número 3, iria certamente provocar – a breve prazo – inúmeras situações de dissolução judicial, com consequências imprevisíveis no tecido económico-social português. Por essa razão, a redacção originária do artigo 35.° viria a ser substituída, a breve trecho, por uma nova redacção aprovada pelo Decreto-Lei n.° 162/2002, de 11 de Julho, imediatamente entrado em vigor, com excepção da medida de dissolução automática prevista no n.° 4 (cuja aplicação efectiva, inicialmente prevista para 2005, nunca viria a ocorrer).

9.2. Evolução do regime legal (até 31 de Dezembro de 2004)

Nos termos da sua segunda versão – vigente até 31 de Dezembro de 2004 e que seria alterada retroactivamente em Janeiro de 2005 –, o artigo 35.°, n.° 1, dispunha que *«os membros da administração que, pelas contas do exercício, verificassem estar perdida metade do capital social deveriam mencionar tal facto no relatório de gestão e propor aos sócios uma ou mais das seguintes medidas:*

    a) A dissolução da sociedade;
    b) A redução do capital social;
    c) A realização de entradas em dinheiro que mantenham pelo menos em dois terços a cobertura do capital social;
    d) A adopção de medidas concretas tendentes a manter pelo menos em dois terços a cobertura do capital social.»

Por sua vez, o número 2 do artigo 35.° (que se manteve inalterável, na versão actual) esclarece que se considera estar *«perdida metade do capital social quando o capital próprio constante do balanço do exercício for inferior a metade do capital social».*

A expressão *capital social* era, assim, utilizada no artigo 35.º com dois significados diferentes.

Com efeito, quando se aludia à hipótese de redução do capital [alínea *b*) do n.º 1], a lei estava a referir-se à alteração da cifra numérica que expressa a soma das participações dos sócios e que, por definição, é constante e inalterável pelo normal funcionamento da sociedade[62] e, em concreto, estava a prever a adequação de tais participações (e do respectivo montante global) às variações patrimoniais (negativas) que, entretanto, pudessem ter ocorrido. Diversamente, quando o preceito mencionava a perda de metade do capital social (n.os 1, proémio, e 2) estava a referir-se às variações patrimoniais negativas que efectivamente ocorreram e que uma vez apuradas (no balanço) evidenciavam que o património societário (inicialmente, em regra, equivalente ao capital social) havia sofrido diminuições em, pelo menos, 50% do seu valor. Nesta segunda acepção, a expressão *capital social* corresponde essencialmente à noção (mais lata) de capitais próprios, porque só estes variam.

O artigo 35.º pretendia impor, na verdade, a reintegração dos capitais próprios da sociedade sempre que os mesmos sofressem uma redução de tal forma significativa que, relativamente ao fecho de um exercício, se tornassem inferiores a metade do montante do capital social, evitando, designadamente, que as sociedades funcionassem em situação de manifesta subcapitalização[63]. Por isso, não teria a sociedade de realizar obrigatoriamente um aumento do capital social[64], mas apenas suprir convenientemente a situação de subcapitalização em que se encontrava, podendo fazê--lo por outras formas, designadamente, e caso o contrato de sociedade o previsse e admitisse, por recurso a prestações suplementares de capital ou a prestações acessórias de capital, no montante necessário para cobrir os prejuízos registados até dois terços do valor do capital social.

---

[62] Não se pode, pois, perder; o que, eventualmente, diminui com actividade social é o património societário que, na fase de arranque, corresponde em regra ao capital social, isto é, à soma de todas as entradas subscritas pelos sócios.

[63] Recorde-se que o artigo 35.º tomou por referência o disposto no artigo 17.º da Segunda Directiva Comunitária [de 13 de Dezembro de 1976 (77/91/CEE), publicada no JO n.º L 26/1, de 3 de Janeiro de 1977], referente à protecção de sócios e terceiros, o qual se limita a prever que, no caso de *«perda grave do capital subscrito»* (que não pode ser mais de metade), a sociedade deverá deliberar a dissolução ou outra medida.

[64] Essa operação, aliás, nada resolveria se não fosse acompanhada de redução de capital que cobrisse as perdas registadas em dois terços.

No que se refere às medidas a propor pela administração quando se verificasse a perda de metade do capital social, a lei impunha aos administradores/gerentes da sociedade que, verificada a perda de, pelo menos, metade do capital social, nos termos explicados, estes mencionassem tal facto no relatório de gestão e propusessem aos sócios uma solução que se traduzisse numa das hipóteses legalmente equacionadas e acima enunciadas[65].

A novidade introduzida por essa redacção do artigo 35.º (Decreto-Lei n.º 162/2002) residia na sanção estabelecida para a persistência da situação de manifesta subcapitalização. Assim, e com efeitos a partir do ano 2005 – considerando o disposto no n.º 2 do artigo 2.º do Decreto-Lei n.º 162/2002, de 11 de Julho –, e mais propriamente a partir da aprovação das contas de 2004, caso a situação de perda de metade do capital se mantivesse no final do exercício de 2004 (isto é, no exercício seguinte àquele em que já se teria verificado idêntica situação anteriormente: 2003), a sociedade considerar-se-ia imediatamente dissolvida. Tratava-se de uma situação de dissolução automática inapelável.

Sucede que a sanção de dissolução (automática) da sociedade, caso esta registasse durante dois exercícios consecutivos a perda de capitais próprios em montante igual ou superior a metade do capital social, vinha a deixar preocupados inúmeros agentes económicos (neles incluído o próprio Estado), pelo que o Governo decidiria, em Dezembro de 2004, promover uma (segunda) alteração ao artigo 35.º, esvaziando-o de conteúdo. Por isso, a tal dissolução que deveria ser automática, sem necessidade de declaração, resultando da comprovação, pelas contas da sociedade, do segundo exercício negativo, nunca chegaria a aplicar-se, porque o primeiro exercício social relevante – para efeito da sanção prevista – havia sido o de 2003 (contas aprovadas em 2004), pelo que não houve tempo útil para proceder à verificação de dois exercícios, uma vez que as contas dos exercícios concluídos em 31 de Dezembro de 2004, ou posteriormente, só poderiam ser, por definição, aprovadas em 2005.

---

[65] Sobre estas medidas, entretanto alteradas, cfr. o nosso *Direito das Sociedades Comerciais*, 2.ª ed., cit., 2006, pp. 425-427.

10. Regime jurídico actual[66]

10.1. O preâmbulo do Decreto-Lei n.° 19/2005, de 18 de Janeiro, e as alterações ao Código das Sociedades Comerciais

Na revisão do artigo 35.° foi retirado do respectivo texto a eventualidade de dissolução automática da sociedade (cfr. o n.° 4, revogado), sem se explicar que os seus efeitos práticos ficariam drasticamente reduzidos. O diploma em que se consubstanciou (Decreto-Lei n.° 19/2005, de 18 de Janeiro), publicado em meados de Janeiro de 2005, aplicou-se retroactivamente a 31 de Dezembro de 2004 (*inclusive*), evitando que se discutisse então a eventual aplicação prática daquela previsão de dissolução (automática).

Comecemos por enunciar sucintamente as alterações decorrentes do Decreto-Lei n.° 19/2005, de 18 de Janeiro, referindo que não estamos em desacordo com o seu preâmbulo, aliás sagazmente redigido – sobretudo considerando os objectivos que o governo então pretendeu prosseguir e que foram subtilmente disfarçados –, e que evidencia com clareza a adequada publicitação que, no plano dos princípios, o novo regime (no caso, reforçado no artigo 171.°) impõe às empresas que revelem insuficiência significativa de capitais próprios. O Decreto foi, infelizmente, omisso sobre a (im)possibilidade dos credores, ou até dos sócios, requererem eficazmente medidas drásticas sempre que a situação de subcapitalização societária ocorra ou se mantenha e, nessa medida, não apenas traduziu uma desvalorização da mesma e uma óbvia desconsideração por todos (empresas e respectivos sócios) quantos – em especial em 2003 e 2004 – haviam feito um esforço sério e, em algumas circunstâncias, muito significativo para a superar, como passaria a corresponder ao regime mais ténue de sempre em matéria de perda de capitais próprios, no âmbito da vigência do Código das Sociedades Comerciais. Tão suave que, não fôra algum controlo que as entidades financiadoras não deixarão certamente de fazer, o poderíamos, inclusivamente, considerar inócuo[67].

---

[66] O texto teve como ponto de partida três dos nossos artigos publicados no *Diário Económico* (26 de Janeiro, 2 e 9 de Fevereiro de 2005), escassos dias após a substancial alteração do artigo 35.°, e que seriam retomados, com naturais ajustamentos, nas nossas lições citadas (pp. 428-433).

[67] Cfr., por exemplo, a solução da lei portuguesa com o regime jurídico italiano, no qual o dever de intervenção dos administradores ocorre quando se encontra perdido mais

O diploma em apreço alterou três disposições legais do Código das Sociedades Comerciais, embora uma delas – o artigo 141.º – represente um efeito natural do novo regime do artigo 35.º, visto que, na sua nova redacção [pela eliminação da alínea *f*) do n.º 1 e alteração do n.º 2], deixa de prever que a verificação da situação enunciada no artigo 35.º constitua causa específica de dissolução[68].

A outra disposição legal modificada, para além do próprio artigo 35.º, foi o artigo 171.º que passou a incluir nas menções societárias externas obrigatórias a insuficiência significativa (comprovada) de capitais próprios[69]. A (nova) obrigação resultante deste preceito legal reconduz-se aquela que é, hoje, verdadeiramente a única sanção (consequência) com efeitos práticos do regime estabelecido no artigo 35.º do Código das Sociedades Comerciais. Este, apresentando na sua redacção actual três números, sofreu duas alterações, mantendo inalterado o número 2 que, como vimos, explica o que se deve entender por perda de metade do capital social.

Veremos também (cfr., *infra*, n.º 11.), pela alteração introduzida, no artigo 35.º, em 2005, que o regime legal português deixou de cumprir a Directiva Comunitária aplicável a esta matéria.

10.2. *Breve confronto com os regimes anteriores*

Se tomarmos em consideração os regimes legais anteriores ao actual[70], concluímos que a dissolução da sociedade deixa de ser automática e que, verificando-se a perda de, pelo menos, metade do capital social,

---

de um terço do capital social [cfr. artigos 2446, alínea 1, na redacção do Decreto Legislativo (d.lg.) n.º 6, de 17 de Janeiro de 2003, e 2482-*bis*, alínea 1 do *Codice Civile*). Saliente-se que a lei italiana conduz inexoravelmente à redução do capital se as perdas não forem diminuídas para menos de um terço do capital, até ao final do exercício seguinte (cfr. artigos 2446, alínea 2 e 2482, alínea 4, red. do d.lg. n.º 6 de 17 de Janeiro de 2003 e d.lg. n.º 37 de 6 de Fevereiro de 2004, do mesmo Código).

[68] O artigo 141.º seria também objecto de alteração pelo Decreto-Lei n.º 76-A/2006, de 29 de Março, mas sem que a modificação introduzida implicasse consequências no regime estabelecido nesta sede.

[69] O artigo 171.º foi também objecto de alteração pelo Decreto-Lei n.º 76-A/2006, de 29 de Março, mas o seu n.º 2, onde se projectava a modificação determinada pelo Decreto-Lei 19/2005, de 19 de Janeiro, manteve-se inalterado.

[70] Desconsidera-se a alteração, meramente formal, introduzida pela Reforma Societária (de 2006) na redacção actual, pelos motivos expostos, *supra*, na nota 60.

também (já) não podem os sócios ou credores requerer a dissolução judicial da sociedade, como era possível ao abrigo da redacção inicial do (n.º 3 do) artigo 35.º[71].

No que se refere ao número 2 (que não foi alterado pela lei de 2005), que considera perdida metade do capital social quando o capital próprio constante do balanço do exercício não for de metade do capital social, mas inferior a metade (cfr. n.º 2), isto é, para o legislador *metade do capital social* corresponde a mais de metade do capital próprio (?!), o que não deixa de constituir um absurdo, ainda que sem grandes consequências de ordem prática, visto que a dúvida só se colocaria se a sociedade perdesse exactamente metade do seu capital próprio, o que apenas se perspectiva como hipótese meramente académica. E, de acordo com essa disposição legal, não se encontraria perdida metade do capital social. Por razões de elementar bom senso, somos de opinião que haveria todas as vantagens em rectificar essa diferença que não terá sido devidamente ponderada.

10.3. *A nova redacção do artigo 35.º*

Na sua versão actual, o artigo 35.º tem um conteúdo programático, impondo aos titulares dos órgãos sociais que tomem determinadas medidas, mas não estabelecendo quaisquer consequências para a falta de aprovação dessas medidas. Assim, sempre que os gerentes ou administradores tiverem conhecimento de que ocorreu a perda de metade do capital social – através de um balanço (de exercício ou intercalar) ou, simplesmente, pelos instrumentos de gestão de que dispõem ao longo do exercício –, eles deverão convocar ou requerer a convocação da assembleia geral, para informar os sócios da situação (de insuficiência financeira) e estes poderem tomar as medidas que considerarem adequadas[72]. Se o conhecimento da perda de metade do capital social ocorrer apenas com o fecho (interno) de contas, faz todo o sentido que seja a assembleia geral anual a pronun-

---

[71] E tão pouco o podem os credores fazer ao abrigo do disposto na regra transitória contida no artigo 543.º do CSC, que perdeu a sua vigência, por caducidade, com a entrada em vigor do artigo 35.º, em 2001.

[72] Caso não o façam, sujeitam-se às sanções adiante enunciadas. O novo regime do artigo 35.º sugere, aliás, como aspecto que poderemos considerar verdadeiramente caricato, a possibilidade de os únicos sancionados por inobservância dos seus (fracos) comandos serem os membros do órgão de administração, nada sucedendo aos sócios e accionistas.

ciar-se sobre a situação, em ponto autónomo para o efeito incluído no aviso convocatório. Também se afigura pertinente que a questão seja objecto de discussão após a aprovação do relatório de gestão e das contas do exercício – e ainda no âmbito desse ponto da ordem de trabalhos –, embora nada impeça que o assunto seja agendado, para momento ulterior da mesma assembleia (geral anual), devendo então ser discutido, nomeadamente, após a apreciação da administração e da fiscalização da sociedade.

Em qualquer circunstância, do aviso convocatório têm de constar, pelo menos, as hipóteses de deliberação pelos sócios de dissolução da sociedade, redução do capital social e de realização de entradas para reforço da cobertura do capital – o que constitui, na prática, uma contrariedade para sociedade, que se vê obrigada a revelar publicamente a sua debilidade –, sem prejuízo de o presidente da mesa poder acrescentar, a pedido ou por *motu proprio*, outras soluções para a situação em que se encontra a sociedade.

A *dissolução da sociedade* [cfr. artigo 35.º, n.º 3, alínea *a*)] não suscita especiais dificuldades, para além dos requisitos formais a observar para a válida formação da deliberação social, designadamente em termos de *quorum*.

A *redução do capital social* deve ser decidida para montante não inferior aos capitais próprios, para se evitar reduzir simultaneamente o capital para libertação de excesso, diversamente do que agora decorre do disposto no número 1 do artigo 95.º, que já vimos não poder ser aplicável à redução para cobertura de perdas [cfr. artigo 35.º, n.º 3, alínea *b*)]. Isto é, o capital pode reduzir-se em conformidade com as perdas registadas ou em montante inferior – o que acontece sempre que as perdas já superam o seu valor –, mas não em montante superior.

Por fim, no que se refere à *realização de entradas para reforço da cobertura de capital* [cfr. artigo 35.º, n.º 3, alínea *c*)] as mesmas deverão ser susceptíveis de contabilização como capital próprio, podendo consistir em prestações suplementares ou prestações acessórias de capital, embora devam processar-se preferencialmente no âmbito de uma operação de aumento do capital em dinheiro.

Quanto ao montante do capital a reintegrar, a lei (já) não exige que o capital social seja coberto em, pelo menos, dois terços, sendo suficiente, desde 2005 (*inclusive*) que os capitais próprios sejam recolocados acima da metade do capital social, para a sociedade deixar de se enquadrar no artigo 35.º.

Importa chamar a atenção para o facto de o aumento do capital não sanar com facilidade a situação de subcapitalização em que se encontra a sociedade, porque à entrada de dinheiro fresco corresponde um aumento da cifra do capital social, suscitando-se o problema da compatibilização dos (novos) capitais próprios com o montante do capital social, que é aumentado na mesma medida. Isto é, se estivessem perdidos dois terços do capital social (ou dos capitais próprios) o aumento teria de ser num valor suficiente para que os fundos próprios (já existentes e resultantes das novas entradas) se colocassem num montante correspondente a mais de metade da nova cifra do capital social, cuja variação é exactamente da mesma amplitude que a dos capitais próprios. Por isso, o problema pode ser praticamente inultrapassável se, em vez de se encontrarem perdidos dois terços do capital social, este estiver reduzido a zero ou a situação líquida for absolutamente negativa, registando perdas superiores ao montante do capital social, como por vezes acontece[73]. Nesse caso, para repor o capital social perdido num montante superior a metade do valor resultante da operação seria necessário injectar importâncias muito significativas.

Em qualquer circunstância, a reposição para montante, pelo menos, superior a metade do capital resultante do aumento implica a aplicação da seguinte *fórmula*:

Situação líquida + x > 1/2 (Capital social + x)
x é o valor do aumento

Se a sociedade optar por uma operação harmónio, então os inconvenientes apontados podem mesmo desaparecer, se a redução cobrir na totalidade as perdas registadas.

E que postura devem os sócios e accionistas adoptar na assembleia geral?

A lei não o diz explicitamente, mas da leitura do artigo 35.º pode concluir-se que eles não são sequer obrigados a tomar qualquer iniciativa e muito menos qualquer deliberação, podendo decidir, por maioria simples – ou até, minoritariamente, se a deliberação estiver dependente de maioria qualificada –, rejeitar propostas da administração ou, não as aprovar e nada fazer.

Na realidade, não há quaisquer consequências legais directas quando se verifica uma situação de insuficiência de capitais próprios, para além da

---

[73] É essa a situação que o artigo 35.º pretende evitar.

obrigatoriedade de divulgação dessa situação, em simultâneo com a alteração das menções externas.

Sendo o contrato de sociedade habitualmente omisso sobre as medidas a tomar em caso de insuficiência de capitais próprios – embora o pudesse fazer, cominando, eventualmente para tutela dos sócios (accionistas), sanção aplicável à vicissitude descrita –, caberia à lei determinar as consequências aplicáveis a essa situação, bem como os actos a praticar para a solucionar.

E o que faz hoje a lei?

Limita-se a dispor que os sócios (accionistas) deverão apreciar especificamente essa situação (preocupante), quando da mesma houver percepção, devendo ser convocados com essa finalidade, para supostamente tomarem as medidas adequadas.

Reunindo-se em assembleia geral, os sócios ou viabilizam a sociedade, adoptando uma medida pertinente de saneamento financeiro, ou nada fazem, por não quererem ou porque não chegam a acordo. Em qualquer circunstância, a sociedade deverá passar a publicitar, conjuntamente com as demais menções externas, a sua situação financeira deficitária (cfr. artigo 171.º, n.º 2, na redacção do artigo 1.º do Decreto-Lei n.º 19//2005, de 18 de Janeiro). Se não o fizer, apesar de legalmente obrigada, incorre numa coima que pode atingir a quantia (máxima) *exorbitante* de € 1.500,00, pelo que, em muitas situações, "o crime pode compensar" (cfr. artigo 528.º, n.º 2, na redacção do artigo 11.º do Decreto-Lei n.º 8/2007, de 17 de Janeiro).

A actuação da administração ou dos gerentes, ou a sua inacção, designadamente porque não assinalam a vicissitude, é agora (novamente) sancionada nos termos do disposto no artigo 523.º do Código das Sociedades Comerciais que, sendo uma norma incriminadora, deixara de ser aplicável à inobservância do disposto no artigo 35.º, visto que havia sido criada para tutela de uma situação jurídica diferente (consubstanciada na redacção originária do artigo 35.º), da que se verificava, após a primeira alteração de que o artigo 35.º foi objecto[74].

---

[74] Na realidade, antes de 30 de Junho de 2006, o disposto no artigo 523.º do CSC (já) não era aplicável à inobservância do disposto no artigo 35.º, porque a norma penal havia sido prevista para aplicação a uma situação jurídica diferente da que então se verificava, dado que o próprio artigo 35.º havia sido alterado por duas vezes. As modificações introduzidas afectaram na época irremediavelmente a *facti species* do artigo 523.º, cujo texto em certa media até deixou de fazer sentido ao aludir ao n.º 2 do artigo 35.º (que,

No entanto, o legislador ao aprovar a nova redacção do artigo 523.º (resultante do Decreto-Lei n.º 76-A/2006, de 29 de Março) só se preocupou em retirar da respectiva previsão a menção ao *director* (membro do órgão de gestão da sociedade anónima com modelo de governação de inspiração germânica), esquecendo, por um lado, que o número 2 do artigo 35.º, sobre o qual recai uma sanção e que, consequente e aparentemente, é objecto de tutela, encerra agora uma definição («*a perda de metade do capital social*») e (já) não prevê uma conduta, como acontecia originariamente (o dever de apresentar uma proposta à assembleia geral)[75], e, por outro lado, que a sanção – que se manteve absolutamente inalterada, relativamente à redacção inicial da norma – é agora manifestamente excessiva para a conduta que se encontra prevista na nova redacção do número 1 do artigo 35.º[76] e que se traduz no simples dever de convocar ou requerer a convocação da assembleia geral, com finalidade meramente informativa[77].

Estamos, pois, em condições de concluir que, de uma solução radical, de dissolução automática, passamos agora para uma simples cosmética – a nível puramente epidérmico –, de projecção da situação real da sociedade na sua identidade (externa) quando a mesma for francamente negativa do ponto de vista económico-financeiro e, não obstante, a sociedade revelar condições de solvência, eventualmente por crédito pessoal dos respectivos sócios, para se manter em actividade.

O novo regime legal aplicável à perda de, pelo menos, metade do capital social, representando um claro retrocesso na matéria e no desenvolvimento de um princípio fundamental como é o da intangibilidade do capital social, traduz-se num mero conjunto de bons princípios que a

---

como se sabe, deixara, entretanto, de prever qualquer conduta). Alterados os pressupostos de aplicação da norma penal, à luz do princípio da legalidade vigente em Direito Penal (*nullum crimen, nulla poena, sine lege*), deixou de ser possível aplicar a sanção estabelecida na mesma (norma incriminadora).

[75] Na redacção originária, suspensa durante muitos anos – e que seria alterada pelo Decreto-Lei n.º 162/2002, de 11 de Julho –, o n.º 2 do artigo 35.º tinha o seguinte texto: «*A proposta deve ser apresentada na própria assembleia que apreciar as contas ou em assembleia convocada para os 60 dias seguintes àquela ou à aprovação judicial, nos casos previstos pelo artigo 67.º*».

[76] E que é a resultante do Decreto-Lei n.º 19/2005, de 18 de Janeiro, ligeiramente retocada – nos termos já mencionados – pelo Decreto-Lei m.º 76-A/2006, de 29 de Março.

[77] Admitíamos nas nossas lições [nota 515 (1.ª ed., p. 430, 2.ª ed., p. 432)] que a solução sancionatória pudesse, pelo seu desequilíbrio, vir a ser revista a breve trecho. Infelizmente tal não sucedeu até ao presente, não obstante os *aperfeiçoamentos* recentemente introduzidos.

sociedade já poderia adoptar, voluntariamente, desprezando totalmente a protecção dos credores sociais e dos sócios minoritários e não prevendo o ressarcimento de uns e outros caso venham a ser prejudicados por confiarem erradamente na aparência externa da sociedade, o que acontecerá se esta não proceder à divulgação da sua situação de insuficiência de capitais próprios, apesar de legalmente obrigada a fazê-lo.

Nesse caso, e uma vez que eventual coima reverte para o Estado (*Direcção-Geral dos Registos e Notariado*), impõe-se questionar:

– *Quem indemniza o credor* que, com mais razões do que nunca, confia nas menções externas da empresa com que se relaciona, contratando com uma sociedade que, diferentemente do que aparenta(va), se encontra em má ou péssima situação financeira?
– *Quem indemniza o sócio minoritário* que, nada podendo fazer, por não dispor de votos suficientes para o efeito, se vê envolvido e o seu (bom) nome arrastado pelo descalabro financeiro da sociedade e pelos prejuízos que este possa acarretar, designadamente ao seu crédito e reputação?

10.4. *Aplicabilidade do artigo 35.° às empresas públicas e entidades análogas*

Antes de concluir, resta-nos fundamentalmente apreciar a aplicabilidade deste preceito legal às empresas públicas, definindo-se estas como empresas cujo capital seja total ou maioritariamente pertencente ao Estado ou a entidades públicas infra-estaduais. Com efeito, as leis portuguesas do final do séc. XX (sobretudo a Lei-Quadro de 1999) redesenharam o conceito de empresa pública, aproximando-o claramente do modelo anglo--saxónico que tende a prevalecer no âmbito da União Europeia e que caracteriza tais entidades essencialmente pela propriedade do capital. No conceito genérico de empresa pública cabem agora também as sociedades de capitais públicos ou maioritariamente públicos.

Importa agora apreciar as consequências do impacto do artigo 35.° do Código das Sociedades Comerciais nas empresas do Estado ou nas sociedades que, por ele, são maioritariamente participadas.

Quanto à aplicação desta norma às empresas públicas, há que deixar claro que não estamos perante uma questão de qualificação jurídica, mas em face da eventual aplicabilidade de um determinado regime jurídico. Isto é, não importa discutir se se justifica ou não a aplicação do artigo 35.°

a certas empresas públicas, designadamente às que integram o sector empresarial do Estado, mas verificar se, em conformidade com o respectivo regime jurídico e com os respectivos estatutos, faz, ou não, sentido sujeitar tais empresas ao disposto no artigo 35.º.

A resposta à questão não se encontra, pois, no artigo 35.º, mas sim no regime jurídico específico de tais empresas. E a este propósito convém salientar que a lei tende a esbater a diferença entre o regime das empresas públicas e o das sociedades comerciais, deixando de marcar com nitidez uma separação entre as empresas públicas do sector empresarial do Estado (que visam fundamentalmente satisfazer necessidades colectivas cuja exploração económica é deficitária, as hoje designadas «*empresas públicas encarregadas da gestão de serviços de interesse económico geral*») das empresas, nacionais ou locais, de capitais públicos ou maioritariamente públicos, cuja lógica é (ou deve ser) puramente de mercado (desde as entidades públicas empresariais, passando pelas empresas municipais, intermunicipais ou locais até às sociedades anónimas de capitais públicos, que apenas se distinguem das demais pela natureza do seu único ou principal accionista).

Sem prejuízo de uma análise mais detalhada sobre a natureza, classificação e regime aplicável a tais empresas, importa reter a ideia que, de forma geral – e sem excepção específica conhecida –, o regime jurídico do Código das Sociedades Comerciais se aplica a tais empresas, salvo nos aspectos em que contrariar ou divergir significativamente da Lei-Quadro das empresas públicas locais (municipais, intermunicipais e regionais) [Lei n.º 58/98, de 18 Agosto (artigo 3.º)] ou do Regime Geral do sector empresarial do Estado (empresas públicas nacionais) [Decreto-Lei n.º 558/99, de 17 de Dezembro (artigo 7.º, n.º 1].

Consideramos que os princípios inerentes à conservação do capital social constantes do Código das Sociedades Comerciais não chocam com os aplicáveis às empresas púbicas, encontrando-se aflorados, quando não desenvolvidos, nos respectivos regimes jurídicos gerais, acima referidos. Os interesses subjacentes, e isto é o que se afigura ser particularmente relevante, são os da protecção da empresa e, reflexamente, dos respectivos credores. Por outras palavras, a intangibilidade do capital social também é um princípio estruturante das empresas públicas que, nessa medida, não podem, nem devem, beneficiar de um regime mais suave do que o aplicável aos demais agentes económicos organizados sob forma societária.

11. Conclusão; o esvaziamento do artigo 35.º do CSC

O artigo 35.º constitui uma regra de verdade, que se pode resumir ao seguinte: uma empresa deve ter uma dimensão próxima daquela que sugere ou inculca ao mercado, pelos seus sinais externos imediatos (como é o caso da referência ao capital social). Quando ela se encontra subcapitalizada, há que procurar superar essa situação, promovendo as medidas de saneamento financeiro ou reforço dos capitais que se justificarem e forem possíveis. E, nessas medidas, não cabe certamente o recurso a disponibilidades que os sócios ou accionistas possam recuperar à custa da situação líquida da sociedade. A afectação de meios deve ser feita com carácter duradouro e consistente, de forma a viabilizar a empresa em dificuldades.

Importa realçar que, numa perspectiva exclusivamente jurídico-societária, nada impede o accionista Estado de realizar prestações acessórias de capital, contribuindo desse modo para viabilizar as empresas de que é o único ou principal sócio. Tal medida não será seguramente anticoncorrencial, não se enquadrando em auxílios proibidos (aliás especificamente condenados pela própria Lei-Quadro).

No entanto, o legislador de 2005 esvaziou totalmente de conteúdo o artigo 35.º, ao reduzi-lo à obrigatoriedade de informação a ser prestada pelo órgão de gestão e de convocação de assembleia geral para eventual decisão sobre medidas a adoptar. Se os accionistas nada fizerem, podendo nem sequer comparecer na assembleia geral, a sociedade deverá continuar a funcionar subcapitalizada até onde puder, admite-se.

O legislador não revela o *day after*, isto é, o que é que a sociedade, incluindo os respectivos membros dos órgãos sociais, deve fazer posteriormente – em caso de falta de medidas adequadas que a viabilizem – se a situação se mantiver inalterada ou sofrer natural agravamento. Quando é que os membros da administração deverão voltar a suscitar um problema que já é do conhecimento dos sócios?

A tudo isto acresce uma óbvia desconformidade com o conteúdo da Segunda Directiva Comunitária aplicável a esta matéria. Com efeito, o artigo 17.º, n.º 1, da Directiva 77/91/CEE do Conselho, de 13/12/1976, determina que «*no caso de perda grave do capital subscrito deve ser convocada uma assembleia geral* – à semelhança do que prevê o n.º 1 do artigo 35.º do nosso Código – *para examinar se a sociedade deve ser dissolvida ou se deve se adoptada qualquer outra medida*».

Ora, a nossa lei não prevê, como vimos, a obrigatoriedade de adopção de uma qualquer medida reparadora da perda grave, mas apenas impõe que a assembleia seja convocada para que os sócios informados tomem as *medidas julgadas convenientes* (artigo 35.º, n.º 1, *in fine*). E aqui reside a subtileza. Aparentemente decorre do preceito que os sócios deverão fazer alguma coisa, mas se não o fizerem – por não considerarem conveniente fazê-lo –, a sua inércia não será sancionada e tudo continuará como antes da convocatória da assembleia geral.

Importa pôr cobro a este *laissez-faire, laissez-passer*, tornando-se, pois, urgente proceder a uma revisão do artigo 35.º, que atenda à especificidade do nosso tecido empresarial, mas que contribua decisivamente para as boas práticas de governação societária que se impõem a qualquer empresa de uma economia global, como (também) é a nossa.

O TRATADO CONSTITUCIONAL EUROPEU E A POSIÇÃO DE PORTUGAL

Paulo de Pitta e Cunha[*]

1. O Tratado constitucional da União Europeia, também conhecido por "Constituição Europeia", excede, quanto à intensidade da integração preconizada, aquilo que seria razoável esperar-se na presente fase do processo de integração dos Estados europeus.

Contém ele elementos que apontam no sentido da criação de uma estrutura federal, na qual a essência do poder soberano se concentraria em orgãos centrais, mediante a abdicação pelos Estados membros da capacidade, que ainda hoje detêm, de decisão própria em questões vitais, sendo o seu estatuto rebaixado ao nível de entes provinciais no contexto da federação.

Atente-se, a este respeito, nas propostas de introdução das novas figuras do Presidente do Conselho Europeu e do Ministro dos Negócios Estrangeiros da União, e na própria redenominação dos tipos normativos (o regulamento e a directiva substituídos respectivamente pela lei e pela lei-quadro europeias).

É visível, até na autodenominação do novo Tratado como Constituição, o desígnio de se ultrapassar a essência internacional do fenómeno da integração europeia e de levar a União a assumir crescentemente a configuração interna de um Estado. Está aqui presente um "excesso de integração", traduzido num modelo uniformizante e centralizador, inadequado à diversidade (cada vez maior) dos povos europeus e à afirmação do sentimento nacional ligado à plenitude da qualidade estatal – modelo que é insuflado por uma "elite" política que tende a tomar os seus desejos por

---

[*] Professor Catedrático da Faculdade de Direito de Lisboa.

realidades, aderindo a uma prematura qualificação do Estado-nação como mera ficção nostálgica.

Na impossibilidade de, desde já, introduzir o super-Estado, o Tratado institucional contem ingredientes próprios da concepção do Estado federal – acompanhados de algumas atenuantes de bem limitada eficácia, como é o caso da tutela concedida aos Parlamentos nacionais para se assegurarem da aplicação do princípio da subsidiariedade, em que o parecer fundamentado que é transmitido não vincula a instituição europeia a que se dirige.

A afirmação, sem restrições, no Tratado constitucional, da primazia do direito da União sobre os direitos nacionais, por muito que se pretenda alegar-se não se tratar senão de acolher a doutrina formulada pelo Tribunal de Justiça e absorvida pelas jurisdições nacionais, revela, em si, a pretensão – onde também se descortina um traço federalista – de legitimar a inferiorização das constituições nacionais em relação às normas do ordenamento europeu (incluindo o próprio direito secundário).

2. Ao referido excesso de integração – particularmente indesejável no caso de países que, como Portugal, têm uma vivência multisecular de Estados independentes – acrescem outros factores desfavoráveis.

Reside um deles na acentuação do predomínio dos grandes Estados na constelação europeia – estando a sua dimensão basicamente ligada ao elemento demográfico: a França e a Alemanha, formando o impulsor bicéfalo do processo; o Reino Unido, paladino da resistência à perda dos poderes nacionais; a Itália, presença tradicionalmente mais discreta; e ainda a Espanha, ambicionando sempre conseguir maior projecção, e, por arrastamento, a Polónia.

As novas regras sobre a maioria qualificada nas deliberações do Conselho conferem decisiva prevalência àqueles países. É de notar, no que diz respeito a Portugal, que o seu poder de voto, presentemente duas vezes e meia inferior ao da Alemanha ou ao da França, passará – com o Tratado constitucional – a ser oito vezes inferior ao do primeiro desses países e seis vezes ao do segundo. Portugal, que tem actualmente perto de 4% do total dos votos da União, disporá de pouco mais de 2%, no âmbito do sistema do Tratado constitucional.

A presidência rotativa igualitária, que constituiu factor de protagonismo para os países médios e pequenos, tendo proporcionado a Portugal o ensejo de coordenar os trabalhos da União por duas vezes (em 1992 e 2000), deixa de existir, para se criar o já referido cargo de Presidente do Conselho Europeu – personalidade eleita também pelo sistema da maioria qualificada, ou seja, com a presença dominadora dos Estados grandes.

A União Europeia está ainda bem longe de ser uma verdadeira federação. Subsistem traços significativos de intergovernamentalismo, traduzidos na exigência de unanimidade nas revisões do Tratado e na subsistência de matérias submetidas ao voto unânime no Conselho, com consequente atribuição do poder de veto aos Estados membros. Mas mesmo nas autênticas federações existe, a par da assembleia de eleição popular, uma outra câmara parlamentar, destinada a assegurar a representatividade dos Estados, e nesta observa-se um tratamento igualitário, ou tendencialmente igualitário, das diferentes unidades federadas. Veja-se o caso do Senado norte--americano ou do Bundesrat germânico.

Ora, na União Europeia, ao ser superado o sistema de ponderações hoje praticado na distribuição de poder de voto no Conselho, que foi concebido em termos de se assegurar uma sobrerepresentação dos médios e dos pequenos (sistema que se manteve em Nice, embora com ganhos para os grandes), o peso dos Estados membros nas deliberações passará a depender do puro factor demográfico: a superioridade dos maiores países torna-se gritante. Aliás, começa a haver por parte dos grandes, ou de alguns deles, manifestações conjuntas de poder, mesmo fora do plano das deliberações formais, que mostram não ser académico o risco de actuação em estilo de directório (por exemplo, o Reino Unido, a França e a Alemanha estão a conduzir, em bloco, a política externa em relação ao Irão).

3. Característica essencial dos sistemas federais é a existência de mecanismos de compensação das diferenças de desenvolvimento entre os Estados participantes, e de atenuação dos efeitos negativos suscitados em algum ou alguns deles pela emergência de choques que atinjam especificamente as suas economias. Trata-se de uma visão de solidariedade, materializada em instrumentos próprios do chamado "federalismo financeiro".

No âmbito da Comunidade Europeia foi afirmado o princípio da coesão económica e social (desde o Acto Único de 1986), depois activado por via da atribuição de fundos estruturais de que Portugal tem sido um dos principais beneficiários. Mas tem ficado por aqui a prática solidária, com a agravante de a subsistência futura destes recursos ser problemática, em razão da relutância dos países dadores em manterem a visão tradicional de generosidade, e da lógica da atracção preferencial dos fundos para as zonas comparativamente mais carecidas da Europa Central e Oriental – além de que toda esta acção se baseia num orçamento comunitário de dimensão extremamente reduzida (ao nível, bem modesto, de um por cento do PNB).

Ora, em contraste com a ambição federalista no terreno político, que está por detrás da criação das novas figuras políticas e do reconhecimento de poderes acrescidos ao orgão supranacional que é o Parlamento Europeu, o Tratado constitucional é omisso no que se refere à perspectiva do federalismo financeiro, a qual, logicamente, deveria desenvolver-se a par daquela ambição. Mais um ponto negativo, muito particularmente sob o ponto de vista dos interesses de Portugal. Os grandes Estados reforçam o seu poder, sem que isso tenha contrapartida no aperfeiçoamento dos esquemas de solidariedade.

A necessidade de novos dispositivos dirigidos à situação específica dos países periféricos ou mais atreitos a choques assimétricos é tanto mais forte quanto é certo ter a sua presença na União monetária implicado a indisponibilidade de instrumentos nacionais de regulação da economia – situação que se observa em Portugal, país que se integrou, logo à partida, na zona do Euro, em lugar de ter adoptado, nesta matéria, uma atitude de "wait and see"...

4. Descurando os problemas reais da integração europeia – os económico-sociais, em que avulta a preocupação de temperar o ultraliberalismo (recentemente simbolizado pela Directiva Bolkestein) e o estrito monetarismo da concepção da moeda única –, optou-se pela introdução artificial de elementos de constitucionalização e federalização, em estilo de castelos no vento.

Na experiência passada da integração europeia, só uma vez se avançara com ousadas propostas de aprofundamento político desgarradas da realidade económica – o resultado foi, então, o arquivamento do projecto da Comunidade Política Europeia, em 1954, na sequência do fracasso da integração no plano militar.

É pena que de novo se intente a aplicação de fórmulas mais ou menos esotéricas de integração política, sem que se procure resolver, com prioridade, os verdadeiros problemas que impendem sobre a integração económica – na qual se concentram, aliás, os êxitos até hoje alcançados pelo movimento europeu.

5. Pelas razões que ficam referidas, torna-se claro que não interessa a Portugal a aprovação da ora proposta Constituição europeia.

É certo, aliás, que nada de verdadeiramente dramático decorreria da rejeição da fórmula do Tratado constitucional (o qual nem mesmo realiza o objectivo de simplificação, apresentando-se como um documento excessivamente longo e massudo). Foi ele concebido numa altura em que se receava que o Tratado de Nice – precisamente celebrado para resolver as questões institucionais decorrentes da entrada dos dez (ou doze) novos membros – nunca chegasse a aplicar-se: estava então pendente o problema da recusa de ratificação pela Irlanda. Mas essa dificuldade acabou por ser superada, e o Tratado de Nice encontra-se em vigor desde 2003, tempo suficiente para se verificar que, não obstante os defeitos que possa apresentar, o dispositivo instituído permite o regular funcionamento da União.

Votar "não" no referendo não significa recusar a construção europeia. Significa apenas que à fórmula ora proposta se preferem outros caminhos para se prosseguir naquela construção.

Dizem partidários da ratificação do Tratado constitucional que uma rejeição faria mergulhar a Europa numa profunda crise, e advertem, para convencer os indecisos, que não existe um plano B. Não têm razão. A experiência passada da integração europeia é reveladora de que não falta criatividade na busca de soluções para superar os reveses ocorridos.

Por outro lado, a rejeição propiciará o ensejo de se repensar, com serenidade, a temática dos objectivos e dos limites da construção europeia, evitando-se projectos pomposos e irrealistas como o que está a ser discutido – que, além do mais, podem cavar novas e mais profundas clivagens no interior da União, a acrescer às que já se verificam a propósito da moeda única ou do regime de Schengen.

SOBRE A ORIGEM DOS PRINCÍPIOS JURÍDICOS DA CAUSALIDADE E DO DOMÍNIO DO FACTO
A *LEX AQUILIA DE DAMNO INIURIA DATUM*

PAULO DE SOUSA MENDES*

SUMÁRIO: *Introdução. I.* A lex Aquilia de damno iniuria datum*: 1. O objecto da* lex Aquilia*; 2. Os elementos constitutivos do delito de dano; 3. Acerca dos fragmentos de Ulpiano; 4. O conceito de causalidade mecânica directa; 5. O problema da causalidade indirecta; 6. A irrelevância da comissão por omissão; 7. O problema da causalidade virtual; 8. O problema da causalidade alternativa; 9. O princípio do domínio do facto. II.* Noxa *e* pauperies*: 1.* Noxa, peccatum *e* delictum*; 2. A* actio noxalis*; 3. A* actio de pauperie*; 4. A objectivação do conceito de* noxa. *Palavras de homenagem.*

Introdução

O problema jurídico da *causalidade* da acção humana surgiu no domínio dos delitos privados[1], mais exactamente no âmbito do dano injusta-

---

* Professor Auxiliar da Faculdade de Direito da Universidade de Lisboa.
[1] Quais eram os delitos privados? O direito romano não tinha uma categoria geral de delito, como tão-pouco tinha uma categoria geral de contrato, e, tal como sucedia no caso dos contratos, o *ius civile* oferecia apenas uma lista de delitos tipificados: o *furto (furtum)*, o *roubo (rapina)*, o *dano (damnum)* e as *lesões e ofensas (iniuriae)*. A par destes, o Pretor, no *ius honorarium*, sancionava através de acções penais *in factum* uma série de actos ilícitos, os quais produziam *obligationes quasi ex delito*: «Os delitos civis e os actos ilícitos pretórios davam lugar a acções penais que apresentavam características especiais relativamente às acções cíveis, já que eram preordenadas à obtenção de uma pena, não de

mente causado. Mas a acção causal não era suficiente para fazer alguém responder pelo dano. A responsabilidade só devia pesar sobre o agente que tivesse o *domínio do facto*, incluindo a possibilidade de prever e evitar o resultado.

I. A *lex Aquilia de damno iniuria datum*[2]

O dano – *damnum* – injustamente – *iniuria* – causado – *datum* – era o prejuízo provocado através da destruição de uma coisa alheia por dolo ou culpa do agente.

A origem dessa figura delitual remonta à *lex Aquilia de damno iniuria datum*[3] (é fácil de ver que vem daí a chamada responsabilidade aqui-

---

um ressarcimento. Com Justiniano, para resumir, todo o *delictum* dá lugar a duas acções: uma para castigar o delinquente, *poena persequendae*, e outra para obter a reparação do dano ocasionado, *rei persequendae*. Em certos casos, essas acções são distintas; noutros, pelo contrário, formam uma acção mista, *tam rei quam poenae persequendae* [sendo pena tudo o que excedia a reparação do dano patrimonialmente sofrido]» (RICARDO PANERO GUTIERREZ, *Derecho romano*, Valencia: Tirant lo Blanch, 1997, p. 713).

[2] Todas as citações do Digesto foram confrontadas com *Corpus Iuris Civilis*, volumen primum (*Institutiones*, recognovit Paulus Krueger; *Digesta*, recognovit Theodorus Mommsen, retractavit Paulus Krueger), 25.ª ed. (a partir da 17.ª ed. de Berlim, 1963), Hildesheim: Weidmann, 1993.

[3] Anteriormente à *lex Aquilia* terão existido disposições isoladas em matéria de danos, mas não havia uma figura delitual unitária (cf. RICARDO PANERO GUTIERREZ, *Derecho romano*, cit., p. 719, n. 62).

Segundo D. 9.2.1, *pr.* (*ULPIANUS libro octavo decimo ad edictum*): «A *lex Aquilia* revogou todas as leis que antecedentemente previam o dano injustamente causado, e revogou tanto a lei das XII Tábuas como todas as outras, que agora não é necessário referir». Em língua original: «*Lex Aquilia omnibus legibus, quae ante se de damno iniuria locutae sunt, derogavit, sive duodecim tabulis, sive alia quae fuit: quas leges nunc referre non est necesse*».

A data da *lex Aquilia* é muito controversa, tendo sido sugerido por Rotondi, ainda assim interrogativamente, que a mesma estaria situada no intervalo de tempo de 468 a 286 a.C. (cf. GIOVANNI ROTONDI, *Leges publicae populi romani – Elenco cronologico con una introduzione sull'attività legislativa dei comizi romani*, Estratto dalla Enciclopedia Giuridica Italiana, Milano: Libraria, 1912, pp. 241-242). Talvez fosse um *plebiscitum*, que era a deliberação proposta por tribuno e votada nos *concilia plebis* (por oposição à *lex publica*, que era a deliberação proposta por magistrado e submetida ao voto do *populus* nos *comitia*, embora na idade histórica se tenha chegado à equiparação plena dos *plebiscita* às *leges* quanto à força obrigatória geral), o qual teria sido submetido à votação por um tal

liana). Era a mais ampla figura de delito privado e a principal fonte de obrigações *ex delicto*.

A *actio directa ex lege Aquilia* só podia ser intentada pelo proprietário da coisa danificada, embora houvesse extensão da legitimidade processual activa aos não proprietários através da *actio utilis ex lege Aquilia*[4].

1. *O objecto da* lex Aquilia

A *lex Aquilia* compreendia três matérias distintas, distribuídas por três capítulos, dos quais só nos interessam o primeiro e o último. A propósito, leia-se D. 9.2.2, *pr.* (*GAIUS libro septimum ad edictum provinciale*): «O primeiro capítulo da *lex Aquilia* estatui: 'quem matar injustamente um escravo, uma escrava, um animal de manada ou um animal de rebanho alheios é punido com pena pecuniária fixada à razão do máximo valor do escravo ou animal no último ano'[5]»[6]. Por sua vez, o terceiro capítulo abrangia todas as espécies de dano sobre coisas animadas ou inanimadas alheias, fora dos casos previstos no primeiro capítulo, e

---

Aquílio. Neste sentido, D. 9.2.1, *pr.* (*ULPIANUS libro octavo decimo ad edictum*): «Esta lei Aquília é um plebiscito, tendo sido Aquílio, tribuno da plebe, quem a propôs à plebe». Em língua original: «*Quae lex Aquilia plebiscitum est, cum eam Aquilius tribunus plebis a plebe rogaverit*».

[4] Por todos, cf. GIUSEPPE VALDITARA, *L'estensione della tutela aquiliana ai non proprietari*, Pavia: Gianni Iuculano, 1996, *passim*.

É sabido que os Romanos pensavam o direito através do processo. Defronte de um problema jurídico, tendiam a pensá-lo, não em termos de determinação de direitos subjectivos, mas de legitimidade processual activa ou passiva: «Os juristas tinham uma maneira de concluir os seus raciocínios que dá disso a ideia: após terem examinado um caso, diziam que a Tício caberia uma certa acção ou então que Caio estaria sujeito a uma outra» (DARIO MANTOVANI, *Le formule del processo privato romano – Per la didattica delle Istituzioni di diritto romano*, 2.ª ed., Padova: CEDAM, 1999, p. 7).

[5] O carácter *penal* da *actio directa ex lege Aquilia* decorre precisamente desta cominação de uma pena pecuniária calculada, não à razão do valor objectivo da coisa atingida, mas *quanti in eo anno plurimi fuerit*, segundo *verbis legis* (*Justiniani Instit.* 4.3.9): «*qua ratione creditum est poenalem esse huius legis actionem, quia non solum tantum quisque obligatur, quantum damni dederit, sed aliquando longe pluris*».

[6] D. 9.2.2, *pr.* (*GAIUS libro septimo ad edictum provinciale*): «*Lege Aquilia capite primo cavetur: 'ut qui servum servamve alienum alienamve quadrupedem vel pecudem iniuria occiderit, quanti id in eo anno plurimi fuit, tantum aes dare domino damnas esto'*».

cominava uma pena pecuniária fixada à razão do maior valor da coisa nos últimos trinta dias[7].

2. *Os elementos constitutivos do delito de dano*

Os elementos das várias espécies de dano eram: a) a *iniuria*, b) a *culpa* e c) o *damnum*[8]. A ordem desses elementos é arbitrária porque cada um deles era equivalente aos demais para efeitos da verificação do delito ou, dito às avessas, bastaria a falta de qualquer um deles para se negar o *damnum iniuria datum*. Convém ainda acrescentar que os Romanos estavam perfeitamente cientes de que cada um desses elementos se referia a um *facto humano* (*factum*)[9], do qual se predicava que era *injusto, culposo* e *danoso*.

a) A injúria era, no texto da *lex Aquilia*, uma acção injusta cometida voluntariamente[10], o que se mostrava pela ausência de quaisquer causas de

---

[7] «O segundo capítulo tratava do dano causado ao credor principal pelo credor acessório – *adstipulator* – ao libertar fraudulentamente o devedor da respectiva obrigação – *qui pecuniam in fraudem stipulatoris aceptam fecerit* –. O *adstipulator* deve assumir defronte do credor principal como dívida a importância actual do crédito – *quanti ea res est* –. Nas Instituições de Justiniano recorda-se que este capítulo já não está em uso – *Caput secundum legis Aquiliae in usu non est* –. O que deve ter acontecido logo na época clássica, pois que Gaio, relativamente ao seu conteúdo, diz: isto não era necessário – *sed id caveri non fuit necessarium* – já que bastava para tanto a acção de mandato – *cum actio mandati ad eam rem sufficeret* – a não ser – *nisi* – (realça) que por causa desta lei – *quod ea lege* – contra o demandado que nega o facto – *adversus infitiantem* – se exerça uma acção pelo dobro – *in duplum agitur*» (RICARDO PANERO GUTIERREZ, *Derecho romano*, cit., p. 719, n. 64).

Também, cf. ALBERTO BURDESE, *Manuale di diritto privato romano*, 4.ª ed., Torino: UTET, 1993, p. 530.

[8] Por todos, cf. RICARDO PANERO GUTIERREZ, *Derecho romano*, cit., p. 720.

[9] Cf. JEAN-CLAUDE GENIN, *La répression des actes de tentative en droit criminel romain – Contribution a l'étude de la subjectivité repressive a Rome*, Lyon: Université de Lyon – Faculté de Droit et des Sciences Economiques, 1968, p. 10.

[10] Obviamente, a palavra *iniuria* (ou seja: *in-iuria*, o mesmo que *sine iure*) não vale aqui no seu sentido estrito.

Em sentido estrito, a injúria era um delito privado que abrangia tanto as ofensas à integridade física como moral de uma pessoa. Nas palavras de *PAULUS libri quinque sententiarum* 5.4.1: «Podemos sofrer a injúria tanto no corpo como fora dele: no corpo, através de agressão ou estupro; fora do corpo, através de troça ou difamação». Em língua original: «*Iniuram patimur aut in corpus aut extra corpus: in corpus uerberibus et illatione*

justificação do facto, tais como a legítima defesa, o estado de necessidade ou a prática desportiva[11].

b) A *lex Aquilia* não falava de culpa[12]. A *iurisprudentia* pré-clássica terá incluído no conceito de injúria a avaliação da culpa, graduada em *lata*, *leve* e *levissima*[13], a que se juntou o dolo (*dolus*)[14]. A culpa acabou por se impor como elemento essencial da responsabilidade aquiliana[15].

c) O conceito de dano era económico, equivalendo à noção de *perda patrimonial* sofrida pelo lesado, enquanto prejuízo causado nos bens já existentes na sua titularidade à data do facto. Ou seja: o *dano emergente* (*damnum emergens*)[16]. O cariz económico do conceito de dano ressalta das situações em que, apesar do estrago causado na coisa alheia, não há dano patrimonial porque o *valor objectivo* (*pretium commune*) da coisa não sofreu alteração ou até beneficiou com isso. Eis um bom exemplo, em D. 9.2.27.28 (*ULPIANUS libro octavo decimo ad edictum*): «Se alguém castrasse um rapaz e este se tornasse mais valioso à conta disso, então deixaria de ter aplicação a *lex Aquilia*, segundo a opinião de Viviano, e teria de ser intentada a acção de injúrias ou a do edicto dos edis ou a do quá-

---

stupri, extra corpus conuiciis et famosis libellis» [VLPIANI LIBER SINGVLARIS REGVLARVM, PAVLI LIBRI QVINQVE SENTENTIARVUM, FRAGMENTA MINORA SAECVLORVM P. CHR. N. SECVNDI ET TERTII (edidit Pavlvs Krveger), Berlim: Weidmann, 1878, p. 111]. O delito privado de injúria até podia incluir algum aspecto de perda económica, associada por exemplo ao tratamento das lesões corporais sofridas, mas a essência da injúria era o ultraje. Além do delito privado de injúria previsto na *lex Aquilia*, há notícia ainda de uma *lex Cornelia de iniuriis*. Nesse caso, a injúria daria lugar a duas acções, quem sabe se paralelas, se alternativas: por delito, a *actio iniuriarum* privada, e por crime, a *actio legis Corneliae* (cf. O. F. ROBINSON, *The Criminal Law of Ancient Rome*, Baltimore, Maryland: The Johns Hopkins University Press, 1995, p. 49). Há ainda notícia da repressão *extra ordinem* da injúria desde a época clássica, embora não se saiba se estava reservada para casos de especial gravidade ou para casos em que os meios oferecidos pela *ordo iudiciorum*, quer *privatorum* quer *publicorum*, fossem considerados inúteis ou inadequados (cf. MARCO BALZARINI, *«De iniuria extra ordinem statui» – Contributo allo studio del diritto penale romano dell'età classica*, Padova: CEDAM, 1983, pp. 8 e 38).

[11] Cf. A. SANTOS JUSTO, «Lex Aquilia», em AA.VV., *Estudos em honra de Ruy de Albuquerque* (org.: Jorge Miranda), vol. I, Lisboa: FDUL, 2006, (pp. 13-51) p. 17, n. 23.
[12] *Idem*, p. 17, n. 24.
[13] A culpa levíssima, segundo Ulpiano (D. 9.2.44, *pr.*), estava abrangida na *lex Aquilia*: «*In lege Aquilia et levissima culpa venit*».
[14] Cf. A. SANTOS JUSTO, *Estudos em honra de Ruy de Albuquerque*, cit., pp. 20-23.
[15] *Idem*, p. 23.
[16] Cf. RICARDO PANERO GUTIERREZ, *Derecho romano*, cit., p. 722.

druplo»[17]. Posteriormente, o conceito de dano haveria de incluir também o *lucro cessante* (*lucrum cessans*). Leia-se *Justiniani Instit.* 4.3.10: «Não das palavras da lei, mas através de interpretação foi adoptada a máxima de que não se deve calcular só a perda do corpo extinto, como já se disse, mas também o dano que daí resulta para o proprietário: se fosse morto um escravo que fora instituído herdeiro antes de ter aceite a herança em benefício do respectivo proprietário, então é manifesto que deve ser tomada em consideração também a perda da herança; correspondentemente, se fosse morta uma das duas mulas que formavam uma parelha ou um dos cavalos de uma quadriga ou um escravo integrado numa companhia de comediantes, não se deve calcular só o valor do indivíduo morto, mas também a perda de valor que incide sobre o conjunto dos supérstites»[18].

É claro que o próprio dano assentava num acontecimento relativamente ao qual fazia todo o sentido perguntar se fora o *resultado* (*exitus*, *effectus* ou *eventus*) de determinado facto humano[19]. Parece, pois, que a responsabilidade centrada no dano não pode, segundo a natureza das coisas, prescindir da relação causal do facto humano com o acontecimento danoso. A questão da causalidade é o que nos interessa agora esclarecer no *damnum iniuria datum*.

3. *Acerca dos fragmentos de Ulpiano*

A compilação justinianeia assume invulgares características de fluidez e organização no comentário relativo ao primeiro capítulo da *lex Aquilia*[20]. Isso advém da circunstância de a grande maioria dos fragmentos que

---

[17] D. 9.2.27.28 (*ULPIANUS libro octavo decimo ad edictum*): «*Et si puerum quis castraverit et pretiosiorem fecerit, Vivianus scribit cessare Aquiliam, sed iniuriarum erit agendum aut ex edicto aedilium aut in quadruplum*».

[18] *Justiniani Instit.* 4.3.10: «*Illud non ex verbis legis, sed ex interpretatione placuit non solum perempti corporis aestimationem habendam esse secundum ea quae diximus, sed eo amplius quidquid praeterea perempto eo corpore damni vobis adlatum fuerit; veluti si servum tuum heredem ab aliquo institutum ante quis occiderit, quam is iussu tuo adiret: nam hereditatis quoque amissae rationem esse habendam constat. item si ex pari mularum unam vel ex quadriga equorum unum occiderit, vel ex comoedis unus servus fuerit occisus: non solum occisi fit aestimatio, sed eo amplius id quoque computatur, quanto depretiati sunt qui supersunt*».

[19] Cf. JEAN-CLAUDE GENIN, *La répression des actes de tentative*, cit., p. 10.

[20] Destacando isso mesmo, cf. GIUSEPPE VALDITARA, *L'estensione della tutela aquiliana*, cit., p. 20.

integram a primeira parte do título II do livro IX do Digesto serem da autoria de Ulpiano (extraídos do *l. 18 ad edictum*, dedicado à exegese da própria *lex Aquilia*, entre outros aspectos). O esquema analítico de Ulpiano no comentário *ad legem Aquiliam* – cuja integridade é, pois, adivinhável no conjunto dos fragmentos recolhidos no Digesto – arranca do enquadramento histórico da dita lei (a determinação do respectivo objecto de aplicação surge só num fragmento extraído do *l. 7 ad edictum provinciale*, de Gaio), continua pela análise do significado de palavras-chave (por exemplo: *iniuria*) e do sentido de certas proposições do texto aquiliano (com exemplificação exegética através de rica casuística), segue pela questão do concurso com a disciplina estabelecida na *lex Cornelia de sicariis et veneficis*[21] e termina com o esclarecimento de outros problemas que não vêm agora ao caso[22].

É bem de ver que nos interessa sobremaneira a análise das várias palavras que denotam os modos de causar o evento danoso, bem como a casuística correspondente. Não cabe, porém, nos limites desta investigação a análise da infindável casuística oferecida por Ulpiano, de sorte que não nos resta senão seleccionar e organizar alguns, aliás poucos, fragmentos.

4. *O conceito de causalidade mecânica directa*

A primeira coisa que salta à vista na leitura dos referidos fragmentos é a insistência no uso de verbos de conotação mecânica, tais como *matar* (*occidere*), queimar (*urere*), *partir* (*frangere*) ou *estragar* (*rumpere*). Essa tendência para a caracterização do facto através de alusões mecânicas era uma maneira de facilitar a prova da causalidade, transformando-a numa *pura evidência*[23]. Na verdade, as tais alusões mecânicas permitiam descobrir a causa através das marcas deixadas no evento danoso. Por exemplo,

---

[21] A perseguição privada concorre com a perseguição pública por causa da morte do escravo, nos termos da *lex Cornelia de sicariis et veneficis* [cf. PAULO DE SOUSA MENDES, «Ambulare cum telo era tentativa de homicídio?», em AA.VV., *Liber discipulorum para Jorge de Figueiredo Dias*, Coimbra: Coimbra Editora, 2003, pp. 625-626, n. 249].

[22] Cf. GIUSEPPE VALDITARA, *L'estensione della tutela aquiliana*, cit., pp. 17-19.

[23] De resto, não é crível que os Romanos pudessem contar com afinados critérios de perícia médico-legal ou etiologia geral para a descoberta de complicadas relações entre a acção e o resultado.

as agressões que deixassem feridas no corpo do escravo podiam ser classificadas como mortais à conta do seu aspecto, profundidade ou localização[24]. Depois, tudo se resumia a identificar o autor da acção fisicamente exercida sobre o corpo do escravo.

Outra forma de facilitar a prova da causalidade era adivinhar a causa através da qualidade dos meios empregados. Por exemplo, D. 9.2.7.1 (*ULPIANUS libro octavo decimo ad edictum*): «Devemos, pois, entender que foi morto quando o foi com espada, pau ou qualquer outra arma, ou então com as mãos por estrangulamento, ou ainda através de pontapés, cabeçadas ou qualquer outra maneira»[25].

Diz-se que os Romanos eram pragmáticos e não tinham grandes preocupações filosóficas. Mas neste caso o pragmatismo que estava por trás da facilitação da prova da causalidade até era compatível com uma interpretação puramente filosófica da causalidade. Na verdade, os Romanos faziam apelo para a noção estóica de *causa acessória e próxima* (*causa adiuvans et proxima*)[26]. Como apareceu este conceito? Os estóicos

---

[24] A propósito disso é costume citar a máxima segundo a qual *o dano é causado no corpo e pelo corpo* (*damnum corpore corpori datum*). Atenção, porém, ao facto de essa ser uma expressão medieval, na opinião da maior parte dos romanistas modernos (por todos, cf. RICARDO PANERO GUTIERREZ, *Derecho romano*, cit., p 723), já que os Romanos usavam a palavra *damnum* para o dano patrimonial sofrido pelo proprietário e não para o dano material sofrido pela coisa. Mas a ideia subjacente àquela máxima é verdadeira, à parte a questão terminológica, no sentido de que os Romanos exigiam uma relação directa do corpo do agente com o corpo atingido, fiéis à lógica de evidenciar (= eliminar o problema da prova d)a causalidade através da supressão de todo e qualquer espaço entre o *factum* e o *effectus*.

[25] D. 9.2.7.1 (*ULPIANUS libro octavo decimo ad edictum*): «*Occisum autem accipere debemus, sive gladio sive etiam fuste vel alio telo vel manibus (si forte strangulavit eum) vel calce petiit vel capite vel qualiter qualiter*».

[26] O estoicismo era a filosofia dominante em Roma neste período.

De resto, é preciso lembrar que a influência de Aristóteles tinha diminuído consideravelmente a partir da segunda metade do século III a.C., sendo substituída pela influência de Zenão de Cítia e, sucessivamente, Crisipo, segundo fundador do estoicismo, uma escola que haveria de guindar-se depois ao estatuto de filosofia oficial de Roma durante os séculos II e I a.c., graças a Possidónio de Apameia (em Rodes) e sobretudo ao seu aluno Marco Túlio Cícero. A perda de influência do aristotelismo também se deveu ao azar de os seus escritos se terem perdido, andando em bolandas desde que foram herdados por Teofrasto, passando depois para as mãos do despeitado Neleu, que os teria levado consigo para a sua cidade de Cépsis, de onde os seus descendentes os teriam retirado para logo vendê-los a um tal Apeliconte, que os teria posto no mercado em Atenas (ou seja, tê-los-ia disponibilizado aos interessados para fazerem cópias, desde que pagassem), onde Lúcio Cornélio

tinham perfeita consciência de que nada acontece sem causa, aliás diriam mesmo que cada coisa acontece sempre em função de uma trama contínua de causas e que todas as coisas que acontecem estão sempre ligadas umas às outras. Se essa causalidade contínua e universal implicasse a *necessidade* dos acontecimentos, então o futuro estaria *destinado* e não sobraria espaço para a *liberdade humana*, nem para a *responsabilidade*. Mas Crisipo queria conciliar a *fatalidade* do futuro com a *liberdade humana*. Com efeito, o principal objectivo de Crisipo era a derrota do chamado «argumento preguiçoso», segundo o qual, se o futuro for determinista (ou seja: aquilo que será, será *necessariamente*), então tudo o que façamos será indiferente para influenciar os acontecimentos e mais vale nada fazermos. Contra isso, Crisipo caracterizava então a fatalidade do futuro, não como necessidade, mas antes como *possibilidade*, no sentido de que é possível aquilo que, independentemente de vir ou não a acontecer, está inscrito nas qualidades particulares de certo objecto, as quais fazem com que o objecto seja aquilo que é e não outra coisa. Essas qualidades particulares de cada objecto constituem as *causas perfeitas e principais* (*causae perfecta et principalis*) de tudo quanto lhe acontece (ou seja, causas *sine quo*), embora nada aconteça sem que certas circunstâncias se venham juntar àquelas causas primeiras, precedendo imediatamente o acontecimento, enquanto causas acessórias e próximas (ou seja, causas *cum quo*). As causas acessórias e próximas que concorrem para a produção do efeito, mas sem o determinarem absolutamente, são as únicas que um sujeito pode dominar através da espontaneidade da sua vontade[27]. Cabe aqui lembrar o mais

---

Sila, no ano de 86 a.C., ainda apenas general e conquistador, os descobriu e os roubou, levando-os consigo para Roma. Nem por isso a obra de Aristóteles haveria de conhecer imediatamente grande divulgação em Roma, por isso mesmo que – segundo Estrabão – a cópia roubada por Sila estava em péssimo estado. Andronico, décimo e último director do Liceu, foi quem acabaria por promover a primeira divulgação dos escritos de Aristóteles em Roma (cf. HERMANN FUNKE, *Aristoteles – Schicksal einer Überlieferung, Vom Manuskript zur Editio Princeps*, Frankfurt am Main: Kaiser, 1997, pp. 9-11 e 23-24). Por consequência, não custa perceber que as *quatro causas* aristotélicas não conhecessem, ao longo do difuso intervalo de tempo relevante para o entendimento da *lex Aquilia*, grande fortuna e, no entanto, o conceito de *causa eficiente* teria proporcionado maior amplitude à ligação do *factum* com o *eventus*, pois a causa eficiente é compatível com a sobredeterminação dos acontecimentos através do controlo remoto da série de causas que terminam no evento.

[27] Cf. CÍCERO, *Traité du destin* (texto estabelecido e trad. por Albert Yon do original latino *De fato*, c. 44 a.C., com base nos manuscritos *Vindobonensis* 189 séc. X, Viena: Hofbibliothek, e *Leidensis Vossianus* 84 sécs. IX-X e *Vossianus* 86 séc. X, Universidade de Leida), 6.ª ed., Paris: Les Belles Lettres, 1997, pp. 21-23 (*de Fato* 19.41-43).

famoso dos exemplos dados por Crisipo para ilustrar a relação das *causae adiuvantes et proximae* com as *causae perfectae et principales:* dando um empurrão a um cilindro, este rodará pela colina abaixo, mas quem o empurrou apenas o meteu em movimento (causa acessória e próxima), ao passo que a «rodabilidade» do cilindro é uma qualidade básica (causa perfeita e principal) do movimento do cilindro quando ele realmente se move e é *determinante* desse movimento (aliás, uma causa que persiste durante a produção do efeito e que existe, enquanto plano da Natureza – ou seja, *possibilidade* –, mesmo quando o cilindro está imóvel)[28]. É provável que esta visão dos factos humanos como meras causas acessórias e próximas dos acontecimentos estivesse por trás das imagens mecânicas que abundam na *lex Aquilia*[29].

5. O problema da causalidade indirecta

A redução do conceito de causa aos casos de acção mecânica directa do agente sobre o objecto atingido tinha um preço, pois implicava que as *causas indirectas* ficassem de fora da *lex Aquilia*[30]. Em situações de insuportável injustiça, a lacuna foi sendo compensada, na prática, através dos instrumentos do *ius honorarium*[31]: as *actiones in factum*[32]. Nesse sentido,

---

[28] Cf. ALBERT YON, «Introduction», em CÍCERO, *Traité du destin*, cit., (pp. I-LXIV) p. XXX. Também cf. J. M. RIST, *La filosofía estoica* (trad. castelhana por David Casacuberta do original *Stoic Philosophy*, 1969, em apêndice com *Stoicism: Some Reflections on the State of Art*, 1985), Barcelona: Grijalbo Mondadori, 1995, p. 131.

[29] Não ignoramos que as concepções de Crisipo eram polémicas. A propósito, basta lembrar a crítica do céptico Carnéades a Crisipo, da qual nos dá conta Cícero, *de Fato* 14.31-32 (cf. CÍCERO, *Traité du destin*, cit., pp. 16-17). No entanto, Crisipo conseguiu impor os tópicos da discussão do conceito de causalidade e daí terá advindo a popularização da ideia de *causa adiuvans et proxima*.

[30] Cf. A. SANTOS JUSTO, *Estudos em honra de Ruy de Albuquerque*, cit., p. 23.

[31] Não cabe aqui explicar o conceito de *ius honorarium*, nem as relações deste com o *ius civile*. Digamos apenas que a faculdade de *conceder a acção* (*dare actionem*) ou *impedir a um interessado o acesso aos meios judiciais* (*denegatio actionem*) constituía a base de todo o procedimento judicial dos pretores e do direito que sobre ele se construiu, o *ius honorarium*, como nos diz RAÚL VENTURA, *Manual de direito romano*, vol. I, Lisboa: AAFDL, 1967 (1.ª ed., 1963), p. 153.

Com a superação do sistema arcaico das *legis actiones* (sistema rígido no qual, segundo a crítica de Gaio, bastava errar uma palavra para se perder uma acção) e a sua substituição, a partir dos séculos IV-III a.C., pelo processo formulário ou *agere per formulas* (sistema menos rígido no qual a componente ritual, embora estrutural no direito

D. 9.2.7.3 (*ULPIANUS libro octavo decimo ad edictum*): «[S]e alguém, empurrado por outra pessoa, provocar um dano, Próculo acha que aquele que empurrou não fica sujeito a esta acção [*actio legis Aquiliae*] porque não foi ele que matou; e também não aquele que foi empurrado porque não provocou o dano injustamente: é por isso que se deve conceder a *actio in*

romano, se baseava já num modelo semântico ou conjunto de palavras com sentido, *concepta verba*, em vez de se basear simplesmente em palavras fixas, *certa verba*), surgiu a diferença entre as acções *civiles* e as acções *honorariae* (*pretoriae*): «[as acções honorárias] são aquelas em que não existe a possibilidade de invocar uma posição subjectiva tutelada pelo *ius civile*. Essencialmente, o magistrado promete no seu edicto que, defronte de determinadas circunstâncias de facto, aceitará a realização de um julgamento. A fórmula que lhe devia servir de programa – na medida em que contém e apresenta ao *iudex* a descrição das circunstâncias de facto cuja verificação dá lugar à condenação do demandado – é chamada *in factum*.

«Os termos *actio civilis/formula in ius* são intercambiáveis, ao passo que as *formulae in factum* não esgotam completamente as *actiones honorariae*. Com efeito, algumas vezes o magistrado, estavelmente no seu edicto ou solicitado por uma exigência particular, adapta acções preexistentes a novas aplicações. Cria, pois, *actiones utiles*, nas quais o adjectivo serve exactamente para indicar a fórmula de uma acção-base, inicialmente imprestável para um determinado fim, mas tornada útil através dessa adaptação. As modificações podem ser de muitos tipos, [designadamente] podem consistir numa inovação ao nível das circunstâncias consideradas na fórmula-base (e, a propósito disso, os juristas romanos falavam preferivelmente de *actiones utilis in factum*) […]. A fórmula-base que sofre a adaptação tanto pode ser *in ius* quanto *in factum* (quer dizer, tanto civil quanto honorária): a fórmula resultante (*utilis*) deve ser considerada sempre como honorária.

«Percorrendo estas distinções, devemos acrescentar, concluindo, que as fórmulas das *actiones civiles* são sempre *in ius conceptae* e aquelas das *actiones honorariae* são *in factum* ou então resultam da adaptação de uma fórmula-base (*civilis* ou *honoraria*)» (DARIO MANTOVANI, *Le formule del processo privato romano*, cit., pp. 15-22 e 32-34).

Segundo Raúl Ventura: «[A] coordenação do direito civil e do direito honorário deve ter sido, como muito plausivelmente observa Betti, obra da jurisprudência. Os jurisconsultos, embora não trabalhem no campo do direito honorário tanto à luz como quando operam no direito civil, devem também ter sido aqui os grandes impulsionadores. Não se trata apenas de jurisconsultos que exercem magistraturas, nem mesmo só dos que compunham os *consillia* dos magistrados, mas de todos aqueles que forneciam aos interessados respostas que estes por sua vez apresentavam aos magistrados. A concessão duma nova acção, a alteração duma velha regra do *ius civile* podem escapar ao alcance da *interpretatio*, como sabemos, mas se os juristas não se resignarem perante a barreira lógica que os limites da *interpretatio* lhes levantam, podem propor a quem tenha poder para a ultrapassar – o pretor – as soluções que julguem convenientes. Inspirando os magistrados, os juristas podem coordenar o sistema civil e o sistema honorário, impedindo que o primeiro seja desnecessariamente substituído pelo segundo, mas apontando a este todas as omissões ou defeitos do primeiro que se imponha integrar ou corrigir» (RAÚL VENTURA, *idem*, pp. 261-262).

[32] Cf. A. SANTOS JUSTO, *Estudos em honra de Ruy de Albuquerque*, cit., p. 26.

factum contra aquele que deu o empurrão»[33]. Também D. 9.2.7.6 (*ULPIANUS libro octavo decimo ad edictum*): «Celso diz que faz muita diferença se se matou o escravo ou se apenas se deu ocasião à sua morte, pois quem deu ocasião não fica sujeito à *actio legis Aquiliae*, mas apenas à *actio in factum*. Dá o exemplo daquele que fornece um veneno como se fosse um medicamento e diz que isso é considerado como causar a morte. Ou o exemplo daquele que entrega uma espada a um louco, mas esse já não fica sujeito à *lex Aquilia*, mas à *actio in factum*»[34]. Ou então D. 9.2.11.1 (*ULPIANUS libro octavo decimo ad edictum*): «Se um segura e outro mata, aquele que segurou, ocasionando a morte, fica sujeito à *actio in factum*»[35].

6. *A irrelevância da comissão por omissão*

A caracterização do *factum* através de imagens mecânicas cumpria ademais outras funções, estas agora claramente desejadas, de delimitação negativa da responsabilidade aquiliana. Nomeadamente, servia para negar genericamente a possibilidade de *comissão por omissão*. Na verdade, os verbos de conotação mecânica implicam um emprego de energia motora por parte do sujeito que é incompatível com a omissão. Aliás, os Romanos rejeitavam a responsabilidade delitual omissiva porque estavam cientes de que seria necessária uma razão muito forte para vincular alguém ao impedimento de um evento danoso. Só se fosse concebível uma razão desse género é que seria então configurável, excepcionalmente, a responsabilidade delitual por omissão (digamos assim, segundo as categorias actuais). Por exemplo, *Justiniani Instit.* 4.3.6: «Será ainda susceptível de responsabilidade o médico que, após fazer

---

[33] D. 9.2.7.3 (*ULPIANUS libro octavo decimo ad edictum*): «*Proinde si quis alterius impulsu damnum dederit, Proculus scribit neque eum qui impulit teneri, quia non occidit, neque eum qui impulsus est, quia damnum iniuria non dedit: secundum quod in factum actio erit danda in eum qui impulit*».

[34] D. 9.2.7.6 (*ULPIANUS libro octavo decimo ad edictum*): «*Celsus autem multum interesse dicit, occiderit an mortis causam praestiterit, ut qui mortis causam praestitit, non Aquilia, sed in factum actione teneatur. unde adfert eum qui venenum pro medicamento dedit et ait causam mortis praestitisse, quemadmodum eum qui furenti gladium porrexit: nam nec hunc lege Aquilia teneri, sed in factum*».

[35] D. 9.2.11.1 (*ULPIANUS libro octavo decimo ad edictum*): «*Si alius tenuit, alius interemit, is qui tenuit, quasi causam mortis praebuit, in factum actione tenetur*».

uma amputação ao escravo, abandonar a cura, acabando o escravo por morrer disso»[36].

7. O problema da causalidade virtual

A relevância das causas virtuais tem duas dimensões: a *relevância positiva* e a *relevância negativa*. Discutir a primeira consiste em averiguar se pode uma pessoa ser considerada responsável pelo evento danoso que ela mesma teria causado se não tivesse intervindo outro sucesso (facto humano ou acontecimento natural) como causa efectiva: trata-se, pois, do apuramento da responsabilidade do *autor da causa virtual*. Discutir a segunda resume-se a saber se pode uma pessoa ser desonerada da responsabilidade pelo evento danoso que causou quando este teria sido igualmente produzido por outro sucesso (facto humano ou acontecimento natural), na falta da sua acção: trata-se, desta feita, da apreciação da responsabilidade do *autor da causa operante*, frequentemente considerada só como *causa superveniente* (*i.e.*, o facto humano que substitui um processo causal virtual em curso). No tocante à questão da relevância positiva, a ideia de responsabilidade pelo dano que queira respeitar uma lógica causalista (portanto, anti-arbitrária) há-de concluir que o autor da causa virtual nunca pode responder por um evento que efectivamente não causou, ainda que não o tivesse causado apenas porque outro acontecimento interveio substitutivamente na produção do mesmo efeito: a causa virtual não tem, pois, relevância positiva. No tocante à questão da relevância negativa, a referida lógica causalista há-de impor que a responsabilidade do autor da causa superveniente – contanto que haja forma de distinguir praticamente a causa superveniente da causa virtual – não desapareça só porque o mesmo evento danoso teria acontecido por outro modo: a causa virtual também não tem relevância negativa, em princípio[37].

---

[36] *Justiniani Instit.* 4.3.6: «*Praeterea si medicus, qui servum tuum secuit, dereliquerit curationem atque ob id mortuus fuerit servus, culpae reus est*».

[37] Enfim, o problema da causa virtual assume aqui contornos mais delicados porque a eventual exclusão da responsabilidade do autor da causa superveniente pode ser considerada à luz de factores diversos da lógica da causalidade. Por exemplo, se o dano for calculado em função da diferença entre a situação em que o património do lesado foi colocado em consequência da conduta do autor da causa superveniente e a situação em que o mesmo património se encontraria se essa conduta não tivesse sido praticada, então a tomada em consideração de processos causais virtuais pode implicar a anulação do dano – realmente,

De tudo isso estavam cônscios os Jurisconsultos romanos, como se pode deduzir da leitura de D. 9.2.11.3 (*ULPIANUS libro octavo decimo ad edictum*): «Celso escreveu que, se alguém ferisse mortalmente uma outra pessoa e depois um terceiro a matasse, o primeiro não seria certamente responsável pela morte, mas apenas pelos ferimentos, porque ela morreu da outra ferida e o terceiro é responsável porque a matou. Marcelo parece ter a mesma opinião e essa solução é a mais provável»[38]. Essa regra também se aplicava quando a causa superveniente não era um facto injusto, como se pode ler em D. 9.2.15.1 (*ULPIANUS libro octavo decimo ad edictum*): «Se um escravo que foi mortalmente ferido tivesse sucumbido mais depressa por causa do desabamento de uma casa, de um naufrágio ou de qualquer outro acontecimento, não há lugar a qualquer acção pela sua morte, mas somente pelos ferimentos; mas se ele morrer da ferida depois de ter sido libertado ou vendido, Juliano diz que pode ter lugar a acção pela sua morte»[39].

8. *O problema da causalidade alternativa*

É costume afirmar que Juliano discordava de Celso acerca da irrelevância positiva da causa virtual. É provável, porém, que Juliano discutisse, não a questão da causalidade virtual, mas a questão da *causalidade alternativa* (*i.e.*, os casos em que não se consegue provar com certeza qual de dois ou mais factos causou o evento danoso) e defendesse que nesses casos se deveria aplicar por analogia a regra da *co-autoria*, segundo a qual cada

---

a causa superveniente *pode não fazer diferença* – e isso acarretará a relevância negativa da causa virtual (facto humano ou acontecimento natural). Os Romanos não chegaram, porém, a usar argumentos deste género.

Numa perspectiva actual, cf. FRANCISCO MANUEL PEREIRA COELHO, *O problema da causa virtual na responsabilidade civil*, Coimbra: Almedina, 1998 (1.ª ed., 1955), *passim*.

[38] D. 9.2.11.3 (*ULPIANUS libro octavo decimo ad edictum*): «*Celsus scribit, si alius mortifero vulnere percusserit, alius postea exanimaverit, priorem quidem non teneri quasi occiderit, sed quasi vulneraverit, quia ex alio vulnere periit, posteriorem teneri, quia occidit. quod et Marcello videtur et est probabilius*».

[39] D. 9.2.15.1 (*ULPIANUS libro octavo decimo ad edictum*): «*Si servus vulneratus mortifere postea ruina vel naufragio vel alio ictu maturius perierit, de occiso agi non posse, sed quasi de vulnerato, sed si manumissus vel alienatus ex vulnere periit, quasi de occiso agi posse Iulianus ait*».

um dos agentes deveria responder pelo dano total[40]. Seja como for, Juliano é acusado, parece que justamente, de ter incorrido nos piores ilogismos, pois as razões da pretendida analogia da causalidade alternativa[41] com a co-autoria são simplesmente incompreensíveis.

Segue-se a reprodução dos fragmentos D. 9.2.51, *pr.*-1-2 (*IULIANUS libro octangesimo sexto digestorum*): «Um escravo ferido com tanta gravidade que a sua morte se tornara certa foi, entretanto, nomeado herdeiro e depois morto através do golpe de outro agressor. A questão é saber se a *actio legis Aquiliae* pode ser intentada contra ambos os agressores pela morte do escravo. A resposta é a seguinte: geralmente, diz-se que alguém matou se forneceu de alguma maneira a causa da morte, mas – no tocante à *lex Aquilia* – só haverá responsabilidade se a morte tiver resultado da aplicação de alguma espécie de força, como se fosse provocada pelas próprias mãos, pois essa lei depende da interpretação da palavra *caedere*[42]. Só que não são apenas aqueles que ferem de maneira a provocar a morte imediata que devem responder pela morte nos termos dessa lei, mas também aqueles que infligem ferimentos fatais. Por conseguinte, se alguém ferir um escravo mortalmente e, passado algum tempo, outra pessoa qualquer desferir um golpe que o faça morrer mais depressa, então é claro que os dois agressores respondem pela morte. § 1. Esta regra goza da autoridade dos antigos juristas [*veteres*], que decidiram que, se um escravo fosse agredido por várias pessoas e não se soubesse qual das feridas lhe provocara a morte, todos deveriam responder nos termos da *lex Aquilia*. § 2. No caso em apreço, porém, a morte do escravo não deve ser considerada da mesma maneira para a determinação da pena pecuniária que cada um tem de pagar. O primeiro deve pagar o máximo valor do escravo durante o ano transacto, contando-se os trezentos e sessenta e cinco dias anteriores ao ferimento. O segundo deve pagar o preço mais alto que o escravo atingiria se fosse vendido durante o ano anterior à sua morte e, obviamente, nessa avaliação deve ser incluída a herança. Portanto, um agressor pagará mais e o outro menos, mas isso não é estranho porque eles mataram o

---

[40] Cf. JEROEN S. KORTMANN, «*Ab alio ictu(s)* – Misconceptions about Julian's View on Causation», *The Journal of Legal History*, vol. 20 (Agosto de 1999) – n.º 2, (pp. 95--103) p. 102.

[41] *Idem*, p. 99.

[42] Cf. *A Latin Dictionary* (baseado na *Andrews' Edition* do *Freund's Latin Dictionary*, rev. e acrescentado por Charlton T. Lewis e Charles Short), Oxford: Clarendon Press, 1958 (1.ª ed., 1879), palavra *caedes: murder (usu. class. signif. of the word in prose and poetry)*.

escravo em circunstâncias e momentos diferentes. Se alguém pensar que chegámos a uma conclusão absurda, então dir-lhe-emos que seria muito mais absurdo pretender que nenhum dos agressores fosse responsável com base na *lex Aquilia* ou pretender que algum deles fosse responsável em vez do outro. Os malefícios não devem ficar impunes e não é fácil de decidir se algum dos agressores é mais culpado do que o outro. Realmente, podemos provar por meio de incontáveis exemplos que o direito civil aceitou muitas coisas para o bem comum que não se coadunam com a pura lógica. Contentemo-nos para já com a apresentação de um único exemplo: quando vários sujeitos, com intenção de furtar, carregam uma trave que nenhum deles seria capaz de transportar sozinho são todos responsáveis por furto, ainda que um raciocínio subtil nos pudesse induzir a pensar que nenhum deles seria responsável, pois que nenhum deles teria podido verdadeiramente transportá-la sem ajudas»[43].

---

[43] D. 9.2.51, *pr.*-1-2 (*IULIANUS libro octangesimo sexto digestorum*): «*Ita vulneratus est servus, ut eo ictu certum esset moriturum: medio deinde tempore heres institutus est et postea ab alio ictus decessit: quaero, an cum utroque de occiso lege Aquilia agi possit. respondit: occidisse dicitur vulgo quidem, qui mortis causam quolibet modo praebuit: sed lege Aquilia is demum teneri visus est, qui adhibita vi et quasi manu causam mortis praebuisset, tracta videlicet interpretatione vocis a caedendo et a caede. rursus Aquilia lege teneri existimati sunt non solum qui ita vulnerassent, ut confestim vita privarent, sed etiam hi, quorum ex vulnere certum esset aliquem vita excessurum. igitur si quis servo mortiferum vulnus inflixerit eundemque alius ex intervallo ita percusserit, ut maturius interficeretur, quam ex priore vulnere moriturus fuerat, statuendum est utrumque eorum lege Aquilia teneri. § 1. Idque est consequens auctoritati veterum, qui, cum a pluribus idem servus ita vulneratus esset, ut non appareret, cuius ictu perisset, omnes lege Aquilia teneri iudicaverunt. § 2. Aestimatio autem perempti non eadem in utriusque persona fiet: nam qui prior vulneravit, tantum praestabit, quanto in anno proximo homo plurimi fuerit repetitis ex die vulneris trecentum sexaginta quinque diebus, posterior in id tenebitur, quanti homo plurimi venire poterit in anno proximo, quo vita excessit, in quo pretium quoque hereditatis erit. eiusdem ergo servi occisi nomine alius maiorem, alius minorem aestimationem praestabit, nec mirum, cum uterque eorum ex diversa causa et diversis temporibus occidisse hominem intellegatur. quod si quis absurde a nobis haec constitui putaverit, cogitet longe absurdius constitui neutrum lege Aquilia teneri aut alterum potius, cum neque impunita maleficia esse oporteat nec facile constitui possit, uter potius lege teneatur. multa autem iure civili contra rationem disputandi pro utilitate communi recepta esse innumerabilibus rebus probari potest: unum interim posuisse contentus ero. cum plures trabem alienam furandi causa sustulerint, quam singuli ferre non possent, furti actione omnes teneri existimantur, quamvis subtili ratione dici possit neminem eorum teneri, quia neminem verum sit eam sustulisse*».

9. O princípio do domínio do facto

A racionalidade causalista que os Romanos seguiam na responsabilidade aquiliana não implicava que usassem uma ideia de causalidade cega em detrimento das capacidades humanas de *controlo dos acontecimentos*. No Digesto (*ad legem Aquiliam*) podemos encontrar um sem-número de fragmentos ilustrativos da importância dada à ideia de controlo dos acontecimentos. Limitar-nos-emos a dois deles:

D.9.2.7.2 (*ULPIANUS libro octavo decimo ad edictum*): «Se um homem pesadamente carregado deixar cair o peso, matando um escravo, tem lugar a *actio legis Aquiliae:* porque podia não se ter carregado tanto. De facto, se alguém ao cair esmagar com o peso o escravo alheio, Pégaso diz que será sujeito à *lex Aquilia* quando se carregou de mais ou passou negligentemente por uma estrada escorregadia»[44].

Uma descrição meramente naturalista da cadeia dos acontecimentos levaria à conclusão de que a causa próxima da morte do escravo tinha sido o excesso de peso transportado pelo carregador. Se a carga causou o tombo do carregador e o consequente derrube e morte do escravo, então a morte do escravo seria devida a uma causalidade cega, absolutamente ingovernada. Haverá quem queira concordar com isto? É evidente que não. Porquê? Porque o carregador, embora tivesse soçobrado ao peso da carga, antes da queda tivera o controlo dos acontecimentos. Eis uma excelente demonstração de que os Romanos construíam a responsabilidade com base na categoria do domínio do facto, em vez de com base na causalidade cega e na necessidade natural.

D. 9.2.11, *pr.* (*ULPIANUS libro octavo decimo ad edictum*): «Igualmente, Mela escreve: se, estando alguns indivíduos a jogar à bola, algum deles fizesse um arremesso tão forte que fosse atingir a mão de um barbeiro que barbeava um escravo e a lâmina lhe cortasse a garganta, então ficaria sujeito à *lex Aquilia* aquele por culpa de quem isso acontecera. Próculo pensa que a culpa é do barbeiro; e, certamente, se ele barbeava num lugar em que era normal as pessoas jogarem ou passarem, então pode

---

[44] D. 9.2.7.2 (*ULPIANUS libro octavo decimo ad edictum*): «*Sed si quis plus iusto oneratus deiecerit onus et servum occiderit, Aquilia locum habet: fuit enim in ipsius arbitrio ita se non onerare. nam et si lapsus aliquis servum alenum onere presserit, Pegasus ait lege Aquilia eum teneri ita demum, si vel plus iusto se oneraverit vel neglegentius per lubricum transierit*».

imputar-se-lhe a culpa; embora se possa dizer com razão que aquele que se arrisca a fazer a barba num lugar perigoso não se pode depois queixar senão de si próprio»[45].

À primeira vista, este fragmento relata uma controvérsia em torno da determinação do responsável pelo dano aquiliano em função da escolha de um ou outro agente como causador da morte do escravo. Uma leitura atenta do trecho evidencia, porém, que ninguém duvidava que a morte do escravo resultara da combinação acidental dos movimentos separados de dois agentes: a actividade de barbear outrem e o acto de arremessar a bola[46]. Por que motivo se rejeitava então nessa situação de *concausalidade*[47] a pluralidade de responsáveis? A interpretação do fragmento demonstra mais uma vez que a responsabilidade aquiliana integrava um princípio de domínio do facto, no sentido de que a responsabilidade só deve pesar sobre o(s) agente(s) que tiver(em) nas suas mãos o controlo dos acontecimentos, em conformidade com uma ideia articulada de domínio da fonte de perigo, previsibilidade do evento danoso e possibilidade de o evitar. Na alusão ao pensamento de Mela, isso ainda não está à vista. Com efeito, Mela achava apenas que algum dos dois agentes tinha de responder pelo acontecimento, subentendendo-se que nunca seriam ambos responsáveis, e depois nem sequer nos dizia qual deles deveria assumir

---

[45] D. 9.2.11, *pr.* (*ULPIANUS libro octavo decimo ad edictum*): «*Item Mela scribit, si, cum pila quidam luderent, vehementius quis pila percussa in tonsoris manus eam deiecerit et sic servi, quem tonsor habebat, gula sit praecisa adiecto cultello: in quocumque eorum culpa sit, eum lege Aquilia teneri. Proculus in tonsore esse culpam: et sane si ibi tondebat, ubi ex consuetudine ludebatur vel ubi transitus frequens erat, est quod ei imputetur: quamvis nec illud male dicatur, si in loco periculoso sellam habenti tonsori se quis commiserit, ipsum de se queri debere*».

[46] Os dois factos cabem na fórmula aquiliana da causalidade, pois eram ambos movimentos mecânicos que actuaram no corpo da vítima: o barbeiro manteve a navalha na mão enquanto a bola em movimento fazia a lâmina afundar-se na jugular do escravo. Por outras palavras, a mão que segurava a navalha foi uma causa *cum quo*, tanto quanto o arremesso da bola. Em suma, a morte do escravo foi produzida no corpo e pelo(s) corpo(s) de dois agentes, embora a segunda parte da fórmula da causalidade aquiliana fosse preenchida através de instrumentos, mas isso não é diferente dos casos paradigmáticos de morte causada com espada, lança, pau, pedra ou qualquer outra arma.

De resto, vamos encontrar a prova de que a hipótese vertente não suscitava dúvidas acerca da causalidade no facto de os Jurisconsultos citados – Mela e Próculo – discutirem expressamente a distribuição de culpas pelos agentes, em vez de discutirem os significados de *occidere* ou *causam mortis praebere*.

[47] Ou seja: duas ou mais acções produzem conjuntamente um evento que nenhuma delas teria produzido sozinha.

a culpa. Em compensação, Próculo indicava uma solução. Realmente, Próculo entendia que a responsabilidade pela morte do escravo devia recair no barbeiro porque, manejando um instrumento perigoso para a vida dos seus clientes e podendo dar-se conta dos riscos inerentes ao exercício da sua actividade num local muito movimentado, facilmente teria podido poupar a vida do escravo se lhe tivesse cortado a barba noutro sítio. Em contrapartida, os indivíduos que jogavam à bola realizavam uma actividade geralmente sem perigo para a vida de terceiros e realizavam-na num espaço público, não nos sendo dito que não devessem realizá-la nesse sítio. Acresce que aquele que atirou a bola ao braço do barbeiro não contou, nem tinha de contar com a presença do barbeiro naquele sítio onde livremente jogavam. Por conseguinte, o indivíduo não tinha razões para não realizar o arremesso que (con)causou a morte do escravo. Talvez o caso não mudasse de figura nem mesmo se os indivíduos reparassem no barbeiro e continuassem alegremente a jogar à bola. Nesse caso, é possível que Próculo, que não chegava a estes pormenores, continuasse a atribuir toda a responsabilidade ao barbeiro, pois pertencia a este o controlo da fonte de perigo (*i.e.*, a navalha de barbear). Enfim, a solução é discutível, mas há-de convir-se que continua vinculada a uma interpretação possível do princípio do domínio do facto. A importância dada por Próculo ao domínio do facto resulta também do seu comentário final a favor da extinção da própria responsabilidade do barbeiro caso o cliente tivesse anuído a fazer-se escanhoar naquele lugar, como se essa autocolocação em perigo afastasse a relevância do controlo da fonte de perigo por parte do barbeiro e trouxesse o controlo da situação integralmente para a banda do cliente (ou seja, uma variante da máxima *volenti non fit iniuria*)[48].

Poderíamos continuar analisando mais fragmentos, tanto mais que o material não nos haveria de faltar, mas aqueles que vimos já bastam para demonstrar aquilo que queríamos, ou seja: a responsabilidade aquiliana exigia a capacidade do lesante de controlar a ocorrência do evento danoso.

---

[48] É interessante notar que Ulpiano não atribuía relevância ao facto de o cliente ser um escravo, numa demonstração de que os escravos afinal também eram gente, apesar de reduzidos à condição de escravatura.

Sobre a dupla condição jurídica dos escravos como coisas e como pessoas de facto, cf. Inocêncio Galvão Telles, *Direito Romano – Parte geral – Súmula das lições proferidas em 1943-1944* (publicação de H. B. M. e J. M. S.), tomo I, Lisboa: Tipografia da Cadeia Penitenciária, 1944, pp. 116-122.

II. *Noxa* e *pauperies*

Os Romanos, a partir da lei decenviral, que se saiba, distinguiam terminológica e conceptualmente o dano causado por um ente capaz de agir antijuridicamente – ainda que, dada a sua particular condição jurídica, ele pudesse apenas servir de veículo à responsabilidade de outrem, como sucedia no caso do *descendente (filius familias)*[49] ou do *escravo (servus)* – do dano causado por um ser vivo irracional ou por eventos naturais[50].

1. Noxa, peccatum *e* delictum

«*Noxa* e *noxia* são termos que têm originariamente uma grande amplitude; ambos derivam de *noceo* ou *neco* e exprimem o conceito de dano. Mas, na linguagem jurídica (logo a partir das *XII Tábuas*), *noxa* nunca é o dano objectivamente considerado, mas antes o dano enquanto resultado de uma acção antijurídica; é precisamente à conta deste elemento subjectivo que a *noxa* assume também tecnicamente o significado de culpa e, juntamente com *noxia* (que é um termo comummente equiparado ao anterior), significa genericamente *peccatum*, *delictum*, ou melhor, uma acção humana antijurídica, constituída pelos dois elementos do dano e da culpa; isso explica a razão por que *noxa* e *delictum* eram palavras trocadas promiscuamente. *Noxa* é então, em todas as suas aplicações e significados, o termo mais antigo e abrangente para denominar no seu conjunto e nos seus elementos constitutivos aquelas particulares violações de lei que posteriormente viriam a ser designadas por *delicta*, denominação que é de data recente e que não se encontra realmente na legislação decenviral»[51].

2. *A* actio noxalis

Na passagem dos tempos, o uso desses termos, *noxa* e os seus derivados, afunilar-se-ia, passando a abranger no direito clássico só os delitos

---

[49] Sobre a definição de *filius familias,* INOCÊNCIO GALVÃO TELLES, *Direito Romano*, cit., pp. 141-142.
[50] Cf. BIONDO BIONDI, *Actiones noxales*, Cortona: Giovanni Francini, 1925, p. 12.
[51] *Idem*, pp. 8-10.

cometidos por descendentes ou escravos[52]. Não podendo o lesado proceder contra tais entes por não serem reconhecidos como sujeitos de direito, é compreensível que o modo de ultrapassar esse obstáculo fosse uma acção contra quem exercesse sobre eles o *poder paternal* (*patria potestas*) ou a *propriedade* (*dominium*), a saber: a chamada *acção noxal* (*actio noxalis*)[53]. Gaio tratava amplamente dessas acções (*Inst.* 4.75-79), entendendo-as sempre como acções relativas aos *delitos cometidos por descendentes ou escravos* (*ex maleficiis filiorum familias servorumque*)[54].

A *actio noxalis* era a acção pela qual se pedia a condenação do demandado na alternativa de pagar a pena pecuniária correspondente à espécie de delito cometido pelo descendente ou escravo (*litis aestimationem sufferre*) ou entregar o indivíduo submetido à sua potestade ao ofendido (*noxae dedere*)[55]. Por aqui se vê que a acção noxal era um instituto bizarro, a adjectivação é de Biondi[56], tanto que nela se cruzavam estádios culturais distintos, a saber: o direito primitivo do ofendido de se apoderar do culpado para descarregar nele a vingança privada e o direito histórico do ofendido de obter a pena pecuniária que a lei consagrara em substituição da vindicta. A acção noxal contra o *pater* ou *dominus*, em vez de excluir a responsabilidade do culpado, era afinal o verdadeiro meio de a concretizar, pois servia para conciliar o direito à vindicta por parte do lesado com a *patria potestas* ou o *dominium* por parte do demandado, e a *noxae deditio* do culpado (*i.e.*, a entrega do culpado ao lesado a título de ressarcimento do dano) fazia as vezes de execução da arcaica vindicta privada[57].

É indiscutível a natureza obrigacional das *actiones noxales*, que eram *actiones in personam*, embora obedecessem a alguns dos princípios das *acções reipersecutórias* (*actiones in rem*)[58].

---

[52] *Ibidem*.
[53] Cf. INOCÊNCIO GALVÃO TELLES, *Direito Romano*, cit., p. 119.
[54] GAIO, «Il quarto libro delle Institutiones di Gaio (traduzione a fronte)», agora em DARIO MANTOVANI, *Le formule del processo privato romano*, cit., (pp. 121-189) pp. 154-155.
[55] Cf. BIONDO BIONDI, *Actiones noxales*, cit., p. 256, e ALBERTO BURDESE, *Diritto privato romano*, cit., p. 536.
[56] Cf. BIONDO BIONDI, *idem*, p. 254.
[57] *Idem*, p. 11.
[58] *Idem*, pp. 202-203.

3. A actio de pauperie

Os danos causados por seres vivos irracionais eram designados por *pauperies*. Ulpiano dava a seguinte definição dessa palavra, D. 9.1.1.3 (*ULPIANUS libro octavo decimo ad edictum*): «depauperação é o dano provocado sem injúria por parte de quem o fez: nem sequer o animal podia fazer injúria, sendo privado de razão»[59]. Ulpiano equiparava os danos causados por objectos aos danos causados por animais, D. 9.2.5.2 (*ULPIANUS libro octavo decimo ad edictum*): «não haverá lugar então à *actio legis Aquiliae* se o dano tiver sido causado por um quadrúpede ou pela queda de uma telha»[60].

Naturalmente, os Jurisconsultos clássicos excluíam da depauperação os danos causados por animais que fossem imputáveis a quem os tivesse sob vigilância. Esses danos causados por animais sob vigilância do depositário, mandatário, guardador, tratador ou até simples interessado na compra ao experimentar o animal cabiam obviamente na responsabilidade por factos ilícitos. Um exemplo, entre muitos outros possíveis, pode ser visto em D. 9.1.1.5 (*ULPIANUS libro octavo decimo ad edictum*): «um cão levado a passear por alguém escapou graças à sua própria ferocidade e causou danos; se esse cão pudesse ter sido mais eficazmente controlado por outra pessoa ou se não tivesse sido necessário levá-lo por tal lugar, então esta acção [a *actio de pauperie*, como veremos já de seguida] deixará de ter lugar, mas quem o segurava é responsável [através da *actio legis Aquiliae*]»[61].

Em função da depauperação não podia deixar de existir uma acção destinada à satisfação do lesado, a *actio de pauperie*, no quadro do processo *per formulas*. Era uma *actio in personam* através da qual o proprietário ficava obrigado, alternativamente, a efectuar a entrega do animal ao lesado ou a indemnizá-lo pelo dano sofrido[62]. Qual era o fundamento da

---

[59] D. 9.1.1.3 (*ULPIANUS libro octavo decimo ad edictum*): «*pauperies est damnum sine iniuria facientis datum: nec enim potest animal iniuria fecisse, quod sensu caret*».

[60] D. 9.2.5.2 (*ULPIANUS libro octavo decimo ad edictum*): «*cessabit igitur Aquiliae actio, quemadmodum, si quadrupes damnum dederit, Aquilia cessat, aut si tegula ceciderit*».

[61] D. 9.1.1.5 (*ULPIANUS libro octavo decimo ad edictum*): «*Sed et si canis, cum duceretur ab aliquo, asperitate sua evaserit et alicui damnum dederit: si contineri firmius ab alio poterit vel si per eum locum induci non debuit, haec actio cessabit et tenebitur qui canem tenebat*».

[62] Por todos, cf. ALBERTO BURDESE, *Diritto privato romano*, cit., p. 540.

actio de pauperie? «A *actio de pauperie* fundava-se no *dominium;* ela responde à exigência de justiça segundo a qual o *dominus* que obtém vantagem do animal há-de simultaneamente responder pelos danos que o animal causar; o *dominus* continua, pois, sujeito à obrigação mesmo se alienar o animal porque a acção se baseia no *dominium* existente no momento da causação do dano»[63]. Atenção que no direito clássico a entrega do animal não deveria, sumo rigor, ser qualificada como *noxae deditio*, caso esta seja entendida no sentido de entrega da coisa a título de ressarcimento do dano, ou até preferivelmente no sentido de entrega da coisa *pro pecatto*, desde logo porque o dano em apreço não provinha de nenhum *delictum*. Acresce que a entrega do animal e a *noxae deditio* do culpado, descendente ou escravo, tinham de ser actos essencialmente diversos, embora materialmente semelhantes, até por uma outra razão: a primeira era uma verdadeira *datio* e importava um acto translativo de propriedade, ao passo que a segunda era um acto de conteúdo negativo que consistia em abandonar o culpado[64].

4. *A objectivação do conceito de* noxa

A partir de Justiniano, aconteceu uma objectivação do conceito de *noxa* e isso terá permitido a integração da *actio de pauperie* na categoria geral das *actiones noxales*[65], mas agora com limitação da responsabilidade do *dominus* aos danos provocados pelo animal contra a sua própria natureza[66]. A esse propósito, sigamos, aliás mais uma vez, as palavras de

---

[63] BIONDO BIONDI, *Actiones noxales*, cit., p. 19.

[64] Esta é a tese defendida por BIONDO BIONDI, *idem*, pp. 13-14.
Na acção noxal, o demandado, *pater* ou *dominus*, era livre de aceitar ou não a *defensio* do culpado, como se deduz de D. 9.4.33 (*POMPONIUS libro quarto decimo ad Sabinum*): «*Noxali iudicio invitus nemo cogitur alium defendere*». As consequências jurídicas da *indefensio* do culpado por parte do *pater* ou *dominus* traduziam-se em o culpado ser *ductus iussu Praetoris*. Noutros passos, os Jurisconsultos consideravam a *indefensio* como um acto que implicava ter o *servum pro derelicto* e, consequentemente, em tal caso o *dominus carere debet eo quem non defendit* (*idem*, pp. 204-205).

[65] *Idem*, pp. 17 e 22.

[66] A limitação da responsabilidade do *dominus* aos danos causados pelo animal *contra naturam sui generis* é tudo menos um corolário da referida objectivação do conceito de *noxa*. Esta limitação impele antes a pensar no exacto contrário da objectivação do conceito de *noxa*, a saber: a subjectivação do conceito de *pauperies*. Com efeito, a limitação parece implicar que a acção de responsabilidade assentaria agora numa «culpa» do animal, agora

Biondo Biondi: «Em minha opinião, a *noxa* na linguagem justinianeia já não é sinónimo de *delictum* ou de *damnum* dele decorrente; portanto, a *actio noxalis* já não é a acção que se dá *noxae nomine*, ou seja, em consequência de um delito; e a *noxae deditio* já não quer dizer *pro peccato deditio*. [...]. A *noxa* é agora simplesmente o *corpus quod nocuit*; já não denota um instituto jurídico, mas é uma simples denominação da coisa material que se encontra numa dada situação objectiva. Portanto, a *noxa* é tanto o escravo que comete um delito como o animal que provoca um dano. Desaparecidas as *actiones noxales* para os delitos cometidos pelos descendentes e estabelecida a sua responsabilidade directa e plena segundo o direito penal[67], a *noxa* indica agora tecnicamente a *res*, escravo ou animal, que causou dano a alguém e relativamente à qual não é possí-

---

entendida como transgressão da norma geral que a natureza impõe a cada espécie (direito natural), mas seria estranho que, numa época de afirmação do Cristianismo e da sua tendência para a sublimação da personalidade humana, se estivesse a equiparar a actuação do animal ao *delictum* do ser humano: «O requisito de que se trate de uma actividade *contra naturam sui generis* é uma limitação ao exercício da acção que não implica necessariamente que a acção se baseie na culpa do animal; a ilação vulgarmente feita a respeito disso pelos intérpretes terá toda a lógica, mas ninguém poderá afirmar que era esse o pensamento de Justiniano» (BIONDO BIONDI, *Actiones noxales*, cit., p. 23). Realmente, a referida limitação pode ter explicações mais razoáveis e pouco ou nada antropomorfizantes das criaturas irracionais, tais como a culpa do lesado por ter incitado um animal a reagir da maneira como a sua natureza indócil faria supor que reagiria (neste sentido, cf. GIAN LUIGI FALCHI, *Fragmenta Iuris Romani Canonici – Introduzione allo studio della recezione del diritto romano nelle fonti del diritto canonico altomedievale*, Mursia: Pontificia Università Lateranense, 1998, pp. 175-176, n. 41).

[67] No direito clássico, existia o regime da acção noxal contra o *pater* e estava naturalmente excluída a possibilidade de o lesado exercer a *actio poenalis* contra o *filius*. Nesse sentido, basta citar Gaio, *Inst.* 4.75: «O acto ilícito dos filhos sob potestade e dos escravos que, por exemplo, tenham cometido furto ou injúria foi a razão de ser da criação das *actiones noxales*, de maneira que o pai ou o proprietário tivessem à escolha acomodarem-se à condenação pecuniária ou entregarem em expiação o responsável. Não respeitaria a equidade, de facto, que a malvadez deles causasse aos pais ou proprietários uma perda superior àquela das pessoas lesadas». Em língua original: «*Ex maleficio filiorum familias servorumque, veluti si furtum fecerint aut iniuriam commiserint, noxales actiones proditae sunt, uti liceret patri dominove aut litis aestimationem sufferre aut noxae dedere. Erat enim iniquum nequitiam eorum ultra ipsorum corpora parentibus dominisve damnosam esse*» (agora em DARIO MANTOVANI, *Le formule del processo privato romano*, cit., pp. 121-189).

No direito justinianeu, a possibilidade de agir *ex delicto* directamente contra o *filius* é naturalmente acompanhada da exclusão da acção noxal contra o *pater*. Com base na condenação do *filius* na *actio poenalis* (a normal *actio ex delicto*), era possível depois exercer a *actio iudicati de peculio* contra o *pater* (cf. BIONDO BIONDI, *Actiones noxales*, p. 43-51).

vel, ou então não é inteiramente possível, fazer valer a sanção correspondente aos factos realizados por sujeitos de direito. Que se trate de um *delictum* mais do que de um dano objectivo é coisa que não tem qualquer importância, por isso mesmo que Justiniano se coloca na perspectiva da qualificação da *res*, e não na perspectiva da essência e efeitos do dano»[68].

«Mudado o significado de *noxa*, muda necessariamente o valor dos termos daí derivados. *Noxae deditio* e *noxae dedere* já não significam entregar a coisa como ressarcimento do dano ou dá-la *pro peccato*, mas agora significam a entrega do *corpus* que produziu o dano; e Justiniano pode, pois, falar exactamente de *noxae deditio* tanto no caso de delito, quanto no caso de *pauperies:* em ambos os casos se tem sempre uma *deditio* do *corpus quod nocuit*. A *actio noxalis* já não é a acção que se dá *noxae nomine*, ou seja, por causa de um *delictum* cometido pelo escravo ou *filius*, mas antes a acção que se aplica ao dano produzido por um *corpus nocens* e na qual tem lugar a *deditio* do dito corpo»[69].

Aqui chegados, a distância da pura causalidade relativamente à ideia de responsabilidade tornou-se tão grande[70] que podemos concluir que o contexto vertente já não interessa ao fio do nosso pensamento.

Palavras de homenagem

Um penalista poderá, quem sabe, sentir algumas dificuldades na escolha de um tema que seja adequado para dedicar, a título de homenagem, a um civilista. Mas, bem vistas as coisas, são muitos os temas capazes de entusiasmar tanto os penalistas como os civilistas. Cremos que esta nossa investigação sobre a origem dos princípios jurídicos da causalidade e do domínio do facto caberá na categoria de temas que interessam a ambas as comunidades de juristas. Aqui dedicamos, pois, este nosso trabalho ao Professor Doutor Inocêncio Galvão Teles, bem sabendo que o Ilustre Professor ensinou direito romano na Faculdade de Direito de Lisboa no ano lectivo de 1943/1944.

---

[68] BIONDO BIONDI, *idem*, pp. 23-24.
[69] *Ibidem*.
[70] Distância que se nota até relativamente à própria ideia moderna de *responsabilidade objectiva* (ou *responsabilidade pelo risco*), segundo a qual quem tira vantagem da coisa deve pagar pelos acidentes que a mesma produza: *ubi commodum ibi incommodum*.

A POLÍCIA NA CONSTITUIÇÃO DA REPÚBLICA PORTUGUESA

PEDRO MACHETE[*]

SUMÁRIO: *1. Administração Pública e polícia. 2. A estrutura do artigo 272.º e a sua teleologia. 3. A função geral de polícia administrativa e a função específica de polícia de segurança: respectivamente, a defesa da legalidade democrática e a garantia da segurança interna. 4. O sentido da garantia dos direitos dos cidadãos. 5. O regime especial das medidas de polícia – a sua tipicidade legal e a proibição do excesso na sua utilização: a) As teses negadoras e afirmativas da autonomia das medidas de polícia no quadro das actuações policiais; b) A origem do instituto das medidas de polícia; c) Sentido e alcance da disciplina constitucional das medidas de polícia. 6. Os princípios constitucionais em matéria de organização das forças de segurança.*

1. Administração Pública e polícia

A Constituição da República Portuguesa contém no título referente à Administração Pública o artigo 272.º com a epígrafe "Polícia". Esta inserção sistemática evidencia a conexão entre o seu referente – a polícia – e a Administração Pública *qua tale*.

Com efeito, no quadro de um Estado de Direito democrático a polícia é apenas uma «parte» da Administração Pública: um seu modo de ser ou uma sua manifestação. Por isso, a polícia também pode ser perspectivada e compreendida em termos materiais, funcionais ou objectivos, como

---

[*] Professor da Faculdade de Direito da Universidade Católica Portuguesa.

actividade em vista de um certo fim ou função[1]; e em termos institucionais, orgânicos ou subjectivos, como organização ou serviço administrativo[2]. Devido ao citado enquadramento, as determinações constitucionais aplicáveis à Administração Pública, em princípio, valem também para a polícia. E o direito de polícia é direito administrativo. Contudo, a referência autónoma à polícia inculca igualmente a existência de características particulares justificativas da sua individualização no âmbito da Administração Pública. E, na medida dessas particularidades, o direito de polícia é direito administrativo especial.

A locução «Administração Pública» respeita a um conjunto de necessidades colectivas cuja satisfação é tarefa da própria colectividade em que se fazem sentir e em vista da qual são criadas determinadas organizações. A doutrina tende a reconduzir as mencionadas necessidades colectivas a três espécies fundamentais: a segurança, a cultura e o bem-estar económico e social[3]. À lei, seja a Constituição ou a lei ordinária, cabe definir ou reconhecer as colectividades relevantes – Estado, regiões autónomas, autarquias locais ou outras entidades – e, com referência a cada uma delas, quais as necessidades colectivas a satisfazer e, bem assim, determinar a quem e como compete fazê-lo. «Administração Pública» significa, então, quer a actividade desenvolvida no sentido de satisfazer as citadas necessidades, quer o sistema de organizações ou serviços incumbidos de assegurar a sua satisfação. Nessa perspectiva, o artigo 266.º da Constituição prevê justamente que "a Administração Pública visa a prossecução do interesse público, no respeito pelos direitos e interesses legalmente protegidos dos cidadãos" (n.º 1) e que "os órgãos e agentes administrativos estão subordinados à Constituição e à lei e devem actuar, no exercício das suas funções, com respeito pelos princípios da igualdade, da proporcionalidade, da justiça, da imparcialidade e da boa fé" (n.º 2).

---

[1] Está em causa apenas a resposta à questão do sentido da actividade designada Administração Pública ou polícia – o que é administrar ou exercer a actividade de polícia –, independentemente do respectivo resultado prático para os seus eventuais destinatários (imposições, proibições ou prestações) ou da sua forma jurídica (actos jurídicos, sejam normativos ou individuais, sejam unilaterais ou bilaterais, ou operações materiais). Consequentemente, também não tem de relevar a natureza do sujeito que desenvolve tal actividade.

[2] O que importa agora é a Administração Pública ou a polícia como sujeito de direito que, enquanto tal, se encontra submetido a um determinado regime e deve ser organizado de acordo com certos princípios.

[3] V., por todos, FREITAS DO AMARAL, *Curso de Direito Administrativo*, I, 3.ª ed., Coimbra, 2006, pp. 25 e ss., *maxime* p. 28.

No que se refere ao termo «polícia», reportado a um dado tipo de actividade, cumpre ter presente a sua evolução semântica ao longo da história e, em especial, na sequência do desenvolvimento do Estado de Direito.

Correlacionada com as suas raízes etimológicas, nomeadamente com a πολιτεία, *politia* (política), a polícia significou durante muito tempo «a boa ordem da coisa pública». Em vista da consecução dessa situação de «boa polícia», e, uma vez esta alcançada, da sua conservação, quase todos os domínios da vida se encontravam regulamentados. A acção dos poderes visava fundamentalmente a realização da justiça, ou seja, assegurar o respeito pelas normas e valores correspondentes aos costumes e tradições.

A partir do Estado moderno, o poder dos príncipes ordenado à promoção do bem-estar dos súbditos e à maior glória dos seus governos – o *ius politiae* –, antes residual, torna-se cada vez mais importante, ao ponto de caracterizar a acção daqueles. Fala-se, então, de «Estado de polícia»: "uma associação para a consecução do interesse público e devendo o príncipe, seu órgão ou seu primeiro funcionário, ter plena liberdade nos meios para o alcançar"[4]. O critério principal de acção política é a razão de Estado, a conveniência, o bem público. Como refere MARCELLO CAETANO, "o «regime de polícia» aparece-nos como um processo governativo eminentemente discricionário, subtraído à lei e regido pelas vicissitudes e circunstâncias do bem-comum e da segurança pública"[5]. «Polícia» é, neste quadro histórico, a actividade desenvolvida pelo Estado, se necessário recorrendo à coacção sobre os súbditos, em vista da garantia da segurança pública e da promoção do bem-estar geral[6].

---

[4] Assim, v. JORGE MIRANDA, *Manual de Direito Constitucional*, I, 7.ª ed., Coimbra, 2003, p. 81.

[5] V. Autor cit., *Manual de Direito Administrativo*, II, 9.ª ed., 1972, 3.ª reimpressão, Coimbra, 1990, p. 1147 (a reimpressão apresenta-se como respeitante à 10.ª ed. do tomo II, a qual, todavia, não existiu).

[6] Este conceito material de polícia tendia a circunscrever-se ao domínio do que é hoje a administração interna: as actuações referentes aos negócios estrangeiros, ao exército, às finanças públicas e à justiça haviam sido autonomizadas. Em sentido convergente, MARCELLO CAETANO afirma: "nesses tempos o conceito de Polícia surgia com um conteúdo muito semelhante ao que actualmente damos à expressão «administração pública»: era, então, toda a acção do Príncipe dirigida a promover o bem-estar e comodidade dos vassalos. [...Um tal conceito] implicava consequências importantíssimas quanto aos poderes que o desempenho de tais funções requeria aos governantes. Estabelecidas as leis, caíam as infracções contra elas cometidas sob a alçada da Justiça, e eram julgadas consoante o Direito estrito; mas as providências que o Soberano e seus ministros adoptassem para pre-

A mundividência iluminista e, na sequência das Revoluções Liberais, a emergência do Estado de Direito determinaram duas importantes modificações em matéria de «polícia»: a delimitação positiva do seu conteúdo material em função do conceito de prevenção ou de afastamento de perigos (*Gefahrenabwehr*) e a sua subordinação ao princípio da legalidade da Administração Pública, dando origem ao direito de polícia.

Assim, e em primeiro lugar, a polícia passou a corresponder tão somente à adopção de medidas destinadas a reagir a situações de perigo, isto é, aquelas situações em que, se nada for feito para o evitar, bens protegidos pelo ordenamento jurídico serão provavelmente danificados[7]. As

---

venir tais perturbações da ordem jurídica não estavam sujeitas à legalidade e eram sancionadas conforme aconselhasse o bem público ou impusesse a razão de Estado, pois o Rei não procedia então como juiz e sim na qualidade de Pai de família que procura a felicidade dos vassalos e corrige disciplinarmente os seus desmandos" (v. Autor cit., ob. cit., pp. 1145 e 1147).

Os fins gerais de segurança pública e de bem-estar justificavam o poder geral de coerção (*Zwangsgewalt*). Como OTTO MAYER explica, este poder não tinha outros limites que não fossem os decorrentes da natureza das coisas e fundava-se num princípio de direito natural: aquele que é chamado a desempenhar uma tarefa tem de ser provido dos poderes necessários para o efeito. Consequentemente, a todo o âmbito da actividade de polícia correspondia o inerente poder de coerção sem outra determinação que não fossem os próprios fins prosseguidos pela polícia (cfr. Autor cit., *Deutsches Verwaltungsrecht*, I, 3. Aufl., 1924, reimp. de 1961, p. 204).

[7] A propósito da limitação das tarefas de polícia à prevenção, tornou-se clássica a formulação do juspublicista Johann Stephan Pütter de 1770: *politiae est cura avertendi mala futura; promovendae salutis cura non est proprie politiae* (à polícia pertence cuidar de evitar males futuros; não é próprio da polícia cuidar de promover o bem-estar; cit. *apud* SCHENKE, *Polizei- und Ordnungsrecht*, 4. Aufl., Heidelberg, 2005, Rn. 3, p. 2).

Sobre o conceito de perigo, v. SCHENKE, *ibidem*, Rn. 69 e ss., pp. 37 e ss. É frequente a distinção entre o «perigo concreto» – a situação concreta em que, de acordo com um juízo de prognose, a ocorrência de um dano é provável – e o «perigo abstracto» – a situação em que tipicamente a ocorrência de um dano é provável. O primeiro corresponde a uma situação de facto e o segundo à previsão de uma norma. Mas, na generalidade dos casos, ambas as situações tenderão a coincidir. V. também, na doutrina portuguesa, SÉRVULO CORREIA, *O Direito de Manifestação – Âmbito de Protecção e Restrições*, Coimbra, 2006, p. 98: "o perigo cuja prevenção constitui a essência da actividade administrativa policial (a par da neutralização da sua concretização ainda em curso), é um típico conceito de prognose. Por prognose, entende-se uma estimativa do modo de desenvolvimento futuro de uma situação, feita em termos que não são de momento infirmáveis. E, para efeitos do Direito Administrativo da polícia, perigo é a ameaça objectiva de lesão imediata de bens jurídicos por condutas individuais ilegais particularmente susceptíveis de a gerar numa situação concreta". Sobre a limitação do direito de polícia em Portugal aos perigos gerados por condutas ilegais, cfr. *infra*.

entidades que exercem a actividade de polícia ficaram, por conseguinte, com a tarefa de impedir a lesão desses bens, ou seja de afastar perigos[8]. Uma vez que o perigo corresponde à probabilidade de ocorrência de um dano real em certo bem jurídico, afastar o perigo significa eliminar ou neutralizar a sua origem, isto é, a causa do dano, antes de a mesma se concretizar; ou, por maioria de razão, caso a mesma já se tenha concretizado mas ainda não tenha terminado a sua eficácia lesiva, de impedir a sua continuação (hipótese particular de prevenção em que se evitam os danos ainda não produzidos, normalmente referida como eliminação de perturbação – *Störungsbeseitigung*).

Em segundo lugar, tanto as situações de perigo justificativas da acção policial como os aspectos essenciais desta última passaram a dever corresponder a normas legais. Todavia, estas não procedem necessariamente nem a uma regulamentação casuística daquelas situações nem a uma determinação vinculada da referida acção. A necessidade de reagir a situações muito variadas e dinâmicas e de assegurar eficácia à acção da polícia impôs frequentemente a conformação da previsão mediante cláusulas gerais contendo conceitos indeterminados e da estatuição segundo o princípio da oportunidade (atribuição de poder de escolha quanto ao «se» da acção – discricionariedade da decisão – e quanto ao seu modo ou conteúdo – discricionariedade de escolha)[9].

---

[8] Assim, por exemplo, o § 1 I, 1 (tarefas da polícia) do Projecto de Modelo de uma Lei Uniforme sobre Polícia da União e dos *Länder* estabelece o seguinte: "a polícia tem como tarefa (*Aufgabe*) afastar perigos para a segurança ou a ordem públicas".

[9] É também clássica a formulação da cláusula geral de polícia constante do § 14 I da Lei Prussiana sobre Polícia Administrativa (PreußPVG), de 1 de Junho de 1931: "os serviços de polícia devem adoptar, no quadro das leis em vigor, as medidas que considerem necessárias para afastar da colectividade ou de algum dos seus membros perigos que ameacem a segurança ou a ordem públicas" (cfr. SCHENKE, ob. cit., Rn. 48, p. 23). Por sua vez o Projecto de Modelo de uma Lei Uniforme sobre Polícia referido na nota anterior consagra no seu § 8 I (competências genéricas): "com ressalva das competências policiais especialmente disciplinadas nos §§ 8a a 24, a polícia pode adoptar as medidas necessárias em ordem a afastar um perigo para a segurança e a ordem públicas existente num caso individual (perigo)".

Sobre a contraposição entre regulamentação casuística e cláusula geral e a conformação da acção dos poderes públicos segundo o princípio da oportunidade, v. BAPTISTA MACHADO, *Introdução ao Direito e ao Discurso Legitimador*, Coimbra, 1983, respectivamente, pp. 116 e ss., e pp. 114 e ss. A propósito da natureza do poder discricionário e da sua relação com a interpretação de conceitos jurídicos indeterminados que frequentemente surgem na previsão de normas de direito de polícia, v. FREITAS DO AMARAL, *Curso de Direito Administrativo*, II, 2.ª ed., Coimbra, 2001, respectivamente, pp. 79 e ss. e 105 e ss.

Cumpre referir ainda ser tradicional a tendência para restringir a actividade de polícia, quer no tocante aos seus pressupostos de facto, quer relativamente às consequências jurídicas. De acordo com tal entendimento, as situações de perigo consideradas relevantes são apenas as originadas por condutas humanas ilícitas e, como tais, ilegais – não as causadas por factos naturais ou por acidentes – e a actuação de polícia dirige-se primariamente aos sujeitos a quem aquelas condutas são imputáveis, visando prevenir ou neutralizar a sua eficácia danosa.

Nessa perspectiva, avulta a construção de OTTO MAYER. Procurando explicar porque é que no domínio da polícia, entendida como afastamento de perturbações da boa ordem da colectividade, a coerção é algo de natural – em conformidade com a ideia jusnaturalista de que a tarefa a prosseguir implica os meios para a alcançar –, aquele Autor defende que, à partida, não cabe na liberdade dos indivíduos a faculdade de estes, através do seu comportamento, perturbarem a boa ordem da colectividade de que fazem parte; cada um tem o dever social de se abster de tais perturbações[10]. O poder de polícia (*Polizeigewalt*) é justamente o poder público de afastar as perturbações da boa ordem da colectividade causadas por condutas individuais violadoras daquele dever geral de abstenção[11].

Esta ideia encontra-se igualmente subjacente à construção de MARCELLO CAETANO. Como este explica, num ordenamento há normas de conduta individual "de cuja observância depende a paz, a segurança, a ordem, o desenvolvimento harmónico da sociedade. A repressão da violação dessas normas reintegra a ordem jurídica mas não pode fazer desaparecer os graves danos que as infracções causaram. Quando as violações são muito frequentes e generalizadas é mesmo extremamente difícil conseguir reprimi-las todas com a devida oportunidade e eficácia, nascendo daí a impotência das leis. Por isso as sociedades bem organizadas não podem deixar a execução das leis pelos indivíduos entregues ao acaso do com-

---

Note-se que o princípio da legalidade consagrado no artigo 266.°, n.° 2, da Constituição é hoje entendido como um pressuposto da actividade administrativa e não como um mero limite ordenado à defesa dos direitos dos particulares: os órgãos e agentes da Administração Pública só podem agir com fundamento na lei e dentro dos limites da lei; a sua acção não pode basear-se apenas na prossecução do interesse público – a atribuição ou tarefa legalmente atribuída –, mesmo naqueles casos em que tal acção não interfira com direitos ou interesses legalmente protegidos dos cidadãos (cfr. FREITAS DO AMARAL, últ. ob. cit., pp. 40 e ss.).

[10] V. Autor cit., ob. cit., p. 207.
[11] V. *idem, ibidem*, p. 209.

portamento destes quando tal comportamento possa projectar-se nos interesses públicos dominantes da vida em colectividade. E esta execução tanto pode consistir na observância das regras de conduta, como na punição das suas violações. Nasce assim uma nova forma de intervenção dos órgãos e agentes da autoridade nas actividades individuais, e que é a essência da Polícia"[12]. Saliente-se que os interesses em apreço e a ordem pública não se limitam a bens colectivos, uma vez que também integram a protecção de bens individuais indispensáveis ao convívio social, como a vida, a integridade física, a liberdade ou o património dos cidadãos[13].

Tradicionalmente a polícia em sentido material é, na verdade, caracterizada a partir de uma posição de supremacia dos poderes públicos e pela imposição de limites à actuação dos particulares em ordem a salvaguardar interesses públicos legalmente reconhecidos, em especial, a manutenção da ordem pública. A polícia em sentido orgânico surge, enquanto expressão do poder do Estado, como intérprete e garante das condições de convivência da sociedade: é o poder de polícia que concretiza para os cidadãos tais condições, nomeadamente interpretando e fazendo respeitar o dever geral de não perturbação da ordem pública[14].

---

[12] V. Autor cit., ob. cit., p. 1150.

[13] Nesse sentido, MARCELLO CAETANO esclarecia, a propósito dos danos sociais que a polícia visa prevenir: "são danos sociais os prejuízos causados à vida em sociedade política ou que ponham em causa a convivência de todos os seus membros. [... Não] tem o carácter de dano social a ofensa a interesses meramente individuais ou de grupos restritos, na medida em que não atente contra princípios basilares da organização da sociedade tais como o direito à vida e à integridade pessoal e o direito de propriedade. O indivíduo pode comportar-se como entender se não prejudicar ou não puser em perigo, na sua convivência, os interesses da colectividade de que faz parte. Mas essa liberdade já não pode subsistir, ao menos sem restrições, se o desenvolvimento de certo comportamento for a própria negação do convívio social (tal a liberdade de matar) ou comprometer o ambiente necessário à segurança e incolumidade dos membros da colectividade (pela imprudência da conduta, por exemplo) " (v. Autor cit., ob. cit., pp. 1155 e 1156).

[14] Conforme refere PEDRO LOMBA, citando a posição de MANUEL PUIG, aquele dever "«contém uma proibição de resultado: perturbar ou pôr em perigo a ordem pública». Nenhuma actividade privada «que se apresente como exercício de direitos pode produzir esse resultado». Para PUIG, a fundamentação desse dever reside «num princípio geral de direito, anterior à sua declaração e revelação nas normas jurídicas, segundo o qual é ilícito pôr em perigo a segurança dos utilizadores da via pública, a saúde dos consumidores ou dos cidadãos e outros bens essenciais, para o que, tradicionalmente, se considerava ser a ordem pública»" (v. Autor cit., "Sobre a Teoria das Medidas de Polícia Administrativa" in JORGE MIRANDA (regência), *Estudos de Direito de Polícia – Seminário de Direito Administrativo de 2001/2002*, I, Lisboa, 2003, p. 188).

Cfr. também CATARINA SARMENTO E CASTRO, *A Questão das Polícias Municipais,*

Sucede que hoje a Constituição determina tanto a posição jurídica do Estado (e da Administração) quanto a dos cidadãos: não há poder daquele nem direitos destes que não tenham o seu fundamento na Constituição. A matéria referente à polícia não é excepção: enquanto «parte» da Administração Pública, as autoridades e os agentes policiais estão igualmente subordinados à Constituição e à lei, nos termos do artigo 266.°, n.° 2, daquele normativo. À polícia não corresponde um poder autónomo; a mesma, enquanto actividade, traduz-se no exercício de poderes que, nos termos da Constituição, a lei atribua às entidades incumbidas de exercer tal função[15].

Além disso, se é verdade que a partir do momento em que a fonte do perigo relevante é circunscrita às condutas ilícitas, o afastamento do mesmo perigo – a acção preventiva – tende a concretizar-se em medidas destinadas a actuar com eficácia limitativa sobre tais condutas e, por conseguinte, sobre quem aparece como perturbador da ordem ou dos interesses tutelados; não é menos verdade que, mesmo a prevenção deste tipo de perigos não tem de ser feita apenas através de medidas que tenham destinatários certos ou que incidam imediatamente na sua esfera jurídica. MARCELLO CAETANO já referia, entre as "formas de exercício dos poderes de polícia", a vigilância: a "observação constante dos indivíduos nos lugares públicos e de todas as actividades que nestes decorrem" em vista da obtenção de informação "destinada a habilitar as autoridades de polícia a prevenir quaisquer possíveis perturbações e a adoptar as necessárias providências para atalhá-las quando se produzam, ou para identificar os seus autores"[16]. Mais recentemente avultam as campanhas de informação junto

---

Coimbra, 2003, pp. 39 e ss., referindo-se, a propósito, a "um sentido funcional [de polícia] entendido de forma negativa" (o resultado prático imediato da actuação policial – o seu "modo" de actuação – é negativo porque limita os direitos dos cidadãos). Como a mesma Autora observa, "se por definição a polícia age sobre as liberdades, a sua actuação será forçosamente determinada por um comportamento humano, excluindo do seu âmbito quaisquer actuações motivadas por causas naturais" (v. *ibidem*, p. 305). Na doutrina portuguesa é de recordar a definição de polícia proposta por MARCELLO CAETANO: a intervenção "no exercício das actividades individuais susceptíveis de fazer perigar interesses gerais, tendo por objecto evitar que se produzam, ampliem ou generalizem os danos sociais que as leis procuram prevenir" (v. Autor cit., ob. cit., p. 1150).

[15] Sobre a posição recíproca da Administração e dos cidadãos no quadro da Constituição da República Portuguesa, v. PEDRO MACHETE, *Estado de Direito Democrático e Administração Paritária*, Lisboa, 2006, dissert. de dout. (policop.), em especial, a Terceira Parte.

[16] V. Autor cit., ob. cit., pp. 1165 e 1166.

das potenciais vítimas incentivando a auto-protecção, os avisos, as advertências ou as recomendações[17].

Por outro lado, hoje também é discutido se, e em que condições, os cidadãos podem ter um direito à actuação da polícia, seja ela positiva ou negativa e dirija-se, ou não, contra pessoa determinada. Atenta a posição constitucional dos cidadãos face aos poderes públicos baseada nos direitos fundamentais, em particular, o dever de protecção que estes últimos fundam e a que corresponde com especial relevo no domínio da polícia, do lado activo, o direito à segurança consignado no artigo 27.º, n.º 1, da Constituição[18], tal possibilidade não pode ser negada[19]. De resto, como nota VASCO PEREIRA DA SILVA, é a própria Constituição que no artigo 272.º, n.º 1, determina como uma das funções da polícia a garantia dos direitos dos cidadãos, pelo que "as normas do direito de polícia, interpretadas à luz da Constituição, também têm por objectivo a defesa dos interesses individuais e podem fundamentar a existência de direitos subjectivos dos privados"[20].

Em determinadas circunstâncias que afectem de modo particular certos cidadãos pode, na verdade, verificar-se uma redução da discricionarie-

---

[17] Cfr., por exemplo, CATARINA SARMENTO E CASTRO, ob. cit., pp. 54 e ss.

[18] Cfr. GOMES CANOTILHO e VITAL MOREIRA, *Constituição da República Portuguesa Anotada*, I, 4.ª ed., Coimbra, 2006, anot. II ao artigo 27.º, pp. 478 e 479: o direito à segurança "significa essencialmente garantia de exercício seguro e tranquilo dos direitos, liberto de ameaças ou agressões (cfr., porém, o Ac. TC n.º 479/94). Desde a Constituição de 1822 [...] que a segurança representa mais uma garantia de direitos do que um direito autónomo. O sentido do texto actual comporta duas dimensões: (a) dimensão negativa, estritamente associada ao direito à liberdade, traduzindo-se num direito subjectivo à segurança (direito de defesa perante agressões dos poderes públicos); (b) dimensão positiva, traduzindo-se num direito positivo à protecção através dos poderes públicos contra agressões ou ameaças de outrem".

[19] Relativamente ao direito à actuação da polícia ou direito a uma intervenção policial, v., por exemplo, SÉRVULO CORREIA, no prefácio a RICARDO LEITE PINTO, *Intimação para um Comportamento – Contributo para o Estudo dos Procedimentos Cautelares no Contencioso Administrativo*, Lisboa, 1995, p. XVIII, nota 11; e em *O Direito de Manifestação...* cit., pp. 55 e 56; VIEIRA DE ANDRADE, *Os Direitos Fundamentais na Constituição Portuguesa de 1976*, 3.ª ed., Coimbra, 2004, p. 359; VASCO PEREIRA DA SILVA, *Em Busca do Acto Administrativo Perdido*, Coimbra, 1996, pp. 255 e ss. e 287 e 288; e CATARINA SARMENTO E CASTRO, ob. cit., pp. 58 e ss., *maxime* p. 62, e pp. 311 e ss. (um direito-garantia fundamental que obriga à adopção dos comportamentos necessários à protecção de outros direitos que têm por objecto imediato um bem específico da pessoa; cfr. *ibidem*, p. 324). V. também *infra* o n.º 4.

[20] V. Autor cit., ob. cit., p. 287.

dade de decisão e, eventualmente, da discricionariedade de escolha próprias da polícia. Nesse caso, esta fica, na medida de tal redução, obrigada a agir e aqueles cidadãos têm, em igual medida, uma pretensão contra a entidade que exerce as funções policiais, relativamente ao exercício das mesmas. Ou seja, nas circunstâncias consideradas, a entidade em causa fica obrigada, em face da lei e perante os mesmos cidadãos, a tomar uma decisão sobre se vai agir e, no limite, a uma decisão com um determinado conteúdo[21]. Contudo, tal como sucede relativamente aos demais direitos subjectivos públicos, a sua actuação não é descaracterizada enquanto actividade administrativa de prossecução do interesse público, nomeadamente enquanto actividade policial com carácter frequentemente agressivo para o perturbador. Na verdade, a actuação em apreço, no caso de se tratar de uma reacção contra perturbações da ordem, continua a significar a «protecção do social perante agressões possíveis por parte dos indivíduos». Sucede, isso sim, que, devido ao facto de tal actuação, nos termos da Constituição, se destinar também a satisfazer os interesses dos particulares afectados pela perturbação em causa, estes têm o poder de exigir o cumprimento dos deveres legais daquela entidade e, por conseguinte, que a mesma actue, exercendo as suas competências.

Resulta do exposto, a amplitude e a importância do conceito material de polícia como actividade administrativa destinada à prevenção, isto é, ao afastamento de perigos para interesses legalmente reconhecidos, podendo, em abstracto, distinguir-se consoante esses perigos sejam originados por condutas humanas ilícitas, por acidentes devido a causa humana ou por factos naturais. Contudo, também é claro que não só o tipo de actuações preventivas pode ser diferente consoante a origem do perigo, como as suas implicações jurídicas e os riscos para a liberdade dos cidadãos tendem a ser muito diversos. Daí continuar a ser frequente – e é nesse sentido que também parece orientar-se a Constituição ao definir as funções de polícia no seu artigo 272.º, n.º 1 – defender a limitação do âmbito da polícia, como modalidade da actividade administrativa, à "prevenção ou afasta-

---

[21] Cfr. VIEIRA DE ANDRADE, ob. cit., p. 359, nota 63; e SÉRVULO CORREIA, *O Direito de Manifestação...* cit., pp. 55 e 56 (a discricionariedade administrativa "poderá mesmo ver-se reduzida a zero, quando uma certa medida de protecção seja necessária e, simultaneamente, a única possível"). Trata-se de situações em que, estando em causa um acto que envolve a formulação de valorações próprias do exercício da função administrativa, a apreciação do caso concreto permite identificar apenas uma solução como legalmente possível (cfr. o artigo 71.º, n.º 2, do Código de Processo nos Tribunais Administrativos).

mento de perigos gerados por comportamentos individuais para interesses públicos legalmente reconhecidos", sendo este considerado o "elemento específico" de tal actividade[22]. Por outro lado, importa salientar igualmente a relevância do conceito material de polícia para a determinação da polícia em sentido orgânico ou institucional e como referência das normas disciplinadoras da actividade policial considerada em si mesma e independentemente da natureza institucional do respectivo sujeito.

Do ponto de vista orgânico ou institucional, correspondem à polícia – são polícias – todos os serviços administrativos que, nos termos da lei, tenham como tarefa exclusiva ou predominante o exercício da actividade policial[23]. A propósito do mesmo conceito, é necessário distinguir entre autoridades e serviços de polícia: as primeiras "são em geral os órgãos das pessoas colectivas públicas com competência para emanar regulamentos independentes em matéria de polícia administrativa geral e (ou) para determinar a aplicação de medidas de polícia"; os segundos "dependem sempre de uma autoridade de polícia e podem conter nas suas estruturas hierárquicas várias outras autoridades de polícia de grau sucessivamente menor"[24]. Eles merecem a qualificação de «serviços de polícia» em virtude da titularidade exclusiva ou predominante de tarefas de carácter policial. Porém, como nota SÉRVULO CORREIA, "espalhados pelas estruturas orgânicas da Administração pública, existem muitos outros serviços que também prosseguem alguns fins de polícia e que dependem de órgãos com competência para a prática de alguns actos de polícia. Mas se, comparados com os restantes, estas tarefas e estes poderes não são suficientes para dar a tais serviços uma feição predominantemente policial, esses serviços não

---

[22] Nestes termos, v. SÉRVULO CORREIA, "Polícia" in *Dicionário Jurídico da Administração Pública*, VI, Lisboa, 1994, p. 404. Para este Autor, "os actos de polícia continuam pois a caracterizar-se por controlarem condutas perigosas dos particulares", sendo igualmente clarificado que o «controlo» em apreço não se reconduz a uma interferência necessariamente limitativa da conduta dos particulares, "embora na maioria das vezes o seja" e que "a ideia de controlo não pode dissociar-se da de perigo" (v. *ibidem*). Daí o seu conceito de polícia em sentido funcional "como a actividade da Administração Pública que consiste na emissão de regulamentos e na prática de actos administrativos e materiais que controlam condutas perigosas dos particulares com o fim de evitar que estas venham ou continuem a lesar bens sociais cuja defesa preventiva através de actos de autoridade seja consentida pela Ordem Jurídica" (v. *ibidem*, p. 394).

[23] Cfr. SÉRVULO CORREIA, "Polícia" cit., p. 406. A actividade desenvolvida por estes serviços que não revista natureza policial pode, então, ser qualificada como polícia em sentido formal.

[24] V. SÉRVULO CORREIA, "Polícia" cit., pp. 406 e 407.

são polícia em sentido orgânico"[25]. Isto, naturalmente, sem prejuízo de a actividade correspondente àquelas tarefas e àqueles poderes ser polícia em sentido material e, como tal, se encontrar subordinada aos princípios e às regras que regem este tipo de actividade administrativa.

2. A estrutura do artigo 272.º e a sua teleologia

O artigo 272.º tem evidenciado uma apreciável estabilidade ao longo dos anos. Na sua redacção originária integrava apenas os actuais três primeiros números. Diferente era apenas o teor do n.º 1: "a Polícia tem por função defender a legalidade democrática e os direitos dos cidadãos". O n.º 4 foi aditado pela 1.ª Revisão Constitucional, que também alterou o n.º 1 para a redacção actual. No quadro da 2.ª Revisão Constitucional chegou a ser apresentada a proposta de aditamento de um novo n.º 3 que, todavia, acabou por não ser aprovada[26]. A partir da 4.ª Revisão Constitucional o artigo em apreço passou a ter de ser conjugado com o artigo 237.º, n.º 3, nos termos do qual, "as polícias municipais cooperam na manutenção da tranquilidade pública e na protecção das comunidades locais".

A estrutura do artigo 272.º parece marcada pela diferenciação entre polícia administrativa em geral e polícia de segurança, segundo uma lógica de especialização em que avultam razões garantísticas. Nessa perspectiva, a Constituição começa por individualizar a polícia no quadro da Administração Pública, enquanto aquela actividade administrativa que, de acordo com a experiência e devido às suas funções, mais e maiores riscos apresenta para os direitos de liberdade dos cidadãos. Ainda no âmbito da mesma actividade é mencionada a polícia especialmente destinada a defender os bens jurídicos mais importantes da sociedade e do Estado e, por isso, legitimada a mobilizar e utilizar os meios mais agressivos, incluindo

---

[25] V. Autor cit., "Polícia" cit., p. 407.

[26] A proposta, apresentada com o objectivo de reforçar os direitos dos cidadãos, tendia à constitucionalização de um dos princípios fundamentais da actividade de segurança interna consignados na lei correspectiva – a Lei n.º 20/87, de 12 de Junho –, nomeadamente, no seu artigo 2.º, n.º 1, e tinha a seguinte redacção: "a actividade de garantia da segurança interna deve fazer-se em estrita observância dos direitos, liberdades e garantias dos cidadãos e demais princípios do Estado de direito democrático". Saliente-se que, conforme foi expressamente afirmado na altura, a sua não aprovação se ficou a dever apenas à circunstância de tal alteração ser considerada desnecessária em virtude do disposto no artigo 18.º da Constituição.

a própria força física, contra os cidadãos – a polícia de segurança. Com claros propósitos garantísticos, são reiterados, relativamente a esta última e com referência ao afastamento de perigos para os bens jurídicos mais significativos, as garantias gerais do direito de polícia. Além disso, e ainda que não exclusivamente por razões de ordem garantística, são estabelecidos princípios relativos ao seu enquadramento institucional.

Deste modo, a actividade administrativa de polícia ou polícia administrativa em geral – geral no sentido de que se abstrai de qualquer finalidade específica – inclui a polícia de segurança, mas não se esgota nela; ao lado da polícia de segurança existe um âmbito de actividade que também tem natureza policial e no qual são prosseguidas finalidades diversas das da polícia de segurança. Por outro lado, esta última é objecto de uma atenção particular, em especial na vertente institucional.

A referência do artigo 272.º à mencionada polícia administrativa em geral pretende assegurar um quadro de princípios jurídicos aplicável a toda a actividade de carácter policial, independentemente da sua finalidade específica ou de ser realizada por polícias em sentido orgânico, caracterizado pelo reforço das garantias dos particulares afectados. Com efeito, "a definição de polícia que neste preceito se contém é tendencialmente funcional e teleológica, pois acentua a forma de acção ou actividade da Administração destinada à defesa da legalidade democrática, da segurança interna e dos direitos dos cidadãos"[27]. Tal referência, de resto, parece corresponder à tendência geral que hoje se verifica de "considerar bens susceptíveis de protecção policial todos aqueles que a Ordem Jurídica tutele e que possam ser objectivamente ameaçados por condutas perigosas dos particulares"[28].

---

[27] Assim, v. o Acórdão do Tribunal Constitucional n.º 479/94 in *Diário da República*, I-A, de 24.08.1994, p. 4908. PEDRO LOMBA refere, a tal propósito, o "princípio da vinculação funcional da polícia" (v. Autor cit., ob. cit., p. 193).

[28] Nestes termos, v. SÉRVULO CORREIA, "Polícia" cit., p. 403, que acrescenta em termos que se ajustam plenamente ao teor literal do artigo 272.º, n.º 1: "isto não significa que os velhos conceitos de ordem pública e de segurança pública e outros conexos tenham perdido todo o papel útil. Nos sistemas nacionais que conservam a figura da cláusula geral de polícia, eles continuam a constituir a base respectiva, assim como a segurança pública continua a ser indicada pelos legisladores como atribuição dos serviços de polícia especializados na polícia de segurança. Os fins de polícia que escapam às clássicas fórmulas generalizantes originárias do período liberal tendem a constituir os pólos das polícias administrativas especiais [...]" (v. *ibidem*). Sobre a articulação entre os diferentes fins da polícia, v. o número seguinte.

O sentido material de polícia ou o de actividade policial aparece indiciado pela própria letra dos n.ᵒˢ 1 e 2 daquele artigo, nomeadamente, em virtude da utilização do singular no primeiro daqueles números ("a polícia"), num contexto em que a própria Constituição prevê a existência de diferentes corpos policiais utilizando para os referenciar o plural[29], e da menção no segundo, sem discriminar qualquer âmbito, de expressões imediatas dessa mesma actividade ("as medidas de polícia"). De resto, o n.º 3 do mesmo artigo, além de se referir também a uma manifestação da actividade policial – "a prevenção dos crimes" – menciona as "regras gerais sobre polícia", as quais se reportam necessariamente ao sentido material desta última.

O n.º 1 do artigo 272.º delimita a actividade policial em razão de determinados perigos e explicita que a mesma também é desenvolvida no interesse dos particulares. Como observa certeiramente PEDRO LOMBA, negando a existência de uma cláusula constitucional geral para o «poder de polícia», este preceito configura uma norma de atribuição e não uma norma de competência[30]. O n.º 2 do mesmo artigo consagra dois princípios aplicáveis a uma manifestação particular dessa actividade e que vão mais além do que os princípios em matéria de Administração Pública consignados no artigo 267.º, n.º 2, da Constituição.

A polícia de segurança, sem prejuízo de se encontrar abrangida nas mencionadas previsões dos n.ᵒˢ 1 e 2 do artigo 272.º, será, de acordo com o entendimento proposto, a referência subjacente ao n.º 3 do mesmo artigo. E, embora no seu sentido não já material mas institucional, a mesma polícia de segurança constitui o referente do n.º 4 daquele preceito.

Estando em causa o afastamento de perigos que mais intensamente põem em causa o convívio social ou as instituições do próprio Estado, nomeadamente a segurança pública e, em especial, a prevenção de crimes, incluindo os crimes contra a segurança do Estado, o legislador constituinte determina que, mesmo em tais circunstâncias, as regras gerais sobre polícia continuam a valer e os direitos, liberdades e garantias têm de ser respeitados. A gravidade dos perigos ou a importância dos bens em risco não justificam quaisquer desvios quanto aos princípios de actuação policial – é esta a teleologia do citado n.º 3. Os princípios em causa decorrem, quer da regra especial consignada no número anterior – a tipicidade das medi-

---

[29] Cfr., por exemplo, o artigo 237.º, n.º 3 ("as polícias municipais") ou o artigo 272.º, n.º 4 (as "forças de segurança").

[30] Cfr. Autor cit., ob. cit., p. 202.

das de polícia –, quer dos princípios gerais aplicáveis genericamente à actividade da Administração Pública, nos termos do artigo 266.º, n.º 2, da Constituição.

Por outro lado, atenta a necessidade de mobilização de meios ofensivos para combater tais perigos, a Constituição procura rodear o respectivo enquadramento institucional de diversas cautelas: reserva de lei quanto à definição do seu regime, referência expressa à pluralidade de forças de segurança e unidade da organização de cada uma delas para todo o território nacional. Ou seja, os serviços administrativos incumbidos de tarefas em matéria de segurança, porque dotados de substanciais meios coercivos, devem ser organizados de forma a maximizar a sua operacionalidade e eficácia sem, ao mesmo tempo, criarem, eles próprios, riscos adicionais para a segurança interna ou desigualdades de tratamento entre os cidadãos.

Cumpre, assim, procurar esclarecer, a propósito, das funções de polícia, o critério identificativo da actividade de polícia de segurança no âmbito da polícia administrativa em geral e compreender como é que aquela se articula com o âmbito de actuação das "forças de segurança" referidas no n.º 4. Ainda em matéria de segurança interna, é necessário considerar a aludida previsão relativa às polícias municipais constante do artigo 237.º, n.º 3.

3. A função geral de polícia administrativa e a função específica de polícia de segurança: respectivamente, a defesa da legalidade democrática e a garantia da segurança interna

O n.º 1 do artigo 272.º começa por estabelecer que é função de polícia "defender a legalidade democrática"[31]. Tal significa que as situações de perigo a neutralizar pela actividade de polícia são aquelas que, ao porem em causa essa mesma legalidade, lesam os interesses por ela prote-

---

[31] O artigo 219.º, n.º 1, da Constituição comete ao Ministério Público igualmente a função de "defender a legalidade democrática". Importa ter presente a diversidade das normas em causa naquele artigo e no artigo mencionado no texto. A legalidade a defender pelo Ministério Público respeita, no essencial, a normas que regem a função administrativa ou o exercício da jurisdição (normas de processo). Já a legalidade a defender por via da actuação policial corresponde a normas que tutelam bens dos indivíduos ou bens colectivos e que, sem prejuízo de poderem relevar como critério de decisão administrativa ou judicial, se dirigem imediatamente aos próprios cidadãos. Sobre a distinção entre estes dois tipos de normas, v., por exemplo, MARCELLO CAETANO, ob. cit., p. 1149.

gidos. A violação de normas jurídicas, no seu plano objectivo, implica comportamentos dos cidadãos contrários aos deveres por elas estatuídos e a consequente lesão dos interesses por elas tutelados mediante a imposição de tais deveres. A prevenção em causa reconduz-se, assim, a impedir comportamentos ilícitos e, como tais, ilegais. As actuações de polícia e, em especial, as medidas de polícia, "não devem exceder a «mera prevenção» de comportamentos ilícitos e portanto nunca sancioná-los"[32]. A aplicação de sanções, mesmo por parte de polícias em sentido institucional ou orgânico e incluindo as sanções policiais, parece situar-se fora do âmbito material de polícia constitucionalmente relevante[33].

A referência autónoma, a partir da 2.ª Revisão Constitucional, à «segurança interna» veio tornar claro que o âmbito objectivo da defesa da «legalidade democrática» não se pode reconduzir à função tradicional de manutenção da «ordem pública» objecto da "polícia administrativa geral" que, na lição de MARCELLO CAETANO, compreendia a "polícia de segurança" e a "polícia dos costumes"[34]. É necessariamente mais amplo. Conforme GOMES CANOTILHO e VITAL MOREIRA sustentam, a "distinção aqui feita entre defesa da legalidade democrática e garantia da segurança

---

[32] Assim, v. o Acórdão do Tribunal Constitucional n.º 489/89 in *Boletim do Ministério da Justiça*, n.º 389 (1989), p. 256.

[33] Nesse sentido, GOMES CANOTILHO e VITAL MOREIRA explicam que "a aplicação de sanções exige um procedimento justo, de acordo com as pertinentes regras constitucionais, e um juízo sancionatório que não cabe nas funções constitucionais da polícia" (v. Autores cits., *Constituição da República Portuguesa Anotada*, 3.ª ed., Coimbra, 1993, anot. VI ao artigo 272.º, p. 956). Cumpre, na verdade, não confundir a eliminação de perturbações (*Störungsbeseitigung*), em ordem à prevenção de danos futuros que as mesmas tenderão a causar, nem com a actividade sancionatória nem com a actividade de polícia judiciária. A primeira visa apenas pôr termo à perturbação, ou seja, fazer cessar a produção de danos; uma vez que esta cesse e os danos se tenham por consumados, não há mais lugar para a actividade de polícia administrativa. A segunda visa aplicar sanções a quem prevaricou e pressupõe normalmente a terceira actividade, ou seja, a determinação devidamente comprovada de quem é responsável subjectivamente pela falta a sancionar.

[34] Cfr. Autor cit., ob. cit., p. 1154: "chama-se polícia administrativa geral a actividade policial que visa a observância e a defesa da ordem jurídica globalmente considerada". A esta o mesmo Autor contrapunha as polícias administrativas especiais, que "são actividades policiais que têm por objecto a observância e a defesa de determinados sectores da ordem jurídica" (v. *ibidem*). No mesmo sentido fundamental, quanto à citada distinção, cfr. SÉRVULO CORREIA, "Polícia" cit., p. 407. Quanto à afirmação do texto, recorde-se o que este Autor afirma, a propósito do aumento de bens objecto de protecção policial e do sentido actual das "clássicas fórmulas generalizantes originárias do período liberal" relativamente aos fins de polícia; cfr. *supra*, no n.º 2, a nota 28 e o texto correspondente.

interna mostra que a primeira não coincide com a função tradicional de defesa da «ordem pública"³⁵. Por outro lado, a atribuição à polícia da função de garantir a segurança interna tem de se conjugar com a consagração no artigo 273.º, igualmente no quadro da 2.ª Revisão Constitucional, de um conceito de defesa nacional, contraposto ao de segurança interna, e que visou "justamente colocar as Forças Armadas à margem dessa função"³⁶. Deste modo, a garantia da «segurança interna» parece dever integrar-se na defesa da «legalidade democrática» e a polícia de segurança em sentido material é apenas uma parte da polícia administrativa a que se reporta o n.º 1 do artigo 272.º da Constituição.

A este propósito, o Tribunal Constitucional observou, no seu Acórdão n.º 583/96: "tal como as Constituições italiana de 1947 e espanhola de 1978, também a Constituição portuguesa se absteve de acolher a noção de ordem pública, dada a força expansiva deste conceito, entendido num sentido ideal, na restrição de direitos fundamentais, tal como ficara demonstrado na prática política dos regimes autoritários precedentes [...]. Na legislação ordinária posterior à Constituição de 1976, a noção de manutenção da ordem pública é reconduzida à noção de segurança interna e de polícia de segurança [... podendo] afirmar-se que a expressão «manutenção da ordem pública» é utilizada na legislação ordinária para significar uma das atribuições ou missões de segurança interna, prosseguida pelas forças ou polícias de segurança, que se traduz na garantia da segurança e tranquilidade públicas, na protecção de pessoas e bens, na prevenção da criminalidade, na contribuição para o asseguramento do normal funcionamento das instituições democráticas e do regular exercício dos direitos e liberdades fundamentais dos cidadãos e do respeito pela legalidade democrática"³⁷. Daí que, "embora a actividade de polícia de segurança se recon-

---

³⁵ V. Autores cits., ob. cit., anot. III ao artigo 272.º, p. 955.
³⁶ V. GOMES CANOTILHO e VITAL MOREIRA, ob. cit., anot. IV ao artigo 272.º, p. 955. V. também CATARINA SARMENTO E CASTRO, ob. cit., p. 295 (da discussão realizada na Comissão Eventual para a Revisão Constitucional transparece a opinião "de que a inserção da expressão [– segurança interna –] pretende deixar claro que «a segurança não é competência das forças armadas», cabendo a segurança interna às forças de segurança").
³⁷ Cfr. o Acórdão cit. in *http:// tribunalconstitucional.pt/tc/acordaos*. E o mesmo aresto acrescenta: a enquadrar "as normas orgânicas definidoras das duas polícias de segurança com longa tradição entre nós [– a Polícia de Segurança Pública e a Guarda Nacional Republicana –], a Lei n.º 20/87, de 12 de Junho, Lei da Segurança Interna, veio definir a noção de segurança interna como «a actividade desenvolvida pelo Estado para garantir a ordem, a segurança e a tranquilidade públicas, proteger pessoas e bens, prevenir a criminalidade e contribuir para assegurar o normal funcionamento das instituições democráticas,

duza à actividade policial geral ou actividade de polícia administrativa, a legislação ordinária exclui das actividades policiais que não sejam de segurança a manutenção da ordem e tranquilidade públicas"[38].

Antes o mesmo Tribunal já havia considerado que na vigência da Constituição de 1976 o próprio sentido de "defesa da «ordem pública»" está "ligado à ideia de garantia do respeito e cumprimento das leis em geral, naquilo que concerne à vida da colectividade"[39]. Assentando na mesma ideia, CATARINA SARMENTO E CASTRO defende que "a designação «legalidade democrática» veio substituir-se a uma das vertentes habitualmente ligadas à ideia de defesa da ordem pública: a defesa da legalidade democrática significaria a protecção das normas jurídicas em geral, zelando pelo seu cumprimento"[40].

---

o regular exercício dos direitos e liberdades fundamentais dos cidadãos e o respeito pela legalidade democrática» (art. 1.º n.º 1; o art. 4.º, n.º 1, estatui que a «segurança interna desenvolve-se em todo o espaço sujeito a poderes de jurisdição do Estado Português», elencando o art. 14.º as diversas forças e serviços de segurança)".

[38] Cfr. *idem, ibidem*.

[39] Cfr. o Ac. do Tribunal Constitucional n.º 489/89, cit., p. 256.

[40] V. Autora cit., ob. cit., p. 291. Contudo, para esta Autora, "o que ocorre não é uma simples troca de termos pretendendo abarcar uma mesma realidade", já que, por força da ideia de Estado de Direito democrático, não é só a defesa das leis que está em causa, mas uma competência policial que é simultaneamente garantia do Estado de Direito democrático, "ao zelar pelo respeito e cumprimento de normas jurídicas democraticamente editadas. Nesta sua faceta, a actuação da polícia, tradicionalmente entendida como limitação aos direitos dos cidadãos, revela-se garante dos direitos dos cidadãos que contribuem para o exercício da soberania popular. [... Assim,] a substituição, no art. 272.º, n.º 1, de uma simples obrigação de «velar pelo cumprimento das leis», ao jeito de mero *law enforcement*, fosse qual fosse o teor da lei, pela consagração de uma ideia de «legalidade democrática», vem [...] ao encontro da vontade de deixar claro que, longe de ser uma tradução da ideia de ordem pública, a noção de legalidade democrática aponta no sentido de fazer cumprir um ordenamento jurídico democraticamente constituído" (v. Autora cit., *ibidem*, pp. 292 e 293). Atento o carácter preventivo e não repressivo da actividade policial e a iniciativa que lhe é inerente, não é claro o alcance deste «zelo» relativo ao cumprimento da "legalidade democrática". Em todo o caso, refira-se que, no respeitante à garantia dos direitos dos cidadãos, perante uma actuação policial, ou a sua omissão, pode haver cidadãos em situações distintas: aqueles que pretendem a actuação da polícia para defesa dos seus direitos e aqueles que pretendem defender-se dessa mesma actuação, também com base nos seus direitos. Coloca-se, assim, a questão de saber se, e como, a decisão da polícia, tomada com base na lei, de agir, ou de não agir, pode ser questionada, e por quem. Não parece que seja o princípio democrático que permita dar uma resposta, mas antes, conforme referido *supra* no n.º 1 a propósito dos direitos subjectivos públicos, o princípio do Estado de Direito. Quando muito, a ideia de "legalidade democrática" poderá ter significado no contexto do problema geral de saber se a própria Administração Pública e, portanto, também a polícia, pode re-

Por outro lado, como observa esta Autora, o conceito de "segurança interna" a que se reporta o artigo 272.°, n.° 1, da Constituição deve ter uma compreensão mais restrita do que aquela que lhe é dada na legislação ordinária, nomeadamente na Lei de Segurança Interna, a qual prevê que tanto a defesa da legalidade democrática como a garantia dos direitos fazem parte da segurança interna[41]. Isto sem prejuízo de se reconhecer, com o Acórdão n.° 479/94 do Tribunal Constitucional, que "não podendo afirmar-se que o conceito de segurança interna seja um «conceito constitucionalmente vazio», tem de reconhecer-se que a sua caracterização não se alcança por forma directa e definitória no texto constitucional"[42].

Em todo o caso, como parece resultar da história e da sistematização do mesmo artigo 272.°, a actividade policial destinada a assegurar a "segurança interna" está destinada a ser exercida por "forças de segurança", submetidas, elas próprias e os seus agentes, a um regime jurídico especial marcado por cautelas[43]. Deste modo, aquela actividade tem de justificar estas cautelas. Nesse sentido, o Tribunal Constitucional também considerou no citado Acórdão que "a segurança interna, enquanto actividade circunscrita ao âmbito exclusivo da função policial da Administração e dirigida à defesa dos cidadãos perante os perigos para a defesa dos seus direitos subjectivos, há-de assim exercer-se em conformidade com os princípios constitucionais a que aquela função se acha materialmente vinculada, presumindo, todavia, a existência de um quadro normativo, não só de conteúdo organizatório, mas também definidor de regras materiais e processuais necessárias à sua dinâmica concretização"[44].

---

cusar aplicação a normas que repute inconstitucionais ou recusar praticar ou executar actos nulos [cfr. o artigo 3.°, n.° 3, da Constituição e os artigos 133.°, n.° 2, alínea *f*), e 134.°, n.°s 1 e 2, ambos do Código do Procedimento Administrativo].

Questão diferente é a da sujeição da própria actividade policial ao princípio da legalidade: este releva, então, para a polícia como para a restante actividade administrativa, "como uma condição indeclinável da legitimidade política do poder policial" (assim, v. PEDRO LOMBA, ob. cit., p. 201).

[41] Cfr. Autora cit., ob. cit., pp. 296 e 297. Quanto ao conceito legal de "segurança interna", cfr. *supra* a nota 37.

[42] Cfr. o Acórdão cit., p. 4909.

[43] Cfr. o artigo 272.°, n.° 4, no tocante às forças de segurança, e o artigo 270.°, relativamente aos seus agentes. Recorde-se ainda que a lei que fixa o regime jurídico daquelas forças é necessariamente uma lei da Assembleia da República [cfr. o artigo 164.°, alínea *u*)]. Cfr. *infra* o n.° 6.

[44] Cfr. o Acórdão n.° 479/94, cit., p. 4909.

Além disso, as funções correspondentes à razão de ser das mencionadas "forças de segurança" tendem a concretizar-se em actividades de segurança interna[45]. Também não pode ser ignorada a cooperação das polícias municipais com as aludidas forças prevista no artigo 237.º, n.º 3, da Constituição[46]: os domínios em que tal cooperação é admissível – a manutenção da tranquilidade pública e a protecção das comunidades locais – integram a actividade de segurança interna. E esta última integra ainda, por definição, "a prevenção dos crimes, incluindo a dos crimes contra a segurança do Estado" a que se refere o artigo 272.º, n.º 3, também da Constituição.

Pelo exposto, parece sugestiva e de acolher a síntese proposta por CATARINA SARMENTO E CASTRO: a noção de "segurança interna" abrange um conjunto alargado de matérias entre as quais se encontram a protecção de pessoas e bens, a garantia da tranquilidade pública e a prevenção da criminalidade, nomeadamente a violenta e altamente organizada, como sabotagem, espionagem ou terrorismo ou a luta contra o tráfico de droga – actividades que a Autora unifica sob o conceito de "segurança pública" –; bem como assuntos relativos à entrada, permanência, saída e afastamento de estrangeiros do território nacional, ao asilo e estatuto de refugiados, às armas, explosivos e munições, aos passaportes ou ao recenseamento, à fiscalização, controlo e acompanhamento de mercadorias sujeitas à acção aduaneira, à preservação da regularidade das actividades marítimas, bem como a actividade relativa à produção de informações destinadas a prevenir a aludida criminalidade[47].

---

[45] Sobre as "forças de segurança" em causa, v. o artigo 14.º, n.º 2, da Lei de Segurança Interna (exercem funções de segurança interna: a Guarda Nacional Republicana, a Guarda Fiscal, a Polícia de Segurança Pública, a Polícia Judiciária, o Serviço de Estrangeiros e Fronteiras, os órgãos de sistemas de autoridade marítima e aeronáutica e o Serviço de Informações de Segurança).

[46] Sobre a cooperação referida no texto, v., por todos, CATARINA SARMENTO E CASTRO, ob. cit., pp. 249 e ss., *maxime* p. 262.

[47] Cfr. Autora cit., ob. cit., p. 300. A mesma Autora refere ainda a actividade relativa à produção de informações destinadas a prevenir "a prática de actos que possam fazer perigar os valores pelos quais se rege o Estado de direito constitucionalmente legitimado e a segurança interna em geral" (v. *ibidem*, p. 301). Contudo, tal só se afigura admissível, atentos os direitos e liberdades fundamentais, numa perspectiva de precaução relativamente a "crimes contra a segurança do Estado", nomeadamente "crimes contra a soberania nacional" (artigos 308.º e ss. do Código Penal) ou "crimes contra a realização do Estado de Direito" (artigos 325.º e ss. do Código Penal).

Desta enumeração também resulta claro que os perigos a combater mediante a polícia de segurança são todos eles originados por condutas humanas ilícitas e, como tais, ilegais. Nesse sentido, a garantia da segurança interna também é defesa da legalidade democrática e, por isso, aquela actividade também é polícia administrativa.

A delimitação positiva do conceito material de polícia administrativa constitucionalmente relevante exclui a prevenção dos riscos colectivos inerentes a acidentes graves de origem tecnológica ou a situações de catástrofe natural e que é objecto da protecção civil, sem prejuízo da possibilidade de polícias, em sentido orgânico, poderem exercer tal actividade[48].

De fora fica também a polícia judiciária, igualmente entendida como actividade, uma vez que a mesma, em regra, se inicia depois do delito em ordem a viabilizar a punição do responsável[49]. Com efeito, a actividade

---

[48] Cfr. o artigo 1.º, n.º 1, da Lei n.º 27/2006, de 3 de Julho – Lei de Bases da Protecção Civil: "a protecção civil é a actividade desenvolvida pelo Estado, regiões autónomas e autarquias locais, pelos cidadãos e por todas as entidades públicas e privadas com a finalidade de prevenir riscos colectivos inerentes a situações de acidente grave ou catástrofe, de atenuar os seus efeitos e proteger e socorrer as pessoas e bens em perigo quando aquelas situações ocorram". Os conceitos de acidente grave e de catástrofe são definidos no artigo 3.º daquele normativo. Nos termos do artigo 46.º, n.º 1, alínea b), da mesma Lei, as forças de segurança "são agentes de protecção civil, de acordo com as suas atribuições próprias".

[49] Sobre as dificuldades de distinguir entre a prevenção de crimes e a sua repressão, cfr., por todos, CATARINA SARMENTO E CASTRO, ob. cit., pp. 97 e ss., que salienta como sua causa o carácter polivalente das missões de polícia e a utilização das mesmas forças policiais para o exercício de ambas as funções. Acresce a frequente identidade material das medidas a adoptar em cada um dos âmbitos de actividade. Com efeito, a actuação das autoridades pode frequentemente relevar, quer de uma actividade de prevenção – revestindo, por isso, natureza policial –, quer de uma actividade dirigida à descoberta da autoria de um crime – revestindo por isso natureza de investigação criminal. Refira-se o exemplo da revista de pessoas prevista nos artigos 174.º e 175.º do Código de Processo Penal: a mesma é aí prevista como meio de obtenção de prova; mas ela pode igualmente ser actuada como uma medida cautelar de polícia em vista da manutenção da ordem. Cfr. também, com referência ao controlo de identidade, os Acórdãos do Tribunal Constitucional n.ºs 7/87 (identificação motivada por suspeitas de natureza criminal) in Diário da República, I, de 9.02.1987, e 479/94 cit. (identificação motivada por razões de segurança e fora de quaisquer suspeitas de natureza criminal).

Por outro lado, cumpre ter presente que a Polícia Judiciária, enquanto corpo de polícia, tem por missão, não apenas exercer actividades de investigação criminal, por sua iniciativa ou a pedido de autoridades judiciárias, mas também desenvolver e promover acções de prevenção [cfr. o artigo 2.º, alínea b), do Decreto-Lei n.º 275-A/2000, de 9 de Novembro – lei orgânica da Polícia Judiciária]. Sobre estas, enquanto atribuição da Polícia Judiciária, v. o Acórdão do Tribunal Constitucional n.º 456/93 in Diário da República, I-A, de 9.09.1993.

correspondente a tal polícia traduz-se na investigação de delitos e é toda ela orientada em função da acção penal, nomeadamente da reunião de meios probatórios que permitam decidir sobre a dedução de uma acusação e a sua posterior sustentação em tribunal[50]. É uma actividade auxiliar da realização da justiça e, por isso mesmo, dirigida por autoridades judiciárias[51].

4. O sentido da garantia dos direitos dos cidadãos

O n.º 1 do artigo 272.º da Constituição prevê ainda que a polícia tem por função garantir "os direitos dos cidadãos". Como referido, os interesses subjacentes à defesa da legalidade ou à garantia da segurança interna não se limitam a bens colectivos, integrando também a protecção de bens individuais indispensáveis ao convívio social, como a vida, a integridade física, a liberdade ou o património dos cidadãos[52]. A menção expressa da garantia dos "direitos dos cidadãos" como um dos fins da actividade policial torna-o inquestionável.

No entanto, o alcance da mesma vai mais além, porquanto explicita que tal actividade se encontra igualmente ao serviço dos cidadãos cujos direitos se encontrem ameaçados pelos perigos que ela visa afastar. Como

---

[50] Nos termos do artigo 1.º da Lei n.º 21/2000, de 10 de Agosto (organização da investigação criminal), "a investigação criminal compreende o conjunto de diligências que, nos termos da lei processual penal, visam averiguar a existência de um crime, determinar os seus agentes e a sua responsabilidade, descobrir e recolher as provas no âmbito do processo".

[51] Cfr. o artigo 2.º, n.ºs 1 e 2, da citada Lei n.º 21/2000, de 10 de Agosto: "a direcção da investigação criminal cabe à autoridade judiciária competente em cada fase do processo"; "a autoridade judiciária é assistida na investigação pelos órgãos de polícia criminal". E o n.º 4 do mesmo normativo acrescenta: "os órgãos de polícia criminal actuam no processo sob a direcção e na dependência funcional da autoridade judiciária competente, sem prejuízo da respectiva organização hierárquica". Saliente-se que, nos termos da mesma Lei, são órgãos de polícia criminal (de competência genérica) – polícias em sentido orgânico – a Polícia Judiciária, a Guarda Nacional Republicana e a Polícia de Segurança Pública (cfr. o artigo 3.º, n.º 1). Cfr., também, no Código de Processo Penal os seus artigos 1.º, n.º 1, alíneas a), b) e c) (respectivamente, os conceitos de autoridade judiciária, de órgão de polícia criminal e de autoridade de polícia criminal), 55.º (competência dos órgãos de polícia criminal) e 56.º (orientação e dependência funcional dos órgãos de polícia criminal).

[52] Cfr. supra, no n.º 1, em especial a nota 13 e o texto correspondente.

referem GOMES CANOTILHO e VITAL MOREIRA, "trata-se de uma das vertentes de protecção pública dos direitos fundamentais – que deve ser articulada com o direito à segurança (art. 27.º-1) –, constituindo o Estado na obrigação de proteger os cidadãos contra a agressão de terceiros aos seus direitos"[53]. Os cidadãos em causa podem, em dadas circunstâncias, adquirir, por isso, um direito à actuação policial[54].

A posição do eventual destinatário das medidas de polícia – aquele cuja conduta origina o perigo que a actuação policial visa afastar e que, por conseguinte, é perspectivado como perturbador da ordem legal ou da segurança interna – é acautelada nos termos gerais dos princípios da actividade administrativa consignados no artigo 266.º, n.º 1, da Constituição: "prossecução do interesse público no respeito pelos direitos e interesses legalmente protegidos dos cidadãos". A parte final do n.º 3 do artigo 272.º do mesmo normativo concretiza-o relativamente às actuações policiais potencialmente mais agressivas em vista dos bens ameaçados e do tipo de ameaças – ou seja, aquelas actuações que visam a prevenção de crimes, incluindo a dos crimes contra a segurança do Estado –, determinando que as mesmas têm de respeitar os direitos, liberdades e garantias dos cidadãos.

5. O regime especial das medidas de polícia – a sua tipicidade legal e a proibição do excesso na sua utilização

Enquanto o n.º 1 do artigo 272.º da Constituição determina quais as funções de polícia – os interesses públicos a prosseguir mediante tal actividade administrativa –, o n.º 2 do mesmo artigo prevê regras aplicáveis às medidas de polícia. Nessa perspectiva, o preceito em apreço desenvolve os princípios fundamentais da actividade administrativa consagrados no artigo 266.º, n.º 2, daquele normativo, em especial, os da legalidade e da proporcionalidade. Com efeito, por força do mesmo preceito, são medidas de polícia as que a lei prever e estas não devem "ser utilizadas para além do estritamente necessário".

O alcance do disposto no artigo 272.º, n.º 2, nomeadamente na sua primeira parte relativamente à previsão legal das medidas de polícia, tem sido objecto de apreciações contraditórias na doutrina e na jurisprudência. Ao invés, o entendimento da proibição do excesso consagrada na segunda

---

[53] V. Autores cits., ob. cit., anot. V ao artigo 272.º, pp. 955 e 956.
[54] Cfr. *supra*, no n.º 1, as notas 19 a 21 e o texto correspondente.

parte daquele preceito é consensual: seja qual for a compreensão daquelas medidas, as mesmas não devem ser utilizadas para além do estritamente necessário.

a) *As teses negadoras e afirmativas da autonomia das medidas de polícia no quadro das actuações policiais*

SÉRVULO CORREIA, ainda antes da 1.ª Revisão Constitucional, formulava assim a questão relativamente ao alcance da expressão «medidas de polícia»: à definição dos fins dos poderes de polícia constante do n.º 1, "o n.º 2 acrescenta uma regra de correlação entre os meios e os fins: as medidas de polícia não devem ser utilizadas para além do estritamente necessário. Ao que cremos, a primeira parte do n.º 2 do artigo 272.º, segundo a qual «as medidas de polícia são previstas na lei», deve ser entendida na acepção de que os órgãos e agentes que empregam tais medidas devem ter competência para o efeito nos termos da lei. Um outro entendimento seria o de que as medidas deveriam ser apenas as taxativamente enunciadas na lei. Mas tal sentido iria contra a realidade das coisas, visto que a pluralidade ilimitada de circunstâncias em que perigos para os interesses públicos exigem acções preventivas por parte da Administração não se compadece com a exigência de uma tipificação normativa de todas as possíveis condutas administrativas"[55].

Segundo tal entendimento, as medidas de polícia correspondem à actuação especificamente policial. Nesse sentido, o mesmo Autor esclarece em escrito posterior, a propósito do conceito jurídico de polícia em sentido funcional: trata-se sempre de uma actividade correspondente ao exercício de poderes de polícia e que pode revestir diversas formas – regulamento administrativo ou acto concreto, jurídico ou material, assumindo o primeiros tipo de actos normalmente a natureza de acto administrativo e envolvendo o segundo tipo com frequência o emprego da coerção[56].

---

[55] V. Autor cit., *Noções de Direito Administrativo*, I, Lisboa, 1982, p. 247. Aparentemente no mesmo sentido, v. CATARINA SARMENTO E CASTRO, ob. cit., pp. 82 e ss., *maxime* p. 86 ("exige-se que uma lei prévia especifique quais as finalidades, de entre as finalidades clausuladas na Constituição, que deve a actuação de polícia servir, e quais as competências atribuídas aos órgãos para as prosseguir"); e as declarações de voto de vários Juízes nos Acórdãos do Tribunal Constitucional referentes à questão da qualificação jurídica da medida de restrição ao uso de cheque, designadamente nos Acórdãos n.ºs 489/89, 156/91, 158/91, 160/91, 295/91, 342/91, 345/91 e 425/91.

[56] V. Autor cit., "Polícia" cit., p. 395.

"A todos estes actos – genéricos ou concretos – quando pertençam exclusivamente ao desempenho de funções policiais e possuam um conteúdo ou objecto padronizado, dá-se habitualmente a designação de medidas de polícia (*mesures de police, polizeiliche Massnahmen*)"[57].

Diferente é a posição defendida por GOMES CANOTILHO e VITAL MOREIRA e expressamente acolhida pelo plenário do Tribunal Constitucional no seu Acórdão n.º 479/94: a primeira parte do n.º 2 do artigo 272.º consagra o princípio da tipicidade das medidas de polícia, em razão do qual "os actos de polícia, além de terem um fundamento necessário na lei, devem ser medidas ou procedimentos individualizados e com conteúdo suficientemente definido na lei, independentemente da natureza dessas medidas: quer sejam regulamentos gerais emanados das autoridades de polícia, decisões concretas e particulares (autorizações, proibições, ordens), medidas de coerção (utilização da força, emprego de armas), ou operações de vigilância, todos os procedimentos de polícia estão sujeitos ao princípio da precedência de lei e da tipicidade legal"[58].

Verifica-se, pelo exposto, que, segundo estes dois entendimentos, as medidas de polícia se reconduzem à actividade policial ou a polícia em sentido material globalmente consideradas: toda e qualquer actuação de polícia equivale à adopção de uma medida de polícia. Nestes termos, as medidas de polícia não se confundem com a aplicação de sanções admi-

---

[57] V. *idem, ibidem*.
[58] V. Autores cits., ob. cit., anot. VI ao artigo 272.º, p. 956. V. também o Acórdão n.º 479/94 cit., p. 4909. No mesmo sentido parece orientar-se PEDRO LOMBA: "as medidas de polícia são uma forma de exercício do poder administrativo, podendo materializar-se em actos administrativos, (ordens de polícia, autorizações de polícia, advertências), actos ou operações materiais (medidas coercitivas, operações de vigilância e inspecção) ou mesmo regulamentos de execução" (v. Autor cit., ob. cit., p. 211; v. *ibidem*, pp. 220 e ss., a proposta de classificação das medidas de polícia). No entanto, este Autor também sustenta: (i) que as medidas de polícia dinamizam relações jurídicas administrativas (v. *ibidem*, p. 209) – o que se afigura dificilmente compatível com a inclusão em tal categoria de actos normativos, nomeadamente de regulamentos de polícia, ou de operações materiais não especificamente dirigidas a particulares determinados (vg. a vigilância de um local público); (ii) que as medidas de polícia se distinguem, não como "uma forma distinta no sistema de formas jurídicas da actividade administrativa", mas em virtude da "sua função: de prevenção e afastamento de perigos e [do] seu conteúdo: elas exibem sempre uma maior ou menor intervenção de controlo de direitos fundamentais" (v. *ibidem*, p. 211) – o que não parece coadunar-se nem com medidas ampliativas (vg. as autorizações de polícia; cfr. *ibidem*, pp. 221 e 222) nem com medidas neutras do ponto de vista da esfera jurídica de particulares determinados (designadamente, operações materiais como advertências, avisos ou a já mencionada vigilância de locais públicos).

nistrativas, mesmo quando realizada por autoridades ou agentes policiais[59]. Contudo, as medidas de polícia não se autonomizam no quadro da actuação policial (tese da não autonomização das medidas de polícia). Daí que ambos os entendimentos considerados tendam a reflectir, a propósito das medidas de polícia, as concepções dos respectivos Autores sobre a polícia em geral.

De acordo com a tese de SÉRVULO CORREIA, a Constituição não exige a prévia definição legal nem do tipo de actuação em causa, seja quanto à forma, seja quanto ao conteúdo, nem dos seus pressupostos; a mesma bastar-se-ia com a atribuição dos poderes de polícia nos termos da lei, ou seja, que a polícia em sentido orgânico actue no exercício das suas competências. No fundo, trata-se de uma situação próxima da cláusula geral de polícia no direito alemão[60]. Contudo, uma cláusula dessa natureza não se

---

[59] Cfr. *supra*, no n.º 3, a nota 33 e o texto correspondente. No sentido de as sanções administrativas integrarem a actividade administrativa de polícia, v., todavia, ROSENDO DIAS JOSÉ, "Sanções administrativas" in *Revista de Direito Público*, n.º 9 (1991), pp. 37 e ss., *maxime* p. 47; e CARLA AMADO GOMES, *Contributo para o Estudo das Operações Materiais da Administração Pública e do seu Controlo Jurisdicional*, Coimbra, 1999, p. 167, nota 406.

[60] Cfr. *supra*, no n.º 1, a nota 9. No mesmo sentido, v. a crítica de PEDRO LOMBA: "Sérvulo Correia admite a existência de uma cláusula constitucional geral para o poder de polícia. Ora, não parece que assim seja. O artigo 272.º, n.º 1, pode ser configurado como uma norma de atribuição e não como uma norma de competências. Neste sentido, devemos considerar que as medidas de polícia, por constituirem intervenções na esfera dos direitos fundamentais, não podem ancorar-se em normas de atribuições. As medidas de polícia constituem competências de actuação administrativa típicas. As normas de polícia são, em boa verdade, normas de competência. É esse o sentido do princípio da legalidade do poder de polícia" (v. Autor cit., ob. cit., p. 202).

Por outro lado, importa ter presente que no direito alemão: (i) a cláusula geral habilita a polícia a intervir em determinadas situações mediante actos concretos (actos administrativos ou operações materiais); e (ii) é pacífico que a concretização pela polícia dos conceitos indeterminados mediante os quais aquelas situações são referidas («perigo» que ameace a «segurança pública» ou a «ordem pública» ou uma «perturbação» das mesmas ainda não consumada) – os conceitos relativos aos pressupostos de facto descritos na cláusula geral – são sindicáveis pelos tribunais, não sendo reconhecida às autoridades ou agentes policiais qualquer margem de livre decisão – margem de discricionariedade ou margem de livre apreciação (cfr. SCHENKE, ob. cit., Rn. 50 e 51, pp. 25 e 26; v. também GUSY, *Polizeirecht*, 6. Aufl., Tübingen, 2006, Rn. 314, pp. 148 e 149; e WÜRTENBERGER e HECKMANN, *Polizeirecht in Baden-Württenberg*, 6. Aufl., Heidelberg, 2005, Rn. 398, p. 183). Em especial, a doutrina sublinha não ser admissível a inferência de uma margem de livre apreciação relativamente à verificação de situações concretizadoras de conceitos indeterminados que impliquem valorações como, por exemplo, os juízos de prognose que a avaliação do

afigura compatível com a consagração constitucional do princípio da tipicidade: "as medidas de polícia são as previstas na lei"; não aquelas que a Administração decidir adoptar. Como observa PEDRO LOMBA, "a tipicidade legal exprime a ideia de que as medidas de polícia devem configurar, de forma individualizada, o conteúdo, a duração, os fins e os limites de cada actuação de polícia. A tipificação individualizada e rigorosa de cada medida de polícia permite determinar em que casos a Administração de polícia se afasta das exigências legais. Trata-se de uma tipicidade descritiva e limitadora. Fora da tipicidade das medidas de polícia, só a urgência ou a necessidade pública poderão justificar a actuação policial"[61].

Nos termos do entendimento defendido por GOMES CANOTILHO e VITAL MOREIRA, todas as actuações de polícia são medidas de polícia e todas elas têm de ser legalmente tipificadas. Porém, fica por explicar a referência expressa ao «regime de utilização» das medidas de polícia: o termo não parece adequado nem a actos normativos nem a operações materiais que não configurem ingerências na esfera jurídica dos cidadãos (vg. a vigilância de um local aberto ao público ou uma acção de patrulhamento).

De sentido diverso é a concepção defendida por JOÃO RAPOSO que, no seguimento do ensino de MARCELLO CAETANO, defende a tese das medidas de polícia como figura autónoma no quadro das actuações policiais: aquelas medidas são "uma espécie do género actos de polícia, [caracterizando--se antes] como medidas de segurança administrativa a cargo das autoridades policiais ou de certas autoridades administrativas com poderes policiais. Na actividade policial deparam-se-nos, em primeiro lugar, actos jurídicos (uma licença de uso e porte de arma); a autorização para o exercício da actividade de segurança privada) e operações materiais ou de técnica policial (o patrulhamento de determinado bairro; a imobilização de um fugitivo; a dispersão de uma manifestação violenta). De entre os primeiros, cumpre distinguir entre actos genéricos (os regulamentos distritais de polícia, por exemplo) e actos individuais e concretos – de conteúdo

---

conceito de perigo implica. Nesse sentido, SCHENKE esclarece que "a atribuição de tais juízos de prognose não significa que, de modo semelhante ao que necessariamente sucede com a margem de livre apreciação, o controlo jurisdicional fique atrás das vinculações jurídicas da Administração, porquanto tal seria, por princípio, incompatível com o Artigo 19 IV da Lei Fundamental" (v. Autor cit., *ibidem*). Porém, "na medida em que se verifiquem os pressupostos de facto da cláusula geral de polícia, pertence à escolha discricionária das autoridades policiais decidir se, e de que modo, as mesmas irão intervir" (v. *idem, ibidem*).

[61] V. Autor cit., ob. cit., p. 203.

favorável, uns (a atribuição de uma licença de condução), de conteúdo desfavorável, outros (a ordem de imobilização dada ao condutor de uma viatura automóvel; a advertência ao proprietário de um estabelecimento de restauração; a aplicação de uma coima). Ora, é no grupo dos actos jurídicos e operações materiais individuais e concretos de conteúdo «agressivo» que situamos as medidas de polícia, cujo conceito formularíamos assim: trata-se dos actos das autoridades de polícia, ou de certas autoridades administrativas com poderes policiais, destinados a esconjurar um perigo, independentemente da verificação de um delito"[62].

Contudo, este Autor não identifica as medidas de polícia nem com todos os actos jurídicos concretos desfavoráveis nem com todas as operações materiais igualmente desfavoráveis; em seu entender, aquelas medidas seriam apenas um dos modos por que se manifestam os poderes de polícia.

Relativamente aos primeiros, João Raposo entende que, as medidas de polícia se distinguem dos demais actos de polícia "mesmo quando também marcadamente desfavoráveis (como é o caso da proibição policial de circulação em determinada via [...])", já que aquelas interferem de forma especialmente intensa com direitos fundamentais dos cidadãos"[63]. Todavia, não é referido o critério ou a medida de tal intensidade.

---

[62] V. Autor cit., "O Regime Jurídico das Medidas de Polícia" in *Estudos em Homenagem ao Professor Doutor Marcello Caetano no Centenário do seu Nascimento*, I, Lisboa, 2006, p. 696. O mesmo Autor acrescenta relativamente à natureza jurídica das medidas de polícia: a sua execução "passa muitas vezes, pela realização de operações materiais; mas, em regra, tais operações são precedidas de um acto jurídico, de eficácia externa (a revogação de uma licença) ou meramente interna (a ordem de colocar certtas pessoas sob vigilância policial). Noutros casos, porém (a realização de uma revista de rotina, por exemplo), a medida de polícia consiste, ela própria numa mera operação material" (v. *ibidem*, nota 11).

[63] V. Autor cit., "O Regime Jurídico das Medidas de Polícia" cit., p. 696. *Ibidem* na p 701 o mesmo Autor qualifica como "ordens policiais", distinguindo-as das medidas de polícia, as determinações previstas, a propósito do direito de manifestação, no Decreto-Lei n.º 406/74, de 29 de Agosto. Cumpre, por outro lado, ter presente que João Raposo considera, entre os actos de polícia, também aqueles que têm carácter sancionatório, razão por que refere como característica distintiva das medidas de polícia a circunstância de as mesmas revestirem "natureza antecipatória, sendo tomadas e executadas com intuitos preventivos – independentemente, pois, da prática de qualquer infracção por parte dos visados" (v. *ibidem*, pp. 696 e 697). Neste aspecto, e no que respeita especificamente às medidas de polícia, o seu entendimento não se afasta daquele que é perfilhado por Sérvulo Correia ou Gomes Canotilho e Vital Moreira (cfr. *supra* a nota 59 e o texto correspondente). Sucede, isso sim, que para estes últimos Autores, em conformidade, de resto, com a con-

Por outro lado, o mesmo Autor distingue a aplicação de medidas de polícia do uso de meios coercivos pelos agentes de autoridade: reconhecendo que este último "representa uma das especificidades dos poderes policiais face aos poderes das restantes autoridades administrativas", João Raposo considera que "a utilização de meios coercivos, quer se trate da mera força física do agente, quer passe pelo recurso a meios auxiliares, constitui um instrumento ou modo de actuação policial destinado a efectivar, pró-activa ou reactivamente, o princípio da autoridade, naqueles casos, e só neles, em que outros meios – designadamente a persuasão – se mostrem ineficazes para o efeito. Daí que, se as circunstâncias o impuserem, o uso da força possa acompanhar ou seguir-se à prática de quaisquer actos de polícia, nas suas diversas espécies – incluindo as medidas de polícia"[64].

Mas se "o uso de meios coercivos releva, em grande parte, do âmbito das denominadas operações materiais de polícia" e se tal uso, "porque interfere directamente com direitos tão essenciais como o direito à vida e à integridade pessoal, não pode deixar de ser enquadrado juridicamente com o cuidado que o uso da força, nomeadamente contra pessoas, sempre justifica"[65], fica por explicar a sua não consideração, ao nível constitucional. Na verdade, a eliminação de uma perturbação, por exemplo, o uso da força para quebrar a resistência activa ou passiva a uma ordem policial, tem carácter preventivo e interfere de forma especialmente intensa com bens jurídicos fundamentais do cidadão visado. Do ponto de vista constitucional, nada justifica que não se trate de uma "medida de polícia", segundo o critério por que estas são definidas por João Raposo. E, a partir do momento em que a figura das medidas de polícia foi constituciona-

---

figuração constitucional da função de polícia, os actos sancionatórios nem sequer são actos de polícia.

[64] V. Autor cit., "Autoridade e Discricionariedade: a Conciliação Impossível?" in *Estudos Jurídicos e Económicos em Homenagem ao Prof. Doutor António de Sousa Franco*, II, Lisboa, 2006, p. 410; e "O Regime Jurídico das Medidas de Polícia" cit., p. 701.

[65] V. Autor cit., "Autoridade e Discricionariedade: a Conciliação Impossível?" cit., pp. 410 e 411. O argumento histórico que invoca – "a Assembleia Constituinte, integrada, como é sabido, por insignes mestres de direito, não desconhecia, seguramente, a lição daquele juspublicista [Marcello Caetano] quando elaborou, vai agora para 30 anos, a Constituição do Estado democrático" (v. *ibidem*, p. 409) – parece manifestamente insuficiente. De resto, como João Raposo também refere, o próprio legislador também considera entre as medidas de polícia a utilização de meios coercivos (cfr. *ibidem*, p. 407, nota 3, com referência ao artigo 4.°, n.° 3, da Lei n.° 5/99, de 27 de Janeiro – Lei de Organização e Funcionamento da Polícia de Segurança Pública).

lizada, a referência fundamental para a respectiva análise não pode deixar de ser a Constituição.

Em todo o caso, a autonomização das medidas de polícia no quadro das actuações policiais pode ajudar a fazer alguma luz sobre os termos e o significado da sua consagração constitucional.

b) *A origem do instituto das medidas de polícia*

Como refere MARCELLO CAETANO, as medidas de polícia (ou medidas de segurança administrativa) surgiram como instituto paralelo às medidas de segurança (de natureza jurídico-penal): "ambas as classes de medidas têm por objecto actuar sobre um perigo, de modo a prevenir ou evitar um dano, pondo os indivíduos perigosos em situação de não produzirem malefícios ou obstando a que se dêem as circunstâncias favoráveis a essa produção. Portanto tais medidas não são sanções, visto não castigarem factos puníveis, isto é, crimes ou meras transgressões ou contravenções de polícia"[66].

Com efeito, segundo os penalistas, as medidas de segurança, ao contrário das penas, não têm fundamento ético-jurídico, enquanto não supõem nem se baseiam na culpa do delinquente; a sua função é de pura defesa social, mas, diversamente das medidas administrativas, elas pressupõem o cometimento pelo agente de um facto objectivamente criminoso, o qual, não sendo embora a sua razão de ser nem tão-pouco o critério da sua medida, releva justamente como indício da perigosidade criminal daquele agente[67]. Nesse sentido, CAVALEIRO DE FERREIRA afirma que as "medidas de segurança são as medidas destinadas a prevenir a futura delinquência, que têm por pressuposto o estado de perigosidade criminal dos delinquentes, isto é, que procuram afastar factores endógenos de perigosidade. Ao lado do estado de perigosidade, que assenta na personalidade do delinquente, pode existir uma situação de perigo de futura delinquência que assenta em factores externos ou exógenos. Esta situação de perigo é denominada «perigo agudo de criminalidade», assim se distinguindo do estado de perigosidade do delinquente que dá origem a um perigo crónico. As medidas destinadas a afastar o perigo agudo de criminalidade são medidas de polícia, e não medidas de segurança. São deste estilo a necessidade de fisca-

---

[66] V. Autor cit., ob. cit., p. 1169.
[67] V., por exemplo, a síntese no Acórdão do Tribunal Constitucional n.º 160/91 in *http:// tribunalconstitucional.pt/tc/acordaos*.

lização ou policiamento de tabernas, casas de jogo, reuniões ou manifestações na via pública, ou de grandes aglomerados de gente, como feiras livres, espectáculos, gares, etc. As medidas de polícia não são jurisdicionalizadas e constituem o modo geral de prevenir situações agudas de perigo criminal, por parte da polícia administrativa ou de segurança pública"[68].

Contudo, e uma vez que as medidas de polícia também podiam ser aplicadas depois do cometimento de um ou vários crimes, a diferença entre as medidas de segurança e as medidas de polícia acabava por ser reconduzida ao critério formal de que "a aplicação das primeiras está jurisdicionalizada e pertence aos tribunais, enquanto a das segundas é de carácter administrativo e compete a órgãos da Administração"[69].

MARCELLO CAETANO define, por isso, as «medidas de polícia» ou «medidas de segurança administrativa» como "as providências limitativas da liberdade de certa pessoa ou do direito de propriedade de determinada entidade, aplicadas pelas entidades administrativas independentemente da verificação e julgamento de transgressão ou contravenção ou da produção de outro acto concretamente delituoso com o fim de evitar a produção de danos sociais cuja prevenção caiba no âmbito das atribuições da polícia"[70]. As mesmas encontravam-se sujeitas ao princípio da tipicidade legal: "a lei define em que consiste cada uma destas medidas e em que casos podem ser aplicadas. As autoridades policiais apenas têm a faculdade discricionária de apreciação das circunstâncias a fim de ajuizarem se se verificam os pressupostos legais para a aplicação da medida"[71].

Na construção de MARCELLO CAETANO as medidas de polícia surgem, deste modo, como o objecto ou conteúdo particularmente agressivo da esfera de liberdade dos cidadãos de actos de polícia preventivos. A refe-

---

[68] V. Autor cit., *Lições de Direito Penal* (Parte Geral II: Penas e Medidas de Segurança), ano lectivo de 1987/1988, p. 62.

[69] V. MARCELLO CAETANO, ob. cit., p. 1169.

[70] V. Autor cit., ob. cit., p. 1169. E o mesmo Autor comentava: "assim, bastará que o perigo assuma proporções graves para, independentemente da produção de facto delituoso, a polícia poder tomar as precauções permitidas por lei a título de defesa da segurança pública" (v. *ibidem*).

[71] V. *idem, ibidem*, p. 1171. E, na verdade, o Decreto-Lei n.º 37 447, de 13 de Junho de 1949, enumerava uma série de medidas de segurança administrativa. De modo semelhante, a Lei n.º 20/87, de 12 de Junho – a Lei de Segurança Interna – prevê no seu artigo 16.º várias medidas de polícia. No sentido da tipicidade das medidas de polícia, v. também JOÃO RAPOSO, "Autoridade e Discricionariedade: a Conciliação Impossível?" cit., pp. 411 e 414; e "O Regime Jurídico das Medidas de Polícia" cit., p. 702.

rência à «aplicação» de tais medidas faz pensar em actos jurídicos, à semelhança do que sucede com a decisão judicial de aplicação de uma medida de segurança. Ou seja, em si mesmas consideradas, as medidas de polícia são meras providências destinadas a ser aplicadas por um acto jurídico da autoria de uma autoridade administrativa. Como aquele Autor reconhece, "trata-se de providências que têm já certo carácter repressivo relativamente a um perigo: e é esse perigo que se atalha para prevenir que se transforme em dano efectivo"[72].

Tal como as medidas de segurança jurídico-penais, as medidas de polícia assim concebidas ficavam a «meio caminho» da repressão. Recorde-se que, para MARCELLO CAETANO, a polícia representava a expressão máxima da Administração como poder: desde que não contrariasse as leis, a mesma podia estabelecer regras, praticar actos preventivos e actos repressivos e proceder à respectiva execução[73]. Justificava-se, por conseguinte, um instituto paralelo ao das citadas medidas de segurança: em vista do afastamento de perigos legalmente tipificados, a Administração e os tribunais surgiam paralelamente, ambos como órgãos de aplicação da lei ao caso: a primeira como órgão do ordenamento policial, os segundos como órgãos do ordenamento comum.

Sucede que, do ponto de vista jurídico-material, nada distinguia as providências denominadas «medidas de polícia» de outras medidas de conteúdo igualmente «agressivo» e que também podiam ser objecto de actos de polícia com carácter preventivo. Com efeito, na teorização de MARCELLO CAETANO o acto de polícia típico comina uma proibição ou uma ordem "tendo por objecto evitar que se produzam, ampliem ou generalizem os danos sociais que as leis procuram prevenir". Como ordem ou proibição, tal acto interfere necessariamente na liberdade do seu destinatário. A caracterização que aquele Autor faz da medida de polícia, vale, assim, para todos os demais actos (preventivos) de polícia: "a medida de polícia é um acto puramente preventivo [– limitativo da liberdade de certa pessoa ou do direito de propriedade de determinada entidade –] que não carece da verificação da transgressão, contravenção ou crime para poder ser aplicada"[74]. A diferença residia apenas na tipificação legal das providências que tivessem o *nomen iuris* «medida de polícia».

---

[72] V. Autor cit., ob. cit., p. 1166.

[73] Sobre as formas de exercício dos poderes de polícia, v. Autor cit., ob. cit., pp. 1164 e seguinte e, depois, pp. 1165 e ss. (vigilância policial e actos preventivos) e pp. 1171 e ss. (actos executivos e repressivos).

[74] V. Autor cit., ob. cit., p. 1170.

Acresce que a «imagem» da Administração a aplicar medidas de polícia, em termos paralelos ao juiz que aplica a lei, tende a suscitar equívocos quanto à natureza jurídica daquelas actuações de polícia. Na verdade, a adopção das medidas de polícia legalmente previstas podia, então, como hoje, modificar a esfera jurídica dos respectivos destinatários – caso em que seriam de qualificar como acto administrativo – ou limitar-se a interferir com o exercício e o gozo de direitos ou liberdades – caso em que seriam de qualificar como operação material: a proibição de residência ou a fixação de residência em qualquer parte do território nacional exemplificam a primeira situação; a dissolução de uma reunião ou a suspensão de um espectáculo constituem exemplos da segunda situação[75].

c) *Sentido e alcance da disciplina constitucional das medidas de polícia*

Na vigência da Constituição de 1976 a Administração Pública posiciona-se perante os particulares como sujeito de relações jurídicas administrativas e a actividade de polícia que desenvolve, não só vai para além da segurança interna, como não modifica essa sua posição constitucional. Tal actividade, toda ela, independentemente da natureza jurídica que venham a revestir as suas concretizações, só tem justificação enquanto orientada em função do "fim de evitar a produção de danos sociais cuja prevenção caiba no âmbito das atribuições da polícia"[76]. Consequentemente, as medidas de polícia têm de ser vistas como expressões dessa actividade alargada no âmbito da qual se dinamizam as relações jurídicas de polícia; as mesmas não podem mais ser vistas como uma espécie de «penas» a aplicar a situações de facto legalmente previstas. De resto, não deixa de ser significativo que a Constituição, diversamente do que sucede em relação às medidas de polícia, se refira expressamente no artigo 27.º, n.º 2, à "aplicação" (judicial) de medidas de segurança e determine no artigo 29.º, n.º 1, que ninguém possa "sofrer medida de segurança cujos pressupostos não estejam fixados em lei anterior". Com efeito, as medidas de polícia destinam-se a ser "utilizadas". Nesta perspectiva, afigura-se cor-

---

[75] Cfr. os exemplos de medidas de polícia mencionados no texto em MARCELLO CAETANO, ob. cit., p. 1171.

[76] Esta era, recorde-se, a finalidade específica atribuída por MARCELLO CAETANO às medidas de polícia (v. Autor cit., ob. cit., p. 1170). Contudo, a mesma corresponde ao sentido próprio da actuação policial consignada na Constituição de 1976 (cfr. *supra* o n.º 3).

recta a recondução das medidas de polícia a expressões da actividade policial ou à polícia em sentido material, abstraindo do fim policial concretamente prosseguido. Tais medidas não têm de ser expressão apenas da polícia de segurança.

Por outro lado, os termos da sua «utilização» constitucionalmente previstos também devem relevar para a respectiva caracterização. Com referência aos mesmos, o Acórdão do Tribunal Constitucional n.º 479/94 considerou que "o princípio da proibição do excesso, por seu turno, acarreta uma obrigatória subordinação das medidas de polícia aos requisitos da necessidade, exigibilidade e proporcionalidade. Com ele reafirma-se enfaticamente o princípio constitucional fundamental em matéria de actos públicos potencialmente lesivos de direitos fundamentais, em termos de tais actos só deverem ir até onde seja imprescindível para assegurar o interesse público em causa, sacrificando ao mínimo os direitos dos cidadãos. Nesta sede isto significa que o emprego das medidas de polícia deve ser sempre justificado pela estrita necessidade e que não devem nunca utilizar-se medidas gravosas quando outras de menor penosidade sejam suficientes para a concretização da tarefa ou fim a atingir"[77].

Na verdade, a previsão expressa de tal princípio justifica-se em razão do tipo de medida cuja «utilização» está em causa: as medidas de polícia têm de justificar a proibição do excesso constitucionalmente prevista em relação à sua utilização. Daí que as mesmas se devam reconduzir a actuações da Administração que, independentemente da sua natureza jurídica, imponham limitações aos direitos dos cidadãos com vista a afastar perigos para interesses legalmente reconhecidos, seja restringindo a esfera jurídica daqueles mediante actos administrativos, seja afectando o objecto do seu direito – a liberdade ou a propriedade – mediante operações materiais. Tais intervenções policiais junto dos cidadãos devem corresponder a um modelo legal que permita determinar o fim específico da intervenção, o seu conteúdo e a sua extensão de modo a que o respectivo destinatário se encontre habilitado a exercer todos os seus direitos de defesa.

Resulta do exposto, que o artigo 272.º, n.º 2, da Constituição apenas se refere a determinados modos de actuação concreta da polícia, nomeadamente aqueles que interferem com os direitos e liberdades dos

---

[77] V. Acórdão cit., p. 4909. V. também GOMES CANOTILHO e VITAL MOREIRA, ob. cit., anot. VI ao artigo 272.º, p. 956; e, com referência às medidas de polícia das manifestações previstas no Decreto-Lei 406/74, de 29 de Agosto, SÉRVULO CORREIA, *O Direito de Manifestação...* cit., p. 103.

cidadãos, seja restringindo-os, seja interferindo com o seu exercício. Aquele preceito, mesmo em conjugação com o n.º 1, não configura uma cláusula geral de actuação policial. Pelo contrário, uma das suas determinações principais é a da necessidade de intermediação legislativa: as medidas de polícia são apenas as que tiverem sido tipificadas na lei, e não quaisquer medidas consideradas necessárias para a prossecução dos fins de polícia previstos no citado n.º 1. Além disso, o mesmo preceito também não menciona quaisquer pressupostos de actuação policial, cabendo à lei determinar as condições em que a polícia pode intervir em vista da prossecução dos seus fins específicos. Assim como compete igualmente à lei, uma vez verificados tais pressupostos, determinar se a actuação policial deve necessariamente ter lugar ou se os serviços de polícia gozam em tais circunstâncias de discricionariedade de decisão. Relativamente a todas essas questões vale o princípio da legalidade da Administração Pública consignado no artigo 266.º, n.º 2, da Constituição.

Deste modo, a exigência constitucional de tipicidade legal das medidas de polícia representa tão-só uma limitação da discricionariedade de escolha da autoridade que exerce funções de polícia: perante as situações correspondentes aos pressupostos da sua actuação legalmente fixados, a polícia pode, igualmente nos termos da lei, decidir agir ou não agir; mas, a partir do momento em que decida intervir (ou se, nos termos da lei, estiver vinculada a fazê-lo) junto de um particular invadindo a sua esfera jurídica, por exigência constitucional, ela só o pode fazer adoptando um dos comportamentos legalmente tipificados. Assim, quando tal autoridade se dirige a um particular, proibindo-o de fazer algo ou ordenando-lhe uma acção ou uma omissão, ou, ainda, agindo imediatamente sobre a sua pessoa ou sobre os seus bens, o mesmo particular tem de poder saber exactamente qual o comportamento típico da polícia concretamente em causa, quais os seus contornos exactos e o modo por que dele se pode defender. Aquele que se veja confrontado com uma actuação policial limitadora dos seus direitos tem de saber com o que é que pode contar e como é que se pode defender da mesma. A lei que tipifica as medidas de polícia pode fixar os respectivos pressupostos e excluir, relativamente às mesmas, qualquer discricionariedade de decisão ou de escolha; mas a Constituição não exige que o faça. O que a Constituição prevê é a obrigação de tipificação legal da actuação policial limitadora dos direitos dos cidadãos em ordem a fixar-lhe limites e a permitir a identificação dos meios de defesa correspectivos.

O legislador constituinte procurou salvaguardar simultaneamente a segurança e os direitos dos cidadãos, cometendo a arbitragem entre ambos ao legislador: as medidas limitativas daqueles direitos que a polícia pode adoptar são apenas aquelas que o legislador tenha autorizado, e não todas as que os serviços ou agentes da polícia considerem necessárias e ajustadas ao caso. A medida das agressões à esfera jurídica dos cidadãos passou, em virtude da decisão constituinte em apreço, das autoridades e agentes de polícia para o legislador. Aqueles perderam alguma margem de autonomia neste domínio: todas as suas iniciativas com efeitos ablativos têm de ser pré-figuradas pelo legislador; a polícia, nos seus actos concretos de ingerência, passou a ter de corresponder aos modelos de actuação legalmente estabelecidos: nesse domínio, «a polícia só pode fazer o que o legislador lhe tiver permitido fazer»[78]. Fora do âmbito das restrições à esfera jurídica dos cidadãos, a polícia já não está limitada por tipos legais de actuação, mas, mais genericamente, apenas pelas normas legais definidoras de atribuições e de competências.

Para a Constituição, a segurança não é um valor absoluto. Aliás, a propósito das funções da polícia, aquele normativo coloca a par a garantia da segurança e a garantia dos direitos dos cidadãos num quadro de defesa da legalidade[79].

Na verdade, existe uma ambivalência fundamental entre segurança e liberdade. Como salienta GUSY, a segurança tem o seu «preço»: "quanto

---

[78] Estão em causa as actuações policiais especificamente ordenadas, a título principal, à prossecução dos fins da actividade de polícia. Os comportamentos meramente instrumentais relativamente às medidas de polícia não têm de ser necessariamente tipificados.

Por outro lado, vale relativamente a tal tipificação de medidas de polícia a regra da máxima determinabilidade das normas legislativas restritivas, aplicando-se, no tocante à outorga de poderes discricionários, e sob pena de inconstitucionalidade por violação da reserva de lei, "o critério da densificação da norma na medida do possível e da sua abertura para o mínimo incomprimível da margem de livre decisão" (nestes termos, v. SÉRVULO CORREIA, *O Direito de Manifestação...*, cit., p. 64). No mesmo sentido, v. VIEIRA DE ANDRADE, ob. cit., p. 358, nota 58. Com efeito, "de nada serviria [...] pretender amarrar o legislador à exigência de total fechamento da norma que confere poderes à Administração para a prática de actos administrativos sobre aspectos da vida social cobertos pela reserva de lei quando não é possível tipificar à partida completamente as situações abrangidas e as providências que requererão. A natureza das coisas põe limites à capacidade de direcção legislativa do conteúdo das decisões administrativas. Mas, em contrapartida, essa capacidade deve ser exercida em toda a medida do possível" (v. SÉRVULO CORREIA, *ibidem*). O fim específico, o conteúdo essencial e a extensão da medida de polícia têm de resultar da lei.

[79] Cfr. o artigo 272.º, n.º 1, e *supra* os n.ºs 2 e 3.

mais longe for a protecção do Estado contra riscos provenientes da esfera de terceiros, mais desprotegido, relativamente ao mesmo Estado, fica aquele que por ele é protegido. Quem espera do Estado que ele responda por tudo, tem igualmente de lhe conceder que ele tudo possa, que tudo lhe seja permitido e que ele de tudo esteja informado"[80]. Com efeito, uma ordem constitucional de liberdade é caracterizada por uma ordem de responsabilidade diferenciada: "à liberdade dos cidadãos corresponde, por princípio, o risco do seu exercício – pelo próprio e por terceiros. Assim, o risco da liberdade pertence necessariamente ao seu titular. A atribuição ao Estado de responsabilidade por riscos implica uma simultânea atribuição de possibilidades de actuação, pelo que aquela não representa uma promoção de liberdade, mas uma limitação da mesma (*ein Freiheitseingriff*). [... Só] pode responder por um bem jurídico quem puder agir sobre ele e o seu meio-ambiente. A capacidade de responder pressupõe a capacidade de agir. Deste modo, quem tem de responder por tudo, tem de possuir plena capacidade e liberdade de acção. [... A] responsabilidade do Estado pela segurança de bens jurídicos não é uma expressão da liberdade dos direitos fundamentais, mas um seu limite e a mesma só é apreendida no quadro da determinação diferenciada de tais limites"[81].

No caso português, a relativização da segurança, por referência aos direitos, liberdades e garantias, consistiu na remissão para o legislador da determinação das medidas legais de polícia: os serviços de polícia

---

[80] V. Autor cit., ob. cit., prefácio, p. V. E o mesmo Autor acrescenta: "se o Estado de Direito consiste em saber que o toque matinal da campainha da porta sinaliza a presença do leiteiro, esta afirmação tem um duplo alcance: à porta não está nem um potencial criminoso nem a segurança do Estado [...] Para o cidadão, a função de segurança das autoridades policiais é bicéfala (*januskõpfig*): tudo o que a mesma pode fazer a seu favor, também pode ultilizar contra si. Não há, por conseguinte, simples respostas «certas» ou «erradas» às questões de saber quando é que existe «segurança», como é que a mesma deve ser obtida e por quem. Qualquer resposta é simultaneamente uma afirmação sobre a distribuição de competências entre o «Estado» e a «sociedade», a propósito do exercício e da legitimação do poder. Um Estado que integre como sua dimensão constitutiva ser juridicamente limitado só pode ter uma polícia que, por sua vez, também seja estruturada e limitada juridicamente" (v. *ibidem*).

[81] V. GUSY, ob. cit., Rn. 74, pp. 35 e 36. Recorde-se, a propósito, o princípio de direito natural referido por OTTO MAYER: aquele que é chamado a desempenhar uma tarefa tem de ser provido dos poderes necessários para o efeito (cfr. *supra*, no n.º 1, a nota 6). Deste modo, a atribuição de responsabilidade ao Estado implica a atribuição dos meios necessários com a consequente perda de liberdade da sociedade.

só podem intervir limitativamente junto dos cidadãos nos termos autorizados pelo legislador.

Esta opção constitucional, conjugada com a ausência de uma cláusula constitucional geral relativa à polícia, tem ainda um outro alcance sistemático fundamental, ao evidenciar que, mesmo no domínio de polícia, não há lugar ao chamado «privilégio da execução prévia», porquanto toda a actuação policial concreta de conteúdo agressivo, incluindo portanto o uso de meios coercivos, está sujeita à legalidade: a lei, nos termos do artigo 266.º, n.º 2, da Constituição, define os pressupostos daquela intervenção, podendo fazê-lo mediante uma cláusula geral; a lei, com base em idêntico fundamento, determina se a citada intervenção é vinculada ou discricionária quanto ao seu *an*; e a lei, por força do artigo 272.º, n.º 2, delimita obrigatoriamente os tipos de intervenção que podem ter lugar. Se o aludido «privilégio» não existe no domínio da polícia em que a prossecução do interesse público é mais sensível e intensa – a defesa da legalidade democrática e a garantia da segurança interna – menos se justifica a sua existência nos restantes domínios de actuação da Administração Pública[82].

Por outro lado, estando em causa limitações à liberdade – ao direito à liberdade – ou seja, à liberdade física, à liberdade de movimentos, à liberdade de deslocação ou à liberdade de «ir e vir», cumpre ter presente o regime de privação da liberdade consignado no artigo 27.º, n.ºs 2 e 3, da Constituição (princípio da tipicidade constitucional das medidas privativas da liberdade). A este propósito, e com referência à questão concreta de saber se "um cidadão, insuspeito da prática de qualquer crime e em local não frequentado habitualmente por delinquentes, possa ser sujeito a identificação policial, através de procedimento susceptível de o vir a privar da

---

[82] Sobre a questão, pronunciando-se no sentido de a Administração de polícia gozar de poderes de autotutela executiva, v. RUI MACHETE, "Privilégio da Execução Prévia" in *Estudos de Direito Público*, Coimbra, 2004 (originariamente publicado no *Dicionário Jurídico de Administração Pública*, VI, 1994), pp. 43 e ss., *maxime* pp. 65 e 66. Saliente-se que na República Federal da Alemanha a cláusula geral de polícia constitui, com referência a obrigações *ex lege*, positivas ou negativas, que não legitimem a prática de actos administrativos, justamente o fundamento legal para a prática desse tipo de actos por forma a viabilizar a imposição coerciva daquelas obrigações – a *selbständige Polizeiverfügung* (cfr. SCHENKE, ob. cit., Rn. 58 e 59, pp. 29 e 30, e Rn. 482, p. 285 e nota 2). Em Portugal, a tipicidade das medidas de polícia inviabiliza uma tal solução: a polícia só pode adoptar as medidas tenham sido previstas pelo legislador. Por outro lado, cumpre ter presente, quer o princípio da legalidade da competência consignado no artigo 29.º, n.º 1, do Código do Procedimento Administrativo, quer o princípio da legalidade da execução ou da proibição da autodefesa, nos termos do artigo 151.º, n.º 1, do mesmo normativo.

liberdade, por um período até seis horas, na base da invocação de razões de segurança interna", o Tribunal Constitucional já considerou que uma tal imposição "há-de considerar-se como uma privação total de liberdade não cabível no quadro das excepções que taxativa e tarifadamente a Constituição prevê. Tem-se por inaceitável o entendimento de que a privação da liberdade assim verificada possa ser entendida como mera restrição da liberdade, implicando tão-só um condicionamento da liberdade ambulatória dos identificandos autorizado no quadro das restrições consentidas pela Constituição em sede de direitos, liberdade e garantias [uma vez que o que está em causa é uma] privação total da liberdade, já que o identificando, durante este lapso temporal, fica circunscrito ao espaço confinado das instalações de um posto policial, de todo impedido de circular e de livremente se movimentar"[83]. E, no respeitante às medidas de polícia, o Tribunal acrescentou expressamente: "as privações de liberdade, como já se observou, apenas são admissíveis pelas formas e dentro dos fins taxativamente previstos no artigo 27.°, não acrescentando o artigo 272.° qualquer outra causa ou fundamento autorizador de privação da liberdade"[84].

---

[83] V. Acórdão n.° 479/94 cit., p. 4915. No mesmo aresto acrescenta-se, a propósito da distinção entre privação da liberdade e mera limitação de liberdade: "segundo Maunz--Dürig, a privação da liberdade (*Freiheitsentziehung*) existe quando alguém, contra a sua vontade, é confinado, coactivamente, através do poder público, a um local delimitado, de modo que a liberdade corporal-espacial de movimento lhe é subtraída. Local delimitado (*eng umgrenzter Ort*) pode ser o espaço de um edifício ou um acampamento. Haverá ainda privação da liberdade quando a pessoa detida puder deixar o estabelecimento prisional para trabalhar sob vigilância das autoridades prisionais. A mera limitação de liberdade (*Freiheitsbeschränkung*) existe quando alguém é impedido, contra a sua vontade, de aceder a um certo local que lhe seria jurídica e facticamente acessível ou de permanecer num certo espaço. A liberdade de movimentação não é, assim, em contraposição à privação da liberdade, subtraída, mas apenas limitada numa certa direcção (cf. *Grundgesetz, Kommentar*, § 104, 6 e 12)" (v. *ibidem*, p. 4916). Em sentido contrário, v., por exemplo, *ibidem*, p. 4919, a declaração de voto do Cons. Fernando Alves Correia (o acompanhamento coactivo ao posto policial e a retenção aí pelo tempo necessário à identificação é, seguramente, uma restrição ou limitação à liberdade dos cidadãos, mas, devido a não atingir um grau ou intensidade de constrição à liberdade, não é uma forma de privação desta última).

[84] V. *ibidem*, p. 4916. Saliente-se que, em 1997, a 4.ª Revisão Constitucional introduziu no artigo 27.°, n.° 3, da Constituição a alínea g) com referência à "detenção de suspeitos, para efeitos de identificação, nos casos e pelo tempo estritamente necessários". O objectivo foi dar conforto à jurisprudência do Acórdão do Tribunal Constitucional n.° 7/87 e não infirmar a jurisprudência do Acórdão n.° 479/94. Naquele aresto, conforme é referido e não rejeitado neste último, respondeu-se à questão de saber se a retenção do identificando até seis horas no posto policial não poderia configurar um caso de privação da liberdade vedado pelo artigo 27.°, n.° 3, da Constituição nos termos seguintes: "«é certo

Em suma: o artigo 272.º, n.º 2, da Constituição respeita a actuações policiais individuais e concretas que, independentemente da sua natureza jurídica, limitem, por qualquer forma, os direitos dos seus destinatários. Abrangidos estão os actos administrativos que, em vista dos fins de polícia, imponham aos seus destinatários deveres (v.g. ordens ou proibições) ou façam cessar, temporária ou definitivamente, direitos ou faculdades (v.g. suspensões ou revogações). Incluídas estão igualmente as operações materiais que impliquem uma ingerência em bens jurídicos de particulares, nomeadamente lesões da sua integridade física, limitações da sua liberdade de movimentos ou danificação ou afectação dos seus bens pessoais ou materiais. Não são medidas de polícia, por nem sequer se reconduzirem à polícia em sentido material, os actos sancionatórios. Também não são medidas de polícia os regulamentos de polícia, devido ao seu carácter normativo; os actos administrativos de polícia com conteúdo favorável (v.g. as autorizações de polícia), devido ao seu carácter ampliativo; as operações materiais que não interfiram com bens jurídicos dos particulares (v.g. a vigilância de locais abertos ao público, o patrulhamento de ruas ou avisos, advertências e comunicações), em virtude de, ou não terem um destinatário individualizado, ou não interferirem ablativamente com os bens jurídicos dos seus destinatários).

Só as actuações policiais correspondentes a medidas de polícia estão sujeitas ao regime do citado artigo 272.º, n.º 2, designadamente ao princípio da tipicidade legal. As mesmas actuações policiais e, bem assim, todas as demais, estão ainda subordinadas aos princípios gerais da actividade administrativa consignados no artigo 266.º da Constituição.

---

que a hipótese não cabe na letra do artigo 27.º mas, havendo pessoas com penas de prisão ou medidas de segurança privativas de liberdade a cumprir (n.º 2 do artigo 27.º) ou sujeitas a privação de liberdade por prisão ou detenção (n.º 3 do mesmo artigo), necessariamente que tem a lei de admitir os actos instrumentais necessários e adequados a conseguir a sua prisão ou detenção. Ora, o processo aqui estabelecido pode considerar-se meio necessário para atingir tal objectivo»". E no Acórdão n.º 479/94 acrescentou-se: "segundo este entendimento interpretativo, «os actos instrumentais necessários e adequados a conseguir a prisão ou detenção» de pessoas com penas de prisão ou medidas de segurança privativas de liberdade a cumprir (artigo 27.º, n.º 2) ou sujeitas a privação de liberdade por prisão ou detenção (artigo 27.º, n.º 3) fazem parte ainda do quadro das medidas de privação da liberdade. Num plano limite de conformidade constitucional admitiu-se que, quando exista motivo para suspeita, a identificação coactiva, na sua instrumentalidade causal, beneficia e participa ainda do regime das excepções ao direito à liberdade definido no artigo 27.º da Constituição" (v. Acórdão cit., p. 4915).

6. Os princípios constitucionais em matéria de organização das forças de segurança

A Constituição prevê no artigo 272.°, n.° 4, relativamente às polícias em sentido orgânico especificamente incumbidas da segurança interna – as "forças de segurança" –, dois princípios especiais quanto à sua organização. Os princípios constitucionais gerais em matéria de organização administrativa, nomeadamente os previstos no artigo 267.° da Constituição, são-lhes igualmente aplicáveis e, bem assim, às demais forças policiais[85].

Cumpre começar por assinalar que, contrariamente à unicidade das forças armadas – as Forças Armadas são, por antonomásia, as forças armadas – prevista no artigo 275.° da Constituição, subjacente ao citado artigo 272.°, n.° 4, está a ideia de uma pluralidade de forças de segurança. Com efeito, diversamente do que sucede com a defesa militar da República, a segurança interna desenvolve-se de múltiplas formas para fazer face a vários tipos de ameaças: prevenir o crime, assegurar a tranquilidade pública ou proteger os cidadãos podem implicar lógicas de actuação muito diferenciadas.

O primeiro princípio especial em causa é o da reserva de lei na definição do regime das forças de segurança. Como assinala João Raposo, "é da competência exclusiva da Assembleia da República legislar sobre o regime geral ou comum das forças de segurança [cfr. o artigo 164.°, alínea *u*), da Constituição da República]; já a orgânica de cada uma delas pode ser aprovada por lei da mesma Assembleia (como foi o caso da Lei de Organização e Funcionamento da Polícia de Segurança Pública) ou decreto-lei do Governo (como em regra acontece)"[86].

Em segundo lugar, cumpre assinalar o princípio do carácter nacional da organização de cada força de segurança consagrado na segunda parte do n.° 4 do artigo 272.°: "a organização de cada uma delas [é] única para todo o território nacional". Como a doutrina unanimemente assinala, "este segmento normativo proíbe a existência de forças de segurança de âmbito regional e local. E assim é que as Polícias existentes no território das Regiões Autónomas estão inseridas na estrutura organizativa das Polícias nacionais, que abrange todo o território estadual.

---

[85] Cfr. JOÃO RAPOSO, *Direito Policial*, I, Lisboa, 2006, p. 41.
[86] Cfr. Autor cit., ob. cit., p. 42.

Por seu turno, as polícias municipais, apesar de cooperarem com as forças de segurança na manutenção da tranquilidade pública e na protecção das comunidades locais [...], não revestem a natureza de forças de segurança"[87].

---

[87] Assim, v., por exemplo, JOÃO RAPOSO, ob. últ. cit., pp. 41 e 42. V. também GOMES CANOTILHO e VITAL MOREIRA, ob. cit., anot. VIII ao artigo 272.º, p. 957; e CATARINA SARMENTO E CASTRO, ob. cit., pp. 161 e seguinte (a cooperação com as forças de segurança em matéria de segurança interna só foi autorizada aos municípios através de corpos de polícia municipal; não a outras categorias de autarquias locais nem às regiões autónomas).

D&O INSURANCE:
O SEGURO DE RESPONSABILIDADE CIVIL DOS ADMINISTRADORES E OUTROS DIRIGENTES DA SOCIEDADE ANÓNIMA

PEDRO PAIS DE VASCONCELOS[*]

SUMÁRIO: *1. A necessidade de reforçar as garantias de efectividade da responsabilidade civil dos administradores das sociedades, principalmente das sociedades abertas. 2. A necessidade de proteger os administradores e outros dirigentes das sociedades contra os riscos emergentes do sistema de responsabilidade civil pelos actos praticados no exercício do cargo. 3. O seguro como resposta. 4. O* D&O Insurance – Directors' and Officers' Insurance: *a. Origem do* D&O Insurance; *b. Evolução subsequente: variação da posição do tomador; c. Evolução subsequente: o alargamento objectivo da cobertura; d. Evolução subsequente: o alargamento subjectivo da cobertura; e. Evolução subsequente: o alargamento das exclusões; f. Evolução subsequente: o alargamento geográfico induzido pela globalização. 5. O conteúdo típico das apólices* D&O: *a. Definições típicas; b. Coberturas típicas; c. Exclusões típicas. 6. Introdução do* D&O Insurance *em Portugal. 7.* D&O Insurance *e business judgment rule. 8. Repensar o dever de diligência e o dever de lealdade na perspectiva do* D&O Insurance. *9. Especificidades do regime português. 10. Literatura sobre* D&O Insurance.

---

[*] Professor Catedrático da Faculdade de Direito de Lisboa. Membro do Conselho Directivo da SPAIDA – Secção Portuguesa da Association Internationale de Droit des Assurances. Membro do Project Group "Restatement of European Insurance Contract Law".

1. A necessidade de reforçar as garantias de efectividade da responsabilidade civil dos administradores das sociedades, principalmente das sociedades abertas

O cada vez maior distanciamento entre a propriedade e a gestão, no domínio das sociedades abertas, tem conduzido à necessidade de tornar mais eficientes e mais apertados os mecanismos de controlo da actuação dos administradores, directores, fiscais, e outros dirigentes de empresa.

A crescente autonomia dos administradores das sociedades anónimas, tem deixado os accionistas, os investidores, talvez excessivamente longe da gestão.

Os accionistas são demasiadamente tratados como *investidores*, como simples aportadores de capitais, interessados tão só nas mais valias bolsistas, a quem se não reconhece na prática a informação e muito menos o controlo da gestão.

Como investidores, acabam por ser tratados como consumidores, como terceiros que são imprescindíveis para a prosperidade da economia da empresa, mas a quem não deve ser dito tudo, e que também – verdade seja – raramente se interessam por isso.

Finalmente, a prática – dos anos 90 – de remunerar os gestores com *stock options*, teve a previsível mas imprevista consequência de os tentar demasiadamente à manipulação dos balanços, de modo a maximizar os seus próprios proventos.

Este sistema viveu no melhor dos mundos com as bolsas a subir e os administradores a enriquecer, até vir a ser sobressaltado pelas falências gigantescas da ENRON[1] e da WORLDCOM[2], e pelo colapso subsequente da ANDERSEN.

Ao choque, à surpresa e à incredulidade iniciais, seguiu-se a desconfiança. O sistema financeiro não funciona sem confiança e era urgente restaurá-la. A resposta foi a *Sarbanes-Oxley Act*[3] – conhecida no meio e aqui

---

[1] Sobre a falência da Enron, detalhadamente, BETHANY MCLEAN/PETER Elkund *The Smartest Guys in the Room:The Amazing Rise and Scandalous Fall of Enron*, Fortune, New York, 2003. Também pode ser encontrada informação muito relevante sobre a falência da ENRON, numa perpectiva mais tecnicamente jurídica em *The Role of the Board of Directors in ENRON's Collapse*, in http://fl1.findlaw.com/news.findlaw.com/hdocs/docs/enron/senpsi70802rpt.pdf

[2] http://news.findlaw.com/legalnews/lit/worldcom/

[3] http://www.sarbanes-oxley.com/

doravante designada pela sigla *SOX*, que instituiu um regime draconiano de controlo. Também as comissões de auditoria, de acordo com a *SOX*, passaram a ser controladas, por um mecanismo que, na gíria deste sistema, é designado por *PCAOB* – (*Public Accounting Oversight Board*)[4].

Porém, neste quadro, começou a ser difícil recrutar administradores, directores, e outros dirigentes de topo, receosos das *actions* – principalmente das *class actions* – muito utilizadas em matérias diversas, como a responsabilidade pelo produto, a responsabilidade pela saúde e a responsabilidade ambiental, que passaram a ser intensamente usadas, com agressividade, em casos de frustração de expectativas induzida por *forecasts* excessivamente optimistas, por práticas de *underwriter laddering*[5] e outros artifícios ilícitos em que o mercado é fértil.

Após ter sido restaurada – pelo menos suficientemente – a confiança dos investidores no sistema, com a introdução da *SOX*, tornou-se necessário tranquilizar e proteger os gestores profissionais que o dirigem.

---

[4] http://www.pcaobus.org/

[5] IAN BYME, *Directors' and Officers' Insurance and Corporate Governance Risk*, in George Dallas, Governance and Risk, Standard & Poors, McGraw-Hill, New York, 2004, pág. 239. A prática de *underwriter laddering* teve particular relevância – e danosidade – no tempo dos *dot.com starts-ups*. Esta prática consiste em acordos celebrados entre os emissores de *IPOs* e os brokers, consistente em lançar um número avultado de títulos no mercado, com a obrigação e a garantia, por parte dos emissores, de os recomprarem no mercado até que atinjam um certo preço pré-determinado. Em consequência, as cotações dos títulos em questão sobem muito rapidamente até valores importantes, o que induz uma procura especulativa. Muitas vezes as suas cotações continuam a subir, induzidas por pressão especulativa. Atingido o valor contratado, os emissores passam a estar vendedores no mercado, realizando mais valias, por vezes, astronómicas. As cotações, deixadas entregues a si mesmas, iniciam pouco depois uma trajectória descendente até ao valor real das acções, quando não inferior, causando prejuízos avultadíssimos aos investidores. O *underwriter laddering* veio a defraudar multidões de investidores que acreditaram que as cotações das acções *laddered* continuaria a subir ilimitadamente, sem ligação com o valor económico das empresas cujo capital representavam. As revistas da especialidade, pregavam então, com a mais surpreendente tranquilidade, o desligamento entre o valor das acções e o valor das empresas. Foi a *buble.dot.com* e a subsequente *dot.com.bust*. Houve falências, grandes e pequenas, houve pessoas que enriqueceram e pessoas que empobreceram. Os accionistas empobrecidos iniciaram *class actions* em que exigiram dos administradores a indemnização das suas perdas, das diferenças entre os valores pelos quais compraram e com que ficaram.

2. A necessidade de proteger os administradores e outros dirigentes das sociedades contra os riscos emergentes do sistema de responsabilidade civil pelos actos praticados no exercício do cargo

Já antes do *crash* das *dot.coms* se sentia a necessidade de proteger os administradores das *class actions*. Algumas tinham razão de ser, outras eram oportunistas, induzidas pelo sistema de *quota litis* corrente nos Estados Unidos.

A protecção dos administradores estava já solidamente assegurada pela *business judgement rule*, uma regra derivada do *case law*, segundo a qual o Tribunal recusa apreciar os actos de gestão dos membros do *board of directors* salvo quando lhes seja imputada uma conduta que viole o *duty of care* ou o *duty of loyalty*. Os gestores ficam, deste modo, isentos de responsabilidade pela gestão, sempre que cumprirem satisfatoriamente o *duty of care* e o *duty of loyalty*[6]. O *duty of care*, exige do administrador que tome as decisões de gestão de um modo informado, assente sobre um processo deliberativo documentado – *deliberative documented process*. O *duty of loyalty* proscreve os conflitos de interesses. O administrador fica, assim, protegido pela *business judgement rule* desde que tenha agido "*on an informed basis, in good faith and in the honest belief that the action taken was in the best interest of the company*". Esta regra é de tal modo protectora que os detractores deste sistema o designavam como, *business judgement bunker*[7].

Na verdade, a *business judgment rule* cria uma forte presunção, a favor dos *Board of Directors*. Segundo o *Delaware Supreme Court*, o tribunal *will not substitute its own notions of what is or is not sound business judgment if the directors of a corporation acted on an informed basis, in good faith and in the honest belief that the action taken was in the best interest of the company*. A sua razão de ser *is the recognition by courts, in the inherently environment of business, Board of Directors need to be free to take risks without a constant fear of lawsuits affecting their judgment*. Esta presunção pode ser ilidida pelos queixosos.

Mas este sistema de protecção não era ainda suficiente para tranquilizar os administradores. As *class actions* eram muito dispendiosas. As indemnizações pedidas eram brutais, agravadas pelos excessos e arbitra-

---

[6] SCOTT GREEN, *Sarbanes-Oxley and the Board of Directors*, Wiley, New Jersey, 2005, págs. 45 e segs..

[7] SCOTT GREEN, *Sarbanes-Oxley and the Board of Directors*, cit., págs. 45 e segs..

riedades de muitas indemnizações de *punitive damages*. Muitas vezes terminavam com acordos que fixavam indemnizações avultadas e, mesmo quando soçobravam, o custo da litigância era proibitivo. Antes de se preocuparem com o desfecho das *class actions*, os administradores accionados tinham, desde logo, que se angustiar com o custo incomportável da sua defesa.

3. O seguro como resposta

O *D&O Insurance*, que já existia desde a década de 1930, veio a conhecer então uma explosão. Os administradores, não estavam dispostos a enfrentar, com apenas o seu património, o risco de serem visados numa *class action*. A sua derrota estava quase praticamente assegurada, desde o início, pela incapacidade económica de custear a defesa. O custo da defesa, só por si, era quase suficiente para obrigar o administrador à rendição. O *D&O Insurance* foi a solução.

O conjunto da *business judgment rule* com o *D&O Insurance* assegurou aos administradores as condições mínimas de protecção, sem as quais se recusariam a assumir e exercer o cargo[8].

O sistema foi criticado por excessivamente proteccionista, o que facilitaria a imprudência e a assunção de riscos excessivos e imponderados (*recklessness*) na gestão. Mas o argumento contrário era também impressionante: sem esta protecção, só quem fosse muito imprudente passaria a aceitar o cargo, o que se traduziria num grave acréscimo de risco para o sistema[9].

4. O *D&O Insurance* – Directors' and Officers' insurance

a. *Origem do* D&O Insurance

O *D&O Insurance* teve a sua origem na crise bolsista de 1929. Muitos accionistas prejudicados com a queda do valor das suas acções e com

---

[8] PAUL WOLNY, *Die Directors' and Officers' Liability Insurance in den Vereinigten Staaten von Amerika (D&O-Versicherung)*, Peter Lang, Frankfurt am Main, 1993, pág. 58.

[9] DIOGO LEITE DE CAMPOS, *A Responsabilidade Civil Profissional e de Empresa e o seu Seguro*, Association Internationale du Droit de l'Assurance, 1973, págs. 65 e segs..

a falência das sociedades em que haviam investido pretendiam ser indemnizados dos danos sofridos.

Foram então promulgados o *Securities Act* de 1933 e o *Securities Exchange Act* de 1934 relativos ao controlo das emissões e do exercício no mercado e à protecção dos investidores. Foi neste quadro que, nos anos trinta, foi criado pela *Loyds Underwriters (London)* um novo seguro, o *D&O Insurance*, para a cobertura das responsabilidades dos *directors* e de outros *officers* perante os accionistas.

De início, este seguro não teve êxito nem expansão assinalável no mercado. Só nos anos sessenta e setenta do século XX o *D&O Insurance* veio a ter um acréscimo de procura, em consequência de um aumento da litigiosidade contra os administradores o qual veio, por sua vez, a ter como consequência uma crise financeira grave nas seguradoras e resseguradoras especializadas neste tipo de seguro. Por falta de procura, os prémios tinham baixado e as coberturas eram generosas. Quando foi fortemente solicitado, o sistema teve dificuldade em responder eficientemente. De então em diante, assistiu-se, a um generalizado aumento dos prémios.

O *D&O Insurance* veio a entrar na Europa através da Inglaterra e da Alemanha, em virtude da progressiva integração dos respectivos mercados financeiros. Também como nos Estados Unidos, o mercado só veio, contudo, a encontrar procura interna quando a litigiosidade o pressionou.

Hoje, o *D&O Insurance* é banal nas sociedades com dispersão de capital e nas sociedades cotadas em bolsa. Nos respectivos *sites*, é vulgar encontrar publicitado, na internet, o *D&O Insurance* que cobre as responsabilidades dos administradores da sociedade.

b. *Evolução subsequente: variação da posição do tomador*

No início, o *D&O Insurance* era um seguro contratado directamente pelo administrador com a seguradora. Com este seguro, pretendia o administrador cobrir o risco que sobre ele impendia de ser eventualmente condenado a indemnizar a sociedade. No seu próprio interesse, e para sua própria tranquilidade, decidia transferir esse risco para uma seguradora, suportando o respectivo prémio. Nesta primeira versão, o administrador era simultaneamente tomador e segurado.

Com uma maior divulgação do *D&O Insurance*, passou a haver, numa mesma administração de uma mesma sociedade, administradores com seguros diferentes, contratados com seguradoras diversas. Por outro lado, na prática, passaram a ser as sociedades a custear os seguros dos seus administradores, a título de *fringe benefit*. Ainda por outro lado, as sociedades constataram ser do seu próprio interesse, ou também do seu próprio interesse, que os seus administradores segurassem a sua responsabilidade, pois assim ficaria assegurada, ou melhor protegida, a sua solvência em caso de responsabilização por actos ou práticas de gestão. O interesse da sociedade era claro: de que lhe servia responsabilizar um administrador, se este não tivesse fortuna suficiente para pagar a indemnização?

Numa segunda fase, o *D&O Insurance* dos administradores passou a ser contratado pela sociedade com uma única seguradora, cobrindo a responsabilidade de todos os seus administradores perante essa mesma sociedade. Deixou assim de haver coincidência entre o tomador e o segurado. Passou a ser tomadora do seguro a sociedade e segurados os seus administradores. O sistema alargou-se aos *Directors* & *Officers* do mesmo grupo de sociedades.

c. *Evolução subsequente: o alargamento objectivo da cobertura*

No início, o *D&O Insurance* cobria um risco apenas: o dos danos causados pelo administrador à sociedade com actos ou práticas ilícitas de gestão. Progressivamente esta cobertura veio a ser alargada aos riscos ligados à responsabilidade dos administradores perante terceiros.

Passou, então, a distinguir-se a responsabilidade *interna* da responsabilidade *externa*: a primeira, do administrador perante a sociedade; a segunda, do administrador perante terceiros, que podiam ser os sócios ou investidores da sociedade, os seus trabalhadores, e até o público em geral. O âmbito material do risco coberto alargou-se a praticamente tudo o que pudesse ser exigido dos administradores a título de responsabilidade civil.

A cobertura objectiva alargou-se ainda numa matéria da maior relevância: as despesas do litígio. Os valores das indemnizações pedidas em *class actions* são geralmente brutais e a respectiva litigância muito intensa e agressiva. Tal torna dispendiosíssima a defesa dos administradores nessas acções. Ainda que o risco de condenação seja pequeno, ou mesmo nulo, os administradores são forçados a transaccionar em condições desvantajosas, ou mesmo a soçobrar, por falta de dinheiro com que financiar a lide.

O *D&O Insurance* passou, por essa razão, a cobrir também os custos do litígio. Esta cobertura passou progressivamente a constituir a função principal do seguro. A seguradora suporta, em primeiro lugar, o custo do litígio e, só com o remanescente do capital coberto, a indemnização. Hoje em dia, esta é a principal cobertura do *D&O Insurance*. Sendo as seguradoras a custear os litígios, passaram também a patrociná-los com os seus próprios advogados. As companhias de seguros especializadas no *D&O Insurance* têm advogados especializados nesse tipo de litigância. Aos segurados resta apenas um dever de cooperação com a seguradora no patrocínio.

d. *Evolução subsequente: o alargamento subjectivo da cobertura*

O alargamento objectivo da cobertura implicou desde logo um seu alargamento subjectivo: o beneficiário do seguro deixou de ser apenas a sociedade, e passaram a ser terceiros cuja identidade era previamente indeterminada. O *D&O Insurance* além de beneficiar a sociedade passou a beneficiar todos aqueles que tivessem direito a ser indemnizados pelos administradores em ligação com a sua actuação ou conduta nessa qualidade.

Mas o alargamento subjectivo não ficou por aqui. A lei do *Delaware* permitia que nos estatutos das sociedades fosse estipulada a responsabilidade da sociedade perante o administrador pelas indemnizações que este fosse condenado a pagar a terceiros pelo exercício das suas funções ou, dito de outro modo, o regresso do administrador sobre a sociedade por essas quantias.

Era preciso segurar também a responsabilidade da sociedade perante o administrador, quando estivesse obrigada a suportar as indemnizações em que ele fosse condenado. Daí nasceu uma dualização na cobertura: *side A* e *side B coverage*. A *side A coverage* (ou abreviadamente *A coverage*) cobre directamente os *directors and officers* das despesas em que incorram com o litígio, das indemnizações em que sejam condenados ou que aceitem suportar em transacção, quando não sejam cobertas pela sociedade. A *side B coverage* cobre os desembolsos que sejam feitos pela sociedade ao cobrir aqueles custos dos seus *directors and officers*.

Além disto, o seguro veio a alargar a cobertura a responsabilidades directas da própria sociedade (*Entity*). Na sequência da *Private Securities Litigation Reform Act* (Dezembro de 1995)[10], multiplicaram-se as

---

[10] IAN BYME, *Directors' and Officers' Insurance and Corporate Governance Risk*, cit., págs. 238 e segs..

pretensões contra os *directors and officers* e, solidariamente, contra a própria sociedade. Em casos como estes, veio a suscitar-se discrepância entre as seguradoras e as sociedades, porque as seguradoras não queriam cobrir a parte da responsabilidade que imputavam à sociedade (*alocation*). Daí nasceu a necessidade de incluir uma nova cobertura relativa à responsabilidade da sociedade: a *side C* também designada a *entity coverage*[11].

e. *Evolução subsequente: o alargamento das exclusões*

O simples conhecimento de contratação de seguros *D&O* suscitava a litigância. Garantia o pagamento das indemnizações que, sem esse seguro, talvez não fossem pagas por falta de meios dos condenados, incentivava o pagamento de somas avultadas.

O *D&O Insurance* teve efeitos perversos. Por um lado, aumentou a litigiosidade. Por outro, ao cobrir a responsabilidade dos administradores, incentivou a assunção de riscos excessivos na gestão, e até a prática de actos ilícitos. Num fenómeno conhecido, a transferência da responsabilidade induziu a irresponsabilidade. Com isto, suscitou controvérsia e reprovação por proteger excessivamente os administradores e agravou os custos das seguradoras oneradas com lides cada vez mais dispendiosas e com o pagamento de indemnizações crescentes. Foi o tempo da grande crise do *D&O Insurance*. Houve mesmo falências entre seguradoras e resseguradoras especializadas neste seguro.

A resposta das seguradoras consistiu no aumento dos prémios e das franquias, e na introdução de exclusões cada vez mais largas. Em termos gerais (adiante será detalhadamente especificado) as apólices passaram a excluir os danos emergentes de actos dolosos e outros, como danos reclamados por outros segurados abrangidos pelo mesmo seguro (*insured v. insured*), multas em que fossem condenados por entidades reguladoras ou outras entidades oficiais, etc.).

---

[11] IAN YOUNGMAN, *Directors' and Officers' Liability Insurance*, 2nd. ed., Woodehead, Cambridge, 1999, pág. 23, GEORGE DALLAS, *Governance and Risk*, cit., pág. 245.

f. *Evolução subsequente: o alargamento geográfico induzido pela globalização*

A globalização veio alargar o âmbito geográfico de aplicação do *D&O Insurance*, em dois sentidos.

Por um lado, as sociedades americanas foram-se instalando na Europa através de sociedades controladas, cujos administradores eram segurados por *D&O Insurance*. Por outro, muitas sociedades europeias passaram a emitir capital nas bolsas americanas, através de *ADRs*, ficando assim sujeitas às regras americanas de *corporate governance*, principalmente à *Sarbanes-Oxley Act*, o que as obrigava a contratar seguros *D&O* para os seus administradores. Progressivamente, a globalização levou as bolsas europeias a exigir esse seguro nas sociedades cotadas.

O *D&O Insurance* deixou, assim de ser um fenómeno quase exclusivamente norte americano, para passar a ser característico dos mercados financeiros globais do capitalismo avançado.

5. O conteúdo típico das apólices *D&O*

As apólices do seguro *D&O* podem ter conteúdos variados, consoante a negociação entre as partes, consoante as minutas das seguradoras e sobretudo por influência das resseguradoras. Na prática, a influência das resseguradoras tem sido determinante, quer no conteúdo das apólices, quer na evolução do seguro. As quantias reclamadas são normalmente muito elevadas e a sua cobertura acaba, as mais das vezes, por ser coberta pelas resseguradoras. Daí a sua influência.

Sem entrar em detalhes, assumem maior relevância as cláusulas que contêm as principais definições da apólice. Sem ser exaustivo, são elas as seguintes.

a. *Definições típicas*

Período de vigência: É o período de tempo indicado nas Condições Particulares durante o qual se encontram em vigor as garantias da Apólice. Pode ser alargado, nas condições particulares a um tempo posterior ou a um tempo anterior (*discovery period*).

Claims made clause: O seguro abrange apenas os sinistros em relação aos quais a reclamação seja feita durante o tempo de vigência do seguro, mas não aquelas em que os factos tenham ocorrido dentro do tempo de vigência, mas as reclamações tenham sido posteriores. Hoje, praticamente todas as apólices *D&O* são sujeitas a esta cláusula.

Tomador: A entidade que subscreve o presente contrato com a Seguradora, sendo responsável pelo pagamento do prémio.

Segurado: gerente, administrador ou director, ou outro dirigente da sociedade ou das sociedades com ela coligadas.

Terceiro beneficiário: Pessoa que surge a reclamar a responsabilidade.

Acto ilícito (wrongful act): Acto, omissão ou comportamento ilícito, real ou alegado, praticado ou simplesmente imputado ao segurado, podendo consistir, designadamente, em violação da lei ou de contrato, dos deveres de diligência ou de lealdade, omissão de informação ou informação incorrecta ou enganosa.

Sinistro: Reclamação judicial ou extrajudicial de indemnização formulada contra o segurado por actos, omissões ou comportamentos no exercício do cargo.

Reclamação: Todo o procedimento judicial ou extrajudicial iniciado contra o segurado com fundamento em responsabilidade civil em que possa incorrer por actos ilícitos no exercício de funções de gerência, administração e direcção da sociedade e/ou das sociedades coligadas, ou qualquer comunicação escrita ao tomador do seguro ou ao segurado com fundamento em responsabilidade civil em que a pessoa segura possa incorrer por actos ilícitos no exercício de funções de gerência, administração e direcção da sociedade e/ou sociedades coligadas.

Perdas e danos: Prejuízo que, sendo susceptível de avaliação pecuniária, deve ser indemnizado pelo segurado, em consequência de um sinistro.

Despesas judiciais: Os preparos, custas e demais despesas razoáveis custeadas, em procedimentos judiciais, arbitrais ou extrajudiciais por motivo de sinistro, incluindo os honorários de advogados e solicitadores, pareceres jurídicos ou técnicos, e despesas de investigação de factos.

Franquia: Importância que, em caso de sinistro, fica a cargo do segurado.

Cargo exterior: Cargo desempenhado noutras sociedades por indicação ou designação da sociedade ou sociedades seguradas.

Objecto do contrato: Garantia da responsabilidade civil do segurado, por actos ilícitos praticados ou que lhe sejam imputáveis, quando se encontre no exercício de funções de gestão da sociedade e/ou das sociedades coligadas.

b. Coberturas típicas

São típicas – em termo de normalidade (tipicidade de frequência) – as seguintes coberturas:

Individual coverage – É normalmente utilizada para cobrir a responsabilidade de administradores não executivos que pertençam a vários conselhos e que necessitem de estar cobertos por uma única apólice. É geralmente custeada pelo administrador, na dupla qualidade de tomador e segurado.

Professional indemnity – É normalmente utilizada para cobrir a responsabilidade de administradores que participem do órgão na qualidade de profissionais liberais (advogados, auditores). É também geralmente custeada pelo próprio, como no caso anterior.

A-side coverage – Cobre directamente a responsabilidade dos administradores, quando a sociedade o não faça, ou porque não quer, ou porque não tem meios para tanto, ou porque a lei não lhe permite. É normalmente custeada pela sociedade.

B-side coverage – Cobre a sociedade da responsabilidade que esta tenha para com os seus administradores, pela satisfação das responsabilidades que lhes sejam imputadas por actos praticados no exercício do cargo. É normalmente custeada pela sociedade.

C-side coverage – (*entity coverage*) – Cobre as responsabilidades imputadas directamente à sociedade. É custeada pela sociedade.

Employment practices liability – Cobre responsabilidades emergentes de reclamações por despedimentos ilícitos. Esta cobertura é por vezes incluída no seguro e é custeada pela sociedade.

c. Exclusões típicas

Libel or slander: É frequente a exclusão da responsabilidade por injúria ou difamação, mas nos casos em que é excluída, pode a exclusão ser afastada mediante um prémio adicional.

Insured versus insured: É normalmente excluída a cobertura da responsabilidade imputada por um segurado a outro segurado, mais concretamente por um administrador a outro administrador. A principal razão de ser desta exclusão reside no risco de conluio.

Property damage: Foi frequente, mas está a deixar progressivamente de ser excluído o risco de indemnização de danos causados à propriedade. Normalmente este risco é coberto por seguros específicos.

Seepage and polution: É quase sempre excluída a cobertura de danos ambientais e de infiltrações de produtos danosos, mas pode ser admitida mediante negociação.

Personal guarantees and warranties: É por vezes excluído, embora com cada vez menos frequência, o risco emergente de garantias dadas pelo administrador em contratos celebrados.

Failure of products: A responsabilidade pelo produto, ou responsabilidade do produtor, está normalmente excluída na cobertura do *D&O Insurance*, mas pode ser incluída. Normalmente é coberta por seguros específicos.

Corporate manslaughter: É por vezes incluída e por vezes excluída, a cobertura da indemnização por morte de terceiros, designadamente em acidentes imputáveis à sociedade ou ao segurado.

Illegal profits or gains: A restituição de quantias ilicitamente adquiridas é sempre excluída.

Dishonesty or fraud: A responsabilidade por actos ou comportamentos desonestos ou fraudulentos é sempre excluída. Pode ser coberto o custeio do litígio quando venha a provar-se a inocência do segurado.

Questionable payments: É excluída a responsabilidade pelo pagamento de subornos ou de outras vantagens com finalidades semelhantes, feitas a partidos políticos, governos ou membros de governos ou de autarquias, de forças armadas, associações de consumidores, associações ambientalistas, ou similares.

Copyright: A responsabilidade por violação de direitos de autor, patentes, marcas e, em geral, propriedade industrial, é normalmente coberta por seguros específicos.

Professional indemnity/liability: A responsabilidade profissional por conselhos, informações, desenhos, projectos e outros congéneres, deve ser coberta por seguros de responsabilidade civil profissional.

Pensions: É normalmente coberta por seguros específicos a responsabilidade emergente da violação de obrigações ligadas a sistemas de pensões.

Fines: É excluída a cobertura de multas e outras penalidades de natureza criminal ou contravencional, *punitive damages* ou *exemplary damages*.

Known actions: Em princípio, são excluídas as responsabilidades relativas a factos, actos ou comportamentos já conhecidos ao tempo da contratação do seguro.

Deliberate acts: é excluída a cobertura das responsabilidades emergentes de actos, omissões ou condutas intencionalmente ilícitas. Esta exclusão pode suscitar problemas com o novo n.º 2 do artigo 396.º Código das Sociedades Comerciais, como se verá adiante.

6. Introdução do *D&O Insurance* em Portugal

Em Portugal, o *D&O Insurance* começa apenas a ser conhecido. Embora haja já seguradoras portuguesas a oferecê-lo e sociedades cotadas a utilizá-lo para a cobertura da responsabilidade dos seus administradores, pode dizer-se que não está ainda banalizado.

Adoptando o projecto da CMVM, com as alterações decorrentes da discussão pública, foi alterada a redacção do n.º 2 do artigo 396.º do CSC, que passou a admitir para cobertura da responsabilidade dos administradores, em vez de um seguro-caução, um seguro *a favor dos titulares das indemnizações*. Segundo o projecto da CMVM, trata-se precisamente do seguro *D&O*.

7. *D&O Insurance* e *business judgment rule*

O sistema português de responsabilidade dos administradores, consagrado no Código das Sociedades Comerciais, assenta na ilicitude de actos praticados pelos administradores.

O sistema da responsabilidade civil dos administradores, no Código das Sociedades Comerciais, tem maior proximidade com o direito geral da responsabilidade civil do que com o direito comercial das sociedades. A responsabilidade dos administradores é construída sobre a prática de actos ilícitos culposos e danosos. A culpa é presumida, na responsabilidade (contratual) perante a sociedade (artigo 72.º do Código das Sociedades Comerciais), mas já o não é na responsabilidade (delitual-aquiliana) perante os sócios e terceiros (artigos 78.º e 79.º).

Segundo o artigo 396.º do Código das Sociedades Comerciais, a responsabilidade dos administradores das sociedades anónimas deve ser (na redacção originária) caucionada "por alguma das formas previstas na lei", podendo essa caução "ser substituída por um contrato de seguro, a favor da sociedade". Esta caução cobre a responsabilidade dos administradores perante a sociedade, tal como prevista no artigo 72.º.

Este sistema veio a ser modificado na recente reforma do Código das Sociedades Comerciais.

Comparando o actual texto do artigo 396.º com o texto proposto para este artigo pela CMVM e que veio a ser adoptado, verifica-se que onde estava *"um contrato de seguro, a favor da sociedade"* passou a constar *"um contrato de seguro, a favor dos titulares de indemnizações"*.

No texto posto a discussão pública, a CMVM justificou esta proposta de alteração com a necessidade de alargar a cobertura da caução que, em vez de se limitar à responsabilidade dos administradores para com a sociedade, passaria a abranger também a sua responsabilidade perante outras pessoas. O relatório da CMVM refere mesmo expressamente a intenção de *"estimular os seguros de responsabilidade dos administradores* (D&O Insurance)*, que tão intensa utilização têm merecido no estrangeiro"*. A intencionalidade desta proposta de alteração do sistema de caução dos administradores dificilmente podia ser mais clara. É ainda muito significativo que o autor material da proposta tenha sido a CMVM, entidade a quem cabe a regulação e o controlo do mercado bolsista, e que a alteração tenha sido proposta para todas as sociedades anónimas, mesmo as sociedades anónimas fechadas (em relação às quais se propõe apenas um valor inferior de caução). Por outro lado, foram propostas alterações também aos dispositivos legais em que assenta a responsabilidade civil dos administradores.

Ao artigo 64.º acabou por ser dada a seguinte redacção:

Artigo 64.º
Deveres fundamentais

1 – Os gerentes ou administradores da sociedade devem observar:

a) Deveres de cuidado, revelando a disponibilidade, a competência técnica e o conhecimento da actividade da sociedade adequados às suas funções e empregando nesse âmbito a diligência de um gestor criterioso e ordenado; e

b) Deveres de lealdade, no interesse da sociedade, atendendo aos interesses de longo prazo dos sócios e ponderando os interesses dos outros sujeitos relevantes para a sustentabilidade da sociedade, tais como os seus trabalhadores, clientes e credores.

2 – Os titulares dos órgãos sociais com funções de fiscalização devem observar deveres de cuidado, empregando para o efeito elevados padrões de diligência profissional e deveres de lealdade, no interesse da sociedade.

A nova redacção consagra a chamada *business judgment rule*, característica do sistema americano, mas em moldes algo diferentes.

Também os artigos 72.º, 78.º e 79.º vieram a ser alterados.
A principal modificação do artigo 72.º consiste na inserção de um novo n.º 2 (o actual n.º 2 passou a ser n.º 3), com o seguinte teor[12]:

> 2 – A responsabilidade é excluída se alguma das pessoas referidas no número anterior provar que actuou em termos informados, livre de qualquer interesse pessoal e segundo critérios de racionalidade empresarial.

Nos artigos 78.º e 79.º, com relevância nesta matéria, foram modificados os respectivos n.º 5 e n.º 2 que ao direito de indemnização mandam aplicar, agora, os n.ºs 3 a 6 do artigo 72.º quando antes referiam os n.ºs 2 a 5.

O seguro *D&O* anda naturalmente associado à *business judgment rule*, e cobre a responsabilidade que aquela regra deixa ainda no administrador. Por isso, a introdução do seguro *D&O* de certo modo induz a da *business judgment rule*. A introdução conjunta destes dois mecanismos jurídicos é natural e vem colocar o direito societário português, no que respeita ao regime da administração, ao par dos demais vigentes nos regimes liberais avançados.

A alteração do artigo 64.º acarreta, em nossa opinião, a superação (ou, pelo menos, remissão para uma posição secundária) da discussão que a sua redacção originária tinha suscitado, no que respeita ao interesse social, entre o institucionalismo e o contratualismo. O que está, agora, no artigo 64.º é muito claramente a consagração de *business judgment rule*.

Com a redacção que veio a ser dada ao n.º 2 do artigo 72.º, a *business judgment rule* fica formulada como uma presunção de ilicitude, ao contrário do que tinha sido inicialmente preconizado na proposta da CMVM. Esta presunção porém, merece algumas prevenções. Por um lado, é duvidoso que a presunção – se é que de uma presunção verdadeiramente se trata – deva ser considerada inilidível. Na verdade, ficaria frustrado o sentido que é próprio desta regra se, não obstante o cumprimento do dever de cuidado e do dever de lealdade, fosse ainda possível discutir a licitude do comportamento do administrador no exercício do cargo.

Segundo a doutrina americana consensual, *"Directors of a corporation are not liable for losses arising from mere error of judgment, if they acted in good faith and with due care"*.

---

[12] As demais alterações são apenas formais, induzidas pela omissão da referência a directores.

Segundo uma formulação que nos parece mais rigorosa, a *business judgment rule* traduz-se no seguinte: um *"director"* ou outro *"officer"* ao tomar uma decisão no exercício da sua função, deve fazê-lo em boa fé e com um fim lícito, não ter um interesse pessoal na matéria da decisão, informar-se sobre o assunto de um modo que razoavelmente considere adequado, e estar racionalmente convencido de que a decisão é tomada no melhor interesse da sociedade[13].

Desde que se verifiquem estes pressupostos, a decisão tomada, o acto praticado, a política de gestão ou de fiscalização executadas devem ficar livres de sindicação judicial.

Outra reserva nos merece o regime da *business judgment rule*, tal como ficou plasmado na lei. No n.º 2 do artigo 72.º, ao contrário do que é típico, foi imposto ao administrador o ónus de demonstrar que se verificam no caso os pressupostos da *business judgment rule* em vez de recair sobre quem invoca a responsabilidade o ónus de demonstrar o contrário.

A este propósito, pode ler-se, na consulta da CMVM:

> Qualquer reforma legislativa actual sobre a posição jurídica do administrador deve implicar uma tomada de posição sobre a consagração da chamada *business judgement rule*, de inspiração norte-americana. Como é sabido, estabelece-se aí uma presunção de licitude da conduta em favor dos administradores. Desde que reunidos certos pressupostos, designadamente a ausência de conflito de interesses e um adequado esforço informativo, o juiz abster-se-á de aferir do mérito da actuação do administrador. Visa-se assim potenciar (ou não restringir) o sentido empresarial e empreendedor de actuação dos administradores. (...) A consagração no direito português de uma presunção de licitude da actuação do administrador implicaria uma fractura sistemática no nosso sistema de imputação de danos, com consequências práticas indesejáveis. (...) A consagração de uma norma presuntiva da actuação lícita dos administradores correria o risco de agravar o já existente défice de sentenças condenatórias nesta matéria.

Mas, haverá fundamento para agravar assim a posição dos administradores, quando lhes seja pedida responsabilidade?

---

[13] ANNETTE GREENHOW, *The Statutory Business Judgment Rule: Putting the Wind into Director's Sails*, http://www.bond.edu.au/law/blr/vol11-1/Greenhow.doc.

Deve ser enfatizada outra consideração: na versão originária do Decreto-Lei n.º 28-A/06, a aplicação do n.º 2 do artigo 72.º foi afastada pelo n.º 5 do artigo 78.º e pelo n.º 2 do artigo 79.º.

Nesta versão original o n.º 5 do artigo 78.º e o n.º 2 do artigo 79.º eram do seguinte teor:

Artigo 78.º
Responsabilidade para com os credores sociais

1 – ...
2 – ...
3 – ...
4 – ...
5 – Ao direito de indemnização previsto neste artigo é aplicável o disposto no n.º 3 a 6 do artigo 72.º e o n.º 1 do artigo 74.º.

Artigo 79.º
Responsabilidade para com os sócios e terceiros

1 – ...
2 – Aos direitos de indemnização previstos neste artigo á aplicável o disposto nos n.ºs 3 a 6 do artigo 72.º e o n.º 1 do artigo 74.º.

A regra do n.º 2 do artigo 72.º não se aplicava, assim, nos casos de responsabilidade *externa*, isto é, de responsabilidade perante sócios, credores e outros terceiros. Não podemos deixar de nos interrogarmos sobre o sentido deste regime. O que é que estava a ser excluído do regime da responsabilidade externa dos administradores: a própria *business judgment rule*? Ou o particular regime que à *business judgment rule* é dado no n.º 2 do artigo 72.º?

Pareceu-nos, então, de todo desrazoável excluir a *business judgment rule* nos casos em que assume maior relevância, utilidade e – até – necessidade, como são sem dúvida os casos de *class actions*. Uma interpretação como esta seria até colisiva com o preceito do n.º 3 do artigo 9.º do Código Civil.

Mais razoável seria reservar ao regime da responsabilidade interna, perante a sociedade, a inversão do ónus da prova constante do n.º 2 do artigo 72.º, e admitir a vigência da *business judgment rule* nos demais casos, com o seu regime típico de caber a quem reclama a indemnização o ónus da demonstração da violação dos pressupostos do dever de cuidado ou do dever de lealdade, com base no artigo 64.º e como um regime geral de responsabilidade civil aquiliana. Tudo isto sem prejuízo da especificidade do fundamento da responsabilidade perante os credores, conforme o artigo 78.º (*disposições legais ou contratuais destinadas à protecção destes*).

Previmos, logo, que a questão, viesse a ser a ser controvertida.

Mas não. Não chegou a haver tempo para a controvérsia. Logo em 26 de Maio de 2006, uma «declaração de rectificação»[14] alterou, *inter alia* aqueles regimes especiais: no n.º 5 do artigo 78.º do Código das Sociedades Comerciais onde constava «é aplicável o disposto nos n.os 3 a 6 do artigo 72.º» passou a constar «é aplicável o disposto nos n.os 2 a 6 do artigo 72.º»; e no n.º 2 do artigo 79.º, onde constava «é aplicável o disposto nos n.os 3 a 6 do artigo 72.º» passou a constar «é aplicável o disposto nos n.os 2 a 6 do artigo 72.º».

Deste modo, o regime da *business judgment rule* ficou uniformizado na sua aplicação, tanto nas relações internas como nas relações externas. Em todas elas, há uma presunção de ilicitude: cabe ao administrador alegar e provar que respeitou o *duty of care* e o *duty of loyalty*.

8. Repensar o dever de diligência e o dever de lealdade na perspectiva do *D&O Insurance*

I. A introdução do *D&O Insurance* e da *business judgment rule* no sistema societário português é natural e inevitável. A integração no espaço económico europeu assim o induz. Com ou sem alteração legislativa, é imposta pela natureza das coisas.

A regra do artigo 64.º deve entender-se como recebendo o sentido da *business judgment rule*. Os titulares dos órgãos sociais, sejam de gestão sejam de fiscalização, e ainda outros dirigentes com poder de decisão (por exemplo, administradores de facto: artigo 80.º), devem respeitar o dever de cuidado (diligência) e o dever de lealdade e devem ficar isentos de responsabilidade quando o façam.

No âmbito do dever de cuidado (diligência), devem agir informadamente, o que supõe que as suas decisões sejam apoiadas num processo documental. Este processo deve ser suficientemente organizado e detalhado para permitir verificar quais as circunstâncias e os fins com que as

---

[14] DR I Série-A n.º 102, de 26 de Maio de 2006.

decisões foram tomadas. Devem também actuar de um modo profissional, empresarialmente racional e competente (*Directors are expected to display the entrepreneurial flair to maintain and improve shareholders' return on their investment*).

No âmbito do dever de lealdade, devem agir sem conflitos de interesses. Tal impõe que a sua actuação seja orientada para o interesse da sociedade, "*atendendo aos interesses de longo prazo dos sócios e ponderando os interesses dos outros sujeitos relevantes para a sustentabilidade da sociedade, tais como os seus trabalhadores, clientes e credores*", sem que nessa sua acção intervenha ou se sobreponha o seu próprio interesse.

Verificados estes dois pressupostos, fica vedada a apreciação judicial. É fora deste âmbito que se verifica a responsabilidade dos administradores (e outros dirigentes): quando a sua acção não respeite o dever de cuidado (*duty of care*) ou o dever de lealdade (*duty of loyalty*).

Ao formularem as suas reclamações contra os administradores ou outros dirigentes, os reclamantes (sejam eles investidores, trabalhadores, clientes ou a própria sociedade) não carecem de alegar e provar a violação, pelos administradores, dos deveres de diligência ou de lealdade. Caberá então aos administradores visados a demonstração de terem agido com respeito pelo dever de cuidado e pelo dever de lealdade.

A própria reclamação tem, desde logo, o efeito de desencadear o funcionamento do seguro *D&O*. A reclamação de responsabilidade, ainda que antes da proposição de qualquer acção judicial, constitui o típico "sinistro" para o efeito do seguro *D&O*. É a reclamação que desencadeia o funcionamento do seguro, não é o acto do administrador nem a proposição da acção judicial.

Ao tomar conhecimento da reclamação, o segurado deve imediatamente informar a seguradora. De aí em diante, conforme estipulado no seguro, é a seguradora (ou o segurado, conforme estipulado) que assume a defesa, com os seus advogados e outros técnicos, que procede às respectivas diligências, entre elas a investigação dos factos, à negociação de uma solução transaccional (*settlement*), solicitação e obtenção de pareceres técnicos e jurídicos, e ao mais que lhe parecer adequado. Toda esta actividade é custeada pelo seguro que cobre, em primeiro lugar, o custeio do litígio. Só no que remanescer, o seguro cobre a indemnização. Quando a defesa caiba à seguradora (pode ser estipulado que a defesa seja exercida pelo próprio ou pela seguradora), o segurado tem o dever de cooperar com ela nessa defesa.

O seguro *D&O* é um seguro multirriscos. Cobre a responsabilidade do administrador perante a sociedade (como o clássico seguro de caução até hoje utilizado nos moldes do artigo 396.º do Código das Sociedades Comerciais), cobre a responsabilidade civil profissional (quando celebrado directa e individualmente pelo administrador que pertença a vários órgãos de várias sociedades de grupos diversos ou numa qualidade profissional - *individual coverage* e *professional indemnity*) e é um seguro de protecção jurídica (cobre os custos de litígios judiciais ou extrajudiciais). Substitui com vantagem o seguro-caução que tradicionalmente tem sido contratado para caucionar os administradores.

II. Finalmente uma palavra sobre a concretização do regime do seguro *D&O*. A apólice, incluindo as condições gerais, as condições particulares, as exclusões, etc., deve ser interpretada de acordo com o tipo social do *D&O Insurance*[15]. Existe uma enorme experiência e uma riquíssima literatura no estrangeiro, principalmente nos Estados Unidos, quanto a este seguro. Ele é introduzido nas sociedades abertas cotadas, principalmente nas que são cotadas no estrangeiro. Os seus intervenientes, seguradoras, segurados e beneficiários têm, em relação a este seguro, uma expectativa de regime e eficácia correspondente ao tipo bem conhecido e muito praticado do *D&O Insurance*. É desse modo que deverá ser concretizado. Seria frustrante, para os seus intervenientes e para o mercado, que, na sua concretização, a doutrina ou a jurisprudência viessem a contrariar essa expectativa.

9. Especificidades do regime português

I. Constitui um velho vício português a dificuldade em harmonizar com os outros. Tal sucede notoriamente *inter alia* no que respeita à legislação. Neste domínio, como em muitos outros, o legislador não resistiu à tentação de legislar "*à portuguesa*". Em vez de fazer como os demais, sem lhe ocorrer que está cada vez mais inserido num mundo globalizado e na União Europeia, principalmente numa matéria cosmopolita como é, em geral, o Direito Comercial e, em particular o direito das bolsas e dos seguros, o legislador nacional não resistiu a improvisar e a fazer diferente. E fez muito diferente.

---

[15] Sobre o tipo social e o seu papel na interpretação e na concretização, PAIS DE VASCONCELOS, *Contratos Atípicos*, Almedina, Coimbra, 1995, págs. 62 e segs..

II. Ao transpor para os artigos 72.º, 78.º e 79.º do Código das Sociedades Comerciais o regime da *business judgment rule*, inverteu o seu sistema de funcionamento. Enquanto esta regra, na sua formulação comum, faz recair sobre o autor, nas acções de responsabilidade civil contra os administradores, o ónus de alegar e provar que estes agiram com desrespeito ou violação do dever de cuidado ou do dever de lealdade, inverteu o sistema e fez cair sobre os administradores, réus naquelas acções, o ónus de alegar e provar que agiram com respeito do dever de cuidado e do dever de lealdade.

Esta inversão pode ter – e é previsível que tenha – efeitos dramáticos sobre o resultado das acções de responsabilidade civil contra os administradores, dada a dificuldade da prova. Se é difícil, para um terceiro (sócio ou não) provar que os administradores violaram os deveres de cuidado ou de lealdade, mais difícil será ainda para os administradores fazerem a prova do contrário, a prova de não terem violado. Nada se provando – e este será um resultado possivelmente frequente – os administradores serão condenados.

Este regime de inversão da *business judgment rule* foi intencionalmente escolhido pelo legislador. A opção está claramente formulada no relatório da consulta pública da CMVM: a «consagração de uma norma presuntiva da actuação lícita dos administradores correria o risco de agravar o já existente défice de sentenças condenatórias nesta matéria».

Confessa-se assim uma intencionalidade normativa de presumir a ilicitude da actuação dos administradores a pretexto de desagravar um invocado défice de acções condenatórias nesta matéria.

Esta orientação merece a nossa clara discordância.

O défice de sentenças condenatórias – nesta e noutras matérias, porventura mais graves e mesmo escandalosas –, se é que existe, tem razões que são conhecidas por uns e suspeitadas por outros, mas que são imputáveis mais ao legislador e ao sistema de justiça, do que aos particulares, entre eles os administradores de sociedades. A presunção de ilicitude de condutas representa um retrocesso civilizacional grave. Acrescida à presunção de culpa que já está consagrada no n.º 1 do artigo 72.º, cria um desequilíbrio grave, contra os administradores, nos litígios sobre a responsabilidade civil emergente da sua actuação.

A presunção de culpa dos administradores, quando a sua responsabilidade é invocada pela sociedade, estava já consagrada no artigo 72.º do Código das Sociedades Comerciais e corresponde ao regime geral da responsabilidade contratual (artigo 799.º do Código Civil). Trata-se de uma questão de cumprimento ou de incumprimento de uma obrigação contratual, pois é contratual a natureza do vínculo jurídico que liga os administradores à sociedade e que rege, nas relações entre eles, o exercício da administração.

Já no regime da responsabilidade civil dos administradores perante sócios, credores ou outros terceiros (o artigo 64.º, na sua nova redacção, fala de "outros sujeitos relevantes para a sustentabilidade da sociedade, tais como os seus trabalhadores, clientes e credores"), consagrado nos artigos 78.º e 79.º, a responsabilidade é aquiliana. Não se trata, já, de incumprimento de contrato, mas sim de violação de lei. Por isso, não há presunção de culpa. Como no regime do artigo 483.º do Código Civil, é a culpa que tem de ser alegada e provada por quem reclama a responsabilidade dos administradores.

Ao inserir "ex novo" o regime da *business judgment rule*, numa versão invertida, presumindo a ilicitude da actuação dos administradores, a nova reforma do Código das Sociedades Comerciais criou uma situação gravemente incoerente:

– no regime da responsabilidade perante a sociedade (*responsabilidade interna*), presume-se a ilicitude e a culpa;
– no regime da responsabilidade perante os sócios ou outros terceiros (*responsabilidade externa*), presume-se a ilicitude, mas não a culpa.

Esta solução é extremamente perigosa para os administradores e é susceptível de dissuadir os gestores profissionais mais capazes de exercer cargos em sociedades regidas pela lei portuguesa, quer dizer, em sociedades comerciais com a sua sede em Portugal. Constitui mais um – entre outros – factores de deslocalização de sociedades comerciais com sede em Portugal.

III. Também no n.º 2 do artigo 396.º do Código das Sociedades Comerciais, o legislador inovou.

Onde já permitia a cobertura da responsabilidade dos administradores perante a sociedade por um seguro a favor da sociedade, veio agora admitir a substituição da caução por um seguro "a favor dos titulares de indemnizações". A diferença é clara: onde antes o seguro cobria apenas a responsabilidade dos administradores perante a sociedade, agora a cobertura alarga-se a todas e quaisquer pessoas que sejam titulares do direito de indemnização, isto é, passa a cobrir, além da responsabilidade perante a sociedade, também a responsabilidade perante terceiros (sócios, credores, trabalhadores, clientes, e até "outros sujeitos relevantes para a sustentabilidade da sociedade".

Este alargamento, como se disse já, tem tudo a ver com a introdução do *D&O Insurance*. Este tipo de seguro abrange tipicamente a cobertura da responsabilidade dos administradores, quer perante a sociedade, quer perante terceiros.

IV. Mas pode suscitar dificuldades. De acordo com o seu regime socialmente típico, a cobertura do *D&O Insurance* é excluída em vários casos, entre os quais se destaca o de "*deliberate acts*": é excluída a cobertura das responsabilidades emergentes de actos, omissões ou condutas intencionalmente ilícitas.

Poderá então ser perguntado, por quem tiver menor experiência nesta matéria, se será admissível, nas apólices de seguro de responsabilidade civil dos administradores, a exclusão da cobertura das responsabilidades emergentes de actos, omissões ou condutas intencionalmente ilícitas?

Esta questão é interessante, mas não é nova. Em bom rigor, já se punha perante a redacção originária do artigo 396.° e perante os seguros que, na sua vigência, foram contratados em substituição da caução.

Note-se que, na versão originária do artigo 396.°, n.° 2, dizia-se apenas que "a caução pode ser substituída por um contrato de seguro a favor da sociedade (…)". Já, desde o início, era permitida a "substituição" da caução por um seguro. Se existe agora diferença, naquilo em que se exige que o seguro seja contratado também em benefício da generalidade dos terceiros, além dos sócios, algo se manteve igual: a substituição da caução pelo seguro. A questão da cobertura do risco de dano causado intencionalmente ou dolosamente, coloca-se do mesmo modo perante os seguros contratados em todas as versões do artigo 396.° do Código das Sociedades Comerciais: a problemática é idêntica.

O artigo 437.° do Código Comercial estatui, no seu n.° 3, que o seguro fica sem efeito "se o sinistro tiver sido causado pelo segurado ou por pessoa por quem ele seja responsável ou por pessoa por quem ele seja civilmente responsável". Este preceito, na nudez da sua letra, exclui a cobertura da responsabilidade dos gestores ou membros de órgãos de fiscalização, sempre que o acto gerador da responsabilidade fosse por eles causado. Uma interpretação como esta excluiria, porém, quase completamente, a utilidade do seguro para "substituir" a caução, tal como previsto no artigo 396.°, quer na redacção antiga, quer na actual. Todavia, a verdade é que ninguém, até agora, suscitou esta questão e o seguro tem sido pacificamente admitido para esse efeito.

A questão está há muito resolvida e Moitinho de Almeida[16] é muito claro nesta matéria. A proibição da cobertura de sinistros dolosamente causados pelo segurado é tradicional no direito dos seguros. O seu fundamento varia, nas opiniões, entre a perda da álea própria do seguro e "considerações de ordem pública e moralidade". A redacção restritiva da lei justificava-se ao seu tempo. Ao tempo em que nasceu o Código Comercial, "só era admitida a cobertura de sinistros fortuitos em que o segurado não tivesse intervindo com culpa ou dolo" (pág. 103). A evolução subsequente, com a admissão dos seguros de responsabilidade civil, veio a conduzir à admissão da cobertura da simples culpa e, depois, da culpa grave. Hoje, "ficam só praticamente excluídos os sinistros dolosos, e mesmo estes, em determinadas circunstâncias, podem ser validamente cobertos" (págs. 106-107). Assim, "hoje não se discute a natureza facultativa do preceito (o artigo 437.º, n.º 3), permitindo-se a cobertura dos sinistros causados com culpa grave, e não vemos razões para alterar esta prática" (pág. 107). No entender do Autor, não são cobertos os sinistros causados com dolo, bastando, para caracterizar o dolo "um estado subjectivo de voluntariedade e consciência das consequências do acto" (...) "não é necessária a intenção de causar prejuízo ao segurador" (pág. 102).

A exclusão da responsabilidade da seguradora em sinistros causados por actos praticados com negligência grave ou dolo, ou negligência simples, é muito controvertida no estrangeiro, sendo objecto de uma rica casuística[17].

No Projecto do *"Restatement of European Insurance Contract Law"*, a questão está prevista no artigo 6.101, com o seguinte teor:

---

[16] José Carlos Moitinho de Almeida, *O Contrato de Seguro no Direito Português e Comparado*, Sá da Costa, Lisboa, 1971, págs. 101 e segs.. Também Cunha Gonçalves, *Código Civil Anotado*, II, Empresa Editora José Bastos, Lisboa, 1919, págs. 566-567: "O segurador não responde também pelo sinistro causado pelo próprio segurado ou por pessoa por quem ele seja civilmente responsável, como dispõe o n.º 5 deste artigo. Mas, posto que este preceito o não diga, nada impede que as partes convencionem o contrário, assumindo o segurador a responsabilidade pelos sinistros não causados com intenção ou culpa grave".

[17] John Lowry & Philip Rawlings, *Insurance Law*, Hart Publishing, Oxford – Portland, Oregon, 2004, págs. 529 e segs., Paul Wollny, *Die Directors' and Officers' Liability Insurance in den Vereinigten Staaten von Amerika (D&O-Versicherung)*, cit., págs. 296 e segs.

Article 6.101:
Causation of Loss or Damage

(1) Neither the insured nor the policyholder, as the case may be, shall be entitled to indemnity to the extent that the loss was caused by an act or omission on his part with intent to cause that loss or damage. In the case of loss caused by the policyholder, the insured shall be entitled to indemnity nonetheless.

(2) Except in the case of liability insurance, the insured shall not be entitled to indemnity, to the extent that the loss or damage was caused by an act or omission of the insured recklessly and with knowledge that that loss or damage would probably result.

(3) Subject to any clear term of the policy to the contrary, the insured shall be entitled to indemnity in respect of any loss or damage, if the loss or damage was caused by an act or omission of the insured that was negligent.

(4) For the purposes of para. 1-3 causation of loss includes failure to avert or to mitigate loss.

Este critério, que nos parece equilibrado e razoável, e ao qual aderimos, irá segundo julgamos generalizar-se no direito privado da União Europeia. Distingue três situações típicas:

– se o dano for causado por acto ou omissão do segurado ou do tomador, com a intenção de causar o dano (e na medida em que o for) a seguradora não tem de indemnizar o segurado ou o tomador em questão; mas o segurado não deixa de ser indemnizado pela seguradora se o acto ou omissão forem do tomador;
– se o acto ou omissão causais do dano (e na medida em que o forem) tiverem sido praticados com negligência grave e com consciência da probabilidade do dano, a responsabilidade da seguradora é também excluída, salvo nos seguros de responsabilidade civil;
– se o acto ou omissão causais do dano (e na medida em que o forem) tiverem sido praticados com simples negligência, a seguradora deve indemnizar, salvo estipulação em contrário.

V. Mas um seguro que tenha sido assim contratado poderá satisfazer a exigência do artigo 396.º, n.º 2, do Código das Sociedades Comerciais?

A questão é complexa. A sua complexidade decorre da complexidade do próprio seguro.

Tal como exigido no n.º 2 do artigo 396.º, o seguro pode ser contratado pela sociedade, como tomadora (*policy holder*), e abranger todos os titulares dos seus órgãos de gestão e de fiscalização. Esta é a situação mais frequente. O respectivo prémio só pode ser custeado pela sociedade naquilo em que a cobertura exceder o mínimo legal. No restante, o prémio deverá ser repercutido sobre o segurado que, na prática, acabará por ser compensado de um ou de outro modo, através de remunerações indirectas (*fringe benefits*). Pode ser contratado como seguro de grupo[18].

Mas não tem de ser necessariamente assim. O seguro pode ser contratado pelo ou pelos próprios membros dos órgãos de gestão ou de fiscalização, como tomadores e segurados.

O risco seguro é o custo do litígio e a responsabilidade civil – mais exactamente, a falta de suporte patrimonial para os custear – dos membros dos órgãos de gestão e de fiscalização, quer perante a própria sociedade (*responsabilidade interna*), quer perante sócios, trabalhadores, e outros terceiros (*responsabilidade externa*).

Assim, a sociedade pode figurar no seguro como tomadora e beneficiária, ou apenas como beneficiária. Os gestores e membros de órgãos de fiscalização figuram como segurados, podendo ser, ou não, tomadores.

VI. Posto isto, importa distinguir consoante a quem for imputável o acto ou prática intencional dolosa, se ao segurado ou à sociedade.

Se a responsabilidade emergir de um acto ou prática intencional ilícita imputável à sociedade, mas não a todos ou alguns dos titulares de órgãos de gestão ou de fiscalização da sociedade, a questão não se colocaria, em princípio, porque a sociedade não poderia, ela mesma, exigir responsabilidade do membro do órgão de gestão ou de fiscalização. Porém, a presunção de ilicitude consagrada na lei portuguesa pode induzir a sociedade, um sócio ou um terceiro a formularem a reclamação. Esta reclamação, independentemente do seu fundamento ou da falta dele, desencadeia, só por si e desde logo, o funcionamento do seguro. Note-se que para desencadear o funcionamento do seguro basta a reclamação, mesmo que se venha a apurar que é totalmente destituída de fundamento. A partir da reclamação, a defesa do membro do órgão de gestão ou de fiscalização é custeada – e muitas vezes assumida – pela seguradora e, mesmo que venha a concluir-se pela improcedência da pretensão, não deixa o seguro de funcionar, no custeio da lide.

---

[18] Sobre o seguro de grupo, JOSÉ VASQUES, *Contrato de Seguro*, Coimbra Editora, Coimbra, 1999, pág. 48.

Se a responsabilidade emergir de acto ou prática ilícita intencional dolosa – *deliberate act* – do membro do órgão de gestão ou de fiscalização, continua o funcionamento do seguro a ser desencadeado pela simples participação. Se, no termo do processo, o membro do órgão de gestão ou de fiscalização vier a ser absolvido, o custeio da lide é da seguradora por força do seguro. Se o membro do órgão de gestão ou de fiscalização vier a ser condenado em responsabilidade civil emergente de acto ou prática ilícita no exercício do cargo, haverá que distinguir. Se o acto for doloso, o seguro não cobre os danos dele emergentes (cfr. artigo 437.º do Código Comercial).

Se o acto ou omissão for culposo, mesmo que com negligência grave, os danos dele emergentes são cobertos pelo seguro. É mesmo para a sua cobertura que o *D&O Insurance* existe. O mesmo entendemos, por maioria de razão, quanto aos actos praticados com negligência leve (ou levíssima).

Feitas estas distinções estamos em condições de concluir que os seguros *D&O* contratados para a cobertura das responsabilidades previstas no n.º 2 do artigo 396.º do Código das Sociedades Comerciais, salvo exclusão expressa, devem cobrir os actos e práticas dos titulares dos órgãos de gestão e fiscalização da sociedade que correspondam a negligência grave (*recklessness*), leve ou levíssima, consciente ou inconsciente. Os actos praticados com dolo não são cobertos, nem podem sê-lo, de acordo com o artigo 437.º do Código Comercial. A cobertura deve alcançar o limite mínimo legal previsto no n.º 1 do artigo 396.º.

Pode argumentar-se que a exclusão da cobertura dos actos dolosos resulta numa diminuição da garantia e na frustração parcial da "*ratio*" do preceito legal. Porém é a própria lei que admite a substituição da caução pelo seguro, sendo certo que é também a própria lei que, no artigo 437.º do Código Comercial, estabelece essa limitação. Ao admitir a substituição da caução por um seguro – note-se que a lei não fala em prestação de caução através de seguro, mas sim de substituição da caução por um seguro – é a lei que está a admitir a exclusão da cobertura dos danos emergentes de dolo. Esta exclusão já se verificava, aliás, nos seguros contratados em substituição da caução na vigência da redacção originária do artigo 396.º do Código das Sociedades Comerciais, sem que tivesse sido levantada alguma objecção.

Não obstante a exclusão dos actos e práticas dolosos, as seguradoras serão forçadas a suportar, num primeiro momento, os custos dos correspondentes litígios, porque a qualificação dos actos e práticas como dolosos só poderá ser concluída a final, com o trânsito em julgado. Até esse momento, não poderão as seguradoras deixar de os custear, embora, no caso de se provar o dolo, tenham regresso contra o segurado.

Ao tempo da decisão condenatória (ou da transacção), já o seguro terá sido solicitado a custear a lide. Não se deve esquecer que o custeio da lide é tipicamente a principal cobertura deste seguro. O facto de, tal como formulada inicialmente, a reclamação imputar ao membro do órgão de gestão ou de fiscalização uma conduta deliberadamente ilícita, não permite, só por si, a exclusão. É necessária uma decisão definitiva. Por isso, mesmo nestes casos, a seguradora tem de começar por custear o litígio com base no seguro e, só se vier a haver uma decisão condenatória que justifique a exclusão, a seguradora poderá, então, exigir do seu segurado as quantias que despendeu no custeio do litígio.

VII. A inovação legislativa virá previsivelmente a criar uma consolidação jurisprudencial. Esperamos, porém que, quanto mais cedo melhor, o legislador – o actual ou um próximo futuro – corrija o grave erro em que incorreu quando inverteu o funcionamento da *business judgment rule* introduzindo uma presunção de ilicitude no sistema da responsabilidade civil dos titulares dos órgãos de gestão e de fiscalização.

10. Literatura sobre *D&O Insurance*

ANNETTE GREENHOW, *The Statutory Business Judgment Rule: Putting the Wind into Director's Sails*, http://www.bond.edu.au/law/blr/vol11-1/Greenhow.doc.
C. BENNETT, *Dictionary of Insurance*, 2nd ed., Prenctice Hall, London, 2004
CAROLA BARZEN/HARALD BRACHMANN/MARCEL-PATRIC BRAUN, *D&O-Versicherung für Kapitalgesellschaften – Haftungsrisiken der Geschäftsleitung und ihre Deckung*, VVW, Karlsruhe, 2003
CAROLA OLBRICH, *Die D&O-Versicherung in Deutschland*, VVW, Karlsruhe, 2003
DIOGO LEITE DE CAMPOS, *A Responsabilidade Civil Profissional e de Empresa e o seu Seguro*, Association Internationale du Droit de l'Assurance, 1973, págs. 61 e segs.
E. PÉREZ CARRILLO, *Aseguramiento de la Responsabilidad de los Administradores y Altos Ejecutivos Sociales. El Seguro D&O en EEUU*, Marcial Pons, Barcelona, 2005
FREDRIC J. KLINK, *Director Risk after Sarbanes-Oxley*, Trends and Developments in Corporate Governance, Kluwer Law Inrernational, The Hague, 2004
GEORGE DALLAS, *Governance and Risk*, Standard & Poors, McGraw-Hill, New York, 2004
IAN YOUNGMAN, *Directors and Officers Liability Insurance*, 2nd Ed., Woodhead, Cambridge, 2000
JOHN FRIEDLAND, *D&O Insurance: Crisis and Opportunity*, International Journal of Disclosure and Governance, Vol. 2, n.º 2 (2002), págs. 112-119

JOHN M. R. CHALMERS/LARRY Y. DANN/JARRAD HARTFORD, *Managerial Opportunism? Evidence From Directors' and Officers' Insurance Purchases*, The Journal of Finance, Vol. LVII, n.º 2, 2002, págs. 609-636

JOSÉ FERNÁNDEZ DEL MORAL DOMÍNGUEZ, *El Seguro de Responsabilidad Civil de Administradores y Altos Directivos de la Sociedad Anónima (Poliza D&O)*, Comares, 1998

MARK E. MILLER, *What You Need to Know About D&O Insurance: Top Ten List.* http://www.gtlaw.com/pub/alerts/2004/millerm_09.asp

MIGUEL IRIBARREN BLANCO, *El Seguro de Responsabilidad Civil de los Administradores y Altos Directivos de Sociedades de Capital (D&O)*, Thomson, Navarra, 2005

MONIKA KÜPPER-DIRKS, *Managerhaftung und D&O-Versicherung – Haftungssituation und Deckungskonzepte*, VVW, Karlsruhe, 2002

PAUL P. BROUNTAS, *Boardroom Excellence: A Commonsense Perspective on Corporate Governance*, Jossey-Bass, San Francisco, 2004

PAUL WOLLNY, *Die Directors' and Officers' Liability Insurance in den Vereinigten Staaten von Amerika (D&O-Versicherung)*, Peter Lang, Frankfurt am Main, 1993

SCOTT GREEN, *Sarbanes-Oxley and the Board of Directors*, Wiley, New Jersey, 2005

YEN YEE CHONG, *Investment Risk Management*, John Wiley & Sons, Ltd., Chichester, 2004

Outubro de 2006

A POSIÇÃO SUCESSÓRIA DO CÔNJUGE SOBREVIVO, CASADO NO REGIME DE COMUNHÃO DE ADQUIRIDOS OU DE SEPARAÇÃO DE BENS, NA HERANÇA INDIVISA DOS SOGROS EM CASO DE PÓS-MORTE DO CORRELATIVO FILHO DESTES

RABINDRANATH CAPELO DE SOUSA[*]

> SUMÁRIO: *I. Introdução. II. O fenómeno sucessório, os co-herdeiros e os interessados directos na partilha. III. Regime matrimonial de bens e titularidade em nome próprio de quota hereditária. IV. O cônjuge sobrevivo como co-herdeiro dos sogros inventariandos. V. O cônjuge sobrevivo como interessado directo na partilha por morte dos sogros inventariandos. VI. Conclusões.*

I. Introdução

1. Na redacção inicial do Código Civil de 1966, o cônjuge não era herdeiro legitimário (artigos 2157.° a 2161.°) e, como herdeiro legítimo, sucedia após os descendentes, ascendentes, irmãos e seus descendentes [artigo 2133.°, al. *d*)].

Tal panorama foi radicalmente modificado pelo Decreto-Lei n.° 496//77, de 25 de Novembro, que valorizou a posição sucessória do cônjuge sobrevivo, tendo sobretudo em vista assegurar-lhe o nível de vida que desfrutava com o defunto. Assim, presentemente, o cônjuge sobrevivo, tanto na sucessão legítima [artigo 2133.°, n.° 1, als. *a*) e *b*)] como na sucessão legitimária [artigos 2157.° e 2133.°, n.° 1, als. *a*) e *b*)], surge na primeira

---

[*] Professor Catedrático da Faculdade de Direito de Coimbra.

classe de sucessíveis, concorrendo com os descendentes, e na segunda classe, caso não existam descendentes e sobrevivam ascendentes, concorre com estes últimos. Além disso, dentro de cada uma destas classes, o cônjuge tem um tratamento mais favorável, nos termos dos artigos 2139.º, n.º 1, 2142.º, n.º 1, e 2157.º, e inclusivamente é chamado sozinho à sucessão no caso de falta de descendentes e ascendentes do *de cuius* (artigos 2144.º, 2157.º e 2158.º).

2. Na jurisprudência e na doutrina, se o novo enquadramento do cônjuge sobrevivo não tem suscitado questões no que toca à herança do respectivo cônjuge falecido, o mesmo não se poderá dizer quanto à posição daquele na herança de seus sogros, particularmente quando um dos filhos destes, casado nos regimes de comunhão de adquiridos ou de separação de bens com aquele, pós-faleceu a um ou a ambos os pais, estando a herança destes indivisa.

Assim, o acórdão da Relação do Porto de 9 de Fevereiro de 1999 (CJ 1999, I, 219) negou legitimidade a uma agravante para requerer a abertura de inventário por morte dos seus sogros, sendo aquela casada, no regime de comunhão de adquiridos, com um filho pós-falecido destes. Argumentou tal acórdão que os bens da herança dos inventariados que coubessem ao filho eram *próprios* [artigo 1722.º, n.º 1, al. *b*)], não se comunicando à agravante, e que, de acordo com o artigo 1327.º, n.º 1, al. *a*), CPC, *apenas o cônjuge do filho casado no regime de comunhão geral de bens* teria tal legitimidade. Só esse seria "interessado *directo* na partilha".
Quid iuris?

II. O fenómeno sucessório, os co-herdeiros e os interessados directos na partilha

3. Como é sabido, a sucessão não é uma aquisição *estática*. Desenrola-se através de um fenómeno sucessório em concreto, que implica um certo processo *dinâmico* ou um determinado *iter* contínuo, unitário, abrangendo diversas mutações sucessórias (*maxime*, as vocações originárias e subsequentes, o direito de representação, o direito de transmissão, o direito de acrescer, as substituições directas e fideicomissárias, a sucessão de habilitando em quota ou legado, a alienação da herança, etc.) e conexionando-se com outros ramos do Direito Civil,

particularmente com o Direito da Família (*v.g.* em matéria de regime de bens do *de cuius* e dos herdeiros deste) e com o Direito das Obrigações (nomeadamente, com a compra, troca, doação e dação em cumprimento de quota hereditária e com a sub-rogação pelos credores do herdeiro repudiante, etc.). Cabe à Jurisprudência e à Doutrina, na configuração e na aplicação do Direito à realidade, explicitar e construir juridicamente a rede de conexões e interferências e o desdobramento e vicissitudes de tal fenómeno.

A este respeito, cumpre dizer, liminarmente, que a noção legal de "*interessados directos na partilha*" do artigo 1327.°, n.° 1, al. *a*), CPC é *mais ampla* do que a de "*co-herdeiros*" dos artigos 2030.°, n.° 2, e 2133.°, n.° 1, CC.

Com efeito, já GOMES DA SILVA[1] o afirmava quando dizia que "o artigo 1369.° do Código de Processo Civil de 1939 (ao empregar a expressão "interessado") ampliava a fórmula (da noção de "herdeiros" do artigo 2064.° do Código Civil de Seabra)".

Do mesmo modo João António e Augusto LOPES CARDOSO[2], que salientam, entre os "interessados", o meeiro do inventariado e as pessoas contempladas com o usufruto duma parte da herança sem determinação de valor ou de objecto, nos termos decorrentes já do parágrafo 2.° do artigo 1369.° do CPC de 1939. Sublinham justamente, ainda, os mesmos Autores que o artigo 1327.°, n.° 1, al. *a*), do actual CPC empregou "a frase *interessados directos na partilha* ..., guardando-se de discriminar essas pessoas".

Também nós[3] sustentámos a diferenciação de conceitos em "co-herdeiros" e "pessoas directamente interessadas na partilha", com a maior amplitude destes.

Assim, para além dos co-herdeiros, são, nomeadamente, interessados directos para requerer o inventário o cônjuge meeiro do autor da sucessão, os usufrutuários de quota da herança, os credores do herdeiro repudiante em caso de sub-rogação nos termos do artigo 2067.° CC (uma vez que só após o pagamento das suas dívidas, que pode exigir a partilha, cessam os seus poderes de intervenção sucessoral), o cessionário, os herdeiros de herdeiro do *de cuius*, falecido posteriormente a este, e até quaisquer her-

---

[1] *Direito das Sucessões* (col. Godinho e Cruz), Lisboa, AAAFDL, 1962, pág. 315.
[2] *Partilhas Judiciais*, I, Coimbra, Almedina, 5.ª ed., 2006, págs. 100 e seg.
[3] CAPELO DE SOUSA, R., *Lições de Direito das Sucessões*, II, Coimbra Editora, 3.ª ed., 2002, págs. 89 e segs. e n. (233).

deiros do cônjuge *meeiro*, pré-falecido, do primeiro casamento do autor da sucessão em concurso com o segundo cônjuge sobrevivo.

Em conclusão, esta fractura entre co-herdeiros e interessados directos na partilha, leva, nomeadamente, a enquadrar entre os herdeiros e interessados directos na partilha os sucessíveis chamados subsequentemente e os herdeiros do co-herdeiro falecido após a morte do *de cuius* mas antes da partilha sucessória (como é o caso do cônjuge sobrevivo de filho pós-falecido aos sogros), bem como a considerar interessados directos na partilha, e não propriamente co-herdeiros, os cessionários de quota hereditária e os subadquirentes. Tudo o que encontra plena tradução no actual artigo 1332.º CPC, como veremos posteriormente.

III. Regime matrimonial de bens e titularidade em nome próprio de quota hereditária

4. Importa também, desde já, desfazer um patente equívoco do acórdão da Relação do Porto de 9 de Fevereiro de 1999.

Ou seja, foi causal na *mens iudicatoris* declarativa da referida ilegitimidade, o facto de a agravante estar casada no *regime de comunhão de adquiridos* com um filho dos inventariados.

Assim, considera-se que "os bens da herança dos inventariados que couberem ao falecido marido da agravante *não se comunicaram a esta*, sendo bens *próprios* daquele" (itálicos nossos), logo se realçando que "*esta constatação representa a pedra basilar para se decidir da levantada questão da legitimidade da agravante para requerer a abertura de inventário por óbito dos seus sogros*" (itálicos nossos).

Simplesmente, o que este acórdão faz não é mais do que deslocalizar uma questão mais que ultrapassada pela Jurisprudência e pela Doutrina e que nada tem a ver com as questões que nos ocupam.

Para efeitos de legitimidade, há que distinguir entre *o regime matrimonial* de bens do cônjuge casado em *comunhão geral de bens* com o herdeiro do inventariado, por um lado, e a titularidade *sucessória*, em nome próprio, de quota hereditária indivisa, por *qualquer* cônjuge de herdeiro, pós-falecido, do inventariado, por outro.

Com efeito, é ponto hoje assente que, *directamente por força do vínculo conjugal, exclusivamente no âmbito do Direito da Família e em matéria de regime matrimonial de bens*, apenas o cônjuge casado no regime de comunhão geral de bens é parte legítima, *nessa qualidade*, para requerer ou intervir em inventário judicial por morte de autor da herança, do qual o outro cônjuge seja herdeiro, quer este se encontre vivo ou tenha falecido após a morte daquele autor.

É que tal quota hereditária é *comunicável* nos termos do artigo 1732.° CC, ao contrário do que acontece no regime de comunhão de adquiridos, em que idêntica quota hereditária não é comunicável [artigo 1722.°, n.° 1, al. *b*), CC], e no regime de separação de bens, em que não há bens comunicáveis (artigo 1735.° CC).

Aliás, o artigo 1329.° do CPC na redacção inicial de 1961 (que se manteve em vigor após a vigência da redacção inicial do CC de 1966) previa a *citação* para inventário das *"pessoas com interesse directo na partilha e (dos) seus cônjuges"*, sem discriminar o regime matrimonial de bens[4]. Porém, o actual artigo 1341.°, n.° 1, CPC, numa redacção que já vem do artigo 2.° do Decreto-Lei n.° 224/94, de 8 de Setembro, apenas manda citar *"os interessados directos na partilha"*, onde deve ser incluído *imediatamente*, por força do vínculo *familiar* matrimonial, o cônjuge do herdeiro casado no regime de comunhão *geral* de bens. O que obteve a uniformidade da Jurisprudência e da Doutrina.

Ora, este *não* é o problema em causa, como o acórdão referido equivocamente configurou. O cônjuge sobrevivo *não* requer o inventário por óbito dos seus sogros como simples viúva/o do/a filho/a, por força do mero vínculo *familiar* que a/o ligava a este/a. O cônjuge sobrevivo pode invocar *sim* a sua qualidade de *co-herdeiro* do cônjuge pós-falecido aos seus sogros e a qualidade de *co-herdeiro* deste relativamente aos sogros. Assim, o cônjuge sobrevivo, nestas circunstâncias, é co-herdeiro de qualquer um dos seus sogros e interessado directo na partilha das heranças destes, *por via sucessória*, como demonstraremos.

Nesta linha, o ac. STJ de 1.2.95 (CJ – STJ 1995, I, págs. 58 e segs.) realça que "a titularidade da "meação" da viúva é direito próprio relacionado com o *vínculo conjugal* com o defunto, enquanto a titularidade da "herança" reside no *fenómeno sucessório*" (itálicos nossos).

---

[4] Sobre posições jurisprudenciais e doutrinais adversas, quer antes do CPC de 1939, quer depois deste, quer ainda depois do CPC de 1961, cfr. LOPES CARDOSO e OUTRO, *ob.cit.*, I, págs. 102 e segs.

IV. O cônjuge sobrevivo como co-herdeiro dos sogros inventariandos

5. Como referimos *supra* sob o n.º 3, o fenómeno sucessório tem um carácter dinâmico e envolve, nomeadamente, vocações originárias e subsequentes, ao contrário do que resulta do ac. RP de 9.2.99.

Tal acórdão não tomou em linha de conta o disposto no Decreto-Lei n.º n.º 496/77, de 25/11, entrado em vigor em 1 de Abril de 1978 e portanto aplicável ao caso *sub-iudice*[5]. Tal diploma, que adaptou o Código Civil ao espírito da Constituição de 1976, atribuiu um novo regime sucessório favorável ao cônjuge sobrevivo *qualquer que seja o seu regime matrimonial de bens*, inclusive o de separação de bens (artigo 2133.º, n.º 2 e n.º 3, *a contrário*, CC)[6]. O cônjuge sobrevivo passou a preferir aos irmãos e seus descendentes [artigos 2157.º, 2133.º, n.º 1, als. *a*) e *b*), e 2134.º CC] e foi chamado na primeira classe de sucessíveis legitimários e legítimos com certo favorecimento face aos descendentes (artigos 2157.º e 2139.º, n.º 1, 2.ª parte, CC), bem como na segunda classe dos mesmos sucessíveis com substancial favor face aos ascendentes (artigos 2157.º e 2142.º, n.º 1, CC).

---

[5] Efectivamente, em matéria de aplicação das leis civis no tempo, é relevante o momento da abertura da sucessão, *v.g.*, para efeitos de determinação dos sucessíveis e das respectivas quotas, e tal momento coincide com o da morte do *de cuius* (artigo 2031.º CC). Cfr., neste sentido, GALVÃO TELLES, I., *Direito das Sucessões*, Coimbra Ed., 6.ª ed., págs. 326 e segs.; BAPTISTA MACHADO, J., *Sobre a Aplicação no Tempo do Novo Código Civil*, Coimbra, 1968, págs. 188 e segs., e CAPELO DE SOUSA, *ob.cit.*, I, págs. 126 e segs.

[6] O cônjuge no regime de separação de bens (artigos 1735.º e seg.) é igualmente sucessível, não apenas porque a letra dos artigos 2133.º, n.º 1, als. *a*) e *b*), e 2139.º e segs., ao utilizar apenas o termo "cônjuge", abarca essa hipótese, mas também porque se o legislador não admitisse essa sucessibilidade deveria dizê-lo no artigo 2133.º, n.º 3, e é de presumir que o legislador soube exprimir o seu pensamento em termos adequados (artigo 9.º, n.º 3). Por outro lado, no espírito da lei (cfr. o n.º 50 do Preâmbulo do DL 496/77) pretendeu-se ajustar a situação do cônjuge sobrevivo na escala dos sucessíveis legítimos à concepção da família nuclear e dar-lhe um "título sucessório semelhante em dignidade ao dos descendentes que na família entraram pela geração", mantendo ao cônjuge sucessível, o mais possível, o mesmo nível de vida que vinha usufruindo, sendo tais razões válidas para *todos* os cônjuges, qualquer que seja o seu regime de bens no casamento. Finalmente, o fundamento e os regimes de bens no casamento, valendo nas relações *inter vivos* dos cônjuges e apenas durante o seu casamento são diferentes dos da sucessão *mortis causa*, onde sobretudo releva a *persistência* válida e indissolvida do casamento até à morte de um dos cônjuges, com a inerente presunção do cumprimento do dever de auxílio mútuo e dos demais deveres pessoais (artigos 1672.º e 2133.º, n.º 3).

A título de exemplo: João faleceu em 3 de Outubro de 2005, intestado, casado no regime de comunhão geral de bens com Maria e com cinco filhos supérstites, entre os quais José. Este foi chamado à herança do pai, constituída pela meação deste nos bens comuns e pelos seus bens próprios, na quota legitimária e legítima de 3/20 (3/4 x 1/5)[7].

Pela posterior morte de José, em 11 de Fevereiro de 2006, casado no regime de separação de bens com Antónia e com três filhos supérstites, esta foi chamada na quota legitimária e legítima de $^1/_4$ da herança de José[8] e, consequentemente, em 3/80 (3/20 x1/4) da herança de João.

Por outro lado, proclama o artigo 1332.° CPC, em matéria de habilitação no processo de inventário judicial:

> 1. *Se falecer algum interessado directo na partilha* antes de concluído o inventário, o cabeça-de-casal *indica os sucessores do falecido*, juntando os documentos necessários, notificando-se a indicação aos outros interessados e *citando-se para o inventário as pessoas indicadas"* (itálicos nossos).
> (...)
> 4. *"Podem ainda os sucessores do interessado falecido requerer a respectiva habilitação*, aplicando-se, com as necessárias adaptações, o disposto nos números anteriores.

Ora, entre os sucessores legais do herdeiro José, falecido posteriormente a João, está, como vimos, Antónia, seu cônjuge.

Apenas por enquadramento sistemático, o artigo 1332.° CPC, tratando a *habilitação* sucessória, se reporta a inventário *pendente*. Mas é óbvio, por identidade de razões, que os sucessores do herdeiro do inventariando, posteriormente falecido a este, são *também interessados directos* em requerer *ab initio* inventário *após a morte do habilitando* e que, portanto, desde esta data são *interessados directos na partilha*, para efeitos do artigo 1327.°, n.° 1, al. *a*), do CPC, nomeadamente o cônjuge sobrevivo do herdeiro pós-falecido do inventariante.

Aliás, Antónia é co-herdeira de José na quota de uma quarta parte e, consequentemente, de João na quota de três oitenta avos, por força do artigo 2030.°, n.° 2, CC. Com efeito, proclama esta disposição:

---

[7] De acordo com os artigos 2157.°, 2133.°, n.° 1, al. *a*), e 2139.°, n.° 1, 1.ª e 2.ª partes, CC, a herança de João é dividida, em primeiro lugar, em um quarto para o cônjuge e os outros três quartos são divididos por cabeça entre os cinco filhos.

[8] De acordo com os artigos 2157.°, 2133.°, n.° 1, al. *a*), e 2139.°, n.° 1, 1.ª parte, CC, a herança de José é dividida por cabeça entre o cônjuge e os seus três filhos.

Diz-se *herdeiro* o que sucede na *totalidade* ou numa *quota* do património do falecido (...)[9].

Assim, o património hereditário de José inclui, por força dos artigos 2157.°, 2133.°, n.° 1, al. *a*), e 2139.°, n.° 1, 1.ª parte, CC, a quota não alíquota (isto é, que não cabe no todo um número determinado de vezes),[10] de três vinte avos (3/4 x 1/5) da herança de João. No património hereditário de José, tem Antónia, por força dos artigos 2157.°, 2133.°, n.° 1, al. *a*), e 2139.°, n.° 1, 1.ª parte, CC, direito à quota alíquota *de um quarto*. Deste modo, e ainda face ao disposto nos artigos 2024.° e 2032.° CC, Antónia tem direito à quota não alíquota de três oitenta avos (3/4 x 1/5 x 1/4) na herança de João e, como tal, é co-herdeira deste[11].

O artigo 2030.°, n.° 2, 1.ª parte, CC, ao empregar o termo "falecido" tem em vista não só as vocações *originárias*, mas também as vocações *subsequentes*, como resulta, nomeadamente, do disposto no artigo 1332.°, n.os 1 e 4, CPC. Daí que Antónia ao ter uma *quota* de 3/80 do património de João, é também co-herdeira deste.

6. O cônjuge sobrevivo de filho pós-falecido é co-herdeiro de qualquer dos sogros inventariandos, pelas razões legais atrás referidas e por *maioria* de *razões* das que a lei estabelece para a curadoria definitiva, para a morte presumida e para o direito de transmissão.

No primeiro caso, há lugar a abertura da sucessão (artigos 101.° a 106.° CC) e inclusivamente a "entrega dos bens aos *herdeiros dos herdeiros* do ausente à data das últimas notícias) *que depois tiverem falecido*" (artigo 103.°, n.° 1, CC), apesar de na curadoria definitiva haver tão só uma certa probabilidade de o ausente não regressar.

---

[9] Para desenvolvimentos sobre a noção de "herdeiro" contraposta à de "legatário", cfr., entre outros, PEREIRA COELHO, *Direito das Sucessões*, Coimbra, J. Abrantes, 1992, pág. 63 e segs.; I. GALVÃO TELLES, *ob.cit.*, pág. 185 segs., e CAPELO DE SOUSA, *ob.cit.*, I, págs. 54 e segs.

[10] No sentido de que não só as quotas alíquotas mas também as quotas não alíquotas são instituições a título de herdeiro, cfr. *auts. e obs. ant. cits.*, respectivamente, a págs. 68 e segs.; 187 e 56.

[11] É claro que pressupomos a hipótese mais frequente de também a herança de José estar indivisa [até porque é possível nesse caso a cumulação de inventários, nos termos do artigo 1337.°, n.os 1, al. *c*), e 3, CPC], mas a solução seria a mesma se tivesse havido partilha do património de José e fosse adjudicada a Antónia a quota de José na herança de João. Antónia só não seria co-herdeira de João, se, tendo-se realizado a partilha por morte de José, não lhe fosse adjudicada qualquer parte na quota de José na herança de João.

O mesmo regime vale para a morte presumida, dado o disposto no artigo 117.° CC, face à sua remissão para o artigo 103.°, n.° 1, inclusive, se bem que neste caso seja ainda possível o regresso do ausente (artigo 119.° CC).

No direito de transmissão verifica-se que "se o *sucessível* chamado à herança falecer sem a haver aceitado ou repudiado, transmite-se *aos seus herdeiros* (entre os quais o cônjuge qualquer que seja o seu regime matrimonial, conforme vimos) o direito de a aceitar ou repudiar" (artigo 2058.°, n.° 1, CC).

Assim, na hipótese deste direito, o sucessível chamado à herança falece sem ter declarado aceitar ou repudiar esta. Pelo que, voltando ao nosso exemplo, uma de duas: *ou* o José faleceu também sem ter aceitado ou repudiado a herança e aplica-se directamente o artigo 2058.°, n.° 1, CC e Antónia é, também deste modo, co-herdeira de João; *ou* o José, falecido p. ex. cerca de quatro meses depois do pai João, mais provavelmente, aceitou expressa ou tacitamente a herança (artigos 2056.° e 217.° CC) e então *mais* se radicou na sua esfera jurídica o direito à sucessão de João e *mais* radicada é a sucessão do seu cônjuge sobrevivo Antónia na herança de João, por força da sua qualidade de herdeira de José aceitante da herança de João.

Em ambas as hipóteses, é inquestionável a habilitação de Antónia como herdeira de José, nos termos do artigo 1332.°, n.ºs 1 e 4, CPC, para todas as relações jurídicas patrimoniais de que este era titular (artigo 2024.° CC), nomeadamente em relação à quota hereditária na herança de João.

O que não se compreenderia era que Antónia, em caso de morte de José posterior à de João, na hipótese de aceitação da herança por parte daquele relativamente a este, tivesse *menos* direitos do que no caso de ausência de aceitação ou de repúdio de José (artigo 2058.°, n.° 1, CC, onde por força do direito de transmissão seria incontroversa, como vimos, a sua qualidade de herdeira de João) e ficasse impossibilitada de reclamar os seus direitos na herança de João.

V. O cônjuge sobrevivo como interessado directo na partilha por morte dos sogros inventariandos

7. De acordo com o artigo 26.°, n.° 1, CPC "o autor é parte legítima quando tem interesse directo em demandar", com o n.° 2 desse artigo

"o interesse em demandar exprime-se pela utilidade derivada da procedência da acção" e com o n.º 3 da mesma disposição "na falta de indicação da lei em contrário, são considerados titulares do interesse relevante para o efeito da legitimidade os sujeitos da relação controvertida tal como é configurada pelo autor". O cônjuge sobrevivo de filho pós-falecido aos sogros inventariandos enquanto requerente do inventário ocupa, em matéria de legitimidade das partes, a mesma posição da do autor.

8. Liminarmente, deve dizer-se que há indicação directa da lei no sentido de tal cônjuge ser parte legítima no caso do ac. RP de 9.2.99 quando, como vimos, prevê no artigo 1332.º, n.ºs 1 e 4, CPC, como litisconsortes necessários e habilitandos, "os sucessores do falecido"[12] que seja "interessado directo na partilha". Ora, voltando ao nosso exemplo, são inegáveis o interesse directo de José na herança de João e a qualidade de sucessora de Antónia face ao seu cônjuge José pós-falecido e, portanto, face a João. Este artigo figurou tal legitimidade no quadro de inventário pendente, mas é óbvio, como dissemos, por identidade de razões, a existência de legitimidade de Antónia para intentar o inventário por morte de João, no caso de pós-morte de José face a João e de ausência de consenso para partilha extrajudicial e não proposição de inventário judicial pelos outros co-interessados directos na herança deste.

9. Mas, mesmo nos termos gerais, é manifesta a legitimidade do cônjuge sobrevivo do filho pós-falecido aos sogros inventariandos.

Com efeito, como resulta dos preâmbulos dos Decretos-Leis n.ºs 329--A/95, de 12 de Dezembro, e 180/96, de 25 de Setembro, o nosso legislador actual no art.º 26.º CPC adoptou "para a legitimidade singular a tese classicamente atribuída ao Prof. Barbosa de Magalhães e para a legitimidade plural a sustentada pelo Prof. Alberto dos Reis".

No nosso exemplo, que é paradigmático, estamos perante uma *legitimidade plural passiva*, uma vez que a requerente do inventário demanda simultaneamente vários requeridos, o que reveste a modalidade de *litisconsórcio necessário*[13].

---

[12] De acordo com o ac. STJ de 5.11.1992 (BMJ 421, 334), "sucessores de parte falecida" (para efeitos do artigo 371.º CPC, relativo à habilitação em geral, e, portanto, também do artigo 1332.º, CPC) são *"todos* aqueles que, *segundo o direito substantivo,* sucedem à pessoa falecida no direito ou obrigação de que esta era titular".

[13] Sobre estas terminologias, cfr., por todos, ANTUNES VARELA, MIGUEL BEZERRA e SAMPAIO E NORA, *Manual de Processo Civil*, 2.ª ed., págs. 160 e 165.

Na verdade, a lei substantiva (artigos 2032.º, n.ºs 1 e 2, e 2102.º, n.º 1, CC) e processual [artigos 1327.º, n.º 1, al. *a*); 1332.º, n.ºs 1 e 4; 1340.º, n.º 2, al. *b*), e 1341.º CPC] exige para a partilha hereditária judicial a intervenção de *todos* os interessados directos.

Quer se trate de legitimidade activa quer de legitimidade passiva, como bem assinalam PIRES DE LIMA e ANTUNES VARELA[14], "o pedido de partilha se há-de considerar como deduzido contra a *colectividade* dos co-herdeiros (em regime de *litisconsórcio necessário*) e não apenas contra os herdeiros *uti singuli*"[15]. Com efeito, são partes legítimas os titulares da relação material controvertida (os interessados directos na partilha por morte de João) e já vimos que Antónia, como herdeira de um dos filhos deste, José, pós-falecido àquele, é titular de quota hereditária de 3/80 sobre a herança de João, dado o disposto nos artigos 2030.º, n.º 2, 2133.º, n.º 1, al. *a*), e 2157.º CC e por maioria de razão face ao artigo 2058.º CC. Pelo que Antónia também é titular da relação material controvertida.

A partilha extrajudicial por morte de João não pode ser feita sem o consentimento de Antónia (art.º 2102.º, n.º 1, 1.ª parte, CC), ela teria obrigatoriamente de ser chamada para habilitação judicial em inventário proposto por qualquer dos outros interessados directos (artigo 1332.º, n.ºs 1 e 4, CPC) e pode ela própria, até por identidade de razão, requerer o inventário [artigos 2101.º, n.º 1, 2102.º, n.º 1, 2.ª parte, e 2030.º, n.º 2, CC, e 1327.º, n.º 1, al. *a*), e 1332.º, n.ºs 1 e 4, CPC], uma vez que não é obrigada a permanecer na indivisão (artigo 2101.º, n.ºs 1 e 2, CC).

O seu *interesse* na partilha por morte de João é, pois, *directo*. Com efeito, é absolutamente necessária a sua intervenção como parte no presente inventário, pois sobre a sua esfera jurídica qualquer decisão judicial sobre a herança por morte de João vai *directamente* produzir *eficácia*.

Na verdade, como ensina Alberto dos Reis[16], e como aliás decorre dos artigos 26.º, n.º 1, e 1327.º, n.º 1, al. *a*), CPC, em matéria de legitimidade, exige-se "que o interesse seja directo", "não basta, pois, um interesse indirecto ou reflexo; não basta que a decisão da causa seja susceptível de afectar, por via de repercussão ou por via reflexa, uma relação

---

[14] *Código Civil Anotado*, VI, Coimbra Editora, 1998, pág. 165.

[15] No mesmo sentido, o ac. RP de 17.2.1998 (BMJ 474.º, 551), pelo qual "a habilitação de sucessores da parte falecida na pendência da causa, para com eles prosseguir os termos da demanda, deve ser promovida contra as partes sobrevivas e contra os sucessores do falecido que não forem requerentes".

[16] *Código de Processo Civil Anotado*, I vol., 3.ª ed., 1948, Coimbra Editora, pág. 84.

jurídica de que a pessoa seja titular. Noutros termos: não basta que as partes sejam sujeitos duma relação jurídica *conexa* com a relação litigiosa; é necessário que sejam os sujeitos da *própria* relação litigiosa".

Ora, regressando ao nosso exemplo, pelas diversas razões factuais e jurídicas, já expostas, dada a qualidade de herdeira de Antónia face a José, a qualidade de herdeiro deste face a João e a pós-morte daquele em relação a este, sem os outros co-herdeiros e a cônjuge meeira de João terem requerido inventário judicial ou sem todos os co-herdeiros e a cônjuge meeira terem acordado em partilha extrajudicial da herança de João, Antónia é herdeira e interessada directa em 3/80 do património hereditário de João. São, pois, manifestos o seu "interesse directo na demanda" e a "utilidade derivada da procedência da acção" para si (n.ºs 1 e 2 do artigo 26.° CPC), bem como a sua co-titularidade na relação controvertida (n.° 3 do mesmo artigo). Daí também a sua legitimidade para requerer inventário por morte de João, nos termos *gerais* destas disposições legais.

Tanto é assim que o ac. RE de 30.09.1999 (BMJ 489.°, 419) decidiu que "deve ser admitido o incidente de *habilitação dos sucessores do cônjuge* de *herdeiro* casado *segundo o regime de comunhão geral de bens*, falecido na pendência de inventário". Ora, se os *sucessores* do *cônjuge* de *herdeiro* casado no regime de comunhão geral de bens têm interesse directo em inventário judicial, *por maioria de razão* tem tal interesse o cônjuge sobrevivo, qualquer que seja o seu regime matrimonial de bens, enquanto herdeiro do *próprio* herdeiro do inventariado ou do inventariando.

Mais, havendo aqui, como vimos, *litisconsórcio necessário*, a ausência do cônjuge sobrevivo seria sim "motivo de *ilegitimidade*" (artigo 28.°, n.° 1, CPC).

VI. Conclusões

10. Resultam de todo o exposto, ao longo deste estudo, as seguintes principais conclusões:

1.ª A noção legal de "interessados directos na partilha" do artigo 1327.°, n.° 1, al. *a*), CPC é *mais ampla* do que a de "co-herdeiros" dos artigos 2030.°, n.° 2, e 2133.°, n.° 1, CC. Com efeito, aquela noção abrange, para além destes, nomeadamente, o cônjuge meeiro do autor da sucessão, os usufrutuários de quota da herança, os credores do herdeiro repudiante em caso de sub-rogação nos termos do artigo 2067.° CC, os cessionários de quotas hereditárias, os herdeiros de herdeiro do *de cuius*, falecido posteriormente a este, e até quaisquer herdeiros do cônjuge *meeiro* pré--falecido do primeiro casamento do autor da sucessão, em concurso com o segundo cônjuge sobrevivo.

2.ª Directamente por força do vínculo conjugal, exclusivamente no âmbito do Direito da Família e *em matéria de regime matrimonial de bens*, apenas o cônjuge do herdeiro casado no regime de comunhão geral de bens é parte legítima, *nessa qualidade*, para requerer inventário judicial por morte do autor da herança, uma vez que tal quota hereditária é comunicável nos termos do artigo 1732.° CC. Mas esta não é a hipótese de que aqui curamos.

3.ª Tendo o cônjuge sobrevivo, qualquer que seja o seu regime matrimonial de bens, a qualidade de *co-herdeiro* ou até de único herdeiro legitimário e legítimo do seu falecido cônjuge [artigos 2157.°, 2133.°, n.ºs 1, als. *a*) e *b*), e n.° 3, *a contrario*, e 2139.°, n.° 1, 2142.°, n.° 1, e 2144.°, CC], tendo este a qualidade de *co-herdeiro* ou até de único herdeiro de seus sogros, nas sucessões legitimária e legítima [artigos 2157.°, 2133.°, n.° 1, al. *a*), e 2139.°, CC], havendo pós-morte do seu cônjuge face à de qualquer um dos seus sogros e mantendo-se indivisa a herança destes, tal cônjuge sobrevivo é *co-herdeiro* ou até único herdeiro de qualquer um dos seus sogros nas sucessões legitimária e legítima, *nos termos do artigo 2030.°, n.° 2, CC*. Ou seja, há aqui uma titularidade *sucessória*, em nome próprio, de quota hereditária indivisa, como cônjuge sobrevivo, casado no regime de comunhão de adquiridos ou de separação de bens [que, nos termos dos artigos 2157.° e 2133.°, n.° 1, al. *a*), e n.° 3, CC, tem o mesmo tratamento *sucessório* do cônjuge casado no regime de comunhão geral de bens] de herdeiro, pós-falecido, do inventariando.

4.ª A qualidade de herdeira de tal cônjuge sobrevivo na herança de qualquer um dos sogros resulta não só, pois, de ser titular de uma quota não alíquota em tal herança, atenta a definição de "herdeiro" do artigo 2030.°, n.° 2, CC, mas também, por argumentos de *maioria de razão*, face ao artigo 103.°, n.° 1, CC (entrega dos bens, na curadoria definitiva, aos herdeiros dos herdeiros do ausente, à data das últimas notícias, que depois tiverem falecido) e ao artigo 117.° CC (entrega dos bens, na morte presumida, aos herdeiros dos herdeiros do presumidamente morto, nos termos também do artigo 103.°, n.° 1, CC), e, ainda, por aplicação directa do artigo 2058.°, n.° 1, CC, caso o cônjuge defunto tenha falecido sem ter aceitado nem repudiado a herança de qualquer um de seus pais, ou, por maioria de razão, caso o mesmo cônjuge tenha falecido com aceitação desta herança.

5.ª A qualidade do cônjuge sobrevivo do filho pós-falecido aos sogros inventariandos como parte legítima na partilha por morte de qualquer um destes resulta, desde logo, de *indicação directa da lei* (cfr. artigo 26.°, n.° 3, 1.ª parte, CPC). Com efeito, *o artigo 1332.°, n.ºs 1 e 4, CPC, impõe a habilitação no inventário judicial dos "sucessores (v.g. do cônjuge sobrevivo) do falecido" que seja "interessado directo na partilha"*. Valendo tal, em primeira linha e por razões sistemáticas, para inventário pendente interposto por outros co-interessados directos na partilha, aplica-se, por identidade de razões, tal legitimidade à faculdade jurídica do cônjuge sobrevivo habilitando de intentar, ele próprio, o referido inventário.

6.ª Mas, mesmo *nos termos gerais* (artigo 26.° CPC), tal cônjuge sobrevivo é interessado directo em demandar na partilha por morte de qualquer um dos seus sogros, pois são manifestas a utilidade para si derivada da procedência do referido inventário e a sua co-titularidade ou até única titularidade sucessória. Com efeito, a partilha extrajudicial por morte de qualquer um dos seus sogros não pode ser feita sem o seu consentimento (artigo 2102.°, n.° 1, 1.ª parte, CC), ele teria obrigatoriamente de ser chamado para habilitação judicial em inventário proposto por qualquer dos outros interessados directos (artigo 1332.°, n.ºs 1 e 4, CPC), pode ele próprio requerer o inventário [artigos 2101.°, n.° 1; 2102.°, n.° 1, 2.ª parte, e 2030.°, n.° 2, CC e 1327.°, n.° 1, al. *a*), e 1332.°, n.ºs 1 e 4, CPC) e, face às suas posições *sucessórias* nas heranças por mortes de qualquer um dos seus sogros e de seu cônjuge, toda a decisão judicial sobre a herança por morte de um dos seus sogros vai *directamente* produzir *eficácia* sobre a sua esfera jurídica.

7.ª Mais, a lei substantiva (artigos 2032.°, n.ºs 1 e 2, e 2102.°, n.° 1, CC) e processual [artigos 1327.°, n.° 1, al. *a*); 1332.°, n.ºs 1 e 4; 1340.°, n.° 2, al. *b*), e 1341.°, CPC] exige para a partilha hereditária judicial a intervenção de *todos* os interessados directos e, portanto, a do cônjuge sobrevivo referido. Este *litisconsórcio necessário* implica não só a sua *legitimidade* no correspondente inventário, mas também determina que a ausência neste do mesmo seria motivo de *ilegitimidade* (artigo 28.°, n.° 1, CPC).

8.ª As conclusões atrás referidas, para além da sua aplicação à hipótese descrita porque mais frequente, valem também para todas as outras hipóteses em que, havendo herança indivisa, o inventariando tem como sucessor qualquer outro herdeiro pós-falecido e este deixou cônjuge sobrevivo, qualquer que seja o seu regime matrimonial de bens. Ou seja, as hipóteses em que se trate de outro herdeiro legal (artigos 2157.° e 2133.°) do inventariando (*v.g.*, neto, ascendente, irmão, sobrinho, tio e primo, estes últimos até ao 4.° grau da linha colateral), de herdeiro testamentário (nomeadamente, sem qualquer vínculo familiar com o inventariando) ou até de herdeiro contratual (nos casos excepcionais em que são permitidos – cfr. artigos 2028.°, n.° 2; 946.°, n.° 1, e 1700.° e segs.).

ÍNDICE GERAL

Prof. Doutor Inocêncio Galvão Telles: 90 anos (9-Mai.-1917/9-Mai.-2007)   5

AFONSO D'OLIVEIRA MARTINS/GUILHERME WALDEMAR D'OLIVEIRA MARTINS, *Conceito e regime do terceiro sector. Alguns aspectos*

1. Conceito e categorias de entidades do Terceiro Sector 8
2. Dimensão do Terceiro Sector em Portugal 14
3. O Terceiro Sector e a Constituição 16
4. Regime de criação, modificação e extinção das entidades do Terceiro Sector (das fundações e associações, em particular) 17
5. A aquisição do estatuto de pessoas colectivas de utilidade pública 22
6. Actividades, organização e funcionamento das entidades do Terceiro Sector 23
7. Regime de controlo das entidades do Terceiro Sector 25
8. Fundamento económico-financeiro e regime fiscal do Terceiro Sector 27

ALBINO MENDES BAPTISTA, *Prazo de impugnação judicial do despedimento, A propósito do acórdão do Supremo Tribunal de Justiça, de 7 de Fevereiro de 2007*

I. O problema e a sua apreciação pelas diferentes instâncias 39
II. Síntese do Acórdão do Supremo Tribunal de Justiça, de 7 de Fevereiro de 2007   41
III. Primeira apreciação do Acórdão do Supremo Tribunal de Justiça, de 7 de Fevereiro de 2007 41
IV. O texto da lei e a sua interpretação 42
V. A história dos preceitos legais em confronto 56
VI. Adequação das regras civilísticas sobre a caducidade ao prazo de impugnação do despedimento individual 64
    6.1. Os institutos da prescrição e da caducidade 64
    6.2. Ponderação da matéria no plano da impugnação do despedimento individual 67
VII. O problema face ao sistema 71

ANABELA MIRANDA RODRIGUES, *A globalização do Direito Penal – Da pirâmide à rede ou entre a unificação e a harmonização* 77

ANTÓNIO MENEZES CORDEIRO, *Do governo das sociedades: a flexibilização da dogmática continental*

I. Origem e evolução da *corporate governance*	91
1. Terminologia	91
2. Conteúdo	92
3. Origem e evolução	94
4. Expansão mundial	95
II. O governo das sociedades em Portugal	98
5. As vias de penetração	98
6. A projecção na reforma de 2006	100
7. Balanço e perspectivas	101

ANTÓNIO SAMPAIO CARAMELO, *A "autonomia" da cláusula compromissória e a competência da competência do tribunal arbitral*

A) A "autonomia" da cláusula compromissória	105
B) A competência da competência do tribunal arbitral	117

ARMANDO MARQUES GUEDES, *A Convenção das Nações Unidas sobre o Direito do Mar (1982) e os objectos arqueológicos e históricos achados no mar* 129

I. O artigo 303.º	131
II. O artigo 149.º	136

ASSUNÇÃO CRISTAS, *Concorrência desleal e protecção do consumidor: a propósito da Directiva 2005/29/CE*

1. Introdução	141
2. Protecção do consumidor e protecção do mercado interno: a directiva das práticas comerciais desleais	142
3. Prática comercial desleal: o regime da directiva	145
4. O impacte da directiva na legislação portuguesa	154
i. Código da Publicidade	155
ii. Decreto-Lei n.º 143/2001, de 26 de Abril	156
iii. Código da Propriedade Industrial	158
5. Hierarquização de valores e princípios e reorganização do direito privado português	159

BERNARDO XAVIER, *Procedimentos laborais na empresa e Direito comunitário*

§ 1.º Questões gerais	163
§ 2.º O procedimento no Direito do trabalho da União europeia	175

CARLOS FERREIRA DE ALMEIDA, *Contratos de troca para a transmissão de direitos*

1. Contratos de troca. Caracterização. Subfunções e tipologia dos contratos de troca. Os contratos de troca para a transmissão de direitos, em especial 199
2. Contratos de troca sem preço. Contrato de permuta. *Swap* 203
3. Contratos de troca com preço. Compra e venda. Contrato estimatório. Contrato de fornecimento. Renda perpétua 207
4. Contratos de troca para a transmissão de direitos de crédito e de direitos inscritos em títulos de crédito. *Factoring*. Titularização. Desconto 213
5. Contratos de troca para a transmissão de valores mobiliários. Regras comuns. Contratos de bolsa. Contratos de bolsa a prazo 216
6. Contratos de troca de dinheiro por dinheiro. Mútuo. Mútuo bancário. "Depósito" bancário a prazo. Empréstimo obrigacionista. Suprimento. Abertura de crédito. Câmbio 224

CARLOS OLIVEIRA COELHO, *Frei Serafim de Freitas: um precursor do territorialismo dos espaços marítimos – Em torno de* Do Justo Império Asiático dos Portugueses

1. Introdução 236
2. A territorialização do direito do mar; aparecimento de um paradigma 237
3. Grotius e a publicação do *Mare Liberum* 240
4. Frei Serafim de Freitas e o aparecimento do Justo Império Asiático dos Portugueses 242
5. Territorialização do direito do mar e o pensamento de Frei Serafim de Freitas .. 244
6. As zonas marítimas e o pensamento de Frei Serafim de Freitas 248
7. Zonas marítimas e o pensamento de Frei Serafim de Freitas; continuação 254
8. Fundamentos intelectuais da teorização de Frei Serafim de Freitas 256
9. Frei Serafim de Freitas, Hugo Grotius e o Direito natural 258
10. Fundamentos intelectuais da actual codificação do Direito do Mar 264
11. Desaparecimento do paradigma de Grotius e o Direito do Mar 267
12. Notas conclusivas 268

CLAUDIA DIAS SOARES, *A relevância da estrutura institucional nas reformas do Estado*

Considerações introdutórias 271
1. O mercado enquanto instituição destinada a organizar a cooperação 272
2. A relevância das instituições no comportamento dos agentes económicos 275
3. A gestão da complexidade e da incerteza 278
4. O impacto dos custos de transacção na vida das instituições 280
5. O surgimento de uma procura de políticas públicas 285
Considerações finais 286

CRISTINA QUEIROZ, *A protecção constitucional da recolha e tratamento de dados pessoais automatizados*

A) O direito à auto-determinação informacional e o tratamento automatizado de dados de natureza pessoal	291
B) Tipos de dados	294
C) Princípios fundamentais do tratamento automatizado	296
D) A titularidade dos ficheiros	298
E) Direitos e garantias individuais do titular dos dados	303
F) Cessão de dados e interconexão de ficheiros de titularidade pública e privada	306
G) Consentimento do titular	309
H) Lei geral e regulamentação sectorial	310
I) Regime sancionatório	314

DÁRIO MOURA VICENTE, *Unidade e diversidade nos actuais sistemas jurídicos africanos*

1. Posição do problema	317
2. Factores de unidade entre os sistemas jurídicos africanos	319
a) A relativização do papel do Direito na disciplina das relações sociais	319
b) O relevo da conciliação como meio de resolução de litígios	320
c) O papel do costume como fonte do Direito tradicional	320
d) A comunhão de valores e instituições	328
3. A diversidade dos sistemas jurídicos africanos e as suas causas	331
a) A fragmentação étnica e política do continente africano	331
b) A diversidade das influências externas	332
c) A diversidade das fontes	333
d) A diversidade dos problemas sociais que o Direito enfrenta	334
e) A diversidade dos sistemas de formação dos juristas	334
f) O binómio Direito estadual – Direito tradicional	335
4. Conclusão	337

DIOGO LEITE DE CAMPOS, *Caducidade e prescrição em direito tributário – os abusos do Estado legislador/credor*

I. Introdução	339
1. O Estado absoluto – legislador e credor	339
II. Prescrição e caducidade	341
2. Prescrição e caducidade em geral	341
3. Cont. – A) A prescrição	341
4. Cont. – B) Caducidade	342
5. Prescrição e caducidade no Direito Tributário	343
6. Suspensão da prescrição e da caducidade	343
7. Caducidade do direito à liquidação do tributo	344

III. Os abusos do Estado legislador (juiz/credor) em matéria de prescrição e de caducidade 344
8. Caducidade do direito de liquidar impostos 344
9. Eliminação das garantias dos contribuintes 345
10. O fim da prescrição 346
11. Consequências que são especialmente gravosas 346

E. Santos Júnior, *"Mitigation of damages", redução de danos pela parte lesada e "culpa do lesado"*

I. "Mitigation of damages" no Direito Comercial Internacional 349
II. "Mitigation of damages" no Direito anglo-saxónico 352
III. O fundamento jurídico-dogmático, no nosso Direito, da redução de danos pela parte lesada 357
IV. A redução de danos pela parte lesada constitui um ónus, um encargo ou um mero factor de ressarcimento dos danos? 365

Eduardo Paz Ferreira, *Dívida Pública e União Económica e Monetária*

1. Introdução 369
2. A Lei n.º 7/98 372
   2.1. Questões de ordem geral 372
   2.2. O processo de emissão dos empréstimos 374
   2.3. As modalidades de dívida 376
3. Os órgãos de gestão da dívida 381
   3.1. Da Junta do Crédito Público ao Instituto de Gestão do Crédito Público 381
4. Da gestão da dívida pública 388
5. As novas atribuições do Instituto e desafios futuros 389

Fausto de Quadros, *A participação de Inocêncio Galvão Telles no caso do direito de passagem por território indiano*

1. Introdução 391
2. Os factos, o início do processo e os seus fundamentos 393
3. O primeiro Acórdão: as excepções preliminares 394
4. O segundo Acórdão: a questão de mérito 395
5. As vitórias de Portugal no processo 397
6. O desfecho real do processo. As relações entre o Direito e a força em Direito Internacional 399
7. Ganhar e ser nobre 401
8. Epílogo deste caso 402
9. Conclusão 403

FERNANDO LOUREIRO BASTOS, *A evolução futura da cooperação transfronteiriça nos domínios do ambiente e do ordenamento do território nas zonas costeiras e no espaço marítimo*

I. Introdução 406
    i) A relativa pouca importância dada pelo Direito do Ambiente e pelo Direito do Ordenamento do Território às zonas costeiras e ao espaço marítimo.. 408
    ii) O Livro Verde da Futura Política Marítima Europeia............................. 410
    iii) A Estratégia Nacional do Mar 411
    iv) A necessidade de serem compatibilizadas as actuações dos Estados costeiros e dos terceiros Estados no espaço marítimo 412
II. A cooperação transfronteiriça nas zonas costeiras e no espaço marítimo 416
    a) A experiência da cooperação transfronteiriça na Europa........................ 416
    b) A imprecisão dos conceitos "zonas costeiras" e "espaço marítimo" 421
III. Algumas considerações sobre uma possível evolução futura da cooperação transfronteiriça no domínio do Direito do Ambiente relacionado com as zonas costeiras e o espaço marítimo 427
    a) Considerações gerais sobre recentes evoluções do Direito do Ambiente da Comunidade Europeia aplicável às zonas costeiras e ao espaço marítimo. 427
    b) Perspectivas de uma possível evolução futura da cooperação transfronteiriça no domínio do Direito do Ambiente relacionado com as zonas costeiras e o espaço marítimo... 430
IV. Algumas considerações sobre uma possível evolução futura do Direito do Ordenamento do Território relacionado com as zonas costeiras e o espaço marítimo 437
    a) Considerações gerais sobre o surgimento de uma relevância comunitária nas opções nacionais de ordenamento do território 437
    b) Perspectivas de uma possível evolução futura da cooperação transfronteiriça no domínio do Direito do Ordenamento do Território relacionado com as zonas costeiras e o espaço marítimo.. 440
V. Conclusões 447

GERMANO MARQUES DA SILVA, *Notas sobre branqueamento de capitais em especial das vantagens provenientes da fraude fiscal*

Introdução 451
1. O bem jurídico protegido pela incriminação 452
2. Os agentes do crime de branqueamento 457
3. Os crimes designados ou subjacentes 459
4. (Cont.) A fraude fiscal 460
    4.1. Conceito de fraude fiscal no artigo 368.°-A do Código Penal................. 460
    4.2. O conceito de vantagem na fraude fiscal 464
    4.3. Pode existir fraude fiscal sem branqueamento? 468
5. Exigência de dupla punibilidade dos crimes subjacentes 468
6. A punição. Concurso com outros crimes 470
    6.1. Punição do crime de branqueamento 470
    6.2. Concurso com a receptação e o favorecimento pessoal 471
7. Os deveres de comunicação impostos pela Lei n.° 11/2004 472
Conclusão 473

GLÓRIA TEIXEIRA/SARA KIJJOA, *A Directiva relativa à implementação dos direitos da propriedade intelectual e o seu impacto no Reino Unido, As peças teatrais*

1. Introdução 475
2. A Directiva: objectivos principais 476
3. Propriedade intelectual no Reino Unido: "Background" 476
4. As implicações da implementação da Directiva 478
5. Conclusão 480

HELENA PEREIRA DE MELO, *A constituição de uma base de dados genéticos para fins de investigação criminal em Portugal*

Introdução 483
1. Tipo de informação genética a tratar 485
2. Os dados genéticos como "dados pessoais sensíveis" 487
3. O material biológico analisado 494
4. Os titulares dos dados a tratar 499
5. A finalidade da constituição da base de dados 508
6. A "culpa reside nos genes" 509
7. O tratamento de dados genéticos de inimputáveis 512
8. Considerações finais 514

J. O. CARDONA FERREIRA, *A mediação como caminho da Justiça, A mediação penal* 517

JOÃO CALVÃO DA SILVA, *Convenção de arbitragem – Algumas notas*

1. Convenção de arbitragem: compromisso arbitral e cláusula compromissória 533
2. Autonomia da cláusula compromissória 534
3. Arbitrabilidade 535
4. Precisão do objecto do litígio 536
5. Organização de processo justo: A) Princípio da igualdade de tratamento e princípio do contraditório 536
6. Organização de processo justo: B) Prazo para a decisão 537
7. Organização de processo justo: C) (Não) formação de maioria deliberativa 538
8. Organização de processo justo: D) Decisão segundo a equidade 540
9. Organização de processo justo: E) Recursos 540
10. Forma da convenção de arbitragem e regras de interpretação 541
11. Pedidos formulados na acção: espelho do objecto do litígio precisado no compromisso arbitral 542
12. (cont.): Renúncia da caducidade 543
13. Reconhecimento do direito e impedimento da caducidade 545
14. O tribunal arbitral e as providências cautelares: ausência de poderes coercivos . 547

JOAQUIM DE SOUSA RIBEIRO, *O contrato de viagem organizada, na lei vigente e no Anteprojecto do Código do Consumidor*

1. O fenómeno do turismo de massas e a tipificação do contrato de viagem organizada 551
2. O complexo quadro normativo 554
3. Âmbito subjectivo do contrato 556
4. Âmbito objectivo. O problema da qualificação das "viagens por medida" 558
5. Formação do contrato 565
6. Modificações subjectivas e objectivas 570
7. Direito de revogação do cliente 572
8. Responsabilidade civil 576
9. Apreciação final das alterações introduzidas pelo Anteprojecto 582

JORGE DUARTE PINHEIRO, *Operações bancárias e casamento*

1. As operações bancárias em que intervêm sujeitos casados enquanto potencial área de cruzamento do Direito Bancário com o Direito da Família 585
2. Visão geral dos aspectos do regime do casamento com eventual relevância bancária; a problemática da união de facto 587
3. Possíveis critérios orientadores da relação entre o Direito Bancário e o Direito Matrimonial 590
4. A relação entre o Direito Bancário e o Direito da Família nas operações bancárias activas com sujeitos casados: o exemplo dos mútuos de escopo 594
5. A relação entre o Direito Bancário e o Direito da Família nas operações bancárias passivas com sujeitos casados: o exemplo das contas de depósito pecuniário 597
6. Considerações finais 606

JORGE MIRANDA, *Os direitos políticos dos cidadãos na Constituição portuguesa*

1. Quadro geral 607
2. O direito de sufrágio 609
3. Exercício do sufrágio 612
4. Os direitos políticos menores 615
5. O direito de petição 618
6. O direito de informação política 622
7. O direito de acção popular 623
8. O direito de iniciativa legislativa popular 625
9. O direito de participação em assembleias populares 626
10. Os direitos políticos, direitos fundamentais 627

JOSÉ A. R. L. GONZÁLEZ, *A personalidade jurídica pré-natal*

A. Introdução 629
B. Os direitos dos nascituros 634

C. Aquisição da personalidade jurídica do ser humano...	639
D. A interrupção voluntária da gravidez...	647
E. Ilações finais...	651

José João Gonçalves de Proença, *Do substantivo e do adjectivo em Direito (Considerações à volta da natureza jurídica da transcrição dos matrimónios canónicos)*.. 655

Transcrição dos casamentos canónicos..	657
Transcrição dos casamentos celebrados no estrangeiro..	667

José Lebre de Freitas, *O caso julgado na arbitragem internacional que tem lugar em território português*

1. A lei de arbitragem portuguesa...	673
2. Indisponibilidade dos pressupostos processuais...	675
3. Caso julgado e lei aplicável ao mérito da causa...	677
4. Subsidiariedade da lei processual local	679
5. Concentração de pedidos e de causas de pedir...	681
6. O Regulamento CCI e a lei processual local..	682
7. Os três requisitos da repetição	684
Conclusões	688

José Neves Cruz, *A intervenção pública no domínio dos cuidados de saúde*

1. Introdução	691
2. Especificidades do bem cuidados de saúde	693
2.1. Procura guiada..	694
2.2. Efeitos externos..	694
2.3. Informação assimétrica	696
2.4. Incerteza quanto à necessidade e eficácia dos cuidados de saúde...............	698
3. A equidade e a intervenção do Estado..	699
4. Avaliação dos benefícios	700
5. Súmula de conclusões..	702

José de Sousa e Brito, *A constituição do direito e o positivismo jurídico*.. 705

I. O direito e a moral como espaços de argumentação..	707
II. As normas constitutivas do direito...	712

Luís A. Carvalho Fernandes, *Interpretação do testamento*

1. Enquadramento do tema; razão de ordem	719
2. Breve nota histórica do artigo 2187.°..	721
3. Breve nota histórica das normas interpretativas...	725

4. Objecto e fim da interpretação 729
5. Elementos da interpretação 734
6. Notas adicionais 737
7. Casos de dúvida e de indeterminação do sentido 740
8. Normas interpretativas 742

Luís Cabral de Moncada, *A actividade do advogado e a retórica jurídica*   749

Luís Manuel Teles de Menezes Leitão, *Os testemunhos de conexão (cookies)*

1. Generalidades 763
2. Natureza e função dos *cookies* 764
3. Modalidades de *cookies* 765
4. A lesão da privacidade causada pelos *cookies* 766
5. A regulação jurídica dos *cookies* 767
6. Conclusão 774

Manuel António Pita, *O uso e fruição de bens na realização do capital social*

I.   Aspectos gerais. O usufruto 775
II. Os direitos pessoais de gozo 780
    A – As características do direito pessoal de gozo e o capital social 782
       a) A contabilização do uso e fruição 782
       b) Uso e fruição e realização imediata das entradas em espécie 786
       c) Penhorabilidade dos direitos pessoais de gozo 789
    B – O Estatuto de Sócio 793
       a) Uso e fruição e participação social 793
       b) O risco de perecimento da coisa 794

Manuel Januário da Costa Gomes, *Pluralidade de fiadores e liquidação da situações fidejussórias*

1. Introdução 803
2. A pluralidade de situações de pluralidade de fiadores 806
   2.1. Introdução 806
   2.2. Pluralidade de fiadores em parciariedade 810
   2.3. Pluralidade de fianças em conjunção 811
   2.4. Pluralidade de fianças em solidariedade 813
3. As vinculações fidejussórias "isoladas" e as vinculações fidejussórias "conjuntas" 813
   3.1. Introdução 813
   3.2. O regime do artigo 649 do CC 816
   3.3. O benefício da divisão 821

4. A liquidação das situações fidejussórias 824
   4.1. A dupla sub-rogação prevista no artigo 650/1 CC 824
   4.2. O benefício da divisão e a liquidação das situações fidejussórias 830
5. A incompletude do regime dos artigos 649 e 650 para regular a pluralidade de situações de pluralidade de fianças.. 833

MANUEL PORTO, *O Fundo Europeu de Ajustamento à Globalização (FEG)*

1. O significado do movimento actual de globalização... 837
2. A resposta a dar: com melhorias estruturais... 839
   2.1. A "tentação proteccionista" 839
   2.2. A única resposta realista e correcta 840
3. A natureza e a dimensão do orçamento da UE.. 842
4. A intervenção do FEG 843
   4.1. As acções a apoiar... 843
   4.2. Os casos considerados... 843
5. A dimensão do FEG.. 845
6. O sentido e a natureza do FEG 846

MARGARIDA SALEMA D'OLIVEIRA MARTINS, *A Base Militar Aérea das Lajes: o regime jurídico-internacional*

1. A soberania territorial do Estado 853
2. O caso dos voos da CIA sobre território de países europeus 856
3. A utilização de bases militares no estrangeiro.. 857
4. A cooperação luso-americana em matéria de defesa.. 859
5. O impacte para Portugal da cooperação bilateral 862
6. A concessão de autorização relativa à Base Aérea das Lajes e instalações de apoio... 865
7. O post-11 de Setembro 869

MARIA JOSÉ RANGEL DE MESQUITA, *In house: desenvolvimentos recentes da jurisprudência do Tribunal de Justiça das Comunidades Europeia*s

1. Considerações introdutórias 875
2. O contributo da jurisprudência do Tribunal de Justiça para a construção do conceito de *in house:* do caso *Teckal* ao caso *Carbotermo* 880
   2.1. O caso *Teckal*... 883
   2.2. O caso *Stadt Halle* 886
   2.3. O caso *Coname* 890
   2.4. O caso *Parking Brixen* 891
   2.5. O caso *Comissão c. Áustria* 893
   2.6. O caso *ANAV*.. 895
   2.7. O caso *Carbotermo* 897
3. Sobre a evolução da jurisprudência do Tribunal de Justiça 902

MARIA DO ROSÁRIO PALMA RAMALHO, *The importance of a balanced reconciliation of family and professional life between men and women for the practical implementation of gender equality principle in employment area*

1. The practical difficulties in the implementation of gender equality communitary principles in the area of work and employment 909
2. The link between gender discriminatory practises at work and the reconciling of family and working life by women and men 911
3. The link between the legal provisions regarding gender equality and the provisions regarding the reconciliation of family and working life: possible approaches 915
4. The future: is it still possible to improve the legal system in order to achieve a more balanced participation of women and men in family and working life? 919

MIGUEL GALVÃO TELES, *Liberdade de consciência e liberdade* contra legem 921

NUNO PIÇARRA, *O inquérito parlamentar na Constituição Portuguesa de 1976 e na lei: consonâncias e dissonâncias*

I.   Introdução 935
II. As directrizes da Constituição de 76 relativas ao inquérito parlamentar 937
    1. Quanto à autoria do inquérito 937
    2. Quanto ao objecto do inquérito 937
    3. Quanto aos poderes das CPI's 939
    4. Quanto ao procedimento de inquérito 941
    5. Quanto à tutela jurisdicional dos particulares perante os actos de inquérito . 942
III. A Lei n.º 5/93 face às directrizes constitucionais relativas ao inquérito parlamentar 946
    1. Insuficiências face ao artigo 178.º, n.º 4, da CRP 946
    2. Insuficiências face às directrizes constitucionais relativas ao objecto do inquérito parlamentar 950
    3. Insuficiências face ao artigo 178.º, n.º 5, da CRP 953
    4. Insuficiências face às directrizes constitucionais relativas ao procedimento de inquérito parlamentar 959
IV. Observação final 961

PAULA COSTA E SILVA, *Contrato a favor de terceiro, conformação subjectiva da instância e legitimidade processual*

1. O objecto da investigação 963
2. A causa próxima 963
3. A natureza do contrato celebrado entre A e C 965
4. Os efeitos processuais dos acordos celebrados 977
5. A pluralidade de acções sobre o mesmo crédito 978
6. A admissibilidade da apensação das acções 979
7. A posição processual do promissário e do beneficiário 983

PAULO FERNANDO MODESTO SOBRAL SOARES DO NASCIMENTO, *O incumprimento da obrigação do pagamento da renda ao abrigo do novo Regime Jurídico do Arrendamento Urbano. Resolução do contrato e acção de cumprimento*

1) Renda. Noção	996
2) Local do cumprimento	998
3) Tempo do cumprimento	1000
4) Cont.: cumprimento antecipado	1002
5) Cont.: mora do locatário. Execução para pagamento de quantia certa	1003
6) Resolução do contrato: resolução por via extrajudicial	1005
7) Ineficácia da resolução extrajudicial	1011
8) Despejo – execução para entrega de coisa certa na sequência da resolução extrajudicial	1013
9) Resolução judicial	1016
10) Pagamento da renda na pendência da acção de despejo	1019
11) Breves referências à consignação em depósito da renda	1020

PAULO OLAVO CUNHA, *O novo regime da redução do capital social e o artigo 35.º do Código das Sociedades Comerciais*

I. Introdução	1024
1. A alteração de 2007 ao Código das Sociedades Comerciais	1024
2. Capital social e património societário	1028
3. Redução do capital social e reintegração do capital	1030
II. O actual regime da redução do capital social	1032
4. Modalidades da redução do capital social	1033
4.1. Libertação de excesso de capital	1033
4.1.1. Caracterização	1033
4.1.2. Apreciação da dimensão da actividade da sociedade ...	1034
4.1.3. Eliminação da autorização judicial	1035
4.2. Compensação de perdas	1035
5. Finalidades da redução do capital social	1037
5.1. Redução do capital para extinguir obrigações de entrada	1038
5.2. Redução do capital social para compensar a depreciação de bens do activo	1039
5.3. Outras finalidades da redução de capital	1039
5.3.1. Saneamento financeiro e revitalização: operação harmónio	1039
5.3.2. Cisão simples da sociedade	1041
5.3.3. Redução conveniente: o artigo 35.º do CSC; remissão	1041
6. Interesses subjacentes à redução do capital social	1042
6.1. Enquadramento da questão; o interesse social	1042
6.2. Os interesses dos sócios e accionistas	1043
6.3. Diminuição das garantias de terceiros	1043
7. Limites decorrentes da necessidade (legal) de existência de um capital social mínimo e âmbito da redução do capital	1044

7.1. Redução expressamente condicionada à efectivação de aumento do capital 1044
7.2. Transformação da sociedade como consequência da redução do capital 1045
7.3. Redução do capital a zero 1045
7.4. Coexistência de acções ordinárias e de acções privilegiadas 1048
7.5. Redução do capital social posteriormente à dissolução da sociedade 1050
8. A execução da operação de redução de capital social 1050
    8.1. Decisão e formalidades específicas da operação de redução do capital social 1050
        8.1.1. Convocação dos sócios 1051
        8.1.2. Deliberação 1051
        8.1.3. Desnecessidade de autorização judicial e elementos de suporte 1052
        8.1.4. Acta de redução de capital e execução da deliberação 1054
    8.2. Formas de execução da redução do capital social 1055
        8.2.1. Enquadramento 1055
        8.2.2. Diminuição do valor nominal das participações 1055
        8.2.3. Reagrupamento de participações 1056
        8.2.4. Extinção de participações: aquisição de acções próprias para redução do capital social e amortização de acções 1057
    8.3. Eficácia da deliberação de redução e protecção de terceiros 1059
    8.4. Publicidade e publicações facultativas 1059
    8.5. Intervenção e tutela dos credores 1060
III. Sentido e alcance do artigo 35.º 1062
    9. Razão de ser e evolução histórica do artigo 35.º 1063
        9.1. A *ratio* da norma 1063
        9.2. Evolução do regime legal (até 31 de Dezembro de 2004) 1065
    10. Regime jurídico actual 1068
        10.1. O preâmbulo do Decreto-Lei n.º 19/2005, de 18 de Janeiro, e as alterações ao Código das Sociedades Comerciais 1068
        10.2. Breve confronto com os regimes anteriores 1069
        10.3. A nova redacção do artigo 35.º 1070
        10.4. Aplicabilidade do artigo 35.º às empresas públicas e entidades análogas 1075
    11. Conclusão; o esvaziamento do artigo 35.º do CSC 1077

PAULO DE PITTA E CUNHA, *O Tratado Constitucional Europeu e a posição de Portugal* 1079

PAULO DE SOUSA MENDES, *Sobre a origem dos princípios jurídicos da causalidade e do domínio do facto – A* lex Aquilia de damno iniuria datum

Introdução 1085
    I. A *lex Aquilia de damno iniuria datum* 1086
        1. O objecto da *lex Aquilia* 1087
        2. Os elementos constitutivos do delito de dano 1088
        3. Acerca dos fragmentos de Ulpiano 1090

4. O conceito de causalidade mecânica directa	1091
5. O problema da causalidade indirecta	1094
6. A irrelevância da comissão por omissão	1096
7. O problema da causalidade virtual	1097
8. O problema da causalidade alternativa	1098
9. O princípio do domínio do facto	1101
II. Noxa e *pauperies*	1104
1. *Noxa, peccatum* e *delictum*	1104
2. A *actio noxalis*	1104
3. A *actio de pauperie*	1106
4. A objectivação do conceito de *noxa*	1107
Palavras de homenagem	1109

PEDRO MACHETE, *A polícia na Constituição da República Portuguesa*

1. Administração Pública e polícia	1111
2. A estrutura do artigo 272.º e a sua teleologia	1122
3. A função geral de polícia administrativa e a função específica de polícia de segurança: respectivamente, a defesa da legalidade democrática e a garantia da segurança interna	1125
4. O sentido da garantia dos direitos dos cidadãos	1132
5. O regime especial das medidas de polícia – a sua tipicidade legal e a proibição do excesso na sua utilização	1133
a) As teses negadoras e afirmativas da autonomia das medidas de polícia no quadro das actuações policiais	1134
b) A origem do instituto das medidas de polícia	1140
c) Sentido e alcance da disciplina constitucional das medidas de polícia	1143
6. Os princípios constitucionais em matéria de organização das forças de segurança	1151

PEDRO PAIS DE VASCONCELOS, D&O Insurance: *o seguro de responsabilidade civil dos administradores e outros dirigentes da sociedade anónima*

1. A necessidade de reforçar as garantias de efectividade da responsabilidade civil dos administradores das sociedades, principalmente das sociedades abertas	1154
2. A necessidade de proteger os administradores e outros dirigentes das sociedades contra os riscos emergentes do sistema de responsabilidade civil pelos actos praticados no exercício do cargo	1156
3. O seguro como resposta	1157
4. O *D&O Insurance – Directors' and Officers' Insurance*	1157
a. Origem do *D&O Insurance*	1157
b. Evolução subsequente: variação da posição do tomador	1158
c. Evolução subsequente: o alargamento objectivo da cobertura	1159
d. Evolução subsequente: o alargamento subjectivo da cobertura	1160
e. Evolução subsequente: o alargamento das exclusões	1161
f. Evolução subsequente: o alargamento geográfico induzido pela globalização	1162

5. O conteúdo típico das apólices *D&O* 1162
   a. Definições típicas 1162
   b. Coberturas típicas 1164
   c. Exclusões típicas 1164
6. Introdução do *D&O Insurance* em Portugal 1166
7. *D&O Insurance* e *business judgment rule* 1166
8. Repensar o dever de diligência e o dever de lealdade na perspectiva do *D&O Insurance* 1171
9. Especificidades do regime português 1173
10. Literatura sobre *D&O Insurance* 1181

RABINDRANATH CAPELO DE SOUSA, *A posição sucessória do cônjuge sobrevivo, casado no regime de comunhão de adquiridos ou de separação de bens, na herança indivisa dos sogros em caso de pós-morte do correlativo filho destes*

I. Introdução 1183
II. O fenómeno sucessório, os co-herdeiros e os interessados directos na partilha   1184
III. Regime matrimonial de bens e titularidade em nome próprio de quota hereditária 1186
IV. O cônjuge sobrevivo como co-herdeiro dos sogros inventariandos 1188
V. O cônjuge sobrevivo como interessado directo na partilha por morte dos sogros inventariandos 1191
VI. Conclusões 1194